# Der Zweite Weltkrieg

SERIE PIPER
Band 811

*Zu diesem Buch*

Das vorliegende Werk faßt die Ergebnisse der Forschung zum Thema Zweiter Weltkrieg zusammen und macht sie einem breiten Publikum zugänglich. Von der Vorgeschichte über den Kriegsbeginn 1939 und die Ausweitung zum Weltkrieg 1941 bis hin zum Zusammenbruch 1945 und den Folgen des Krieges reicht das Themenspektrum. Der Band, der unter der Federführung des Militärgeschichtlichen Forschungsamtes von über fünfzig Fachhistorikern erarbeitet wurde, kann somit den Anspruch erheben, die wichtigsten Aspekte dieses Jahrhundertereignisses zu erfassen und kompetent darzustellen.

*Wolfgang Michalka*, geboren 1943, Dr. phil., ist Schriftleiter beim Militärgeschichtlichen Forschungsamt in Freiburg und Verfasser sowie Herausgeber zahlreicher zeitgeschichtlicher Publikationen.

# Der Zweite Weltkrieg

Analysen
Grundzüge
Forschungsbilanz

Im Auftrag des
Militärgeschichtlichen Forschungsamtes

herausgegeben von
Wolfgang Michalka

Piper
München Zürich

Andreas Hillgruber
(18. Januar 1925 – 8. Mai 1989)
in Dankbarkeit gewidmet

ISBN 3-492-10811-3
Oktober 1989

Umschlag: Federico Luci
Satz: Militärgeschichtliches Forschungsamt, Freiburg
Druck und Bindung: Clausen & Bosse, Leck
Printed in Germany

# Inhalt

# Vorwort

Die 50. Wiederkehr des Beginns des Zweiten Weltkrieges ist für das Militärgeschichtliche Forschungsamt in zweierlei Hinsicht Anlaß, eine Forschungsbilanz zu dem zweiten großen Krieg des zwanzigsten Jahrhunderts vorzulegen. Nachdem das Militärgeschichtliche Forschungsamt nunmehr die Hälfte seines auf zehn Bände konzipierten Reihenwerkes »Das Deutsche Reich und der Zweite Weltkrieg« veröffentlicht hat, bietet diese Aufsatzsammlung die Gelegenheit, Ergebnisse und Standpunkte der Forschung auch einem breiten Publikum bekanntzumachen und für die Fachwelt zur Diskussion zu stellen. Hieraus können sich wichtige Impulse für die restlichen Bände ergeben.

In diesem Band werden über 50 Beiträge zu den unterschiedlichsten Aspekten des Zweiten Weltkrieges vorgelegt. Sie bieten bei unterschiedlichen Fragestellungen und methodischen Ansätzen eine Kombination von Darstellungen, Analysen und Forschungsberichten in der Absicht, nach über vierzigjähriger Auseinandersetzung um Ursachen und Voraussetzungen, Verlauf sowie Folgen des Zweiten Weltkrieges eine Zwischenbilanz der Forschung zu ziehen.

Besonders erfreulich ist, daß zusätzlich zu einer großen Zahl von Angehörigen des Militärgeschichtlichen Forschungsamtes zahlreiche bedeutende Historiker des In- und Auslandes sich an unserem Sammelwerk beteiligt haben. Indem sie ihre eigenen Studien vorstellen, andere diskutieren, neue Forschungsperspektiven entwickeln, treten sie in eine fruchtbare wissenschaftliche Kommunikation ein und leisten damit für die Fortführung einer kritischen Weltkriegsforschung einen wichtigen Beitrag. Dafür sei ihnen allen gedankt.

Mit der Herausgabe der Aufsatzsammlung verbindet das Militärgeschichtliche Forschungsamt aber auch ein Anliegen besonderer Art: Dem bedeutenden deutschen Historiker Herrn Professor Dr. Andreas Hillgruber wollte das Militärgeschichtliche Forschungsamt mit diesem Band seine Reverenz erweisen. Dem Vorhaben stimmte er erfreut zu, die Fertigstellung hat er leider nicht mehr erlebt.

Professor Hillgruber, der dem Militärgeschichtlichen Forschungsamt als ehemaliger Leitender Historiker besonders verbunden war, hat ein bedeutendes und umfangreiches Werk hinterlassen, das sich zu einem großen Teil mit den Phänomenen des Zweiten Weltkrieges, mit den »durchgängigen Linien«, den »Kontinuitäten und Diskontinuitäten« deutscher Geschichte befaßt.

Das Militärgeschichtliche Forschungsamt ist Hern Professor Hillgruber auch deswegen zu besonderem Dank verpflichtet, weil er einen wesentlichen

Beitrag zur Fortsetzung der auf eine bedeutende Tradition zurückblickenden Militärgeschichtsschreibung leistete. Seine Tätigkeit als Mitherausgeber der »Militärgeschichtlichen Mitteilungen« wie auch seine vielbeachteten, ausführlichen Rezensionen des Weltkriegswerkes des Militärgeschichtlichen Forschungsamtes legen darüber ebenso beredt Zeugnis ab wie seine besondere Fähigkeit, dem an der Geschichte Interessierten geschichtliche Erinnerung erfahrbar zu machen.

Das Militärgeschichtliche Forschungsamt hofft, daß diese Aufsatzsammlung zum wissenschaftlichen Gedankenaustausch der Historiker beitragen und den historisch interessierten Laien in die Problematik der Geschichte des Zweiten Weltkrieges einführen kann.

Dr. Günter Roth
Brigadegeneral
Amtschef des Militärgeschichtlichen Forschungsamtes

# Zur Konzeption

Die Vielzahl der Untersuchungen zum Thema »Zweiter Weltkrieg« ist inzwischen selbst für den Spezialisten nicht mehr zu überschauen, und der historisch Interessierte muß sich bei der Suche nach geeigneter Information alleingelassen fühlen. Der vorliegende Band stellt sich daher die Aufgabe, zwei Leserschichten mit einer Auswahl von wissenschaftlich fundierten Beiträgen entgegenzukommen: Während dem Laien eine Einführung in die überwältigende Themenfülle geboten wird, findet der Fachmann hier über die Präsentation von gesicherten Forschungsergebnissen hinaus Anstöße für die Infragestellung gewohnter Ansichten.

Vollständigkeit konnte dabei nicht das Ziel sein. Eine editorisch vertretbare Auswahl der Beiträge hatte sich auf wichtige Forschungsbereiche zu konzentrieren, wobei die Absicht bestand, unterschiedliche Betrachtungsweisen und Ansichten zu Wort kommen zu lassen. Der Sammelband behandelt daher politisch-ideologische, wirtschaftlich-soziale und strategisch-operative Fragen verhältnismäßig ausführlich, während beispielsweise kulturell-ethische, militärisch-technische und juristische Aspekte nur gestreift werden. Eine Geringschätzung von weniger stark vertretenen bzw. ganz ausgesparten Themen soll daraus nicht abgeleitet werden.

Den Autoren war Thema und Umfang vorgegeben, die Form ihres Beitrages blieb ihnen freigestellt. Dadurch sollte eine möglichst interessante Kombination von Darstellung und Analyse, von Forschungsbericht und Bewertung, von Diskussion und Abwägung unterschiedlicher, ja kontroverser Deutungen erreicht werden, in der sich das komplexe historische Geschehen in seinem Facettenreichtum widerspiegelt. Eine Reihe von Spezialuntersuchungen übernimmt die Aufgabe, Forschungsergebnisse zu bündeln, einzuordnen und zu reflektieren. Darüber hinaus werden Desiderate aufgezeigt und somit insgesamt Perspektiven für die künftige Forschung entwickelt.

Das Bemühen um eine möglichst pluralistisch konzipierte Geschichte des Zweiten Weltkrieges findet seinen Ausdruck auch darin, daß zusätzlich zu zahlreichen Historikern des Militärgeschichtlichen Forschungsamtes ausgewiesene Wissenschaftler des In- und Auslandes für eine Mitarbeit gewonnen werden konnten.

Die Verschränkung von außen-, innen- und wirtschaftspolitischen mit ideologischen sowie militärischen Gesichtspunkten bestimmte die Auswahl der Beiträge und damit auch die Konzeption des Aufsatzbandes. In Übereinstimmung damit wird im *Ersten Teil* das internationale System – mit Schwerpunkt auf Europa – skizziert, so wie es sich nach dem Ersten Weltkrieg entwickelte und unter deutlicher Machtverschiebung vom Zentrum an die Peripherie zu den Flügelmächten – zu der Sowjetunion und vor allem zu den Vereinigten Staaten von Amerika – veränderte. Vor diesem Hintergrund werden die bilateralen Beziehungen der in der Vorgeschichte und im Kriegsgeschehen entscheidend beteiligten Mächte analysiert. Dabei steht Deutschland notwendigerweise im Mittelpunkt des Interesses, denn es war das »Dritte Reich«, das neben Italien und Japan die auf den Pariser Vorortskonferenzen 1918–1920 neu geschaffene internationale Ordnung am nachdrücklichsten in Frage stellte und spätestens nach der Errichtung der nationalsozialistischen Diktatur vom Weimarer »Revisionismus« auf einen unmißverständlichen Expansionskurs umschwenkte. Ziele und Auswirkungen der »neuen« deutschen Außenpolitik waren wesentliche Ursachen für den Kriegsbeginn 1939, so daß in der Forschung regelrecht von der »Entfesselung« des Zweiten Weltkrieges durch die Politik Hitlers gesprochen wird, ohne daß dabei allerdings längerfristige, jene Politik begünstigende, ja vielleicht auch erst ermöglichende Strukturen, die dem internationalen System in der Zwischenkriegszeit zugrundelagen, bei der Deutung der Voraussetzungen und Gründe des Zweiten Weltkrieges vernachlässigt werden dürfen.

Das sich aufgrund des kriegerischen Konfliktes verändernde europäische und schließlich auch globale Mächte- und Kräfteverhältnis wird anschließend behandelt, wobei auch die sich daraus ergebenden Überlegungen, Konzepte und konkreten Pläne für eine Nachkriegsordnung aus der unterschiedlichen Sicht der Gegner des »Dritten Reichs« Berücksichtigung finden.

Im *Zweiten Teil* wird der Blick des Betrachters von den Außenbeziehungen der Großmächte auf die deutsche Innenpolitik gelenkt. Wie gingen die nationalsozialistischen Machthaber das Problem an, die deutsche Bevölkerung nach den allseits bekannten Leiden des Ersten Weltkrieges auf einen neuen Krieg, der sich bald zu einem Weltkrieg ausweitete und schließlich den Krieg von 1914–1918 an Schrecken bei weitem übertraf, vorzubereiten und einzustellen? Mit welchen Maßnahmen und mit welchem Erfolg versuchte das Regime den durch die Kriegssituation in Frage gestellten inneren Frieden zu bewahren?

Wie gestaltete sich das »Bündnis der Eliten« im Hinblick auf eine von den neuen Machthabern zielstrebig anvisierte Kriegspolitik? Wie reagierten die Entscheidungsträger, aber auch die zum Mithandeln Gezwungenen auf das Kriegsgeschehen? Gab es eine ungebrochene Kooperation mit den Machthabern und wurde ihnen bis zum bitteren Ende Loyalität geleistet? Oder forderte der sich bald als verbrecherisch entlarvende Krieg dazu auf, diesen möglichst bald zu beenden, das ihn führende Regime zu stürzen und generell Hitler die Gefolgschaft aufzukündigen?

Derartige und viele andere Fragen zielen auf Antworten, die das Verhalten, die Stimmungen und Reaktionen von Handelnden und Betroffenen, von Tätern und Opfern beleuchten können.

Der *Dritte Teil* widmet sich wirtschafts- und sozialpolitischen Problemen. War der Krieg wirtschaftlich vorbereitet und wie? Welche Erfahrungen und Erkenntnisse aus dem Ersten Weltkrieg spielten dabei eine Rolle? Gab es strukturelle Veränderungen in Industrie und Rüstung? Wie konsequent und effektiv wurde die Wirtschaft mobilisiert? Wie wurde das gravierende Problem der aufgrund des Kriegseinsatzes fehlenden Arbeiter gelöst? Diente der Krieg dazu, die in den dreißiger Jahren entwickelten und von den Nationalsozialisten versprochenen sozialrevolutionären Konzepte zu realisieren? Wirkten das »Dritte Reich« und speziell die Kriegssituation auf die deutsche Sozialpolitik modernisierend?

Der *Vierte Teil* konzentriert sich auf das Wechselverhältnis von Programm, Politik und Kriegführung. Hier werden Fragen der rüstungsstrategischen Vorbereitungen und der konkreten militärischen Aktionen einzelner Kriegsabschnitte behandelt. Neben dem den Krieg eröffnenden Überfall auf Polen, der deutschen Besatzungs- und Ausbeutungspolitik, Problemen der Luft- und Seekriegführung steht das deutsch-sowjetische Verhältnis im Mittelpunkt. Letzteres umspannt den wenige Tage vor Kriegsbeginn geschlossenen und beide Partner begünstigenden Nichtangriffspakt ebenso wie auch den ideologisch begründeten Vernichtungskrieg, der vor allem die singuläre und vorher noch nicht gekannte »Qualität« und Dimension des Zweiten Weltkrieges ausmacht.

Das enge Beziehungssystem von Rassendoktrin und Krieg bildet den Inhalt des *Fünften Teiles*. Sowohl die mit der deutschen Eroberungs- und Besatzungspolitik verbundene Zwangsrekrutierung, Ausbeutung und Vernichtung von Ostarbeitern und Kriegsgefangenen als auch die zwar an alte Traditionen anknüpfende, aber von den Nationalsozialisten beispiellos praktizierte und pervertierte Euthanasie sowie besonders der Mord an den europäischen Juden sind furchtbare, aber kennzeichnende Elemente nationalsozialistischer Ideologie und Politik, die dem Zweiten Weltkrieg ihren unverwechselbaren Stempel aufdrückten.

Die Lektüre der vorliegenden Aufsatzsammlung verdeutlicht, daß 50 Jahre nach Beginn des Zweiten Weltkrieges die Auseinandersetzung mit der größten Katastrophe der Menschheit noch keinesfalls abgeschlossen ist. Die Autoren sind sich bewußt, daß ihre Einzelforschungen nur Segmente einer vergleichenden, die unterschiedlichen Bereiche von Vorgeschichte, Verlauf und Auswirkungen des Kriegsgeschehens integrierenden Gesamtdarstellung sein können.

Das Zustandekommen des Bandes wurde nur möglich durch Hilfe vieler. Zu danken ist den Autoren, die in höchst knapper Zeit ihre Beiträge geschrieben haben. Ein weiterer Dank gebührt den Verlagen, die Abdruckgenehmigungen bereitwillig erteilten.

Dieses Buch wäre allerdings nicht zustande gekommen ohne den engagierten Einsatz der Damen und Herren der Schriftleitung des Militärgeschichtlichen Forschungsamtes. Ihnen gilt mein ganz besonderer Dank!

Freiburg i.Br. im Juli 1989 Wolfgang Michalka

# Erster Teil

# Internationales System, Deutsches Reich und Entfesselung des Zweiten Weltkrieges

Gerhard Schreiber

# Der Zweite Weltkrieg in der internationalen Forschung. Konzeptionen, Thesen und Kontroversen

Am 23. Juli 1939 erschien in der Basler National-Zeitung ein Beitrag von Thomas Mann, in dem der emigrierte Dichter und Gegner des Nationalsozialismus geradezu prophetisch feststellte[1]: »Und wenn Kriege, zerstörender und barbarischer als der Dreißigjährige, über Europa hingehen und es atomisiert und um Jahrhunderte zurückgeworfen hinterlassen werden, er, der Feind der Menschheit wird der Urheber gewesen sein.«

Auf dem europäischen Kontinent begann der erste jener Kriege, die schließlich in eine weltweite militärische Auseinandersetzung mündeten, nur wenige Wochen nach der Veröffentlichung des zitierten Aufsatzes über »Kultur und Politik« — am 1. September 1939. Das Morden, Töten, Sterben, Leiden und Zerstören dauerte hier genau 68 Monate und acht Tage.

Die Zahl der Publikationen über den Zweiten Weltkrieg, der das alte Europa endgültig vernichtete und die internationale Mächtekonstellation revolutionierte, ist längst Legion. Selbst der Fachmann vermag die zum Thema vorhandene Literatur nicht mehr zu überschauen. Kaum ein Zeithistoriker, den dieser Wendepunkt in der Weltgeschichte nicht beschäftigte. Es erscheint nahezu ausgeschlossen, daß es noch unentdeckte Aspekte der Entwicklung zwischen 1939 und 1945 geben könnte. Wenn dennoch die meisten Fragen offen oder kontrovers diskutiert werden, so ist das ganz einfach in der Logik der Geschichtswissenschaft begründet, der letzte Aussagen in der Regel fremd sind. Denn die historische Wahrheit gestattet es lediglich, sich ihr anzunähern. Bezogen auf Hitler und die von seinem Regime eingeleitete Schreckenszeit der Menschheit geht es vor allem darum, das Wesen der einzelnen Ereignisse und den Charakter des Gesamtgeschehens immer präziser zu definieren, um letztlich zu einer überzeugenden geschichtlichen Ortsbestimmung des Phänomens zu gelangen.

In der Öffentlichkeit sind es hingegen in erster Linie die Folgen des Orlogs, die es fünfzig Jahre nach seiner Entfesselung unmöglich machen, die Begebenheiten jener Tage mit distanziertem Gleichmut zu betrachten. Das Entsetzen tauchte nicht ein in das Schweigen der Vergangenheit. Der Zweite Weltkrieg blieb auf mannigfache Weise gegenwärtig: in den Opfern, die er forderte, in der existenziellen Angst, die er weckte und am Leben erhält, sowie in der Friedenssehnsucht, die bei zahllosen Menschen nach 1945 aufkam und sich mit wachsendem Abstand vom Kriegsende zunehmend Ausdruck verschafft.

## *I. Bemerkungen zu einigen konzeptionellen Problemen einer Gesamtdarstellung des Zweiten Weltkrieges*

Die internationale Historiographie über diese epochale Zäsur ist dadurch gekennzeichnet, daß das Gros der Veröffentlichungen einer Art mikrohistorischer Betrachtungsweise anhängt. Im Rahmen von relativ eng begrenzten Fragestellungen bemühen sich die Autoren, politische, soziale, wirtschaftliche, militärische oder auch technische Details herauszuarbeiten. Derartige Spezialstudien bilden im allgemeinen nützliche Vorarbeiten für eine noch zu schreibende Gesamtdarstellung. Gleiches trifft hinsichtlich der erheblich selteneren monographischen Summenbildungen zu. Sie beschränkten sich bislang, was angesichts der Komplexität des Gegenstandes nicht verwundert, auf ausgewählte — umfassendere — Themenkreise: etwa die Strategie einzelner Mächte oder Allianzen, die Wirtschaft oder das Militärische schlechthin. Solche Bereiche werden sodann mit einem nationalgeschichtlichen, regionalen oder globalen Ansatz untersucht. Zuweilen kommt es durchaus zur Abhandlung mehrerer Gebiete in einer Arbeit, aber ein alle Faktoren der Entwicklung nach 1939 berücksichtigendes Panorama glückte vorerst noch nicht.

Der Forderung, eine ausgewogene und komplette Darstellung des Krieges zu schreiben, vermochten — wenn überhaupt — am ehesten Großprojekte zu entsprechen, die in verschiedenen Ländern — zum Beispiel Australien, Belgien, Finnland, Griechenland, Großbritannien, Indien, Italien, Jugoslawien, Kanada, Neuseeland, Niederlande, Norwegen, Polen, Sowjetunion, Tschechoslowakei oder Vereinigte Staaten sowie mit gewisser Verzögerung in der Bundesrepublik Deutschland, der Deutschen Demokratischen Republik und Japan — begonnen wurden. Zum Teil geschah das sofort nach dem Krieg. Sie entstanden entweder im amtlichen Auftrag oder erfuhren wenigstens eine großzügige Unterstützung durch offizielle Stellen. Das bedeutete jedoch nicht, daß es stets zu limitativen — also die wissenschaftliche Freiheit einschränkenden — Auflagen kam.

Ob es den ambitionierten Forschungsvorhaben gelingen würde, eine Totalansicht des Epochenphänomens Zweiter Weltkrieg zu erarbeiten, hing nicht zuletzt von der Konzeption ab.

Weitgehende Übereinstimmung bestand in bezug auf die Vorgeschichte. Im Verständnis von Winston Churchill, der sein memoirenhaftes Opus bereits 1948 als die »Geschichte eines zweiten Dreißigjährigen Krieges« vorstellte[2], setzt die Mehrzahl der gedanklichen Entwürfe[3] und der geschlossenen Darstellungen mit dem Ausgang des Konflikts zwischen 1914 und 1918 ein. In den europazentrisch konzipierten Werken werden jedoch die Jahre nach Hitlers Machtantritt 1933, in auf den pazifischen Raum konzentrierten Arbeiten diejenigen nach dem Mandschurischen Konflikt 1931 zur eigentlichen

Inkubationszeit des Weltkrieges. Verhältnismäßig selten sind Untersuchungen, in denen — und sei es nur auf einem Teilgebiet — die wechselseitigen Abhängigkeiten und gegenseitigen Beeinflussungen der jeweiligen Entwicklung in den beiden Hemisphären eine balancierte interpretatorische Zusammenschau erfahren. Sogar Großprojekte begnügen sich diesbezüglich mit pauschalen Querverweisen.

Unbeschadet der speziellen räumlichen Perspektive und der bevorzugten Untersuchungsfelder weichen die einzelnen Konzeptionen auch wegen der besonderen methodischen Ansätze erheblich voneinander ab. So werden etwa der Stellenwert, den die handelnden Personen innerhalb des historischen Prozesses besaßen, die Auswirkungen des internationalen Systems auf denselben, die Frage, ob und in welchem Umfang außenpolitische Entscheidungen von den inneren Verhältnissen bestimmt wurden, sowie die Bedeutung operativer Faktoren oder die Funktion der Ideologien im Rahmen der Ausformung des Zweiten Weltkrieges ganz verschieden gewichtet. Selten geworden sind jedoch mittlerweile großangelegte Studien, die einen rigoros positivistischen diplomatie- beziehungsweise kriegsgeschichtlichen methodischen Zugriff praktizieren und hierbei sämtliche ideologischen, innen- oder wirtschaftspolitischen Implikationen darstellerisch ganz bewußt unberücksichtigt lassen.

Letzteres war noch der Fall bei dem 1962 und 1963 erschienenen semioffiziellen Werk konservativer japanischer Historiker über »Japans Weg in den Pazifischen Krieg«. Diese Untersuchung erschloß viel neues Material, sie gab den Anstoß zur Öffnung der japanischen Archive und repräsentiert, da man sie ins Englische übersetzte, eine der nicht allzu zahlreichen Publikationen der japanischen Geschichtswissenschaft, die einem größeren internationalen Publikum zugänglich sind. Den unbestreitbaren Verdiensten der Arbeit stehen allerdings gravierende Mängel gegenüber. Sie resultieren nicht allein aus dem Betrachtungsprinzip.

Die Nachteile ergeben sich vielmehr insbesondere aus der oft apologetischen Deutung und der insgesamt tendenziösen — auf die Rechtfertigung der eigenen Seite bedachten — Beschreibung der Politik, die Japans Führungseliten betrieben. Bezeichnenderweise vermieden es die Verfasser, sich mit dem aspektreichen Problem des japanischen Angriffskrieges auseinanderzusetzen, und darüber hinaus klammerten sie eine Erörterung der Kriegsschuldfrage aus[4].

Rein formal betrachtet ließe sich die Geschichte des »großostasiatischen Krieges«, die das mehr als 1700 Mitarbeiter zählende »Institut für Militärgeschichte« der japanischen Streitkräfte seit 1966 veröffentlichte, als Fortsetzung von »Japans Weg in den Pazifischen Krieg« verstehen. Tatsächlich haben die beiden Projekte jedoch nichts miteinander zu tun. Das Serienwerk der Militärs wuchs bis 1979 auf 102 Bände an, was ungefähr 61 000 Seiten traditioneller Kriegsgeschichtsschreibung im Verständnis früherer Generalstabsdarstellungen entspricht. Die Autoren wollten lediglich sogenannte historische Fakten zusammenstellen. Deren interpretatorische Bewertung und Einordnung lehnten sie ab — dabei blieb es! Inhaltlich setzt das Werk mit dem September 1939 ein. Einzig jene Bände, die Fragen der Bewaffnung und Rüstung sowie der organisatorischen und theoretischen Vorbereitung auf einen militärischen Konflikt ansprechen, gehen mitunter bis auf den Ersten Weltkrieg zurück[5].

Leider ist die materialreiche Arbeit nur in japanischer Sprache verfügbar. In einem derartigen Sachverhalt deuten sich die Schwierigkeiten an, mit denen sich Historiker konfrontiert sehen, die über das Geschehen im pazifischen und ostasiatischen Raum schreiben wollen oder müssen, aber des Japanischen nicht mächtig sind. Gleiches gilt im Hinblick auf China, wo die Forschungen über den Krieg von 1939 bis 1945 offenbar noch am Anfang stehen, es jedoch seit 1980 eine »Chinesische Gesellschaft zur Erforschung des zweiten Weltkrieges« gibt, die sich des Problems intensiv anzunehmen scheint[6].

Grundsätzlich vermögen freilich Abhandlungen, die sich damit bescheiden, die politischen und militärischen Ereignisse in allen Einzelheiten nachzuvollziehen, keine Gesamtdarstellung des Weltkrieges zu leisten. Wäre es anders, dann hätten die entsprechenden offiziellen Untersuchungen das Geforderte seit langem erbracht.

In der Sowjetunion verfaßten amtliche Militärhistoriker allein über die operativen Vorgänge an der deutsch-sowjetischen Front Hunderte von Büchern[7]. Das »Historische Institut« des italienischen Heeres publizierte — außer zahlreichen Quelleneditionen und militärgeschichtlichen Spezialstudien — über 34 Monographien, die sich mit dem Krieg im Mittelmeerraum und in der Sowjetunion befassen[8]. Die italienische Marine gab 21 Bände zum Seekrieg seit dem Juni 1940 und zur Organisation der Teilstreitkraft heraus[9]. In Großbritannien veröffentlichte »Her Majesty's Stationery Office« seit Anfang der fünfziger Jahre als amtliche Darstellung des Zweiten Weltkrieges und seiner Vorgeschichte 47 Bände, die sich mit der großen Strategie, der Außenpolitik, dem Land-, Luft- und Seekrieg, der Gegneraufklärung (Intelligence) sowie verschiedenen Themen beschäftigen, die besondere Belange der Kriegführung berühren. Zu diesen kommen 49 Bände hinzu, in denen die britische Kriegswirtschaft, die Rüstung, die Finanzpolitik oder das Gesundheitswesen detailliert abgehandelt werden[10]. Die »Historical Division« des amerikanischen Heeres präsentierte 1947 den ersten Band einer zunächst auf 92 Bände angelegten Geschichte der »United States Army in World War II«. Inzwischen scheint man sich mit der — noch immer stattlichen — Zahl von 78 Bänden begnügen zu wollen[11]. Sieben Bände umfaßt die offizielle Darstellung über die amerikanische Luftwaffe[12]. Keine amtliche Historiographie, aber die offiziell anerkannte Geschichte der »Navy« stellt die fünfzehnbändige Untersuchung von S. E. Morison dar[13]. Und dem »U.S. Marine Corps« sind fünf Bände gewidmet[14]. An operativen Studien herrscht somit kein Mangel — was auch für Deutschland gilt.

Insbesondere die amerikanischen und britischen Abhandlungen verkörpern, obwohl in ihrer Mehrzahl deskriptiv angelegt, keineswegs unkritische Hofgeschichtsschreibung. Außerdem besitzen sie ganz allgemein einen hohen Informationsgehalt. Unter konzeptionellen Gesichtspunkten einer Gesamtdarstellung des Zweiten Weltkrieges leiden sie allerdings unter zwei Unzulänglichkeiten. Deren eine besteht in der nationalen Sehweise, die in der Deutung und Gewichtung vorherrscht. Die andere resultiert aus dem Aufbau des Werkes. Dessen Konzeption zergliedert den historischen Stoff, erlaubt es jedoch nicht, das in den einzelnen Bänden im Detail Dargelegte in bezug auf seine Verflechtungen zu strukturieren, um es am Ende zur Übersichtlichkeit zu verdichten. Im Grunde entwickelten sich alle diese Projekte zu einer Summe relativ unverbundener Einzelansichten. Es entstand kein Gesamtbild, was für andere Großprojekte ebenfalls zutrifft.

Die marxistisch-leninistische Geschichtsschreibung unternahm mit der sechsbändigen »Geschichte des Großen Vaterländischen Krieges der Sowjetunion« den ersten umfassenden Versuch, eine historische Bilanz zu erstellen[15]. Aus nationalgeschichtlicher und ideologischer Perspektive verfaßt, methodisch hundertprozentig auf die offizielle Geschichtsdoktrin eingeschworen und nachdrücklich vom Geist des »Kalten Krieges« geprägt, läßt sich sehr viel gegen die Publikation vorbringen. Aber in konzeptioneller Hinsicht näherte sie sich einer integrierten Betrachtungsweise stärker an als westliche Projekte. Neben dem dominanten politisch-militärischen Komplex werden ökonomische, gesellschaftliche, ideologische, kulturelle und technische Fragen erörtert. Zur ausgewogenen Untersuchung über den Konflikt zwischen 1939 und 1945 wurde das Werk freilich ebensowenig wie jene »Geschichte des zweiten Weltkrieges« in zwölf Bänden, die einige Jahre später erschien[16]. Ihr kam die Aufgabe zu, »aktiv in den ideologischen Kampf zwischen Sozialismus und Imperialismus« einzugreifen[17]. Genau dazu taugt richtig verstandene Geschichtsschreibung jedoch nicht. Andererseits ist dem letztgenannten Reihenwerk ebenfalls zu bescheinigen, daß es eine multifaktorielle Anlage zu verwirklichen versuchte. Das geschah erneut aus der Sicht Moskaus, obwohl die weltweite Dimension der Auseinandersetzung etwas angemessener berücksichtigt worden ist.

Wichtige Vorarbeiten für eine befriedigende Gesamtdarstellung des Zweiten Weltkrieges bilden die in der Bundesrepublik Deutschland und in der Deutschen Demokratischen Republik seit Mitte beziehungsweise Ende der siebziger Jahre herausgegebenen mehrbändigen Studien. Beide Projekte gingen ursprünglich von einer — cum grano salis — europazentrischen Betrachtungsweise aus.

Die Historiker in Ost-Berlin erläuterten ihren konzeptionellen Zugriff folgendermaßen[18]: »Im Mittelpunkt der Darstellung der deutschen Geschichte während des zweiten Weltkrieges wird die Haltung und Politik der verschiedenen Klassen in Deutschland sowie der Kampf der Antifaschisten und Hitlergegner inner- und außerhalb Deutschlands stehen. Die Ereignisse der Jahre 1939 bis 1945 sind jedoch so eng mit der Weltgeschichte verknüpft, daß es erforderlich ist, Entstehung, Verlauf und Ergebnisse des Krieges ständig im Zusammenhang mit der außerdeutschen Geschichte einzuschätzen.« Das entsprach a priori dem Verzicht auf eine umfassende Weltkriegsgeschichte. Der Titel des Werkes — »Deutschland im zweiten Weltkrieg« — formulierte ein Programm. Im Detail sollte das wie folgt aussehen: Rund 35 Prozent des Textes in jedem Einzelband wollte man der »Analyse der Innen-, Außen- und Wirtschaftspolitik des faschistischen deutschen Imperialismus und Militarismus, etwa 10 Prozent dem internationalen Geschehen, etwa 30 Prozent dem Kampf der antifaschistischen Widerstandsbewegung unter Führung der KPD und anderer Hitlergegner [...] sowie etwa 25 Prozent dem militärischen Kriegsverlauf an allen Fronten« zugestehen. So pur ließ sich diese Konzeption zwar nicht verwirklichen, aber ihre Schwerpunkte blieben im wesentlichen beibehalten. Und die außereuropäischen Vorgänge berücksichtigte die — für ein breites Publikum geschriebene — Arbeit in der Tat höchstens exkursorisch; weshalb das Gesamtwerk, das den weltweiten Konflikt darstellerisch gar nicht erfassen sollte, ihm auch interpretatorisch nicht gerecht zu werden vermochte.

Als das Militärgeschichtliche Forschungsamt in Freiburg sein Forschungsprojekt »Das Deutsche Reich und der Zweite Weltkrieg« auf den Weg brachte, geschah dies in der erklärten Absicht, eine »Militärgeschichte« zu verfassen[19]. Freilich verstand die Mehrheit der Mitarbeiter jene »nicht als hergebrachte, allein auf militärische Abläufe gerichtete Kriegsgeschichte«, so sehr gerade letztere von manchem Außenstehenden erwartet wurde, sondern als eine »Geschichte der Gesellschaft im Krieg«. Das bedeutete einen ungemein hohen Anspruch, dem die Freiburger Historiker wohl nur partiell zu entsprechen vermögen. Für ein verbindliches Urteil ist es jedoch noch zu früh. Die Absicht der Herausgeber, das Werk, »trotz der Ausblicke auf den pazifischen Raum ›europazentrisch‹, ja ›deutschlandzentrisch‹« anzulegen[20], korrespondierte mit der obigen Intention, mußte aber dennoch als bedauerliche Selbstbeschränkung empfunden werden.

Glücklicherweise korrigierte das Militärgeschichtliche Forschungsamt seine anfängliche Konzeption nach dem Erscheinen der Bände 1 und 2, denn nun hieß es[21]:

»Die Autoren versuchen, die militärischen Abläufe in den Zusammenhang der ungemein komplexen Realität des Gesamtgeschehens zu stellen, wobei sie den Blick auf die ideologischen, wirtschaftlichen, verwaltungsmäßigen und die anderen strukturellen Bedingungen innerhalb des deutschen Machtbereichs lenken, um so auf die Wechselbeziehungen zwischen diesen und dem Verlauf des Krieges aufmerksam zu machen. Eine derartige — alles in allem »deutschlandzentrische« oder »nationale« — Perspektive der ersten Bände erweitert sich in den Folgebänden immer mehr zu einer umfassenden — regionalen und globalen Betrachtungsprinzipien folgenden — Darstellungsweise, die damit der Ausweitung des Krieges historiographisch gerecht zu werden verspricht.«

Nachdem mittlerweile fünf Bände, darunter ein Halbband, von »Das Deutsche Reich und der Zweite Weltkrieg« vorliegen[22], ist festzustellen, daß sowohl der dritte Band über den »Mittelmeerraum« als auch der vierte über den »Angriff auf die Sowjetunion« einem regionalen — in Ansätzen globalen — »Betrachtungsprinzip« folgten.

Ansonsten fallen in bezug auf die Darstellung aus Freiburg drei Dinge besonders auf: die nachdrückliche Betonung der Kontinuitätsthese — nicht zufällig hat man dem Problem der »Ursachen und Voraussetzungen der deutschen Kriegspolitik« einen eigenen und voluminösen Band zugestanden; die Freiheit, mit der kontroverse Interpretationen in ein und demselben Band erscheinen, was dokumentiert, daß der Auftraggeber die wissenschaftliche Souveränität der Autoren respektiert; und die Unterteilung des Gesamtwerks in Bände, die primär außenpolitisch-militärischen Fragestellungen nachgehen, sowie in »Querschnittbände«. Letztere sind unter anderem den inneren Verhältnissen, Wirtschafts- und Rüstungsfragen, dem Widerstand, der Endlösung oder der Besatzungspolitik gewidmet. Zweifellos besitzt eine solche Zweiteilung den Vorteil, daß die »Querschnittbände« bisher noch wenig oder nur teilweise erforschte Themen vertieft untersuchen können. Sie implizierte aber zugleich das Verzichten auf eine integrierte Darstellung. Darüber hinaus kennzeichnen das Gesamtwerk — zwangsläufig — unterschiedliche Perspektiven, denn die »Querschnittbände« konnten nicht anders als deutschlandzentrisch projektiert werden.

Wie die oben erwähnten monographischen Summenbildungen[23] sind die bisher in Angriff genommenen Großprojekte wichtige und zum Teil gewichtige Beiträge zu der nach wie vor ausstehenden — von jeder nationalgeschichtlichen Einengung befreiten — Gesamtdarstellung des Zweiten Weltkrieges. Diese ist ganz gewiß auch eine Frage der personellen und materiellen Gegebenheiten. Möglicherweise läßt sie sich daher allein von einem internationalen Historikerteam und als supranationales Forschungsvorhaben — das heißt mit der finanziellen Unterstützung vieler Länder — realisieren. Voraussetzung wäre ferner, daß alle Staaten endlich ihre Archive uneingeschränkt öffnen. *Eine* Forderung, die sich nicht nur, aber ganz besonders an die Adresse Moskaus richtet.

Wenn eine derartige Untersuchung einmal machbar sein sollte, hätte sie — sehr abstrakt formuliert — in etwa einer Konzeption zu folgen, die in ausgewogener Weise einer Verschränkung von intentionalen mit funktionalen, nationalen mit internationalen, regionalen mit überregionalen, materiellen mit immateriellen, militärischen mit zivilen, ideologischen mit pragmatischen, personen- mit gruppenspezifischen, politischen mit kriegerischen Momenten entspräche.

## *II. Kriegsbeginn 1939 — Thesen und Kontroversen der Forschung*

Die folgenden Ausführungen vermögen lediglich eine kleine Auswahl aus der außerordentlich reichen Literatur zum Thema zu berücksichtigen. Ein Anspruch auf Repräsentativität wird dabei nicht erhoben.

Der Rückblick auf fünfzig Jahre Historiographie über den Beginn des Krieges im September 1939 zeigt, daß die Auseinandersetzung über die Frage der Verantwortlichkeit zu keinem Zeitpunkt so gegensätzlich und leidenschaftlich geführt wurde wie jene über den Kriegsausbruch 1914. Für das Gros der Historiker stand frühzeitig fest, wem die Kriegsschuld zukam. Mit einer sogenannten — von interessierter Seite häufig unterstellten — Geschichtsschreibung der Sieger hatte das nichts zu tun. Vielmehr gewährte die Eindeutigkeit der Quellenaussagen — im Hinblick auf die Hauptverantwortlichen — kaum Interpretationsspielraum. Was nicht besagte, daß es im Rahmen der Analyse der Kriegsursachen und -anlässe keine unterschiedlichen Auffassungen gegeben hätte[24]. Und es liegt in der Natur der Sache, daß die Erörterungen andauern.

So sprach der internationale Gerichtshof in Nürnberg von einer gezielten Kriegsplanung der Reichsführung. Militärhistoriker deuteten in einem derartigen Verständnis die »Katastrophe« des 1. September 1939 noch vier Jahrzehnte danach als das »Ergebnis der seit 1933 verfolgten, auf eine kriegerische Auseinandersetzung zielenden deutschen Politik«. Unter dieser verstanden sie nicht allein Hitlers Wollen[25]. Andererseits kam es schon Anfang der sechziger Jahre zu — sich sehr bald als untauglich erweisenden — Versuchen, den Diktator in einem solchen Zusammenhang zu exkulpieren. Einerseits hieß es damals, der deutsche Regierungschef wäre ein europäischer Normalpolitiker gewesen, der den Krieg nicht bewußt herbeigeführt, sondern durch diplomatische Ungeschicklichkeiten — gemeinsam mit anderen Staatsmännern — verursacht habe. Dieses provozierende Ergebnis einer streng ereignisgeschichtlich angelegten Untersuchung trug ein seriöser Historiker vor, dessen Neigung zu exzentrischen Standpunkten freilich bekannt war[26]. Die andere These, nach der nicht Hitler, sondern dem britischen Außenminister

Lord Halifax und seinem polnischen Kollegen Oberst Josef Beck die Schuld am Kriegsbeginn zukam, setzte voraus, daß ihr Verfasser die Quellen manipulierte. Das blieb nicht unbemerkt, und das Urteil der Fachhistoriker fiel so niederschmetternd aus, daß man von jenem Autor — nach dem Eklat, den er hervorrief — nichts mehr hörte[27]. All das ist im Detail dokumentiert[28].

Mit dem »Kalten Krieg« polarisierte sich die Debatte über die Kriegsschuld. Marxistisch-leninistische Historiker gelangten bei ihrer Interpretation der Dokumente zu der Behauptung, die Westmächte hätten Hitler bewußt zur Expansion verleitet. Bürgerliche Geschichtswissenschaftler betonten hingegen, wobei sie sich vor allem auf den deutsch-sowjetischen Nichtangriffspakt vom August 1939 bezogen, daß Stalin sein deutsches Pendant zur Aggression ermutigt habe. Auf den Hitler-Stalin-Pakt ist noch zurückzukommen. Die Welt lebte längst in entspannteren Zeiten, als — auf der Basis kühner Spekulationen, nicht etwa an Hand neuer Dokumente — die These formuliert wurde, Stalin habe Hitler im Rahmen der langfristigen sowjetischen Strategie instrumentalisiert[29]. Andere Autoren erkannten wiederum eine indirekte Mitverantwortung der Westmächte. Nicht absichtlich, aber de facto hätten sie Hitlers expansive Politik durch ihre zu große Nachgiebigkeit gefördert. Der Vorwurf richtete sich gegen das Appeasement, das der wirtschaftlichen und politischen Entspannung dienen sollte. Und post festum schlossen sich ihm zahlreiche Autoren an. Doch welche realistische Alternative zum Appeasement — also zu einer Politik der Kriegsverhinderung — hätte sich angeboten? Aus der Sicht der Regierung in London offenbar keine[30]. Diese fürchtete die destabilisierenden Auswirkungen, die ein militärischer Konflikt auf die inneren Verhältnisse haben konnte. Sie sah zugleich die eigenen Interessen von den Expansionsbestrebungen Deutschlands, Italiens und Japans sowie durch den hegemonialen Anspruch der Vereinigten Staaten bedroht. Es kam hinzu, daß die Dominions — freilich eine umstrittene These — aus der Sicht Londons nur am Appeasement interessiert gewesen sind. So eindrucksvoll solche Argumente erscheinen mögen, es ist auch darauf aufmerksam gemacht worden, daß die 1938 von Churchill ins Gespräch gebrachte große Allianz zwischen der Sowjetunion, Frankreich und Großbritannien eine — noch nicht erschöpfend untersuchte — Alternative zu der von Chamberlain verfolgten Politik darzustellen vermochte[31]; wobei sich damals die Führung in Moskau im Hinblick auf Planungen, die eine Art europäisches »containment« Hitlers zum Ziel hatten, zugänglich zeigte[32]. Außerdem muß festgehalten werden, daß es nicht unproblematisch ist, die »Reaktion der Westmächte auf die Außenpolitik des Dritten Reiches bis Anfang 1939 generell als Appeasementpolitik zu beschreiben«. Denn es gab wohl ein gemeinsames Ziel, aber keine einheitliche politische Methode. So beabsichtigte Washington die Sicherung des Friedens nicht durch Zugeständnisse, sondern auf dem Wege einer gegen das nationalsozialistische Deutschland gerichteten Eindämmungsstrategie zu erreichen, die sich auf »wirtschaftliche Mittel stützte«[33].

Zu erwähnen sind in einem derartigen Kontext noch die Reaktionen der westlichen Demokratien auf das expansive Vorgehen Japans, dem sie nicht mit der in Europa praktizierten Konzessionsbereitschaft begegneten[34], und der Krieg Mussolinis in Abessinien[35]. Erschütterte letzterer das internationale System eventuell stärker als der Mandschurische Konflikt? Die Stichworte, die in solchem Zusammenhang fallen, sind: Einmarsch der Wehrmacht in das entmilitarisierte Rheinland[36], Proklamation des »Achsenbündnisses«[37], »Anschluß« Österreichs[38] und Bereitschaft Großbritanniens, sich – bei einem deutschen Angriff gegen Frankreich – militärisch auf dem Kontinent zu engagieren[39].

Analysiert man die wissenschaftlichen Begründungen der vorgestellten Thesen, so ergibt sich – sehr verkürzt resümiert – ungefähr folgender Befund: Der Niedergang des traditionellen Mächtesystems im Ersten Weltkrieg und insbesondere die Erschütterung der Herrschaftsgrundlagen der Führungseliten einerseits sowie andererseits die Tatsache, daß die Implikationen und Nachwirkungen der Weltwirtschaftskrise die labile Neuordnung der Nachkriegszeit, die in Europa 1919/20 (Versailles) und in Ostasien 1921/22 (Washington) entstanden war, in Frage stellten, offerierten Deutschland, Italien und Japan, also jenen Mächten, die auf Möglichkeiten für gewaltsame Änderungen des Status quo warteten, ihre Chance. Losgelöst von der gängigen Fixiertheit auf ereignisgeschichtliche Abläufe ist die Entstehung des Zweiten Weltkrieges historisch auch im Kontext einer Desorganisation der internationalen Ordnung oder einer »Anarchie der Interessen«[40] zu interpretieren. Wie die knappen Ausführungen zur Appeasementpolitik andeuten sollten, müssen die Konsequenzen der desolaten Verfassung, in der sich das Staatensystem befand, unter außen-, innen-, wirtschafts-, gesellschafts- und militärpolitischen sowie ideologischen Fragestellungen untersucht werden. Allein dadurch lassen sich erweiterte Dimensionen geschichtswissenschaftlicher Deutung gewinnen und die Irrungen monokausaler Argumentation vermeiden[41].

Gleichzeitig ist freilich hervorzuheben, daß, wie eng die Verflechtungen des historischen Prozesses auch gewesen sein mögen und wie vielfältig die ihn beeinflussenden Faktoren, ohne den unbedingten Willen zum Krieg, den es einzig in Berlin gab, würde 1939 nicht jener europäische Konflikt begonnen haben[42], den Hitler – nach eigenem Bekunden – schon 1938 »vom Zaune zu brechen« wünschte. Seine Absicht sei gescheitert, weil ihm die Briten und Franzosen in allen Punkten nachgegeben hätten. Noch 1945 erregte er sich über das Verhalten der westlichen »Schwächlinge«[43]. Denn damals wäre seiner Meinung nach eine Intervention von London und Paris auszuschließen gewesen. Hingegen besaß der ein Jahr später entfesselte Krieg — angesichts der von Deutschland herausgeforderten Staaten — von Anfang an eine globale Dimension. Nur wer das damalige Geschehen als rein operative Angelegenheit versteht, vermag von einer kontinentalen Auseinandersetzung zu sprechen. Auf jeden Fall schloß die Entwicklung nach dem 1. September 1939 a priori das Risiko einer weltweiten Eskalation ein. Letztere sehnte das nationalsozialistische Regime nicht herbei, aber sein führender Mann nahm sie bewußt in Kauf.

In einem derartigen Verständnis muß der deutsche Überfall auf Polen in der Tat als die »Entfesselung des Zweiten Weltkrieges« eingestuft werden[44], obwohl sich die endgültige Konstellation der Hauptkriegsgegner — militärisch betrachtet — erst mit dem Kriegseintritt der Vereinigten Staaten und Japans Ende 1941 ausbildete[45]. Unbeschadet der Periodisierungsfrage stimmen die meisten Historiker darin überein, daß der »Faktor« Hitler beim Entfachen des neuen Weltbrandes die »ausschlaggebende Rolle« spielte[46].

Das bisher Gesagte weist unter anderem darauf hin, daß der Diktator das Fernbleiben Großbritanniens vom Kriege nicht als eine conditio sine qua non seiner Entscheidung ansah. Hitlers Einstellung zu Großbritannien wird nach wie vor konträr beurteilt[47]. Doch kann das hier nicht vertieft werden. Darauf hinzuweisen ist allerdings, daß er den Krieg 1939 auch unter extrem schwierigen Voraussetzungen beginnen wollte. Dazu sagte er seinen militärischen Paladinen am 23. Mai[48]: »Ein Bündnis Frankreich-England-Rußland gegen Deutschland-Italien-Japan würde mich veranlassen, mit einigen vernichtenden Schlägen England und Frankreich anzugreifen.« Eine friedliche Einigung mit London? Er zweifelte längst daran, daß sie zu erreichen war. Deshalb schloß er den langen Krieg nicht mehr aus, wobei er natürlich den schnellen Sieg weiterhin erhoffte. Polen sollte isoliert angegriffen werden. Aber noch vor seinem Pakt mit Stalin erklärte Hitler sich bereit, den Zweifrontenkrieg zu wagen. Hieß es doch:

»Auseinandersetzung mit Polen — beginnend mit Angriff gegen Polen — ist nur dann von Erfolg, wenn Westen aus dem Spiel bleibt. Ist das nicht möglich, dann ist es besser den Westen anzufallen und dabei Polen zugleich zu erledigen.« Und an das anknüpfend, was er seinen Militärs und Politikern seit 1933 wiederholt erklärt hatte, fügte Hitler hinzu: »Danzig ist nicht das Objekt, um das es geht.« Nein, ihm ging es um die Eröffnung einer Reihe von Kriegen, die schließlich die »Erweiterung des Lebensraumes im Osten« erlauben sollten.

Dorthin führte nach dem Mai 1939 bekanntermaßen kein gerader oder direkter Weg. Doch was immer Hitler tat, die Sowjetunion blieb das zu keinem Zeitpunkt aufgegebene »Objekt« seiner Kriegführung. Damit ist die Frage nach dem Charakter der Politik Hitlers und nach dem Anlaß für den Kriegsbeginn 1939 aufgeworfen.

Hinsichtlich der Machtpolitik Hitlers ist davon auszugehen, daß es den lange Zeit diskutierten qualitativen Sprung zwischen einer revisionistischen und einer expansionistischen Phase nicht gab. Denn die politische Konzeption Hitlers stellte stets eine Einheit dar. Die Meinungen scheiden sich an einem anderen Punkt: dem Problem, ob sich dessen Politik an seit den zwanziger Jahren — im wesentlichen — feststehenden Zielen orientierte oder auch nicht.

So existiert die Auffassung, der deutsche Diktator sei ein machiavellistisch und opportunistisch handelnder Politiker gewesen, der den Krieg als eine Art Selbstzweck verstand und sich ansonsten nahm, was ihm günstige Gelegenheiten boten[49]. Einer solchen Sehweise stehen jene Interpretationen gegenüber, die in Hitler einen Programmatiker erkennen. Das heißt, die »nationalsozialistische« Außenpolitik[50] war auf ein finales Ziel hin angelegt: die rassisch, wirtschaftlich, demographisch und ideologisch motivierte Eroberung des europäischen Rußlands sowie — daran anschließend — die Errichtung eines deutschen Imperiums auf dem Kontinent[51]. Unauflöslich verband sich mit der Verwirklichung dieser programmatischen Zielsetzung, sozusagen dem Aufbau von »Groß-Hitleristan« durch Unterjochung Europas, die Entschlossenheit zur »Ausrottung der Juden«[52].

Unter den Historikern, die Hitler als »Programmatiker« begreifen, gibt es einige, die von einer kontinentalen Begrenztheit seiner Ziele ausgehen[53], und andere, die globale Fernziele annehmen[54]. Nach Andreas Hillgruber beabsichtigte Hitler[55], im Anschluß an das

»Erringen der Macht im Innern und der Konsolidierung seiner Herrschaft in Zentraleuropa das Deutsche Reich in zwei großen Etappen zur »Weltmacht«-Stellung zu führen: zunächst ein ganz Europa beherrschendes Kontinentalimperium mit einem festen machtpolitischen und »wehrwirtschaftlichen« Rückhalt im weiten europäischen »Ostraum« zu schaffen und danach durch die Gewinnung eines kolonialen Ergänzungsraumes in Afrika[56] und durch die Schaffung einer starken Flotte[57] mit Stützpunkten im Atlantik Deutschland zu einer der vier — nach dem angestrebten Ausfall Frankreichs und Rußlands — verbleibenden »Weltmächte«, neben dem britischen Empire, neben dem Großraum Japans in Ostasien und (von Hitlers Sicht entscheidend) neben den USA, zu machen. Für die folgende Generation — also die Zeit nach seinem Tod erwartete er einen Entscheidungskampf zwischen den beiden bedeutendsten »Weltmächten«, der »Weltmacht« Deutschland und der »Weltmacht« Amerika, gewissermaßen um die »Weltherrschaft« Für diese gewaltige Auseinandersetzung in der Zukunft« wollte er dem »Reich« die »notwendige »großräumige Basis« schaffen«.

In einer bestechenden Analyse der militärischen und politischen Situation 1941 konnte Hillgruber sodann nachweisen, daß es im Juli jenes Jahres kurzzeitig eine Lage gab, in der Hitler die Realisierung seiner außereuropäischen Ambitionen in unmittelbare Nähe gerückt wähnte: Mitte des Monats offerierte er Tokio ein Bündnis zur »Vernichtung« der Vereinigten Staaten[58].

Man bezeichnete solche Äußerungen Hitlers als »verbale Kraftmeierei«, was sie — gemessen an den damals vorhandenen waffentechnischen Möglichkeiten — objektiv betrachtet auch waren. Darüber hinaus wurde Hitlers »Vision einer Weltherrschaft« als »zugleich universal und ortlos, nicht im konkreten Sinne global« charakterisiert[59]. In dieser Frage wird es vermutlich nie zu einem Konsens kommen; wobei anzumerken ist, daß die Ernsthaftigkeit Hitlerscher Absichtserklärungen nicht unbedingt auf der Grundlage des militärisch Machbaren beurteilt werden sollte. Denn gerade er verstand das Können oftmals nur noch als eine Funktion des Wollens, des Willens. Jedenfalls arbeiteten Heer und Marine im Sommer 1941 bereits an langfristig zu verwirklichenden Planungen, denen zum Teil ein Krieg der Kontinente — oder der Kampf gegen den Rest der Welt — zugrunde lag[60].

Hillgrubers Thesen blieben keineswegs unwidersprochen[61], doch bislang fehlt in der Forschung eine einigermaßen überzeugende alternative Deutung. Dabei wäre es im übrigen abwegig, hinter dem Begriff des »Stufenplans« die Idee anzunehmen, daß sich die nationalsozialistische Politik auf einer Art Einbahnstraße entfaltet hätte. Ebenso darf der Terminus »Programm« nicht als Itinerarium zur Weltherrschaft aufgefaßt werden. Es handelt sich in beiden Fällen um Begriffsbildungen, die zwar Antriebskräfte, Zwischen- und Fernziele sowie Vorgehensweisen Hitlers beschreiben und charakterisieren, aber sie wollen nicht suggerieren, daß diese zeitlich oder operativ starr fixiert gewesen wären. Weder die taktische Anpassungsfähigkeit Hitlers noch die banale Tatsache, daß er auf das Verhalten der anderen Mächte reagieren mußte, das heißt seine politische Marschroute nicht autonom festzulegen und zu verfolgen vermochte, werden durch das heuristische Modell Hillgrubers irgendwie in Zweifel gezogen. Ansonsten jedoch hat die Kritik nicht zuletzt eines zu bedenken: das Faktum, daß Hitler ziemlich genau das verwirklichte oder wenigstens anstrebte, was er viele Jahre vor seinem Machtantritt niederschrieb. Eine so außergewöhnliche Übereinstimmung dürfte schwerlich zufällig zustande gekommen sein. Zumindest im hier interessierenden außenpolitischen Bereich kann deshalb wohl nicht von ziellosem Opportunismus des Diktators gesprochen werden[62].

Der Nachweis, daß der deutsche Regierungschef eine programmatische und kriegsgerichtete Politik betrieb, erklärt allerdings noch nicht, weshalb er den Krieg gerade 1939 entfesselte. Denn aus der Sicht der Militärs kam der Konflikt zu früh, sie fühlten sich nicht kriegsbereit[63]. Die militärischen Fachleute waren außerdem von der Durchführbarkeit der Blitzkriegsstrategie durchaus nicht — einvernehmlich — überzeugt. Man hat die Strategie des »Blitzkrieges« historisch extrem rationalisiert. In solchem Kontext wurde einerseits eine sehr große Flexibilität der deutschen Wirtschaft und andererseits eine umfassende direkte Kontrolle der Kriegswirtschaft angenommen, was effektiv im vermuteten Umfang nicht zutraf[64]. Ganz allgemein scheint es jedenfalls so zu sein, daß sich die populären Aussagen über die »Blitzkriegsstrategie« des nationalsozialistischen Deutschlands vordergründig bis 1940 am erfolgreichen Konzept des kurzen, räumlich begrenzten und mit äußerst beweglichen Truppen geführten Krieges orientieren. Doch der Begriff der Strategie beinhaltet nicht nur operative, sondern zahlreiche Faktoren, insbesondere wirtschaftliche und personelle, soziale und psychologische. Aus wirtschaftlicher Sicht argumentierend hieß es sogar[65]:

»Die Vorstellung von einer begrenzten ›Blitzkriegswirtschaft‹ muß durch eine andere Vorstellung ersetzt werden, nämlich durch die Vorstellung von einer ›totalen Mobilmachung‹, die in der ersten Kriegsphase elend scheiterte.«

Eine weniger radikale Deutung, die ebenfalls von der — mit den gesellschaftspolitischen Vorstellungen Hitlers — korrespondierenden Idee einer totalen Mobilmachung ausgeht, konstatierte[66], daß die »Blitzkriegsstrategie« innerhalb der Grundkonzeption des »totalen Kriegs nur eine Phase« bezeichnete, nämlich diejenige der »Lebensraumerweiterung«. Im Anschluß daran sollte sie abgelöst werden. Diese Interpretation ist auch deshalb besonders interessant, weil sie den Gedanken beinhaltet, daß nicht, wie behauptet[67], der »Zwang zur Aufgabe der Blitzkriegsstrategie« zum Kriegsverlust führte, sondern die »blinde und unkorrigierbare Anwendung des Hitlerschen Konzepts des totalen Krieges«: das heißt, des Vernichtungs- und Versklavungskrieges von nie dagewesener Brutalität. Bei engerer Bezugnahme auf die normativen Kriterien der wirtschaftlichen und personellen Mobilmachung gelangte hingegen die neueste Untersuchung über das Thema zu dem Ergebnis, daß »nur der Ostkrieg als ein geplanter — und gescheiterter — Blitzkrieg gelten« könne. Nicht eine »geniale« Blitzkriegswirtschaft habe bis dahin das operative Konzept ergänzt, sondern ein »System der Aushilfen, gehemmt durch Entscheidungsschwäche, Inkompetenz und Reibungsverluste auf allen Ebenen«[68].

Wenn die Voraussetzungen so waren, wie sie aus derartigen Analysen erhellen, so stellt sich die Frage um so drängender: Weshalb wollte Hitler 1939 den Krieg? Warum schöpfte er nach dem März 1939 die effektiv stets gegebenen Möglichkeiten nicht aus, eine friedliche Lösung der polnischen Probleme herbeizuführen[69]? Antworten versuchte man aus der inneren Lage des »Dritten Reiches« zu gewinnen. Danach stellte der Schritt in den Krieg eine »Flucht nach vorn« dar, die das Regime kaum später als bis zum Herbst 1939 anzutreten hatte, um aus der — im Wirtschafts- und Herrschaftssystem manifesten — »inneren Krisenlage auszubrechen«[70]. In gewisser Anlehnung daran wurde die These vorgetragen, Hitler habe den Krieg ausgelöst, weil die durch ihn ermöglichte personelle und materielle Ausbeutung besetzter Länder die Vorbedingung für die Stabilisierung seines Regiments und die Optimierung des Rüstungsprozesses bildete. All das wäre zudem in bezug auf die Vollendung der konterrevolutionären Gesellschaftsordnung des Nationalsozialismus zu sehen[71]. Freilich sind hier nur indirekte Beweisführungen vorgenommen worden, da zwingende Belege dafür, daß sich die »innere Lage des nationalsozialistischen Deutschland am Vorabend des Krieges so weit zugespitzt hatte, daß man von einer allgemeinen Krise des Systems sprechen« dürfe, nicht existieren[72]. Andere Autoren brachten hingegen den Faktor Zeit unter Hinweis auf Hitlers Sorge, den Rüstungsvorsprung zu verlieren[73], und seine Überzeugung, nicht lange zu leben[74], ins Spiel. Eine Studie, die den innen- und außenpolitischen Motiven Hitlers nachging, kam zu dem Resultat[75]: es waren die »innere Krise und die durch das Wettrüsten gekennzeichnete internationale Situation, die 1939 zum Krieg trieben«. Das setzte allerdings voraus, daß der Wille zum militärischen Konflikt grundsätzlich vorhanden gewesen ist. Und damit dominierte — hinsichtlich der Kriegsursache — das »Programm« Hitlers. Es sei hier noch einmal daran erinnert, daß er ja bereits 1938 seine begrenzten Kriege führen wollte, als ihn die ökonomischen Verhältnisse in keiner Weise dazu zwangen.

Sofern man annimmt, daß eine innere Krise der Anlaß für die Entfesselung des Weltkrieges war, müßte konsequenterweise davon ausgegangen werden, daß Deutschland Polen selbst ohne den Nichtangriffsvertrag mit der Sowjetunion überfallen hätte. Aber darüber läßt sich höchstens spekulieren[76]. In der Praxis lief der Pakt mit Stalin, aufgrund der Planungen Hitlers, auf eine »Einladung zum Angriff auf Polen« hinaus[77] — wie auch immer die Motive Moskaus beurteilt werden mögen[78]. So hat man den Vertrag zu den Ergebnissen der »selbstproduzierten Schwäche« Stalinscher Politik gerechnet[79]. Zweifellos, so eine andere Untersuchung, habe die sowjetische Regierung den Pakt in der »Absicht abgeschlossen, eine Teilnahme der UdSSR an einem europäischen Krieg zu verhindern«. Was nicht besagen soll, daß der Gesamtcharakter des Vertragswerkes — aus der Sicht Moskaus — defensiv verstanden worden wäre[80]; wobei sich ansonsten über die langfristigen Absichten Stalins — in bezug auf Deutschland — vor der Öffnung der Moskauer Archive sichere Aussagen nicht machen lassen.

Hingegen existiert eine Vielzahl direkter und indirekter Hinweise darauf, daß der Pakt für Hitler lediglich ein Vehikel zur Erreichung seines eigentlichen Zieles abgab. Daran änderten die verbalen Freundschaftsbeteuerungen aus Berlin absolut nichts. Und da der Krieg gegen Polen — im Rahmen der programmatischen Intentionen des Diktators betrachtet — lediglich die erste Etappe auf dem Weg zur Eroberung von Lebensraum im Osten darstellte, ließe sich sogar sagen, daß Hitler am 23. August 1939 einen Vertrag mit Stalin gegen die Sowjetunion schloß. Es ist bezeichnend, daß er seine offensiven Überlegungen und Planungen im Sommer 1940 zu einem Zeitpunkt aktualisierte, als ihn keine militärstrategischen Gründe zur Wende nach Osten veranlaßten: rechnete er doch damals fest mit einem Frieden im Westen[81]. Deshalb ist zutreffend festgestellt worden[82]:

Daß Hitler den Nichtangriffsvertrag mit der Sowjetunion von vornherein zu brechen beabsichtigte, dieser Vertrag für ihn daher eher ein Noch-Nichtangriffsvertrag war, steht außer Frage.«

Zusammenfassend: Der Kriegsbeginn 1939 bedeutete — aus der Sicht Hitlers — die verspätet einsetzende gewaltsame Realisierung des »Programms«. Von diesem losgelöst gab es keine innere oder auch äußere Notwendigkeit für die Einleitung eines kriegerischen Konflikts. Es wäre folglich verfehlt, den in der inneren Logik der am 1. September 1939 provozierten Entwicklung liegenden Überfall auf die Sowjetunion (22. Juni 1941) — wie das seit einiger Zeit geschieht[83] — als Präventivkrieg hinzustellen oder als Resultat militärischer Sachzwänge zu charakterisieren. Anders gewendet: Hitler entfesselte 1939 *seinen* Krieg, der das — bis etwa Ende 1941 — blieb, als er durch die Kriegserklärung an die USA versuchte, sein »Programm« noch einmal zu retten[84]. An der Jahreswende begann definitiv der offene Weltkrieg und — in Übereinstimmung mit der zweiten axiomatisch vorgegebenen Zielsetzung Hitlers — die Verwirklichung des Holocaust im großen Stil.

## Anmerkungen

1 Thomas Mann, Altes und Neues. Kleine Prosa aus fünf Jahrzehnten, Frankfurt/M. 1976, S. 616.

2 Winston S. Churchill, Der Zweite Weltkrieg, 6 Bde, Stuttgart 1949—54. Zit. nach Bd 1, S. 13.

3 Vgl. Hans-Adolf Jacobsen, Zur Konzeption einer Geschichte des Zweiten Weltkrieges 1939—1945. Disposition mit kritisch ausgewähltem Schrifttum (bearb. unter Mitwirkung von Joachim Röseler), Franfurt/M. 1964; Klaus-Jürgen Müller, Gedanken zum Problem einer Geschichtsschreibung über den Zweiten Weltkrieg, in: Wehrwissenschaftliche Rundschau 12 (1962), S. 634—651 und S. 729—736; Manfried Rauchensteiner, Bemerkungen zum Konzept einer Gesamtdarstellung des Zweiten Weltkrieges, in: Zeitgeschichte 2 (1974/75), S. 50—55. Zu den konzeptionellen Richtlinien des Großprojekts des Militärgeschichtlichen Forschungsamtes vgl. Manfred Messerschmidt, Das Deutsche Reich und der Zweite Weltkrieg, in: Wehrwissenschaftliche Rundschau 30 (1981), S. 149—152; für das Forschungsvorhaben der DDR vgl.: Konzeption für die Ausarbeitung einer vierbändigen »Geschichte Deutschlands im zweiten Weltkrieg«. Verfaßt von Mitarbeitern der Arbeitsgruppe »Faschismus und zweiter Weltkrieg« der Abteilung 1917—1945 und der Abteilung Militärgeschichte des Instituts für Geschichte an der Deutschen Akademie der Wissenschaften zu Berlin und des Instituts für Marxismus-Leninismus beim Zentralkomitee der SED unter Leitung von Wolfgang Schumann, in: Bulletin des Arbeitskreises »Zweiter Weltkrieg« (im folgenden: BZW), Nr. 1—2, 1968; Disposition für die Ausarbeitung einer vierbändigen »Geschichte Deutschlands im zweiten Weltkrieg«, hrsg. von der Deutschen Akademie [usw. s.o.], in: BZW, Nr. 1—2, 1969; und: Arbeitskonzeption für die Bände 5 und 6 des Projektes »Deutschland im zweiten Weltkrieg«, Autorengruppe unter Leitung von Wolfgang Schumann, in: BZW, Nr. 1—3 1981, S. 5—46.

[4] Nihon Kokusai Seiji Gakkai, Taiheiyō Senso Geninkenkyubu (Hrsg.), Taiheyō senso e no michi, Tōkyō 1962—63 (7 Textbände und 1 Dokumentenband); engl. (5 Bde) vgl.: James William Morley (Hrsg.), Japan's Road to the Pacific War, New York 1974 ff.; gewürdigt wird das Werk bei: Gerhard Krebs, Japans Deutschlandpolitik 1935—1941. Eine Studie zur Vorgeschichte des Pazifischen Krieges, 2 Bde, Hamburg 1984, Bd 1, S. 4—7.

[5] Vgl. Toshio Morimatsu, Official Research Agencies, in: Revue Internationale d'Histoire Militaire, 38, 1978, S. 80—106. Zur Militärgeschichtsschreibung in Japan — mit harscher Kritik am oben zitierten Reihenwerk — vgl.: Jun Tsunoda, Die amtliche japanische Kriegsgeschichtsschreibung über den Zweiten Weltkrieg in Ostasien und im Pazifik, in: Jahresbibliographie Bibliothek für Zeitgeschichte 45 (1973), S. 393—405; und Bernd Martin, Japan und der Krieg in Ostasien. Kommentierter Bericht über das Schrifttum, in: Sonderheft der Historischen Zeitschrift »Literaturbericht zur Geschichte Chinas und der japanischen Zeitgeschichte« 1980, S. 79—220, hier S. 145—167.

[6] Zhu Tingguang, Forschungen zur Geschichte des zweiten Weltkrieges in China in den letzten Jahren, in: BZW, Nr. 1—4, 1986, S. 4—28.

[7] Pavel A. Zhilin, Research on the History of the Second World War in the Soviet Union, in: James E. O'Neill and Robert W. Krauskopf (Hrsg.), World War II. An account of its documents, Washington D.C. 1976, S. 29—38; s. unten, Anm. 15, hier Bd 6: A. M. Belikow u.a., Historiographie der Sowjetunion über den Großen Vaterländischen Krieg und den zweiten Weltkrieg, S. 463—531.

[8] Oreste Bovio, L'Ufficio Storico dell'Esercito. Un secolo di storiografia militare, Roma 1987, S. 81—99.

[9] Ufficio Storico della Marina (Hrsg.), La Marina italiana nella seconda guerra mondiale, Roma 1957—72.

[10] History of the Second World War (United Kingdom Military Series, Civil Series, Medical Series), London 1952 ff.; außerhalb dieser Reihen erschienen: Llewllyn Woodward, British Foreign Policy in the Second World War, 5 Bde, London 1970 ff.; und Francis Harry Hinsley, British Intelligence in the Second World War. Its Influence on Strategy and Operations, 3 Bde, London 1979 ff.

[11] Office of the Chief of Military History Dept. of the Army (Hrsg.), United States Army in World War II, Washington D.C. 1947 ff.

[12] U.S. Air Force Historical Division (Hrsg.), The Army Air Forces in World War II, 7 Bde, Chicago 1948—58.

[13] Samuel Eliot Morison, History of United States Naval Operations in World War II, 15 Bde, Boston 1947—62.

[14] Historical Division, Headquarters, U.S. Marine Corps (Hrsg.), History of U.S. Marine Corps Operations in World War II, 5 Bde, Washington D.C. 1958—71.

[15] E. A. Boltin und B. S. Telpuchowski (Hrsg.), Geschichte des Großen Vaterländischen Krieges der Sowjetunion, 6 Bde, Berlin (Ost) 1962—68.

[16] A. A. Gretschko u.a. (Hrsg.), Geschichte des zweiten Weltkrieges in zwölf Bänden, Berlin (Ost) 1975—85.

[17] Ebd., Bd 1: G. A. Deborin u.a. (Hrsg.), Die Entstehung des Krieges. Der Kampf der fortschrittlichen Kräfte für die Erhaltung des Friedens, Berlin (Ost) 1975, S. 11.

[18] S. oben, Anm. 3; BZW, Nr. 1—2, 1968, S. 16 ff. Zum Reihenwerk der DDR: Autorenkollektiv unter Leitung von Wolfgang Schumann (Hrsg.), Deutschland im zweiten Weltkrieg, 6 Bde, Berlin (Ost) 1974—85.

[19] Zum Begriff Militärgeschichte vgl.: Manfred Messerschmidt u.a. (Hrsg.), Zielsetzung und Methode der Militärgeschichtsschreibung. Probleme—Thesen—Wege,

Stuttgart 1982, S. 48—59.

[20] S. unten, Anm. 22; Messerschmidt, in: Bd 1, S. 17 und 20.

[21] S. oben, Anm. 3; Messerschmidt, S. 149.

[22] Militärgeschichtliches Forschungsamt (Hrsg.), Das Deutsche Reich und der Zweite Weltkrieg, Bd 1: Wilhelm Deist u.a. Ursachen und Voraussetzungen der deutschen Kriegspolitik, Stuttgart 1979; Bd 2: Klaus A. Maier u.a., Die Errichtung der Hegemonie auf dem europäischen Kontinent, Stuttgart 1979; Bd 3: Gerhard Schreiber u.a., Der Mittelmeerraum und Südosteuropa. Von der »non belligeranza« Italiens bis zum Kriegseintritt der Vereinigten Staaten, Stuttgart 1984; Bd 4: Horst Boog u.a., Der Angriff auf die Sowjetunion, Stuttgart 1983; Bd 5/1: Bernhard R. Kroener u.a., Organisation und Mobilisierung des deutschen Machtbereichs. Erster Halbband: Kriegsverwaltung, Wirtschaft und personelle Ressourcen 1939—1941, Stuttgart 1988.

[23] Zu einigen wichtigen monographischen Summenbildungen vgl.: Klaus Hildebrand, Der Zweite Weltkrieg: Probleme und Methoden seiner Darstellung, in: Neue Politische Literatur (künftig: NPL) 13 (1968), S. 485—502; und Gerhard Schreiber, Der Zweite Weltkrieg — Probleme und Ergebnisse der Forschung, in: NPL 29 (1984), S. 453—482 und 30 (1985), S. 421—439.

[24] John L. Snell, Wie es 1939 zum Kriege kam, in: Aus Politik und Zeitgeschichte (künftig: APuZ), B 35/64, S. 10—17; weitere Literatur bei: Andreas Hillgruber, Zur Entstehung des Zweiten Weltkrieges. Forschungsstand und Literatur. Mit einer Chronik der Ereignisse September—Dezember 1939, Düsseldorf 1980; und Gottfried Niedhart (Hrsg.), Kriegsbeginn 1939. Entfesselung oder Ausbruch des Zweiten Weltkriegs? Darmstadt 1976.

[25] Wilhelm Deist u.a., Der Weg in den Krieg. Ursachen und Voraussetzungen der deutschen Kriegspolitik, in: APuZ, B 34—35/79, S. 3—15, Zit. S. 15.

[26] Alan John Percivale Taylor, Die Ursprünge des Zweiten Weltkrieges. Die Jahre 1933—1939, Zeittafel und Ergänzungsbibliographie von Klaus Kamberger, München 1980 (Gütersloh 1962). Zu den Thesen von T. vgl. Gordon Martel (Hrsg.), The Origins of the Second World War Reconsidered. The A. J. P. Taylor debate after twenty-five years, London 1988.

[27] David L. Hoggan, Der erzwungene Krieg. Die Ursachen und Urheber des 2. Weltkriegs, Tübingen 1961. Zu H. vgl. Gordon A. Craig, Über die Deutschen, München 1982, S. 83.

[28] Hermann Graml, Zur Diskussion über die Schuld am Zweiten Weltkrieg, in: APuZ, B 27/64, S. 3—23; und Gotthard Jasper, Über die Ursachen des Zweiten Weltkrieges: Zu den Büchern von A. J. P. Taylor und David L. Hoggan, in: Vierteljahrshefte für Zeitgeschichte (künftig VfZG) 10 (1962), S. 311—344.

[29] Ernst Topitsch, Stalins Krieg. Die sowjetische Langzeitstrategie gegen den Westen als rationale Machtpolitik, München 1985. T. erntete herbe Kritik. So hieß es, er vertrete »ebenso obsolete wie abenteuerliche Positionen, die keinen Zweifel daran lassen daß sich Topitsch um Forschungsergebnisse nicht schert«. Seine Arbeit habe »keine neuen wissenschaftlichen Erkenntnisse über die sowjetische Außen- und Militärpolitik gebracht«. Zit. nach: Bianka Pietrow, Deutschland im Juni 1941 — ein Opfer sowjetischer Aggression? Zur Kontroverse über die Präventivkriegsthese, in: Geschichte und Gesellschaft 14 (1988), S. 116—135, hier S. 117.

[30] Gottfried Niedhart, Appeasement: Die britische Antwort auf die Krise des Weltreichs und des internationalen Systems vor dem Zweiten Weltkrieg, in: Historische Zeitschrift 226 (1978), S. 67—88, hier S. 72; u. Hillgruber (wie Anm. 24), S. 22—33 (zur britischen Politik); einen Überblick zum Appeasement vermitteln

verschiedene Aufsätze (Gustav Schmidt, Bernd-Jürgen Wendt, Callum Alexander MacDonald und Klaus Schwabe) in: Karl Rohe (Hrsg.), Die Westmächte und das Dritte Reich 1933—1939. Klassische Großmachtrivalität oder Kampf zwischen Demokratie und Diktatur? Paderborn 1983; weitere wichtige Beiträge (Hans Herzfeld, Manfred Schlenke und Donald C. Watt) bei Niedhart (wie Anm. 24); und ders., Appeasement: Zur Inflationierung eines Begriffs und zum Primat des Friedens im industrialisierten England, in: NPL 26 (1981), S. 171—190.

31 A. P. Adamthwaite, The Making of the Second World War, London 1977, S. 80.

32 Bianka Pietrow, Stalinismus, Sicherheit, Offensive. Das »Dritte Reich« in der Konzeption der sowjetischen Außenpolitik 1933—1941, Melsungen 1983, S. 56—61.

33 Hans-Jürgen Schröder, Economic Appeasement. Zur britischen und amerikanischen Deutschlandpolitik vor dem Zweiten Weltkrieg in: VfZG 30 (1982), S. 82—97, hier S. 97; vgl. ders., Deutschland und die Vereinigten Staaten 1933—1939. Wirtschaft und Politik in der Entwicklung des deutsch-amerikanischen Gegensatzes, Wiesbaden 1970, insbesondere S. 171—199.

34 Vgl. Akira Iriye, The Asian Factor, in: Martel (wie Anm. 26) S. 227—243, hier S. 230 ff. Allerdings muß wohl auch hier unterschieden werden. London versuchte seine Appeasementpolitik angeblich bis zur »Selbstverleugnung« fortzuführen; vgl. Martin (wie Anm. 5), S. 104.

35 Manfred Funke, Sanktionen und Kanonen. Hitler, Mussolini und der internationale Abessinienkonflikt 1934—1936, Düsseldorf 1971; und Giorgio Rochat, Militari e politici nella preparazione della campagna d'Etiopia. Studio e documenti 1932—1936 Milano 1971.

36 Manfred Funke, 7. März 1936. Fallstudie zum außenpolitischen Führungsstil Hitlers, in: Wolfgang Michalka (Hrsg.), Nationalsozialistische Außenpolitik, Darmstadt 1978, S. 277—324.

37 Jens Petersen, Hitler—Mussolini. Die Entstehung der Achse Berlin—Rom 1933—1936, Tübingen 1973.

38 Vgl. Wolfgang Michalka, Ribbentrop und die deutsche Weltpolitik 1933—1940. Außenpolitische Konzeptionen und Entscheidungsprozesse im Dritten Reich, München 1980, S. 222—228; zum militärischen Aspekt: Williamson Murray, The Change in the European Balance of Power 1938—1939. The Path to Ruin, Princeton N. J. 1984, S. 141—154; Norbert Schausberger, Österreich und die nationalsozialistische Anschlußpolitik, in: Manfred Funke (Hrsg.), Hitler, Deutschland und die Mächte. Materialien zur Außenpolitik des Dritten Reiches, Düsseldorf 1976, S. 728—756.

39 Adamthwaite (wie Anm. 31), S. 49—54.

40 Gottfried Niedhart, Weltpolitik nach 1917 (I), Zwischenkriegszeit und Zweiter Weltkrieg, in: Deutsches Institut für Fernstudien (Hrsg.), Funkkolleg Geschichte, Studienbrief 9, Weinheim und Basel 1980, S. 83 ff.

41 Vgl. dazu Michael Geyer, Krieg als Gesellschaftspolitik. Anmerkungen zu neueren Arbeiten über das Dritte Reich im Zweiten Weltkrieg, in: Archiv für Sozialgeschichte, Bd 26, 1986, S. 557—601, hier S. 564—566; und Andreas Hillgruber, Der Zweite Weltkrieg 1939—1945. Kriegsziele und Strategie der großen Mächte, Stuttgart 1982, S. 25.

42 Gerhard L. Weinberg, Deutschlands Wille zum Krieg. Die internationalen Beziehungen 1937—1939, in: Wolfgang Benz und Hermann Graml (Hrsg.), Sommer 1939. Die Großmächte und der Europäische Krieg, Stuttgart 1979, S. 15—32.

43 Hitlers politisches Testament. Die Bormann — Diktate vom Februar und April 1945. Mit einem Essay von Hugh R. Trevor Roper und einem Nachwort von

André François-Poncet, Hamburg 1981, S. 100 f.; vgl. dazu: Rainer A. Blasius, Für Großdeutschland — gegen den großen Krieg. Staatssekretär Ernst Frhr. von Weizsäcker in den Krisen um die Tschechoslowakei und Polen 1938/39, Köln 1981.

44 So die klassische Charakterisierung des Kriegsbeginns durch Walther Hofer, Die Entfesselung des Zweiten Weltkrieges. Darstellung und Dokumente. Mit dem Essay »Gibt es eine Kriegsschuldfrage 1939?«, Düsseldorf 1984, S. XVIII-XXI.

45 Zur Periodisierung vgl. den Überblick bei Hillgruber (wie Anm. 24), S. 9—12; zur Diskussion über die Zäsuren in der Entwicklung in Ostasien — 1931, 1937 (chinesisch-japanischer Konflikt) oder 1941 — vgl. Bernd Martin, Japans Weg in den Krieg. Bemerkungen über Forschungsstand und Literatur zur japanischen Zeitgeschichte, in: Militärgeschichtliche Mitteilungen (künftig: MGM) 23 (1978), S. 183—209, hier S. 184 f.

46 Martin Broszat, Der »Faktor« Hitler, in: Rudolf Augstein (Hrsg.), 100 Jahre Hitler, Hamburg 1989, S. 18 ff.

47 Vgl. Josef Henke, England in Hitlers politischem Kalkül 1935—1939, Boppard/Rh. 1973; Klaus Hildebrand, Deutsche Außenpolitik 1933—1945. Kalkül oder Dogma? Vierte Auflage mit einem Nachwort: Die Geschichte der deutschen Außenpolitik (1933—1945) im Urteil der neueren Forschung: Ergebnisse, Kontroversen Perspektiven, Stuttgart 1980, S. 94—106; und Weinberg (wie Anm. 42), S. 26.

48 Die Aufzeichnung über die Besprechung am 23.5.1939 ist u.a. publiziert bei Hofer (wie Anm. 44), S. 104—110, hier S. 105 ff.

49 Vgl. als Auswahl: Martin Broszat, Soziale Motivation und Führer-Bindung des Nationalsozialismus, in: Michalka (wie Anm. 36), S. 92—116; Alan Bullock, Hitler. Eine Studie über Tyrannei, Kronberg/Ts. 1977; und Hans Mommsen, Nationalsozialismus, in: Claus D. Kernig (Hrsg.), Sowjetsystem und demokratische Gesellschaft. Eine vergleichende Enzyklopädie, Bd IV, Freiburg 1971, Sp. 695—713.

50 Zur Begründung des Terminus NS-Außenpolitik vgl. Hans-Adolf Jacobsen, Von der Strategie der Gewalt zur Politik der Friedenssicherung. Beiträge zur deutschen Geschichte im 20. Jahrhundert, Düsseldorf 1977, S. 78—123, hier S. 121 f.

51 Erstmals umfassend herausgearbeitet von Hugh Redwald Trevor Roper, Hitlers Kriegsziele, in: Michalka (wie Anm. 36), S. 31—48. Betont wird die Kontinuität der politischen Zielsetzungen Hitlers von 1920—1945 (S. 47).

52 Andreas Hillgruber, Die »Endlösung« und das deutsche Ostimperium als Kernstück des rassenideologischen Programms des Nationalsozialismus, in: Funke (wie Anm. 38), S. 94—114, hier S. 98; und ders., Die Zerstörung Europas. Beiträge zur Weltkriegsepoche 1914—1945, Frankfurt/M. 1988, S. 313—338.

53 Vgl. als Auswahl: Dietrich Aigner, Hitler und die Weltherrschaft, in: Michalka (wie Anm. 36), S. 49—69; Eberhard Jäckel, Hitlers Weltanschauung. Entwurf einer Herrschaft. Erweiterte und überarbeitete Neuausgabe, Stuttgart 1981; ders., Hitlers Herrschaft. Vollzug einer Weltanschauung, Stuttgart 1986; Geoffrey Stoakes, Hitler and the Quest for World Dominion. Nazi Ideology and Foreign Policy in the 1920s, Leamington Spa 1986; und zur Kontroverse zwischen den beiden Richtungen: Klaus Hildebrand, Das Dritte Reich, 3., überarb. u. erw. Aufl. 1987, S. 192 f.; weitere Literaturhinweise bei Gerhard Schreiber, Hitler — Interpretationen 1923—1983. Ergebnisse, Methoden und Probleme der Forschung, 2., verb. Aufl., Darmstadt 1988, S. 362 ff.

54 Vgl. Klaus Hildebrand, Hitlers »Programm« und seine Realisierung 1939—1942, in: Niedhart (wie Anm. 24), S. 178—224; und Jochen Thies, Architekt der Weltherrschaft. Die »Endziele« Hitlers, Königstein/Ts. 1980; weiterführende Literaturhinweise bei Schreiber (wie Anm. 53), S. 280 ff. und S. 364 ff.

55 Andreas Hillgruber, Deutschlands Rolle in der Vorgeschichte der beiden Weltkriege, 2., ergänzte Auflage, Göttingen 1979, S. 68 f.; und ders., Hitlers Strategie. Politik und Kriegführung 1940—1941, München ²1982, S. 564—578.

56 Vgl. Klaus Hildebrand, Vom Reich zum Weltreich. Hitler, NSDAP und koloniale Frage 1919—1945, München 1969.

57 Vgl. Jost Dülffer, Weimar, Hitler und die Marine. Reichspolitik und Flottenbau 1920—1939, Düsseldorf 1973; und Michael Salewski, Die deutsche Seekriegsleitung 1935—1945, Bd 1: 1936—1941, Frankfurt/M. 1974.

58 Andreas Hillgruber, Der Zenit des Zweiten Weltkrieges. Juli 1941, Wiesbaden 1977.

59 Vgl. Detlef Junker, Kampf um die Weltmacht. Die USA und das Dritte Reich 1933—1945, Düsseldorf 1988, S. 39—42.

60 Vgl. Schreiber (wie Anm. 22), S. 572—587, dort weitere Literatur.

61 Nicht das »raumpolitische Programm« Hitlers, wohl aber die historische Verbindlichkeit des Begriffs »Stufenplan« versah K. D. Erdmann mit einem Fragezeichen. Ihm schien der Terminus eine zu große »Systematik« zu suggerieren. Dennoch habe sich Hillgrubers »Konzept als ein fruchtbarer Anstoß für die Forschung erwiesen«: Karl Dietrich Erdmann, Deutschland unter der Herrschaft des Nationalsozialismus 1933—1939, München 1980, S. 29 und S. 34; ablehnend, wobei der Autor bei Hitler ein Expansionsstreben um seiner selbst willen vermutet, also nicht auf ein bestimmtes Objekt gerichtet: Ian Kershaw, The Nazi Dictatorship. Problems and Perspectives of Interpretation, London 1985, S. 106—129 (dt. 1988); Hartmut Schustereit, Va banque. Hitlers Angriff auf die Sowjetunion 1941 als Versuch, durch den Sieg im Osten den Westen zu bezwingen, Herford 1988, S. 106—130; zur Auseinandersetzung von Sch. mit Hillgruber stellte Jost Dülffer fest (Die Zeit, Nr. 41, 7.10.1988, S. 33): »Die Einsträngigkeit des nur auf Rüstungspläne fixierten Autors [...] vermag die Mehrschichtigkeit von Hillgrubers »Stufenplan« — Ansatz nicht zu widerlegen.« Vgl. außerdem: Bernd Stegemann, Hitlers »Stufenplan« und die Marine, in: Historische Studien zu Politik, Verfassung und Gesellschaft. Festschrift für Richard Dietrich zum 65. Geburtstag, Frankfurt/M. 1976, S. 301—316; und ders., Hitlers Ziele im ersten Kriegsjahr 1939/40. Ein Beitrag zur Quellenkritik, in: MGM 27 (1988), S. 93—105; zur Zurückweisung der — auch an anderem Ort vorgetragenen — Auffassung von St. vgl.: Andreas Hillgruber, Noch einmal: Hitlers Wendung gegen die Sowjetunion 1940. Nicht (Militär-)»Strategie oder Ideologie«, sondern »Programm« und »Weltkriegsstrategie«, in: Geschichte in Wissenschaft und Unterricht 33 (1982), S. 214—226.

62 Zum sozial-, wirtschafts- und innenpolitischen Komplex Rainer Zitelmann, Hitler. Selbstverständnis eines Revolutionärs, 2. überarb. u. erg. Aufl., Stuttgart 1989.

63 Vgl. Klaus-Jürgen Müller, Armee und Drittes Reich 1933—1939. Darstellung und Dokumentation unter Mitwirkung von Ernst Willi Hansen, Paderborn 1987.

64 Vgl. Alan S. Milward, Der Einfluß ökonomischer und nicht-ökonomischer Faktoren auf die Strategie des Blitzkriegs, in: Friedrich Forstmeier und Hans-Erich Volkmann (Hrsg.), Wirtschaft und Rüstung am Vorabend des Zweiten Weltkrieges, Düsseldorf 1975, S. 189—201.

65 Richard J. Overy, »Blitzkriegswirtschaft«? Finanzpolitik, Lebensstandard und Arbeitseinsatz in Deutschland 1939—1942, in: VfZG 36 (1988), S.379—435, S. 433.

66 Ludolf Herbst, Der Totale Krieg und die Ordnung der Wirtschaft. Die Kriegswirtschaft im Spannungsfeld von Politik, Ideologie und Propaganda 1939—1945, Stuttgart 1982, S. 99 f.

67 Alan S. Milward, Der Zweite Weltkrieg. Krieg, Wirtschaft und Gesellschaft 1939—1945, München 1977, S. 50 f.

68 Kroener u.a. (wie Anm. 22), S. 1001 und S. 1010.

69 William Carr, Rüstung, Wirtschaft und Politik am Vorabend des Zweiten Weltkrieges, in: Michalka (wie Anm. 36), S. 437—454, hier S. 450.

70 Timothy W. Mason, Innere Krise und Angriffskrieg 1938/1939, in: Forstmeier/Volkmann (wie Anm. 64), S. 158—188, hier S. 182.

71 Michael Geyer, Deutsche Rüstungspolitik 1860—1980, Frankfurt/M. 1984, S. 154—170.

72 Ludolf Herbst, Die Krise des nationalsozialistischen Regimes am Vorabend des Zweiten Weltkrieges und die forcierte Aufrüstung, in: VfZG 26 (1978), S. 347—392, S. 388.

73 William Carr, Hitler. A Study in Personality and Politics, London 1978, S. 58—61.

74 Wolfgang Michalka, Das Dritte Reich, in: Martin Vogt (Hrsg.), Deutsche Geschichte. Begründet von Peter Rassow, Stuttgart 1987, S. 646—727, hier S. 691 ff.

75 Jost Dülffer, Der Beginn des Krieges 1939: Hitler, die innere Krise und das Mächtesystem, in: Geschichte und Gesellschaft 2 (1976), S. 443—470, hier S. 469.

76 Hillgruber (wie Anm. 24), S. 20.

77 Hans-Ulrich Thamer, Verführung und Gewalt. Deutschland 1933—1945, Berlin 1986, S. 618.

78 Vgl. die Zusammenfassung der wesentlichen Literatur bei Rolf Ahmann, Der Hitler-Stalin-Pakt — Eine Bewertung der Interpretationen sowjetischer Außenpolitik mit neuen Fragen und neuen Forschungen (in diesem Band; dort auch weitere Beiträge zum Thema).

79 Wolfgang Eichwede, Die Sowjetunion in der internationalen Politik 1917—1948. Fragen und Widersprüche, in: Dietrich Goldschmidt (Hrsg.), Frieden mit der Sowjetunion — eine unerledigte Aufgabe, Gütersloh 1989, S. 151—169, hier S. 160.

80 Pietrow (wie Anm. 32), S. 127.

81 Vgl. Gerhard Schreiber, Der Mittelmeerraum in Hitlers Strategie 1940. »Programm« und militärische Planung, in: MGM 28 (1980), S. 69—99; und Gerd R. Ueberschär, Hitlers Entschluß zum »Lebensraum«-Krieg im Osten. Programmatisches Ziel oder militärstrategisches Kalkül? In: Gerd R. Ueberschär/Wolfgang Wette (Hrsg.), »Unternehmen Barbarossa«. Der deutsche Überfall auf die Sowjetunion 1941, Berichte, Analysen, Dokumente, Paderborn 1984, S. 83—110.

82 Rolf Ahmann, Nichtangriffspakte: Entwicklung und operative Nutzung in Europa 1922—1939. Mit einem Ausblick auf die Renaissance des Nichtangriffsvertrages nach dem Zweiten Weltkrieg, Baden-Baden 1988, S. 641.

83 Vgl. dazu das monokausal militärisch argumentierende und dem historischen Gegenstand in keiner Weise angemessene Buch von Viktor Suworow, Der Eisbrecher. Hitler in Stalins Kalkül, Stuttgart 1989. Den besten Überblick über diese neuerliche Erörterung einer alten nationalsozialistischen Propagandathese bieten: Bianka Pietrow (wie Anm. 29); und Gerd R. Ueberschär, Zur Wiederbelebung der »Präventivkriegsthese«. Die neuen Rechtfertigungsversuche des deutschen Überfalls auf die UdSSR 1941 im Dienste »psychologischer Aspekte« und »psychologischer Kriegführung«, in: Geschichtsdidaktik 12 (1987), S. 331—342.

84 Vgl. Eberhard Jäckel, Die deutsche Kriegserklärung an die Vereinigten Staaten von 1941, in: Friedrich J. Kroneck und Thomas Oppermann (Hrsg.), Im Dienste Deutschlands und des Rechtes. Festschrift für Wilhelm G. Grewe zum 70. Geburtstag am 16. Oktober 1981, Baden-Baden 1981, S. 117—137; zur Bedeutung des Jahres 1941 vgl. Jürgen Rohwer und Eberhard Jäckel (Hrsg.), Kriegswende 1941, Koblenz 1984.

Klaus Hildebrand

# Krieg im Frieden und Frieden im Krieg

## Über das Problem der Legitimität in der Geschichte der Staatengesellschaft 1931—1941*

I.

Zu den vorwaltenden Tendenzen der zwanziger Jahre gehörten die Erinnerung an den Ersten Weltkrieg und die Hoffnung auf dauerhaften Frieden. Furcht vor einem neuen großen Krieg und die Gewißheit seiner zukünftigen Existenz beschrieben dagegen dominierende Erwartungen der dreißiger Jahre. Denn im Gegensatz zum zurückliegenden Dezennium, dessen stets fragile Friedensordnung lediglich militärische Konflikte marginaler Art[1] zu bestehen hatte, beeinträchtigte in den Jahren zwischen 1931 und 1941 eine Gemengelage aus Krieg und Frieden verhängnisvoll die Stabilität der Staatengesellschaft. Im allgemeinen Frieden fand regionaler Krieg statt, wenn man an die mandschurische Krise im Zeitraum von 1931 bis 1933 denkt; durchgehend ließen sich Züge jener am Ausgang des 19. Jahrhunderts von Eduard Bernstein so genannten »kalten Kriegführung«[2] beobachten; schon in der Mitte der Dekade befand man sich nach Hermann Görings martialischen Worten im Zustand »der Mobilmachung, es wird nur noch nicht geschossen«[3]; eine Reihe zeitlich und räumlich vorläufig noch voneinander getrennter, teils erklärter, teils unerklärter militärischer Unternehmungen durchzog die dreißiger Jahre; und schließlich lebten in einer in Europa und in Ostasien vom Krieg heimgesuchten Welt bis zur Jahresmitte bzw. zum Jahresende 1941 nur noch zwei große Mächte im Zustand des Friedens, die Sowjetunion, die vor dem deutschen Überfall auf ihr Territorium ihrerseits kriegerisch gegen Polen und Finnland vorgegangen sowie 1938 und 1939 in kriegsähnliche Konflikte mit Japan verwickelt war, und die Vereinigten Staaten von Amerika, die gegenüber Deutschland und Japan zuvor schon eine »policy short of war« verfolgt hatten.

Den Scheitelpunkt der Zeiträume zwischen Frieden und Krieg markierte das Jahr 1931. Bereits zeitgenössisch erschien es Arnold Toynbee als »annus terribilis«[4]. Auf einem Höhepunkt der Weltwirtschaftskrise zeichneten sich aber nicht nur, wie der englische Universalhistoriker es apokalyptisch entwarf, in wirtschaftlicher und kultureller Hinsicht die Grenzen der westli-

* Wiederabdruck aus: Historische Zeitschrift, 244 (1987), S. 1—28.

chen Zivilisation ab, hinter denen ein Abgrund von Chaos und Krieg gähnte. Vielmehr traten — nicht zuletzt auch angesichts des Scheiterns der Abrüstungsbemühungen in den Jahren 1932/33 und der damit einhergehenden Steigerung des allgemeinen Rüstungswettlaufs — unter der dünn ausgebildeten Kruste internationaler Moral, deren Existenz sich mit so verheißungsvollen Stichworten wie »Locarno« und »Briand-Kellogg-Pakt« verband, die von Raymond Aron einmal als »künstlich«[5] charakterisierte Gebrechlichkeit des Versailler Vertrages, ja darüber hinaus der Pariser Friedensordnung für Europa und die Gefährdung der auf der Washingtoner Konferenz 1921/22 geschlossenen Abkommen für Ostasien und den Pazifik deutlich hervor.

Doch ungeachtet solch beunruhigender Tatsachen und Symptome lautete die entscheidende Frage, ob das am 18. September 1931 einsetzende militärische Vorgehen Japans in der Mandschurei die Legitimität des Staatensystems, die noch lange nicht die Qualität allgemeiner Anerkennung und Normalität gewonnen hatte, sondern sich mit den Herausforderungen und Notwendigkeiten eines vielfältig existierenden und weitverbreiteten Revisionismus auseinanderzusetzen hatte, grundsätzlich bedrohte. Mit anderen Worten: Zielte Japans Vorstoß in Ostasien darauf, die bestehende internationale Ordnung von Grund auf zu revolutionieren, oder sie nur, wenn auch in möglicherweise erheblichem, ja vielleicht sogar wesentlichem Maße zu revidieren? Expansion mit dem Ziel einer Revolutionierung des Status quo war mit dem Bestand der überlieferten Ordnung sicherlich unvereinbar; Expansion mit dem Ziel der Revision des Status quo konnte dagegen zur Entwicklung des traditionellen Gefüges beitragen. Wo freilich allmählicher Wandel in jähen Wechsel, wo systemverändernde Revision in systemzerstörerische Revolution umschlug, war in solchem Zusammenhang oftmals nur schwer auszumachen.

In dieser Perspektive wird Legitimität »als ein internationales Übereinkommen über das Wesen brauchbarer Arrangements und über erlaubte Ziele und Methoden der Außenpolitik« verstanden. Sie ist dabei nicht in erster Linie mit Gerechtigkeit, sondern mit Stabilität verbunden, die ihrerseits natürlich ein Mindestmaß an Rechtsstaatlichkeit, Wohlfahrt und Freiheit voraussetzt. Zudem schließt Legitimität in sich ein, »daß alle Großmächte im großen und ganzen eine bestimmte internationale Ordnung respektieren, zumindest in einem Ausmaß, daß kein Staat mit dieser Ordnung so unzufrieden ist, daß er [...] seiner Unzufriedenheit durch eine revolutionäre Außenpolitik Ausdruck verleiht«. Ja, mehr noch: »Eine legitime Ordnung schließt Konflikte nicht aus, begrenzt aber deren Zielsetzung. Es mag auch noch zu Kriegen kommen, doch sie werden ausgefochten« im Rahmen, vielleicht sogar »im Namen der bestehenden internationalen Struktur, und der nachfolgende Friede wird als besserer Ausdruck der »legitimen« allgemeinen Überzeugung gerechtfertigt«[6]. Erst wenn es um das System selbst geht, wenn beispielsweise Sein oder Nichtsein solcher Mächte in Frage stehen, die historisch und/oder konstitutiv zur Staatenordnung gehören[7], ist die Legitimität verloren und hat die Revolution Oberhand gewonnen. Die Normalität eines vornehmlich friedlichen, in begrenztem Ausmaß auch kriegerischen Wandels ist dann verspielt, und der Ausnahmezustand des großen Krieges regiert.

## II.

Eben solche Einschätzung der Lage war keineswegs vorherrschend in der zeitgenössischen Beurteilung der auf den Mukdener Zwischenfall folgenden militärischen Begebenheiten und territorialen Umgestaltungen, die am 18. Februar 1932 zur Gründung des von Japan abhängigen »Marionettenregimes« Mandschukuo führten[8]. Denn in dem Maße, in dem der ostasiatische Konflikt nach den Worten des Völkerbundspräsidenten Lord Robert Cecil in der 12. Ordentlichen Sitzung der Société des Nations vom 10. September 1931, »that there has scarcely ever been a period in the world's history when war seemed less likely than it does at the present«[9], für den Völkerbund überraschend ausbrach, so erschien er insgesamt auch noch vor dem Hintergrund der japanisch-chinesischen Auseinandersetzungen in Schanghai vom Januar 1932 als eine letztlich vorübergehende Krise[10]. Zwar offenbarte sie eine Schwäche der League of Nations, würde dafür aber nach der Einschätzung der europäischen Westmächte nicht zuletzt unter dem Blickwinkel der die eigenen asiatischen Kolonialreiche unterminierenden Herausforderung der kommunistischen Befreiungsbewegungen stabilisierend wirken. Und angesichts des von Japan im Hinblick auf amerikanische Interessen für die Mandschurei klugerweise erklärten Prinzips der »Offenen Tür« war auch die Haltung dieser pazifischen Großmacht besänftigt. Dagegen leitete die Sowjetunion eine Kurskorrektur ihrer Außenpolitik ein bzw. setzte diese nunmehr entschieden fort, die sie in Europa in Ergänzung zum Sonderverhältnis gegenüber dem inzwischen mißtrauischer betrachteten Deutschland in Polen und Frankreich heranrücken ließ und die ihr in Ostasien durch eine Politik kalkulierter Konzessionen gegenüber Japan Sicherheit verschaffen sollte. Ja, darüber hinaus hatten die 1932 von der UdSSR mit Frankreich und Polen abgeschlossenen Nichtangriffsverträge die Aufgabe, die von russischer Seite stets befürchtete polnisch-japanische und französisch-japanische Annäherung, wie real sie auch immer gedroht haben mag, zu neutralisieren[11] und die in Verbindung mit Frankreich von Polen und Rumänien ausgehende antisowjetische Politik zu durchkreuzen[12].

Alles in allem geriet das internationale System durchaus in heftige Bewegung; das Signal des kriegerischen Vorgehens und der herabsetzenden Mißachtung des von Japan am 27. März 1933 verlassenen Völkerbundes wirkten auf die Außenpolitik Deutschlands[13] und Italiens. Insgesamt freilich erreichte die ostasiatische Krise nicht das Ausmaß und die Bedeutung des afrikanisch-europäischen Doppelkonflikts der Jahre 1935/36, als Mussolinis und Hitlers Unternehmungen in Ostafrika und Mitteleuropa die Staatenordnung weit grundlegender erschütterten[14].

Insofern erschien die militärische Auseinandersetzung in Ostasien den beiden führenden Garantiemächten des Pariser Friedenswerkes auch durchaus als hinnehmbar. England war ja im allgemeinen ohnehin bestrebt, den Status quo flexibel, großzügig und dynamisch zu bewahren. Zwar lehnte es Krieg als Mittel der Politik ab. Doch wenn sich die Konflagration in Grenzen hielt und sogar scheinbar stabilisierend wirkte, wenn die für das Empire entscheidenden Schauplätze in Ostasien, im mittelmeerisch-afrikanischen Raum und in Europa[15] nicht gleichzeitig in Mitleidenschaft gezogen wurden und wenn Beharren auf der von dem sowjetischen Außenminister Litwinow in anderem Zusammenhang am 17. Januar 1935 postulierten »Unteilbarkeit des Friedens«[16] zum großen Krieg führen konnte, dann war solchem Risiko eine Teilbarkeit des Friedens vorzuziehen. Auch Frankreich zeigte sich, während es ansonsten in Europa vom Ende der zwanziger Jahre an zunehmend unbeweglicher und engherziger, wenn auch spitzfindig und gewandt für den die eigene Vormachtstellung garantierenden Bestand der überlieferten Ordnung eintrat, angesichts der europäischen Herausforderung durch Deutschland und der nationalrevolutionär-kommunistischen Bedrohung in Indochina weitgehend desinteressiert.

Den beiden Status-quo-Mächten stand — weit über die Begebenheiten des Jahres 1931 hinausweisend — die Front der revisionistischen Staaten gegenüber, die Teile des Systems, nicht aber dessen Existenz zu ändern trachteten. Zu dieser Kategorie zählten, was die Großmächte der dreißiger Jahre anging, Italien und Japan. Ungeachtet der Forderungen nach dem »Impero« und dem »Mare Nostro« sowie ungeachtet der kriegerischen Intervention in Abessinien, Spanien und Albanien, ja selbst noch in Griechenland und in Nordafrika nahmen sich Mussolinis Ansprüche doch vergleichsweise begrenzt aus. Für sich genommen, erschienen sie mit dem Bestand des Systems verträglich, zumal sie über eine längere Zeit im Zuge der klassischen Diplomatie des »peso determinante« verfolgt wurden: »Mussolini affermava il revisionismo ma non voleva la revisione[17].«

Auch das aus weit grundlegenderen als nur aus wirtschaftlichen Motiven auf Expansion hin ausgerichtete Japan, in dem Armee und Marine zeitweise ebenso darum rangen, ob sich der »Degenstoß« des Kaiserreichs gegen das ostasiatische Festland oder gegen die pazifischen Besitzungen der Westmächte zu richten hatte, wie es zeitweise innerhalb der Armee umstritten war, entweder bei neutralem Verhältnis zur Sowjetunion in erster Linie gegen China oder zusammen mit China gegen eine in diesem Fall zum »Westen« gezählte UdSSR zu ziehen, strebte Expansion in den regional großräumig entworfenen Grenzen der später sogenannten »Großasiatischen Wohlstandssphäre« an. Anders als Hitlers Deutschland beabsichtigte es, weder die Sowjetunion noch die Vereinigten Staaten von Amerika zu »vernichten«[18], und erkannte vom Jahre 1938 an, daß China nur schwer besiegbar war. In diesem Sinne postulierte es bereits in der Amau-Erklärung vom 18. April 1934 eine japanische Sonderrolle in Ostasien und in China, verband seinen regionalen Hegemonieanspruch jedoch durchgehend mit viel antikolonialistischem Schwung. Japan strebte nach regionaler Vormacht in Ostasien, jedoch nicht nach weltanschaulich fundierter und universal entworfener Herrschaft im Sinne des deutschen Nationalsozialismus, des sowjetischen Kommunismus[19] oder der liberalen Weltzivilisation der Amerikaner. Deren Telos zielte im globalen Rahmen direkter oder indirekter Herrschaft, bewußt oder unbewußt, darauf, Existenz, Selbständigkeit und Identität anderer (Groß-)Mächte in Frage zu stellen. Insofern waren Hitlers Deutschland, Stalins Sowjetunion und Roosevelts Amerika[20] nicht regional, sondern weltweit orientiert, nicht graduell, sondern umfassend ausgerichtet, nicht kompromißhaft, sondern revolutionär veranlagt.

Ihrem Ursprung und Bewegungsgesetz gemäß trachtete die Sowjetunion nach einer umfassenden politischen, gesellschaftlichen und wirtschaftlichen Revolutionierung der bestehenden internationalen Ordnung. Unter dem Zwang machtpolitischer Umstände hatte sie das Ziel der Weltrevolution zugunsten der für das Überleben des »Sozialismus in einem Land« notwendigen »Atempause« zurückgestellt und verfolgte seit der Mitte der zwanziger Jahre die von Stalin 1925 bzw. 1927 definierte Politik der »friedlichen Koexistenz«, die ihr außenpolitische Ruhe gewähren sollte und die agitatorische Betätigung auf dem gegnerischen Territorium weiterhin erlaubte. Unter dem hemisphärischen Zweifrontendruck in Europa und in Ostasien, einer zunehmend antisowjetischen Atmosphäre in Deutschland und einer machtpolitischen Bedrohung durch Japan war die Sowjetunion von einer »Anti-Versailles-Macht« zu einer Protagonistin der Politik des Völkerbundes geworden, dem sie am 18. September 1914 beitrat. Bereits zuvor nahm sie am 16. November 1933 diplomatische Beziehungen mit den nicht zuletzt gegenüber Japan als ein Gegengewicht betrachteten Vereinigten Staaten von Amerika auf und schwenkte 1935, was die Strategie der Kommunistischen Internationale betraf, von einer bis zum »Sozialfaschismus«-Vorwurf gegenüber sozialdemokratischen und sozialistischen Parteien gesteigerten Frontstellung zum »Volksfront«-Konzept um. Doch alle diese Schritte führten nicht fort vom Ziel der Revolution, das auch auf dem Wege des Krieges, wenn es opportun erschien, zu erreichen war, wie Stalin es bereits 1925 weitblickend umschrieb. Es gelte, so führte er diesen Gedanken am 19. Januar auf der Plenartagung des Zentralkomitees der Kommunistischen Partei seines Landes aus[21], die eigene militärische Macht zu stärken, um jeder Situation »bei Verwicklungen in den uns umgebenden Ländern« gewachsen zu sein. Denn

»der Krieg« könne »natürlich nicht morgen oder übermorgen, wohl aber in einigen Jahren, unvermeidlich werden [...] Das bedeutet nicht, daß wir in einer solchen Situation unbedingt aktiv gegen irgend jemand auftreten müssen [...] Sollte aber der Krieg beginnen, so werden wir nicht untätig zusehen können — wir werden auftreten müssen, aber wir werden als letzte auftreten. Und wir werden auftreten, um das entscheidende Gewicht in die Waagschale zu werfen, ein *Gewicht*, das ausschlaggebend sein dürfte.«

Ungeachtet der in den dreißiger Jahren und im Zweiten Weltkrieg vollzogenen Annäherung an den Westen konnte es in dieser Perspektive nicht Stalins Interesse sein, für die 1919/1920 von England und Frankreich eingerichtete Gleichgewichtsordnung des Staatensystems zu kämpfen und sich gar als Büttel der »nicht-revisionistisch-kapitalistischen Mächte« gegenüber dem »Faschismus« benutzen zu lassen. In diesem Sinne belehrte er später im Zuge seiner taktisch wendigen, konzeptionell langfristig entworfenen, den Staatsmännern der westlichen Demokratien ebenso wie dem nationalsozialistischen Diktator und letztlich auch dem amerikanischen Präsidenten überlegenen Politik den britischen Botschafter Cripps am 1. Juli 1940 in Moskau[22]:

»[...] die Grundlage des (deutsch-sowjetischen) Nichtangriffspakts sei das gemeinsame Bestreben gewesen, das alte in Europa bestehende Gleichgewicht zu beseitigen, das Großbritannien und Frankreich vor dem Krieg aufrecht zu erhalten bestrebt gewesen seien.«

Wie die stalinistische Sowjetunion so wollte auch Hitlers Deutschland die internationale Ordnung revolutionieren und sie einem »die Welt in den Dienst einer höheren Kultur nehmenden Herrenvolk«[23] unterwerfen. Das Ziel einer die militärische Niederwerfung Frankreichs und die Zerschlagung der Sowjetunion voraussetzenden universalen Rassenherrschaft hob sich dabei von Stresemanns europäisch orientiertem und völkerrechtlich eingebundenem Revisionismus ebenso ab wie von den außenpolitisch offensiver und risikoreicher vorgehenden autoritären Kabinetten Brüning, von Papen und von Schleicher. Daß in einem solchen historischen Zusammenhang die Übergänge zwischen revisionistischem Großmachtanspruch und weltweiter Rassenherrschaft gleitend waren, bot Hitler die Gelegenheit, das eine als Folie des anderen zu benutzen und das Wesen nationalsozialistischer Außenpolitik lange zu verschleiern. Totalitäts- und Universalitätsanspruch nationalsozialistischer Außenpolitik aber verbanden Hitlers Deutschland mit den vergleichbaren Methoden und Zielen der stalinistischen Sowjetunion und hoben beide vom durchaus expansionistisch ausgerichteten Revisionismus Italiens und Japans ab.

Was endlich die Vereinigten Staaten von Amerika anging, so zählten sie ihrem in den Auseinandersetzungen zwischen Isolationisten und Interventionisten letztlich dominierenden Selbstverständnis und Anspruch nach weder zu den Status-quo-Mächten wie Großbritannien und Frankreich noch zu den regionalen Vormächten wie Italien und Japan. Vielmehr gehörten sie wie die Sowjetunion und Deutschland zu den Staaten, die das internationale System auf Dauer revolutionierten. Lange Zeit im sogenannten Isolationismus verharrend und machtpolitisch auf die eigene Region konzentriert, war das Land seinem historischen Ursprung und seiner ungestümen Existenz gemäß doch insgesamt universal orientiert. Die für seine Politik verbindlichen Prinzipien der Unteilbarkeit des Weltmarktes, der Freiheit und des Friedens[24] ließen es zu England und Frankreich ebenso wie zu Italien und Japan und zu der Sowjetunion und Deutschland in prinzipielle Konkurrenz treten. Im Grunde wollte Amerika die Welt entweder beherrschen oder ihr entfliehen; eine Politik des bedächtigen Gradualismus war ihm dagegen fremd. Daher gefährdete sein militärischer Isolationismus die Weltordnung auch gleichermaßen wie sein selektiver Interventionismus. Auf wirtschaftlichem Gebiet dehnte es sich ebenso unbewußt aus, wie es in politischer Hinsicht ganz bewußt, ja missionarisch der Welt seine freiheitlichen Institutionen und seinen »way of life« aggressiv offerierte, der in der säkularisierten Religion des Individualismus, dem »pursuit of happiness«, gründete und zur liberalen Weltvorherrschaft Amerikas führen mußte: »With God's help«, so fand das amerikanische Lebensgesetz einmal durch den Mund eines Senators aus dem Mittleren Westen plastischen Ausdruck[25], »we will lift Shanghai up and up, ever up, until it is just like Kansas City.« Daß eine so ungezügelte Macht dem konservativen Premierminister Großbritanniens, Neville Chamberlain, der »Nazis« und »Bolshies« gleichermaßen verachtete, höchst bedrohlich vorkam, mag verständlich sein. Daß England sich schließlich unter dem Zwang der allgemeinen Entwicklung und durch den Abschluß des britisch-amerikanischen Handelsvertrages vom 17. November 1938 unübersehbar markiert der Hilfe Amerikas im Kampf um seine Existenz zu versichern bemüht war, zeigt, wo Chamberlain trotz aller Vorbehalte das kleinere Übel für sein Land erblickte, während ihm im selben Jahr »the mentality of Nazism which ›comes from the devil‹«[26] als die Gefahr erschien, die den Frieden in akuter Art und Weise am gefährlichsten herausforderte.

## III.

Entscheidend für den Zusammenbruch des internationalen Systems wurde die Tatsache, daß die Erschütterungen der existierenden Ordnung in weltweitem Ausmaß, in örtlicher und zeitlicher Kongruenz und mit zunehmender Häufigkeit auftraten. Somit entwickelte sich eine der Kontrolle im Sinne des »crisis management« oder der grundlegenden Behebung sich entziehende Dynamik, die Krieg und Anarchie in ihren vielfältigen Erscheinungsformen begünstigte. Daher lief die mit der Enthebelung der Staatengesellschaft einhergehende Entwicklung der Weltpolitik auf die revolutionären Mächte gleichsam zu — für geraume Zeit kamen ihre Ergebnisse Hitler zugute, begünstigten sodann, zumindest bis zum 22. Juni 1941, ganz offensichtlich Stalin und förderten endlich in gewissem Sinne auch Roosevelt, was angesichts einer zehn Jahre lang für alle Mächtekombinationen offenen Konstellation zwischen 1931 und 1941 vorerst schwer erkennbar blieb. Denn der Handlungsspielraum ist ja immer dann am größten, solange die Herausforderungen nur unklar zu erkennen sind. Wenn sich die Art der Schwierigkeiten dagegen deutlich abzeichnet, ist der Handlungsspielraum eng geworden bzw. auf einmal nicht mehr vorhanden.

Vor allem Großbritannien war angesichts seiner globalen Überforderung und der drohenden Möglichkeit eines Zusammengehens zwischen Deutschland und der Sowjetunion bzw. zwischen Deutschland und Japan sowie angesichts des bis 1936 andauernden sowjetischen »Appeasement« gegenüber dem fernöstlichen Kaiserreich darum bemüht, durch — anfangs vornehmlich in Übereinstimmung mit der Völkerbundspolitik geknüpfte — multilaterale, dann aber auch — ohne die Beteiligung des Völkerbundes abgeschlossene — bilaterale Abkommen Frieden und Stabilität zu sichern. Sinn britischer Vertragspolitik war es somit, den Krieg zu verhindern, ja darüber hinaus bereits die Entstehung von Blöcken zu vermeiden, deren Existenz im Rückblick auf die Vorweltkriegszeit für den Ausbruch des Krieges im August 1914 als verantwortlich angesehen wurde. Englands Verträge, Pakte und Bündnisse sollten in erster Linie nicht dazu dienen, einen kommenden Krieg siegreich zu bestehen, sondern vielmehr dessen Ausbruch zu verhindern.

Ungeachtet der Belastung durch einen die Abwehrkraft des Landes nahezu lähmenden Pazifismus verband Frankreich dagegen, zumindest zeitweise, mit dem Abschluß von Bündnissen auch die Absicht, über das Ziel der Abschreckung hinaus die eigene Verteidigungsfähigkeit zu erhöhen. Darin traf es sich, wenn auch bei weitem nicht mit der gleichen Konsequenz in der praktischen Durchführung, mit der Sowjetunion[27], die im übrigen parallel zur Außenpolitik des »Dritten Reiches« das Instrument des Nichtangriffspakts bevorzugte[28] und insgesamt, in Europa ebenso wie in Ostasien, in einem Zustand der wirklich Hobbesianischen Furcht Sicherheit nahm, wo immer sie sich bot.

Vor diesem Hintergrund betrachtet, gab es nun, zumindest was Europa anging, folgende Fundamentaloptionen der Staatenkonstellation: 1. eine die

Westmächte und die Sowjetunion zusammenführende Lösung, die in erster Linie und von ihren Motiven her gegen Deutschland gerichtet war und die die Außenminister Barthou und Litwinow im Frühjahr 1934 in Genf in gesamteuropäischem, also Deutschland einschließenden (»Ostlocarno«) Zusammenhang erörterten. Sie reduzierte sich auf den am 2. Mai 1935 geschlossenen Beistandspakt zwischen der Sowjetunion und Frankreich, den Barthou in Übereinstimmung mit der UdSSR durch militärische Absprachen zu ergänzen gedachte, während sein Nachfolger Laval dieses Vorhaben fallen ließ — aus antikommunistischer Aversion, aus Furcht davor, auf diesem Wege das Risiko des Krieges und der damit verbundenen Revolution zu erhöhen, und aus Überzeugung, daß bereits die schiere Existenz eines solchen Bündnisses die erwünschte Abschreckung mit sich bringen werde.

2. ein Zusammenwirken zwischen den Westmächten und Deutschland ohne Beteiligung der Sowjetunion, das Stalins Verdacht über die Existenz eines Komplotts der »kapitalistisch-nichtrevisionistischen« mit den »kapitalistisch-revionistischen Mächten« immer wieder erregte. Es schien sich mit der Bildung des Viererpaktes (Großbritannien, Frankreich, Italien, Deutschland) am 15. Juli 1933 zu etablieren und lebte im Zuge der Münchener Konferenz vom 29./30. September 1938 wieder auf. In bilateralem Maßstab dokumentierte sich diese Variante der mächtepolitischen Konstellation im englisch-deutschen Flottenabkommen vom 18. Juni 1935 und beschäftigte den solche Annäherungen zwischen Großbritannien und Deutschland mißtrauisch verfolgenden Stalin über die »Wohlthat-Mission« des Sommers 1939 bis zum England-Flug von Rudolf Heß am 10. Mai 1941[29].

3. war ein Zusammengehen zwischen den totalitären Staaten Deutschland und Sowjetunion stets möglich und wurde beispielsweise auf englischer Seite von dem Ständigen Unterstaatssekretär im Foreign Office, Vansittart, schon frühzeitig befürchtet[30]. Diese Möglichkeit verwirklichte sich schließlich in dem vom 23. August 1939 bis zum 22. Juni 1941 bestehenden Pakt zwischen Hitler und Stalin. Seine Existenz brachte es mit sich, daß der Regierungschef und Außenkommissar Molotow am 31. Oktober 1939 die Westmächte als die »Aggressoren« im andauernden Krieg verurteilte, während er Deutschland ausdrücklich vom Vorwurf der »Aggression« freisprach[31], und sie führte endlich zu den 1940 von den europäischen Westmächten sowie 1941 von Großbritannien ventilierten, gleichzeitig auf die Sowjetunion und Deutschland zielenden Angriffsplänen gegen die russischen Ölzentren von Baku und Batum[32].

Die in sich unterschiedlichen Versuche, während der ersten Hälfte der dreißiger Jahre durch Vertragspolitik den Frieden zu organisieren, brachen in der großen Doppelkrise (Abessinien/Rheinland) der Jahre 1935/36 zusammen, in deren Verlauf und Gefolge die westmächtliche Appeasement-Politik Mussolini und Hitler weder abschreckte noch besänftigte. Gar nicht zu übersehen aber war die mit diesen Begebenheiten verbundene Lähmung des Völkerbundes, die im Verlauf des sich nunmehr anschließenden Spanischen Bürgerkrieges in Agonie überging. Im »Weltbürgerkrieg« auf der Iberischen Halbinsel versagte in den Jahren zwischen 1936 und 1938/39 die Politik der kollektiven Sicherheit vollkommen und endgültig. Daß diese wichtige Bewährungsprobe mißlang, führte vor allem auf seiten der Sowjetunion zu tiefer Enttäuschung. Großbritannien aber vermochte sich nicht zum Vollzug der kollektiven Sicherheit zu verstehen, weil dies mit Gewißheit zur Ausweitung der militärischen Konflagration geführt hätte und in erklärtem Gegensatz zu dem für die »British Interests« verbindlichen Prinzip der Nicht-Intervention stand. Krieg vermochte für England in jedem Fall nur Verlust, nicht aber Gewinn mit sich zu bringen. Selbst Winston Churchill, bald schon der entschiedenste Kritiker der Appeasement-Politik des konservativen Premierministers Chamberlain, räumte im März 1937 gesprächsweise ein[33]: »Even if we won it would cost us so much that the victory would look like defeat.«

Kraß trat der britisch-sowjetische Weltgegensatz im Spanischen Bürgerkrieg zutage, und dementsprechend eng nahm sich der Handlungsspielraum der britischen Weltmacht auf diesem Schauplatz wie anderswo aus. Aus Furcht davor, mit einer Einmischung in den Spanischen Bürgerkrieg dem eigenen Land das gleiche Schicksal zu bereiten[34], zog Frankreich seine Unterstützung für die republikanische Regierung in Madrid schon am 8. August 1936 zurück: Die Sowjetunion mußte angesichts der ihr von Japan aus drohenden Gefahr und aus Enttäuschung über die attentistische Haltung der Westmächte nunmehr ihre Wahl treffen zwischen machtpolitischer Isolierung, dem erneuten Versuch, sich mit dem Westen doch noch zu arrangieren, oder der kühnen Alternative, Annäherung an Hitlers Deutschland zu suchen. Dessen Spielraum, Anziehungskraft und Möglichkeiten aber nahmen durch den Kampf in der spanischen Arena zu. Denn zwischen den Westmächten und der Sowjetunion wuchs in dem Maße das Mißtrauen, in dem Mussolinis Italien und Francos Spanien in wachsende Abhängigkeit vom Reich gerieten. Endgültig hatte Hitler die Defensive verlassen, in der er sich nach der »Machtergreifung« so unübersehbar befand und deren Existenz durch den Abschluß des Nichtangriffspaktes mit Polen am 26. Januar 1934 gelindert wurde. Ja, daß das »Dritte Reich« zur Offensive überging, zeigte sich nicht zuletzt wiederum im Hinblick auf seine Politik gegenüber Polen, d.h. in dem 1935 einsetzenden, von 1937 an verstärkten, im »›Globallösungs‹-Angebot« vom 24. Oktober 1938 kulminierenden und am 21. März 1939 gleichsam ultimativ wiederholten Versuch, Polen als »Juniorpartner« auf Deutschlands Seite zu ziehen, um auf diese Art und Weise entweder die Sowjetunion zu neutralisieren und den Krieg im Westen beginnen oder die Fortdauer der westmächtlichen Appeasement-Politik zu fördern und gegen die UdSSR losschlagen zu können[35].

Daß Roosevelts Amerika im Verlauf des Spanischen Bürgerkrieges die ersten zaghaften Versuche unternahm, neben der dominierenden Politik des Isolationismus über die Notwendigkeit amerikanischer Intervention nachzudenken, daß der Präsident eben vor diesem Hintergrund in der Chicagoer Quarantänerede vom 5. Oktober 1937 der Aggression eine Absage erteilte und die strikte Neutralitätsgesetzgebung mit der Einführung der 1937 beschlossenen »cash and carry«-Klausel bis zum 1. Mai 1939 für Europa, wenn auch nur unwesentlich, gelockert und im ostasiatischen Konflikt zwischen Japan und China nicht praktiziert wurde, schien die Dynamik des Deutschen Reiches vorläufig nicht zu beeinträchtigen. Doch trotz unübersehbarer außenpolitischer Erfolge, die mit dem »Anschluß« Österreichs im März 1938 einen Höhepunkt erreichten, und trotz des Zustandekommens der »Achse Berlin—Rom« am 25. Oktober 1936, trotz des am 25. November 1936 zwischen Deutschland und Japan abgeschlossenen »Antikominternpakts«, trotz des italienischen Beitritts zu diesem deutsch-japanischen Vertrag am 6. November 1937 und trotz des am 22. Mai 1939 vereinbarten deutsch-italienischen »Stahlpakts« gelang es Hitlers Deutschland nicht, ein global umfassendes und tatsächlich funktionierendes Vertragsnetz auszulegen, das die Westmächte, insbesondere England, und/oder die Sowjetunion ernsthaft gefährdet hätte, noch vermochte es sein Ziel zu erreichen, die politische und militärische Einheit der Westmächte aufzulösen und vor allem Großbritannien von Frankreich fortzuziehen.

Was den ostasiatischen Schauplatz der Weltgeschichte anging, so hatte die Sowjetunion ja bereits vor dem Ausbruch des Spanischen Bürgerkrieges ihre Politik der Konzessionsbereitschaft gegenüber Japan zugunsten eines von größerer Entschiedenheit geprägten Vorgehens aufgegeben und trat vor dem Hintergrund des Abschlusses eines Defensiv-Vertrages mit der Äußeren Mongolei am 31. März 1936 den Japanern nunmehr fest gegenüber. Rasch gewann die Tokioter Führung vor der UdSSR Respekt, ja gegenüber der in »Sowjetisch-Fernost« versammelten Militärmacht hegte sie bald sogar Furcht. Nicht zuletzt in diesem Zusammenhang gewann insbesondere im japanischen Generalstab die Tendenz an Boden, einen Kompromiß mit China zu suchen und möglicherweise zusammen mit diesem von Japan abhängigen Land Rußland die Stirn zu bieten. Der in gewisser Beziehung unerwartete Ausbruch des Krieges zwischen Japan und China am 7. Juli 1937 aber demonstrierte, daß diese politisch-strategische Variante in Tokio nicht zum Zuge gekommen war. Vielmehr mündete die Konfrontation hochgerüsteter Gegner und ihrer sich bewaffnet gegenüberliegenden Heere in einen kriegerischen Konflikt, der für Japan nicht siegreich zu beenden war und dessen wachsende Eigengesetzlichkeit das Land dennoch an den chinesischen Kriegsschauplatz fesselte. Während Japan unter diesen Umständen sowie im Hinblick auf die für das Kaiserreich nicht gerade vorteilhaft verlaufenden Grenzschlachten mit den sowjetischen Truppen vom Sommer 1938 und 1939 die Militärmacht der UdSSR kaum mehr unterschätzte, gaben sich die Westmächte nicht zuletzt angesichts der großen »Säuberung« in der Roten Armee während der Jahre 1937/38 und angesichts der anfangs nicht eben zügig vorangehenden Offensive der sowjetischen Streitkräfte des Leningrader Militärbezirkes im sowjetisch-finnischen Winterkrieg (30.11.1939—12.3.1940) Illusionen über das militärische Stärkepotential der Sowjetunion hin, die mit dazu beitrugen, daß sie sich bis zum September 1939 auf das zwischen dem Deutschen Reich und der Sowjetunion als »Dritte Kraft« balancierende, in Europa weit überschätzte Polen in ihrer Politik und Militärplanung verließen und in der zweiten Jahreshälfte 1941 die Widerstandskraft der Sowjetunion bis zur »Schlacht vor Moskau« (5./6.12.1941) grob unterschätzten.

## IV.

Während der Jahre 1938/39 zogen sich die Schauplätze der Weltpolitik enger zusammen, nahmen Zahl und Intensität der Konflikte zu. Vorläufig gereichte diese Entwicklung in erster Linie der Sowjetunion zum Nachteil. Ihre zwischen 1934 und 1936 verfolgte Völkerbundspolitik war enttäuschend verlaufen; Großbritannien begegnete sie nicht zuletzt wegen dessen fortgesetzten Ausgleichsbemühungen um ein »general settlement« mit Deutschland höchst mißtrauisch; zu Frankreich hatte sich das Verhältnis vom Jahre 1936 an merklich abgekühlt; behutsame Annäherungsversuche an das »Dritte Reich« waren bislang ergebnislos geblieben[36]; und mit Japan kam es im Frühjahr und Sommer 1938 zu militärischen Auseinandersetzungen im mongolisch-mandschurischen Grenzgebiet, die die sowjetische Handlungsfähigkeit gegenüber der von Hitler wegen des sudetendeutschen Problems ausgelösten tschechoslowakischen Krise in Europa einschränkten und die erst im August 1938 beigelegt wurden. Nur einen Monat darauf aber, im September 1938, fühlte sich die Sowjetunion sodann aus dem Kreis der großen europäischen Mächte ausgeschlossen, als England, Frankreich, Italien und Deutschland im Rahmen der Münchener Konferenz die tschechoslowakische Frage im Sinne einer — vorläufigen — Bewahrung des allgemeinen Friedens beantworteten.

Angesichts der Tatsache, daß Japan auf dem ostasiatischen Festland Krieg führte und seine pazifischen Ambitionen noch in der Zukunft lagen, was den Vereinigten Staaten von Amerika zugute kam und für die Sowjetunion nachteilig war, stellten sich die europäischen Optionen der UdSSR vom Spätsommer 1938 an in der Kontur noch schärfer dar, als sie sich bereits im Verlauf des Spanischen Bürgerkrieges, aus dem sich die Sowjetunion im Jahre 1938 mehr und mehr zurückzog, abgezeichnet hatten: Verständigung mit den Westmächten; Arrangement mit Hitler-Deutschland; Rückzug in die Isolierung. Doch ebenso wie Großbritannien trotz entsprechender Neigungen im Lande, sich auf das Empire zu konzentrieren, Hitler den europäischen Kontinent zu überlassen und Japan in Ostasien großzügig entgegenzukommen, eine solche Politik des Abschieds von der Weltpolitik als lebensgefährlich ablehnte, erschien es auch der Sowjetunion nicht angeraten, einen solchen Kurs zu wählen. Da Stalin jedoch befürchtete, bei einem Zusammengehen mit den Westmächten als Rammbock gegen Hitlers Deutschland mißbraucht zu werden und insbesondere für Großbritannien die »Kastanien aus dem Feuer holen«[37] zu müssen, da es ihm zudem darauf ankam, die kapitalistischen Staaten in offenen Gegensatz zueinander zu bringen und in einen sich möglichst lange hinziehenden kriegerischen Konflikt zu verwickeln, verbündete er sich mit Deutschland, das er im übrigen im Vergleich mit England und Frankreich für die schwächere Macht hielt, und lenkte Hitlers Expansionsdrang erst einmal — für längere Zeit, wie Stalin im Hinblick auf das in militärischer Hinsicht vor dem Hintergrund der Erfahrungen des Ersten Weltkrieges als außerordentlich stark eingeschätzte Frankreich fälschlicherweise annahm — von Osten nach Westen um. Als *tertius gaudens*[38] hatte der sowjetische Diktator damit für den sich abzeichnenden großen Krieg in Europa eine Schlüsselposition gewonnen, die ihm darüber hinaus aufgrund des Geheimen Zusatzprotokolls zum deutsch-sowjetischen Nichtangriffspakt vom 23. August 1939 noch beträchtliche territoriale Gewinne in Ostmitteleuropa sowie die Garantie einer von Finnland bis nach Bessarabien reichenden »Interessensphäre« eintrug. In gewissem Maße bereits durch die englische Garantie für den Bestand Polens vom 31. März 1939 entlastet, mit der die Entscheidung über den Zeitpunkt von Krieg und Frieden zu einem nicht unerheblichen Teil in die Hände der polnischen Führung gelegt wurde[39] und die Großbritannien und Deutschland — ganz entgegen der mit diesem letzten nach Berlin gerichteten Signal verbundenen Erwartung der Briten auf eine Abschreckung Hitlers vom endgültigen Schritt zu einem Waffengang — in die unmittelbare militärische Konfrontation führte, bekundete Stalin mit dem Abschluß des Nichtangriffspaktes mit Hitler im Sommer 1939 seinen Willen, den Krieg nicht zu verhindern, »sondern ihn indirekt auszulösen, mit Hitler als Handelndem, der die »Entfesselung« besorgte«[40], weil er den Krieg programmatisch wollte.

Schon bald nach Beginn des »Blitzkrieges« am 1. September 1939 war Polen, Ergebnis und Symbol des von dem englischen Diplomaten und Historiker Headlam-Morley einmal so charakterisierten »neuen Systems«[41] der Staatenwelt in der Zwischenkriegszeit, geschlagen und wurde vom Deutschen Reich bis zu der im Geheimen Zusatzprotokoll zum »Hitler-Stalin-Pakt« mit der UdSSR festgelegten Grenzlinie in Ostmitteleuropa besetzt. Und in seiner bereits erwähnten Rede vom 31. Oktober 1939 charakterisierte Molotow Polen als »this ugly offspring of the Versailles treaty« und fuhr im Hinblick auf die Neuordnung der internationalen Konstellation bezeichnenderweise fort:

»Everybody realizes that there can be no question of restoring old Poland. It is therefore absurd to continue the present war under the flag of restoration of the Polish State[42].«

Nachdem sich aber Japans Niederlage im Gebiet um Nomonhan-Haruha abzeichnete, ja die Bereitschaft des Kaiserreichs unter dem Eindruck des die Sowjetunion an ihrer europäischen Flanke entlastenden »Hitler-Stalin-Paktes« zum Waffenstillstand nicht mehr zu übersehen war, der die schweren, für die sowjetischen Truppen erfolgreichen Grenzgefechte im Anschluß an den japanischen Überfall auf die Mongolische Volksrepublik vom 11. Mai 1939 beendete und am 19. September 1939 nach vierzehntägigen Verhandlungen in Moskau zwischen Molotow und dem japanischen Botschafter Shigenori Togo zustande kam[43], begann angesichts des nunmehr absehbaren Einlenkens der Japaner am 17. September 1939 der Einmarsch der Roten Armee in das der UdSSR zuerkannte Ostpolen. Im Hinblick auf die in gewissem Sinne über den Kriegsbeginn hinaus fortgesetzte Appeasement-Politik Großbritanniens und die vom Deutschen Reich nach England hin ausgestreckten Friedensfühler[44] befürchtete Stalin zwar nach wie vor eine deutsch-britische Verständigung in Europa. Und das wenige Wochen vor Kriegsausbruch in Ostasien zustande gekommene »fernöstliche München«[45], die Beilegung des Tientsin-Konflikts zwischen Japan und Großbritannien in der Craigie-Arita-Erklärung vom 24. Juli 1939, deren Existenz Hitlers Hoffnungen auf ein Bündnis mit Japan gegen den Westen endgültig begraben und ihn ebenso wie die am gleichen Tag in Moskau zwischen den Briten, den Franzosen und den Sowjets getroffene Vereinbarung über den Beginn gemeinsamer Militärbesprechungen der drei Mächte zur Verständigung mit der UdSSR gedrängt hatte, mußte das Mißtrauen des sowjetischen Diktators ebenfalls wachhalten. Dennoch nahm sich die außenpolitische Lage der Sowjetunion zwischen dem Herbst 1939 und dem Sommer 1940 insgesamt so vorteilhaft aus wie niemals zuvor in der Geschichte dieses Staates. Diese Konstellation gestaltete sich für die UdSSR freilich wieder offener und riskanter, als Hitlers Deutschland, für Stalin gänzlich unerwartet und seiner Spekulation auf eine lange Dauer des Krieges zwischen den kapitalistischen Staaten entgegenlaufend, Frankreich überraschend schnell niederrang. Doch noch waren Stalins Rußland und Hitlers Deutschland mit ihren ideologisch und machtpolitisch konträren, aufeinander bezogenen und gegeneinander gerichteten, miteinander verwandten und voneinander unabhängigen, in beiden Fällen weit gesteckten Konzeptionen Verbündete auf Zeit.

V.

Das im Jahre 1940/41 gegenüber Hitlers Deutschland allein ausharrende Großbritannien kämpfte für die Erhaltung bzw. Wiederherstellung eines Gleichgewichts, das längst zerstört und verloren war. Dieses Resultat ergab sich nicht allein aus der Politik und Kriegführung des »Dritten Reiches«. Ohne Umschweife ließ vielmehr auch Stalin in der bereits einmal erwähnten Unterredung mit Botschafter Cripps am 1. Juli 1940 die Briten auf den Einwand des englischen Diplomaten, es müsse doch in Europa, wenn schon nicht das alte, dann doch ein anderes Gleichgewicht geben und nicht die Hegemonie einer Macht, wissen[46]:

»Ich bin nicht so einfältig, den deutschen Versicherungen zu glauben, sie hätten keinen Wunsch nach Hegemonie, aber ich bin von der physischen Unmöglichkeit einer solchen Hegemonie überzeugt, da Deutschland nicht über die notwendige Seemacht verfügt.«

In der Tag lag Hitlers Deutschland territorial eingepfercht und zeitlich im Verzug zwischen den USA und der UdSSR, den beiden in den in Europa bzw. in Ostasien tobenden Krieg noch nicht eingetretenen Großmächten, die ihrerseits, Amerika wie Rußland, im Jahre 1942 kriegsbereit sein würden.

Im Vergleich mit dem Deutschen Reich, der Sowjetunion und den Vereinigten Staaten von Amerika erscheinen die anderen Mächte im Rückblick auf diese Zeit, so sehr sie auch im Mittelpunkt des Geschehens standen und so geschichtsmächtig sie mithin agierten, doch von nachgeordneter Bedeutung. Denn Großbritannien entschied sich in der ihm vor dem Hintergrund einer verzweifelten Lage während des Jahres 1940 verbliebenen Wahl zwischen der »Pax Germanica« Hitlers und der »Pax Americana« Roosevelts endgültig zur Juniorpartnerschaft an der Seite der Amerikaner. Deren globaler Vormachtanspruch trat nicht zuletzt in der von den politischen Freiheitsidealen der USA durchdrungenen »Atlantik-Charta«[47] vom 14. August 1941 zutage, die die Briten im Hinblick auf ihre imperialen und damit verbundenen wirtschaftlichen Interessen nur mit Vorbehalten unterzeichneten und in der die von den Amerikanern machtpolitisch bereits aufgegebene, unter den militärischen Schlägen der deutschen Wehrmacht erzitternde Sowjetunion schon gar keine Rolle mehr spielte.

Japan aber, das nach dem Ziel regionaler Herrschaft auf dem ostasiatischen Kontinent und in Teilen des Pazifik strebte, allerdings kein global orientiertes und weltanschaulich fundiertes Konzept verfolgte, wurde von dem vorrangig auf die deutsche Herausforderung konzentrierten Roosevelt nicht zuletzt auch als »Bauer« im weltpolitischen Spiel um die Vormachtstellung benutzt, die der amerikanische Präsident in erster Linie in der Auseinandersetzung um Hitlers Deutschland zu gewinnen dachte. In diesem Sinne legte er mit dem als Reaktion auf den japanischen Einmarsch vom 25. Juli 1941 nach Süd-Indochina gegen Japan am 1. August 1941 verhängten Öl-Embargo, das das Kaiserreich auf eine gar nicht allzu lange Dauer in die Knie oder zur »Flucht nach vorn« zwingen mußte, eine »Zeitbombe«[48], die nur dann »entschärft«[49] worden wäre, wenn der deutsche Vormarsch in Rußland nicht Ende Juli/Anfang August im Mittelabschnitt (»Schlacht um Smolensk«) ins Stocken geraten wäre. Vor diesem Hintergrund beschloß das Kaiserliche Hauptquartier in Tokio nämlich am 9. August 1941, die Möglichkeit einer mit dem Deutschen Reich in globaler Dimension koordinierten Kriegführung und eines japanischen Angriffs gegen die Sowjetunion für das Jahr 1941 aufzugeben. Dagegen entschied sie sich am 6. September 1941 dafür, im Pazifik die militärische Initiative gegenüber den USA und den europäischen Kolonialmächten zu ergreifen, falls die mit den Vereinigten Staaten von Amerika geführten Geheimverhandlungen nicht bis zum 10. Oktober 1941, einem später nochmals bis Ende November verlängerten Termin, zu einem Ausgleich gefunden hätten. Doch entschlossen trieb Roosevelt die Tokioter Führung in den pazifischen Krieg und trat durch den japanischen Angriff auf Pearl Harbor (7.12.1941) sowie die deutsche Kriegserklärung an die Vereinigten Staaten von Amerika (11.12.1941) in einen nun die europäischen und asiatischen Schauplätze zusammenführenden Weltkrieg ein, in dem lediglich die Sowjetunion und Japan ihre am 13. April 1941 vereinbarte, danach immer wieder auf des Messers Schneide stehende Neutralität bis in den Sommer 1945 hinein wahrten und den der amerikanische Präsident in erster Linie gegen das Amerikas weltweit definierte Interessen global herausfordernde Deutschland Hitlers zu führen gedachte.

Daß Roosevelt im »Dritten Reich« die für sein Land bedrohlichste Gefährdung erblickte, erscheint angesichts der weltpolitischen Konstellation im Jahre 1940/41 verständlich und entwickelte eine weitreichende Geschichtsmächtigkeit. Freilich darf diese Tatsache nicht den Blick dafür verstellen, daß Hitlers Deutschland und Stalins Sowjetunion Kriegszielprogramme verfolgten, die Autonomie besaßen und auf Dauer dem Konflikt gar nicht entgehen konnten. Stalin erkannte diesen Sachverhalt am Vorabend des deutschen Angriffs auf die Sowjetunion im Prinzip, wenn auch nicht in bezug auf den Termin, sehr klar. Am 5. Mai 1941, einen Tag, bevor er auch den Posten des Regierungschefs der UdSSR übernahm, sprach der Diktator vor den Absolventen von 16 sowjetischen Militärakademien der roten Armee und neun militärischen Fakultäten ziviler Hochschulen sowie in Anwesenheit der »Spitzen des Staates [...] der Partei« und der »obersten Führung von Armee und Flotte« davon, die Sowjetunion sei derzeit zu einem Waffengang gegen Deutschland nicht in der Lage und müsse daher gegenüber Hitler nachgeben, um Zeit zu gewinnen. Einer anderen Textüberlieferung dieser Rede zufolge fügte er noch hinzu[50]:

»Wenn er gelingt [der Versuch, dem Krieg 1941 auszuweichen, K.H.], wird der Krieg mit Deutschland fast unvermeidlich im Jahr 1942 stattfinden, und zwar unter viel günstigeren Bedingungen, da die Rote Armee dann besser ausgebildet und besser ausgerüstet sein wird. Je nach der internationalen Situation wird die Rote Armee einen deutschen Angriff abwarten oder aber selbst die Initiative ergreifen, da eine dauernde Vorherrschaft Nazi-Deutschlands in Europa »nicht normal« sei.«

Eigenständig begegnete dem nationalsozialistischen Eroberungsprogramm das ebenfalls weit gespannte, spätestens seit dem Jahre 1940 festliegende Kriegszielprogramm Stalins[51]. Nachdem die Sowjetunion aber aus eigener Kraft und ohne nennenswerte westalliierte Unterstützung den Angriff Hitler-Deutschlands abgewehrt hatte, verbanden sich die davon ursprünglich unabhängig entworfenen, wahrscheinlich von einer Niederlage Deutschlands ausgehenden und beispielsweise in den Gesprächen Molotows mit Hitler und von Ribbentrop am 12./13. November 1940 zutage tretenden territorialen Forderungen der Sowjetunion[52] mit dem vor aller Welt manifest gewordenen, nicht länger zu vernachlässigenden Sicherheitsbedürfnis des Landes, so daß die sowjetischen Kriegsgewinne als Reaktion auf den deutschen Überfall vom 22. Juni 1941 Scheinlegitimation gewannen. An den von Stalin mit Weitblick und Konsequenz im Zuge traditionell bestimmter Machtpolitik großräumig vorgeschobenen Grenzen seines Reiches aber stießen sich bald schon, weitestgehend vergeblich, die vornehmlich von neuartigen Machtmaßstäben wirtschaftlicher und kultureller Provenienz getragenen offensiven Ideen der liberalen Weltzivilisation der Amerikaner, nachdem alleine die USA und die UdSSR aus der Konkurrenz der Staaten als wirklich große Mächte hervorgegangen waren.

## VI.

In den dreißiger Jahren war Europa nicht mehr wie einst im 19. Jahrhundert der Regulator der Weltpolitik. Längst hatte es die Kraft eingebüßt, die Erde nach seinem Willen zu ordnen. Verblieben war ihm nur noch das fatale Vermögen, sie in Unordnung zu stürzen. Diese Tatsache festzustellen mag erklären, warum die Zerstörung des internationalen Systems im entscheidenden Maße ihren Ausgang von Europa nahm. Zweifellos war das ostasiatische Geschehen in diesem Zusammenhang wichtig, aber eben nicht ausschlaggebend, es trug in erheblichem Maße zur Erschütterung der internationalen Ordnung bei, versetzte ihr jedoch nicht den Todesstoß.

Es waren lediglich zwei Mächte, Großbritannien und Frankreich, die für die Aufrechterhaltung des Pariser Friedenswerkes eintraten und für die Bewahrung eines Gleichgewichtszustandes stritten, der bereits vor dem Ausbruch des Krieges verspielt war. Dabei führten England und Frankreich den Kampf für das von ihnen errichtete und garantierte Staatensystem nur halbherzig, da sowohl die Politik des »Appeasement« als auch die der »Décadence«[53] auf britischer Seite zumindest für eine gewisse Zeit dem »bad conscience« des Siegers gegenüber dem geschlagenen, in Versailles gedemütigten Deutschland und auf beiden Seiten durchgehend einem »tornade pacifiste«[54] im eigenen Land ausgesetzt waren. »Welch ein Trick«, vertraute Thomas Mann angesichts dieser mächtigen und verhängnisvollen Zeitströmung seinem Tagebuch inmitten der tschechoslowakischen Krise unter dem Datum des 22. September 1938 ebenso verbittert wie unübersehbar resigniert an,

»ein Groß-Reich aufzurichten durch Erpressung des pazifistischen Reifezustandes der anderen! Die Geschichte wird's rühmen. [...] so weit sind die Menschen, ihre Aufklärung hält beim Pazifismus: Das ist für den Tiefstand die große Gelegenheit, seine ›historische‹ Stunde«[55].

Vom weitverbreiteten Revisionismus vieler Staaten der Zwischenkriegsära atmosphärisch und praktisch getragen bzw. begünstigt, überwanden die revolutionären Mächte der Zeit, Deutschland und die Sowjetunion, das bestehende System und zerrieben seine sich entwickelnde Legitimität zwischen den Extremen von rechts und links. Dabei verfolgten beide, tief voneinander unterschieden und doch zwillingshaft gleich, autonom entworfene, weit gespannte und gegeneinander gerichtete sowie noch darüber hinausgreifende Kriegszielprogramme. Doch während Stalin, stets sprungbereit, in überlegen abwartender Defensive verharrte, entwickelte Hitler eine von ihm selbst dann nur noch schwer zu bremsende und ihn zur »Flucht nach vorn« antreibende Dynamik, die ihn den Krieg gegen Polen, gegen Frankreich und gegen die Sowjetunion, um nur die wichtigsten Stationen seiner »Strategie« anzuführen, verantwortlich auslösen ließ.

Die USA, die schließlich Großbritannien und der Sowjetunion im Kampf gegen das nationalsozialistische Deutschland zur Seite traten, fochten damit weder für die Existenz der auch ihnen obsolet vorkommenden Gleichgewichtsordnung der europäischen Westmächte noch für Stalins Konzeption kommunistischer Klassenherrschaft, sondern für die Unteilbarkeit des Welthandels, der Freiheit und des Friedens im Sinne amerikanischer Interessen; gemessen am Maßstab eines auf bedächtigen Gradualismus und vernünftigen Kompromiß hin ausgerichteten internationalen Systems, verfolgten auch sie eine revolutionäre Politik. Die Konzeptionen einer universalen Klassenherrschaft des Kommunismus, einer universalen Rassenherrschaft des Nationalsozialismus und einer universalen Weltzivilisation des Liberalismus attackierten übermächtig den von England und Frankreich repräsentierten Ordnungsentwurf der zwanziger und dreißiger Jahre dieses Jahrhunderts, auch wenn sich zwei von ihnen mit den Trägern des überlieferten Systems verbündeten und gemeinsam dem damals gefährlichsten Herausforderer Paroli boten.

Angesichts des Bestandes einer solchen, in sich freilich prinzipiell voneinander abgehobenen und somit zutiefst uneinheitlichen Phalanx revolutionärer Herausforderer gab es schon eine in prägendem, wenn auch keineswegs determinierendem Sinne nachteilige Konstellation für die Verteidiger des internationalen Status quo. Damit war ihnen aber beileibe nicht die Chance genommen, ihr Interesse an der Aufrechterhaltung der von ihnen repräsentierten Ordnung tatkräftig zu wahren und dadurch die für das Überleben und die Entwicklung der eigenen Existenz wichtige Zeit zu gewinnen, deren in der Zukunft aufgehobene und eben nicht absehbare Optionen jeweils politischer Gestaltung unterlagen. In die Brüche ging das bestehende internationale System aber in ganz maßgeblicher Art und Weise deshalb, weil es sich als unmöglich erwies, im Zusammenwirken mit revolutionären Partnern, in erster Linie mit Hitlers Deutschland, eine Teilbarkeit des Friedens zu praktizieren: Vergeblich wurde die Kunst des Kompromisses mit der Revolution erprobt. Aus bis zu einem gewissen Grade verständlicher, danach selbstmörderischer Angst vor dem großen Krieg schreckten Großbritannien und Frankreich davor zurück, die ersten elementaren Herausforderungen ihrer Ordnung angemessen zu beantworten. Nach langem Zaudern und Sträuben verließen sie sich endlich auf Freunde und Helfer, die in einer unnatürlichen Koalition mit ihnen letztlich auch danach strebten, das existierende Gefüge durch die jeweils widerstreitenden eigenen Entwürfe über die Gestalt der Staatengesellschaft zu ersetzen.

Verspielt worden ist die Legitimität des Systems zudem, weil seine Protagonisten zu lange darüber grübelten, ob es sich bei den diversen Krisen und Kriegen der dreißiger Jahre um Akte begrenzter Revision oder grenzenloser Expansion handelte. In Vergessenheit geriet darüber die historisch gültige Regel, daß Macht, zu welchem Zweck auch immer bereitgestellt, irgendwie und irgendwann zu politischem Druck oder kriegerischem Tun benutzt wird.

Daß solche Macht, weil Balance die einzige Grundlage für Stabilität darstellte, Gegenmacht erforderte, wurde zu spät erkannt und beherzigt. Daß es sich dazu noch um ein recht verstandenes und gepflegtes Gegengewicht handeln mußte, entging den Anhängern der traditionellen Gleichgewichtsordnung nicht minder. Lediglich sektoral konzentrierte Gegenmacht blieb somit wirkungslos, weil eine umfassend angelegte Balance notwendig war, die eine weltanschauliche und wirtschaftliche, politische und militärische Angemessenheit der Reaktion ermöglicht hätte. Denn in dem Maße, in dem beispielsweise die ökonomischen »Have-Nots« der Zwischenkriegszeit teilweise aus Ohnmacht vor dem überlegenen Wirtschaftspotential der Angelsachsen zum atavistisch anmutenden Griff nach dem Schwert getrieben wurden, erwies sich dementsprechend auf britischer Seite eine überproportional stark auf die Luftwaffe vertrauende Strategie der Abschreckung angesichts der spezifischen Methoden und Mittel der deutschen Herausforderung als ebenso unwirksam, wie der einseitig auf die Unüberwindbarkeit der »Maginot«-Linie vertrauende Glaube der Franzosen fatale Konsequenzen zeitigte.

Daß sich solch kognitive Mißverständnisse für Großbritannien und Frankreich, die Träger der Staatenordnung in der Zwischenkriegsära, bis zur großen Katastrophe ausweiten konnten, hing nicht zuletzt neben mannigfachen anderen Faktoren mit der verhängnisvollen Sucht einer Zeit zusammen, die die totalitären Herausforderungen konsequent verdrängte und die Grauen des Krieges mißverständlich beschwor, um sich, zumindest für lange Zeit, nicht für den Ernstfall wappnen oder ihm gar ins Auge sehen zu müssen. Durchgehend zweifelten die Garanten der Pariser Friedensordnung an sich und ihrer Aufgabe, opferten die Legitimität der Staatengesellschaft einem ebenso unsicheren wie unehrenhaften Waffenstillstand mit der Gewalt[56] und verloren schließlich dennoch, ja gerade deshalb den Frieden der Welt.

## Anmerkungen

1 Vgl. dazu C. J. Bartlett, The Global Conflict. The International Rivalry, 1880—1970. London/New York 1984, 107 ff.; ferner G. Ross, The Great Powers and the Decline of the European States System 1914—1945. London/New York 1983, 37 ff., und S. Marks, The Illusion of Peace. International Relations in Europe 1918—1933. London 1976.

2 E. Bernstein, Die internationale Bedeutung des Wahlkampfes in Deutschland, in: Die Neue Zeit, XI. Jahrgang, II. Band. 1892—93, 294.

3 Zit. nach K. D. Erdmann, Die Zeit der Weltkriege (= Gebhardt. Handbuch der deutschen Geschichte. 9., neubearb. Aufl., Bd IV, 2). Stuttgart 1976, 407.

4 A. J. Toynbee, Part I. The World Crisis, in: Survey of International Affairs. Oxford/London 1932, 1 ff.

5 R. Aron, Frieden und Krieg. Eine Theorie der Staatenwelt. Frankfurt a.M. 1963, 58. Die Formulierung lautet: »Der Versailler Vertrag war in dem Sinne künstlich, als er nicht das wirkliche Verhältnis der Kräfte zum Ausdruck brachte«.

6 H. A. Kissinger, Großmacht Diplomatie. Von der Staatskunst Castlereaghs und Metternichs. Frankfurt a.M./Berlin/Wien 1973, 7 f. In der ausgelassenen Passage des Zitats führt Kissinger die Weimarer Republik als das Beispiel eines Staates an, der eine solch revolutionär bestimmte Außenpolitik gegenüber dem Versailler Friedensvertrag verfolgt habe. Daß diese Einschätzung des Sachverhalts unzutreffend ist, zeigt K. Hildebrand, Das Deutsche Reich und die Sowjetunion im internationalen System 1918—1932. Legitimität oder Revolution? Wiesbaden 1977, 3 u. passim.

7 Siehe dazu auch die Überlegungen von J. Kunisch, Das Mirakel des Hauses Brandenburg. Studien zum Verhältnis von Kabinettspolitik und Kriegführung im Zeitalter des Siebenjährigen Krieges. München/Wien 1978, 22 f., sowie die provozierenden Bemerkungen über Gleichgewicht und Hegemonie bei P. W. Schroeder, Austria, Great Britain and the Crimean War. The Destruction of the European Concert. Ithaca/London 1972, 402.

[8] Vgl. dazu Ch. Thorne, The Limits of Foreign Policy. The West, the League and the Far Eastern Crisis of 1931—1933. London 1972.

[9] Zit. nach ebd. 4.

[10] Bartlett, Global Conflict (wie Anm. 1), 156: »a passing crisis«.

[11] Siehe dazu R. Ahmann, Die operative Nutzung des Nichtangriffspaktes in den europäischen Beziehungen 1922—1939. Diss. phil. Münster 1985, 262 ff.

[12] Ebd. 276 ff.

[13] Vgl. dazu G. Ratenhof, Das Deutsche Reich und die internationale Krise um die Mandschurei 1931—1933. Frankfurt a. M./Bern/New York/Nancy 1984, bes. 300, und allgemein für die Haltung der deutschen Außenpolitik zu den ostasiatischen Fragen J. P. Fox, Germany and the Far Eastern Crisis 1931—1938. A Study in Diplomacy and Ideology. Oxford 1982.

[14] Siehe zu dieser Einschätzung der Begebenheiten und Zusammenhänge auch A. P. Adamthwaite, The Making of the Second World War. London/Boston/Sydney 1977, 36 f.

[15] Vgl. dazu grundsätzlich L. R. Pratt, East of Malta, West of Suez. Cambridge/London/New York/Melbourne 1975, 1 ff.

[16] Zit. bei H.-A. Jacobsen, Primat der Sicherheit, 1928—1938, in: Osteuropa-Handbuch. Sowjetunion. Außenpolitik 1917—1955. Hrsg. v. D. Geyer. Köln/Wien 1972, 236.

[17] E. di Nolfo, Il revisionismo nella politica estera di Mussolini, in: Il Politico 19, 1954, 91, zit. nach J. Petersen, Hitler — Mussolini. Die Entstehung der Achse Berlin-Rom 1933—1936. Tübingen 1973, 7.

[18] Staatsmänner und Diplomaten bei Hitler. Vertrauliche Aufzeichnungen über Unterredungen mit Vertretern des Auslandes 1939—1941. Hrsg. und erl. von A. Hillgruber, Frankfurt a. M. 1967, Nr. 83: »Aufzeichnung über die Unterredung des Führers mit Graf Oshima im Führerhauptquartier am 15. Juli 1941 von 17 bis 19 Uhr«, 606. Zu der Tatsache, daß das Gespräch bereits am 14. Juli 1941 stattgefunden hat, siehe A. Hillgruber, Hitlers Strategie. Politik und Kriegführung 1940—1941. 2. Aufl. München 1982, Nachwort, 731. — Eine solche während des Krieges formulierte Zielvorstellung muß natürlich in dem Sinne quellenkritisch betrachtet werden, als sich das normale Profil eines Staates unter der Bürde der Kriegführung nicht selten zur Grimasse verzerrt und extreme Forderungen unter solchen Bedingungen von der im Frieden verbindlichen Normalität seiner Außenpolitik abweichen. In dieser Perspektive bedürfen beispielsweise die 1941/42 entwickelten britischen Kriegsziele für eine zukünftige Neuordnung Mittel- und Ostmitteleuropas, auf deren Radikalität kürzlich Andreas Hillgruber hingewiesen hat (ders., Der Zusammenbruch im Osten 1944/45 als Problem der deutschen Nationalgeschichte und der europäischen Geschichte. Opladen 1985, 23), noch der umfassenden historischen Einordnung. Dagegen steht die hier angeführte Äußerung Hitlers in einer Kontinuität seiner »programmatisch« entworfenen Außenpolitik und Kriegführung, deren zeitliche Verwirklichung sich allerdings unter dem Eindruck der militärischen Entwicklung komprimiert und intensiviert hatte. Siehe dazu ders., Der Faktor Amerika in Hitlers Strategie 1938—1941, in: ders., Deutsche Großmacht- und Weltpolitik im 19. und 20. Jahrhundert, Düsseldorf 1977, 197.

[19] Die Grausamkeiten der japanischen Kriegführung (Massaker von Nanking 1937; medizinische Experimente in mandschurischen Gefangenenlagern; Übergriffe der japanischen Soldateska gegen die chinesische Zivilbevölkerung und westalliierte Kriegsgefangene) erfüllten den Tatbestand von Kriegsverbrechen, erreichten aber

nicht — soweit sich das bis heute erkennen läßt — die Intensität und das Ausmaß der zielgerichteten nationalsozialistischen und stalinistischen Vernichtungspolitik.

20 Daß diese Einschätzung der Sachlage der für das abgehandelte Thema gewählten Perspektive (»Legitimität oder Revolution des Staatensystems in der *Zwischenkriegsära* des 20. Jahrhunderts«) entspricht, sei hervorgehoben und darauf hingewiesen, daß damit nicht gleichzeitig über die von den anderen »revolutionären« Mächten der Zeit *grundsätzlich verschiedene Qualität* der inneren Verfaßtheit der USA und den amerikanischen »way of life« in seinem umfassenden Zusammenhang geurteilt wird. Zum »manichäischen Muster« amerikanischer Außenpolitik vgl. im übrigen G. A. Craig, Amerikanische Außenpolitik und Deutschland, 1919—1983. Einige Überlegungen, in: Deutschland und der Westen. Vorträge und Diskussionsbeiträge des Symposions zu Ehren von Gordon A. Craig veranstaltet von der Freien Universität Berlin vom 1.—3. Dezember 1983. Hrsg. v. H. Köhler, Berlin 1984, 203 f.

21 J. W. Stalin, Werke, Bd 7, Berlin 1952, 11.

22 Stalin und Hitler. Pakt gegen Europa. Hrsg. u. eing. v. J. W. Brügel. Wien 1973, 230.

23 A. Hitler, Mein Kampf, München 1941, 438.

24 Siehe dazu die Darstellung von D. Junker. Der unteilbare Weltmarkt. Das ökonomische Interesse in der Außenpolitik der USA 1933—1941. Stuttgart 1975.

25 Senator Kenneth Wherry von Nebraska im Jahr 1940, zit. bei T. R. B. (Richard L. Strout), The Tarnished Age, in: New Republic vom 26. Oktober 1974, 4.

26 Foreign Relations of the United States. Diplomatic Papers 1938. Vol. I: General. Washington 1955, 551. Über diese Äußerung von Außenminister Lord Halifax schreibt Bartlett, wahrscheinlich eingedenk der Tatsache, daß der Premierminister damals häufig und offiziell die Berechenbarkeit Hitlers herausstellte: »Chamberlain at times said much the same«; Bartlett, Global Conflict (wie Anm. 1), 200.

27 Zu den sich daraus ergebenden, das sowjetisch-französische Verhältnis in den dreißiger Jahren charakterisierenden Konsequenzen siehe H. W. Bartel, Frankreich und die Sowjetunion 1938—1940. Ein Beitrag zur französischen Ostpolitik zwischen dem Münchener Abkommen und dem Ende der Dritten Republik. Diss. phil. Bonn 1983.

28 Ahmann, Operative Nutzung des Nichtangriffspaktes (wie Anm. 11), 37.

29 Vgl. dazu zusammenhängend Hillgruber, Hitlers Strategie (wie Anm. 18), 513 ff.

30 Siehe dazu K. Hildebrand, Der Hitler-Stalin-Pakt als ideologisches Problem. Zur Benutzbarkeit des Faschismus- und Totalitarismusbegriffs, in: A. Hillgruber, K. Hildebrand, Kalkül zwischen Macht und Ideologie. Der Hitler-Stalin-Pakt: Parallelen bis heute? Zürich 1980, 39 f.

31 Soviet Documents on Foreign Policy. Selected and ed. by J. Degras. Vol. III: 1933—1941. London/New York/Toronto 1953, 388 ff., bes. 389.

32 Vgl. dazu G. Kahle, Das Kaukasusprojekt der Alliierten vom Jahre 1940. Opladen 1973, und H.-J. Lorbeer, Westmächte gegen die Sowjetunion 1939—1941. Freiburg i.Brsg. 1975.

33 G. Hagglof, Diplomat. Stockholm 1971, 103, zit. nach Bartlett, Global Conflict (wie Anm. 1), 191.

34 Daß dieses innenpolitische Motiv und nicht der Druck Großbritanniens für die Entscheidung der französischen Regierung ausschlaggebend war, zeigt D. Carlton, Eden, Blum and the Origins of Non-Intervention, in: W. Schieder, Ch. Dipper (Hrsg.), Der Spanische Bürgerkrieg in der internationalen Politik (1936—1939). München 1976, 290 ff.

35 Zu diesem Zusammenhang, zu den polnischen Ablehnungen vom 19.11.1938 bzw. 26.3.1939 und ihren außenpolitischen Motiven sowie den sich daraus ergeben-

den Folgen siehe A. Hillgruber, Deutschland und Polen in der internationalen Politik 1933—1939. Vortrag, gehalten auf der XVIII. deutsch-polnischen Schulbuchkonferenz am 29.5.1985 in Naugard/Pommern, Manuskript.

36 Zu der auch während der Jahre von 1934/35 bis 1938 (Politik der kollektiven Sicherheit) den Westmächten und dem Deutschen Reich gegenüber doppelgleisig verfahrenden Außenpolitik Stalins siehe die unter diesem Gesichtspunkt nicht unumstrittene Darstellung von S. Allard, Stalin und Hitler. Die sowjetrussische Außenpolitik 1930—1941. Bern/München 1974.

37 J. Stalin, Rechenschaftsbericht an den XVIII. Parteitag über die Arbeit des ZK der KPDSU (B) am 10. März 1939, in: ders., Fragen des Leninismus. Moskau 1946, 692.

38 Vgl. dazu auch Robert Rhodes James (Ed.), Chips. The Diaries of Sir Henry Channon. London 1967, 215, 3. September 1939: »Everyone is smiling, the weather ist glorious, but I feel that our world or all that remains of it, is committing suicide, whilst Stalin laughs and the Kremlin triumphs.«

39 Siehe dazu K. F. Werner, Deutschland und Frankreich 1936—1939, in: K. Hildebrand, K. F. Werner (Hrsg.), Deutschland und Frankreich 1936—1939. München 1981, XIX, Anm. 16.

40 A. Hillgruber, Der Hitler-Stalin-Pakt und die Entfesselung des Zweiten Weltkrieges — Situationsanalyse und Machtkalkül der beiden Pakt-Partner, in: HZ 230, 1980, 351.

41 Sir J. Headlam-Morley. A Memoir of the Paris Peace Conference 1919. Ed. by A. Headlam-Morley, R. Bryant, A. Cienciala. London 1972, 163.

42 Degras (Ed.), Soviet Documents on Foreign Policy (wie Anm. 31), 388 f.

43 H. Lupke, Japans Rußlandpolitik von 1939 bis 1941. Frankfurt a.M./Berlin 1962, 11 ff., bes. 15 u. 23.

44 Vgl. dazu B. Martin, Friedensinitiativen und Machtpolitik im Zweiten Weltkrieg 1939—1942. Düsseldorf 1974, 52 ff.

45 Bartel, Frankreich und die Sowjetunion (wie Anm. 27), 434.

46 Brügel (Hrsg.), Stalin und Hitler (wie Anm. 22), 231.

47 Siehe dazu, nicht zuletzt auch zu den in diesem Zusammenhang wichtigen amerikanisch-britischen Vorverhandlungen A. Hillgruber, Der Zenit des Zweiten Weltkrieges Juli 1941. Wiesbaden 1977, 32 ff.

48 Ders., Der 2. Weltkrieg 1939—1945. Kriegsziele und Strategie der großen Mächte. 2., verb. Aufl. Stuttgart/Berlin/Köln/Mainz 1983, 82.

49 Ebd.

50 Für die Paraphrase aus der Rede Stalins vgl. Akten zur deutschen auswärtigen Politik 1918—1945, Serie D, Band XII. 2. Göttingen 1969, 802 f.; für die darüber hinausgehende Fassung siehe A. Werth, Rußland im Krieg 1941—1945. München/Zürich 1965, 107.

51 Die im Hinblick auf die Erforschung der sowjetischen Geschichte mangelhafte Quellenlage erlaubt es nicht festzustellen, in welchem Maße sich — über die ideologische Qualität des weltweiten Herrschaftsanspruchs der Sowjetunion hinaus — weitreichende machtpolitische Ziele in Stalins Gedankenbildung *frühzeitig* abzeichneten und inwieweit beispielsweise die von ihm in den mit Eden zwischen dem 16. und 20. Dezember 1941 in Moskau geführten Gesprächen angedeutete — später dann modifizierte — Vorstellung einer Aufteilung Deutschlands lediglich als kriegsbedingte Reaktion einzuschätzen ist oder vielmehr in einer langfristigen Kontinuität der machtpolitischen Überlegungen Stalins steht. Diese tritt — vor dem Hintergrund der Annexion der baltischen Staaten im Sommer 1940 (21.7.1940:

Estland, Lettland und Litauen werden zu Sowjetrepubliken erklärt) und angesichts des mißlungenen Versuchs der militärischen Unterwerfung Finnlands (30.11.1939—12.3.1940) — in den einen Blick auf die revolutionäre und weit ausgreifende Zielsetzung Stalins freigebenden Unterredungen des sowjetischen Diktators mit dem englischen Botschafter Cripps am 1.7.1940 und dem britischen Außenminister Eden im Dezember 1941 sowie des sowjetischen Ministerpräsidenten und Außenkommissars Molotow mit von Ribbentrop und Hitler am 12. und 13.11.1940, besonders im Gespräch mit dem Reichsaußenminister am 13. November, klar zutage. Vgl. in diesem Zusammenhang auch Anm. 18.

52 Siehe dazu Hillgruber, Hitlers Strategie (wie Anm. 18), 305 f.

53 J. B. Duroselle, La Décadence, 1932—1939. Paris 1979.

54 Ebd. 171.

55 Th. Mann, Tagebücher 1937—1939. Hrsg. v. P. de Mendelssohn. Frankfurt a.M. 1980, 293.

56 Diese die westmächtliche Appeasement-Politik der dreißiger Jahre in den Verlauf der globalen Entwicklung einordnende und von deren Resultaten her betrachtende Einschätzung, die sich mit den neueren Darstellungen von Jean Baptiste Duroselle (wie Anm. 53) und Anthony P. Adamthwaite (wie Anm. 14) in Übereinstimmung befindet, möchte darüber nicht das insbesondere durch die Forschungen von Donald Cameron Watt vermittelte Verständnis des britischen »Appeasement« in Vergessenheit bringen, das im Rahmen seiner innen- und außenpolitischen Voraussetzungen und Bedingungen als »dual policy« aus Konzessionsbereitschaft und Festigkeit interpretiert wird und in dem Aufsatz von G. Niedhardt, Appeasement: Die britische Antwort auf die Krise des Weltreichs und des internationalen Systems vor dem Zweiten Weltkrieg, in: HZ 226, 1978, 67 ff., eine zusammenfassende Würdigung gefunden hat.

Gottfried Niedhart

# Sitzkrieg versus Blitzkrieg

## Das attentistische Konfliktverhalten Großbritanniens in der Krise des internationalen Systems am Vorabend und bei Beginn des Zweiten Weltkrieges

»Danzig ist nicht das Objekt, um das es geht«[1] — dieser bekannte Ausspruch Hitlers vom Mai 1939 traf auch auf die britische Politik zu, als die Londoner Regierung am 3. September 1939 in Berlin durch ihren Botschafter das Ultimatum übergeben ließ, das die Kriegserklärung implizierte. Schon im März 1939 hatte Premierminister Chamberlain im Kabinett sehr präzise zusammengefaßt, worum es ging. Es handelte sich aus seiner Sicht darum, den deutschen »Marsch zur Weltherrschaft« zu stoppen[2], und nicht primär um die Verteidigung Polens oder anderer kleinerer Länder Ostmitteleuropas, denen man militärisch ohnehin nicht direkt helfen konnte. Mit anderen Worten: der casus belli war für Großbritannien nicht gegeben, solange Deutschland den Eindruck erweckte, es ziele auf eine begrenzte Revision des territorialen Status quo, was 1939 durchaus auch die deutsch-polnische Grenze hätte einschließen können. Der Kriegsfall war aber in dem Moment eingetreten, als sich in London der Eindruck verdichtete, das nationalsozialistische Deutschland wolle über den Normalstatus einer in das internationale System eingebundenen Großmacht hinausdrängen, um eine umstürzende Veränderung europäischer und globaler Machtstrukturen zu erreichen. Seit dem Winter 1938/39 erhärtete sich ein Verdacht, den man schon lange gehegt hatte, den man aber möglichst nicht bestätigt sehen wollte, weil er den für Großbritannien völlig unerwünschten Kriegsfall unausweichlich machte, der Verdacht nämlich, das nationalsozialistische Deutschland wolle eine internationale Ordnung eigenen Rechts herbeiführen, die machtpolitisch und ideologisch gegen den Westen gerichtet wäre.

Wieder — wie schon 1914 — trat Großbritannien als Gegenmacht auf, und wieder zerstörte es deutsche Illusionen, es werde kontinentaleuropäischen Machtverschiebungen größeren Ausmaßes tatenlos zusehen. Während die französische Regierung in den ersten Tagen des September 1939 nervös nach Möglichkeiten einer Fortschreibung von »München« suchte, während die USA ihre Neutralität erklärten und während die Sowjetunion, die begreiflicherweise für niemanden die »Kastanien aus dem Feuer holen« wollte[3], mit Deutschland gegen Polen gemeinsame Sache machte, markierte Großbritannien die Grenze für die deutsche Expansionspolitik, obwohl der Preis hoch und mit dem britischen Fundamentalinteresse nach Machterhalt im Frieden nicht vereinbar war. Denn der Krieg war nur mit Hilfe der USA zu gewinnen. Die USA aber, bevor sie selbst in den Krieg eintraten, forderten für die in der Tat nicht versagte materielle Unterstützung Gegenleistungen (Stützpunkte, wirtschaftliche Einflußnahme). Sie waren — ebenso wie Deutschland — nicht bereit, die aus dem 19. Jahrhundert stammende, seit der Jahrhundertwende aber in einem kontinuierlichen Prozeß erodierte britische Weltmachtrolle unverändert zu akzeptieren. Vielmehr zwangen sie Großbritannien eine Juniorpartnerschaft auf. Sie kam zwar angesichts der schmalen Ressourcenbasis der alten britischen Weltmacht nicht eigentlich überraschend und war von geschäftsmäßiger Angemessenheit. Aber sie war für die machtgewohnten britischen Eliten gleichwohl demütigend und stand in völligem Gegensatz zu dem, worum Großbritannien seit dem Ende des Ersten Weltkriegs gerungen hatte. Denn sie ließ das Hauptziel britischer Politik scheitern, das in der Konservierung der traditionellen britischen Weltmachtrolle bestanden hatte. Eine Alternative hätte darin bestanden, zum Juniorpartner des Deutschen Reiches abzusinken. In dieser Zwangslage gab es keinen Zweifel daran, sich — wie es 1940/41 geschah — der Führung der USA zu unterwerfen, zu denen überdies die freilich schon immer ambivalenten Bande einer »special relationship« zu bestehen schienen. Mit der unverzichtbaren, wenn auch ungeliebten amerikanischen Macht im Hintergrund war Großbritannien das einzige Bollwerk gegen Deutschland, dessen erfolgreiche Blitzkriege in Ost-, Nord- und Westeuropa eine unaufhaltsam erscheinende Ausweitung des nationalsozialistischen Machtbereichs befürchten ließen. Daß es für die deutsche Blitzkriegsstrategie Grenzen gab, zeigte sich in der »Battle of Britain«. Großbritannien, dessen kriegswirtschaftliche Mobilisierung wesentlich durchgreifender erfolgte als diejenige Deutschlands, und das seinen Kriegsgegner 1940 in Flugzeug- und Panzerproduktion deutlich übertraf, konnte die deutsche Offensive zurückweisen. Damit wurde Deutschland die Dauer einer Auseinandersetzung aufgezwungen, was mit dem Blitzkriegskonzept unvereinbar war und es auch erstmals scheitern ließ.

Großbritannien war ein Gegner, der nicht ausgeschaltet werden konnte und der sich auch nicht ausschalten ließ. Dies galt aber umgekehrt ebenso. Großbritannien konnte Deutschland weder im Frieden pazifizieren, noch im Krieg besiegen. In dieser folgenreichen Tatsache lag das Scheitern der britischen Doppelstrategie begründet, die sowohl auf Friedenswahrung als auch auf Vermeidung eines Friedens um jeden Preis gerichtet war. Die Politik des Appeasements suchte nach Wegen, auf denen man zu internationaler Entspannung kommen konnte. Es war eine Politik des »world appeasement«[4], die den Interessenausgleich der vier europäischen Großmächte Großbritannien, Frankreich, Deutschland und Italien ebenso anstrebte wie die Einbindung

Japans in ein System unkriegerischer Multipolarität im Fernen Osten. Die USA sollten in diesem Konzept eine Verstärker-, aber keinesfalls eine Führungsrolle spielen. Das Revolutionsregime der Sowjetunion schließlich, die politisch als suspekt und wirtschaftlich und militärisch als schwach galt, sollte am besten außerhalb der westlichen Staatenwelt bleiben, zu der das nationalsozialistische Deutschland oder das faschistische Italien trotz ihrer antiliberalen Ausrichtung ohne Zweifel hinzugezählt wurden. »Deutschland ist ein kapitalistischer Staat und beabsichtigt vermutlich, es zu bleiben«, beruhigte der »Economist« im Sommer 1933 seine Leser[5], als sich das britische Deutschlandbild infolge des innenpolitischen Terrors erheblich verschlechtert hatte.

Die Doppelstrategie von entspannungsorientierter Friedenswahrung und weltpolitischer Selbstbehauptung als internationaler Ordnungsmacht stand lange Jahre unter dem Primat der Friedenswahrung. Das attentistische Konfliktverhalten, das aber letztendlich die Austragung des Konflikts auch mit militärischen Mitteln nicht ausschloß, war die spezifisch britische Antwort auf die Überbürdung des Landes in der internationalen Anarchie der dreißiger Jahre. Es war die Antwort auf die umfassende wirtschaftliche und sicherheitspolitische Krise, in der sich Großbritannien befand[6].

Man war in London keineswegs blind gegenüber den Gefahren, die vom nationalsozialistischen Deutschland drohten. Für Neville Chamberlain, damals noch Schatzkanzler, war Deutschland 1934 zur »Quelle aller Unsicherheit in Europa« geworden[7]. Die Sicherheitsexperten im Foreign Office und in den Streitkräften stuften Deutschland seit 1934 als potentiellen Feind ein. Damit war allerdings noch kein akutes Bedrohungsgefühl verbunden. Eine Gefahr werde frühestens in fünf Jahren von Deutschland ausgehen. Vorerst war die britische Deutschlandpolitik noch nicht davon bestimmt, daß Deutschland eine Diktatur und ein Militärstaat war, sondern von den Interessenlagen Großbritanniens und der Wahrnehmung Deutschlands als Wirtschaftsmacht und Handelspartner. Das ökonomische Interesse am Frieden und ein Sicherheitsdenken in ökonomischen Kategorien hatte Vorrang vor militärischen Machtmaßstäben. Ungeachtet der Tatsache, daß die Welt sich militarisierte und verschiedene Staaten sich durch Rüstung und Krieg dem Verbund des liberalen Systems entzogen, hielt man an der Grundannahme fest, Wirtschaftsmacht und Weltmachtstatus seien unauflöslich gekoppelt. Es kam aus dieser Sicht darauf an, die kränkelnden Wirtschaftszweige in den alten Industrien zu sanieren, den Aufschwung der neuen Industrien (wie der Elektro- und Motorenindustrie) nicht aufs Spiel zu setzen und vor allem Großbritanniens Rolle als internationaler Dienstleister (Versicherungen, Banken, Schiffahrt) nicht zu gefährden. All dies erschien von zentraler Bedeutung, um eine ausgeglichene Zahlungsbilanz zu gewährleisten und die Stabilität des Pfundes nicht zu gefährden. Wirtschaftliche Leistungsfähigkeit erschien als »vierte Teilstreitkraft[8]. Sie aber drohte zu versagen, wenn der Staatshaushalt übermäßig durch Rüstungsausgaben belastet werden würde. Besonders schwierig wurde die Lage in den dreißiger Jahren, als erstmals seit knapp hundert Jahren ein Zahlungsbilanzdefizit auftrat. Man begann zu fürchten, der Kollaps — nämlich der finanzielle — könnte noch vor dem militärischen Ernstfall eintreten, wenn durch Rüstungsaufträge Kapital und Arbeitskräfte aus der lebenswichtigen Exportwirtschaft abgezogen würden. Nach seiner Ernennung zum Premierminister 1937 unterstrich Chamberlain diesen Punkt. Kriege würden nicht nur mit Waffen und Soldaten gewonnen, sondern mit ausreichenden materiellen und finanziellen Reserven und aufgrund der größeren Ressourcen. Krieg als Mittel zur Lösung internationaler Konflikte schied nicht aus, obwohl Krieg zutiefst interessenwidrig erschien. Sollte es aber zum Krieg kommen, dann zu einem möglichst späten Zeitpunkt. Er würde aus der Defensive heraus zu führen sein und war nur als lange dauernder Krieg vorstellbar, in dem sich die Gegner Großbritanniens mit ihren begrenzten Ressourcen erschöpfen würden.

Überlegungen dieser Art nahmen 1938/39 konkrete Formen an, als der britischerseits stets betonte Zusammenhang von politischer Entspannung, Rüstungsbegrenzung, weltwirtschaftlicher Erholung und innerbritischer Konsolidierung nur noch eine Wunschvorstellung war und keinen Bezug mehr zur Realität hatte. Aber auch noch zu diesem späten Zeitpunkt wollte man keine Gelegenheit versäumen, Chancen zur Friedenswahrung auszuloten. Die deutsche Außenpolitik erhielt auf diese Weise beträchtlichen Bewegungsspielraum. Er wurde auf deutscher Seite freilich überschätzt. Nicht deutlich genug waren Hitler die Grenzen britischer Friedensbereitschaft. In genauer Entsprechung dazu verdrängte man in England die radikalen Inhalte der nationalsozialistischen Programmatik. Beide Seiten konzentrierten sich vor allem auf die partielle Interessenidentität, die sich aus den jeweiligen Erwartungen zu ergeben schien. Der Konflikt zwischen Deutschland und den westeuropäischen Großmächten ergab sich daraus, daß Deutschland ohne Gegenleistung zu einer Revision des Versailler Vertrags kommen wollte. Angeboten wurde ihm »friedlicher Wandel« (peaceful change), aber auf der Grundlage neuer, international bindender Vereinbarungen. Hitler dagegen war allenfalls zu bilateralen Abkommen bereit, die das internationale System in lauter Sonderbeziehungen auflösten.

Die britischen Irritationen darüber mußten in dem Maß zunehmen, wie sich die weltpolitische Lage nicht nur in Europa, sondern auch im Mittelmeerraum und in Ostasien verschlechterte. Die britische Verteidigungsplanung mußte im Juli 1937 nach Japan und Deutschland auch Italien definitiv in die Front der Feindmächte einreihen, als deutlich wurde, daß Italien mit seiner Unterstützung des arabischen Nationalismus in Palästina und im

Nahen Osten insgesamt und mit der Gefährdung der Schiffahrt im Mittelmeer durch Unterseeboote eine eindeutig antibritische Politik verfolgte. Die Konfrontation mit Italien war jedoch überschaubar und begrenzt, vergleicht man sie mit dem britisch-japanischen Gegensatz, der sich im Zuge des japanischen Krieges in China zuspitzte. Es kam zu militärischen Übergriffen auf das exterritoriale Gebiet der britischen Handelsniederlassung in Tientsin und zu einer Bedrohung der asiatischen Besitzungen Großbritanniens ganz allgemein. Die britische Regierung versuchte, ihr Gesicht zu wahren, wich aber notgedrungen Schritt um Schritt zurück. Das Risiko eines Krieges wollte man unter keinen Umständen eingehen, denn die »Versuchung« für die europäischen »Diktatoren«, die Situation auszunutzen, »sei es in Osteuropa oder in Spanien«, könnte dann zu groß sein[9]. Es bestand die Befürchtung, bei einer außereuropäischen Eskalation könnten auch die europäischen Verhältnisse außer Kontrolle geraten.

Die Konfliktscheu, die Großbritannien an den Tag legte, wurde von den Dominions geteilt. Die Empire-Konferenz im Mai 1937 rief zu vermehrten Anstrengungen für internationale Entspannung (»international appeasement«) auf[10]. Entspannungspolitik war nicht nur aufgrund britischer Interessen angezeigt, sondern auch aufgrund fehlender Alliierter, die für eine frühe Politik der Eindämmung der Aggressoren — im Unterschied zu der von Großbritannien praktizierten langfristig-verzögernden Eindämmungspolitik — mobilisierbar gewesen wären. Frankreich war von inneren Zerreißproben erfüllt. Aus den USA waren nur ermahnende Worte zu hören, denen aber keine Taten folgten[11]. Die von den Stalinistischen Säuberungswellen erschütterte Sowjetunion blieb ganz und gar außerhalb aller sicherheitspolitischen Überlegungen. In dieser Lage bot die britische Regierung dem deutschen Diktator im November 1937 Grenzkorrekturen unter Einschluß Österreichs, der Tschechoslowakei und Danzigs an, aber nur auf dem Verhandlungsweg und mit dem übergeordneten Ziel eines »besseren politischen Weltsystems« vor Augen, das durch Rüstungsbegrenzung und Entspannung in Europa unter Einbeziehung aller interessierten Mächte zu erreichen wäre. Auch gab man die Bereitschaft zu kolonialen Zugeständnissen zu erkennen. Entscheidend war jedoch der Zusatz, »daß keine englische Regierung die Kolonialfrage isoliert mit Deutschland behandeln könne. Sie könne nur als Teil einer Gesamtregelung, durch welche die Ruhe und Sicherheit in Europa hergestellt würde, angefaßt werden[12].« Die britische Regierung formulierte Bedingungen und Vorbehalte, die Hitler aber nicht ernst nahm und vor allem nicht als Warnung auffaßte. Er glaubte, mit einer Strategie des Blitzkriegs vollendete Tatsachen schaffen zu können.

Eine Verschiebung der Gewichte in Richtung auf Rüstung und Konfrontation mit Deutschland vollzog sich im Winter 1938/39, als sich die Erkenntnis durchsetzte, daß die Bewahrung des Friedens in der Sudetenkrise keinerlei Ansätze zu weiterer internationaler Entspannung hervorgebracht hatte. Ganz im Gegenteil: Zu den entscheidenden Veränderungen im britischen Deutschlandbild gehörte die seit Januar 1939 wachsende Befürchtung, ein deutscher Angriff sei auch im Westen denkbar. Das britische Rüstungsprogramm wurde infolgedessen planmäßig weitergeführt, wenn es auch auf die Defensive konzentriert blieb und somit keine Abschreckungskomponente enthielt.

Die Grundlagen für die weitere Politik waren bereits gelegt, als der Einmarsch deutscher Truppen in Prag im März 1939 neue Überlegungen und Reaktionen provozierte. Wo die Grenzen britisch-französischer Friedensbereitschaft lagen, zeigte sich am 31. März 1939, als die Unabhängigkeit, wenn auch nicht der territoriale Status quo Polens garantiert wurde. Im Unterschied zur deutschen fühlte sich die britische Regierung nicht unter Zeitdruck, sondern arbeitete auf eine Verzögerung von Entscheidungen hin, um in der Zwischenzeit Rüstungsmaßnahmen treffen zu können. In Stabsbesprechungen mit Frankreich Anfang April 1939 ging man von einem lange dauernden Krieg aus, der zunächst aus der Defensive heraus geführt werden sollte.

Zu den neuen Elementen in der britischen Politik des Sommers 1939 gehörten die zusammen mit Frankreich geführten Verhandlungen mit der Sowjetunion. Allerdings konnte dadurch weder Hitler abgeschreckt, noch Stalin gewonnen werden. Dies kann nicht eigentlich überraschen, denn Chamberlain betrachtete sie als »Notbehelf«, »dessen Vereinbarkeit mit dem deutsch-englischen Ausgleich er dauernd im Auge zu behalten versuchte«[13]. Solange wie irgend möglich wehrte er sich gegen den sowjetischen Wunsch, einen Beistandspakt abzuschließen, der eventuell doch noch bestehende Verständigungsmöglichkeiten mit Deutschland gänzlich unterbunden hätte.

Der als Sensation, aber nicht als Schock empfundene Hitler-Stalin-Pakt hatte keine Auswirkungen auf die britische Politik. Zwar war nach dem Ausfall der Sowjetunion Polen überhaupt nicht mehr auf direktem Weg zu helfen. Doch hatte man den Bündniswert der Sowjetunion nach den Säuberungen in der Roten Armee ohnehin nicht positiv veranschlagt. Polens Fähigkeit zum militärischen Widerstand dagegen war weit höher eingestuft worden, als tatsächlich gerechtfertigt war.

Deutschland befand sich nach der britischen Kriegserklärung zwar an zwei Fronten im Krieg, aber die Art der britisch-französischen Kriegführung kam Deutschland sehr entgegen. Denn der Krieg wurde zwar erklärt, doch Kampfhandlungen wurden nicht eigentlich eröffnet. Die ganz auf Defensive und langfristige Ermattung des Gegners abgestellte westliche Strategie führte zunächst zum sogenannten Sitzkrieg, in dessen Schutz sich der deutsche Blitzkrieg optimal entfalten konnte. Umsonst forderte Polen von seinem britischen Verbündeten Luftangriffe im Westen. Die hinter der Maginotlinie in

Selbstlähmung eingeigelte französische Armee blieb bis auf wenige Ausnahmen in ihren Stellungen, obwohl die nur schwach ausgestattete deutsche Westfront einer energischen Offensive nicht hätte standhalten können. Fünfzig Jahre nach Beginn des Krieges in Europa, der sich zum Weltkrieg ausweiten sollte, stellt sich aus größerer Distanz, als Churchill sie hatte, die Frage, ob seine These vom »unnötigen Krieg«[14] nicht doch zutreffend ist. Hätte nicht eine gute Aussicht bestanden, die nationalsozialistische Aggression zu einem frühen Zeitpunkt im Keim zu ersticken und damit den territorialen Status quo in Europa zu bewahren? Hätte man besser daran getan, den Empfehlungen Vansittarts zu folgen, der Anfang 1939 eine gewisse Revision des Versailler Vertrags durchaus als zwingend erachtete, zugleich aber davor warnte, der deutschen Expansion »in Europa auf Kosten anderer« Raum zu geben[15]? Es ist hier der Versuch gemacht worden, die Gründe und Argumente darzustellen, die dazu führten, daß sich Vansittart im außenpolitischen Entscheidungsprozeß nicht durchsetzen konnte. Gleichzeitig ist zu unterstreichen, daß die auf Defensive und lange Kriegsdauer angelegte britische Strategie in der Anfangsphase des Konflikts selbstlähmend wirken mußte, was Hitler zugute kam. Jenseits solcher Feststellungen aber beginnt das Reich der Spekulation. Welche Konsequenzen hätten sich aus einem frühzeitigen und entschlossenen Handeln der Westmächte ergeben? Eine Vermeidung des Krieges oder nur seine Verzögerung? In Deutschland war es nicht nur der revolutionäre und rassenideologisch fundierte Expansionismus Hitlers, der den Status quo in Frage stellte. Die These vom »unnötigen Krieg« fasziniert nach wie vor. Den Beweis müssen ihre Verfechter freilich schuldig bleiben. Manches spricht dafür, daß sie nicht haltbar ist.

## Anmerkungen

1 Hitler vor den Befehlshabern und vor Offizieren der Wehrmachtsteile am 23.5.1939. Akten zur Deutschen Auswärtigen Politik, Serie D, Bd VI, S. 479. — Die folgende Skizze soll in der vorgegebenen Kürze Bedingungsrahmen und Ziele britischer Politik umreißen. Im Zentrum steht die Frage nach objektiven bzw. selbst gesetzten Zwängen, die sich aus der Londoner Wahrnehmung der internationalen Entwicklung und nationalen Interessenlage ergaben, und nach Handlungsspielräumen, die der britischen Regierung verblieben waren. Die Anmerkungen beschränken sich auf den Nachweis von Zitaten. Auf die umfangreiche Literatur kann nicht eingegangen werden. Verwiesen sei nur auf die die Forschung resümierenden Sammelbände: Die Westmächte und das Dritte Reich 1933—1939, hrsg. von Karl Rohe, Paderborn 1982, und: The Fascist Challenge and the Policy of Appeasement, hrsg. von Wolfgang J. Mommsen und Lothar Kettenacker, London 1983; ferner auf Donald C. Watt, Misinformation, Misconception, Mistrust. Episodes in British Policy and the Approach of War 1938-1939, in: High and Low

Politics in Modern Britain, hrsg. von Michael Bentley und John Stevenson, Oxford 1983, S. 214—254. Zur britischen Politik im internationalen Kontext vgl. Gottfried Niedhart, Internationale Beziehungen 1917—1947, Paderborn 1989.

2 So Chamberlain in der Kabinettssitzung vom 20.3.1939, zit. bei Gottfried Niedhart, Die britisch-französische Garantieerklärung für Polen vom 31. März 1939. Außenpolitischer Kurswechsel der Westmächte?, in: Francia, 2 (1974), S. 608.

3 Stalin in seiner bekannten Rede am 10.3.1939. Josef Stalin, Fragen des Leninismus, Berlin 1951, S. 692.

4 Lord Halifax am 17.2.1938 im Oberhaus. Parliamentary Debates, House of Lords, Bd 107, Sp. 790.

5 Bernd-Jürgen Wendt, Economic Appeasement. Handel und Finanz in der britischen Deutschland-Politik 1933—1939, Düsseldorf 1971, S. 154.

6 Eingehend dazu Gustav Schmidt, England in der Krise. Grundzüge und Grundlagen der britischen Appeasement-Politik (1930—1937), Opladen 1981.

7 Keith Feiling, The Life of Neville Chamberlain, London 1946, S. 254.

8 Reinhard Meyers, Die vierte Teilstreitkraft. Industrie, Handel und Finanz in der britischen Aufrüstung der dreißiger Jahre, in: Neue Politische Literatur, 26 (1981), S. 191 ff.; ders., Britische Sicherheitspolitik 1934-1938. Studien zum außen- und sicherheitspolitischen Entscheidungsprozeß, Düsseldorf 1976, S. 418. Dort findet sich eine Äußerung von Inskip, Minister für Verteidigungskoordination, vom Dezember 1937: »The maintenance of our economic stability would more accurately be described as an essential element in our defensive strength: one which can properly be regarded as a fourth arm in defence [...] without which purely military effort would be of no avail.«

9 So Chamberlain im Kabinett am 6.10.1937. Bradford A. Lee, Britain and the Sino-Japanese War 1937—1939, Stanford, London 1973, S. 55.

10 Parliamentary Papers. Cmd. 5482: Imperial Conference 1937, Summary of Proceedings. Siehe auch Nicholas Mansergh, Problems of External Policy 1931—1939, London 1952, S. 88 ff.

11 Zu dieser Einschätzung Chamberlains siehe Feiling (Anm. 7), S. 322 ff.

12 Unterredung zwischen Hitler und Halifax 19.11.1937. Akten (Anm. 1), Bd 1, S. 51.

13 Chamberlain zu Adam v. Trott zu Solz am 8.6.1939. Akten (Anm. 1), Bd 6, S. 568.

14 So Churchill im Vorwort zum ersten Band seiner Kriegsmemoiren. Winston S. Churchill, The Gathering Storm, London 1948.

15 Memorandum Vansittarts vom 3.2.1936. Documents on British Foreign Policy, Serie II, Bd 15, S. 769 ff.

Detlef Junker

# Deutschland im politischen Kalkül der Vereinigten Staaten 1933—1945*

Der wesentliche Inhalt der deutsch-amerikanischen Beziehungen von 1890 bis 1945 war der strategische und wirtschaftliche Widerstreit zwischen dem zweifachen Versuch des Deutschen Reiches nach Bismarck, seine halbhegemoniale Stellung in der Mitte Europas zu sprengen und Weltmacht unter Weltmächten zu werden, und der zweifachen Antwort der USA, dies zu verhindern und Deutschland in der Position eines demokratischen Mittelstaates in Europa zu halten. Der geistige, moralische und politische Widerstreit zwischen Demokratie und Nationalsozialismus war ein integraler Bestandteil dieses Konfliktes. Der Aufstieg Amerikas zur welthegemonialen Macht des Jahres 1945 und die Begründung einer Pax Americana in der unmittelbaren Nachkriegszeit waren eine Folge der doppelten deutschen Herausforderung.

Wechsel und Diskontinuität sind das besondere äußere Merkmal der Beziehungen zwischen dem Deutschen Reich und den USA. Das gilt für die Zeit von 1890—1945 im allgemeinen, für die 12 Jahre nationalsozialistischer Herrschaft im besonderen. Höhe- und Umschlagpunkt dieses Kampfes waren die Jahre 1939—1941, als das nationalsozialistische Deutschland, das faschistische Italien und das imperiale Japan »Neue Ordnungen« auf dem eurasischen Doppelkontinent zu errichten drohten, die die weltweiten Interessen der USA und das *eine amerikanische Modell* für die ganze Welt zu zerstören drohten, den »novus ordo seclorum«, wie auf jeder Dollarnote zu lesen ist. Spätestens seit Herbst 1940 sah Hitler in dem amerikanischen Präsidenten Franklin D. Roosevelt den eigentlichen Feind und weltpolitischen Gegner seines Versuches, Europa unter die nationalsozialistische Rasseherrschaft zu zwingen. Genauso sah Roosevelt sich selbst, und so hat damals die westliche Welt Roosevelt gesehen. In den Jahren 1940/41, als die Zukunft der westlichen, d.h. der christlich-jüdischen, liberalen und kapitalistischen Zivilisation auf dem Spiel

---

* Die Thesen dieses Beitrages fassen Ergebnisse eigener Forschungen zusammen. Vgl. Detlef Junker, Der unteilbare Weltmarkt. Das ökonomische Interesse in der Außenpolitik der USA 1933—1941, Stuttgart 1975; ders. Franklin D. Roosevelt. Macht und Vision. Präsident in Krisenzeiten, Göttingen, 1. unveränd. Nachaufl. mit erw. Literaturhinw. 1989 ([1]1979); ders., Kampf um die Weltmacht. Die USA und das Dritte Reich 1933—1945, Düsseldorf 1988 (Darstellung, Quellen und eine auf den neuesten Stand gebrachte Bibliographie).

stand, war Roosevelt die letzte Hoffnung der Demokratien und die eigentliche Alternative zu Hitler; nicht der sowjetische Diktator Stalin, auch nicht der konservative Tory und Empire-Politiker Churchill.

Im Mittelpunkt der folgenden zusammenfassenden und problemzentrierten Überlegungen soll der »Faktor« Deutschland im außenpolitischen Kalkül der USA von 1933 bis 1945 stehen. Sie werden versuchen, auf zwei Fragen eine Antwort zu geben. Erstens: Warum hatten der amerikanische Präsident Roosevelt und die sogenannten Interventionisten eine widerstreitende, im bündnispolitischen Isolationismus befangene Nation schon *vor* dem Überfall auf Pearl Harbor und vor der deutschen Kriegserklärung an die USA vom 11. Dezember 1941 an einen Punkt geführt, an dem nicht mehr fraglich war, *ob*, sondern nur *wann* und *wie* die USA in den Zweiten Weltkrieg eintreten würden? Oder anders formuliert: Was waren die Ursachen für den amerikanischen Kriegseintritt gegen Deutschland? Zweitens: Was sollte aus der Sicht der USA nach der absehbaren Niederlage des Nationalsozialismus mit dem Deutschen Reich und dem deutschen Volk in der Mitte Europas geschehen? Oder anders formuliert: Wie sah die amerikanische Deutschlandplanung im Kriege aus?

## I

Als Adolf Hitler am 30. Januar 1933 zum Reichskanzler ernannt wurde, entbehrten die deutsch-amerikanischen Beziehungen fast jeder Substanz. Deutschland und Amerika waren »Oceans apart«. Deutschland spielte in der tatsächlichen Außenpolitik der USA des Jahres 1933 nur eine marginale Rolle. Dieser Substanzverlust war in zwei Etappen erfolgt. Im strategisch-bündnispolitischen Sinne hatte der Rückzug der USA aus Europa mit den beiden Weigerungen des amerikanischen Senats im Jahre 1920 begonnen, einerseits die Völkerbundsatzung und dadurch den Versailler Vertrag in der von Präsident Wilson 1919 in Paris ausgehandelten Form zu ratifizieren, und andererseits einem amerikanisch-französischen Bündnisvertrag die Zustimmung zu geben, die die französischen Politiker Wilson gegen den Verzicht auf das linke Rheinufer abgerungen hatten. Gemäß dem Wahlslogan von Präsident Harding »Zurück zur Normalität« kehrte der Senat zur Normalität amerikanischer Außenpolitik seit dem Ende des ersten und einzigen Bündnisses mit Frankreich im Jahre 1798 zurück, sich nicht durch Bündnisse die freie Hand nehmen zu lassen und in die Händel des alten, aus amerikanischer Sicht ohnehin korrupten Europa zu verstricken (»no entangling alliances«). Dieses Anathema amerikanischer Außenpolitik galt für 150 Jahre, von 1798 bis zur Gründung der NATO im Jahre 1949.

Deshalb gab allein der außerordentliche wirtschaftliche Einfluß der USA in Europa und Deutschland den deutsch-amerikanischen Beziehungen in den zwanziger Jahren Rückhalt und Substanz (Dawes-Plan, Young-Plan, US-Investitionen in Deutschland etc.). Bündnispolitische Beziehungen gab es nicht, die zeitweilige Gemeinsamkeit in der Abrüstungsrhetorik blieb verbal, weil sich dahinter tiefgreifende nationale Interessengegensätze und unterschiedliche geographische Ausgangslagen verbargen. Die Große Depression von 1929—1933, die schwerste Wirtschaftskrise seit dem Beginn der industriellen Revolution, zehrte auch die verbliebene wirtschaftliche Grundlage der deutsch-amerikanischen Beziehung auf. Die Krise zerstörte mit dem offenen Weltmarkt auch die sachliche Grundlage der Zusammenarbeit. Der Rückzug amerikanischen Kapitals, der Zusammenbruch des Weltwährungssystems im Sommer 1931, das Schrumpfen des Welthandels, der krisenverschärfende, aus innenpolitischen Zwängen den Regierungen aller Staaten aufgenötigte Protektionismus, schließlich das tatsächliche Ende des Problems der deutschen Reparationen und der Kriegsschulden der Alliierten an die USA vernichteten die Parallele der wirtschaftlichen Interessen.

Objektiv und in Hitlers Augen führte die Weltwirtschaftskrise zum Einflußverlust der USA. Hitler hielt deshalb Amerikas Wohlwollen zwar für nützlich, aber für vergleichsweise belanglos. Kurz- und mittelfristig konnte er davon ausgehen, seine außenpolitischen Ziele in Europa ohne Rücksicht auf die USA zu verfolgen. Deshalb hat er in seiner tatsächlichen Außenpolitik die USA bis zum Münchner Abkommen von 1938 ganz, bis zum Überfall auf Polen weitgehend ignoriert. Roosevelt seinerseits besaß, als er am 4. März 1933 sein Amt antrat, nicht einmal mehr die wirtschaftlichen Mittel, um die NS-Außenpolitik zu beeinflussen — wenn er es überhaupt gewollt und angesichts des dominanten isolationistischen Zeitgeistes in den USA gekonnt hätte. Beide Politiker setzten 1933 Prioritäten, ohne auf das jeweils andere Land Rücksicht zu nehmen, mit der Konsequenz, daß sich im Jahre 1933 hinter der offiziellen Fassade diplomatischer Normalität das Beziehungsgeflecht weiter auflöste. Für Roosevelt hatte die innenpolitische Reformstrategie zur Überwindung der schweren Wirtschaftskrise in den USA, der »New Deal«, absoluten Vorrang. Am 3. Juli 1933 ließ Roosevelt durch seine »bombshell-message« die Londoner Weltwirtschaftskonferenz auffliegen. Der Präsident machte damit klar, daß die USA zunächst nicht zu einer wirtschaftlichen Zusammenarbeit mit anderen Staaten zur Überwindung der Großen Depression bereit waren. Auch Hitler setzte 1933 Prioritäten. Deutschland verließ am 14. Oktober 1933 die Genfer Abrüstungskonferenz und kündigte zugleich Deutschlands Austritt aus dem Völkerbund an. Während Europa und die USA schockiert waren, versuchte Roosevelt den innenpolitischen Schaden taktisch zu begrenzen. Er tat das durch eine Bekräftigung des Glaubensbekenntnisses der isolationistischen Mehrheit (das er nicht teilte), wonach die »Neue Welt« mit der »Alten Welt« politisch nichts gemein habe. Die europäischen Staaten müßten selbst wissen, ob sie nach Hitlers Entscheidung die Abrüstungsgespräche fortsetzen wollten.

Auf die Errichtung der nationalsozialistischen Diktatur reagierte das amerikanische Volk zunächst innenpolitisch. Schon im ersten halben Jahr der NS-Herrschaft setzte ein dramatischer Verfall des deutschen Ansehens in den USA ein, schon 1933 kam ein Teil der öffentlichen Meinung in den USA zu dem Schluß, daß die neue Diktatur eine Gefahr für den Weltfrieden darstelle und die Wirkungen der nationalsozialistischen Revolution nicht auf Deutschland beschränkt blieben. 1933 formierte sich eine Bewegung für einen Boykott deutscher Waren in Amerika, am 7. März 1934 kam es im Madison Square Garden in New York zu einem »Schauprozeß«, als 20 Zeugen gegen Hitler und den Nationalsozialismus aussagten und 20 000 Menschen daraufhin die deutsche Regierung wegen Verbrechens gegen die Zivilisation verurteilten. Zugleich richtete die amerikanische Öffentlichkeit ihre Aufmerksamkeit in wachsender Unruhe auf das vermeintliche »Trojanische Pferd« der NSDAP in den USA, den im Juli 1933 mit finanzieller Hilfe der NSDAP und Unterstützung deutscher Konsulate entstandenen »Bund der Freunde des Neuen Deutschland«.

Die Furcht, daß das nationalsozialistische Deutschland den Weltfrieden und möglicherweise die innere Sicherheit der USA gefährde, führte nun *nicht* zu einer präventiven Interventionspolitik der USA in Europa, sondern im Gegenteil zu einer Verstärkung der isolationistischen Grundstimmung des amerikanischen Volkes, sich angesichts dieser Gefahrensignale noch entschiedener von Europa zu isolieren. Diese Grundstimmung ist die wichtigste Determinante amerikanischer Außenpolitik bis zum Ausbruch des europäischen Krieges im Jahre 1939. Was Hitler, Mussolini und Japan 1940 mit dem Drei-Mächte-Pakt später vergeblich versuchten, nämlich Amerika aus Europa und Asien herauszuhalten und in die Westliche Hemisphäre zurückzuschrecken, das tat der amerikanische Kongreß durch Verabschiedung von Neutralitätsgesetzen zunächst selbst.

Die weltpolitische Situation war paradox. Als ab 1935 in Europa und im Fernen Osten einer jener beschleunigten Prozesse einsetzte, der Jacob Burckhardt globales Anschauungsmaterial für seine Betrachtung geschichtlicher Krisen zur Verfügung gestellt hätte, führte der Kongreß unter dem Druck der öffentlichen Meinung den nach Versailles begonnenen Prozeß der politischen Isolierung von Europa zu seinem logischen und radikalen Ende. Durch die Neutralitätsgesetze von 1935 bis 1937 vervollständigte der Kongreß den Index der für die Regierung Roosevelt in Kriegs- und Krisenzeiten verbotenen außenpolitischen Maßnahmen. Das rigorose dritte Neutralitätsgesetz vom 1. Mai

1937 enthielt ein *unparteiisches* Ausfuhrverbot für Waffen, Munition und Kriegsgerät; das Verbot von Anleihen an kriegführende Staaten; das Verbot für amerikanische Bürger, auf Schiffen kriegführender Nationen zu reisen; das Verbot für amerikanische Handelsschiffe, Waren an kriegführende Staaten zu transportieren; das Verbot, amerikanische Handelsschiffe zu bewaffnen, die den nicht verbotenen Handel mit kriegführenden Staaten betrieben. Diese Verbote traten automatisch in Kraft, wenn der Präsident »fand«, daß ein Kriegszustand zwischen Nationen bestand. War diese Feststellung einmal getroffen, beschränkte sich das Ermessen des Präsidenten auf die »Cash-and-Carry-Klausel«. Nach dieser Klausel war es den kriegführenden Staaten gestattet, mit Ausnahme »tödlicher Waffen« alle Waren in den USA zu kaufen, wenn diese vor dem Verlassen amerikanischer Häfen durch Barzahlung in das Eigentum der Ausländer übergegangen waren (Cash) und von ihnen auf eigenen Schiffen abtransportiert wurden (Carry). Da diese Klausel auf zwei Jahre begrenzt war, stand Roosevelt beim Ausbruch des europäischen Krieges im September 1939 dieses Mittel nicht mehr zur Verfügung.

Obwohl Roosevelt und Außenminister Cordell Hull dieses Gesetz nicht gewollt hatten und, wie zu zeigen sein wird, die Grundüberzeugung der Isolationisten nicht teilten, wonach das nationale Interesse der USA auf die westliche Hemisphäre zu begrenzen sei, ließen sie diese Gesetze passieren, um die Gesetzgebungsmehrheit für die innenpolitischen Reformmaßnahmen des New Deal nicht zu gefährden. Diese innenpolitische Rücksichtnahme bedeutete aber auf der anderen Seite eine Verstärkung von Roosevelts außenpolitischer Einflußlosigkeit in Europa und Asien.

Erst wenn man die Roosevelt verbliebenen Mittel mit der amerikanischen Europapolitik von 1917 bis 1929 oder ab 1941 bis zur Gegenwart vergleicht, wird der durch den Kongreß und die öffentliche Meinung außerordentlich begrenzte Handlungsspielraum des Präsidenten von 1933 bis 1940 hinreichend deutlich. Er konnte als unbewaffneter Prophet nur Botschaften an Hitler und Mussolini verfassen, z.B. während der Sudetenkrise, nach dem deutschen Einmarsch in Prag oder nach der Unterzeichnung des Hitler-Stalin-Paktes. Der handelspolitische Nadelstich, Deutschland beim Abschluß außenhandelspolitischer Verträge mit Drittstaaten ausdrücklich von der unbedingten Meistbegünstigungsklausel auszunehmen, beeindruckte Hitler offenbar ebensowenig wie die gegenseitige Rückberufung der Botschafter nach der Reichskristallnacht. Angesichts der Neutralitätsgesetze und der isolationistischen Mehrheitsmeinung — Anfang September 1939 antworteten laut Gallup-Umfrage 84% der Interviewten auf die Frage, ob die USA ihre Armee und Flotte gegen Deutschland einsetzen sollte, mit »Nein«[1] — konnte die Regierung Roosevelt erst dann hoffen, eine aktive Europa- und Asienpolitik betreiben zu können, wenn sie die Mehrheit der Amerikaner davon überzeugt hatte, daß die vitalen Interessen der USA durch die Achsenmächte und Japan bedroht waren. Genau das war seit 1937 die zentrale Aussage des Präsidenten in dem innenpolitischen Kampf mit den Isolationisten, der erst durch Pearl Harbor beendet wurde.

Der Kern dieses innenpolitischen Konfliktes war nun nicht das moralische und demokratische Problem, ob Roosevelt das amerikanische Volk in der Frage von Krieg und Frieden taktisch behandelte, ihm Teile der Wahrheit verschwieg oder es gar belog (alles das tat er), auch nicht das Problem, ob die Isolationisten Roosevelts Motive verzeichneten und ihn zum Kriegstreiber mit Diktator-Neigungen abstempelten (alles das taten sie), sondern der nicht überbrückbare Gegensatz zwischen beiden Lagern über die aktuelle und zukünftige Stellung der USA in der Welt. Zwischen 1937 und 1941 wurde die vierte große innenpolitische Debatte über die außenpolitische Frage geführt, ob die USA eine Weltmacht im wörtlichen Sinne sein oder sich mit der Rolle einer regionalen Großmacht in der westlichen Hemisphäre bescheiden sollten – die vierte Debatte nach 1898, 1914–1917 und 1920. In dieser Debatte nahm die Einschätzung der nationalsozialistischen, weniger der japanischen, Gefahr für die USA einen zentralen Platz ein. *Der Konflikt drehte sich um das Bedrohungspotential Hitlers und des nationalsozialistischen Deutschlands für die Vereinigten Staaten.* Wer nach den Umständen und Ursachen des amerikanischen Kriegseintritts gegen Deutschland fragt, ist deshalb gut beraten, wenn er die Hauptargumente dieses Konfliktes rekonstruiert. Denn der Grund für den US-Kriegseintritt lag nicht in der Herausforderung durch Deutschland, Italien und Japan als solcher, sondern in der Weise, wie die Internationalisten, mit Roosevelt an ihrer Spitze, diese Herausforderung interpretierten. Deshalb sollen im folgenden die Positionen beider Lager in idealtypischer Verknappung vorgestellt werden.

Die Isolationisten hatten sich eine sehr effektive Organisation, das »America First Committee« geschaffen, dessen prominentestes Mitglied der Flieger, Atlantiküberquerer und Volksheld Charles Lindbergh wurde. Auf jeden Fall war Lindbergh bis 1941 der populärste innenpolitische Gegner Roosevelts. Die vier Prinzipien des »America First Committee«, die in millionenfacher Auflage verbreitet und über das Radio propagiert wurden, beschränkten das vitale, d.h. notfalls mit Waffengewalt zu verteidigende Interesse der USA auf die westliche Hemisphäre, den östlichen Pazifik und den westlichen Atlantik, im geographischen Sinne auf knapp die Hälfte des Erdballs. Diese vier Prinzipien hatten folgenden Wortlaut:

1. Die Vereinigten Staaten müssen ein uneinnehmbares Verteidigungssystem für Amerika aufbauen.
2. Keine auswärtige Macht, auch keine Gruppe von auswärtigen Mächten, kann ein aufgerüstetes Amerika erfolgreich angreifen.

3. Die Demokratie in Amerika kann nur bewahrt werden, wenn wir uns aus dem europäischen Krieg heraushalten.
4. Hilfe bis an den Rand des Kriegseintrittes schwächt die nationale Verteidigung bei uns und droht, Amerika in Übersee in den Krieg hineinzuziehen.

Als Konsequenz dieser Prinzipien traten die Isolationisten entschieden dafür ein, daß die USA nicht in den europäischen Krieg eingriffen. Solange die USA selbst nicht angegriffen würden, war nach Ansicht der Isolationisten ein Kriegseintritt der USA nicht zu rechtfertigen — was auch immer in Europa und Asien geschehe. Die Übel, die für die USA daraus erwachsen würden, seien größer als die Konsequenzen eines Sieges der Achsenmächte.

Der erste Weltkrieg und seine Folgen waren für viele Isolationisten ein schlagendes Beispiel für die völlige Nutzlosigkeit, das Geschehen im alten, moralisch verrotteten und immer wieder von Kriegen erschütterten Europa mitbestimmen zu wollen. Hatte die Entwicklung seit 1919 nicht überzeugend bewiesen, wie richtig die traditionelle »splendid isolation« der USA im 19. Jahrhundert gewesen war? Hatte nicht der Untersuchungsausschuß unter Vorsitz des Senators Gerald P. Nye in den Jahren 1934/35 vor aller Öffentlichkeit demonstriert, daß die amerikanische Nation von den internationalen Bankiers und der Rüstungsindustrie, den »Kaufleuten des Todes«, in den Ersten Weltkrieg hineingezogen worden war? Anstatt noch einmal die Rolle des Weltpolizisten zu spielen, anstatt noch einmal für das Britische Empire die Kastanien aus dem Feuer zu holen, sollten sich die USA weiter an die kluge Abschiedsbotschaft George Washingtons erinnern, in der er der Nation geraten hatte, sich aus Europas Kriegen herauszuhalten.

Die Sicherheit der USA sei, so die Isolationisten, durch Hitler nicht gefährdet, ein in defensiver Absicht bis an die Zähne bewaffnetes Amerika, eine »Festung Amerika« im Besitz einer Zwei-Ozeane-Flotte, sei für jeden Angreifer uneinnehmbar. Durch die Reden des Präsidenten und durch die Sprecher der Regierung werde eine hysterische Furcht vor einer Invasion der Nazis geschürt. Aussagen wie die des ehemaligen amerikanischen Botschafters in Frankreich, Bullitt, Hitler werde nach einem Fall Englands in die Unabhängigkeitshalle von Philadelphia einmarschieren, seien nichts als Kriegstreiberei.

Auch wirtschaftlich könnten die USA, so argumentierten die Isolationisten, den Verlust der Märkte in Eurasien verkraften. Selbst nach einem Sieg in Europa könne Hitler keineswegs die Handelsbedingungen diktieren. Handel sei nie eine Einbahnstraße. Außerdem bringe eine Steigerung des Binnenhandels um fünf Prozent mehr Dollars ein als ein Anwachsen des Außenhandels um 100 Prozent. Alles in allem: für das Überleben der USA gebe es »no clear and present danger«.

Die Internationalisten dagegen, an ihrer Spitze Roosevelt, reduzierten das nationale Interesse der USA nicht auf die westliche Hemisphäre, sondern bestimmten es im globalen Maßstab, und zwar wirtschaftlich, militärisch und ideell, ohne der isolationistischen Mehrheit bis Pearl Harbor zu sagen, daß ein Kriegseintritt der USA die notwendige Folge dieser Bestimmung des nationalen Interesses sein mußte.

Schon seit ungefähr 1934, seit der Verkündigung des neuen Außenhandelsgesetzes der USA, hatte sich ein handelspolitischer Gegensatz zwischen den USA und den späteren Aggressornationen entwickelt, der durch die militärischen Erfolge dieser Mächte eine qualitativ neue, nämlich den Kriegseintritt der USA mitentscheidende Funktion gewann. Mit jedem militärischen Erfolg rückte eine mögliche ökonomische Zukunft näher, deren Verwirklichung in den Augen Roosevelts und der Internationalisten die Katastrophe für die amerikanische Wirtschaft schlechthin bedeutet hätte. Ihre Grundstruktur sei mit wenigen Sätzen nachgezeichnet: Ein Sieg Hitlers und Italiens in Europa, Japans im Fernen Osten würde beide Regionen in ein System fast autarker Planwirtschaft zwingen. Die USA würden ihre Investoren verlieren, das Handelsvolumen würde drastisch fallen und Außenhandel, wenn überhaupt, zu den Bedingungen der Achsenmächte stattfinden. Südamerika, der natürliche Lieferant Europas, würde zusehends unter den Einfluß von Hitlers Europa geraten. Durch das Schrumpfen der Import- und Exportindustrie der USA und der damit verbundenen sekundären Effekte auf die gesamte Volkswirtschaft würde das vom New Deal ungelöste Arbeitslosenproblem sich radikal zuspitzen und soziale Spannungen erzeugen, die im Rahmen des bestehenden Systems nicht gelöst werden könnten. Mit anderen Worten: Für die Internationalisten war der offene, ungeteilte Weltmarkt eine der Grundbedingungen für das Überleben des amerikanischen Systems.

Zum militärischen Aspekt: Zu Beginn der Präsidentschaft Roosevelts umfaßte die amerikanische Sicherheitszone die westliche Hemisphäre und den halben Pazifik, insgesamt ein Drittel des Erdballs. Seit der Konferenz von München und der fast gleichzeitigen Verkündung einer »Neuen Ordnung« in Ostasien durch Japan schob Roosevelt die Grenzen der Sicherheit der USA immer weiter hinaus, bis sie spätestens 1941 mit dem Pacht- und Leihprogramm globale Dimensionen im wörtlichen Sinne angenommen hatten. Die Ausdehnung lag in der Überzeugung begründet, daß das letzte Ziel der Achsenmächte, besonders Hitlers, die Eroberung der Welt, einschließlich USA, sei. Im April 1941 teilte die Mehrheit der Amerikaner diese Einschätzung Roosevelts. Laut Umfrage waren sogar 52,9 Prozent der Bevölkerung der Ansicht, daß nach einem Fall Englands und der Ausschaltung der englischen Flotte Hitler tatsächlich *fähig* sei, eine Invasion der USA erfolgreich durchzuführen[2].

Einer der Eckpfeiler in dieser Neuorientierung war eben eine neue Bestimmung der Grenzen der Sicherheit der USA: Eine Beschränkung auf die Verteidigung der westlichen Hemisphäre sei selbstmörderisch; ohne die Kontrolle der Weltmeere glichen diese »highways« — so ein oft gebrauchter Vergleich Roosevelts —, die die Achsenmächte jederzeit zum Angriff auf die USA nutzen könnten. Eine Kontrolle der Meere könne aber nicht von der US-Flotte allein geleistet werden; sie sei nur möglich, wenn Europa und Asien nicht von den Achsenmächten beherrscht würden und ihnen die Schiffbaukapazitäten zweier Kontinente zur Verfügung stünden. Frankreich, England und China, seit Mitte 1941 auch die Sowjetunion, müßten unterstützt werden, weil sie stellvertretend die USA mitverteidigten. Auch im militärischen Sinne hätten die USA ein vitales Interesse an der Wiederherstellung des Gleichgewichts der Kräfte in Europa und Asien.

Die dritte globale Komponente in der Bestimmung des nationalen Interesses der USA vor Eintritt in den Zweiten Weltkrieg war die ideelle. In fast ermüdender Wiederholung hat Roosevelt immer wieder erklärt: Das Recht der Völker auf freie Selbstbestimmung und die Pflicht der Staaten, sich in der internationalen Politik den Grundsätzen des Völkerrechts zu unterstellen, seien unteilbar. Diese Prinzipien müßten für alle Staaten überall auf der Welt uneingeschränkt gelten. Gewalt und Aggression als Mittel zur Veränderung des Status quo seien illegitim. Die Regierung Roosevelt hatte sich die Stimson-Doktrin aus dem Jahre 1932 uneingeschränkt zu eigen gemacht, nach der die USA gewaltsame territoriale Veränderungen nicht anerkennen würden. Im Selbstverständnis Roosevelts war die heraufziehende Auseinandersetzung mit den Achsenmächten nie nur ein Konflikt zwischen den »Habenden« und den »Habenichtsen«. Er deutete ihn als einen epochalen Kampf um die zukünftige Gestalt der Welt zwischen Aggressoren und friedlichen Nationen, zwischen liberaler Demokratie und Faschismus, zwischen westlicher, christlich-humanistischer Zivilisation und Barbarei, zwischen Bürgern und Verbrechern, zwischen Gut und Böse.

Zusammenfassend kann man sagen, daß sich in Roosevelts Denken der ideelle und wirtschaftliche Globalismus der Freiheit (»Wilsons's liberal globalism«) mit einem durch die Entwicklung der Waffentechnik und die angenommenen Weltherrschaftspläne Hitlers bedingten militärischen Globalismus verband. Deshalb mußten die USA selbst in den Krieg eintreten, um sowohl die »Neuen Ordnungen« in Europa und Asien zu zerstören als auch die eigene Position als zukünftige Weltmacht zu sichern. Die eigentümliche Dialektik amerikanischer Weltmachtpolitik im 20. Jahrhundert, nämlich die globale Definition des eigenen nationalen Interesses in Verbindung mit dem behaupteten Weltherrschaftswillen des Feindes, trat auch von 1939 bis 1941 klar zutage.

## II

Während von 1933 bis 1941 die Dynamik der deutsch-amerikanischen Beziehungen von Hitler und dem nationalsozialistischen Deutschland ausgegangen war, ging seit dem 11. Dezember 1941 die militärische, vor allem die politische Initiative auf die USA über. Mit der sich spätestens 1943 abzeichnenden militärischen Niederlage des Dritten Reiches wurde offenbar, daß das zukünftige Schicksal Deutschlands in erheblichem Maße von der amerikanischen Deutschlandplanung im Kriege abhängen würde. Auf diesen zentralen Aspekt der deutsch-amerikanischen Beziehungen werden sich die folgenden Ausführungen konzentrieren.

Eine einheitliche, kohärente Deutschlandplanung hat es nicht gegeben. Einig waren sich Roosevelt, das amerikanische Volk und die Alliierten nur in den negativen Kriegs- und Friedenszielen: bedingungslose Kapitulation, d.h. keinen Verhandlungsfrieden, Vernichtung des Nationalsozialismus und deutschen Militarismus. Das deutsche Volk mußte entwaffnet, entnazifiziert und umerzogen, die nationalsozialistischen Organisationen aufgelöst, die Kriegsverbrecher abgeurteilt und jede Möglichkeit einer nochmaligen deutschen Aggression für alle Zeiten verhindert werden. Doch jenseits dieser Ziele hat die amerikanische Politik bis zum Tode Roosevelts am 12. April 1945 keine einheitliche Deutschlandplanung entwickelt, weil man sich nicht entscheiden konnte, was man langfristig wollte; ob man Deutschland einen harten Frieden der Rache und Unterdrückung, Zerstückelung und Verelendung auferlegen oder dem Land die Chance geben sollte, als entnazifizierter, friedfertiger und wirtschaftlich stabiler Staat in die Gemeinschaft der Völker zurückzukehren. Denn genau über diese Frage gab es einen heftigen, hin und her schwankenden Kampf innerhalb der amerikanischen Regierung. Die Unklarheit in dieser zentralen Frage, verbunden mit Roosevelts Vorsatz, Probleme der Nachkriegsordnung möglichst aufzuschieben, verbunden mit Kämpfen zwischen Zivilisten und Militärs, mit einem Nebeneinander verschiedener Planungskommissionen, mit konfusen Entscheidungsabläufen und mit einem wechselvollen Ringen von Instanzen und Personen um Einfluß auf Roosevelt, haben verhindert, daß es zu einem Deutschlandkonzept aus einem Guß kam. Paradebeispiel dafür ist der bündnis- und regierungsinterne Machtkampf um den Morgenthau-Plan, den man im einzelnen fast nur als Satire beschreiben kann.

Man muß allerdings berücksichtigen, daß die entscheidenden Fragen nach der Einheit oder Aufteilung Deutschlands, nach seinen Grenzen, den Reparationen und der Qualität der Besatzungspolitik entschieden oder zumindest vorbedacht werden mußten in einem Klima der ungezügelten Kriegsleidenschaft, des Hasses und der Verachtung gegenüber Deutschland und den

Deutschen, das sich noch verstärkte, als mit dem Vormarsch der alliierten Truppen an allen Fronten der Weltöffentlichkeit das ganze Ausmaß der nationalsozialistischen Ausrottungspolitik und des Völkermordes an Juden, Polen, Russen und anderen Völkern bekannt wurde.

Der ambivalenten Planung entsprechen die widersprüchlichen Ergebnisse. Roosevelt hat bis zu seinem Tode an Plänen zur Zerstückelung Deutschlands festgehalten, die auf der Konferenz von Jalta zu einem prinzipiellen Beschluß erhoben worden waren. Während Roosevelt als Vertreter eines harten Friedens in dieser Frage zumindest konsequent blieb, führten die widerstreitenden Deutschlandkonzeptionen dazu, daß zwei andere zentrale Probleme gegenläufig entschieden wurden: Reparationen und amerikanische Besatzungspolitik nach dem Kriege. Während sich Roosevelt in der Reparationsfrage spätestens seit den Vorbereitungen zur Konferenz von Jalta den gemäßigten und wirtschaftlich begründeten Argumenten des Außenministeriums beugte, entsprang die Direktive 1067 des Vereinigten Generalstabs über die Besatzungspolitik nach dem Kriege noch in erheblichem Maße dem Geiste der Rache, nämlich dem Geist des Morgenthau-Plans. Dieser sollte, so der Titel, Deutschland daran hindern, einen dritten Weltkrieg zu beginnen.

Angesichts dieses in der neueren Forschung nicht mehr bestrittenen Sachverhaltes sollen im folgenden nicht die bekannten Einzelheiten der Planung über die Besatzungspolitik, die Reparationsfrage, den alliierten Kontrollrat oder den Morgenthau-Plan erzählt, sondern umgekehrt die Frage zu beantworten versucht werden, *warum es keine kohärente Deutschlandpolitik im Zweiten Weltkrieg gegeben hat*. Dafür lassen sich neben mehreren zweitrangigen zwei Hauptgründe angeben: Die erste und wichtigste These lautet, daß für Roosevelt die amerikanische Deutschland-Planung im Zweiten Weltkrieg eine untergeordnete Funktion, eine abhängige Variable der amerikanischen Politik gegenüber Stalin und der Sowjetunion gewesen ist. Um dies zu begründen, müssen die wichtigsten Motive des Präsidenten für die Zusammenarbeit mit der Sowjetunion erläutert werden.

Zwei Tage nach dem Überfall auf Pearl Harbor schloß Roosevelt eine seiner berühmten Kaminplaudereien mit den hoffnungsvollen Sätzen: »Wir werden den Krieg gewinnen, und wir werden den Frieden gewinnen.« Für beides glaubte Roosevelt auf die Zusammenarbeit mit der Sowjetunion angewiesen zu sein.

Roosevelt brauchte die Sowjetunion im Kriege, weil er einen *amerikanischen Krieg* führen und gewinnen mußte, d.h. mit beispiellosem Materialeinsatz und vergleichsweise geringen Opfern an amerikanischen Menschenleben. Die USA brauchten die sowjetischen Soldaten, um die deutschen und japanischen Landheere niederzuringen. Nur so konnte Roosevelt hoffen, die gewaltige Kriegsanstrengung politisch zu überleben. Es ist nützlich, sich gelegentlich in Erinnerung zu rufen, daß Deutschland ohne Volksdeutsche und Österreicher schätzungsweise 3,76 Millionen Soldaten, Japan 1,2 Millionen, die Sowjetunion 13,6 Millionen und die USA fast 260 000 Soldaten im Zweiten Weltkrieg verloren haben. Für jeden Amerikaner, der im Krieg fiel, starben 15 deutsche und 53 Russen. Schon 1942 wußte Roosevelt, »daß die russischen Armeen mehr Menschen der Achse töten und mehr Kriegsmaterial zerstören als die anderen 25 Vereinten Nationen zusammen«[3]. Angesichts der globalen Herausforderung und des Zwanges, den Weltkrieg auf amerikanische Weise gewinnen zu müssen, war Roosevelt wie sein Alliierter Churchill bereit, einen Pakt mit dem Teufel, mit Stalin, einzugehen. Während Churchills berühmter Ausspruch lautete: »If Hitler invaded Hell I would make at least a favourable reference to the Devil in the House of Commons«, pflegte Roosevelt im Zweiten Weltkrieg gelegentlich seine Version eines alten Sprichwortes zu zitieren: »My children, it is permitted you in time of grave danger to walk with the devil until you have crossed the bridge[4].« Was bedeutete das? Alle Entscheidungen Roosevelts und auch noch Trumans bis zur Potsdamer Konferenz und Kapitulation Japans durften das Bündnis mit der Sowjetunion nicht gefährden. Wir wissen heute, daß Trumans überragendes Ziel in Potsdam darin lag, eine erneute Versicherung Stalins über den Kriegseintritt der Sowjetunion gegen Japan zu erhalten. Die deutsche Frage war dagegen zweitrangig. Stalins notorisches Mißtrauen über einen Sonderfrieden des Westens mit den Nazis und seine Befürchtungen, die Realisierung der »Zweiten Front« werde aufgeschoben, um möglichst viele russische Soldaten als Kanonenfutter aufzureiben, mußten so weit wie möglich beseitigt werden.

Die Verkündigung der »bedingunslosen Kapitulation« in Casablanca war auch ein Signal an Stalin, daß der Westen keinen Sonderfriedensvertrag mit den Aggressoren abschließen würde. Roosevelts vielgescholtene Politik des »postponement«, des Aufschiebens vieler Probleme bis nach dem Sieg, sollte auch die Gefahr vermeiden, daß die Allianz durch schwerwiegende Differenzen über Nachkriegsprobleme gesprengt würde. Schließlich hatte Roosevelts Neigung, in seinen deutschlandpolitischen Überlegungen auf das Sicherheitsinteresse der Sowjetunion Rücksicht zu nehmen, die doppelte Funktion, die Zusammenarbeit mit der Sowjetunion im Kriege und nach dem Kriege zu sichern. Der amerikanische Historiker Robert Dallek hat in der bisher einzigen Monographie über den gesamten Zeitraum der Rooseveltschen Außenpolitik das Kapitel über die Zeit von 1942 bis 1945 überschrieben: »The Idealist as Realist«[5]. Das trifft den Doppelcharakter der Rooseveltschen Nachkriegsplanung, der sich auch im Verhalten zur Sowjetunion zeigt.

So wenig genau wie die amerikanischen Friedensvorstellungen zu vielen Einzelheiten der geplanten Nachkriegsordnung auch waren und so lange wie Roosevelt im Interesse einer ungestörten militärischen Zusammenarbeit im

Kriege kontroverse Fragen auch hinauszuschieben versuchte, die allgemeinen amerikanischen Vorstellungen über einen zukünftigen Frieden waren der Welt während des ganzen Krieges bekannt. Sie blieben auch während des Krieges unverändert. Diese Prinzipien, diese Ideale waren schon 1941 in der Atlantik-Charta verkündet worden. Sieht man genau hin, so fordern diese Prinzipien das, was Roosevelt bei einem Sieg der Achsenmächte und Japan zu verlieren fürchtete: die unteilbare Sicherheit, die unteilbare Freiheit und den unteilbaren Weltmarkt. Die Atlantik-Charta war eine in Grundsätze gegossene Form der globalen Bestimmung des nationalen Interesses der USA. Das Selbstbestimmungsrecht für alle Völker und der Grundsatz, daß Grenzverschiebungen nur im Einklang mit dem Willen der Betroffenen erfolgen dürfen, sollten die unteilbare Freiheit sichern. Freier Zugang aller Nationen zum Welthandel und den Rohstoffen der Erde, die Freiheit der Meere und die Zusammenarbeit der Nationen mit dem Ziel, verbesserte Arbeitsbedingungen, wirtschaftlichen Aufstieg und soziale Sicherheit zu gewährleisten, sollten den unteilbaren Weltmarkt ermöglichen. Gewaltverzicht, sichere Grenzen, Entwaffnung der Aggressornationen sowie ein umfassenderes und dauernderes System der allgemeinen Sicherheit sollten die Sicherheit unteilbar machen. Diese Leitbilder für die Zukunft waren alte amerikanische Ideale, die sich in der Substanz nicht von den Ideen Wilsons unterschieden.

Neu war die geschichtliche Erfahrung der Zwischenkriegszeit. Nicht nur Roosevelt und die Internationalisten, sondern auch die überwiegende Mehrheit der sogenannten Isolationisten erkannten nun rückblickend, daß alle Versuche in den dreißiger Jahren, die USA durch rigorose Neutralitätsgesetze aus den Kriegen Europas und Asiens herauszuhalten, gescheitert waren. In Zukunft würden die USA Kriege nur vermeiden können, wenn Amerika einem System kollektiver Sicherheit beiträte, das auch wirklich fähig wäre, zukünftige Kriege zu vermeiden. Amerikas Eintritt in einen verbesserten und gestärkten Völkerbund schien die einzige Hoffnung für einen zukünftigen Frieden zu sein.

Auf der anderen Seite gab es aber auch den Realisten Roosevelt, der ab Herbst 1943 wußte, daß der Sieg im Zweiten Weltkrieg aus der Sowjetunion eine eurasische Weltmacht machen würde; mit der Folge, daß der Weltfrieden nach dem mörderischsten Krieg der Geschichte von einer Zusammenarbeit mit der Sowjetunion abhängen würde. Der Realist Roosevelt wußte, daß der zukünftige Frieden im Kern kein Rechts-, sondern ein Machtfrieden sein mußte. Deshalb entwickelte er seine Idee der vier Weltpolizisten, die während des ganzen Krieges das zentrale Konzept in seinem Denken blieb. Danach sollten die USA, Großbritannien, die Sowjetunion und China nach dem Kriege als internationale Polizeimacht auf unbestimmte Zeit den Frieden sichern. Die auch in der historischen Literatur verbreitete Konfusion über die politische Nachkriegsordnung und Nachkriegsplanung der USA rührt nicht zuletzt daher, daß Roosevelt der amerikanischen Öffentlichkeit sein machtpolitisches Konzept der Friedenssicherung nach dem Kriege verschwieg, sowjetischen Politikern dagegen, Molotow im Mai 1942 und Stalin in Teheran — auch den Briten —, sehr genau erläuterte.

Wenn man will, ist die schließlich 1945 in San Francisco verabschiedete Charta der Vereinten Nationen mit ihren beiden zentralen Organen, der Vollversammlung und dem Sicherheitsrat, in dem die fünf ständigen Vertreter Vetorecht haben, formal ein Kompromiß aus den beiden Konzeptionen eines allgemeinen Völkerbundes (»one nation, one vote«) und der privilegierten Stellung einiger bevorzugter Nationen.

Der Realist Roosevelt hat sich nie Illusionen darüber gemacht, daß sowohl das Konzept der vier Weltpolizisten als auch das des Sicherheitsrates von einer andauernden politischen Übereinstimmung zwischen den vier Weltpolizisten abhängen würde. Weil das so war, mußte Roosevelt bis zu einem bestimmten Grade das Sicherheitsbedürfnis der Sowjetunion in Ostmitteleuropa anerkennen, um die Zusammenarbeit mit der Sowjetunion in Europa, im Fernen Osten, in den Vereinten Nationen, vielleicht sogar beim Aufbau einer neuen Weltwirtschaftsordnung zu gewinnen.

Das war aus der Perspektive Roosevelts möglich, weil er Stalin nicht für einen kommunistischen Weltrevolutionär und die Sowjetunion, im Gegensatz zum nationalsozialistischen Deutschland und imperialistischen Japan, nicht für einen grundsätzlich expansiven und aggressiven Staat hielt. Man müsse, so Roosevelt immer wieder, Stalin Vertrauen entgegenbringen und ihm geben, was man im Rahmen der Atlantik-Charta noch gerade eben geben könne, um Stalins Mißtrauen gegenüber dem Westen abzubauen.

Erst wenn man sich dieses überragende Ziel der Rooseveltschen Außenpolitik vor Augen hält, wird klar, warum die Deutschland-Planung in einem erheblichen Ausmaß zu einer Funktion der amerikanischen Politik gegenüber der Sowjetunion wurde. Die faktische Hinnahme der Einverleibung der baltischen Staaten, die Westverschiebung Polens, die Pläne zur Zerstückelung Deutschlands und Roosevelts zeitweilige Zustimmung zum Morgenthau-Plan hatten auch die Funktion, Stalin wissen zu lassen, daß man für das Sicherheitsbedürfnis der Sowjetunion Verständnis zeige. Nur so konnte auch die amerikanische Osteuropapolitik zum Ziele führen, die darin bestand, *zugleich sowjetfreundliche und aus freien Wahlen hervorgegangene Regierungen zu fordern*. Für Roosevelt waren diese Konzessionen an Stalin auch deshalb vergleichsweise problemlos zu machen, weil sie mit seiner Grundüberzeugung übereinstimmten, Deutschland einen harten Frieden der Rache und Bestrafung aufzuerlegen. Und damit ist die zweite These genannt, warum es keine kohärente Deutschlandpolitik gegeben hat. Der aufbauende, mildere, wirtschaftlich vernünftigere Weg mußte sich gegen Roosevelts Grundüberzeugung durchsetzen. Oder anders ausgedrückt: Roosevelts Herz stand hinter den Grundtendenzen des Morgenthau-Plans.

Roosevelt hatte während seines ganzen Lebens von Deutschland und den Deutschen keine besonders gute Meinung gehabt. Schon als Neunjähriger, als er im Jahre 1891 das erste und einzige Mal in seinem Leben in Bad Nauheim für sechs Wochen mit einer Volksschule in Berührung kam, begannen sich bei ihm die ersten antideutschen Ressentiments zu bilden, die sich später bei Fahrradtouren durch Süddeutschland vor dem Ersten Weltkrieg verstärkten. Er hielt die Deutschen schon sehr früh für anmaßend, arrogant, militaristisch und aggressiv. Schon vor Ausbruch des Ersten Weltkrieges sah er Deutschland als eine Nation an, die die Sicherheit und Wohlfahrt der USA gefährden könnte. Wenn es im Ersten Weltkrieg nach ihm, dem Assistant Secretary of the Navy in der Regierung Wilson, gegangen wäre, hätten die USA Deutschland schon viel früher als 1917 den Krieg erklärt.

Wilsons Deutung des Kriegseintrittes der USA in den Ersten Weltkrieg als eines Kreuzzuges für die Demokratie liberal-kapitalistischen Musters fand seine volle Billigung, um so mehr, als sein Bild von den Deutschen — den »Hunnen« — wie beim Durchschnittsamerikaner im Laufe der Zeit immer negativer wurde. Als er im Sommer 1918 auf eine Inspektionsreise nach Europa geschickt wurde, wurde er in dieser Auffassung durch Erzählungen König Georgs V. von England und des französischen Ministerpräsidenten Clemenceau über deutsche Greueltaten noch bestärkt. Der Aufstieg und der Erfolg Hitlers bestätigten Roosevelt in dieser Auffassung. Für Roosevelt war Hitler keine Ausnahmeerscheinung, der Nationalsozialismus spiegelte für ihn einen Grundzug des aggressiven, preußisch-deutschen Nationalcharakters wider.

Gleichzeitig setzte bei Roosevelt eine nachträgliche Umbewertung des Versailler Vertrages ein. Dieser Vertrag war für ihn nun zu schlecht, weil er für Deutschland zu milde ausgefallen war. Dieses Mal müßten die Sicherungen gegen das Wiedererstarken eines preußisch-deutschen Militarismus besser sein. Eine Zersplitterung und Aufteilung Deutschlands hielt er für das einzige Mittel, um eine zukünftige Aggression zu verhindern.

Vor und während der Konferenz von Quebec konnte Roosevelt nicht bewegt werden, seine Unterstützung des Morgenthau-Plans aufzugeben. Er rückte erst davon ab, als der durch eine Indiskretion in die Öffentlichkeit gelangte Plan im Präsidentschaftswahlkampf 1944 eine Rolle zu spielen begann, besonders als das Argument Verbreitung fand, dieser Plan stärke nur den deutschen Widerstand an der Westfront und führe dazu, die amerikanischen Menschenopfer zu erhöhen. Das letztere war in der Tat ein politisch gefährliches Argument; dem Innenpolitiker Roosevelt blieb gegen seine Grundüberzeugung nichts anderes übrig, als sich von diesem Plan zu distanzieren. Innerlich hat er vermutlich bis zu seinem Tode am Konzept eines karthagischen Friedens festgehalten.

Der Geist des Morgenthau-Planes aber fand, wie schon angedeutet, in erheblichem Maße Eingang in die Direktive 1067. Das war das Ergebnis eines langwierigen Machtkampfes, an dem sich die Vertreter des Außen-, Schatz- und Kriegsministeriums beteiligten. Die vorletzte Fassung wurde von Roosevelt am 20. März 1945, die letzte von Truman am 11. Mai 1945 gebilligt. An diesem Tag schrieb Morgenthau in sein Tagebuch: Dies sei ein großer Tag für das Schatzministerium. »I hope somebody doesn't recognize it as the Morgenthau-Plan[6].«

Auf der anderen Seite nun, und das war das zutiefst Widersprüchliche dieser Entwicklung, gewann das State Department in der Reparationsfrage während der Planungsphase für die Jalta-Konferenz wieder größeren Einfluß, was auch mit dem Wechsel im Amt des Außenministers von Hull zu Stettinius zusammenhing. Auf jeden Fall reflektierten die vorbereitenden Papiere des State Department für diese Konferenz die gemäßigtere, zum großen Teil eben in langfristigen, wirtschaftlichen Kategorien denkende Position. Es sei wichtig, so der Grundtenor, daß Militärbefehlshaber in den geplanten drei Besatzungszonen eine einheitliche Politik verfolgten. Nur so könne sichergestellt werden, daß die hochindustrialisierten westlichen Teile die überaus wichtigen Nahrungsmittel aus der sowjetischen Besatzungszone erhielten. Langfristiges Ziel sei die Assimilierung eines reformierten, friedlichen und wirtschaftlich nicht aggressiven Deutschlands in ein liberales Welthandelssystem. In der Reparationsfrage wiesen die Planer im Außenministerium entschieden darauf hin, die Fehler der Vergangenheit nach dem Ersten Weltkrieg nicht zu wiederholen. Um die Probleme des Geldtransfers wie nach dem Ersten Weltkrieg zu vermeiden, sollten Reparationen nur in Form von Sachlieferungen — Gütern und Dienstleistungen — erfolgen. Die Zeit für wirtschaftlich vernünftige Reparationen sollte möglichst auf fünf Jahre begrenzt sein. Vor allem sollten aber die Amerikaner auf keinen Fall wieder in die Lage gebracht werden, die Reparationen direkt oder indirekt durch Anleihen zu finanzieren. Das ganze sinnlose Schulden-Reparationskarussell der zwanziger Jahre sollte sich nicht wiederholen. Mit den Devisen, die eine auf Friedensproduktion beschränkte deutsche Wirtschaft erwerben könne, müßten zunächst und zuerst die Importe bezahlt werden. Aus dieser amerikanischen Grundposition entwickelte sich dann die Kontroverse mit Stalin und den Sowjets über das Reparationsproblem in Jalta und Potsdam.

Es war also den Amerikanern bis zur deutschen Kapitulation nicht gelungen, Besatzungspolitik und Reparationsfrage nach denselben Grundsätzen zu lösen. In der Frage der Reparationen hatte sich schließlich das Außenministerium, in der Frage der Besatzungspolitik Morgenthau, Teile des Kriegsministeriums und der Vereinigte Generalstab durchsetzen können. Erst in der Zeit von Mai bis Juli 1945, in der Zeit zwischen der deutschen Kapitulation und der Potsdamer Konferenz, entschied sich Truman schrittweise, aber doch erkennbar für die Konzeption des State Department, nämlich dafür, ein geplantes ökonomisches Chaos in Deutschland zu verhindern. Truman konnte von der Unsinnigkeit des Morgenthau-Plans überzeugt werden. Anfang Juli erzwang Truman Morgenthaus Rücktritt. In seinen Memoiren schreibt Truman, er habe den Plan nie gebilligt; er sei ein Akt der Rache gewesen, und schon zu viele Friedensverträge in der Geschichte seien aus diesem Geiste geboren.

## Anmerkungen

1 The Gallup Poll. Public Opinion 1935—1957, Vol. I, 1935—1948, New York 1972, S. 180.

2 Vgl. Hadley Cantril, Mildred Strunk (Hrsg.), Public Opinion 1935—1946, Princeton 1951, S. 977, 982 f.

3 Zit. nach: John Lewis Gaddis, The United States and the Origins of the Cold War 1941—1947, New York, London 1972, S. 5.

4 Zit. nach ders., Strategies of Containment. A Critical Appraisal of Postwar American National Security Policy, New York 1982, S. 3.

5 Robert Dallek, Franklin D. Roosevelt and AmericanForeign Policy 1932—1945, Part IV, New York, Oxford 1979.

6 John Morton Blum, From the Morgenthau Diaries. Years of War 1941—1945, Boston 1967, S. 460.

Hans-Erich Volkmann

# Polen im politisch-wirtschaftlichen Kalkül des Dritten Reiches 1933–1939

Als Hitler Ende Januar 1933 die Regierungsgeschäfte übernahm, geriet er bezüglich der Ostpolitik rasch unter Erwartungsdruck, insbesondere der Repräsentanten deutschen »Dranges nach Osten«. So erinnerte beispielsweise der Deutsche Ostbund den neuen Reichskanzler öffentlich an seine in »Mein Kampf« niedergelegte Lebensraumtheorie, derzufolge die Nationalsozialisten die Kolonial- und Handelspolitik der Vorkriegszeit beenden und zur östlich orientierten Bodenpolitik übergehen wollten. Das mindeste, was man aber in den Kreisen der Glaubensbrüder deutscher Sendung im Osten erwartete, war eine konsequente Revisionspolitik. »Versailles wird ausgelöscht werden«, prophezeite die Zeitschrift »Ostland« Anfang 1933, »und die Grenzen, die dort einem willen- und wehrlosen Volke [...] diktiert worden sind, werden von demselben [...] so neu festgelegt werden, wie es die Leistungen der Vergangenheit und die Lebenserfordernisse der Zukunft verlangen[1].« Der völkischen politischen Einigung im Inneren mußte die Befreiung des Deutschtums im Ausland im Rahmen territorialer Arrondierung im Sinne einer neuen Raumordnung folgen, die durchaus auch wirtschaftspolitischer Natur sein konnte. Für völkisch-nationale und revisionistische Kreise hieß dies, »über den deutschen Staat hinaus den Siedlungsbereich des Deutschtums erfassen, indem der mitteleuropäische Wirtschaftsbereich sich eint«. Daß auch Polen Ziel deutscher Revisionsbestrebungen war, wurde zumindest indirekt publizistisch nicht verschwiegen: »Eine auf Volkstum begründete deutsche Staatspolitik muß den Rahmen der Landesgrenzen überschreiten und ihren außenpolitischen Bereich dort finden, wo ihn das deutsche Volk geschichtlich erschlossen hat[2].«

Auch bei den Koalitionspartnern der Nationalsozialisten im *Kabinett* ging man wie selbstverständlich von einer aktiven Revisions- und Siedlungspolitik gegenüber Polen aus. Hatte Hitler dort doch wohl auch im Blick auf Polen erklärt, »die Zukunft Deutschlands hänge ausschließlich und allein vom Wiederaufbau der Wehrmacht ab. Alle anderen Aufgaben müßten hinter der [...] Wiederaufrüstung zurücktreten[3].«

Der parteilose Reichsaußenminister v. Neurath hob ausdrücklich hervor: »Unser Hauptziel bleibt die Umgestaltung der Ostgrenze[4].« Der Deutschnationale Hugenberg, Reichswirtschafts- und Ernährungsminister, ließ auf der Londoner Weltwirtschaftskonferenz im Juni 1933 durchblicken, was den polnischen Nachbarn erwartete: Es müßten »dem ›Volk ohne Raum‹ Gebiete eröffnet« werden, »in denen es seiner tatkräftigen Rasse Siedlungsraum« erschließen könne«[5].

Eine forcierte Aufrüstung war zumindest in der Anlaufphase mit dem Risiko behaftet, daß die Siegermächte des Ersten Weltkrieges unter Berufung auf die in Versailles festgelegten Rüstungsbeschränkungen militärisch intervenierten, und Hitler wies mit Nachdruck auf die Notwendigkeit der »Tarnung der Arbeiten für die Verbesserung der Landesverteidigung« hin[6]. Aber darüber, wie diese Tarnung zu geschehen habe, zeichneten sich innerhalb des Kabinetts Meinungsverschiedenheiten ab. So hielt v. Neurath ungeachtet eines möglichen Präventivschlages seitens des östlichen Nachbarn »eine Verständigung mit Polen [...] weder« für »möglich noch erwünscht«. Um der Gefahr einer *polnischen* militärischen Intervention zu entgehen, riet der Außenminister, die »politische Tätigkeit der Regierung zunächst auf wirtschaftliche Fragen zu konzentrieren«, um in aller Stille erst einmal die rüstungswirtschaftlichen Grundlagen zu verbessern[7].

Diesen vom Außenminister vorgezeichnete Weg, Tarnung und wirtschaftliche Aufrüstungsmaßnahmen miteinander zu verbinden, indem man in einem ersten Schritt zunächst einmal die ökonomische Grundstruktur verbesserte und erst in einem zweiten mit der Rüstung begann, erschien Hitler wirtschafts- und gesamtpolitisch zu risikoreich. Tempo und Intensität der Aufrüstung wären von außenpolitischen Konstellationen abhängig gewesen, und der über die Aufrüstung geplante wirtschaftliche Aufschwung, verbunden mit der politisch notwendigen auffälligen Verringerung der Arbeitslosigkeit wäre u.U. zu langsam verlaufen, um die NS-Herrschaft rasch und dauerhaft innenpolitisch zu stabilisieren. Polen mußte in die Überlegungen um eine außen-, innen- und wirtschaftspolitische Konsolidierung nationalsozialistischer Herrschaft miteinbezogen werden.

Dabei war dem stark ausgeprägten Revisionsbedürfnis großer Teile der deutschen Öffentlichkeit noch Rechnung zu tragen, gleichzeitig aber mußte der ausschließlich taktische Charakter einer Annäherung an Polen verschleiert werden.

Der von Warschau initiierte erste Besuch seines Gesandten in Berlin beim neuen Reichskanzler Anfang Mai 1933 kam Hitlers Intentionen entgegen, durch schrittweises Zugehen auf die polnische Regierung die deutsche Bevölkerung an den Gedanken eines Ausgleichs zu gewöhnen. Daß wirtschaftliche Kontakte hier Vorreiterfunktion übernehmen konnten, brachte Hitler durch das gegenüber dem polnischen Gesandten ausgedrückte Bedauern zum Ausdruck, daß die nach 1918 entstandenen territorialen Konstellationen leider einen normalen Wirtschaftsaustausch unterbunden hätten[8].

Wenige Tage nach dieser bedeutsamen Begegnung wurde in der Reichskanzlei eine Expertise über Stand und Aussichten der deutschen Warenausfuhr erarbeitet, Hitler vorgelegt und vom ihm gebilligt. Das Papier dokumentierte die unabdingbare Notwendigkeit, die durch Weltwirtschaftskrise, Zollkriege und auch Boykottmaßnahmen gegenüber dem NS-Regime zerrütteten Außenwirtschaftsbeziehungen des in hohem Maße rohstoff- und ernährungswirtschaftlich abhängigen Deutschland rasch neu zu ordnen und zu intensivieren, wollte man Rüstung und rüstungswirtschaftlich bedingten Aufschwung sichtbar in Gang setzen. »Deutschland muß sich«, so stand zu lesen, »nach jeder Lücke in der politischen und handelspolitischen Umzingelung umsehen, in der es sich befindet[9].« Was lag also näher, als den des imperial und rassisch motivierten Expansionismus verdächtigen Parteiführer Hitler als den in Verantwortung stehenden pragmatischen Politiker dadurch herauszustellen, daß man sich mit dem Erbfeind Polen arrangierte? Man gewann dadurch nicht nur außenpolitisch den unverzichtbaren Freiraum für die heimliche Aufrüstung, sondern man konnte diese sogar durch polnische Importe noch unmittelbar fördern. Dies Bestreben hat der deutschnationale Wirtschafts- und Ernährungsminister Hugenberg auf der Weltwirtschaftskonferenz in London öffentlich desavouiert, indem er Siedlungsland im europäischen Osten und zudem Kolonien verlangte[10], willkommener Anlaß für Hitler, ihn und seinen deutschnationalen Anhang aus der Regierungsverantwortung zu entlassen. Nicht, daß Hugenberg in der Frage der Lebensraumerweiterung mit Hitler im Dissenz gelebt hätte, sondern daß er diesen Expansionismus im Sinne einer Großraum- und Siedlungspolitik zum unrechten Zeitpunkt proklamiert hatte, kostete ihn seinen Ministerposten! Anfang Juli 1933, nachdem die Parteien und Gewerkschaften verschwunden waren, galt es für Hitler, der Arbeiterschaft klarzumachen, daß die nationalsozialistische Regierung ihre Interessen erfolgreich wahrnahm. Das hieß, es mußten überzeugende Erfolge in der Arbeitsbeschaffung erzielt werden. Arbeit durch Aufrüstung und Aufrüstung durch Intensivierung der Außenwirtschaftsbeziehungen hieß das Motto. Aber, das hatte Hitler nach wie vor im Auge, »auf wirtschaftlichem Gebiet haben wir eine Mauer vor uns. Die Staaten rund um uns haben sich wirtschaftlich gegen uns abgeschlossen[11].« Ein verschärfter Wirtschaftskrieg mußte zukünftig vermieden werden. Mehr noch: »Wir müssen tatsächlich versuchen, zu einer Verständigung zu kommen mit jedermann, mit dem man sich verständigen kann, weil wir noch keine andere Möglichkeit haben. [...] Ich treibe Verständigungspolitik, um dadurch zu einer Politik der Stärke später einmal zu kommen[12].«

Hitlers vorsichtigem Taktieren gegenüber Polen, aber auch seinem festen Willen, die sogenannte polnische Frage »so oder so« zu lösen, entsprach denn auch seine Reaktion auf das Anfang August 1933 zwischen der Freien Stadt Danzig und der Warschauer Regierung getroffene Abkommen über die Belebung der Seeschiffahrt im Danziger Hafen und über das Danziger Schulwesen. Beide Kontrakte boten zumindest formal den Polen gleiche Chancen wie der Danziger Bevölkerung[13]. In einem internen Informationsbericht der Reichsregierung hieß es dazu: »Es liegt z.B. durchaus in der außenpolitischen Linienführung des Kanzlers, wenn der Danziger nationalsozialistische Präsident ein sehr loyales Abkommen mit Polen getroffen hat. Dieses Abkommen [...] stellt den Versuch dar, mit Polen zu einem modus vivendi zu gelangen. Dabei liegt die Überzeugung zugrunde, daß das geistig bedeutendere deutsche Volk in allmählicher Aufbauarbeit das polnische Element zurückdrängen wird und es bevölkerungspolitisch und geistig nach Jahren zur Defensive treibt. Sollte sich diese Annahme als Utopie erweisen, so ist es nach Meinung des Führers und des Auswärtigen Amtes später immer noch Zeit, diesen Kurs zu revidieren, nämlich dann, wenn eine stärkere deutsche Wehrmacht ausgebildet vorhanden ist[14].« Damit war der zukünftige politische und wirtschaftspolitische Kurs gegenüber Polen von Hitler vorgezeichnet, und er sollte unter kurz- und mittelfristiger Zeitplanung der deutschen binnenwirtschaftlichen Konsolidierung dienen. Interessant ist, daß der Staatssekretär im Reichswirtschaftsministerium Posse den Ausweg Deutschlands aus seiner wirtschaftlichen Kalamität in der Weise vorzeichnete, daß er einer friedlichen außenwirtschaftlichen Durchdringung des europäischen Raumes das Wort redete. Der zweite Mann nach dem neuen Minister Kurt Schmitt war es denn auch, der im Oktober 1933 im Kabinett zur Außenhandelspolitik vorhersagte, »die deutsche Exportindustrie werde im kommenden Winter voraussichtlich mit sehr großen Schwierigkeiten zu rechnen haben. Er halte deshalb die Aufnahme einer aktiven Handelspolitik, die sich auf dem Grundsatz der Reziprozität aufbaue, für erforderlich. Hierbei seien vor allem Wirtschaftsräume in Aussicht zu nehmen, in denen mit einer Beherrschung der Märkte durch den deutschen Kaufmann zu rechnen sei.« Posse ließ sich ausdrücklich im Kabinett durch den Stellvertreter des Reichskanzlers, v. Papen, versichern, »daß auch der Herr Reichskanzler die gezeichneten Linien der Handelspolitik verfolge«[15]. Wenn man mit dem Instrumentarium des komplementären Warenaustausches, von Präferenzen, von Kontingentierung der Ein- und Ausfuhr und des bilateralen Clearings arbeiten wollte, dann sollte es auch gegenüber dem nächsten östlichen Nachbarn Anwendung finden. Dies war zumindest das Primärziel.

Dieses Ziel ließ sich umso leichter verfolgen, als bereits deutsche Handelskreise »die Wiederherstellung geordneter Wirtschaftsbeziehungen mit Polen« gefordert hatten[16]. Ein neuer polnischer Zolltarif, der im Oktober 1933 hätte in Kraft treten sollen und besonders gegen Deutschland ausgerichtet war, wirkte initiierend. Nun setzte sich auch im Auswärtigen Amt die Auffassung durch, »daß im Zuge der auf eine Entspannung hinzielenden Politik jetzt [...] wirtschaftspolitische Besprechungen mit Polen wieder angebahnt werden sollten«[17]. Der deutsche Gesandte in Warschau erhielt den Auftrag, das Terrain für Wirtschaftsverhandlungen mit der polnischen Regierung vorzubereiten. Als Aufgabe des Jahres 1934 formulierte die Deutsche Wirtschaftszeitung, das oben beschriebene Wirtschaftsgebahren müsse gegenüber einer ganzen Reihe von Staaten (gegenüber den Niederlanden, der Schweiz, Ungarn, Dänemark, Finnland, der Sowjetunion und Frankreich), insbesondere auch gegenüber Polen praktiziert werden[18].

Doch wollte die polnische Seite sich vor Abschluß eines Wirtschaftsabkommens in Berlin politisch rückversichern. Als dies ruchbar wurde, schlug das NS-Regime seinerseits den dann im Januar 1934 abgeschlossenen deutsch-polnischen Nichtangriffs- und Freundschaftsvertrag vor, und sicherte sich damit gegenüber Warschau sowie der Weltöffentlichkeit einen politisch-psychologischen Vorteil. Im Frühjahr 1934 wurde dann der Zollkrieg beendet. Das den Wirtschaftskonflikt zwischen Polen und dem Reich beendende Protokoll vom 7. März des Jahres hob die Behinderungen im wechselseitigen Warenaustausch weitgehend auf. Man könnte von einem handelspolitischen Befreiungsschlag sprechen.

Während Polen im ökonomischen Kalkül des Dritten Reiches bis dahin die Rolle eines außenpolitischen und außenwirtschaftlichen Blockadebrechers spielen sollte, kam mit der Verkündigung des sogenannten »Neuen Plans« des Reichswirtschaftsministers Schacht dem deutsch-polnischen Wirtschaftsverhältnis eine veränderte Qualität zu. Deutschland hatte sich nach anfänglichem Aufschwung in eine rüstungswirtschaftlich begründete Mangellage manövriert. Im Frühjahr 1934 war die deutsche Außenhandelsbilanz erstmals seit 1929 wieder passiv. Durch die Öffnung der Schere zwischen Einfuhr und Ausfuhr waren die ohnehin geringen Devisenreserven zusammengeschrumpft, so daß der Wehrmacht die Rüstungslage als »in höchstem Maße bedenklich erschien«[22]. Theoretisch sah sich die Regierung plötzlich vor die Alternative gestellt, die Wehrwirtschaft entweder konsequent weiterzuführen, mit allen sich daraus ergebenden ökonomischen Risiken, oder eine Verlangsamung des Rüstungstempos vorzunehmen, was die NS-Führung strikt ablehnte. Abhilfe sollte der »Neue Plan« schaffen, der zum einen binnenwirtschaftlich die Rohstoff-, vor allem aber Ersatzstoffindustrie fördern, zum andern aber und vor allem eine außenwirtschaftliche Umorientierung bedeuten sollte. Fortan würde versucht werden, die deutschen Importe durch Exporte bilateral zu kompensieren oder miteinander zu verrechnen. Deutschland wollte einen möglichst hohen Prozentsatz des bisherigen Warenverkehrs kontinentaleuropäischer Staaten auf sich selber ziehen. Wenn ein Direktor des Statistischen Reichsamts öffentlich davon sprach, Nahrungs-, Futtermittel und Rohstoffe Deutschlands seien »in Außenhandelsverträgen derart zu verankern, daß daraus ein Höchstmaß gegenseitiger Verpflichtung«[20] erwachse, dann war letztlich gemeint, den schwächeren Partner an die Wirtschaftskraft des stärkeren zu binden.

Wenn Polen, im Unterschied zu den südosteuropäischen Staaten, im Zusammenhang mit solchen außenwirtschaftspolitischen raumorientierten Erwägungen weder in internen Papieren der Frühphase der NS-Herrschaft noch öffentlich ausdrücklich genannt wurde, so wohl deshalb, weil es vornehmlich und ohnehin als Objekt deutscher territorialer Expansion galt, über dessen politische Fortexistenz, möglicherweise in Form eines nach Osten orientierten staatlichen Neugebildes, damals noch nicht entschieden war. Solange man aber nicht die militärischen Voraussetzungen einer wie auch immer gearteten Regelung der polnischen Frage besaß, so lange, meinte der Staatssekretär im Auswärtigen Amt, von Bülow, wie potentielle Gegner Deutschland »in die ärgste Not versetzen« konnten, »indem sie eine offene oder versteckte Finanz- und Wirtschafts-Blockade« verhängten[21], so lange mußte Polen in das wirtschaftspolitische Kalkül des »Neuen Plans« miteinbezogen werden, zumal es sich von seiner geographischen Lage her als deutscher Ergänzungsmarkt hervorragend zu eignen schien. Denn als unterentwickeltes Agrarland konnte Polen seine landwirtschaftliche Produktion mit Hilfe deutscher Technologie und Düngemittel steigern und auf deutsche Bedürfnisse ausrichten. Mit deutschem Know-how ließ sich seine Rohstofförderung zugunsten des Reiches intensivieren und als ambitionierter Industriestaat seine industrielle Entwicklung mit Hilfe deutscher Maschinen deutschem rüstungswirtschaftlichen Bedarf anpassen. Darüberhinaus wies Polen den Vorzug auf, in seiner deutschen Minderheit eine wirtschaftlich tüchtige Volksgruppe zu besitzen, die sich in reichsdeutschem Interesse zu engagieren bereit war, die man wirtschaftlich bevorzugen und zum Kristallisationspunkt späterer Eindeutschungsbestrebungen in Polen machen konnte[22].

Als es über den Umweg eines im Herbst 1934 geschlossenen Kompensationsabkommens, dem eine streng vertraulich behandelte Reise von 150 deutschen Industriellen nach Polen »mit dem Ziele eines neuen Handelsabkommens« vorausgegangen war[23], Anfang November 1935 zu einem regulären deutsch-polnischen Wirtschaftsvertrag kam, konnte man die Frage stellen, die auch schon anläßlich des Nichtangriffs- und Freundschaftsvertrages aktuell war: hat die Warschauer Regierung die wahren langfristigen deutschen politischen und wirtschaftlichen Intentionen nicht erkannt?

Die polnischerseits in den gleichsam den Höhepunkt des sogenannten Normalisierungsprozesses bildenden Wirtschaftsvertrag gesetzten Erwartungen können hier nicht erörtert werden. Wohl aber lassen sich die Faktoren *deutscher* Politik aufzeigen, die zu dem offenkundigen und für Polen so verhängnisvollen Mißverständnis führten. Im amtlichen Kommuniqué zum Vertragswerk hieß es, die Normalisierung der Handelsbeziehungen zwischen Deutschland und Polen entspräche der Entwicklung der politischen Beziehungen[24]. Worauf gründete sich die Warschauer Annahme von normalen Beziehungen? Und worauf stützte sich die Erwartung, diese angebliche Normalität könne von Dauer sein? Hitler und die offizielle Diplomatie haben stets glauben gemacht, das Dritte Reich wolle seine Probleme mit Polen friedlich lösen. Die strikt befolgte Anweisung an die deutsche Presse, alle Krisen um Danzig, alle Konflikte zwischen Polen und der deutschen Minderheit bis hin zu den Enteignungen deutscher Bauern und Unternehmungen publizistisch nicht aufzubauschen, ja, unter Umständen davon gar nicht Notiz zu nehmen, schufen das notwendige Vertrauensklima. Dem mag man das berechtigte Argument entgegenhalten, die nationalsozialistische politische Führung habe nach außen und intern niemals einen Zweifel an ihrem Revisionsbegehren aufkommen lassen. Selbst in Kreisen des Auswärtigen Amts kommentierte man den Abschluß des Freundschafts- und Nichtangriffspaktes mit der Bemerkung: »Wir brauchen im Osten Ruhe. Wir müssen unsere Sachen aus dem Versailler Vertrag in Ordnung bringen[25].« Bereits im Spätsommer 1933, als die polnische Seite ihr Interesse an einer Verbesserung der Wirtschaftsbeziehungen zum westlichen Nachbarn signalisierte, schrieb der nationalsozialistische Wirtschaftsdienst:

»So begrüßenswert dieser langsame Umschwung der wirtschaftlichen Einstellung Polens aber auch ist, so darf sie jedoch nicht vergessen machen, daß einer endgültigen freundschaftlichen Regelung der deutsch-polnischen Beziehungen die Korridorfrage so lange hemmend im Wege stehen wird, bis Polen unserer selbstverständlichen Forderung auf Rückgabe rein deutschen Gebietes Genugtuung geleistet hat«[26].

Aber: Hitler wußte dem polnischen Gesandten bereits bei ihrem ersten Zusammentreffen im Frühjahr 1933 andeutungsweise zu suggerieren, deutsche Ansprüche im Westen Polens könnten durch östliche Kompensationen ausgeglichen werden, wenn er bemerkte:

»Es wäre wesentlich klüger gewesen«, Polens »Zugang zum Meer [...] auf der anderen Seite von Ostpreußen zu suchen. In diesem Falle würde wohl schon längst ein gutes Verhältnis zwischen Deutschland und Polen bestehen und auch die Möglichkeit einer wirtschaftlichen Verständigung gegeben gewesen sein. Er, der Kanzler, möchte nur wünschen, daß die [...] schwebenden politischen Fragen einmal von den beiderseitigen Staatsmännern leidenschaftslos geprüft und behandelt würden[27].«

Das zweite Mißverständnis war wirtschaftspolitisch begründet und ist zumindest andeutungsweise ebenfalls dem genannten Kommuniqué zu entnehmen. Dort las man, die Erweiterung der Warenumsätze erfolge »unter Berücksichtigung der beiderseitigen wirtschaftspolitischen [— wohl gemerkt: wirtschafts*politischen*, nicht *wirtschaftlichen* —] Erfordernisse«[28]. Hier kann wiederum nur erläutert werden, was die deutsche Seite unter einem solchen partnerschaftlichen Verhalten verstand. Dies wiederum ist nur dem Schrifttum nationalsozialistischer Wirtschaftsideologen und Veröffentlichungen der der

NSDAP nahestehenden oder angehörenden Wirtschaftswissenschaftler bzw. Beamten aus der Wirtschaftsadministration zu entnehmen. Es handelt sich also um Darlegungen, mit denen sich die Regierung nicht unbedingt identifizieren mußte, die aber in einem Staat mit funktionierender Zensur inhaltlich schwerlich von der Regierungsmeinung abweichen durften. Gemeint sind die Publikationen zu Autarkie und Großraumwirtschaft[29].

Schon vor der Weltwirtschaftskrise und durch diese dann ausgelöst verstärkte sich ein weltweiter Trend zu in sich abgeschlossenen, weltwirtschaftlichen Wechselfällen gegenüber relativ unempfindlichen Wirtschaftsräumen. Dies konnten in der Regel keine Nationalwirtschaften sein, sondern nur Großraumwirtschaften, mit der Tendenz krisenfreier Ausgestaltung durch wirtschaftlichen Zusammenschluß von Nationalwirtschaften. Gerade diese Autarkie strebte das Dritte Reich an, wobei es Großbritannien die Kolonien überlassen wollte, sich selbst aber wirtschaftspolitisch freie Hand in Europa ausbat. Nach einer kurzen Phase der binnenwirtschaftlichen Konsolidierung in Deutschland, so schrieb 1933/34 der Staatssekretär im Reichswirtschaftsministerium Posse, also nicht irgendein Ideologe, und nach dem planmäßigen innenwirtschaftlichen Ausbau erfolge »nunmehr die langsame Eingliederung in einen organisch wachsenden Großwirtschaftsraum [...] Die deutsche Wirtschaft braucht ein großes wirtschaftliches Gebiet, in dem sie ihre Lebensbedürfnisse befriedigen kann[30].« In diesem Bestreben suchte das Dritte Reich insbesondere die Annäherung an die südosteuropäischen Staaten, schloß Polen aber mit in seine Überlegungen ein[31].

Demjenigen, der befürchten sollte, das Dritte Reich könne diese seine Position zu eigenen Gunsten ausnutzen, versicherte man, Außenhandelsverträge müßten zukünftig so angelegt werden, daß kein Partner übervorteilt oder übertölpelt werde[32]. Skeptikern, auch in Polen, suchte man großraumwirtschaftliche Zusammenarbeit mit Deutschland durch den Hinweis schmackhaft zu machen, ein Großwirtschaftsraum könne nicht allein dadurch funktionieren, daß ein Land Rohstoffe und Nahrungsmittel gegen Fertigwaren eintausche. Die Fähigkeit, Fertigwaren aufzunehmen, setze Kaufkraft und wirtschaftliche Strukturverbesserungen voraus. Deutschland wolle sich in diesem Sinne engagieren, ebenso wie hinsichtlich der Erschließung der Bodenschätze des Ostens durch ein umfangreiches Investitionsförderungsprogramm[33].

Solche Versprechungen mußten natürlich den auf ökonomischem Sektor ambitionierten Politikern in Warschau höchst angenehm in den Ohren klingen. Außerdem erschöpften sich die deutschen Verlockungen nicht in der Zusicherung der Wahrung polnischer nationaler wirtschaftlicher Interessen und der Mithilfe bei der gesamtwirtschaftlichen Erschließung des Landes. Es wurde der polnischen Führung suggeriert, man werde ihr im gemeinsamen Kampf gegen das bolschewistische Rußland eine dominante politische Rolle in Ostmitteleuropa, einen eigenen sogenannten *kleinen* Großwirtschaftsraum zugestehen. Man sprach bereits nach Beendigung des Zollkrieges von der deutsch-polnischen *Raumgemeinschaft* in Gesamt-Osteuropa, von einer durch Lage und Kampf gegen den Bolschewismus aufs engste verbundenen Schicksalsgemeinschaft. Nach Abschluß des Wirtschaftsabkommens mit Polen, dem ähnliche Kontrakte mit südosteuropäischen Staaten vorausgegangen waren bzw. folgten, schmeichelte man in der deutschen wirtschaftswissenschaftlichen Literatur der nationalen Eitelkeit des östlichen polnischen Nachbarn: es vollziehe sich vor aller Augen »der historische Vorgang, daß die Waage des kontinentaleuropäischen Gleichgewichts sich langsam nach Osten neigt. Der Aufstieg der jungen *Großmacht* Polen im Nordosten und das im Aufbau begriffene politische und wirtschaftliche Kraftfeld im Südosten Europas sind der sinnfällige Ausdruck für diese Entwicklung«. Großmacht Polen, das hielt man letztlich sogar für eine ungenügende Etikettierung. Man schien in Deutschland Polens Anspruch auf eine *Dominanz* in Ostmitteleuropa als selbstverständlich zu erachten. In einer publizierten Studie über das wirtschaftliche Gesicht Europas hieß es unter dem Abschnitt Polen: »Der Aufstieg der jungen *Vormacht* im Osten Europas muß als einer der wichtigsten Faktoren der europäischen Nachkriegsentwicklung gewertet werden[34].«

Die polnische Reaktion zeigte, daß man den von Deutschland ausgelegten Köder angenommen hatte. In einem wohl im Frühjahr 1935 von dem einstigen Kampfgefährten Piłsudskis, Studnicki, in Polnisch herausgegebenen, ein Jahr später in Deutschland und in deutscher Sprache erschienenen Buch hieß es denn auch:

»Polen und Deutschland können die Grundlage eines riesigen mitteleuropäischen Blockes bilden, der Österreich, Ungarn, die Tschechoslowakei, Rumänien, Bulgarien, Jugoslawien, Griechenland, die Türkei und die baltischen Staaten umfaßt [...] Dieser Block würde eine erstrangige wirtschaftliche und militärische Macht darstellen. Deutschland würde in ihm naturgemäß die erste Stelle einnehmen, die zweite würde Polen zufallen[35].«

In der Euphorie über die vermeintlich zustandegekommene deutsch-polnische politisch-ökonomische Verbundenheit hatten die Verantwortlichen in Warschau beim Studium der großraumwirtschaflichen Literatur ganz offensichtlich — wie bei einem verlockenden Versicherungsvertrag — die Nebensätze, das Kleingedruckte überlesen. Bei näherem Hinsehen enthielten diese aber bemerkenswerte Aussagen: da stand unter anderem, Deutschland suche Partner, die »im Hinblick auf eine notwendige Interessengemeinschaft unter Führung des deutschen Nahrungsmittel- und Rohstoffbedarfs« den Willen zum politischen Zusammenschluß Europas aufbrächten[36]. Deutschland stellte also den Anspruch, daß sich seine Handelspartner nach seinen Bedürfnissen ausrichteten. Dies *mußte* für hauptsächlich agrarstrukturierte und Rohstoffländer nicht unbedingt ein Nachteil sein, zumal das sich kriegsvorbereitende Dritte Reich für den Absatz entsprechender Produkte einen großen Markt besaß. Es *konnte* hochindustrialisierte aber begünstigen, und so verhielt es sich dann auch.

Wie haben sich die Außenwirtschaftsbeziehungen nun tatsächlich entwickelt? Ging das deutsche Kalkül auf, die polnische Wirtschaftskraft seinen rüstungswirtschaftlichen Anstrengungen nutzbar zu machen? Zunächst einmal muß festgestellt werden, daß nach dem Ende des neunjährigen Zollkrieges und mit Abschluß der Kompensationsvereinbarung vom Herbst 1934 mengenmäßig eine leichte Belebung des deutsch-polnischen Warenaustauschens stattfand, die aber deutscherseits als ungenügend empfunden wurde. Aufgrund noch weiter bestehender Zollschranken und noch nicht ausgelaufener beiderseitiger Verträge mit anderen Staaten kam vor allen Dingen der deutsche Export nach Polen nicht so recht in Schwung, auch wegen bewußt überhöhter deutscher Exportpreise, so daß Warschau gegenüber Berlin eine positive Handelsbilanz aufweisen konnte. Der Wirtschaftsvertrag vom Jahresende 1935 sollte, gekoppelt mit einem Verrechnungsabkommen, der Versuch sein, eine generell bessere Ausgangsbasis für den deutschen Warenaustausch mit Polen zu schaffen, die den unterschiedlichen ökonomischen Zwängen in Deutschland, insbesondere aber den rüstungswirtschaftlichen Bedürfnissen besser als bislang Rechnung trug[37]. Das bedeutsamste Moment des Abkommens lag aus deutscher Sicht allerdings darin, daß es ein weiteres Element des wirtschaftlichen und politischen Konsolidierungsprozesses zwischen Polen und seinem westlichen Nachbarn darstellte. Es war »das natürliche Ergebnis und zugleich ein neuer Erfolg der vom Führer und von Marschall Piłsudski eingeleiteten deutsch-polnischen Verständigungspolitik«[38].

Der Vierjahresplan Hitlers vom Jahre 1936 bedeutete einen qualitativen Schnitt in den deutsch-polnischen Wirtschaftsbeziehungen, aber auch in der Gestaltung des politischen Verhältnisses. Der Plan beruhte auf der Einsicht der NS-Machthaber, daß die wirtschaftliche Decke zur Führung eines größeren Krieges zu kurz sei und nur zur partiellen territorialen Expansion und damit teilweisen Verbreiterung der ökonomischen Basis ausreichte. Unter diesem Aspekt betrachtet kam dem deutsch-polnischen Warenaustausch ein recht hoher Stellenwert zu. Aber auch rein mengenmäßig erreichte der deutsch-polnische Warenaustausch beachtliche Ziffern. Allein 1937 war eine Steigerung der deutschen Ausfuhr nach Polen im Vergleich zum Jahr davor um 27,4 % und der polnischen Ausfuhr ins Reich um 14,4 % zu verzeichnen. Im ersten Quartal 1938 nahm die deutsche Ausfuhr nach Polen im Vergleich zum selben Zeitraum des Vorjahres um 42 % zu, der deutsche Import aus Polen sogar um 45 %[39]. 1936 und 1937 rangierte das Dritte Reich an erster Stelle der polnischen Importländer, gefolgt von Großbritannien. Bezüglich des Exports war das Verhältnis zwischen Deutschland und England umgekehrt[40].

Wenn es dennoch unentwegt zu Friktionen kam und sich die wirtschaftliche, insbesondere aber die politische Situation zwischen beiden Ländern ab 1936 stetig zuspitzte, dann hatte dies mehrere Gründe. Die seitens Deutschland Ende 1938 gegenüber Polen passive Außenhandelsbilanz signalisierte ein Problem, das, kaschiert, permanent vorhanden gewesen war: Polen vermochte den Ansprüchen des rüstungswirtschaftlich orientierten Deutschen Reiches, was den Export anbetraf, ebensowenig zu genügen wie Deutschland umgekehrt, weil die wechselseitig benötigten Waren hüben und drüben nicht in ausreichendem Maße zur Verfügung standen. Deutschland hätte nur bei rüstungswirtschaftlicher Selbstbeschränkung, die nicht zur Diskussion stand, die polnischen Wünsche halbwegs befriedigen können.

Die Problematik wurde verstärkt deutlich, als die polnische Regierung für die Zeit vom Sommer 1936 bis zum Sommer 1940 einen Vierjahresplan aufstellte, der erhebliche infrastrukturelle wirtschaftliche Veränderungen vorsah, und zwar regionaler wie qualitativer Art. 1937 verkündete sie das Projekt eines zentralen Industriereviers in dem sogenannten Sicherheitsdreieck mit dem Mittelpunkt der Stadt Sandomierz (Sandomir). Hier sollte in einer dem unmittelbaren sowjetischen, tschechoslowakischen und deutschen militärischen Zugriff entzogenen Territorium ein Industriezentrum geschaffen werden[41].

Schon im Vorfeld, nämlich in der Planungsphase der Errichtung des wirtschaftlichen Sicherheitsdreiecks, setzte eine Konjunkturbelebung ein, die 1937 wuchs und durch hohe staatliche Investitionen ihren deutlichen Niederschlag im polnischen Wirtschaftsleben fand. Dies spiegelte sich auch in den steigenden Ziffern des deutsch-polnischen Warenaustausches wider. Die Errichtung des Industriereviers in Sandomierz barg allerdings auch einen starken Keim des sich anbahnenden deutsch-polnischen Zerwürfnisses in sich. Zunächst einmal einen rein ökonomischen: Die polnische Regierung hatte nie einen Hehl daraus gemacht, daß sie dem zentralen Industrierevier eine eminent wichtige rüstungswirtschaftliche Bedeutung beimaß, ja daß ihre Wirtschaftspolitik seit 1936 primär rüstungswirtschaftlichen Charakter trug. Im Zeichen der Hochkonjunktur der Aufrüstungen in Europa mußte auch die polnische Wirtschaft sich wehrwirtschaftlichen Interessen unterordnen[42]. Diese ökonomische Kursbestimmung bedeutete nichts anderes, als daß jetzt plötzlich die rüstungswirtschaftlichen Bedürfnisse Polens und Deutschlands miteinander konkurrierten. Das, was Polen hätte an rüstungswirtschaftlichen Rohstoffen — mit Ausnahme von Kohle — nach Deutschland exportieren können, benötigte es nun selbst. Umgekehrt mußte die deutsche Regierung von Polen benötigte Investitionsgüter wegen Eigenbedarfs, aber auch aus strategischen Rücksichten zurückbehalten. Zwar begünstigte man deutscherseits die polnischen rüstungswirtschaftlichen und wirtschaftsstrukturellen Anstrengungen, solange sie gegen die Sowjetunion gerichtet waren. Aber wie lange waren sie dies? Als Polen nicht ohne Erfolg versuchte, sein ehrgeiziges Sandomir-Projekt mit französichen bzw. englischen und amerikanischen Krediten zu finanzieren[43], sah sich Berlin daher im Oktober 1938[44] zur Gewährung eines längerfristigen Kredits gezwungen, um Polen wirtschaftlich und damit auch politisch bei der Stange zu halten, und dies, obwohl die auf Hochtouren laufende deutsche Rüstungswirtschaft praktisch über keine Kapazitäten verfügte, um hochwertige Investitionsgüter nach Polen zu liefern und dies, obwohl die Reichsbank faktisch kaum Devisen besaß.

Mit dem am 30. September 1938 in Berlin unterzeichneten deutsch-polnischen Warenkreditabkommen verband die nationalsozialistische Regierung einen eindeutigen Hintergedanken, nämlich den, auf Warschaus Wirtschaftsgebaren im zentralen Industrierevier Einfluß zu nehmen. Bei den entsprechenden Verhandlungen hatten die Deutschen die Polen über den Tisch gezogen. Versprochen wurde diesen die Lieferung von Anlagen, Einrichtungen, Maschinen, Apparaten und Werkzeugen, und zwar mit einer Bestellfrist von $2\frac{1}{2}$ Jahren vom Abschluß des Vertrages an gerechnet. Die Lieferfrist betrug allerdings $4\frac{1}{2}$ Jahre, gleichfalls vom Abschluß des Vertrages an. Verlockend für Warschau war der Zinssatz von $4\frac{1}{2}$ %. Der entscheidende Vorteil für Deutschland bestand allerdings darin, daß Polen seinerseits kreditär in Anspruch genommen wurde, denn es mußte den deutschen »Wünschen entsprechend [...] *sofort* nach Abschluß des Vertrages einen *unverzinslichen* Gegenkredit [...] zur Verfügung«[45] stellen, für den Deutschland Holz und Getreide, beides chronische Mangelwaren, kaufen konnte. Da Hitler längst beschlossen hatte, die polnische Frage militärisch zu lösen, und zwar in absehbarer Frist, bedeutete das Kreditabkommen letztlich, daß nur die deutsche Seite daraus ihren rüstungswirtschaftlichen Vorteil zu ziehen vermochte.

Um dem Leser die Kalamität vor Augen zu führen, in der sich die sogenannte deutsche Wehrwirtschaft 1938/39 befand, genügt es, ihm skizzen- und beispielhaft die gesamtökonomische Situation vor Augen zu führen: 1938 war sowohl wegen außenwirtschaftlicher als auch innerer Schwierigkeiten auf dem Sektor der Landwirtschaft für das darauffolgende Jahr mit Engpässen in allen Bereichen der Ernährung — mit Ausnahme von Getreide und Futtermitteln — zu rechnen. Die Arbeitsmarktlage erwies sich für die Landwirtschaft bei zunehmender Landflucht in die florierende Industrie als bedrohlich. Zwar hatte die deutsche Wirtschaft 1938 eine neue Leistungsspitze aufzuweisen. Die Erzeugungssteigerung reichte dennoch zur Befriedigung der allgemein ökonomischen Ansprüche nicht aus, vor allem deshalb nicht, weil die Produktionskapazitäten zu gering waren und sich ein eklatanter Mangel unterschiedlichster Rohstoffe herausstellte. Arbeitslosigkeit war Arbeitermangel gewichen, und dem sprunghaft gestiegenen Volkseinkommen mit wachsender Nachfrage stand ein Mangel an Konsumgütern gegenüber, weil die Rüstungserfordernisse Prioritäten genossen. Der Staat benötigte einen ungeheuren rüstungsbedingten Geldbedarf, der bei weitem nicht zu decken war. Knappheit herrschte bei Textilrohstoffen und Fett, bei Nichteisenmetallen, Treibstoffen und Kautschuk. Ungeachtet der wirtschaftlichen Entlastung durch die Eingliederung Österreichs und des Sudetengebietes konnte nichts »darüber hinwegtäuschen, daß eine weitere Überbeanspruchung des wirtschaftlichen Leistungsvermögens zu einer Schwächung der Wehrkraft führen kann und höchstens zur Erlangung eines politischen Nahzieles noch kurze Zeit fortgesetzt werden könnte. Schon heute ist die wirtschaftliche Wehrkraft des deutschen Volkes beeinträchtigt durch die Devisenlage, den im letzten Jahr bereits notwenigen Einsatz der Rohstoffreserven und dem daraus folgenden Mangel wichtigster Rohstoffe[46].«

Mit den mangelnden Devisen verband sich ein weiterer schwelender Konflikt, der für Deutschland politisch gefährlich zu werden drohte. Die deutsch-polnischen Wirtschaftsbeziehungen waren von Anbeginn an durch eine Hypothek belastet: die deutschen Devisenschulden für den Transitverkehr durch den Korridor. Man ist dieses Problem immer partiell angegangen, und es war stets nötig, jeweils an der politischen Spitze unter Einschaltung Hitlers den offenen Konflikt abzuwenden. Auf unabsehbare Zeit konnte man es nicht vor sich herschieben, ohne daß Polen die Handhabe gegeben wurde, den Korridorverkehr nachhaltig zu blockieren, was es mehrfach androhte.

Und ein drittes Moment muß angesprochen werden: es war die Lage der deutschen Minderheit in Polen, insbesondere in Oberschlesien. Ungeachtet der sich oberflächlich vollziehenden Normalisierung lief die seit den 20er Jahren auch auf Kosten der deutschen Minderheit in Polen eingeleitete Agrarreform mit den vorgesehenen Enteignungen von Großgrundbesitz weiter, betrieb die Warschauer Regierung eine Polonisierung deutschen großindustriellen Eigentums. Obwohl Polen dies auf der Rechtsgrundlage des am 15. Mai 1922 in Genf geschlossenen deutsch-polnischen Abkommens über Oberschlesien tat, registrierte man diese Maßnahmen in deutschen nationalen Kreisen als Unrechtsakte[47]. Diese Tatsache allein schon bedeutete einen erheblichen moralischen Druck auf die Reichsregierung, weil der angestaute und verdeckte Polenhaß in weiten Bevölkerungsschichten in gefährlicher Weise geschürt wurde und insbesondere das Parteivolk und die Volkstumspolitiker der NSDAP ihr ideologisches Selbstverständnis erheblichen Belastungen ausgesetzt sahen. Es blieb die Frage, wie lange die deutsche Minderheit in Polen die Verhältnisse akzeptieren oder lauthals nach deutschem Eingreifen schreien würde. Daß sich eine solche Möglichkeit immer stärker abzuzeichnen begann, lag wiederum in einem wirtschaftlichen Unvermögen des Dritten Reiches mitbegründet. Arbeitslose Reichsdeutsche, insbesondere in

Oberschlesien, waren aus dem deutschen Staatssäckel in polnischer Valuta in Höhe deutschen Arbeitslosengeldes unterstützt worden. Ihre Zahl stieg, nicht zuletzt deshalb, weil die Woiwodschaftsbehörden von einem Kriegsleistungsgesetz des Jahres 1934 Gebrauch machten, in kriegswichtigen Unternehmen nur Polen zu beschäftigen und auch rein deutsche Unternehmen zu zwingen suchten, es so zu handhaben. Diese Unterstützungsmaßnahmen beruhten zwar auf Art. 40 des genannten Genfer Abkommens, doch verband die deutsche Seite damit aus ihrer Sicht durchaus positive politische Intentionen: »Dieses Verfahren wurde eingeführt, um durch das Verbleiben der Reichsdeutschen das hiesige Deutschtum nach Möglichkeit zu stützen«. Bereits Ende 1935 war »infolge des wirtschaftlichen Niedergangs und des deutschfeindlichen Verhaltens der polnischen Lokalbehörden [...] der Prozentsatz der Reichsdeutschen des Amtsbezirks [Kattowitz, d. Verf.], die seit langem arbeitslos sind, sehr groß«[48]. Die Reichsbank sah sich Ende der 30er Jahre einfach nicht mehr in der Lage, die Devisen zur Unterstützung dieser Arbeitslosen aufzubringen. Eine Bankrotterklärung lag außerhalb des politisch Denkbaren. Fortgesetzt fanden in großem Maße aber auch Entlassungen Deutscher polnischer Staatsangehörigkeit statt, zumeist von Facharbeitern und Angestellten, obwohl gerade die ersteren Mangelware darstellten, ein Vorgang, der sich zu einer gefährlichen politischen Hypothek zu Ungunsten Polens in Bewußtsein der Deutschen im Reich auflief und Interventionserwartungen gegenüber den Berliner Machthabern weckte. Auf oberster Ebene hatten Warschau und Berlin denn auch versucht, dem Minderheitenkonflikt durch eine bilaterale Vereinbarung von Ende 1937 die Spitze zu nehmen, in der es hieß: »Die Angehörigen einer Minderheit dürfen [...] in der Wahl oder bei der Ausübung ihres Berufes oder einer wirtschaftlichen Tätigkeit nicht behindert und benachteiligt werden«, eine Vereinbarung, die allerdings in Anbetracht der sich wechselseitig hochschaukelnden Animositäten zwischen den Polen und ihrer deutschen Minderheit praktisch folgenlos blieb[49].

Zu all diesen Schwierigkeiten kamen Boykottmaßnahmen polnischer und jüdischer Firmen und Geschäftsleute gegenüber deutschen Waren hinzu, die als Reaktion auf die Behandlung der Juden seitens der Nationalsozialisten und auf die Eingliederung Österreichs, der Sudetengebiete und Böhmen-Mährens zurückzuführen waren. Im Zusammenhang mit der Zerschlagung der Tschechoslowakei sollte sich aber eine für Deutschland viel ernstere Situation abzeichnen. Was man als Belohnung für politisches und wirtschaftspolitisches Wohlverhalten gedacht hatte, nämlich die Abtretung des hochindustriellen Olsa-Gebietes an Polen, drohte ein Bumerang zu werden. Die Inbesitznahme der Kreise Teschen und Freistadt bedeutete für Polen lediglich einen Gebietszuwachs von rund 0,2 %, dafür aber eine Erhöhung des Produktionspotentials der Schwerindustrie um fast 50 %. Diese Zahlen machen die ungeheure ökonomische Bedeutung des territorialen Zuschlags und die damit verbundenen Erwartungen schon rein zahlenmäßig sichtbar. Es blieb eine offene Frage, ob das polnische Mutterland diesen ökonomischen Brocken würde verdauen können. Der deutsche Botschafter in Warschau setzte das Auswärtige Amt davon in Kenntnis, daß wichtige Betriebe des Olsa-Gebietes die Sowjetunion als besten Kunden verzeichnet hätten, nun aber mangels anderer Absatzgebiete ihre Produktion weitgehend einstellen müßten. Konsequenterweise habe die polnische Führung, der die ökonomischen Schwierigkeiten des Dritten Reiches nicht verborgen geblieben seien, sich zu einer gesamtwirtschaftlichen Umorientierung entschlossen, an deren Anfang bereits wirtschaftspolitische Sondierungen gegenüber Moskau stünden, die jederzeit wohl zum Ausgangspunkt von Vereinbarungen politischen Charakters gemacht werden könnten. Wenn sich »nach den ausgesprochen schlechten Beziehungen der letzten Jahre eine Normalisierung anzubahnen scheint«, so der Botschafter, »dürfte hierbei in erster Linie die Befürchtung mitgesprochen haben, daß das immer stärker werdende Deutschland sich über lebenswichtige polnische Interessen hinwegsetzen werde«[50].

Die Gesamtheit der politischen Intentionen Hitlers, die ihn zum Abschluß des berühmt-berüchtigten Paktes mit Stalin bewogen haben, kann hier unberücksichtigt bleiben. Unstrittig ist aber, daß ökonomische Interessen eine hervorragende Rolle gespielt haben, was sich nicht zuletzt aus der Liste der bis zum Überfall auf die Sowjetunion gelieferten sowjetischen Waren an das Dritte Reich ablesen läßt. Die Sowjetunion konnte aus dem Schatz ihrer Kornkammern und Rohstoffressourcen ein vielfaches dessen anbieten, was Polen zu liefern vermochte. Aber mit der Sowjetunion als Verbündetem ließen sich nicht nur die bisherigen polnischen Lieferungen ergänzen oder alternativ um ein mehrfaches substituieren — für eine Partizipation an der Beute konnte man nun mit militärischen Mitteln den gesamten Polen-Komplex lösen und sich in den Besitz all der Wirtschaftskräfte bringen, deren Nutzung über reguläre Außenwirtschaftsbeziehungen nur zu einem geringen Teil möglich gewesen war.

Ende Mai 1939 stand der Einmarsch in Polen fest. Und obwohl Hitler die Danzig-Frage und die des Baues einer Autobahn durch den Korridor in einer Weise aufwarf, die ihm eine polnische Abfuhr einbringen mußte, wodurch er sich ein politisches Alibi zu schaffen versuchte, waren es doch nicht die aktuellen politischen, sondern die ökonomischen Probleme und das langfristige Lebensraumziel, die Hitler bewogen, Anfang September Polen zu überfallen. Die innerdeutsche, sogenannte »ideelle« Stabilität sah Hitler 1939 als erreicht an. »Die wirtschaftlichen Probleme müssen auch gelöst werden«, äußerte er den führenden Militärs gegenüber. »Ohne Einbruch in fremde Staaten oder Eingreifen in fremdes Eigentum ist dies nicht möglich [...] Danzig ist nicht das Objekt, um das es geht. Es handelt sich für uns um die Erweiterung des Lebensraumes im Osten und Sicherstellung der Ernährung[51].« Expansion war immer nur in kleinen Schritten vorgesehen. Wenn »die Ernährungs- und Rohstofflage wohl für einem kurzen Krieg gesichert war, für einen langen Krieg aber nicht genügte«, hieß dies, nach bewährtem Muster die vorhandene rüstungswirtschaftliche Potenz zur Verbreiterung der territorialen und damit ökonomischen Basis zum Einsatz zu bringen[52]. Im Nachhinein hat Hitler selbst diese Interpretation bestätigt:

»Vom ersten Augenblick an war mir klar, daß ich mich nicht mit dem sudetendeutschen Gebiet begnügen könnte. Es war nur eine Teil-Lösung. Der Entschluß zum Einmarsch in Böhmen war gefaßt. Dann kam die Errichtung des Protektorats, und damit war die Grundlage für die Eroberung Polens gelegt [...] Die steigende Volkszahl erforderte größeren Lebensraum[53].«

Als der Hitler-Stalin-Pakt unter Dach und Fach war, konnte die Intervention in Polen gewagt werden. »Wir brauchen keine Angst vor einer Blockade zu haben«, meinte der »Führer«. »Der Osten liefert uns Getreide, Vieh, Kohle, Blei, Zink. Es ist ein großes Ziel, das viel Einsatz fordert[54].«

Anfang September 1939 machte Hitler das wahr, was er in »Mein Kampf« öffentlich lesbar niedergeschrieben und im September 1933 vor Politikern, Beamten und Wirtschaftsführern gesagt hatte: »Zu allen Zeiten war das Schwert der Wegbereiter des Pfluges, war die Macht die Wegbereiterin der Wirtschaft. Das ist früher so gewesen und wird in Zukunft selbstverständlich ebenso sein[55].« Nun rächte sich für Warschau, daß man wegen politischer Kurzsichtigkeit und eigener hegemonialer Ambitionen das »Kleingedruckte« im wirtschaftspolitischen Schrifttum des Nationalsozialismus nicht gelesen hatte: in der Zeitschrift »Volk und Reich«, bereits 1924 gegründet, stand im Jahre der nationalsozialistischen Machtübernahme zu lesen:

»Man darf den Begriff der Autarkie [...] nicht zu eng fassen. Autarkie kann ebenso gut Konzentrierung wie auch Expansion bedeuten. Dort, wo einem Staat einfach gewisse Rohstoffe fehlen, muß entweder Austausch eintreten mit anderen Ländern oder er muß sich die fehlenden Gebiete erwerben [...] Wenn aber für Deutschland aus geographischen Gründen keine Beherrschung von Meeren und Überseeländern in Frage kommt, so liegt die Aufgabe zweifellos auf dem Kontinent[56].«

Noch unverblümter hat es ein hoher NS-Wirtschaftsfunktionär und Reichstagsabgeordneter 1934 in der Fachzeitschrift »Die Deutsche Volkswirtschaft« zum Ausdruck gebracht:

»Wir haben es [...] von jeher für unabweisbar notwendig gehalten, daß psychologisch und praktisch der Schwerpunkt der Wirtschaft unseres Volkes stets in unserem eigenen Raume liegt, daß die Ernährung unseres Volkes innerhalb seiner Grenzen gesichert ist und daß die notwendigen Nahrungsmittel und Rohstoffe, die in unserem Lande nicht vorhanden sind, weil die Rohstoffbasis oder weil die Anbauflächen nicht ausreichen, in erster Linie dort gekauft werden, wo sie im Falle von Verwicklungen im Bereich der eigenen Waffen liegen[57].«

## Anmerkungen

1 Die Angst der Polen: Hitler bedeutet die Revision! In: Ostland, 14 (1933), S. 71.
2 Rudolf Craemer, Staatserneuerung und volksdeutsche Politik. In: Volk und Reich, 9 (1933), S. 194—204, hier S. 200.
3 Protokoll der Sitzung des Ausschusses der Reichsregierung für Arbeitsbeschaffung, 9.2.33. In: Karl-Heinz Minuth (Bearb.), Die Regierung Hitler, I: 1933/34. Boppard a.Rh. 1983, S. 58—64, hier S. 62.
4 Protokoll der Ministerbesprechung, 7.4.33. Ebd., S. 31, 34.
5 Akten zur deutschen Auswärtigen Politik (= ADAP), C I, 2, S. 557—562, hier S. 561.
6 Protokoll der Sitzung des Ausschusses der Reichsregierung für Arbeitsbeschaffung, 9.2.33. In: Minuth (wie Anm. 3), S. 63.
7 Ebd., S. 317 f.
8 Aufzeichnung Neuraths, 2.5.33. In: ADAP, C I, 1, S. 363 f.
9 Vermerk Min. Rat Franz Willuhn, 24.5.33. In: Minuth (wie Anm. 3), S. 480—486, hier S. 485.
10 Vgl. dazu Denkschrift Hugenbergs, 21.6.1933, über die Londoner Weltwirtschaftskonferenz. Ebd., S. 571—575.
11 Aufzeichnung über eine Reichsstatthalterkonferenz, 6.7.33. Ebd., S. 629—636, hier S. 632.
12 Ebd., S. 633.
13 Vgl. Keesings Archiv der Gegenwart 1933, S. 971 f.
14 Gabriele Toepser-Ziegert (Bearb.), NS-Presseanweisungen der Vorkriegszeit, Bd 1: 1933. München, New York, London, Paris 1984, S. 91.
15 Aufzeichnung der Kabinettsitzung, 4.10.33. In: Minuth (wie Anm. 3), S. 878—884, hier S. 881.
16 Deutscher Industrie- und Handelstag, 13.9.33, an Reichswirtschaftsminister. Deutsches Zentralarchiv Potsdam (= DZA), AA IV, Handel 13, Polen, Bd 17.
17 Schreiben des Ausw. Amts, 25.9.33, an den Gesandten in Warschau, v. Moltke. Ebd. AA 09.01/67407.
18 Otto Sarnow (Min. Dir. i. Reichswirtschaftsministerium), Die Aufgaben der deutschen Handelspolitik im Jahre 1934. In: Deutsche Wirtschaftszeitung, 31 (1934), 4., S. 73 ff.
19 Unterlagen Thomas f. einen Vortrag beim Reichswehrminister und Chef der Heeresleitung, 16.4.1934. Bundesarchiv-Militärarchiv (= BA-MA), Wi I F 5/3260.
20 Zit. n. Hans-Erich Volkmann, Die NS-Wirtschaft in Vorbereitung des Krieges. In: Ursachen und Voraussetzungen der deutschen Kriegspolitik. Das Deutsche Reich und der Zweite Weltkrieg, Bd 1, Stuttgart 1979, S. 175—368, hier S. 259.
21 Bülow an Neurath (16.)8.1934. In: ADAP, C III, 1, S. 320.
22 Vgl. z.B. Schreiben der NSDAP, 9.3.34, an Ausw. Amt. DZA, AA IV Polen, Handel 11 Nr. 1 Pol, Bd 24.
23 Toepser-Ziegert (wie Anm. 14), Bd 2: 1934, S. 251.
24 Text in: Osteuropa, 11 (1935/36), S. 213.
25 Fritz Sänger (Journalist i. d. NS-Zeit), Politik der Täuschungen. Mißbrauch der Presse im Dritten Reich. Weisungen, Informationen, Notizen 1933—1939. Wien 1975, S. 51.
26 Kurt A. Hoeher, Deutschland und Polen. Wirtschaftliche und politische Gegebenheiten. In: Braune Wirtschaftspost, 2 (1933/34), S. 193 f., hier S. 193.

[27] Aufzeichnung Neurath, 2.5.33. ADAP, C I,1, S. 363—364.
[28] Osteuropa, 11 (1935/36), S. 213.
[29] Vgl. Hans-Erich Volkmann, Das außenwirtschaftliche Programm der NSDAP 1930—1933. In: Archiv für Sozialgeschichte, Bd 17, 1977, S. 250—274; ders., (wie Anm. 20). Eckart Teichert, Autarkie und Großraumwirtschaft in Deutschland 1930—1939. Außenwirtschaftspolitische Konzeptionen zwischen Wirtschaftskrise und Zweitem Weltkrieg. München 1984.
[30] Hans Ernst Posse, Möglichkeiten der Großraumwirtschaft. In: Die Nationale Wirtschaft, 1/2 (1933/34), S. 282 f.
[31] Walter Grävell (Direktor im Statistischen Reichsamt), Welthandel von morgen. Ebd., S. 284—287, hier S. 286.
[32] Werner Daitz (Gesandter, Außenpol. Amt d. NSDAP), Neue Außenhandelspolitik. In: Braune Wirtschaftspost, 2 (1933/34), S. 791 f., hier S. 792.
[33] Vgl. Anm. 31.
[34] Anton Reithinger, Das wirtschaftliche Gesicht Europas. Stuttgart 1936, S. 134 f.
[35] Władisław Studnicki, Polen im politischen System Europas. Poln. Ausg. 1934 od. 1935. Dt. Ausg. Berlin 1936, hier S. 147.
[36] Walter Grävell, Nationalwirtschaft, Großraumwirtschaft, Weltwirtschaft. In: Archiv für Rechts- und Sozialphilosophie, 27 (1933/34), S. 99—113, hier S. 108.
[37] Wirtschaftsvertrag zwischen dem Deutschen Reich und der Republik Polen, 4.11.35. In: Reichsgesetzblatt 1935,II, S. 768—787.
[38] Karl Heidrich (Hauptgeschäftsführer der Deutschen Handelskammer für Polen), Deutsch-Polnischer Wirtschaftsvertrag. In: Ost-Europa-Markt, 15 (1935), S. 629—633, hier S. 633.
[39] Ders., Günstige Gestaltung des deutsch-polnischen Handels. In: Die Ostwirtschaft, 27 (1938), 5, S. 82 f.
[40] Vgl. dazu ders., Die Stellung Deutschlands im polnischen Außenhandel. In: Ost-Europa-Markt, 18 (1938), S. 14—21.
[41] Vgl. dazu Milan Hauner, Die Rolle der Rüstungsindustrie in Osteuropa und die Verteidigungsanstrengungen Polens bis 1939. In: Friedrich Forstmeier/Hans-Erich Volkmann (Hrsg.), Wirtschaft und Rüstung am Vorabend des Zweiten Weltkrieges. Düsseldorf 1975, S. 331—363, hier S. 345 ff.; Zbigniew Landau/Jerzy Tomaszewski, Wirtschaftsgeschichte Polens im 19. und 20. Jahrhundert. Berlin-Ost 1986, S. 159 f.
[42] Vgl. den Bericht der Deutschen Botschaft Warschau, 16.2.1937, an das Ausw. Amt. BA-MA, Wi ID/3.
[43] Vgl. dazu u.a. Peter Heinz Seraphim, Der polnische Vierjahresplan. In: Raumforschung und Raumordnung, 1 (1937), S. 367—371, hier S. 371; Die Osteuropawirtschaft, 28 (1939), 3, S. 46.
[44] Vgl. dazu u.a. Ostland, 19 (1938), S. 475 f.
[45] Aufzeichnung Schnurre, 1.10.38. Pol. Archiv d. Aus. Amts (= AA), Ha.-Pol. Wiehl, Polen, Bd 15.
[46] Geheime Expertise des Wehrwirtschaftsstabes über »Die Voraussetzungen für die Steigerung der Wehrkraft und des Leistungsvermögens der deutschen Wirtschaft und für die Erhaltung der volkswirtschaftlichen Grundlagen«, o.D. (wahrscheinlich Ende 1938/Anfang 1939). BA-MA, RW 19/1500.
[47] Vgl. Reichsgesetzblatt 1922, II, S. 237 ff.
[48] Schreiben des Deutschen Generalkonsulats, 3.12.35, an Ausw. Amt. AA, 82/3 Warschau. Oberschlesien 1935—37, P III 9c.
[49] Vgl. dazu Nation und Staat, 11 (1937/38), S. 183 ff.

50 Telegramm Botschafter v. Moltke, 27.11.38, an Ausw. Amt, AA, Büro Staatssekretär, Polen, Bd 1.

51 Bericht über eine Besprechung der Obersten Wehrmachtführer, 23.5.39, mit Hitler. In: Hans-Adolf Jacobsen, 1939–1945. Der Zweite Weltkrieg in Chronik und Dokumenten. Darmstadt [5]1951, S. 109–114, hier S. 110.

52 So der verantwortliche Offizier des Heeres für die Rüstung, Georg Thomas, Geschichte der deutschen Wehr- und Rüstungswirtschaft (1918–1943/45), hrsg. von Wolfgang Birkenfeld. Boppard a.Rh. 1966, S. 147.

53 Aufzeichnung über eine Besprechung Hitlers mit den Oberbefehlshabern, 23.11.39. In: Jacobsen (wie Anm. 51), S. 133–139, hier S. 134.

54 Aufzeichnung einer Ansprache Hitlers vor den Oberbefehlshabern, 22.8.39. ADAP, D 7, S. 167–170, hier S. 168–170.

55 Aufzeichnung über die 2. Sitzung des Generalrats der Wirtschaft, 20.9.33. In: Minuth (wie Anm. 3), S. 805–821, hier S. 807.

56 Wulf Siewert, Weltpolitik oder Raumpolitik? In: Volk und Reich, 9 (1933), S. 143–150, hier S. 145 f.

57 Die deutsche Volkswirtschaft, 3 (1934), S. 482.

Rolf Ahmann

# Der Hitler-Stalin-Pakt. Eine Bewertung der Interpretationen sowjetischer Außenpolitik mit neuen Fragen und neuen Forschungen

## I.

Wohl kein Vertrag der neueren Geschichte hat eine so dauerhafte Diskussion in der historischen Forschung ausgelöst wie der deutsch-sowjetische Nichtangriffspakt, den die Außenminister beider Staaten, Ribbentrop und Molotow, in der Nacht vom 23. zum 24. August 1939, eine Woche vor dem deutschen Angriff auf Polen, unterzeichneten.

Aus ihrer Sicht der Ereignisse waren die Zeitgenossen schockiert. Nach monatelangen Verhandlungen hatte man den Abschluß eines Bündnisses der Westmächte mit der Sowjetunion gegen deutsche Aggressionsabsichten auf Polen erwartet. Es erschien unvorstellbar, daß sich die Sowjetunion, der Vorreiter einer Politik kollektiver Sicherheit gegen die Faschisten, ausgerechnet zu diesem Zeitpunkt mit dem Antibolschewisten Hitler verständigte, dessen erklärtes Ziel die Eroberung von Lebensraum im Osten auf Kosten der Sowjetunion war. Schon damals wurde prognostiziert, daß Hitler diesen Vertrag nur auf Zeit geschlossen habe und brechen würde, was nicht ganz zwei Jahre später mit dem deutschen Angriff auf die Sowjetunion am 22. Juni 1941 geschah. Aber welche Interessen leiteten die sowjetische Politik? Nach dem deutschen Angriff auf Polen und den Kriegserklärungen der Westmächte an Hitler trug der Bericht des Moskauer Korrespondenten in der Times vom 4. September die Überschrift »Rätselhafte Haltung« (»Enigmatic Attitude«). In der Folge des sowjetischen Angriffs auf das noch freie Ostpolen am 17. September und dem Abschluß eines deutsch-sowjetischen Grenz- und Freundschaftsvertrages elf Tage später erschien die sowjetische Politik für Churchill am 1. Oktober als »a riddle wrapped in a mystery inside an enigma«. Einen möglichen Schlüssel dazu sah er in den nationalen Interessen der Sowjetunion.

Seit nunmehr fünfzig Jahren suchen die Historiker diesen Schlüssel, denn es fehlt der Schlüssel zum Schlüssel — sowjetische Archivquellen, die bis heute weder westlichen noch sowjetischen Historikern zur Verfügung stehen. Einen Anhaltspunkt schien das nach dem Kriege aus erbeuteten deutschen Aktenfilmen bekanntgewordene »Geheime Zusatzprotokoll« zum Vertrag zu geben. Danach hatten sich die Vertragspartner bereits in der besagten Moskauer Nacht auf eine Aufteilung Ostmitteleuropas in Interessensphären verständigt. Dem entsprach die sowjetische Besetzung Ostpolens, die sowjetische Erpressung Estlands und Lettlands zur Gewährung von Stützpunkten, der die Eingliederung dieser Länder in die UdSSR folgte, und der sowjetische Angriff auf Finnland.

Doch dieses Protokoll wurde von den sowjetischen Regierungen und der sowjetischen Historiographie bis 1987 einmütig als westliche Fälschung deklariert. Seit nun fünfzig Jahren lautet die offizielle sowjetische Version der Ereignisse von 1939: Die Westmächte hätten versucht, Deutschland und die Sowjetunion gegeneinander in einen Krieg zu hetzen, ihre Haltung habe Stalin in eine Zwangslage versetzt, in der er diesen Vertrag schloß, um einen deutschen Angriff auf die Sowjetunion zu verhindern und Zeit für die eigene Rüstung zu gewinnen. Stalins Rede vom 10. März 1939, die Molotow im August als Verständigungssignal an die deutsche Adresse bezeichnete, hatte schon vor Beginn der sowjetisch-westlichen Verhandlungen den Vorwurf erhoben, die Westmächte wollten Deutschland und die Sowjetunion gegeneinander in einen Krieg hetzen. Zugleich hatte Stalin aber auch die ideologische These vom bevorstehenden Krieg der Imperialisten untereinander, der die sozialistische Revolution wie im Ersten Weltkrieg ausbreiten werde, wiederholt. Die Begründung des Zeitgewinns für eigene Rüstungsvorbereitungen kam nach dem deutschen Angriff auf die UdSSR 1941 hinzu, und diesen Zeitgewinn nicht genügend genutzt zu haben, blieb zunächst die einzige Kritik in der Chruschtschow-Ära, die bald wieder verstummte.

Nachdem sich die Interpretationen westlicher Historiographie in den letzten Jahren zu einem »byzantinischen Komplex« ausgewachsen haben, hat im Zeichen von »Glasnost« und neuer Kritik an Stalin 1988 auch eine innersowjetische Kritik an der offiziellen Begründung eingesetzt, die damit auch westliche Interpretationen betrifft, die sich dieser näherten. Ohne sowjetische Archivquellen bleiben die Divergenzen, wie im folgenden dargelegt, Divergenzen von Interpretationen zu drei Fragen:

1. Welche Interessen bestimmten die sowjetische Entscheidung 1939?
2. Wer bestimmte wann diese Interessen?
3. In welchem Verhältnis standen bei der Entscheidung Interessenlage und außenpolitische Konstellation?

Die Diskrepanz der verschiedenen Ansätze und Schlußfolgerungen ermöglicht aber, wie gezeigt werden wird, konkretere Fragen, die neues Quellenmaterial erschließen:

1. War die Sowjetunion unter Stalin über die Sicherung des eigenen Territoriums hinaus überhaupt an einer Kooperation mit kapitalistischen Staaten zur Verteidigung des Status quo in Ostmitteleuropa interessiert?
2. Welche Bedrohungen der eigenen Sicherheit bestimmten konkret die sowjetische Politik der kollektiven Sicherheit in den dreißiger Jahren?

3. Welche Bedrohungskonstellation bestand im Vorfeld des Hitler-Stalin-Paktes 1939 konkret?

Auch die Schlußfolgerungen hieraus sind nur eine weitere Interpretation.

II.

»Wann fällten die Verantwortlichen für die Außenpolitik in jedem der beiden Länder die Entscheidung, Verhandlungen aufzunehmen und zwar mit dem Ziel der Unterzeichnung der politischen Vereinbarung, die am 24. August 1939 abgeschlossen wurde[1]?«

Mit dieser mehrere Fragen bündelnden Hauptfrage untersuchte der britische Historiker Donald C. Watt in einem erstmals 1975 erschienenen Aufsatz die Verhandlungsinitiativen zum Hitler-Stalin-Pakt 1939. Die Verantwortlichen für die Außenpolitik sind bei Watt auf sowjetischer Seite Molotow und letztlich Stalin, auf deutscher Seite Ribbentrop und letztlich Hitler. Nach seiner Interpretation, die wesentlich auf britischen und deutschen Quellen beruht, fiel die sowjetische Entscheidung bereits im April 1939 in der Anfangsphase der sowjetisch-westlichen Verhandlungen, die deutsche dagegen erst Ende Juli 1939, als die Hoffnungen Hitlers und Ribbentrops auf ein Bündnis mit Japan endeten. Die außenpolitische Konstellation, die für Stalin den Hintergrund der sowjetischen Entscheidung bildete, war gekennzeichnet von der britischen Garantie für Polen und Hitlers Abbruch der deutsch-polnischen Verhandlungen. Relativiert erscheint vor diesem Hintergrund das sowjetische Interesse an einer kollektiven Sicherheit in Europa. War dies die Folge der zögerlichen und »appeasenden« Haltung der Westmächte im Spanischen Bürgerkrieg und auf der Münchener Konferenz, oder stand das Interesse an einer kollektiven Sicherheit Europas nie im Zentrum sowjetischer Politik? Galt die Unterzeichnung des Hitler-Stalin-Paktes den Zeitgenossen 1939 im Kontrast zur erklärten sowjetischen Politik »kollektiver Sicherheit« der Vorjahre als »brutale Umkehrung der Sowjetpolitik«[2], so war zuvor 1933/34 die Hinwendung der Sowjetunion zur Status-quo-Orientierung und zur Politik kollektiver Sicherheit im Völkerbund nicht nur dem deutschen Botschafter Nadolny als eine »völlige Kehrtwendung«[3] sowjetischer Politik erschienen. Früher revisionistisch, sei sie nun antirevisionistisch; früher gegen jede Mächtegruppierungen, sei sie nun bereit, weitreichenden Garantieverträgen beizutreten, erklärte er seinem britischen Kollegen im Januar 1934. Die Divergenzen zwischen Völkerbunds- und Sowjetideologie blieben auch nach dem sowjetischen Eintritt in den Völkerbund im September 1934 bestehen, und die Westmächte, Großbritannien und Frankreich, blieben mißtrauisch gegenüber der »Wandlung« sowjetischer Politik. Nicht zuletzt vor diesem Hintergrund wurde die historische Debatte über die sowjetischen Interessen 1939 eine Debatte über Kontinuität und Diskontinuität sowjetischer Interessen von den zwanziger Jahren bis 1939, über den Anteil Stalins an ihrer Bestimmung und die Bedeutung der situativen Konstellation 1939.

Robert Tucker[4] und Andreas Hillgruber[5] setzen in ihren Interpretationen sowjetischer Politik im Hitler-Stalin-Pakt bei der Person Stalins und seinen in Reden und Äußerungen seit den zwanziger Jahren erkennbaren Interessen an. Den Hintergrund bilden dabei die ideologischen Sicherheitsinteressen der Sowjetunion: Der Sicherung der Revolution durch ihre Verbreitung und der Verhinderung einer als Bedrohung empfundenen kapitalistischen Einkreisung durch Spaltung der kapitalistischen Staaten und ihre gegenseitige Aufhetzung. Ambivalent war dabei die Haltung zum Krieg. Ein Krieg zwischen den Imperialisten wurde wiederholt erwartet und hätte die Ausbreitung der Revolution wie im ersten imperialistischen Krieg, dem Ersten Weltkrieg, fördern können. Voraussetzung war, daß die Sowjetunion nicht selbst hineingezogen und Gegenstand eines Angriffs würde.

Das kriegsgeschwächte Deutsche Reich galt hier schon für Lenin als möglicher Brückenkopf für die Verbreitung der Revolution in Europa und mit seinen Revisionsforderungen als hilfreicher Störfaktor gegenüber den nicht zuletzt im Völkerbund und Bündnissen kapitalistischer Staaten vermuteten Gefahren einer kapitalistischen Einheitsfront gegen Sowjetrußland. Seit dem Vertrag von Rapallo (1922) war die Weimarer Republik zugleich der sicherheitspolitische Partner in der Neutralisierung Ostmitteleuropas als des strategischen Vorfeldes der Sowjetunion in Europa. Für Hillgruber und Tucker dokumentieren die Reden Stalins seit 1925 das Interesse an einem imperialistischen Krieg, der die Revolution verbreiten würde und aus dem sich die Sowjetunion, wie Stalin am 19. Januar 1925 erklärte, zunächst heraushalten werde, um am Ende das entscheidende Gewicht in die Waagschale zu werfen. Sie differieren zentral in der Wertung des Zusammenhanges zwischen Interessen und außenpolitischen Wandlungen. Bei Tucker erscheint Stalin als Langzeitstratege, der die außenpolitische Entwicklung aktiv durch Aushöhlung des Völkerbundes von innen und die Anwerbung Hitlers zu gestalten sucht. Demgegenüber behalten die Politik Hitlers und der Wandel der außenpolitischen Konstellation bei Hillgruber ihre Eigenbedeutung. Die sowjetische Politik der kollektiven Sicherheit erscheint als doppelgleisige, um Deutschland wie um die Westmächte bemühte Politik, die aber nicht Stalin selbst schafft, sondern für ihn ergibt sich 1939 die Konstellation, die er im Hinblick auf einen kommenden Krieg seit 1925 als die günstigste für die Sowjetunion gesehen hatte — die Möglichkeit eines Krieges zwischen Deutschland und den Westmächten. In diesem Sinne interpretiert Hillgruber den Hitler-Stalin-Pakt als »momentane, partielle Übereinstimmung zweier an sich grundverschiedener politischer Strategien« und als das »Sich-Kreuzen zweier Entwicklungslinien [...] nur für einen historischen Augenblick gleichsam in einem Punkt«[6], dem Interesse an einem deutschen Krieg gegen die Westmächte. Diesen Krieg »nicht zu verhindern, sondern ihn indirekt auszulösen, mit Hitler als Handelndem, der die ›Entfesselung‹ besorgte«[7], ist für Hillgruber das 1939 bei Stalin entscheidende Interesse, nicht die territorialen Gewinne.

Kritisch demgegenüber sind die Interpretationen von Bianka Pietrow und Jonathan Haslam, die in den dreißiger Jahren ansetzen. Mit einem sozialgeschichtlichen Ansatz relativiert Bianka Pietrow die Bedeutung Stalins für die sowjetische Außenpolitik bis nach den großen Säuberungen 1936—1938/39. Sie geht davon aus, »daß eine Beschäftigung mit diplomatischen Beziehungen zwar kurz- oder längerfristige Staatsinteressen sichtbar machen kann, aber nicht unbedingt die sie bestimmende Konzeption«[8]. Für sie ist Stalins Streben vor 1939 »nicht in eine Konzeption gekleidet«[9]. Bestimmend für die sowjetische Außenpolitik in den dreißiger Jahren ist in ihrer Sicht die Konzeption des Volkskommissars Litwinow. Schon die 1932 geschlossenen Nichtangriffspakte der Sowjetunion mit Polen, Finnland, den Baltischen Staaten und Frankreich sieht sie als Ausdruck einer Litwinowschen Konzeption und der Hinwendung zum Völkerbund. Entsprechend gering bleibt bei ihr die Divergenz zwischen der Politik Litwinows im Völkerbund und in den Ostpaktverhandlungen 1934/35 und den an Litwinow vorbei erfolgenden geheimen Verständigungsavancen von Vertrauten Stalins, wie Molotow und Radek, an die deutsche Adresse. Das geheime sowjetische Angebot eines Nichtangriffspaktes an Hitler 1935 bleibt für sie im Rahmen der kollektiven Sicherheitspolitik Litwinows. Erst in der Folge der großen Säuberungen gewinnt Stalin dominierenden Einfluß und eine Konzeption.

Der XVIII. Parteitag im März 1939, auf dem Stalin schließlich sein verstecktes Verständigungssignal an die deutsche Adresse gibt, demonstriert für Pietrow einen Wandel der Ziel-Mittel-Relation in der sowjetischen Politik im Hinblick auf einen möglichen imperialistischen Krieg. An die Stelle einer wesentlich gesellschaftspolitisch gewünschten Expansion des Sozialismus tritt die neue Ausrichtung auf eine territorial machtpolitische mit Hilfe der Roten Armee. Nach der Ersetzung Litwinows durch Molotow am 3. Mai 1939 dokumentiert dann die uneingeschränkte Neutralitätsklausel des Hitler-Stalin-Paktes, die Hitler den Angriff auf Polen erlaubte, die eingetretene Wandlung. »Damit erfuhr die sowjetische Vertragspolitik, wie sie unter Litwinow gehandhabt worden war, einen tiefgreifenden Einschnitt, hatte sich doch gerade der Außenkommissar gegen solche Klauseln gewandt, die faktisch die Aggression begünstigten[10].« Trotz machtpolitischer Ambitionen bleibt auch Stalins Entscheidung für den Vertrag mit Hitler in der Interpretation Pietrows weniger von weltrevolutionären Zielen als von einem Sicherheitsbedürfnis bestimmt, das defensive und offensive Züge verbindet und einen gefahrlos erreichbaren territorialen Gewinn nicht verschmäht.

Arbeitet Pietrows Studie, deren Schwerpunkt in der Zeit nach dem Hitler-Stalin-Pakt liegt, für die Jahre 1933–1939 wesentlich mit zeitgenössischen sowjetischen Veröffentlichungen, so operiert Jonathan Haslams Arbeit[11] über die sowjetische Politik 1933–1939 vor einem breiten Hintergrund diplomatischer Quellen und zeitgenössischer Veröffentlichungen. Bewußt für andere Veröffentlichungen aufgespart werden dabei die Kominterndebatten, die japanische Bedrohung und der fernöstliche Komplex sowjetischer Politik sowie eine umfassende Untersuchung der sowjetischen Politik 1939–1941, die Pietrow bietet. Die deutsche historische Forschung bleibt weitgehend unberücksichtigt (darunter die Arbeiten von McMurry, Weber, Hillgruber und Pietrow). Haslams Arbeit, der ein Band über die sowjetische Politik in den Jahren 1930–1932 vorangegangen ist, gibt ein anderes Bild sowjetischer Politik ab 1933, kommt aber am Ende zu einem ähnlichen Ergebnis wie Pietrow. Er verdeutlicht die Hinwendung zum Völkerbund und zur kollektiven Sicherheit als eine erst ab 1933 allmählich vollzogene Wende sowjetischer Politik, die sich nach 1935 festigt, aber nicht widerspruchslos bleibt. Wie Haslam dokumentiert, ist Stalin nicht konzeptionslos, sondern angesichts der neuen Töne aus Deutschland zeitbedingt unschlüssig. Litwinows offizielle Politik im Völkerbund und gegenüber den Westmächten und die geheimen Verständigungsversuche Molotows und anderer gegenüber Deutschland erscheinen hier als zwei verschiedene Kurse sowjetischer Politik, die Stalin zunächst beide zuläßt und zwar mit dem Akzent auf der Alternative, die die besten Aussichten bietet, die UdSSR aus einem Krieg herauszuhalten. Die geheime Sondierung eines Nichtangriffspaktes mit Hitler 1935 liegt für ihn außerhalb der Litwinowschen Politik kollektiver Sicherheit, aber letztere wird mit der ablehnenden deutschen Haltung nach 1935 fast alternativlos. Sie ist vom Spanischen Bürgerkrieg bis über die Münchener Konferenz hinaus genuin um eine Kooperation mit den Westmächten bemüht, allerdings im Sinne der Sicherung der Sowjetunion, nicht im Sinne kollektiver Sicherheit Europas. Die Entscheidung Stalins für einen Nichtangriffspakt mit Hitler erfolgt – Haslam zufolge – in vollem Umfange erst im August 1939 und bleibt vom Interesse der Sicherung der Sowjetunion vor einem Angriff bestimmt. Von Bedeutung ist dabei durchgängig die Furcht vor Deutschland, vor einer westlich-deutschen Verständigung gegen oder auf Kosten der Sowjetunion und vor Japan. Die ideologischen und territorial revisionistischen Interessen treten demgegenüber in den Hintergrund.

Nähert sich Haslam damit, was die sowjetische Perzeption der Lage 1939 betrifft, der offiziellen sowjetischen Version, so wird nun gerade diese im Rahmen einer 1988 begonnenen innersowjetischen Debatte kritisiert. Im Unterschied zu jüngsten offiziellen Erklärungen, nach der das im Westen verbreitete »geheime Zusatzprotokoll« zum deutsch-sowjetischen Vertrag über die Aufteilung der Interessensphären in Ostmitteleuropa in den sowjetischen Archiven nicht auffindbar und deshalb nicht diskutierbar sei, lautete das Ergebnis einer Tagung im Militärhistorischen Institut in Moskau Ende September 1988, daß es »den tatsächlichen Inhalt des Abkommens jedoch exakt wiederspiegelt«[12]. Veröffentlicht wurde der Inhalt des Protokolls zuvor bereits in einem wiederholt gedruckten Artikel von H. Arumäe, der wie auch Artikel von V. Dasicev, M. Semirjaga und D. M. Volkogonov Stalins Außenpolitik 1939 und die offizielle sowjetische Begründung des Hitler-Stalin-Paktes kritisierte. Arumäes Kritik bezog sich dabei auf alle Aspekte der sowjetischen Begründung. Die Sowjetunion habe 1939 Gründe gehabt, Halifax und Chamberlain zu mißtrauen, aber »zugleich kann man auf keinen Fall behaupten, daß London und Paris im Jahre 1939 den Krieg provozierten, indem sie Deutschland zunächst gegen Polen und dann gegen die Sowjetunion lenken wollten«[13]. Die Diplomatie der Westmächte sei zögerlich, aber darauf gerichtet gewesen, einen Krieg ganz zu vermeiden. Sie sei in den sowjetisch-westlichen Verhandlungen den sowjetischen Forderungen eines Bündnisses und einer Beistandsgarantie für die ostmitteleuropäischen Staaten auch gegen deren Willen im Sommer 1939 immer mehr entgegengekommen und allein die Fortdauer der sowjetisch-westlichen Verhandlungen habe Hitler von einem Angriff auf Polen abgeschreckt. Bei aller britischen Gesprächsbereitschaft sei ein wachsender deutsch-britischer Gegensatz unverkennbar gewesen. Die von Pietrow und Haslam vorausgesetzte Gefahr eines deutschen Angriffes auf die Sowjetunion ist für Arumäe in der militärstrategischen Situation 1939 nicht gegeben. Im Vergleich der deutschen und sowjetischen Militärstärken argumentiert er, daß Nazi-Deutschland bei weitem noch nicht die militärische Stärke, ohne einen Sieg über Polen auch nicht die strategischen Möglichkeiten und 1939 nicht einmal konkrete Aufmarschpläne für einen Angriff gegen die Sowjetunion gehabt hätte. »Nein, die Möglichkeit, daß Hitler die UdSSR im Herbst 1939 hätte angreifen können, ist nicht realistisch[14].« Die Voraussetzungen für einen Angriff auf die Sowjetunion gewann Hitler, wie Arumäe aufzeigt, erst mit dem Gewinn umfangreicher Ressourcen durch die Siege über Polen und Frankreich. Nach seiner Interpretation befand sich Stalin 1939 nicht in einer Zwangslage, sondern er besaß vielmehr Optionsfreiheit. Die Entscheidung zugunsten Deutschlands fiel weniger aus sicherheitspolitischen Interessen als aus machtpolitischen. Die Übereinkunft mit Deutschland bot einen umfangreichen territorialen Gewinn sowie die Aussicht, einem Krieg fernzubleiben, der aus Stalins Sicht Deutschland und die Westmächte schwächen würde »und dadurch die internationalen Positionen der Sowjetunion festigen sowie Voraussetzungen für die Erweiterung des Sozialismus schaffen würde«[15]. Folgt man aber seiner Darstellung der deutsch-sowjetischen Kontakte, die allerdings nicht auf neuen sowjetischen Archivquellen basiert, so scheint die deutsche Entscheidung noch vor der sowjetischen erfolgt zu sein und nicht, wie bei Watt, umgekehrt. Doch Watt lieferte einen weiteren Beleg für seine These einer sowjetischen Entscheidung für den Pakt mit Hitler im April 1939: Die geheimen Informationen über die sowjetisch-westlichen Verhandlungen, die die Deutsche Botschaft London ab April 1939 aus unbekannter Quelle erhielt, kamen von den Sowjets[16].

III.

Was bleibt im Überblick all dieser Interpretationen? Im Vergleich der Argumente und ihres Quellenhintergrundes scheinen folgende Aussagen möglich: Die sowjetische Außenpolitik wandte sich erst ab 1933 einer Status-quo-Orientierung und allmählich einer Kooperation mit den Westmächten zu. Von 1936–1938 scheint sie genuin um eine Kooperation mit den Westmächten gegen die Faschisten bemüht gewesen zu sein. Keine der europäischen Großmächte war bzw. sah sich 1939 in der Lage, gegen eine andere Großmacht einen Angriffskrieg zu führen. Hitler konnte die Sowjetunion 1939 nicht angreifen, und die Stalinschen Säuberungen hatten die operativen Fähigkeiten der stärkeren Roten Armee geschwächt. Großbritannien und Frankreich sahen sich nicht befähigt, Deutschland allein in die Schranken zu weisen, und setzten daher auf den militärischen und politischen Abschreckungseffekt der Bündnisverhandlungen mit der Sowjetunion, um einen Krieg ganz zu vermeiden. Die Initiativen zu einer deutsch-sowjetischen Verständigung kamen von sowjetischer Seite schon im April 1939, und die eigentlichen Verhandlungen begannen erst, als die deutsche Seite ab Ende Juli diese Initiativen aufgriff.

Was sich darüber hinaus aus der Divergenz der Interpretationen ergibt, ist die Einsicht, daß man mit den von ihnen verfolgten Fragen und Ansätzen nicht weiterkommt. Nötig sind andere, konkretere Fragen, die weitere Quellen erschließen. Die sowjetisch-westlichen und die sowjetisch-deutschen Verhandlungen drehten sich im Sommer 1939 um Polen und Ostmitteleuropa; die mit dem »geheimen Zusatzprotokoll« zum deutsch-sowjetischen Nichtangriffsvertrag vereinbarte Aufteilung Polens und Ostmitteleuropas wird inzwischen von allen anerkannt.

Leider gibt es keine sowjetischen Archivquellen, um nachzuweisen, ab wann Stalin wie sehr die Außenpolitik bestimmte bzw. wann eine sowjetische Außenpolitik über einen längeren Zeitraum gegen ihn oder ohne seine Zustimmung geführt wurde. Die These Pietrows, daß Konzeptionen die Interessen bestimmen, ist nur so aussagekräftig wie die These, daß das Huhn vor dem Ei bestand. Die Furcht vor einem kapitalistischen Ostmitteleuropa an den Grenzen der Sowjetrepublik bestimmte sowjetische Interessen lange vor Litwinow. Die 1932 geschlossenenen sowjetischen Nichtangriffspakte mit Polen und den Baltischen Staaten einer Konzeption Litwinows zuzuschreiben und als Hinwendung zum Völkerbund zu interpretieren, zäumt das Pferd von hinten, von der sowjetischen Politik ab 1933, auf. Zu diesen Vertragsverhandlungen gibt es eine Fülle sowjetischer, polnischer und deutscher Dokumente, die ein völlig anderes Bild ergeben[17]. Die Konzeption dieser bilateralen Nichtangriffspaktpolitik begann 1925/26 und bestimmte bis 1933 die sowjetischen Initiativen und Beziehungen gegenüber fast allen europäischen und asiatischen Nachbarstaaten. Mit dieser Politik trennte sich die sowjetische Außenpolitik unter Stalin ab 1925 von der Politik Lenins, der die Idee derartiger Verträge abgelehnt hatte. Sie galt als Ausdruck der »zweiten Periode« sowjetischer Außenpolitik, als Anti-Locarno und bis Ende 1932 als Gegensystem zum Genfer Völkerbund und kapitalistischen Bündnis- und Grenzgarantieverträgen. Sie verband unter einem Hut die Regelung der sicherheitspolitischen (Neutralität), wirtschaftlichen (gegen Blockade) und ideologischen (Nichteinmischung, Propagandaverbot) Beziehungen der Sowjetunion zur kapitalistischen Umwelt im Sinne der Stalinschen Theorie der friedlichen Koexistenz. Sie entstand aus einer Situation, in der 1925 eine britische und japanische Gegnerschaft perzipiert wurde, die Weimarer Republik sich dem Völkerbund und den Westmächten näherte und die dagegen gerichteten sowjetischen Vorschläge einer Verständigung zur Reduzierung Polens auf seine ethnographischen Grenzen und eines uneingeschränkten Neutralitätsvertrages ablehnte.

Ziel war es, die ostmitteleuropäischen Staaten — vor allem Polen —, die als strategisches Vorfeld, als Brücke zur Verbreitung der Revolution und als Objekt territorial-revisionistischer sowjetischer Ziele von dreifacher Bedeutung waren, zu neutralisieren, ohne ihre Grenzen zu garantieren und ohne kooperative Verpflichtungen zu ihrer Stabilisierung einzugehen. Das Konzept war als Sicherung der Sowjetunion gegen bündnispolitische Kooperation in Ostmitteleuropa und auf eine Vermeidung sowjetischer bündnispolitischer Kooperation mit Ostmitteleuropa ausgerichtet und enthielt von 1925 an die Verpflichtung zu uneingeschränkter Neutralität, die Aggressionen gegen andere erlaubte. Auch Litwinow, der diese Politik ab 1927 mitausführte, forderte noch 1931 die uneingeschränkte Neutralität in den Verhandlungen mit Polen. Eine Forderung, die nach dem polnischem Widerstand Ende 1931 in einer Situation aufgegeben wurde, in der sich die britisch-sowjetischen Beziehungen gebessert, die deutsch-sowjetischen verschlechtert hatten und die japanische Aggression in der Mandschurei einen schnellen Abschluß mit Polen notwendig machte, um, wie Litwinow erklärte, »polnisch-japanischen Kombinationen« entgegenzuwirken. Noch 1932 aber sah er die Nichtangriffspakte als Gegensystem zur bündnispolitischen Kooperation der Kapitalisten und dem Völkerbund. Den Deutschen wurde wiederholt versichert, daß eine zukünftige sowjetische Aggression gegen Polen nicht ausgeschlossen sei. Erst mit bezug auf den von Hitler initiierten deutsch-polnischen Nichtangriffsvertrag vom 26. Januar 1934, der latent bereits gegen die Sowjetunion gerichtet war, wandte sich Litwinow gegen uneingeschränkte Neutralitätsverpflichtungen, die Aggressionen erlaubten. Wie er korrekt erkannte, war die von Hitler ab Ende 1933 bis 1936 und erneut 1939 praktizierte Nichtangriffspaktpolitik (fünf Verträge, zahlreiche allgemeine und konkrete Angebote an zwölf verschiedene europäische Staaten)[18] über die Vermeidung eigener Kooperation und die Auflösung der Kooperation anderer mit uneingeschränkten Neutralitätsverpflichtungen auch auf die strategische Lokalisierung von Aggressionen angelegt, die sich langfristig gegen die Sowjetunion richteten.

Zusammengefaßt: Der sowjetische Entwurf zum deutsch-sowjetischen Nichtangriffsvertrag 1939 war weniger eine Abkehr von der Politik Litwinows als die Rückkehr zur sowjetischen Vertragspolitik vor 1933. Aus dieser Perspektive ist der Hitler-Stalin-Pakt in der Tat, wie Hillgruber es formulierte, das »Sich-Kreuzen zweier Entwicklungslinien«: Hitlers Interesse, den Krieg gegen Polen zu lokalisieren und Stalins Politik der Vermeidung der Kooperation mit kapitalistischen Staaten zur Verteidigung des Status quo in Ostmitteleuropa. Aber dazwischen liegen zwei Wandlungen sowjetischer Politik 1933/34 und 1939.

Hitlers zentrales Ziel der Eroberung von Lebensraum im Osten auf Kosten der Sowjetunion war bekannt und entsprechend implizieren nahezu alle Autoren eine deutsche Bedrohung der Sowjetunion als Hintergrund des Wandels der sowjetischen Politik zur Status-quo-Orientierung und Kooperation mit den Westmächten ab 1933. Wie Jonathan Haslam dokumentiert, beschwören die Sowjets ihrerseits ab 1933 eine deutsch-japanische Gefahr für die Sowjetunion. Ohne hier die japanische Bedrohung der Sowjetunion zu überschätzen, sei darauf hingewiesen, daß sie 1933 weitaus größer war als die Gefahr des Angriffs eines deutschen 100 000-Mann-Heeres auf eine gegenüber den zwanziger Jahren bereits aufgerüstete Sowjetarmee. Aber selbst 1931/32 hatte die japanische Aggression in der Mandschurei die sowjetische Haltung gegenüber bündnispolitischer Kooperation mit kapitalistischen Staaten, dem Völkerbund und dem Status quo in Ostmitteleuropa nicht entscheidend geändert. Erst mit dem Artikel des Polen-Experten und Stalin-Vertrauten Radek am 10. Mai 1933 beschwören die Sowjets den Versailler Status quo, und erst von Dezember 1933 bis September 1934 nähert sich die sowjetische Politik aktiv dem Völkerbund. Eine deutsch-japanische Kooperation gegen die Sowjetunion gibt es zu diesem Zeitpunkt nicht. Mit der Politik Japans und Polens aber klammert Haslam gerade hier wesentliche Aspekte aus. Setzen wir Inhalt und Zeitpunkt der sowjetischen Initiativen von 1933 bis 1935 in Bezug zur Politik Polens, Japans und Deutschlands, so wird, wie an anderer Stelle ausführlich belegt wurde[19], deutlich, daß die sowjetische Wandlung exakt den Etappen der deutsch-polnischen Annäherung folgt, der eine Intensivierung der von den Sowjets seit 1931 perzipierten polnisch-japanischen Kooperationen bis hin zum gemeinsamen polnisch-japanischen Militärvertrag 1935 parallel läuft. Im Hinblick auf die Quellenlage sei hier nur vermerkt, daß den Deutschen Anfang Juli 1933 von verschiedenen Seiten die Aufzeichnung des Ergebnisses einer Politbüro-Sitzung vom 30. Juni 1933 in die Hände gelangte, die exakt die Richtung der folgenden sowjetischen Initiativen bis Ende 1933 vorgab — Bemühungen um eine Verhinderung der deutsch-polnischen Annäherung und die Hilfe Frankreichs und der USA gegen Japan, ohne bereits eigene Verpflichtungen einzugehen. Stalins Erklärung, die Sowjetunion orientiere sich weder an Deutschland noch an Polen und Frankreich, sondern nur an ihren eigenen Sicherheitsinteressen, erfolgte am 26. Januar 1934, dem Tag der Unterzeichnung des deutsch-polnischen Nichtangriffsvertrages, und entspricht der Essenz von Haslams Studien. Stalins geheimes Nichtangriffspaktangebot an Hitler 1935 erfolgte im Zusammenhang mit Görings Sondierungen in Polen über eine engere Kooperation gegen die Sowjetunion, bei denen die polnischen Gesprächspartner, wie neue Quellen zeigen, nicht ganz so friedliebend waren, wie bisher angenommen. Die deutsche Ablehnung des Nichtangriffspaktangebotes, die auch nach Piłsudskis Tod fortbestehende polnische Ablehnung eines garantierten Ostpaktes, den die Sowjetunion ihrerseits bis 1933 verweigert hatte, und die deutsch-japanische Annäherung verschärften ab 1935 die Gefahr einer deutsch-polnisch-japanischen Einkreisung der Sowjetunion und machten eine Status-quo- und Kooperationspolitik als Politik kollektiver Sicherung der Sowjetunion alternativlos.

Was ändert sich an dieser Bedrohungskonstellation 1939 aus sowjetischer, insbesondere aus Stalins Sicht? Die Informationen, die Stalin vor dem Hintergrund des westlichen Appeasement Hitlers in München ab Oktober 1938 durch Richard Sorge aus Tokio und — unfreiwillig — durch Rudolf von Scheliah aus der deutschen Botschaft in Warschau erhielt, ergeben, soweit wir sie aus sowjetischen Aktenveröffentlichungen kennen, folgendes Bild: Hitler plante eine Abstimmung mit Polen hinsichtlich der Ukraine und wollte die polnische Tolerierung eines deutschen Durchmarsches gegen die Sowjetunion sowie eine über den Antikominternpakt hinausgehende militärische Abmachung mit Japan gegen die UdSSR. Polen und Japan zeigten sich den Informationen zufolge nicht uninteressiert, aber weitere deutsche Pläne hinsichtlich der »Resttschechoslowakei«, Litauens und Danzigs verstießen gegen polnische Interessen. Die polnische Regierung bestätigte im polnisch-sowjetischen Kommuniqué vom 27. November 1938 den Fortbestand des gemeinsamen Nichtangriffsvertrages, und Hitlers Versuche, die polnische Regierung mit dem im Dezember geschlossenen deutsch-französischen Vertrag zur Annahme seiner Globallösungsvorschläge zu bewegen, schlugen fehl. Die deutsch-polnischen Verhandlungen waren bereits gescheitert, als Stalin mit der Rede vom 10. März 1939 die Möglichkeit einer deutsch-sowjetischen Verständigung signalisierte. Hitlers letzte Wiederholung der Forderungen an Polen am 21. März, einen Tag, bevor Litauen zum Abschluß des Memelvertrages gezwungen wurde, war nur noch ein letzter Überredungsversuch. Die britische Garantie an Polen — wie vage sie auch gewesen sein mochte — beendete die Aussicht einer wohlwollenden britischen Neutralität gegenüber deutschen Aggressionen. Auf die Gefahr hin, daß es modellhaft klingt, sei hier festgehalten, daß sich die sowjetischen Verständigungsavancen gegenüber der deutschen Seite in dem Maße ab April 1939 intensivierten, wie die Gefahr einer deutsch-polnisch-japanischen Einkreisung abnahm und sich eine britische Verständigung mit Polen und schließlich Japan entwickelte. Die Ersetzung Litwinows durch Molotow am 3. Mai folgte Hitlers Aufhebung des deutsch-polnischen Nichtangriffsvertrages in der Rede vom 28. April, die zugleich den sowjetischen Informationen zufolge zeigte, daß in den deutsch-japanischen Verhandlungen, deren Abschluß Hitler hier bekanntgeben wollte, aber nicht konnte, Schwierigkeiten aufgetreten waren. Die Sowjetunion ging nun gegen Japan vor und zeigte auch in den sowjetisch-westlichen Verhandlungen neues Selbstvertrauen. Die britischen Emissäre stellten überrascht fest, daß Molotow Vorkenntnis ihrer Instruktionen hatte. Es ist mehr als wahrscheinlich, daß Stalin über die britisch-japanischen Gespräche unterrichtet war, die eine britische Unterstützung der Sowjetunion gegen Japan ebenso ausschloßen wie eine japanische Unterstützung Hitlers bei dem deutlich werdenden Plan, nach Polen gegen die Westmächte vorzugehen[20]. Das erste sowjetische Angebot eines Nichtangriffsvertrages an die deutsche Adresse erfolgte am 15. Juni, exakt zu dem Zeitpunkt, als die Japaner in Berlin signalisierten, daß sie nicht kriegsbereit waren. Der sowjetische Vorschlag dokumentiert zudem, daß die Sowjetunion sich nicht in einer Zwangslage fühlte, sondern drei Alternativen sah, darunter die Möglichkeit, die sowjetisch-westlichen Verhandlungen zu verzögern, die Molotow in der Tat mit neuen Forderungen wahrnahm. Die Bevorzugung einer Verständigung mit Deutschland wird bereits hier nicht nur mit der Angst vor deutschen Angriffsabsichten, sondern mit revisionistischen Interessen gegenüber Rumänien begründet. Wie die britische Garantieerklärung für Polen vom März 1939, so hat auch die Unterhauserklärung über die britisch-japanischen Verhandlungen vom 24. Juli 1939 doppelte Bedeutung für die deutsch-sowjetische Annäherung. Hitler und Ribbentrop, die sich bis zu diesem Zeitpunkt auf eine Störung der sowjetisch-westlichen Verhandlungen konzentrierten, kam es nun erstmals auf eine Verständigung mit der UdSSR an, und in den gemeinsamen Kontakten äußerten die Sowjets ab hier den Wunsch eines deutschen Einwirkens auf Japan. Wie an anderer Stelle dargelegt wurde[21], hatte Stalin noch Mitte August mehrere Alternativen, darunter die, die deutsch-sowjetischen und die sowjetisch-westlichen Verhandlungen ohne eigene Initiativen weiterlaufen zu lassen oder zu verzögern. Die konkreten Vertragsverhandlungen zeigen, daß es Stalin war, der, seine eigenen Handlungsoptionen verkürzend, den Deutschen mit dem sowjetischen Nichtangriffsvertragsentwurf eine uneingeschränkte Neutralitätsverpflichtung bot, nach der Ribbentrop mit seinem hastig übermittelten Entwurf vom 18. August gar nicht gefragt hatte. Damit waren für beide Vertragspartner Aggressionen gegenüber dritten Staaten möglich. Dazu war war dieser sowjetische Entwurf an die gleichzeitige Unterzeichnung eines besonderen Protokolls über die Abgrenzung von Interessensphären in Ostmitteleuropa gebunden, von der Ribbentrop ab Ende Juli als Möglichkeit gesprochen hatte. Der Zusammenhang, in dem dieser Entwurf präsentiert wurde — eineinhalb Stunden, nachdem der deutsche Botschafter unter Verweis auf noch ungeklärte Fragen entlassen worden war und zusammen mit der Bewilligung einer baldigen Reise Ribbentrops nach Moskau zur Unterzeichnung des Vertrages —, dokumentiert, daß Stalin hier die Möglichkeit längerer Verhandlungen aufgab und es Hitler ermöglichte, wie geplant den Krieg gegen Polen noch im Sommer ohne Befürchtung vor einem westlich-sowjetischen Bündnis und — in wirtschaftlicher Hinsicht — ohne Angst vor den Folgen einer britischen Blockade führen zu können. Ribbentrops Vorschlag einer Betonung deutsch-sowjetischer Freundschaft in der Präambel des Vertrages wurde von Stalin abgelehnt. Offiziell war erst der Grenzvertrag vom 28. September auch ein »Freundschaftsvertrag«. Nach den westlichen Kriegserklärungen an Deutschland und dem Ende von Hitlers »Feldzug« in Polen konnte die Betonung der Freundschaft sinnvoll sein, damit der deutsche Partner ohne Furcht vor einem sowjetischen Angriff im Rücken gen Frankreich zog.

Es konnte keinen Zweifel daran geben, daß Hitlers langjährige Aggressionsabsichten gegen die Sowjetunion fortbestanden, nur waren sie ohne die Gewinne durch die Siege in Polen und in Frankreich in der Tat 1939/40 nicht realisierbar. Wenn es Stalin beim Abschluß des deutsch-sowjetischen Nichtangriffsvertrages nur darum gegangen wäre, die Sowjetunion aus einem Krieg herauszuhalten bzw. einen solchen in einer für sie günstigen Konstellation — als Krieg zwischen den Westmächten und Polen auf der einen und Nazi-Deutschland auf der anderen Seite — stattfinden zu lassen, dann hätte ein einfacher Nichtangriffsvertrag, wie er von Ribbentrop am 18. August vorgeschlagen worden war, genügt. Die weitergehenden territorial-politischen Abstimmungen und Maßnahmen in Ostmitteleuropa und die wirtschaftliche Kooperation mit Deutschland verschafften Hitler weit mehr Vorteile und exponierten die Sowjetunion. Mit der Inanspruchnahme eigener sowjetischer Rohstoff- und Devisenvorräte ging diese deutsch-sowjetische Kooperation über sowjetische Sicherheits- und Wirtschaftsinteressen hinaus. Wenn Stalin derart das gegenüber den Westmächten schwächer eingeschätzte Deutsche Reich stärkte, so konnte dies nur darauf zielen, die Fähigkeit der Westmächte zur Wiederherstellung des Status quo in Ostmitteleuropa nach ihrem erwarteten Sieg über Hitler durch einen erschöpfenden Krieg zu verringern. Stalin erklärte dem britischen Botschafter Cripps im Sommer 1940

»die Grundlage des [deutsch-sowjetischen] Nichtangriffspaktes sei das gemeinsame Bestreben gewesen, das alte, in Europa bestehende Gleichgewicht zu beseitigen, das Großbritannien und Frankreich vor dem Kriege aufrechtzuerhalten bestrebt gewesen seien. Wenn der Premierminister [Churchill] das alte Gleichgewicht wiederhergestellt haben möchte [...], so können wir ihm nicht zustimmen.« Im Hinblick auf Hitlers Ziele gab er sich keinen Täuschungen hin, zeigte sich aber »von der physischen Unmöglichkeit einer solchen [deutschen] Hegemonie überzeugt«[22].

Stalin täuschte sich in der Rationalität Hitlerscher Politik, aber er behielt seine Ziele in Ostmitteleuropa nach dem Kriege gegenüber Churchill aufrecht.

Damit sollen nicht die territorial-revisionistischen Interessen überschätzt werden, aber ebensowenig sollten die weltrevolutionären Ziele und das Ziel der Sicherung der Sowjetunion in einer akuten Gefahr 1939 je für sich überschätzt werden. Eine akute Gefahr bestand 1939 nicht, und über die weltrevolutionären Aussichten konnte auch Stalin 1939 nur spekulieren. Der sowjetische Sicherheitsbegriff war unilateral und damit hegemonial im Anspruch, nicht kooperativ, und er verband ideologische mit strategischen Interessen. Ostmitteleuropa war zugleich das strategische Vorfeld zur militärischen Sicherung der Sowjetunion, die Brücke zur Verbreitung der Revolution und Gegenstand territorialer Interessen. Diese finden sich allerdings in der sowjetischen Politik unter Stalin 1925 wie 1939. Die Entscheidung zum Hitler-Stalin-Pakt war weniger eine prodeutsche als eine antibritische und antipolnische und hier von langfristigen Interessen getragen.

Gorbatschow ist nicht nur der erste Generalsekretär der KPdSU seit 1924, der eine sicherheitspolitisch enge Kooperation mit dem Westen fordert und die sowjetische Ostmitteleuropapolitik ändert, er ist zugleich der erste, der seine Amtszeit nicht mit dem Angebot von Nichtangriffspakten begann. Das könnte zu denken geben!

## Anmerkungen

1 Donald Cameron Watt, Die Verhandlungsinitiativen zum deutsch-sowjetischen Nichtangriffspakt vom 24. August 1939. Ein historisches Problem, in: Wolfgang Michalka (Hrsg.), Nationalsozialistische Außenpolitik, Darmstadt 1978, S. 414—436, hier S. 416.

[2] J. W. Brügel (Hrsg.), Stalin und Hitler. Pakt gegen Europa, Wien 1973, Dok. 88, S. 103—106.

[3] Documents on British Foreign Policy, 1919—1939, 2nd Series, Vol. II, 1929—1934, London 1958, Dok. 557, S. 634.

[4] Robert C. Tucker, The Emergence of Stalin's Foreign Policy, in: Slavic Review, 36 (1977), S. 563—589 und S. 604—607.

[5] Andreas Hillgruber, Der Hitler-Stalin-Pakt und die Entfesselung des Zweiten Weltkrieges — Situationsanalyse und Machtkalkül der beiden Pakt-Partner, zuletzt in: ders., Die Zerstörung Europas. Beiträge zur Weltkriegsepoche 1914 bis 1945, Berlin 1988, S. 219—238.

[6] Ebd., S. 230.

[7] Ebd., S. 227.

[8] Bianka Pietrow, Stalinismus, Sicherheit und Offensive. Das Dritte Reich in der Konzeption der sowjetischen Außenpolitik 1933 bis 1941, Melsungen 1983, S. 15.

[9] Bianka Pietrow, Stalin-Regime und Außenpolitik in den dreißiger Jahren. Eine Zwischenbilanz des Forschungsstandes, in: Jahrbücher für Geschichte Osteuropas, N.F. 33 (1985), S. 495—517, hier S. 517.

[10] Pietrow, Stalinismus (wie Anm. 8), S. 71.

[11] Jonathan Haslam, The Soviet Union and the Struggle for Collective Security in Europe 1933—1939, London 1984. Zur Kritik an den Quellengrundlagen der gleichzeitig erschienenen Studie von Jiri Hochmann (The Soviet Union and the Failure of Collective Security 1934—1938, Ithaca/NY 1984) siehe Teddy J. Uldricks, A. J. P. Taylor and the Russians, in: Gordon Martel (Hrsg.), The Origins of the Second World War Reconsidered. The A. J. P. Taylor debate after twenty-five years, London/Sydney 1986, S. 162—186.

[12] Vgl. den Bericht von H. Vainu in Vevčernyj Tallinn, 30.9.1988. Hier zit. nach Erwin Oberländer (Hrsg.), Der Hitler-Stalin-Pakt 1939. Das Ende Ostmitteleuropas?, Frankfurt a. M. 1989, S. 114.

[13] Heino Arumäe, Eščě raz o sovetsko-germanskom pakte o nenapadenii, in: Sovetskaja Ėstonija, 17.8. und 18.8.1988, hier zit. nach der deutschen Übersetzung in: Oberländer (Hrsg.), Hitler-Stalin-Pakt (wie Anm. 12), S. 114—124, hier S. 116.

[14] Ebd., S. 115.

[15] Ebd., S. 118.

[16] Donald C. Watt, Francis Herbert King: A Soviet Source in the Foreign Office, in: Intelligence and National Security, 3 (October 1988), H. 4, S. 62—82.

[17] Rolf Ahmann, Nichtangriffspakte: Entwicklung und operative Nutzung in Europa 1922—1939. Mit einem Ausblick auf die Renaissance des Nichtangriffsvertrages nach dem Zweiten Weltkrieg, Baden-Baden 1988 (= Internationale Politik und Sicherheit, hrsg. von der Siftung Wissenschaft und Politik, Bd 23).

[18] Diese Politik ist dokumentiert in: Ahmann, Nichtangriffspakte (wie Anm. 17), S. 255—694.

[19] Rolf Ahmann, Localisation of Conflicts or Indivisibility of Peace: The German and Soviet Approaches to Collective Security 1925—1939, in: Problems of West-European Security 1918—1957, hrgs. vom Deutschen Historischen Institut Londo (im Druck).

[20] Siehe neben den Hinweisen auf Sorge und von Scheliah Watt, Francis Herbert King (wie Anm. 16).

[21] Rolf Ahmann, Der Hitler-Stalin-Pakt: Nichtangriffs- und Angriffsvertrag?, in: Oberländer (Hrsg.), Hitler-Stalin-Pakt (wie Anm. 12), S. 26—42.

[22] Zit. nach Brügel (wie Anm. 2), Dok. 282, S. 230—231.

Jens Petersen

# Deutschland und Italien 1939 bis 1945

Am 22. Mai 1939 unterzeichneten der italienische Außenminister Galeazzo Ciano und der deutsche Außenminister Joachim von Ribbentrop in Berlin einen Bündnisvertrag, der als »Stahlpakt« in die Geschichte eingegangen ist[1]. Schon in seiner Präambel zeigte der Text dieses Abkommens einen von sonstigen Bündnisverträgen abweichenden Charakter, wenn er für beide Staaten auf die »innere Verwandtschaft ihrer Weltanschauung« und »die umfassende Solidarität ihrer Interessen« verwies und proklamierte, beide würden »Seite an Seite mit vereinten Kräften für die Sicherung ihres Lebensraums und für die Aufrechterhaltung des Friedens« eintreten. Der eigentümliche Charakter des Vertrages wird aber besonders in Artikel 3 deutlich, der lautete:

»Wenn es entgegen den Wünschen und Hoffnungen der vertragschließenden Teile dazu kommen sollte, daß einer von ihnen in kriegerische Verwicklungen mit einer anderen Macht oder anderen Mächten gerät, wird ihm der andere vertragschließende Teil sofort als Bundesgenosse zur Seite treten und ihn mit allen seinen militärischen Kräften zu Lande, zur See und in der Luft unterstützen.«

Diese durch die Konsultationsklauseln der Artikel 1 und 2 kaum abgemilderte automatische militärische Beistandsverpflichtung bildete ein weitgehendes Novum in der Geschichte der internationalen Beziehungen[2].

Ciano kommentierte die erste Lektüre des Textes mit der Bemerkung: »Ich habe nie einen derartigen Vertrag gelesen, er ist wahrhaft Dynamit[3].« Eine solche Beobachtung mag überraschen bei jemandem, der von Anfang an führend bei den Verhandlungen beteiligt gewesen war. Die alle sonst üblichen Bemühungen um eine Definition des Aggressors beiseitefegende automatische Beistandsklausel des Artikels 3 war nämlich auf ausdrücklichen Wunsch der italienischen Seite in den Vertragsentwurf hineingekommen. Auch die Öffentlichkeit des Abkommens beruhte auf einem Wunsch der Italiener. In Berlin hatte man auf einen Geheimvertrag oder zumindest an ein geheimes Zusatzabkommen zu einem publizierten Freundschaftsvertrag gedacht. Das im Stahlpakt endgültige Gestalt gewinnende Achsenverhältnis zeigt einen eigentümlichen proteushaften Charakter, der sich mit den Instrumenten der herkömmlichen Diplomatiegeschichtsschreibung nur unzureichend erfassen läßt. Mussolini ging es in erster Linie nicht um konkrete Vertragsinhalte, sondern weit eher um die propagandistischen Außenwirkungen des Abkommens. Der »Mythos« des Stahlpaktes war ihm weit wichtiger als die von ihm ausgehenden rechtsverbindlichen Wirklichkeitsbindungen.

Mythos und Realität der Achsenbeziehung sind schon im Augenblick ihrer Entstehung ein eigentümliches Mischungsverhältnis eingegangen. Der Mythos der von Mussolini am 1. November 1936 verkündeten »Achse Berlin—Rom« erwies sich als weit wirksamer, ja als am Ende fast im Widerspruch stehend zu der von dem Bundesverhältnis abgedeckten Realität. In der Selbstinterpretation beider Seiten wurde dieses emotional und ideologisch rasch überhöhte Bündnis zu einem quasi unauflöslichen militärisch, rüstungstechnisch, ökonomisch und kulturell unterbauten Weltanschauungs- und Freundschaftsverhältnis zweier Männer und zweier Systeme, das fast staatenbündischen Charakter anzunehmen schien. Mythos und Realität klafften jedoch radikal auseinander. Was die europäische Linke als ein planvolles, bis in die Einzelzüge hinein aufeinander abgestimmtes Zusammenspiel zwischen den beiden Faschismen empfand und was nach der Selbstinterpretation der beiden Regime ein Handeln aus naturgegebener Solidarität darstellte, erwies sich in Wirklichkeit als ein vielfach durch Mißtrauen, Unkenntnis und absichtliches Verschweigen bestimmtes Nebeneinander. Die proklamierte, durch Information und Konsultation geprägte Koordinierung der Außen-, Rüstungs- und Militärpolitik kam nicht einmal in Ansätzen zustande. Auch im Wirtschaftlichen wuchsen, trotz der Intensivierung der bilateralen Handelsbeziehungen, mit der Forcierung der Autarkiepolitik sowohl in Deutschland wie in Italien die beiderseitigen Konfliktzonen. Der Dreibund war 1913/14, was die Kooperation und die operative Gesamtplanung anging, weit besser auf einen europäischen Großkrieg vorbereitet als die Achse 1939/40. Die Italiener planten *ihren* Krieg im Mittelmeerraum als »Parallelkrieg«, der soweit als möglich abgeschirmt bleiben sollte gegenüber deutschen Interventionen.

Muß man also die völlige Inkongruenz zwischen Mythos und Wirklichkeit konstatieren? Auch mit einer solchen Feststellung würde man die damalige Realität verfehlen. Die doppelte Frontstellung der beiden faschistischen Staaten gegenüber den Demokratien des Westens und dem bolschewistischen Großstaat im Osten entsprach einer tiefen historischen Tendenz. Mussolini sprach seit Beginn der dreißiger Jahre von der künftigen Faschisisierung Europas. Trotz aller Unterschiede und Spannungen bildeten der gemeinsame Antiliberalismus, Anti-Plutokratismus, Antimarxismus und Antibolschewismus für Rom und Berlin eine breite gemeinsame Aktionsplattform. Ab 1936/37 konkretisierte sich, vor allem auch auf dem Kampffeld des Spanischen Bürgerkrieges, der Gegensatz zwischen demokratischen und »totalitären« Staaten. Das faschistische Italien hatte nach 1933 in vielfachen Formen von der Machtergreifung Hitlers profitiert. Im Windschatten des machtpolitischen Wiederaufstieg Deutschlands eroberte Mussolini 1935/36 Abessinien. Der drohende Schatten Hitlers vergrößerte in jenen Jahren sozusagen die Statur des italienischen Diktators. Ab 1937/38 wehte ihm der gleiche Wind ins

Gesicht. Das düstere Image des nationalsozialistischen Deutschlands mit seiner Rassen- und Antisemitismuspolitik, seinen Emigrationswellen, seiner inneren und äußeren Aggressivität drohte im Zeichen des Totalitären auch das Bild des faschistischen Italien zu prägen. Und Mussolini tat vieles, um dieses düstere Bild auch zu rechtfertigen. Das wird sichtbar etwa in der Einführung der Rassenpolitik in Italien seit dem Sommer 1938. Die Motive für diesen Schritt waren weitgehend opportunistisch-pragmatischer Natur: es ging um die Ausschaltung eines möglichen Störfaktors im Achsenverhältnis. Die innen- wie außenpolitischen Rückwirkungen waren beträchtlich. Vor allem gegenüber der westlichen Welt verringerte sich der außenpolitische Handlungsspielraum. Die Frontstellung zwischen totalitären und demokratischen Staaten wuchs nicht nur hier, sondern auch im kulturellen Raum. Hier ist das Kulturabkommen bedeutsam, das Rom und Berlin am 23. November 1938 abschlossen. Mit der staatlichen Reglementierung auch des kulturellen Raumes, der Mobilmachung des Geistes für politische Zwecke und der antisemitisch geprägten Überformung von Kunst, Wissenschaft und Literatur, wie sie von deutscher Seite mit zelotischem Eifer propagiert und von den Italienern akzeptiert wurden, bildet dieses Abkommen einen weiteren Schritt auf dem Wege der Selbstausgrenzung des faschistischen Italien aus dem internationalen Kontext[4].

Das eigentliche mit dem Stahlpakt verbundene Problem steckt nicht in den deutschen Optionen, sondern in der Frage, warum *Italien* diese Allianz schloß — mit einem Deutschland, das im Begriff stand, nach der Hegemonie in Europa zu greifen. Daß jenseits aller ideologischen Fronten das faschistische Italien im Ernstfall wieder an der Seite der Westmächte zu finden sein werde, diese machtpolitisch und geostrategisch unterbaute Erwartung ist in den dreißiger Jahren von zahlreichen Beobachtern der verschiedensten politischen Lager formuliert worden. Annäherung an die Westmächte zur gemeinsamen Selbstverteidigung, das sei das Gebot der Stunde, schrieb 1938 der antifaschistische Publizist G.A. Borgese. Die Schaffung eines unabhängigen römischen Imperiums unter den Augen und Kanonen von hundert Millionen Deutschen sei heller Wahnsinn.

Die Politik jener Jahre ist aber nicht nur unter dem Blickwinkel von Hegemonie und Gleichgewicht zu sehen. Die Forschungen der beiden letzten Jahrzehnte haben gezeigt, daß man den imperialen Machtwillen des faschistischen Italien weit ernster zu nehmen hat, als dies bislang geschehen ist. Nach Renzo De Felice hat man Mussolini als pragmatischen Realpolitiker und als politischen Visionär zu sehen[5]. Überzeugt von der Dekadenz der westlichen Staaten, glaubte der Diktator an die zukünftige Weltbedeutung des faschistischen Italien. Er sah ein »Jahr 2000« voraus (Titel eines geplanten Buches), in dem nur noch die Sowjetunion, Japan, Deutschland und Italien über imperiale Herrschaftsbereiche verfügen würden. Mit Waffengängen gegen Frankreich und England sollte Italien deren Erbe im Mittelmeer antreten. Nur sich selbst sah Mussolini in der Lage, Italien bei diesen »Verabredungen mit der Geschichte« zu führen. In seinen geheimen und öffentlichen Äußerungen schilderte er Italien als Gefangenen im Mittelmeer. Es gelte, die Riegel dieses Gefängnisses aufzubrechen und die Wächter an den Pforten Gibraltar und Suez zu überwältigen. Erst dann sei der Vormarsch zu den Weltmeeren möglich. Für eine solche Weltpolitik benötige Italien kontinentale Rückendeckung. »Die Achse Rom—Berlin entspricht daher einer grundlegenden historischen Notwendigkeit[6].«

Eine in den letzten Jahren rasch gewachsene Anzahl von privaten »inneren« Zeugnissen, von Tagebüchern, Briefen, autobiographischen Aufzeichnungen, aber auch von Konfidentenberichten oder Presseanweisungen könnte es heute ermöglichen, für Italien jenseits der propagandistischen Außenseite des Regimes eine Art soziopsychologischer Meinungstopographie der Hoffnungen, Illusionen, Blindheiten, Befürchtungen und Erwartungshorizonte nachzuzeichnen. Das Achsenbündnis war in Italien nicht populär. Das Deutschland Hitlers schien in vielem eine bedrohliche Wiederauflage des wilhelminischen Militarismus und Imperialismus. Die stärksten prodeutschen Argumente waren abgeleiteter Natur: der Haß gegen die plutokratischen, dekadenten Mächte des Westens, der gemeinsame Kampf gegen Antimarxismus und Antibolschewismus. Aber mit Deutschland verbanden sich eigene große Hoffnungen. In den Worten Mussolinis Ende 1939: »Das italienische Volk wird solche Triumphe in der internationalen Politik erleben, daß es sich über das mit dieser Allianz verbundene Unbehagen weitgehend hinwegtrösten darf[7].«

Die katholische Subkultur stand dem Deutschland Hitlers mit großer Reserve, ja mit Mißtrauen und Ablehnung gegenüber. Hier besaß man ein richtiges Gespür für die potentiell zerstörerische Gewalt des neugermanischen Paganismus und des völkisch aufgeheizten Rassismus. Auch der Vatikan hielt sich gegenüber dem vulkanischen Gelände des nationalsozialistischen Deutschlands auf vorsichtiger Distanz und betrachtete mit wachsender Sorge die immer engere ideologische Solidarität zwischen Berlin und Rom.

Auch im Bereich der akademischen Kultur gab es deutliche Widerstände gegen das Bündnis mit Hitler. Viele personelle und geistige Entwicklungslinien des späteren Antifaschismus nach 1943 führen in die kulturelle Szene Italiens der dreißiger Jahre zurück. Das gleiche gilt für die faschistische Jugendkultur. Der verborgen in Italien weiterexistierende Antifaschismus schließlich erwies sich in Gänze als anti-nationalsozialistisch. Hier wurde die vom Deutschland Hitlers ausgehende existentielle Bedrohung am schärfsten empfunden. Das zeigen etwa die geheimen Tagebücher des Florentiner

Juristen Piero Calamandrei, die ihm als »Zuflucht in den Zeiten ohne Freiheit« galten[8]. Calamandrei sah schon 1939 ein neues barbarisches Zeitalter der gesetzlosen Unfreiheit und der Despotie heraufziehen und befürchtete das Ende der europäischen Kultur. Ab 1940 sah er die Besetzung Italiens durch die Deutschen voraus und fürchtete alptraumartig, daß Antifaschisten wie er in einem deutschen Konzentrationslager enden würden.

Wie in einem Film läuft in diesen Aufzeichnungen noch einmal das Drama der Jahre 1939 bis 1945 ab. Sie sind nicht nur ein Porträt der zur Ohnmacht verurteilten Florentiner antifaschistischen Intellektuellen, sondern bieten auch tiefe Einblicke in die Illusionen, Blindheiten, Opportunismen und Fanatismen bedeutender Teile des philofaschistischen italienischen Bürgertums.

Die »innere« Geschichte der Achse Berlin—Rom besitzt große Bedeutung auch für die andere, die deutsche Seite. Neben der enormen Unterschätzung der ökonomischen und militärischen Macht der Sowjetunion hat für die Entscheidungsfindung des nationalsozialistischen Regimes kaum ein anderer subjektiver Faktor eine so große Rolle gespielt wie die Einschätzung Italiens. In konservativen Kreisen, in der Staatsverwaltung, im Heer und in der Wirtschaft überwogen die skeptischen, warnenden Stimmen. Im Gegensatz hierzu gab es im Umkreis der NSDAP und ihrer Untergliederungen, im Sport, in der Jugenderziehung, aber auch in der Marine und der Luftwaffe vielfach stark positiv akzentuierte, durch Philofaschismus und ideologische Gemeinsamkeit geprägte Auffassungen. Hier glaubte man an eine durch den Faschismus bewirkte Dynamisierung und Potenzierung der Nation. Der leidenschaftlichste Parteigänger des neuen Italien aber war Hitler selbst. Im Faschismus sah er eine »enorme Steigerung des Selbst- und Machtbewußtseins« Italiens und betrachtete dieses Land auf dem Wege zur Weltmacht. In seinem Aufruf zum »Wagen«, in seiner Aufforderung zur »großen Politik« Mussolini gegenüber bestand dem Kern nach die »Verzauberung«, die »unmerkliche, dauernde, hinterlistige Verführung« (D. Grandi), die Hitler Mussolini gegenüber auszuüben schien.

Dieser Appell erreichte sein Ziel, als Mussolini unter dem Eindruck der deutschen Siege in Nordeuropa und in Frankreich am 10. Juni 1940 Frankreich und England den Krieg erklärte. Jetzt zeigte sich rasch, wie sehr das Bild der waffenstarrenden Nation der »achtmillion Bajonette« nur propagandistische Fassade war und wie weit die Skeptiker auf deutscher Seite Recht hatten. Schon in den ersten Seeschlachten im Mittelmeer, auf den Schlammfeldern Albaniens und auf den Wüstenschlachtfeldern Nordafrikas endete an der Jahreswende 1940/41 der Traum von der kommenden Weltmachtgeltung des faschistischen Italien. Es zeigte sich, daß dieses Land organisatorisch, ökonomisch und militärisch nicht gerüstet war auf einen Großkrieg. Die Tagebücher G. Bottais in diesen Monaten sind das in ihrer Art bedeutendste Dokument für den Desillusionierungsprozeß einer ganzen Generation und für das Zusammenbrechen ihres politischen Credos. Im September 1941 notierte er:

»Es gibt nicht zwei Möglichkeiten [für uns], Sieg oder Niederlage. Im Grunde gibt es nur eine: den Sieg der anderen. Entweder gewinnen die Engländer oder die Deutschen. In beiden Fällen handelt es sich nicht um unseren Sieg, sondern um den eines anderen[9].«

Dies war das Geständnis eines historischen Versagens. Das Scheitern des Faschismus konnte auch nicht mehr aufgefangen werden durch den späten Sturz Mussolinis am 25. Juli 1943, der sich aus einem Zusammenspiel zwischen faschistischer Fronde und Monarchie ergab. Die Geschicke Italiens waren längst fremdbestimmt. Seit 1941 bildete es keinen eigenständigen Faktor mehr, sondern stand im Schatten der alliierten Kriegführung gegen Hitler-Deutschland.

Ein völlig neues Kapitel der deutschen Präsenz in Italien ergibt sich mit der Kapitulation des Verbündeten am 8. September 1943. Die neue Regierung Badoglio hatte für diesen Moment nur unzureichende und kaum koordinierte Vorbereitungen getroffen. Der Primat der äußersten Geheimhaltung der Waffenstillstandsverhandlungen, in die bis zuletzt kaum mehr als ein Dutzend Personen eingeweiht waren, hatte jede faktische und psychologische Vorbereitung auf den Frontenwechsel verhindert. Die Geheimhaltung ging so weit, daß selbst die Minister und die Generalstabschefs von Marine und Luftwaffe nicht in die Verhandlungen einbezogen worden waren und erst im letztmöglichen Moment von den Bedingungen des Waffenstillstandes erfuhren.

Im Bewußtsein der deutschen Beteiligten und in den Thesen der deutschen Propaganda hat sich nach dem 8. September die Vorstellung festgesetzt, einer riesigen kollektiven Lügenkomödie beigewohnt zu haben. Ein Teil der auf deutscher Seite vorhandenen Wut- und Rachegefühle erklärt sich aus dem Eindruck, in fast einmaliger Weise düpiert worden zu sein. Dieser Eindruck war vielfach falsch. Die »machiavellistische Verstellung« war deshalb so erfolgreich, weil sie — bis in die höchsten Führungspositionen hinein — gar keine Verstellung war. Zahlreiche Italiener waren noch Anfang September guten Willens, die Allianz fortzusetzen.

Die faktischen Kosten dieser absoluten Geheimhaltungspolitik erwiesen sich indes als extrem hoch. Die Verkündung des Waffenstillstandes traf die italienischen Streitkräfte in einem Zustand der Konfusion, der Demoralisierung und der vorzeitigen Auflösung, die es den Deutschen leicht machte, die bis ins einzelne vorbereiteten Entwaffnungs- und Übernahmepläne in Italien und den italienischen Besatzungsgebieten in Südfrankreich und auf dem Balkan ins Werk zu setzen. Quasi über Nacht verschwand zwischen dem 9. und 10. September eine Millionenarmee von der Bildfläche. Fast 700 000 Italiener traten den bitteren Weg nach Norden in eine harte deutsche Gefangenschaft an. Nur der Flotte gelang eine — weitgehend erfolgreiche — Flucht in den englisch-amerikanischen Machtbereich der Häfen von Malta, Alexandria und Gibraltar. Diese »dunkelsten Stunden der italienischen Militärgeschichte« stecken noch heute als Trauma im Kollektivbewußtsein der Nation. Über Nacht verschwand nicht nur die militärische Macht, sondern der Staat als solcher schien sich aufzulösen. Auch wenn die Staatskontinuität erhalten blieb, so fand die Flucht von Krone und Regierung — König Viktor Emanuel III und Badoglio verließen Rom in der Nacht vom 8. auf den 9. September in Richtung Brindisi — unter so demütigenden und chaotischen Umständen statt, daß bei allen Beteiligten und Zeitgenossen ein tiefes Gefühl der Scham und der Verzweiflung zurückblieb.

Die antifaschistische Linke und besonders die Kommunisten haben die Beurteilung des »otto settembre« rückblickend mit einer Generalverurteilung einer ganzen Führungselite und ihres Politikverständnisses verbunden. In den Worten Ernesto Ragionieris:

»Im Rahmen einer kollektiven Tragödie, die die gesamte Nation erfaßte, bildete der 8. September das dunkelste Kapitel im Rechnungsbuch der italienischen Führungsgeschichten. Hier sah man, auf den schmalen Raum einer entscheidenden und beispielhaften Probe zusammengedrängt, in augenfälliger Weise alle Züge von Egoismus, Furchtsamkeit, Inkompetenz und Nachlässigkeit gegenüber dem Schicksal des eigenen Landes, die diese Gruppen in ihrer ganzen Geschichte ausgezeichnet hatten[10].«

Nicht weniger entschieden lautet das Urteil der radikaldemokratischen Linken. Der 8. September, so der Turiner Historiker Nicola Tranfaglia, begräbt unter seinen Trümmern in Schande »nicht nur eine Monarchie, sondern eine ganze politische Klasse und eine Militärkaste, die geprägt waren durch die Rhetorik und die Ineffizienz des faschistischen Regimes«[11].

Am 9. September, als die Staats- und Regierungsspitze fluchtartig Rom verließ, gründeten die neu entstehenden antifaschistischen Parteien in Rom das »Komitee der nationalen Befreiung«. Angesichts des Versagens der Militärs bildeten sich erste Formen des Volkswiderstandes, die dann in den darauffolgenden Monaten zur »Resistenza« zusammenwuchsen. Die Resistenza-Historie hat sich immer polemisch abgesetzt von dem in den Ereignissen des »otto settembre« quasi symbolisch werdenden »Versagen« oder gar dem »Verrat« der militärischen und politischen Führungsgruppen des »alten«, durch den Faschismus endgültig diskreditierten Italien. Nach dieser Interpretation verdankt Italien seine Selbstfindung und seine in Ansätzen realisierte Selbstbefreiung im April 1945 den Kräften der Resistenza. Hier realisierte sich ein gegen die Institutionen des traditionellen Staates sowohl in seiner monarchischen wie seiner republikanisch-faschistischen Form gerichteter elementarer Protest, der zu einer Rekonstruktion individueller wie kollektiver Identitäten führen konnte. Der Anruf zu Kampf und Widerstand, den das Nationalkomitee am 9. September 1943 an die Italiener richtete, repräsentierte das »andere Italien«, »das Italien des Mutes und des Willens zur nationalen Wiedergeburt«[12].

Für das deutsch-italienische Verhältnis bilden die zwanzig Monate zwischen dem September 1943 und dem April 1945 das dunkelste und in vielen Punkten bis heute noch nicht erforschte Kapitel der beiderseitigen Beziehungen. Über Nacht hatte man es mit drei Italien zu tun: mit dem verachteten, durch »Verrat« und »Feigheit« gekennzeichneten monarchischen Italien Badoglios, mit dem alt-neuen faschistischen Bundesgenossen der Republik von Salò, mit dem formell das Stahlpaktbündnis fortbestand und dem man doch nurmehr eine bitter empfundene Satellitenrolle zugestand, und schließlich mit dem illegalen Italien der Resistenza, das anfangs nur völlig schattenhaft wahrgenommen wurde, und das sich dann zunehmend zu einem polizeilichen und logistischen und am Ende auch militärischen Problem entwickelte. Die deutsche Kriegs- und Besatzungspolitik auf italienischem Boden auf der einen, Antifaschismus und Resistenza auf der anderen Seite sind für die deutsche zeitgeschichtliche Forschung, aber auch für die breiteren Bereiche der deutschen Öffentlichkeit großenteils terra incognita geblieben. In der Memoirenliteratur, aber auch in den kriegsgeschichtlichen Beiträgen erschien der italienische Widerstand als völkerrechtswidriges, unmenschliches Verhalten und als ein weitgehend kriminelles Phänomen. In seinen Memoiren hat A. Kesselring dem »Bandenkrieg« ein ganzes Kapitel gewidmet und ihn als »Hinterhaltskampfführung« in den düstersten Farben geschildert und in den schärfsten Formen kritisiert. Er, wie fast die gesamte deutsche Militärgeschichtsschreibung, hatte keinen Blick für die ideellen und moralischen Motive der Resistenza, für ihren Patriotismus und ihre Opferbereitschaft. Sie spürten nicht, daß vor ihren Erschießungskommandos keine Verbrecher, sondern die Blüte der akademischen und politischen Jugend Italiens stand.

Drei Motivkreise scheinen mir hinter dieser von völliger Unkenntnis zeugenden Ablehnung zu stehen:

1. die auf Legalität, Staatstreue und Gehorsam basierende Mißachtung des Widerstandsphänomens überhaupt,
2. das Mißtrauen und das Unverständnis des Berufsmilitärs gegenüber allen Formen des »kleinen«, des Guerillakrieges, der die Unterschiede zwischen militärischem und zivilem Bereich und zwischen Front und Hinterland auflöste und außerdem die traditionellen militärischen Hierarchien negierte,
3. haben neben diesen mentalen Barrieren offenbar auch volkscharakteriologische Vorstellungen eine Rolle gespielt.

Zu den Negativa des traditionellen deutschen Italienbildes gehörte die Vorstellung des »Welschen«, der alle Eigenschaften des Machiavellisten in sich vereinigte: Falschheit, Bosheit, Tücke, Grausamkeit und Verrat. Nach dem 25. Juli 1943 fand in der nationalsozialistischen Führungsgruppe um Hitler die These von dem »systematischen Verrat« der Italiener weite Verbreitung und wurde nach den Erfahrungen des 8. September zur beherrschenden Kategorie bei der Interpretation der italienischen Wirklichkeit. Die Sondermeldung des OKW am 10. September 1943 über die Entwaffnung der italienischen Armeen schloß mit dem Passus:

»Damit ist ein Verrat, wie er größer und hinterhältiger in der Geschichte kaum zu finden ist, auf die Verräter selbst zurückgefallen. Die italienische Wehrmacht besteht nicht mehr. Was aber für ewige Zeiten bestehen bleiben wird, ist die Verachtung der Welt für die Verräter[13].«

In diesem Bild des Unverständnisses und des Desinteresses hat man seit den siebziger Jahren neue Schattierungen einzuzeichnen. Das gilt für das lebhafte Interesse der neuen deutschen Linken für die Präsenz und die Zielsetzungen der italienischen Arbeiterbewegung — ein Interesse, bei dem auch der historische, stark antifaschistisch geprägte Wurzelboden dieser Arbeiterbewegung mit ins Blickfeld kommt. Das gilt auch für das wachsende Interesse an der italienischen Nachkriegsliteratur, die in den Werken von I. Calvino, C. Pavese, C. Cassola, G. Bassani, E. Vittorini oder B. Fenoglio in ihren Anfängen von der Resistenza-Erfahrung entscheidend geprägt wurde. Als wichtigstes Anzeichen für einen Stimmungswandel kann das 1982 erschienene Werk von E. Kuby, »Verrat auf deutsch. Wie das Dritte Reich Italien ruinierte«, gelten[14]. In den Geschehnissen der Jahre 1943—1945 sieht Kuby zugleich den Ausdruck wie die Potenzierung tiefsitzender deutscher Vorurteile. Mit seiner polemischen These vom »Verrat auf deutsch« wendet er sich gegen die bis heute noch weit verbreitete Auffassung, Italien habe in diesem Jahrhundert Deutschland gleich zweimal durch Bündniswechsel »verraten«. Nach Kuby bildet diese Auffassung Teil einer Verdrängungsstrategie, die einen vor der Einsicht schützt, daß die Italiener im Sommer 1943 angesichts des verlorenen Krieges und angesichts der durch die Endsiegs- oder Untergangsvisionen Hitlers bestimmten Entscheidungsstrukturen des Dritten Reiches eine Art Naturrecht auf Bündnisauflösung geltend machen konnten. Dieses selbstkritische, cum ira et studio geschriebene und von den Positionen eines radikalen Antimilitarismus her argumentierende Plädoyer für die italienische Seite hat auf Themen aufmerksam gemacht, die in der deutschen zeitgeschichtlichen Diskussion weitgehend vergessen schienen.

Das gilt zum Beispiel für das Schicksal der 700 000—800 000 italienischen Kriegsgefangenen und Zivilinternierten, die sich nach dem September 1943 in deutscher Hand befanden und die in der deutschen Wirtschaft, vor allem in der Rüstungsindustrie als Zwangsarbeiter, unter harten und nicht selten unmenschlichen Bedingungen eingesetzt wurden. Fast 40 000 von ihnen kehrten nach dem Mai 1945 nicht zurück — Opfer von brutaler Willkür, von Hunger, Krankheit, Entbehrungen, von Luftangriffen oder direkten Kriegshandlungen. Die Geschichte dieser über Jahre hinwegreichenden kollektiven Fremderfahrung stellt ein bedeutsames, von der deutschen Zeitgeschichtsforschung bislang vernachlässigtes Thema dar[15]. Von italienischer Seite liegt ein reiches Material an autobiographischen Zeugnissen vor, das zum Teil auch monographisch aufgearbeitet wurde. Wer weiß schon in Deutschland, daß G. Guareschis »Don Camillo« und sein kommunistischer Gegenspieler »Peppone« in ihrer Urform in den dunklen und kalten Winterabenden eines deutschen Kriegsgefangenenlagers entstanden sind, wo der zeichnerisch und erzählerisch begabte Italiener seine Leidensgenossen durch Schwänke aufzuheitern suchte?

Das Thema »Deutschland — Italien nach 1943« kann auch unter einem anderen, ebensowenig untersuchten Blickwinkel gesehen werden: dem Bild des Deutschen in der Resistenzaliteratur. Der Deutsche wird hier vielfach dargestellt als Inkarnation des Bösen, als Zerstörer und Mordbrenner, als Mörder und Bestie. B. Croce hat damals den Deutschen beschrieben: »nicht ein menschlicher Gegner in menschlichen Kriegen, sondern der grausame, allgegenwärtige Feind der Menschheit«[16]. Man muß die deutschfreundlichen Stellungnahmen Croces im und nach dem Ersten Weltkrieg kennen, um das ganze Gewicht dieses Urteils zu spüren. Der Verfassungsjurist P. Calamandrei bezeichnete die Deutschen als »die aus den Ländern der Barbarei herkommenden Hunnen«[17]. Dieses auf Tausenden von Negativerfahrungen der Kriegs- und Besatzungszeit beruhende Bild des Deutschen wurde bestätigt und potenziert, als nach Kriegsende die schauerliche Realität der Konzentrationslager und der auf der Rassenideologie beruhenden Vernichtungspolitik des NS-Regimes zutagekam. Dieses erschien als eine dämonische Macht, die »in den Deutschen die Humanität zerstört und sie in Maschinen verwandelt hatte«[18].

Die Resistenzageschichtsschreibung hat dieses apokalyptische Negativbild des Deutschen zum Teil beibehalten. Während selbst der Faschismus der Republik von Salò längst in den Prozeß der Objektivierung und der historischen Distanzierung einbezogen wurde, hat man das Bild des deutschen Feindes in seiner absoluten Negativität beibehalten. So kommt es, daß noch heute die deutsche Repressions- und Besatzungspolitik in Italien, die Zehntausende von Opfern kostete, auf die gleiche Stufe gestellt wird mit den zeitgleichen Vorgängen in Osteuropa: ein völlig unhaltbarer Vergleich. Gegenüber dem absoluten Schwarz des total Negativen kann es keine Differenzierungen und keine Unterscheidung von Schuld und Verantwortung geben. Zum Mythos der Resistenza gehört auch das Bild dieses absoluten Feindes, den man nicht verstehen, sondern nur verabscheuen kann.

Der frühere italienische Botschafter in Bonn, Pietro Quaroni, schrieb 1970 in einer Betrachtung über psychologische Vorbelastungen von Außenpolitik: »Der psychologische Untergrund aller jener sich zusammenballenden Ereignisse, die zum Krieg geführt haben, und die ihm jenen unerbittlichen Charakter [...] verliehen haben, ist noch vorhanden und wirkt weiter. Wir alle werden beherrscht von unserer Vergangenheit.« Quaroni forderte einen neuen Typus von Geschichtsschreibung, »eine wahre, den Menschen nahe Historie: nicht alle Deutschen, die damals in und mit Italien zu tun hatten, gehörten zur SS, und nicht alle SS standen außerhalb der Gesetze der Humanität [...] Jedes Land hat seine Heiligen und seine Verbrecher. Man hat zuviel von den unmenschlichen Zügen der Deutschen gesprochen [...] Niemand oder fast niemand hat von den menschlichen Zügen der Deutschen gesprochen, die es auch gegeben hat[19].«

Der größere Teil dieses Programms einer Erforschung dieser Umbruchsjahre ist auch heute noch einzulösen.

## Anmerkungen

1 Die wichtigste Literatur zu dem behandelten Thema: F. Siebert, Italiens Weg in den Zweiten Weltkrieg, Frankfurt/M., Bonn, 1962; F. W. Deakin, Die brutale Freundschaft. Hitler, Mussolini und der Untergang des italienischen Faschismus, Köln 1962; M. Toscano, The Origins of the Pact of Steel, Baltimore 1967; R. De Felice, Mussolini il duce, Bd 2: Lo Stato totalitario 1936–1940, Torino 1981; Das Deutsche Reich und der Zweite Weltkrieg, Bd 3: Der Mittelmeerraum und Südosteuropa. Von der »non-belligeranza« Italiens bis zum Kriegseintritt der Vereinigten Staaten, Stuttgart 1984 (hier die neueste Bibliographie).

2 Akten zur Deutschen Auswärtigen Politik 1918–1945, Serie D: 1937–1945, Baden-Baden 1950 ff., Bd VI, Nr. 426, hier: S. 467.

3 G. Ciano, Diario 1939–1943, Milano 1963, Eintrag vom 13.5.1939.

4 J. Petersen, Vorspiel zu »Stahlpakt« und Kriegsallianz: Das deutsch-italienische Kulturabkommen vom 23. November 1938, in: Vierteljahrshefte für Zeitgeschichte, 36 (1988), S. 41–77.

5 De Felice, Stato totalitario (wie Anm. 1), passim.

6 Deakin, Brutale Freundschaft (wie Anm. 1), S. 23.

7 P. Calamandrei, Diario 1939–1945, Firenze 1982, Bd 1, S. 85.

8 Ebd.

9 G. Bottai, Diario 1935–1943, Milano 1982, S. 283.

10 E. Ragionieri, La storia politica e sociale (Bd IV, 3 der »Storia d'Italia« des Verlages Einaudi), Torino 1976, S. 2348.

11 N. Tranfaglia, Badoglio o la commedia degli inganni, in: La Repubblica, 7.9.1983.

12 G. Quazza, La politica della Resistenza italiana, in: S.J. Woolf (Hrsg.), Italia 1945–1950. La ricostruzione, Bari 1974, S. 29.

13 »Das Oberkommando der Wehrmacht gibt bekannt [...]«. Der deutsche Wehrmachtbericht, Bd 2, Osnabrück 1982, S. 558.

[14] E. Kuby, Verrat auf deutsch. Wie das Dritte Reich Italien ruinierte, Hamburg 1982.
[15] Vgl. dazu den Beitrag von G. Schreiber in diesem Band: Militärsklaven im »Dritten Reich«.
[16] B. Croce, Scritti e discorsi politici (1943—1947), 2 Bde, Bari 1963, Bd 1, S. 165.
[17] P. Calamandrei, Uomini e città della Resistenza, Bari 1977, S. 10.
[18] Croce, Scritti e discorsi politici (wie Anm. 15), Bd 1, S. 22.
[19] Vorwort von Pietro Quaroni zu: F.K. von Plehwe, Il patto d'acciaio. Da Mussolini a Badoglio. Una testimonianza tedesca, Milano 1970, S. 22.

Bernd Martin

# Das deutsch-japanische Bündnis im Zweiten Weltkrieg*

Mit dem Überraschungsangriff japanischer Trägerflugzeuge am 7./8. Dezember 1941 auf Einheiten der amerikanischen Pazifikflotte in Pearl Harbour auf Hawaii wuchs der bis dahin auf Europa und Nordafrika begrenzte Krieg der Deutschen mit dem von Japan bislang auf China lokalisierten sogenannten Konflikt zur weltweiten Konflagration zusammen. Die Unausweichlichkeit eines solchen Weltkrieges war durch die Politik des nationalsozialistischen Deutschlands und des ebenfalls autoritär gelenkten Tennoreiches aus amerikanischer Sicht vorgezeichnet, nachdem beide nationaltotalitären Staaten in einem Militärbündnis, dem Dreimächtepakt vom 26. September 1940, zusammen mit dem faschistischen Juniorpartner Italien zu einer grundlegenden politisch-militärischen Übereinkunft gelangt zu sein schienen.

Wiewohl der Weltkrieg nicht zwangsläufig aus dem nationalsozialistischen, offiziell auf Europa beschränkten Revisionismus und dem aggressiven Streben der Japaner nach einer Neuen Ordnung in Ostasien hervorging, bedeutete doch die auf autarke Lebensräume abzielende Politik beider Staaten seit Beginn der dreißiger Jahre eine existentielle Herausforderung für die etablierten Siegermächte des Ersten Weltkrieges. Deutschland und Japan schienen angetreten zu sein, ihre eigenen Gesellschaften auf autoritärer Basis mit Hilfe

---

* Leicht gekürzter Wiederabdruck aus: Deutschland und Japan in der Zwischenkriegszeit, hrsg. von Josef Kreiner (= Studium universale, Bd 11), Bonn 1989. Für Japans Weg in den Krieg und die Zeit des Pazifischen Krieges siehe die beiden Literaturberichte des Verfassers: Japans Weg in den Krieg. Bemerkungen über Forschungsstand und Literatur zur japanischen Zeitgeschichte, in: Militärgeschichtliche Mitteilungen 23 (1978), S. 83—209; Japan und der Krieg in Ostasien. Kommentierender Bericht über das Schrifttum, in: Sonderheft 8 der Historischen Zeitschrift: Literaturbericht zur Geschichte Chinas und zur japanischen Zeitgeschichte, München 1980, S. 79—220. Wichtig für das Thema sind vor allem folgende Titel: Gerhard Krebs, Japans Deutschlandpolitik 1935—1941. Eine Studie zur Vorgeschichte des Pazifischen Krieges, Hamburg 1984; Bernd Martin, Deutschland und Japan im Zweiten Weltkrieg. Vom Angriff auf Pearl Harbour bis zur deutschen Kapitulation, Göttingen, Zürich, Frankfurt 1969; ders., Zur Tauglichkeit eines übergreifenden Faschismusbegriffes. Ein Vergleich zwischen Japan, Italien und Deutschland, in: Vierteljahrshefte für Zeitgeschichte 29 (1981), S. 28—53; Deterrent Diplomacy. Japan, Germany, and the USSR 1935—1940. Selected translation from Taiheiyo senso e no michi: Kaisen gaiko shi, ed. by James William Morley, New York 1976.

einer völkischen Ideologie umzugestalten, um einen auf Weltmachtstellung abzielenden machtpolitischen Anspruch auch mit Hilfe von Gewalt durchzusetzen.

Das liberalkapitalistische, demokratische Ordnungsprinzip des Westens mit seinem Vorrang des Individuums wurde in der Zwischenkriegszeit weniger durch den doktrinären Kommunismus eines innerlich zerrütteten und außenpolitisch schwachen Sowjetstaates herausgefordert als vielmehr durch völkisch geeinte faschistische Systeme, in welchen der Einzelne zugunsten der Gemeinschaft zurücktrat und der Staat in omnipotenter Präsenz alle öffentlichen Belange samt dem Wirtschaftsleben regelte. Das Zusammenfinden der westlichen Länder in einer gemeinsamen Frontstellung gegen die faschistische Herausforderung war daher wesentlich durch gesellschaftspolitische Grundwerte und natürlich auch machtpolitisch-ökonomische Erwägungen bestimmt, wie auch umgekehrt dem Zusammenrücken von Japan, Deutschland und Italien innergesellschaftliche Normen und Machtkalkül zugrundelagen.

Der alte Sozialimperialismus der westlichen Kolonialmächte, die USA eingeschlossen, hatte nach dem Ersten Weltkrieg in den revisionistischen, vermeintlich bei dem ersten weltweiten Waffengang zu kurz gekommenen Mächten eine neue, weitaus radikalere Form angenommen. Als entwicklungsgeschichtlich im Vergleich zu den beiden anglo-amerikanischen Mächten zurückgebliebene Nationen (»late comers«) versuchten zunächst das faschistische Italien und später, im Gefolge der Weltwirtschaftskrise, die wirtschaftlich sowie gesellschaftlich zerrütteten Staaten Japan und Deutschland durch eine rigide Politik innerer Repression und äußerer Aggression vormoderne Staatsvorstellungen zu verwirklichen. Das deutsch-japanische Bündnis des letzten Weltkrieges war daher weniger das Produkt der internationalen Politik, sondern das Resultat innenpolitischer Gemeinsamkeiten. Diese nahmen in der von japanischer Seite bewußt gesuchten Wahlverwandtschaft zu den Deutschen in der Meiji-Zeit ihren Anfang und sollten in der faschistischen, beiderseits propagierten Wesensverwandtschaft 1945 ihr abruptes Ende finden.

### *1. Leitfaktoren der deutsch-japanischen Annäherung in den dreißiger Jahren*

Preußen-Deutschland als von den Gründervätern des modernen Japan erwähltes Vorbild bei der von den Westmächten gewaltsam erzwungenen Modernisierung des Landes hatte zumindest äußerlich im institutionell-administrativen Bereich prägend gewirkt. Die Anlehnung der modernen japanischen Verfassung an die des kaiserlichen Deutschen Reiches ließ ein Regierungssystem entstehen, das, parlamentarischer Kontrolle entzogen, die Sonderstellung des Tenno bzw. der in seinem Namen Regierenden und des Militärs begünstigte. Der institutionalisierte Obrigkeitsstaat, auf soliden gesellschaftlichen Fundamenten abgesichert, favorisierte in beiden Ländern autoritäre, rückwärtsgewandte Leitvorstellungen. Traditionelle Eliten verstanden es, zugunsten ihrer eigenen, überkommenen gesellschaftlichen Stellung den Massen politische Mündigkeit vorzuenthalten und die durch industrielle Sachzwänge notwendigen sozialen Reformen abzublocken.

Der Erste Weltkrieg hatte vor allem Japan, aber auch Deutschland einem wirtschaftlichen Modernisierungsprozeß ausgesetzt und zu gesellschaftlichen Verwerfungen geführt, denen die politischen Nachkriegsordnungen in beiden Staaten nicht entsprachen. Sowohl die Taisho-Demokratie als auch die Weimarer Republik waren lediglich äußerlich dem politischen System der Sieger angepaßt. Eine Verwurzelung erfuhr die parlamentarische Ordnung mit ihrem Parteiengezänk in keinem der beiden Länder. Sie wurde vielmehr mit einem schmachvollen Verzichtfrieden identifiziert, in Deutschland mit dem Versailler Vertrag und in Japan mit den Washingtoner Abkommen von 1922. Beide Länder hatten, obgleich unterschiedlichen Kriegslagern zugehörig, in den entsprechenden Vertragswerken machtpolitischen Aspirationen, in Mitteleuropa bzw. China, entsagen müssen. Die Verweigerung der Gleichrangigkeit ließ sich als nationale Demütigung jederzeit von den Regierungen in Berlin und Tokyo politisch instrumentalisieren. Entfremdung zu den Westmächten und das Streben nach Ebenbürtigkeit mit den selbstgefällig ihre Siegerrolle ausspielenden Großmächten waren seit dem Ausgang des Ersten Weltkrieges eine potentielle Basis gemeinsamer Politik, die sich jedoch erst infolge der Weltwirtschaftskrise als tragfähig erwies.

Um die Rüstungsbegrenzungen zur See des Washingtoner Flottenvertrages abzuschütteln, wagte in Japan die Marine 1930 erstmals den offenen Zugriff auf die Politik und verlangte alleinige Entscheidungsbefugnis. Ein Jahr später demonstrierte die Armee mit dem Zwischenfall von Mukden und der ihm folgenden Inbesitznahme der Mandschurei die politische Selbständigkeit des Militärs. Das bisher von zivilen Politikern im Bunde mit Wirtschaftsführern beherrschte Regierungssystem wurde durch politische Morde nationalistischer Heißsporne in Uniform 1932 dann grundlegend erschüttert und beendet.

Das internationale System kollektiver Ordnung wurde in der Zwischenkriegszeit erstmals von Japan in Frage gestellt, bevor das nationalsozialistische Deutschland und das faschistische Italien es restlos beseitigen sollten. Die Appeasementpolitik des durch die Wirtschaftskrise im Handeln gelähmten Westens nahm ihren Anfang — München wurde in Mukden eingeleitet. Japan verließ folgenlos den Völkerbund. Vier Tage zuvor hatte der Deutsche Reichstag sich mit der Zustimmung zum Ermächtigungsgesetz selbst endgültig ausgeschaltet und das diktatorische System der Nationalsozialisten legitimiert. Die Ausgangslage für eine deutsch-japanische Annäherung schien günstig.

Doch Vorbehalte und Mißtrauen, die einem rassistisch-ideologisch begründeten Überlegenheitsgefühl auf beiden Seiten entsprangen, verhinderten eine rasche Annäherung und sollten das deutsch-japanische Verhältnis bis 1945 überschatten. Die Yamato-Rasse mit ihrer von den Göttern abgeleiteten Herkunft und die nordische, direkt von den Germanen abstammende deutsch-arische Herrenrasse konnten trotz aller Bemühungen der Politiker schlecht zueinander finden. Überzeugten Nationalsozialisten und besonders Hitler blieben die Japaner immer minderwertige »Gelbe«, auch wenn ihnen im rassischen Spektrum als kulturtragender Nation eine gewisse Sonderstellung zugebilligt war. Japanischen glühenden Nationalisten standen die deutschen und italienischen Verbündeten als »Weiße« in ihrer Programmatik, Japan von westlichen Einflüssen zu säubern und Ostasien vom Joch des »weißen Mannes« zu befreien, als widernatürliche Verbündete entgegen. Von den rassistisch-völkischen Prämissen konnte daher ein deutsch-japanisches Bündnis allenfalls eine zweckgerichtete, zeitlich befristete Notallianz abgeben. Der ideologische Alleinvertretungsanspruch war unteilbar und sollte sich in beiden Ländern nach Kriegsbeginn in einem alleinigen Streben nach der Weltmachtstellung manifestieren.

Die unterschiedliche Herleitung der jeweiligen nationaltotalitären Ordnung aus einem verklärten, einseitigen Geschichtsbild implizierte die entsprechenden Feindbilder. Galten in Japan alle »Weißen« schlechthin als Übermittler verderblicher, die japanische Gesellschaft zersetzender Einflüsse und im außenpolitischen Bereich als Hemmnis einer als rechtmäßig empfundenen Expansion des Kaiserreiches, so klassifizierte die nationalsozialistische Führung entsprechend ihrem Rassenschema die Nachbarnationen von blutsverwandten nordischen Ländern bis hin zu den jüdisch-bolschewistisch beherrschten slawischen Untermenschenstaaten. Das von Hitler doktrinär verfochtene Lebensraumprogramm zielte von Anfang an auf einen deutschen Vernichtungskrieg in Rußland, für den die britische Brudernation, wenn schon nicht gewonnen, so doch zum Stillhalten bewogen werden sollte.

In Japan herrschte entsprechend der strikten Trennung der Streitkräfte in Marine und Heer sowie deren unterschiedlicher gesellschaftlicher Verankerung — im urban-großwirtschaftlichen Milieu, bzw. im dörflichen Ambiente eines verelendeten Kleinbauerntums — ein doppeltes Feindbild vor: Propagierte die Armee zum Schutze ihrer neuen Machtbasis Mandschukuo den Feldzug gegen das kommunistische Rußland und die kommunistischer Machenschaften beschuldigten Nationalchinesen der Kuomintang, so zielte die Expansion der Marine traditionsgemäß auf die Südsee und die dortigen Rohstoffe, an denen es der japanischen Wirtschaft mangelte; die maritime Südwärtsstrategie sah daher ihren Hauptgegner in den beiden angelsächsischen Seemächten.

Diese unterschiedlichen Feindbilder von Heer und Marine, die im Krieg eine gemeinsame militärische Stoßrichtung vereiteln sollten, erschwerten bündnispolitische Gespräche und verzögerten den Abschluß der — immer noch inhaltslosen — Militärallianz bis in den September 1940. Hitlers Bestreben, bereits kurz nach seinem Machtantritt ein deutsch-japanisches Zangenbündnis gegen die Sowjetunion zu verwirklichen, scheiterte in Deutschland am Einspruch der einflußreichen China-Lobby. In Japan standen einem solchen Projekt die Vorbehalte der Marine und die auch von der Armee als Diskriminierung empfundene nationalsozialistische Rassendoktrin entgegen, in welcher die sich auserwählt wähnenden Japaner mit Schwarzen und Juden de facto auf eine Stufe gestellt wurden. Erst nachdem die Nürnberger Rassegesetze (13. September 1935) Klarheit geschaffen und allein die Juden im deutschen Machtbereich als Nicht-Arier definiert hatten, war der Weg zu einer politischen Übereinkunft frei.

Wenige Tage nach Erlaß diese Gesetze sprach der japanische Militärattaché in Berlin Mittelsmänner der Partei auf eine engere deutsch-japanische Zusammenarbeit unter antikommunistischen Vorzeichen an. Ein entsprechendes Abkommen billigte Hitler in den Grundzügen bereits Ende November 1935. Die wirtschaftlich und politisch überaus starke deutsche Position in China opferte der deutsche Diktator bedenkenlos dem machtpolitischen Kalkül, im Bunde mit der stärkeren ostasiatischen Macht den bolschewistischen Todfeind einzukreisen. Doch trotz dieses den Japanern überaus genehmen deutschen Entgegenkommens in der Chinafrage — fiel doch die deutsche Unterstützung für die Kuomintang langfristig weg — verzögerte sich der Abschluß des Antikominternpaktes wegen der Einsprüche der Marine und der Zivilpolitiker um ein Jahr. Die japanischen Vorbehalte sollten das geplante Abkommen in einem solchen Maße inhaltlich aushöhlen, daß der erste Vertrag zwischen den beiden autoritären Staaten nichts weiter als einen gigantischen Propagandabluff darstellte.

Ideologische Differenzen und unterschiedliche Machtinteressen wurden durch deklamatorische Verheißungen überspielt. Mangelnde Substanz und großartige Propaganda sollten für alle weiteren deutsch-japanischen Abmachungen charakteristisch werden.

Das gemeinsame Bekenntnis zum Kampf gegen den Kommunismus und der von deutscher Seite angedeutete Verzicht auf weitere Aspirationen des Reiches in China ließen die Armee den Konflikt in Nordchina eskalieren. Nach einem erneuten Zwischenfall, einem Scharmützel vor den Toren Pekings, begann die japanische Armee, einen unerklärten, auf Versklavung der Chinesen abzielenden Krieg im Riesenreich der Mitte zu führen. Da die Kämpfe in China politische und wirtschaftliche Interessen der Westmächte berührten, wurde die Armee zum Büttel des von der Marine im Verbund mit der Wirtschaft angestrebten Südvorstoßes. Bei diesem Abknicken der Stoßrichtung des Heeres von Norden, den ostsibirischen Weiten, nach Süden, den westlichen imperialistischen Kolonialmächten entgegen, half der sowjetische Diktator Stalin in massiven Grenzkämpfen nach. Die Kaiserliche Armee kam im Sommer 1939 bei dem Grenzkrieg um Nomonhan nicht umhin, die Überlegenheit der Roten Armee anzuerkennen und sich endgültig der innerhalb der japanischen Führung dominanten Südstrategie zu fügen.

Die Chancen eines Militärbündnisses mit dem Deutschen Reich waren folglich weiter gesunken. Das japanische Kabinett behandelte das entsprechende deutsche Ersuchen von Januar bis August 1939 über siebzigmal — ohne Erfolg. Die Marine lehnte ein einseitig gegen die Sowjetunion gerichtetes Militärbündnis kompromißlos ab, wie auch eine gegen die Westmächte gerichtete Allianz. Jede vertragliche Bindung mit dem nationalsozialistischen Deutschland sollte unterbleiben und statt dessen eine Politik der freien Hand verfolgt werden. Das von deutscher Seite, vor allem von Außenminister Ribbentrop geplante weltpolitische Dreieck Berlin—Rom—Tokyo reduzierte sich daher im Mai 1939 auf den mit Italien geschlossenen »Stahlpakt«. Die Übereinkunft mit einem ungenügend gerüsteten und überdies kriegsunwilligen Italien bot jedoch nicht den notwendigen Flankenschutz für einen immer unausweichlicher werdenden militärischen Konflikt des Reiches mit den Westmächten, um in einem ersten Schritt die kontinentaleuropäische Hegemonie zu erringen.

Da sich Japan als Verbündeter versagt hatte, schwenkte Hitler nun auf die von ihm als taktische Zwischenlösung verstandene Allianz mit Stalin ein. Das Reich war für einen Krieg mit Polen und eine sich möglicherweise daraus ergebende Auseinandersetzung mit den Westmächten bündnispolitisch abgesichert. In Japan wurde der Hitler-Stalin-Pakt als Verrat empfunden, zumal die Grenzkämpfe mit den Russen einen Höhepunkt erreicht hatten, und führte zu einer vollständigen politischen Isolierung des Tennoreiches. Bei Kriegsbeginn in Europa stand Japan allein, führte auf dem asiatischen Festland an mehreren Fronten einen nicht zu gewinnenden Krieg und geriet infolge der amerikanischen Aufkündigung des Handelsabkommens mit den USA nunmehr auch noch außenwirtschaftlich in die Isolation.

### *2. Von Polen nach Pearl Harbour: Deutsch-japanische Wiederannäherung zum Bündnis auf Distanz*

Auf die Nachricht von Hitlers Paktieren mit Stalin trat die Regierung Hiranuma zurück und berief demonstrativ den Botschafter General Oshima, einen der prominentesten Förderer des Bündnisgedankens, aus Berlin ab. Die deutsch-japanischen Beziehungen waren auf einem Tiefpunkt angelangt, in mancher Hinsicht durchaus der Situation bei Beginn des Ersten Weltkrieges vergleichbar, als sich Japan auf die Seite der Gegner des Reiches schlug. Ein solcher Frontenwechsel hätte jedoch 1939 eine Beendigung des Krieges in China vorausgesetzt. Doch ein japanischer Rückzug aus dem Reich der Mitte, ja selbst ein »modus vivendi« mit den Westmächten in der Chinafrage, auf den die britische Regierung mit weitgehenden Zugeständnissen hinsteuerte, hätte die mühsam in diesem Krieg kanalisierten Proteströmungen eines von der Armee getragenen »Agrarsozialismus von unten« neu belebt und das gesamte gesellschaftspolitische System erschüttert. Der Fortbestand der alten Ordnung und die Vorrechte einer zahlenmäßig kleinen, dafür aber um so einflußreicheren Oberschicht waren auf Gedeih und Verderb an den Ausgang des Krieges mit China gekettet. Von dem einmal eingeschlagenen Weg, in Ostasien eine »Neue Ordnung« zu schaffen und sich nach Vertreibung der Westmächte selbst an deren Stelle zu setzen, gab es für die Tokyoter Führung kein Zurück mehr. Das Kaiserliche System und die ihm zugrundeliegende Staatsideologie (Kokutai) waren nur über einen siegreichen Krieg zu bewahren, wie auch das nationalsozialistische und faschistisch-italienische System in dem weltanschaulich geprägten Konflikt allein über einen vollständigen Sieg zu sichern waren. Die Unfähigkeit zum Kompromiß, zu einem Ausgleich mit dem Gegner oder zu einem rechtzeitigen Kriegsabbruch, die fehlende Einsicht in die unvermeidbare Kapitulation waren Charakteristika der drei faschistischen Staaten, durch welche sie weit enger aneinander gebunden waren als durch vertragliche Abmachungen.

Die japanische Führung besaß keine andere Option, es sei denn, sie wäre abgetreten, als wieder auf Deutschland zuzugehen. Die deutschen militärischen Erfolge in Polen erregten sogleich Bewunderung bei der japanischen Armeespitze, während die auf Ausgleich mit den Westmächten bedachten Gruppierungen in der Marine und Wirtschaft Zweifel an der Stärke der etablierten europäischen Kolonialmächte bekamen. Außerdem hatte sich nach Abschluß eines Waffenstillstandes das japanisch-sowjetische Verhältnis dank deutscher Unterstützung weiter entspannt, so daß die Möglichkeit einer deutsch-japanischen Frontenbildung nunmehr in Berlin und Tokyo stärker ins Blickfeld geriet. Außenminister Ribbentrops weltpolitische Konzeption eines eurasischen Landblocks, der vornehmlich gegen die weltweite englische Vorherrschaft gerichtet sein sollte, entsprach ohnehin den Vorstellungen radikaler japanischer Kreise, die eine militärische Konfrontation mit England und den Niederlanden als Preis der propagierten Südexpansion in Kauf zu nehmen gedachten. Die deutsche Politik und Kriegführung zogen Japan zunehmend in den Sog einer Auseinandersetzung mit den Westmächten.

Nach der Kapitulation der holländischen Armee und in Anbetracht des absehbaren deutschen Sieges über Frankreich schien der deutschen Außenpolitik die Chance günstig zu sein, Japan zu einem Vorstoß nach Südostasien zu ermuntern und in den Krieg gegen England zu ziehen. Mit der deutschen Verzichterklärung auf Niederländisch-Indien (20. Mai 1940) stellte Außenminister Ribbentrop den Japanern einen Blankoscheck zur Eroberung Südostasiens aus und kam überdies dem japanischen Verlangen nach strikter Abgrenzung ihrer angestrebten Machtsphäre von Einflußnahmen der »weißen« Mächte nach. Die Verlockung, im Windschatten des europäischen Krieges, noch dazu mit ausdrücklicher Billigung der Siegerseite, das Erbe der Kolonialmächte in Südostasien anzutreten, erwies sich als unwiderstehlich. Nach der französischen Niederlage besetzten japanische Truppen den nördlichen Teil Indochinas, angeblich um Waffenlieferungen an die Truppen Chiang Kai-sheks zu unterbinden, in Wirklichkeit jedoch, um die Südexpansion weiter voranzutreiben. Als solcher Schritt wurde die japanische Ausweitung des chinesischen Kriegsschauplatzes auch gleich von amerikanischer Seite gedeutet und mit den ersten Embargomaßnahmen beantwortet. Amerika hatte erstmals gegen die japanische Expansion deutlich Stellung bezogen, so daß sich die zukünftigen militärischen Fronten in Fernost abzuzeichnen begannen.

Die japanische Armee drängte mittlerweile stark auf eine innenpolitische Umgestaltung des Landes nach dem Vorbild des siegreichen nationalsozialistischen Deutschlands und auf eine Absicherung des angestrebten japanischen Herrschaftsraumes durch ein Militärbündnis mit Deutschland. Die erneute Übernahme der Regierung durch den als anglophob bekannten Fürsten Konoe (22. Juli 1940) leitete schließlich diese innen- und außenpolitische Wende ein. Die sogleich als Regierungsprogramm verkündete »Großostasiatische Wohlstandssphäre« unterstrich den japanischen Anspruch auf einen politisch und wirtschaftlich geeinten Großraum, machte jedoch dessen Garantie durch das Reich unausweichlich. Denn nur mit Hilfe des Deutschen Reiches schien es möglich, die Amerikaner von einem militärischen Engagement in Südostasien zurückzuhalten und England aus seinen kolonialen Positionen zu vertreiben.

Das japanische Werben in Berlin um Wiederannäherung wurde von der deutschen Führung als schierer Opportunismus so lange zurückgewiesen, wie Chancen eines politischen Ausgleichs mit Großbritannien zu bestehen schienen. Hitler suchte nach Abschluß des Frankreichfeldzuges ein Arrangement mit der arischen Brudernation auf der Basis einer Teilung der Welt, um die Herrschaft des »weißen Mannes« auch in Ostasien zu festigen und die Vereinigten Staaten auf den amerikanischen Doppelkontinent zurückzudrängen. Erst nach dem entschiedenen Zurückweisen aller deutschen Sondierungen und dem für die deutsche Seite ungünstigen Verlauf der Luftschlacht um England ging Hitler, unterstützt von Diplomatie, Marine und Außenhandelskreisen, auf das japanische Anerbieten ein. Binnen Kürze handelte ein deutscher Sondergesandter in Tokyo einen Bündnispakt aus, der vornehmlich die USA aus dem Krieg heraushalten sollte und der gegenseitigen Anerkennung der jeweiligen Herrschaftssphäre diente. In den Verhandlungen mit der deutschen Delegation hatten die Japaner erstmals die Grenzen ihres zukünftigen Großreiches aufdecken müssen, das im Süden Australien und Indien einschließlich und im Nordosten die sowjetischen Fernostprovinzen umfassen sollte. Der japanische Traum vom Weltreich schien in greifbare Nähe gerückt, die Herrschaftssphäre von deutscher Seite bestätigt, doch über eine gemeinsame Kriegführung vermochten sich die Deutschen mit den japanischen Machtträgern nicht zu einigen. Beide Seiten hielten sich in geheimen Zusatzabkommen die Option zum eigenständigen Handeln offen, so daß die propagandistisch herausgestellte militärische Allianz in Wirklichkeit einen wertlosen »Verteidigungsvertrag mit Schlupflöchern« darstellte.

Die Vereinigten Staaten ließen sich nicht einschüchtern, sondern unterstützten demonstrativ China und verschärften das Handelsembargo gegen Japan. Der Dreimächtepakt war der Regierung Roosevelt ein höchst willkommener Anlaß, um die drei faschistischen Habenichtse (»have nots«) einer gemeinsamen Weltverschwörung (»world conspiracy«) zu bezichtigen und die nach wie vor stark isolationistisch eingestellte amerikanische Öffentlichkeit für den Kriegseinsatz zu mobilisieren. Die von japanischer Seite und vom deutschen Außenminister angestrebte Einbeziehung der Sowjetunion in das Vertragswerk scheiterte an unerfüllbaren sowjetischen Forderungen. Die Sowjetunion wünschte als gleichberechtigte Macht behandelt und nicht, von Deutschland und Japan eingerahmt, zur Expansion in Richtung Indien genötigt zu werden. Die entsprechenden Erläuterungen des sowjetischen Außenministers Molotow bei seinem Besuch in Berlin im November 1940 bestärkten Hitler in seiner antibolschewistischen Grundhaltung und den insgeheim längst erwogenen Angriffsabsichten. Der Dreimächtepakt beschleunigte folglich die Entwicklung zum Weltkrieg. Überdies mußte eine deutsche Kriegseröffnung gegenüber Rußland die vertraglich vereinbarte Zusammenarbeit wegen der Unterbrechung der Kommunikationslinien behindern und erneut zu unterschiedlichen, letztlich unvereinbaren militärischen Stoßrichtungen führen.

Während sich die deutschen Armeen für den Vernichtungskrieg gegen die Sowjetunion rüsteten, schloß der japanische Außenminister Matsucka in Moskau einen Neutralitätsvertrag (13. April 1941) und sicherte damit den geplanten japanischen Südvorstoß außenpolitisch ab. Nach dem deutschen Angriff argumentierten allein der deutsche Minister des Äußeren Ribbentrop und sein japanischer Kollege stringent im Konzept der kontinentalen eurasischen Achse, als sie ein sofortiges japanisches Eingreifen forderten, um die Landverbindung wenigstens über ein geschlagenes Rußland aufrechtzuerhalten.

Doch auf deutscher Seite wandten sich Hitler und die ihres Sieges sichere Generalität gegen eine Beteiligung der »gelben« Japaner. In Tokyo hingegen votierten die politisch-militärischen Führer entgegen den Vorstellungen des Außenministers für eine sofortige Fortsetzung des Südvorstoßes und leiteten die Besetzung Süd-Indochinas ein. Einen japanischen Kriegseintritt gegen die Sowjetunion setzte die Kaiserliche Konferenz vorerst aus und sah sich in dieser zögernden Haltung durch das fast einmonatige Aufhalten der deutschen Offensive im Raum Smolensk bestätigt.

Getrennt marschierend und noch dazu einen jeweils anderen Feind im Visier, bewegten sich Deutschland und Japan geographisch und ideologisch voneinander weg, noch bevor das fernöstliche Kaiserreich überhaupt in den Krieg gegen die Westmächte eingetreten war. Die USA reagierten auf das erneute Vorrücken der Japaner in Südostasien mit einem totalen Handelsembargo (26. Juli 1941) und dem Einfrieren der japanischen Guthaben. Da Japans Außenhandel zu über 40 % die USA betraf und das an Rohstoffen arme Inselreich vollständig von amerikanischen Öl- und Schrottlieferungen abhängig war, um seinen Rüstungsbedarf zu decken, kam dieser Lieferstopp einem Strangulieren der Industrie- und Rüstungsproduktion gleich. Die Kaiserliche Marine konnte sich ausrechnen, wann die Schiffe mangels Treibstoff nicht mehr einsatzfähig sein würden. Seit Ende Juli befanden daher die Vereinigten Staaten im Pazifik über Krieg oder Frieden.

Die Regierung Konoe faßte bereits Anfang September 1941 einen bedingten Kriegsbeschluß, bevor sie kurz darauf demissionierte, da eine politische Lösung immer aussichtsloser wurde. Das Nachfolgekabinett des Generals Tojo unternahm einen letzten Vermittlungsversuch, beschloß jedoch gleichzeitig, für den Fall seines Scheiterns die militärische Maßnahmen einzuleiten. Nunmehr gewann der vorübergehend geschmähte deutsche Partner an Gewicht zurück. Galt es doch in Berlin und Rom einen möglichst gleichzeitigen Kriegseintritt gegen die USA zu erreichen und mit beiden Verbündeten ein Abkommen auszuhandeln, keinen separaten Frieden zu schließen. Auch gedachte Tokyo nun forciert im deutsch-sowjetischen Krieg einen Vermittlungsfrieden durchzusetzen, um die Landverbindung zwischen beiden Kriegsschauplätzen wiederherzustellen.

Eine mündlich übermittelte Voranfrage der Japaner nach einer deutschen Kriegsbeteiligung beschied Außenminister Ribbentrop verhalten, aber im Tenor positiv. Inzwischen hatte sich in der deutschen Führung die Einsicht durchgesetzt, daß der Blitzkrieg im Osten gescheitert war. Hitler selbst scheint damals im kleinen Kreise Zweifel am siegreichen Ausgang des Krieges geäußert zu haben. Alternative Strategien, wie die einer maritimen deutsch-japanischen Zangenoperation gegen die britische Nahoststellung, gewannen an Bedeutung zurück. Überdies verknüpfte man in Berlin mit einem Kriegsausbruch im Pazifik die Hoffnung, das gesamte amerikanische Potential werde sich dort konzentrieren und nicht länger zur Unterstützung Großbritanniens eingesetzt werden. Ein zweiter Anlauf im Feldzug gegen die Sowjetunion erschien daher — so die deutschen Überlegungen — erfolgversprechender, wenn sich die USA im Kriege befänden und von Europa abgelenkt würden. Außenminister Ribbentrop erklärte daher im Auftrag Hitlers auf eine entsprechende schriftliche Anfrage der Japaner nach deutschem Beistand, das Deutsche Reich werde den Vereinigten Staaten ebenfalls den Krieg erklären. Etwa 60 Stunden vor Eröffnung der Feindseligkeiten hatten die Japaner eine schriftliche Zusage ihrer beiden europäischen Verbündeten in den Händen, ohne daß diese über die laufenden Angriffsvorbereitungen und die japanischen Kriegsziele informiert waren. Die deutsche Beistandsverpflichtung stärkte den Japanern den Rücken, als der Flottenverband längst auf Hawaii zusteuerte; die japanische Entscheidung zum Krieg hat sie jedoch nicht beeinflußt. Gemeinsame militärische Absprachen oder gar strategische Planungen existierten daher auch nicht.

### *3. Weltkrieg und Wehrgemeinschaft: Unvereinbare militärische und politische Zielsetzungen*

Der japanische Gesamtkriegsplan hatte nicht vor dem 20. Oktober 1941 vorgelegen und war alles andere als eine Blaupause zur angestrebten Weltmachtposition. Hastig und unter Zeitdruck entworfen, trugen die strategischen Planungen ein defensives Moment in sich. Dem amerikanischen politischen und wirtschaftlichen Erdrücken sollte nunmehr offensiv Einhalt geboten werden. Das japanische Militär wollte durch Überraschungsschläge die feindliche Flottenmacht entscheidend schwächen, die Militärbasen der USA, Großbritanniens und der Niederlande ausschalten und Territorien gewissermaßen als Pfand besetzen. Der zu beherrschende Raum, dessen äußere Grenzen nicht genau abgesteckt waren, sollte gegen eine Wiederinbesitznahme seitens der weißen Kolonialmächte abgesichert und aus einer solchen Position der Stärke den USA in einem Friedensvertrag die Anerkennung der großjapanischen Lebenssphäre abgetrotzt werden. Eine amerikanische Gegenoffensive schlossen die Planer aus; England galt in Tokyo, entsprechend den deutschen Losungen, ohnehin als längst geschlagen und das Empire als unmittelbar vor dem Zusammenbruch stehend. Strategische Absprachen mit Deutschland erschienen daher überflüssig. Die gleichzeitige Eröffnung der Kampfhandlungen an verschiedenen und weit auseinanderliegenden Fronten, von der Pazifikinsel Guam bis nach Britisch Malaya, und die berauschenden Anfangserfolge demonstrierten eine solche Form japanischer Übermacht, die nicht auf fremde Hilfe angewiesen war. Nach wenigen Wochen war die erste Etappe des Kriegsplanes, die Eroberung der amerikanischen Besitzungen und das Zurückdrängen der Briten, erreicht. In der zweiten Etappe sollte dann die britische Schlüsselfestung Singapur fallen und Holländisch-Ostindien sowie das britische Burma besetzt werden.

Vollauf mit der Stabilisierung der Ostfront vor Moskau beschäftigt, kamen die Siegesfanfaren aus dem Fernen Osten der deutschen Führung sehr zupaß. In Berlin zeigte man sich daher japanischen Wünschen gegenüber aufgeschlossen, auch wenn diese einer gemeinsamen Kriegführung zuwiderliefen. Denn trotz des ersten schweren Rückschlages für das deutsche Heer wollte Hitler die Japaner an dem Kampf in Rußland weiterhin nicht beteiligen, obwohl sein Außenminister nach wie vor darauf drängte. Auch für das deutsche Heer, für das Japan außerhalb seines kontinentalen Gesichtskreises lag, kam eine strategische Zusammenarbeit mit dem fernen ostasiatischen Reich vorerst nicht in Frage. Lediglich die deutsche Marine holte ihre alten Alternativplanungen zum Unternehmen »Barbarossa«, einen Aufmarsch gegen die britische Suez- und Nahost-Stellung, wieder hervor, um einen gemeinsame Strategie zu entwickeln, blieb jedoch als schwächste und daher einflußloseste Waffengattung ungehört. Zwischen offizieller Bewunderung und verhohlenem Neid über die japanischen Erfolge hin und her wankend, war der Wunsch nach effektiven militärischen Absprachen auch in Berlin nur schwach ausgeprägt.

Der tatsächlichen Kriegssituation und den ideologisch machtpolitischen Konzeptionen, ein großgermanisches Reich in Europa und die »Großostasiatische Wohlstandssphäre« in Ostasien zu schaffen, entsprachen die vornehmlich von den Japanern verfolgten Bestrebungen, die beidseitigen Machtgebiete vertraglich klar zu trennen. Bereits eine Woche nach dem so erfolgreichen Schlag gegen Pearl Harbour hatte der inzwischen als Botschafter wieder nach Berlin zurückgekehrte General Oshima einen Entwurf für eine engere militärische Zusammenarbeit vorgelegt, der jedoch in Wirklichkeit auf eine Trennung hinauslief. Entsprechend japanischen Vorstellungen sollte der 70. Grad östlicher Länge (etwa Karatschi-Indusmündung) die Operationszonen — und das hieß die Einflußzonen — scheiden. Diese von japanischer Seite angestrebte »Teilung der Welt« wurde vom deutschen Auswärtigen Amt und der Marine abgelehnt, um Indien nicht den Japanern zu überlassen und militärische Operationen zur See in den dortigen Gewässern nicht von vornherein auszuschalten. Doch Hitler, im Banne des Krieges im Osten befangen, kam diese klare Abgrenzung entgegen, so daß die geäußerten Bedenken hintangestellt und ein entsprechender Vertrag am 18. Januar 1942 in Berlin unterzeichnet wurde. Die gezogene Trennungslinie sollte sich bald als ein unüberwindliches Hindernis für gemeinsame politische Aktionen, etwa im Hinblick auf eine Befreiung Indiens, oder seestrategische Absprachen erweisen. Selbst das Überfahren der Grenze mit Hilfskreuzern oder Blockadebrechern bedurfte langwieriger vorheriger Verhandlungen. Japan, Deutschland und Italien waren angetreten, der Welt eine neue Ordnung zu geben, hatten diesen Anspruch propagandistisch hinausposaunt und ihn auch noch in einer internen, geheimen Absprache bekräftigt. Doch den »aufstrebenden jungen Völkern« fehlte zum einen der Wille und zum anderen das Potential, die alte Weltordnung umzugestalten.

Die größten Chancen einer militärischen Kooperation bestanden in der ersten Hälfte des Jahres 1942 entweder in einer gemeinsamen Kriegführung gegen die Sowjetunion oder einer maritimen Zangenoperation gegen die britischen, nunmehr von den Amerikanern verstärkten Stellungen in Nahost und Indien. Beide Operationen hätten beide Seiten überfordert, doch hätte eine von beiden bei Konzentration des gemeinsamen Potentials im ersten Halbjahr der Kriegsallianz gute Erfolgsaussichten gehabt. Die Ansichten über eine solche Schwerpunktverlagerung gingen jedoch in den jeweiligen Führungsgremien auseinander, so daß in Deutschland »Führerentscheide« diese Differenzen kitten mußten. Mangels eines allgewaltigen Diktators schlugen sich die Meinungsverschiedenheiten in Japan in strategischen Halbheiten und inhaltslosen Kompromissen nieder. Im Gegensatz zu ihren Gegnern, jener Zufallsallianz zwischen den kapitalistischen Staaten des Westens und der kommunistischen Ostmacht, waren die »faschistischen« Staaten zum internen Kompromiß wie zur Kooperation nach außen unfähig. Das »Recht des Stärkeren«, auf dem die nationalsozialistische, die italienisch-faschistische Ideologie, aber auch das Sendungsbewußtsein der Yamato-Rasse (Kokutai) gründeten, schlug sich in allen drei Ländern in egoistischer Ressortpolitik und der außenpolitischen Leitlinie eines »sacro egoismo« nieder. Die Unfähigkeit zum internen Kompromiß und zu einer Kooperation auf rationalen Grundlagen wurde geradezu zum Charakteristikum der drei verbündeten »faschistischen« Staaten.

In der Frage einer gemeinsamen Haltung gegenüber der Sowjetunion traten die gravierendsten Unterschiede hervor. In Berlin versuchte Außenminister Ribbentrop unermüdlich, den japanischen Diplomaten und Militärs einen sofortigen Kriegseintritt nahezulegen. Der Außenminister und sein Ministerium standen mit dieser in Anbetracht der Kriegslage plausiblen Auffassung jedoch allein. Hitler wünschte keine Beteiligung der »Gelben« am germanischen Schicksalskampf im Osten und warnte daher die Japaner vor einer Verzettelung ihrer Kräfte. Nichts kennzeichnet das Desinteresse Hitlers an einer Zusammenarbeit mit Japan besser als die Tatsache, daß der »Führer« den japanischen Botschafter nach der japanischen Kriegseröffnung wohl zweimal zur Übermittlung von Glückwünschen empfing, dann jedoch über ein Jahr lang nicht sah. Erst am 21. Januar 1943, als die Katastrophe in Stalingrad ihrem Ende zuging, bat Hitler den höchsten japanischen Repräsentanten und beredten Anwalt einer umfassenden Allianz zu sich, um Japan zu einer Kriegsteilnahme gegen die Sowjetunion endlich aufzufordern. Die abschlägige Antwort Tokyos ließ zwar bis März auf sich warten, war aber vorauszusehen.

Angesichts der differierenden Auffassungen in der deutschen Führung — Hitlers Haltung wurde vom Oberkommando der Wehrmacht bedingungslos geteilt und von der Marine aus strategischen Alternativplanungen heraus ebenfalls unterstützt — sah sich Tokyo nicht übermäßig zu einem Angriff gegen die sowjetischen Fernostprovinzen genötigt.

Die Kaiserliche Marine betrachtete in konsequenter Fortsetzung ihrer Südwärtsstrategie die beiden angelsächsischen Seemächte als ihren Hauptgegner und hielt eine militärische Allianz gegen Rußland mit dem primären japanischen Kriegsziel, die Westmächte aus Ostasien zu verdrängen, für unvereinbar. Da der deutsche Verschleißkrieg in Rußland deutsches Potential dem Krieg gegen die Angelsachsen entzog, drängte die Marine seit Beginn der Kampfhandlungen auf dessen Beendigung. Für den hochtechnisierten Waffenträger war die Wiederherstellung eines ungestörten Waren- und Techniktransfers mit dem rüstungswirtschaftlich und industriell weiterentwickelten Reich von existentieller Bedeutung, um sich in einem längeren Seekrieg gegen die ebenfalls technisch hochgerüsteten amerikanischen Verbände zu behaupten. Nach der Niederlage in der Trägerluftschlacht bei den Midways (3. bis 8. Juni 1942) zeichneten sich eine amerikanische Gegenoffensive und folglich eine längere Kriegsdauer ab. Das maritime Blitzkriegskonzept der Japaner war nach sieben Monaten siegreichen Vormarsches gescheitert, so daß politische globale Lösungen zur Abwehr der Amerikaner stärker ins Blickfeld rückten. Die japanische Marine wurde daher zur treibenden Kraft eines deutsch-sowjetischen Sonderfriedens, erhielt Unterstützung vom Gaimusho und ab Herbst 1942 auch von der Armee, so daß die gesamte japanische Führung diese Idee zur Leitlinie ihrer Außenpolitik in den drei noch verbleibenden Kriegsjahren erhob. In zahlreichen offiziellen und inoffiziellen Vorstößen in Berlin und Moskau versuchten die Japaner, die Kontrahenten an den Verhandlungstisch zu bringen, den eurasischen Block wiederherzustellen und im Kampf der Kontinente zumindest ein machtpolitisches Patt gegen die Angelsachsen zu ertrotzen. Die japanischen Bemühungen fanden kein Gehör und stärkten, da die Moskauer Regierung den Westmächten über die Fühler immer sogleich berichtete, die Koalition zwischen den USA und der Sowjetunion, statt sie zu sprengen. Auf deutscher Seite hing Hitler doktrinär am rassischen Entscheidungskampf im Osten und ließ sich auf eine Diskussion über einen Vergleichsfrieden mit der Sowjetunion gar nicht erst ein. Selbst sowjetische Gesprächsbereitschaft und entsprechende Sondierungen in Stockholm wurden auf Weisung des Diktators abgeblockt, während Ribbentrop und gegen Ende des Krieges auch Goebbels und Himmler in der Beendigung des Krieges im Osten die einzige Chance sahen, das Reich und den Nationalsozialismus zu retten. An der Sowjetunion sollte sich daher die deutsche Niederlage, aber auch die Japans entscheiden. Die differierenden weltanschaulich begründeten Strategien der Dreierpaktmächte gegenüber der Sowjetunion waren primär für das Scheitern des deutsch-japanischen Bündnisses verantwortlich zu machen.

Demgegenüber blieb das Versäumnis, via Indischer Ozean eine Verbindung zu schaffen, von zweitrangiger Bedeutung. Zehn Tage nach der Kriegseröffnung im Pazifik, auf welche die deutsche Marine voller Neid starrte, trafen hochrangige japanische Seeoffiziere mit dem Oberbefehlshaber Admiral Raeder zusammen, um erstmals gemeinsame Planungen in Angriff zu nehmen. Auch in Tokyo sprachen sich wichtige hohe Marineoffiziere der Flotte für eine solche maritime Strategie aus, die zu einer Verbindung beider Machtbereiche im Indischen Ozean führen sollte. Entsprechende Planstudien und Denkschriften wurden sowohl in Berlin als auch in Tokyo erstellt. Als im Februar 1942 mit der Kapitulation der britischen Seefestung Singapur (15. Februar) abzusehen war, daß Japan auch die zweite Etappe seines Vormarsches, die Besetzung Burmas und Niederländisch Indiens gelingen würde, stand in Tokyo die Frage nach weiteren expansiven Stoßrichtungen an. Die Stabsoffiziere der Marine hatten im wesentlichen drei Varianten vor Augen: einen Vorstoß in den Indischen Ozean, nach Australien oder in Richtung auf die amerikanischen Midway-Inseln. Da die deutsche Führung keinerlei Zusagen für einen Angriff von Rommels Afrikakorps auf Suez machen wollte, wurde die erfolgversprechende Variante nur in Ansätzen weiterverfolgt.

Anfang April lief ein japanischer Großverband in den Indischen Ozean ein. Das Erscheinen schwerer japanischer Einheiten vor Colombo (Ceylon) und die Bombardierung der Stadt (5. April 1942) lösten eine panikartige Reaktion bei den Westmächten aus. Die britische Eastern Fleet gab das Seegebiet bereits verloren und lief zu ihrem Schutz auf der Flucht vor den übermächtigen Japanern ostafrikanische Häfen an. Der indische Ozean, ja Indien selbst als Juwel der britischen Krone, lag einem Zugriff der Dreierpaktstaaten offen. Doch der japanische Verband drehte ab, da die Schiffe für den verzettelten Einsatz gegen Australien und die Midways benötigt wurden. Als schließlich gut zwei Monate später mit dem Fall Tobruks (20. Juni 1942) die deutsche Offensive gegen Suez doch noch startete, war die japanische Flotte nach ihren Niederlagen bei Neuguinea (Pt. Moresby) und den Midways zu weitreichenden Großaktionen nicht länger in der Lage. Die maritimen Versuche einer gemeinsamen Kriegführung waren in Deutschland vor allem am Starrsinn Hitlers und der absoluten Priorität für die Landkriegführung in Rußland gescheitert. Leichtfertigkeit und strategische Konzeptlosigkeit, die zu einer Verzettelung der Kräfte und schließlich zu den ersten Seeniederlagen der Kaiserlichen Marine führten, waren auf seiten der Japaner dafür verantwortlich, daß die Verbindung Singapur—Suez nicht weiter vorangetrieben wurde.

Die Trennung der beidseitigen Kriegs- und Einflußzonen im Indischen Ozean durch den 70. Grad stellte einen weiteren, wiewohl stärker politischen Hinderungsgrund für ein deutsch-japanisches Zusammenrücken dar. Eifersüchtig wachten die deutsche Marine und das Auswärtige Amt darüber, daß die japanischen Flotteneinheiten die magische Demarkationslinie nicht überschritten. Ein von japanischer Seite erwogenes Landungsmanöver auf Madagaskar, das zur Deutschland zugewiesenen Sphäre zählte, wurde durch massive deutsche Vorbehalte bereits im Planungsstadium unterbunden. Auch in der Frage der zukünftigen Stellung Indiens erwies sich das Teilungsabkommen als Hindernis für eine Zusammenarbeit.

Die deutsche Außen- und Militärpolitik meldete trotz der Zuweisung Indiens an die Japaner massive deutsche Interessen am Subkontinent an. Mit dem Führer des radikalen Flügels der indischen Unabhängigkeitsbewegung, Subhas Chandra Bose, befand sich einer der prominentesten indischen Politiker in deutschem Gewahrsam, mit dessen Hilfe sich eine indische Exilorganisation und indische Truppenverbände aufbauen ließen. Eine von deutscher Seite vorgelegte Freiheitserklärung für Indien scheiterte am japanischen Mißtrauen. Als die Japaner hingegen wenig später ihren erfolgreichen Flottenvorstoß in den Indischen Ozean mit einer politischen Erklärung über die zukünftige Freiheit Indiens begleiten wollten, hielt die deutsche Seite auf einmal eine solche Aktion für verfrüht und lehnte ab. Im August 1942 brachen schließlich die schwersten inneren Unruhen in der indischen Kolonialgeschichte aus, nachdem der Kongreß die Engländer zum Verlassen des Landes aufgefordert hatte. Doch nunmehr waren die Japaner nicht mehr fähig, diesen Aufstand durch spektakuläre militärische Aktionen zu schüren. Auch Deutschland, dessen Truppen zu diesem Zeitpunkt noch nördlich des Kaukasus standen, vermochte nicht, die inneren Verhältnisse Indiens mitzugestalten. Ein mögliches Herausbrechen Indiens aus dem britischen Reichsverband durch gemeinsame gezielte Aktionen der Dreierpaktstaaten scheiterte ebenfalls an den egoistischen Machtinteressen der Verbündeten.

Eine ähnlich erschreckende Bilanz des krassen Egoismus, der Arroganz aus vermeintlicher Stärke und des Mißtrauens aufgrund eigener Unaufrichtigkeit weisen die Wirtschaftsbeziehungen der drei verbündeten »faschistischen« Länder auf. Noch vor Unterbrechung des transsibirischen Handelsweges durch den Krieg in Rußland hatte sich die japanische Seite beharrlich geweigert, kriegswirtschaftlich wichtige Rohstoffe, wie Kautschuk, Chinin oder Wolfram an den deutschen Partner in den erbetenen Mengen zu liefern. Auch eine Präferenzstellung deutscher Firmen in dem von Japan beherrschten Machtbereich, auf welche die Deutschen nach dem Verlust des lukrativen Chinageschäftes drängten, war für die Japaner unvorstellbar. Die neu erworbenen ökonomischen Reichtümer sollten allein der japanischen Industrie zugute kommen und nicht mit einer »weißen«, entwickelten Nation geteilt werden. Andererseits weigerte sich die deutsche Wirtschaft, ihren technischen Vorsprung den Japanern kostenlos zu überlassen. Die Verhandlungen über einen Handelsvertrag zogen sich bald über zwei Jahre hin. Das unterzeichnete Abkommen (20. Januar 1943) hatte lediglich propagandistischen Wert, da der Überseeverkehr durch Blockadebrecher und Transport-U-Boote nahezu zum Erliegen gekommen war. In einem späteren Vertrag über Nachbaurechte (2. März 1944) und mit dem Transfer von Spitzentechnikern aus dem untergehenden Dritten Reich sicherte sich Japan gegen Kriegsende technisches »Know-how«, das zwar der eigenen Kriegswirtschaft nicht mehr zugeführt werden konnte, aber die Standards des industriellen Wiederaufbaus nach dem Kriege mitbestimmen sollte.

### *4. Bilanz*

Bereits nach einem Zeitraum von weniger als einem Jahr des getrennten Kämpfens befanden sich Deutschland und Japan gemeinsam auf dem Rückzug. Nach einem weiteren knappen Jahr zog die japanische Führung die politischen Konsequenzen aus dem Scheitern der militärischen Allianz und erklärte den ostasiatischen Kriegsschauplatz als völlig unabhängig vom europäischen. Gemeinsam blieb der getrennte Untergang der beiden autoritären Systeme, gemeinsam war den Führungen in Berlin und Tokyo die Unfähigkeit zur rechtzeitigen Beendigung eines immer hoffnungsloser werdenden Kampfes, und gemeinsam waren daher für die Zivilbevölkerung namenloses Leid und hohe Verluste.

Deutschland und Japan als Verfechter einer neuen Weltordnung – der Befreiung des Abendlandes von der kommunistischen Bedrohung bzw. der Befreiung der kolonialen Völker Asiens vom Joch des weißen Mannes – waren 1945 gescheitert; Italien, der als unzuverlässig angesehene Dritte im Bunde, hatte sich ohnehin bereits 1943 aus der brüchigen faschistischen Gemeinschaft gestohlen. Allein auf autoritären Grundlagen, auf einer Weltanschauung, die Krieg, Zerstörung und Unterjochung als Selbstzweck benötigte, war eine erfolgreiche, zweckrationale Zusammenarbeit – zum Glück für die eigene Bevölkerung dieser Länder und die ihrer damaligen Gegner – nicht möglich. Das gemeinsame Bekenntnis zur skrupellosen, eigenmächtigen Machtpolitik reichte als gemeinsame Basis für eine vereinte Kriegführung nicht aus. Deutschland und Japan handelten in der Zeit ihres nicht ganz fünf Jahre währenden Kriegsbündnisses im Grunde nur einmal gemeinsam, als beide Aggressorstaaten 1945 vor der Übermacht ihrer — schließlich auch gegenüber Japan — vereinten Gegner kapitulieren mußten.

Doch die Bilanz dieses von Deutschland und Japan ausgegangenen Weltkrieges weist nicht nur ein negatives Saldo für beide Länder auf. Auf den Trümmern einer untergegangenen alten Ordnung, in Japan der des halbfeudalen kaiserlichen Systems und in Deutschland des völkisch deformierten preußischen Obrigkeitsstaates, beruhten für beide die Chancen, zu einer neuen gesellschaftlichen und politischen Form zu finden. Die Integration in die Welt des Westens, die den beiden verspäteten Nationen nicht aus eigenen Kräften gelungen war, wurde durch die vollständige militärische Niederlage und moralische Diskreditierung ihrer politischen Systeme gewaltsam erreicht.

Schon die Kriegszeit hatte sich in Japan und auch in Deutschland als Epoche des erzwungenen gesellschaftspolitischen Wandels erwiesen, als Beginn einer neuen, freilich erst nach Kriegsende zu verwirklichenden sozialen Struktur. Die Kriegswirtschaft hatte, in Japan in weit stärkerem Maße als in Deutschland, Innovationen angeregt, die erst in der Zeit eines friedlichen Aufbaus zum vollen gemeinnützigen Tragen kommen sollten. Breiten Kreisen der Bevölkerung wurde ein hohes Maß an Mobilität und Improvisationsvermögen im Kriege abverlangt, was sich ebenfalls für den Wiederaufbau als günstig erweisen sollte. Der Bruch 1945 war die gemeinsam erlebte und für beide Länder in dieser Rigidität notwendige Zäsur für den Aufbruch in die moderne Welt der Massendemokratie. Die gesellschaftspolitische Fehlentwicklung, manifest im Verharren auf restaurativen Leitbildern, in der gesellschaftspolitischen Quarantäne in beiden Ländern und den chiliastischen Erwartungen vom Stillstand der Geschichte in tausendjährigen Reichen, haben Japan und Deutschland mit nationaltotalitären Regimen und der Unterdrückung im eigenen Land als erste selbst gespürt, bevor die Welt von beiden in den Strudel des letzten großen Krieges gezogen und diese Fehlentwicklung gewaltsam korrigiert wurde.

Arnim Lang

# Die Besetzung Norwegens in deutscher und norwegischer Sicht.

## Eine Typologie des Umgangs mit Invasion und Okkupation

Die Geschichte der deutschbesetzten Staaten des Zweiten Weltkrieges ist ein Prüfstein für eine sozial verantwortliche, sensitive Historiographie, denn sie handelt vornehmlich von konflikt- und emotionsträchtigen Themen wie militärischer Gewalt und Gegenwehr, von Eroberung und Besetzung, von Kollaboration und Widerstand, schließlich von Tätern und Opfern. Sie bezieht ihre Brisanz aber auch durch den Wandel von Siegern zu Verlierern und von Besatzern zu Besetzten. Gerade im scheinbar alltagsfernen wissenschaftlichen Umgang mit der Historie jener, die durch das Erlebnis als Opfer von Gewalt, als Objekte von Aggression und Expansion geprägt wurden, sind besondere Verpflichtungen enthalten, wenn man vermeiden will, daß der früheren politischen, rechtlichen und wirtschaftlichen ›Vergewaltigung‹ eine historiographische folgt. Die Wachsamkeit und der Argwohn gegenüber deutschen Historikern wird in den ehemals besetzten Staaten mit zunehmendem Abstand vom Geschehen nicht unbedingt geringer, zumal die Erinnerung an Untaten auf der Seite der Opfer weniger schnell verblaßt als auf der Seite der Täter bzw. jener, die sich dagegen wehren, mit ihnen — beispielsweise aufgrund gleicher Nationalität — identifiziert zu werden[1].

Für die Militärgeschichte besitzt die »Weserübung«, die hinsichtlich »Planung, Vorbereitung und Durchführung [...] zu den wissenschaftlich am besten geklärten Operationen des Zweiten Weltkrieges«[2] gezählt wird, eine geradezu verführerische Anziehungskraft. Ihre Besonderheit als erste gemeinsame Angriffsoperation aller drei Wehrmachtteile sichert ihr bleibendes Interesse als Anschauungsobjekt für kriegsgeschichtliche Studien. Gerade dieser traditionelle militärisch-technische Zugang zur deutsch-norwegischen Geschichte des Zweiten Weltkrieges steht jedoch oftmals einer historiographischen Gemeinsamkeit über die Grenzen hinweg im Wege.

### *I. Aspekte des deutschen Umgangs mit der Besetzung Norwegens*

Die »Weserübung« und die durch sie in Gang gesetzte Inbesitznahme Norwegens durch deutsche Truppen stellen ein dissonantes Themengebiet dar, das bis lange nach dem Krieg ganz wesentlich dadurch geprägt wurde, daß alle beteiligten Parteien in Fortführung ihrer Gegnerschaft aus den Kriegsjahren gegenseitig mit dem Zeigefinger aufeinander wiesen. Im Schnittpunkt der wechselseitigen Vorwürfe stand vorrangig die Frage nach der Neutralität Norwegens, nach deren Handhabung durch die norwegische Regierung und nach ihrer Verletzung durch das Deutsche Reich bzw. Großbritannien. Von diesem belasteten Klima war auch die zeitgeschichtliche Diskussion der folgenden Jahre geprägt. Die deutsche Reaktion auf norwegische, dänische und britische Anklagen nach dem Kriege war gekennzeichnet durch eine weitgehende Geschlossenheit, die gerade die »Weserübung« in politischer, militärischer und juristischer Sicht von jeder Art von Schuld freihalten wollte. Während die durch Schuld- und Verantwortungsfragen geprägte historische Diskussion auf norwegischer Seite bis heute nicht zur Ruhe gekommen ist, wurde sie auf deutscher bald als erledigt zu den Akten gelegt.

Rund um dieses »kühnste Unternehmen der deutschen Kriegsgeschichte« (Hitler in der Reichstagsrede vom 19. Juli 1940) entwickelte sich eine besondere, von anderen militärischen Überfallsaktionen Hitlers und der Wehrmacht abgehobene und bis heute nahezu ungebrochene spezifisch deutsche Tradition, die der Invasion vom 9. April 1940 den Charakter einer durch den Gegner herausgeforderten und durch das Opfer wesentlich mitverursachten, unter den Zeitumständen insgesamt als gerechtfertigt anzusehenden offensiven Notwehroperation zuweist. Diese verbreitete, den Gesamtzusammenhang des durch deutsche Aggression in Gang gesetzten Kriegsgeschehens außer acht lassende und durch die Goebbelssche Propaganda nachhaltig geförderte Einschätzung hat sich zäh gehalten. Für viele deutsche Zeitgenossen und Nachgeborene — darunter auch Historiker — gilt, daß man ihr Wissen und ihre Ansicht über die Invasion in Norwegen auf den bestürzend bescheidenen Kernsatz reduzieren kann, wonach die deutschen Soldaten den Engländern ja nur um Stunden zuvorgekommen seien. In diesem stereotypen, nahezu reflexartigen Hinweis ist offenbar der größte gemeinsame Nenner der deutschen Einstellung zur »Weserübung« enthalten. Er ist überdies ein Mittel, um — für viele unwissentlich — einen deutsch-norwegischen Austausch zu belasten, da er als Signal für den Rückzug aus der geschichtlichen Verantwortung für die Okkupation verstanden wird und zugleich den eigentlich betroffenen Staat zur Nebensache degradiert, denn nicht Norwegen steht im Blickpunkt, sondern der damalige Gegner England, nicht das deutsche Handeln wird kritisch beleuchtet, sondern die böse Intention des britischen Gegners. Bezeichnenderweise konnte die auf den Überfall folgende Besatzungszeit, die immerhin fünf Jahre und einen Monat dauerte, auf deutscher Seite kein Interesse verbuchen, das mit dem an der »Weserübung« und erst recht nicht dem norwegischen an der Okkupation auch nur entfernt vergleichbar gewesen wäre. Aus diesen Gründen ist eine Gesamtschau der deutschen Auseinandersetzung mit Norwegen im Zweiten Weltkrieg bis heute stärker durch die gewichtigen frühen Arbeiten geprägt, die zuweilen dem Charakter einer instrumentalisierten Geschichtsschreibung nahe kommen.

Wer sich mit der Besetzung Norwegens durch die Wehrmacht und der Perzeption dieses Themas im deutschen Raum befaßt, wird schwerlich an der Erkenntnis vorbeikommen, daß etliche Indizien für das Vorhandensein von irrationalen und emotionalen Bewertungskriterien sprechen.

Aus dem Jahr 1940 stammen die folgenden Zeilen:

»Norwegens Fjorde! Sehnsucht so vieler deutscher Menschen und Liebe des norwegischen Volkes! Wie viele Deutsche haben in vergangenen Jahren an euren kristallenen Fluten, euren ragenden Steilwänden, euren Wäldern und euren lieblichen Ortschaften ihre Freude gehabt und dort Entspannung nach fleißiger Arbeit gefunden. [...] Wir liebten Norwegens Fjorde, Norwegens Land und Norwegens Menschen! Auch jetzt im heißen Völkerkampfe gegen Englands Seetyrannei wollten wir als Freunde zu euch Norwegern kommen. [...] Aber es ist anders gekommen. Ihr Norweger habt das Werden eines neuen Europas, das Reifen einer neuen Weltanschauung, die geistige Revolution gegen materielle, kapitalistische Machtinteressen nicht verstanden. Was wußtet ihr von den wahren Zielen des Freiheitskampfes des nationalsozialistischen Großdeutschlands, der auch der Freiheit eures Landes von englischer Willkürherrschaft gilt? [...] England war zum Sprunge nach Norwegens Küsten bereit. [...] Aber der deutsche Michel schlief nicht! [... Er] spitzte diesmal die Ohren und merkte ganz genau, daß das perfide Albion etwas im Schilde hatte. [...] So geschah es denn, daß auf den Befehl des Führers alle drei deutschen Wehrmachtteile eine geheimnisvolle Tätigkeit entfalteten. Ein unerhört kühner Schlag wurde vom Führer geplant, und die Kriegsmarine sollte die Hauptträgerin dieser an die alten Wikingerfahrten erinnernden Kriegsfahrt nach dem hohen Norden sein. Es war so recht eine Aufgabe nach dem Herzen des Oberbefehlshabers der Kriegsmarine und aller seiner Männer auf den sturm- und kampferprobten Schiffen und Fahrzeugen der deutschen Flotte. [...] Hüte dich, England! Schon fahren tapfere Männer mit eisernen Herzen auf stählernen Schiffen gen Norden! Erfüllt von heißem Zorn gegen den hochmütig lachenden Verächter ihrer ihnen heiligen Hakenkreuzfahne und ihrer völkischen Ehre! [...] Die Eroberung der fernen Fjorde Norwegens ist der entscheidende Schritt auf dem Wege zur Freiheit der Meere gewesen. Und nur die Freiheit der Meere kann unserem fleißigen und tüchtigen Volk auf wirtschaftlichem und kulturellem Gebiet die Stellung in der Welt verschaffen, die es verdient[3].«

Zentrale Elemente dieser Einstellung erinnern unübersehbar an die Begleitumstände verschmähter Liebe. An herausgehobener Stelle steht dabei eine übersteigerte romantische Sehnsucht nach diesem Land, verbunden mit einer Eifersucht, die mißtrauisch und leicht verletzlich über das Objekt der Verehrung wacht. Deutlich ist das Bemühen, den Gegner und das Opfer als eigentlich Schuldige zu desavouieren, während das eigene Handeln zu einem Heldenepos stilisiert wird. Erschreckend ist, daß es sich hierbei nicht nur um zeitbedingte Kuriosa handelt, sondern daß davon einige Elemente die Kapitulation überlebten und den Weg in die wissenschaftlich akzentuierte Literatur fanden. Zwar führt der Weg generell hin zu einer nüchterneren

Betrachtungsweise, gleichzeitig ist aber hervorzuheben, daß auch noch fünf Jahrzehnte nach dem Geschehen vor allem die Kämpfe um Narvik an oberster Stelle im deutschen Bewußtsein verankert zu sein scheinen. Bezeichnend erscheint darüber hinaus der Umstand, daß soldatisch und national begeisterungsfähige Historiker vor allem in den 50er und 60er Jahren sich durchaus geneigt gezeigt haben, die Regeln ihrer fachlichen Disziplin dort leger auszulegen, wo es um Fragen militärischen Selbstbewußtseins und Stolzes auf die gelungene Operation ging. Gerade für den militärischen Aspekt des Gesamtvorgangs wurde eine Sonderstellung beansprucht, indem man insgeheim von einem Dispens für die Wehrmacht und im besonderen für die Kriegsmarine in bezug auf die allgemeine deutsche Verantwortlichkeit für das Besatzungsgeschehen in Norwegen auszugehen schien.

Die Besatzungspolitik mit ihren Exzessen wurde als Angelegenheit der zivilen Seite betrachtet, also dem von Hitler eingesetzten Reichskommissar für die besetzten norwegischen Gebiete, Josef Terboven, und den ihm unterstellten bzw. zur Verfügung stehenden Kräften hauptsächlich in der Verwaltung, der Polizei und der Waffen-SS angelastet.

Terboven war nach dem »Erlaß des Führers über [die] Ausübung der Regierungsbefugnisse in Norwegen« vom 24. April 1940 Wahrer der deutschen Reichsinteressen und sollte im zivilen Bereich die oberste Regierungsgewalt ausüben. Er hatte die Möglichkeit, durch Verordnungen Recht zu setzen. Seine Behörde, das Reichskommissariat, bildete eine Aufsichtsverwaltung über die norwegische Administration, auch nach der Bildung der Regierung Quisling am 1. Februar 1942. Sie war nach anfänglichen Veränderungen gegliedert in vier Hauptabteilungen (Verwaltung, Volkswirtschaft, Volksaufklärung und Propaganda, Technik). Über dies »engere Reichskommissariat« hinaus konnte Terboven sich der dem Höheren SS- und Polizeiführer Wilhelm Rediess unterstehenden Kräfte bedienen. Eine spezielle Abteilung, der »Einsatzstab«, kümmerte sich um die kollaborierende Partei Nasjonal Samling (NS). Im weiteren Sinne war das Reichskommissariat auch zuständig für eine Vielzahl von kulturellen, wirtschaftlichen und sonstigen deutschen Organisationen (Deutsches Theater, Deutsche Handelskammer in Norwegen, Landesgruppe der NSDAP in Norwegen usw.).
Im Falle einer Invasion sollte die Befehlsgewalt in Norwegen auf den Wehrmachtbefehlshaber übergehen. Diese Stellung hatte bis Dezember 1944 der als unpolitischer Militär geltende Nikolaus von Falkenhorst inne, auf den für einen Monat der »Parteigeneral« Lothar Rendulic und auf diesen im Januar 1945 bis zur Kapitulation Franz Böhme folgte. Der Wehrmachtbefehlshaber war oberster Vertreter der Wehrmacht in Norwegen und deren Repräsentant gegenüber dem norwegischen Staat und seiner Bevölkerung. Er unterstand dem Oberkommando der Wehrmacht und erhielt von dort seine Weisungen nach den Richtlinien Hitlers. Der Wehrmachtbefehlshaber war in seinen Handlungsmöglichkeiten zum einen durch die Rechte des Reichskommissars begrenzt. Darüber hinaus war er in normalen Zeiten in seiner militärischen Kommandogewalt auf diejenigen Bereiche beschränkt, die über die individuellen Belange der einzelnen Wehrmachtteile hinausgingen. Seine Hauptaufgabe umfaßte die Ausnutzung der besetzten norwegischen Gebiete für die Bedürfnisse der Wehrmacht. Die Wünsche der einzelnen Wehrmachtteile wurden von ihm koordiniert und gegenüber dem Reichskommissar vertreten, der die Forderungen der Wehrmacht im

zivilen Bereich durchzusetzen hatte. Das Hauptaugenmerk galt während der ganzen Besatzungszeit der erwarteten großangelegten Invasion. Aus dieser Furcht heraus wurden in Norwegen große Kräfteansammlungen bereitgehalten, so daß bei der Kapitulation die Gesamtstärke der in Norwegen befindlichen deutschen Wehrmachtangehörigen und Angehörigen des Wehrmachtgefolges knapp 330 000 Personen umfaßte[4].

In der Tat wird der deutschen Okkupationsarmee von norwegischen Historikern generell eher ein positives Urteil ausgestellt. Dieses Bild wird am stärksten überschattet durch die Beteiligung des Militärs an der Zerstörung Nordnorwegens oberhalb des Lyngen-Fjords im Spätjahr 1944.

Bei der Rückführung der 20. (Geb.) Armee aus Finnland über Nordnorwegen wurden unter Hinweis auf einen Befehl Hitlers (»Mitleid mit der Zivilbevölkerung ist nicht am Platze«) in einem Gebiet von der anderthalbfachen Größe Dänemarks 50 000 Menschen evakuiert und dazu 11 000 Wohnhäuser zerstört, ebenso wie: 4 700 Ställe und Nebengebäude, 230 Gebäude für Industrie und Handwerk, 420 Geschäfte, 306 Fischereibetriebe, 53 Hotels und Gastwirtschaften, 106 Schulen, 60 Gebäude der öffentlichen Verwaltung, 21 Krankenhäuser und Krankenstuben, 140 Versammlungsgebäude, 27 Kirchen; dazu kamen die Zerstörungen an Straßen, Brücken, Kaianlagen, Booten, Telefonmasten, Brunnen und Leuchtfeuern. Darüber hinaus wurden an den meisten Orten die Haustiere geschlachtet und die Erde vermint. Im übrigen Norwegen wurden zwischen 1940 und 1945 rund 4 000 Wohngebäude beschädigt, davon 380 in Bodø sowie 156 total und 940 teilweise zerstört in Narvik[5].

Eng mit der soldatischen Sicht der Invasion und Okkupation verbunden ist die Inanspruchnahme von Völkerrechtspositionen[6]. Selten fehlt der Hinweis auf die Rechtstitel, die bei einer kriegerischen Besetzung dem Okkupanten nach dem Kriegsvölkerrecht zukommen. Es fehlt zugleich aber die Sensibilität dafür, daß nach gesundem Menschenverstand eine kriegerische Überfallsaktion, auch wenn sie zunächst als Schutzaktion bezeichnet wurde, speziell bei den Überfallenen nur als letztlich pathologisches Rechtsinstitut verstanden werden konnte. Gerade in der norwegischen Bevölkerung, die seit 126 Jahren keinen Krieg mehr auf eigenem Territorium erlebt hatte, mußte die Invasion wie der Einfall einer sich selbst diskreditierenden, allen gewohnten Rechtsprinzipien hohnsprechenden militärischen Gewalt in eine vergleichsweise friedliche Gesellschaft empfunden werden[7].

An dieser elementaren Voraussetzung leidet auch der deutsche Versuch, ein gegenseitiges Verständnis auf der Grundlage einer Geschichtsbetrachtung zu erreichen, die allein das vermeintlich wertneutrale militärische Handeln der sich selbst auch von der politischen Führung getäuscht fühlenden, einfachen deutschen Soldaten in den Mittelpunkt stellt. Eine solche Sichtweise konnte lange Zeit auf norwegischer Seite bestenfalls auf verständnisloses Kopfschütteln hoffen, denn sie bedeutete eine aus der Sicht der Opfer schizophrene Trennung zwischen gehorsamer soldatischer Pflichterfüllung sowie militärischen Leistungen auf der einen Seite und ihren rechtlichen, politischen, materiellen und menschlichen Auswirkungen auf der anderen Seite[8].

Besonders kraß wirkte die Diskrepanz zwischen dem Anspruch auf Ehrenhaftigkeit, Legalität und Integrität des deutschen Handelns dort, wo die besondere menschenverachtende Qualität des Nationalsozialismus unerwähnt und unberücksichtigt blieb. Nicht nur die beteiligten Akteure gingen allgemein in ihren Erinnerungs- bzw. Rechtfertigungsschriften gern über diesen Punkt hinweg, auch in der wissenschaftlichen Auseinandersetzung deutscher Historiker mit der Invasion und der Okkupation Norwegens zeigten sich deutliche Zeichen eines indifferenten Werterelativismus[9]. Gerade in einem gefestigt demokratischen, freiheitlichen und dem Grundgedanken der Gleichheit und Toleranz verpflichteten parlamentarischen Staatswesen wie der norwegischen Monarchie mußten die ideologischen Momente der deutschen Besatzungsherrschaft mehrheitlich auf Unverständnis und Ablehnung stoßen. Wo auch nach dem Kriege in deutschen Beiträgen diese Abgrenzung vom Nationalsozialismus nicht erkennbar war, fehlte die grundlegende, unabdingbare Voraussetzung, um mit norwegischen Historikern in eine fruchtbare Diskussion über die erzwungene geschichtliche Gemeinsamkeit von fünf Besatzungsjahren eintreten zu können[10]. Vor allem aus dieser mangelnden Verständigung über die beiderseitigen Begriffe und Wertvorstellungen speist sich jene auffällige wesensmäßige Andersartigkeit, die norwegische und deutsche Beiträge (aus West und Ost) kennzeichnet.

Mangelnde Verständigung ist aber nicht nur in übertragener, sondern auch in ursprünglicher Bedeutung eines der wesentlichen Merkmale der speziellen Forschungssituation auf dem Feld der norwegischen Okkupationsgeschichte. Nahezu alle norwegischen Historiker verfügen über deutsche Sprachkenntnisse, während Norwegischkenntnisse auf deutscher Seite eher selten sind. Das führt beispielsweise dazu, daß bedeutsame Diskussionen in Norwegen um die gemeinsame deutsch-norwegische Geschichte, die zum Teil von deutschsprachigen Quellen ausgehen, wie die Debatte um die norwegische(n) Kapitulation(en) vom 10. Juni 1940, unter Ausschluß der deutschen Historikerschaft ablaufen.

Die eingeschränkten Möglichkeiten auf deutscher Seite, die Grundlagen norwegischen Handelns durch ein Studium originär norwegischer Quellen zu erfassen, mögen ein Grund dafür sein, daß bis heute zählebige deutsche Verhaltensmuster in der Einstellung gegenüber Norwegen nicht aufgebrochen worden sind. Wie früher die auf Machterweiterung ausgerichtete politische Führung und dienstbare Militärs die nordischen Kleinstaaten allenfalls als unselbständige Objekte eigener und gegnerischer Machtpolitik sowie geostrategischer Gegebenheiten begriffen, so haben bis heute nur wenige deutsche Historiker, die sich des Themas »Weserübung« und deren Folgen annahmen, erkennen lassen, daß sie sich bemühten, das Königreich Norwegen als selbständig handelndes Subjekt der Geschichte zu betrachten. Die Erkenntnisse über die Einstellung und das Handeln auf norwegischer Seite werden in der Regel nur über deutsche oder britische Quellen gewonnen. Das System, innerhalb dessen damals die Entscheidungen getroffen wurden, wird dabei aber nicht verlassen, und die Brille, durch die die Ereignisse in Norwegen damals gesehen wurden, nur selten gewechselt.

Nicht nur Versäumnisse hinsichtlich der gemeinsamen Verständigung stehen einer Gleichgewichtigkeit in Umfang, Intensität und Intention der norwegischen und deutschen Bemühungen um die Aufarbeitung der Besatzungsjahre im Wege. Die deutsche Sicht der Okkupation krankt beispielsweise auch an dem Umstand, daß die Besetzung Norwegens nahezu automatisch zum Vergleich mit der Geschichte anderer deutschbesetzter Staaten herausfordert und dann als weniger spektakulär empfunden wird, wodurch ihre Untersuchung als weniger dringlich erscheint. Die Okkupationsgeschichte Norwegens bekommt daher leicht den seltsamen Charakter einer abgeleiteten, relativen und unselbständigen Historie mit paradoxem Rechtfertigungszwang.

Die Verluste an Menschenleben in Norwegen während der Besatzungszeit setzen sich wie folgt zusammen:

— Die Zahl der Gefallenen in der ganzen Kriegszeit lag in den regulären norwegischen Streitkräften bei 2 000. Davon entfallen 850 auf den Feldzug zwischen April und Juni 1940.
— Bei den sogenannten »Frontkämpfern«, also den meist der NS angehörenden norwegischen Freiwilligen, die in Verbänden wie dem Regiment Nordland, einer Abteilung der SS-Division Wiking, an der deutschen Ostfront eingesetzt wurden, lag die Zahl der Gefallenen bei rund 1 000.
— Die Zahl der getöteten Widerstandskämpfer wird mit 2 091 angegeben, davon durch deutsche Hinrichtungen 366.
— Die norwegischen Zivilopfer bei alliierten Bombenangriffen belaufen sich auf 752 Personen.
— Von der Widerstandsbewegung wurden 65 Norweger und 15 Deutsche liquidiert.
— Von den rund 1 800 (einheimischen und aus Mitteleuropa geflüchteten) Juden in Norwegen wurden 760 Personen in Konzentrationslager geschickt, 25 kehrten nur zurück; insgesamt 758 Angehörige des mosaischen Glaubens kamen während der Okkupation um.
— Die Gesamtverluste an Norwegern werden auf rund 10 000 Personen beziffert. Das entspricht rund 3 Promille der Bevölkerung. In der Sowjetunion liegt diese Zahl bei 6 Prozent, in Jugoslawien bei 10 und in Polen bei 17 Prozent[11].

Für denjenigen, der sein Forschungsinteresse eher an einer hohen Zahl festmacht, ist die norwegische Besatzungszeit natürlich ein nachrangiges Problem. Aber der Blick auf die Quantität verstellt häufig den Weg zu der Erkenntnis, daß hinter jeder Opferziffer ein Mikrokosmos menschlicher Schicksale und menschlichen Leids verborgen ist, der sich jeder buchhalterischen Aufrechnung entzieht. Gerade das Individuum in einer kleinen Gesellschaft wie der norwegischen wird geprägt durch eine weitreichende Unmittelbarkeit der Erfahrungen aller, so daß die Erlebnisse einzelner viel leichter ins allgemeine Bewußtsein dringen und das Leid präsent bleibt. Durch die Reduktion auf eine Ziffer empfindet sich manches Opfer bzw. seine Angehörigen auch noch im nachhinein ein weiteres Mal ungerecht behandelt. Gerade in bevölkerungsmäßig kleinen Staaten können gering scheinenden Zahlen erschütternde nationale Dimensionen zukommen. Die Leidensgeschichte der Juden in Norwegen im Zweiten Weltkrieg ist wegen ihrer im internationalen Vergleich nachrangig wirkenden Zahl von Opfern bei näherem Hinsehen ein ergreifendes Beispiel für diese Erkenntnis.

### *II. Aspekte des norwegischen Verständnisses der Besatzungszeit*

Die Besonderheiten der norwegischen Okkupationsgeschichtsforschung können nur erfaßt werden, wenn man bereit ist, nachzuvollziehen, wie verschieden von den Vorgängen in der Bundesrepublik die Geschichte des Zweiten Weltkrieges in Norwegen verarbeitet wurde. Die Unterschiedlichkeiten zeigen sich bereits im gesellschaftlichen und privaten Stellenwert, der der Zeitgeschichte eingeräumt wurde. Sie setzen sich fort in der Art des Umgangs mit der nationalsozialistischen Epoche und äußern sich in den Formen, wie die Erfahrungen und Lehren aus den persönlichen und nationalen Erlebnissen weitergegeben werden, z.B. an die nachwachsende Generation. Wenn diese unterschiedlichen Rahmenbedingungen nicht bewußt sind, dann wird eine Diskussion zwischen Deutschen und Norwegern über die Besatzungszeit für beide Seiten zu einem unbefriedigenden Unterfangen.

Ein grundlegender Unterschied besteht schon allein darin, daß es in Norwegen keine mit den deutschen Gegebenheiten vergleichbare Abwendung von der eigenen jüngeren Geschichte gegeben hat. Während sich in Deutschland die Vergangenheitsbewältigung nach dem Zweiten Weltkrieg aus vielfältigen Gründen stärker in ihrer materiellen Form des wirtschaftlichen Wiederaufbaues äußerte denn in geistiger Durchdringung der zwölf nationalsozialistischen Jahre, drängte es die Norweger, die sich mehrheitlich dem Widerstand zugehörig fühlten bzw. deklarierten, zur Darlegung ihrer Sicht der Besatzungszeit, denn »die Lehren, die der Krieg uns gegeben hatte, [... sollten] ein dauerhafter Bestandteil des nationalen Erbteiles des norwegischen Volkes sein«, wie H.O. Christophersen stellvertretend für viele andere Vertreter der Kriegsgeneration meinte. Seine Erkenntnis, »daß es eine wesentliche Aufgabe war, Bilder und Stimmungen aus den Jahren der Okkupation zu vermitteln«[12], steht stellvertretend für die Beweggründe vieler jener norwegischen Personen, die sich von Berufs oder Neigung wegen mit der Okkupationsgeschichte befassen. Diese fühlen sich mehrheitlich verbunden durch ein nahezu ungebrochenes Wir-Gefühl, das für deutsche Verhältnisse fremdartig, ja fast schon unwissenschaftlich anmutet.

In der Tat kennzeichnet die Prägung durch ein kollektives, generationstypisches Geschichtsbild die Besatzungsgeschichte Norwegens in deutlicherem Maße als die Zeitgeschichtsforschung in der Bundesrepublik. Die Dominanz der Widerstandsgeneration, ihrer Themen und Thesen in der Historiographie über Norwegen während der Okkupation reicht bis in die heutige Zeit hinein[13]. Akzeptanzerwartung, Thementabuisierung und Konformitätsdruck der Elterngeneration waren mächtige sozialisationsbegleitende, mancherorts auch -bestimmende Momente, die die Entwicklung einer möglichst unvoreingenommenen eigenen Interpretation der nationalen Geschichte des Zweiten Weltkrieges behinderten[14]. Die Gefahren einer Personalunion von Akteur und Historiker sind offensichtlich; ein Ergebnis dieser Symbiose stellen die verbreiteten Mythen über die Besatzungszeit dar.

Eine Untersuchung fand 1969 die sechs populärsten Mythen heraus: 1. »Am 9. April vereinte sich das Volk sofort zum Widerstand gegen den deutschen Übergriff«. 2. »Wie nie zuvor in der Geschichte Norwegens bewachte das Storting das Recht und die Gerechtigkeit als unser letzter Notanker in der Stunde der Gefahr«. 3. »Das ganze Volk stand vereint gegen die Deutschen und Quisling«. 4. »Der norwegische Widerstand war ein Kampfwiderstand, der den Deutschen unersetzlichen Schaden verursachte«. 5. »Abgesehen von den zwei Prozent der Bevölkerung, die sich der NS angeschlossen hatten, waren alle Norweger loyal am Widerstandskampf gegen die Deutschen beteiligt«. 6. »Wir kamen doch trotz allem gut über die fünf Jahre ...«[15].

Zu den Schwierigkeiten, die einen deutsch-norwegischen Austausch über die Besatzungsgeschichte erschweren, gehört auch die mangelnde Kenntnis der speziellen norwegischen Nomenklatur der Werte. Mißverständnisse entstehen vor allem dort, wo zentrale, aus der Geschichtserfahrung heraus geformte Begriffe, nationale Topoi, als solche nicht erkannt werden[16]. Viele Termini sind nicht in angemessener Weise zu übertragen, weil der angesprochene geschichtliche Sachverhalt in der anderen Sprache mangels entsprechender Erfahrung kein gleichwertiges Pendant hat. So ist beispielsweise fraglich, ob der norwegische Ausdruck *frigjøring* (sprich: »Frijöring«, fri = frei, å gjøre = machen, tun), der das Ende der Okkupation bezeichnet und eine deutliche aktivische Bedeutungskomponente enthält, mit dem dafür gebräuchlicherweise benutzten deutschen Wort Befreiung befriedigend übersetzt werden kann. Meint der norwegische Terminus die Befreiung durch Eigenleistung und einen Sieg, so ist der deutsche verknüpft mit dem Erlebnis einer Befreiung durch Einwirkung von außen und mit einer förmlichen Niederlage.

Die Möglichkeiten des Mißverstehens sind schon bei scheinbar unkomplizierten Bezeichnungen wie »der« oder »die« Norweger gegeben. Diese Begriffe sind in Norwegen von vornherein mit positivem Inhalt besetzt[17]. Sie werden im Zusammenhang mit der Okkupationsgeschichte von der Mehrzahl der heute lebenden Norweger für jene Personen reserviert, die sich dem Widerstand bzw. seinen Idealen verbunden fühlen. Eine sprachliche Verallgemeinerung, die eine Deckungsgleichheit zwischen »den« Kollaborateuren und »den« Norwegern auch nur andeutungsweise vermuten ließe, käme unter Umständen einem Affront gleich, um so mehr dann, wenn der norwegische Gesprächspartner in seinem deutschen Gegenüber eine geschichtsbewußte Person vermuten darf. Der besonderen Verwendung aller Bezeichnungen, die die nationale Gesamtheit der sogenannten »guten« Norweger während des Krieges betreffen, steht ein ebenso eindeutiger Gebrauch bei der Bezeichnung alles Deutschen gegenüber. »Der Deutsche« oder »die Deutschen« sind Sammelbegriffe, die von norwegischer Seite im Gegenzug mehrheitlich ebenso unsensibel verwendet werden und undifferenziert die Gesamtheit jener Personen meinen, die für fünf Jahre Unterdrückung und Leid gemeinschaftlich verantwortlich gemacht werden. Dies ist einer jener Bereiche, in denen die durch das Gewalterlebnis eingebrannten Ressentiments gegen die Besatzer sich wohl am längsten halten können.

1943 kam ein norwegischer Schriftsteller zu folgenden Erkenntnissen:

»Um des Friedens, der Zivilisation und der Zukunft willen müssen wir uns klar darüber sein, daß es Generationen dauern wird, bevor die deutsche Mentalität [...] im deutschen Volk ausgestorben ist. Bis dahin wird jeder einzelne Deutsche — unabhängig von der politischen Einstellung — ein kulturpolitisches Problem für die übrige Welt sein. [...] Drei Charaktereigenschaften beim deutschen Volk haben diese Entwicklung möglich gemacht. Es sind die Brutalität, die Sentimentalität und die Fähigkeit, sich unbeschränkt mit seinem Gewissen arrangieren zu können. [...] Das deutsche Volk muß grenzenlos arm an moralischen Ressourcen, an Willen zur Standhaftigkeit, an Treue gewesen sein. Es ist richtig, das norwegische Volk als Vergleich daneben zu stellen. Trotz drei Jahren Terror wird der gewöhnliche Mann, the man in the street, eher seine Freiheit, ja sein Leben opfern, als sich mit seinem Gewissen zu arrangieren. Und dies — das muß so stark wie möglich betont werden — beruht nicht darauf, daß er an einen alliierten Sieg glaubt oder mit ihm rechnet [...,] sondern darauf, daß es im Norweger ein tief verankertes, fast instinktives Gefühl dafür gibt, daß man sich mit gewissen grundlegenden Moralgesetzen nicht arrangieren kann, weil sonst die Menschheit nicht bestehen kann. [...] Daran soll der Leser sich erinnern: wenn wir nach dem Frieden höfliche, liebenswürdige und gebildete Deutsche treffen, richtig gutmütige Menschen, die von sich sagen, daß sie aufrichtig an die Freiheit, an das Recht und die Wahrheit glauben, so können wir ihnen trotzdem nicht vertrauen, nicht auf ihre Ehrlichkeit und ihre Worttreue rechnen[18].«

Bedeutsam ist auch das Wissen um die besondere Qualität aller Bezeichnungen aus der nahezu sakralen Sphäre des Widerstandes. Vor allem hier finden sich Begriffe, für die es in der deutschen Sprache keine adäquaten Ausdrücke gibt, beispielsweise für *holdningskamp*, was einen wichtigen Aspekt des zivilen, gewaltfreien Widerstandes bezeichnet. Direkt übersetzt bedeutet es soviel wie »Haltungskampf«. Damit bezeichnet man allgemein die abweisende Einstellung gegenüber der Okkupationsmacht und ihren norwegischen Helfern. Der Ausdruck umfaßt »loyalty towards democracy in general and towards the traditional Norwegian way of life as well as its political institutions. The

›holdningskamp‹ is the struggle to maintain, preserve and invigorate such attitudes[19].«

Als Zentralbegriff der norwegischen Okkupationsgeschichte gilt für viele *hjemmefront*, was nur unzulänglich mit »Heimatfront« wiedergegeben werden kann. Dieser Terminus wird gelegentlich auch von jüngeren Widerstandshistorikern nahezu hymnisch besungen und fast schon peinlich glorifiziert.

»Das Wort hjemmefront ist einer der am stärksten positiv geladenen Begriffe in der norwegischen Sprache. Für die Kriegsgeneration und deren Kinder wird das Wort gleichbedeutend sein mit dem Kampf, den das norwegische Volk gegen die Okkupationsmacht führte, ein Kampf, den es gewann. Es wird für Fahnen und Flaggen stehen, für Festreden und Königshaus, für stolze Frauen und Männer, für Verfassungswehr und 17. Mai [norwegischer Nationalfeiertag, d. Vf.], kurz gesagt für alles, was ein Volk in sich an Nationalgefühl und Freiheitsliebe haben kann[20].«

Zu den beachtenswerten norwegischen Besonderheiten im Umgang mit der Okkupationsgeschichte gehört eine vor allem in der ersten Nachkriegszeit mächtige Affinität von juristischer und historischer Vergangenheitsbewältigung. Ein Grund dafür ist der traditionell hohe Stellenwert des Rechtsgedankens in der norwegischen Gesellschaft und damit auch in deren historischer Forschung. Eine Gesamtbewertung des deutschen Überfalls auf Norwegen wird in diesem Land daher ganz zwangsläufig wesentlich bestimmt von einer rechtlichen Würdigung der Invasion *und* Okkupation.

Danach sieht man in Überfall und Besetzung insgesamt ein Verbrechen gegen

— den Frieden (Führen eines Angriffskrieges);
— die Gesetze und Gebräuche des Krieges (Angriff ohne Warnung oder Kriegserklärung, unbeschränkter Luftkrieg, Erschießungen und andere Übergriffe gegenüber der Zivilbevölkerung);
— Leben, Leib und Gesundheit norwegischer Bürger (Ermordungen und systematischer Terror, Tötung von Geiseln, Deportationen von Zivilisten, Zwangsarbeit von Zivilisten als Teil der feindlichen Kriegsleistung);
— norwegisches Eigentum (mutwillige Verwüstungen und Zerstörungen, Beschlagnahmungen, Auferlegung von Kollektivstrafen, Ausbeutung Norwegens durch unautorisierte Requisitionen und Abgaben sowie durch Verschlechterung der norwegischen Währung) und
— die Menschlichkeit[21].

Die engste Verflechtung von Recht und Geschichte in Norwegen erwuchs nach dem Zweiten Weltkrieg aus der umfassenden strafrechtlichen Aufarbeitung des Verhaltens von norwegischen Staatsbürgern und Ausländern in der Kriegszeit. Der Überbegriff dafür lautet *oppgjør* (sprich: »Uppjör«), ein Ausdruck, der ins Deutsche nur unvollkommen übersetzt werden kann. Am nächsten kommt vielleicht der Begriff »Aufarbeitung«[22]. Dieser Vorgang beruhte zu großen Teilen auf einem erst nach dem Krieg veröffentlichten Erlaß der Exilregierung vom 15. Dezember 1944. Hierin wurde *landssvik* als »gemeinsamer Begriff für Verbrechen gegen die Selbständigkeit und Sicherheit des Staates (Landesverrat), Verbrechen gegen die Staatsverfassung und das Staatsoberhaupt (Hochverrat) und Verbrechen gegen die Kriegsartikel im militärischen Strafgesetz (Kriegsverrat)« eingeführt. Dieser Erlaß beinhaltete u.a. eine Strafandrohung für die Mitgliedschaft in der NS oder ähnlichen Organisationen ebenso wie für eine gewerbliche Zusammenarbeit mit dem Feind und sah erweiterte Möglichkeiten vor, dem Schuldigen gewisse bürgerliche Rechte zu entziehen[23]. Mit diesem Erlaß verbinden sich viele gewichtige Kritikpunkte, vor allem das Problem der rückwirkenden Gültigkeit. Die norwegische Verfassung besagt in § 97 ausdrücklich, daß keinem Gesetz rückwirkende Kraft gegeben werden darf. Zwar hat das Höchste Gericht Norwegens kein Urteil akzeptiert, das den Angeklagten in bezug auf die Strafzumessung ungünstiger gestellt hätte, als er es nach der Gesetzgebung zur Tatzeit geworden wäre[24]. Gleichwohl ist deutlich, daß wesentliche Grundsätze des Strafrechts im demokratischen Rechtsstaat — nullum crimen sine lege; nulla poena sine lege — vorübergehend zur Disposition gestellt waren und der rechtlichen sowie moralischen Integrität des Widerstands und der norwegischen Regierung in London vermeidbarer Schaden zugefügt wurde.

Die Auswirkungen der juristischen Abrechnung waren enorm. Sie bedeutete nicht nur eine gewaltige Anstrengung für die Strafverfolgungsbehörden, sondern auch eine Belastung für die Gesellschaft, insofern als sie Züge einer unversöhnlichen »Justiz des Siegers«[25] über die eigenen Landsleute trug und die Spaltung der Bevölkerung in NS-Anhänger und -Gegner konservierte.

Die Zahl der insgesamt untersuchten »Landssvik«-Fälle nach dem Krieg wird auf 92 000 geschätzt. Die Zahl der tatsächlich Bestraften ist rund halb so groß, sie liegt bei etwa 46 000. Hierunter sind sowohl Bestrafungen durch Gerichtsurteil wie auch durch Bußgeldverfahren enthalten. Rund 18 000 Personen erhielten Freiheitsstrafen, entweder allein oder in Verbindung mit Geldbußen oder Verlust von bürgerlichen Ehrenrechten. Von den Freiheitsstrafen wurden etwa 1 000 zur Bewährung ausgesetzt. 28 000 kamen mit Geldbuße und Verlust der bürgerlichen Ehrenrechte davon oder einem von beiden. In weiteren 5 000 Fällen wurde zwar eine strafbare Schuld erkannt, diese aber wegen Geringfügigkeit oder mildernden Umständen nicht verfolgt; darunter fallen in der Hauptsache Fälle von passiver Mitgliedschaft in der NS. Ungefähr 1 500 Angeklagte wurden freigesprochen. Von den 18 000 Freiheitsstrafen umfaßten rund 4 500 drei Jahre und mehr, während ungefähr 600 acht Jahre überstiegen. 72 Norweger wurden zu lebenslangen Freiheitsstrafen und 30 zum Tode verurteilt. Von den 30 Todesurteilen wurden 25 vollzogen, vier wurden zu lebenslanger Zwangsarbeit begnadigt, ein Verurteilter starb im Gefängnis, bevor über das Gnadengesuch entschieden war. Die letzte Hinrichtung fand 1948 statt. Von den deutschen Kriegsverbrechern wurden 12 hingerichtet[26]. Die beiden international bekanntesten »Landssvik«-Prozesse waren die gegen Vidkun Quisling und Knut Hamsun. Der norwegische NS-Führer wurde zum Tod durch Erschießen verurteilt, ein Strafprozeß gegen den 85jährigen Dichterfürsten, der während des Krieges seine Landsleute mit weltfremden Stellungnahmen für die Besatzungsmacht erzürnt hatte, wurde mit dem Verweis auf »dauerhaft geschwächte seelische Fähigkeiten« niedergeschlagen. Der darüber verbitterte Hamsun, der lieber einen Prozeß gehabt hätte, wurde mit einem Bußgeld von rund vier Fünfteln seines Vermögens bestraft.

Bei einer summarischen Darstellung der norwegischen Interpretationsmuster für die Okkupationsjahre kann man im wesentlichen von drei ungleichgewichtigen Tendenzen ausgehen. An erster Stelle steht eine Historiographie, die mehrheitlich den Widerstand betont, ihn als Verkörperung der norwegischen Traditionen empfindet und seine Inhalte mit der nationalen Geschichte gleichsetzt. Hier artikuliert sich ein Selbstverständnis, das sich hauptsächlich aus der Erfahrung als Opfer (von Gewalt) und Sieger (über einen eigentlich überlegenen Aggressor) zusammensetzt. Charakteristisch für diese Sicht ist eine doppelte Frontstellung: gegenüber den Okkupanten und gegenüber den Kollaborateuren. Diese Gegnerschaft umfaßte zunächst summarisch alles, was in irgendeiner Weise der Parteinahme für diese Gruppen, für die durch sie vertretenen Ansichten oder für ihre Handlungen verdächtig erschien. Hierbei verkörperte die zweite Gruppe einen besonders schmerzlichen historischen Gegenstand, da sie sich wie ein eiteriger Fremdkörper in der neuzeitlichen norwegischen Geschichte ausnahm und ihre Existenz wie eine ständige Erinnerung an den Verlust nationaler Unschuld empfunden werden mußte. Vor diesem Hintergrund fühlte sich die mehrheitliche Geschichtsschreibung zu einem nationalen Wächteramt über richtiges — patriotisches — und falsches — unpatriotisches — Verhalten berufen. Dieser Versuchung haben norwegische Historiker nicht immer in ausreichendem Maße standgehalten, zu stark war häufig die Neigung zu einer Geschichtsbetrachtung, die sich wie eine Ausweitung der zentralen Worte von Roosevelts Lobrede auf Norwegen vom 16. September 1942 ausnimmt: »Look to Norway«.

Die Schwierigkeit, mit einem als nationalem Fremdkörper empfundenen, über alle Grenzen hinweg wortschöpfend wirkenden historischen Phänomen wie Vidkun Quisling und seiner Partei Nasjonal Samling auch wissenschaftlich umzugehen, erhellt beispielsweise daraus, daß erst »43 Jahre nach dem Tod des norwegischen ›førers‹ eine Biographie vorliegt, die sein ganzes Leben und politisches Wirken« umfaßt[27]. Quisling, geboren am 18. Juli 1887, hochbegabter Schüler und Absolvent der Norwegischen Militärhochschule mit dem besten je vergebenen Examen, arbeitete einige Jahre mit wechselnden Aufgaben im diplomatischen Dienst in Petersburg und Helsinki, bis er 1922 als Mitarbeiter von Frithjof Nansen in dessen internationalem Hilfskomitee für Rußland tätig wurde. Die Konfrontation mit der Hungerkatastrophe in der Ukraine, die Verbitterung über den Verlust des lange freigehaltenen Platzes im Generalstab und mangelnde öffentliche Anerkennung sowie ein unklarer politischer Tatendrang zählten zu den Faktoren, die den 1929 zurückgekehrten Quisling zu einem Irrlicht in der norwegischen Innenpolitik werden ließen. Zwei Jahre als umstrittener Verteidigungsminister 1931 bis 1933, die Gründung der sektiererischen faschistischen Partei Nasjonal Samling 1933 sowie deren Mangel an Erfolg waren Stadien auf dem Weg zu dem Prototyp des Landesverräters, der in durch Zufälle geförderten Kontakten zur deutschen politischen und militärischen Führung über eigene Putschgelüste und deutsches Eingreifen zur Abwendung einer englischen Intervention konspirierte. Vom Zeitpunkt des deutschen Überfalls zweifellos überrascht, versuchte Quisling am 9. April 1940 sich selbst und seine Partei glücklos ins Spiel zu bringen. Nach einer Woche zum Rücktritt als selbsternannter Regierungschef genötigt und zu einen ›Studienaufenthalt‹ in Deutschland gedrängt, spielte Quisling nach der »Neuordnung« Terbovens vom 25. September 1940 offiziell nur eine nachgeordnete Rolle als Parteivorsitzender der dem Reichskommissar verantwortlichen Kommissarischen [NS-] Staatsräte bzw. [NS-] Minister. Auch die ersehnte Ministerpräsidentschaft einer »nationalen Regierung« nach dem 1. Februar 1942 brachte Quisling keinen realen Machtzuwachs, der ihm die Verwirklichung des ständig in Denkschriften an die deutsche Führung propagierten Zieles eines selbständigen und unabhängigen Norwegens in einem großgermanischen Bund ermöglicht hätte.

Verglichen mit der nahezu monopolistischen Geschichtsinterpretation aus der Sicht des Widerstands erscheint die konträre Position wie eine sektiererische Abweichung. Sie geht unmittelbar von derjenigen Bevölkerungsgruppe aus, die als Kollaborateure nicht nur einer geschichtlichen, sondern auch einer juristischen, sozialen, wirtschaftlichen und moralischen Haftbarmachung ausgesetzt waren. In deren Geschichtsbild sind Vidkun Quisling und seine Anhänger in der Nasjonal Samling, der Partei der Nationalen Sammlung, Patrioten »Auf nationalem Uriasposten«[28], die bemüht gewesen seien, das beste für ihr Land zu erreichen, dafür aber bei der Mehrheit keine Unterstützung gefunden hätten. Nicht nur während der Okkupation, sondern auch danach hätten sie für ihren Patriotismus und ihren Einsatz zugunsten norwegischer Interessen Opfer bringen müssen. Aus dieser Sicht sind die eigentlich Verantwortlichen diejenigen Vorkriegspolitiker und -parteien, die durch eine halbherzige und unglaubwürdige Neutralitätspolitik die deutsche Aktion und ihre Folgen verschuldet hätten. Zu einer ernsthaften Diskussion solcher abweichenden Theorien kam es in der aufgewühlten Nachkriegszeit nicht, die norwegische Öffentlichkeit wollte mehrheitlich mit diesen Interpretationen nicht behelligt werden, was allerdings dazu führte, daß auch diskussionswürdige Ansätze totgeschwiegen wurden.

Zwischen diesen beiden ungleichgewichtigen Hauptrichtungen gibt es Ansätze zu einer revisionistischen Geschichtsbetrachtung, die in Teilbereichen bislang sakrosankte Formeln und zu Dogmen erstarrte Urteile in Frage stellte. Anstoß erregt vor allem die von weiten Teilen der älteren Bevölkerung nahezu als häretisch empfundene Tendenz, die moralisch begründete Ausgrenzung der Kollaborateure aus der nationalen Geschichte aufzuweichen. Auf erbitterten Widerstand stößt die These, daß der Patriotismus auf der falschen Seite (bei der NS) nicht geringer gewesen sei, als der auf der richtigen (beim Widerstand).

Die thematische und zeitliche Nähe der norwegischen Diskussion zwischen Traditionalisten und Revisionisten zum deutschen Historikerstreit ist sicher kein Zufall. Gleichheitszeichen zu setzen ist jedoch — zumindest hinsichtlich der Inhalte — kaum möglich, allerdings ähneln sich die Verhaltensweisen der Akteure und des Publikums sowie die Mechanismen und Formen der Debatte. Darüber hinaus spielt ein Moment des angesprochenen Revisionismus, die Befreiung des geschichtlichen Urteils aus der moralischen Umklammerung, in beiden Ländern eine wichtige Rolle. Diese Übereinstimmung erlaubt aber noch keine Gleichsetzung der jeweils angestrebten inhaltlichen Korrekturen der bisherigen Historiographie. Dafür ist auch das zu Revidierende zu unterschiedlich und letztlich macht es einen wesentlichen Unterschied, wohin der anklagende Zeigefinger weist.

## Anmerkungen

1 Die Okkupation Norwegens ist auf deutscher Seite in der Regel nur für Passagen in Überblickswerken gut, die sich häufig mit einem thematischen Dreisprung begnügen: »Weserübung« vom 9.4.1940, »Neuordnung« vom 25.9.1940, »Staatsakt« vom 1.2.1942. An dieser Stelle soll die Liste der summarischen Darstellungen der äußeren Ereignisse nicht verlängert werden. Dagegen wird angestrebt, zur Reflexion über die allgemeine Einstellung gegenüber einem von deutscher Seite weitgehend unentdeckten Themengebiet anzuregen. Die folgenden Bemerkungen können nur knappe Hinweise darstellen und müssen umständehalber ausführliche Belege schuldig bleiben. — Dort wo aus norwegischen Quellen deutsch zitiert wird, handelt es sich um Übersetzungen des Verfassers.

2 Michael Salewski, Die deutsche Seekriegsleitung 1935—1945, Bd 1: 1935—1941, Frankfurt a.M. 1970, S. 179. — Im folgenden ist mit dem Begriff »Weserübung« in der Regel nur die Invasion in Norwegen gemeint, während mit »deutscher Seite« speziell die Bundesrepublik angesprochen wird. Die interessanten Unterschiede zur Position von DDR-Historikern werden hier ausgespart. Für viele der hier angesprochenen Motive des deutschen Umgangs mit der Invasion kann auf den Aufsatz von Walther Hubatsch, Deutschland und Norwegen 1940, in: Unruhe des Nordens. Studien zur deutsch-skandinavischen Geschichte, Göttingen 1956, S. 177—187, verwiesen werden.

3 Die Kriegsmarine erobert Norwegens Fjorde. Erlebnisberichte von Mitkämpfern. Im Auftrage des Oberkommandos der Kriegsmarine hrsg. von Georg von Hase, Leipzig 1940, Zitate S. 9—32.

4 Genaue Angabe für den 10.5.1945: 327 393 Personen, davon Heer 186 249, Marine 75 767 und Luftwaffe 40 626, der Rest verteilt sich auf SS und Polizei 2 224, Organisation Todt 8 828, Transport-Organisation Speer 1 332, Transport-Flotte Speer 340, sonstiges deutsches männliches Gefolge 7 955, sonstiges deutsches weibliches Gefolge 4 072; vgl. Expansionsrichtung Nordeuropa. Dokumente zur Nordeuropapolitik des faschistischen deutschen Imperialismus 1939 bis 1945. Hrsg. und eingel. von Manfred Menger u.a., Berlin (Ost) 1987, S. 205.

5 Angaben der Fylkeskonservatoren in Finnmark, Troms und Nordland, Wiederaufbauausstellung 1985, wiedergegeben in: Knut Einar Eriksen und Terje Halvorsen, Frigjøring, Oslo 1987 (= Norge i krig, Bd 8), S. 78. — Auf den Befehl Hitlers nach Vorschlag Terbovens wird verwiesen in Fernschreiben OKW/WFSt/Op(H)/Nord Nr. 0012887/44g, gez. Jodl, vom 28.10.1944, in: IMT, Bd 26, S. 287 f. — In Kenntnis dieser Zerstörungen wirken deutsche Hinweise auf die »Vorteile« der Besetzung bei den Betroffenen wie emotionale Sprengkör-

per: »Außerdem werden unter den Wehrmachtforderungen zur Sicherung des norwegischen Raumes die norwegischen Straßen und Eisenbahnen weit über Narvik bzw. Moss vorangetrieben und Gebiete über Land erschlossen, die friedensmäßig solche Verbindungen erst Jahrzehnte später erhalten hätten.« Geschichte des Zweiten Weltkrieges, Teil 2, Würzburg [2]1960, S. 724.

6 Nahezu klassisch die Position von H.H. Ambrosius, Das Völkerrecht und die deutsche Aktion im Norden, in: Unser Kampf in Norwegen, München 1940, S. 96: »Deutschland hat das Recht auf Gewalt angewandt, um die rechtlose Gewalt seiner Gegner zu brechen.«

7 Das spezielle norwegische Verständnis von Recht war auf deutscher Seite wohlbekannt. So hielt z.B. Ernst von Weizsäcker am 21.4.1940 fest: »Norwegen ist ein eigenartiges Land mit einer eigenartigen, rechtlich gesinnten Bevölkerung, man könnte fast sagen mit Rechtskomplexen.« Die Weizsäcker-Papiere 1933—1950, hrsg. von Leonidas E. Hill, Frankfurt a.M., Berlin, Wien 1974, S. 201.

8 Insofern ist es bemerkenswert, wenn Ole Kristian Grimnes, Overfall, Oslo [2]1984 (= Norge i krig, Bd 1), S. 203, in einer Darstellung der Kämpfe um Narvik von der traditionellen Bewunderung der eigenen Streitkräfte abweicht und eine »Brandfackel« wirft, die zu einer Gemeinsamkeit über die Grenzen hinweg anregen soll: »Es ist eine Eigenart des Narvik-Feldzuges, daß alle sich selbst bewundern können. [...] Wir wollen niemandem unsere Bewunderung entziehen, und sie soll den norwegischen Soldaten zukommen, wie es sich gehört. Sie kämpften gut. [...] Aber jetzt, mehr als 40 Jahre danach, soll unsere Bewunderung auch die Deutschen umfassen. [...] Der zähe Einsatz der Deutschen gegenüber einer überwältigenden Übermacht erzwingt Bewunderung.«

9 Vgl. die Kritik an Hubatsch bei Hans-Dietrich Loock, Zeitgeschichte Norwegens, in: VfZG, 13 (1965), S. 83—111, hier speziell S. 106—111.

10 Das Erlebnis, die norwegische Sicht der Besatzungsjahre von einem deutschen Historiker verstanden zu sehen, und fruchtbar mit ihm über die Okkupationsgeschichte reden zu können, vermittelte erst Hans-Dietrich Loock; so der persönliche Eindruck von Magne Skodvin. Mündliche Mitteilung gegenüber dem Verfasser vom 18.10.1982. — Loock ist Mitglied der Norwegischen Akademie der Wissenschaften seit 1977.

11 Angaben nach En liten okkupasjonsstatistikk, in: Hans Fredrik Dahl (Red.), Krigen i Norge, Oslo 1974, S. 9, hinsichtlich der Juden in Norwegen ergänzt nach Oskar Mendelsohn, Jødenes historie i Norge gjennom 300 år, Bd 2, Oslo, Bergen, Stavanger, Tromsø 1986, S. 210 und 541. Bei Mendelson findet sich die eindringlichste wissenschaftliche Darstellung des Schicksals der Juden in Norwegen.

12 H[alvdan] O[laus] Christophersen, Av nød til seir. Bilder fra okkupasjonstiden i Norge, Bd 1: Fra 9. april 1940 til kampåret 1942, Oslo 1977, S. 10. Christophersen wurde 1902 geboren.

13 Die Situation des norwegischen Historikers angesichts der starken Anteilnahme der Kriegsgeneration beschreibt Grimnes (wie Anm. 8), S. 15: »Es ist ein Minenfeld, das der Historiker betritt, wenn er über den 9. April schreibt, und niemand kann hindurch wandern, ohne daß es unter einigen derer explodiert, die den Überfallstag erlebten.«

14 Z.B. äußert sich Ole Kristian Grimnes, Norge under okkupasjonen, Oslo 1983, S. 7, über sein persönliches Verhältnis zur Okkupationsgeschichte: »[...] meine Altersgenossen und ich haben während unseres ganzen Aufwachsens unmittelbar an den Überlieferungen der Okkupationsgeneration teilgehabt. Wir haben ständig deren Ansichten über sich und ihre Erlebnisse gehört. Das kann leicht zu etwas

werden, wovon man sich entweder schwer lösen kann oder wogegen man revoltiert. Ich habe mich um einen Mittelweg bemüht.« Grimnes wurde 1937 geboren.

15 Seks myter om okkupasjonen. En dokumentasjon ved Hans Fredrik Dahl, in: Dahl (wie Anm. 11), S. 175—189.

16 Ähnliche Faktoren sieht Michael Wolffsohn, Ewige Schuld. 40 Jahre deutsch-jüdisch-israelische Beziehungen, München, Zürich 1988 (= Serie Piper, Bd 985), S. 91, für das deutsch-jüdisch-israelische Verhältnis.

17 Der Begriff »Regierung« (»regjering«) wird ebenfalls speziell verwendet. Er dient in der Regel als Bezeichnung für das nach mehrheitlichem Verständnis als alleinig rechtmäßige Regierung anerkannte Kabinett Nygaardsvold unter König Håkon VII. im Londoner Exil. Für die NS-Regierung wird meist der Ausdruck »styre« verwendet, der soviel wie »Führung, Leitung, Verwaltung [...], Direktion [...], Vorstand« bedeutet; Gyldendals ordbok Norsk-Tysk, Oslo 1964, S. 287.

18 Carsten Frogner [d.i. Waldemar Brøgger], Tysk mentalitet, Oslo 1943. Hierbei handelt es sich um eine maschinenschriftliche, »illegale« Publikation.

19 Magne Skodvin, Norwegian resistance — A general remark, in: Europäischer Widerstand im Vergleich. Die Internationalen Konferenzen Amsterdam. Hrsg. von Ger van Roon, Berlin 1985, S. 321—331, Zitat S. 321. Der Begriff ist natürlich nicht unproblematisch, weil er den Widerstandsbegriff letztlich inflationiert.

20 Ivar Kraglund und Arnfinn Moland, Hjemmefront, Oslo 1987 (= Norge i krig, Bd 6), S. 7. — Die Schwierigkeiten des norwegischen Historikers im Umgang mit einem solchen Phänomen werden durch eine Bemerkung Kraglunds verdeutlicht: »Bedenken Sie, daß wir eigentlich 40 000 Auftraggeber hatten, als wir Ja dazu sagten, über die hjemmefront zu schreiben.« Zit. nach Dagbladet v. 19.3.1987, Teil 2, S. 21.

21 Siehe die Zusammenstellung der norwegischen Anklagepunkte für das Verfahren gegen die Hauptkriegsverbrecher der europäischen Achsenmächte in Preliminary Report on Germany's Crimes Against Norway, prepared by the Royal Norwegian Government for Use at The International Military Tribunal by Finn Palmstrøm and Rolf Normann Torgersen, Oslo 1945, passim.

22 Siehe auch die Interpretation bei Loock (wie Anm. 9), besonders S. 85.

23 Gyldendals ettbinds konversasjonsleksikon, femte utgave, Oslo o.J., Sp. 2104.

24 Siehe dazu Joh[anne]s Andenæs, Det vanskelige oppgjøret. Rettsoppgjøret etter okkupasjonen, Oslo $^{2}$1980, S. 121.

25 So heißt übersetzt der Titel einer kritischen Auseinandersetzung mit den Landssvik-Prozessen: Albert Wiesener, Seierherrens justis, Oslo 1964.

26 Siehe Andenæs (wie Anm. 24), S. 165 f., 180 und 184.

27 Oddvar Høidal, En studie i Landssvik, Oslo, Bergen, Stavanger, Tromsø 1988, Umschlagstext (im gleichen Verlag die [Original-] Ausgabe: Quisling. A Study in Treason, 1989).

28 So lautet ins Deutsche übertragen der Titel des Buches von Odd Melsom, På nasjonal Uriaspost. Nødvendig supplement til okkupasjonshistorien, Oslo 1975. Hierbei handelt es sich um eine Publikation des Instituts für Norwegische Okkupationsgeschichte (INO), Oslo, das sich der Geschichtsinterpretation aus der Sicht der ehemaligen NS-Mitglieder verschrieben hat. — Uria[s], im Alten Testament erwähnter Gatte der durch König David verführten Batseba, wurde auf Befehl des Königs an die gefährlichste Stelle im Kampf gestellt, wo er umkam. Den brieflichen Befehl an den Feldherrn Joab überbrachte Uria selbst ohne Kenntnis des Inhalts.

Rainer A. Blasius

# Zweifel an Uncle Joe's Treue?

## Chancen eines sowjetisch-deutschen Sonderfriedens vor Casablanca im Urteil des Foreign Office

Seit dem abenteuerlichen Flug vom Mai 1941 befand sich der »dritte Mann« in der Hierarchie des Dritten Reiches, »Führer«-Stellvertreter Rudolf Heß, in Großbritannien. Dazu ist einmal festgestellt worden, daß im Frühjahr 1941 — also noch vor dem deutschen Angriff auf die UdSSR — die »britische Diplomatie [...] sofort die Chancen erkannt« habe, »die sowjetische Seite mit ihrem Gefangenen zu schrecken und zu besserer Kooperation entsprechend den eigenen Vorstellungen zu zwingen«[1]. Immerhin entwarf Premierminister Churchill selbst am 12. Mai 1941 den Text einer öffentlichen Erklärung, in der es hieß, Heß habe davon gesprochen, er sei »im Namen der Menschheit nach England gekommen«: »in der Hoffnung, Frieden zwischen Großbritannien und Deutschland herstellen zu können«[2]. Der Staatssekretär des Foreign Office, Sir Alexander Cadogan, wandte sich sofort gegen eine solche Formulierung, die daraufhin aus dem Redeentwurf gestrichen wurde. »So geht das nicht«, notierte er über Heß in sein Tagebuch: »Sieht aus wie ein Friedensangebot, während wir die These vertreten sollten, er habe Krach mit Hitler gehabt[3].«

Erst am 19. Juni 1941 stellte dann der Parlamentarische Staatssekretär Butler — nachdem Churchill noch am 10. Juni öffentlich erklärt hatte, man werde sich über den »Kriegsgefangenen« Heß nicht äußern — vor dem britischen Unterhaus fest: »Wir sind entschlossen, die vertuschten Zielsetzungen zu durchschauen[4].« Konkretes wurde jedoch nicht bekanntgegeben.

All das führte dazu, daß der Botschafter der UdSSR in London, Majskij, die Kreml-Führung in dem Glauben bestärkte, Heß sei als Emissär nach England gekommen. Dafür sprach aus der Sicht des sowjetischen Diplomaten auch, daß u.a. Lordkanzler Viscount Simon Heß vernahm. Simon galt als »apostle of ›appeasement‹«, und in ihm — unterstützt von früheren »Clivedenites«[5] — vermutete Majskij einen Fürsprecher für einen britisch-deutschen Frieden in Form eines gemeinsamen Kreuzzugs des kapitalistischen Großbritanniens und des kapitalistischen Deutschlands gegen den Bolschewismus. So bat der Botschafter den britischen Premier am 22. Juni 1941, »in seiner für diesen Abend geplanten Rede die unzweideutige Entschlossenheit Großbritanniens zu betonen, ›in keinem Fall‹ einen Separatfrieden zu schließen«[6]. Als der Botschafter Großbritanniens in Moskau, Sir Stafford

Cripps, am 8. Juli 1941 bei Stalin eine Übereinkunft mit Großbritannien anregte, war es der sowjetische Diktator, der die Separatfriedensklausel für die beiden Vertragschließenden vorschlug; danach verpflichteten sie sich — so die »Vereinbarung über gemeinsames Handeln im Krieg gegen Deutschland« vom 12. Juli 1941 —, »daß sie während dieses Krieges, außer in gegenseitigem Einverständnis, über keinen Waffenstillstand oder Friedensvertrag verhandeln noch einen solchen abschließen werden«[7].

Die Separatfriedensklausel war »Ausdruck des britischen Mißtrauens gegenüber einer unterstellten Kapitulationsbereitschaft Stalins, aber gleichermaßen auch Ausfluß des durch den ›Fall Heß‹ hochgradig gesteigerten Mißtrauens Stalins gegenüber Großbritannien, dessen Führung er durchaus einen Frontwechsel und danach ein Zusammengehen mit Hitler zutraute«[8]. Deshalb drängte wohl Stalin auch seit November 1941 darauf, das vorläufige Militärabkommen vom Juli 1941 durch einen Vertrag mit Großbritannien zu ersetzen. Dafür nannte er am 16. Dezember 1941 dem zu Verhandlungen in den Kreml entsandten britischen Außenminister Eden — nachdem die Rote Armee aus eigener Kraft den deutschen Vormarsch auf Moskau aufgehalten hatte und am 5. Dezember zur Gegenoffensive übergegangen war — seine Preisvorstellungen: die Anerkennung der sowjetischen Westgrenzen von 1941, unter vorläufiger Ausklammerung der sowjetisch-polnischen Grenze.

Eden und die Führungsspitze des Foreign Office interpretierten Stalins Forderungen als einen Test Moskaus, »um herauszufinden, bis zu welchem Grad die Regierung Seiner Majestät zur Gewinnung der Zusammenarbeit mit der Sowjetunion für die Nachkriegszeit unschmackhafte Konzessionen zu machen bereit ist«[9]. Darüber hinaus zogen sie schon zu Jahresbeginn 1942 aus dem sich im Laufe der Zeit noch verstärkenden Bewußtsein der militärischen Schwäche Großbritanniens — im Vergleich zu den über gewaltige Ressourcen verfügenden Vereinigten Staaten und der sich im Kampf gegen das nationalsozialistische Deutschland behauptenden Sowjetunion — den Schluß, die Kooperation mit der UdSSR zu einem wesentlichen Prinzip der Außenpolitik für die Nachkriegszeit erheben zu müssen und mit ihrer Hilfe Deutschland niederhalten zu können[10].

Die Weltmachtposition Großbritanniens, die im Grunde bereits durch den Ersten Weltkrieg und den Auflösungsprozeß innerhalb des Kolonialreiches weitgehend verloren gegangen war, konnte zwar durch seine Führungsrolle innerhalb des Commonwealth in gewissem Umfang gewahrt werden. In Europa war aber ein Absinken Londons zu einer zweitrangigen Macht — als Außenposten Washingtons[11] — zu befürchten. Deshalb war die britische Diplomatie bemüht, sich als unentbehrlicher Vermittler zwischen den Vereinigten Staaten und der UdSSR darzustellen. Als diesbezüglichen »Einstieg« war die britische Führung — wenn man von dem anfänglichen Widerwillen

Churchills und der scharfen Kritik des Labour-Partei-Vorsitzenden Attlee einmal absieht — bereit, nicht nur Stalins Grenzforderungen vom Dezember 1941 hinzunehmen, sondern sogar als Anwalt sowjetischer Interessen in Washington aufzutreten.

Einer solchen rationalen Komponente in der britischen Politik gegenüber der UdSSR auf der Ebene der Entscheidungsträger entsprach eine emotionale Stimmung der britischen Bevölkerung, die vom Angriff Hitlers auf die UdSSR bis zum Neujahrstag 1943 einen Zusammenbruch des Sowjetsystems fürchtete. Gleichzeitig stieg allerdings von Monat zu Monat das Ansehen der Roten Armee und des Vorsitzenden des Rates der Volkskommissare. Presse und Rundfunk verbreiteten das Bild eines jovialen und freundlichen Stalin und nannten ihn familiär und liebevoll meistens nur »Uncle Joe«. Die »Durchschnitts«-Engländer — beeinflußt von dem, was sie lasen und hörten — verloren das »Mißtrauen vor russischen und marxistischen Zuständen und Methoden«[12]. Stalin und seine Soldaten wurden als Helden verehrt; der Dank der britischen Öffentlichkeit an sie zeigte sich im Tragen von roten Schals und — in Erinnerung an die Luftschlacht um Großbritannien — in der Errichtung von Transparenten mit der Aufschrift: »Ruhige Nächte, dank Rußland«. Wenn Stalin in einer englischen Wochenschau erschien, applaudierten die Zuschauer[13]. Annähernd tausend Komitees und Gesellschaften zur Unterstützung und Förderung der Freundschaft zwischen Großbritannien und der UdSSR wurden in dieser Zeit gegründet[14]. Am 23. Februar 1942 wurde sogar der 24. Jahrestag der Gründung der Roten Armee von englischen Generalen, Bischöfen und Bürgermeistern zelebriert[15].

Angeheizt wurde die prosowjetische Stimmung in der britischen Bevölkerung, die seit Mitte 1942 eine »Kritik an der Sowjetunion schlichtweg unmöglich« werden ließ[16], nicht zuletzt durch die Kampagne von Lord Beaverbrook für die Errichtung einer Zweiten Front in Europa, die breitesten Zulauf fand (so z.B. 50 000 Teilnehmer im Mai 1942 bei einer Demonstration auf dem Trafalgar Square in London). Dementsprechend konnte sich der britisch-sowjetische Vertrag »über ein Bündnis im Krieg gegen Hitler-Deutschland und seine Verbündeten in Europa sowie über Zusammenarbeit und gegenseitige Unterstützung in der Nachkriegszeit« vom 26. März 1942 weitester Zustimmung erfreuen.

Dieser Vertrag kam erst nach schwierigen Verhandlungen zwischen London und Moskau und zwischen London und Washington zustande. Weil einerseits Stalin auf seinen Grenzforderungen beharrte und andererseits die britische Führung davon ausging, daß die Westalliierten für eine Landung an der stark befestigten Kanalküste 1942 noch nicht ausreichend vorbereitet und gerüstet seien und ein Scheitern weit schwerer wiegende Folgen haben würde als ein Ausbleiben[17], bemühte sich die britische Diplomatie seit März

1942 gegenüber den Vereinigten Staaten verstärkt um eine Anerkennung der »sowjetischen Ansprüche auf die Grenzen des Jahres 1940 — mit Ausnahme der russisch-polnischen Grenze«; dies sei natürlich kein Ersatz für die »materielle Hilfe«, die man der UdSSR auf dem europäischen Kriegsschauplatz gerne geben würde, »aber eine passende Geste, um unsere Sympathie für den Kampf Rußlands unter Beweis zu stellen«; sie könne als Zeichen für das in den militärischen »Erfolg« der UdSSR gesetzte Vertrauen »von unschätzbarem Wert« sein[18]. Jedoch weigerte sich die amerikanische Administration, die sowjetischen Forderungen anzuerkennen, weil sie in der Atlantik-Charta vom 14. August 1941 dafür eingetreten war, daß »territoriale Veränderungen« mit den »frei geäußerten Wünschen der betroffenen Völker übereinstimmen« sollten.

Neben der prekären militärischen Lage der UdSSR durch die am 18. Mai 1942 verlorene Schlacht um die Halbinsel Kertsch ermöglichten aber erst die Vereinigten Staaten durch ihre Ankündigung auf weitere militärische Hilfeleistungen an die UdSSR und ihre in Moskau geweckten (allerdings Ende Juli auf britischen Wunsch zugunsten einer Landung in Nordwestafrika zurückgestellten) Hoffnungen auf eine Zweite Front in Europa noch im Jahr 1942 einen erfolgreichen Abschluß des britisch-sowjetischen Bündnisvertrages; auf amerikanischen Wunsch wurde auf jegliche Territorialbestimmungen verzichtet und für die Nachkriegszeit die beiderseitige Verpflichtung eingegangen, daß Großbritannien und die UdSSR »keine territoriale Vergrößerungen für sich selbst erstreben und sich nicht in innerstaatliche Angelegenheiten anderer Staaten einmischen wollen«[19].

Die »gravierendste und historisch wirksamste Bestimmung des ganzen Vertragswerkes«[20] stellte jedoch — so ein neueres Urteil — der Artikel II dar, mit der Verpflichtung,

»in keinerlei Verhandlungen mit der Hitler-Regierung oder irgendeiner anderen Regierung in Deutschland einzutreten, die nicht klar auf alle aggressiven Absichten verzichtet, und über keinen Waffenstillstand mit Deutschland oder irgendeinem anderen mit ihm bei den Angriffsakten in Europa verbündeten Staat zu verhandeln oder einen solchen abzuschließen, es sei denn mit gegenseitiger Zustimmung«[21].

Damit war der entsprechende Artikel aus der Vereinbarung vom 12. Juli 1941 dahingehend verschärft worden, daß die Verbündeten des Deutschen Reiches in Europa einbezogen wurden. Außerdem wurde eine Hitler nachfolgende deutsche Regierung nur dann für künftige Verhandlungen als akzeptabel deklariert, wenn sie zuvor auf »alle aggressiven Absichten« verzichtet habe. Diese sehr dehnbare Formulierung war bereits in dem von Eden am 16. Dezember 1941 in Moskau unterbreiteten britischen Entwurf enthalten gewesen und ging über den sowjetischen Vorschlag vom Dezember 1941 hinaus, weder mit einer Hitler-Regierung noch mit »jeder anderen, das nazi-imperialistische

Regime repräsentierenden deutschen Regierung« zu verhandeln[22]. Wie die Verbündeten auf die Versuche der Kontaktaufnahme deutscher Regime-Gegner, die gegenüber Großbritannien im Mai und Juni 1942 einen Höhepunkt erreichten[23], reagieren sollten, wurde vertraglich nicht festgelegt; eine Verbindung der Vertragspartner zu ihnen wurde jedoch nicht ausdrücklich untersagt, weil die oppositionellen Kreise in Deutschland noch keine »Hitler nachfolgende deutsche Regierung« (gemäß Vertragstext) darstellten oder als eine solche anzusehen waren, sondern sich erst in einem »Vorfeld« befanden. Immerhin wurde durch diesen Artikel II den deutschen Regime-Gegnern für den Fall eines Umsturzes in Deutschland und der Bildung einer das nationalsozialistische Regime beseitigenden Nach-Hitler-Regierung die Möglichkeit genommen, die Mächte der Anti-Hitler-Koalition gegeneinander auszuspielen. Weil es nahelag, daß von Deutschland ausgehende Friedensfühler entweder auf ein Arrangement mit den Westmächten oder auf einen Kompromißfrieden mit der UdSSR abzielten, aber nicht auf beides gleichzeitig, konnten die Regime-Gegner auf keine für sie günstige Verhandlungsposition mehr hoffen. So wurde durch den Vertrag vom 26. Mai 1942 zwar noch nicht die am 24. Januar 1943 in Casablanca erhobene Forderung nach »Unconditional Surrender« vorweggenommen[24], aber der Weg dahin war vorgezeichnet[25].

War die britische Festlegung gegen deutsche Friedensfühler vornehmlich auf die Furcht vor einer Verständigung Stalins mit Hitler hinter dem Rücken der westlichen Demokratien zurückzuführen, so daß der »Sicherheit, die der Artikel II [...] versprach, bei weitem größere Bedeutung beigemessen« wurde »als dem Nachteil, der sich daraus ergab, daß man eventuell eine Hegemonie Rußlands in Europa hinnehmen mußte«[26]? Welche Rolle spielte in der britischen Außenpolitik des Jahres 1942 überhaupt die Separatfriedensfurcht, die in der Forschung oft konstatiert und belegt wird mit Hinweisen auf »die schmerzliche Erinnerung an die von den Briten mitverursachte politische Kehrtwendung der Sowjetregierung von 1939«[27], auf die »mehrdeutigen« Äußerungen in Stalins Reden und Tagesbefehlen[28], auf ein Gespräch zwischen dem Botschafter Großbritanniens in Washington, Viscount Halifax, und Staatssekretär Sumner Welles am 30. März 1942[29] und natürlich auf Gerüchte über Sonderfriedensverhandlungen zwischen der UdSSR und dem Deutschen Reich, die man in westlichen Regierungskreisen geglaubt habe[30]?

Im Folgenden soll gezeigt werden, wie das 1942 maßgeblich für die Formulierung der britischen UdSSR-Politik verantwortliche Foreign Office die Zuverlässigkeit Stalins beurteilte und welche Konsequenzen daraus gezogen wurden. Vor einer Betrachtung aktiver Schritte der britischen Diplomatie gegenüber Moskau stehen zunächst einmal die Einschätzungen über die vielzitierten Stalin-Reden, die Funktion des Schreckgespensts Separatfrieden in den britisch-amerikanischen Beziehungen vor Abschluß des Vertrages vom

26. Mai 1942 und — soweit sich dies ermitteln läßt — die Reaktionen in Whitehall auf Gerüchte über deutsch-sowjetische Sondierungen im Mittelpunkt.

*Durchschaute Deutschland-Propaganda*

Fragt man nun danach, ob und inwieweit öffentliche Bemerkungen Stalins als dessen Bereitschaft zu einem Sonderfrieden mit Hitler interpretiert wurden, so müssen insbesondere die britischen Meinungen über Stalins Tagesbefehl vom 23. Februar 1942 und über seine Erklärung vom 6. November 1942 herangezogen werden.

Im Tagesbefehl vom 23. Februar fielen die oft zitierten Sätze des Diktators:

»Es wäre [...] lächerlich, die Hitler-Clique mit dem deutschen Volk, mit dem deutschen Staat gleichzusetzen. Die Erfahrungen der Geschichte besagen, daß die Hitler kommen und gehen, aber das deutsche Volk, der deutsche Staat bleibt.«

Aber nicht diese klar zwischen dem deutschen Volk und den Nationalsozialisten unterscheidende Passage aus dem Tagesbefehl bereitete dem für das News Department des Foreign Office tätigen E.H. Ewer am 27. Februar 1942 in erster Linie Sorge, sondern die dazu überleitenden, unmittelbar vorangestellten Bemerkungen Stalins:

»Die Rote Armee setzt sich das Ziel, die [...] Okkupanten aus unserem Land zu vertreiben und den Sowjetboden von den faschistischen deutschen Eindringlingen zu befreien. Es ist sehr wahrscheinlich, daß der Krieg für die Befreiung des Sowjetbodens zur Vertreibung oder Vernichtung der Hitlerclique führen wird. Wir würden einen solchen Ausgang begrüßen[31].«

Ewer vermißte in dem gesamten Tagesbefehl eine Bezugnahme auf die westlichen Verbündeten: »In der Tat wird in der ganzen Rede das Bündnis und der übrige Krieg nicht erwähnt, wenn man ›von der Befreiung des Sowjetbodens‹ absieht. Eine etwas weniger bewußte Unfreundlichkeit hätte man sich wohl kaum einfallen lassen können.« Gleichzeitig werde »den Deutschen unmißverständlich die Hand hingestreckt« und ihnen signalisiert, daß die Vernichtung Hitlers »aus Stalins Sicht nicht das absolut notwendige Ergebnis« des Krieges sei, »obwohl sie natürlich willkommen wäre«. Der Leiter der Northern Department im Foreign Office, Warner, wies eine solche Kritik an Stalin zurück und machte darauf aufmerksam, daß man Stalins Bemerkung auch ganz anders auffassen könne, nämlich als »eine Verstärkung des Drucks mit dem Ziel, eben die Reaktion hervorzurufen, die er als ›Lackmus-Test unserer Zuverlässigkeit‹ braucht« (gemeint waren damit die sowjetischen Territorialforderungen). Warner ging außerdem davon aus, daß nicht Stalin Hitler ein Angebot machen würde, sondern allenfalls dieser jenem. Eine solche Offerte müsse dann aber, so ein Kommentar des Unterstaatssekretärs Sir Orme Sargent, den Rückzug aller deutscher Truppen auf die Grenzen von 1940 beinhalten. Cadogan stimmte den die deutsch-sowjetischen Sonderfriedensmöglichkeiten eher skeptisch beurteilenden Ausführungen seiner höheren Beamten mit folgender Einschränkung zu: »Mit Stalin als Verbündetem muß man sich immer unbehaglich fühlen. Er rückversichert sich ständig, und meiner Meinung nach trifft das zu, was Mr. Ewer über Stalins künstlich fabrizierte Klagen schreibt[32].«

Am 28. Februar 1942 kam der britische Geschäftsträger in Moskau, Baggallay, zu dem Schluß, daß Stalin mit seinen Äußerungen offensichtlich keinen »Bruch« der Vereinbarung vom 12. Juli 1941 »beabsichtigt oder angedroht« habe:

»Wenn aber durch einen sowjetischen Waffenstillstand die Grenzen von 1941 ohne einen völligen deutschen Zusammenbruch wiederzugewinnen wären (was nach Lage der Dinge unwahrscheinlich erscheint), könnte Stalin sagen, daß er — trotz Abschluß einer separaten Waffenruhe — gerüstet bleibt und seine Grenzen verteidigt. Er könnte sich damit entschuldigen, daß seine Truppen ausgepumpt sind und er von ihnen keine weiteren Opfer für die Ziele der anderen Verbündeten zu fordern vermag. [...] Wenn die Alliierten der Ansicht sein sollten, Deutschland sei nur ungenügend geschlagen, dann müßten sie den Krieg eben selbst weiterführen.«

Für Baggallay wie auch für den Ostexperten Dew vom Foreign Office stellte der Tagesbefehl Stalins eine Warnung an die Westmächte dar, daß die UdSSR keinen Alleingang zur Niederwerfung Deutschlands beabsichtige; dies beinhalte die Forderung nach umfassender militärischer und materieller Unterstützung durch die Westalliierten. Dew kommentierte die Analyse von Baggallay abschließend:

»Was eine Übereinkunft zwischen Rußland und Deutschland betrifft, so zeigt M. Baggallay auf, daß sie zwar möglich, aber nicht wahrscheinlich ist. Ich stimme damit vollkommen überein.«

Dem schloß sich Warner an, während Sargent zweifelte, ob Stalin »seine Rede wirklich als eine Warnung vor seiner Bereitschaft zu einem Separatfrieden oder aber als eine Einladung an Hitler verstand, ihm einen solchen anzubieten«. Die das deutsche Volk betreffenden Perspektiven Stalins beurteilte der Unterstaatssekretär — und hier stimmte Cadogan ausdrücklich zu — als Propagandapolitik:

»Übrigens ist es möglich, daß Stalin die von Sir S. Cripps kürzlich vorgebrachte Behauptung[33], Stalin werde bei Kriegsende in Berlin sitzen, zum jetzigen Zeitpunkt als unangebracht ansah. Diese Behauptung beschwört für Millionen Deutsche und in der Tat all' jene Europäer, die von einem russischen Sieg die Einführung des Kommunismus befürchten, ein Schreckensbild herauf. Der Tagesbefehl könnte zum Teil darauf abgezielt haben, diese Leute zu beruhigen. Bemerkenswert ist vielleicht, daß Stalin nirgendwo den Kommunismus erwähnt, dagegen davon spricht, daß die Rote Armee im Geiste der Respektierung der Rechte der anderen Völker erzogen worden ist[34].«

Löste also bereits der Tagesbefehl vom 23. Februar kaum Sorgen oder Separatfriedensfurcht bei den Beamten des Foreign Office aus, so erst recht nicht die Erklärung vom 6. November 1942, trotz folgender Bemerkung Stalins:

»Eine solche Aufgabe wie die Vernichtung Deutschlands haben wir nicht, denn es ist unmöglich, Deutschland zu vernichten, so wie es unmöglich ist, Rußland zu vernichten. Aber den Hitler-Staat vernichten — das kann man und soll man. [...] Eine solche Aufgabe wie die Vernichtung jeder organisierten militärischen Kraft in Deutschland haben wir nicht, denn jeder einigermaßen Gebildete wird verstehen, daß das in bezug auf Deutschland ebenso wie auch in bezug auf Rußland nicht nur unmöglich, sondern vom Standpunkt des Siegers auch unzweckmäßig ist. Aber die Hitler-Armee vernichten — das kann man und soll man.«

Zwar kritisierte der Sowjetführer das Ausbleiben einer Zweiten Front in Europa, widmete sich aber — ganz im Gegensatz zum Tagesbefehl vom 23. Februar — der »englisch-sowjetisch-amerikanischen Koalition«; ihren Mitgliedern diktiere »die entstandene Gefahr [...] gebieterisch die Notwendigkeit des gemeinsamen Vorgehens, um die Menschheit vor dem Rückfall in Barbarei und mittelalterliche Bestialitäten zu retten«. Explizit bezeichnete Stalin den Vertrag vom 26. Mai 1942 als »historischen Wendepunkt in den Beziehungen zwischen unserem Land und England«[35].

Solche Bemerkungen — und nicht die an Deutschland gerichteten Propaganda-Adressen — interessierten das Foreign Office und wurden dort mit Freude aufgenommen[36]. Sargent und Cadogan hielten eine spezielle Replik des Außenministers auf Stalins Bemerkungen zur Zusammenarbeit mit den Westmächten für unbedingt erforderlich, zu der sich Eden am 26. November auch bereiterklärte und die am 2. Dezember 1942 vor dem britischen Unterhaus erfolgte[37]. Trotz Stalins positiven Andeutungen über eine bewaffnete Macht im Nachkriegsdeutschland, die in der Retrospektive einmal als »kaum verhülltes Freundschaftsangebot an die deutschen Militärs« überstrapaziert worden sind[38], empfand der gegenüber Moskau durchaus mißtrauische Cadogan Ende des Jahres 1942 die Rede Stalins vom 6. November als »eine Hauptentscheidung der sowjetischen Politik« zur Zusammenarbeit mit den beiden anderen großen Mächten[39].

### *Vorgegebene Sorge als Druckmittel*

Deuteten die Beamten des britischen Außenministeriums Stalins verbale Freundlichkeiten gegenüber den Deutschen mithin als grundsätzliche Linie seiner Propagandapolitik und als Mittel, die Westmächte unter Druck zu setzen und zu größeren militärischen Anstrengungen herauszufordern, so schreckten sie ihrerseits — damit durchaus dem sowjetischen »Muster« folgend — nicht davor zurück, die Furcht vor einem deutsch-sowjetischen Separatfrieden zu instrumentalisieren. Das Schreckgespenst Sonderfrieden spielte in der britischen Politik gegenüber den Vereinigten Staaten im Frühjahr 1942 eine Rolle, so in der Unterredung zwischen Cadogan und dem amerikanischen Geschäftsträger in London, Matthews, am 5. März 1942[40] oder in den Anweisungen des Foreign Office vom 7. März 1942 an Halifax für die mit der Washingtoner Administration zu führenden Gespräche wegen Stalins Territorialforderungen[41]. Als Halifax jedoch am 8. März 1942 über die feste Überzeugung von Präsident Roosevelt berichtete, »wir bräuchten keine Sorgen zu hegen, daß Rußland deswegen den Krieg beende« (nämlich wegen der ablehnenden Haltung in der Frage der Baltischen Staaten etc.), telegraphierte Eden sogleich zurück, es komme Großbritannien in erster Linie darauf an, »mit Stalin in wirklichen Kontakt zu kommen«, damit er den britischen »Ansichten und denen der Regierung der Vereinigten Staaten einige Aufmerksamkeit« schenke. Betreffend die Möglichkeit einer Verständigung zwischen Stalin und Hitler machte Eden dann auf seine wenige Tage zuvor ergangenen Instruktionen an Halifax aufmerksam[42]. Diese lauteten:

»Wir möchten weder den Eindruck vermitteln, wir seien übermäßig besorgt, noch die Wahrscheinlichkeit überbewerten, daß eine wohlwollende Antwort auf Stalins Forderungen ihn auch nur einen Moment zögern lassen würde, ein günstiges Friedensangebot Hitlers anzunehmen, falls es nach seiner Überzeugung für ihn vorteilhaft wäre. Vielleicht sind diese Hinweise auch absichtlich ausgestreut worden, um unsere Entscheidung zu beeinflussen. Aber nach unserer Ansicht lassen diese Überlegungen es sehr wünschenswert erscheinen, mit den Russen schon sehr früh über die Kriegführung zu diskutieren und so — wenn möglich — zu ermitteln, was sie vorhaben[43].«

Aber weder diese noch eine weitere, am 26. März 1942 dem Botschafter Großbritanniens in Washington erteilte Sprachregelung[44] hielten Halifax davon ab, während eines Gesprächs mit Welles am 30. März 1942 seine eigene Einschätzung von der »katastrophalen« Lage in Großbritannien als mögliche Folge einer von den Vereinigten Staaten erzwungenen britischen Weigerung, die sowjetischen Grenzen von 1940 anzuerkennen, wiederzugeben. Weit über Edens Anweisungen hinausgehend, ließ Halifax durchblicken, die Regierung Großbritanniens werde »wahrscheinlich stürzen, falls sich die Kriegslage für Großbritannien weiterhin verschlechtere und Stalin dann entweder Separatfriedensverhandlungen mit Hitler aufnehme oder aber eine deutlich erkennbare feindliche Haltung gegenüber Großbritannien einnehme«. Sir Stafford Cripps werde in einem solchen Fall Churchill nachfolgen: »vermutlich würde unter einer solchen Regierung eine ausgesprochene kommunistische, nach Moskau hin orientierte Politik verfolgt werden«[45].

Im Gegensatz zu dieser persönlichen Lageanalyse von Halifax, der vielleicht auch gesprächstaktische Momente zugrundelagen, wußte man im Foreign Office ziemlich genau, daß mit einem Friedensangebot Hitlers aufgrund der militärischen Lage während des Jahres 1942 nicht zu rechnen war, und eine diesbezügliche Initiative Stalins schloß man offensichtlich aus, obwohl man einräumte, daß Stalin langfristige Sonderfriedensmöglichkeiten andeutete, um daraus politische und militärische Vorteile in Form einer massiven Unterstützung durch den Westen zu ziehen[46]. Diese Absicht Stalins sei — so ist jüngst treffend festgestellt worden — in Whitehall nicht nur erkannt worden:

»Das britische Außenministerium entschloß sich deshalb zur Anwendung des gleichen Tricks. Lord Halifax wurde der Gedanke nahegelegt, die Russen könnten vielleicht versucht sein, Verhandlungen über einen Separatfrieden aufzunehmen, falls die Regierung der Vereinigten Staaten die unbeschränkte Zusammenarbeit mit den Russen verweigern sollte. Dadurch wurden die Gerüchte über Friedensfühler vom britischen Außenministerium zur Ausübung von Druck auf die Amerikaner benutzt, um sie in der Frage der sowjetischen Grenzen zu Konzessionen zu nötigen[47].«

*Vermutliche deutsche Initiativen*

Bevor nun die Reaktionen des Foreign Office auf im Juli 1942 kursierende Gerüchte über deutsch-sowjetische Verhandlungen betrachtet werden sollen, empfiehlt sich ein kurzer Blick auf die in der Sekundärliteratur über Friedensmöglichkeiten im Zweiten Weltkrieg und über deutsch-sowjetische Beziehungen erwähnten Sondierungen.

Im März 1942 soll von sowjetischer Seite ein sofortiger Waffenstillstand der deutschen Gesandtschaft in Stockholm angeboten worden sein, über Edgar Klaus (auch: Clauss) als Kontaktmann[48]. Am 14. Dezember 1942 soll eine weitere sowjetische Offerte — ebenfalls über Klaus — in Stockholm gemacht worden sein, und zwar mit der Möglichkeit eines Separatfriedensschlusses auf der Basis der Grenzen von 1939[49]. Als Kronzeuge für die These des zu diesen Zeitpunkten um Frieden nachsuchenden Stalin gilt Bruno Peter Kleist — seit 1941 in Doppelfunktion als Angehöriger des Alfred Rosenberg unterstellten »Ostministeriums« und der dem deutschen Auswärtigen Amt unterstellten »Zentralstelle Osteuropa« —, der 1950 seine Memoiren veröffentlichte[50].

Zweifel an Kleists Glaubwürdigkeit äußerte 1983 Heinrich Graf Einsiedel, der im Sommer 1943 jüngstes Präsidiumsmitglied im »Nationalkomitee Freies Deutschland« wurde. Einsiedel schloß aufgrund der Interessenlage Stalins sowjetische Sonderfriedensbestrebungen aus und bezeichnete Kleist als »Konfidenten Himmlers im Hause Ribbentrop«, also des Reichsführers SS beim Reichsaußenminister. Auch über Kleists Stockholmer Gesprächspartner und »Unterhändler« Klaus fiel Einsiedels Urteil eindeutig aus: er »war also schlicht ein deutscher Spion, zwar nur ein gerissener Hochstapler, der die Schimmerlosigkeit seiner Auftraggeber richtig einzuschätzen wußte, aber immerhin«[51]. Vor kurzem wurde die Unzuverlässigkeit der Aussagen von Kleist durch die Auswertung bisher nicht zugänglicher schwedischer und amerikanischer Geheimdienstquellen bestätigt. Danach wurden Initiativen nicht von sowjetischer, sondern von deutscher Seite aus gestartet, und zwar aus sehr unterschiedlichen »Ecken« und mit noch unterschiedlicheren Zielvorstellungen. Schlüsselfigur in Stockholm war Edgar Klaus, ein in Riga geborener »Protestant mit jüdischem Familienhintergrund«, der seit Mai 1941 im Auftrage des deutschen Abwehrchefs Canaris »mit möglichst vielen Russen« Verbindungen aufnahm. Seine Dienste wurden von Hitler-Gegnern ebenso in Anspruch genommen wie von Gefolgsleuten des Diktators, die den »Führer« aus militärischen Gründen für einen Separatfrieden an der Ostfront erwärmen wollten. In diesem Zusammenhang ist nicht nur auf das Mitte Juli 1942 gegründete Sonderreferat »Friedensfragen« im Führerhauptquartier (mit Schwerpunkt auf Presse- und Propagandaarbeit!) aufmerksam gemacht worden, sondern auch auf eine in der Umgebung Hitlers im Laufe des Jahres 1942 entstandene »Sprachregelung«, die es zur Bedingung machte, »daß bei jedem Gespräch über einen möglichen Frieden die Initiative von der anderen Seite bzw. der Feindseite ausgehen mußte«: Hitler mußte auf eventuelle Separatfriedensverhandlungen schon im Vorfeld eingestimmt werden, indem in Schriftstücken etc. stets die Fiktion gewahrt wurde, daß beispielsweise die sowjetische Seite kniefällig Gehör suchte, um Deutschland ein Angebot zu unterbreiten[52]. Demzufolge kann man lediglich davon sprechen, daß Kleist das Gespräch mit Klaus im Dezember 1942 als ein »Friedensangebot« interpretierte — ohne damit etwas über Stalins wirkliche Absichten aussagen zu können, es sei denn durch Bezugnahme auf die erwähnte Stalin-Erklärung vom 6. November 1942[53] als wenig überzeugende Hilfskonstruktion! Eine infolge der Informationen von Kleist vorgeschlagene und von Ribbentrop befürwortete Kontaktaufnahme mit Stalin über die sowjetische Botschaft in Stockholm lehnte Hitler ab[54].

Natürlich konnte sich auch die neueste Untersuchung über Edgar Klaus nicht auf sowjetische Quellen stützen, die allein Aufschluß über Stalins Willen zu einer Neuauflage des Hitler-Stalin-Paktes und den Zeitpunkt von unterstellten Aktionen geben könnten. Auch die britischen Akten der Botschaft in Stockholm sind auf 75 Jahre gesperrt, so daß sich zur Zeit weder der britische Kenntnisstand aufgrund von Gerüchten etc. noch die Rückwirkungen auf das Foreign Office präzise rekonstruieren lassen. Schließlich ist zu Recht darauf hingewiesen worden, daß man gerade wegen der »schütteren deutschen Quellenbasis« die deutsch-sowjetischen Sondierungen »nicht exakt bestimmen, sondern nur erschließen« könne[55]. Ein solches »Erschließen« ist allerdings kaum möglich; daher sollte man bei der Formulierung vom »tatsächlichen oder scheinbaren Streben nach einer Verständigung mit Deutschland« von sowjetischer Seite aus[56] den Akzent auf den Begriff »scheinbar« legen und die Initiative eher bei verschiedenen deutschen Kreisen vermuten.

Mit einem scheinbaren Streben Moskaus oder einer Anhörung deutscher Vorstellungen über einen eventuellen Friedensschluß, die der Sowjetregierung noch für die Phase des Krieges zwischen der deutschen Kapitulation in Stalingrad und der Schlacht um Kursk im Juli 1943 (als die deutsche Offensivkraft endgültig verlorenging) unterstellt werden[57], verfügte Stalin, der der totalen Erschöpfung der Kräfte der Roten Armee vorbeugen und deshalb die Westmächte zu verstärkten Kriegsanstrengungen anspornen wollte, zwar über ein ihm geeignet erscheinendes Druckmittel, das aber— wie bereits gezeigt — in London schon während des Jahres 1942 als ein solches erkannt worden war. Daß darüber hinaus die britischen Diplomaten die Initiative für einen Sonderfrieden stets Hitler bzw. der deutschen Seite und nicht Stalin zuschrieben, verdeutlichen ihre Kommentare zu einem Telegramm des Gesandten Großbritanniens in Stockholm, Mallet, vom 19. Juli 1942 über geheime deutsch-sowjetische Sonderfriedensverhandlungen. Für G. Wilson vom Northern Department klang

»das alles nach Schwindel [...] Die UdSSR wird keinen Separatfrieden schließen und uns und den Vereinigten Staaten die Ehre und die Früchte des Sieges überlassen, es sei denn, sie ist sich ziemlich sicher, daß die Deutschen sowieso gewinnen und die eigenen Existenzchancen bereits den Nullpunkt erreicht haben.«

In einem solchen Fall — so sein Kollege Dew — »würde Hitler aller Wahrscheinlichkeit nach keine Bedingungen« zu Stalins Rettung anbieten. Warner glaubte indessen sogar an »offizielles deutsches ›Geflüster‹«, während Sargent einen Friedensfühler Hitlers für möglich hielt, wenn dieser die Rote Armee vor Wintereinbruch nicht entscheidend schlagen würde; erst ein solches Angebot könne gewisse Reize auf Stalin ausüben, den man dann von britischer Seite davon überzeugen müsse, daß bei einem Sonderfrieden mit Deutschland »die Gefahr für sein Land und sein Regime größer sein werde als bei der Fortsetzung des Kampfes durch den Winter hindurch«. Auch Cadogan wollte bei einem wirklich günstigen Angebot Hitlers einen Separatfrieden nicht ausschließen: »Bei der gegenwärtigen militärischen Lage würde ich aber keine Möglichkeit sehen, daß Hitler einen solchen anbietet; vielleicht können wir uns mit dieser Überlegung trösten[58].« Der britische Staatssekretär zeigte sich damit optimistischer als noch Anfang Mai 1942, als er in der letzten Phase der schwierigen Vertragsverhandlungen mit der UdSSR festgestellt hatte, daß ein Bündnis mit Großbritannien für die Sowjets keinen Wert besitze, wenn sie sich

»aus einer Notlage heraus entweder zu einer Kapitulation oder zu hastigen Friedensverhandlungen gezwungen sehen sollten«: »Außerdem wissen sie, daß wir dann ohnehin noch im Krieg blieben — deshalb hat eine Klausel, die einen Separatfrieden ausschließt, für sie keinerlei Bedeutung[59].«

Aus dieser Perspektive ließ sich die UdSSR im Ernstfall nicht durch den Separatfriedensverzicht, den man Großbritannien gelobt hatte, von einem Arrangement mit Deutschland abbringen; damit war jedoch noch nichts über die Funktion des britischen Versprechens, keinen Frieden im Alleingang mit Deutschland zu schließen, und die — für den Normalfall — erhoffte Wirkung auf die Kreml-Führung ausgesagt.

### *Vertrauensbildende Maßnahmen*

Konnten mit dem Vertrag vom 26. Mai 1942 aus britischer Sicht nicht zuletzt die Rahmenbedingungen für die Nachkriegsordnung in eine bestimmte, auf Kooperation mit der UdSSR abzielende Richtung[60] festgelegt werden, so kam es der britischen Diplomatie mit dem Artikel II vor allem darauf an, sowjetische Befürchtungen vor einem deutsch-britischen Zusammengehen — entweder während des Krieges oder auch danach — zu zerstreuen. Der öffentlich bekundete beiderseitige Verzicht auf eine Verständigung mit Deutschland stellte für London eine vertrauensbildende Maßnahme gegenüber Moskau dar, weil man im Foreign Office offensichtlich davon ausging, daß die »die Karte einer Bolschewisierung Europas« ständig überreizenden[61] Kontaktversuche deutscher oppositioneller Kreise mit den Briten der sowjetischen Führung nicht verborgen blieben. Aus diesem Grunde legte sich Großbritannien selbst eine umfassende Beschränkung in der psychologischen Kriegführung gegenüber Deutschland auf. Als sich in einem Memorandum der für diesen Bereich zuständigen »Political Warfare Executive« vom 6. Januar 1942 für ein an deutsche Regime-Gegner adressiertes Hoffnungsmotiv in der britischen Deutschland-Propaganda ausgesprochen wurde, kommentierte Unterstaatssekretär Strang:

> »wir sollten bei der Behandlung der Angelegenheit ›Frieden mit den christlichen Generalen‹ sehr vorsichtig sein, und sei es auch nur deshalb, weil die Russen die Regierung seiner Majestät verdächtigen könnten, eine Neigung in dieser Richtung zu haben«. Eden sah sich daraufhin zu folgender Randbemerkung veranlaßt: »Ich stimme zu. Mir mißfällt dies aus Gründen, die Rußland betreffen[62].«

Damit war einerseits eine zwar in der Folgezeit umstrittene, jedoch grundsätzlich durchgehaltene Leitlinie für die britische Deutschland-Propaganda festgelegt, die weder der von Stalin bevorzugten Unterscheidung zwischen dem deutschen Volks und den Nationalsozialisten noch der von Lord Vansittart in der öffentlichen Diskussion in Großbritannien vertretenen These von einer Kollektivschuld des deutschen Volkes folgte, sondern lediglich eine ausdrückliche Identifikation der NS-Führung bzw. der Kriegsverbrecher mit der Masse der übrigen Deutschen vermied, um eine starke individuelle Verunsicherung bei den Letztgenannten herbeizuführen[63]. Andererseits wurde die von Churchill am 20. Januar und am 10. September 1941 angeordnete »Politik des völligen Schweigens« gegenüber deutschen Friedensfühlern[64] erneut bestätigt und bei den Kontaktversuchen von Adam von Trott zu Solz, Dietrich Bonhoeffer und Hans Schönfeld im Frühjahr 1942 auch unbeirrbar verfolgt. Diesbezüglich trug Eden am 11. Mai 1942 dem Kriegskabinett vor, daß er alle Auslandsmissionen wiederholt angewiesen habe, allein schon Gerüchte über Friedensfühler »müßten vollkommen ignoriert werden«: »Andernfalls besteht die Gefahr, daß in den Köpfen unserer russischen Verbündeten Mißtrauen gesät wird[65].«

Trotzdem vertiefte sich in Moskau wahrscheinlich während der folgenden Monate die Ungewißheit über die außenpolitischen Absichten Großbritanniens; jedenfalls hielt der Vertrag vom 26. Mai 1942 die UdSSR im Herbst 1942 nicht davon ab, das bis zu diesem Zeitpunkt stillschweigende Einverständnis der Alliierten, kein verbündetes Land solle das andere kritisieren, zu brechen und in einem Leitartikel der Zeitung »Pravda« am 19. Oktober 1942 die Frage aufzuwerfen, ob der zum Kriegsgefangenen erklärte Heß eigentlich ein Kriegsverbrecher sei, der ein Gerichtsverfahren und eine Verurteilung verdiene, oder aber ein Gesandter Hitlers, der die diplomatische Immunität genieße; darüber hinaus wurde Großbritannien als Refugium für »Gangster« bezeichnet[66]. Wilson deutete diese Anwürfe noch am gleichen Tag dahingehend, daß nach sowjetischer Meinung Großbritannien Heß »festhalte, um Friedensverhandlungen mit ihm zu beginnen«, während der für die Leitung des Central Department im Foreign Office zuständige Frank Roberts eher amüsiert kommentierte: »Zufälligerweise sehe ich nicht, wie die sowjetische Regierung Beweise gegen Heß vorbringen kann, mit dem sie sich zumindest offiziell in bestem Einvernehmen befand, als er hierher flog[67].« Eden glaubte sich immerhin am 21. Oktober – nach einem Kabinettsbeschluß – während einer Fragestunde des britischen Unterhauses zu klärenden Worten gezwungen, daß Heß »vor dem deutschen Angriff auf die UdSSR« nach England gekommen sei und als Kriegsgefangener behandelt werde: »Es hat nie zur Diskussion gestanden und wird es auch nie, ihn als Gesandten zu behandeln oder ihm irgendeinen diplomatischen oder privilegierten Status zuzugestehen[68].«

Als die Kreml-Führung im Zusammenhang mit dem »Fall Heß« noch im November 1942 (während der alliierten Diskussionen über die Behandlung von Kriegsverbrechern) auf eine sofortige Aburteilung der in Gefangenschaft geratenen Kriegsverbrecher drängte, lehnte man dies in Whitehall unter Hinweis auf die dann zu befürchtenden deutschen Repressalien ab. Blieb damit das Verhältnis der Westmächte zur UdSSR weiterhin durch den deutschen »Friedensparlamentär« in britischer Ehrenhaft gefährdet, da er aus sowjetischer Sicht jederzeit als Kern einer deutschen, nach Westen hin orientierten Nach-Hitler-Regierung eingesetzt werden konnte, so fühlte sich Großbritannien zu zusätzlichen Schritten veranlaßt, um sich als verläßlicher Partner Stalins zu erweisen und das in Moskau vermutete und sowjetischerseits in Verhandlungen über die Nachkriegsordnung immer wieder herausgestellte Mißtrauen gegenüber den Westmächten auszuräumen, obwohl man im Foreign Office kaum an der Zuverlässigkeit des Verbündeten Stalin zweifelte (seit Mitte 1941 hatte London nachrichtendienstliche Tätigkeiten gegenüber Moskau weitgehend eingestellt und sogar auf eine Entzifferung des sowjetischen Funkverkehrs, zu der man britischerseits in der Lage war, völlig verzichtet[69]). Am 4. November 1942 wurde auf einer Besprechung im Foreign Office eine Übereinkunft über Friedensfühler, die »zu einer Quelle des Mißtrauens und Mißverständnisses werden könnten«, vorgeschlagen — unter Einbeziehung der Vereinigten Staaten und unter Ausweitung auf Kontaktversuche von Regime-Gegnern (damit über den Vertrag vom 26. Mai hinausgehend, der sich lediglich auf Separatfriedensverhandlungen mit einer wie auch immer gearteten gegnerischen Regierung bezog): »Wir unterrichten bereits sowohl die amerikanische als auch die sowjetische Regierung über an uns gerichtete Kontaktversuche[70].« Auf der Moskauer Außenministerkonferenz legte Eden dann einen entsprechenden »Resolutionsentwurf über Friedensfühler von den Feindmächten« (»von der Regierung, irgendeiner Gruppe oder einer Einzelperson«) vor, der Eingang in das Geheime Protokoll der Konferenz der Außenminister Großbritanniens, der UdSSR und der Vereinigten Staaten vom 1. November 1943 fand[71].

Gegen Ende des Jahres 1942 ließ Eden in einer öffentlichen Erklärung vor dem britischen Unterhaus keinen Zweifel daran, daß sich Großbritannien keine Hoffnungen auf einen Umsturz in Berlin machte und ein Umsturz allein nicht mehr ausreichen würde, weil — so die Formulierung vom 2. Dezember 1942 — eine vollständige »Vernichtung der alten falschen Götter« in Deutschland notwendig sei[72]. Die auf diese Weise angekündigten Eingriffe in die innere Struktur Deutschlands bedurften einer bedingungslosen Kapitulation, die während des Jahres 1942 öffentlich im Grundgedanken bereits in verschiedenen Formen entwickelt[73], wenn auch noch nicht in unmißverständlicher Eindeutigkeit formuliert wurde und schon lange vor Casablanca eine selbstverständliche Grundannahme für die interne britische Nachkriegsplanung darstellte. Die am 24. Januar 1943 auf einer Pressekonferenz von Roosevelt erhobene und von Churchill mitgetragene Forderung nach »Unconditional Surrender« setzte nicht nur den auf Rückhalt unter führenden Militärs zur Durchführung eines Umsturzes in Deutschland angewiesenen Hitler-Gegnern »verhängnisvoll enge Grenzen«[74], weil auch ihnen nichts anderes als die totale Niederlage und Entwaffnung Deutschlands in

Aussicht gestellt wurde, sondern hatte darüber hinaus eine beruhigende Wirkung auf das mißtrauische Moskau, weil die sich gegenüber den Deutschen kompromißlos zeigenden westlichen Alliierten konkretisierten, was sie unter einem deutschen Verzicht auf »alle aggressiven Absichten« (Artikel II des britisch-sowjetischen Vertrages vom 26. Mai 1942) verstanden.

## Anmerkungen

1 B. Martin, Verhandlungen über separate Friedensschlüsse 1942–1945. In: Militärgeschichtliche Mitteilungen, 2 (1976), S. 96.

2 Zitat nach: D. Irving, Rudolf Heß – ein gescheiterter Friedensbote? Die Wahrheit über die unbekannten Jahre 1941–1945. Graz 1987, S. 122.

3 D. Dilks (Hrsg.), The Diaries of Sir A. Cadogan 1938–1945. London 1971, S. 377.

4 Dokumente zur Deutschlandpolitik. Bd I/1: 3. September 1939 bis 31. Dezember 1941. Britische Deutschlandpolitik. Bearb. von R. A. Blasius. Frankfurt/M. 1984, S. 379.

5 Vgl. dazu: G. Gorodetsky, The Hess affair and the Anglo-Soviet relations on the eve of »Barbarossa«. In: English Historical Review, 101 (1986), S. 412.

6 Ebd., S. 419.

7 E. Deuerlein, Die Einheit Deutschlands. Bd I: Die Erörterungen und Entscheidungen der Kriegs- und Nachkriegskonferenzen 1941–1949. Darstellung und Dokumente. Frankfurt/M. 21961, S. 303.

8 A. Hillgruber, Der Zweite Weltkrieg. Kriegsziele und Strategien der großen Mächte. Stuttgart u.a. 1982, S. 77.

9 So in einem Memorandum für das Kriegskabinett vom 28. Januar 1942, in: Dokumente zur Deutschlandpolitik. Bd I/3: 1. Januar bis 31. Dezember 1942. Britische Deutschlandpolitik. Bearb. von R. A. Blasius. Frankfurt/M. 1989, S. 76.

10 Vgl. dazu: »Zur Einführung«, ebd., S. VII ff.

11 Vgl. dazu einen Kommentar von G. W. Wilson vom 19. März 1942, ebd., S. 302, Anm. 2.

12 A. Boyle, The Climate of Treason. London 1980, S. 230.

13 H. Fromm, Deutschland in der öffentlichen Kriegszieldiskussion Großbritanniens. Frankfurt/M. 1982, S. 102.

14 P. Addison, The Road to 1945. British Politics and the Second World War. London 1975, S. 136.

15 A. J. P. Taylor, English History 1914–1945. Oxford 1965, S. 543.

16 Fromm, Deutschland (wie Anm. 13), S. 108.

17 Vgl. dazu: P. Böttger, Winston Churchill und die Zweite Front (1941–1943). Ein Aspekt der britischen Strategie im Zweiten Weltkrieg. Frankfurt/M., Bern, New York 1984, S. 63.

18 Telegramm von Eden vom 26. März 1942 an Halifax. Public Record Office London (PRO): Anlage 2 zu CAB 66/23 (W.P. [42] 144) vom 5. April 1942.

19 Deuerlein, Einheit (wie Anm. 7), S. 305.

20 L. Kettenacker, Krieg zur Friedenssicherung. Die Deutschlandplanung der britischen Regierung 1939–1945. Habil. (maschinenschriftlich), Frankfurt/M. 1982,

S. 98: Diese Bestimmung markiere zugleich den Höhepunkt und das Ende britischer Gleichgewichtspolitik.

21 Deuerlein, Einheit (wie Anm. 7), S. 305.

22 Dokumente zur Deutschlandpolitik (wie Anm. 4), I/1 (1939—1941), S. 611 f.

23 Zur öffentlichen Diskussion in Großbritannien um das andere Deutschland und die internen Reaktionen (Foreign Office etc.) auf deutsche »Friedensfühler« im Jahre 1942 vgl. R. A. Blasius, Waiting for Action. In: F. Nicosia, L. Stokes (Hrsg.), Opposition and Resistance to National Socialism in Germany, 1925—1945. Essays in Honour of Peter Hoffmann. Oxford (im Druck).

24 Vgl. dagegen Kettenacker, Krieg (wie Anm. 20), S. 99, der den Artikel II des Vertrages vom 26. Mai bereits als Vorwegnahme der Casablanca-Formel auffaßt.

25 Vgl. dazu die Angaben in Anm. 73.

26 Kettenacker, Krieg (wie Anm. 20), S. 98.

27 A. Tyrell, Großbritannien und die Deutschlandpolitik der Alliierten 1941—1945. Frankfurt/M. 1987, S. 71.

28 V. Mastny, Moskaus Weg zum Kalten Krieg. Von der Kriegsallianz zur sowjetischen Vormachtstellung in Osteuropa. München, Wien 1980, S. 92.

29 Ebd., S. 57. Mastny räumt allerdings ein: »Aber solche Ängste entbehrten der Grundlage, solange sich die Rote Armee in ihrer Zwangslage befand.«

30 Tyrell, Großbritannien (wie Anm. 27), S. 91.

31 J. Stalin, Über den Großen Vaterländischen Krieg der Sowjetunion. Berlin 1952 (Bücherei des Marxismus-Leninismus, Bd 9), S. 49 f.

32 Dokumente zur Deutschlandpolitik (wie Anm. 9), I/3 (1942), S. 176 f.

33 Für einen Auszug aus der Rede von Cripps vom 9. Februar 1942 in Bristol, die auch vom Rundfunk übertragen wurde, vgl. ebd. (1942), S. 153 f., Anm. 2.

34 Ebd., S. 179 (Zitat von Baggallay), S. 188 (Zitat von Dew) und S. 189 (Zitat von Sargent).

35 Stalin, Großer Vaterländischer Krieg (wie Anm. 31), S. 81 ff. Vgl. dazu auch den Befehl Stalins vom 7. November 1942 (in seiner Eigenschaft als Volkskommissar für Verteidigung), der eine starke antideutsche Tendenz aufwies: die »rückwärtigen Einrichtungen und Dienste« der Wehrmacht seien durch die »Partisanen-Volksbewegung« zu »zerstören und die faschistischen deutschen Schurken auszurotten [...] Tod den faschistischen deutschen Okkupanten!« Ebd., S. 91.

36 Zu den Reaktionen vgl. Dokumente zur Deutschlandpolitik (wie Anm. 9), I/3 (1942), S. 1031 f.

37 Ebd., S. 1094 f.

38 Mastny, Moskaus Weg (wie Anm. 28), S. 92.

39 So Cadogan am 29. Dezember 1942. Zitat nach: V. Rothwell, Britain and the Cold War 1941—1947. London 1982, S. 101.

40 Vgl. das Schreiben von Matthews vom 5. März 1942 an Außenminister Hull, in: Foreign Relations of the United States (FRUS), Washington 1952 ff. 1942. Vol. III, S. 528. Vgl. auch das Schreiben von Matthews vom 13. März 1942 an Hull, ebd., S. 533.

41 PRO: OF 371/32877/N1174. Vgl. auch: E. L. Woodward, British Foreign Policy in the Second World War. Vol. II. London 1971, S. 239.

42 Dokumente zur Deutschlandpolitik (wie Anm. 9), I/3 (1942), S. 202 f.

43 Ebd., S. 203, Anm. 3.

44 PRO, Anlage 2 zu CAB 66/23 (W.P. [42] 144) vom 5. April 1942.

[45] Dokumente zur Deutschlandpolitik. Bd I/2: 11. August 1941 bis 31. Dezember 1942. Amerikanische Deutschlandpolitik. Bearb. von M.-L. Goldbach. Frankfurt/M. 1986, S. 187 f.

[46] Vgl. dazu das Memorandum von Eden vom 28. Januar 1942; Dokumente zur Deutschlandpolitik (wie Anm. 9), I/3 (1942), S. 73 ff. (zur Beurteilung einer Sonderfriedensmöglichkeit in langfristiger Perspektive).

[47] M. Kitchen, British Foreign Policy towards the Soviet Union during the Second World War. London 1986, S. 118.

[48] Vgl. dazu Martin, Verhandlungen (wie Anm. 1), S. 101; ders., Deutsch-sowjetische Sondierungen über einen separaten Friedensschluß im Zweiten Weltkrieg. In: J. Auerbach, A. Hillgruber, G. Schramm (Hrsg.), Felder und Vorfelder russischer Geschichte, Studien zu Ehren von Peter Scheibert. Freiburg/Br. 1985, S. 284.

[49] Vgl. dazu Martin, Verhandlungen (wie Anm. 9), S. 101; ders., Sondierungen (wie Anm. 48), S. 284; H. W. Koch, The Spectre of a Separate Peace in the East: Russo-German »Peace Feelers«, 1942—1944. In: Journal of Contemporary History, 10 (1975), S. 533 f.; J. Schröder, Bestrebungen zur Eliminierung der Ostfront, 1941—1943. In: M. Salewski, J. Schröder (Hrsg.), Dienst für die Geschichte. Gedenkschrift für Walther Hubatsch. Göttingen, Zürich 1985, S. 207.

[50] B. P. Kleist, Zwischen Stalin und Hitler. Bonn 1950. Vgl. dazu Mastny, Moskaus Weg (wie Anm. 28), S. 92 (über die »Offerte« vom 12. Dezember 1941): »obwohl Kleists Bericht hierüber nicht verifizierbar ist [...]«.

[51] H. Graf Einsiedel, Bridge mit Madame Kollontaj. Suchte Stalin 1943 einen Sonderfrieden mit Hitler? Fragen zu den Stockholmer Gesprächen. In: Die Zeit, Nr. 40 vom 30. September 1983. Vgl. dagegen B. Martins kritischen Leserbrief: »Dümmliche Historiker« (Die Zeit, Nr. 46 vom 11. November 1983), allerdings mit dem Zugeständnis: »Umstritten bleiben hingegen, nicht zuletzt wegen der schütteren Quellenlage, Initiatoren, genauer Verlauf und besonders der politische Stellenwert dieser Gespräche.« Martin erwähnt aber trotzdem den »Alptraum deutsch-sowjetischen Zusammengehens im Jahr 1943 in London und Washington«.

[52] I. Fleischhauer, Die Chancen des Sonderfriedens. Deutsch-sowjetische Geheimgespräche 1941—1945. Berlin 1986, S. 90 ff. Vgl. dazu auch J. Schröders Rezension in der Frankfurter Allgemeinen Zeitung (Nr. 231 vom 6. Oktober 1987). Schröder vertritt die Meinung, das erwähnte Sonderreferat sei nicht mit einer »über jeden Zweifel erhabenen Quelle oder auch nur mit einer Information aus erster Hand« belegt.

[53] So Mastny, Moskaus Weg (wie Anm. 28), S. 92: »Schon am 6. November 1942 hatte Stalin in einer öffentlichen Rede damit gelockt, daß es »nicht das Ziel der Sowjetunion sei, jede organisierte militärische Macht in Deutschland zu zerstören [...]«. Dieser Kommentar stimmte mit seinen Bemerkungen vom Februar 1942 überein, doch gaben die Erfolge der Roten Armee seinen Worten mittlerweile einen tieferen Sinn. Stalins Darstellung war ein kaum verhülltes Freundschaftsangebot an die deutschen Militärs«.

[54] Vgl. dazu Schröder, Bestrebungen (wie Anm. 49), S. 208 f.

[55] Martin, Deutsch-sowjetische Sondierungen (wie Anm. 48), S. 280.

[56] Schröder, Bestrebungen (wie Anm. 49), S. 213.

[57] Vgl. dazu: I. Fleischhauer, Der Widerstand gegen den Rußlandfeldzug. Berlin 1987 (= Gedenkstätte Deutscher Widerstand Berlin. Beiträge zum Widerstand 1933—1945. H. 31), S. 22 f.

[58] Dokumente zur Deutschlandpolitik (wie Anm. 9), I/3 (1942), S. 620 ff.

[59] Ebd., S. 331.

60 Vgl. dazu auch L. Kettenacker, The Anglo-Soviet Alliance and the Problem of Germany, 1941–1945. In: Journal of Contemporary History, 17 (1932), S. 439 ff.

61 B. Martin, Deutsche Oppositions- und Widerstandskreise und die Frage eines separaten Friedensschlusses im Zweiten Weltkrieg. In: K.-J. Müller (Hrsg.), Der deutsche Widerstand 1933–1945. Paderborn 1986, S. 95.

62 Dokumente zur Deutschlandpolitik (wie Anm. 9), I/3 (1942), S. 23 und S. 23, Anm. 15.

63 Vgl. dazu u.a. ebd., S. 952 f.

64 Dokumente zur Deutschlandpolitik (wie Anm. 4), I/1 (1939–1941), S. 269 und S. 269, Anm. 3.

65 Dokumente zur Deutschlandpolitik (wie Anm. 9), I/3 (1942), S. 341.

66 Vgl. dazu ebd., S. 910, Anm. 1. Vgl. auch Irving, Heß (wie Anm. 2), S. 301 f.

67 Dokumente zur Deutschlandpolitik (wie Anm. 9), I/3 (1942), S. 911.

68 Ebd., S. 915.

69 Vgl. dazu A. Glees, The Secrets of the Service. British Intelligence and Communist Subversion 1939–1951. London 1987, S. 247 ff. und 263 ff.

70 Dokumente zur Deutschlandpolitik (wie Anm. 9), I/3 (1942), S. 949.

71 FRUS 1943, Vol. I, S. 753 f. (Auszug aus dem Geheimen Protokoll), S. 680 (Sitzung vom 30. Oktober 1943) und S. 737 (Conference Document No. 33: Britisch Draft).

72 Dokumente zur Deutschlandpolitik (wie Anm. 9), I/3 (1942), S. 1095.

73 Vgl. dazu ebd., S. 3 (Erklärung der Vereinigten Nationen vom 1. Januar 1942), S. 6 (Leitartikel der Zeitung »The Times« vom 1. Januar 1942), S. 981 (Thronrede von Georg VI. vom 11. November 1942) und S. 1167 (Rede des Labour-Politikers Greenwood vom 18. Dezember 1942).

74 K. D. Bracher, Europa in der Krise. Innengeschichte und Weltpolitik seit 1917. Frankfurt/M. 1979, S. 259.

Lothar Kettenacker

# »Unconditional Surrender« als Grundlage der angelsächsischen Nachkriegsplanung

In der neueren Forschung über »Unconditional Surrender« treten zwei Tendenzen hervor: 1. Ein Abrücken von der durch den »Kalten Krieg«, die Entdeckung und Propagierung des »anderen Deutschland« und nicht zuletzt die Memoirenliteratur aus der NS-Zeit bedingten Kritik an der angeblich kriegsverlängernden Wirkung[1]; 2. eine zunehmende Relativierung der Beschlußfassung von Casablanca[2], die nicht länger als eine unvermittelte Eingebung des amerikanischen Präsidenten interpretiert wird. Die folgenden Ausführungen sollen die hier nur andeutungsweise charakterisierte Forschung keineswegs in Frage stellen; vielmehr gilt es, sie zu bestätigen, zu ergänzen und noch deutlicher zu akzentuieren. Während Günther Moltmann[3] und Michael Balfour[4] die Motive für das Zustandekommen der Forderung nach bedingungsloser Kapitulation eingehend und im ganzen zutreffend dargelegt haben, geht es in diesem Beitrag darum, durch Einbeziehung des britischen Anteils die Genesis und strukturelle Bedingtheit einer Politik aufzuzeigen, die in Casablanca der Weltöffentlichkeit in einer eingängigen Formel bekanntgegeben wurde.

Eine zentrale These ist damit bereits genannt: In Casablanca wurde kein neues Kriegsziel formuliert, sondern nur, zumindest im Hinblick auf Deutschland, ein intern längst feststehendes Programm publik gemacht. In der Debatte über die politische Zweckmäßigkeit einer so klaren Absage an alle Hoffnungen auf einen Kompromißfrieden wird im allgemeinen dieser Sachverhalt zu wenig berücksichtigt. Wenn man davon ausgeht, daß ein Verhandeln vor einem Umsturz grundsätzlich nicht in Betracht kam, weder mit Vertretern des Hitler-Regimes noch mit Abgesandten der deutschen Opposition, dann ist die auf den Begriff gebrachte Propagierung dieses Vorgehens nur die letzte Stufe eines viel früher einsetzenden Entscheidungsprozesses. Zu klären war schließlich nur die Frage, ob es ratsam war, das den bisherigen Planungen für das Kriegsende zugrundeliegende Prinzip bekanntzugeben. So gesehen betraf die Beschlußfassung von Casablanca eher die psychologische Kriegführung als die Kriegszielpolitik, wiewohl natürlich der eminent politische Charakter einer öffentlichen Verlautbarung und der damit eingegangenen Bindung nicht verkannt werden soll.

Auch wenn als unbestritten gelten kann, daß die Initiative zur Verkündung von »Unconditional Surrender« von Rossevelt ausging, so ist daraus noch nicht zu schließen, daß Washington davor oder danach diese Politik auch am konsequentesten vertreten hätte. Auch diese Differenzierung ist bisher unterblieben. Bisher standen meist die Motive des amerikanischen Präsidenten im Mittelpunkt der Erörterung[5]. Tatsächlich hatte sich die britische Regierung früher festgelegt als die amerikanische, und zwar deshalb, weil sie sich zwei Jahre länger im Krieg befand, als einzige der beiden angelsächsischen Mächte ein Bündnis mit der Sowjetunion abgeschlossen hatte und in ihrer Nachkriegsplanung weiter fortgeschritten war. Es läßt sich nachweisen, daß London in den letzten zweieinhalb Kriegsjahren nicht nur keine Abstriche an diesem Kriegsziel machte, sondern sogar am entschiedensten die Konsequenzen daraus zog.

Daß »Unconditional Surrender« nichts über die Härte der tatsächlich vorgesehenen Bedingungen aussagt, ist nicht neu. Die Tatsache, daß diese Feststellung von britischer und amerikanischer Seite während des Krieges zu wiederholten Malen getroffen wurde, ist kein Beweis dafür, daß die bei diesen Gelegenheiten gegebenen allgemeinen Zusicherungen nicht ernst gemeint gewesen seien. Zwei Hinweise mögen an dieser Stelle genügen: Italien ist mit der bedingungslosen Kapitulation nicht schlecht gefahren. Und Stalin, von dem die drastischsten Friedensbedingungen zu erwarten waren, hielt nichts von dieser Forderung, da sie gegen die Grundregeln der psychologischen Kriegführung verstieß und nur geeignet war, den Widerstandswillen der deutschen Truppen im Osten zu festigen[6]. Auf deutscher Seite neigte man zur radikalsten Auslegung, im Sinne von »finis Germaniae«, und zwar sowohl unter Anhängern wie Gegnern des Regimes[7]. Freilich war die nationalkonservative Führungselite noch sehr in machtstaatlichen Kategorien befangen und dachte weniger an die sinnlose Zerstörung der konkreten Lebensbedingungen des deutschen Volkes als an das Machtpotential des großdeutschen Reiches, insbesondere seine Bollwerkfunktion gegenüber dem Osten.

Die Genesis der »Unconditional Surrender«-Forderung zeigt erstens, wie früh die Weichen in diese Richtung gestellt wurden, und zweitens, wie der Begriff erst allmählich konkretisiert wurde, unter bewußter Ausklammerung der wirklich einschneidenden Friedensbedingungen.

Schon bald nach Kriegsausbruch sah sich die britische Regierung unter Druck gesetzt, ihre Kriegs- und Friedensziele bekanntzugeben, zumal von einer entschlossenen Kriegführung zunächst nicht die Rede sein konnte. Nach dem »Friedensangebot« Hitlers vom 6. Oktober 1939 war eine Stellungnahme unausweichlich geworden. In dieser Lage traf Chamberlain im Kabinett eine Feststellung, deren grundlegende Bedeutung damals wohl kaum erkannt worden sein dürfte: »We should avoid any precise statement of our war aims[8].« Diese Richtlinie, der sich Churchill ausdrücklich anschloß, sollte bis Kriegsende gültig bleiben. Gewiß, einen Kompromißfrieden, auf den Chamberlain um diese Zeit noch hoffte, schloß diese Formel nicht aus. Aber sie gestattete es auch nicht, deutschen Regimegegnern konkrete Zusicherungen zu geben. Sie hatte genau die gleiche Funktion wie die spätere Festlegung auf »Unconditional Surrender«: Die Vermeidung einer Kriegszieldiskussion, die nur geeignet zu sein schien, die gerade zustandegebrachte Eintracht zwischen »Appeasern« und »Anti-Appeasern« und das Einvernehmen mit dem französischen Bündnispartner in Frage zu stellen. Auch so waren die Franzosen mißtrauisch genug und fürchteten, London könne sich nach einem oberflächlichen Revirement in Berlin auf einen Frieden ohne ausreichende Sicherheitsgarantien einlassen[9]. In der Konsequenz liefen alle bis zum Regierungsantritt Churchills abgegebenen, meist sehr allgemein gehaltenen Kriegszielerklärungen darauf hinaus, daß erst einmal Hitler von der politischen Bildfläche zu verschwinden hatte, bevor überhaupt an Verhandlungen zu denken war[10]. Außenpolitisch gesehen war dies die günstigste Zeit für einen Umsturzversuch.

Göring und der Generalstab, auf die sich die Abgesandten einer in ihren Konturen schwer erkennbaren Opposition beriefen, folgten ihrem »Führer« statt dessen willig in jede neue Offensive. Hitler-Gegnern wurde vorgehalten, soweit man sie in London überhaupt ernst nahm, daß sie ihre Versprechungen nie wahrmachten. In einem Überblick des Foreign Office über Friedensfühler hieß es zum Beispiel vom früheren Reichskanzler Wirth: »He and his contacts in the German General Staff had even then consistently failed to deliver the goods[11].« Diese Formulierung bezieht sich auf die Frühphase des Krieges, in der, wie gesagt, ein Kompromißfrieden größere Chancen gehabt hätte.

Nach der Regierungsübernahme durch Churchill wurden alle Möglichkeiten, die zu einer politischen Beendigung des Krieges führen mochten, zugunsten einer rein militärischen Konzeption der Kriegführung verdrängt. Ein Verhandeln aus einer Position offensichtlicher Schwäche kam für den neuen Premierminister nicht in Betracht: Von der Einstellung »No surrender!« zum Zeitpunkt der größten Gefahr im Sommer und Frühherbst 1940 führt der Weg schnurstracks zu der an den Gegner gerichteten Forderung nach »Unconditional Surrender«. Wenige Tage nach Übernahme der Regierung erklärte Churchill im Parlament:

»You ask what is our aim? I can answer in one word: Victory — victory at all costs, victory in spite of all terror, victory however long and hard the road may be[12].«

Im Augenblick der Schwäche war Unnachgiebigkeit nicht nur wirkungsvolle Propaganda, sie war auch der einzige politische Trumpf. So lehnte es Churchill strikt ab, auch nur den Anschein zu erwecken, als sei man bereit, auf Vermittlungsversuche von dritter Seite einzugehen. »At this moment when we have had no sort of success the slightest opening will be misjudged[13].«

Bei einem Vermittlungsversuch des schwedischen Königs im August 1940 konnte er von Außenminister Halifax noch gerade davon abgehalten werden, in der Antwortnote darauf zu verweisen, daß Deutschland ja jederzeit wie 1918 um Waffenstillstand bitten könne[14]. Angesichts der tatsächlichen Machtverhältnisse ging den um die Glaubwürdigkeit der Regierung besorgten Beamten des Foreign Office ein derart überzogener Widerstandsgeist denn doch zu weit. Aber Churchill war es durchaus ernst damit. Und seiner Popularität kam diese Einstellung nur zustatten. Schließlich gab es für ihn gar keine Alternative zur Kompromißlosigkeit, wenn er sich selbst in den Augen seiner Anhänger nicht untreu werden wollte.

»Unconditional Surrender« war indes nicht nur in der starken, unnachgiebigen Persönlichkeit des Premierministers angelegt, sondern mehr noch in einer strukturell schwachen, bündnisorientierten Regierung. Wollte Großbritannien dem vorgegebenen Ziel des eindeutigen Siegfriedens auch nur einen Schritt näherkommen, so war dies nur im Verein mit mächtigeren Verbündeten möglich. Churchills ganzes Sinnen und Trachten war darauf gerichtet, eine die USA und die Sowjetunion bzw. »Russia« umfassende Kriegskoalition gegen Hitler-Deutschland zustandezubringen[15]. Es war dies die einzige raison d'être für den einsamen Widerstand im Sommer 1940. Die große Allianz entsprach in vieler Hinsicht der innenpolitischen Konstellation, einer auch die Opposition einschließenden Regierung der nationalen Konzentration. In dem Maße, in dem sich das Kriegsbündnis auszuweiten begann, erst innenpolitisch, dann außenpolitisch durch das Hinzutreten neuer Verbündeter, nahm der Handlungsspielraum der britischen Regierung in der Kriegszielpolitik ab: »Unconditional Surrender« als der kleinste gemeinsame Nenner einer innen- und außenpolitisch heterogenen Kriegskoalition zeichnete sich tendenziell sehr früh ab. Auf den ersten Blick könnte es so aussehen, als sei die Forderung nach bedingungsloser Kapitulation Ausdruck einer Politik der Stärke. Das mochte für die Vereinigten Staaten gelten, nicht für Großbritannien.

Die Kreuzzugsideologie, wie sie sich in den Reden Roosevelts noch vor dem Kriegseintritt der USA manifestierte[16], und die dem Sicherheitsbedürfnis des französischen Bündnispartners in nichts nachstehenden Ansprüche der Sowjetunion führten geradezu zwangsläufig zu einer reduktionistischen Kriegszielpolitik: tabula rasa, Beseitigung des NS-Regimes und des deutschen Aggressionspotentials ohne Wenn und Aber, mit anderen Worten: bedingungslose Kapitulation. Kam der Hinweis auf »the final destruction of Nazi tyranny«[17] in der Atlantic Charter einer inoffiziellen Kriegserklärung der USA gleich, so signalisierte die Verständigung auf die einseitige Abrüstung der Aggressorstaaten den Exitus der preußisch-deutschen Armee. Wenige Wochen vorher, am 12. Juli 1941, hatten sich London und Moskau dazu verpflichtet, keinen Separatfrieden abzuschließen:

»They further undertake that during this war they will neither negotiate nor conclude an armistice or treaty of peace except by mutual agreement[18].«

Bereits anderthalb Jahre vor der Bekanntgabe der Formel von Casablanca waren die Weichen gestellt: 1. Die allein zum Staatsstreich befähigte militärische Opposition in Deutschland mußte durch die Forderung nach einseitiger Abrüstung ihre berufliche Existenz gefährdet sehen. 2. Die Hoffnung auf ein Lavieren zwischen Ost und West zugunsten besserer Friedensbedingungen war dahin. Zwei Monate später lehnte Churchill selbst die Entgegennnahme von Nachrichten über die deutsche Opposition durch neutrale Mittelsmänner kategorisch ab: »I am absolutely opposed to the slightest contact[19].« Nach der Unterzeichnung des formellen britisch-sowjetischen Bündnisvertrages vom 26. Mai 1942[20] war es dann mit den Aussichten der deutschen Opposition, mit London ins Geschäft zu kommen, vollends geschehen. Bündnistreue war das einzige, was Großbritannien angesichts der mangelnden militärischen Unterstützung in die Waagschale werfen konnte.

Im Foreign Office hatte man sich schon im Januar 1942, nach dem völlig unerwarteten Widerstand der Roten Armee, mit einer künftigen Präponderanz Rußlands in Europa abgefunden:

»On the assumption that Germany is defeated and German military strength is destroyed and that France remains, for a long time at least, a weak Power, there will be no counterweight to Russia in Europe[21].«

Daraus wurde nur auf die Notwendigkeit zur Kooperation mit der neuen Supermacht geschlossen, keineswegs, wie man in Deutschland hoffte, auf die Bollwerkfunktion des Deutschen Reiches; diese galt inzwischen als völlig diskreditiert und die Warnungen vor der bolschewistischen Gefahr wurden, von wem sie auch kommen mochten, als Panikmache zurückgewiesen[22]. Das in Europa nicht mehr aufrechtzuerhaltende Mächtegleichgewicht sollte auf Weltebene, unter Einbeziehung der USA, wieder austariert werden[23].

Das erklärte Ziel der britischen Regierung bestand in der möglichst totalen Entmachtung jener national-konservativen Führungsschicht, aus der sich die Gegner Hitlers vorzugsweise rekrutierten und die ihre Interessen mit der Erhaltung der deutschen Machtstaatstradition identifizierten. Der Erste Weltkrieg hatte nur mit der halben Entmachtung Deutschland geendet, mit der Niederlage des kaiserlichen Regiments, nicht mit der Beseitigung des preußisch-deutschen Machtstaatspotentials. Genau dies meinte Churchill, wenn er immer wieder seine Absicht bekräftigte, nicht nur der »Nazi tyranny« den Garaus machen zu wollen — das verstand sich sozusagen von selbst —, sondern vor allem auch dem »Prussian militarism«[24]. »The real significance of the phrase ›unconditional surrender‹«, schreibt Michael Balfour, »is that it implied an Anglo-American demand for the overthrow not only of ›Nazism‹ but also of ›militarism‹«[25]. Daß die alte deutsche Führungselite, die Hitler 1933 an die Macht gebracht hatte, versuchen würde, sich seiner zu entledigen, wenn ihn das Kriegsglück verließ, galt als ausgemachte Sache. Um für diesen Fall gewappnet zu sein, legte das Foreign Office im März 1943 die erste systematische Ausarbeitung über die Zukunft Deutschlands vor[26], welche die totale militärische Besetzung des Landes vorsah, also die völlige Auslieferung Deutschlands an seine Gegner. Diese Forderung setzte die bedingungslose Kapitulation zwingend voraus.

Die ersten Planungen für die Okkupation Deutschlands hatten schon im Sommer 1942 eingesetzt, im Anschluß an den Abschluß des britisch-sowjetischen Bündnisvertrages. Ganz lapidar stellt Woodward dazu fest:

»The British discussion on the treatment of Germany after the war assumed an unconditional surrender, and took no account of the possibilities of bargaining over terms[27].«

Die britischen Planungsstäbe hatten ein Interesse daran, politische Imponderabilien durch bestimmte Prämissen wegzurationalisieren, um zu verhindern, daß ihre Pläne mit allzu vielen Unsicherheitsfaktoren belastet waren. Zu diesen »underlying assumptions«, die keineswegs immer durch spezifische politische Richtlinien vorgegeben waren, gehörte »Unconditional Surrender« ebenso wie die Vorstellung, daß man es bei Kriegsende mit *einer* deutschen Regierung und folglich auch mit *einem* deutschen Staat zu tun haben würde, nicht mit einer unbestimmten Vielzahl von Staaten. Die bedingungslose Kapitulation Deutschlands war also nicht nur der kleinste gemeinsame Nenner einer heterogenen Allianz, sie war auch die Basis einer ebenso rationalen wie technokratischen Nachkriegsplanung.

Für die britischen Planungsstäbe bedeutete die von Rossevelt in Casablanca ausgegebene Formel das definitive Plazet, sozusagen die Grünschaltung der Verkehrsampel, für die Ausarbeitung eines höchst detaillierten Rahmenplans für die Besetzung Deutschlands. Der amerikanische Präsident verfolgte indes einen anderen Zweck: Er ging davon aus, daß nunmehr die Ampel rot anzeige. Nichts motivierte den Präsidenten mehr, darüber sind sich alle Kommentatoren einig, als das gutgemeinte und doch so abschreckende Vorgehen seines Vorgängers und Mentors Woodrow Wilson am Ende des Ersten Weltkrieges[28]: Dieser hatte mit der Verkündigung der 14 Punkte Schiffbruch erlitten, weil er den Deutschen damit ein willkommenes Alibi in die Hand gegeben hatte. Roosevelt wollte sich nicht durch die öffentliche Meinung dazu verleiten lassen, die amerikanischen Kriegsziele zu definieren, noch bevor diese mit den Alliierten abgestimmt waren. Mit dem Hinweis auf »Unconditional Surrender« glaubte er, jeder weiteren Diskussion aus dem Wege gehen zu können: Es war die massenpsychologische Umschreibung für »no comment«. Wheeler-Bennett und Nicholls fassen die entscheidenden Motive des Präsidenten in einem Satz zusammen:

»The solution considered by the President was one which committed him to no precise action, satisfied the inclinations of public opinion in Britain and America and was designed to reassure his ally in the East[29].«

Hinzu kam, daß es Rossevelt widerstrebte, wie er später zu erkennen gab, detaillierte Pläne für ein Land zu machen, das man noch nicht besetzt hatte[30]. Churchill teilte diese Bedenken, ließ aber Whitehall für die Lösung der bei Kriegsende anstehenden technischen Probleme freie Hand.

Umstritten war nicht die Beendigung des Krieges auf Grund der bedingungslosen Kapitulation der Feindstaaten, auch nicht die Bekanntgabe dieser Absicht, obwohl man hier gewiß von einer Konzession an die Amerikaner und ihre propagandistische Konzeption des Krieges auf Kosten der psychologischen Kriegführung sprechen muß. Bekanntlich hat das britische Kabinett den Vorschlag einhellig gebilligt und auch die Anwendung des Prinzips auf Italien gefordert[31]. Problematisch war die Funktion von »Unconditional Surrender« im Rahmen der alliierten Nachkriegsplanung. Hier sollten 1943/44 Meinungsverschiedenheiten zutage treten, die für die unterschiedliche Interessenlage der beiden angelsächsischen Mächte kennzeichnend waren und für die Zukunft Deutschlands nicht folgenlos bleiben sollten. Roosevelt wollte, eingedenk der Erfahrungen Wilsons am Ende des Ersten Weltkrieges, Krieg und Frieden, »Unconditional Surrender« und langfristige Friedensordnung, fein säuberlich voneinander getrennt wissen. Sein außenpolitischer Berater Sumner Welles plädierte deshalb für eine längere »cooling off period« nach Kriegsende[32]. Gegen zu frühzeitige Pläne und Bindungen sprach auch die Überlegung, daß der Einfluß der USA nur zunehmen konnte, und zwar in dem Maße, in dem die Mobilisierung seiner enormen Ressourcen und der Einsatz seiner Truppen politisch zu Buche schlugen. »Unconditional Surrender« konnte in diesem Kontext nur heißen: Konzentration auf das nächstliegende, den Sieg der Waffen, alles weitere cura posterior. Ganz anders die Disposition der britischen Führungselite: Je länger der Krieg dauerte, ohne Klärung der völkerrechtlichen Modalitäten bei Kriegsende, um so deutlicher wurde das militärische und politische Übergewicht der neuen Weltmächte. Bei einem »scramble for Germany« mußte Großbritannien den kürzeren ziehen. Um diesem Einbruch kruder Machtpolitik vorzubeugen, schien es notwendig zu sein, das völkerrechtliche Prozedere bei Kriegsende durch technische Absprachen unter den Alliierten genau festzulegen und, wenn möglich, auch schon die ersten Maßnahmen der Besatzungsmächte zu koordinieren. Am 2. Juli 1943 zog das Foreign Office daraus die Konsequenzen und übergab den Botschaftern der USA und der UdSSR ein Aide-Memoire, das in einem 10-Punkte-Katalog die wichtigsten Prinzipien für die Beendigung der Feindseligkeiten enthielt — eines der folgenreichsten Schriftstücke des Zweiten Weltkrieges[33]: Die Alliierten, so wurde empfohlen, sollten auf der Grundlage eines einzigen, oktroyierten Übergabedokumentes die Feindstaaten besetzen und diese mittels einer alliierten Waffenstillstandskommission zur Ausführung der Waffenstillstandsbedingungen veranlassen.

Für die Briten hieß »Unconditional Surrender« nur, daß die Deutschen keine Bedingungen stellen durften, während sich die Sieger in dieser Beziehung keine Zurückhaltung auferlegen mußten. Die Kapitulation Deutschlands war vielmehr der Augenblick, um absolut bindende Unterschriften deutscher Unterhändler unter möglichst viele Waffenstillstandsbedingungen zu erhalten. Doch dieser Vertragscharakter der Kapitulation fand nicht das Gefallen des amerikanischen Bündnispartners. Botschafter Winant wurde immer wieder angewiesen, auf der Verwendung des Begriffs »Unconditional Surrender« statt »Armistice Terms« zu bestehen und sich für einen kürzeren Kapitulationstext einzusetzen[34]. Nach amerikanischer Auffassung bedurfte es nicht vieler Worte, um den Deutschen zu bedeuten, was die Stunde geschlagen hatte. Diese Interpretation des Vorgangs gab dem Oberbefehlshaber vor Ort einen relativ großen Ermessensspielraum, wie die Umstände bei der Kapitulation Italiens erkennen lassen[35]. Gerade dies aber mochte Whitehall nicht akzeptieren. Der Augenblick der Kapitulation sollte genau vorprogrammiert sein, Sieger und Besiegte sollten wissen, was sie zu tun hatten: Die frühzeitige Festlegung der Besatzungszonen, das vom kolonialen Prinzip der »indirect rule« inspirierte Berlin-Statut u.a. waren die Folge dieser Prioritäten. Die weitere Entwicklung wurde nicht zuletzt dadurch beschleunigt, daß London im Unterschied zu Washington über ein gut funktionierendes System von Planungs-, Abstimmungs- und Entscheidungsinstanzen verfügte. Die anderen Mächte sahen sich meist gewzungen, zu den sehr kenntnisreichen, detaillierten Entscheidungsvorlagen der Briten Stellung zu nehmen.

Man könnte überspitzt sagen: Die Vereinigten Staaten verkündeten das Prinzip der bedingungslosen Kapitulation und die britische Regierung zog als erste die prozeduralen Konsequenzen aus dieser Politik, mit der Folge, daß bei Kriegsende jedweder Handlungsspielraum auf Grund der militärischen Lage stark reduziert war. Ohne den engmaschigen Rahmenplan für die Okkupation Deutschlands hätte für Eisenhower als Supreme Commander ein Interesse daran bestanden, mittels psychologischer Kriegführung deutsche Heeresgruppen zur Teilkapitulation aufzufordern, Berlin von Westen her einzunehmen, wie es Churchill von ihm verlangte[36], und noch weiter nach Osten vorzudringen. Der Versuch, den sowjetischen Bundesgenossen bei Kriegsende zu kooperativem Wohlverhalten zu zwingen, endete damit, daß man sich selbst politische Handschellen angelegt hatte: Durch ausgeklügelte Vereinbarungen mit Moskau und den Verzicht auf alle Möglichkeiten der psychologischen Kriegführung.

Churchill, wiewohl selbst ein Meister der Propaganda an der »home front«, glaubte nicht, das Kriegsende durch psychologische Einwirkungen auf den Gegner beschleunigen zu können. So blockierte er alle Versuche der Militärs, vor der Invasion die Kapitulationsbereitschaft der deutschen Truppen durch eine Klärung des Begriffs »Unconditional Surrender« zu fördern. Er sah darin ein Zeichen der Schwäche:

»This battle has been forced upon us by the Russians and by the United States military authorities. We have gone in wholeheartedly, and I would not raise a timorous cry before a decision in the field has been taken[37].«

Als Roosevelt am 22. November einen Vorstoß in die gleiche Richtung unternahm und dafür plädierte, vor der Eroberung des Reichsgebiets durch eine gemeinsame Erklärung dazu beizutragen, die Widerstandskräfte der Deutschen zu brechen, lehnten Churchill und seine Ratgeber erneut ab, weil sie wieder dachten, die Deutschen könnten darin einen Mangel an Entschlossenheit erblicken. Der Premierminister schrieb an Roosevelt, er sehe keine andere Alternative, als die des US-Generals Grant, der im Bürgerkrieg als rigoroser Befürworter der bedingungslosen Kapitulation des Gegners gegolten hatte, nämlich »to fight it out on this line, if it takes all summer«[38]. Er wollte sich vor allem keine Blößen gegenüber den Russen geben, die gegen die doppelte Anzahl deutscher Divisionen anzukämpfen hatten. Der gerade auf britischer Seite ausgeprägte Minderwertigkeitskomplex gegenüber der Roten Armee spielte eine verhängnisvolle Rolle, militärisch ebenso wie politisch: Der Luftkrieg, einschließlich der unnötigen Zerstörung Dresdens, galt als wirkungsvolle Entlastung russischer Offensiven im Osten, und die diplomatischen Initiativen Londons hinsichtlich der gemeinsamen Okkupation Deutschlands sind ohne die Sorgen vor unkontrollierter Besitzergreifung durch Eroberung nicht zu verstehen. Am Ende standen freilich nicht die russischen Truppen am Rhein, sondern die anglo-amerikanischen Verbände in Mecklenburg und Thüringen. Erst jetzt dämmerte es den Beamten des Foreign Office, die sich auf ihre Vertragspolitik so viel zugute hielten, »that we gave them more than they ever expected to get«[39].

Es fällt viel leichter, Intention und Funktion der Forderung nach bedingungsloser Kapitulation darzustellen, als anzugeben, was den Deutschen am Ende tatsächlich bevorstand. Die westlichen Staatsmänner waren sich selbst nicht schlüssig und haben sich gerade deshalb darauf verständigt, das nächstliegende, den totalen Sieg bzw. die totale Kapitulation des Gegners, als das Wesentliche herauszustellen. So wurde immer wieder die staatliche Aufteilung Deutschlands erwogen, ohne daß je ein verbindlicher Beschluß darüber gefaßt worden wäre[40]. Noch größer war die Ungewißheit hinsichtlich der sowjetischen Kriegsziele. Die westlichen Alliierten unterschieden sehr wohl zwischen dem deutschen Volk und seinen Machthabern, wiewohl es an Versuchen nicht fehlte, die Ursachen für das fatale Regime auch mit der Beschaffenheit des deutschen Volkscharakters zu erklären[41]. Gleich zu Anfang, als Roosevelt die Ergebnisse der Gespräche von Casablanca der Presse erläuterte und »Unconditional Surrender« als Kriegsziel bekanntgab, fügte er hinzu:

»Unconditional surrender means not the destruction of the German populace, nor of the Italian or Japanese populace, but does mean the destruction of a philosophy in Germany, Italy and Japan which is based on the conquest and subjugation of other peoples[42].«

Im Falle Italiens betonte man das Formale, um nicht zu sagen die Formalität des Unterwerfungsaktes: Churchill, der zunächst überhaupt Bedenken hatte, dies auch von Italien zu fordern, favorisierte den Begriff »honourable capitulation«, um Marschall Badoglio entgegenzukommen[43]. Im Zusammenhang mit Deutschland betonte er immer wieder, daß die Forderung nach bedingungsloser Kapitulation zunächst ganz wörtlich zu verstehen sei: Die absolut freie Hand des Siegers, der durch keinen Vertrag und keine Verpflichtung, auch nicht die Atlantikcharta, gebunden sei. Die Rechtlosigkeit der Deutschen war jedoch keineswegs gleichbedeutend mit »Vae victis!« Sie hatten es, zumindest auf westlicher Seite, nicht mit ihresgleichen zu tun, nicht mit Hitler und Himmler. Im Unterhaus erklärte Churchill am 22. Februar 1944:

»Unconditional surrender means that the victors have a free hand. It does not mean that they are entitled to behave in a barbarous manner, nor that they wish to blot out Germany from among the nations of Europe. If we are bound we are bound by our own consciences to civilisation. We are not bound to the Germans as a result of a bargain struck[44].«

Die Verantwortung der westlichen Besatzungsmächte für die notleidende deutsche Bevölkerung in ihren Zonen, die sich so deutlich von der deutschen Ausbeutungspolitik in den besetzten Gebieten abhebt, zeigt, daß solche Äußerungen nicht als Rhetorik, als bloße Propaganda, abgetan werden können. Mit der totalen Entmachtung Deutschlands war es den Alliierten bitterernst, an ihr führte kein Weg vorbei, aber der einzelne Bürger, der nicht Parteifunktionär, hoher Staatsbeamter oder Offizier war, sollte dies nicht als Gefährdung seiner persönlichen Existenz empfinden, obwohl eine Besitzstandsgarantie für jedermann ebenfalls ausgeschlossen war. Denn natürlich wußte Churchill, daß den Deutschen im Osten ein schweres Schicksal bevorstand, Massenvertreibung, im Westen euphemistisch als »population transfer«[45] umschrieben, und Arbeitseinsatz von Millionen deutscher Männer in Rußland. Aber darauf — auch das wußte er — hatten die westlichen Verbündeten kaum wirklichen Einfluß. Gerade deshalb schien es ihm geraten, mit dem Begriff »unconditional surrender« alles im unklaren zu lassen[46].

Mitunter ist »counterfactual history«, die Frage, was geschehen wäre wenn, aufschlußreicher als der tatsächliche Verlauf der Geschichte. Wie hätten die westlichen Alliierten im Falle eines erfolgreichen Staatsstreichs reagiert? Eine eindeutige Antwort ist nicht möglich. Nur eines dürfte feststehen: Die bedingungslose Kapitulation und die Besetzung Deutschlands waren schon 1943 feste Bestandteile der angelsächsischen Politik. Es lagen bereits Operationspläne für den Fall (RANKIN) vor, daß es vor Beginn der Invasion auf Grund politischer Umwälzungen zu einer Besetzung Deutschlands ohne Kampfhandlungen kommen sollte; aber es handelte sich bezeichnenderweise nur um militärische Pläne. Eine Öffnung der Front im Westen unmittelbar nach Beginn der Invasion[47] hätte immerhin noch weitreichende Folgen zeitigen können: Ein Ende des Luftkrieges, die Besetzung des Reichsgebiets von Westen bis zur Oder, einschließlich Niederschlesiens, die Bewahrung der administrativen und politischen Einheit Deutschlands. Es ist nicht auszuschließen, daß die Verhandlungen in der Europäischen Kommission über das Berlin- und Zonenstatut nicht zum Abschluß gekommen wären, mit der Folge, daß sich die anglo-amerikanische Besetzung zu einem Dauerzustand entwickelt hätte, basierend auf dem gemeinsamen Oberbefehl (SHAFE)[48]. Die Sowjetunion hätte sich am Ende mit einem Sitz im Kontrollrat begnügt, wenn ihr statt einer eigenen Zone Reparationen in großem Ausmaß in Aussicht gestellt worden wären. Aber es war schlechthin undenkbar zu erwarten, daß sich die westlichen Verbündeten noch vor einem Umsturzversuch in Deutschland auf Zugeständnisse dieser Art eingelassen hätten: Sie hätten damit der deutschen Militärkaste kurz vor ihrem historischen Exitus die Möglichkeit eingeräumt, das alte machtpolitische Spiel wiederaufzunehmen und das gegen sie zustandegekommene Kriegsbündnis zu sprengen. Es gibt Anzeichen dafür, daß man in Whitehall Erleichterung über das Scheitern des Staatsstreichs vom 20. Juli empfand[49], weil jetzt der Krieg ohne weitere politische Erschütterungen nach Plan zu Ende gehen konnte. Nichtsdestoweniger bleibt festzuhalten, daß gerade die britischen Planungsstäbe lange Zeit davon ausgingen, daß die Wehrmacht — nicht Hitler notabene — die Kapitulation anbieten würde, bevor alliierte Truppen das Reichsgebiet erreicht hatten, und zwar vor allem aus folgenden Gründen: erstens weil sie in Kenntnis der amerikanischen Produktionsziffern und russischen Manpower-Reserven die aussichtslose Lage der Achsenmächte relativ früh erkannten; zweitens weil ihre eigenen Vorstellungen von »indirect rule« über einen in Berlin installierten Kontrollapparat ein intaktes deutsches Verwaltungssystem voraussetzten; und nicht zuletzt, weil es ihrer Meinung nach im wohlverstandenen Interesse der deutschen Führungselite liegen mußte, der deutschen Bevölkerung das Äußerste zu ersparen. In vieler Hinsicht waren die Alliierten, zumal die Briten, Opfer ihrer eigenen Propaganda, indem sie dem »preußischen Militarismus« mehr Bedeutung beimaßen, als ihm zukam, d.h. der mit ihm identifizierten Elite mehr Kohärenz, Rationalität und Entscheidungsfreiheit zugestanden, als tatsächlich noch vorhanden waren.

Die rechtzeitige Kapitulation einer verantwortungsbewußten Regierung hätte mit einiger Sicherheit großen Schaden vom deutschen Volk abgewendet. Der mutmaßliche Nutzen einer bedingungslosen Kapitulation zur rechten Zeit ist zumindest kalkulierbarer als die Hypothese, die Formel von Casablanca habe den Krieg effektiv verlängert. Daß der Krieg in seiner ganzen grenzenlosen Sinnlosigkeit bis zum bitteren Ende geführt werden mußte, lag nicht an der alliierten Forderung nach bedingungsloser Kapitulation[50] — dies war eine Schutzbehauptung »post bellum« —, sondern primär daran, daß die Wehrmachtführung nicht mehr wie am Ende des Ersten Weltkrieges zu einer eigenen politischen Willensbildung fähig war. Hitler behielt bis zum Schluß das Heft in der Hand[51]. Man darf die Augen nicht vor der Tatsache verschließen, daß das historisch Bemerkenswerte am 20. Juli nicht der »Aufstand des Gewissens«[52] ist — so tröstlich diese Interpretation auch klingt —, sondern das eklatante Scheitern der alten Eliten. Preußen war längst verschieden. Nur wußte es keiner, weil die einen, Anhänger wie Gegner des Hitler-Regimes, bis zuletzt den preußischen Geist beschworen, und die andern ihn mit gleicher Inbrunst verteufelten. Preußen hat bis heute die Fähigkeit behalten, in der Einbildung weiterzuleben.

## Anmerkungen

1 Am entschiedensten wird diese These von Anne Armstrong vertreten: Unconditional Surrender. The Impact of the Casablanca Policy upon World War II, New Brunswick/N.J. 1961. Vgl. im übrigen die angegebene Literatur bei Günther Moltmann, Die Genesis der Unconditional-Surrender-Forderung, in: Andreas Hillgruber (Hrsg.), Probleme des Zweiten Weltkrieges, Köln, Berlin 1967, S. 197, Anm. 34.

2 Vgl. Sir John Wheeler-Bennett/Anthony Nicholls, The Semblance of Peace, London 1972, S. 51—64.

3 Siehe Anm. 1.

4 Michael Balfour, Another Look at »Unconditional Surrender«, in: International Affairs, 46/4 (1970), S. 119—136, sowie ders., Propaganda in War (1939—1945). Organisations, Policies and Publics in Britain and Germany, London 1979, S. 312—320.

5 Die Forschung stützte sich dabei vor allem auf Robert E. Sherwood, The White House Papers of Harry L. Hopkins, Bd 2, London 1949, S. 665—694. Schließlich hatte Roosevelt dieses Kriegsziel in seiner Pressekonferenz nach Casablanca zum erstenmal öffentlich bekanntgegeben.

6 Stalin schloß sich erst am 1. Mai 1943 der Forderung seiner westlichen Verbündeten an, nachdem auf deutscher Seite im Anschluß an Stalingrad keine Anzeichen eines Einlenkens zu erkennen waren. Selbst dann ließ er sich nicht davon abhalten, den Schaden durch Gründung des »Nationalkomitees Freies Deutschland« in Grenzen zu halten. Vgl. Vojtech Mastny, Russia's Road to the Cold War, New York 1979, S. 75 ff.; Alexander Fischer, Sowjetische Deutschland-Politik im

Zweiten Weltkrieg (1941—1945), Stuttgart 1975, S. 53—59; sowie Ingeborg Fleischhauer, Die Chance eines Sonderfriedens. Deutsch-sowjetische Geheimgespräche 1941—1945, Berlin 1986, S. 114—134.

7 Eine Ausnahme war Otto John, der vergeblich Stauffenberg und andere davon zu überzeugen suchte, daß der Krieg nur durch Akzeptanz der bedingungslosen Kapitulation beendet werden konnte. Vgl. Peter Hoffmann, The History of the German Resistance 1933—1945, London 1977, S. 247 f.

8 Kabinettsprotokoll vom 9. Oktober 1939: Public Record Office London (PRO), WM 42 (39) 8, CAB 65/1.

9 Vgl. Lothar Kettenacker, Krieg zur Friedenssicherung. Die Deutschlandplanung der britischen Regierung während des Zweiten Weltkrieges, Göttingen 1989, S. 44—51.

10 Vgl. ebd., S. 51—67. Freilich war man nicht dazu bereit, dies auch explizit zu fordern, aus der Sorge vor einer Solidarisierung der Bevölkerung mit Hitler. Übersicht über die Friedensfühler von September 1939—März 1941: ders. (Hrsg.), Das »Andere Deutschland« im Zweiten Weltkrieg, Stuttgart 1977, S. 164—187.

11 Das »Andere Deutschland« (wie Anm. 10), S. 182.

12 Charles Eade (Hrsg.), The War Speeches of the Rt. Hon. Winston S. Churchill, Bd 1, London 1952, S. 181.

13 Memo Churchills vom 3.8.1940, PRO, FO 371/24408/C8974; auch abgedruckt in: Winston S. Churchill, The Second World War, Bd 2, London 1949, S. 231.

14 Vgl. ebd.

15 Siehe Kettenacker, Krieg zur Friedenssicherung (wie Anm. 9), S. 68—146, auch Joseph P. Lash, Roosevelt and Churchill 1939—1941. The Partnership that saved the West, London 1977.

16 Besonders berühmt ist die Ansprache an das amerikanische Volk (»fireside chat«) zur Jahreswende 1940/41, in der es hieß: »We must be the great arsenal of Democracy«. Siehe Samuel I. Rosenman (Hrsg.), The Public Papers and Addresses of Franklin D. Roosevelt, Bd IX (1940), New York 1941, S. 633 ff.

17 Zit. bei: Llewellyn Woodward, British Foreign Policy in the Second World War, Bd 2, London 1971, S. 202 f.

18 Zit. ebd., S. 14.

19 Als Reaktion auf den Bericht Edens über die Friedensfühler der letzten Monate (u.a. Kontakte zu Goerdeler, dessen Friedensplan vom Mai 1941 vorlag) vom 10.9.1941, PRO, FO 371/26543/C10855. Siehe auch Gerhard Ritter, Carl Goerdeler und die deutsche Widerstandsbewegung, München (dtv) 1964, S. 337 f. und S. 551.

20 Text bei Woodward (wie Anm. 17), Bd 2, S. 663 ff. Über das Zustandekommen des Vertrages jetzt: Kettenacker, Krieg zur Friedenssicherung (wie Anm. 9), S. 125 ff.

21 PRO, FO-Memorandum vom 28.1.1942, WP (42) 48, CAB 66/21.

22 Siehe dazu die für die Propaganda richtungsweisende Rede des Lordkanzlers (Viscount John Simon) im Oberhaus am 10.3.1943, Parl. Debates, House of Lords, Bd 126, Sp 574 ff. (auch PRO, FO 371/34456/C2992): »that grizzly corpse which they call ›the danger of bolshevism‹.«

23 Siehe dazu den sog. Vier-Mächte-Plan vom 8.11.1942, PRO, WP (42) 516, CAB 66/30. Dazu Kettenacker, Krieg zur Friedenssicherung (wie Anm. 9), S. 130—146.

24 Am 7.1.1941 schrieb er an Vansittart: »The expressions to which I attach importance and intend to give emphasis to are ›Nazi tyranny‹ and ›Prussian militarism‹« (PRO, PREM 4/23/2; auch in: Rainer Blasius [Hrsg.], Dokumente zur Deutschlandpolitik, 1. Reihe, Bd 1, Frankfurt/M. 1984, S. 266).

25 Propaganda in War (wie Anm. 4), S. 318 f.

26 PRO, WP (43) 96, 8.3.1943, FO 371/34457/C2864. Näheres bei Kettenacker, Krieg zur Friedenssicherung (wie Anm. 9), S. 161–180.

27 British Foreign Policy in the Second World War, London 1962, S. 478.

28 Am nachdrücklichsten bei Sherwood (wie Anm. 5), Bd 2, S. 694: »The ghost of Woodrow Wilson was again at his shoulders.« Siehe die eingehende Darstellung dieses Aspekts bei Moltmann (wie Anm. 1), S. 199 f.; auch Wheeler-Bennett/Nicholls (wie Anm. 2), S. 55 f.

29 Wheeler-Bennett/Nicholls (wie Anm. 2), S. 56. So auch William Hardy McNeill, America, Britain and Russia. Their co-operation and conflict 1941–1946, Survey of International Affairs 1939–1946, London 1953, S. 270: »Unconditional Surrender made a good war cry for the Allied camp and conveniently postponed awkward problems of post-war policy and power relations.«

30 Vgl. Cordell Hull, Memoirs, Bd 2, London 1948, S. 1621.

31 Woodward (wie Anm. 17), Bd 5, London 1976, S. 21 f.; Wheeler-Bennett/Nicholls (wie Anm. 2), S. 59 f. Aus dem Telegramm Churchills an das War Cabinet geht eindeutig hervor, daß die Initiative zur Bekanntgabe dieses Kriegsziels von Roosevelt ausging, der sich dabei auf eine Empfehlung des US Sub-Committee on Security Problems vom 21.5.1942 stützen konnte. Dort hieß es: »On the assumption that the victory of the United Nations will be conclusive, unconditional surrender rather than an armistice should be sought from the principal enemy states except perhaps Italy« (Harley A. Notter [Hrsg.], Post War Foreign Policy Preparation 1939–1945, Department of State Publication, Washington 1949, S. 127).

32 Vgl. Sumner Welles, The Time for Decision, London 1944, S. 284, dazu Kettenacker, Krieg zur Friedenssicherung (wie Anm. 9), S. 181 f.

33 Appendix A zu EAC (44) 3, PRO, FO 371/40612/U409; auch Foreign Relations of the United States, Washington (D.C.), 1943/I, S. 708.

34 Vgl. Kettenacker, Krieg zur Friedenssicherung (wie Anm. 9), S. 191. Dies veranlaßte das Foreign Office zu einem Rechtsgutachten, in dem es hieß: »An Armistice ist not necessarily a negotiated instrument. It can be wholly dictated and imposed on the enemy in consequence of his total defeat and request for a cessation of hostilities« (vgl. ebd.).

35 Im einzelnen Wheeler-Bennett/Nicholls (wie Anm. 2), S. 65–78.

36 Vgl. Dwight D. Eisenhower, Crusade in Europe, London 1948, S. 436, sowie Martin Gilbert, Road to Victory. Winston S. Churchill 1941–1945, Bd 7, London 1986, S. 1273–1276.

37 Zit. nach Gilbert (wie Anm. 36), Bd 7, S. 745.

38 Zit. ebd., S. 1073 f.

39 Aufzeichnung Wards vom 5.5.1945, PRO, FO 371/50762/U3598.

40 Dazu Kettenacker, Krieg zur Friedenssicherung (wie Anm. 9), S. 479–502.

41 Vgl. dazu die in der britischen Öffentlichkeit geführte Debatte über die pauschale Verurteilung des deutschen Volkscharakters durch Vansittart: Hermann Fromm, Deutschland in der öffentlichen Kriegszieldiskussion Großbritanniens 1939–1945, Frankfurt/M. 1982, S. 69–84 sowie S. 168–180.

42 Zit. nach Sherwood (wie Anm. 5), Bd 2, S. 693.

43 Siehe Gilbert (wie Anm. 36), Bd 7, S. 467.

44 War Speeches (wie Anm. 12), Bd 3, S. 91.

45 Dazu das entsprechende Kapital bei Kettenacker, Krieg zur Friedenssicherung (wie Anm. 9), S. 441–478.

46 Siehe dazu Churchills Memo für das War Cabinet vom 10.1.1944, PRO, WP (44) 33, FO 371/39024/C1859, auch bei Gilbert (wie Anm. 36), Bd 7, S. 462 f.: »They [the Germans, d. Verf.] might prefer the vaguer terrors of ›unconditional surrender‹.«

47 Offenbar spielte Rommel mit diesem Gedanken. Vgl. David Irving, Trail of the Fox: Life of Field Marshal Erwin Rommel, London 1985.

48 Eisenhower hatte Bedenken gegen die Aufteilung Deutschlands in separate Besatzungszonen geäußert und hätte den gemeinsamen Oberbefehl auch gern nach der Kapitulation aufrechterhalten (Crusade in Europe [wie Anm. 36], S. 239 f.).

49 Vgl. dazu die Zeugenaussage von Francis Carsten in: Das »Andere Deutschland« (wie Anm. 10), S. 93; siehe auch das Schreiben Wheeler-Bennetts, der mit Eden befreundet war, vom 25.7.1944: »It may now be said with some definiteness that we are better off with things as they are today than if the plot of July 20th had succeeded« (PRO, FO 371/39062/C9896).

50 Die deutsche Propaganda gegen »unconditional surrender« setzte erst relativ spät ein, jedenfalls nicht sofort im Anschluß an die Konferenz von Casablanca. Siehe Balfour, Propaganda in War (wie Anm. 4), S. 316 f. Eine Meinungsumfrage der Amerikaner nach dem Krieg erbrachte, daß nur 13 % der Bevölkerung in den bombardierten Gebieten und 9 % in den vom Luftkrieg nicht heimgesuchten Gegenden nicht bereit waren, die bedingungslose Kapitulation zu akzeptieren; Moltmann (wie Anm. 1), S. 183. Die Offiziere im Widerstand ließen sich nicht durch die Casablanca-Formel von weiteren Attentatsversuchen abschrecken. Vgl. Ritter, Goerdeler (wie Anm. 19).

51 Siehe dazu als letztes Dieter Rebentisch, Führerstaat und Verwaltung im Zweiten Weltkrieg, Stuttgart 1989.

52 Vgl. Annedore Leber, Das Gewissen steht auf. 64 Lebensbilder aus dem deutschen Widerstand, Berlin/Frankfurt/M. 1960.

Andreas Hillgruber

# Bilanz des Zweiten Weltkrieges*

Welche Konsequenzen hatten Verlauf und Ausgang des Zweiten Weltkrieges für die daran beteiligten Großmächte und für das internationale System insgesamt?[1] Für Großbritannien lag der weitere Niedergang seiner in den Jahrzehnten zwischen 1815 und 1860 und — nach einer Phase innerer Reformen — in der »klassischen« Zeit des Imperialismus im letzten Drittel des 19. Jahrhunderts errungenen globalen Machtstellung, die schon im Ersten Weltkrieg in Frage gestellt worden war, im Grunde bereits mit seinem Kriegsentschluß 1939 fest. Zwei Faktoren mußten sich in jedem Falle gegen Großbritannien auswirken:

Wie immer der Krieg in Europa ausgehen mochte, an eine Wiedergewinnung des britischen Einflusses in Ostmitteleuropa — wie es der Erste Weltkrieg infolge der Schwächung Rußlands durch Krieg und Revolution im Ergebnis gebracht und damit noch einmal für zwei Jahrzehnte eine späte Renaissance der »balance of power« in Europa ermöglicht hatte — war weder bei einem Sieg Deutschlands noch bei einem nur mit Hilfe (oder bei einem aus deren eigenem Entschluß herbeigeführten Eingreifen) der Sowjetunion zu erringenden Siege Großbritanniens zu denken. Das europäische Gleichgewicht unter indirekter britischer Führung, das traditionell als Voraussetzung für die aktive Weltpolitik Großbritanniens angesehen wurde, obwohl dieses Axiom bereits seit dem Ersten Weltkrieg fragwürdig geworden war, konnte somit auf keinen Fall zurückgewonnen werden. Vor diesem Hintergrund muß man die umstrittene »Appeasement«-Politik Großbritanniens in den dreißiger Jahren als realpolitisch begründete Strategie deuten, die mit — langfristig unzulänglich gewordenen — Mitteln ein Weltreich zu bewahren und gleichzeitig innerem Wandel als Herausforderung systemgerecht zu begegnen suchte. Wie in der britischen Tradition seit 1815 hatte sich dabei Machtpolitik mit moralischen Bedürfnissen verbunden, in den dreißiger Jahren: mit dem Friedensbedürfnis in großen Teilen Europas und in der Welt.

Schon im Kriege 1914/18 war Großbritannien gezwungen gewesen, um sich in Europa behaupten zu können, den weißen Dominions, aber auch den Kolonialvölkern entgegenzukommen und einer — wenn auch noch begrenzten — Auflockerung seines Empire zuzustimmen. Diese Tendenz zur Verselbständigung bestimmte die Zwischenkriegszeit. Wie zu erwaren, wie-

---

* Schlußkapitel: Der Zweite Weltkrieg. Kriegsziele und Strategie der großen Mächte, 5., verb. Aufl., Stuttgart u.a. 1989 S. 156–169.

derholte sich dann im Zweiten Weltkrieg der Zwang zum Nachgeben. In der Krise der Jahre 1941/42 mußte die britische Regierung die Unabhängigkeit Indiens für die Nachkriegszeit versprechen, um einen — dann doch, weil die Unabhängigkeit nicht sofort zugestanden wurde, ausbrechenden — Aufstand wenigstens eindämmen zu können und einen Übergang Indiens in das Lager der »Dreierpaktmächte« zu verhindern. Insgesamt hatte die Notwendigkeit, das Potential des Commonwealth und der Kolonien für die eigene Kriegführung auszuschöpfen, die Folge, daß sich nunmehr die zentrifugalen Kräfte im britischen Commonwealth weitgehend durchsetzten, daß Kanada, Australien, Neuseeland eigene Wege gingen und sich im Falle einer Bedrohung — wie 1942 angesichts des Vordringens der Japaner — an die USA anlehnten, so sehr sich die britischen Konservativen, an der Spitze Churchill, auch gegen diese Auslösungstendenzen stemmen mochten.

Ein drittes, wohl entscheidendes Moment kam hinzu. Auf dem Höhepunkt der deutschen Erfolge auf dem europäischen Kontinent 1940 stand Großbritannien endgültig vor der latent bereits seit langem gegebenen Alternative, entweder zum »Juniorpartner« einer drohenden deutschen »Weltmacht« singulärer Qualität zu werden oder aber sich der Führung der USA anzuvertrauen, und das hieß auf andere Weise ebenfalls, »Juniorpartner« eines Stärkeren zu werden. Aus historisch-traditionellen wie aus prinzipiellen Gründen kam für Großbritannien die erste Lösung nicht in Betracht. Um einer solchen voraussehbaren Abhängigkeit von einem Super-Großdeutschland Hitlerscher Prägung zu entgehen, nicht um Polen zu retten, hatte sich ja die Regierung Chamberlain nach Zögern und Schwanken zur Kriegserklärung an Deutschland entschlossen. So war es konsequent (und belegt die Kontinuität der Grundlinie der britischen Politik auch im Übergang von Chamberlain zu Churchill), daß die Entscheidung im Sommer 1940 zugunsten der Anlehnung an Amerika fiel, was Chamberlain — bei noch größerem Handlungsspielraum trotz des britisch-amerikanischen Handelsvertrages vom November 1938 — während des »Appeasement« bis in den Sommer 1939 hatte vermeiden wollen. Aber: die im Ersten Weltkrieg und in der Zwischenkriegszeit noch gewahrte Gleichrangigkeit und — etwa im global-strategischen Bereich wichtige — »Arbeitsteilung« zwischen Großbritannien und den USA, bei der der Atlantik ganz dem britischen Partner zur weiträumigen strategischen Absicherung überlassen worden war, mußte, je länger der Krieg dauerte und je deutlicher wurde, daß er für Großbritannien eine kolossale Überanstrengung darstellte, einer widerwillig ertragenen, aber unvermeidlichen Unterordnung unter die weltpolitischen Ziele der USA weichen. Der unerwartete Ausgang der britischen Wahlen im Juli 1945, der den Verfechter der alten Empire-Tradition, Churchill, trotz seines Triumphes im Kriege gegen Hitler zum Abtreten zwang und der auf soziale Reformen drängenden, sich mit einem bescheideneren außenpolitischen (wenngleich noch immer imperialen) Konzept begnügenden Labour Party die Führung Großbritanniens übertrug, zeigte, daß die Mehrheit der Briten sich mit einem Rückzug ins zweite Glied der Mächte abfand und — britischer Tradition folgend — wiederum mit inneren Reformen die Anpassung an die neue Situation anstrebte.

Es liegt nahe, die Auswirkung des Zweiten Weltkrieges — im Vergleich mit dieser Leitlinie Großbritanniens — unter den Gesichtspunkt der für die französische Geschichte seit der Großen Revolution kennzeichnenden Kette von abrupten, oftmals revolutionären Brüchen zu stellen. Der für alle kriegführenden und damals noch neutralen oder »nichtkriegführenden« Mächte überraschend schnelle Zusammenbruch der Dritten Republik 1940 einerseits und die Tatsache, daß Frankreich am Ende des Krieges 1945 dennoch nicht nur auf der Seite der Sieger stand, sondern von ihnen auch, wenngleich unter gewissen Einschränkungen, zumindest formal wieder als Großmacht anerkannt worden war — zwei tiefe Einschnitte innerhalb weniger Jahre —, schufen die Voraussetzung für eine für die französische Politik in den nächsten Jahrzehnten so charakteristische Zwiespältigkeit zwischen nüchtern-realistischer Einschätzung der Gegebenheiten sowie der noch verbliebenen, für Frankreich sehr begrenzten Möglichkeiten und einer mythischen Verklärung der eigenen Größe sowie einer Überschätzung der Rolle Frankreichs in der Weltpolitik. Hierfür zeichnete zwar General de Gaulle in besonderem Maße verantwortlich; er war aber doch letztlich nur herausragender Repräsentant einer verbreiteten Grundhaltung. Die sich daraus entwickelnde Zwiespältigkeit galt sowohl für die französische Politik in Europa als auch — fast noch folgenschwerer — für die Kolonial- und Überseepolitik Frankreichs. Die Bemühungen um Eigenständigkeit im Rahmen der »Anti-Hitler-Koalition«, von de Gaulle auch in den Jahren tiefster Schwäche Frankreichs über viele Demütigungen hinweg durchgehalten, gipfelten 1944/45 in dem Bemühen, sowohl von Großbritannien als auch von der Sowjetunion als ebenbürtiger Partner auf dem europäischen Kontinent anerkannt zu werden. Ziel der angestrebten Schaukelpolitik war es, sowohl gegen eine wie immer geartete Wiederaufrichtung des Deutschen Reiches als auch gegen die angelsächsische Präponderanz das vermeintlich ausschlaggebende Gewicht Frankreichs in die Waagschale von Ost oder West werfen zu können. Das Mißverhältnis zwischen Wollen und Können lag aber bereits 1945 so offen zutage, daß weder für die Sowjetunion noch für die USA und Großbritannien eine mögliche Sonderallianz mit Frankreich mehr als eine zweitrangige Rolle spielen konnte. Als Alternative im großen kam sie wegen der Schwäche Frankreichs für die Vertreter eines Kurses der Kooperation mit der Sowjetunion in den USA nicht in Betracht, und für die Exponenten einer Konfrontation mit der Sowjetunion in Amerika lag die Einfügung Frankreichs in den »westlichen« Block nicht aufgrund von Sonderabmachungen, sondern, weil Frankreich bei einer Zuspitzung des Ost-West-Verhältnisses gar nichts anderes übrig bleiben würde, sowieso in der Logik der Dinge. Frankreich hätte sich bis zu einem gewissen Grade größere politische Bewegungsfreiheit in Europa verschaffen können, wenn es — wie es de Gaulle während des Krieges, wenn auch vage, als Programm verkündet hatte — seinen Kolonien Freiheit und Unabhängigkeit zugestanden hätte. Im Augenblick des Sieges 1945 gewannen jedoch — den seit dem Zeitalter Ludwigs XIV. charakteristischen Zwiespalt zwischen einem kontinentaleuropäischen und einem überseeischen Engagement ein letztes Mal wiederholend — die beharrenden Kräfte im französischen Kolonialestablishment die Überhand. Sie unternehmen — konträr zum »Zeitgeist« — den Versuch zur Restauration des Kolonialreiches, ein Unterfangen, das Frankreich über fünfzehn Jahre lang in weit von Europa entfernten Gebieten (Indochina, dann Algerien) militärisch festlegte, es außenpolitisch weitgehend aktionsunfähig machte und so noch stärker in eine Abhängigkeit von den USA brachte, als es aufgrund des weltpolitischen Kräfteverhältnisses ohnehin kaum zu vermeiden gewesen wäre.

Gehörten somit sowohl Großbritannien als auch Frankreich in erster Linie zu den Mächten, die ihre Beteiligung am Siege über Deutschland mit dem Preis ihrer bisherigen herausragenden Stellung im Mächtesystem bezahlen mußten, die sich aber für diesen Preis ihre innere Freiheit bewahren konnten und so die Chance zu neuen Funktionen als »Mittlere Mächte«[2] in der Weltpolitik behielten, so waren die beiden Hauptsiegermächte, die Sowjetunion und die USA, obwohl sie nun endgültig zu den führenden Weltmächten aufstiegen, wie es u.a. Tocqueville schon hundert Jahre zuvor für Rußland und Amerika aufgrund ihres unvergleichlichen Potentials prophezeit hatte, auf sehr verschiedene Weise von dem betroffen, was man als die ambivalenten politischen Folgen jedes großen militärischen Sieges bezeichnen könnte.

Dies galt auch und gerade für die Sowjetunion. Der Grundansatz ihrer Außenpolitik, der seit den zwanziger Jahren festlag, daß der Sowjetunion ein Kranz »imperialistischer«, d.h. dem kommunistischen System prinzipiell feindlich gesonnener, Mächte gegenüberstünde, hatte im Verlauf des Zweiten Weltkrieges trotz aller Wechsel der Mächtekonstellationen und der Rolle der Sowjetunion in ihnen nichts von seiner Bedeutung eingebüßt. Hieraus war vielmehr für die sowjetische Außenpolitik konsequent die Aufgabenstellung erwachsen, schon während des Krieges durch diplomatische Anstrengungen und richtigen Einsatz der Roten Armee eine größere außenpolitische und eine — angesichts der sprunghaften Entwicklung der Militärtärtechnik umso notwendigere — strategische Bewegungsfreiheit für die im großen voraussehbare Nachkriegssituation in Europa und in der Welt zu gewinnen. Der 1939 durch den Pakt mit Hitler eingeleitete, dann gescheiterte Versuch Stalins, die »imperialistischen« Mächte gegeneinander zu lenken und sich wechselseitig erschöpfen zu lassen, jedoch selbst in abwartender Position zu verharren, um in der sich abzeichnenden Nachkriegssituation das volle Gewicht der Sowjetunion in die Waagschale der künftigen Auseinandersetzungen mit den verbliebenen »imperialistischen« Mächten werfen zu können, hatte im Schock des deutschen Angriffs am 22. Juni 1941 und in den fast zur Totalkatastrophe führenden Niederlagen der Roten Armee im nächsten halben Jahr bis zur Schlacht vor Moskau geendet. Die unter schwersten Opfern errungenen militärischen Erfolge von 1942 an und die im großen ebenso nüchtern-rationale wie brutal-verschlagene Zielstrebigkeit Stalins haben am Ende dennoch der Sowjetunion unter allen Siegermächten die bedeutendsten Gewinne gesichert, obwohl ihr Territorium vom Kriege weitaus am härtesten betroffen worden war. Rund 20 Millionen Tote (dagegen die USA: 259 000, Großbritannien: 386 000) und weithin verwüstete Gebiete im Westen des Landes waren ein äußerst hoher Preis für die Wendung, die vom Rande der Katastrophe 1941 bis zum Triumph 1945 führte. Durch die beherrschende Stellung, die die Sowjetunion in Europa bis zur Elbe und Werra gewann, waren die Möglichkeiten zur Wiederbelebung antisowjetischer Kombinationen im Stile der zwanziger und dreißiger Jahre in Ostmittel- und Südosteuropa langfristig ausgeschlossen. Die der strategischen Sicherung untergeordnete, ja, ihr dienende sozialrevolutionäre Umgestaltung in einem weiten Ländergürtel jenseits des ohnehin nach Westen ausgedehnten sowjetischen Territoriums (d.h. im Bereich des alten »Cordon sanitaire« und der vor 1939 zu Zentraleuropa im engeren Sinne gehörenden Gebiete) war eine wichtige Voraussetzung hierfür. Hingegen konnte der projektierte äußerste Sicherungsring einer breiten neutralen bzw. zu »neutralisierenden« Pufferzone zwischen dem so in zweifacher Weise erweiterten Sowjetimperium und dem westlichen Machtbereich von Skandinavien über Restdeutschland (in den Grenzen des Potsdamer »Abkommens«) bis Italien infolge des Übergangs der amerikanischen Nachkriegspolitik von der Kooperation zur Konfrontation nur andeutungsweise geschaffen werden, so daß schließlich eine direkte Berührung mit dem »westlichen« Machtbereich an der neuralgischsten Stelle, in Deutschland, als schlechtere Alternative gewählt werden mußte. Dennoch: hier in Europa war ebenso wie in Ostasien eine weitaus breitere Basis geschaffen, dort, in Ostasien, gegenüber dem von den USA besetzten Japan, gleichsam im Nacken des schwachen (und daher mehr im Interesse der Sowjetunion als ein von den Kommunisten unter Mao Tse-tung beherrschtes China liegenden) China Tschiang Kai-shek. Auf diese Weise und durch das allgemein starke Gewicht, das die Sowjetunion im Rahmen der »Anti-Hitler-Koalition« gewonnen hatte, waren die Voraussetzungen für ihren Aufstieg zur Weltmacht gelegt, deren vielfältige Anforderungen von nun an die sowjetische Gesamtpolitik bestimmen sollten.

Allerdings — darin lagen die erwähnten ambivalenten Auswirkungen des Triumphes von 1945 — sah sich die Sowjetunion trotz der erreichten Ausschaltung der beiden »imperialistischen« Großmächte, unter deren Zweifrontendruck sie seit der Weltwirtschaftskrise Anfang der dreißiger Jahre gestanden hatte, Deutschland und Japans, wenn jetzt auch weiträumiger als vor 1939, weiterhin von »imperialistischen« Mächten »eingekreist«. Die verbesserte Militärtechnik, vor allem der qualitative Vorsprung, den die USA durch die Nuklearwaffen 1945 gewannen, hob den Vorteil der erkämpften Weiträumigkeit zum Teil wieder auf. Die Sowjetunion hatte zudem in Europa eine »halb-hegemoniale« Stellung mit all den Gefährdungen und Belastungen gewonnen, die mit dieser zwiespältigen Position seit jeher verbunden waren. Sie zeigten sich bald in den Abwehrreaktionen aller europäischen Staaten, die nicht der sowjetischen Herrschaft unterworfen waren, in deren direkter oder indirekter Anlehnung an den weltpolitischen Gegenspieler der Sowjetunion, an die USA. Schlimmer noch: Während vor dem Zweiten Weltkrieg die Chance bestanden hatte, die verschiedenen Gruppen der »imperialistischen« Mächte — die »have-nots« gegen die Etablierten — zu lenken, war jetzt die ökonomische sowie die militärische und die technologische Überlegenheit der Weltmacht USA im Kreise der verbliebenen »imperialistischen« Staaten so groß, daß ein vergleichbarer Konflikt zwischen den »imperialistischen« Mächten untereinander wie 1939/45 zumindest für absehbare Zeit auszuschließen war. Vielmehr konnte die neue Weltmacht USA im Krisenfall unter veränderten, aber infolge des amerikanischen Atomwaffenmonopols (bzw. später des nuklearen Übergewichts) für die Sowjetunion nicht grundsätzlich verbesserten Bedingungen von Mitteleuropa und von Ostasien aus die Zweifrontenkriegsituation erneuern, wobei sich die Sowjetunion jetzt einem wesentlich fester gefügten »imperialistischen« »Block« gegenüber sah, der zudem im Ernstfall zweifellos anders als Hitler den Trumpf eines zündenden Freiheitsappells an die zwangsweise im Sowjetimperium vereinten Völker ausspielen würde. Der machtpolitische Durchbruch ins Freie im Sinne einer realen Chancengleichheit mit der stärksten gegnerischen Macht im Zuge des in ein neues Stadium eintretenden Ringens zwischen den Weltmächten war für die Sowjetunion 1945 noch nicht erreicht. Der Vorsprung der USA wurde vielmehr als bedrohlich betrachtet; deren Wendung zur Konfrontation, von Präsident Truman im weltpolitischen Rahmen schon 1945 vollzogen, verstärkte in sowjetischer Sicht diese vorerst zwiespältige, nur durch neue gewaltige Anstrengungen zu korrigierende Bilanz des Krieges. Von dem in der letzten Kriegsphase 1944/45 in Ostmitteleuropa gewonnenen »Plateau« aus konnte allerdings nach einer »Pause« der weltpolitische, militärstrategische und militärtechnische Ausbau der sowjetischen Position und der Ausgriff ins Globale gewagt werden. Allerdings unterlag die Sowjetunion weiter den Gefährdungen, denen nach voller Hegemonie in

Europa strebende Landmächte in Europa nun einmal seit je ausgesetzt waren, nun verstärkt durch das Problem einer »zweiten Front« im Osten (USA mit Japan und/oder China) und potenziert um die inneren Schwierigkeiten der schmalen Führungsschicht der sowjetkommunistischen Kaderpartei und um die ethnischen Spannungen innerhalb des Sowjetimperiums.

Damit ist schon indirekt ausgesagt, daß, so hoch der Faktor Sowjetunion in der Weltpolitik aufgrund des Sieges von 1945 einzuschätzen war, dennoch die USA als die überlegene, ökonomisch wie — als See- und Luftmacht — strategisch dominierende und mit ihren liberal-demokratischen Leitvorstellungen weithin attraktive Weltmacht aus dem Kriege hervorgingen. Für die nächsten zehn Jahre besaß Amerika faktisch das Kernwaffenmonopol oder doch eine so große Überlegenheit, daß es dieser Bewertung gleichkam. Die USA schienen prädestiniert, der Welt den Frieden nach ihren Prinzipien zu diktieren. Allerdings war Amerika auf diese Ausnahmesituation, die erstmals in der Menschheitsgeschichte einer Macht die reale Chance zur Aufrichtung einer — dann wie auch immer auszuwertenden — Weltherrschaft im Wortsinne bot, nicht vorbereitet und folglich nicht in der Lage, sie adäquat zu eigenen Gunsten zu nutzen. Wie im Falle Großbritanniens im 19. Jahrhundert war auch im Falle der USA im 20. Jahrhundert aufgrund ihrer inneren Struktur eine informelle Herrschaft in der Welt das ihnen Gemäße.

Dies sowie die optimistische Erwartung, mit ihren Idealen eine globale Ausstrahlungskraft indirekt in viel größerem Maße entfalten zu können, hielten wohl die aktuelle Weltvormacht USA vor dem Versuch zurück, ihr Machtmonopol zur Aufrichtung einer direkten globalen Herrschaft einzusetzen. Schon im Kriege hatte sich zudem aufgrund der im Laufe der Jahre wechselnden Fehleinschätzungen der Sowjetunion (zwischen der als einer »quantité négligeable« 1941/42 und einer den USA zumindest in Europa überlegenen Supermacht 1943/44) ein Schwanken zwischen der globalen Zielsetzung einer »Pax Americana« (»Atlantik Charta« 1941) mit zumindest einer Weltvormachtstellung der USA und einer — damit verglichen — relativ begrenzteren Hegemonialrolle in einer weiten Region, die den amerikanischen Doppelkontinent, die beiden Ozeane und ihre Randzonen in Europa/Afrika sowie Teile Ostasiens umfassen sollte, feststellen lassen. Als sich nach der Schlacht um Stalingrad Anfang 1943 in amerikanischer Sicht herausstellte, daß entgegen der bisherigen Lage-Einschätzung die Sowjetunion als erstrangiger Machtfaktor aus dem Kriege hervorgehen würde, verknüpfte sich diese Alternative — Weltvormacht oder Hegemonialmacht in einem regionalen (atlantisch-westeuropäischen) Großraum — in der Zielrichtung mit der anderen Problematik von Kooperation oder Konfrontation mit der Sowjetunion in der Nachkriegszeit. Im Augenblick des Sieges in Europa schien infolge des plötzlichen Todes von Präsident Roosevelt und der Unsicherheit seines Nachfolgers Truman die Frage zunächst offen, in welcher Richtung sich die amerikanische Politik weiter entfalten würde, auch wenn sich die Waage bereits — auch infolge einiger Vorentscheidungen aus den ersten Monaten des Jahres 1945, noch aus der Zeit Roosevelts — auf den Konflikt und auf eine Blockbildung im Westen hinneigte. Damit aber stand, sobald sich erwies, daß eine territoriale Veränderung größeren Stils ohne eine neue große Kriegskatastrophe nicht mehr möglich war, fest, daß in Europa basierend auf der Polarität der beiden »Blöcke« und auf der Teilung des Kontinents (mit dem besiegten Deutschland als Kern), ein wesentlich stabileres Gleichgewicht den Frieden sicherte, als es das äußerst labile Gleichgewicht der Ordnung von 1919/20 getan hatte. Die andere, schon für die Zeit nach dem Ersten Weltkrieg im Grunde nur scheinbar gegebene Wahlmöglichkeit zwischen einer Rückkehr zur Isolation im Bereich des amerikanischen Doppelkontinents und einem permanenten Engagement in der Weltpolitik war jetzt endgültig überholt, und auch die tatsächlich gegebene Alternative der zwanziger Jahre: direktes machtpolitisch-militärisches Engagement oder aber — wofür sich Amerika damals entschieden hatte — indirektes, unter dem Primat der Wirtschafts- und Finanzinteressen stehendes Hineinwirken in die Weltpolitik, ließ sich diesmal nicht mehr wie damals zugunsten eines »Entweder-Oder«, sondern nur noch im Sinne eines »Sowohl-als-Auch« lösen.

Es lag in der Logik der in der Formel von der »bedingungslosen Kapitulation« komprimierten, als »Antwort« auf die »Herausforderung« der »Aggressoren« zu verstehenden extremen Kriegspolitik der »Anti-Hitler-Koalition«, daß die besiegten Staaten nicht nur geschwächt werden, sondern aus dem Kreis der Großmächte überhaupt ausscheiden sollten. Dieses Ergebnis wäre allerdings auch ohne eine solche Zuspitzung der Kriegsziele der Alliierten, selbst bei einem Kompromißfrieden auf der Basis des Status quo ante, faktisch der Fall gewesen; denn sowohl die rapide Entwicklung der Militärtechnik und, darauf gründend, die »raumgreifende« Militärstrategie, die nur den Staaten von kontinentaler Weiträumigkeit die Chance zu machtpolitischer »Souveränität« beließ, als auch die bereits im Ersten Weltkrieg konstatierte mangelnde Fähigkeit einer Reihe bisheriger Großmächte zu ökonomischer Selbstversorgung innerhalb ihrer nationalen Grenzen machten eine Ausweitung des Machtbereichs von Staaten in der Größenordnung Deutschlands, Italiens oder Japans über den bis dahin zur Behauptung ihrer Großmachtstellung ausreichenden nationalstaatlichen Rahmen notwendig, wenn sie mit den dafür von Raum und Potential her »prädestinierten« Mächten wie den USA und Rußland Schritt halten und nicht kampflos auf die Stufe mittlerer Staaten zurückfallen wollten. Das Hinausschieben der Grenzen über den nationalstaatlichen Bereich hinaus war folglich nicht nur das Programm ideologischer Extremisten, sondern auch das Ziel der zahlenmäßig weitaus größeren gemäßigten, jedoch im traditionellen Großmachtdenken verharrenden

Kräfte in der Führung dieser Staaten, die (objektiv gesehen — eben aufgrund der partiellen Interessenidentität) die Extremisten stützten. Das Streben nach dem Ziel der Bewahrung bzw. der Wiedergewinnung machtpolitischer »Souveränität« unter den veränderten Rahmenbedingungen der Mitte des 20. Jahrhunderts war zudem der gemeinsame Grundzug, sozusagen das einzige verbindende Glied zwischen den im übrigen in vieler Hinsicht divergierenden drei »have-not« Mächten. Ihre Zurückdrängung auf die alten nationalstaatlichen Grenzen aber war, auf der Gegenseite, das Minimalziel auch der gemäßigsten, im Verlauf des Krieges nach den Enttäuschungen über die deutsche Opposition gegen Hitler (im Winter 1939/40) bis zur sich anbahnenden Wendung in den letzten Kriegswochen in die Isolierung geratenen Gruppen in den Führungsschichten der USA und Großbritanniens.

Von diesen Voraussetzungen her geurteilt bedeutete für alle drei besiegten Großmächte der Kriegsausgang den Abschluß einer geschichtlichen Epoche, ihres durch Rückschläge bis dahin allenfalls unterbrochenen, aber nicht abgeschnittenen Aufstiegs aus dem Kreis der mittleren Staaten seit den fünfziger und sechziger Jahren des 19. Jahrhunderts. Für sie alle hatte ihre Rolle als »souveräne« Großmächte im Rahmen des europäischen bzw. des Weltmächtesystems somit nur rund 80—90 Jahre gedauert.

Auf den ersten Blick betrachtet am tiefstgreifenden, unter längerfristiger Perspektive aber noch am wenigsten einschneidend war die Zäsur des Jahres 1945 für Japan, das seit der Meji-Restauration von 1868 eine — wie es schien — trotz mancher Krisen erstaunliche Aufwärtsentwicklung in die erste Reihe der Mächte hinein vollzogen hatte. Wohl war jetzt mit der Kapitulation seine machtpolitisch voll »souveräne« Großmachtfunktion beendet und damit der erste Versuch eines nicht-»weißen«, eines asiatischen Staates, gleichrangig im Kreis der Großmächte zu agieren, gescheitert. Dies konnte als ein verspäteter Triumph seiner »weißen« Konkurrenten gedeutet werden. Die imperialistische Welle der okzidentalen Mächte hatte sich ja am Ende des 19. Jahrhunderts, nachdem fast die ganze Erde teils direkt, teils indirekt in den Machtbereich der »Weißen« geraten war, am Widerstand Japans gebrochen, und Japans Aufstieg seit dem japanisch-chinesischen und vor allem seit dem russisch-japanischen Krieg war zum Symbol dafür geworden, daß sich die Gegenkräfte gegen die — eben nie ganz erreichte — »weiße« Alleinherrschaft über die Welt zu formieren begannen. Dennoch bedeutete — wie sich bald herausstellen sollte — die Niederlage Japans von 1945 nicht, wie anfangs im Zusammenhang mit der »Entgöttlichung« des japanischen Kaisers, des Tenno, und der teils erzwungenen, teils in einem geschmeidigen Anpassungsprozeß quasi-freiwillig vollzogenen Übernahme vieler amerikanischer Ideen und Institutionen in Japan vermutet, das abrupte Ende einer Entwicklung, sondern — bildlich gesprochen — nur das »Abknicken« in eine etwas veränderte, modernere Richtung. Hierzu trug die Gunst verschiedener Faktoren bei: nur von einer Siegermacht (den USA) abhängig zu sein; Rückwirkungen des sich bald nach Kriegsende ankündigenden Umsturzes in China, in dem unter Mao Tse-tung — in Konsequenz des Ausgangs des Ostasienkonflikts seit 1937 und der ihn begleitenden antikolonialistischen Tendenzen — der Aufstieg eines zweiten nicht-»weißen«, asiatischen Staates zur »souveränen« Großmachtstellung begann, den schon Tschiang Kai-shek im Zusammengehen mit den USA seit der Konferenz von Kairo 1943 vergeblich zu vollziehen versucht hatte; schließlich die damit, aber auch zuvor schon aus der amerikanisch-sowjetischen Konfrontation in Fernost sich ergebende Umbewertung der Rolle Japans innerhalb der globalen Strategie der USA.

Aus alledem resultierte eine Veränderung, die Japan mit der Chance zur Ausnutzung des gewaltigen Wirtschaftspotentials eines machtpolitisch gewiß nicht mehr voll »souveränen« Großstaates doch wieder als Faktor ersten Ranges in eine neue Epoche der japanischen Geschichte einmünden ließ, die sehr viel mehr traditionelle Elemente enthielt, als unmittelbar nach der Kapitulation 1945 erwartet worden war. Eine gewisse Ähnlichkeit mit der Situation Deutschlands nach dem Ersten Weltkrieg ist nicht zu übersehen. Dies kommt auch in der hartnäckigen Forderung nach Revision des Kriegsergebnisses gegenüber der Sowjetunion zum Ausdruck, von der die Rückgabe der vier südlichen, der nördlichsten Hauptinsel Hokkaido unmittelbar vorgelagerten Kurilen-Inseln verlangt wird.

Das Schicksal Italiens glich dem Japans insofern, als auch dieser Staat es in der Niederlage faktisch nur mit einer Siegermacht bzw. mit einer weitgehend in sich konformen Mächtegruppe (USA/Großbritannien) zu tun hatte, ihm somit die nationale Einheit erhalten blieb. Im Gegensatz zu dem sehr eigenwilligen, selbstbewußt beschrittenen Wege Japans seit der Meji-Restauration hatte Italien jedoch seit Cavours machiavellistischem »Einstieg« in die »Große Politik« während des Krimkrieges, der Sardinien-Piemont auf der Pariser Friedenskonferenz von 1856 die Anerkennung als quasi sechste europäische Großmacht eingebracht hatte, seine Großmachtrolle stets nur in Anlehnung an andere und im Schatten stärkerer Mächte zu spielen vermocht, die längste Zeit unter dem Schutz Großbritanniens, zuletzt, die Alternative des »Dreibundes« der Bismarck- und Vorweltkriegszeit noch einmal unter erheblich veränderten Verhältnissen ausspielend, als »Junior-Partner« Hitler-Deutschlands. Die Ansätze zur imperialen Expansion auf dem Balkan sowie in Afrika unter Ausnutzung der Spannungen zwischen den anderen Mächten, die Italien, von seinem Brückenkopf jenseits des Mittelmeers, Libyen, ausgehend, im Zweiten Weltkrieg in Anlehnung an Deutschland zu einem Mittelmeerimperium auszuweiten gehofft hatte, wurden als Ergebnis des Kriegsausgangs vollkommen beseitigt. Italien war auf seine schwierigen innenpolitischen und sozialen Probleme zurückgeworfen, die das faschistische Regime über zwanzig Jahre lang zu überdecken verstanden hatte. Anders als Japan besaß Italien innerhalb des amerikanischen Klientel-Systems jedoch nicht eine so zentrale Bedeutung, daß eine Konsolidierung der inner-italienischen Verhältnisse — von Ausnahmesituationen abgesehen — als eine vitale Angelegenheit der amerikanischen Hegemonialmacht im Mittelmeerraum angesehen wurde — mit der Folge, daß es im wesentlichen auf die eigenen unzureichenden Kräfte angewiesen blieb und sich mit der Rolle einer mittleren Macht abfand, die es im Grunde auch zwischen 1861 und 1943 geblieben war.

Anders als Japan und Italien hatte sich Deutschland unter Hitler in seiner Zielsetzung nicht auf die Gewinnung einer Hegemonialstellung innerhalb eines regionalen Großraumes beschränkt. Japan und Italien hatten zwar die übrigen Großmächte auch aus wichtigen Kolonialgebieten und Stützpunkten zu verdrängen getrachtet, sie aber nicht in ihrer Existenz als Großmächte bedroht oder gar auszulöschen beabsichtigt. Darin lag das Singuläre der Zielsetzung Hitlers, daß sie über eine traditionelle Hegemonialstellung ein einem erweiterten »Mitteleuropa« — wie sie das Deutsche Reich im Ersten Weltkrieg 1914/18 angestrebt hatte — quantitativ und qualitativ weit hinausging und über eine Weltmacht-Position auf eine Weltvormachtstellung, langfristig gar auf die Weltherrschaft im Zuge eines »Stufenprogramms« gerichtet war, wobei Frankreich und Rußland als Großmächte ausgeschaltet werden sollten, indem Frankreich auf die Ebene eines abhängigen mittleren Staates zurückgedrängt, Rußland aber als Ganzes zum Objekt einer Kolonialherrschaft, zu einem deutschen »Indien«, werden sollte. In der Konsequenz des rassenideologischen Dogmas des radikalsten universalen Antisemitismus, des Sozialdarwinismus und der »Untermenschen«-Doktrin stellte die Ausrottung der Juden die weitestreichende, wenn auch keineswegs einzige, extreme Schlußfolgerung dar, wie ein Blick allein auf die projektierte gewaltsame Umsiedlung von über 30 Millionen Menschen aus Ostmittel- und Osteuropa im Zuge des sog. »Generalplans Ost« zeigt. Im Rahmen der Geschichte der preußisch-deutschen Großmacht stellte Hitlers Zielsetzung räumlich gesehen zwar eine letzte Aufgipfelung und extreme Ausweitung älterer Zielvorstellungen dar. Im Wesenskern aber war sie qualitativ etwas anderes; sie vollzog einen tiefen Bruch mit der deutschen Vergangenheit. Dies allerdings blieb während des Krieges in seinen vollen Konsequenzen weithin unbeachtet, da so, wie dieser nach den großen Anfangserfolgen über die Rückschläge bis zur Schlußkatastrophe verlief, nur eine partielle Realisierung des nationalsozialistischen Programms möglich wurde, dessen volle Verwirklichung das überlieferte Europa total zerstört hätte, und die Konzentration der meisten Deutschen auf die Kriegsanstrengungen auch die Verschleierung der größtenteils verwirklichten »Endlösung« erleichterte.

Da andererseits frühzeitig feststand, daß anders als 1918 im Falle einer Niederlage das Deutsche Reich als Großmacht nicht erhalten bleiben würde, weil im Gegensatz zu damals gleichsam die ausgelöste Lawine der Gegenmächte von Ost und von West auf die Mitte Europas und Deutschlands zurollte, mußte das Ende von Hitlers intendierter Weltmacht neuer Qualität zugleich auch das Ende der deutschen Großmachtstellung traditioneller Art, des Bismarck-Reiches, bedeuten. Die Folge davon, daß Hitler und sein Regime sowie die alten Führungsgruppen in Staatsbürokratie, Wirtschaft, Militär und Diplomatie sich damit sozusagen in einem Boot sitzen sahen, hat zunächst die Härte und Dauer des deutschen Abwehrwillens gegenüber der feindlichen Allianz (die die »bedingungslose Kapitulation« forderte), auch nachdem die Entscheidung im großen längst gefallen war, mit verursacht, danach dann, als offenbar wurde, daß die damit erreichte Verlängerung des schon verlorenen Krieges die Vollendung des Verbrechens der Judenausrottung (und von vielen Kriegsverbrechen) erst ermöglicht hatte, die Kapitulation nicht nur zu einer militärischen und politischen, sondern auch zu einer moralischen Katastrophe für die Deutschen werden lassen.

Nirgends war die Diskrepanz zwischen dem Gewollten und dem Erreichten — bei Hitler, aber auch bei den Deutschen, die in traditionellen Großmachtvorstellungen verharrt oder naiv den Parolen vom »großdeutschen Freiheitskampf« geglaubt hatten —, so groß wie im Falle Deutschland, von welcher Warte man auch die Bilanz des letzten Abschnitts seiner Geschichte zu ziehen suchte. Ausgelöscht war 1945 nicht nur die in der Bismarck-Zeit gewonnene Großmachtstellung des Reiches aufgrund der neuen weltpolitischen Konstellation, nachdem sich, bildlich gesprochen, das Tor zwischen Ost und West wieder geschlossen hatte, das sich als Ergebnis des Krimkrieges für Mitteleuropa geöffnet hatte und das die entscheidende Voraussetzung für achtzig Jahre preußisch-deutscher Großmachtpolitik gewesen war. Verloren war nicht nur ein Viertel des alten, noch in Versailles unbestrittenen deutschen Reichsgebietes, aus dem etwa 6,9 Millionen Menschen in das Restterritorium des Vier-Zonen-Deutschland zwischen Oder und Rhein in den letzten Kriegswochen geflüchtet waren oder nach Kriegende vertrieben wurden, sondern verwirkt schien durch das im deutschen Namen Geschehene auch der Anspruch der Deutschen auf ein nationales Eigenleben in bescheidenerem Rahmen. Mit den vom total besiegten deutschen Staat befohlenen Verbrechen konfrontiert, schien der Druck und der Sog, den die Siegermächte in West und Ost in ideologischer, ökonomischer und machtpolitischer Hinsicht auf die Deutschen ausübten, von Anfang an so stark, daß jeder Versuch zur Wahrung eines nationalstaatlichen Zusammenhangs der Überlebenden der Katastrophe, wie ihn wenige, gerade die dem nationalsozialistischen Terror entkommenen Repräsentanten der deutschen Widerstandbewegung, in den ersten

Jahren nach 1945 anstrebten, als die Situation in und um Deutschland relativ noch am offensten war, den meisten Deutschen aussichtslos schien.

Doch dabei bleib es nicht: Vielmehr bestimmte angesichts des bald auch das verbliebene deutsche Potential kalkulierend einbeziehenden »Kalten Krieges« ein Hin- und Herschwanken zwischen einer Überschätzung der trotz allem verbliebenen und überraschenderweise scheinbar wieder wachsenden Chancen, erneut ins Spiel der »Großen Politik« eintreten zu können, und einem fatalistischen Sich-Abfinden mit der Teilung Rest-Deutschlands sowie einem Sich-zur-Verfügung-Stellen gegenüber den neuen »Verbündeten« in vielfältiger Variation jenen Übergang zu einer völlig neuen Epoche der deutschen Geschichte, die — trotz mancherlei Kontinuitäten im einzelnen — im ganzen nicht zuletzt dadurch, daß Deutschland hinter die Stufe der nationalen Einheit zurückgeworfen war, doch einen viel stärkeren Bruch mit der Vergangenheit darstellte, als dies für Italien oder Japan galt.

Im weltpolitischen Rahmen blieb das Schicksal Deutschland, mit dem die Siegermächte aufgrund ihrer diametral entgegengesetzten Leitvorstellungen keinen Friedensvertrag schließen konnten, eingebettet in die entscheidende Frage der Nachkriegszeit insgesamt, ob es gelingen würde, nach der größten Kriegskatastrophe der Weltgeschichte eine universale Friedensordnung zu schaffen, oder ob die Entwicklung — was trotz aller Hoffnungen wohl der meisten Menschen in allen Ländern von Anfang an wahrscheinlicher war — zu einer ideologischen und machtpolitischen »Block«-Bildung treiben würde, die zu besonders hochgradigen Spannungen im geteilten Rest-Deutschland führen mußten, da hier die »Blöcke« unmittelbar aufeinander stießen. Dieser Trend mußte im Effekt zu einer ähnlichen, wenn auch politisch wie geographisch anders strukturierten und um andere Führungsmächte gruppierten Aufteilung der Welt mit jeweils einer Hegemonialmacht im Zentrum führen, wie es bei einem — einmal unterstellten — Sieg der ebenfalls untereinander schon während des Krieges rivalisierenden — »Dreierpaktmächte« bei einem Sieg über die »Anti-Hitler-Koalition« der Fall gewesen wäre.

In der langen, vom permanenten Scheitern durchzogenen Geschichte der Europäischen Friedensschlüsse und Friedensentwürfe seit dem Westfälischen Frieden kam der Neuordnung nach dem Zweiten Weltkrieg eine exzeptionelle Bedeutung zu, da die inzwischen entwickelte Militärtechnik mit ihren Vernichtungsmöglichkeiten, denen in den Jahren 1939/45 über 50 Millionen Menschen zum Opfer gefallen waren, in einem dritten Weltkrieg aller Voraussicht nach zu einer Auslöschung der Menschheit als Ganzes führen würde. Den Bemühungen des amerikanischen Präsidenten Roosevelt in der Endphase des Zweiten Weltkrieges 1943—45 eben wegen dieser drohenden Möglichkeit, daß dem Zweiten Weltkrieg ein dritter folgen würde, wenn es der »Anti-Hitler-Koalition« nicht gelinge, eine handlungsfähige, mit starker

Exekutivgewalt ausgestattete Weltorganisation zu schaffen, die jeden Konflikt zwischen den Großmächten (ebenso wie solche regionaler Art) schon im Keim erstickte, blieb indessen der entscheidende Erfolg versagt. Das Festhalten am machtstaatlichen Souveränitätsdenken, vor allem auf Seiten der Sowjetunion, aber auch in den USA selbst, in Großbritannien und z.T. in Frankreich — vor allem bei de Gaulle — ließ mit dem daraus resultierenden Veto-Recht der Großmächte im Weltsicherheitsrat die traditionelle Machtpolitik über 1945 hinweg fortdauern.

Nur in dem vom Zweiten Weltkrieg am härtesten betroffenen Gebiet, im Kernraum Kontinentaleuropas, war der Souveränitätsanspruch der Staaten 1945 soweit abgeschwächt, daß unter dem Eindruck der Kriegserfahrungen der Gedanke eines größeren Zusammenschlusses der bisherigen Nationalstaaten unter Verzicht auf ihre Souveränitätsrechte zunächst überwog, so daß Aussicht zu bestehen schien, ihn im Sinne einer föderalen Zusammenfassung wenigstens West-Europas zu verwirklichen, bis dann allerdings mit fortschreitender Entfernung vom Kriegsende auch hier ein Erlahmen dieser Anstrengungen eintrat und der Gedanke der nationalstaatlichen Restauration schließlich die Oberhand gewann. Die Dekolonisation, eine der wichtigsten Folgen des Zweiten Weltkrieges, stärkte, da alle jungen Staaten Asiens und Afrikas von ihrer nationalen Souveränität fasziniert waren, paradoxerweise die allgemeine Tendenz zur Rückkehr zum — realiter — überholten Souveränitätsprinzip bei allen, selbst bei den kleinsten Staaten.

So einschneidend der Zweite Weltkrieg für die Geschichte aller daran beteiligten Großmächte, für ihren weiteren Aufstieg, für ihren Niedergang oder ihren Abschluß, war, das Mächtesystem selbst erfuhr zwar wesentliche Änderungen, indem es sich auf wenige Supermächte und eine Reihe »mittlerer Staaten« konzentrierte; es blieb jedoch als Ganzes fortbestehen, ja, es verhärtete sich im Zeichen der ideologischen und machtpolitischen »Block«-Bildungen weiter. Die Überwindung des mehr denn je auf einem höchst labilen Gleichgewicht der Kräfte basierenden, endgültig ins Globale ausgeweiteten Mächtesystems und die Abwendung der wachsenden Bedrohungen, die von dem ihm innewohnenden Konfliktpotential ausgehen, blieb als ungelöste, vorerst offensichtlich unlösbare Aufgabe aus dem Zweiten Weltkrieg künftigen Generationen überlassen.

## Anmerkungen

1 In Anlehnung meines Beitrages in: Deutsche Großmacht- und Weltpolitik im 19. und 20. Jahrhundert, Düsseldorf 1977, S. 350 ff.

2 Th. Schieder, Die mittleren Staaten im System der großen Mächte, in: Historische Zeitschrift, 232 (1981), S. 583 ff.

# Zweiter Teil

# Bevölkerung, Eliten und Krieg

Wolfram Wette

# Zur psychologischen Mobilmachung der deutschen Bevölkerung 1933—1939*

Gelegentlich ist in der internationalen Öffentlichkeit die Meinung anzutreffen, Hitler habe es leicht gehabt, das angeblich aggressionslüsterne deutsche Volk in seine Kriegspläne einzuspannen. Verhielt es sich tatsächlich so? Wie schon der Titel des Beitrages signalisieren möchte, war dies keinesweg der Fall. Vielmehr bedurfte es — trotz prägender Traditionen des preußisch-deutschen Militarismus — einer mehrjährigen schwierigen Überredung durch die NS-Regierung, um die deutsche Bevölkerung ein zweites Mal binnen eines Vierteljahrhunderts für einen Krieg zu mobilisieren, der, wie er aufgrund der Kriegsziele Hitlers angelegt war, sich wiederum zu einem Weltkrieg entwickeln mußte.

## *Das Jahr 1933: Zäsur und Kontinuität zugleich*

Als der Führer der Nationalsozialistischen Deutschen Arbeiterpartei (NSDAP), Adolf Hitler, am 30. Januar 1933 zum Reichskanzler des Deutschen Reiches ernannt wurde, war jene Phase der Nachkriegszeit, in der Hoffnung bestand, man könne das internationale System stabilisieren, den Krieg ächten und eine dauerhafte Friedensordnung etablieren, unwiderruflich beendet. Nicht wenige — Kommunisten, Sozialdemokraten, Pazifisten — hatten gewarnt: »Hitler bedeutet Krieg!« Sie sollten recht behalten.

Mit dem Jahre 1933 mündete, wie heute offen zutage liegt, die von friedenspolitischen Anstrengungen vielfältiger Art begleitete Nachkriegszeit in eine neue Vorkriegszeit ein. Denn was die an die Macht gekommene Nazi-Partei — sie verkörperte die deutsche Version der in mehreren europäischen Ländern entstandenen faschistischen Bewegungen — sogleich in die Tat umzusetzen begann, war entgegen dem nach außen erweckten Schein nichts anderes als eine Politik der Kriegsvorbereitungen[1].

Wer Hitlers programmatische Schriften gelesen hatte, dem konnte bekannt sein, daß dieser militante Nationalist und fanatische Antisemit bereits seit

---

* Gekürzte Fassung eines Beitrages, der zuerst veröffentlicht wurde u.d.T.: Difficult Persuasion. The Psychological Mobilization of the German Population for World War II (1933—1939). In: UNESCO Yearbook on Peace and Conflict Studies 1985. New York/Westport, Connecticut/London 1987, S. 49—71.

einem Jahrzehnt von der Idee besessen war, das durch die Niederlage im Weltkrieg 1914–1918 gedemütigte und mit der Kriegsschuld belastete Deutschland müsse erneut den Weg der Gewalt gehen, um »Lebensraum« zu erobern und um eine unanfechtbare Weltmachtstellung zu erlangen[2]. Hitler an der Macht: Das bedeutete, daß nun umgehend die Voraussetzungen für einen neuerlichen deutschen »Griff nach der Weltmacht«[3] geschaffen wurden.

Fraglos bedeutete der Regierungsantritt Hitlers eine Zäsur in der jüngeren deutschen und europäischen Geschichte, da mit ihm die aggressivsten Kräfte und Strömungen an die Regierung gelangten, die es damals in Deutschland gab[4]. Aber hinter der Kulisse des historischen Einschnitts gab es auch Kontinuitäten, die für die Geschichte des im Jahre 1871 gegründeten deutschen Nationalstaats insgesamt charakteristisch waren. Dazu gehörte das traditionelle Bündnis bestimmter Eliten in Wirtschaft, Gesellschaft, Bürokratie, Justiz und Militär[5] ebenso wie deren Groß- und Weltmachtsstreben. Hitlers Massenpartei, die sich vornehmlich aus dem deklassierten Mittelstand sowie aus kleinbürgerlichen und bäuerlichen Schichten zusammensetzte, verbündete sich mit diesen traditionellen Eliten. Man muß also sowohl den Bruch sehen, den die »Machtergreifung« der Hitler-Leute bedeutete, als auch die Kontinuitäten, ohne die sich weder die Machtergreifung noch die Aufrüstungspolitik begreifen läßt.

Gemäß der Lehre, daß der zukünftige Krieg noch mehr als der Weltkrieg 1914–1918 ein »totaler« Krieg sein werde[6], reichte die Politik der Kriegsvorbereitungen in nahezu alle Bereiche des staatlichen und gesellschaftlichen Lebens hinein. Man denke an die Diplomatie, die das Ausscheren des Deutschen Reiches aus früher eingegangenen multilateralen Verpflichtungen zu rechtfertigen und die, zusammen mit der Propaganda[7], einen Beitrag zur Verschleierung der deutschen Rüstungs- und Kriegspläne zu leisten hatte. Man denke an die Maßnahmen zur materiellen und personellen Aufrüstung, an die innenpolitische Disziplinierung der gesamten deutschen Bevölkerung, an die Sozial- und Wirtschaftspolitik[8], an die Unterdrückung oppositioneller Teile der Bevölkerung durch rücksichtslosen Terror, nicht zuletzt aber an die psychologische Mobilmachung der deutschen Bevölkerung für den von der Nazi-Regierung geplanten Krieg[9] durch eine umfassende Propaganda.

### *Militaristische Tendenzen vor Hitler*

Bezeichnend für den schon vor Hitler erreichten Grad der Militarisierung Deutschlands war es, daß gewisse militärische Verhaltensweisen ziviler Politiker mehr oder minder kritiklos hingenommen wurden. Paul von Hindenburg zum Beispiel, der 1925 zum ersten und 1932 zum zweiten Male gewählte

Reichspräsident der ersten deutschen Republik, liebte es, in der Öffentlichkeit in der preußischen Uniform aufzutreten. Damit erinnerte er nicht nur daran, daß er von 1916—1918 der Chef des obersten deutschen militärischen Führungsgremiums (»Oberste Heeresleitung«) gewesen war, sondern setzte auch jene unselige militaristische Tradition fort, die der zivile Reichsgründer Bismarck begründet hatte.

Die Militarisierung zeigte sich auch in anderer Weise: Mehrere ehemalige hohe Militärs bekleideten wichtige Staatsämter, obwohl sich die Reichswehr doch aus der Politik heraushalten und als »Staat im Staate« angesehen werden wollte. Ein enger Mitarbeiter Hindenburgs aus der Zeit des Ersten Weltkrieges, General Wilhelm Groener, war von 1928—1932 Reichswehrminister und 1931/32 zugleich Reichsinnenminister. Ein anderer politisierender General, Kurt von Schleicher, wurde 1932 Reichskanzler und übte zugleich das Amt des Reichswehrministers aus. Aber schon seine beiden »zivilen« Vorgänger Heinrich Brüning und Franz von Papen waren ausgesprochen »militärfromme« Politiker, die dem zunehmenden Einfluß der Reichswehr auf die deutsche Politik keinen nachdrücklichen Widerstand entgegensetzten. In der Endphase der Weimarer Republik, in den Jahren 1930—1933, entwickelte sich das deutsche Regierungssystem in raschen Schritten von einer parlamentarischen Demokratie zu einer Staatsform hin, die einer Militärdiktatur ähnlicher war als einer Republik.

Parallel zu diesen politisch-institutionellen Vorgängen vollzog sich eine Militarisierung in den Köpfen der Menschen[10]. Der Beginn dieser neuen Tendenz läßt sich ziemlich exakt auf das Jahr 1929 datieren. Als wichtiges Indiz für die Trendwende in der politischen Stimmungslage kann gelten, daß jetzt eine bestimmte Literatur, deren Markenzeichen darin bestand, daß sie nationalistische und kriegsverherrlichende Aussagen machte, auf das Interesse eines Massenpublikums stieß, d.h. in ungewöhnlich hohen Auflagen verkauft wurde.

Seit 1929 wurde Deutschland von einer regelrechten Welle nationalistischer Kriegsbücher und Kriegsfilme überschwemmt[11]. Mit anderen Worten: Bereits mehrere Jahre vor Hitlers Regierungsantritt zeichnete sich ein Boom von Kulturprodukten mit militaristischer und ein gleichzeitiger Niedergang von solchen mit pazifistischer Tendenz ab. Die Auswertung des einschlägigen Schrifttums[12] läßt erkennen, daß die Zahl der Bücher, die sich allgemein mit »Wehrfragen« auseinandersetzten, zwischen 1929 und 1935 kontinuierlich anstieg. Für die Jahre 1930 bis 1932 fällt besonders die hohe Zahl jener Schriften ins Auge, die sich mit zukünftigen Kriegen befaßten. Die Zahl der Bücher, die man allgemein — ohne Analyse der Tendenz — unter der Rubrik »Weltkriegsbücher« zusammenfassen kann, die also Aufschluß über die zunehmende Auseinandersetzung mit dem Weltkrieg 1914/18 und mit der Rückerinnerung an ihn geben können, stieg in den Jahren 1929—1932 merklich an, erreichte nach dem Regierungsantritt Hitlers in den Jahren 1933 bis 1935 mit mehr als 500 Titeln jährlich einen absoluten Höhepunkt. Mit dem Jahr 1935 endete dann die militärpolitische Diskussion in der Öffentlichkeit, was darauf zurückgeführt werden kann, daß das militaristische Gesellschaftskonzept zu diesem Zeitpunkt weitgehend in die Wirklichkeit umgesetzt war.

Wie bereits angedeutet wurde, verlief die Entwicklung der Bücher mit pazifistischer Tendenz genau umgekehrt. Die Linie zeigt hier zwischen 1929 und 1933 kontinuierlich nach unten. Seit 1933 wurde pazifistische Literatur in Deutschland nicht mehr verlegt, sondern öffentlich verbrannt.

Es gab damals ein einziges Buch mit einer Antikriegstendenz, das sich trotz dieser militaristischen Trendwende am Markt behaupten konnte: Erich Maria Remarques Roman »Im Westen nichts Neues«[13]. Er erreichte im Jahre 1930 eine deutschsprachige Spitzenauflage von 1 Million Exemplaren und von 2 Millionen in Fremdsprachen, u.a. in englischer Sprache. Dieses Buch bot eine ungeschminkte Reportage des Kriegsalltags und verzichtete auf jedes Heldenpathos. Daher wurde es von der nationalistischen Rechten in Deutschland erbittert bekämpft, und zwar in Worten wie auch mit Taten. Die Berliner NSDAP unter dem Gauleiter Goebbels — Hitlers späterem Propagandaminister — sprengte Ende 1930 die Erstaufführung des Filmes »Im Westen nichts Neues«. Eine zweite Aufführung mußte abgesagt werden. Die NSDAP veranstaltete große öffentliche Protestkundgebungen gegen den Film. Die Frontkämpferverbände stimmten in den Protest ein. Schließlich wurde die Aufführung des Films von einer Zensurbehörde unter dem Vorwand verboten, daß er das deutsche Ansehen im Ausland gefährde. Reichskanzler Heinrich Brüning, der der katholischen Zentrumspartei angehörte, pflichtete dieser Entscheidung bei.

Auch das Kino wurde in diesen Jahren »Kriegsschauplatz«, auf dem ideologische und innenpolitische Konflikte ausgetragen wurden[14]. Die Entwicklungstendenzen im deutschen Film liefen mit dem Boom an kriegsverherrlichender Literatur durchaus parallel. Der fortschrittliche Film, der sich der Kritik sozialer Verhältnisse zuwandte und auch pazifistische Inhalte zu vermitteln suchte, mußte zunehmend dem autoritären Film weichen, in dem Rebellen, Kriegshelden und Führer zu Leitbildern stilisiert wurden.

*Kriegsliteratur und Wirtschaftskrise*

Wie läßt sich diese Flut rechtsgerichteter Kriegsbücher und Kriegsfilme erklären? Es ist auffallend, daß sie mit der ökonomischen Krise von 1929 zeitlich zusammenfiel. In der Wirtschaftskrise fand Kriegsliteratur ein aufnahmebereites Massenpublikum. Hieraus kann gefolgert werden, daß sich die Konsumenten dieser Literatur von der Außenpolitik der Verständigung, wie sie von den demokratischen Parteien der Weimarer Republik vertreten wurde, nichts mehr versprachen und eher für die Alternative autoritärer und schließlich gewaltsamer Lösungen in der Innen- und der Außenpolitik optierten. Einer Spezialuntersuchung[15] zufolge war es insbesondere das mittelständische Bürgertum[16], das in der Krisenphase der Weimarer Republik Positionen übernahm, denen zufolge Gewalt wieder ein adäquates Mittel der Politik war. Man akzeptierte, was die Kriegsliteratur anbot: den verklärenden Rückblick auf den Krieg und seine Erhebung zum gesellschaftlichen Normalzustand. Anders ausgedrückt: Im Zuge dieser militaristischen und antipazifistischen Welle wurden die Schwellenwerte des Vorbehalts gegenüber der Gewalt reduziert.

Um Mißverständnisse zu vermeiden: Es wäre unsinnig zu behaupten, eine Mehrheit der deutschen Bevölkerung habe bereits vor 1933 Hitlers Kriegspläne unterstützt. Das konnte schon aus dem einen Grunde nicht der Fall sein, daß nämlich Hitlers programmatisches Buch »Mein Kampf« viel zu wenig bekannt war und dort, wo es gelesen worden war, nicht ernst genommen wurde[17]. Was sich in der öffentlichen Meinung zwischen 1929 und 1933 abspielte, war diffuser, ist aber gleichwohl als ein deutlicher Trend erkennbar: Unter dem Einfluß der massenhaft angebotenen Kriegsliteratur wurde eine Mehrheit der deutschen Bevölkerung in der Zeit der wirtschaftlichen und politischen Krise immer mehr bereit, eine Militarisierung des gesellschaftlichen Lebens zu akzeptieren. Und diese Bereitschaft bereitete den Boden für die Hinnahme einer späteren Übertragung der Gewaltmethoden in die Außenpolitik.

In dem geschilderten politischen Klima konnte die aggressivste und am entschiedensten gegen Demokratie, Sozialismus und Pazifismus agitierende Partei, nämlich die NSDAP Hitlers, in wenigen Jahren zur stärksten politischen Kraft in Deutschland werden. Die NSDAP und ihre Hilfsorganisationen haben den Stimmungsumschwung nur zum Teil selbst hervorgerufen, gewiß aber sich seiner bedient. Sie konnten an den schon zuvor begonnenen Prozeß der Remilitarisierung der öffentlichen Meinung anknüpfen, ihn verstärken und beschleunigen. Die Bereitschaft zur Hinnahme oder zur Befürwortung gewaltsamer politischer Lösungen konnte bei Bedarf — und nach Schaffung entsprechender personeller und materieller Voraussetzungen, sprich: nach vollzogener Aufrüstung — jederzeit aktualisiert werden.

### *Deutsche Sonderentwicklung*

Während sich die öffentliche Meinung in den meisten anderen Ländern, besonders in den westlichen Demokratien USA, Großbritannien und Frankreich, in zunehmendem Maße am Gedanken der Kriegsächtung orientierte, wie er im Briand-Kellogg-Stresemann-Pakt von 1928 völkerrechtlich gefaßt worden war, nahm Deutschland eine Sonderentwicklung[18]. Hier, wo der Krieg schon immer als etwas Natürliches, etwas Schicksalhaftes und daher als etwas Selbstverständliches gegolten hatte, wo die Formel vom Krieg als einem legitimen Mittel der Politik letztlich nie in Zweifel gezogen worden war, konnte sich die Kriegsächtungsidee nicht dauerhaft durchsetzen.

Zwar hatte sich nach dem Ende des Ersten Weltkrieges auch in Deutschland eine politische Position des gemäßigten Pazifismus artikuliert, erkennbar an Begriffen wie »Völkerbund« und »Abrüstung«. Im großen und ganzen waren die Verfechter solcher Ideen identisch mit jenen Parteien, welche die erste Demokratie auf deutschem Boden unterstützten. Zwar wollten auch sie eine Revision des als ungerecht empfundenen Versailler Friedensvertrages von 1919; aber dies sollte auf dem Verhandlungswege geschehen. Die deutschen Nationalisten dagegen — sie waren weitgehend identisch mit den Gegnern der Demokratie[19] — konnten sich auch eine gewaltsame Revision dieses Vertrages vorstellen, und zwar als Vorstufe und als Voraussetzung für die langfristige Wiedergewinnung einer deutschen Weltmachtstellung.

Vordergründig stellte die Unterschrift des deutschen Außenministers Gustav Stresemann unter den Kriegsächtungspakt von 1928 einen weithin sichtbaren Sieg des pazifistischen Gedankenguts dar. Aber dieser auf der Idee des Gewaltverzichts beruhende Trend ließ sich in Deutschland nicht stabilisieren. Die Außenpolitik der Verständigung war nur noch etwa bis zum Jahre 1930 mehrheitsfähig. Seitdem geriet sie unter den massiven Beschuß der nationalistischen Rechten, besonders der Nazi-Partei, die den republikanischen Pazifismus pauschal als schwächlich denunzierte und machtpolitische Parolen propagierte. Diese Entwicklung lief den Intentionen des Briand-Kellogg-Paktes naturgemäß direkt entgegen. Tatsächlich war der — zur Zeit seines Abschlusses als welthistorisches Ereignis apostrophierte — Kriegsächtungspakt bereits nach wenigen Jahren aus dem öffentlichen Bewußtsein der Deutschen entschwunden. Er vermochte keine nachhaltige friedensstiftende Kraft mehr zu entfalten.

### *Täuschungsmanöver der »Friedensreden« (1933—1936)*

In den ersten Jahren der nationalsozialistischen Herrschaft wurde der Propaganda die Erfüllung einer doppelten Aufgabe abverlangt. Erstens sollte sie den Aufbau des totalitären Herrschaftssystems innenpolitisch begleiten und absichern helfen. Die zweite Aufgabe gehörte noch unmittelbarer in die Politik der Kriegsvorbereitung: Es galt, die materielle und personelle Aufrüstung, die sogleich nach Hitlers Ernennung zum Reichskanzler angepackt wurde — wobei man auf bereits vorliegende Planungen zurückgreifen konnte —, zu verschleiern, und zwar sowohl vor dem Ausland als auch vor der eigenen Bevölkerung, soweit sie nicht unmittelbar von den Maßnahmen betroffen war. Einschüchterung der innenpolitischen Gegner und Verschleierung der Kriegsvorbereitungen: dies waren die beiden zentralen Rollen, welche die NS-Propaganda nach 1933 zu spielen hatte.

Um auf die »Friedensreden«[20] etwas genauer einzugehen: In den Äußerungen der führenden NS-Politiker wurde in den Jahren 1933—1936, aber auch noch bis ins Kriegsjahr 1939 hinein, nichts häufiger betont als die absolute Friedenswilligkeit der von Hitler geführten deutschen Regierung. Bereits zwei Tage nach seiner Ernennung zum Reichskanzler verkündete Hitler in einer viel beachteten Rundfunkrede (1. Februar 1933)[21], seine »nationale Regierung« sei erfüllt von der Größe der Pflicht, »für die Erhaltung und Festigung des Friedens einzutreten, dessen die Welt heute mehr bedarf als je zuvor«. Kurz darauf erklärte er gegenüber englischen und amerikanischen Pressevertretern[22], er sei häufig zu Unrecht als ein Mann beschrieben worden, der blutrünstige Brandreden gegen fremde Staaten halte; jeder, der wie er selbst den Krieg kenne — Hitler war bekanntlich Teilnehmer des Ersten Weltkrieges — wünsche für das deutsche Volk nichts als Frieden und Ruhe.

Des Reichskanzlers Regierungserklärung zur Außenpolitik vom 17. Mai 1933[23] wurde — in Fortsetzung der vollmundigen Friedensbeteuerungen der zurückliegenden Monate — von der deutschen Propaganda als große »Friedensrede« angepriesen. In vielen Sprachen nachgedruckt und weltweit verbreitet, dürfte gerade diese Rede im In- und Ausland viele Menschen hinsichtlich des wahren Charakters der nationalsozialistischen Politik getäuscht haben. Hitler erklärte bei dieser Gelegenheit — fast schon in der Tonlage eines überzeugten Pazifisten —, ein neuer Krieg sei ein »Wahnsinn ohne Ende«, er werde nur das europäische Gleichgewicht stören, und daher sei es »der tiefernste Wunsch der nationalen Regierung des Deutschen Reiches, eine solche unfriedliche Entwicklung durch ihre aufrichtige und tätige Mitarbeit zu verhindern«.

Worte und Taten: Goebbels mahnte im Rundfunk (17. Juli 1933)[24], die Welt möge nun doch endlich einsehen, daß die deutsche Regierung und mit ihr das deutsche Volk nichts sehnlicher wünschten, als in Frieden und in innerer und äußerer Ruhe ihrer Arbeit nachzugehen und ihr tägliches Brot zu verdienen. Fast gleichzeitig ließ er in einer reichsweiten Aktion pazifistische Literatur öffentlich verbrennen.

Derselbe Propagandaminister Goebbels reiste dann im September 1933 nach Genf[25], wo am Sitz des Völkerbundes seit geraumer Zeit über Abrüstungsprobleme diskutiert wurde. Vor Vertretern der internationalen Presse, die seiner Einladung gefolgt waren, gab er seinem Bedauern darüber Ausdruck, daß die nationalsozialistische Politik der vergangenen Monate im Ausland auf »Verständnislosigkeit, Mißtrauen oder gar Ablehnung« gestoßen sei. Erneut behauptete er, das ganze Aufbauwerk der deutschen Regierung habe nichts mit Revanche und Krieg zu tun, sondern sei »von dem Geiste des Friedens getragen«.

Beteuerungen dieser Art hinderten Hitler allerdings nicht daran, wenige Wochen später (am 14. Oktober 1933) bekanntzugeben, daß Deutschland die Abrüstungskonferenz verlassen und aus dem Völkerbund austreten werde. Zur Beschwichtigung des Auslandes wurden wiederum einige »Friedensreden«[26] gehalten. Intern gestand Hitler jedoch ein, daß nun die Gefahr eines Einmarsches französischer Truppen in das Rheinland bestand. Tatsächlich geschah jedoch nichts dergleichen.

Vielleicht lag das Ausbleiben deutlicherer ausländischer Reaktionen auch daran, daß die Nazi-Propaganda sich zu diesem Zeitpunkt insgesamt sehr zurückhaltend und defensiv gab. So wurde zum Beispiel das Thema Antibolschewismus[27] in der Form der Bollwerk-These vorgetragen. Man behauptete, das NS-Regime könne für sich in Anspruch nehmen, Deutschland und Europa und damit zugleich die »abendländische Kultur« überhaupt vor dem Bolschewismus gerettet zu haben, indem es sich diesem als unüberwindliches Bollwerk in den Weg gestellt habe. Propagandistische Variationen dieser Art machten nicht nur beim deutschen Bürgertum Eindruck, sondern auch im westlichen Ausland, in Frankreich nicht weniger als in Großbritannien und in den USA, vom faschistischen Italien ganz zu schweigen.

Das nach den Friedensbeteuerungen zweithäufigste Propagandathema war die Forderung nach Gleichberechtigung für Deutschland[28]. Da Parolen wie »Revision von Versailles« und »Gleichberechtigung für die Deutschen« keine Erfindung der NS-Propaganda darstellten, sondern seit der Weimarer Zeit zum gängigen Sprachschatz der gesamten politischen Rechten gehörten, fiel es nicht schwer, der deutschen Bevölkerung und dem Ausland zu suggerieren, das NS-Regime wolle letztlich doch nichts anderes, als die friedliche Außenpolitik der früheren Weimarer Regierungen fortsetzen.

Man mußte schon genauer hinsehen, um zu erkennen, daß die Gleichberechtigungs-Forderung einen harten politischen Kern hatte, nämlich in der Rüstungsfrage. Darüber wurde auch offen gesprochen. Hitler erklärte in seiner bereits erwähnten »Friedensrede« vom 17. Mai 1933, Deutschland wolle eine »tatsächliche Gleichberechtigung im Sinne der Abrüstung der anderen Nationen«, um sogleich hinzuzufügen, wenn die anderen Staaten nicht abrüstungswillig seien, dann müsse Deutschland auf seiner Forderung nach Gleichberechtigung bestehen, was nichts anderes hieß als: auf seinem Recht zur Aufrüstung.

Die Abrüstungsforderung, von der NS-Propaganda nicht minder virtuos in Szene gesetzt, richtete sich ausschließlich an die Adresse der anderen europäischen Staaten. Deutschland, so wurde argumentiert, habe infolge der militärischen Bestimmungen des Versailler Friedensvertrages längst einseitig abgerüstet und warte nun seit Jahren vergebens auf die Einlösung des Abrüstungsversprechens der anderen. Diese Argumentation bot dann auch das geeignete Alibi für den Austritt aus dem Völkerbund und aus der Genfer Abrüstungskonferenz.

Hitler bestritt nicht, daß er eine Revision des Versailler Vertrages wollte. Dabei berief er sich auf das Nationalitätenprinzip: Es liege im Interesse aller, eine Neuordnung der Staaten nach den wirklichen Volksgrenzen in vernünftiger Weise zu bewerkstelligen. Natürlich wolle Deutschland die Revision nur auf friedlichem Wege, durch Verhandlungen.

Betrachtet man die Propagandathemen, welche vom NS-Regime in den Jahren 1933—1936 in den Vordergrund gestellt wurden, noch einmal zusammenfassend, so fällt ein gemeinsamer Grundzug auf: Sie waren allesamt populär und sie konnten, für sich alleine genommen, also ohne Berücksichtigung der Taten Hitler-Deutschlands, durchaus als eine kontinuierliche Fortsetzung der Politik der Weimarer Regierungen mißverstanden werden.

Auch die ausschließlich auf die innenpolitische Szene gemünzte Propaganda war in diesen Jahren der geheimen Aufrüstung eher zurückhaltend und keineswegs leicht zu durchschauen. Man beschränkte sich auf die Verherrlichung von Tugenden, die der konservativ-nationalistischen Ideen- und Wertewelt seit jeher vertraut waren und die jetzt zur Staatsideologie erhoben wurden, ohne deswegen schon aggressiv zu wirken: Edelmut, Heroismus, Männlichkeit, Opferbereitschaft, Disziplin, Einordnungsvermögen, glühende Hingabe an den Staat und an die gemeinsame nationale Sache.

Es war unter propagandistischen Gesichtspunkten schon gekonnt gemacht, wie Hitler, Goebbels und ihre vielen Helfer die geheime materielle und personelle Mobilmachung[29] in den ersten 3 bis 4 Jahren der NS-Herrschaft verschleierten. Ein grandioses Täuschungsmanöver, das seinen Zweck im großen und ganzen erfüllte; denn das NS-Regime konnte in jenen Jahren, vom Ausland ungestört, den raschen Ausbau seiner Macht bewerkstelligen. Rückblickend hat sich Goebbels[30] später (1940) in triumphierender Weise mit den Erfolgen seiner Propagandastrategie gebrüstet:

»Bis jetzt ist es uns gelungen, den Gegner über die eigentlichen Ziele Deutschlands im unklaren zu lassen, genau so wie unsere innenpolitischen Gegner bis 1932 gar nicht gemerkt hatten, wohin wir steuerten, daß der Schwur auf die Legalität nur ein Kunstgriff war. Wir wollten legal an die Macht kommen, aber wir wollten sie doch nicht legal gebrauchen [...] Man hätte uns ja erdrücken können [...] Nein, man hat uns durch die Gefahrenzone hindurch gelassen. Genau so war das in der Außenpolitik [...] 1933 hätte ein französischer Ministerpräsident sagen müssen (und wäre ich französischer Ministerpräsident gewesen, ich hätte es gesagt): Der Mann ist Reichskanzler geworden, der das Buch ›Mein Kampf‹ geschrieben hat, in dem das und das steht. Der Mann kann nicht in unserer Nachbarschaft geduldet werden. Entweder er verschwindet, oder wir marschieren. Das wäre durchaus logisch gewesen. Man hat darauf verzichtet. Man hat uns gelassen, man hat uns durch die Risikozone ungehindert durchgehen lassen, und wir konnten alle gefährlichen Klippen umschiffen, und als wir fertig waren, gut gerüstet, besser als sie, fingen sie den Krieg an.«

Mit Ausnahme des letzten Halbsatzes — die anderen hätten den Krieg angefangen — entsprach dieser Rückblick des Propagandaministers durchaus den Tatsachen. Denn die ersten Jahre der forcierten Aufrüstung, von Goebbels als »Risikozone« bezeichnet, riefen, nicht zuletzt dank der Verschleierungs- und Täuschungspropaganda, keine der Siegermächte des Weltkrieges 1914—1918 auf den Plan.

*Einschüchterungspropaganda*

In den »Friedensjahren« 1933—1939, die in Wirklichkeit Jahre der intensiven Kriegsvorbereitung waren, läßt sich kein bestimmtes Datum ausmachen, von dem an die deutsche Propaganda sichtbar von ihrem Friedensthema auf eine härtere Gangart umgeschaltet hätte, die man bereits als unmittelbare Einstimmung auf den bevorstehenden Krieg ansehen könnte. Die Propaganda vollzog keinen plötzlichen Schwenk, sondern sie änderte ihre Stoßrichtung in einem mehrjährigen, fein abgestuften Prozeß. Etwa seit dem Frühjahr 1936 — bereits ein Jahr zuvor war die Allgemeine Wehrpflicht wieder eingeführt worden — wurden die heuchlerischen Beschwörungen von Friedensliebe mit deutlichen Hinweisen auf die zwischenzeitlich wiedergewonnene eigene Machtstellung verbunden. Verbales »Säbelrasseln« war fortan ein fester Bestandteil der Verlautbarungen des NS-Regimes.

In diesen Jahren (1936—1939) weitete das NS-Regime Zug um Zug seinen machtpolitischen Handlungsspielraum aus. Dabei folgten die einzelnen Aktionen einem ziemlich einheitlichen Handlungsmuster: Das von Hitler gesteckte politische Teilziel wurde zunächst — im In- und Ausland jeweils dem Adressaten entsprechend — propagandistisch aufbereitet; mit dem Einsatz militärischer Gewalt wurden sodann, unter Ausnutzung des Überraschungsmoments, in raschem Zugriff vollendete Tatsachen geschaffen; hernach fiel der Propaganda die Aufgabe zu, der Weltöffentlichkeit zu versichern, daß das Deutsche Reich nun keine weiteren territorialen Ansprüche mehr habe und die Erhaltung des Friedens nach wie vor das höchste Ziel der deutschen Regierung sei; gleichzeitig wurde jedoch mit einem drohenden Unterton auf die inzwischen zurückgewonnenen militärischen Fähigkeiten hingewiesen. Auf die Phase der Einschläferung folgte so allmählich die Phase der Einschüchterung.

Nach dem soeben beschriebenen Handlungsmuster vollzog sich die »Remilitarisierung der Rheinlandes«: Am 7. März 1936 marschierten deutsche Truppen überraschend in das laut Versailler Vertrag entmilitarisierte Rheinland ein. Um erwartete Proteste oder gar Gegenaktionen des Auslandes zu entschärfen und um von seinen weitergehenden Absichten abzulenken, zauberte Hitler unmittelbar nach dem Einmarsch ein Sieben-Punkte-Programm zur Errichtung eines Systems der »europäischen Friedenssicherung« aus dem Hut[31]. Es enthielt ein Angebot zum Abschluß von Nichtangriffspakten und bewegte sich im übrigen im Rahmen der seit mehreren Jahren erprobten »Friedensreden«. Drei Wochen später ließ Hitler die deutsche Bevölkerung auf dem Wege einer Rundfunkansprache wissen: »Ich glaube nicht, daß in der Welt ein Mann mehr von Frieden und für den Frieden geredet und gerungen hat als ich[32].« Gleichzeitig verkündete die Propaganda, mit der Remilitarisierung des Rheinlandes sei der Kampf um die Gleichberechtigung Deutschlands abgeschlossen. Hitler wurde der Bevölkerung damit als erfolgreicher Vollstrecker der in der Weimarer Zeit erfolglos gebliebenen revisionistischen Bestrebungen präsentiert.

Während des NSDAP-Parteitages von 1937[33] drohte Hitler offener als je zuvor mit dem Einsatz der Wehrmacht, wobei er ganz allgemein auf eine angeblich »bolschewistische Weltgefahr« hinwies. Heute sei jedenfalls die Zeit vorbei, wo man einem wehrlosen Volk alles habe zumuten können. Die deutschen Soldaten seien heute sogar noch besser als früher.

Am 20. Februar 1938 legte Hitler vor dem — ausschließlich aus Nationalsozialisten zusammengesetzten — Reichstag einen Rechenschaftsbericht über die zurückliegenden fünf Jahre ab[34]. Es war für ihn eine gute Gelegenheit, gegenüber dem Ausland wie der eigenen Bevölkerung die inzwischen erreichte Machtfülle zu demonstrieren:

»Das deutsche Friedensheer ist aufgestellt! Eine gewaltige Luftwaffe schützt unsere Heimat! Eine neue Macht zur See unsere Küsten! Inmitten der gigantischen Steigerung unserer allgemeinen Produktion wurde es möglich, eine Aufrüstung ohnegleichen durchzuführen!«

Weiterhin redete Hitler von »Verteidigen bis zum letzten Atemzug«, von »blinder Treue und blindem Gehorsam«, von »blitzschnellem Handeln«, falls das Ausland zu intervenieren beabsichtige, sowie von »Stahl und Eisen«, das die deutsche Heimat schützen werde.

Das Jahr 1938 brachte eine weitere Steigerung der verbalen Aggressivität in der nationalsozialistischen Propaganda. Die Friedensphrasen traten jetzt zunehmend hinter unmißverständlichen Drohungen zurück, Deutschland sei künftig zum Äußersten entschlossen und zu keinem Kompromiß mehr bereit. Am 12. März 1938 marschierten deutsche Truppen in Österreich ein[35]. Die Propaganda pries diese neuerliche Aggressionshandlung als »Freundschaftsbesuch« und als »Friedenswerk«. Hitler, so hieß es, habe Österreich davor bewahrt, wie Spanien im Bürgerkrieg zu versinken. Durch den »Anschluß« des deutschsprachigen Nachbarlandes sei Deutschland nun wieder eine »Weltmacht« geworden, die von keiner anderen Macht mehr bezwungen werden könne.

Das nächste Ziel Hitlers war die Tschechoslowakei. Goebbels inszenierte einen regelrechten Propagandafeldzug[36], um eine militärische Lösung der sogenannten Sudetenkrise — die angeblich durch tschechische Gewalttätigkeiten gegen den sudetendeutschen Bevölkerungsteil hervorgerufen war — vorzubereiten. Durch diese Kampagne entstand in der deutschen Bevölkerung, wie wir aus den Berichten der Meinungsforschungsinstanzen des »Dritten Reiches«[37] wissen, erstmals eine aktuelle und konkrete Kriegsfurcht[38]. Sie wich einer allgemeinen Erleichterung, als Ende September 1938 überraschend das Treffen Hitlers mit dem britischen Premierminister Chamberlain, dem französischen Ministerpräsidenten Daladier und dem italienischen Diktator Mussolini zustande kam, das mit dem Münchener Abkommen endete. Es forderte die — an der Münchener Konferenz nicht beteiligte — Tschechoslowakei auf, die Sudetengebiete bis zum 10. Oktober 1938 zu räumen, woraufhin der Einmarsch deutscher Truppen in dieses Gebiet erfolgte.

Im In- und Ausland herrschte allgemeine Erleichterung darüber, daß es noch einmal gelungen war, den Krieg zu vermeiden. Die deutsche Propaganda pries Hitler in den höchsten Tönen, weil diese Entwicklung angeblich sein Verdienst gewesen sei. Dieser zeigte sich von dem unblutig errungenen Sieg allerdings eher enttäuscht und visierte für das kommende Frühjahr seine nächsten Teilziele an, nämlich die Eroberung der sogenannten »Resttschechei« und des an der Ostgrenze gelegenen Memelgebietes.

### *Die »pazifistische Platte« wird abgesetzt*

Der Tatbestand, daß es während der Sudetenkrise zu einem raschen Ansteigen der Kriegsfurcht in der deutschen Bevölkerung gekommen war, zeigte der NS-Führung, daß die psychologische Mobilmachung noch nicht jenes Stadium erreicht hatte, das die Propagandisten für nötig hielten. Daher kam Hitler nun zu der Überzeugung, der Zeitpunkt sei gekommen, die bereits seit längerem eingeleitete Umstellung von den sanften Friedensbeteuerungen auf Drohgebärden zu forcieren. Dabei ging es ihm in erster Linie darum, auf die deutsche Bevölkerung einzuwirken, sie psychologisch auf kriegerische Lösungen vorzubereiten, und erst in zweiter Linie um die Einschüchterung des Auslandes.

Diesen neuen Propagandakurs verkündete Hitler persönlich in einer Geheimrede, die er am 10. November 1938 vor etwa 400 deutschen Journalisten und Verlegern, darunter sämtlichen Spitzenfunktionären des NS-Propagandaapparates, hielt. Bei dieser Gelegenheit sprach er in aller Offenheit aus, daß die Friedensphrasen der zurückliegenden Jahre ein großes Täuschungsmanöver darstellten, um die eigene Aufrüstung propagandistisch abzuschirmen und das In- und Ausland irrezuführen. Für das Verständnis der psychologischen Mobilmachung der deutschen Bevölkerung auf den nunmehr absehbaren Kriegsbeginn stellt diese Rede ein Schlüsseldokument dar. Daher werden hier wichtige Passagen im Wortlaut wiedergegeben:

»Die Umstände haben mich gezwungen, jahrzehntelang fast nur vom Frieden zu reden. Nur unter der fortgesetzten Betonung des deutschen Friedenswillens und der Friedensabsichten war es mir möglich, dem deutschen Volk Stück für Stück die Freiheit zu erringen und ihm die Rüstung zu geben, die immer wieder für den nächsten Schritt als Voraussetzung notwendig war. Es ist selbstverständlich, daß eine solche jahrzehntelang betriebene Friedenspropaganda auch ihre bedenklichen Seiten hat; denn es kann nur zu leicht dahin führen, daß sich in den Gehirnen vieler Menschen die Auffassung festsetzt, daß das heutige Regime an sich identisch sei mit dem Entschluß und dem Willen, den Frieden unter allen Umständen zu bewahren. Das würde aber nicht nur zu einer falschen Beurteilung der Zielsetzung dieses Systems führen, sondern es würde vor allem auch dahin führen, daß die deutsche Nation, statt den Ereignissen gegenüber gewappnet zu sein, mit einem Geist erfüllt wird, der auf die Dauer als Defaitismus gerade die Erfolge des heutigen Regimes nehmen würde und nehmen müßte. Der Zwang war die Ursache, warum ich jahrelang nur vom Frieden redete. Es war nunmehr notwendig, das deutsche Volk psychologisch umzustellen und ihm langsam klarzumachen, daß es Dinge gibt, die, wenn sie nicht mit friedlichen Mitteln durchgesetzt werden können, mit den Mitteln der Gewalt durchgesetzt werden müssen. Dazu war es aber notwendig, nicht etwa nur die Gewalt als solche zu propagieren, sondern es war notwendig, dem deutschen Volk bestimmte außenpolitische Vorgänge so zu beleuchten, daß die innere Stimme des Volkes selbst langsam nach der Gewalt zu schreien begann. Das heißt also, bestimmte Vorgänge so zu beleuchten, daß im Gehirn der breiten Masse des Volkes ganz automatisch allmählich die Überzeugung ausgelöst wurde: wenn man das eben nicht im Guten abstellen kann, dann muß man es mit Gewalt abstellen; so aber kann es auf keinen Fall weitergehen«.

Diese Umstellung der Propaganda, fuhr Hitler fort, sei seit Monaten planmäßig begonnen, planmäßig fortgeführt und verstärkt worden. Die »pazifistische Platte« habe sich jetzt »bei uns abgespielt«, weil man ihr ohnehin nicht mehr glaube[39].

Gemäß den Weisungen des Diktators stand das Jahr bis zum Beginn des Krieges im September 1939 im Zeichen einer planmäßigen psychologischen Mobilmachung für den Krieg. Durch eine Intensivierung der Wehrmachtpropaganda sollte das Selbstvertrauen des deutschen Volkes zu seiner eigenen Kraft, d.h. zu seinen militärischen Machtmitteln gestärkt werden. Die Wehrmacht wurde nun durch alle zur Verfügung stehenden Publikationsmittel in den Mittelpunkt des öffentlichen Interesses gerückt.

Ganz allmählich und eher indirekt machte die Propaganda die Bevölkerung auch mit einem Kriegsziel vertraut. Es gehe, wie nun mehrfach zu vernehmen war, um die Sicherstellung der Ernährung des deutschen Volkes, was nur durch die Erweiterung seines »Lebensraums« möglich sein werde. Diese öffentliche Propagierung des Lebensraumprogramms begann mit Hitlers Reichstagsrede vom 30. Januar 1939[40]. In allgemeiner Weise wurde von besitzenden und besitzlosen Völkern geredet und die Schlußfolgerung gezogen, daß Deutschland nicht auf die Dauer zu den besitzlosen gehören könne. Da war es dann nicht mehr weit bis zu der Argumentation, nur bei einem Macht- und Besitzausgleich sei »wirklicher Frieden« möglich. Die Lebensraumpropaganda spielte bei der militärischen Besetzung des restlichen Teils der Tschechoslowakei im März 1939 erstmals eine größere Rolle.

### *Einkreisungspropaganda und prophylaktische Kriegsschuldabwälzung*

Im Frühjahr und Sommer 1939 wurde die Propaganda direkt auf Kriegsvorbereitung zugeschnitten. Zwei Themen traten jetzt in den Vordergrund: erstens die Behauptung, Deutschland werde von feindlichen Mächten eingekreist[41] — eine ähnliche Propaganda hatte schon vor 1914 zur Mobilisierung für den Krieg beigetragen —, zweitens die vorsorgliche Schuldzuweisung auf die anderen Staaten, falls diese nicht zur Erfüllung der deutschen Lebensraumforderungen bereit sein sollten.

Um bei der deutschen Bevölkerung Bedrohtheitsgefühle zu stimulieren, behauptete die NS-Propaganda[42] nun, in England säßen böse Kriegshetzer, die einen Eisenring um das friedliebende Deutschland zu legen versuchten. England, Frankreich und die USA verträten die Interessen des »Weltjudentums«, der »Weltdemokratie« und damit auch des »Weltbolschewismus«. Das Ziel dieser Feindbildfixierung war klar: Die Deutschen sollten glauben, sie befänden sich in der gleichen Situation wie 1914, umgeben von neidischen Nachbarn und kriegshetzerischen Konkurrenten, die das friedliebende Deutsche Reich überfallen wollten.

Der Kampf gegen jenen Paragraphen des Versailler Vertrages, welcher das wilhelminische Deutschland mit der Kriegsschuld belastete, hatte seit dem Jahre 1919 unter dem Stichwort »Kriegsschuldlüge« zur propagandistischen Standardausrüstung der deutschen Nationalisten gehört. Die NS-Propaganda nahm dieses Stichwort nun in veränderter Form wieder auf, um bereits im Vorfeld einer kriegerischen Auseinandersetzung die voraussichtlichen Gegner — nämlich zunächst Großbritannien, Frankreich und dann auch die USA — mit dem Odium der Kriegsschuld zu belasten. Da Krieg, wie die nationalsozialistischen Führer wußten, trotz aller psychologischen Mobilisierungsbemühungen nach wie vor unpopulär war, sollte bereits prophylaktisch klargestellt werden, daß Deutschland einem Abwehrkampf, also einem Verteidigungskrieg entgegengehe[43]. Konnten die eigenen Aggressionspläne auf diese Weise glaubhaft verschleiert werden?

Seit Mai 1939 wartete Hitler auf eine passende Gelegenheit, Polen anzugreifen. Da sie sich nicht von alleine einstellte, ließ Hitler Ende August einen fingierten polnischen Angriff auf den deutschen Sender Gleiwitz inszenieren, um die eigenen Maßnahmen als Verteidigungshandlungen hinstellen zu können. Vorab bereitete seit August 1939 eine antipolnische Verteufelungskampagne — mit frei erfundenen Schilderungen bestialischer polnischer Terrorakte gegen in Polen lebende Deutsche — den Boden. Sie verfolgte das Ziel, ein gewaltsames Vorgehen als notwendig, ja unabwendbar erscheinen zu lassen.

Den Überfall der deutschen Wehrmacht auf Polen, der am 1. September 1939 begann, verkaufte die deutsche Propaganda als »Gegenschlag«. Es werde »zurückgeschossen«, behauptete Hitler. Als der deutschen Aktion die Kriegserklärungen Großbritanniens und Frankreichs folgten, war es selbstverständlich, daß die NS-Propaganda in Fortsetzung ihrer seit längerem eingeübten Linie die Version verbreitete, Deutschland befinde sich in einem aufgezwungenen und daher gerechten Krieg. Damit hatte die seit 1933 zielstrebig verfolgte Täuschungspropaganda ihren vorläufigen Höhepunkt erreicht.

### *Kriegsfurcht in der deutschen Bevölkerung*

Anders als am Beginn des Ersten Weltkrieges im August 1914 war im September 1939 in der deutschen Bevölkerung von Kriegsbegeisterung wenig zu spüren. Die Stimmung war eine völlig andere, gekennzeichnet durch Betroffenheit, Angst, Apathie, Passivität, Beklemmung, Unruhe. Die Deutschen — zumindest der größere Teil der deutschen Bevölkerung — wollten keinen Krieg. Die in den Jahren 1933 bis 1939 verfaßten Stimmungs- und Lageberichte, die uns ein ziemlich genaues Bild von der Einstellung der deutschen Bevölkerung vermitteln, lassen keinen anderen Schluß zu als den, daß »die Deutschen nicht aggressionslüstern oder kriegsbegeistert, sondern eher resigniert, voller Kriegsfurcht und Friedenssehnsucht waren«[44]. Bedeutete dies, daß die psychologische Mobilmachung, die das NS-Regime mit so großem Aufwand betrieben hatte, mißlungen war?

Die Beantwortung dieser Frage hängt von dem Maßstab ab, den man anlegt. Wenn es das Propagandaziel der NS-Regierung war, eine an den Erfahrungen des August 1914 orientierte Kriegsbegeisterung zu entfachen, so läßt sich eindeutig sagen, daß dieses Ziel verfehlt wurde. Die deutsche Bevölkerung hatte die bis 1938 weitgehend gewaltlos errungenen außenpolitischen Erfolge Hitlers begrüßt. Aber die Furcht vor einem neuen Kriege war dadurch nicht geschwunden. Auch lebten die friedensbewahrenden Traditionen, denen sich die 1933 verbotene sozialistische Arbeiterbewegung und der bürgerliche Pazifismus verbunden fühlten, fort, auch wenn sie 1939 längst nicht mehr artikuliert werden konnten. Das großangelegte Täuschungsmanöver der mehrjährigen regierungsamtlichen Friedensbeteuerungen hat bei vielen Deutschen — zumindest zeitweilig — die illusionäre Hoffnung wachsen lassen, die Naziführer könnten es mit ihren Friedensabsichten ernst meinen. Tatsächlich hatte die Friedensdemagogie Neben- und Folgewirkungen, die sich selbst in der letzten Phase der psychologischen Mobilmachung (zwischen November 1938 und September 1939) nicht mehr vollständig neutralisieren ließen.

Eine freudige Kriegsbejahung hat es am Beginn des Zweiten Weltkrieges nur bei einem kleinen Teil der Bevölkerung gegeben. Bei der Mehrheit dominierten Widerwillen und Furcht. Aber diese Mehrheit, die auch nach dem Beginn des Krieges immer wieder Friedenshoffnungen anhing, sah keine Möglichkeit, diesen Hoffnungen und Wünschen Ausdruck zu geben oder sie gar politisch wirksam werden zu lassen. Der NS-Propaganda war es zwar nicht gelungen, diese Mehrheit der Deutschen auf ihren Kriegskurs mitzureißen, aber sie hatte etwas anderes zu bewerkstelligen vermocht, nämlich eine weitgehende Desorientierung der Bevölkerung über die wirklichen Absichten der deutschen Regierung wie auch die der anderen Mächte. Der Strudel von propagandistischen Schlagworten — Plutokraten, Weltjudentum, Lebensraum, Einkreiser, Weltbolschewismus — hinterließ allenthalben Verwirrung.

Gab es wirklich Feinde, die Deutschland angreifen wollten? Waren es die angelsächsischen Plutokraten? Oder die Polen, angestiftet von Franzosen und Engländern? Oder das angeblich allgegenwärtige Weltjudentum? Oder der Weltbolschewismus, mit dem man allerdings soeben einen Nichtangriffsvertrag (Hitler-Stalin-Pakt vom August 1939) geschlossen hatte? War Deutschland schon wieder eingekreist?

Die desinformierte und desorientierte deutsche Bevölkerung wußte auf diese Fragen keine klaren Antworten zu geben. Aber es war der auf Verwirrung angelegten NS-Propaganda immerhin doch gelungen, ein unbestimmtes Gefühl des Bedrohtseins zu wecken. Hinzu kam die in Deutschland weit verbreitete fatalistische Einstellung, derzufolge Krieg ein schicksalhafter Vorgang war, den man von Zeit zu Zeit zu erleiden hatte. Schließlich wirkte sich nun das Ergebnis der jahrelangen Einschüchterung, Disziplinierung und Verfolgung der innenpolitischen Gegner aus. Dies alles zusammengenommen führte 1939 dann zu jenem Minimum an Kriegsbereitschaft, das Hitler und seine Leute benötigten, um den lange geplanten Kriegskurs in die Tat umzusetzen. Es manifestierte sich bei der deutschen Bevölkerung als widerwillig-loyales Verhalten.

Beim Beginn des Zweiten Weltkrieges schrien die Deutschen nicht »Hurra!« wie 1914, aber sie folgten. Die meisten von ihnen wollten keinen Krieg, schon gar keinen Weltkrieg, aber sie verhielten sich gleichwohl genau so, wie die nationalsozialistische Regierung es wünschte. Keine Revolution, keine massenhafte Weigerung, nicht einmal verbaler Widerspruch. Fatalismus und Angst vor dem allmächtig erscheinenden Unterdrückungsapparat wiesen auf den Weg des widerwilligen Gehorsams.

## Anmerkungen

1 Eine umfassende Analyse der deutschen Kriegsvorbereitungen bietet das Werk: Das Deutsche Reich und der Zweite Weltkrieg. Bd 1: Ursachen und Voraussetzungen der deutschen Kriegspolitik. Von Wilhelm Deist, Manfred Messerschmidt, Hans-Erich Volkmann, Wolfram Wette. Stuttgart 1979. Vgl. jetzt auch die englische Übersetzung des gesamten Bandes: Wilhelm Deist/Manfred Messerschmidt/Hans-Erich Volkmann/Wolfram Wette, The Build-Up of German Aggression (= Germany and the Second World War, Vol. 1). Oxford 1989, sowie die Taschenbuchausgabe: Wilhelm Deist, Manfred Messerschmidt, Hans-Erich Volkmann, Wolfram Wette, Ursachen und Voraussetzungen des Zweiten Weltkrieges. Frankfurt/M. 1989.

2 Vgl. Eberhard Jäckel, Hitlers Weltanschauung. Entwurf einer Herrschaft. Tübingen 1969. Zum Stand der Hitler-Forschung vgl. Gerhard Schreiber, Hitler. Interpretationen 1923—1983. Ergebnisse, Methoden und Probleme der Forschung. Darmstadt $^{2}$1984.

3 »Griff nach der Weltmacht« lautet der Titel der berühmt gewordenen Analyse der Kriegszielpolitik des kaiserlichen Deutschland 1914/18 des Hamburger Historikers Fritz Fischer. Erste Aufl. Düsseldorf 1961.

4 Vgl. hierzu den aus einer Rundfunk-Sendereihe hervorgegangenen Sammelband von Oswald Hirschfeld (Hrsg.), Auf dem Weg ins Dritte Reich. Kräfte — Tendenzen — Strömungen. Bonn 1981 (= Schriftenreihe der Bundeszentrale für politische Bildung. Bonn. Bd 175).

5 Fritz Fischer, Bündnis der Eliten. Zur Kontinuität der Machtstrukturen in Deutschland 1871—1945. Düsseldorf 1979.

6 Siehe dazu die Schrift eines der politisch einflußreichsten deutschen Generäle aus der Zeit des Ersten Weltkrieges, Erich Ludendorff: Der totale Krieg. München 1935.

7 Einschlägig die Spezialstudie von Jutta Sywottek, Mobilmachung für den totalen Krieg. Die propagandistische Vorbereitung der deutschen Bevölkerung auf den Zweiten Weltkrieg. Opladen 1976.

8 Zur Sozialpolitik vgl. das voluminöse Werk von Timothy W. Mason, Arbeiterklasse und Volksgemeinschaft. Dokumente und Materialien zur deutschen Arbeiterpolitik 1936—1939. Opladen 1975.

9 Vgl. Wolfram Wette, Ideologien, Propaganda und Innenpolitik als Voraussetzungen der Kriegspolitik des Dritten Reiches. In: Das Deutsche Reich und der Zweite Weltkrieg. Bd 1 (wie Anm. 1), S. 23—173. Auf die in diesem Werk vorgetragenen Forschungsergebnisse stützen sich die folgenden Ausführungen.

10 Vgl. Andreas Hillgruber, Militarismus am Ende der Weimarer Republik und im »Dritten Reich«. In: ders., Großmachtpolitik und Militarismus im 20. Jahrhun-

dert. 3 Beiträge zum Kontinuitätsproblem. Düsseldorf 1974, S. 37–51. Michael Geyer, Aufrüstung oder Sicherheit. Die Reichswehr in der Krise der Machtpolitik 1924–1936. Wiesbaden 1980.

11 Zu dieser These Wolfram Wette, Von Kellogg bis Hitler (1928–1933). Die öffentliche Meinung zwischen Kriegsächtung und Kriegsverherrlichung. In: Holl/Wette (Hrsg.), Pazifismus in der Weimarer Republik. Beiträge zur historischen Friedensforschung. Paderborn 1981, S. 149–172.

12 Vgl. hierzu und zu den folgenden Zahlen meinen soeben (Anm. 11) erwähnten Aufsatz.

13 Erich Maria Remarque. Im Westen nichts Neues. Berlin (1.–900. Tausend) 1929.

14 Siehe Siegfried Kracauer, Von Caligari bis Hitler. Ein Beitrag zur Geschichte des deutschen Films. Hamburg 1958 (= Rowohlts Deutsche Enzyklopädie), S. 131 ff.

15 Karl Prümm, Die Literatur des Soldatischen Nationalismus der 20er Jahre (1918–1933). Gruppenideologie und Epochenproblematik. 2 Bde. Kronberg/Taunus 1974.

16 Zum Verhältnis von Mittelstand und NSDAP in jener Zeit vgl. Heinrich August Winkler, Mittelstand, Demokratie und Nationalsozialismus. Die politische Entwicklung von Handwerk und Kleinhandel in der Weimarer Republik. Köln 1972.

17 Adolf Hitler, Mein Kampf. München 1930, 390.–394. Tausend 1939. Zur Entwicklung der Auflagen und zur Perzeption dieses »ungelesenen Bestsellers« vgl. Karl Lange, Hitlers unbeachtete Maximen. »Mein Kampf« und die Öffentlichkeit. Stuttgart, Berlin, Köln, Mainz 1968.

18 Näheres wird ausgeführt in Wette (Anm. 11).

19 Zu diesem Zusammenhang vgl. Kurt Sontheimer, Antidemokratisches Denken in der Weimarer Republik. Die politischen Ideen des deutschen Nationalismus zwischen 1918 und 1933. München 1962.

20 Vgl. hierzu im einzelnen Wette (wie Anm. 9), S. 113–121.

21 Text dieser Rede in: Max Domarus, Hitler. Reden und Proklamationen 1932–1945. Bd I: Triumph (1932–1938). Würzburg 1962, S. 191–194, hier: S. 193.

22 Ebd., S. 200.

23 Ebd., S. 273.

24 Rundfunkrede von Goebbels am 17. Juni 1933. Abgedruckt in: Joseph Goebbels, Signale der neuen Zeit. München [4]1938, S. 185. Zur Rolle des »Reichsministers für Volksaufklärung und Propaganda« in der Phase 1933–1939 vgl. jetzt auch: Die Tagebücher von Joseph Goebbels. Sämtliche Fragmente. Hrsg. v. Elke Fröhlich. Bde 2 und 3. München, New York, London, Paris 1987.

25 Abgedruckt in: Goebbels (wie Anm. 24), S. 234 ff.

26 Texte der Reden Hitlers in: Domarus I (wie Anm. 21), S. 306 f., S. 314.

27 Zur antibolschewistischen Propaganda vgl. Sywottek (wie Anm. 7), S. 104 ff., und Wette (wie Anm. 9), S. 116 ff.

28 Genaue Analyse dieser und der folgenden Propagandathemen bei Wette (Anm. 9), S. 114–121.

29 Siehe im einzelnen Wilhelm Deist, Die Aufrüstung der Wehrmacht. In: Das Deutsche Reich und der Zweite Weltkrieg. Bd 1 (wie Anm. 1), S. 369–532.

30 Geheime Erklärung von Goebbels am 5. April 1940 vor geladenen Vertretern der deutschen Presse. Auszugsweise abgedruckt in: Hans-Adolf Jacobsen, Der Zweite Weltkrieg. Grundzüge der Politik und Strategie in Dokumenten. Frankfurt/M. 1965, S. 180 f.

31 Regierungserklärung Hitlers vom 7. März 1936, in: Domarus I (wie Anm. 21), S. 583 ff.

32 Rundfunkrede Hitlers vom 28. März 1936, in: Domarus I (wie Anm. 21), S. 614 ff.; Einzelheiten bei Wette (wie Anm. 9), S. 129; dort auch Ausführungen über die deutsche Propaganda während der Olympischen Spiele 1936 in Berlin, auf die an dieser Stelle nicht eingegangen werden kann.

33 Hitlers Rede auf dem Parteitag von 1937, in: Domarus I (wie Anm. 21), S. 726 ff.

34 Reichstagsrede Hitlers vom 20. Februar 1938, in: Domarus I (wie Anm. 21), S. 796 ff.

35 Vgl. Gerhard Botz, Die Eingliederung Österreichs in das Deutsche Reich. Planung und Verwirklichung des politisch-administrativen Anschlusses (1938–1940). Wien, Zürich, München 1972.

36 Vgl. im einzelnen Ernest K. Bramsted, Goebbels und die nationalsozialistische Propaganda 1925–1945. Frankfurt/M. 1971, und Sywottek, Mobilmachung (wie Anm. 7), S. 121 ff.

37 Diese aufschlußreichen Stimmungsberichte liegen jetzt gedruckt vor: Meldungen aus dem Reich. Die geheimen Lageberichte des Sicherheitsdienstes der SS. Hrsg. und eingel. von Heinz Boberach. 17 Bde. Herrsching 1984.

38 Vgl. Marlis G. Steinert, Hitlers Krieg und die Deutschen. Stimmung und Haltung der deutschen Bevölkerung im Zweiten Weltkrieg. Düsseldorf, Wien 1970, S. 77 ff.

39 Hitlers Rede vom 10. November 1938, in: Domarus I (wie Anm. 21), S. 973–977, hier: S. 974.

40 In: Max Domarus, Hitler. Reden und Proklamationen. Bd II: Untergang (1939–1945), Würzburg 1963, S. 1047–1067, zum Lebensraum-Programm S. 1053 f.

41 Zur Parallele der Einkreisungspropaganda in der Vorgeschichte der beiden Weltkriege vgl. die Untersuchung des Engländers Lindley Fraser, Kriegsschuld und Propaganda. Deutschland zwischen zwei Weltkriegen. Zürich 1947.

42 Goebbels veröffentlichte in der NSDAP-Zeitung »Völkischer Beobachter« im Mai/Juni 1939 mehrere Aufsätze über die angebliche »Einkreisung«. Einzelheiten bei Wette (wie Anm. 9), S. 135.

43 Die Propaganda der prophylaktischen Kriegsschuldabwälzung wird ausführlich analysiert bei Sywottek, Mobilmachung (wie Anm. 7), S. 186 ff.

44 Steinert, Hitlers Krieg (wie Anm. 38), S. 26. Weitere Belege für diesen Befund bei Wette (wie Anm. 9), S. 25 ff. und 137 ff.

Wilhelm Deist

# Überlegungen zur »widerwilligen Loyalität« der Deutschen bei Kriegsbeginn

Es hat den Anschein, als ob das oft vermißte, häufig beschworene und seit Ende der 70er Jahre langsam aufkeimende, sich öffentlich manifestierende Interesse an der Geschichte nunmehr in einer Flut offizieller Gedenktage, Ausstellungen und musealer Präsentationen in der Gefahr steht, sich zu überschlagen. Handfeste kommerzielle und politische Interessen sind im Spiel. Die Medien nutzen den expandierenden Markt, politische Gruppierungen und staatliche Institutionen jeder Art ergreifen die günstige Gelegenheit zur zwanghaft als notwendig empfundenen Selbstdarstellung. Der öffentlich anberaumte Blick zurück in die Vergangenheit droht zum Ritual, zur Mode zu werden.

Das genuine Interesse einer wachsenden Zahl von Bürgern, sich der eigenen Vergangenheit und der Geschichte von Gesellschaft und Staat zu vergewissern, kann auf diese Weise nicht befriedigt werden, ja es steht in Gefahr, durch die Stereotypen der erwähnten Rituale korrumpiert zu werden. Das gilt auch und besonders für den Zweiten Weltkrieg. Auf diesem Felde sind die Stereotype, das heißt die immer wiederkehrenden, nunmehr tief eingewurzelten Bilder, Vorstellungen und Urteile besonders zahlreich und weitverbreitet: der Marsch Hitlers von Wien über Prag nach Warschau und die Verurteilung seiner Absichten, der Pakt mit dem Teufel, der Sowjetunion, die triumphalen Siege im Norden und Westen Europas, die Leistungen der Wehrmacht usw. Die Stereotype unterscheiden sich natürlich je nach dem geistigen Anspruch und dem Ort, an dem sie vorgetragen werden, ihre Formelhaftigkeit bleibt jedoch in jedem Fall erhalten, denn die eigentliche historische Frage nach dem Warum einer Entwicklung, eines Ereignisses wird meistens nicht gestellt. Die so oft verkündete Erkenntnis, daß derjenige, der vor der Vergangenheit die Augen verschließe, blind werde für die Gegenwart, verlangt demnach, die Zusammenhänge, die bedingenden Faktoren der Ereignisse und Entwicklungen ins Auge zu fassen, um unser Urteilsvermögen angesichts der Probleme der Gegenwart zu stärken. Nur auf diese Weise wird es möglich sein, dem Denken und Handeln vergangener Generationen gerecht zu werden. Die Beschäftigung mit der Vergangenheit muß daher immer die Vielgestaltigkeit, die Vielschichtigkeit jedes historischen Ereignisses im Auge behalten — eine Aufgabe, die auch dem Historiker nur selten vollkommen gelingt.

Die Phase des Kriegsbeginns Ende August/Anfang September 1939 ist ein solches Ereignis, dessen Vielgestaltigkeit exemplarisch deutlich machen kann, wie schwierig es ist, ein zugleich umfassendes und zutreffendes Bild dieses historischen Vorganges zu entwerfen. Schon die diplomatische Geschichte ist nicht mit wenigen Strichen zu charakterisieren, wenn man sich nicht nur auf die deutsche Perspektive beschränkt, sondern versucht, die in dem diplomatischen Verkehr sich widerspiegelnden politischen, wirtschaftlichen und militärischen Motive der direkt beteiligten Mächte — Deutschland, Italien, Polen, Großbritannien, Frankreich und die Sowjetunion — zu berücksichtigen[1]. Und in einem noch höheren Maße gilt dies für den Versuch, die Reaktionen der Bevölkerung der jeweiligen Staaten in ihren gesellschaftlichen Strukturen und ihren öffentlichen Meinungen zu erfassen. Daß ein solches Unterfangen für das deutsche Beispiel unter den besonderen Bedingungen des nationalsozialistischen Regimes und der Goebbelsschen Manipulation aller Medien besondere Schwierigkeiten bereitet, ist ohne weiteres einsichtig. Der Versuch einer Interpretation auf einem sehr beschränkten Sektor vermag diese Schwierigkeiten zu verdeutlichen.

In einer weithin akzeptierten, notwendigerweise sehr verallgemeinernden Formulierung ist die Stimmungslage, mit der die Deutschen ihrem »Führer« in den Krieg folgten, als die einer »widerwilligen Loyalität« bezeichnet worden[2]. Das ist eine erstaunliche Feststellung, wenn man sich einerseits die begeisterte Zustimmung der Masse der Bevölkerung zum politischen Kurs des Regimes bis 1939 vor Augen führt und andererseits sich vergegenwärtigt, daß die Deutschen auf dieser Grundlage die Belastungen eines nahezu sechsjährigen, verheerenden Krieges ohne politisch wirksames Aufbegehren ertrugen. Ein Vierteljahrhundert zuvor, beim Beginn des Ersten Weltkrieges konnte von »widerwilliger Loyalität« nicht die Rede sein. Auch wenn heute die historische Forschung dem tradierten Bild eines begeisterten Aufbruchs der Deutschen im August 1914 mit einigen gewichtigen Vorbehalten begegnet[3], so ist der Kontrast der Reaktionen auf den Kriegsbeginn 1914 und 1939 doch mit Händen zu greifen. Und lange vor der militärischen Niederlage und der Revolution im Herbst 1918 hatte sich im kaiserlichen Deutschland ein politisch wirksamer Protest geregt, der schließlich der illusionären und katastrophalen Kriegspolitik der dritten Obersten Heeresleitung unter Hindenburg und Ludendorff ein Ende bereitete[4].

Diese noch sehr lebendige Erinnerung an die Jahre des Ersten Weltkrieges war einer der entscheidenden Faktoren, die eine Begeisterung wie 1914 zu Beginn des Zweiten Weltkrieges gar nicht erst aufkommen ließ. Der tiefe Schock, den der erste industrialisierte Krieg auf europäischem Boden in allen Schichten der damaligen Gesellschaft durch das Erleben an der Front oder durch den Hunger in der Heimat ausgelöst hatte, war für die Majorität der Bevölkerung von 1939 einmal erlebte Gegenwart gewesen. Der Jahrgang 1900 war noch im Herbst 1918 einberufen worden und auch jüngere Jahrgänge waren in ihrer Schulzeit mit den katastrophalen Auswirkungen des Krieges in der Heimat konfrontiert worden[5]. Und alle diese Gruppen hatten die langandauernden und gravierenden politischen, wirtschaftlichen und sozialen Folgen des Krieges als bedrängende Realität erfahren. Sicherlich haben es die hinter der »Dolchstoßlegende« stehenden Kreise sehr schnell und erfolgreich verstanden, die Revolution und den Versailler Vertrag in der Öffentlichkeit als die politischen Ursachen für alle Übel der Weimarer Republik verantwortlich zu machen. Aber auch die Welle nationalistischer und militaristischer Propaganda in der Endphase der Republik sowie die ausgefeilte und massive Propaganda des nationalsozialistischen Regimes für eine militarisierte Volksgemeinschaft in den Vorkriegsjahren[6] haben die Erinnerung an die grau-düstere Realität des Krieges für die Masse der Bevölkerung nicht auszulöschen vermocht. Ein Reflex dieser Erfahrung spiegelt sich in der Beobachtung eines Neutralen, dem im September 1939 auffiel, »daß man in allen Kreisen der Bevölkerung viel mehr von *Ernährungsfragen* spricht als von Politik«[7]. Die Hungerjahre 1916—1918/19 waren im Bewußtsein der Mehrheit der Erwachsenen noch unverwechselbar präsent. Und es waren die Kinder des Ersten Weltkrieges, die Geburtsjahrgänge 1910/1918, die ab Herbst 1935 bis zum Beginn des Zweiten Weltkrieges als Wehrpflichtige gezogen wurden[8]. Es trennten sie nur wenige Jahre von der Generation, die eigenes Erleben mit der Kriegskatastrophe des Kaiserreiches verband.

Wenn auf diese Weise die eine Seite der in sich spannungsreichen Formel von der »widerwilligen Loyalität« interpretiert wird, so bleibt allerdings die bestimmende, die entscheidende Komponente im Verhalten der deutschen Bevölkerung bei Kriegsausbruch, die der Loyalität, noch zu erläutern. Auch hier sind die Motive für die denkbaren Spielarten der Loyalität mit Sicherheit sehr unterschiedlich. Immer wieder wird darauf hingewiesen, daß die NSDAP und ihr »Führer« in freien, nicht manipulierten Wahlen nie die absolute Mehrheit der stimmberechtigten Deutschen gewonnen haben[9]. Es ist auch mit einiger Sicherheit anzunehmen, daß bei bestimmten Gruppen der NS-Wähler die Euphorie des Frühjahrs 1933 relativ schnell einer Ernüchterung wich, ja sich — aus der Erfahrung des Kirchenkampfes oder unter dem Eindruck der staatlich sanktionierten Morde anläßlich der Röhm-Affäre — in Ablehnung verwandelte. Diese Beobachtungen stehen jedoch offenbar nicht im Widerspruch zu der unbezweifelbaren Loyalität der Deutschen gegenüber dem Regime wenige Jahre später. Wie ist dieses Verhalten zu erklären?

Der erste und wichtigste Erklärungsgrund liegt zweifellos in der Tatsache beschlossen, daß es dem nationalsozialistischen Regime in relativ kurzer Zeit gelungen war, die riesige Zahl der Arbeitslosen drastisch zu senken. Nach zwei Jahren nationalsozialistischer Herrschaft war die Zahl um über die Hälfte geschrumpft und ab 1937 konnte bereits der Bedarf an Facharbeitern nicht mehr gedeckt werden[10]. Die Folge war, daß die Löhne, trotz aller Bemühungen des Regimes um ein stabiles Preis-Lohn-Niveau, nach dem Einbruch im Gefolge der Weltwirtschaftskrise ab 1935 wieder eine langsam steigende Tendenz zeigten[11]. Das hieß mit anderen Worten, daß der wirtschaftliche Aufschwung und die spürbare Verbesserung der sozialen Lebensbedingungen in den Augen der Bevölkerung als ein Verdienst, eine Leistung des Regimes erschienen — ungeachtet aller nach wie vor bestehender Einschränkungen und neuer rigoroser Reglementierungen. Das Tor zu wirtschaftlicher Prosperität und sozialer Sicherheit schien offen zu stehen und dies hat die Bindung weiter Kreise der Bevölkerung an das Regime wesentlich verstärkt.

Hinzu kam als weiterer, wesentlicher Faktor, daß Hitler die Politik der Revision des Versailler Vertrages, die auch das proklamierte Ziel aller politischen Gruppierungen der Weimarer Republik gewesen war, mit Entschlossenheit und vor allem mit Erfolg fortzusetzen schien. Bis weit in die sozialdemokratische Arbeiterschaft hinein ist der Versailler Vertrag — auch als Ergebnis einer entsprechenden, wirkungsvollen Propaganda — als ungerecht und als eine moralische Demütigung empfunden worden. Für weite Teile der Bevölkerung, insbesondere der Mittelschicht, waren Hitlers begeistert gefeierte außenpolitische Erfolge Schritte auf dem Wege zur Wiederherstellung der als selbstverständlich angesehenen kontinentalen Großmachtstellung des Reiches. Daß diese Schritte sich ohne Anwendung militärischer Gewalt vollzogen, hat die Bindung an den »genialen Staatsmann« Hitler ganz wesentlich verstärkt. Die hohe Einschätzung seiner diplomatischen Fähigkeiten kam ganz besonders in den Wochen und Tagen vor dem 1. September 1939 in der weitverbreiteten Meinung zum Ausdruck, daß die deutliche Verschärfung der Krise wie im Jahre zuvor ein Mittel zur schließlich friedlichen, für die deutsche Seite erfolgreichen Beilegung des Konflikts darstelle[12].

So nachvollziehbar diese Meinungen, Stimmungen und Einschätzungen der Zeitgenossen vor dem Hintergrund ihrer Erfahrungen sind, so standen sie doch im Widerspruch zu den tatsächlichen Intentionen Hitlers und seiner ab 1933 konsequent verfolgten Politik, wie sie sich nach den gesicherten Ergebnissen der historischen Forschung darstellen[13]. Die Zeitgenossen waren der Propaganda des Regimes und ihrem eigenen Wunschdenken zum Opfer gefallen. Aber ihre Loyalität beruhte auch auf festverwurzelten traditionellen Mentalitäten und Überzeugungen. Nicht nur die wiedererrungene Machtposition der Nation in Europa und der vermeintlich gesicherte wirtschaftliche Aufschwung band die Deutschen an das Regime, auch die innere Ordnung des nationalsozialistischen Staates stieß nur bei einer Minderheit auf entschiedene Ablehnung mit all den daraus sich ergebenden Konsequenzen. Die Deutschen jener Zeit waren kein Volk von Demokraten und Republikanern, unter ihnen war eine aus religiösen und politischen Motiven gespeiste latente Judenfeindlichkeit weit verbreitet. Vor allem aber waren sie seit Generationen dazu erzogen worden, die Autorität des Staates, insbesondere des nationalen Machtstaates, als axiomatischen Wert zu akzeptieren. Daran haben weder die Revolution 1918/19 noch die wenigen Jahre der Weimarer Republik grundsätzlich etwas zu ändern vermocht. Diese Traditionen erlaubten es den Deutschen, über die Diskriminierung und Verfolgung Hunderttausender hinwegzusehen, und bestimmten sie dazu, diesem Regime in Loyalität, wenn auch in widerwilliger Loyalität, in den Krieg zu folgen: ein Akt, der auch als Prüfstein des nationalen Bewußtseins betrachtet wurde. Es gibt wohl kein besseres Zeugnis für diese Gegebenheiten als die Verlautbarungen der christlichen Kirchen zu Kriegsbeginn, deren Repräsentanten ja nun nicht gerade begeisterte Anhänger des »Dritten Reiches« waren[14]. Auch das Schreiben Martin Niemöllers vom 7. September aus dem Konzentrationslager Sachsenhausen an den Großadmiral Raeder mit der freiwilligen Meldung des ehemaligen U-Boot-Kommandanten zum Kriegsdienst, läßt — einmal abgesehen von den in diesem Falle im Vordergrund stehenden Motiven — noch die in weiten Kreisen als absolut verstandene Verpflichtung des einzelnen der Nation gegenüber erkennen[15]. Die Formel von der »widerwilligen Loyalität«, mit der die Deutschen den Kriegsbeginn begleiteten, erweist sich somit als eine zutreffende Verallgemeinerung sehr unterschiedlicher Verhaltensweisen, die in einer variantenreichen Mischung und Gewichtung der genannten und weiterer Faktoren die individuelle Reaktion bestimmten.

Als im August 1914 der Krieg begann, schlug sich die überbordende Siegeszuversicht nach wenigen Wochen nieder in einer Vielzahl von extremen Kriegszielforderungen, einer Kriegszielbewegung, die wesentlichen Einfluß auf die Kriegspolitik der Reichsleitung gewann[16]. Auch unter dieser Perspektive bietet der Kriegsbeginn 1939 ein anderes Bild. Trotz der großen Erfolge im Krieg gegen Polen, mit dem seit 1919 eine tatsächliche Verständigung ohne drastische Korrekturen der Grenzen nicht für denkbar gehalten wurde, wurde die Stimmung in Deutschland nach allen Nachrichten, die wir besitzen, beherrscht von der Vorstellung, daß doch noch eine Verständigung mit Großbritannien und Frankreich erreicht und der Frieden wiederhergestellt werden könne[17]. Und Hitler entsprach mit seiner Reichstagsrede vom 6. Oktober 1939 diesen Wunschvorstellungen der Zeitgenossen[18]. Zwar berücksichtigte das Verhandlungsangebot Hitlers gegenüber den Westmächten in keiner Weise deren Interessenlage und hatte daher kaum Aussicht auf Erfolg, aber gegenüber der eigenen Bevölkerung konnte nun der Nachweis geführt werden, daß die Wiederherstellung des Friedens nicht an Deutschland, sondern insbesondere an Großbritannien gescheitert sei. Hitler selbst beschäftigte sich wenige Tage nach dieser Reichstagsrede intensiv mit operativen Überlegungen für die Westoffensive, die noch vor Einbruch des Winters stattfinden sollte[19].

Krieg — nicht Frieden — war die Devise Hitlers; er und sein Adlatus Goebbels haben es meisterhaft verstanden, die Masse der Bevölkerung über diesen fundamentalen Gegensatz der Überzeugungen hinwegzutäuschen. Hitler hatte andere Konsequenzen aus seiner Erfahrung des Ersten Weltkrieges gezogen[20]. Für ihn war die sozialdarwinistische Überzeugung vom unerbittlichen Lebenskampf in allen Bereichen der individuellen wie der völkisch-staatlichen Existenz zusammen mit dem Rassegedanken die axiomatische Basis seiner »Weltanschauung«. Politik war für ihn »die Durchführung des Lebenskampfes eines Volkes« und in diesem Kampf ums Dasein versank die Unterscheidung der beiden Begriffe Friedens- oder Kriegspolitik »in ein Nichts«. »Bündnisse ohne Gedanken an einen Krieg« gab es für ihn daher nicht. Das Ziel einer deutschen Politik sah er im Kampf um Lebensraum im Osten und darauf waren alle politischen Energien konzentriert. Konsequent forderte Hitler daher »die unbeschränkte innere Durch- und Ausbildung« des Volkes für den Krieg. Diesen Ansichten, die Hitler schon Mitte der 20er Jahre in »Mein Kampf« formuliert hatte, ließ er nach der sogenannten Machtergreifung entsprechende Taten folgen — so war der Aufbau einer militarisierten Volksgemeinschaft nur ein Ergebnis seiner insgesamt konsequenten Kriegsvorbereitungspolitik.

Von diesen Prämissen ausgehend, mußte der Krieg, der am 1. September 1939 begann, von allem Anfang an ein unverwechselbares Signum erhalten. Es war zu erwarten, daß die Industrialisierung des Krieges, die im Ersten Weltkrieg zur Realität geworden war, zusammen mit den sich ständig erweiternden Möglichkeiten der Technik weitere »Fortschritte« machen würde — wie zum Beispiel der alliierte Luftkrieg gegen das Reich dann auch unter Beweis stellte. Doch diese Steigerung der Vernichtungspotentiale, die sich nunmehr dank des technischen Fortschritts auf sämtliche »Kraftquellen« des Gegners richten konnten, war nicht das Unverwechselbare dieses Krieges. Es bestand vielmehr in dem ideologisierten Rasse- und Vernichtungskrieg, der von deutscher Seite unter Hitlers Führung nicht erst mit dem Angriff auf die Sowjetunion praktiziert wurde, sondern bereits mit dem mörderischen Wirken der Einsatzgruppen der Sicherheitspolizei in Polen und mit der, charakteristischerweise auf den 1. September 1939 zurückdatierten, Weisung Hitlers zur Euthanasie des sogenannten lebensunwerten Lebens begonnen hatte[21]. Die noch immer weitverbreitete Vorstellung, daß beide Aktionen völlig unterschiedlichen Bereichen zuzuordnen seien und daher nichts miteinander zu tun hätten, oder gar, daß beides nicht mit der Kriegführung zusammenhänge, verkennt, daß Hitler — und nicht nur er[22] — sich nach den Erfahrungen des Ersten Weltkrieges an einem Kriegsbild orientierte, das den Waffen- und Wirtschaftskrieg sowie die psychologische Kriegführung gleichgewichtig in sich vereinigte und dem er noch den Gedanken des Rassekrieges hinzufügte. Beide Aktionen zielten auf eine Verbesserung der Lebens- und Entwicklungsbedingungen für die sogenannten gesunden arischen Rassekerne in Deutschland, aus denen die »Herrenmenschen« stammten, die den eroberten europäischen Raum als Ergebnis des Krieges beherrschen sollten. Die angestrebte physische Vernichtung der polnischen Intelligenz und die Bestimmung der übrigen polnischen Bevölkerung zu Arbeitssklaven dienten diesem Kriegsziel. Und auch die Euthanasie war eine der mörderischen Konsequenzen dieses rassistischen Kriegsziels; sie sollte durch die »Ausmerze« rassisch unerwünschter Gruppen in der eigenen Bevölkerung den Triumph des »Herrenmenschen« absichern. Und wie der Waffenkrieg seit der »Machtergreifung« mit konzentrierter Energie vorbereitet wurde, so ist auch das Instrumentarium für das rassistische Kriegsziel seit 1933 geschaffen und erprobt worden. Es soll hier nur an die Diskriminierung, Enteignung, Verfolgung und Vertreibung der deutschen Juden vor 1939 oder an die Zwangssterilisierungen erinnert werden[23], um in diesem Zusammenhang zu verdeutlichen, daß Hitlers zielgerichtete Politik tatsächlich — wie er selbst erklärte — eine Unterscheidung zwischen Friedens- und Kriegspolitik nicht zuläßt, denn seine Ziele waren nur mit den Mitteln des Krieges zu erreichen. Und nur im Kriege war die Voraussetzung seines rassistischen Zieles möglich: die physische Vernichtung, die Dezimierung und Versklavung der dem »Herrenmenschen« im Wege stehenden Bevölkerungen und Bevölkerungsgruppen.

Das war der Krieg, in den die Deutschen am 1. September 1939 eintraten, auch wenn in Deutschland selbst und auf manchen Kriegsschauplätzen der Eindruck einer gewissen kriegsmäßigen »Normalität« zeitweise vorherrschend war. Und dieser Krieg war vorbereitet worden — sicherlich nicht in erster Linie durch den widerwillig loyalen Deutschen des Kriegsbeginns! In den vergangenen Jahrzehnten ist eine Fülle von Literatur erschienen[24], deren Ergebnis sich dahin zusammenfassen läßt, daß es kaum eine Gruppe innerhalb der akademischen und wirtschaftlichen Führungsschichten gegeben hat, die dem neuen Regime ihre Dienste nicht zur Verfügung gestellt hätte, auch um teilzuhaben an dem Wiederaufstieg des Reiches zur europäischen Großmacht und an der Wiederherstellung einer inneren Ordnung, die ihren Vorstellungen mehr entsprach als die demokratischen Regeln einer parlamentarischen Republik. Nur jeweils wenige einzelne waren sich bewußt, daß mit Hitler der Weg der Gewalt, des Krieges beschritten wurde. Die Angehörigen der Führungsschichten im staatlichen Bereich, in der Wirtschaft, den Universitäten und Schulen standen dem neuen Regime und der Partei keineswegs ohne Kritik gegenüber, aber sie wirkten auf ihrem Fachgebiet mit an der Durchführung der Hitlerschen Politik und damit — aus der Rückschau betrachtet — beteiligten sie sich direkt oder indirekt an der Vorbereitung des Krieges. Die Umwandlung des rassistischen Programmes in eine alltägliche staatliche Praxis in der Vorbereitungsphase des Krieges war ohne die Zusammenarbeit von Anthropologen, Medizinern, Juristen und Verwaltungsbeamten gar nicht denkbar, und dies ist nur ein, allerdings ein besonders markantes Beispiel.

Die »widerwillige Loyalität« der Deutschen in ihrer Gesamtheit ist durch den Beginn des rassistischen Vernichtungskrieges in Polen und in den Pflegeheimen nicht erschüttert worden. Der Schleier des Geheimen umgab die Aktionen und eine vorbeugende Propaganda hatte mit ihren Mitteln denkbare Sympathien für die der Vernichtung ausgesetzten Menschen im Keim erstickt. Im übrigen hatte selbst das reichsweite, in aller Öffentlichkeit stattfindende Pogrom vom 9./10. November 1938 zwar eine weitgehend negative Resonanz in der Bevölkerung gefunden, aber die Führungsschichten schwiegen, wie sie zu der »Nacht der langen Messer« am 30. Juni 1934 geschwiegen hatten. Der Terrorapparat der SS, das Wissen um die Konzentrationslager und allgemein die fortschreitende Auflösung der rechtsstaatlichen Ordnung ist nur eine Erklärung für diese Reaktion.

Das Regime andererseits war sich der mangelnden Kriegsbegeisterung in der Bevölkerung durchaus bewußt und reagierte darauf in bemerkenswerter Weise. So unterblieb die vorbereitete, als unabdingbares Erfordernis bezeichnete wirtschaftliche Mobilmachung[25]. Für diese Unterlassung lassen sich eine ganze Reihe von mehr oder weniger stichhaltigen Gründen angeben, jedoch ist deutlich erkennbar, daß vor allem die Sorge vor den unabsehbaren Konsequenzen einer langanhaltenden Überbeanspruchung der arbeitenden Menschen maßgebend gewesen ist. Die ersten Anzeichen einer gewissen sozialpolitischen Unruhe waren bereits im letzten Vorkriegsjahr in manchen Führungsetagen mit Besorgnis registriert worden[26]. Die Ideologie des wehrhaften, sich selbst aufopfernden Volkes stieß sich an den realen, kaum zu überwindenden Gegebenheiten — und paßte sich diesen Gegebenheiten an. Noch wichtiger war jedoch, daß das Regime sich entschlossen zeigte, auf einem anderen Gebiet die Folgerungen aus den Lehren des Weltkrieges zu ziehen: auf dem der Ernährung[27]. Nichts hatte die rasch in politische Forderungen übergehende Empörung der Bevölkerung damals so sehr geschürt, wie die offensichtliche Unfähigkeit der Behörden aller Ebenen, eine gerechte und kontinuierliche Verteilung der knappen Waren zu organisieren und zu garantieren. Nicht der Mangel an sich, sondern in erster Linie die eklatanten Ungerechtigkeiten waren für den politisch gefährlichen Unmut verantwortlich gewesen. Im Gegensatz hierzu hat das nationalsozialistische Regime noch vor dem Beginn des Krieges eine rigorose, aber gleichmäßige und insofern gerechte Rationierung der wichtigsten Lebensmittel durchgeführt und nie einen Zweifel aufkommen lassen, daß die Belieferung der Bevölkerung in dem vorgegebenen Rahmen auch möglich sei. Und tatsächlich gelang es der nationalsozialistischen Führung, die Ernährung der Deutschen bis in die Schlußphase des Krieges hinein in einem Maße sicherzustellen, das eine Erschütterung des Systems durch das Aufbegehren unterernährter Massen wie im Frühjahr 1917 — nach dem berüchtigten »Steckrübenwinter« — ausschloß. Die Erklärung für diese positive Bilanz liegt auf der Hand: Die Deutschen lebten auf Kosten ihrer Nachbarn, der Menschen in den besetzten Gebieten in Ost und West. Die Prognose einer entsprechenden Planung gegenüber der Sowjetunion, daß hierbei »zweifellos zig Millionen Menschen verhungern [werden], wenn von uns das für uns Notwendige aus dem Lande herausgeholt wird«, zeigt[28], mit welcher diabolischen Konsequenz die Abstützung der Existenzgrundlage des Systems, der Loyalität der Deutschen, betrieben wurde.

Ein Ereignis im Verlauf des Krieges hat dann die im Ganzen doch eher gedämpfte Stimmungslage für einen längeren Zeitraum durchbrochen. Der in seiner Schnelligkeit völlig überraschende, in seinem Ausmaß überwältigende Sieg über Frankreich und seine Verbündeten erschien als der endgültige Triumph über die negativen Erfahrungen des Ersten Weltkrieges, als die Widerlegung der These von der Chancenlosigkeit Deutschlands in einem europäischen Krieg. Die Euphorie, die dieses Ereignis auslöste und in ein nahezu grenzenloses Überlegenheitsgefühl überging, hatte insbesondere auf der militärischen Führungsebene weitreichende Folgen[29]. Zu keinem Zeitpunkt während der gesamten Dauer des Krieges konnte sich das Regime der uneingeschränkten Loyalität der Bevölkerung so sicher sein wie unmittelbar nach dem Sieg über Frankreich; die Widerwilligkeit der ersten Kriegsmonate hatte sich verflüchtigt. Spätestens mit dem Angriff auf die Sowjetunion an 22. Juni und der Kriegserklärung gegenüber den USA im Dezember 1941 war allerdings die Euphorie wieder verflogen[30] und machte im Verlaufe weniger Monate einer entschiedenen, auf der tiefverwurzelten antikommunistischen Tradition beruhenden Loyalität Platz, deren Objekt nicht so sehr das Regime als vielmehr dessen Führung im Kampf gegen die »bolschewistische Gefahr« war. In einer komplikationslos vollzogenen Wendung wurde die Tatsache des Angriffskriegs in die Vorstellung umfunktioniert, einen Verteidigungskrieg zu führen, und diese durch den fehlgeschlagenen Angriff verfestigte Überzeugung wurde zur nahezu unerschütterlichen Grundlage der Kampf- und Leidensbereitschaft bis zum bitteren Ende des Krieges. Sicherlich lagen die Verhältnisse im Westen und Süden des Reiches anders, aber entscheidend bleibt, daß der widerwillig loyale Deutsche des Kriegsbeginns durch die Entscheidungen seines »Führers« zum befehlsgemäß loyalen Exekutor des nationalsozialistischen Rasse- und Vernichtungskrieges wurde. Dieser Wandel stellte sich dar als ein Netz aus jahrelanger Indoktrination, eigener Überzeugung und dem Bewußtsein, dem militärischen Prinzip von Befehl und Gehorsam überall ausgeliefert zu sein[31]. Auch nach

1945 hat sich diese Generation in ihrer Rückschau aus diesem Netz nicht zu lösen vermocht.

Besonders schmerzhaft und deutlich ist diese unauflösliche Verstrickung für den Kreis der Offiziere in der militärischen Führung geworden. Dieses Beispiel zeigt besonders eindringlich die Bedeutung der sogenannten »Eliten« für das nationalsozialistische Regime insgesamt, vor allem aber bei der Vorbereitung und der Durchführung von Hitlers Krieg. Aufgrund einer festgefügten Tradition galt für die militärische Führung auch nach dem Ersten Weltkrieg, daß allein die bewaffnete Macht für die Landesverteidigung verantwortlich war. Daß als Konsequenz aus diesem Krieg zwischen Industrienationen der »Waffenkrieg« sich nur noch als Teilaspekt des Gesamtgeschehens darstellte, wurde in diesem Kreis nicht grundsätzlich bestritten, man blieb aber entschlossen, durch die Ausdehnung der militärischen Organisationsgewalt auf die kriegswichtigen Bereiche im Leben der Nation die eigene Führungsposition im Kriege aufrechtzuerhalten[32]. Ein Unsicherheitsfaktor in diesem Konzept betraf allerdings die innere Organisation und die Motivation der Nation für den Kriegsfall. Hier lehrte die Erfahrung, daß mit militärischer Organisation relativ wenig auszurichten war. Wenn nun der nationalsozialistische Reichskanzler sich — im Gegensatz zu den politischen Repräsentanten der Republik — demonstrativ entschlossen zeigte, diese politische Aufgabe mit aller Energie und Tatkraft zu übernehmen und gleichzeitig als außenpolitisches Ziel die Wiederherstellung der kontinentalen Machtposition Deutschlands verkündete, so ergab sich daraus bereits ganz selbstverständlich die vielzitierte »Teilidentität der Ziele«, die die militärische Führung an das Regime band[33].

Ausdruck dieser gemeinsamen Basis war die in ihrer konkreten Zielsetzung und Ausgestaltung unter der Verantwortung der militärischen Führung durchgeführte beispiellose Aufrüstung der bewaffneten Macht[34]. Die Wehrmacht und ihre Führung wurden damit unverzichtbarer Bestandteil der Kriegsvorbereitungspolitik des nationalsozialistischen Regimes und ihres »Führers«. Aus dieser Bindung ergab sich andererseits auch die Unterstützung aller Schritte des Regimes auf dem Wege zur militarisierten Volksgemeinschaft, und die Wehrmachtführung zögerte nicht, das rassistische Kernstück dieser Neugestaltung der inneren Ordnung der Nation zu übernehmen. Der Minister v. Blomberg ordnete am 28. Februar 1934 die Entfernung der sogenannten »Nicht-Arier« aus den Streitkräften an[35]. Und wie stark die bindende Kraft der gemeinsamen Zielsetzung war, zeigte sich auch in der Hinnahme der Morde an den Generalen v. Schleicher und v. Bredow in Zusammenhang mit der Röhm-Affäre[36]. Die Integrität des selbstbewußten Offizierkorps, vor allem seiner Repräsentanten in den höheren und höchsten Führungsfunktionen, die alle ihre Prägung noch durch die ausgefeilte

Ehrauffassung des Offiziers der Kaiserzeit erfahren hatten, war damit bereits lange vor der Blomberg-Fritsch-Krise erschüttert, in deren Verlauf Hitler sich zum Oberbefehlshaber der Wehrmacht machte[37]. Mit dieser Entscheidung wurde letztlich nur die seit 1933 bestehende Realität nochmals unterstrichen und dokumentiert, daß die Wehrmacht ein Instrument der politischen Führung geworden war und von einer Eigenständigkeit, wie sie so unterschiedliche Persönlichkeiten wie Ludendorff und Beck noch vertreten und gefordert hatten[38], nicht mehr die Rede sein konnte.

Unter Führung Hitlers begann die Wehrmacht den Krieg, der von diesem von Anfang an als ein Rasse- und Vernichtungskrieg gedacht war. Im Herbst und Winter 1939/40 wurde die Heeresführung auf drastische Weise mit den Konsequenzen dieser Kriegführung konfrontiert. Die Generale Blaskowitz und Ulex protestierten nachdrücklich und beharrlich gegen die verbrecherischen Aktionen von SS und Polizei in Polen[39]. Die Berichte, die auch nicht direkt beteiligten Generalen zur Kenntnis kamen, lösten helle Empörung aus, aber weder der Oberbefehlshaber des Heeres, noch sein Generalstabschef oder die Generale selbst sahen sich in der Lage oder fühlten sich verpflichtet zu handeln. Nichts dokumentiert deutlicher als dieses Ergebnis, daß die bewaffnete Macht und ihre Führung sich mit ihrer instrumentalen Funktion abgefunden hatte. Nur ein Jahr später war von einer vergleichbaren Empörung nichts mehr zu spüren, als die von der Wehrmacht- und Heeresführung selbst ausgearbeiteten und gebilligten verbrecherischen Befehle in Vorbereitung des Angriffs auf die Sowjetunion herausgegeben wurden[40]. Die Versuche einzelner Kommandeure und Befehlshaber, sich dieser ideologischen Radikalisierung des Krieges entgegenzustellen, ändern nichts an der Tatsache, daß die Wehrmacht als Ganzes und ihre Führung auf den verschiedenen Ebenen ihre Aufgaben und Funktionen in dem von ihrem Oberbefehlshaber gewollten Rasse- und Vernichtungskrieg wahrnahmen. Die Wehrmacht blieb – neben der SS – bis zur Kapitulation am 8. Mai 1945 das, was sie seit 1933 gewesen war: der Garant des Regimes und damit auch seiner inneren Ordnung[41]. Jede andere Vorstellung, meist gegründet auf einzelne Handlungen einzelner Offiziere, verkennt die Funktion der Wehrmacht in Vorbereitung und Durchführung von Hitlers Krieg, der ein deutscher Angriffskrieg war, und verlangt ausgerechnet von einem Offizierkorps, das es nicht mehr im ursprünglichen Sinne gab, und seinen höchsten Repräsentanten eine moralische Integrität und vor allem eine politische Urteilsfähigkeit, die keine andere Berufsgruppe im Rückblick auf die zwölf Jahre von 1933–1945 für sich in Anspruch nimmt. Die kurze Geschichte des militärischen Widerstands, das Handeln und die Tat einzelner aufgrund individueller Entscheidung, beschreibt genau den entgegengesetzten Weg, den die Wehrmacht und ihre Führung unter dem militärischen Gebot von Befehl und Gehorsam bis zum bitteren Ende ging.

So befand sich der widerwillig loyale Deutsche seit dem 1./3. September 1939 in einem Krieg, den er nicht gewollt hatte, und in den auch die militärische Führung unter den gegebenen Bedingungen nur mit gedämpften Erwartungen eintrat. Aber die ganz überwiegende Mehrheit der Deutschen, für die die Figur des widerwillig loyalen Volksgenossen als Synonym gebraucht wird, und die militärische Führung hatten je auf ihre Weise zur Entfesselung des Krieges, des Rasse- und Vernichtungskrieges Hitlers beigetragen. Während die militärische Führung in höchst effektiver Weise die militärischen Voraussetzungen für die Kriegspolitik des »Führers« geschaffen hatte, nahm sich der Beitrag des widerwillig loyalen Deutschen zur Entfesselung des Krieges zunächst sehr bescheiden aus. Er war im konkreten Fall ohne Stimme, fest eingebunden in die militarisierte Volksgemeinschaft. Aber dic überwiegende Mehrheit der Deutschen hatte Hitler zu dem gemacht, was er spätestens nach dem »Anschluß« Österreichs war: der charismatische Führer der Deutschen, dessen beherrschendem Willen, vielfach gebrochen, doch durchdringend wirksam, sich kaum einer vollständig entziehen konnte[42]. Insbesondere gilt dies für die heranwachsende, begeisterungsfähige Jugend, die das erste, wichtigste und dankbarste Objekt der nationalsozialistischen Propaganda war, die als erste der Praxis der militarisierten Volksgemeinschaft unterworfen wurde und auf deren idealistischen Grundstimmung das Regime bauen konnte[43].

Das ambivalente Verhältnis zwischen dem charismatischen Führer und seiner Gefolgschaft hat in Hitlers Rasse- und Vernichtungskrieg seinen Höhepunkt erreicht. Die Vernichtungsmaschinerien sind von Deutschen entwickelt und betrieben worden und sie waren allgegenwärtig. Wie immer auch die aktive Teilnahme von Wehrmacht, SS, Verwaltung, Organisationen jeder Art und ihrer Verantwortlichen auf jeder Ebene im Vollzug dieses Rasse- und Vernichtungskrieges auf den Kriegsschauplätzen und in der Heimat im einzelnen definiert werden mag, sicher ist, daß die Gesamtheit der Deutschen die unausweichlichen Folgen dieses Krieges zu tragen hatte und auch weiter zu tragen haben wird.

Mit »widerwilliger Loyalität« waren die Deutschen in den Krieg gezogen. Denjenigen, die nach Jahren der Strapazen, des Grauens und des Todes zurückkehrten in ein zerstörtes, zerrissenes und besetztes Land, stellte sich die selten ausgesprochene, aber dennoch unerbittlich präsente Sinnfrage, die über das Persönliche hinauswies. Die klassische Antwort, wie sie für die toten Spartaner von Thermopylae formuliert worden war, daß sie gekämpft und den Tod erlitten hätten, »wie das Gesetz es befahl«, war schon nach dem Ersten Weltkrieg nicht mehr konsensfähig. Der hunderttausendfache Tod in den Materialschlachten um Verdun und an der Somme ließ sich auch nicht mehr mit der Formel »Für König und Vaterland« rechtfertigen, wie es in den Todesanzeigen die Übung war. Und doch — diese Formel wurde auch im Zweiten Weltkrieg mit nur einer, allerdings charakteristischen Abweichung benutzt; nun lautete sie: »Für Führer und Vaterland«[44]. Der charismatische Führer hatte sich an die Stelle der altehrwürdigen Institution des Monarchen gesetzt. Folgt man allerdings der nazistischen Rechtslehre, so war der Wille dieses charismatischen Führers gar gleichzusetzen mit dem Gesetz[45], für das die Spartaner sich geopfert hatten und das als eine der wichtigsten Grundlagen jeglicher Ordnung des menschlichen Zusammenlebens überhaupt gilt. Nichts vermag die Korrumpierung, den Mißbrauch und die Aufhebung fundamentaler Werte besser zu dokumentieren als diese Gleichsetzung und nichts vermag das Verstummen der Deutschen angesichts der Sinnfrage nach 1945 verständlicher zu machen.

## Anmerkungen

1 Vgl. hierzu beispielhaft die beiden Aufsatzsammlungen G. Niedhart (Hrsg.), Kriegsbeginn 1939. Entfesselung oder Ausbruch des Zweiten Weltkrieges?, Darmstadt 1976; M. Funke (Hrsg.), Hitler, Deutschland und die Mächte. Materialien zur Außenpolitik des Dritten Reiches, Düsseldorf 1976.

2 Vgl. H. Krausnick, H. Graml, Der deutsche Widerstand und die Alliierten, in: Vollmacht des Gewissens, Bd 2, Frankfurt 1965, S. 475—521, hier S. 482, sowie M. Steinert, Hitlers Krieg und die Deutschen. Stimmung und Haltung der deutschen Bevölkerung im Zweiten Weltkrieg, Düsseldorf 1970, S. 91 ff.

3 Vgl. V. Ullrich, Hamburg vor 70 Jahren — 1. August 1914, in: Hamburger Rundschau, 2.8.1984, S. 10 ff.; zu dem Vergleich insgesamt A. Hillgruber, Deutschlands Rolle in der Vorgeschichte der beiden Weltkriege, Göttingen 1967.

4 Vgl. hierzu G. D. Feldman, E. Kolb, R. Rürup, Die Massenbewegungen der Arbeiterschaft in Deutschland am Ende des Ersten Weltkrieges (1917—1920), in: Politische Vierteljahresschrift, 13 (1972), S. 84 ff., sowie W. Deist, Der militärische Zusammenbruch des Kaiserreichs. Zur Realität der »Dolchstoßlegende«, in: U. Büttner (Hrsg.), Das Unrechtsregime, Bd 1, Hamburg 1986, S. 101—129.

5 Vgl. K. Saul, Jugend im Schatten des Krieges. Vormilitärische Ausbildung — Kriegswirtschaftlicher Einsatz — Schulalltag in Deutschland 1914—1918, in: Militärgeschichtliche Mitteilungen, 34 (1983), S. 91—194.

6 W. Wette, Ideologien, Propaganda und Innenpolitik als Voraussetzungen der Kriegspolitik des Dritten Reiches, in: Das Deutsche Reich und der Zweite Weltkrieg, Bd 1, Stuttgart 1979, S. 25—173, hier S. 88 ff.

7 Deutschland-Berichte der Sozialdemokratischen Partei Deutschlands (Sopade) 1934—1940, 6. Jg. 1939, Frankfurt/M. 1980, S. 978; Steinert, Hitlers Krieg (wie Anm. 2), S. 91—103.

8 B.R. Kroener, Die personellen Ressourcen des Dritten Reiches im Spannungsfeld zwischen Wehrmacht, Bürokratie und Kriegswirtschaft 1939—1942, in: Das Deutsche Reich und der Zweite Weltkrieg, Bd 5/1, Stuttgart 1988, S. 727.

9 Selbst bei der Wahl vom 5. März 1933 blieb die NSDAP mit 43,9 % der abgegebenen Stimmen unter der 50-Prozent-Marke.

10 H.-E. Volkmann, Die NS-Wirtschaft in Vorbereitung des Krieges, in: Das Deutsche Reich und der Zweite Weltkrieg, Bd 1, Stuttgart 1979, S. 244, S. 324.

11 Ebd., S. 297, hierzu auch M. Geyer, Rüstungsbeschleunigung und Inflation. Zur Inflationsdenkschrift des Oberkommandos der Wehrmacht vom November 1938, in: Militärgeschichtliche Mitteilungen, 30 (1981), S. 121—186.

12 Vgl. z.B. H. J. v. Moltke, Briefe an Freya 1939—1945, hrsg. von Ruhm v. Oppen, München 1988, S. 57 ff.; J. Klepper, Unter dem Schatten deiner Flügel. Aus den Tagebüchern der Jahre 1932—1942, Stuttgart 1956, S. 788 ff.; Die Hassell-Tagebücher 1938—1944. Ulrich v. Hassell. Aufzeichnungen vom Anderen Deutschland, rev. u. erw. Ausgabe hrsg. v. F. Frhr. Hiller v. Gaertringen, Berlin 1988, S. 116 ff.; Steinert, Hitlers Krieg (wie Anm. 2), S. 83 ff.

13 W. Deist, M. Messerschmidt, H.E. Volkmann, W. Wette, Ursachen und Voraussetzungen der deutschen Kriegspolitik (= Das Deutsche Reich und der Zweite Weltkrieg, Bd 1), Stuttgart 1979.

14 Auf katholischer Seite ist es nicht zu einem gemeinsamen Hirtenwort der Bischöfe gekommen. Auf der Plenarkonferenz des deutschen Episkopats vom 22.—24. August 1939 ist jedoch eine Leitlinie für entsprechende Verlautbarungen besprochen worden. Zitat: Die katholischen Soldaten hätten ihre Pflicht »in Treue Gehorsam gegen Führer und Obrigkeit, opferwillig unter Hingabe ihrer ganzen Persönlichkeit zu erfüllen«. Akten Deutscher Bischöfe über die Lage der Kirche 1933—1945, bearb. v. L. Volk, Bd 4, Mainz 1981, S. 700. Aus dem Aufruf der Deutschen Evangelischen Kirche vom 2.9.1939: »Seit dem gestrigen Tage steht unser deutsches Volk im Kampf für das Land seiner Väter, damit deutsches Blut zu deutschem Blut heimkehren darf [...] So vereinigen wir uns auch in dieser Stunde mit unserem Volk in der Fürbitte für Führer und Reich, für die gesamte Wehrmacht und alle, die in der Heimat ihren Dienst für das Vaterland tun. Gott helfe uns, daß wir treu erfunden werden, und schenke uns einen Frieden der Gerechtigkeit!« Vgl. W. Niemöller, Die Evangelische Kirche im Dritten Reich. Handbuch des Kirchenkampfes, Bielefeld 1956, S. 391.

15 Abgedruckt bei D. Schmidt, Martin Niemöller. Eine Biographie, Stuttgart 1983, S. 150.

16 Das ist das beherrschende Thema des Buches von F. Fischer, Griff nach der Weltmacht, Düsseldorf 31964.

17 Steinert, Hitlers Krieg, S. 108 f.

18 M. Domarus, Hitler. Reden 1932 bis 1945, Wiesbaden 1973, S. 1377 ff.

19 H. Umbreit, Der Kampf um die Vormachtstellung in Westeuropa, in: Das Deutsche Reich und der Zweite Weltkrieg, Bd 2, Stuttgart 1979, S. 239 f.

20 Vgl. hierzu und zum folgenden M. Messerschmidt, Außenpolitik und Kriegsvorbereitung, in: Das Deutsche Reich und der Zweite Weltkrieg, Bd 1, S. 535 ff. Vgl. hierzu auch G. Schreiber, Hitler. Interpretationen 1933—1983. Ergebnisse, Methoden und Probleme der Forschung, Darmstadt [2]1988, S. 103 ff.

21 Zu Polen vgl. M. Broszat, Nationalsozialistische Polenpolitik 1939—1945, Frankfurt/M. [2]1965; H. Krausnick und H.H. Wilhelm, Die Truppe des Weltanschauungskrieges. Die Einsatzgruppen der Sicherheitspolizei und des SD 1938—1942, Stuttgart 1981; zur Euthanasie vgl. E. Klee, »Euthanasie« im NS-Staat. Die »Vernichtung lebensunwerten Lebens«, Frankfurt/M. 1983.

22 W. Deist, Die Reichswehr und der Krieg der Zukunft, in: Militärgeschichtliche Mitteilungen, 45 (1989), S. 81 ff.

23 Vgl. hierzu das Standardwerk von R. Hilberg, Die Vernichtung der europäischen Juden. Die Gesamtgeschichte des Holocaust, Berlin 1982, sowie G. Bock, Zwangs-

sterilisation im Nationalsozialismus. Studien zur Rassenpolitik und Frauenpolitik, Opladen 1986.

24 Als kleine Auswahl sei verwiesen auf K. Scholder, Die Kirchen und das Dritte Reich, Bd 1: Vorgeschichte und Zeit der Illusionen 1918—1934, Frankfurt 1977; G. Baader und U. Schultz, Medizin und Nationalsozialismus. Tabuisierte Vergangenheit — Ungebrochene Tradition?, Berlin 1980; A. D. Beyerchen, Wissenschaftler unter Hitler. Physiker im Dritten Reich, Köln 1980; I. Müller, Furchtbare Juristen. Die unbewältigte Vergangenheit unserer Justiz, München 1987.

25 R.-D. Müller, Die Mobilmachung der deutschen Wirtschaft für Hitlers Kriegführung, in: Das Deutsche Reich und der Zweite Weltkrieg, Bd 5/1, Stuttgart 1988, S. 364 ff.

26 T. W. Mason, Innere Krise und Angriffskrieg 1938/1939, in: F. Forstmeier und H.-E. Volkmann (Hrsg.), Wirtschaft und Rüstung am Vorabend des Zweiten Weltkrieges, Düsseldorf 1975, S. 158—189.

27 L. Burchardt, Die Auswirkungen der Kriegswirtschaft auf die deutsche Zivilbevölkerung im Ersten und im Zweiten Weltkrieg, in: Militärgeschichtliche Mitteilungen, 15 (1974), S. 65—97; R.-D. Müller, Die Mobilmachung (wie Anm. 25), S. 400—404, S. 587.

28 R.-D. Müller, Von der Wirtschaftsallianz zum kolonialen Ausbeutungskrieg, in: Das Deutsche Reich und der Zweite Weltkrieg, Bd 4, Stuttgart 1983, S. 147; vgl. auch H. Umbreit, Auf dem Wege zur Kontinentalherrschaft, in: Das Deutsche Reich und der Zweite Weltkrieg, Bd 5/1, Stuttgart 1988, S. 322, 327.

29 J. Förster, Hitlers Entscheidung für den Krieg gegen die Sowjetunion, in: Das Deutsche Reich und der Zweite Weltkrieg, Bd 4, S. 3 ff.; Steinert, Hitlers Krieg (wie Anm. 2), S. 136 f.

30 Ebd., S. 206 ff.

31 Vgl. hierzu u.a. M. Messerschmidt, F. Wüllner, Die Wehrmachtjustiz im Dienste des Nationalsozialismus, Baden-Baden 1987.

32 Vgl. hierzu Anm. 22 sowie K.-J. Müller, Armee, Politik und Gesellschaft in Deutschland 1933—1945, Paderborn 1979, S. 7—50.

33 M. Messerschmidt, Die Wehrmacht im NS-Staat. Zeit der Indoktrination, Hamburg 1969, S. 1 u.ö., sowie W. Deist, Die Aufrüstung der Wehrmacht, in: Das Deutsche Reich und der Zweite Weltkrieg, Bd 1, S. 403 f.

34 Ebd., S. 400—496.

35 K.-J. Müller, Das Heer und Hitler. Armee und nationalsozialistisches Regime 1933—1940, Stuttgart $^{2}$1988, S. 78 ff.

36 Ebd., S. 105 ff., sowie K.J. Müller, Reichswehr und »Röhm-Affäre«. Aus den Akten des Wehrkreiskommandos [Bayer.] VII, in: Militärgeschichtliche Mitteilungen, 3 (1968), S. 107—144.

37 K.-J. Müller, Das Heer und Hitler (wie Anm. 35), S. 255 ff.

38 Ders., General Ludwig Beck. Studien und Dokumente zur politisch-militärischen Vorstellungswelt und Tätigkeit des Generalstabschefs des deutschen Heeres 1933—1939, Boppard 1980, S. 79 ff.; E. Ludendorff, Der totale Krieg, München 1935.

39 K.-J. Müller, Das Heer und Hitler (wie Anm. 35), S. 427 ff.

40 J. Förster, Das Unternehmen Barbarossa als Eroberungs- und Vernichtungskrieg, in: Das Deutsche Reich und der Zweite Weltkrieg, Bd 4, Stuttgart 1983, S. 413—440.

41 Vgl. hierzu M. Messerschmidt, Das Verhältnis von Wehrmacht und NS-Staat und die Frage der Traditionsbildung, in: M. Messerschmidt, Militärgeschichtliche Aspekte der Entwicklung des deutschen Nationalstaates, Düsseldorf 1988, S. 233—255.

42 I. Kershaw, Der Hitler-Mythos. Volksmeinung und Propaganda im Dritten Reich, Stuttgart 1980.

43 Die Geburtsjahrgänge dieser Jugend (1910–1926) verloren zwischen 19 und 39 % des männlichen Anteils, vgl. B. R. Kroener, Die personellen Ressourcen (wie Anm. 8), S. 986.

44 Vgl. hierzu die Bemerkungen von V. Klemperer, LTI. Notizbuch eines Philologen, Köln [4]1987, S. 130 f.

45 E. R. Huber, Der Führer als Gesetzgeber, in: Zeitschrift der Akademie für Deutsches Recht (1939), S. 275–278.

Rolf-Dieter Müller

# Die Konsequenzen der »Volksgemeinschaft«: Ernährung, Ausbeutung und Vernichtung

Am 2. Mai 1941 kam es zu einer denkwürdigen Besprechung in der Reichshauptstadt. Zwei Wehrmachtgenerale und eine Reihe von Staatssekretären, vorwiegend aus den Wirtschaftsressorts, berieten sich über die wirtschaftspolitischen Zielsetzungen des geplanten Krieges gegen die Sowjetunion. Das Ergebnis ihrer Beratungen faßten sie in einer Aktennotiz zusammen, die als Schlüsseldokument des Zweiten Weltkrieges bekanntgeworden ist. Die ersten Sätze, auf die es hier ankommt, lauteten:

»1. Der Krieg ist nur weiter zu führen, wenn die gesamte Wehrmacht im 3. Kriegsjahr aus Rußland ernährt wird.
2. Hierbei werden zweifellos zig Millionen verhungern, wenn von uns das für uns Notwendige aus dem Lande herausgeholt wird[1].«

Diese in ihren Konsequenzen verheerenden Feststellungen werfen Fragen auf. Waren der Überfall auf die UdSSR, schließlich Hitlers Kriege insgesamt am Ende auch eine Folge, vielleicht sogar eine unausweichliche Notwendigkeit der deutschen Agrarpolitik bzw. der Ernährungssituation Deutschlands?

Die Geschichte des Zweiten Weltkrieges wird noch heute im Bewußtsein der breiten Öffentlichkeit geprägt von den großen Männern, den Feldherren, den spektakulären militärischen Ereignissen zu Lande, zu Wasser und in der Luft. Welche Rolle aber spielte dabei im Zeitalter des industrialisierten Krieges noch der archaische Kampf ums tägliche Brot? Viele Menschen, die den Krieg erlebt haben, erinnern sich durchaus an Hunger und Mangelernährung, an Schwarzmarkt und Versorgungsengpässe. Und würde man gar versuchen, die Zahl der Hungertoten zu addieren, dann käme man vermutlich zu dem Ergebnis, daß der Zweite Weltkrieg — im globalen Maßstab gesehen — eine der größten Hungerkatastrophen des 20. Jahrhunderts darstellt.

Darüber findet man in der Flut an Literatur über die Epoche relativ wenig Angaben. Auch in der historischen Forschung gibt es kaum ein anderes, wichtiges Thema der Zeitgeschichte, das so vernachlässigt und übersehen worden ist[2].

Dabei ist leicht zu erkennen, daß die Ernährungspolitik während des Krieges keinen beliebigen Teilbereich der Kriegswirtschaft darstellte. Sie ist vielmehr ein Schlüssel für das Verständnis der Hitlerschen Außenpolitik und Kriegführung, für die Gestaltung der Innenpolitik und Propaganda im Sinne einer Stabilisierung der »Heimatfront«. Die NS-Ernährungspolitik ist darüber hinaus auch in einem besonderen Maße Antriebskraft und Instrument der Vernichtungspolitik gewesen, als der schwerwiegendsten Konsequenz ökonomischer, politischer und rassischer »Neuordnung« im nationalsozialistischen Sinne. Das Stichwort Ernährung führt geradewegs in das Zentrum der NS-Ideologie und der Herrschaftspraxis des »Dritten Reiches« während des Zweiten Weltkrieges.

Diese Verknüpfung von Ideologie und Ernährung mit ihren weitreichenden Konsequenzen ist in der modernen Geschichte wohl beispiellos. Gewisse Parallelen lassen sich allenfalls bei den anderen faschistischen Großmächten jener Zeit, Japan und Italien, aufspüren. Spuren führen zwar auch zu imperialistischen Konzeptionen des 19. Jahrhunderts zurück, aber die eigentlichen Wurzeln dürften im Ersten Weltkrieg zu finden sein.

Die Erfahrungen der Jahre 1914—18, das Trauma der damaligen Hungerjahre und ihrer politischen Folgen hatten in Deutschland besonders tiefe Spuren hinterlassen. Nach den Ursachen dieses Krieges, nach der Hybris deutscher Kriegsziele und der Überforderung der eigenen Kräfte wurde bei der Bewältigung dieser Erfahrungen allerdings nicht gefragt. Statt dessen setzte sich bei den Experten und Verantwortlichen, aber auch in breiten Kreisen der Bevölkerung, ein anderes Erklärungsmuster durch. Danach hatten die Kriegsgegner durch ihre Blockade eine Hungersnot in Deutschland herbeigeführt, die zuerst die Kriegsmoral der Heimat erschütterte und schließlich auch den militärischen Zusammenbruch verursachte. Dabei spielte auch eine Rolle, daß es nicht nur einen allgemeinen Mangel gegeben hatte, sondern auch krasse Ungerechtigkeiten bei der Verteilung, die den inneren Zusammenhalt der »Volksgemeinschaft« gesprengt und zum Ausbruch der Revolution geführt hatten[3].

Daraus wurde nun die Schlußfolgerung gezogen, daß im Zeichen des totalen Krieges die Selbstversorgung mit Nahrungsmitteln wichtigstes Ziel der wirtschaftlichen Kriegsvorbereitung sein mußte[4]. Der Steigerung der landwirtschaftlichen Produktion kam daher eine entscheidende Bedeutung zu. Darüber hinaus mußten die notwendigen Einfuhren von Nahrungsmitteln unter allen Umständen gesichert werden, sei es durch Handelsverträge und Bündnisse oder durch militärische Eroberungen. Für eine gerechte Verteilung der vorhandenen Nahrung zu sorgen, war in dieser Sicht ein wichtiges Ziel der Innen- und Sozialpolitik, Garantie für die innere Stabilität und Leistungsfähigkeit der »Volksgemeinschaft«, für die Stimmung an der »Heimatfront«.

Der Nationalsozialismus griff solche Vorstellungen auf und machte sie zu einem Grundelement seiner Programmatik[5]. In der Kombination mit einem extremen Rassismus erwuchs daraus eine mörderische Sprengkraft. Sicherung der Ernährung — das begründete die Forderung nach Autarkie im Sinne einer »Blut-und-Boden«-Ideologie, gipfelte schließlich in der sozialdarwinistisch begründeten Forderung nach Erweiterung des eigenen »Lebensraumes«. In der rassisch definierten, hierarchischen Gesellschaftsutopie des Nationalsozialismus bedeutete das, »unnütze Esser« sowohl in der Volksgemeinschaft als auch in der Völkergemeinschaft zu beseitigen, die Nahrungsverteilung nicht nach den Bedürfnissen der Menschen zu regeln, sondern nach ihrer angeblich rassischen Wertigkeit sowie ihrem Nutzen für die Gemeinschaft der »Herrenmenschen«.

Welche Konsequenzen diese ideologische Disposition für die Politik des »Dritten Reiches« hatte, kann hier nur in einem skizzenhaften Überblick verdeutlich werden. Es geht dabei zunächst um eine Betrachtung der Bemühungen zur Steigerung der Selbstversorgung, dann des ernährungspolitisch begründeten Expansions- und Eroberungskrieges und schließlich um die Ernährungshierarchie innerhalb der »Volksgemeinschaft« sowie des gesamten deutschen Machtbereichs im Zweiten Weltkrieg.

I.

In kaum einem anderen Bereich hatte man seit 1933 soviel Mühe darauf verwendet, aus den Erfahrungen des Ersten Weltkrieges zu lernen. Man versuchte, die Vorbereitung der deutschen Landwirtschaft auf einen künftigen Blockadekrieg so weit wie möglich voranzutreiben. Das hochgesteckte Ziel war die Ernährungsautarkie. Produktionsumstellungen, Rationierungen, die propagandistisch groß herausgestellten Erzeugungsschlachten — kein anderer Wirtschaftsbereich war so schlagkräftig organisiert worden wie die Landwirtschaft.

Trotz aller Anstrengungen konnte aber die Auslandsabhängigkeit Deutschlands bis Kriegsbeginn nicht wesentlich verringert werden. Die Selbstversorgungsrate stieg von 80 Prozent im Jahre 1933 auf 83 Prozent 1938/39. Noch immer mußte also praktisch jeder fünfte Deutsche mit ausländischen Nahrungsmitteln ernährt werden. Die Überforderung der landwirtschaftlichen Betriebe war andererseits kaum noch zu bewältigen. Landflucht, sinkende Geburtenraten auf dem Lande, zunehmende Klagen über unzureichende Produktionsmittel signalisierten bereits 1939 eine schwerwiegende Krise — keine günstige Ausgangsposition für einen Blockadekrieg. Trotz dramatischer Denkschriften gelang es der Landwirtschaftsführung aber nicht, in der überhitzten Rüstungskonjunktur größere Ressourcenanteile für den Agrarsektor freizumachen[6]. Immerhin hatte man es geschafft, Vorräte für drei Jahre anzulegen und lebenswichtige Einfuhren so umzusteuern, daß sie im Bereich der »eigenen Waffen« lagen, also von Übersee nach Südosteuropa. Aber die Erzeugungsprognosen für den Kriegsfall blieben düster.

Die Entwicklung während des Zweiten Weltkriegs bestätigte im wesentlichen diese Befürchtungen[7]. Da waren zunächst Verschiebungen in der Bodennutzung zu verzeichnen, die Verringerung des Ackerlandes zugunsten einer weniger arbeitsintensiven Weidewirtschaft. Die Belieferung der deutschen Landwirtschaft mit technischen Geräten, mit Düngemitteln und anderen Gütern ging ständig bergab. Anders als in der amerikanischen, britischen oder sowjetischen Landwirtschaft waren in Deutschland bemerkenswerte Leistungssteigerungen nicht zu verzeichnen[8]. Im Vergleich zum Ersten Weltkrieg vollzog sich der Rückgang der Ernteerträge zwar erheblich langsamer, aber letztlich doch ebenso unaufhaltsam. Generell gelang es der NS-Führung dennoch — im Unterschied zu 1914/18[9] — zumindest für die deutsche Bevölkerung und Streitkräfte den Mindestbedarf an Nahrungsmitteln bereitzustellen, hauptsächlich allerdings durch die Steigerung der Einfuhren.

Diese Entwicklung bereitete den Nationalsozialisten aber — trotz jahrelanger Autarkie-Parolen — keineswegs Kopfzerbrechen. Hitler teilte zwar das Axiom der Selbstversorgung, hielt es aber innerhalb der bestehenden Reichsgrenzen für nicht realisierbar. Bereits 1922 war er davon überzeugt gewesen, daß es im nächsten Krieg die wichtigste Aufgabe sein werde, »sich der Getreidegebiete Polens und der Ukraine zu bemächtigen«[10]. Kernaussage seiner programmatischen Schrift »Mein Kampf« wurde die Behauptung, daß zur Existenzsicherung des Reiches und zur Durchsetzung seiner Weltmachtansprüche die Eroberung agrarischer Siedlungs- und Produktionsräume, vorzugsweise in Osteuropa, notwendig sei.

Mit dieser Einschätzung stand Hitler keineswegs allein. Die Nationalsozialisten hatten Autarkie niemals als Selbstversorgung in den überkommenen nationalen Grenzen begriffen. Sie proklamierten die Autarkie in einem »europäischen Großwirtschaftsraum«. Das Ziel war die Errichtung einer kontinentalen Austausch- und Ergänzungswirtschaft, die, allein auf die deutschen Bedürfnisse ausgerichtet, dem Reich als führendem Industriestaat eine ausreichende Basis zum Absatz seiner Fertigerzeugnisse, gleichzeitig zum Bezug fehlender Rohstoffe und Agrargüter bot[11].

Hitler wagte 1939 den Angriff, der ihm die Herrschaft über den Kontinent verschaffen sollte, damit auch den Zugriff auf die Nahrungsmittel der Nachbarvölker. Nach den Siegen auf den Schlachtfeldern beschränkten sich die Deutschen nicht entsprechend den völkerrechtlichen Regeln auf eine militärische Verwaltung der besetzten Gebiete, sondern machten sich daran, die Volkswirtschaft dieser Länder umzugestalten und — unabhängig von den Folgen für die betroffenen Menschen — nach deutschen Interessen auszubeuten[12].

Die unentschiedene Auseinandersetzung mit den seebeherrschenden angelsächsischen Mächten, die auch den Weltagrarmarkt kontrollierten, war nach

Hitlers Auffassung, die von der Wehrmachtführung geteilt wurde, nur dann erfolgreich zu führen, wenn er zunächst den entscheidenden Schritt in das vermeintliche Schlaraffenland im Osten wagte[13]. Das unerwartet schnelle Schwinden der eigenen Vorräte und die zunehmenden Schwierigkeiten in den besetzten Gebieten zwangen nämlich bereits für das Jahr 1941 zu drastischen Einschränkungen. Das bot den Hintergrund für die eingangs zitierte Sitzung der Staatssekretäre Anfang Mai 1941. Vor allem die deutsche Bevölkerung reagierte auf die Rationskürzung mit Unverständnis und Verärgerung, schien doch die militärische Lage nach den weiteren Siegen auf dem Balkan geradezu glänzend zu sein. Für die Verantwortlichen aber bestätigte sich damit die Prognose, daß nur durch den Zugriff auf das Nahrungsreservoir der UdSSR eine bereits für den Herbst 1941 zu erwartende schwere Versorgungskrise im Reich abgewendet werden konnte. Da das Thema Ernährung und die kriegsbedingten Engpässe in nahezu allen Stimmungsberichten im Vordergrund standen, war damit auch eine Vertrauenskrise in der Bevölkerung vorgezeichnet[14].

Es ist nun bemerkenswert, in welcher Weise diese vermeintlichen Sachzwänge ideologisiert und für die a priori festliegende Vernichtungspolitik instrumentalisiert wurden. Der »Führer« hatte im März/April 1941 der militärischen Führungsspitze deutlich gemacht, daß im »Kampf der Weltanschauungen« gegen die UdSSR der geplante Krieg einen völlig neuen Charakter erhalten würde. Er hatte Himmler seine Mordbefehle zur Ausrottung der sowjetischen Führungselite sowie der jüdischen Sowjetbürger erteilt und seinen Chefideologen Alfred Rosenberg mit der »Neuordnung« und Verwaltung des künftigen »Lebensraumes im Osten« beauftragt. Sein Ernährungsfachmann Herbert Backe sorgte im Anschluß an die Besprechung der Staatssekretäre für die Umsetzung dieser Politik in seinem Bereich und lieferte entscheidende Argumente für Hitlers Vernichtungspläne.

Die für die Agrarpolitik in den zu erobernden sowjetischen Gebieten entworfenen Richtlinien stellten in ihrer ideologischen Prägung und menschenverachtenden Brutalität alles bisherige in den Schatten. Sie basierten auf der Einstellung: Im europäischen Rußland, der künftigen deutschen Ostkolonie, lebten mindestens 80 Millionen »überflüssige Esser«. Vor allem die Großstadtbevölkerung und die Industriearbeiterschaft stellten eine Belastung für die deutsche »Neuordnung« dar. Sie müßten — auf welche Weise auch immer — verschwinden.

In Rußland drohte, davon gingen die Verantwortlichen in Berlin von Anfang an aus, die größte Hungerkatastrophe seit dem Dreißigjährigen Krieg (Göring). Das war keine ungewollte Begleiterscheinung des Krieges, sondern wurde nüchtern einkalkuliert als Möglichkeit, um mit der rassischen »Flurbereinigung« beginnen und Platz schaffen zu können für die künftigen »germanischen Wehrbauern«. Himmler ließ mit dem »Generalplan Ost« bereits ein 30-Jahres-Programm zur Besiedlung und Reagrarisierung Rußlands ausarbeiten. Seine Einsatzgruppen machten sich an ihr blutiges Werk.

Alle Stimmen, die seit Ende 1941 für eine Änderung des radikalen Kurses plädierten, scheiterten letztlich am Einspruch der Landwirtschaftsführung. Hitler entschied sich immer wieder gegen den »Ideologen« Rosenberg und für den Vorrang der »ordinären Tagesfragen«, das hieß: Die Ernährungsbedürfnisse von Wehrmacht und Heimat mußten zu Lasten der besetzten Gebiete gedeckt werden, koste es, was es wolle[15]. Das hielt er schon mit Rücksicht auf die Stimmung an der »Heimatfront« für unverzichtbar. Nach Klagen der Gauleiter über die Ernährung der deutschen Bevölkerung forderte Göring die Reichskommissare und Militärbefehlshaber der besetzten Gebiete am 6. August 1942 erneut zu einer rigorosen Erfassung aller Lebensmittel auf[16].

Sie seien nicht geschickt worden, »um für das Wohl und Wehe der Ihnen anvertrauten Völker zu arbeiten, sondern um das Äußerste herauszuholen, damit das deutsche Volk leben kann [...] Es ist mir dabei gleichgültig, ob Sie sagen, daß Ihre Leute wegen Hungers umfallen. Mögen sie das tun, solange nur ein Deutscher nicht wegen Hungers umfällt [...] Mich interessieren in den besetzten Gebieten überhaupt nur die Menschen, die für die Rüstung und die Ernährung arbeiten. Sie müssen soviel kriegen, daß sie gerade noch ihre Arbeit tun können.«

Gauleiter Koch, der Reichskommissar für die Ukraine, wies die ihm unterstellten Landwirtschaftsbehörden anschließend darauf hin, daß die Erhöhung der Brotration im Reich »eine politische Notwendigkeit« sei, »um den Krieg siegreich fortzuführen«[17]. Die vom »Führer« geforderten drei Millionen Tonnen Getreide müßten um jeden Preis von der Ukraine aufgebracht werden.

Wachsender Widerstand in der Landbevölkerung, ein aussichtsloser Kampf gegen die Partisanenbewegung um Landstriche und Ernten verhinderten aber die volle Ausnutzung der russischen Landwirtschaft. Schon wegen der besseren Transportbedingungen übertrafen daher die Einfuhren aus dem besetzten Frankreich bald die Lieferungen aus der vermeintlichen Kornkammer Ukraine. Für die Versorgung des Ostheeres, also der Masse der Wehrmachtsoldaten mit durchschnittlich mehr als drei Millionen Mann, war die Agrarproduktion im Lande hingegen von lebenswichtiger Bedeutung.

In der großen Rückzugsbewegung seit Stalingrad wurde zumindest im Osten das Prinzip der »Verbrannten Erde«, d.h. der Abtransport aller Vorräte, die Vernichtung der nicht abzuerntenden Anbauten, von Produktionsanlagen, Kühlhäusern usw., hemmungslos praktiziert. Das Ergebnis: rund 250 000 Eisenbahnwaggons mit sogenanntem Räumungsgut, zur Hälfte mit Agrargütern, konnten zur Versorgung der deutschen Bevölkerung und Kriegswirtschaft ins Reich geschafft werden.

Man kann also festhalten: Die Nationalsozialisten haben den Zweiten Weltkrieg als Ernährungskrieg geführt, und zwar nicht nur als Notwehr gegenüber der alliierten Blockade, sondern auch als Instrument zur Durchsetzung eines machthungrigen Größenwahns und rassenideologischer »Neuordnungs«-Pläne. Es ist ihnen aber nicht gelungen, die landwirtschaftliche Produktion in ihrem Machtbereich so leistungsfähig zu organisieren, daß über die »Herrenrasse« hinaus zumindest auch die befreundeten und neutralen Staaten sowie der größere Teil der europäischen Bevölkerung, auf deren Mitarbeit man angewiesen war, ausreichend ernährt werden konnten. Hunger breitete sich in Europa aus, schon bald nach Kriegsbeginn — Hunger, den die Nationalsozialisten unter allen Umständen von der Reichsgrenze fernhalten wollten.

## II.

Wenden wir uns nun abschließend der Frage zu, wie das »Dritte Reich« den Nahrungsmangel verteilt hat. Der erste Kriegsernährungsplan vom Frühjahr 1939 basierte auf dem Prinzip größter Sparsamkeit[18]. Die Rationen sollten von Anfang an knapp gehalten werden, um nicht im Verlauf des Krieges ständig unpopuläre Kürzungen vornehmen zu müssen. Entlastung durch ausländische Zufuhren wurden nur vorsichtig einkalkuliert. Für die deutsche Bevölkerung sollte die Nahrungsmittelverteilung straff organisiert werden, um so die Mißstände des Ersten Weltkrieges zu vermeiden.

Die Experten konstruierten eine Ernährungshierarchie, die sich am Leistungsprinzip orientierte, zugleich aber auch starke soziale Komponenten hatte. An der Spitze stand die Wehrmacht, gefolgt von den Schwerstarbeitern bis hinab zum Normalverbraucher und den Selbstversorgern. Zulagen für werdende Mütter, Kinder usw. sorgten für einen sozialen Ausgleich, der nicht nur für die Stabilität der »Volksgemeinschaft«, sondern auch für die Sicherung der rassischen Grundlagen sorgen sollte. Ausgangspunkt war ein wissenschaftlich berechnetes Existenzminimum, an dem freilich während des Krieges immer wieder Abstriche gemacht wurden.

Diese schematische Planung ließ sich nicht lange aufrechterhalten. Denn zum einen waren die Bedarfsgrößen ständigen Schwankungen unterworfen. Die personelle Aufblähung der Wehrmacht, die Umstellung der Industrie auf Rüstungsproduktion führte zu einem raschen Anwachsen der Zahl der Empfänger von Höchstrationen. Weitere Belastungen ergaben sich aus der Hereinnahme von mehr als 7 Millionen Fremdarbeitern und Kriegsgefangenen, die, wenn auch nur notdürftig, mitversorgt werden mußten. Sie bildeten eine zweite Ernährungspyramide unterhalb der »Volksgemeinschaft«, im Gegensatz zu dieser aber nicht nach sozialen, politischen und ökonomischen Kriterien strukturiert, sondern primär nach rassenideologischen.

Zum anderen zögerte die NS-Führung in der ersten Phase des Krieges notwendige Einschränkungen immer wieder hinaus. Jeder Sieg förderte das Verlangen, die Rationierung zu lockern und der eigenen Bevölkerung die Früchte des Sieges darzubieten. Einschränkungen und Hunger wurden in der Ernährungshierarchie einfach nach unten verlagert, d.h. jenen auferlegt, die man ausgesondert hatte, die wachsende Zahl von Gefängnis- und KZ-Insassen, Juden, Geisteskranken, den ausländischen Zwangsarbeitern[19] und Kriegsgefangenen, schließlich auch den Menschen in den abhängigen und eroberten Gebieten aufgebürdet.

Polen machte den Anfang, und sogleich zeigten sich hier die Grenzen einer solchen Politik: ein Absinken der Produktivität bei der hungernden Industriearbeiterschaft, auch bei den Bauern, die sich den hohen Ablieferungspflichten zu entziehen suchten, ein wachsender Schwarzmarkt, auf dem sich schließlich auch die Besatzungsmacht bediente und so die sozialen Spannungen und den Widerstand noch verschärfte. Bei der Übertragung ihrer Ernährungshierarchie auf den europäischen »Großwirtschaftsraum« ließen sich die Deutschen vorrangig von politischen und rassenideologischen Prämissen leiten, seltener von der Frage der Effizienz, ganz abgesehen von humanitären und völkerrechtlichen Rücksichten. Bei einer Gesamtanalyse zeigt sich, daß die deutsche Bevölkerung im europäischen Vergleich während des Zweiten Weltkrieges am besten versorgt gewesen ist, wobei regionale Unterschiede — etwa die relativ gute Versorgungslage im Protektorat und in Dänemark, Unterschiede auch innerhalb des Reiches selbst — nicht übersehen werden dürfen[20]. Ein drastischer Abfall war hier ebenso wie in Deutschland erst gegen Kriegsende zu verzeichnen.

Im sozialdarwinistischen Verständnis der Nationalsozialisten war ein solcher hemmungsloser Ernährungsegoismus allemal gerechtfertigt. Er fand — von der Propaganda entsprechend geschürt — verständlicherweise auch Zuspruch, wie die Stimmungsberichte des Sicherheitsdienstes belegen. Es ging aber vom ersten bis zum letzten Tag des Krieges um mehr als den bloßen Egoismus der »Volksgemeinschaft«. Die Opfer dieser Politik, von den geistig behinderten Deutschen der Euthanasie-Aktion, über die polnischen Juden im Warschauer Ghetto bis zu den sowjetischen Kriegsgefangenen, die noch im Frühjahr 1945 in Bergen-Belsen verhungerten, waren aus der Sicht der Nationalsozialisten nicht bloß »unnütze Esser«, sondern »Untermenschen«, »Minderwertige«, die mit der Waffe des Hungers ermordet wurden.

So haben die Verantwortlichen des »Dritten Reiches« mit ihrer extremen Ideologisierung und Enthumanisierung des Ernährungsproblems am Ende eine Politik der Vernichtung durch Hunger, der Beseitigung politischer Gegner und rassisch Diskriminierter in Ghettos und Konzentrationslagern herbeigeführt: eine Spirale der Gewalt, die zwangsläufig in der Katastrophe endete.

# Anmerkungen:

1 Abgedr. in »Unternehmen Barbarossa«. Der deutsche Überfall auf die Sowjetunion 1941, hrsg. von G. R. Ueberschär und W. Wette, Paderborn 1984, S. 377.

2 Neuere Arbeiten dazu bei H.-E. Volkmann, Landwirtschaft und Ernährung in Hitlers Europa 1939—45, in: Militärgeschichtliche Mitteilungen (MGM), 35 (1984), S. 9—74, und U. Kluge, Kriegs- und Mangelernährung im Nationalsozialismus, in: Beiträge zur historischen Sozialkunde, 15 (1985), S. 67—73.

3 Siehe A. Skalweit, Die deutsche Kriegsernährungswirtschaft, Stuttgart 1927, und W. Hahn, Der Ernährungskrieg, Hamburg 1939.

4 Dazu M. Kutz, Kriegserfahrung und Kriegsvorbereitung. Die agrarwirtschaftliche Vorbereitung des Zweiten Weltkrieges in Deutschland vor dem Hintergrund der Weltkrieg I-Erfahrung, in: Zeitschrift für Agrargeschichte und Agrarsoziologie, 32 (1984), S. 59—82, 135—164.

5 Siehe L. Herbst, Der Totale Krieg und die Ordnung der Wirtschaft, Stuttgart 1982, S. 70 ff.

6 Das Deutsche Reich und der Zweite Weltkrieg, Bd 1, Stuttgart 1979, S. 213 ff., S. 298 ff., S. 349 ff. (Volkmann).

7 Überblick dazu bei J. Lehmann, Die deutsche Landwirtschaft im Kriege, in: D. Eichholtz, Geschichte der deutschen Kriegswirtschaft 1939—1945, Bd II, Berlin (Ost) 1985, S. 570—642.

8 Dazu A. S. Milward, Der Zweite Weltkrieg, München 1977, S. 251 ff.

9 Zum Vergleich s. L. Burchardt, Die Auswirkungen der Kriegswirtschaft auf die deutsche Zivilbevölkerung im Ersten und Zweiten Weltkrieg, in: MGM, 15 (1974), S. 65—97.

10 Rede Hitlers in Coburg am 14.10.1922, zit. nach E. Deuerlein, Der Hitler-Putsch, Stuttgart 1962, S. 709.

11 Dazu ausführlich E. Teichert, Autarkie und Großraumwirtschaft in Deutschland 1930—1939, München 1984.

12 Siehe Das Deutsche Reich und der Zweite Weltkrieg, Bd 5/1, Stuttgart 1988, S. 210 ff. (Umbreit).

13 Dazu weiter Das Deutsche Reich und der Zweite Weltkrieg, Bd 4, Stuttgart 1983, S. 113 ff. (Müller).

14 Das Deutsche Reich und der Zweite Weltkrieg, Bd 5/1 (wie Anm. 12), S. 588 (Müller).

15 Siehe z.B. Hitlers Lagebesprechungen, hrsg. von H. Heiber, Bd II, Stuttgart 1962, S. 252 ff. (8.6.1943).

16 Stenographischer Bericht über die Besprechung am 6.8.1942, Dok. 170-USSR, abgedr. in: Der Prozeß gegen die Hauptkriegsverbrecher vor dem Internationalen Militärgerichtshof, Bd 39, Nürnberg 1948, S. 384 ff.

17 Vermerk über die Tagung in Rowno vom 26.—28.8.1942, Dok. 264-PS, ebd., Bd 25, S. 317 f.

18 Ernährungswirtschaftliche Forschungsstelle, Kriegsernährungsplan, 1.4.1939, Bundesarchiv Koblenz R 14/261. Siehe weiter Das Deutsche Reich und der Zweite Weltkrieg, Bd 5/1 (wie Anm. 12), S. 399 ff. (Müller).

19 Siehe z.B. Hungern für Hitler. Erinnerungen polnischer Zwangsarbeiter im Deutschen Reich 1940—1945, hrsg. von Christoph U. Schminck-Gustavus, Reinbek 1984.

20 Milward (wie Anm. 8), S. 304.

Wolfgang Michalka

# »Vom Motor zum Getriebe«

## Das Auswärtige Amt und die Degradierung einer traditionsreichen Behörde 1933 bis 1945

Das 1870 aus dem preußischen Ministerium der auswärtigen Angelegenheiten hervorgegangene Auswärtige Amt überstand im Gegensatz zu allen anderen Reichsministerien die politischen Zäsuren 1918/19, 1933 und 1945 nahezu uneingeschränkt, was sich nicht zuletzt in der Beibehaltung des Namens »Auswärtiges Amt« zeigt. Trotz verschiedener Reformen[1] konnten sich die sowohl personelle als auch strukturelle Kontinuität sowie die relativ deutliche Konstanz von außenpolitischen Methoden und Konzepten innerhalb der Wilhelmstraße behaupten, so daß dieses stark ausgeprägte Beharrungsvermögen das Auswärtige Amt — so war die bislang verbreitete Meinung — nicht nur die Machtergreifung Hitlers, sondern generell die nationalsozialistische Herrschaft nahezu unangetastet überstehen ließ.

Im folgenden ist zu überprüfen, ob sich auch für den Auswärtigen Dienst die These von Hans Mommsen bestätigen läßt, der zufolge die Angehörigen der traditionellen Eliten gerade mit dem Versuch, sich den »aufsteigenden faschistischen Führungsgruppen« anzupassen, um sich ihnen gegenüber zu behaupten, auf die Dauer den korrumpierenden Wirkungen des Regimes erlagen[2].

Als Hitler am 30. Januar 1933 zum Kanzler eines Kabinetts der »nationalen Konzentration« ernannt wurde, befand sich die deutsche Außenpolitik in einer Phase forcierter Revisionspolitik[3]. Die Auswirkungen der Weltwirtschaftskrise im Donau-Balkan-Raum hatten dem Deutschen Reich ein neues wirtschaftliches und damit auch politisches Betätigungsfeld eröffnet. Hatten bis dahin die Probleme im Westen absoluten Vorrang, so traten von nun an Ost- und Südosteuropa in das Blickfeld deutscher Außenbeziehungen. Nach der Räumung des Rheinlandes von alliierten Besatzungstruppen erschienen nun Revisionen im Osten als realisierbar. Traditionelle deutsche Mitteleuropapläne tauchten wieder auf, nur sollten sie jetzt vornehmlich unter wirtschaftlichen bzw. handelspolitischen Vorzeichen in die Tat umgesetzt werden. Ziel der deutschen Politik war die Wiedergewinnung der Großmachtstellung des Deutschen Reiches. Protagonist dieser Vorstellungen war vor allem die deutsche Wirtschaft, insbesondere die verarbeitende und exportorientierte Industrie, die die wirtschaftliche Bedeutung der südosteuropäischen Staaten sehr früh erkannte und angesichts der Weltwirtschaftskrise dort wichtige deutsche Exportmöglichkeiten erblickte. Ein von Deutschland kontrollierter und beherrschter Großwirtschaftsraum mit dem Ziel der Autarkie schien von nun an das geeignete Krisenrezept zu sein.

Parallel zu diesen entwickelten und zum Teil initiierten handelspolitischen Strategien versuchten die politischen, wirtschaftlichen und militärischen Entscheidungsträger im Sog der Weltwirtschaftskrise durch eine kalkulierte und forcierte Revisionspolitik die Reparationsfrage zugunsten Deutschlands zu lösen. Mit dem ultimativen Rückzug von der Genfer Abrüstungskonferenz Ende 1932 praktizierte Berlin darüber hinaus eine Politik, die dann im Oktober 1933 zum endgültigen Austritt des Deutschen Reiches aus dem Völkerbund und zum Verlassen der Abrüstungsgespräche führte. Denn seit 1930 herrschte sowohl in der Wilhelm- als auch in der Bendlerstraße Konsens darüber, daß der Völkerbund für die deutsche Revisionspolitik eher hinderlich als förderlich war.

Die Änderung der außenpolitischen Ziele hatte auch einen Wandel in den Methoden und im diplomatischen Stil zur Folge. Waren Gustav Stresemann und die meisten seiner Mitarbeiter davon überzeugt, daß die Rückkehr des im Ersten Weltkrieg besiegten Deutschen Reiches in das Konzert der Großmächte nur auf dem Wege berechenbarer und vertrauensvoller Kooperation mit den europäischen Mächten möglich erschien, um schiedlich-friedlich Revisionsforderungen durchsetzen zu können[4], so verwarfen seit spätestens 1930 die deutschen Entscheidungsträger diese auf Verständigung und Abbau von Konflikten ausgerichtete kollektive Politik. Die Weltwirtschaftskrise und der Bruch der Großen Koalition im März 1930, der den Beginn der Präsidialkabinette darstellte, beendete die mit dem Namen Stresemann verbundene »Locarno-Ära«[5].

Angesichts dieser neuen Gangart stellte der 30. Januar 1933, der Tag der »nationalsozialistischen Machtergreifung«, zunächst keinen Bruch in der deutschen Außenpolitik dar. Der »Führer« der nationalsozialistischen Massenbewegung wurde als neu ernannter Kanzler von der Mehrheit der konservativen Minister im Kabinett »eingerahmt« und vermeintlich »gezähmt«. Diese Bändigungspolitik gegenüber Adolf Hitler schien sich vor allem auf dem außenpolitischen Sektor zu bestätigen. Konstantin Frhr. v. Neurath, der Außenminister in den Kabinetten Papen und Schleicher, blieb im Amt, und das Auswärtige Amt konnte seinen Personalbestand bis ins Jahr 1938 beinahe ohne Einbuße[6] bewahren. Die generelle Parole in der Wilhelmstraße lautete 1933, man müsse im Amt bleiben, um Schlimmeres zu verhüten, was bedeutete: die Nationalsozialisten einerseits von gefährlichen Experimenten abzuhalten und andererseits sich der Massenbewegung Hitlers zur Realisierung langangestrebter Revisionsziele zu bedienen[7]. In diesem Sinne wies Staatssekretär v. Bülow, der nur an eine kurze Kanzlerschaft Hitlers glaubte[8], die Missionschefs an, beruhigend auf das Ausland einzuwirken und eventuellen Befürchtungen durch den Hinweis auf Neurath als Garanten der außenpolitischen Kontinuität und Vertrauensmann des Reichspräsidenten v. Hindenburg entgegenzuwirken. Die Folge jener Sprachregelung war, daß auch die deutschen Botschafter — mit einer einzigen Ausnahme[9] — auf ihren Posten blieben, die »nationalsozialistische Machtergreifung« optimistisch interpretierten und sogar eine Aufwertung des Auswärtigen Amtes im außenpolitischen Entscheidungsprozeß erwarteten. Obwohl die Angehörigen der Wilhelmstraße die nationalsozialistische Terrorpolitik im Zuge der innenpolitischen Gleichschaltung nicht billigten, versprachen sie sich dennoch einen in der Weimarer Zeit lange vermißten Vorteil: den »Führungsanspruch des Auswärtigen Amtes« (Bülow) und damit die Wiedererlangung der alleinigen Kompetenz auf außenpolitischem Terrain.

Derartige Hoffnungen sollten sich jedoch als Trugschluß erweisen, denn es wurde bald offensichtlich, daß sich Hitler aus der konservativen Umarmung schnell befreien konnte, die wesentlichen politischen Entscheidungen selbst fällte und das Auswärtige Amt als ungeeignet für die Realisierung seiner »programmatischen« Lebensraumpolitik betrachtete. Diese sollte ein neuzuschaffendes Instrumentarium, das die Wilhelmstraße regelrecht abwertete und sogar außer Kraft setzte, vorbereiten und letztlich verwirklichen. Konkurrierende und mit dem Auswärtigen Amt rivalisierende Institutionen mit selten präzise festgelegten diplomatischen Aufgaben, Sonderemissäre, die zumeist ohne Absprache mit auswärtigen Missionen Spezialaufträge versahen, und schließlich der direkte Zugriff nationalsozialistischer Paladine und vor allem der des »Führers« auf den politischen Entscheidungsprozeß wurden typisch für Stil und Struktur nationalsozialistischer Außenpolitik. Die Folge davon war ein zunehmender Kompetenzentzug und der damit verbundene Funktionsverlust des Auswärtigen Amtes, das als traditionelles Organ für die Außenbeziehungen des Deutschen Reiches regelrecht zu einem bürokratischen Verwaltungsapparat degradiert wurde.

> »In dem Maße, in dem die herkömmliche Ministerialbürokratie ihren Einfluß verlor, verwandelte sich das Regime in ein zunehmend unübersichtliches Bündel von selbständig vorgehenden Machthabern und deren Klientel, die eifersüchtig ihre Eigenständigkeit wahrten und ein Ämterchaos ohnegleichen ins Leben riefen[10].«

Die traditionellen Führungsgruppen begrüßten zwar die außenpolitischen Erfolge Hitlers, der es meisterlich verstand, die Versailler Vertragsbedingungen außer Kraft zu setzen, indem er zumeist durch Friedensbeteuerungen und diplomatisch abgeschirmte Überraschungscoups die allgemeine Wehrpflicht einführte, das entmilitarisierte Rheinland besetzte, den Anschluß Österreichs und des Sudetenlands erreichte. Aber die Beamten des Auswärtigen Amtes konnten dabei den sich beschleunigenden Bedeutungsverlust ihrer Behörde und generell ihres Einflusses nicht übersehen. Und spätestens seit Herbst 1937 war Hitlers Bereitschaft, einen zwar lokalisierten, aber mit dem Risiko eines europäischen Konflikts behafteten Krieg zu führen, evident. »Die Phase grandioser Selbstverharmlosung« wechselte »zu jener der verdeckten Aggression, die dann nach der Einnahme Prags in den offenen Krieg mit dem Angriff auf Polen am 1. September 1939 einmündete«[11].

Besonders Ernst v. Weizsäcker war bemüht, den Einfluß des AA zurückzugewinnen und es an die Staatsmaschine wieder anzukoppeln[12]. Als neuer Staatssekretär glaubte er, den neuen Außenminister Ribbentrop[13], der Anfang 1938 Neurath ablöste, beeinflussen und lenken zu können, um letztlich eine kriegerische Politik, die das Ende des Deutschen Reiches unvermeidlich zur Folge haben würde, zu verhindern.

Obwohl Ribbentrop als der schärfste Rivale Neuraths galt, wurde seine Ernennung zum Reichsaußenminister 1938 von vielen Beamten in der Wilhelmstraße begrüßt. Man erhoffte sich durch ihn eine Aufwertung des Auswärtigen Amtes und eine erneute bestimmende Beteiligung am außenpolitischen Entscheidungsprozeß. Und in der Tat schien der bisherige Gegner des AA regelrecht zum Protektor dieser Behörde zu werden.

Konnte das Auswärtige Amt unter der Leitung von Neurath kaum eine personelle Verstärkung erfahren, so stieg der Personalbestand unter Ribbentrop sprunghaft um 143 Prozent an. Diese Personalvermehrung hing vor allem mit dem Auf- und Ausbau einer Reihe weiterer Abteilungen zusammen, deren Aufgaben sich aus einer neuen Konzeption der Arbeit des Auswärtigen Amtes entwickelten, die jenseits des Bereichs der traditionellen Diplomatie den Erfordernissen des NS-Politik Rechnung tragen sollten.

Die Umbesetzung des Ministerpostens im Februar 1938 hatte zunächst keine spektakulären personellen Veränderungen zur Folge. Zum Staatssekretär wählte sich der neue Leiter Ernst v. Weizsäcker, der als erfahrener Berufsdiplomat nicht nur im Auswärtigen Amt geschätzt wurde. Ribbentrop war offensichtlich bestrebt, die fachliche Kompetenz dieser Behörde zu bewahren und das AA wieder mehr an den außenpolitischen Entscheidungsprozeß anzukoppeln — ein Bemühen, das von den Diplomaten begrüßt und als Bestätigung ihrer kooperationsbereiten Haltung dem neuen Ressortchef gegenüber aufgefaßt wurde. Gleichwohl konnten nach einigen Monaten verstärkt Nationalsozialisten wichtige Schlüsselpositionen einnehmen. Insbesondere Angehörige der »Dienststelle Ribbentrop«, die er zu Beginn seiner steilen politischen Karriere »von geradzu abenteuerlicher Unzuständigkeit«[14] gegründet hatte und die er auch als Reichsaußenminister weiterhin bestehen ließ, wechselten hinüber in die Wilhelmstraße 76. Darüber hinaus verstärkte sich die Einflußnahme der SS im Auswärtigen Amt, die sich auf die Personalpolitik, Kultur- und Volkstumspolitik, Auslandspropaganda und Informationspolitik sowie vor allem dann seit 1940 auf die Judenpolitik konzentrierte. Besonders während des Krieges konnte sich die SS als eigentliche neue Elite etablieren. »Sie errang die Ausgangspositionen für eine Rückdrängung des Einflusses auch der traditionellen Eliten[15].«

Ribbentrop selbst unterhielt seit 1932 gute Beziehungen zu Heinrich Himmler — er war einer der wenigen Duzfreunde des Reichsführers SS —, der wiederum den politischen Aufstieg Ribbentrops mit entsprechend hohen SS-Diensträngen belohnte. Sie demonstrieren unmißverständlich den zunehmenden Einfluß der SS sowohl auf die Personalstruktur als auch auf die Politik der Wilhelmstraße seit 1938, als Ribbentrop in Zusammenarbeit mit Himmler bemüht war, ein diplomatisches Korps neuen Typs zu schaffen. Der Nachfolger des konservativen Neurath reagierte damit auf die besonders von Hitler geübte Kritik am Auswärtigen Amt als reaktionäres, schwerfälliges und für eine »revolutionäre« Außenpolitik nicht geeignetes Instrument. Eine radikale Reform des diplomatischen Dienstes war allerdings — so lautet eine gerade in letzter Zeit aufgrund neuer Quellenfunde aufgestellte These[16] — gar nicht notwendig, weil sie sich sowohl wegen des Opportunismus als auch der Anpassungsbereitschaft der alten Eliten an die neuen Machthaber und deren Politik erübrigte.

Beim »Anschluß« Österreichs an das Deutsche Reich im Frühjahr 1938 trat der neue Reichsaußenminister noch nicht in Erscheinung — er weilte zu jenem Zeitpunkt in London, um seinen Botschafterposten zu räumen. Dafür konnte Hermann Göring die Initiative an sich reißen und Hitler im Sinne einer forcierten Annexionspolitik beeinflussen. Bei der sich unmittelbar anschließenden Sudetenkrise war es allerdings Ribbentrop, der in diesem europäischen Konflikt eindeutig zu den »Falken« zählte und eine aggressive Politik befürwortete. Die »Tauben« um Göring und die Gruppe im Auswärtigen Amt um Weizsäcker[17] konnten sich jedoch durchsetzen und Hitler für die friedliche Lösung des Abkommens von München gewinnen[18]. Die Sorge, daß eine allzu offensive deutsche Politik zum unrechten Moment das Risiko eines nicht zu isolierenden Krieges um die Tschechoslowakei herbeiführen könnte, solange die deutsche Rüstung unvollständig und die außenpolitische Absicherung nicht erfolgt war, formierte die Gegner derartiger kriegerischer Politik zu einer »momentane[n] Aktionsgemeinschaft«. Bleibt allerdings anzumerken, daß diese Gruppe, die nun zu jenem Zeitpunkt entschieden eine auf Krieg gerichtete bedenkenlose Machtpolitik verhindern wollte, eben deren Voraussetzungen zu einem erheblichen Teil mitgeschaffen hatte[19].

Der sich spätestens seit 1938 immer deutlicher abzeichnende deutsch-britische Antagonismus ließ für Ribbentrop neben Japan und Italien gerade die Sowjetunion als wichtigen Bundesgenossen deutscher Großmacht- bzw.

Weltmachtpolitik erscheinen. Zur Jahreswende 1938/39, als Warschau dem deutschen Vorhaben, die Danziger und Korridorfrage im nationalsozialistischen Sinne zu lösen sowie Polen in die Rolle eines Juniorpartners des Deutschen Reichs zu drängen, eine Absage erteilte, und als schließlich im März 1939 London und Paris die Integrität Polens garantierten, mußten die nationalsozialistischen Entscheidungsträger den Widerstand der Westmächte gegen die deutsche Großmachtpolitik verstärkt in ihr Kalkül einbeziehen. In dieser kritischen Situation erhielten die Anhänger einer Ost-Option im Auswärtigen Amt, aber auch in Kreisen der Wirtschaft erheblichen Auftrieb, so daß auch der vorrangig machtpolitisch-opportunistisch denkende Ribbentrop die Sowjetunion als möglichen Partner deutscher Expansionspolitik, die unzweifelhaft mit dem Widerstand Großbritanniens zu rechnen hatte, erkannte und sie von nun an als zentralen Faktor seiner Politik begriff.

Der in der Nacht vom 23. auf den 24. August 1939 in Moskau unterzeichnete deutsch-sowjetische Nichtangriffspakt zählte sicherlich zu den Glanzpunkten von Ribbentrops außenpolitischer Karriere; denn es war ihm gelungen, Hitler, der ursprünglich mit England gegen Rußland marschieren wollte, zumindest kurzfristig davon zu überzeugen, daß eine pragmatische Verkehrung der Fronten zu jenem Zeitpunkt das Gebot der Stunde war. Ribbentrop begriff das Bündnis zwischen Berlin und Moskau als Grundpfeiler seiner antibritischen Konzeption und als Basis deutscher Weltmachtpolitik.

Ganz in diesem Sinne war Ribbentrop bemüht, zu einem »Dauerausgleich« mit Deutschlands östlichen Nachbarn zu gelangen. Am Ende des Polenfeldzuges intensivierte er die politischen und wirtschaftlichen Beziehungen. Denn angesichts der britischen Weigerung, die deutsche Hegemonialstellung in Europa anzuerkennen und mit Hitler einen Ausgleich zu treffen, wie auch im Hinblick auf den drohenden Kriegseintritt der USA an der Seite Großbritanniens wurde die Konstruktion eines europäisch-asiatischen Viererpaktes für Ribbentrops antibritische Konzeption eine unerläßliche Notwendigkeit. Mit Hilfe eines mächtigen, ja regelrecht unbesiegbaren Kontinentalblocks, der sich von Gibraltar bis nach Yokohama erstrecken sollte, wollte Ribbentrop die traditionelle Seemacht Großbritannien in ihre Schranken weisen und das Deutsche Reich aus seiner kontinentaleuropäischen Enge herausführen. Nur so konnte nach seinen Vorstellungen Deutschland zu einer dem Britischen Empire und auch den Vereinigten Staaten von Amerika ebenbürtigen Weltmacht heranreifen.

Ribbentrops vorrangig machtpolitisch ausgerichtete außenpolitische Konzeption, die deutlich an die Traditionen wilhelminisch-imperialistischer Zielvorstellungen anknüpfte, diese jedoch an die nach dem Ersten Weltkrieg veränderte weltpolitische Lage anpaßte, um sie damit »realisierbar« werden zu lassen, stand jedoch im krassen Gegensatz zu Hitlers rassenideologisch determiniertem außenpolitischen »Programm«. Sein Einschwenken auf diese Alternativkonzeption zu seinem ursprünglichen Grundplan dagegen war nur situationsbedingt und zeitlich befristet. Monoman hielt der »Führer« an seiner rassenideologischen Politik fest, die die Vernichtung der »jüdisch-bolschewistischen« Sowjetunion zum Ziele hatte und spätestens nach der militärischen Niederwerfung Frankreichs im Sommer 1940 strategisch geplant und im Jahre 1941 realisiert werden sollte.

Ribbentrop versuchte zwar, bis Ende 1940 immer wieder Hitler von seiner prosowjetischen »Realpolitik« zu überzeugen — doch vergebens. Resigniert stellte er in seinen Erinnerungen fest: »Ich hatte schon damals das Gefühl, mit meiner Russenpolitik allein zu stehen[20].«

Obwohl sich Ribbentrop Hitler völlig unterordnete, glaubte er nach der Niederlage von Stalingrad im Jahre 1943, daß Deutschland sich um einen Sonderfrieden mit Rußland bemühen müsse, eine Initiative, die er bis zum Frühjahr 1945 verfolgte. Seine sporadischen Friedensinitiativen, sicherlich auch durchgeführt, um sich selbst politisch bemerkbar zu machen, können allenfalls als vergebliche Versuche gewertet werden, den Weltanschauungskrieg mittels kalkulierbarer Machtpolitik zu beenden.

Das Jahr 1943 bedeutete für Ribbentrop den Wendepunkt seiner politischen Karriere, die eigene politische Bedeutung sank in dem Maße, wie er das Vertrauen Hitlers verlor. Ständig bemüht, in der Nähe des für seine Stellung unverzichtbaren »Führers« zu bleiben, widmete er sich fast mehr den zunehmenden Rivalitätskämpfen mit Goebbels, Rosenberg, Bormann, aber auch mit Himmler, dessen Unterstützung er lange Zeit genossen hatte, als den Geschäften des Auswärtigen Amtes, das in der Kriegszeit immer weniger am politischen Entscheidungsprozeß teilnahm. Anzumerken ist an dieser Stelle, daß es allerdings verstärkt mit der sog. »Endlösung der Judenfrage« konfrontiert und befaßt wurde. Hierfür zuständig war die im Jahre 1940 geschaffene »Abteilung Deutschland«, deren Leiter im Rang eines Staatssekretärs Martin Luther wurde, der Mitglied der »Dienststelle Ribbentrop« war und ursprünglich das Vertrauen seines Außenministers genoß. Das »Judenreferat« dieser Abteilung hatte u.a. die Aufgabe, Pläne für die anfangs erwogene Aussiedlung und Deportation deutscher und europäischer Juden zu entwickeln und diplomatisch vorzubereiten bzw. abzuschirmen. Der nach dem Sieg über Frankreich im Jahre 1940 entworfene, allerdings nie verwirklichte »Madagaskar-Plan«, dem zufolge die europäischen Juden auf diese französische Insel evakuiert und quasi »unter Quarantäne« gestellt werden sollten, ist in diesem Zusammenhang zu erwähnen. Nach dem Angriff auf die Sowjetunion im Juni 1941, dem Beginn des »ideologischen Vernichtungskrieges«, wurden auch in der Wilhelmstraße Überlegungen über die »Abschiebung« der Juden nach Osten angestellt. Kein Wunder auch, daß Luther als Vertreter des Auswärtigen Dienstes an der von Heydrich einberufenen »Wannsee-Konferenz« Ende Februar 1942 teilnahm und von den Vernichtungsplänen erfuhr. Ebenso waren dem Auswärtigen Amt und damit auch Ribbentrop die sich daran anschließende Ermordung der Juden durch die Einsatzgruppen der Sicherheitspolizei und des SD bekannt. Überzeugend konnte nachgewiesen werden, daß die Zusammenarbeit des AA mit dem Reichssicherheitshauptamt der SS bei der »Endlösung der Judenfrage« von Anfang an ohne Friktionen verlief und daß »sich die Exponenten der Radikalität nicht allein aus der SS rekrutierten«[21].

Innerhalb seines eigenen Ministeriums war Ribbentrop längst nicht mehr unangefochten. Martin Luther, der selbst Minister werden wollte, spann ein Intrigennetz um seinen Vorgesetzten und ursprünglichen Förderer. Ribbentrop konnte allerdings diesen Nebenbuhler rechtzeitig ausschalten — vielleicht sein letzter politischer Triumph. Längst hatte er die politische Entscheidungsebene verlassen; denn Hitler war für ihn kaum mehr ansprechbar.

Ribbentrop sah sich als Außenminister genau den Problemen ausgesetzt, an denen sein Vorgänger letztlich gescheitert war. Er mußte nun sein Amt vor den Rivalitäten anderer Dienststellen und Interessengruppen abschirmen. Besonders mit Goebbels' Reichspropagandaministerium[22], mit Himmlers SS-Imperium und mit Rosenbergs Ostministerium gab es heftige Kompetenzstreitigkeiten, die während des Krieges beinahe die Hauptaufgabe des Auswärtigen Amtes wurden.

Eine mit Ribbentrop vergleichbare Entwicklung ist auch bei seinen Mitarbeitern im Auswärtigen Amt zu beobachten. Der von den traditionellen Eliten nicht verhinderte Krieg, dessen Beginn mit großer Skepsis, ja mit Resignation aufgenommen wurde, schuf — so paradox das auch klingen mag — eine zusätzliche Identifikationsmöglichkeit mit dem nationalsozialistischen Regime. Zum einen galt es für die Angehörigen der Wilhelmstraße — und diese Haltung ist vergleichbar mit der anderer Führungsschichten wie Wehrmacht, Ministerialbürokratie, Wirtschaft u.a. —, dem Staat, der sich im Krieg befand, loyal zu dienen[23]. Zum anderen trugen die militärischen Siege über das von nahezu allen Weimarer Eliten als »Saisonstaat« abqualifizierte Polen und dann vor allem über den »Erzfeind« Frankreich zur zusätzlichen Identität wesentlich bei. Hitler wurde als Staatsmann und Feldherr anerkannt und sogar bewundert, konnte er doch langgehegte nationale Träume erfüllen. Dieser vorherrschende Konsens der alten Eliten unter den Bedingungen deutscher Erfolge begann jedoch signifikant seit 1942/43, als sich in der Niederlage von Stalingrad die Wende des Krieges abzeichnete, abzubröckeln. In der nun zunehmenden Vertrauenskrise trat aber mangels praktikabel erscheinender Alternativen der Rückzug auf die von übergeordneten Werten losgelöste Pflichterfüllung im jeweiligen Aufgabenbereich in den Vordergrund. Angesichts der immer offenkundiger zutage tretenden nationalsozialistischen Gewaltherrschaft — wie sie sich zuerst in den Verbrechen im besetzten Polen, dann im rassenideologischen Vernichtungs- und Ausrottungskrieg auf dem Boden der Sowjetunion und schließlich in der »Endlösungs«-Politik enthüllte — kompensierten viele ihre moralische Empörung und persönliche Betroffenheit durch Resignation. »Nur ein Teil der traditionellen Eliten überwand diese Aporie und fand den Weg in den aktiven Widerstand[24].«

Der allmähliche Vertrauensschwund bei Hitler, die Intrigen aus den eigenen Reihen und die schwindenden Einflußmöglichkeiten des AA auf den politischen Entscheidungsprozeß während des Krieges ließen Ribbentrop und das Auswärtige Amt zur Bedeutungslosigkeit hinabsinken[25]. Der langwährende Verfall dieser traditionsreichen Behörde deutscher Außenpolitik fand in der Zerstörung ihrer Zentrale in der Berliner Wilhelmstraße 76 sein nicht nur symbolisches Ende.

Kommen wir zu unserer Ausgangsfrage nach dem Verhältnis von alten und neuen Eliten in Hitlers Staat zurück, so ist festzuhalten, daß die Bereitschaft konservativer Führungskräfte, mit den Nationalsozialisten zusammenzuarbeiten, wesentlich dazu beigetragen hat, nicht nur Hitler an die Macht zu bringen und seine Herrschaft zu stabilisieren, sondern vor allem auch Deutschland möglichst schnell kriegsfähig zu machen. Weiterhin machten es die alten Führungskräfte den neuen Machthabern leicht, ein eigenes Machtinstrumentarium aufzubauen, traditionelle Institutionen an die Peripherie der politischen Entscheidung zu drängen und diese regelrecht zu subalternen Hilfsdiensten zu degradieren. Diese »schleichende Außerkraftsetzung« der »Instrumente rationaler Politikkontrolle« waren Anzeichen einer »führerstaatlichen Umstrukturierung des Regimes« mit dem Resultat, daß eher schwache und willfährige Personen wie Ribbentrop und Keitel, die Hitler mehr oder weniger nach dem Munde redeten, in militärisch-politische Spitzenstellungen gelangten[26]. Die daraus resultierende, unkontrollierte, durch die Aushöhlung oder Umgehung aller institutionellen, rechtlichen und moralischen Barrieren geschaffene Verfassungsanarchie setzte eine machtpolitische Dynamik frei, die letztlich nur in der Katastrophe des Krieges enden konnte.

## Anmerkungen

1 Vgl. hierzu allgemein: 100 Jahre Auswärtiges Amt 1870—1970, hrsg. vom Auswärtigen Amt, Bonn 1970, aber vor allem jetzt Klaus Schwabe (Hrsg.), Das Diplomatische Korps 1871—1945, Boppard/Rh. 1985.

[2] Hans Mommsen, Zur Verschränkung traditioneller und faschistischer Führungsgruppen in Deutschland beim Übergang von der Bewegungs- zur Systemphase, in: Wolfgang Schieder (Hrsg.), Faschismus als soziale Bewegung, Hamburg 1976, S. 157—181. Zum historischen Bezugsrahmen vgl. auch Klaus-Jürgen Müller, Nationalkonservative Eliten zwischen Kooperation und Widerstand, in: Jürgen Schmädeke/Peter Steinbach (Hrsg.), Der Widerstand gegen den Nationalsozialismus, München/Zürich 1985, S. 24—49. Zur konkreten Fragestellung jetzt besonders Hans-Jürgen Döscher, Das Auswärtige Amt im Dritten Reich. Diplomatie im Schatten der ›Endlösung‹, Berlin 1987.

[3] Vgl. Josef Becker/Klaus Hildebrand (Hrsg.), Internationale Beziehungen in der Weltwirtschaftskrise 1929—1933, München 1980; jetzt auch Jürgen Bellers, Außenwirtschaftspolitik und politisches System der Weimarer Republik, Münster 1988.

[4] Vgl. generell Wolfgang Michalka/Marshall Lee (Hrsg.), Gustav Stresemann, Darmstadt 1982.

[5] Vgl. hierzu die zahlreichen Arbeiten von Peter Krüger, der besonders auf den Wandel des diplomatischen Stils aufmerksam gemacht hat und darin eine wichtige Veränderung in der deutschen Außenpolitik von Stresemann zu Hitler erblickt. Für ihn bedeutet daher nicht 1933, sondern vielmehr schon 1930 die entscheidende außenpolitische Zäsur, die den »Verfall der Diplomatie« signalisierte. Vgl. Peter Krüger, Hitlers Machtergreifung und der Verfall der Diplomatie, in: Bohemia 25 (1984), S. 279—294,und vor allem ders., Die Außenpolitik der Republik von Weimar, Darmstadt 1985. Vgl. auch Marshall Lee/Wolfgang Michalka: German Foreign Policy 1917—1933. Continuity or Break?, Leamington 1987. Jetzt auch dazu Franz Knipping, Deutschland, Frankreich und das Ende der Locarno-Ära 1928—1931, München 1987.

[6] Vgl. generell Hans-Adolf Jacobsen, Nationalsozialistische Außenpolitik 1933—1938, Frankfurt/M. 1968.

[7] »Grundsätzlich ging es den meisten Angehörigen der alten Führungsgruppen nicht um die Schaffung eines spezifischen NS-Staates, sondern um die Indienstnahme der vermeintlich guten, d.h. vaterländischen oder nationalen Elemente für die eigenen Vorstellungen zur Transformation der politischen oder sozialen Ordnung«; Jost Dülffer, Die Machtergreifung und die Rolle der alten Eliten im Dritten Reich, in: Wolfgang Michalka (Hrsg.), Die nationalsozialistische Machtergreifung, Paderborn 1984, S. 184.

[8] Zu Bülows Haltung den Nationalsozialisten gegenüber zur Zeit deren Machtübernahme vgl. Peter Krüger/Erich J. C. Hahn, Der Loyalitätskonflikt des Staatssekretärs Bernhard Wilhelm von Bülow im Frühjahr 1933, in: Vierteljahrshefte für Zeitgeschichte, 20 (1972), S. 376—410.

[9] Der deutsche Botschafter in Washington, v. Prittwitz-Gaffron, quittierte im Jahre 1933 als einziger seinen Dienst, weil er es ablehnte, dem NS-Regime zu dienen. Vgl. dazu Jacobsen (wie Anm. 6), S. 25.

[10] Hans Mommsen, »Führer« der Nation, in: Rudolf Augstein (Hrsg.): 100 Jahre Hitler, Hamburg 1989, S. 22.

[11] Manfred Funke, Starker oder schwacher Diktator? Hitlers Herrschaft und die Deutschen. Ein Essay, Düsseldorf 1989, S. 11.

[12] In einem die deutsche Außenpolitik bilanzierenden und dabei auch die Rolle des Auswärtigen Amtes reflektierenden Brief vom 19. August 1936 gebrauchte Weizsäcker die treffende Formulierung: »... ist das Amt aus einem Motor bestenfalls ein Getriebe geworden«; Leonidas E. Hill (Hrsg.), Die Weizsäcker-Papiere 1933—1950, Frankfurt/M. u.a. 1974, S. 99.

13 Zu Ribbentrop vgl. Jacobsen (wie Anm. 6) und Wolfgang Michalka, Ribbentrop und die deutsche Weltpolitik 1933—1940. Außenpolitische Konzeptionen und Entscheidungsprozesse im Dritten Reich, München 1980.

14 So die Charakterisierung von Joachim C. Fest in: Das Gesicht des Dritten Reiches. Profile einer totalitären Herrschaft, München [8]1986, S. 244.

15 Dülffer (wie Anm. 7), S. 192.

16 Vgl. Döscher (wie Anm. 2), der zu einer grundlegenden Revision des bisherigen Bildes vom Auswärtigen Amt wesentlich beigetragen hat. Ein kaum für möglich gehaltener »Zufall« kam ihm dabei zu Hilfe. In den National Archives in Washington fand er Personalbögen von 330 Beamten des höheren auswärtigen Dienstes, die im Jahre 1944 als Ersatz für Kriegsschäden angelegt wurden. Dieser Quellenfund erweist sich schon deswegen von herausragender Bedeutung, weil er einen wichtigen »Ersatz« für die dem Historiker nicht zugänglichen Personalakten des Auswärtigen Amtes darstellt. Döschers Thesen erfuhren neben starker Zustimmung erwartungsgemäß auch heftige Kritik. Er sei zu quellengläubig, habe das politische Klima und das davon abhängige Verhalten der diplomatischen Eliten zu wenig oder zu undifferenziert interpretiert, kurz: ihm fehle die notwendige Einfühlungsgabe. Vgl. hierzu besonders Theodor Eschenburg, Diplomaten unter Hitler, in: Die Zeit, Nr. 24, 5.6.1987, und Carl-Friedrich von Weizsäcker, Der Vater und das Jahrhundert. Wider die ungenauen Schuldzuweisungen, ebd.

17 Vgl. Rainer A. Blasius, Für Großdeutschland — gegen den großen Krieg. Ernst von Weizsäcker in den Krisen um die Tschechoslowakei und Polen, Köln/Wien 1981, sowie Marion Thielenhaus, Zwischen Anpassung und Widerstand. Deutsche Diplomaten 1938—1941, Paderborn 1984.

18 »Es war geradezu ein klassischer Fall von Gegendiplomatie im Rahmen eines system-immanenten Machtkampfes um Einfluß auf Hitler zugunsten einer alternativen Außenpolitik«; Klaus-Jürgen Müller (wie Anm. 2), S. 28.

19 Vgl. hierzu die Überlegungen von Klaus-Jürgen Müller (wie Anm. 2), S. 36 f.

20 Joachim von Ribbentrop, Zwischen London und Moskau. Erinnerungen und letzte Aufzeichnungen. Aus dem Nachlaß hrsg. von Annelies v. Ribbentrop, Leoni am Starnberger See 1961, S. 237.

21 Vgl. Döscher (wie Anm. 2) und auch die Arbeiten von Christopher R. Browning, besonders: The Final Solution and the German Foreign Office. A Study of Referat D III of Abteilung Deutschland 1940—43, New York 1978.

22 Vgl. Peter Longerich, Propagandisten im Kriege. Die Presseabteilung des Auswärtigen Amtes unter Ribbentrop, München 1987.

23 Jost Dülffer verweist auf den Krieg »als — scheinbar — sinnstiftendes Ereignis« (wie Anm. 7), S. 190.

24 Ebd.

25 »Das Auswärtige Amt war seit dem Überfall auf die Sowjetunion nur noch ein Sekretariat Hitlers zur Erledigung von Routineangelegenheiten. Man kann auch von einer Attrappe sprechen«; Theodor Eschenburg (wie Anm 16).

26 Martin Broszat: Der »Faktor« Hitler, in: Rudolf Augstein (Hrsg.), 100 Jahre Hitler, Hamburg 1989, S. 20.

Dieter Rebentisch

# Die Staatssekretäre im Reichsministerium des Innern 1933—1945

## Anmerkungen zu Struktur und Wandel der Ministerialbürokratie*

Auf dem Höhepunkt der militärischen Eroberungen während des Zweiten Weltkrieges hat Hitler wiederholt und mit hämmernder Eintönigkeit seiner tiefsitzenden Verachtung für das deutsche Beamtentum und die hergebrachte Verwaltungsordnung Ausdruck verliehen. Zur Realisierung des politischen Ziels einer radikalen deutschen Volkstumspolitik in den besetzten Gebieten verlangte er eine »politische Verwaltungsführung« neuen Stils, die nicht allzuviel Rücksicht nehmen sollte auf die Juristen und die »stupide Bürokratie« der Berliner Zentralinstanzen. Was ihm an der »stupiden Bürokratie« besonders mißfiel, war ihr Festhalten an juristischen Vorschriften und ihre Neigung zu zentralistischen Regelungen. Immer wieder kritisierte er, daß die Berliner Ministerialbürokratie in den klassischen Ressorts die Aufgabe der Zentralgewalt »mit einem das Leben draußen völlig abtötenden Unitarismus« verwechsele. Insbesondere im Reichsinnenministerium herrsche die Tendenz vor, alles schematisch zu sehen[1].

Nicht anders reagierten Hitlers Paladine und die Angehörigen der nationalsozialistischen Führungsgruppen von den Gauleitern bis hinunter zu den »Hoheitsträgern« der NSDAP auf der lokalen Verwaltungsebene. Wann immer Gauleiter und Reichsstatthalter mit Hitler zusammentrafen, führten sie Klage über die zentralistischen Tendenzen in der Berliner Ministerialbürokratie und über mehr oder minder kritikwürdige Vorschriften oberster Reichsbehörden, die ihrem selbstherrlichen Regiment im provinziellen Machtbereich entgegenstanden.

Beim »Stellvertreter des Führers« im Braunen Haus in München, dem »Parteiministerium« des NS-Staates, war man davon überzeugt, daß die höhere Beamtenschaft in den Berliner Ministerien zentralistische Reglementierungen lediglich deshalb favorisierte, um die Durchsetzung des Führerwillens in die politische Praxis zu sabotieren. Walther Sommer, der Leiter der sogenannten staatsrechtlichen Abteilung im Braunen Haus, bereitete daher eine Verwal-

---

* Die folgenden Ausführungen lehnen sich teilweise eng an Formulierungen an, die verschiedenen Abschnitten meiner Habilitationsschrift: Führerstaat und Verwaltung im Zweiten Weltkrieg, Stuttgart 1989, entstammen.

tungsreform vor, die als »Kampfmittel gegen den Zentralismus« gedacht war und gewissermaßen den Führerstaat vor der eigenen Bürokratie schützen sollte. Die Referenten in den Ministerien, »diese geistigen Schrebergärtner«, die von Berlin aus in die kleinsten Dinge hineinregierten, wollte er durch seine Verwaltungsreform entmachtet wissen, um »diese erbärmliche Mißgeburt des deutschen Staatsverwaltungsknüppels« ein für allemal zu beseitigen[2].

Bei alledem handelte es sich nicht bloß um Äußerungen des Unmuts, sondern tatsächlich um Leitlinien der Verwaltungspolitik. Im Zusammenhang mit der Auslösung des Krieges unterzeichnete Hitler am 28. August 1939 einen »Erlaß des Führers und Reichskanzlers über die Vereinfachung der Verwaltung«, nach welchem in weitem Umfang und unter Abweichung von den bestehenden gesetzlichen Vorschriften Verwaltungsentscheidungen von den Zentralinstanzen auf die nachgeordneten Behörden übertragen waren[3].

Der Hinweis auf den latenten Gegensatz zwischen traditioneller Verwaltung und nationalsozialistischer Führung, der die einschlägige Geschichtsschreibung bislang beherrscht hat, bietet jedoch bei der quellenorientierten Überprüfung konkreter historischer Abläufe noch keine völlig befriedigende Erklärung. Der größte Mangel besteht darin, daß eine solche Interpretation eine Einheitlichkeit des politischen Verhaltens der Ministerialbürokratie voraussetzt, die nach den tiefgreifenden Veränderungen der Machtergreifungsphase nicht mehr bestand.

Bereits zu Beginn des Krieges war die Deformierung der staatlichen Bürokratie so weit fortgeschritten, daß von übereinstimmenden politischen Grundeinstellungen und gesellschaftlichen Ordnungs- oder Wertvorstellungen nicht mehr gesprochen werden kann. Wohl gab es hier und da in verschiedenen Ministerien noch geschlossen operierende, dem tradierten Selbstverständnis und Berufsethos verpflichtete Gruppen von Ministerialbeamten, die sich als Hüter staatlicher Ordnung begriffen und als autoritär-konservative Gegenkräfte zur nationalsozialistischen Führung verstanden[4]. Aufs ganze gesehen aber bedarf der Begriff der Ministerialbürokratie dringend einer inneren Differenzierung und Strukturierung, weil sonst die Gefahr besteht, daß sich die Polemik Hitlers und seiner Satrapen gegen die Berliner Ministerialbürokratie in indirekter Weise in die historische Interpretation fortsetzt[5].

In der Praxis waren Partei und Staat, Ministerialbürokratie und politische Führung, normative Verwaltung und nationalsozialistischer Ausnahmenstaat, schließlich administrative Regelhaftigkeit und führerstaatliche Zugriffsgewalt auf vielfache Weise miteinander verbunden, teils verklammert, teils verkeilt und teils übereinander gepfropft. Im Knotenpunkt dieser spannungsreichen Beziehung standen die beiden Staatssekretäre im Reichsministerium des Innern Hans Pfundtner und Wilhelm Stuckart. An ihrer Karriere, aber auch den Möglichkeiten und Grenzen ihres Einflusses läßt sich die Verschränkung traditioneller und nationalsozialistischer Führungsgruppen, die für den Übergang von der Bewegungs- zur Systemphase der Herrschaft Hitlers schon systematisch beschrieben worden ist[6], veranschaulichen.

Das problematische Nebeneinander zweier Staatssekretäre hatte sich aus der Zusammenlegung des Reichsministeriums mit dem preußischen Innenressort zum »Reichs- und Preußischen Ministerium des Innern« mit Wirkung vom 1. November 1934 ergeben. Pfundtner war schon durch die dritte Kabinettssitzung der Regierung Hitler am 1. Februar 1933 zum Staatssekretär im Reichsministerium des Innern bestellt worden. Staatssekretär des Preußischen Innenressorts war zunächst Ludwig Grauert, ein zweifellos befähigter und an ordnungsstaatlichen Grundsätzen festhaltender Mann, der infolgedessen alsbald mit Parteidienststellen in Konflikt geriet und 1936 aus dem Amt schied. Inzwischen war auch Wilhelm Stuckart auf Umwegen, die noch zu schildern sind, als Staatssekretär im Reichs- und Preußischen Ministerium des Innern angekommen, obwohl er hier lediglich als Abteilungsleiter tätig war.

An dieser Stelle muß eingeflochten werden, daß das Reichsministerium des Innern schon in den Jahren vor dem Zweiten Weltkrieg den Charakter eines einheitlichen Ressorts verlor und sich in mehrere, weitgehend selbständige Geschäftsbereiche auflöste. Deren Leiter waren entweder nominell oder haushaltsrechtlich als Staatssekretäre eingruppiert. So entstand im Zuge der Gleichschaltung der Sportverbände durch den Reichssportkommissar 1934 im Haushalt des Reichsministeriums als Spitze einer neuen Hoheitsverwaltung die Dienststelle eines Reichssportführers. Als diese Dienststelle 1936 zum Reichssportamt erhoben und schließlich als Abteilung Sport- und Leibesübungen in das Reichsinnenministerium eingegliedert wurde, übernahm deren Leitung »Staatssekretär von Tschammer und Osten«, der zugleich weiterhin als Reichssportführer amtierte.

In ähnlicher Weise war nach der Einführung der Reichsarbeitsdienstpflicht 1935 der »Reichsarbeitsführer« Konstantin Hierl als Staatssekretär und ständiger Vertreter des Ministers in das Innenressort eingegliedert worden, ehe er dann im August 1943 endgültig die Stellung eines Chefs einer selbständigen Obersten Reichsbehörde erlangte. Nur formell vergleichbar, politisch allerdings weit einflußreicher war die Stellung Heinrich Himmlers, dessen genauer Titel »Reichsführer SS und Chef der Deutschen Polizei im Reichsministerium des Innern« lautete, als er durch einen Erlaß Hitlers vom 17. Juni 1936 mit der einheitlichen Zusammenfassung der polizeilichen Aufgaben im Deutschen Reich betraut und gewissermaßen als »Staatssekretär« in das Reichsinnenministerium eingefügt wurde, was freilich ein Titel war, den er selbst weit von sich wies.

Im August 1939 wurden schließlich noch die Abteilungen Volksgesundheit und Veterinärwesen dem Reichsgesundheitsführer Dr. Leonardo Conti unter gleichzeitiger Ernennung zum Staatssekretär übertragen[7]. Das Reichsministerium des Innern diente also überwiegend nur noch als organisatorische Hülle für neue, politisch selbständige Sonderbehörden, für die eine unentwirrbare Verschränkung mit Gliederungen oder angeschlossenen Verbänden der NSDAP kennzeichnend war. Diese Zwittergebilde, die weder Parteidienststellen noch Staatsbehörden genannt werden können, ließen sich von Reichsminister Frick weder anweisen noch beaufsichtigen, obgleich sie auf dem Papier und nach dem Reichshaushalt zu seinem Ressort zählten.

Fricks Staatssekretär Hans Pfundtner, ein gebürtiger Ostpreuße, war ein Mann des extremen nationalen Konservatismus. Bei den revolutionären und halbanarchistischen Kräften der nationalsozialistischen Bewegung blieb er ohne Resonanz. Zum inneren Zirkel der Parteiführung um Hitler besaß er keinen Zugang. Aus der preußischen Beamtenlaufbahn stammend, war er 1919 Ministerialrat im Reichswirtschaftsministerium geworden, ehe er, unzufrieden mit den politischen Verhältnissen in der Weimarer Republik, 1925 unter Verzicht auf jegliche Pension den Staatsdienst quittierte. Als Rechtsanwalt und Publizist in Berlin war er Vizepräsident des »Nationalen Klubs von 1919« gewesen, stand Alfred Hugenberg »ziemlich nahe«, saß in etlichen Aufsichtsräten von Hugenbergs Wirtschaftsimperium und bekleidete verschiedene Ämter in der DNVP[8].

Da die Deutschnationalen seinem brennenden politischen Ehrgeiz keine erfolgversprechende Perspektive eröffneten, wechselte Pfundtner im März 1932 zur NSDAP. Hier empfahl er sich als Verbindungsmann zur höheren Beamtenschaft der Ministerien. Wenig später ließ er dem Reichsorganisationsleiter Gregor Straßer »Vorschläge für Verwaltungsmaßnahmen einer nationalen Regierung im Reich und Preußen« zukommen. Als Sofortmaßnahmen propagierte er die »Säuberung des Verwaltungsapparates und die damit verbundene Wiederaufrichtung eines fachlich vorgebildeten, verantwortungsfreudigen und national eingestellten Beamtentums«. Angehörige der Linksparteien und Beamte, die sich dem demokratischen Staat gegenüber loyal verhalten hatten, sollten »nicht einen Tag länger Dienst tun« und ohne Rücksicht auf ihre fachliche Qualifikation »ohne weiteres entlassen werden«. In diesen Vorschlägen von 1932 mag man eine erste Vorstufe des späteren Gesetzes zur Wiederherstellung des Berufsbeamtentums vom 7. April 1933 erkennen. Man wird sich aber hüten müssen, Inhalt und Wirkung der Pfundtnerschen Ausarbeitung zu überschätzen. Pläne dieser Art gehörten zu den weitverbreiteten Grundmustern antidemokratischer Ideologien.

In der Position des Staatssekretärs im Reichsministerium des Innern konnte Pfundtner von Anfang an keine einheitliche verwaltungspolitische Linie durchhalten. Nach außen hin versuchte er durch emsige juristische und verwaltungsrechtliche Publikationstätigkeit den Ruf eines maßgeblichen und führenden Interpreten der Verfassungsentwicklung des nationalsozialistischen Deutschland zu erwerben[9]. Angesichts der politischen Verselbständigung der verschiedenen Ministerialabteilungen reduzierte sich aber sein Einflußbereich immer mehr. Wirklich zuständig war er zu Beginn des Zweiten Weltkrieges nur noch für die Abteilungen für Beamtenwesen (II), Kommunalverwaltung (V) sowie Deutschtum und Vermessungswesen (VI). Offiziell allerdings bestand Pfundtner darauf, weiterhin als ständiger allgemeiner Vertreter des Ministers Frick zu gelten. Diesen Anspruch wollte er durch den Titel eines »Leitenden Staatssekretärs« zum Ausdruck bringen. In der Praxis ließ sich dieser Anspruch freilich nicht durchsetzen. Insbesondere entglitt ihm auch die wichtige Abteilung für Verfassung und innere Verwaltung, die dem viel jüngeren und politisch viel agileren Wilhelm Stuckart unterstand. Eine einheitliche Führung der Geschäfte des Innenministeriums konnte Pfundtner nicht sicherstellen, da die übrigen »Staatssekretäre« des Ministeriums, also Himmler, Hierl, Tschammer und Osten, Conti und schließlich Stuckart, ihre Geschäftsbereiche wie selbständige Ressorts führten.

Im Laufe des Krieges mußte Pfundtner feststellen, daß immer häufiger wichtige Entscheidungen, die das Ministerium betrafen, an ihm vorbeiliefen. Sogar beim Chef der Reichskanzlei, Hans-Heinrich Lammers, dem er sich persönlich verbunden fühlte, mußte er sich wiederholt beklagen, daß die Reichskanzlei seine Zuständigkeiten mißachtete. Dies traf vor allem auch für Personal- und Beamtenfragen zu, die sich Pfundtner allein und ausschließlich vorbehalten hatte. Allerdings hatten die Beamten in der Reichskanzlei allzu häufig die Beobachtung machen müssen, daß auf Pfundtners Wort kein Verlaß mehr war. Mehrfach hatte Pfundtner Entscheidungen im Sinne des traditionellen Beamtenrechts zunächst mit großer Emphase vertreten, dann aber unter Druck von Dienststellen der NSDAP wieder umgestoßen. So ist Hans Pfundtner den Weg jener konservativen Kollaborateure der Hitlerbewegung gegangen, die nach dem Scheitern ihres Zähmungskonzeptes in Illusionen und Selbsttäuschungen befangen blieben, ohne die eigenen ordnungsstaatlichen Vorstellungen wirklich durchsetzen zu können.

Wilhelm Stuckart, sein Konkurrent im engeren Sinne, nahm fast genau die entgegengesetzte Entwicklung. Ohne jede praktische Verwaltungserfahrung und durch nichts anderes qualifiziert als durch nationalsozialistische Gesinnung und politische Verdienste in der sogenannten »Kampfzeit der NSDAP«, gelangte Stuckart im Gefolge der Machtergreifung schon im Alter von 31 Jahren in politisch einflußreiche Stellungen. Je mehr er sich in den nächsten Jahren von der sachlichen Unfähigkeit und charakterlichen Minderwertigkeit eines Großteils der nationalsozialistischen Führungsgruppen überzeugte, um so mehr wandelte er sich zu einem vorsichtigen Verteidiger der Staatsautorität.

Aus kleinen Verhältnissen stammend, Werkstudent und Prädikatsjurist, hatte sich Stuckart als Amtsrichter in Wiesbaden der Begünstigung der NSDAP schuldig gemacht und war 1931 aus dem preußischen Justizdienst entlassen worden. Danach ließ er sich in Stettin als Rechtsanwalt nieder und übernahm die Verteidigung der SA- und SS-Schlägertrupps. Im Zuge der revolutionären Machteroberung im Frühjahr 1933 gelangte er in das preußische Kultursministerium, wo er am 30. Juni 1933 zum Staatssekretär ernannt wurde. Diesen Posten bekleidete er auch beim Aufbau des Reichsministeriums für Wirtschaft, Erziehung und Volksbildung. Weil er aber auf die Beachtung gesetzlicher Vorschriften sah und die genaue Untersuchung etlicher Korruptionsfälle anordnete, geriet er mit der beutegierigen Gefolgschaft des Ministers Rust aneinander. Schon Ende 1934 sah er sich in den einstweiligen Ruhestand versetzt.

Im März 1935 wurde Stuckart dann doch wiederverwendet und zum Leiter der Abteilung »Verfassung und Gesetzgebung« im Reichsministerium des Innern ernannt. Haushaltsrechtlich war dies nur die Stelle eines Ministerialdirektors. Allerdings behielt Stuckart den Titel und Bezüge eines Staatssekretärs. Eine feste Planstelle wurde erst 1938 als Lohn für Stuckarts Mitwirkung an der administrativen Eingliederung Österreichs in das Deutsche Reich geschaffen. Aber auch jetzt noch war Stuckart lediglich für die Abteilung »Verfassung und Verwaltung einschließlich der Unterabteilungen Reichsverteidigung und Österreich« zuständig, während der Leitende Staatssekretär Pfundtner die alleinige Vertretung des Ministers für sich beanspruchte.

Wie die Machtverhältnisse im Innenministerium wirklich lagen, zeigte sich zu Beginn des Zweiten Weltkriegs. Das geheime Reichsverteidigungsgesetz vom 4. September 1938 sah für die einheitliche Führung der zivilen Verwaltung einen »Generalbevollmächtigen für die Reichsverwaltung« (GBV) vor. An sich lag es nahe, diese Aufgabe dem Reichsminister des Innern zu übertragen. Frick war indessen lediglich mit der Wahrnehmung der Geschäfte des GBV beauftragt worden. Die organisatorischen Konsequenzen beschränkten sich auf die Einrichtung einer Unterabteilung »Reichsverteidigung« in Stuckarts Geschäftsbereich. Aber die vorbereiteten gesetzlichen Regelungen blieben ohnehin Makulatur. Am 1. September 1939 wurde auf Hitlers Weisung zunächst ein Stellvertreter des GBV eingesetzt. Hierfür kamen weder Stuckart noch Pfundtner in Frage. Ernannt wurde vielmehr der Reichsführer SS und Chef der Deutschen Polizei Heinrich Himmler mit der Begründung, daß er bereits die Verantwortung für die innere Sicherheit des Reiches und alle einschlägigen Kriegsverwaltungsmaßnahmen trage.

Dieses Vorgehen war charakteristisch für die verfassungspolitische Improvisation des »Maßnahmenstaates«. Es zeigt überdies an, daß sich die mit der Polizei verschmolzene SS, die ideologische und militärische Elitetruppe des Führerstaates, in der Stunde des Kriegsbeginnes dazu anschickte, die allgemeine Staatsverwaltung der eigenen Befehlsgewalt zu unterwerfen. Erst vier Tage später erhielt Stuckart eine Urkunde, die ihn zum »Stabsleiter des GBV« bestellte und ihm dessen Geschäftsführung übertrug. Der übertölpelte Frick mußte sogar noch ein paar Tage länger warten, ehe er definitiv in das Amt des GBV eingewiesen wurde.

Im Vergleich zu dem einflußlosen Minister Frick, der »sich verdrossen zurückzog und alles laufen ließ«, und dem konfliktscheuen Pfundtner erwies sich Stuckart »als ein Mann von größter Tatkraft und von ganz anderem Format als die Dutzendware der Emporkömmlinge«[10]. Er hatte sich rasch und zielstrebig in seinen Geschäftsbereich eingearbeitet. Eine Reihe von Denkschriften und zahlreiche staatsrechtliche oder verwaltungswissenschaftliche Veröffentlichungen bezeugen, mit welcher Energie Stuckart daranging, die Grundzüge einer spezifisch nationalsozialistischen Verwaltungsreform zu zeichnen. Freilich geriet er dabei in ein kaum lösbares Dilemma. Einerseits war er bestrebt, politische Grundsätze und ideologische Bekenntnisformeln des Nationalsozialismus in ein praktikables Verwaltungskonzept umzusetzen, andererseits trat er dafür ein, den »Ordnungsfaktor Verwaltung« gegen die revolutionären Übergriffe der Gauleiter und Kreisleiter wirksam abzuschirmen.

Gleichzeitig trat er der weiteren Aufsplitterung der inneren Verwaltung durch immer neue Sonderbehörden mit durchgehenden Instanzenzügen entgegen. Unter der Parole »Einheit der Verwaltung« entwickelte er ein organisatorisches Modell, das bei der Behördenspitze der Mittelinstanz sämtliche Funktionen und Aufgaben der Verwaltung bündelte, während es sowohl in der Reichszentrale als auch in der lokalen Ausführungsinstanz die Ausbildung der fachlichen Sonderbehörden gestattete. Bis weit in die Kriegsjahre hinein suchte er dieses Modell in immer neuen Anläufen zu realisieren. Nicht zu Unrecht wurde er daher als »der Gralshüter des Prinzips der Einheit der Verwaltung« bezeichnet. Genau betrachtet stellt dieses Modell das Ergebnis eines zweifachen Kompromisses dar. Es verband das ideologische Postulat des nationalsozialistischen Führungsprinzips mit rationalen Ordnungskriterien und vermittelte zugleich zwischen den zentralistischen Idealvorstellungen des Reichministeriums des Innern und den machtpolitischen Realitäten im Staat Hitlers und seiner Gauleiter.

Das Bild Stuckarts in der Geschichtsschreibung ist hauptsächlich bestimmt durch seinen Kommentar zu den sogenannten Nürnberger Gesetzen, genauer gesagt, durch das scharfe antisemitische Vorwort, das er dem im wesentlichen von Hans Globke verfaßten juristischen Kommentar vorangestellt hat[11]. Es mag nach Schutzbehauptung klingen, wenn die Beteiligten in den rasseideologischen Bekenntnissen des Vorwortes eine politische Abschirmung der dann folgenden verhältnismäßig moderaten Rechtsauslegung sahen. Immerhin paßt ein solches Verhalten zu Stuckart, der kein antisemitischer

Scharfmacher war und sich vergleichbarer Techniken auch in anderen Fällen bediente. Ein verbales Übersoll an ideologischer Radikalität erleichterte eben bisweilen eine eher maßvolle politische Praxis. Jedenfalls hat der sogenannte »Rassereferent« des Innenministeriums versichert, daß Stuckart seinen Obstruktionskurs gegen eine Gleichbehandlung von sogenannten Volljuden und Mischlingen durchweg stützte. Auch bei der Wannseekonferenz wandte sich Stuckart, wie die Aufzeichung Eichmanns bezeugt, vehement gegen eine Deportation der jüdischen Mischlinge.

Das forsche Auftreten Stuckarts war nicht bloß von brennendem Ehrgeiz diktiert, es diente auch zur Kompensation der politisch schwachen Stellung des Reichsministeriums des Innern. Auch Stuckart besaß keine Position, die es ihm erlaubte, Hitler in Ressortstreitigkeiten direkt um Entscheidung anzurufen. Je heftiger die Auseinandersetzungen mit verschiedenen Dienststellen der NSDAP wurden, um so mehr bemühte sich Stuckart um Rückhalt bei der SS. Während des Reichsparteitages 1936 hatte ihn Himmler spontan in seinen schwarzen Orden aufgenommen und schon gleich als Standartenführer eingestuft. Im Zuge der üblichen Beförderungen, die jeweils zum Jahrestag der nationalsozialistischen Machtergreifung erfolgten, wurde Stuckart am 30. Januar 1939 mit dem Ehrenrang des Brigadeführers und am 30. Januar 1942 mit dem Rang des Gruppenführers ausgestattet. Irgendeine nennenswerte Funktion innerhalb der SS hat Stuckart zwar nicht ausgeübt, doch trug er, was in der militarisierten Gesellschaft des Nationalsozialismus zweifellos von Vorteil war, nicht nur bei offiziellen Anlässen die schwarze Uniform. Schon zu Beginn des Krieges galt er im Reichsministerium des Innern als Exponent Himmlers.

Stuckart verstand sich zweifellos als Vermittler zwischen den klassischen Verwaltungstraditionen Deutschlands und einem neuen Typ von politischer Verwaltungsführung in einem nationalsozialistischen Großreich, in dessen eroberten und besetzten Gebieten die SS zur tonangebenden politischen Kraft werden mußte. So trat Stuckart auch als Herausgeber der Zeitschrift »Reich, Volksordnung, Lebensraum« hervor, die sich als Diskussionsorgan für »völkische Verfassung und Verwaltung« verstand und als Sprachrohr einer spezifischen SS-Staatsrechtswissenschaft galt. Hier wurde ein neuartiges Verwaltungsführerkorps nationalsozialistischer Prägung entworfen, das als Willensvollstrecker »des von der NSDAP erfaßten und gestalteten Volkswillens« die Führungsstellung des Großdeutschen Reiches in Europa absichern sollte. Dafür kam nur in Frage, wer »ein charakterfester und zuverlässiger Nationalsozialist« war und die erforderlichen weltanschaulichen Qualitäten mitsamt den »biologisch-rassenkundlichen Wissensgrundlagen« besaß[12]. Andererseits fanden sich in dieser Zeitschrift, sowohl in Stuckarts eigenen Aufsätzen als auch in Beiträgen anderer Autoren, deutliche Hinweise auf eine systemkritische Analyse der nationalsozialistischen Herrschaft, die lediglich durch strammes ideologiekonformes Vokabular verkleidet wurde.

Im Februar 1942 kam es zwischen Himmler und Stuckart zu einer bemerkenswerten Auseinandersetzung über die Organisation der inneren Verwaltung. Nach einem vorausgegangenen Gespräch mit dem Reichsgesundheitsführer Dr. Conti verlangte Himmler von Stuckart eine großzügige Unterstützung des gesamten Gesundheitswesens. Insbesondere wünschte Himmler die Unterstellung der Gesundheitsämter unter den Landrat aufzuheben. Die Amtsärzte dürften nicht »durch Bürokratie und schematische dienstwegmäßige Unterstellung für jedes Schreiben unter den Landrat« unwürdig behandelt und entrechtet werden. Stuckart dagegen wollte an der Aufsichtsfunktion des Landrates im Interesse der einheitlichen Verwaltungsführung festhalten:

»Die unnatürliche, lediglich auf allzu spezialistisch gesehenen Organisationsprinzipien erfolgende Aufsplitterung in der Verwaltung und die damit verbundene Schaffung immer neuer Dienststellen, Ämter und ähnlicher Gebilde, die allein schon um ihre Existenzberechtigung zu beweisen, sich natürlich ängstlich voneinander abkapseln und erfahrungsgemäß in sich das Streben nach Ausweitung und Vergrößerung tragen, sind die Ursache für die ganz unverhältnismäßige Personalaufblähung und den Personalverschleiß auf allen Gebieten.«

Stuckart kritisierte weiter, daß es in der Kreisstufe bereits 45 selbständige Behörden und Dienststellen gab, die durch sachliche Überschneidungen und zwangsläufige Doppelarbeit die Schlagkraft der Verwaltung minderten. Die schweren Mängel der »atomisierten Verwaltungsorganisation« sprächen dafür, daß nicht jeder Amtsleiter ein völlig selbständiger Behördenchef werden könne. Zur weiteren Begründung dieser Überlegungen verwies Stuckart auf seinen Aufsatz »Zentralgewalt, Dezentralisation und Verwaltungseinheit«, den er dem Reichsführer SS als Sonderdruck beifügte und zur nochmaligen Lektüre empfahl. Dieser Aufsatz war erst im Jahr zuvor in der »Festgabe für Heinrich Himmler« erschienen[13].

Stuckarts Aufsatz über das Verhältnis von Zentralgewalt und Verwaltungseinheit ist in der Tat ein erstaunliches Dokument systemkonformer Kritik. Sprache und Argumentation der Ausarbeitung folgten zwar teils aus Überzeugung und teils aus taktischen Gründen der herrschenden Ideologie, ließen aber gleichwohl erkennen, daß das Urteil über die Organisationsprinzipien und die Praxis der nationalsozialistischen Verwaltungsreform vernichtend ausfiel. Nur wenig verklausuliert gestand Stuckart ein, daß die Durchsetzung des nationalsozialistischen Führerprinzips für die heillose Zersplitterung in der Verwaltung verantwortlich war.

»Der nationalsozialistische Staat hat mit dem ihm eigenen Schwung nicht nur den allgemeinen Aufbau, sondern auch zahlreiche Sonderaufgaben in Angriff genommen und hat mit ihrer zentralen Durchführung eine Reihe von tatkräftigen verantwortungsfreudigen Männern betraut. Diese Männer haben, wie es natürlich ist, alsbald erkannt, daß ihre Aufgabe für sich betrachtet am schnellsten durch einen eigenen, von anderen Einflüssen möglichst unabhängigen Behördenapparat gefördert werden würde. Sie sind infolgedessen bemüht, sich einen solchen Behördenapparat zu schaffen.«

Das Übermaß der Sonderbehörden, so fuhr Stuckart fort, erschwere den Personal- und Sachkostenausgleich, begünstige die Tendenz zur Behördenaufblähung und Zuständigkeitsausweitung und verteuere letzten Endes den gesamten Staatsapparat. Ämterinflation, Doppelarbeit, Behördenkrieg, Kompetenzwirrwarr, Verminderung der Rechtssicherheit und die Erschütterung des Vertrauens in die gesamte Staatsorganisation waren nach Stuckarts Worten die unvermeidbaren Folgen dieser Aushöhlung der Verwaltung. Einer tieferen Ursachenforschung ging Stuckart verständlicherweise aus dem Weg, denn inzwischen war jedermann klar, daß die geschilderten Zustände aus dem persönlichen Herrschaftsstil Hitlers herrührten. Aus dem selben Grund waren auch Änderungsvorschläge eine heikle Angelegenheit. Stuckart sprach zwar von der »kostbaren Arbeitskraft des Führers,« fügte aber hinzu, daß man sie möglichst wenig in Anspruch nehmen solle. Die Herbeiführung von Führerentscheidungen bedeute eben für die Verwaltung eine jeweils nur schwer tragbare Verzögerung. Deshalb müsse der Interessenausgleich der einzelnen Verwaltungszweige nicht erst an der Spitze des Staates, sondern bereits in der darunter liegenden Stufe der Verwaltungsorganisation erfolgen.

Stuckarts Vorschlag zur Koordination der innenpolitischen Entscheidungsprozesse beinhaltete unausgesprochen die Forderung nach der Wiedereinführung der Kabinettsregierung. Tatsächlich war Stuckart an einem entsprechenden Vorstoß beteiligt, den Lammers und Pfundtner Anfang 1942 zur Rationalisierung des Gesetzgebungsverfahrens und zur Bekämpfung der grassierenden Kompetenzkonflikte unternahm. Stuckart gab sich dabei der wenig realistischen Hoffnung hin, daß es gelingen werde, Hitler zur Einsetzung eines unter dem Staatsoberhaupt stehenden Reichskanzlers zu bewegen. Der frühere Außenminister von Neurath schien ihm hierfür der geeignete Kandidat. In diesem Sinne hatte Stuckart bereits diskrete Sondierungen bei dem preußischen Finanzminister Popitz und anderen Exponenten des konservativen Widerstandes gegen Hitler unternommen. Neben einer Reihe anderer Aspekte ist an diesem Vorgehen besonders bemerkenswert, daß Stuckart, gewissermaßen als Repräsentant der jüngeren Generation nationalsozialistischer Führungskräfte, die weitere Zersplitterung der Staatsverwaltung nur im Bündnis mit den alten Eliten glaubte aufhalten zu können. Allerdings scheiterte die ganze Aktion rasch. Als Lammers schließlich den mehrfach umgearbeiteten »Erlaß des Führers über seine vorübergehende Entlastung von Regierungs- und Verwaltungsgeschäften« bei Hitler vortrug, lehnte dieser ab[14].

Stuckarts Tätigkeit im Reichsministerium des Innern ist, aufs Ganze gesehen, nicht einfach zu beschreiben. Seine Haltung war widersprüchlich und nicht frei von karrieresüchtigen Anpassungen an den Wechsel der politischen Konstellationen. Meist hielt er sich vorsichtig bedeckt, aber mitunter zeigte er auch Zivilcourage. Seine nationalsozialistischen Grundüberzeugungen gab er nicht auf, zielte aber immer auf systemkonforme Korrekturen. So bleiben zahlreiche Widersprüche. War er der Vertrauensmann Hitlers, der Exponent der SS oder der Anwalt der preußischen Verwaltungstraditionen? War er der Helfer bei der juristischen Exegese und Vollstreckung der nationalsozialistischen Rassenpolitik oder ein partieller Gegenspieler Heydrichs? War er der führende Theoretiker und Ideologe der nationalsozialistischen Verwaltungsreform oder womöglich ihr stärkster Kritiker? Nichts von dem war Stuckart ganz, aber von allem hatte er etwas. Und gerade diese Vielseitigkeit verlieh ihm jene Integrationskraft, die ihn zu einem geeigneten Werkzeug des nationalsozialistischen Führerstaates machte.

Die fachliche Tüchtigkeit und persönliche Leistungsfähigkeit Stuckarts und anderer Staatssekretäre der nachrückenden Generation wie Backe (Ernährung), Ganzenmüller (Verkehr), Conti (Gesundheit) und Naumann (Propaganda) darf nicht dazu verleiten, diese Staatssekretäre als eine technokratische Elite einzuschätzen. Sie waren vielmehr durchweg ideologisch geformte und politisch agierende Führungskräfte, die auch die Beamtenapparate ihrer Ministerien im Sinne nationalsozialistischer Zielsetzung dirigierten. Die Zwiespältigkeit in der Haltung Stuckarts färbte jedenfalls auf das ganze Reichsministerium des Innern ab, sie war vielleicht sogar teilweise ein Ergebnis der antagonistischen Kräfte innerhalb dieses Ressorts. Deutlich ablesbar ist dies an dem sensiblen Bereich der Personal- und Beamtenpolitik. Stuckart war kein Verfechter politischer Säuberungen, aber er engagierte sich bei Neueinstellungen und Beamtenbeförderungen stark im Sinne einer rigorosen nationalsozialistischen Ämterpatronage. Da aber Stuckart auf die fachliche Qualifikation angewiesen war, um den »Ordnungsfaktor Verwaltung« ins Spiel zu bringen, hielt er auch an den älteren Laufbahnbeamten fest, bisweilen förderte er sogar ihre Karriere ausdrücklich.

Unter der höheren Beamtenschaft des Reichsministerium des Innern hatten sich bis zum Kriege sehr unterschiedliche Gruppierungen herausgebildet. Nimmt man Biographie, Karriereverlauf und Persönlichkeitsprofil dieser Beamten in den Blick, so wird deutlich, daß der Frontverlauf zwischen Partei und Staat komplizierter gewesen ist, als es die einfache Gegenüberstellung von nationalsozialistischen Führungskadern und Ministerialbürokratie erkennen läßt. Unter den Laufbahnbeamten, die sich als Exponenten der preußischen Verwaltungstraditionen verstanden, konnten sich nicht nur solche Beamten halten, die nach politischen Gesichtspunkten als Deutschnationale oder als Nationalkonservative einzustufen waren. Auch ein so dezidierter Katholik wie Hans Globke, ein früheres Zentrumsmitglied, oder Georg Hubrich, der sich in der Weimarer Republik zur Deutschen Volkspartei bekannt hatte, blieben im Amt. Auch der Leiter der Beamtenabteilung, Ministerialdirektor Erwin Schütze, der in der Weimarer Republik als parteiloser Laufbahnbeamter von den sozialdemokratischen Innenministern Preußens gefördert worden war und noch 1931 als Prozeßbevollmächtigter vor dem Staatsgerichtshof erfolgreich gegen die NSDAP-Fraktion des preußischen Landtags gestritten hatte, konnte bis 1940 tätig bleiben.

Eine andere Beamtengruppe bildeten jene Verwaltungsfachleute, die, gleichfalls ausgestattet mit herausragenden Fachkenntnissen und langjähriger Berufspraxis, schon vor der Machtergreifung zur Bewegung Hitlers gestoßen waren. Zu ihnen gehörten »der Rassereferent« Bernhard Lösener und der um die Rückgliederung des Saarlandes verdiente Leiter der Vermessungsabteilung Ernst Vollert. Ihnen blieben schwere Enttäuschungen nicht erspart. Lösener betrieb, als ihm die mörderische Konsequenz der Deportationen klar wurde, seine Versetzung und erreichte schließlich im März 1943 eine Abkommandierung zum Kriegsschädenamt des Reichsverwaltungsgerichts. Nach dem 20. Juli 1944 verbarg er einen Mitwisser der Verschwörung für einige Tage in seiner Wohnung und wurde deshalb »wegen Verrat an Führer und Volk« bis Kriegsende in Einzelhaft gehalten. Auch Vollert, der die Besatzungspolitik im Osten nicht billigte und allen weiteren politischen Komplikationen durch Meldung zur Wehrmacht ausgewichen war, sah sich schließlich noch der Verfolgung durch die Gestapo ausgesetzt. Sein Name stand auf einer Liste der Verschwörer des 20. Juli, die ihn als politischen Beauftragten für den Wehrkreis XXI (Posen) vorgesehen hatten.

Eine dritte Gruppe der Ministerialbeamten bildeten die politischen Aktivisten, die wegen ihrer Verdienste in der »Kampfzeit« der NSDAP mit einer Pfründe versorgt worden waren. Sie waren als persönliche Referenten oder in den Pressestellen des Ministeriums eingesetzt, wo es auf politische Zuarbeit, nicht aber auf Verwaltungskenntnisse ankam. Viel bedeutender war eine vierte Gruppe, nämlich die nachrückende Generation nationalsozialistischer Laufbahnbeamter, die wohl die übliche juristische Vorbildung besaßen und die einschlägigen Examina abgelegt hatten, sich aber zum größten Teil aus dem SA-Studententum der Endphase der Weimarer Republik rekrutierten. Diese bei Kriegsbeginn noch immer ziemlich jugendlichen »alten Kämpfer« der NS-Bewegung und etliche Karrieristen aus dem Kreis jüngerer SS-Führer rückten inzwischen aus dem Status der juristischen Hilfsarbeiter in die Positionen der Ministerialreferenten vor. Diese über die normale Nachwuchsrekrutierung hinausgehende Infiltration von regimetreuen Anhängern in die staatlichen Verwaltungsapparate war keine Frage der Quantität. Häufig genügte ein einziger dieser Aktivisten, um in ganzen Ministerialabteilungen den Mechanismus von Gesinnungskontrolle und Selbstgleichschaltung auszulösen.

Vor diesem Hintergrund ist es nicht erstaunlich, daß sich in der Ministerialbürokratie sehr unterschiedliche politische und soziale Verhaltensweisen finden, die von der begeisterten Zustimmung zum Regime bis zur kaum verhüllten Opposition reichen. Es gab freiwillige Anpassung und opportunistische Karrieresucht, daneben auch technokratische Gleichgültigkeit und moralische Indifferenz, schließlich nicht selten emotional bedingte Selbsttäuschung und vor allem intellektuelles Mitläufertum. Es kam vor, daß sich die Desillusionierung nationalsozialistischer Aktivisten mit dem Zynismus alter Laufbahnbeamter, die sich zum pflichtbewußten Ausharren auf dem einmal eingenommenen Verwaltungsposten entschlossen hatten, zu Aktionen bürokratischer Obstruktion verband. Die Ministerialbürokratie diente dem Nationalsozialismus im allgemeinen »halb in Opposition, halb in Willfährigkeit«. Sie bewegte sich, wo es ihr möglich war, in den traditionellen Bahnen des Staatshandelns, aber sie erwies sich dort, wo Hitler oder Parteiinstanzen politischen Druck ausübten, letztlich als zuverlässiges Vollzugsorgan der nationalsozialistischen Führung. Jedenfalls verloren unter den besonderen Bedingungen totalitärer Herrschaft weit größere Teile der Ministerialbürokratie ihre Integrität und verfielen viel leichter der Korrumpierung, als dies der übliche politische Opportunismus unter Verhältnissen »normaler« Politik bewirkt.

## Anmerkungen

1 Die zitierten Äußerungen Hitlers über den falschen Zentralismus und die Ministerialbürokratie finden sich in seinen sogenannten Tischgesprächen unter dem 1.8.1941, 1./2.11.1941, 3.5.1942, 12.5.1942, 24.6.1942, 22.7.1942. Es existieren zwei nicht völlig übereinstimmende Editionen: Henry Picker, Hitlers Tischgespräche im Führerhauptquartier, Stuttgart 1976, und Werner Jochmann (Hrsg.), Adolf Hitler. Monologe im Führerhauptquartier 1941–1944, Hamburg 1980. Vgl. ferner auch Rainer Zitelmann, Hitler. Selbstverständnis eines Revolutionärs, Hamburg u.a. 1987, S. 406 ff.

2 Grundlegend Hans Mommsen, Beamtentum im Dritten Reich, Stuttgart 1966, und Peter Diehl-Thiele, Partei und Staat im Dritten Reich, München 1969. Die oben angeführten Zitate nach dem »Vortrag des Oberbefehlsleiters Sommer« bei der Aussprache zwischen dem Hauptamt für Kommunalpolitik der NSDAP und dem Stellvertreter des Führers über den Aufbau der Gauselbstverwaltung am 2.7.1940 in Berlin, im: Verwaltungsarchiv Westfalen-Lippe, Münster C 10/11-20. Zum Zusammenhang vgl. auch Karl Teppe, Provinz – Partei – Staat. Zur provinziellen Selbstverwaltung im Dritten Reich untersucht am Beispiel Westfalens, Münster 1977, S. 266 ff.

3 RGBl. I, S. 1535. Zur Entstehungsgeschichte und Textanalyse des Erlasses vgl. Rebentisch, Führerstaat und Verwaltung im Zweiten Weltkrieg (*-Anm.), S. 149.

4 Zur Behördenstruktur der Reichsministerien vgl. Kurt G.A. Jeserich, Hans Pohl, Georg-Christoph von Unruh (Hrsg.), Deutsche Verwaltungsgeschichte. Bd IV: Das Reich als Republik und in der Zeit des Nationalsozialismus, Stuttgart 1985. Über die führenden Persönlichkeiten des Reichswirtschaftsministeriums informiert Willi A. Boelcke, Die deutsche Wirtschaft 1930—1945. Interna des Reichswirtschaftsministeriums, Düsseldorf 1983. Die personalpolitischen Maßnahmen innerhalb des Reichsjustizministeriums bis zum Beginn des Krieges sind behandelt bei Lothar Gruchmann, Justiz im Dritten Reich 1933—1940. Anpassung und Unterwerfung in der Ära Gürtner, München 1988, S. 241 ff. Aus methodischen Gründen ist zu verweisen auf Peter-Christian Witt, Konservatismus als Überparteilichkeit. Die Beamten der Reichskanzlei zwischen Kaiserreich und Weimarer Republik 1900—1930, in: Dirk Stegmann, Bernd-Jürgen Wendt, Peter-Christian Witt (Hrsg.), Deutscher Konservatismus im 19. und 20. Jahrhundert. Festschrift für Fritz Fischer zum 75. Geburtstag, Bonn 1983, S. 231—280.

5 Zur Problematik des Begriffes der Ministerialbürokratie vgl. die Einleitung bei Dieter Rebentisch, Karl Teppe (Hrsg.), Verwaltung kontra Menschenführung im Staat Hitlers, Göttingen 1986, S. 17 ff. Außerdem die Rezensionsmiszelle Dieter Rebentisch, Reichskanzlei und Partei-Kanzlei im Staat Hitlers. Anmerkungen zu zwei Editionsprojekten und zur Quellenkunde der nationalsozialistischen Epoche, in: Archiv für Sozialgeschichte, 25 (1985), S. 611—633.

6 Hans Mommsen, Zur Verschränkung traditioneller und faschistischer Führungsgruppen in Deutschland beim Übergang von der Bewegungs- zur Systemphase, in: Wolfgang Schieder (Hrsg.), Faschismus als soziale Bewegung, Hamburg 1976, S. 157 ff.

7 Franz-Albrecht Medicus, Das Reichsministerium des Innern, in: Das Dritte Reich im Aufbau. Bd 4: Staat und Verwaltung, hrsg. von Paul Meyer-Benneckenstein, Berlin 1939, S. 28 ff.

8 Gerhard Schulz, Die Anfänge des totalitären Maßnahmenstaates, in: Karl Dietrich Bracher, Gerhard Schulz, Wolfgang Sauer, Die nationalsozialistische Machtergreifung. Studien zur Errichtung des totalitären Herrschaftssystems in Deutschland 1933/34, hier zit. nach der Taschenbuchausgabe Frankfurt a.M., Berlin, Wien 1974, S. 58 ff.

9 Pfundtner gab zusammen mit Lammers und Otto Koellreutter 1934—1939 das Sammelwerk »Grundlagen, Aufbau und Wirtschaftsordnung des nationalsozialistischen Staates« in drei Bänden heraus, das teilweise übereinstimmt mit der Loseblattsammlung »Die Verwaltungsakademie. Ein Handbuch für den Beamten im nationalsozialistischen Staat«. Ebenso war er Mitherausgeber des Reichsverwaltungsblattes, in welchem unter seinem Namen, wenn auch nicht unbedingt immer aus seiner Feder, regelmäßig Kommentare und offiziöse Erläuterungen zu den wichtigsten verwaltungspolitischen Gesetzen des Dritten Reiches erschienen.

10 So die Kennzeichnung bei Bernhard Loesener, Das Reichsminsterium des Innern und die Judengesetzgebung, in: VfZG, 9 (1961), S. 66 f.

11 Stuckart-Globke, Kommentare zur deutschen Rassegesetzgebung. Bd I: Reichsbürgergesetz vom 15. September 1935. Gesetz zum Schutz des deutschen Blutes und der deutschen Ehre vom 15. September 1935. Gesetz zum Schutz der Erbgesundheit des deutschen Volkes (Erbgesundheitsgesetz) vom 18. Oktober 1935. Neben allen Ausführungsbestimmungen und einschlägigen Gesetzen und Verordnungen erläutert von Dr. Wilhelm Stuckart, Staatssekretär, und Dr. Hans Glob-

ke, Oberregierungsrat, beide im Reichs- und Preußischen Ministerium des Innern, München und Berlin 1936. Zur Einschätzung dieses Kommentars vgl. Rolf Vogel, Ein Stempel hat gefehlt. Dokumente zur Emigration deutscher Juden, München, Zürich 1977, und Klaus Gotto (Hrsg.), Der Staatssekretär Adenauers. Persönlichkeit und politisches Wirken Hans Globkes, Stuttgart 1980, S. 224.

12 Wilhelm Stuckart, Gedanken zur künftigen Ausbildung des Verwaltungsnachwuchses, in: Reich, Volksordnung, Lebensraum, 4 (1943), S. 105 ff.

13 Vgl. dazu den Schriftwechsel vom Februar 1942, in: Bundesarchiv Koblenz (BA), NS 19/2383, und Wilhelm Stuckart, Zentralgewalt, Dezentralisation und Verwaltungseinheit, in: Festgabe für Heinrich Himmler, Darmstadt 1941, S. 1—32.

14 Rebentisch, Führerstaat und Verwaltung im Zweiten Weltkrieg (*-Anm.), S. 371 ff.

Ruth Bettina Birn

# Himmlers Statthalter

## Die Höheren SS- und Polizeiführer als nationalsozialistische Führungselite

### I.

Ab 1937 wurden als oberste Führungspitze der SS in allen Teilen des Deutschen Reiches Höhere SS- und Polizeiführer (HSSPF) eingesetzt. Dabei wurde so vorgegangen, daß die schon vorhandenen SS-Oberabschnittsführer zugleich zu Höheren SS- und Polizeiführern gemacht wurden. Ziel war, die Verbindung zwischen SS und Polizei, die schon in der Person Himmlers, der Reichsführer-SS und Chef der Deutschen Polizei war, bestand, zu verfestigen und durchgängig institutionell zu verankern[1].

Die hierzu ergangenen Erlasse und Dienstanweisungen wiesen der neuen Institution einen recht bescheidenen Tätigkeitsrahmen zu. Die Höheren SS- und Polizeiführer sollten »für die Durchführung der ihnen für den Mob.-Fall obliegenden polizeilichen Aufgaben«[2] zu den Reichsstatthaltern, beziehungsweise Oberpräsidenten treten und diesen »persönlich und unmittelbar«[3] unterstellt sein. Ihre Aufgabe war »im Rahmen der Dienstanweisung die einheitliche Führung der dem Reichsführer-SS und Chef der Deutschen Polizei unterstellten Kräfte«[4]; die jeweiligen obersten Repräsentanten der einzelnen Polizeisparten (Inspekteure, beziehungsweise Befehlshaber der Sicherheits- und der Ordnungspolizei) waren ihnen dabei als »Hauptmitarbeiter« unterstellt[5]; wobei nicht weiter definiert wurde, was dieser Begriff implizierte.

Himmlers eigene Darstellung der Stellung eines Höheren SS- und Polizeiführers las sich ganz anders, wenn er zum Beispiel schrieb: »Außerdem werden wir gerade mit Mühe jeweils 27 bis 30 Höhere SS- und Polizeiführer von Format finden. Wir werden niemals aber zwei- oder dreimal 27 Leute finden von Format, die wirklich ohne Aufsicht den Reichsführer-SS draußen und herinnen repräsentieren können[6];« oder, wie er sich in einem der zahlreichen Ermahnungsschreiben ausdrückte:

> »Höherer SS- und Polizeiführer sein heißt, Vertreter des Reichsführers-SS in diesem Oberabschnitt zu sein. [...] Sie haben der sturste Vertreter meiner Befehle und Schutzherr über alle Dinge der SS und Polizei, die in Ihrem Oberabschnitt geschehen oder dargestellt werden sollen, zu sein. Dieses fundamentale Gesetz für den Höheren SS- und Polizeiführer darf ich Sie bitten, in Ihrem Leben nie wieder zu vergessen[7].«

Ein Widerspruch? Eine Zielvorstellung, die nicht realisiert werden konnte? Ein Beispiel für die bombastischen Phantastereien des Reichführers, die von seinen nüchterner gesonnenen Untergebenen auch gar nicht ernst genommen wurden[8]?

Eine Analyse der Machtverhältnisse in den von Deutschland im Verlauf des Zweiten Weltkriegs besetzten Ländern, in denen nach und nach überall Höhere SS- und Polizeiführer eingesetzt wurden, zeigt, welche bedeutende Stellung diese als Repräsentanten der nationalsozialistischen Macht- und Rassepolitik innehatten. Dabei treten sie in den Bereichen am meisten hervor, die die vordringlichsten Ziele der SS und ihres Reichsführers darstellten.

Dazu gehörten[9]: Umsiedlungsaktionen, bestehend aus Vertreibung und Neuansiedlungen mit begleitenden »rassischen« Sichtungen in Polen und auch in Rußland. Gegnerunterdrückung auf allen Ebenen, angefangen von der massenweisen Ermordung der polnischen Intelligenzschicht, bis zu großangelegten »Befriedungsaktionen« in Rußland, die die Ausrottung ganzer Dörfer und Verwüstung ganzer Landstriche bedeuteten. Der Partisanenkampf war eine der Hauptaufgaben der Höheren SS- und Polizeiführer; einer aus ihren Reihen wurde zum »Chef der Bandenkampfverbände« gemacht. Dabei bedienten sie sich nicht nur der Polizei (die zusammenfassende Führung beider Sparten der Polizei, besonders der Einsatz der Ordnungspolizei, war vor allem in Rußland von großer Bedeutung geworden), sondern es wurden unter ihrer Aufsicht Hilfspolizeien und Schutzmannschaften aus Landeseinwohnern zusätzlich aufgestellt. Die Höheren SS- und Polizeiführer waren an der Errichtung, Aufsicht und Sicherung von Konzentrationslagern und Zwangsarbeiterlagern beteiligt, ebenso an der Niederhaltung der ausländischen Arbeiter. Ihre Rolle bei der Judenvernichtung ist vermutlich noch sehr viel wichtiger, als bisher angenommen wurde[10]. In den Balkanländern gelang ihnen durch politische Einflußnahme und Beteiligung an der inneren Neustrukturierung verbündeter Staaten der Eingriff in die außenpolitische Sphäre. Schließlich kam es bei Kriegsende auch noch zur Übernahme militärischer Funktionen bei Kriseneinsätzen.

Der Reichsführer-SS hatte also jede Berechtigung, die Höheren SS- und Polizeiführer als Himmlers Stellvertreter zu bezeichnen — sie waren in der Tat, wie Ohlendorf es formulierte, die »kleinen Himmler«[11].

Es soll an dieser Stelle darauf hingewiesen werden, daß die ungenau umrissenen Bestimmungen in den Dienstanweisungen Raum für eine Darstellung gegeben haben, die sich bis zu einem gewissen Grad auch in der wissenschaftlichen Literatur niedergeschlagen hat, in der die Höheren SS- und Polizeiführer zu reinen Repräsentationsfiguren ohne Macht und wirklichen Einfluß reduziert wurden[12]. Dies ist eine der Legenden, die im Zuge der kollektiven Bewußtseinsveränderung von SS- und Polizeiangehörigen nach Kriegsende in den alliierten Lagern und im Nürnberger Gerichtsgefängnis und zum Zwecke der inneren und äußeren Exkulpierung fabriziert wurden[13]. In gleicher Weise ist Himmler zu einem kleinkarierten, spießerhaften, skurrilen Popanz stilisiert worden, der seine Daseinsberechtigung nur aus seiner Rolle als sturer Ausführer der Befehle Hitlers abgeleitet habe[14]. Beide Klischees halten den zeitgenössischen Quellen nicht stand.

## II.

In den Höheren SS- und Polizeiführern hat Himmler eine Organisationsform verwirklicht, die als Strukturmodell in der SS und Polizei immer wieder beobachtet werden kann. Darin kamen folgende seiner Grundüberzeugungen, die er in seinen Reden und Briefen immer wieder vertreten hat, zum Ausdruck:
— Große, genau durchstrukturierte Behördenapparate führen zu Stagnation und Unbeweglichkeit; Bürokratie bedeutet Versteinerung; anonyme Instanzen dienen nur zur Verschleierung persönlicher Interessen. Himmler teilte den auch bei Hitler ausgeprägten Affekt gegen Juristen im allgemeinen und gegen das juristische Denken.
— Am effizientesten arbeitet eine mit allen Vollmachten ausgestattete, energische Führerpersönlichkeit. (Die Einsetzung von Sonderbevollmächtigten kann im nationalsozialistischen System häufig beobachtet werden.) Auf allen Ebenen der Befehlshierarchie galt es, die Eigeninitiative der jeweiligen Führer freizusetzen.
— Der Nationalsozialismus stellte für Himmler wirklich eine Bewegung dar. Der Reichsführer-SS und seine SS-Führer hatten zwar regelnd und antreibend einzuwirken, zugleich mußten sie sich aber dem Fluß der Ereignisse aussetzen, sich offen für Veränderungen halten und so der »organischen Entwicklung« der Dinge »aus der Sache heraus« ihren Raum lassen. Himmler sah sich selbst als einen Teil einer größeren historischen Entwicklung. Es entsprach seiner Praxis, allgemeine Regelungen zunächst auf der Basis von Einzelentscheidungen voranzutreiben[15].

Diesen Elementen sollte in einer offenen Organisationsform, wie sie die Höheren SS- und Polizeiführer darstellten, am besten Rechnung getragen werden. Die HSSPF hatten keine großen Apparate unter sich, sondern waren kleine, schnell bewegliche Dirigierzentralen. Sie sollten in die Arbeit der ihnen unterstellten Hauptmitarbeiter nicht in allen Details eingreifen, um so deren Eigeninitiative und selbständige Arbeit zu erhalten. Die Höheren SS- und Polizeiführer sollten aber über alles informiert sein, regelnd eingreifen können und zugleich in der Lage sein, spontan Anstöße zu geben und Initiativen in den von ihnen auf Grund ihrer ideologischen Überzeugung für wichtig erachteten Dingen anzuregen und somit innovativ zu wirken. Daraus resultierte die oben konstatierte merkwürdige Mischung von relativ wenig normierter Dienstanweisung und umfassendem Anspruch der Machtstellung und Einflußnahme[16].

Diese Konzeption ist in der SS und Polizei immer wieder verwirklicht worden; Beispiele sind der Kommandostab Reichsführer-SS oder der Chef der Bandenkampfverbände. Auch Himmler selbst nahm seine Aufgaben als Chef der deutschen Polizei und später als Reichsinnenminister in vergleichbarer Weise wahr.

Das Fundament dieser Organisationsform stellt die »weltanschauliche Gefestigtheit« des jeweiligen SS-Führers dar, die ihn zur richtigen Erkenntnis und damit zum richtigen Handeln befähigte[17]. Es war damit von ausschlaggebender Bedeutung, welche Personen Höhere SS- und Polizeiführer waren. Person und Funktion stehen in enger Wechselwirkung. Das liegt nicht nur daran, daß Himmler sich in den Anfangsschwierigkeiten nur unter Zuhilfenahme seines treu ergebenen Führerkorps eine Machtposition auf- und ausbauen konnte. Ein personalistisch geprägtes System wurde mit voller Absicht gewählt; gleiche Bedeutung kam zum Beispiel den in der Hierarchie nachrückenden SS- und Polizeiführern und den Befehlshabern der Sicherheits- und Ordnungspolizei und der Waffen-SS zu[18]. Um das von ihm gewählte Strukturmodell zum Funktionieren zu bringen, war Himmler auf den Aufbau einer neuen Elite angewiesen.

## III.

Die Frage, wie die neue Elite zustandegekommen sei, woher und aus welchen Gründen sie sich rekrutierte, ist auf Grund von sozialem Hintergrund und beruflicher Ausbildung nicht zu beantworten. Bei der Untersuchung des sozialen Hintergrunds ist eine Bandbreite festzustellen, die vom Hochadel bis zur Arbeiterfamilie reicht[19]. Festzuhalten ist also nur, daß die SS den Aufstieg in die Führerschicht auch für solche Leute möglich machte, denen er sonst verschlossen gewesen wäre. Ausbildungsgänge verliefen zunächst der Herkunft entsprechend; Gutsbesitzersöhne kamen in die Kadettenanstalt, Arbeitersöhne in die Fabrik. Der Erste Weltkrieg bildete dann die große Zäsur; abgebrochene Ausbildungen, Freikorpsaktivitäten, Arbeitslosigkeit und Nichteingliederung in das Wirtschaftsleben der Weimarer Republik waren die Folge[20].

Den Ausweg aus diesen Problemen fanden die nachmaligen SS-Führer in der politischen Hinwendung zum Nationalsozialismus, die für sie oft die Form eines persönlichen Erweckungserlebnisses annahm. In einem Fall wird die Lektüre des »Evangeliums des Führers»[21], Hitlers »Mein Kampf«, als das einschneidende Erlebnis beschrieben[22]. Von diesem Punkt an verschrieben sie sich mit äußerstem Engagement der nationalsozialistischen Bewegung[23]. Darauf, und nur darauf, gründete sich der Aufstieg in die Führungsgruppe der SS. Himmler war zwar durchaus bestrebt, Männer mit zum Beispiel militärischen oder Verwaltungskenntnissen für seine Reihen zu gewinnen. Aber auch in solchen Fällen zeigt sich, daß die weltanschauliche Bindung die Conditio sine qua non für eine Übernahme in die SS war[24].

Diese fundamentale Entscheidung zum Nationalsozialismus wurde in der SS als Eingehen einer Treuebindung verstanden, mit der sich das Individuum seinem selbstgewählten Führer zur weiteren Formung überließ[25]. Alle Lebensbezüge der SS-Führer hatten sich danach an den SS-Normen zu orientieren. Darunter fielen Ehe, Kinderzahl, Religionszugehörigkeit und zahlreiche andere Details des persönlichen und materiellen Lebenszuschnitts. Der bescheidene Rahmen der SS-Besoldungen machte Aufbesserungen durch die Kasse des Persönlichen Stabs Reichsführer-SS notwendig und verstärkte so die Möglichkeiten der Kontrolle[26]. Dabei ist auffallend, mit welch freudiger Hingabe sich die Höheren SS- und Polizeiführer der Fremdbestimmung durch den Reichsführer-SS unterwarfen, weit über das hinaus, was auf Grund der SS-Normen notwendig gewesen wäre[27].

Himmler führte eine strikte Aufsicht und ließ sich ständig über Lebensführung, Verhalten und Leistungen informieren, er griff persönlich mit Lob und Tadel ein. Die dabei verlangten Werte waren Härte, Durchsetzungsvermögen, Gehorsam, Leistung — also alles, was den SS-Führer zum Funktionär eines extrem machtorientierten Herrschaftssystems qualifizierte[28].

Die Höheren SS- und Polizeiführer stellten damit eine von Himmler handverlesene und immer wieder überprüfte Führungselite dar. Das Moment der beständigen Auslese ist für die SS konstitutiv. Nicht nur Himmler zog sich so seine erste Führergeneration heran, auch die Höheren SS- und Polizeiführer — und in gleicher Weise die SS-Hauptamtschefs, ja überhaupt alle SS-Führer in ihren jeweiligen Bereichen — hatten diese Erziehungs- und Auslesefunktion gegenüber ihren Untergebenen wahrzunehmen. Es ist zu beobachten, daß sich auch die Höheren SS- und Polizeiführer eigene Gefolgschaftspyramiden aus treuergebenen SS-Führern aufbauten, die zu jedem neuen Einsatz mitgezogen wurden[29]. Das entsprang zum einen dem Bestreben, permanent den Nachschub für ein effizientes und durchsetzungsfähiges Führerkorps zu sichern, zum anderen schlug sich darin das Konzept der rassischen Auslese nieder[30].

Die SS verstand sich ja nicht nur als ein Machtinstrument zur Ausführung des Führerwillens, sondern zugleich als Sippenorden, in dessen Rahmen die »Höherzüchtung« der arischen Rasse erfolgen sollte. Dem sah sich der Reichsführer-SS besonders verpflichtet, hier engagierten sich auch die Höheren SS- und Polizeiführer (von denen einige, ebenso wie Himmler selbst oder andere Nazi-Größen, nicht unbedingt dem Ideal des arischen Herrenmenschen entsprachen). Heiratsgesetze und Siebung nach rassischen und eugenischen Gesichtspunkten sollte dazu dienen, dem Ideal der »Höherzüchtung« näherzukommen.

Hierbei ist wichtig, daß den Höheren SS- und Polizeiführern mit den Rasse- und Siedlungsführern diejenige Institution unterstellt war, durch die rassische Ansichten auf allen Ebenen in die Praxis umgesetzt werden konnte. Die Rasse- und Siedlungsführer führten rassische Prüfungen durch, die zum Beispiel für die Frage der Bestrafung von sexuellen Beziehungen zwischen Slawen und Deutschen und gegebenenfalls Durchführung von Abtreibungen oder der Beurteilung ganzer Volksgruppen von ausschlaggebender Bedeutung waren. In die sich dabei herausbildenden Dienstwege waren die Höheren SS- und Polizeiführer als wichtige Instanz integriert[31].

Nun eignete sich der Rassenbegriff sehr gut zur Abgrenzung gegen Juden, Slawen oder Zigeuner. Wenn man die rassischen Vorstellungen dagegen in ihrer »positiven« Anwendung betrachtet, fällt auf, daß sie etwas seltsam Unbestimmtes haben, sobald über einige relativ einfache physische Merkmale hinausgegangen wurde. In den für alle SS-Führer routinemäßig immer wieder abgegebenen rassischen Beurteilungen zum Beispiel ist bemerkenswert, welch starken Schwankungen die Bewertungen unterworfen sind. In einem Fall veränderte sich die Beurteilung von »Mischling mit mongolischem Einschlag« zu »nordisch-dinarisch«[32]. Man kann daraus nur folgern, daß das Urteil sehr stark von dem persönlichen Blickwinkel des Beurteilenden abhing, also inwieweit der zu Beurteilende den Eindruck zu erwecken verstand, daß er die innerhalb der Gruppe akzeptierten Werte repräsentiere. Dieselbe starke Abhängigkeit des Urteils von persönlichen Affekten findet sich auch in den Verdikten der Rasse- und Siedlungsführer, die sich, überspitzt ausgedrückt, darauf zu reduzieren scheinen lassen, ob jemand mit der vorgeschriebenen strammen Haltung zur Türe hereingekommen war[33]. Die Rassevorstellung war eng mit den von der SS-Gemeinschaft geteilten Normen verbunden und kann nicht von diesen abgelöst betrachtet werden.

Diese Verknüpfung hat ihren Hintergrund in der von Himmler immer wieder geäußerten Überzeugung, daß die Rasse, das »gute Blut« zu besonderer Leistung befähige[34]. Anders herum gesehen bedeutete das aber auch, daß sich die Existenz des »guten Blutes« in beständiger Leistung und Einsatz zu beweisen hatte. Das hatte eine Intensivierung des ohnehin starken Leistungsdrucks auf die SS-Führer zur Folge, da jedes Ermüden als Schlappwerden, als Zeichen »rassischer Minderwertigkeit« gedeutet wurde[35]. Erfolg war für Himmler nur eine Frage »fanatischen Glaubens« und »äußerster Härte«[36]. Die geradezu verzweifelten Versuche von Höheren SS- und Polizeiführern, selbst gegen schwere Krankheiten anzukämpfen, um sich nicht ein »Weichwerden« eingestehen zu müssen[37], legen dafür ein beredtes Zeugnis ab.

Der SS-Führer stand in einer Doppelfunktion, in der er zugleich Subjekt als auch Objekt war: Zum einen hatte er sich in immer neuer Leistung für die weltanschaulichen Ziele des Nationalsozialismus zu verzehren und so sich und seinem Reichsführer permanent seine Berechtigung zur Zugehörigkeit zu einer auf Rasse begründeten Elite zu beweisen; zum anderen nahm er, basierend auf seiner weltanschaulichen Ausrichtung, dieselbe Erziehungs- und Auslesefunktion seinen eigenen Untergebenen gegenüber wahr.

Durch den ununterbrochenen Einsatz der Höheren SS- und Polizeiführer wurde das Funktionieren der offenen Organisationsform gewährleistet, die von der ständigen Initiative des einzelnen lebte. Daraus konnte zwar auch eine Gefahrenquelle für das System entstehen, und zwar durch die aus blinder Überaktivität entstehende Unorganisiertheit. Allerdings blieben diese Störungen nach Himmlers Ansicht an der Peripherie. Wichtig war, daß die Führerpersönlichkeit in ihrer Initiative unbehindert war und sich mit Effizienz und Härte den weltanschaulich wichtigen Aufgaben annehmen konnte.

## Anmerkungen

1 Allgemein zur Entwicklung von SS und Polizei: Buchheim, Hans, Die SS — das Herrschaftsinstrument, in: Anatomie des SS-Staates, Bd 1, München 1967; Birn, Ruth Bettina: Die Höheren SS- und Polizeiführer. Himmlers Vertreter im Reich und in den besetzten Gebieten, Düsseldorf 1986.

2 25.8.1939, Erlaß des Reichsinnenministers, i.V. gez. Himmler, Institut für Zeitgeschichte, München (IfZg), Fa 156. Weitere Erlasse: 13.11.1937, Zentrale Stelle, Ludwigsburg, Verschiedenes 103—104; 29.8.1939, Landesarchiv Saarbrücken, Bestand 288/1; 11.9.1939, 16.12.1939, IfZg, Fa 156; 16.10.1939, Bundesarchiv Koblenz (BA), R 58/241.

3 Erlaß vom 25.8.1939, IfZg, Fa 156.

4 Ebd.

5 16.12.1939, Dienstanweisung, IfZg, Fa 156.

6 15.6.1939, Himmler an Berger, BA, NS 19/1165.

7 25.5.1943, Himmler an Jeckeln, BA, NS 19/1165.

8 Siehe hierzu auch Anm. 14.

9 Für Einzelheiten vgl. Birn (wie Anm. 1).

10 Vgl. dazu die von Streim vorgebrachten Thesen zur Entstehungsgeschichte des Endlösungsbefehls: Streim, Alfred, Die Behandlung sowjetischer Kriegsgefangener im »Fall Barbarossa«. Eine Dokumentation, Heidelberg 1981, S. 74 ff. Zur Diskussion darüber: Jäckel, Eberhard/Rohwer, Jürgen (Hrsg.), Der Mord an den Juden im Zweiten Weltkrieg. Entschlußbildung und Verwirklichung, Stuttgart 1985.

11 Aussage Ohlendorf, IfZg, Zs 278.

12 Zu beobachten in den Aussagen aller HSSPF, besonders deutlich bei Reinefarth, Aussagen 16.9.1948, IfZg, Zs 1138; 1948, IfZg, Mc 37; Prozeß in Flensburg, Zen-

trale Stelle, Ludwigsburg, 203 AR 185/65. Aussagen Bomhard, 2.7.1946; Reinecke, 19.8.1946; Best, 7.2.1947; Morgen 20.9.1948, von Otto Hofmann der Verfasserin freundlicherweise zur Verfügung gestellt; inhaltlich identisch mit der von Hofmann der Verfasserin gegebenen Auskunft vom 4.3.1982. Niederschlag in der Literatur z.B.: Crankshaw, Edward, Die Gestapo, Berlin 1959, S. 129 f.

13 Neben den Aussagen deuten auch Verteidigerdokumente darauf hin, daß diese Darstellungsweise ihre Entstehung in Nürnberg hatte, vgl. die in Anm. 12 zitierten Dokumente aus dem Besitz Hofmanns. Vor einiger Zeit ist die Verfasserin auf ein interessantes Beweisstück dafür, wie diese Sprachregelungen getroffen wurden, aufmerksam gemacht worden: durch einen Kassiber, den der HSSPF Richard Hildebrandt dem HSSPF Bach-Zelewski in Nürnberg zukommen ließ: »Der Untersuchungsrichter will mir die Verantwortung zuschieben für: Polenerschießungen in Westpreußen durch Selbstschutz (1939) — Oberführer von Alvensleben, der als Organ der Sicherheitspolizei unmittelbar Berlin unterstand, war zuständig. 2. Erschießungen von Geisteskranken in Westpreußen 1939 — erfolgten durch Sicherheitspolizei oder Selbstschutz unter Heydrich. Wenden! 3. Der Höhere SS- und Polizeiführer war nur eine repräsentative Stellung und hatte keinerlei Exekutive, wie Du gut weisst. 4. Kannst Du mir zu meiner Rechtfertigung verhelfen durch Deine Beziehungen? Bitte Erklärungen dazu für mich abgeben auch über meinen Charakter. 5. Tu Alles Menschenmögliche, um meine Wiederauslieferung an Polen zu verhindern! Gott befohlen! Dein R. Hildebrandt« (Zentrale Stelle, Ludwigsburg, 202 AR-Z 52/59, BMH VIII). Auch die in Punkt 1 und 2 gemachten Aussagen sind falsch.

14 So in den Aussagen von: Bach, Zs 543; Hildebrandt, Zs 928; Kaltenbrunner, Zs 673; Schimana, Zs 1420; Ebrecht, Zs 668, sämtlich IfZg. Häufig soll Himmler als Schwächling dargestellt worden sein, der selbst nicht aushalten konnte, was er seinen Führern zumutete: Aus dem Leben eines SS-Generals, in: Aufbau, New York, Bd 12, 23.8.1946, 30.8.1946, 6.9.1946. Besonders deutlich ist die mit den Jahren fortschreitende Umgestaltung von Erinnerungen bei Wolff: vgl. Lang, Jochen von, Der Adjutant. Karl Wolff. Der Mann zwischen Hitler und Himmler, München 1985. Die Verfasserin hält diese Äußerungen für Reaktionen auf den Selbstmord Himmlers, der sich damit seiner Schutzfunktion für seine Führer entzogen hatte. Vgl. zu diesem Himmler-Bild auch: Heiber, Helmut (Hrsg.), Reichsführer! Briefe von und an Himmler, München 1970; Kater, Michael H., Das »Ahnenerbe« der SS. Ein Beitrag zur Kulturpolitik des Dritten Reiches, Stuttgart 1971.

15 So sagte Himmler, er habe selbst niemals ein Wort über die Konzipierung der SS geschrieben, aber sie sei »nun aus dem Leben heraus entstanden und damit da« (9.10.1942, Himmler an den Rasse- und Siedlungsführer Norwegen, BA, NS 19/252). Deutlich auch: »Nach einem Jahr kann man dann die durch das Leben und die Praxis gesammelten Erfahrungen in die Form eines Gesetzes gießen. So wird regiert und nicht anders« (Himmler an Berger, IfZg, NO 626); Himmler sprach in seinen Reden auch von zukünftigen Nachfolgern als Reichsführer-SS; ein solcher Gedanke ist bei Hitler schwer vorstellbar.

16 Programmatisch dazu: »Wir stehen noch mitten in dem Entwicklungsstadium des nationalsozialistischen Staates und können und dürfen [sic] noch nicht als fertig und abgeschlossen ansehen. Wir sind selbst eine wirkende Kraft in diesem Entwicklungsprozeß und dürfen deshalb nicht fertig und abgeschlossen sein wollen. Wir müssen unsere Organisation und unsere Tätigkeit und unser Denken und Wollen beweglich und offen halten für alle Möglichkeiten und Notwendigkeiten, die die Zukunft bringt« (Vortrag Best vor HSSPF und Inspekteuren der Sicherheitspolizei, 29.1.1940, BA, R 58/243).

17 Das Prinzip allseitiger Verwendungsfähigkeit aufgrund weltanschaulicher Gefestigtheit führte zu einer Praxis ständigen Wechsels der Amtsstellungen. Ein Beispiel ist Stroop, der innerhalb von neun Monaten viermal seine Stellung wechselte. Der Chef des SS-Personalhauptamts schrieb ihm dazu: »Denn bei uns ist ja nur der Wechsel beständig« (4.10.1943, Herff an Stroop, Personalakte Stroop, Berlin Document Center).

18 Auch in anderen Bereichen, wie etwa bei dem KZ-Personal oder den Einsatzgruppen scheint das Prinzip der Vergabe von wichtigen Funktionen auf Grund ideologischer Zuverlässigkeit auf.

19 Hierin weichen die HSSPF von der sozialen Schichtung des SS-Führerkorps ab, vgl.: Ziegler, Herbert Friedrich, The SS-Führerkorps. An Analysis of its Socioeconomic and Demographic Structure 1925—1939, Diss. Emory Univ., 1980, S. 69 ff.

20 Eine Statistik läßt sich für 47 HSSPF nicht aufstellen, es können nur in den Biographien auffallende Gemeinsamkeiten zusammengestellt werden. Als Quelle dienen hier und im folgenden die Personalakten im Berlin Document Center. Soweit zu ersehen ist, zeigt sich in den HSSPF auch noch eine weite Streuung des sozialen Hintergrunds, während sich in anderen Gruppierungen in der SS sozial homogenere Gruppen zu bilden schienen, vgl.: Boehnert, Gunnar L., The Jurists in the SS-Führungskorps 1929—1939, in: Der »Führerstaat«. Mythos und Realität. Studien zur Struktur und Realität des Dritten Reiches, hrsg. von Gerhard Hirschfeld und Lothar Kettenacker, Stuttgart 1981. Das Kriegserlebnis war von einschneidender Bedeutung, so wurde häufig auch in sehr viel späteren Jahren noch als Berufsangabe »Soldat« angegeben. Die Gutsbesitzer konnten natürlich auch in der Weimarer Zeit ihre Stellung halten, sonst gelang nur einem aus der Gruppe der Weltkriegsteilnehmer ein wirtschaftlicher Aufstieg; interessanterweise auch ein zweites Mal in der Bundesrepublik.

21 24.1.1934, Fitzthum an Oberabschnittsführer, Personalakte Fitzthum, Berlin Document Center.

22 Bassewitz-Behr befand sich zu diesem Zeitpunkt auf dem Schiff, um auszuwandern. Er kehrte daraufhin sofort zurück und verschrieb sich der nationalsozialistischen Bewegung: Aussage Bassewitz-Behr zur Person, Zentrale Stelle, Ludwigsburg, JAG 266. Ähnliches in Lebensläufen von Ebrecht, Jeckeln, Fitzthum, Rauter, Sporrenberg, Waldeck-Pyrmont, jeweils in Personalakten.

23 Das Ausmaß des Einsatzes wird daran deutlich, daß 15 HSSPF politisch vorbestraft waren, zum Teil mehrfach. Der totale Einsatz für die Sache entsprach offensichtlich eigenen inneren Notwendigkeiten: »Erst seitdem ich ganz in der nationalsozialistischen Bewegung aufgehe, habe ich mein seelisches Gleichgewicht wiedergefunden« (27.2.1932, Jeckeln an Himmler, Personalakte Jeckeln, Berlin Document Center).

24 Ein Beispiel ist Maximilian von Herff, den Himmler zur Neuordnung des Personalwesens als Chef des Personalhauptamtes von der Wehrmacht übernahm. Herffs Korrespondenz mit Wolff, dem Chef des Persönlichen Stabs Reichsführer-SS zeigt, daß sich die SS über seine weltanschauliche Ausrichtung keine Sorge zu machen brauchte. Dieser Grundkonsens war auch für die Polizeigenerale verbindlich, vgl. dazu die Korrespondenz Querners, BA, Kl. Erw. 521. Das ist deshalb zu betonen, weil in der Nachkriegszeit immer wieder versucht wurde, einen Unterschied zwischen den eigentlich doch »anständigen« Polizeigeneralen und der SS aufzubauen.

25 Das Treueideal war der höchste Wert in Himmler Tugendlehre, die er in seinen Reden immer wiederholte. Zitate finden sich in: Heinrich Himmler. Geheimreden 1933—1945 und andere Ansprachen, hrsg. von Bradley F. Smith und Agnes

F. Peterson, Frankfurt 1974; Ackermann, Josef, Heinrich Himmler als Ideologe, Göttingen 1970.

[26] Alle HSSPF waren verheiratet. In der SS wurde Druck ausgeübt, eine Ehe einzugehen, zum Teil Fristen dafür gesetzt. Ein relativ hoher Anteil der vor 1933 geschlossenen Ehen ist während der Nazi-Zeit (und dem damit verbundenen sozialen Aufstieg des Mannes) wieder geschieden worden. Die Kinderzahl war mit 3,6 höher als im SS-Führerkorps allgemein, aber noch immer unter der von Himmler geforderten Norm. Alle HSSPF, mit einer begründeten Ausnahme, waren aus der Kirche ausgetreten. Genaue Gehaltsaufstellungen und Listen über die finanziellen Zuwendungen durch die Reichsführung finden sich in den Personalakten. Viele der HSSPF konnten erst in der SS eine berufliche Sicherung erfahren. Das gilt auch für andere Teile der SS, z.B. die KZ-Wachmannschaften.

[27] Ein Hinweis auf die dahinterstehenden Empfindungen gibt folgendes Zitat: »Das Gefühl, daß ich das Vertrauen, das Sie mir bis dorthin geschenkt haben, verloren haben sollte, wird mir unerträglich. Wenn Sie mich dessen weiterhin versichern, ist mir das tausendmal mehr wert, als jede formale Genugtuung« (4.9.1940, Fitzthum an Himmler, Personalakte Fitzthum, Berlin Document Center). Die Reihe solcher Zitate ließe sich beliebig vermehren.

[28] Die Leistungsforderung ist politisch am folgenschwersten gewesen, Einflußnahmen Himmlers erstreckten sich aber auf alle Lebensbereiche. Als Beispiel Himmlers Ermahnung an einen HSSPF, der sich in der letzten Kriegsphase nicht allzusehr um Durchhalteparolen bekümmerte: »Erklären kann ich mir diese Erscheinungen nur in einer Weichheit, die ich an Dir bisher nicht gekannt habe und in einer Hörigkeit und Unselbständigkeit Deinen Mitarbeitern und Deinem Stab gegenüber, die ich geradezu für bedenklich halte. Ich kann Dich wirklich nur bitten, werde endlich hart« (14.1.1945, Himmler an Höfle, Personalakte Höfle, Berlin Document Center). Mangelnde Leistung war der einzige Grund, weswegen ein HSSPF aus seiner Stellung entlassen wurde, so Jungclauss, Kaul, Korsemann, Rodenbücher, Woyrsch. Aber auch in diesen Fällen blieb die Treuebeziehung zwischen HSSPF und Himmler erhalten.

[29] Besonders gut zu beobachten bei Jeckeln; auch im Wirtschafts-Verwaltungshauptamt, zwischen Pohl und seiner obersten Führergarnitur. Zum selben Phänomen in den Einsatzgruppen: Krausnick, Helmut/Wilhelm, Hans-Heinrich, Die Truppe des Weltanschauungskrieges. Die Einsatzgruppen der Sicherheitspolizei und des SD 1938—1942, Stuttgart 1981, S. 284 ff.

[30] Zum Vorgang der Auslese: Ackermann (wie Anm. 25), S. 97 ff.; Wegner, Bernd, Hitlers politische Soldaten. Die Waffen-SS 1933—1945, Paderborn 1982, S. 135 ff.

[31] Die Rasse- und Siedlungsführer waren besonders eng an die HSSPF angeschlossen, vgl. Dienstanweisungen 20.1.1941, BA, NS 2/62; 14.7.1943, BA, NS 2/108a. Alle drei Chefs des Rasse- und Siedlungshauptamtes waren auch einmal HSSPF gewesen. Zur Praxis rassischer Beurteilungen Material im Bestand 483, Hauptstaatsarchiv Wiesbaden. Das rassische Gutachten des Rasse- und Siedlungsführers in den Niederlanden über eine Gruppe sephardischer Juden führte zu deren Deportation nach Auschwitz, Rijksinstituut voor Oorlogsdocumentatie, Amsterdam, HSSPF 183 f.

[32] Personalakte Ludolf von Alvensleben, Berlin Document Center.

[33] So der Rasse- und Siedlungsführer Wiesbaden: »Es gibt gewisse Dinge, die man juristisch durch Tatsachen nicht einwandfrei beweisen kann, die aber der gesunde Volksinstinkt sehr sicher fühlt« (Beurteilung L, Hauptstaatsarchiv Wiesbaden, 483/1212). Der »gesunde Volksinstinkt« wurde vom Rasse- und Siedlungsführer

interpretiert. Zur Handhabung rassischer Kriterien auch Wegner (wie Anm. 30), S. 135 ff. Bei der Beurteilungspraxis in der SS war nicht ein einmaliger Eindruck, der visuell begründet ist, ausschlaggebend, sondern dienstlicher und persönlicher Umgang über eine längere Zeitspanne, durch den andere Kriterien in den Vordergrund traten.

34 So in den Reden Himmlers vom 16.9.1942, 5.5.1944, 14.5.1944, 17.5.1944, sämtlich BA. Himmler hielt z.B. die defaitistische Stimmung unter den Arbeitern einer Munitionsfabrik für ein Zeichen schlechter Rasse, Heiber (wie Anm. 14), S. 271.

35 Der Kampf mit Angstgefühlen ist in exemplarischer Weise in den Tagebüchern Bach-Zelewskis nachzulesen, BA, R 20/45b; Archiv der Glowna Komisija, Warszawa.

36 Rede Himmlers, 14.10.1943, BA, HR 11.

37 31.3.1942, Bach-Zelewski an Himmler, Personalakte Bach, Berlin Document Center. Eine übliche Form war, daß der HSSPF bis zur Selbstaufgabe im Einsatz blieb, um so seine Härte zu beweisen, bis besorgte Untergebene den Reichsführer auf seinen Zustand aufmerksam machten und Himmler ihm dann befahl, sich zu schonen; vgl. die Vorgänge in den Personalakten Weitzel, Jeckeln, Gutenberger, Gottberg, Woyrsch, Berger, Alvensleben, Rösener, Bach, sämtlich Berlin Document Center.

Jost Dülffer

# Vom Bündnispartner zum Erfüllungsgehilfen im totalen Krieg

## Militär und Gesellschaft in Deutschland 1933–1945*

Zwölf Jahre nationalsozialistischer Herrschaft scheinen im Rückblick eine kurze Zeitspanne zu sein; aber es ist eine Periode ungeheuer beschleunigten sozialen Wandels, wozu neben den Terrormaßnahmen der gesamten Zeit vor allem der Krieg maßgeblich beitrug. Keine soziale Gruppe von Bedeutung machte jedoch einen so umfassenden Wandel durch wie das Militär. Oder anders gesagt: Gesamtgesellschaftlicher Wandel fand zu einem beträchtlichen Teil statt durch den Wandel des Militärs und dessen Ausdehnung in der gesamten Gesellschaft.

Das ist schon quantitativ eindrucksvoll. 1933 war die bewaffnete Macht noch durch den Versailler Vertrag limitiert. Das Heer durfte 100 000 Mann, davon 4 000 Offiziere, die Marine 15 000 Mann bei 1 500 Offizieren umfassen. Das durchgängige Muster für die Wehrmacht im NS-Staat war eine permanente Expansion und Ausdifferenzierung. Die beiden nach außen hin sichtbaren Einschnitte bilden hierbei die Verkündung der Abkehr von einem Freiwilligenheer zur allgemeinen Wehrpflicht im Frühjahr 1935 und die Mobilmachung der Reserven zum Kriegsbeginn 1939. Beide Einschnitte sind nur relativ. Bereits ab 1934 wurden in größerem Maße Freiwillige über die zugelassenen Limits hinaus eingestellt. Teilmobilmachungen hatten schon im Sommer/Herbst 1938 in der Sudetenkrise stattgefunden; der Beginn des Waffenkrieges im September 1939 markierte noch längst nicht die Ausschöpfung aller Personalreserven. So entwickelte sich das Reichsheer wie folgt[1]. Am 1. Mai 1933 gab es 3 858 Offiziere, fünf Jahre später waren es (1.10.1938) bereits fast siebenmal soviel, 22 600. Die Zahl der Soldaten war in etwa im gleichen Verhältnis auf 760 000 Mann gestiegen. Im September 1939 nach der Mobilmachung stieg die Zahl der Offiziere mit 89 075 wiederum um das Vierfache gegenüber dem Vorjahr. Am 1. Juli 1943 waren es 248 537 Offiziere. Das bedeutete erneut eine Verdreifachung. Der größte Teil von ihnen, etwa 200 000, waren Reserveoffiziere. Anschließend sank die Zahl der Heeresoffiziere langsam wieder ab.

---

* Der Beitrag beruht auf einem Vortrag für eine deutsch-spanische Tagung »Deutschland und Spanien unter der Diktatur«, veranstaltet vom Institut für Europäische Geschichte, Mainz, 23.–26.9.1987.

1939 betrug die Gesamtstärke aller Wehrmachtteile 3 085 000 Mann, 1943 9 480 000 Mann. Die Zahl der Soldaten insgesamt stieg also fast um das Einhundertfache gegenüber 1933 an, die der Offiziere des Heeres allein um mehr als das Fünfzigfache. 1933 gab es aufgrund der Verbote des Versailler Vertrages keine militärische Luftfahrt, wohl aber wurde sie in begrenztem Umfang bei Heer und Marine zuvor vorbereitet. Am 1. Mai 1933 konnte das neue Reichsluftfahrtministerium ca. 550 Fliegeroffiziere aus Heer und Marine übernehmen und somit den Kern für eine dritte Teilstreitkraft bilden. Am 1. November 1943 dürfte mit 2 994 000 Mann der Höchststand der Luftwaffe erreicht worden sein (davon 119 000 Offiziere, Beamte und Ingenieure), bis 15. Februar 1945 sank diese Ziffer auf 2 179 400 ab. Bei der Marine war die Entwicklung nicht ganz so rasant. Gab es am 15. November 1932 13 900 Unteroffiziere und Mannschaften, so waren es bei Kriegsbeginn 73 900 — also etwa das Fünffache. Die Gesamtzahl aller Marineoffiziere, die 1930 noch 966 betragen hatte, wuchs auf 4 240 (Seeoffiziere von 698 auf 2 528) an. Es ist in diesem Zusammenhang zu erwähnen, daß die Waffen-SS ein besonderes Problem darstellte. Sie war — wie noch zu erläutern sein wird — kein vierter Wehrmachtteil, aber doch übte sie im Krieg die Funktion einer gesonderten Heerestruppe aus. Ende 1938 machte sie erst 22 718 Mann aus; Ende 1943 waren es 501 049 (davon Feldtruppe 257 472), am 30.6.1944: 594 443, wobei der Anteil der Feldtruppe auf 368 654 angewachsen war.

Noch ein weiterer Faktor kommt hinzu[2]. Die Wehrmacht zählte bis 30. November 1944 1 911 300 Tote, 1 714 054 Vermißte und Kriegsgefangene. Alle »Ausfälle« (also mit Verwundeten) beliefen sich auf 4 774 148 Mann. Eine andere Quelle gibt gar bis 31.1.1945 mit 8 333 978 Mann als »Gesamtverluste« eine Zahl an, die der Gesamtzahl der Wehrmachtangehörigen insgesamt entsprach, eine dritte spricht von 6,8 Millionen Soldaten Verluste. Der Befund einer personellen Vergrößerung in wenig mehr als 10 Jahren um das Hundertfache ist also angesichts dieser Verluste noch eindrucksvoller. Es ist deutlich, daß die Wehrmacht von 1933 mit der von 1943/45 nicht mehr viel zu tun haben konnte. Eine kleine Elitetruppe wurde zur Durchgangs- und oft auch Endstation für den größten Teil der männlichen Nation. Als Anfang 1945 der Jahrgang 1928 mit 600 000 Männern gemustert werden sollte, rechnete man, insgesamt 500 000, also fast 92 % davon in Uniformen stecken zu können. Davon sollten wiederum ca. 75 % in die des Heeres gelangen, 17 % in die der Waffen-SS.

Neben der Vermehrung steht die Ausdifferenzierung des Soldatenstandes:

1. *Der Reichswehr* des Jahres 1933 gehörten wegen der klaren Bestimmungen des Versailler Vertrages viele Verwaltungsbeamte, Ingenieure, Techniker in zivilem Dienstverhältnis an. Diese Personen wurden bald in militärische Ränge übernommen. Generell nahm im Krieg der Trend zu, viele

traditionelle Verwaltungsaufgaben, die durch Zivilisten wahrgenommen wurden, nunmehr Offizieren bzw. Soldaten zu übertragen.

2. *Die Reserveoffiziere* waren definitionsgemäß aus einem zivilen Beruf nur zeitweilig in den Militärdienst getreten. Ihre Aufstiegsmöglichkeiten in der Wehrmacht blieben beschränkt, wenn sie nicht ins aktive Offizier-Korps übertraten, was häufig geschah. Auch wenn sich auf der unteren und mittleren Offizierebene die Unterschiede zwischen aktiven Offizieren und Reserveoffizieren verwischten, blieb ein sozialer und mentalitätsmäßiger Unterschied vorhanden.
3. *Der Offizierberuf* war auch innerhalb der Teilstreitkräfte nie einheitlich gewesen. Besonders ausgeprägt waren die Unterschiede in der Marine etwa zwischen See- und Ingenieur-Offizieren. Die durch zunehmende Technisierung und Spezialisierung gekennzeichnete Entwicklung führte jedoch auch organisatorisch zu einer zunehmenden Aufsplitterung in verschiedenen Laufbahnen. Die Einheitlichkeit der Soldatentätigkeit als Beruf wurde hierdurch noch stärker als durch die an sich notwendige Arbeitsteilung gefährdet.
4. Auf der *politischen Ebene* war die Wehrmacht trotz aller in den Befehlsprinzipien angelegten Hierarchie keine durchgängig von einheitlichem Willen geprägte Organisation. In der Weimarer Republik bestand ihre politische Spitze aus einem Reichswehrminister, eine Funktion, die ab 1928 von Generalen — zunächst inaktiven — wahrgenommen wurde: Groener, von Schleicher, sodann von Blomberg. Jedoch vermochte weder von den Personen, noch vom entsprechenden Ministerapparat her jene Zentralinstanz eine einheitliche Ausrichtung zu gewährleisten. Die Teilstreitkräfte Heer, Marine und — formal erst ab 1935 eigenständig — Luftwaffe betrieben eine ressortspezifische Politik, die im Ministerium nur wenig koordiniert wurde. Zunehmend entwickelte sich eine Konkurrenz im Verteilungskampf um Ressourcen zwischen jenen Wehrmachtteilen, die nur fallweise und bestenfalls in einheitlicher Abwehr von »zivilen« Ansprüchen gelöst wurde. Dieser Trend verstärkte sich ab 1938 mit der Übernahme des Oberbefehls über die Wehrmacht durch Adolf Hitler und der Schaffung eines militärischen Büros, des Oberkommandos der Wehrmacht (OKW) unter Wilhelm Keitel. Hauptfelder der Konkurrenz zwischen Ministerium und Teilstreitkräften waren einerseits die politisch-weltanschauliche Ausrichtung, andererseits die Verteilung der materiellen Ressourcen für die Aufrüstung.

Der Erosionsprozeß einer einheitlichen militärischen Führung setzte sich fort vor allem in den Differenzen um Einsatzplanungen — so schon vor dem Krieg — und sodann im Krieg in der operativen Führung des Krieges selbst. Seit 1941/42 wurde zwischen Oberkommando des Heeres (OKH) und OKW in einer Arbeitsteilung von Zuständigkeiten für einzelne Kriegsschauplätze ein Kompromiß gefunden. Die Übernahme des Oberbefehls auch des Heeres durch Hitler Ende 1941 bedeutete nicht, daß nun wieder Einheitlichkeit hergestellt wurde, sondern eine weitere Zersplitterung zentraler Militärplanung, die nur in der Person des Führers aufgefangen wurde. Sie setzte sich später noch weiter nach unten durch. Eine in manchen Zügen an die verschiedenartigen Immediatstellen des Kaiserreichs erinnernde Konkurrenz um direkten Zugang zu Hitler, zum Herrschaftsmittel der ad hoc — und nicht langfristig — zweckrational entscheidenden »Führerbefehle« war die Konsequenz.

Zerfiel die Wehrmacht also völlig als einheitliche Organisation? Dieser Eindruck ist in dieser Form falsch. Denn es lassen sich Züge einer Kontinuität und Konstanz des Militärs ausmachen, die prägend wirkten und ihre Prägekraft auch im Wandel des nationalsozialistischen Regimes behielten. Das gilt zumal für den stärksten Wehrmachtteil, das Heer.

*1. Die soziale Rekrutierung*

Das Militär war in Preußen-Deutschland mehr als eine Elite unter anderen. In Preußen war es traditionell die staatstragende Elite schlechthin, ökonomisch war das höhere Offizier-Korps mit dem landbesitzenden Adel/Bürokratie zu einer relativ homogenen Führungsschicht verschmolzen. Auch aufgrund der besonderen Umstände der »Reichsgründung von oben« 1870/71 blieb diese Stellung im Kaiserreich, sodann auch in der Weimarer Republik im Kern erhalten. Es gab spätestens seit 1862 einen Dualismus von militärischer und ziviler Gewalt, der den Militärs eine Eigenständigkeit und eine Verantwortung allein gegenüber dem Monarchen sicherte. Gerade weil dies zunehmend umstritten war, blieb die Tendenz vorherrschend, die Exklusivität zumindest der Spitze zu erhalten und das hieß, die Rekrutierung aus »sozial erwünschten Kreisen« zu erhalten. Der Offiziernachwuchs[3] kam zwischen 1899 und 1913 mit nur geringen Schwankungen zwischen 74 % und 79 % aus Familien, in denen die Väter Offiziere, höhere Beamte und Gutsbesitzer waren. Natürlich öffnete sich das Militär auch der bürgerlichen Ergänzung bei quantitativer Ausweitung. Aber ob diese Öffnung zur Gesellschaft dazu führte, daß militärische Normen, Verhaltensweisen, Ehren- und Rangvorstellungen verstärkt in die zivil-bürgerliche Sphäre eindrangen — so etwa über das Institut des Reserveoffiziers —, oder ob umgekehrt die Wertvorstellungen der Militärkaste sich öffneten, ist umstritten. Der Wahrheit am nächsten kommt wohl die Vorstellung eines dialektischen Wechselverhältnisses, das dafür sorgte, daß der soziale Exklusivitätsanspruch des Militärs nicht verlorenging, auch wenn er sich im Technisch-Professionellen der Industriegesellschaft öffnete.

Im übrigen sind signifikante Unterschiede zwischen Heer und Marine in der Tendenz zur Exklusivität gegenüber der zivilen Gesellschaft nicht zu verzeichnen. Landsmannschaftliche Unterschiede — im Falle Bayern und Württembergs durch die Reichsverfassung sogar noch betont — spielten keine dominierende Rolle; die Entwicklung verlief vom Kontingents- zum Reichsheer.

An sich hätte der Wandel in der Militärstruktur durch die großen Heeresvermehrungen 1912/13 und sodann durch den Weltkrieg die Chance geboten, eine stärkere Angleichung dauerhaft zu vollziehen. Jedoch die »Sozialisierung der Gefahr« von Soldat und Gesamtbevölkerung einerseits, die Kampfgemeinschaft von Offizier und gemeinem Mann in den Schützengräben, der »Kriegssozialismus«, das Frontkämpfererlebnis andererseits wirkten sich letztlich nicht als integrierende Elemente aus. Ob sie jemals Realität waren, steht hier nicht zur Debatte.

Jedenfalls führte der Friedensvertrag von Versailles entgegen manchen Intentionen der Sieger zu einer Perpetuierung der bisherigen Rolle des Militärs, wenn auch mit einigen republikanischen Modifikationen. Der Anteil von Offizieren aus jenen »sozial erwünschten Kreisen« erhöhte sich auf (1926) 92 % und sank sodann nur langsam auf (1930) 87 %. Dabei nahm der Anteil der Gutsbesitzerväter ab, der der Offiziersväter stieg gar auf (1930) 54 % und erreichte damit fast die doppelte Prozentzahl von 1913 (28 %). In eine ähnliche Richtung weist die Tatsache, daß der Anteil adliger Offiziere, der im Kaiserreich 1898 40 %, 1914 30 % betragen hatte, in der Weimarer Zeit zwar sank, aber mit knapp über 20 % doch insgesamt in jenen Jahren relativ konstant erhalten blieb. Es war also ein sozial homogenes Reichsheer und eine ebensolche Reichsmarine, die 1933 ins »Dritte Reich« übernommen wurde. Unterstützt und psychisch abgesichert wurde eine solche Geschlossenheit durch eine Vielfalt von Symbolen und Riten, die militärspezifisch ist, aber auch durch ein soziales Umfeld von Traditionsorganisationen und Veteranenverbänden (Stahlhelm u.a.), welche das aktive Militär gleichsam von einer Welle militärischen Geistes getragen sein ließ. Gerade aufgrund des vertraglich vorgeschriebenen Wehrsystems langdienender Soldaten und Offiziere war sie eine Art Kader-Reichswehr, die relativ gute Voraussetzungen für eine Verbreitung der bisherigen Mentalität durch Erziehung etc. auch bei schneller Vergrößerung bot. Für die Väterberufe der Wehrmachtoffiziere liegen mir keine Angaben vor, jedoch betrug bei den Generalen und Admiralen der Wehrmacht zwischen 1933 und 1945 der Anteil von Vätern aus Militär-, Beamten- und Landwirtschaftsberufen (n = 3191) immer noch 71,9 % — ein wenig höher beim Heer (hier 70,6 %), ein wenig niedriger bei der Luftwaffe (68,3 %), deutlich niedriger nur bei der Marine (56,7 %). Immerhin bleibt zu berücksichtigen, daß der Adelsanteil auf (1943) 7,1 % der Offiziere absank.

*2. Der politische Anspruch*

Mehr als einmal ist die Grundfigur beschrieben worden, die Reichswehr sei in den zwanziger Jahren ein »Staat im Staate« gewesen. Die Grundausrichtung ging dahin, gegenüber der bestehenden staatlich-politischen Ordnung in Distanz zu gehen und eigenständig die Verwaltung nationaler und staatlicher Symbole im Vergleich zur unzureichenden republikanischen Praxis zu beanspruchen. Entscheidendes Kriterium war dabei die Unterstützung der eigenen Belange, umzusetzen vor allem in der Loslösung von den »Fesseln von Versailles« und in der »Wiederwehrhaftmachung«. Auch bei der zeitweilig stärkeren Kooperation mit jener parlamentarisch-demokratischen Ordnung blieb dieses Kriterium entscheidend. Dieser Anspruch auf durch das eigene Ressort legitimierte Mitsprache in staatlichen Grundentscheidungen blieb auch nach 1933 in unterschiedlichem Maße bei den Wehrmachtteilen erhalten, erodierte jedoch schrittweise. Ab 1938, mit der zunehmenden Durchsetzung des Führerwillens auch im Militärressort, wurde eine die Gesamtpolitik mit beeinflussende oder in Einzelaspekten von Politik und Kriegführung grundsätzliche moralische Perspektiven aufwerfende Position nur noch von einzelnen Militärs fallweise vertreten. Der Weg in den Widerstand für einige Offiziere hatte hierin *eine* Ursache.

Die bisherigen Ausführungen konnten so verstanden werden, als ob eine traditionelle Elite mit überkommenem Machtanspruch diesen Einfluß im Dritten Reich verlor, weil sie sich sozial nicht hinreichend öffnete und somit der »graue Fels in der braunen Flut« unterging, wie es metaphorisch seitens der SA 1934 als Ziel verkündet wurde, sprich: durch quantitative Ausweitung ihre Identität verlor. Dieser Eindruck ist jedoch entscheidend zu qualifizieren. Bereits im deutschen Kaiserreich hatte sich ein tiefgreifender Wandel des Kriegsbildes angekündigt, der weitreichende Konsequenzen für die künftige Gestaltung des Militärs hatte und eben jene Homogenität einer um den Monarchen gescharten und auf autoritäre Gesellschaftsstrukturen beharrenden Elite veränderte. Der Erste Weltkrieg mit seiner Tendenz zum totalen Krieg hatte hierzu in seiner Furchtbarkeit den konkreten Beweis geliefert. In den zwanziger Jahren fand daher eine breite innermilitärische, z.T. auch öffentlich geführte Debatte darüber statt, wie ein künftiger totaler Krieg dennoch führbar gemacht, zu gewinnen und nicht zuletzt zuvor materiell und personell vorzubereiten sei[4]. »Sozialisierung der Gefahr« einerseits, industrialisierte Kriegführung andererseits sind hierbei die entscheidenden Stichworte. »Die Militarisierung aller zivilen Verhältnisse« war die Konsequenz. Es ging um die »Kombination von Volksaufstand, Krieg der Armee und gesamtgesellschaftlicher, wirtschaftlicher und politischer Kriegführung«. »Planung und Vorbereitung des totalen Krieges mit den drei Elementen Volksaufstand, Kampf der Armee und totale Mobilisierung der Resssourcen« waren die Essenz jener bereits 1924 angestellten Überlegungen. »Die Streitkräfte sind nur ein, wenn auch entscheidender Faktor der Gewaltanwendung neben einer Fülle ziviler und indirekt wirkender Gewaltformen.« An die Stelle des »Gewaltmonopols des Militärs« »tritt der *Lenkungs*anspruch der militärischen Führung über die Gesellschaft.«

Das Paradoxon dieser Diagnose war es nun, daß sich der Zweite Weltkrieg dem Bild eines totalen Krieges mehr und mehr annäherte, die hierzu entwickelten Rezepte des Militärs jedoch tatsächlich nicht entscheidend waren. Die gedanklich vorbereiteten Konzepte als solche kamen in der Militärplanung der dreißiger Jahre nicht zum Tragen, sondern sie wurden in der Situation des Krieges improvisierend entwickelt. Es handelte sich dabei um insgesamt fünf hier idealtypisch voneinander abzugrenzende Strategien oder Teilelemente davon, die natürlich begrenzt kombinierbar waren und addiert werden konnten. Ihre Summe hätte jedoch angesichts der Ausgangsbasis Weimarer Militarisierung die Ressourcen auf sehr lange Sicht überfordert.

*Erstens* war es die Konzeption des totalen Luftkrieges, die am nachdrücklichsten von dem Italiener Guilio Douhet entwickelt wurde. Sie erschien im Mai 1933 in einer wichtigen Denkschrift des Lufthansa-Direktors Dr. Knauss und fand Eingang in die Luftwaffen-Dienstvorschrift 16 des Jahres 1936[5].

Das Terrorbombardement gegen feindliche Städte und Zivilbevölkerung wurde als Ideal zwar ausdrücklich abgelehnt, jedoch erwies sich dieses Konzept in der Perzeption des Auslandes, verbunden mit entsprechender deutscher Einschüchterungspropaganda, als am wirksamsten — so zumal in England, wo Stanley Baldwins Überzeugung »the bombers always get through« seit 1934 zunehmend die Einschätzung von deutscher militärischer Gefährlichkeit bestimmte. Auch wenn Hermann Göring gelegentlich einmal im internen Entscheidungsprozeß um Ressourcen mit dem Anspruch auftrat, die Luftwaffe könne potentiell die gesamte bisherige Kriegführung übernehmen, blieb die Realität der Luftwaffenrüstung vor und im Krieg weit hinter einem solchen Bilde zurück — so erschreckend die Erscheinungsformen auch waren. Die Ursachen lagen primär darin, daß man sich, vom relativen Nullpunkt des Jahres 1933 an, de facto auf naheliegende, und das waren eher taktische Aufgaben der Luftwaffe konzentrierte.

*Zweitens* gab es eine umfassende Mobilmachung aller wirtschaftlichen Ressourcen für den Krieg bereits im Frieden und sodann im Krieg. Hierüber gab es die breiteste Diskussion. Die Realität totaler Wehrwirtschaft wurde jedoch noch nicht einmal auf der Planungsebene für die Wehrmacht erreicht. Von Anfang an konkurrierten die Wehrmachtteile untereinander um die Kapazitäten ziviler wie staatlicher Rüstungsbetriebe, subventionierten den privaten Ausbau oder erstellten für ihre Bedürfnisse Produktionsstätten. Am markantesten ist die Vierjahresplan-Organisation unter Hermann Göring, der als zweiter Mann im Staat u.a. auch sicherstellte, daß die Bedürfnisse der Luftwaffe vorrangig behandelt wurden, aber auch im übrigen nur einzelne Sonderprogramme der Autarkiepolitik, nicht eine ökonomische Gesamtplanung zum Ziel hatte. Bereits 1934 mußte General Thomas darüber hinaus erkennen, daß die Rüstung auf eine möglichst schnelle, materielle Ausstattung zumal des Heeres mit Waffen und Gerät hinauslief, ohne daß bei einem länger dauernden Krieg die Ersatzproduktion gesichert war. In zahlreichen Memoranden und Reden versuchte er für sein Konzept der »Tiefenrüstung« zu werben, von der er die aktuelle »Breitenrüstung« negativ abhob. Die zunehmenden Planungsprobleme, für deren Auflösung ihm gesamtstaatlich die Machtposition fehlte, führten ihn 1936/37 dazu, als bestes Mittel den Aufbau einer weltmarktverflochtenen »Friedenswirtschaft« paradoxerweise als Grundlage einer totalen Kriegswirtschaft zu propagieren. Da dies aber den Intentionen der schnellstmöglichen Breitenrüstung zuwiderlief, ließ sich Thomas – mit ihm die zentrale wirtschaftliche Planung der Wehrmachtführung – bereitwillig darauf ein, die Ausplünderung anderer Staaten als Opfer deutscher Aggressionen zu organisieren. Die Rüstungspolitik entwickelte sich zum Konzept des Raubkrieges (T. Mason), der zumal gegenüber der Sowjetunion ab 1941 von vornherein zugleich mit optimistischer Erwartung und inhumanen Implikationen ins Werk gesetzt wurde.

Die Lenkung der Rüstungsproduktion als solcher wurde der Wehrmacht immer stärker entzogen, und zwar in Ausweitung der mit dem Vierjahresplan bereits begonnenen Sonderbeauftragung für einzelne Rüstungsengpässe. Zivile Rüstungsmanager wie Fritz Todt und Architekt Albert Speer (ab Februar 1942) wurden mit der Rüstung und Kriegsproduktion beauftragt. Im Institutionenwirrwarr des NS-Staates bedeutete dies naturgemäß auch jetzt keine vollständige Umsetzung in die Realität. Tatsächlich gelang erst in der zweiten Hälfte des Zweiten Weltkrieges eine annähernd totale Mobilisierung der Wirtschaft für den Krieg. Speers Kompetenzen in seinem System der Selbstverwaltung der Industrie blieben nicht unumstritten; es entstanden in seinem eigenen Machtbereich konkurrierende Machtzentren, die auch seine persönliche Position bedrohten. Daneben baute u.a. das Wirtschafts- und Verwaltungshauptamt der SS (Oswald Pohl) unter Heinrich Himmlers Oberleitung, seinerseits u.a. auf die Fertigung durch KZ-Häftlinge und Zwangsarbeiter gestellt, ein eigenes rüstungswirtschaftliches Imperium aus, während auch noch zahlreiche andere zivile Stellen nach wie vor Planungskompetenzen beanspruchten. Tatsächlich war aber die Wehrmacht, von der die totale Mobilisierung der Wirtschaft für den Krieg gefordert worden war, an dieser gesamtgesellschaftlich bedeutsamen Produktion nicht steuernd, sondern nur in der Rolle der für ihren Bedarf anfordernde Organisation beteiligt, deren Prioritäten unabhängig von ihr festgelegt wurden.

Man könnte argumentieren, daß es nicht auf die Steuerung durch die Wehrmacht ankomme, da ihre Interessen ja optimal bedient wurden: von einem Prozent des Bruttosozialproduktes, das 1933 für Rüstung aufgewandt wurde, steigerte sich der Anteil über 1939 23 Prozent auf 1943 61 Prozent. Es geschah jedoch etwas anderes: Die Wehrmacht hatte sich insgesamt nicht auf einen totalen Krieg vorbereitet, sondern die unerwartet lange Dauer des Krieges hatte den Krieg total gemacht. Improvisierend mußte so die optimale Rüstungsproduktion erreicht werden.

*Drittens* divergierte der Erfahrungsschatz der Kriegsmarine[6] für einen totalen Krieg von den bislang genannten und deckte sich am ehesten mit dem der Luftwaffe. Die entscheidende Überlegung war hier, daß der Erste Weltkrieg demonstriert hatte, daß ein Landkrieg der Zukunft wahrscheinlich in den Schützengräben erstarre, daß es auf die Mobilisierung aller Kräfte der Nation und in gleichem Maße auf die Schädigung jener der Gegner ankomme. Da in welthistorischem Maßstab ein deutscher Durchbruch zur Weltmacht nur gegen Großbritannien möglich sei (das im übrigen mögliche kontinentale Gegner des Deutschen Reiches unterstützen werde), sei der Seekrieg möglicherweise die entscheidende Form des Zukunftskrieges — und dieser sei vornehmlich ein Wirtschaftskrieg. Daher konnte auch die Marine in Kreuzer- und U-Bootkrieg zum entscheidenden Wehrmachtteil werden. Es ist kein Zufall, daß Admiral Karl Dönitz nach der Übernahme des Oberbefehls über die Kriegsmarine 1943 in der Niederlage 1945 von Hitler auch zu dessen Nachfolger in der Staatsführung bestimmt wurde.

Weniger total vom Ansatz her war *viertens* die Vorstellung, durch die Anwendung moderner Technologie den befürchteten totalen Krieg durch einseitige Überlegenheit doch noch schnell entscheidbar zu machen. Motorisierung, Panzerkrieg, verbesserte Artillerie, bedingt auch: Einsatz der Luftwaffe, schließlich im Krieg auch: Raketenbau und Erwartung neuer Wunderwaffen deuten die Richtung an.

Der dominierende Trend der Wehrmachtüberlegungen setzte jedoch nicht einseitig auf jene — insgesamt ja international vergleichbar vorangetriebenen — Entwicklungen, sondern betrachtete sie als Ergänzung bzw. Bestandteil der maximalen quantitativen Rüstungsausweitung. In Verbindung mit dem genuin nationalsozialistischen Konzept politischer Isolation und Bekämpfung einzelner Gegner entstand hieraus jedoch die Blitzkriegsplanung, die tatsächlich dominant wurde. Es ging darum, den relativen Rüstungsvorsprung des seit 1933 mit Hochdruck rüstenden Reiches dazu zu benutzen, um schrittweise in einer Verbindung von politischer Erpressung und militärischer Aktion die deutsche ökonomische und territoriale Basis für einen erst dann notwendigen großen Krieg zu erweitern oder diesen auch ganz zu umgehen.

Zu den Ressourcen des totalen Krieges gehörte *fünftens* nicht nur die materielle Komponente, sondern auch die personelle: Es ging darum, die »kämpfende Nation« insgesamt zu einem Wehrstaat zu organisieren, in dem der Kämpfer mit der Waffe oder der Kämpfer im Rüstungsbetrieb auf prinzipiell gleiche Art zur gleichen Sache beitrugen. Auch der Grad der Gefährdung von Soldat und Zivilisten (samt Frauen, alter Menschen und Kinder) glich sich ja durch feindlichen Luftkrieg potentiell immer mehr an. Es ging um etwas, was man in der Wehrmacht gern als geistige Vorbereitung des Krieges kennzeichnete, eine mentalitätsmäßige Einübung durch Erziehung auf den totalen Krieg. »Feldherr Psychologos« war ein Buchtitel bereits der zwanziger Jahre. Gerade an diesem Punkt machten viele Kritiker aus der Reichswehr ihre Distanz zur parlamentarischen Demokratie deutlich. Sie erschien als pazifistisch, da sie die Bedingungen, unter denen ein moderner Krieg geführt werde, verleugnete. Da man von der professionellen Aufgabe der Planung für einen totalen Krieg ausging, mußte ein autoritärer Staat, der die Bevölkerung hinter sich wußte, ein gesellschaftliches Leitbild sein. Natürlich konnte von der Basis der Versailler Wehrmacht her nicht die Rede davon sein, tatsächlich sogleich eine »kämpfende Nation« zum Bewußtsein dieser Möglichkeiten zu bringen. Vielmehr ging es vor allem dem Heer bereits seit 1930 darum, in sich ständig beschleunigenden Rüstungsprogrammen eine personelle wie materielle Ausweitung vorzunehmen, die stufenweise Erweiterung zunächst des Friedens-, aber auch des Kriegsheeres zu vollziehen. Sie fand dann tatsächlich in zeitlicher Raffung und quantitativ wiederholter Steigerung statt.

Die Anfänge dazu, den Rahmen der Reichswehr personell zu überschreiten, fanden bereits in der Weimarer Republik statt. Das reichte vom »Grenzschutz Ost« durch Wehrverbände inklusive SA bis zum im September 1932 geschaffenen »Reichskuratorium für Jugendertüchtigung«. Die Kooperation mit der NS-Bewegung stellte demgegenüber eine optimale Steigerung dar. Es ging nicht nur darum, daß gesamtstaatlich eine autoritäre Regierung etabliert wurde, die anders als die Präsidialkabinette eine breite Basis in der Bevölkerung besaß, sondern gerade im ressortspezifischen Sinne gab es bei den Nationalsozialisten ein großes Reservoir an für die Wehrmacht geeignetem Nachwuchs.

Die Grundfrage für den 30. Januar 1933 und für die Zeit danach lag also aus der Sicht der Wehrmacht im Hinblick auf einen totalen Krieg darin, wer die Federführung in dieser mentalitätsmäßigen Aufrüstung übernahm. In der offiziellen Sprachregelung durch Hitler wurde insgesamt eine Pattsituation signalisiert. Der Staat ruhe auf zwei Säulen: Wehrmacht und NS-Partei. Das in den ersten Tagen der Regierung Hitler zustandegekommene Bündnis mit der Wehrmacht konzentrierte sich auf den Ausbau als außenpolitisches Machtmittel; für die innenpolitische Auseinandersetzung waren die Organisationen der Partei zuständig. In ihrem Bündnis mit Hitler sah die Reichswehrführung eine Garantie der eigenen Identität, der Möglichkeit, als nur langfristig wirkendes Instrument von Politik zu erstarken und nicht kurzfristig in innenpolitischen Auseinandersetzungen zerschlissen zu werden.

De facto verzichtete die Wehrmacht zugleich von vornherein und bereitwillig auch auf den Anspruch, für die militärische Ausrichtung der Gesellschaft insgesamt zuständig zu sein. Streitig gemacht wurde ihr nicht nur dieser Anspruch von der SA, sondern auch ihre Funktion als alleiniger Waffenträger; letztlich schickten sich Röhms Braunhemden an, die »reaktionäre Reichwehr« insgesamt zu beerben. In diesem Aspekt setzte sich die Wehrmacht durch. Nicht zuletzt aufgrund der Tatsache, daß ihre Interessen zu denen Hitlers parallel waren, wurde die SA-Führung mit indirekter Hilfe der Wehrmacht am 30. Juni 1934 liquidiert und konnte fortan keine eigenständige politische Rolle mehr spielen. Aber auch auf dem Sektor der vormilitärischen Ausbildung und Erziehung erstrebte und erzielte die Wehrmacht bestenfalls ein Mitwirkungsrecht. Die typisch nationalsozialistische Sozialisation über NSV-Kindergarten, Schule und Hitlerjugend/Bund deutscher Mädel sowie Arbeitsdienst wurde zwar im Kern auf kämpferisch-dynamische Persönlichkeitsentwicklung ausgerichtet und entsprach somit partiell militärischen Vorstellungen. Jedoch brachte die Wehrmacht in der gesamten Erziehung wie auch gegenüber der SA ihre speziellen Wünsche nur sehr bedingt ein. Auf mittlere und längere Sicht sah sich die Wehrmacht als eine Sozialisationsinstanz unter anderen, die seit 1935 im Frieden nur eine kurze Durchgangsstation darstellte, um nach Entlassung der Soldaten diese wieder an SA, SS oder andere Parteiorganisationen abzugeben. »Und sie werden nicht mehr frei ihr ganzes Leben«, kennzeichnete Hitler 1937 diesen totalitären Anspruch, dem natürlich keine durchschlagende Realität entsprach. Dennoch tickte hier — bildlich gesprochen — eine Zeitbombe für die Wehrmacht. Zunehmend mit der Zeit und wachsend mit der quantitativen Vermehrung mußte sich der spezifische Eliteanspruch der Wehrmacht von unten her auflösen.

Ein zweites Element kommt hinzu. Auch die Erziehung innerhalb der Wehrmacht begann gemäß den vom Wehrmachtamt für alle Wehrmachtteile erlassenen Richtlinien frühzeitig, eine nationalsozialistische Einstellung auch unter Einbeziehung rassistischer Elemente zu fördern. Eine Distanz zu nationalsozialistischen Prinzipien gab es nicht, wohl aber eine Frontstellung gegen Machtanspruch nationalsozialistischer Institutionen. Realiter kann von einer Verschmelzung der Wehrmacht mit der NS-Führung als solcher dennoch nicht gesprochen werden. Es blieb eine Distanz zwischen Wehrmacht und NS-Bewegung, die Hitler 1938/39 verstärkt zu einem Werben um diese für die Aggression nach außen unumgänglich benötigte Elite führte. Militärische und gesamtstaatliche »Tugenden« erschienen etwa prinzipiell gleichgeartet; an den jüngsten Offizierjahrgang appellierte er am 18. Januar

1939[7], auch in einer möglichen militärischen Niederlage persönlich hinter ihm zu stehen, »daß ich Sie dann um mich weiß, vor mir, links und rechts hinter mir, mit gezücktem Degen, stolz und unerschütterlich, trotzig jedem Schicksal, das uns treffen kann.« Der Konsens wurde hier nicht im totalen Krieg, sondern in atavistischen Traditionen einer Militärkaste gesehen, die längst im militärischen Denken überholt waren.

Daß auch im Krieg, trotz aller Einbindung auch der Wehrmacht in den rassenideologischen Vernichtungskrieg zumal im Osten, eine Differenz blieb, zeigt die Einführung nationalsozialistischer Führungsoffiziere, von denen es neben 47 000 nebenamtlichen schließlich auch 1 000 hauptamtliche gab – ein Zeichen zwar für das Streben nach totaler nationalsozialistischer Erziehung innerhalb der Wehrmacht, aber zugleich ein Indiz für den bis Kriegsende ausbleibenden Erfolg.

Trotz aller Erosion der militärischen Führung von oben wie durch Erziehung der Wehrmacht von unten, baute sich jedoch die SS zielstrebig als alternative militärische Elite in Form der Waffen-SS auf. Ihre Expansion ging aus von einer Prätorianergarde persönlicher Verpflichtung auf den Führer zu einer auf unbedingte Treue auf Hitler verpflichteten leistungsfähigen Truppe. Ihre Verbindung mit dem Terror- und Ausrottungskomplex blieb dabei ebenso kennzeichnend wie die Kompetenz, in Zukunft die »Wehrmacht in den germanischen Ländern unter der Kontrolle der SS« zu organisieren. Nach dem Attentat vom 20. Juli 1944 wurde Heinrich Himmler zum Befehlshaber des Ersatzheeres, später auch zum Oberbefehlshaber einer Heeresgruppe ernannt. Somit erhielt er auch im Wehrmachtbereich direkte Kompetenzen. »Hätten wir rechtzeitig die ganze deutsche Wehrmacht so erzogen, wie die SS-Verbände erzogen worden sind, so wäre sicherlich der Kampf im Osten wesentlich anders verlaufen, als er in der Tat verlaufen ist«, äußerte Hitler nach der Niederlage von Stalingrad[8].

Nimmt man diese Elemente der personellen Mobilmachung für einen totalen Krieg zusammen, so ergibt sich, daß auch in jenem Sektor von der Wehrmacht vor dem Zweiten Weltkrieg tatsächlich kein totaler Krieg geplant wurde. Allein das OKW unter Wilhelm Keitel versuchte im April 1938 für sich jene Befugnisse zu reklamieren und durchzusetzen, hatte damit jedoch weder bei den Wehrmachtteilen noch bei Hitler Erfolg[9]. Wenn das OKW formulierte, im künftigen totalen Krieg gelte, »Einsatz, Gewinn und Verlust steigen zu bisher ungeahnter Höhe. Am Ende eines verlorenen Krieges droht nicht nur die Schädigung, sondern die Vernichtung von Staat und Volk. Damit wird der heutige Krieg zu einem Staatsnotstand und zu einem Existenzkampf jedes einzelnen. Da jeder alles zu gewinnen und alles zu verlieren hat, muß jeder alles einsetzen«, so konnte sich Hitler in der Alternative wiederfinden. In der Konsequenz für die Vorkriegsrüstung jedoch nicht:

»Damit erweitert sich die allgemeine Wehrpflicht zur Kriegsdienstpflicht aller. Sie bedeutet das Ende jeder *nur* privaten Tätigkeit für die Dauer des Krieges und zwingt alle Erscheinungsformen des staatlichen und privaten Lebens unter ein leitendes Prinzip: ›Die Erringung des Sieges‹. An Stelle individueller Einzel- oder Gemeinschaftsleistungen treten Funktionen der Kriegführung.«

Die Heeresführung um General Beck lehnt 1938 nicht prinzipiell eine Vorbereitung auf den totalen Krieg ab, wohl aber forderte sie eine entscheidende Mitsprache in der Beurteilung, ob die militärischen Mittel für den angestrebten aggressiven Zweck ausreichten. In diesem Sinne plädierte Beck dafür, den Großmächtekrieg zu vermeiden, da er nicht total genug vorbereitet worden war. Hitlers dann durchschlagendes Konzept war aber grundsätzlich anders. Er erkannte gerade 1938/39 zunehmend, daß ein total vorbereiteter Krieg die herrschende Sozialordnung untergrübe. Die in Ansätze hergestellte nationalsozialistische Volksgemeinschaft löste sich bei aktueller Anspannung, ja Überbeanspruchung der Ressourcen wieder durch vermehrte soziale Konflikte auf. Hitlers Ausweg bestand in einer Bluff- und Risikopolitik nach außen, die zunächst einmal darauf setzte, die militärischen Mittel nur für Blitzkriege gegen einzelne, möglichst isoliert zu schlagende Gegner einzusetzen. Hitler lehnte also bis 1939 die Vorbereitung eines totalen Krieges ab, und deshalb konnten die fünf genannten theoretischen Modelle hierfür sich nicht durchsetzen, am ehesten noch gewann das der Entwicklung effektiver mechanisierter Waffen partielle Realität. Weder Wirtschaftskrieg der Marine, noch strategischer Luftkrieg gegen alle Ressourcen des Gegners, weder totale wirtschaftliche Mobilmachung, noch personelle Erfassung aller Kräfte zur »kämpfenden Nation« hatten Aussicht auf Durchführung vor dem Krieg.

Das Blitzkriegkonzept, unter dessen partiellen Erfolgen sich ein Konsens mit der Wehrmacht noch einmal herstellen ließ, scheiterte endgültig 1941 nach dem Angriff auf die Sowjetunion und mit der Ausweitung zum Weltkrieg durch den Kriegseintritt auch Japans und der USA. Als Alternative zur totalen Mobilmachung zeichnete sich nur die Akzeptanz der Niederlage ab. Das war für Hitler undenkbar. Der totale Krieg mußte also improvisiert werden und dabei war die Wehrmacht weder bei »Ausrichtung des Propaganda- und Wirtschaftskrieges auf die Ziele des Waffenkrieges« (Keitel 1938) noch »Organisation der kämpfenden Nation zur Unterstützung des Waffenkrieges« führend beteiligt. Die Kriegswirtschaft stand unter Todt und Speer; im Propagandakrieg verkündete Goebbels der Bevölkerung 1943 den »totalen Krieg«. Die Wehrmacht wurde im Kern auf den Waffenkrieg beschränkt. Als Goebbels im Juli 1944 Hitler drängte[10], »das zivile Leben [...] aus seinem zum Teil noch vorhandenen Friedenszustand in den echten Kriegszustand überzuführen«, glaubte er dabei auf die Mithilfe der Militärs verzichten zu können.

»Mein Vertrauen zur Wehrmacht, insbesondere zu ihrer Generalität, ist allerdings schwer erschüttert. Die Wehrmacht ist unser großer Menschenverzehrer; aber sie besitzt nicht die nötige organisatorische Elastizität, um über die vielen Millionen Männer, die wir ihr zur Verfügung gestellt haben, richtig zu disponieren. [...] Ich erwarte mir auch von einer Reform der Wehrmacht durch die Wehrmacht selbst nicht mehr viel. Ihr Apparat ist so durchwuchert und überzogen, daß er nur durch Messerschnitte auf ein natürliches Maß zurückgeführt werden kann. Das zu tuen aber wird nach Lage der Dinge nicht Aufgabe eines von der Zunft sein, das muß ein Außenstehender besorgen, entweder aus der Partei oder meinetwegen auch aus der Wirtschaft.«

Die Wehrmacht und zumal ihre Führung hatte 1933 noch eine kleine, aber selbstbewußte und sozial anerkannte Elite dargestellt, die auf Mitsprache in zentralen staatlichen und gesellschaftlichen Entscheidungen drängte. Sie war der wichtigste Bündnispartner der NS-Bewegung gewesen. Zu Kriegsende war sie zu einer in viele Einzelorganisationen zersplitterten funktionalen Elite geworden, die zwar einen großen Teil der Nation im Kriege organisierte, die jedoch ihre vorgegebenen Ziele nicht mehr beeinflußte. Es gab einen Trend von unten zur »nationalsozialistischen Volksarmee« (Kroener), jedoch wurde dieser nicht mehr von der Wehrmachtführung gesteuert. Im Rahmen des totalen Krieges war sie zum von der NS-Führung verachteten Komplizen geworden. Den totalen Krieg, den sie gedanklich seit langem antizipiert hatte, konnte sie tatsächlich nicht vorbereiten und wurde doch von ihm eingeholt.

## Anmerkungen

1 Rudolf Absolon, Das Offizierkorps des Deutschen Heeres. In: Hans-Hubert Hofmann (Hrsg.), Das deutsche Offizierkorps 1860 bis 1960, Boppard 1980, S. 247—268, hier S. 247; die folgenden Angaben für die Luftwaffe: Horst Boog, Das Offizierkorps der Luftwaffe 1935 bis 1945, ebd., S. 269—326 (270, 289); für die Marine: Rolf Güth, Die Organisation der deutschen Marine in Krieg und Frieden 1913—1933. In: Handbuch der deutschen Militärgeschichte, München 1978, Bd 5, Abschnitt VIII, S. 323, bzw. Bd 4, VII, S. 433 ff.; Waffen-SS: Bernd Wegner, Das Führerkorps der Waffen-SS im Kriege. In: Hofmann (Hrsg.), S. 327—350 (329).

2 Andreas Hillgruber, Jost Dülffer (Hrsg.), Ploetz, Geschichte der Weltkriege, Freiburg 1981, S. 144; Kriegstagebuch des Oberkommandos der Wehrmacht, hrsg. v. Percy Ernst Schramm, Frankfurt/M. 1965, Bd IV, 2, S. 1611 bzw. 1303; Martin K. Sorge, The Other Prize of Hitler's War. German Military and Civilian Losses Resulting from World War II, New York, Westport 1986.

3 Detlef Bald, Vom Kaiserheer zur Bundeswehr. Sozialstruktur des Militärs, Bern u.a. 1981, S. 21, dort auch zur Weimarer Entwicklung; Reinhard Stumpf, Die Wehrmacht-Elite. Rang- und Herkunftsstruktur der deutschen Generale und Admirale 1933 bis 1945, Boppard 1982, S. 349 ff.

4 Michael Geyer, Aufrüstung oder Sicherheit. Die Reichswehr in der Krise der Machtpolitik, Wiesbaden 1980, S. 87 ff.; Wilhelm Deist, Die Aufrüstung der Wehrmacht. In: Das Deutsche Reich und der Zweite Weltkrieg, Bd 1, Stuttgart 1979, S. 375.

5 Deist, ebd., S. 475, 487.

6 Hierzu habe ich mich ausführlicher geäußert in: Jost Dülffer, Weimar, Hitler und die Marine. Reichspolitik und Flottenbau 1920—1939, Düsseldorf 1973, so daß hier nur einige Grundthesen angeführt sind.

7 Niederschrift: Bundesarchiv NS 11/28.

8 Manfred Messerschmidt, Die Wehrmacht im NS-Staat. Zeit der Indoktrination, Hamburg 1969, S. 427.

9 Internationaler Militärgerichtshof, Der Prozeß gegen die Hauptkriegsverbrecher, Nürnberg 1946 ff., Bd 38, Dok. 211 — L, S. 36 ff.

10 Peter Longerich, Joseph Goebbels und der Totale Krieg. Eine unbekannte Denkschrift des Propagandaministers vom 18. Juli 1944. In: Vierteljahrshefte für Zeitgeschichte, 35 (1987), S. 289—314 (307).

Manfred Funke

# Hitler und die Wehrmacht

## Eine Profilskizze ihrer Beziehungen

Die mit Hitlers Machtübernahme projektierte völkische Leistungselite sollte die eigentümliche Fremdheit der sozialen Schichten überwinden. Solche gesellschaftlichen Verstrebungen durch Nazifizierung traditioneller Lebensbereiche erbrachten ein verdecktes, gleichwohl revolutionäres Phänomen. Die *vertikale* Schichtenöffnung unter dem Druck des neuen nationalen Schwunges führte zugleich in der *horizontalen* Ebene zu polarisierenden Entfremdungen und Fragmentierungen innerhalb der bis dahin weitestgehend homogenen Standeskultur von Diplomatie und Wehrmacht. Gemeinsamkeiten von Herkunft, Erziehung, Weltbild und Stilgefüge des Offizierkorps konnten hinter der Fassade des Komments nur schwer den rasch einsetzenden Identitätsverlust verbergen. Zu stürmisch trieb Hitler eine Entwicklung voran, deren Verheißungen und Bedrohlichkeiten tumulthafte Irritationen im politischen Selbstgefühl der Offiziere bewirkten. Gegenüber Hitler als Staatsoberhaupt gebot die Eidespflicht Gehorsam, gegenüber Hitler als »Führer« Deutschlands gab es national-konservative Vorbehalte. Die Autorität Hitlers als Oberster Befehlshaber der Wehrmacht bestand höchstens als dünner Firnis über den permanenten operativen Meinungsverschiedenheiten zwischen Hitler und Oberkommando der Wehrmacht (OKW) einerseits, Wehrmachtführungsstab und den Oberkommandos der Teilstreitkräfte andererseits[1].

Statur und Ansehen eines Feldmarschalls von Hindenburg brachte Hitler als Staatsoberhaupt und Oberster Befehlshaber nicht mit. Wo der tiefe Graben zwischen dem Weltkriegsgefreiten Hitler und der noch stark monarchisch geprägten Heeres-Generalität verlief, deutet sich unschwer aus einer Aufzeichnung des Generalstabschefs im Oberkommando des Heeres (OKH) Franz Halder vom 3.7.1941:

> »Das Vertrauen auf die ausführenden Organe [...] kennt man an oberster Stelle nicht, weil man sich der Kraft einer gemeinsamen Ausbildung und Erziehung des Führerkorps nicht bewußt ist[2].«

Hitler hatte als Emporkömmling mit rabaukenhafter Entourage nicht den erwünschten Stallgeruch. Er war ein Kerl, kein Herr — wie Oberst Graf von Seherr-Thoss die Auffassung vieler kundtat. Gleichwohl schätzte man ihn als Motor des nationalen Aufbauwillens, zumal er sich als Reichskanzler demütig am Tag von Potsdam unter den Gnadenschirm des »alten Herrn« stellte. Doch bald okkupierte und usurpierte Hitler die scheinbar selbständigen Kommandohöhen der Wehrmacht, ohne sie indessen in gewünschter Weise mit fanatischer, instinktverhafteter Revolutionsdynamik aufladen zu können.

Zwar konnte Hitler letztendlich die der Ziel-Mittel-Räson verhaftete Entscheidungskultur der Militärs zerbrechen, ihnen sogar nach dem 20. Juli 1944 als politischer Elite den moralischen Todesstoß versetzen, aber eine Transformation der Wehrmacht zur verschworenen Truppe des totalen Weltanschauungskrieges gelang nicht. Am Ende fühlte sich Hitler von den meisten Generalen verraten, die dennoch seine Kriege führten, ohne ihm wiederum die vorzeitige Beendigung des chancenlosen Ringens abtrotzen zu können. Selbstbetrügerisch blieb für viele Hitler so oder so der letzte Hoffnungsträger, der wiederum auf die Wehrmacht trotz des Vorwurfs ihrer fehlenden Verwurzelung im NS-Geist als wichtigstes Schlaginstrument angewiesen blieb. Unterschiedlichste Motive hielten Wehrmacht und Hitler in einer Allianz nicht läuterbarer Ambivalenzen, deren Erscheinungsprofil und Binnendruck näher zu beschreiben sind.

### *Zwiespalt als Beziehungsmerkmal*

Insgesamt reagierte die Wehrmacht auf Hitlers sogenannte Machtergreifung »zwiespältig« (Erich v. Manstein), vielfach verblendet mit neugierigem Optimismus. Hitlers visionäre Eröffnung eines großdeutschen Wiederaufstiegs[3], die Lösung des Versailler Knebels (»heerlos! wehrlos! ehrlos!«), die Erziehung der Jugend zur Wehrtüchtigkeit, die Überwindung des Parteiengezänkes wurden als Ziele Hitlers ebenso begrüßt wie die Neubelebung des alten Frontkämpfertums im jungen Geist des Nationalsozialismus. Die innere Überwindung des Kommunismus sowie die Verringerung der Zerklüftung zwischen Arbeiterschaft und Bürgertum zugunsten einer im nationalen Wehrwillen geeinten, auf den Charakter künftiger »totaler Kriege« (Ludendorff) vorbereiteten und in sich geschlossenen Gemeinschaft – all dies fand Zustimmung.

Was die Wehrmacht abstieß, war Hitlers Status des *homo novus*, die vulgäre Aura der SA, der Uniformen-Fetisch der NS-Gliederung und die damit verbundenen Herrschaftsallüren vieler Naziführer samt ihrer Respektlosigkeit vor dem ersten Stand der Nation.

Der Zwiespalt vertiefte sich mit dem sogenannten »Röhm-Putsch« vom 30. Juni 1934. Zwar war man froh über diese Ausschaltung der lästigen SA-Konkurrenz, aber die Gesetzlosigkeit der Hitler-Schergen (»Methoden einer Räuberbande«, meinte später General Oster) und die Ermordung der Wehrmachts-Generale von Schleicher und von Bredow rüttelten auf. Nur mühsam konnte Reichswehrminister General von Blomberg die Proteste seiner

Kameraden gegen Hitler dämpfen. Weitere Verwunderung darüber, daß er noch am Todestag des Reichspräsidenten die Soldaten den »bei Gott heiligen Eid« schwören ließ, Adolf Hitler »unbedingten Gehorsam« zu leisten und jederzeit für diesen Eid das Leben einzusetzen, fing der »Führer« mit Blombergs Hilfe wiederum elastisch auf[4]. In einem offiziellen Dankschreiben vom 20. August 1934 versicherte Hitler:

»So wie die Offiziere und Soldaten der Wehrmacht sich dem neuen Staat in meiner Person verpflichteten, werde ich es jederzeit als meine höchste Pflicht ansehen, für den Bestand und die Unantastbarkeit der Wehrmacht einzutreten in Erfüllung des Testaments des verewigten Feldmarschalls und getreu meinem eigenen Willen, die Armee als einzigen Waffenträger in der Nation zu verankern[5].«

Chancen zum Aufrücken in den Glanz der alten Stellung folgten rasch. Im März 1935 machte Hitlers Erklärung der deutschen Wehrhoheit und der Wiedereinführung der allgemeinen Wehrpflicht Schluß mit dem »unwürdigen Provisorium« des 100 000 Mann-Heeres (General von Choltitz)[6]. Bangen löste sich in Begeisterung, als der Diktator kampflos unter Bruch des Locarno-Vertrages die entmilitarisierte Rhein-Zone am 7. März 1936 mit »Friedensgarnisonen« (Hitler) belegte. Daß Deutschland bei der grandiosen Abschlußfeier der Olympiade die meisten Medaillen vorweisen konnte, stimulierte den nationalen Begeisterungsrausch des Offiziernachwuchses ebenso wie die Bewährungsbereitschaft für das endlich vom verelendeten Selbstgefühl befreite Vaterland. Das neue Stimmungsbild mag sich exemplarisch aus dem Bericht des späteren Inspekteurs der Bundesluftwaffe, Johannes Steinhoff, verdeutlichen, der 1936 mit tausend Leutnanten in Berlin der Ansprache Görings lauschte. Als dieser populäre Pour-le-Mérite-Träger den jungen Kameraden verhieß, »Ihr sollt einmal mein Corps der Rache sein!«, da gab es »wohl keinen unter uns, der nicht von dem Gedanken beseelt gewesen wäre, sich für dieses Reich bis zum letzten einzusetzen«[7].

Doch erneut schieden sich die Geister in der Blomberg-Fritsch-Krise, die Anfang Februar 1938 das Standesethos der Offiziere rissig machte. Die verquälte Rehabilitierung des abgesetzten Oberbefehlshabers des Heeres, von Fritsch, brachte nur formale Genugtuung. Das aufgebrochene Mißtrauen gegen Hitlers Führungsstil wurde kurze Zeit später nur mühsam betäubt durch den Erfolgsrausch beim »Anschluß« Österreichs. Als Hitler bald darauf das Sudetenproblem als Vernichtungshebel gegen die Tschechoslowakei ansetzte, wurde der Hasard-Charakter Hitlers für die Wehrmachtführung überdeutlich. »Das Militär will nicht marschieren, denn es sieht die Folgen eines Koalitionskrieges gegen uns klar genug«, vertraute Staatssekretär von Weizsäcker bereits am 22. Mai 1938 seinem Tagebuch an[8].

Die Sorge vor einer Diversion der deutschen Kräfte ließ den bald zurücktretenden Generalstabschef des Heeres, Ludwig Beck, befürchten: »Ein endgültiger deutscher Sieg ist eine Unmöglichkeit[9].« Daß Hitler der Coup gegen Prag glückte und die Westmächte die befürchteten Reaktionen unterließen, führte zu einer Zersetzung der kalkülpflichtigen Ziel-Mittel-Relation bei der Generalität zumindest insoweit, daß man sich auch in Hitlers »Vabanque«-Spiel (Hermann Göring) gegen Polen vorbehaltreich hineinziehen ließ.

Die Führung des Heeres vertraute Hitler nicht[10]. Verbittert über die von ihm als Kleinmut gedeutete Vorsicht der Heeresführung mußte der Diktator in einer zweistündigen Rede am 22. August 1939 die militärischen Führungsspitzen auf die Offensive gegen Polen einschwören. Trotz des Blitzsieges brachen die Vorbehalte gegen den Frankreichfeldzug erneut auf (5. November 1939). Hitler unterstellte dem OKH Unlust zum Kampf, die das Aufrüstungstempo verschleppt habe. Am 23. November mußte Hitler, nachdem er am 9. Oktober 1939 mit seiner Weisung Nr. 6 die Kriegführung im Westen beschlossen hatte, in drei Ansprachen von ca. 7 Stunden die Angriffsbereitschaft der Truppenführer mobilisieren[11]. Dem Oberbefehlshaber des Heeres von Brauchitsch und seinem Stabschef Halder warf Hitler vor, viele Generale seien Überbleibsel einer faulen Oberschicht, die den Geist der neuen Zeit nicht begriffen. Doch werde er diesen Widerstand in der Armee brechen[12].

Dieser Widerstand resultierte aus Hitlers immer tollkühnerer Abenteuerpolitik und seinen permanenten Eingriffen in die operativen Entscheidungswege bis zu den Divisionen hinunter. Hitler mißtraute dem Schulungsprinzip deutscher Militärführer, d.h. dem selbständigen Umgang mit der »Direktive«, also dem Handlungsfreiheit gewährenden Auftrag, dessen Vollzug allerdings die Erziehung zu einheitlichen Auffassungen zur Voraussetzung hatte[13]. Diese war immer weniger gegeben, da für Hitler nicht nur Bürokratie, Justiz, Christentum, Bürgerwelt zu den abgewirtschafteten Gebilden der Vergangenheit zählten, sondern auch der Adel, welcher »so viel Schlacken hinterlassen habe«[14]. Statt strategischer Kalkülverpflichtung verlangte Hitler eine absolut gläubige Ausrichtung der Offiziere auf ihren obersten Kriegsherrn, dessen Mißtrauen sich umgekehrt im Befehl vom 20. Januar 1940 niederschlug, daß jeder nur das zu wissen habe, was für die Durchführung seines Auftrags unerläßlich sei, ansonsten absolute Geheimhaltung aller operativen Erwägungen und Maßnahmen verlangt wurde[15].

Doch stellte Hitler nicht allein durch Druck und Zwang Gehorsam her, sondern auch durch erfolgreiche Mobilisierungen revisionistischer Zielvorstellungen und durch Stimulierung der deutsch-imperialen Gefühlswelt. Mit den Siegen über Polen und Frankreich erschien Hitler vielen als nachträglicher Gewinner des Ersten Weltkrieges, allen Staatsstreichplänen den Schwung nehmend. Bitter notierte von Hassell, daß von der hohen Garnitur der Generale nichts mehr zu erwarten sei: »Sie werden mit Titeln, Ritterkreuzen und Dotationen gemästet.« Die Zwiespältigkeit von Sentiment und Rationalität nach dem Frankreichfeldzug spiegelte der Eintrag des von Hitler entlassenen Botschafters: »Man könnte verzweifeln unter der Last der Tragik, sich an den Erfolgen nicht freuen zu können[16].«

Doch mit dem zum »Genie« des Führers umgedeuteten Versagen Frankreichs endete weitestgehend die Phase der partiellen Übereinstimmung zwischen Hitlers ersten revolutionären Etappenzielen und den Sehnsuchtsprojektionen großer Teile der alten deutschen Führungsschichten[17]. Die vergeblichen Anstrengungen zur Niederkämpfung Englands bei gleichzeitiger Angriffsplanung gegen Rußland erneuerten die Abbremsversuche der Wehrmachtführung. Symptomatisch erscheint der Tagebuch-Vermerk von Goebbels am 8. August 1940, daß die Generale den Führer zur Aktion drängen müßten, aber das genaue Gegenteil täten. »Das sind die alten Laumänner, die niemals Großes gewagt haben[18].«

Zwar konnte Hitler mit dem ungeheuren Erfolg der ersten Wochen nach dem Überfall auf die UdSSR die Vertrauenslücke zwischen sich und seinen OKW einerseits und dem OKH andererseits schließen, doch klaffte sie wieder auf im Zuwachs der militärischen Krise. Möglicherweise unbedacht, gab Hitler am 19. November 1941 zu, daß die feindlichen Mächte einander nicht besiegen könnten[19]. Damit war Hitlers Aufmarschanweisung, »Sowjetrußland in einem schnellen Feldzug niederzuwerfen«[20], gescheitert. Während das Gesetz des Handelns an Stalins Truppen überging, mußte mit Hitlers Kriegserklärung an die USA nicht nur die Errichtung einer zweiten Front in Westeuropa erwartet, sondern zugleich eine deutsche Kampflinie von Narvik bis Tobruk behauptet werden. Die damit verbundene Zerdehnung jeglicher Tiefenrüstung in die Breite suchte Hitler durch kämpferischen Fanatismus der Truppen wettzumachen. Am 16. Dezember 1941 erließ er den »grundsätzlichen Befehl«, keinen Fußbreit Boden dem Feinde zu überlassen. Die damit einhergehende Wandlung vom Angriffs- zum Abnutzungskrieg als Folge des Befehls Hitlers, nicht auf Moskau, sondern auf Leningrad und den Kaukasus zuzustoßen, steigerte die konzeptionellen Differenzen zum OKH. Nach von Brauchitschs schnöder Entlassung wurde auch Halder am 24. September 1942 ersetzt, da sich Hitler von ihm keine Vorhaltungen über die verbleibende Leistungsfähigkeit deutscher Truppen machen lassen wollte. Auch das Verhältnis zum Wehrmachtführungsstab geriet ab Juni 1942 in ein verdecktes Dauerzerwürfnis, nachdem sich General Jodl (im Gegensatz zu Hitlers Auftrag) vor Ort die Auffassung von Feldmarschall List zu eigen gemacht hatte, daß der Kaukasus-Vorstoß gescheitert sei (Tuapse-Durchbruch). Der Hitler ergebene Chefadjutant Generalleutnant Schmundt bemerkte lakonisch, »der Chef wolle sich vom Generalstab keine Meinungen einsuggerieren lassen«[21].

Halders Nachfolger Zeitzler verlangte förmlich von den Offizieren eine absolute Führer-Gläubigkeit, anstatt »nur immer die Löcher im Käse zu sehen«[22]. Für Hitler würden die Generalstäbler zuviel denken und sie sähen die Dinge zu kompliziert[23]. Was im Grunde die Kluft unüberbrückbar machte, erhellte Hitler schlaglichtartig selbst anläßlich seiner persönlichen Übernahme des Oberbefehls am 19. Dezember 1941. Laut Halder habe Hitler gesagt:

»Das bißchen Operationsführung kann jeder machen. Die Aufgabe des Oberbefehlshabers des Heeres ist es, das Heer nationalsozialistisch zu erziehen. Ich kenne keinen General des Heeres, der diese Aufgabe in meinem Sinne erfüllen könnte[24].«

Was Hitler wütend machte, waren die Prinzipien des Augenmaßes und des kalkulierbaren Risikos. Und wie sehr in diesem Maßstab der nüchternsten Situationsanalyse die politische Räson des militärischen Gigantismus verloren war, machte nicht erst die Katastrophe von Stalingrad sichtbar. Verblüffend wirkt die Offenheit, mit der bereits im Juni 1942 der damalige Major i.G. (Haupt-Quartier, OKH) und spätere Attentäter Graf von Stauffenberg in einem Dankschreiben an General Paulus nach einem Front-Besuch bei diesem in Charkow die Untätigkeit der Generalität angesichts der verfahrenen Situation geißelte:

»Herr General werden am besten verstehen, wie erquickend ein Besuch [...] dann dort ist, wo bedenkenlos der höchste Einsatz gewagt wird, wo ohne Murren das Leben hingegeben wird, während sich die Führer und Vorbilder um das Prestige zanken oder den Mut, eine das Leben von Tausenden betreffende Antwort, ja Überzeugung zu vertreten, nicht aufzubringen vermögen[25].«

Letztendlich mußten am 20. Juli mit Henning von Tresckow (zuletzt Generalmajor) und Claus von Stauffenberg zwei Oberste die Verantwortung der Generalität übernehmen, weil sich ihr Schwanken nicht zur Entschlossenheit wandelte, obwohl Hitler bereits am 12. Dezember 1942 das Scheitern des Kriegs im Osten eingestanden hatte. Man könne, so Hitler, Menschen und Material im Stalingradkessel gar nicht ersetzen.

»Wenn wir das preisgeben, geben wir eigentlich den ganzen Sinn des Feldzuges preis. Sich einzubilden, daß ich das nächste Mal noch hierherkomme, ist ein Wahnsinn[26].«

Von den nach dem Fall Stalingrads verbleibenden militärischen Möglichkeiten her war es in der Tat Wahnsinn, auf ein letztlich siegreiches Ende zu spekulieren.

Die Unendlichkeit der Aufgabenfülle zeigte im direkten Kräftevergleich mit den Alliierten nicht nur das Heer, sondern vor allem Luftwaffe und Marine chancenlos, wenngleich sich beide in dem von Hitler geforderten Kampfgeist und einer bedingunslosen Einsatzhärte verzehrten.

Vor allem die Seekriegsleitung mit ihrem »Schandfleck« des Kieler Matrosenaufstandes und ihrem Anti-England-Komplex versuchte sich in heldischem Opfertum an der Quadratur des Kreises[27]. Dieser bestand in der Absicht, »mit einem Zug nachzuholen«, was Großbritannien in Jahrhunderten aufgebaut hatte (Generaladmiral Saalwächter). Dazu galt es, eine ozeanische Stützpunktpolitik zu betreiben, die Verbindungswege vom Atlantik zum Mittelmeer offenzuhalten, Invasionsvorbereitungen des Feindes zu verhindern und England wie Rußland in einem erbarmungslosen Geleitzugkrieg vom Nachschub abzuschneiden. Im Verlauf des Jahres 1943 zeichnete sich das Scheitern dieser Vorhaben ab. Der Hauptgrund dafür bestand im Fehlen einer Luftwaffe über See, in der Vernichtung deutscher Großkampfschiffe (z.B. Bismarck 27. März 1941 versenkt, Tirpitz 22. September 1943 außer Gefecht, Scharnhorst 26. Dezember 1943 versenkt), in den U-Boot-Fallen des besseren gegnerischen Radars. Am Ende verkürzte sich der Kampfauftrag der Seekriegsleitung auf den Ostsee-Einsatz zur Rettung der Flüchtlinge und zur Abwehr »der bolschewistischen Sturmflut« (Großadmiral Dönitz). Für ihn galten die Männer des 20. Juli als »kriminelle Verräter«[28]. Obgleich gerade die Marine-Spitze angesichts des hitlerschen Primats der Ostpolitik und der damit verbundenen Unstetigkeit maritimer Schiffsbau- und Zielplanung allen Grund zur Obstruktion gehabt hätte, verselbständigten sich gegenüber der immer klareren strategischen Aussichtslosigkeit Manneszucht und Patriotismus zum heroischen Lebensethos.

Die besondere Bindung an den »Führer« war nicht nur Dönitz eigen, sondern auch seinem Amtsvorgänger im Oberkommando der Marine, Erich Raeder. Zerstritten mit Hitler über die künftigen Aufgaben der Großkampfschiffe, blieb der Admiral in Treue fest. Bei seiner Verabschiedung am 30. Januar 1943, nach 15jähriger Leitung der Kriegsmarine, versicherte Raeder, ihm sei es 1933 gelungen, dem Führer die Marine »geschlossen« und »reibungslos« zuzuführen. Dies sei aufgrund der Erziehung zu einer inneren Haltung geschehen, »die von selbst eine wahrhaft nationalsozialistische Einstellung ergab.« Auch künftig sei darauf hinzuwirken, »daß die Marine [...] eine feste und zuverlässige Stütze des Führers bleibe«[29].

Noch mehr als die Marine galt die neue deutsche Luftwaffe als Exponent des Dritten Reiches. Der Oberbefehlshaber Göring verblieb — abgesehen von punktuellen Schwankungen — in Hitlers Gunst. Dessen wechselnde strategische Zielvorgaben, ein entsprechender Produktions- und Planungswirrwarr sowie eine überforderte, zum Teil aus der Weltkrieg I-Kameraderie hervorgegangene Führungsspitze konnten nicht mehr durch die zu spät einsetzende, straffe Führung Milchs und Speers aufgefangen werden[30]. Im Grunde hatte die deutsche Luftwaffe im Ringen um England von August bis November 1940 die beste Substanz ihrer Piloten verloren. Ohne Deckung durch strategische Bomberflotten waren sie als »Torso« (J. Steinhoff) vor übermenschliche Aufgaben gestellt worden. Danach konnte auch der größte Blutzoll den Makel nicht wegwischen, daß Görings Luftwaffe, nicht wie besprochen, die 6. Armee aus der Luft hatte versorgen können und bei Stalingrad im Stich gelassen hatte. Die alliierte Lufthoheit über deutschem Gebiet sowie die Schmach, daß die größte Spionageorganisation »Rote Kapelle« ihren Horchposten im Luftfahrtministerium hatte aufbauen können, trieben Göring in Wechselbäder aus wüstem Aktionismus und wochenlanger Lethargie. Dazu verlangte Hitler selbst gegen die materielle Überlegenheit des Gegners immer größere heldenhafte Tugenden, während er zugleich durch hektische Eingriffe in die Produktionsplanung die Abwehr-Effizienz schwächte. Er selbst war es, der den konzentrierten Großeinsatz des schnellsten Abfangjägers Me 262 verwässerte, weil er auch Bomber-Eigenschaften haben sollte[31]. Die Tragödie der deutschen Luftwaffe dokumentierte in besonderer Weise die völlig unzureichende Rüstungsstruktur der gesamten Wehrmacht — gemessen an Hitlers Zielen und der erzwungenen Gleichzeitigkeit ihrer Erstrebung. Warum wurde dies in der Wehrmacht mitgetragen? Wie war es möglich, daß persönliche Ehre und Standesehre von der »Systemehre« der NS-Diktatur ausgesaugt oder verstümmelt werden konnten?

*Zwischen Widerstand und Unterwerfung*

Wenngleich Hitler klagte, eine preußische Armee, eine kaiserliche Marine und nur eine nationalsozialistische Luftwaffe zu haben, so war man sich in den ersten Jahren der Diktatur im Kernziel einer militärischen Wiedererstarkung des Reiches einig[32]. Auch die Reichswehrführung dachte in machtstaatlichen Kategorien, doch für sie war Krieg stets das letzte, für Hitler jedoch immer das übliche Mittel. Im Schwanken zwischen Unterwerfung und Widerstand gegenüber Hitler verelendete geradezu alle Aufstandsmobilität angesichts der großen Erfolge, und trotz aller Abenteuerlichkeit der Unternehmungen erschien Hitler noch letztlich kalkülpflichtig, als er am 23. Mai 1939 den Befehlshabern versicherte, nur einen Angriff auf Polen wagen zu wollen, wenn der Westen ruhig bleibe[33]. Daß Hitler diese Strategiedisziplin dann zumindest halbwegs verriet, machte der grandiose Blitzsieg förmlich vergessen. Die Popularität Hitlers, aber noch mehr die Einbrüche in die politische Homogenität der Wehrmachtsspitze (Hitlerhörigkeit Keitels, obstruktive Folgsamkeit z.B. von Brauchitschs, von Rundstedts, Halders, Jodls, Zeitzlers, dazu persönliche Eifersucht Halder gegen Guderian, Kesselring gegen Rommel), der Konkurrenzdruck aus der von Hitler wegen ihres Draufgängertums favorisierten Waffen-SS[34] und der Mirakelcharakter des Triumphs über Frankreich bändigten in der Heeresführung den Widerstand, machten ihn in entscheidender Weise organisationsunfähig. Konnte nicht vielleicht auch, zumal Hitler bis dahin alle Zauderer widerlegt hatte, Stalins Reich »in einem Zug schwer zerschlagen werden« (Hitler am 31. Juli 1940)? Daß Hitler von

Anbeginn an hier im Gegensatz zum West-Krieg einen rassistisch-ideologischen Vernichtungskrieg gegen den Bolschewismus, seine Träger und Heloten führen wollte, war der Wehrmachtsspitze klar. Doch zerfaserte sich die Risiko-Furcht nicht zuletzt an der einst im Friedensvertrag von Brest-Litowsk kurz verwirklichten Raum-Vision und an der aus dem Ersten Weltkrieg geborenen Doktrin von künftigen Kriegen als existentiellem Rassen- und Völkerringen.

Wiederum unterstützt durch die anfänglichen Riesenerfolge konnte Hitler es durchsetzen, daß »die Vernichtung einer Weltanschauung« den »ritterlichen Krieg« verbiete (Keitel). Am 23. Juli 1941 gab der Chef des OKW den Befehl, den Jodl entworfen hatte, heraus, wonach im Osten jeder Widerstand nicht durch gesetzliche Verfolgung der Schuldigen, sondern durch Verbreitung eines solchen Terrors durch die Wehrmacht zu ahnden sei, daß jede Neigung zum Widerstand unter der Bevölkerung ausgemerzt werde[35]. Zwar bestanden die mit der Judenvernichtung befaßten Einsatzkommandos aus Sicherheitspolizei (Sipo) und Sicherheitsdienst (SD), aber innerhalb der Wehrmacht gab es durchaus rassistische Affininitäten. Schmundt verlangte, daß jeder Offizier in der Judenfrage »völlig kompromißlos« sein müsse. Dönitz sprach vom Judentum als »auflösendes Gift«. Augenfällig war die rassenideologische Kollaboration im Wirkungsbereich des »Kommissarbefehls« und der Massenexekutionen sowjetischer Kriegsgefangener[36]. Die Verhärtung des Kriegsgeschehens zum jeden Kompromiß negierenden Vernichtungskampf hatte innerste Geschlossenheit zur Voraussetzung, und die furchtbare Miteinanderlosigkeit der Wehrmachtsspitzen war geradezu Voraussetzung dafür, um den äußeren militärischen Ordnungsrahmen als Sinngefüge hypertropher Loyalität absolut intakt zu halten. Während ca. 50 Generale im Nationalkomitee Freies Deutschland mit den Wortführern Paulus und von Seydlitz die Rettung Deutschlands vor Hitler einforderten, ließen es die in ihrer *Pflicht* gefangenen Truppenführer zu, daß bei ca. 50 000 Wehrmachtsangehörigen wegen Untreue-Delikten die Todesstrafe vollstreckt wurde — Ausweis einer besonderen Bringschuld der Wehrmachtsjustiz gegenüber Hitler als oberstem Gerichtsherrn der völkischen Gemeinschaft[37].

Die innerste Zerspaltung sollte indes erst die Reaktion auf den »20. Juli« offenbaren. Einige hatten zur Ehrenrettung der Deutschen den großen Wurf gewagt, andere waren aus Angst vor einer alles zerreißenden neuen Dolchstoßlegende froh über das Scheitern des Attentats, dritte verwiesen auf den Primat der Vaterlandsverteidigung und unterwarfen sich Hitler bis zur »grotesken Selbstzerfleischung« (z.B. von Rundstedt contra von Witzleben im »Ehrenhof«)[38]. Daß man indes weiter an Hitlers Seite mitmachte, lag nicht nur an der auf Alternativlosigkeit verkürzten Situation, nicht nur an der allgewaltigen Gestapo[39], nicht nur an der Furcht vor dem Vorwurf des Hoch- und Landesverrates, sondern auch an Hitlers Fähigkeit, immer wieder den berühmten Silberstreifen an den verdüsterten Zukunftshimmel zu zaubern. So riß er die Generale und Offiziere contre raison zu Ovationen hoch, als er ihnen am 26. Mai 1944 im Platterhof bedrohlich und verheißungsvoll zugleich verkündete:

»Entweder wir erliegen in diesem Krieg — dann ist das das Ende unseres Volkes —, oder wir siegen — und das wird der Fall sein! — dann ist das der Beginn unserer Herrschaft über Europa[40].«

Daß sich Hoffnungshunger bei tiefster Bedrängnis auch vom Irrationalen nährt, wußte Hitler nur zu genau. Der nachträglicher Exkulpation unverdächtige damalige Oberstleutnant i.G. Ulrich de Maizière, später Generalinspekteur der Bundeswehr, erinnert sich seiner Eindrücke von den Lagebesprechungen bei Hitler gegen Kriegsende:

»Hitler besaß eine unerklärliche, ich scheue mich nicht zu sagen, dämonische persönliche Ausstrahlungskraft, die man kaum beschreiben, erst recht nicht begreifen kann und der sich nur ganz wenige Menschen haben entziehen können.«

Als Indiz nennt de Maizière Feldmarschall Kesselring, Oberbefehlshaber West, von dessen Besuch bei Hitler am 15. März 1945 ein Kapitulationsvorschlag erwartet wurde. Doch Hitler bearbeitete ihn so, daß der Marschall sich mit den Worten verabschiedete: »Mein Führer! Ich will es noch einmal versuchen[41].« Bei aller standesbedingter und intellektueller Reservation ihm gegenüber verstand es Hitler gleichwohl, sich durch Appell an die Ehre dessen Folgebereitschaft zu erhalten. Der jüdisch-bolschewistische Todfeind versuche Deutschland zu zertrümmern und das deutsche Volk auszurotten, hieß es im Führer-Befehl vom 15. April 1945: »Während die alten Männer und Kinder ermordet werden, werden Frauen und Mädchen zu Kasernenhuren erniedrigt. Der Rest marschiert nach Sibirien.« Wer die Truppe verlasse oder nicht kämpfe, handle schimpflich »und müsse sich schämen vor den Frauen und Kindern, die in den Städten dem Bombenterror standhalten«[42]. Die Forderung der Alliierten nach bedingungsloser Kapitulation wurde zur fingierten Fluchtchance verlorenster Sinngebung.

Die Zerstörung der Vernunft und Standesehre war eingeleitet worden mit der wachsenden Bedrängnis durch rückwärts gewandte Utopien, egalitären Modernismus und das das Weltbild der Schwertaristokratie verzehrende Industriezeitalter mit seiner Entwurzelung vorgeblich ewiger Wertgebundenheit. Im Versagen Weimars schien sich der alten Führungselite die letzte große Chance zu bieten, mit dem Wiederaufstieg des Reiches den entscheidenden Rang des Wehrstandes zu beweisen. Dieser glaubte, dafür Hitler instrumentalisieren zu können, wurde aber durch dessen Erfolgsgewalt und Artischocken-Technik der Zielpreisgabe immer tiefer in einen schließlichen Weltkonflikt verstrickt, der nur eine Lösung von außen bringen konnte.

Die Haltung der Wehrmacht erschöpfte sich nicht im Ja oder Nein zu Hitler, sondern wurde zunehmend geprägt durch vielfältigste Fragmentierungen der Urteilssicherheit. Schillernd wie die Zukunftskonzepte des »Widerstands« waren auch auf der anderen Seite Gehorsam, Botmäßigkeit, Fanatismus oder widerspenstiges Mitmachen, durchtränkt von fiebriger Wildheit (z.B. Model, Schörner) und grüblerischer Zerfallenheit (z.B. Beck, C.H. von Stülpnagel) — Anzeichen einer labyrinthischen Ausweglosigkeit. Mit der Tötung des Minotaurus wäre der Ariadnefaden zum Licht längst nicht gefunden gewesen.

Selbstquälerisch fragte später General Jodl, ob Hitler nicht mit dem Fortgang der Dinge vom »Kunstwerk« der Hoffnung »zur teuflischen Entartung« desselben verkommen sei[43]. Hatte Hitler auch bis zum Angriff auf Polen genug gesagt und getan, um wissen zu können, auf was man sich mit ihm einließ, so kamen dennoch die immer neuen Brutalisierungsschübe überraschend[44]. Doch wie sollten sich ausgerechnet die Träger des Waffenhandwerks nicht durch die Erfolge der Gewalt beeindrucken lassen? Nachdem die Zeit der Ideologien die Verachtung der Gesittung, die Re-Barbarisierung des Politischen gebracht hatte und der Traum von einem Reich, das weder eingekreist noch ausgehungert werden konnte und im Innersten geeint war, vermeintlich so greifbar nahe schien? In Hitlers Umsturz der deutschen Wirklichkeit mischten sich Trugbilder ältester Sehnsucht, welche die Verbrechen der Diktatur aus dem Bewußtsein drängten, zugleich die Annahme des Kampfes als tragische Lebensform unausweichlich machten. Es gab keinen Widerstand als Volksbewegung, und im Räderwerk des totalen Krieges produzierte die Frage nach der moralischen Verantwortung des soldatischen Tuns und Unterlassens nur die einsamste Einsicht in die letzte Vergeblichkeit eines allgemein sinnstiftenden, persönlichen Opferganges. Ein solcher war, wie Beispiele zeigen, vom NS-Regime jederzeit vor der Öffentlichkeit manipulierbar und konnte zu Fluch oder Weihe propagandistisch verfälscht werden. Gewiß hatte Hitler als Eidnehmer zuerst Verrat am deutschen Volk begangen, aber stellte nicht auch die Bindungsautorität des höchsten Staatsamtes als Institution den Soldaten mit seinem traditionsverhafteten Lebensgefühl unter des Gesetz des Gehorsams? Am Ende konnte man nur wählen zwischen Mitmachen oder Ausgestoßenwerden.

Vereinzelt sichtbare Opposition gegen Hitler (z.B. Blaskowitz, Hoepner, Rabenau, Groppe, Sponeck, Bock etc.) besaß nicht die Kraft des zündenden Beispiels — und wenn der verzweifelte Ulrich von Hassell befand: »Die Generäle sind zum Verrücktwerden!« (Tagebuch 28. März 1943), so deshalb, weil ihnen der sichere Weg zwischen richtig und falsch durch die Hitlerisierung der Verhältnisse verstellt und verrätselt war.

# Anmerkungen

1 Hitlers Verhältnis zur Marine war aus noch darzulegenden Gründen konfliktärmer. — Zur Kriegsspitzengliederung der Wehrmacht vgl. Rudolf Absolon, Die Wehrmacht im Dritten Reich, Boppard 1988, Bd V, S. 49 ff.

2 Franz Halder, Generaloberst Halder. Kriegstagebuch. Tägliche Aufzeichnungen des Chefs des Generalstabes des Heeres 1939—1942, Bd I: Vom Polenfeldzug bis zum Ende der Westoffensive (14.8.1939—30.6.1940), Stuttgart 1962; Bd II: Von der geplanten Landung in England bis zum Beginn des Ostfeldzuges (1.7.1940—21.6.1941), Stuttgart 1963; Bd III: Der Rußlandfeldzug bis zum Marsch auf Stalingrad (22.6.41—24.9.42), Stuttgart 1964; hier Bd 2, S. 39 (zit. KTB).

3 Vgl. Hitler vor der Generalität am 3.2.1933, Aufzeichnung Generalleutnant Liebmann, in: Vierteljahrshefte für Zeitgeschichte, 2 (1954).

4 Vgl. Karl D. Bracher, Die deutsche Diktatur. Entstehung, Struktur, Folgen des Nationalsozialismus, Köln 1969, S. 426 f.

5 Max Domarus, Hitler. Reden und Proklamationen 1932 bis 1945, Bd 1, München 1965, S. 430 f., 444.

6 Vgl. die Dokumente »Offizierkorps und Politik« in: Klaus J. Müller, Armee und Drittes Reich 1933—1939. Darstellung und Dokumentation, Paderborn 1987, S. 139 ff.

7 Vgl. Johannes Steinhoff, Peter Pechel, Dennis Showalter (Hrsg.), Deutsche im Zweiten Weltkrieg. Zeitzeugen sprechen, München 1989, S. 46.

8 Die Weizsäcker-Papiere 1933—1950, hrsg. von Leonidas E. Hill, Frankfurt/M. 1974, S. 128.

9 Zit. nach Fabian von Schlabrendorff, Begegnungen in fünf Jahrzehnten, Tübingen [2]1979 , S. 277.

10 Vgl. Nicolaus von Below, Als Hitlers Adjutant 1937—1945, Mainz 1980, S. 147.

11 KTB (wie Anm. 2), Bd I, S. 120, S. 131 f.

12 Peter Hoffmann, Widerstand, Staatsstreich, Attentat. Der Kampf der Opposition gegen Hitler, München [2]1970, S. 185.

13 Vgl. Alfred Philippi, in: KTB (wie Anm. 2), Bd I, Stuttgart 1962, S. XIX; ferner Bodo Scheurig, Spiegelbilder der Zeitgeschichte, Hamburg 1978, S. 77.

14 Vgl. Henry Picker, Hitlers Tischgespräche im Führerhauptquartier, Stuttgart 1977 (28.6.1942); dort auch S. 485 (Hitlers Geheimrede am 23.11.1937 in Sonthofen).

15 KTB (wie Anm. 2), Bd 1, S. 166.

16 Ulrich von Hassell, Vom andern Deutschland. Aus den nachgelassenen Tagebüchern 1938—1944, Zürich 1946, S. 157; Hoffmann (wie Anm. 12), S. 159 ff.

17 Andreas Hillgruber, Hitlers Strategie. Politik und Kriegführung 1940—1941, München [2]1982, S. 567.

18 Die Tagebücher von Joseph Goebbels. Sämtliche Fragmente, hrsg. von Elke Fröhlich, München etc. 1987, S. 271.

19 KTB (wie Anm. 2), Bd 3.

20 KTB (wie Anm. 2), Bd 2, S. 464.

21 Vgl. Picker (wie Anm. 14), S. 388.

22 Vgl. Schlabrendorff (wie Anm. 9), S. 224.

23 Vgl. Walter Warlimont, Im Hauptquartier der deutschen Wehrmacht 1939 bis 1945, Frankfurt/M. 1962, S. 229, 271.

24 Franz Halder, Hitler als Feldherr, München 1949, S. 45. Zum folgenden ebd., S. 11, 13, 52.

25 Dokument in Walter Görlitz (Hrsg.), Paulus. »Ich stehe hier auf Befehl!«, Frankfurt/M. 1960, S. 168.

26 Helmut Heiber (Hrsg.), Lagebesprechungen im Führerhauptquartier. Protokollfragmente aus Hitlers militärischen Konferenzen 1942—1945, Berlin etc. 1963, S. 54.

27 Vgl. David Irving, Hitler und seine Feldherrn, Frankfurt/M. 1975, S. 75 ff.

28 Vgl. im Kontext Peter Padfield, Des Teufels Admiral, Berlin 1984, S. 227 ff., 314, 316, 386, 395, 480.

29 Zit. nach Gerhard Schreiber, Revisionismus und Weltmachtstreben. Marineführung und deutsch-italienische Beziehungen 1919 bis 1944, Stuttgart 1978, S. 382.

30 Irving, Hitler (wie Anm. 27), S. 629 f., 643, 647.

31 Vgl. David Irving, Die Tragödie der deutschen Luftwaffe. Aus den Akten und Erinnerungen von Feldmarschall Milch, Frankfurt/M. 1970, S. 241, 245, 249, 262 ff., 267; Adolf Galland, Die Ersten und die Letzten. Die Jagdflieger im Zweiten Weltkrieg, München [15]1983, S. 351, 370.

32 Erich von Manstein (Generalfeldmarschall), Aus einem Soldatenleben 1887—1939, Bonn 1958, S. 175, 239 f., 269 f.

33 Vgl. Wolfgang Michalka (Hrsg.), Das Dritte Reich. Dokumente zur Innen- und Außenpolitik, Bd 1, München 1985, S. 276 (= Schmundt-Bericht).

34 Bernhard R. Kroener, Rolf-Dieter Müller, Hans Umbreit, Kriegsverwaltung, Wirtschaft und personelle Ressourcen 1939—1941 (= Das Deutsche Reich und der Zweite Weltkrieg, Bd V/1), Stuttgart 1988, S. 832.

35 Vgl. »Das Urteil von Nürnberg 1946«, München 1961, S. 109, 188.

36 Vgl. Manfred Messerschmidt, Die Wehrmacht im NS-Staat. Zeit der Indoktrination, Hamburg 1969, S. 353 ff.; vgl. bes. Hans-Adolf Jacobsen, Von der Strategie der Gewalt zur Politik der Friedenssicherung. Beiträge zur deutschen Geschichte im 20. Jahrhundert, Düsseldorf 1977, S. 134 ff.; Ernst Klee u.a. (Hrsg.), Schöne Zeiten. Judenmorde aus der Sicht der Täter und Gaffer, Frankfurt/M. 1988.

37 Vgl. Manfred Messerschmidt, Fritz Wüllner, Die Wehrmachtsjustiz im Dienste des Nationalsozialismus. Zerstörung einer Legende, Baden-Baden 1987, S. 25, 43, 87.

38 Vgl. Generalleutnant a.D. Moriz von Faber du Faur, Macht und Ohnmacht, Stuttgart 1953, S. 210, 212, 276.

39 So konnte etwa Bormann die in das Attentat verwickelten Generale offen als »ausgesprochene Miniaturwürstchen« bezeichnen; vgl. Marlis G. Steinert, Hitlers Krieg und die Deutschen. Stimmung und Haltung der deutschen Bevölkerung im Zweiten Weltkrieg, Düsseldorf 1970, S. 472. —Vgl. Ursula von Kardorff, Berliner Aufzeichnungen aus den Jahren 1942—1945, München 1962, S. 179. Vgl. exemplarisch Hans-Adolf Jacobsen (Hrsg.), »Spiegelbild einer Verschwörung«. Die Opposition gegen Hitler und der Staatsstreich vom 20. Juli 1944 in der SD-Berichterstattung, 2 Bde, Stuttgart 1984.

40 Vgl. den Text der Rede in: Militärgeschichtliche Mitteilungen, 2 (1976), S. 141 ff., Zitat S. 162.

41 Ulrich de Maizière, In der Pflicht. Lebensbericht eines deutschen Soldaten im 20. Jahrhundert, Herford, Bonn 1989, S. 106.

42 Walther Hubatsch, Hitlers Weisungen für die Kriegführung 1939—1945, Frankfurt/M. 1962, S. 311.

43 Vgl. Zuschrift Luise Jodls vom 1.5.1989, in: Der Spiegel, Nr. 18.

44 Vgl. Manfred Messerschmidt, Kommandobefehl und NS-Völkerrechtsdenken, in: Ursula von Gersdorff (Hrsg.), Geschichte und Militärgeschichte. Wege der Forschung, Frankfurt/M. 1974, S. 221 f.

Manfred Messerschmidt

# Wehrmacht, Ostfeldzug und Tradition*

## 1. *Die Aufgabe: Erkenntnis des Krieges als Vernichtungskrieg*

Wer die Frage nach der Bedeutung des Rußlandkrieges für das historische Bewußtsein und damit auch für Traditionsansätze in der Bundesrepublik stellt, muß nicht erst das Mißverständnis abwehren, als gebe es so etwas wie einen gemeinsamen Nenner in der Verarbeitung der jüngsten deutschen Geschichte und speziell in der Bewertung dieses für Deutschland und Europa wichtigsten Phänomens des Zweiten Weltkrieges. In allen Gesellschaften, die soviel innere Freiheit gewähren, daß die in ihnen existierenden politischen und sozialen, ökonomischen und kirchlichen Interessen öffentlich Ausdruck finden können, werden Fehlentwicklungen und Katastrophen national-, ja weltgeschichtlichen Ausmaßes besonders dann keine grundsätzlich übereinstimmende Bewertung erfahren, wenn, wie beim Rußlandkrieg, ihre Ursachen tiefer liegen als nur in machtpolitischen oder nur in militärischen Zusammenhängen. Der deutsche Überfall auf die Sowjetunion reicht mit seiner Zielsetzung wie mit seinen Resultaten in Dimensionen, die ihm nicht nur das historische Interesse noch in ferner Zukunft sichern, sondern auch das Verhältnis der engagierten Nationen dauerhaft charakterisieren werden. Gegenwärtig tritt die Generation ab, aus der noch einzelne Vertreter in relativ wichtigen Positionen an diesem Krieg beteiligt waren, in Generalsstellungen oder in Verwaltung und Wirtschaft, nicht zuletzt auch in der Wissenschaft. Weniger als jeder andere Krieg war dieser nur eine Angelegenheit der Soldaten, und so läßt sich auch für sie daraus keine metiergebundene Tradition ableiten. Sie griffe zu kurz. Zwei Armeeoberbefehlshaber, v. Reichenau und v. Manstein, haben im Oktober und November 1941 in berüchtigten Befehlen den Sinn des Krieges und das geforderte soldatische Verhalten umschrieben. In der Manstein-Version hieß es u.a.:

»Das jüdisch-bolschewistische System muß ein für allemal ausgerottet werden. Nie wieder darf es in unseren europäischen Lebensraum eingreifen. Der deutsche Soldat hat daher nicht allein die Aufgabe, die militärischen Machtmittel dieses Systems zu zerschlagen. Er tritt auch als Träger einer völkischen Idee und Rächer für alle Grau-

---

* Dieser Beitrag erschien unter dem Titel: »Der Kampf der Wehrmacht im Osten als Traditionsproblem«, in: Gerd R. Ueberschär, Wolfram Wette (Hrsg.), »Unternehmen Barbarossa«. Der deutsche Überfall auf die Sowjetunion 1941. Berichte, Analysen, Dokumente Paderborn 1984, S. 253—263.

samkeiten, die ihm und dem deutschen Volk zugefügt wurden, auf. [...] Für die Notwendigkeit der harten Sühne am Judentum, dem geistigen Träger des bolschewistischen Terrors, muß der Soldat Verständnis aufbringen. Sie ist auch notwendig, um alle Erhebungen, die meist vom Juden angezettelt werden, im Keime zu ersticken[1].«

Feldmarschall v. Rundstedt gab den Reichenau-Befehl an die Armeen seiner Heeresgruppe weiter, Hitler fand ihn ausgezeichnet und der Oberbefehlshaber des Heeres (= ObdH) v. Brauchitsch veranlaßte, daß er an alle Verbände im Osten geschickt wurde als Vorbild für zu erlassende ähnliche Befehle.

Die Beteiligung des Militärs an diesem Krieg kann aufgrund unserer immer umfassender und detaillierter werdenden Kenntnis heute ziemlich deutlich fixiert werden, wie es gewichtige Arbeiten der letzten Jahre zeigen. Eine Zusammenfassung und Weiterführung dieser Ergebnisse brachte der vierte Band des Weltkriegswerkes des Militärgeschichtlichen Forschungsamtes[2]. An dieser Stelle soll deshalb keine kurzgefaßte taktische Übersicht über die Aktionen der Wehrmacht in der Sowjetunion oder über ihre Planungen vor Kriegsbeginn unter dem Gesichtspunkt der Traditionsfrage versucht werden. Vielmehr gehe ich der Frage nach, ob es historisch redlich ist, sich in Kenntnis des taktischen und ideologischen Gesamtrahmens, der sich uns bei Betrachtung der Rolle der Wehrmacht im Kriege gegen die Sowjetunion bietet, auf jene so häufig anzutreffende »unpolitische« Position zurückzuziehen, die die Rechtfertigung in Anspruch nimmt, der Soldat habe allein für sein Vaterland gekämpft, für Heimat, Frau und Kinder, eben für Deutschland. Diese Position wird selbst von manchen ihrer Verfechter als eine bloß subjektive erkannt. Sie schafft die objektiven Gegebenheiten nicht aus der Welt. Sie kommt nicht darüber hinweg, daß die Wehrmacht jedenfalls objektiv die Schwertspitze des Unrechtssystems war, das erklärtermaßen einen Vernichtungskrieg führte.

Führt denn aber, so ist die Frage zu stellen, dieses verständliche Apologiebemühen wenigstens subjektiv zur eindeutigen oder auch nur befriedigenden Exkulpation? Steht man hier auf verläßlichem Grund? In sehr vielen Einzelfällen möglicherweise, in sehr vielen nicht. Die in den fünfziger Jahren von Schreibern militärischer Memoiren oder von reflektierenden Betrachtungen gemalten Bilder von Taten und Motivationen militärischer Befehlshaber und Kommandeure, von Planungen und Besprechungen werden durch die Quellenfunde der Historiker in ein neues Licht gestellt und bedürfen erheblicher Korrekturen. Sie lieferten ohne Zweifel einen Teil jener Elemente der Bundeswehrtradition, die an die Wehrmachtgeschichte anknüpfen.

Soweit die Rolle des Heeres in der Sowjetunion zur Diskussion steht, wurde durch diese erste Welle von Büchern über den Zweiten Weltkrieg ein positiv gefärbtes Bild gezeichnet, das im wesentlichen durch Auslassungen zustande gekommen ist. Ausgelassen wurden, nicht immer gezielt oder bewußt, die kriegsvölkerrechtlich oder moralisch bedenklichen Planungen und Aktionen.

Daher ist heute, wo die Ereignisse nachprüfbar geworden sind, das Gespräch über Tradition zur Auseinandersetzung über den exemplarischen Charakter der historischen Befunde oder über ihre generelle Aussagekraft geworden.

Sicherlich ist ein Bild, wie es Adolf Heusinger im Jahre 1950 in seinem Buch »Befehl im Widerstreit« von der Haltung der Mannschaften einer Infanteriedivision im März 1941 in einem kleinen polnischen Dorf »westlich Brest-Litowsk« und vom Gespräch eines Armeeoberbefehlshabers mit seinen Kommandierenden Generalen Mitte Juni 1941 gezeichnet hat, nicht in dem Sinne in sich stimmig und allgemeingültig, daß Antibolschewismus und Hitlergläubigkeit nur bei den Mannschaften, bei den Generalen dagegen völkerrechtliche Skrupel und die Entschlossenheit, an der Front »nach unserem Gewissen« zu handeln, konstatierbar wären[3].

Aufschlußreich bleibt indes, daß der spätere erste Generalinspekteur der Bundeswehr, in seiner wichtigsten Position in der Wehrmacht Chef der Operationsabteilung im Generalstab des Heeres, gerade im Blick auf den Rußlandkrieg rechtliche und moralische Kategorien angesprochen hat. Zwar erwähnt er nicht, daß gravierende völkerrechtswidrige Befehle im Generalstab des Heeres formuliert worden sind, nämlich unter der direkten Verantwortung des Chefs des Generalstabes und des Generals z.b.V. des ObdH, der in diesen Fragen laut Dienstanweisung unmittelbar dem Chef des Generalstabes Halder unterstand, aber er legt den Zeigefinger auf Fragen des Völkerrechts, der Moral und des Anstands. Damit ist der entscheidende traditionsträchtige Zusammenhang berührt, über den nachzudenken ist, wenn, wie Heusinger es tut, über die »Schicksalsstunden der deutschen Armee« gesprochen wird. Dies führt auf elementare Problemstellungen hin, die wesentlich bedeutsamer sind als etwa die von ihm als wichtig behandelte Frage, daß der Feldmarschall List bei den Kapitulationsverhandlungen mit der griechischen Armee aus Rücksicht auf Mussolini nicht hinzugezogen worden ist[4]. Hitlers Kriegführung in allen ihren Aspekten wirft diese rechtlichen und moralischen Fragen auf. Sie sind von der Geschichte des NS-Staates und seiner Kriegführung mitgeliefert. Nicht erst der Historiker stellt sie heute. Der Zeitgenosse hat ihre Konsequenzen bitter empfunden, wenn er nicht auf der Seite derer zu finden war, die glaubten, schicksalhaft zu handeln oder die Augen verschließen zu können.

Für den Historiker, selbst für den, der allein mit der durchaus nicht überholten Methode des einfühlenden Verstehens herauszufinden sucht, wie es eigentlich gewesen, zeichnen sich hinter den Fakten strukturelle Zusammenhänge ab, die es überhaupt erst möglich machen zu begreifen, was auf dem vermeintlichen Höhepunkt und während des Niederganges des deutschen nationalen Machtstaates geschehen ist. Im Bemühen um dieses Verstehen kommt der Betrachter nicht um die Frage nach dem Sinn des Rußlandkrieges herum. Offenbar hat dieser Sinn damit zu tun, daß das Kriegsvölkerrecht in der Kriegspraxis weitgehend als nichtexistent angesehen werden konnte. Im Traditionshorizont der Bundeswehr, damit aber auch eines weit darüber hinausreichenden, nicht exakt zu bestimmenden Umfelds, das durch Medieneinflüsse, Verbände, fehlende schulische und häusliche Aufarbeitung ebenso charakterisiert wird wie durch ein jahrzehntelanges Vorherrschen materieller Aufbauerfordernisse, wurde diese Sinnfrage weitgehend ausgeblendet. Der Krieg erschien und erscheint vielen vordergründig als nur-militärisches Ereignis, wenn auch im Ergebnis als Katastrophe. Aber gerade dies erlaubte, ruhmreiche Waffentaten, nicht zuletzt »Untergänge« wie jenen der 6. Armee in Stalingrad, in um so tieferem Glanz erscheinen zu lassen. So kam es, daß dieser Krieg für viele seinen Sinnbezug aus dem Heroismus im Untergang bezog, der so sichtbar mit dem Aufbruch neuen Lebens in der Bundesrepublik verbunden zu sein schien. Hier eben legte schon die Memoirenliteratur der fünfziger Jahre jene Einbahnstraße für vordergründige Wertungen, die so schwer aufzubrechen sind. Sie sind leicht nachzuvollziehen und daher plausibel, aber sie verstellen den Weg zum wirklichen Verstehen dieses Krieges.

Wer Manstein und etwa dem General Curt Siewert[5] folgt, dem ist es möglich zu denken, daß der politische Führer einen als solchen von der militärischen Führung kaum zureichend erfaßbaren verbrecherischen Krieg führte, der es den Generalen erlaubte, rein professionell zu handeln, »ihre soldatische Pflicht bis zum Äußersten«[6] zu erfüllen, bis der Führer sie auch daran hinderte und damit einen als solchen möglichen anständigen Sieg verspielte: Nach Siewert sind einem deutschen Politiker niemals »rein militärisch gesehen, größere Chancen geboten worden«[7]. Manstein sprach von den »verlorenen Siegen«. In der Regie der planenden und handelnden militärischen Führer konnte in dieser Sicht der allen Regeln des Völkerrechts Hohn sprechende, als Vernichtungskrieg geplante Einfall in die Sowjetunion zum Normalfall einer Auseinandersetzung zwischen rivalisierenden Großmächten werden. Ausbau und definitive Festigung der deutschen Kontinentalhegemonie rechtfertigten den Einsatz — auch unter dem Gesichtspunkt der von Hitler schon sehr früh, nämlich im März 1941 — vorgegebenen, über den machtpolitischen Zweck weit hinausreichenden rasseideologischen Sinngebung. Daß auch sie den am Krieg teilnehmenden Befehlshabern damals schon eröffnet worden ist, ist ein gesichertes Faktum. Den drei Millionen Soldaten des aufmarschierten Ostheeres wurde der Sinn des Krieges vor Angriffsbeginn mit den »Richtlinien für das Verhalten der Truppe in Rußland« bekanntgemacht. Mit ihren Kernsätzen umrissen sie ein Feindbild, das, wie die erwähnten späteren Befehle von Reichenau und Manstein zeigen sollten, auch Feldmarschällen zutreffend erschien. Feindbild und Kampfanweisung für den Gebrauch des Soldaten zielten auf die charakteristische Kombination Bolschewisten — Juden — Freischärler:

»Der Bolschewismus ist der Todfeind des nationalsozialistischen deutschen Volkes. Dieser zersetzenden Weltanschauung und ihren Trägern gilt Deutschlands Kampf. Dieser Kampf verlangt rücksichtsloses und energisches Durchgreifen gegen bolschewistische Hetzer, Freischärler, Saboteure, Juden und restlose Beseitigung jedes aktiven und passiven Widerstandes[8].«

Kommissar- und Barbarossabefehl sowie diese Richtlinien, ferner Verlautbarungen des Generals z.b.V. beim ObdH, General Eugen Müller, des Generalstabes und des Oberkommandos der Wehrmacht, etwa Keitels Kritik an dem im September 1941 gemachten Vorschlag von Admiral Canaris, die russischen Gefangenen nach Kriegsgefangenenrecht zu behandeln, alle diese Hinweise und dieses Hinwirken auf einen Krieg neuer Qualität, beweisen, daß die Wehrmacht sich für das bereit gemacht hat, was Hitler Vernichtungskrieg oder den Kampf zweier Weltanschauungen genannt hat. Man muß sich die Bemerkungen Keitels zum Canaris-Vorschlag vor Augen führen, um zu erkennen, in welches Umfeld der Soldat durch Hitler und willfährige führende Militärs hineinmanövriert worden ist: »Die Bedenken entsprechen den soldatischen Auffassungen vom ritterlichen Krieg! Hier handelt es sich um die Vernichtung einer Weltanschauung. Deshalb billige ich die Maßnahmen und decke sie[9].« Schon bei Kriegsbeginn empfanden einzelne Stabsoffiziere auf unterer Ebene, die Einblick in den besonderen Charakter der kommenden Auseinandersetzung besaßen, daß jetzt das »Wie« des eigenen Handelns entscheidend werden müsse[10].

Sicherlich provoziert jeder Krieg »Notwendigkeiten«, denen der Soldat nicht nur als Opfer, sondern auch als Handelnder ausgesetzt ist. Überindividuelle Zwänge, die in der Völkerrechts-Dogmatik begrifflich als »Kriegsnotwendigkeiten« behandelt werden, umstellen den Soldaten und fordern ein Verhalten gegen das Recht zugunsten des Kriegszweckes.

Im Vernichtungskrieg gegen die Sowjetunion forderte die politische und militärische Führung schon vorab, noch bevor überhaupt strategische oder taktische »Notwendigkeiten« auftreten konnten, die Bereitschaft zu rechtswidrigem, ja verbrecherischem Handeln. Hitler ließ vor der Generalität nicht den geringsten Zweifel hieran. Seine Vorstellungen waren konsequente Weiterentwicklungen der schon in seinen Büchern der zwanziger Jahre niedergelegten politischen Grundsätze. Sie führten die Wehrmacht und damit letztlich Staat und Nation in einen Krieg neuer Qualität. Nach dem 30. März 1941, als Hitler vor etwa 250 höheren Offizieren aller Wehrmachtteile seine allgemeinen Direktiven für den bevorstehenden Krieg umrissen hatte, war hieran ein Zweifel nicht mehr möglich. Halder, der Generalquartiermeister Wagner und Heusinger wußten bereits seit dem 17. März, worauf ihre Planungen hinauslaufen würden. Hitler erklärte nach Halders Notizen während einer Lagebesprechung nämlich:

»Die von Stalin eingesetzte Intelligenz muß vernichtet werden. Die Führermaschinerie des russischen Reiches muß zerschlagen werden. Im großrussischen Reich ist die Anwendung brutalster Gewalt notwendig [...][11].«

In diesem Stadium der Entwicklung hat keiner der informierten Offiziere in der Vorstellung geplant und gehandelt, es gelte, einen Krieg zur Verteidigung der Heimat oder des Vaterlandes vorzubereiten. Auf höchster Ebene im Generalstab des Heeres fielen zwischen Halder und den für das Rechtswesen zuständigen Männern, dem General z.b.V. beim ObdH, Eugen Müller, und dem Oberstkriegsgerichtsrat Erich Lattmann, Leiter der Gruppe Rechtswesen, folgende Stichworte: »Befehl an die Truppen im Sinne der letzten Führer-Ansprache an die Generäle (30.3.1941). Truppe muß den weltanschaulichen Kampf mit durchfechten bei Ostfeldzug[12].« Sie bezogen sich konkret auf die von diesen Funktionären und von Halder zu verantwortenden OKH-Entwürfe zum Kommissarbefehl und zum Gerichtsbarkeitserlaß, die am 6. Mai beim OKW eingingen, wo man überrascht feststellte, daß der Kommissarbefehl-Entwurf noch weiterging als die eigenen Vorstellungen, weiter auch als eine einschlägige Denkschrift Rosenbergs, die »nur« vorgesehen hatte, daß allein hohe und höchste Funktionäre »zu erledigen« seien. Im OKH machte man keinen Unterschied. Und mit der Begründung gab es auch keine Probleme: Politische Hoheitsträger und Kommissare sollten beseitigt werden, weil sie durch ihre »bisherige Wühl- und Zersetzungsarbeit« bewiesen hätten, »daß sie jede europäische Kultur, Zivilisation, Verfassung und Ordnung ablehnen«[13]. Der Hinweis auf die Verantwortung des OKH/Generalstab des Heeres ist wichtig, nicht nur weil hohe Offiziere der Wehrmacht und des Heeres im Nürnberger Hauptprozeß und im OKW-Prozeß eine Mitverantwortung der Militärs und Juristen im OKW und OKH bestritten haben[14] und weil die Memoirenliteratur die Zusammenhänge vernebelt hat, sondern weil an dem mit diesen Befehlen umschriebenen Tatbestand ein ganz empfindlicher Traditionskomplex moderner Militärinstitute hängt. Dies hervorzuheben soll nicht das Mißverständnis stärken, als seien mit dem Kommissarbefehl die gravierendsten Konsequenzen deutscher Weltanschauungskriegführung verbunden gewesen. Quantitativ waren die Resultate des Gerichtsbarkeits-(Barbarossa-) Erlasses und die Maßnahmen gegen Kriegsgefangene ungleich einschneidender. Am Kommissarbefehl können aber die bewußte Mordplanung gegen bestimmte Angehörige der Roten Armee gezeigt und die rein ideologische Begründung dafür ohne jede Schwierigkeit anschaulich gemacht werden. Weil dieser unbestrittene Sachverhalt so eindeutig gegen das europäische Verständnis vom Krieg als einer sich trotz aller »necessities« unter Rechtsregeln vollziehenden Auseinandersetzung verstieß, zielte ja auch die nachträglich versuchte Rechtfertigung der beteiligten Militärs und Juristen dahin, ihre Mitverantwortung ebenso zu leugnen wie den Vollzug des Befehls in Abrede zu stellen. Beides ist gründlich widerlegt worden, zuletzt im vierten Band des Weltkriegswerkes des Militärgeschichtlichen Forschungsamtes.

Dieses Denken und Handeln gegen die militärisch-politische Tradition Europas stellte einen eklatanten Traditionsbruch dar. Mancher Memoirenschreiber hat ihn völlig verdrängt. Hitlers Luftwaffenadjutant Nicolaus v. Below weiß nicht mehr darüber zu sagen, als — unzutreffend — daß »die Führung des Heeres« einen »herkömmlichen Krieg«, Hitler aber »einen Kampf gegen einen harten und rücksichtslosen Feind«[15] erwartet habe: als ob eine solche Erwartung eine Rechtfertigung gewesen sein könnte. Man wußte, zog mit, handelte, nahm bewußt in Kauf. Die Armeen wurden informiert. Weiter nach unten wurde mündlich weitergegeben, bei sicherlich nicht einheitlicher Praxis.

## *2. Der Krieg in der Sicht der deutschen Völkerrechtstradition*

Sich aus der ja im Westen und Süden noch geübten Völkerrechtstradition und den Kriegsbräuchen zu lösen, wurde im OKH als Problem empfunden, das General Müller, der in Rechtsfragen zuständige Mann, gedanklich aufzulösen suchte. Seine bekannte Formel, daß im kommenden Einsatz Rechtsempfinden unter Umständen hinter die Kriegsnotwendigkeiten zurückzutreten habe, bediente sich einer Sprache, die für die anvisierten Maßnahmen in jeder Hinsicht nicht mehr ausreichte. Erforderlich sei die »Rückkehr zum alten Kriegsrecht«[16]. Das bisherige Kriegsrecht sei erst nach dem Weltkrieg festgelegt worden.

Offensichtlich suchte Müller damit anzudeuten, man kehre mit der Anpassung an Hitlers Forderungen zur preußischen Praxis zurück, also zu einer »älteren« Tradition als etwa der durch das Abkommen über die Behandlung der Kriegsgefangenen vom 27. Juli 1929 geschaffenen. Daß die Haager Landkriegsordnung vom Oktober 1907 aus der Vorkriegszeit stammte, hat er sicherlich bei seiner Argumentation nicht übersehen. Sein Hinweis zielte wohl eher auf die Einstellung des Wilhelminischen Reiches und insbesondere der preußischen Armee zur Frage der Schaffung einer Rechtsordnung für den Krieg. Und damit betrat er Grund und Boden, der für Anknüpfungen durchaus geeignet war.

Wenn in vorsichtiger Annäherung die Frage gestellt wird, ob sich Zusammenhänge zeigen zwischen dem in der preußischen Armee gepflegten Verständnis von den Kriegsnotwendigkeiten und dem, was 1941 im OKH in Anlehnung an Hitler darunter verstanden wurde, so muß vorab darauf verwiesen werden, daß Hitlers Vorstellung vom rassisch-biologischen Vernichtungskrieg nichts zu tun hat mit Moltkes »elementarem« Kriegsverständnis. Die seit 1871 immer deutlicher werdende bewußte Relativierung des Völkerrechts im Kriegsbild der preußischen Armee schuf allerdings die Neigung, ja Überzeugung, daß im Kriege, zur Erreichung seines Zwecks, das Recht beiseitegeschoben werden könne. Diese Tendenz ist insbesondere von den Hegelianern unter den deutschen Staats- und Völkerrechtlern befördert worden[17]. Sie zeigte sich in der Haltung der deutschen militärischen und politischen Führung während der Haager Konferenzen[18], die eine beträchtliche Indifferenz gegen internationale Balancebedürfnisse erkennen ließ. Die preußische Armee, Vollstreckerin der nationalen Zusammenfassung im Bismarckreich und Repräsentantin deutscher Macht, ja Vormacht, in Europa, sah sich mit ihrem einschlägigen Denken in der Wilhelminischen Gesellschaft aufgehoben. Hier sei nur an die damalige Fixierung der Kriegsvölkerrechtsdoktrin der Armee erinnert. Sie liegt vor in der Schrift »Kriegsbrauch im Landkriege« aus dem Jahre 1902[19]. General Müller hat wohl diese Schrift vor Augen gehabt bei seiner Forderung nach Rückkehr zum »älteren Kriegsbrauch«. Hier hieß es u.a.:

»Ein mit Energie geführter Krieg kann sich nicht bloß gegen die Kombattanten des feindlichen Staates und seine Befestigungsanlagen richten, sondern er wird und muß in gleicher Weise die gesamten geistigen und materiellen Hilfsquellen desselben zu zerstören suchen. Humanitäre Ansprüche, d.h. Schonung von Menschen und Gütern können nur insoweit in Frage kommen, als es die Natur und der Zweck des Krieges gestatten.«

Kriegsrecht existierte in diesen Überlegungen des Generalstabes nicht, sondern lediglich eine Schranke der Willkür, die sich aus der »Furcht vor Repressalien« ergeben konnte. Zweifellos haben Hitler wie auch nationalsozialistisches »Rechtsdenken« diese schon weit über die Auffassungen der Völkerrechtsgemeinschaft hinausgehenden Tendenzen nicht nur noch extensiver fortentwickelt, sie haben speziell für den Rußlandkrieg neue Inhalte und neue Maßstäbe gesetzt. Sie waren aus den rassebiologischen Kernelementen der Weltanschauung abgeleitet. Den Generalen hatte Hitler am 30. März 1941 vor Augen geführt, der Bolschewismus sei »gleich asoziales Verbrechertum«, im Kommissarbefehl wurde diese Einschätzung aufgenommen mit der Behauptung, im Kampf gegen den Bolschewismus sei mit einem Verhalten des Feindes nach den Grundsätzen der Menschlichkeit und des Völkerrechts nicht zu rechnen. Dieser Gegner wurde zum Todfeind des deutschen Volks stilisiert.

Als Todfeind sah Hitler die Sowjetunion nicht an, weil sie sich dem Lebensraumkrieg entgegenstellte, oder weil er sich unmittelbar bedroht sah, sondern weil der Bolschewismus in seiner Sicht ein Instrument jüdischen Weltherrschaftsstrebens war, basierend auf den Millionen Juden in Westrußland[20]. Damit erhielt sein geplanter Vernichtungskrieg den direkten Bezug zur Vernichtung der osteuropäischen Juden.

Die Armee ist mit der ersten Phase dieser Ausrottungspolitik schon durch die zwischen Heydrich und dem Generalquartiermeister Wagner abgesteckte Zusammenarbeit von Heer und SS-Einsatzkommandos befaßt gewesen[21]. Nicht nur Hitler erhielt durch Stalins Aufruf zum Partisanenkrieg die Chance, Judenausrottung und militärisch-polizeiliche Partisanenbekämpfung »plausibel« zu verbinden, auch das Heer sah darin eine Rechtfertigungsmöglichkeit für die zunehmende Praxis, in erster Linie Juden für den Partisanenkrieg verantwortlich zu machen und entsprechend zu behandeln. So hieß es etwa im Monatsbericht des »Kommandanten in Weißruthenien des Wehrmachtbefehlshabers Ostland« und Kommandeurs der 707. Infanteriedivision (für die Zeit vom 1.10.–10.11.1941): » Da sie [die Juden] nach wie vor mit den Kommunisten und Partisanen gemeinsame Sache machen, wird die restlose Ausmerzung dieses volksfremden Elements durchgeführt[22].« Die Liquidierungszahlen sprechen eine deutliche Sprache. Hier in Ruthenien kam es vor, daß innerhalb eines Monats von 10 940 Gefangenen 10 431 erschossen wurden. Während dieser Zeit erlitt die 707. Infanteriedivision im Partisanenkampf an Verlusten nur zwei Tote und fünf Verwundete[23].

Schon im Laufe des Jahres 1941 setzten die Vernichtungsaktionen gegen die jüdische Bevölkerung im Rahmen des Partisanenkampfes mit voller Wucht ein. Allzu problemlos versteckten sich diese Maßnahmen hinter der Formel, daß die Juden zu den gefährlichsten Elementen auf seiten des Gegners zu rechnen seien. So führten die Sicherungsverbände des Heeres im rückwärtigen Gebiet den Krieg zur »Befriedung« des Landes zwar auch gegen einen militärischen Gegner, aber darüber hinaus in vielen Fällen mit einer Zielrichtung im Vorfeld der Endlösung.

Nur ein General des Heeres hat meines Wissens die Kenntnis dieser Zusammenhänge eingeräumt. Der erste Inspekteur des Heeres der Bundeswehr, General Röttiger, 1942–1943 Chef des Generalstabes der 4. Armee, hat in einer frühen — später zurückgezogenen — Stellungnahme, wohl im November 1945, erklärt, ihm sei die Erkenntnis gekommen, »daß die Bandenbekämpfung, die wir führten, im Endziel den Zweck hatte, das Heer dazu zu benutzen, um die rücksichtslose Liquidierung des Judentums und anderer unerwünschter Elemente zu ermöglichen«[24].

### *3. Grenzen der Loyalität als Traditionsproblem*

Himmler hat im Januar 1944 auf einem vom Chef des NS-Führungsstabes des OKW, General Reinecke, organisierten Kommandeurslehrgang in Posen vor etwa 300 Generalen und Stabsoffizieren über die »totale Lösung« der Judenfrage im Generalgouvernement gesprochen[25]. Manstein, der zwei Tage später mit diesen Offizieren im Hauptquartier Hitlers zusammentraf, erklärte seinem »Führer« auf dessen Forderung, »Wenn es einmal zum letzten kommen sollte, dann müßte es doch eigentlich so sein, daß die Feldmarschälle und Generale als die Letzten bei der Fahne aushielten«: »Das wird auch der Fall sein, mein Führer[26]!«

Um diese Zeit griffen Zweifel in der Armee, auch im Offizierkorps, um sich. General Schmundt, der Chef des Heerespersonalamtes, ließ am 5. Januar 1944 die Offiziere des Heeres wissen: »Ein Offizier, der die entscheidenden Werte unseres völkischen und politischen Lebens nicht erkennt und nicht mit überzeugender Kraft bejaht, hat seine Eignung als Offizier verwirkt[27].« Der Zwangsmechanismus des NS-Systems richtete sich bei zunehmender Aussichtslosigkeit des Sieges über den Gegner im Osten immer stärker auch nach innen in die Wehrmacht hinein, wie zahlreiche Todesurteile beweisen. Die Intransigenz des ideologischen Krieges erzwang Loyalität im Untergang.

Loyalität wofür? Für Volk und Vaterland oder für Hitler und sein Regime?

Weil aus der Bundeswehrtradition die bedenklichen Seiten des Ostkrieges weitgehend ausgeklammert worden sind, weil sein »Sinn« kaum reflektiert wurde, blieb auch diese Frage im Halbdunkel. In Nürnberg werteten die freilich stark belasteten Generale Jodl und v. Rundstedt das Attentat des 20. Juli 1944 als Verrat. Andere Generale, etwa Blumentritt und Guderian, plädierten 1950 dafür, künftig nur Leute zu berücksichtigen, »die gewillt sind, ihren Fahneneid zu halten«[28]. In solchen Äußerungen scheint nicht einmal Halbdunkel zu herrschen. Hier ist vollkommen klar, daß der Soldat zu kämpfen und zu sterben hat, ohne zu fragen wofür. So problemlos ist die Bundeswehrführung nicht an ihre Traditionssuche herangegangen. Im »Handbuch Innere Führung«[29] wird die Aufgabe des Soldaten mit der »Freiheit eines jeden einzelnen von uns« in Zusammenhang gebracht. Es ist davon die Rede, daß »das Totalitäre Gewalt über uns« gewonnen habe, aber kaum, daß führende Militärs sich ihm denkend und handelnd zur Verfügung gestellt haben. Von Stalingrad wird gesprochen, nicht von Babi Jar, wenig von der Solidarität mit falschen Werten und verabsolutierten politischen Zielen. Es werden völkerrechtswidrige Befehle angeführt, ohne zu sagen, von welchen militärischen Stäben sie entworfen und abgezeichnet wurden. Gezeigt werden soll an Hand dieser Beispiele, »wie schwierig es heute ist, an die wahre europäische und deutsche Soldatentradition anzuknüpfen, nach dem, was hinter uns liegt«[30].

Dabei sind die abstrakt formulierten Aussagen über völkerrechtswidriges Verhalten eher zurückhaltend abgefaßt. Sie treffen nicht den Kern der Sache, der in einem weit aktiveren Mitmachen zu sehen ist:

»Die Erteilung verbrecherischer Befehle durch die Spitze, ihre Weitergabe bis in die untersten Befehlsbereiche, die Erwartung, daß sie unten nicht ausgeführt wurden, ihre Ausführung an mancher Stelle, das befohlene Beiseitestehen, wenn neben dem Soldaten Verbrechen geschahen[31].«

Es wird gesagt, daß der Haß gegen den Feind, »durchaus dem ideologischen System des Bolschewismus« entspreche[32], nicht erwähnt wird die deutsche Haßkampagne gegen den sowjetischen Gegner. Zahlreiche Beispiele wären anzuführen. Es genüge der Hinweis auf Ausführungen des Generals Ritter v. Hengl, Chef des NS-Führungsstabes des Heeres, auf einer zur »weltanschaulichen Ausrichtung« bestimmten Tagung für Generale und Offiziere auf der Ordensburg Sonthofen kurz vor dem Attentat auf Hitler[33]. Hengl verlangte, der Offizier müsse seine Soldaten zu einem »unbändigen Vernichtungswillen und zum Haß erziehen«.
Dennoch, das »Handbuch Innere Führung« sah die Aufgabe:

»Dem Totalitären können wir die Stirne nur bieten, wenn wir sein Wesen kennen, d.h.: uns mit dem Dritten Reich und den Methoden des totalen Staates auseinandersetzen[34].«

Nur: die Aufgabe ist nicht bewältigt worden. Hierin nimmt die Bundeswehr an einem gesamtgesellschaftlichen Defizit teil. Es ist auch feststellbar, daß aus ihrem Umkreis allergische Reaktionen gegen jüngere Forschungsergebnisse kommen, die sich mit dem Verhalten der Wehrmacht in der Sowjetunion, etwa mit der Zusammenarbeit von Heer und Einsatzkommandos im rückwärtigen Heeresgebiet, befassen[35]. Noch immer steht Apologiebemühen einer selbstkritischen Aufarbeitung im Wege. Traditionsbegründung ohne Basis in illusionsfreier Selbstkritik bleibt auf unsicherem Boden. Im offiziösen Bundeswehrschrifttum sind alle diese Zusammenhänge zu kurz gekommen, ja kaum berührt worden[36]. Wenn richtig ist, was ein Bundeswehroffizier geschrieben hat, daß die Rolle der Wehrmacht »als Sklavenhalter Europas, als unfreiwilliger und gelegentlich auch freiwilliger Schutzschild für nie zuvor gesehene Verbrechen« zu einem »tiefgreifenden, bis heute folgenschweren Trauma« bei vielen ehemaligen und heute aktiven Soldaten geführt hat[37], so ist illusionsfreie Aufarbeitung der Wehrmachtgeschichte insbesondere im Blick auf den Rußlandkrieg ein Gebot des Eigeninteresses der Streitkräfte. Sie gehört, wie dieser Autor zutreffend sagt, »zum gültigen Erbe« — gültig jedenfalls im Sinne von: bedingend und herausfordernd und als Hindernis vorschneller Selbstgenügsamkeit. In diesem Sinne stellte der Traditionserlaß des Bundesministers der Verteidigung vom 1. Juli 1965 einen Rückschritt dar. Einer seiner Kernsätze sprach davon, daß in der deutschen Militärtradition Gehorsam und Pflichterfüllung »stets in der Treue des Soldaten zu seinem Dienstherrn« gründeten, »der für ihn Recht, Volk und Staat verkörperte«. Das »stets« machte die Sache fragwürdig — gerade im Zusammenhang mit dem Ostkrieg[38]. Daher war die Aufhebung dieses Erlasses am 20. September 1982 überfällig. Der vom gleichen Tage stammende neue Traditionserlaß fordert, »den Gesamtbestand der deutschen Geschichte in die Betrachtung einzubeziehen und nichts auszuklammern«, er spricht aus, daß alles militärische Tun sich »an den Normen des Rechtsstaats und des Völkerrechts orientieren« müsse. Heute erhalten die Tugenden des Soldaten von hier her und durch die Bindung an das Grundgesetz »sittlichen Rang«.

Wer in solchem Kontext nach der Bedeutung des Kampfes der Wehrmacht in Rußland für das Traditionsproblem fragt, wehrt von vornherein die Möglichkeit des Rückzuges auf bloße Tapferkeit und auf heroischen Untergang ab, weil er zugleich nach dem Sinn damaligen soldatischen Tuns fragt.

Dieser Sinn lag nicht in der »Rettung des Abendlandes«, wie Halders Nachfolger, General Zeitzler, nach dem Kriege noch immer meinte, als er »Gedanken über die Haltung der deutschen Generale für den Fall einer von den Westmächten verlangten deutschen Wiederaufrüstung« niederschrieb[39]: »Wir dürfen uns unserer Pflicht gegenüber Europa und der westlichen Welt zur Erhaltung der abendländischen Kultur und Zivilisation auf die Dauer nicht entziehen«, weil, so meinte dieser Generalstabschef Hitlers, wir »auf Grund unserer engen Berührung mit dem Bolschewismus heute wahrscheinlich von allen europäischen Völkern noch oder wieder die stärkste Kampfmoral haben [...]«. Die »Rettung des Abendlandes« gehörte zu den Propagandaformeln der Endphase des Krieges, als Hitler das Abendland in die größte Katastrophe seiner Geschichte gestürzt hatte.

Wahrscheinlich lag der Sinn des Krieges, seit es nichts mehr zu siegen gab, in den Augen vieler Soldaten in der Verteidigung der Heimat. Aber diese Einstellung veränderte nicht, was zuvor geschehen war und auch weiterhin geschah. Der Rußlandkrieg läßt sich nicht reduzieren auf die Aktionen von Millionen nur braver Vaterlandsverteidiger. Seine Resultate sprechen dagegen. Resultate, die bewirkt worden sind. Die Apologie ist der Feind echter Tradition.

Ein alter Offizier schrieb mir über die Bundeszentrale für politische Bildung angesichts der apologetischen Bemühungen eines anderen Offiziers[40]:

»Der Beitrag [...] sollte unter die Klassiker der zeitgeschichtlichen Diskussion zum Thema ›Verhältnis von Wehrmacht und NS-Staat‹ eingereiht werden, weil er auf wenigen Seiten das Repertoire der ›ans Artistische grenzenden Fähigkeit zur Selbstbeschwichtigung‹ (Mitscherlich) darbietet, das seit 1945 gehandelt und in zunehmendem Umfang wieder salonfähig wird.«

In der Tat: »Selbstbeschwichtigung« kennzeichnet weithin die Einstellung zum Handeln der Wehrmacht in Rußland. Selbstbeschwichtigung aber ist kein guter Ratgeber in Traditionsfragen. Selbst der von vielen zum Sündenbock gestempelte Keitel hat in einer Niederschrift nach dem Krieg zu Papier gebracht: »Ich kann hierzu nur sagen, daß ich über die grauenhaften Ausmaße der Folgen, die in Sowjetrußland eingetreten sind, auf das tiefste erschüttert bin[41].« Grauenhafte Folgen planvollen Handelns, das er weitgehend dem Heer — im Operationsgebiet — und den Zivilkommissaren anlastete. Eine traditionsorientierte Verarbeitung der bisher vorliegenden Forschungsergebnisse muß überdies zu dem Ergebnis kommen, daß der Vollzug des Vernichtungskrieges im Osten nicht zureichend erfaßt wird, wenn er lediglich unter das Stichwort »Verführung« gestellt wird, das uns in manchen Traditionsaussagen begegnet. Verführung durch den Nationalsozialismus und durch Hitler hat es zweifellos gegeben[42]. Daneben aber liefen militäreigene Interessen und Zielvorstellungen. Bundeswehrtradition sollte im Blick auf den Rußlandkrieg nicht beim Manipuliertwerden der Militärs stehenbleiben. Es gilt, die Kontinuitäten zu sehen und die Bereitschaft zur Rigorosität gegenüber dem besonderen Feind im Osten. Dann wird klar, daß das »Abendland« mit seinen Traditionen nicht nur von »den Nationalsozialisten« in die Katastrophe gestürzt worden ist, und daß die militärischen Erfolge dem System längere Stabilität verschafften, während die eigene Nation die Zeche bezahlen mußte. Generaloberst Beck hat dies 1938 vorausgesehen.

All dies wäre stärker zu reflektieren in einem neuen gesamtgesellschaftlichen Anlauf historisch-politischer Bildung, in welchem die Bundeswehr ihren Platz finden kann.

## Anmerkungen

1 Der Prozeß gegen die Hauptkriegsverbrecher vor dem Internationalen Militärgerichtshof Nürnberg 14.11.1945—1.10.1946, 42 Bde, Nürnberg 1947 ff. (zit. IMT), hier Bd XXXIV, S. 129—131 (4064-PS). Zur Einordnung dieses Befehls vgl. Christian Streit: Keine Kameraden. Die Wehrmacht und die sowjetischen Kriegsgefangenen 1941—1945. Stuttgart 1978, S. 115 ff.

2 Das Deutsche Reich und der Zweite Weltkrieg. Bd 4: Der Angriff auf die Sowjetunion. Stuttgart 1983.

3 Adolf Heusinger: Befehl im Widerstreit. Schicksalsstunden der deutschen Armee 1923—1945. Tübingen 1950, S. 109—111 u. 124—126.

4 Heusinger erblickt darin eine der »Schicksalsfragen«, vgl. ebd., S. 116 f.

5 Curt Siewert: Schuldig? Die Generale unter Hitler. Bad Mergentheim 1968. Siewert war einige Jahre Erster Generalstabsoffizier beim ObdH unter v. Brauchitsch.

6 Ebd., S. 187.

7 Ebd.

8 OKW/WFSt/Abt. L.IV/Qu Nr. 44560/41 g.K.Chefs.: Richtlinien für das Verhalten der Truppe in Rußland, Bundesarchiv-Militärarchiv Freiburg (BA-MA), RW 4/v. 524.

9 Admiral Canaris, Chef des Amtes Ausland/Abwehr im Oberkommando der Wehrmacht, gab damit eine Initiative des Grafen Helmuth James v. Moltke weiter. Text der Vortragsnotiz bei Hans-Adolf Jacobsen: Kommissarbefehl und Massenexeku-

tion sowjetischer Kriegsgefangener. In: Anatomie des SS-Staates. Bd 2. München (dtv) 1967, S. 208—210. Keitels Notiz ist auf den Kopf des Schreibens gesetzt. Vgl. auch Streit, Keine Kameraden, S. 232, und: Ueberschär/Wette, »Unternehmen Barbarossa«, Anhang, Dok. Nr. 27, S. 355 f.

10 Vgl. Hans Meier-Welcker: Aufzeichnungen eines Generalstabsoffiziers 1939—1942. Freiburg 1982, S. 119.

11 Franz Halder: Kriegstagebuch. Tägliche Aufzeichnungen des Chefs des Generalstabes des Heeres 1939—1942. Bd II. Stuttgart 1962, S. 320.

12 Ebd., S. 399. Eintrag vom 6. Mai 1941.

13 Text bei Hans-Adolf Jacobsen, Kommissarbefehl, S. 135—232 (177—179).

14 Zur Frage dieser Mitverantwortung vgl. Manfred Messerschmidt: Die Wehrmacht im NS-Staat. Hamburg 1969, S. 402 ff., und Streit, Keine Kameraden, S. 44 ff. Streit verkennt, daß die Hauptverantwortung bei Halder, nicht bei Brauchitsch lag; vgl. seine Korrektur in seinem Beitrag in: Ueberschär/Wette, »Unternehmen Barbarossa«, S. 197 ff.

15 Nicolaus v. Below: Als Hitlers Adjutant 1937—1945. Mainz 1980, S. 279. Below konstruiert ebenfalls den bei diesen Befehlen nicht gegebenen Gegensatz zwischen Halder und Hitler, ohne in diesem Zusammenhang nur ein Wort der Kritik an Hitlers »Vorstellung von dem Krieg im Osten« zu finden.

16 So am 11. Juni — 10 Tage vor Eröffnung des Krieges — vor Ic-Offizieren und Heeresrichtern der Armeen in Warschau, Pz.Gr. 3/Ic Tätigkeitsbericht Nr. 2, 1.1.—11.9.1940, BA-MA, PzAOK 3/13119/1, Bl. 29 f., wiedergegeben bei Jacobsen, Kommissarbefehl, S. 192.

17 Vgl. etwa A. Lasson: Princip und Zukunft des Völkerrechts. Berlin 1871; näher dazu Manfred Messerschmidt: Völkerrecht und »Kriegsnotwendigkeit« in der deutschen militärischen Tradition seit den Einigungskriegen. In: German Studies Review, 6, (1983), S. 237—269.

18 Dazu Jost Dülffer: Regeln gegen den Krieg? Die Haager Friedenskonferenzen von 1899 und 1907 in der internationalen Politik. Berlin 1981, S. 101—137.

19 Kriegsgeschichtliche Einzelschriften, Heft 31. Hrsg. vom Großen Generalstab, Kriegsgeschichtliche Abteilung I. Berlin 1902.

20 Dazu näher Andreas Hillgruber: Die »Endlösung« und das deutsche Ostimperium als Kernstück des rassenideologischen Programms des Nationalsozialismus. In: Manfred Funke (Hrsg.): Hitler, Deutschland und die Mächte. Materialien zur Außenpolitik des Dritten Reiches. Düsseldorf 1976, S. 94—114 (98), zuerst erschienen in: Vierteljahrshefte für Zeitgeschichte, 20 (1972); vgl. auch den Beitrag Hillgrubers in: Ueberschär/Wette, »Unternehmen Barbarossa«, S. 219 ff.

21 Dazu ausführlich Helmut Krausnick und Hans-Heinrich Wilhelm: Die Truppe des Weltanschauungskrieges. Stuttgart 1981.

22 Zit. bei Jürgen Förster: Zur Rolle der Wehrmacht im Krieg gegen die Sowjetunion. In: Aus Politik und Zeitgeschichte, Beilage zur Wochenzeitung »Das Parlament«, B 45/80 vom 8.11.1980, S. 3—15 (13).

23 Monatsberichte vom 11.10.—10.11.1941, BA-MA, RH 26/707/v. 1, zit. bei Förster, Rolle der Wehrmacht, S. 14.

24 Nachlaß Röttiger, BA-MA, N 422/11, Bl. 4.

25 Redenotizen Himmlers I/7, Archiv des Instituts für Zeitgeschichte München, Mikrofilm MA 316. Zum Vorgang siehe Rudolph Chr. Freiherr v. Gersdorff: Soldat im Untergang. Frankfurt/M. 1979, S. 145 f.

26 Erich v. Manstein: Verlorene Siege. Bonn 1955, S. 580.

27 Befehl vom 5. Januar 1944, BA-MA, H 37/222.

[28] Dazu Georg Meyer: Zur Situation der deutschen militärischen Führungsschicht im Vorfeld des westdeutschen Verteidigungsbeitrages. In: Anfänge westdeutscher Sicherheitspolitik 1945—1956. Bd 1: Von der Kapitulation bis zum Pleven-Plan. München 1982, S. 577—735 (662—669).

[29] Handbuch Innere Führung. Hilfen zur Klärung der Begriffe. Hrsg. vom Bundesministerium für Verteidigung, Führungsstab der Bundeswehr, 1957.

[30] Ebd., S. 63.

[31] Ebd.

[32] Ebd., S. 64.

[33] BA-MA, H 42/1.

[34] Handbuch Innere Führung, S. 85.

[35] Etwa Krausnick und Wilhelm: Die Truppe des Weltanschauungskrieges.

[36] Vgl. Hans-Jürgen Rautenberg: Aspekte zur Entwicklung der Traditionsfrage in der Aufbauphase der Bundeswehr. In: Tradition als Last. Hrsg. von Klaus M. Kodalle. Köln 1981, S. 133—151 (145—149).

[37] Peter Balke: Deutsche Geschichte — Konsequenzen für ein zeitgemäßes Selbstverständnis des Soldaten. In: Tradition als Last, S. 79—98 (87).

[38] Zur Kritik am Traditionserlaß vgl. Manfred Messerschmidt: Das Verhältnis von Wehrmacht und NS-Staat und die Frage der Traditionsbildung. In: Tradition als Last, S. 57—77.

[39] Wohl um 1950, BA-MA, N 63/118, Bl. 62.

[40] Nämlich zum Beitrag: Die Wehrmacht — Stählerner Garant des NS-Systems? In: Aus Politik und Zeitgeschichte, Beilage zur Wochenzeitung »Das Parlament«, B 34/81 v. 22.8.1981, S. 37—41.

[41] Walter Görlitz (Hrsg.): Generalfeldmarschall Keitel. Verbrecher oder Offizier? Göttingen 1961, S. 394.

[42] Vgl. G. A. Ritter/K. D. Bracher/H. Buchheim/M. Messerschmidt: Totalitäre Verführung im Dritten Reich. Arbeiterschaft, Intelligenz, Beamtenschaft, Militärs. München 1983 (= Zeitfragen, Hrsg.: Bayerische Landeszentrale für Politische Bildungsarbeit, Z 19).

Hans Mommsen

# Die Opposition gegen Hitler und die deutsche Gesellschaft 1933—1945*

## *1. Perspektivwandel*

Die Geschichte des deutschen Widerstands gegen Hitler stellt eine Kette von Bestrebungen dar, mit unzulänglichen Mitteln und unter höchst ungünstigen äußeren Bedingungen den Amoklauf des nationalsozialistischen Regimes zu beenden und Deutschland vor dem vollständigen inneren und äußeren Zusammenbruch zu bewahren. Aus späterer Sicht wissen wir, daß diese Bemühungen nahezu chancenlos waren. Gewiß spielte eine Fülle von Zufällen eine Rolle, daß die Attentatsversuche auf Hitler scheiterten[1]. Eine Ausschaltung des Diktators hätte zweifellos den Lauf der Ereignisse verändert. Aber in einem tieferen Sinne wird man den Widerstand nicht von dieser Eventualität her beurteilen können. Es gibt plausible Gründe, warum die wiederholten Anschläge auf das Leben des Diktators mißlangen. Auch ist es zweifelhaft, ob sich Pläne der Opposition selbst im Fall des Gelingens hätten realisieren lassen, ob sie nicht eine Bürgerkriegssituation ausgelöst hätten, an deren Ende ein politischer und militärischer Zusammenbruch gestanden hätte, der — gemessen an den Zielsetzungen der Verschwörer — nicht grundlegend anders ausgesehen hätte als die Situation, die nach dem Selbstmord des Diktators eintrat. Vor allem aber ist für den Umsturzversuch des 20. Juli 1944 kennzeichnend, daß er aus dem Bewußtsein heraus unternommen wurde, in einer Grenzsituation zu stehen, in der es jenseits der Frage von Erfolg und Mißerfolg darum ging, ein Zeichen gegen die Fortdauer des nationalsozialistischen Gewaltregimes zu setzen.

Es geht an dem inneren Wesen des Widerstandskampfes auf allen Ebenen, auf denen er gefochten wurde, vorbei, wollte man ihn an der Eventualität seines Erfolges messen und daraus indirekt Kriterien ableiten, um »rechtmäßige« Oppositionshandlungen von bloßer Auflehnung zu unterscheiden. Für die Männer und Frauen, die sich der nationalsozialistischen Gewalt- und Terrorherrschaft, unter höchst unterschiedlichen Bedingungen und mit wechselnden politischen Zielsetzungen im einzelnen, entgegenstellten, ging es in erster Linie um eine innere Haltung, sich nicht einfach, wie bei der Masse

* Wiederabdruck aus: Klaus-Jürgen Müller (Hrsg.), Der deutsche Widerstand 1933—1945, Paderborn etc. 1986, S. 22—39.

der Mitbürger, dem auf sie ausgeübten psychischen und physischen Zwang zu fügen. Die Bewahrung der eigenen sozialen und politischen Identität gegenüber uniformierender Indoktrinierung stellte den unentbehrlichen Ausgangspunkt für den Entschluß dar, dem Regime Widerstand zu leisten. Soziale Prägung, politische Interessen, religiöse Bindungen und ideologische Einstellungen traten hinzu. Die Frage, ob es wirklich gelingen könne, einen politischen Umsturz durchzusetzen, und welche Erfolgsaussichten dafür bestanden, rückte demgegenüber in den Hintergrund.

Widerstand im Dritten Reich kann daher nicht allein den Kriterien einer »realistischen«, die Ziel- und Mittelrelation abwägenden Politik unterworfen werden. Ebensowenig lassen sich das äußere Scheitern wie die bei manchen Aktionen ins Auge springende Aussichtslosigkeit für eine Bagatellisierung des Widerstands anführen. Beides verweist auf dessen politisch-moralischen Kern: das Sich-Aufbäumen gegen ein Herrschaftssystem, das die Person zerstörte, indem es sie zum bloßen Funktionsträger seiner folgerichtig im Unmenschlichen endenden politischen Zwecke machte[2]. Dies zu tun, setzte die Überzeugung voraus, daß es sich lohne, für eine grundlegende Alternative zu kämpfen, wie diese immer aussehen mochte. Nicht zu Unrecht erklärte Helmuth James von Moltke, daß es in erster Linie darum gehen müsse, »das Bild des Menschen im Herzen unserer Mitbürger« wieder aufzurichten[3].

Aus diesen Überlegungen folgt, wie fragwürdig es wäre, dem Widerstand »aus den Kommandohöhen« ein größeres Gewicht beizulegen, weil unter den bestehenden Verhältnissen nur dieser Weg gewisse Erfolgsaussichten hatte, dagegen Versuche der politischen Linken, einen Massenwiderstand ins Leben zu rufen, als unverantwortlich zu betrachten. Die Tatsache, daß der bürgerlich-konservative Widerstand seit 1942 seiner mangelnden Verankerung in breiteren Volksschichten gewahr wurde und — allerdings erst zu einem späten Zeitpunkt — durch die Schaffung einer überparteilichen Volksbewegung zu korrigieren trachtete[4], macht die Künstlichkeit einer derartigen Unterscheidung deutlich, die ihre Spitze gegen die nicht viel erfolgreicheren Bestrebungen des kommunistischen Widerstands richtet, mit der Aufrechterhaltung einer illegalen Kaderorganisation die Grundlage für eine breite oppositionelle Volksbewegung zu legen.

Ebensowenig erscheint es angebracht, die Legitimität des Widerstandes der richtungspolitisch divergierenden Gruppierungen daran zu messen, inwieweit ihre langfristigen politischen Ziele von den Normen des demokratischen Verfassungsstaats abwichen, dessen parlamentarische Variante in den 30er und 40er Jahren in Kontinentaleuropa weithin als überwundene politische Form betrachtet wurde. Die Beschäftigung mit dem Widerstand darf sich zugleich nicht in die Zwangsjacke einer bloß moralisierenden Betrachtungsweise drängen lassen, obwohl dessen eigentliches Thema die Behauptung des Prinzips der Humanität gegenüber einer Eskalation ideologischer Indoktrination und systematischen Terrors betrifft. Die im Widerstand gegen Hitler sichtbaren, vielfach gegenläufigen gesellschaftspolitischen und geistigen Tendenzen spiegeln mögliche oder doch historisch noch nicht verbrauchte Alternativen der deutschen Entwicklung. Ohne eine nähere Kenntnis der oppositionellen Bestrebungen, die häufig tief in die NS-Maschinerie hineinreichten, ist ein angemessenes Verständnis der inneren Struktur des Dritten Reiches unmöglich[5].

## 2. *Widerstand ohne Volk*

Eine der Grundtatsachen des deutschen Widerstandes — im Unterschied zur Résistance in den von Deutschland besetzten Ländern — bestand darin, daß er sich notgedrungen im Gegensatz zu der nationalen Einstellung der Bevölkerung befand, insbesondere unter den Bedingungen des Zweiten Weltkrieges. Er war daher tendenziell immer Hochverrat und Landesverrat zugleich[6]. Teile des bürgerlich-konservativen Widerstandes scheuten zunächst davor zurück, diese Konsequenz nachzuvollziehen. Gewiß konnte die Opposition mit Recht behaupten, gegenüber der NSDAP die wahren Interessen des deutschen Volkes zu vertreten. Für den Durchschnittsbürger, der sich dem Regime anpaßte und ihm loyal diente, obwohl Teilerscheinungen wie die Bonzenwirtschaft der NSDAP und die Terrormethoden Himmlers und der Gestapo allgemein auf Widerwillen stießen, war es schwierig, diesen Sachverhalt anzuerkennen. Durch den sorgfältig instrumentalisierten Hitlerkult und durch die Aushöhlung oder Beseitigung aller Institutionen — das Amt des Reichspräsidenten, die Armee, der Regierungsapparat — war die Person des Führers zum einzigen Bezugspunkt des nationalen Identitätsbedürfnisses geworden[7]. Es gab keine sekundären Legitimationsquellen, die — wie in Italien die Monarchie oder anderswo die Existenz von Exilregierungen — herangezogen werden konnten, um daraus den Anspruch abzuleiten, im Namen der Nation zu handeln. Wer Hitler die Loyalität aufkündigte — und das bedeutete keineswegs, daß er nicht sonst schärfste Kritik an der Wirklichkeit des Regimes übte, die nicht Hitler, sondern den Unterführern angelastet wurde —, stellte sich notgedrungen außerhalb der Nation.

Gerade im bürgerlich-konservativen Widerstand bedurfte es eines langwierigen Lernprozesses, um diesem Sachverhalt Rechnung zu tragen. Gewiß war die zäh beibehaltene Vorstellung Carl Goerdelers, durch gemeinsames Auftreten der Generalität Hitler zur Änderung seiner Kriegspolitik zu bewegen, auch von der Überlegung mitbestimmt, der Entstehung einer neuen Dolchstoßlegende keinen Vorschub zu leisten. Zugleich wirkten grundsätzliche moralische Bedenken gegen den Schritt zum politischen Mord ein, die gerade bei Goerdeler in preußisch-protestantischen Traditionen wurzelten[8]. Aber es spielte doch auf lange hinaus die Illusion mit, es seien vornehmlich Hitlers skrupellose Unterführer, darunter Himmler, Goebbels und Göring, die für die Zerschlagung der staatlichen und rechtlichen Ordnung verantwortlich seien. Die grundsätzliche Verwerfung eines Attentats durch Helmuth von Moltke beruhte hingegen auf der Überzeugung, daß das nationalsozialistische System nur den Endpunkt einer europäischen Fehlentwicklung seit der Reformation darstelle und daß es von selbst ausbrennen müsse, um den erhofften säkularen Neuanfang zu ermöglichen[9]. Die Eskalation des Verbrechens und der Zerstörung in der letzten Kriegsphase machten jedoch unmittelbares Handeln unabweislich. Nach Moltkes Verhaftung und aus der Erkenntnis heraus, daß ein Sturz des Regimes die Ermordung des Diktators voraussetzte, stellte sich die Mehrheit des Kreisauer Kreises vorbehaltlos in den Dienst der Stauffenbergschen Umsturzplanung, und auch Moltke arbeitete seit 1942 für die Beseitigung des Kabinetts Hitler. Erst der Tod des Diktators — das zeigten die Vorgänge unmittelbar vor dem Zusammenbruch des Dritten Reiches — zerstörte die integrierende Kraft des Hitler-Mythos, die unmittelbar nach dem 20. Juli kurzfristig anstieg, im letzten Kriegsjahr jedoch brüchig zu werden begann[10].

Der Widerstand war, bei aller Vielfältigkeit der Ebenen und der sozialen Träger, ein Widerstand ohne Volk. Das folgte zunächst aus den konspirativen Bedingungen, unter denen sich Oppositionstätigkeit allein vollziehen konnte. Die KPD und in begrenztem Umfang auch die SPD machten leidvolle Erfahrungen, als sie in der Anfangszeit des Regimes vereinzelt öffentliche Massendemonstrationen anstrebten. Dem Polizeiapparat gelangen dadurch empfindliche Einbrüche in den illegalen Kaderapparat der KPD. Politisch erfahrene Sozialdemokraten wie Emil Henk distanzierten sich daher frühzeitig von der halbkonspirativen Organisationstätigkeit der SPD, von der wir heute wissen, daß sie der Gestapo im allgemeinen wohl bekannt war; diese pflegte erst dann einzugreifen, wenn Kontakte zur KPD geknüpft oder überregionale Beziehungen hergestellt wurden[11].

Abgesehen von Gruppierungen wie der KPD, die auf konspirative Arbeit einigermaßen vorbereitet waren, entfaltete sich der Widerstand notwendig auf der Ebene persönlicher Kontakte, privater Freundeskreise. Auch bei der Linken, die an ein konspiratives Organisationsverständnis anknüpfen konnte, entsprach er vielfach der Initiative von Einzelnen. Dies hatte zunächst die Folge, daß die Rekrutierungsbasis für konspirative Arbeit auf diejenigen Personengruppen begrenzt war, die vor 1933 in einem politischen oder — dies gilt für die bürgerlichen Widerstandszirkel — gesellschaftlichen, gelegentlich auch beruflichen Zusammenhang untereinander gestanden hatten. Zwar versuchte die KPD wiederholt, Kontakte zu Sozialdemokraten oder auch zu oppositionell eingestellten Geistlichen aufzunehmen; aber dies gelang nur ausnahmsweise. Die Partei blieb zur Regenerierung des immer wieder durch den Zugriff der Gestapo hart angeschlagenen konspirativen Netzes auf den Kreis der früheren Parteimitglieder angewiesen. Es ist bemerkenswert, daß sie die schweren Rückschläge immer wieder wettzumachen versuchte; denn schon die bloße Aufrechterhaltung eines konspirativen Netzes kostete beträchtliche Opfer. Dessen Bewahrung rückte gegenüber der illegalen Propagandatätigkeit, die, wenn sie ungezielt erfolgte, regelmäßig die Gestapo auf den Plan rief, in den Vordergrund. Es gelang zu keinem Zeitpunkt, Gruppen der nichtkommunistischen Arbeiterschaft heranzuziehen, insbesondere unter der jüngeren Generation, sofern diese nicht in traditionellen kommunistischen Milieus aufwuchs[12].

Nicht anders erging es den konspirativen sozialistischen Gruppen wie dem »Roten Stoßtrupp«, »Neubeginnen«, der »Deutschen Volksfront« oder dem »Internationalen Sozialistischen Kampfbund«, zumal sie seit der Mitte der 30er Jahre weitgehend aufgerieben wurden[13]. Was die bürgerlich-konservativen Widerstandsgruppen betraf, befanden sie sich im Prinzip in derselben Schwierigkeit. Nur waren sie insofern in einer günstigeren Lage, als bei ihnen der Zugriff der Gestapo wesentlich behutsamer erfolgte, nicht so sehr wegen möglicher Prestigeeinbußen des Regimes als vielmehr, weil man den Angehörigen der deutschen Oberschicht in der Regel nicht zutraute, ernsthafte Opposition zu betreiben. Der Tatbestand, daß insbesondere seit Ende 1941 Unmutsäußerungen über die politische Lage und die Haltung der Parteifunktionäre allenthalben anzutreffen waren, hohe NS-Funktionäre nicht ausgeschlossen, hat in gewissem Umfang als Tarnung für die konspirative Tätigkeit Carl Goerdelers und anderer Repräsentanten der zivilen Oppositionsgruppen fungiert[14].

Goerdeler gab sich als präsumtiver Kanzler zeitweise der Hoffnung hin, daß die Mehrheit der deutschen Bevölkerung nach Aufdeckung der nationalsozialistischen Verbrechen auf die Seite der Umsturzregierung übergehen werde; Hassell und Popitz urteilten darüber weit skeptischer, und die Kreisauer machten die Erfahrung, daß sie nicht mit der Sympathie der Masse der Arbeiterschaft rechnen konnten. Das rechtfertigte den Verzicht der Verschwörer, vor dem Umsturz die Grundlagen einer Massenorganisation zu legen, während sie andererseits, schon im Hinblick auf die zu erwartende kommunistische Aktivität, einen Rückhalt teils bei den Gewerkschaften, teils bei der ehemals sozialdemokratisch gesinnten Arbeiterschaft anstrebten. Alle Indizien sprechen dafür, daß Teile der von der Durchhaltepropaganda indoktrinierten Bevölkerung sich gegen die Übergangsregierung gestellt hätten. Gleichwohl war der Entschluß, den Umsturz zu wagen, selbst wenn dies nicht zu einer militärischen Stabilisierung geführt haben würde, richtig; aber das Problem der relativen politischen Isolierung der Verschwörer hätte fortbestanden.

### 3. *Trägergruppen und Vorbilder*

Der bürgerliche Widerstand war dort am stärksten, wo er auf gesellschaftlichen Residuen aufbaute, die von der äußeren Nazifizierung der Gesellschaft nicht tangiert waren. Desgleichen galt das für die Solidarität innerhalb jener Teile des Offizierkorps, die noch von preußischen Traditionen geprägt und nicht dem Sog militärtechnischer Effizienz erlegen waren, der das 1933 geknüpfte enge Bündnis zwischen militärischer und nationalsozialistischer Führung wesentlich befestigte[15]. Diese soziologischen Voraussetzungen für die Teilnahme am Widerstand bewirkten eine gewisse soziale und politische Exklusivität der entstehenden Widerstandszirkel, wenngleich sich vor allem Helmuth von Moltke nachdrücklich darum bemühte, diese zu überwinden und insbesondere Vertreter der Arbeiterschaft, zunächst Mierendorff und Haubach, später Julius Leber, für die Mitarbeit in Kreisau zu gewinnen[16].

Die Widerstandsbewegung des 20. Juli wies daher eine eigentümliche soziale Zusammensetzung auf. Einerseits gehörten ihr — insbesondere galt das für den Kreisauer Kreis, in geringerem Maße für den militärischen Widerstand — Persönlichkeiten an, die ihre entscheidenden politischen Erfahrungen am Ende der 20er Jahre gemacht hatten und die in gewissem Sinne politische Außenseiter gewesen waren, in der Regel aus der Jugendbewegung kamen oder unter deren Einfluß standen, häufig neokonservative oder neoromantische Ideengänge vertraten und nur ausnahmsweise — so Haubach und Mierendorff — über Erfahrungen mit der praktischen Politik verfügten[17]. Andere, wie Fritz-Dietlof von der Schulenburg, Claus Schenk von Stauffenberg oder Henning von Tresckow, hatten ihre berufliche Karriere unter dem Nationalsozialismus gemacht. Dieser Gruppe stand ein wesentlich älterer Honoratiorenkreis gegenüber, in dem neben Beck und von Witzleben und anderen verdienten Militärs hohe Beamte und Diplomaten bei weitem überwogen, die zum Teil zunächst wichtige Positionen im Regime ausgefüllt hatten und in einer Reihe von Fällen bewußt beibehielten.

Berufspolitiker im engeren Sinne, insbesondere Parlamentarier, fehlten fast ganz. Dies war nicht zufällig. Nach dem offenkundigen Scheitern des parlamentarischen Systems von Weimar waren dessen Repräsentanten in gewisser Beziehung politisch neutralisiert. Sie hielten sich — wie Konrad Adenauer oder Theodor Heuss — vom Regime abseits, sahen aber keinen Ansatzpunkt für eine effektive Opposition. Die Rückkehr zu Weimarer Verhältnissen konnte — darin waren sich nahezu alle Richtungen des Widerstands einig

— nicht das Ziel sein. Dies erklärt auch, warum die Sozialdemokraten im konspirativen Widerstand — vor allem nach der Zerschlagung der auf einen Umsturz drängenden oppositionellen Zirkel — relativ schwächer vertreten waren als die Kommunisten und die sozialdemokratische Linksopposition. Abgesehen davon, daß konspirative Arbeit der sozialdemokratischen Mentalität widersprach, vermochte auch die Auslandsleitung der SPD keine politische Zielsetzung zu entwickeln, die über die letztlich defensive Haltung der späten Weimarer Jahre hinausreichte[18]. Zwar bediente sich der Auslandsapparat der Sopade einer revolutionären Sprache, so im Prager Manifest vom Januar 1934, aber die angestrebte sozialistische Revolution verblieb im Horizont einer Restaurierung des parlamentarischen Systems. Desgleichen scheiterten die Bestrebungen, zur Einheitsfront mit der illegalen KPD zu gelangen, an den herkömmlichen gegenseitigen Vorbehalten, den taktischen Sonderbedingungen der KPD und der leidvollen Erfahrung, daß Kontakte mit den illegalen kommunistischen Kadern die eigene Widerstandsarbeit gefährdeten. Die KPD hatte sich 1935 von der älteren Sozialfaschismus-Parole gelöst, glaubte aber zunächst, an der Forderung der »Einheitsfront von unten« festhalten zu können[19].

Die Sozialdemokraten im Kreisauer Kreis waren, auch in Anbetracht ihrer aktiven Parteitätigkeit vor 1933, ihrem intellektuellen Zuschnitt und ihren politischen Auffassungen nach eher Außenseiter, und das galt ebenfalls für Julius Leber, trotz seiner langjährigen Parteiarbeit in Lübeck und seiner Erfahrungen als Mitglied des Reichstags[20]. Wilhelm Leuschner und dessen enge Gesinnungsgenossen im Goerdeler-Kreis dachten stärker in gewerkschaftlichen Kategorien. Ihr Zusammentreffen in dem im April 1933 gebildeten »Führerkreis der deutschen Gewerkschaften« spiegelt eine gewisse Abwendung von dem Weimarer Parlamentarismus[21]. Auch Leuschner stand vor der Schwierigkeit, als potentieller Amtsträger unter der geplanten Umsturzregierung auf ältere Funktionäre zurückgreifen zu müssen, von denen Leber etwas abschätzig sagte, daß sie die Verbindung zur Arbeiterschaft weitgehend eingebüßt hätten[22].

Die Planungen des Goerdeler-Kreises knüpften weitgehend an die Phase der Präsidialkabinette an, wobei zwischen der stärker konservativ-autoritären Richtung Ulrich von Hassells und Johannes Popitz', der in mancher Hinsicht deutschnational gefärbten, aber betont liberalen Vorstellungswelt Goerdelers und den stärker berufsständisch geprägten Auffassungen der christlichen und freien Gewerkschaftler deutliche Unterschiede entgegentreten. Die sich seit 1943 enger an Stauffenberg anschließende Verschwörergruppe, zu der Fritz-Dietlof von der Schulenburg und der Kreisauer Adam von Trott zu Solz gehörten, stand gleichsam zwischen den Fronten und suchte zu vermitteln. Dieser engere Führungskreis des Attentats vom 20. Juli, zu dem auch

Julius Leber stieß, war, wie Stauffenberg und ein Teil der Angehörigen der Militäropposition, von neokonservativen Vorstellungen mit einem starken sozialen Akzent geprägt, was die spätere Abwendung von den Auffassungen Goerdelers erklären hilft, die sich in der konkreten Umsturzvorbereitung jedoch nicht mehr unmittelbar ausgewirkt hat[23].

Zusammenfassend ist festzustellen, daß im nationalkonservativen Widerstand vorwiegend Persönlichkeiten zu finden waren, die teils durch Milieubedingungen, teils durch professionelle Prägung, teils durch die Einbindung in konfessionelle Gruppen sich innere Unabhängigkeit und soziale Identität angesichts der fortschreitenden nationalsozialistischen Indoktrinierung bewahrt hatten. Dies geschah in der Regel im Rückgriff auf politische Positionen, die quer zum Weimarer Republikanismus gestanden hatten. Dazu trug auch die geistige Isolierung gerade des Widerstands bei, die erklärt, warum bei der Emigration, aber auch bei den illegalen Organisationen in den Konzentrationslagern die westeuropäische politische Tradition weit stärker einwirkte, als es bei den Verschwörern des 20. Juli, trotz der Weltoffenheit einiger seiner Repräsentanten, der Fall war[24]. Das mag die politische Programmatik des konservativ-bürgerlichen Widerstands erklären, die bei deutlichen Unterschieden im einzelnen durch den Gedanken geprägt war, eine Brücke zwischen Ost und West, zwischen Sozialismus und Kapitalismus, zu schlagen, was auf eine Fortsetzung des »deutschen Sonderwegs« hinauslief[25].

### *4. Widerstand als Akt der Selbstbehauptung*

Die Widerstandsbewegung des 20. Juli entfaltete sich zunächst in einem scheinbar politisch neutralisierten Raum, und so spielte der Gedanke an den politischen Richtungsstreit zunächst kaum eine Rolle und waren alle Konzepte von der Möglichkeit einer »Revolution von oben« geprägt. Erst das Auftreten des »Nationalkomitees Freies Deutschland«[26] rief die Tatsache ins Bewußtsein, daß mit der kommunistischen Bewegung ernstlich zu rechnen war, und Männer wie Moltke, Schulenburg und Stauffenberg stellten sich dieser Herausforderung. Das Auftauchen richtungspolitischer Differenzen im bürgerlich-konservativen Widerstand war daher kein Zeichen der Schwäche, sondern die Anerkenntnis politischer Realitäten, und die Bemühungen um die Schaffung einer Volksbewegung, welche die Umsturzregierung politisch absichern sollte, waren die Konsequenz daraus, so wenig angesichts des dann eintretenden Zeitdrucks eine Verständigung über deren programmatische Ausrichtung — und analog galt das für außenpolitische Fragen — noch erreicht werden konnte. Der gegen mehr politisch als konspirativ motivierte Bedenken eines Teils der Verschwörer durch Leber und Reichwein geknüpfte Kontakt zur kommunistischen Widerstandsbewegung, der zum Eingriff der Gestapo führte und die Durchführung des Umsturzes sowohl bedrohte wie beschleunigte, deutet auf das trotz aller Differenzen allen Richtungen gemeinsame Motiv, Hitler aus eigener deutscher Initiative zu stürzen, so dunkel die Zukunft auch aussehen mochte und so nachhaltig die früheren Illusionen zerronnen waren, die Totalbesetzung Deutschlands abzuwenden und den Nationalstaat in den Grenzen des deutschen Volkstums zu sichern.

Auf die Vielfältigkeit der Initiativen und der ihnen zugrundeliegenden Motive, desgleichen die Unverbundenheit derselben untereinander, die dem Fehlen konspirativer Kommunikationsmöglichkeiten entsprang, kann im Rahmen dieses Beitrags nicht eingegangen werden. Die Entscheidung zum Widerstand hing zunächst von persönlicher Erfahrung und Einsicht ab. Es gab Konservative, die — wie Ewald von Kleist-Schmenzin — von vornherein entschlossen waren, sich dem System mit allen Mitteln zu widersetzen. Aber es zeichnet sich zugleich eine Typologie unterschiedlicher politischer Gruppierungen ab, die im Zusammenhang mit der Ausgangslage im Jahre 1932/33 steht. Daß der sozialistische und kommunistische Widerstand früher einsetzte als derjenige konfessioneller Kreise sowie der zivilen und militärischen Opposition, die sich dann in der Verschwörung des 20. Juli bündelten, verwundert nicht. Die vergleichsweise verzögerte Terminierung des bürgerlich-konservativen Widerstands hing mit den Illusionen zusammen, die bei den traditionellen Eliten über die partielle Weggemeinschaft mit der nationalsozialistischen Politik bestanden. Auch bedurfte es der Erfahrung der nationalsozialistischen Gewaltakte gegen Polen, der systematischen Liquidierung des Judentums[27] und der Ausrottungspolitik in Rußland, um Vorstellungen beiseitezuschieben, daß man das nationalsozialistische Regime unter Beseitigung des Einflusses der NSDAP und vermittels einer Kaltstellung Hitlers, aber bei Übernahme von Teilen der nationalsozialistischen Eingriffe in die gesellschaftliche Struktur, in einem autoritären Sinne umbilden konnte.

Die christlichen Kirchen wiederum suchten, trotz steigender Gegensätze, sich mit dem Regime zu arrangieren; nicht zuletzt die Euthanasieaktion brachte einzelne christliche Gruppen zu der Einsicht, daß es des politischen Einsatzes gegen das Regime bedurfte, nicht bloß institutioneller und theologischer Selbstbehauptung der Kirchen. Dies wirft freilich das Problem der Abgrenzung zwischen systemüberwindendem Widerstand und aktiver Resistenz auf, die, vom Standpunkt individueller Gesinnung, allerdings nur eine artifizielle Grenzziehung darstellt. Diejenigen, die unter Gefahr für Leib und Leben jüdische Mitbürger versteckten und ihnen gefälschte Ausreisepapiere verschafften; diejenigen, die russischen Kriegsgefangenen zu helfen versuchten; diejenigen, die in den Betrieben für die Rechte der Arbeitnehmer eintraten und sich der Indoktrination durch die Deutsche Arbeitsfront widersetzten; diejenigen, die gegen die Behandlung der jüdischen Bevölkerung protestierten oder die Euthanasieaktion öffentlich anprangerten; diejenigen, die sich weigerten, verbrecherischen Befehlen zu folgen; diejenigen, die aus ohnmächtigem Protest mit nächtlichen Mauerinschriften der nationalsozialistischen Kriegspolitik entgegentraten; diejenigen, die Verfolgte schützten und mit ihnen die Lebensmittelkarten teilten — sie alle gehörten in einem weiteren Sinne zum Widerstand[28].

Auch innerhalb der aktiven Opposition variierte der Grad der Ablehnung der Politik und der Methoden der nationalsozialistischen Herrschaft, deren zutiefst verbrecherische Züge selbst den Eingeweihten erst schrittweise als wesenhafte Elemente klar wurden. Der Entschluß, einen Umsturz um jeden Preis herbeizuführen, um dessentwillen man sich, wie Julius Leber sarkastisch formulierte[29], selbst mit dem Teufel zu verbünden bereit sein müsse, ging bei vielen erst aus einer Kritik an Teilerscheinungen und moralischer Empörung über die kriminellen Handlungen des Regimes hervor. Für Kommunisten und Sozialisten, aber auch für viele der Kreisauer sowie einzelne Repräsentanten der christlichen Kirchen, stand die rückhaltlose Ablehnung des Hitlerregimes von Anfang an außer Frage. Aber auch hier bedurfte es der Entscheidung, ob man dessen Niedergang passiv abwarten oder aktiv Hand anlegen sollte, um eine neue, gerechte Ordnung an dessen Stelle zu setzen.

## *5. Phasen und Formwandel des Widerstands*

Die Herausbildung der Opposition stand in Wechselwirkung zur fortschreitenden Radikalisierung des Systems wie der Eskalation der Außen- und Militärpolitik, wobei die Okkupation der Nachbarländer die Kampfbedingungen des Widerstands veränderte und das Einschmuggeln von Propagandamaterial, konspirative Kurierdienste wie die Kontakte zu den Westmächten erheblich behinderte. Die Verschärfung des terroristischen Zugriffs der Gestapo und anderer Überwachungsorgane, die Wandlung der psychologischen Kampfbedingungen nach dem Ausbruch des Krieges, die Veränderung der außen- und innenpolitischen Zielsetzungen durch die sich abzeichnende militärische Niederlage des Regimes stellten einerseits verschärfte Belastungen für die Widerstandsarbeit dar, während sie andererseits die Entschlossenheit verstärkten, den Umsturz unter nahezu aussichtslosen Bedingungen zu wagen.

Die deutschen Oppositionellen waren einem bitteren Lernprozeß unterworfen, und man wird sich darüber klar sein, welche Energien allein die Anpassung an sich verändernde äußere und innere Bedingungen erforderte. Die erste Entwicklungsstufe, die ungefähr die Zeit von 1933 bis 1935 umfaßt, bezeichnet die Formierung des Widerstands, der sich zu dem Entschluß durchringen mußte, einerseits halböffentliche Aktionen zu vermeiden, andererseits konspirative Organisationsformen zu entwickeln und sich nicht mehr länger an aus der Zeit vor 1933 stammende Einrichtungen anzulehnen, ob es sich dabei um Jugendbünde, gewerkschaftliche oder parteipolitische Verbindungen oder kirchliche Organisationen handelte.

Eine zweite Stufe des Widerstands, die die Periode von 1935 bis 1938 umfaßt, ist durch das Vordringen konspirativer Arbeitsformen vor allem bei den oppositionellen Gruppen der Arbeiterbewegung gekennzeichnet, zugleich durch den Ausbau von Exilapparaten in der Tschechoslowakei, den Niederlanden und Frankreich. Aber es überwog in diesem Zeitraum noch die Illusion, eine antifaschistische Massenbewegung ins Leben rufen und durch sie das NS-Regime stürzen zu können. Illegale Propaganda und Information — wie etwa die Sopade-Berichte[30] — spiegelten dieses Bestreben. Am Ausgang dieser Periode wurde jedoch klar, daß alle Versuche der illegalen Gruppen, über den engeren Kreis bekannter Gesinnungsgenossen hinaus zu wirken, zu ihrer Zerschlagung zu führen drohten.

Das Jahr 1938 gilt in vieler Beziehung als Wendepunkt zu einer raschen Radikalisierung der Politik des Regimes, insbesondere des Übergangs zur aktiven Kriegsvorbereitung. Wenngleich die Opposition von Anfang an die Prognose gestellt hatte, daß Hitler Krieg bedeutete, ist eine dritte Phase des Widerstands, die die Zeit von 1938 bis 1940 umfaßt, durch das neue Element des Kampfes gegen den Krieg und — nach dem Polenfeldzug — gegen die Ausweitung des Krieges zum Weltkrieg bestimmt. Das Münchener Abkommen von 1938 brachte noch einmal, keineswegs zu dessen Zufriedenheit, eine, wie sich alsbald zeigen sollte, kurzfristige Vertagung der Kriegspläne Hitlers. Sie trafen auf den zunächst militärischen Erwägungen entspringenden Widerstand des dann ausscheidenden Generalstabschefs Generaloberst Beck[31]. Das Entstehen der militärischen Opposition unter Beck und Erwin von Witzleben hing zugleich mit dem seit der Fritsch-Krise kaum mehr verhüllten militärischen Führungskonflikt zusammen, in den gegensätzliche außen- und militärpolitische Konzeptionen der konservativen Reichswehrführung und Hitlers hineinspielten. Die Militäropposition knüpfte Verbindungen zum militärischen Abwehrapparat unter Admiral Canaris. Die Fritsch-Krise gab Fritz-Dietlof von der Schulenburg den ersten Anstoß, sich zu unbedingter Opposition gegen das von ihm nunmehr als unreformierbar betrachtete korrupte und kriminelle NS-Regime durchzuringen[32].

Parallel dazu fand sich eine Widerstandsgruppe im Auswärtigen Amt, vor allem auf Betreiben des früheren deutschen Botschafters in Rom, Ulrich von Hassell, zusammen, die diplomatische Rückendeckung für einen bis zum Beginn des Frankreichkrieges wiederholt angestrebten Militärputsch gegenüber den Westmächten zu geben versuchte und auch Beziehungen zum Vatikan aufnahm[33]. Im Zusammenhang damit bildete sich der Kern des späteren Goerdeler-Kreises, der in den folgenden Jahren Kontakte zu früheren christlichen und sozialdemokratischen Gewerkschaftsführern aufnahm, damit die ursprüngliche honoratiorenhafte Exklusivität abzustreifen begann und sich von den ausgeprägt autoritären Lösungsvorschlägen Popitz' und von Hassells abwandte[34].

Der deutsch-sowjetische Nichtangriffspakt vom August 1939 bedeutete eine gewisse Desorientierung der ohnehin durch Gestapo-Eingriffe nachhaltig geschwächten kommunistischen Kader. Die rastlose Aktivität der bürgerlichen Oppositionsgruppen, die zu Hitlers Absetzung und einer autoritären Rückbildung des nationalsozialistischen Regimes, nicht zum revolutionären Bruch führen sollte, scheiterte jedoch nach Hitlers Entscheidung, den Frankreichfeldzug nicht weiter hinauszuschieben, nicht nur, weil die militärischen Kräfte, die einen Umsturz eventuell hätten tragen müssen, gebunden waren, sondern vor allem, weil der unerwartet rasch und ohne größere Verluste errungene Sieg über Frankreich den Diktator auf den Gipfelpunkt seiner Popularität führte und ihm die unbedingte Loyalität des vorher schwankenden Offizierkorps eintrug. Daß Einzelwiderstand gleichwohl die Entwicklung hätte ändern können, zeigt das im Alleingang verübte Bombenattentat Georg Elsers im Bürgerbräukeller am 8. November 1939[35].

Im Frühsommer 1940 stand der Widerstand vor einer vollständig neuen Situation. Er konnte nicht mehr hoffen, Hitler kurzerhand auszuschalten und dafür die Sympathien der breiten Öffentlichkeit zu gewinnen. Für den nun einsetzenden harten, zähen, aufopfernden Widerstandskampf galt nicht mehr die Hoffnung, rasche Erfolge erzielen zu können. Von nun an zählte Gesinnungsfestigkeit und nicht illusionistischer Aktionismus, der in den Jahren zuvor die Reihen der Opposition verstärkt hatte. Zugleich bedurfte es nun nicht nur sorgfältiger Planung des angestrebten Umsturzes selbst, sondern auch der Erarbeitung einer tragfähigen und glaubwürdigen Alternativkonzeption zum bestehenden Regime. Dem entsprach, daß Teile des Widerstands ihre Energie auf die langfristige Planung der politischen und gesellschaftlichen Verfassung eines antifaschistischen Deutschland verwandten.

Die Periode der Neuformierung der Opposition, die sich anschließt, ist einerseits durch eine bemerkenswerte Reaktivierung des kommunistischen Widerstands, andererseits durch das Hervortreten des Kreisauer Kreises gekennzeichnet[36]. Die Kommunisten mußten wiederholt schwere Verluste und die Zerschlagung ganzer Widerstandsgruppen hinnehmen. Die Bestrebungen, eine neue Inlandsleitung aufzubauen, nachdem das Operieren aus dem besetzten westeuropäischen Raum das Risiko kaum verringerte, waren wenig erfolgreich und lösten verstärkte Gegenreaktionen der Gestapo aus, der es auch gelang, nach langwierigen Bemühungen die Spionageaktivität der »Roten Kapelle« aufzudecken[37].

Auch der bürgerliche Widerstand bekam nun die Härte der Verfolgung zu spüren. Die konspirativ ungenügend abgesicherte Tätigkeit der studentischen Widerstandsgruppe »Weiße Rose« führte zu deren Aufdeckung und Liquidierung[38]. Der Eingriff der Gestapo in die Widerstandstätigkeit der Abwehr konnte von Canaris nur teilweise vereitelt werden; als Koordinationszentrum schied die Abwehr damit aus. Die eher zufällige Aufdeckung des Solf-Kreises zog die Verhaftung Helmuth James von Moltkes nach sich und damit das Ende der Planungstätigkeit des Kreisauer Kreises, dessen aktive Mitglieder sich der Widerstandsplanung Claus Schenk von Stauffenbergs anschlossen. Zum Teil in Reaktion auf die Kreisauer Konzepte intensivierten sich die Planungen des Goerdeler-Kreises. Die Bemühungen, zu einem gemeinsamen Programm zu gelangen, konnten jedoch vor dem 20. Juli 1944 nicht zu Ende geführt werden, zumal die Dringlichkeit eines Umsturzes angesichts der sich täglich katastrophaler gestaltenden militärischen Lage ein weiteres Abwarten ausschloß.

Die Periode von 1941 bis 1943 ist durch wiederholt scheiternde Bemühungen, Hitler zu verhaften oder durch ein Attentat zu beseitigen, charakterisiert. Die wachsende Ungeduld der zivilen Opposition unter Goerdeler über das Ausbleiben eines militärischen Umsturzes erklärt sich teilweise aus mangelnder Kenntnis der immer schwieriger werdenden Arbeitsbedingungen der militärischen Verschwörung. Claus Schenk von Stauffenberg leitete als Oberst im Stab des Ersatzheeres die entscheidende Wende mit der Vorbereitung des »Unternehmens Walküre« ein, das unter dem Vorwand, Maßnahmen zur Niederschlagung einer eventuellen Erhebung der im Reichsgebiet befindlichen Zwangsarbeiter und Kriegsgefangenen vorausgreifend zu treffen, die generalstabsmäßige Planung des Umsturzes ermöglichte. Die größten Schwierigkeiten warf indessen die Durchführung des Anschlags auf Hitler auf, und es war eine beträchtliche Schwäche des Umsturzversuches vom 20. Juli 1944, daß Stauffenberg gleichzeitig als Attentäter und als unentbehrlicher Leiter des militärischen Umsturzes zu fungieren gezwungen war.

Schließlich erfolgte das Attentat vor dem Hintergrund einer desolaten Situation im Innern – die Auswirkungen des Bombenkrieges beeinträchtigten auch die Kommunikation der Verschwörer, der drohende Zugriff der Gestapo machte endgültige Absprachen zwischen der zivilen Opposition und dem militärischen Aktionszentrum in der Bendlerstraße nahezu unmöglich und verstärkte die Mißverständnisse, die sich vor allem im Kreis um Goerdeler über Stauffenbergs innen- und außenpolitische Absichten, vor allem hinsichtlich der von Leber und Stauffenberg bewußt angestrebten Öffnung nach links, eingestellt hatten.

Der Putschversuch scheiterte nicht nur, weil Hitler, wider alles Erwarten, die Explosion in der »Wolfsschanze« nur leicht verwundet überstand, sondern vor allem deshalb, weil die Voraussetzung für die Durchführung des »Unternehmens Walküre«, die Übernahme der vollziehenden Gewalt durch den Befehlshaber des Ersatzheeres und der reibungslose Vollzug der Befehlsgebung durch die Bendlerstraße, nur in Ausnahmefällen — in Wien und Paris — gegeben war. Es zeigte sich, daß die innere Homogenität des deutschen Offizierkorps, von der Stauffenbergs Planungen ausgingen, nicht mehr vorhanden war. Die nachgeordneten militärischen Dienststellen warteten ab und folgten den alsbald ergehenden Gegenbefehlen des Führerhauptquartiers, nachdem es nicht gelungen war, die Wolfsschanze nachrichtentechnisch zu isolieren und die Besetzung des Berliner Rundfunks und die Ausschaltung von Josef Goebbels sicherzustellen[39].

Die Opfer, die das gescheiterte Attentat forderte, und die schmähliche Behandlung der Verschwörer und ihrer Gesinnungsgenossen beleuchten, wie sehr das Regime durch den Staatsstreich in seinem innersten Prestige getroffen war. Noch bis unmittelbar vor der Kapitulation am 8. Mai 1945 waren die Exekutivkommandos am Werk, und die Sonderkommission im Reichssicherheitshauptamt hatte ihre Arbeit noch keineswegs beendet. Die in den Untersuchungen der Gestapo sich immer mehr ausweitende Zahl der an der Verschwörung beteiligten Personen erschreckte selbst die kaltblütigen Gestapobeamten, zumal hochstehende Parteigänger des Regimes, wie Graf Helldorff und Fritz-Dietlof von der Schulenburg, bei der Vernehmung eben das aussagten, was sie selbst dachten: daß das Regime nicht zuletzt an seiner Korruption und Verantwortungslosigkeit unerhörten Ausmaßes zugrunde ging. Dabei sind die etwa 7 000 von der Gestapo im Zusammenhang mit dem 20. Juli genannten Persönlichkeiten längst nicht alle, die indirekte und teilweise auch direkte Mitwisser gewesen waren.

Auch nach dem 20. Juli endete der Widerstand nicht. Neben die kommunistische Aktivität trat nun der Einsatz derjenigen, die — wie in München[40] — eine sinnlose Fortführung des Krieges und die Übertragung der Politik der verbrannten Erde auf das Reichsgebiet ablehnten. Der terroristische Abwehrapparat des Regimes arbeitete gleichwohl bis zum bitteren Ende. Er richtete sich auch gegen die im Grunde unpolitischen, erst durch die Unterdrückungsmaßnahmen politisierten Aktionen von Teilen der jüngeren Generation wie den »Edelweißpiraten« und anderen jugendlichen Protestgruppen, die keinerlei Verbindung zu früheren politischen Gruppierungen unterhielten, teilweise aber Stilelemente der bündischen Jugend imitierten[41].

## 6. Bilanz

Eine Gesamtbilanz des deutschen Widerstands gegen Hitler führt zu dem Resultat, daß er von einer quantitativ bemerkenswerten Minderheit der Bevölkerung getragen war. Andererseits ließen die Bedingungen der nationalsozialistischen Herrschaft und die mangelnde politische Kritikfähigkeit breiter Kreise der Bevölkerung es nicht zu, daß die zahllosen Impulse, die gegen das Regime oder einzelne seiner Träger gerichtet waren, in eine geschlossene Bewegung einmündeten. Wer Widerstand gegen das Regime leistete, mußte es hinnehmen, von der Masse der verblendeten »Volksgenossen« als Verräter an der Nation betrachtet zu werden. Widerstand zwang zur verkleideten Sprache selbst im engsten Vertrautenkreis. Die Frontstellung zog sich häufig durch die Familien hindurch, und dies nicht nur zwischen den Generationen. Faktisch gab es keinerlei institutionellen Rückhalt, sieht man von Ausnahmen ab wie dem Kloster Walberberg, das den Katholiken im Widerstand eine Rückzugsstätte bot, in der ein offener Gedankenaustausch möglich war.

Motivationen, Umstände, Interessenlagen, die den Einzelnen zum Widerstand führten, waren höchst unterschiedlicher und durchaus auch gegensätzlicher Art. Das Milieu, in dem sich der Widerstand der Arbeiterschaft abspielte, war von demjenigen der bürgerlich-konservativen Opposition weit entfernt. Die zukünftige politische Ordnung, die die einzelnen Richtungen des Widerstands anstrebten, ihr ideologischer Hintergrund, waren grundverschieden. Aber es war nicht das, was zählte. Entscheidend war, daß man bereit war, über die alltäglich erschreckendere Wirklichkeit des NS-Regimes hinauszudenken und ihr Alternativen entgegenzuhalten, mochten ihnen noch so viele utopische Momente anhaften. Dazu gehörte die gemeinsame Überzeugung, daß ein Herrschaftssystem, das auf Lüge, Verblendung, Korruption, nackter Gewalt und einer Kumulation des Verbrechens aufgebaut war, keinen Bestand haben konnte und daß es jenseits desselben eine gesellschaftliche Ordnung geben werde, in der Gerechtigkeit, menschliche Würde und freie Selbstbestimmung gewährleistet sein würden, unter welchem ideologischen Vorzeichen auch immer. Nur diese Vision befähigte die Mitglieder der deutschen Widerstandsbewegung, trotz immerwährender Rückschläge, trotz Haft und Folter, trotz der Angst um Familie, Freunde und Mitstreiter, ihren Kampf weiterzuführen, notfalls bis zum bitteren Ende. Mit ihrem Handeln setzten sie ein Zeichen, daß die Bewahrung menschlicher Würde inmitten eines Meeres der Unmenschlichkeit möglich ist. Dies ist Hoffnung und verpflichtende Forderung zugleich. Das Vermächtnis des deutschen Widerstands gegen Hitler, aber auch dasjenige der Résistance in den von Deutschland okkupierten Ländern, bleibt Herausforderung an unsere Gegenwart, die mit der Schaffung demokratischer Verfassungsstaaten keineswegs voll eingelöst ist.

1 Vgl. die umfassende Schilderung von Peter Hoffmann, Widerstand, Staatsstreich, Attentat: Der Kampf der Opposition gegen Hitler, München 1969, S. 297 ff.; desgleichen dessen Spezialstudie: Die Sicherheit des Diktators. Hitlers Leibwachen, Schutzmaßnahmen, Residenzen, Hautquartiere, München 1975.

2 Darauf ist insbesondere in der klassischen Untersuchung von Hans Rothfels, Die deutsche Opposition gegen Hitler. Eine Würdigung, Frankfurt/M. [3]1969, der Akzent gelegt worden.

3 Helmuth James von Moltke, Letzte Briefe, Berlin [8]1959, S. 18 f.

4 Vgl. Hans Mommsen, Gesellschaftsbild und Verfassungspläne des deutschen Widerstands, in: Walter Schmitthenner/Hans Buchheim (Hrsg.), Der deutsche Widerstand gegen Hitler, Köln 1966, S. 152 f.

5 Die sich innerhalb des NS-Regimes ausbreitende Atmosphäre intern bleibender Kritik an Teilentscheidungen der rivalisierenden Amtsträger verstärkte sowohl die Illusion, daß Hitler für den selbstzerstörerischen Kurs nicht verantwortlich sei, wie die verbreitete Selbsttäuschung, daß es einen Rückweg zu Systemstabilisierung und »Normalität« geben könne. Vgl. meinen Aufsatz: Ausnahmezustand als Herrschaftstechnik des NS-Regimes, in: Manfred Funke (Hrsg.), Hitler, Deutschland und die Mächte. Materialien zur Außenpolitik des Dritten Reiches, Düsseldorf 1976, S. 30—45.

6 Der ursprüngliche Versuch, zwischen beiden Tatbeständen zu unterscheiden und Landesverrat von den legitim erscheinenden Mitteln des Widerstands auszunehmen, was insbesondere bei Oster zu gegensätzlichen Beurteilungen führte (vgl. Romedio Galeazzo von Thun-Hohenstein, Der Verschwörer. General Oster und die Militäropposition, Berlin 1982), ist im Ansatz verfehlt.

7 Grundlegend ist die Untersuchung von Ian Kershaw, Der Hitler-Mythos. Volksmeinung und Propaganda im Dritten Reich, Stuttgart 1980, vor allem S. 190 f.

8 Goerdeler hat an der Ablehnung des Attentats bis zuletzt festgehalten. Vgl. Gerhard Ritter, Carl Goerdeler und die deutsche Widerstandsbewegung, Stuttgart [2]1964, S. 366.

9 Vgl. Mommsen, Gesellschaftsbild (Anm. 4), S. 116 ff., 153. In der Literatur hat sich vielfach die irrtümliche Auffassung gehalten, der Kreisauer Kreis habe sich auf die Neuordnungsplanung beschränkt. Wichtige Aufschlüsse über das Denken Moltkes bietet die Materialzusammenstellung bei Freya von Moltke/Michael Balfour/Julian Frisby, Helmuth James von Moltke. 1907—1945. Anwalt der Zukunft, Stuttgart 1975.

10 Vgl. Marlis G. Steinert, Hitlers Krieg und die Deutschen. Stimmung und Haltung der deutschen Bevölkerung im Zweiten Weltkrieg, Düsseldorf 1970, S. 471 f.

11 Dies geht aus erhaltenen V-Mann-Berichten klar hervor. Vgl. Emil Henk, Die Tragödie des 20. Juli 1944, Heidelberg [2]1946, sowie Hans Mommsen, Aktionsformen und Bedingungen des Widerstands in der Arbeiterschaft, in: Widerstandsbewegungen in Deutschland und in Polen während des Zweiten Weltkrieges, Braunschweig [2]1983, S. 70 ff.

12 Zum kommunistischen Widerstand vgl. Horst Duhnke, Die KPD von 1933 bis 1945, Köln 1971; Arnold Sywottek, Deutsche Volksdemokratie. Studien zur politischen Konzeption der KPD 1935—1946, Düsseldorf 1971; Detlev Peukert, Die KPD im Widerstand. Verfolgung und Untergrundarbeit an Rhein und Ruhr

1933—1945, Wuppertal 1980, und Heinz Kühnrich, Die KPD im Kampf gegen die faschistische Diktatur, Berlin (Ost) 1983.

13 Überblick bei Peter Grassmann, Sozialdemokraten gegen Hitler 1933 bis 1945, München 1976, sowie Richard Löwenthal/Patrik von zur Mühlen (Hrsg.), Widerstand und Verweigerung in Deutschland 1933—1945, Berlin 1982; ferner Mommsen, Aktionsformen (Anm. 11), S. 71 ff., und Tim Mason, Arbeiteropposition im nationalsozialistischen Deutschland, in: Detlev Peukert/Jürgen Reulecke (Hrsg.), Die Reihen fast geschlossen, Wuppertal 1981, S. 293 ff.

14 Vgl. Hedwig Maier, Die SS und der 20. Juli, in: Vierteljahrshefte für Zeitgeschichte (VfZg), 14 (1966), S. 299 ff.; Hoffmann, Widerstand (Anm. 1), S. 349 f.; zusammenfassend Ger van Roon, Widerstand im Dritten Reich, München [4]1985, S. 182 ff. Wichtig für das Nichteingreifen der Gestapo war, daß der Widerstand des 20. Juli es vermied, konspirative Organisationsnetze nach linken Vorbildern zu errichten, und bei teilweise engen, aber informellen Kontakten stehenblieb.

15 Siehe die grundlegende Darstellung von Klaus-Jürgen Müller, Das Heer und Hitler. Armee und nationalsozialistisches Regime 1933—1940, Stuttgart 1969, sowie Manfred Messerschmidt, Die Wehrmacht im NS-Staat. Zeit der Indoktrination, Hamburg 1969.

16 Vgl. Ger van Roon, Neuordnung im Widerstand. Der Kreisauer Kreis innerhalb der deutschen Widerstandsbewegung, München 1967, S. 226 ff. Vgl. Moltke/Balfour/Frisby (Anm. 9), S. 218.

17 Vgl. Mommsen, Gesellschaftsbild (Anm. 4), S. 77 f.

18 Vgl. Grassmann, Sozialdemokraten gegen Hitler (Anm. 13), S. 36 ff.; Lewis J. Edinger, Sozialdemokratie und Nationalsozialismus. Der Parteivorstand im Exil 1933—1945, Hannover 1960, S. 28 ff.

19 Vgl. Peukert, KPD im Widerstand (Anm. 12), S. 222 ff.

20 Dorothea Beck, Julius Leber. Sozialdemokrat zwischen Reform und Widerstand, Berlin 1983, S. 162 ff., 177 f.; ferner Joachim G. Leithäuser, Wilhelm Leuschner, Ein Leben für die Republik, Köln 1962; James L. Henderson, Adolf Reichwein. Eine politisch-pädagogische Biographie, Stuttgart 1958; ferner die Kurzbiographien über Mierendorff und Haubach bei van Roon, Neuordnung (Anm. 16), S. 123 ff. und 181 ff.

21 Gerhard Beier, Zur Entstehung des Führerkreises der vereinigten Gewerkschaften Ende April 1933, in: Archiv für Sozialgeschichte, XV (1975), S. 365 ff.; Hans Mommsen, Die deutschen Gewerkschaften zwischen Anpassung und Widerstand, in: ders., Arbeiterbewegung und nationale Frage, Göttingen 1979, S. 376 ff.

22 Spiegelbild einer Verschwörung. Die Kaltenbrunner-Berichte an Bormann und Hitler über das Attentat vom 20. Juli 1944, Stuttgart 1961, S. 218.

23 Vgl. Mommsen, Gesellschaftsbild (Anm. 4), S. 155 ff.; vgl. ferner Christian Müller, Oberst i.G. Stauffenberg. Eine Biographie, Düsseldorf o.J. (1970), S. 303 ff.

24 Vgl. Hermann Brill, Gegen den Strom, in: Wege zum Sozialismus, H. 1, Offenbach 1946.

25 Zur Sonderwegsvorstellung vgl. Ernst Fraenkel, Deutschland und die westlichen Demokratien, Stuttgart 1964.

26 Siehe Bodo Scheurig, Freies Deutschland. Das Nationalkomitee und der Bund Deutscher Offiziere in der Sowjetunion 1943—1944, München [2]1961; vgl. Kurt Finker, Stauffenberg und der 20. Juli 1944, Köln/Berlin 1967, S. 203 ff.; dagegen Müller, Stauffenberg (Anm. 23), S. 418.

27 Vgl. Christof Dipper, Der deutsche Widerstand und die Juden, in: Geschichte und Gesellschaft, 9 (1983), S. 349—380.

[28] Zum Widerstandsbegriff vgl. Peter Hüttenberger, Vorüberlegungen zum »Widerstandsbegriff«, in: Geschichte und Gesellschaft, Sonderheft 3 (1977), S. 117–134; Klaus-Jürgen Müller, Die deutsche Militäropposition gegen Hitler. Zum Problem ihrer Interpretation und Analyse, in: ders., Armee, Politik und Gesellschaft in Deutschland 1933–1945, Paderborn 1979, S. 101 ff.

[29] Siehe Beck, Leber (Anm. 20), S. 178.

[30] Deutschland-Berichte der Sozialdemokratischen Partei Deutschlands 1934 bis 1940 (Sopade), 7 Bde, Salzhausen 1980.

[31] Vgl. die Untersuchung von Klaus-Jürgen Müller, General Ludwig Beck. Studien und Dokumente zur politischen Vorstellungswelt und beruflichen Tätigkeit des Generalstabschefs 1933–1938, Boppard 1980; desgleichen: Generaloberst Ludwig Beck. Generalstabschef des Deutschen Heeres 1933 bis 1939, in: ders., Armee, Politik und Gesellschaft (Anm. 28), S. 76 ff.

[32] Hans Mommsen, Fritz-Dietlof Graf von der Schulenburg und die preußische Tradition, in: VfZg, 32 (1984), S. 234 f. Vgl. auch Albert Krebs, Fritz-Dietlof Graf von der Schulenburg, Zwischen Staatsräson und Hochverrat, Hamburg 1965.

[33] Zur Außenpolitik des Widerstands vgl. die Analyse von Hermann Graml, Die außenpolitischen Vorstellungen des deutschen Widerstands, in: Schmitthenner/Buchheim, Der deutsche Widerstand (Anm. 4), S. 15–72. Überblick über die frühen Staatsstreichpläne bei Hoffmann, Widerstand (Anm. 1), S. 69 ff.; vgl. auch Peter Ludlow, Papst Pius XII., die britische Regierung und die deutsche Opposition im Winter 1939/40, in: VfZg, 22 (1974), S. 299–341.

[34] Vgl. Mommsen, Gesellschaftsbild (Anm. 4), S. 131 ff.

[35] Vgl. Anton Hoch, Das Attentat auf Hitler im Münchner Bürgerbräukeller 1939, in: VfZg, 17 (1969), S. 383–413.

[36] Neben der Darstellung Ger van Roons (Anm. 16) vgl. auch Kurt Finker, Graf Moltke und der Kreisauer Kreis, Berlin (Ost) 1978.

[37] Zur KPD vgl. Peukert, KPD im Widerstand (Anm. 12), S. 342 ff.; zur »Roten Kapelle« siehe die Untersuchung von Heinz Höhne, Kennwort Direktor. Die Geschichte der Roten Kapelle, Frankfurt/M. 1970.

[38] Vgl. die (freilich etwas unkritische und romanhafte) Darstellung von Richard Hanser, Deutschland zuliebe. Die Geschichte der Weißen Rose, München 1982.

[39] Siehe die Darstellung bei Hoffmann, Widerstand (Anm. 1), S. 479 ff.; 507 ff.; vgl. ders., Zum Ablauf des Staatsstreichversuches des 20. Juli 1944 in den Wehrkreisen, in: Wehrwissenschaftliche Rundschau, 14 (1964), S. 377–397.

[40] Vgl. Hildebrand Troll, Aktionen zur Kriegsbeendigung im Frühjahr 1945, in: Martin Broszat/Elke Fröhlich/Anton Grossmann (Hrsg.), Bayern in der NS-Zeit, Bd IV, München 1981, insbes. S. 660 ff.

[41] Vgl. Detlev Peukert, Die Edelweißpiraten. Protestbewegung jugendlicher Arbeiter im Dritten Reich. Eine Dokumentation, Köln 1980.

# Dritter Teil

# Kriegswirtschaft, Sozialpolitik und Arbeitseinsatz

Rolf-Dieter Müller

# Die Mobilisierung der Wirtschaft für den Krieg — eine Aufgabe der Armee? Wehrmacht und Wirtschaft 1933—1942*

> »Strategisches Genie schadet nicht, ist aber unwesentlich. Wirtschaftsgenies sind zu bevorzugen.«

Das schrieb im Jahre 1937 mit Blick auf einen künftigen Krieg, für den sich die europäischen Großmächte bereits fieberhaft rüsteten, einer der renommiertesten Militärtheoretiker seiner Zeit, der Schweizer Oberstdivisionär Eugen Bircher[1]. Bei aller Aufgeschlossenheit für die moderne Industriegesellschaft, für Technik und Wirtschaft, hätten sicher nur wenige Offiziere der Wehrmacht eine ähnlich kühne Prognose gewagt. Aber Bircher behielt recht. Der Zweite Weltkrieg wurde erneut zu einem Krieg der Fabriken, in dem letztlich nicht operative Führungskunst und soldatische Tapferkeit den Ausschlag gaben, sondern der Takt der Fließbänder.

Hat die militärische Führung des »Dritten Reiches« also in dieser Hinsicht versagt? Wie sah sie überhaupt ihre Rolle bei der notwendigen wirtschaftlichen Mobilmachung sowie innerhalb einer Kriegswirtschaft? Welchen Anteil hatte die Armeeführung an den Rüstungsleistungen während des Zweiten Weltkrieges, vor allem in den ersten zwei Kriegsjahren, als sie innerhalb des politischen Systems und auch in der Kriegswirtschaft noch eine starke Position einnahm?

Schon auf den ersten Blick wird erkennbar: Von 1940 bis 1942 stagnierte der Rüstungsausstoß, der Vorsprung gegenüber den Feindstaaten ging quantitativ wie qualitativ verloren, obwohl Deutschland die Ressourcen nahezu des gesamten europäischen Kontinents eroberte — eine Phase lähmender Mobilmachung und eines beispiellosen Kompetenzkampfes, bei dem die Wehrmacht unaufhaltsam an Boden verlor bzw. ohne Widerstand preisgab.

Das »Wirtschaftsgenie«, dem es dann tatsächlich gelang, ein »Rüstungswunder« zu vollbringen und alle Kräfte für den Krieg zu mobilisieren, trug keine Wehrmachtuniform, er hatte noch nicht einmal »gedient«, war weder Ingenieur noch Industrieller: Hitlers Lieblingsarchitekt Albert Speer, seit Februar

---

* Die nachfolgenden Thesen beruhen auf meinem ausführlichen Beitrag in: Das Deutsche Reich und der Zweite Weltkrieg, Bd 5/1, Stuttgart 1988, S. 347-689. Dort finden sich auch Hinweise auf weiterführende Literatur und entsprechende Belege, die hier so knapp wie möglich gehalten werden.

1942 allgewaltiger Rüstungsminister des »Dritten Reiches«. Spätere Bemühungen von Historikern, Speers Vorgänger zu rehabilitieren, die Phase der Inkompetenz und Ineffizienz zu interpretieren als eine geniale Strategie des begrenzten Kräfteeinsatzes, der »Blitzkriegswirtschaft«, hält näherer Überprüfung nicht stand. Die Frage nach der Rolle der Wehrmacht bei der wirtschaftlichen Mobilmachung muß also neu bedacht und beantwortet werden.

Armee und Wirtschaft — das war eine Problemstellung, die erst im Verlauf des Ersten Weltkrieges zu einer ganz neuen Herausforderung geworden war. Die traditionelle Begrenzung des Blickwinkels militärischer Führer auf die logistischen Voraussetzungen ihrer Kriegskunst, auf Entwicklung, Beschaffung und Bereitstellung von Waffen, Munition, Ausrüstung und Verpflegung, zerbrach in einem schwierigen Anpassungsprozeß[2].

Es kam in Deutschland zu einer regelrechten Militarisierung der Wirtschaft, im Gegensatz etwa zu Großbritannien, wo die Kontrolle auf ein ziviles Munitionsministerium überging, und in Frankreich, wo nach einem kurzen Intervall Parlament und Zivilbehörden den politischen Primat zurückerobern konnten[3].

Diese Machtergreifung der Armee innerhalb der Kriegswirtschaft vollzog sich keineswegs reibungslos. Von ziviler Seite setzte man sich gegen die Bevormundung durch Offiziere zur Wehr, die oft ohne ausreichende Sachkenntnisse und ohne Gespür für zivile Bedürfnisse und Gepflogenheiten Befehle erteilen wollten. Die Militärs wiederum gewöhnten sich daran, die Schuld für unzureichende Leistungen und das Abbröckeln der Heimatfront allein den zivilen Institutionen zuzuweisen.

Auch nach dem Ersten Weltkrieg blieb das Waffenamt eine uneinnehmbare Bastion und entwickelte sich allmählich zur größten zentralen militärischen Dienststelle überhaupt, zu Beginn der 40er Jahre mit über 5 000 Offizieren und Beamten und mehr als 25 000 Mann in den Außenstellen, vor allem bei der Waffen-Abnahme in den Betrieben. Gegenüber der zunächst kleinen Zahl lizensierter Rüstungsbetriebe, die der Versailler Vertrag erlaubt hatte, waren die Offiziere rasch in eine dominierende Position geraten. Sie gewöhnten sich wieder daran — wie in den früheren Heereswerkstätten —, jede Einzelheit zu reglementieren, eigene technische Ideen durchzusetzen, wobei der Gesichtspunkt einer rationellen Massenproduktion naturgemäß wenig beachtet wurde.

Die Wehrmachtteile entwickelten eine »unbändige Bauwut«, bis weit in den Zweiten Weltkrieg hinein, die in erheblichem Maße die Rüstungsplanung blockierte und zur mangelhaften Ausnutzung vorhandener Kapazitäten beitrug. Dahinter stand nicht nur engstirniges Ressortdenken, sondern auch die Auffassung, daß wehrmachteigene Betriebe schlagkräftiger und billiger arbeiten würden. Da kam zum einen die Abneigung gegen umständliches Verhandeln mit Betriebsführern und Ingenieuren zum Ausdruck, aber auch die Ablehnung privaten Gewinnstrebens, die Sorge vor der Wiederkehr eines Kriegsgewinnlertums, das im Ersten Weltkrieg eine schwere innenpolitische Belastung gewesen war[4]. So wurde schon in den 20er Jahren ein rigides Preisprüfungssystem entwickelt, ein expandierender bürokratischer Apparat, der von der Privatwirtschaft als Zwangsinstrument abgelehnt wurde und erheblichen Anteil daran hatte, die Rüstungsproduktion zu Beginn des Zweiten Weltkrieges zu bremsen.

Der notwendige Übergang von der herkömmlichen handwerklichen Präzisionsarbeit zur Fließbandproduktion wurde auch durch den ungelösten Konflikt zwischen Qualität und Quantität erschwert, der innerhalb des Waffenamtes ausgetragen wurde. Bereits im Ersten Weltkrieg hatte man erkannt, daß eine Zusammenfassung von Beschaffungswesen und Prüfungs- sowie Entwicklungsstellen unzweckmäßig war. Der Kaufmann und der Ingenieur zogen nun einmal nicht ohne weiteres an einem Strang, auch wenn sie beide Uniform trugen. Die Vereinigung beider Stellen blieb auf Anweisung der Entente nach 1920 bestehen. Anfang 1936 legte der Leiter der Entwicklungsabteilung des Heereswaffenamtes dem Chef des Generalstabs des Heeres eine dringliche Ausarbeitung vor[5]. Er wies darauf hin, daß eine vergleichbare Zusammenfassung von Entwicklung, Beschaffung und Nachschub in einer straff organisierten Dienststelle im Auslande nicht vorhanden sei, und plädierte dafür, nun endlich ein eigenes Entwicklungsamt zu schaffen. Es sollte dem Chef des Generalstabs direkt unterstellt werden und so für eine bessere Abstimmung von technischen Möglichkeiten und militärischen Aufgaben sorgen.

General Becker, der Verfasser dieser Ausarbeitung, avancierte kurz darauf zum Chef des Heereswaffenamtes, und es blieb alles beim alten. Becker sträubte sich im Frühjahr 1940 vehement gegen die Abgabe des Beschaffungswesens an den neu installierten Rüstungsminister Fritz Todt. Erst zwei Jahre später gelang es Todts Nachfolger, das Heereswaffenamt zu zerbrechen und das gesamte Beschaffungswesen unter seiner Führung mit den entsprechenden zivilen Institutionen zusammenzubinden.

Seit 1924 arbeitete innerhalb des Waffenamtes eine kleine Gruppe von Offizieren an den Fragen der wirtschaftlichen Mobilmachung, getarnt als Nachschubstab, da solche Vorbereitungen von der Entente verboten worden waren. Die Auswertung der Erfahrungen des Ersten Weltkrieges, eine umfassende Bestandsaufnahme der Versorgungsmöglichkeiten im Kriege und Berechnungen über den vermutlichen Kriegsbedarf der Wehrmacht gehörten zu ihrem Arbeitsbereich.

Wegen der strikten Geheimhaltung kam man über Ansätze aber nicht hinaus. Die Isolation des Wirtschaftsstabes gegenüber der zivilen Wirtschaftsverwaltung und der Industrie verhinderte die ausreichende Entwicklung von kooperativen Formen der Zusammenarbeit. Unter dem späteren General der

Infanterie Georg Thomas wuchs die Abteilung seit 1934 aus dem Heereswaffenamt heraus und entwickelte sich zum Wehrwirtschafts- und Rüstungsamt im Oberkommando der Wehrmacht (OKW). Thomas verstand sein Amt als Keimzelle für einen wirtschaftlichen Generalstab, der einerseits den Bedarf der drei Wehrmachtteile abstimmen und nach außen vertreten mußte, und andererseits die wirtschaftliche Mobilmachung des Reiches — damit auch eine künftige Kriegswirtschaft — lenken sollte.

Abgesehen von den Rüstungsbetrieben war die Neigung in der Industrie, sich von den Militärs für den Kriegsfall »verplanen« zu lassen, gering. Die Erinnerung an staatssozialistische Ideen im Offizierkorps während des Ersten Weltkrieges blieb wach, wurde durch die zeitgenössische Diskussion um die Formen eines künftigen totalen Krieges verstärkt und förderte insgesamt die Einstellung, sich auch im Zeichen der Aufrüstung nicht von den Militärs vereinnahmen zu lassen. Thomas sprach in diesem Zusammenhang sogar von einer »defätistischen« Haltung der Unternehmer, die ihm unverständlich blieb, da er doch immer wieder deutlich gemacht habe, daß keine Planwirtschaft angestrebt werde[6].

Er propagierte mit viel publizistischem Aufwand den Begriff der »Wehrwirtschaft«. Thomas wollte darunter eine zweifache Zielrichtung verstehen, einmal die Vorbereitung der Wirtschaft auf einen möglichen Krieg, mit seinen Worten: »die Beeinflussung der Friedenswirtschaft im wehrhaften Sinne durch die Träger der Landesverteidigung«, zum anderen die Abstimmung zwischen der militärischen Kriegführung und den wirtschaftlichen Möglichkeiten, also zwischen Operation und Ökonomie[7]. Ein Mann, dem es gelingen würde, diese Vermittlerfunktion zu besetzen, d.h. die Wirtschaft an die Wehrmacht zu binden und die Führungsspitze des Reiches auf die ökonomischen Vorgaben festzulegen, wäre wohl einer der Mächtigsten im Staate gewesen.

Das erinnert an die Rolle Ludendorffs im Ersten Weltkrieg — Ludendorff, der 1935 noch einmal an die Öffentlichkeit trat mit einem vielbeachteten Buch, einem militaristischen Alptraum über die totale Ausrichtung von Staat und Gesellschaft auf den Krieg. Selbst die Position eines Wirtschaftsdiktators anzustreben, das wäre für Thomas, der 1934 noch den Rang eines Obristen bekleidete, allzu vermessen gewesen. Kompromißbereitschaft und vorsichtiges Taktieren waren also erforderlich, um weder die selbstbewußten Wirtschaftsführer noch die politische und militärische Führungsspitze herauszufordern. Die Schaffung einer eigenen Außenorganisation als Exekutive, Rüstungsinspektionen in den Wehrkreisen und Rüstungskommandos in den Regierungsbezirken, war ein wichtiger Schritt, um auch in der behördlichen Mittelinstanz eine militärische Kommandostelle zu etablieren und die »Betreuungsarbeit« von den Rüstungsbetrieben auf die gesamte gewerbliche Wirtschaft auszudehnen.

General Thomas hatte schon erhebliche Probleme, sich im Kreis der Generalstabsoffiziere Gehör zu verschaffen. Die mit der Vorbereitung der operativen Kriegführung befaßten Stellen, so schreibt er in seinen Erinnerungen, hätten ihn »scheel« angesehen und seine Tätigkeit mit zum Teil hochmütiger Ablehnung bedacht.

»Sie machten, was mir mehr als einmal gesagt wurde, Ludendorff zum Vorwurf, sich in Dinge, die den Soldaten nichts angingen — in Politik, Wirtschaft, Propaganda usw. — gemischt zu haben. Sie verkannten dabei, daß ein moderner — totaler — Krieg nicht allein auf militärischem Gebiet ausgetragen wird, ja, daß Erscheinungsformen des Krieges und damit auch die operative Kriegführung von diesen anderen Formen entscheidend beeinflußt werden[8].«

Angesichts der Alternative zwischen einer rein »zivilen« oder rein »militärischen« Lösung favorisierte Thomas einen Kompromiß: den Chef des Wehrwirtschaftsstabes zum »Staatssekretär für die wirtschaftliche Kriegsvorbereitung« zu ernennen, ihn sowohl im Reichswirtschaftsministerium als auch im Reichskriegsministerium zu postieren und ihm außerdem die Befehlsgewalt in wirtschaftlichen Fragen gegenüber den Waffenämtern der Wehrmachtteile zu übertragen. Aber weder Blomberg als Reichskriegsminister bis 1938 noch danach Keitel als Chef des OKW waren bereit, ihrem ehrgeizigen Abteilungsleiter zu einem derartigen Aufstieg die Steigbügel zu halten.

Beim »Führer« und seiner Partei war selbstverständlich ebenfalls nicht mit einer Unterstützung zu rechnen. Seinerseits eine eindeutig »politische« Lösung gegen die Wehrmacht durchzusetzen, wagte Hitler vorerst nicht, so wie auch die Wehrmachtführung davor zurückschreckte, über die Frage der wirtschaftlichen Mobilmachung nach einer stärkeren Machtposition in Staat und Gesellschaft zu greifen. Es bildete sich daher ein Herrschaftskompromiß, wie er für das NS-System typisch war.

Der 1933 eingesetzte Reichsverteidigungsausschuß, der die »Mobilmachung von Staat und Volk in Übereinstimmung mit der militärischen Mobilmachung« lenken sollte, hatte bereits eine Zweiteilung der Zuständigkeiten festgeschrieben. Der Reichskriegsminister hatte die Planungen für die Kriegsproduktion zu entwerfen, der Reichswirtschaftsminister die entsprechenden Vorbereitungen zu organisieren. Das Reichsverteidigungsgesetz von 1935 stärkte dann einerseits die Position von Wirtschaftsminister Hjalmar Schacht durch den Titel eines »Generalbevollmächtigten für die Kriegswirtschaft« (GBW) und der Weisungsbefugnis bei den wirtschaftlichen Mobilmachungsvorbereitungen, führte aber andererseits zu einer Aufteilung der Industrie in Rüstungsbetriebe (rd. 4000), die unter die Aufsicht der Wehrmacht gerieten, und den sogenannten kriegs- und lebenswichtigen Betrieben (mehr als 30 000), die vom GBW kontrolliert wurden.

Diese Teilung der Wirtschaft brachte in der Praxis heftige Kompetenzstreitigkeiten und Reibungsverluste. Im März 1939 hatte ein führender Schwerindustrieller bei einer Aussprache resignierend erklärt, »daß es der Wirtschaft selbst einerlei sei, ob sie vom Helm oder vom Zylinderhut regiert würde, aber für eine der beiden Kopfbedeckungen solle man sich schließlich doch entscheiden«[9]. Die mangelhafte Koordination der Mobilmachungsplanungen führte zwangsläufig dazu, daß sich die Waffenämter daran gewöhnten, Rüstungsforderungen ohne Rücksicht auf die gesamtwirtschaftliche Lage zu stellen, während die Wirtschaftsverwaltung sich darauf konzentrierte, Einschränkungen der zivilen Bedürfnisse möglichst zu verhindern, um das instabile volkswirtschaftliche und organisatorische Gleichgewicht nicht weiter zu gefährden.

Ohne die Zuarbeit der ohnehin nur schwach besetzten Dienststellen des GBW aber war für die Rüstungsbetriebe keine ausreichende Versorgung mit Arbeitskräften, Rohstoffen und Maschinen zur Einrichtung von Schichtarbeit und zum Übergang zur Massenproduktion gesichert. Auch die Vorbereitungen für eine umfassende Stillegung bzw. Umstellung von nicht-kriegswichtigen Betrieben im Kriegsfall sowie den Einsatz ihrer Produktionsmittel für die Rüstung kamen nicht voran. Worin sollte auch das Interesse des GBW liegen, Betriebe aus seinem Bereich an die Wehrmacht abzugeben und so die Versorgung der Zivilbevölkerung, für die er die Verantwortung trug, zu gefährden?

Dieses engstirnige Ressortdenken verstärkte sich noch, als Schacht, der die hektische Aufrüstung der Wehrmacht zunehmend kritisch beurteilte und vor den absehbaren ökonomischen und außenpolitischen Folgen warnte, von Hitler durch den gefügigen Parteimann Walther Funk ersetzt wurde. Unterdessen war bereits eine dritte konkurrierende Macht entstanden. Mit der Ernennung von Hermann Göring, dem Oberbefehlshaber der Luftwaffe, zum »Beauftragten für den Vierjahresplan« schien doch noch ein »Wirtschaftsgenie« in Uniform auf die Bühne zu treten. Beauftragt, die deutsche Wirtschaft durch den Ausbau der Grundstoffindustrie auf den Krieg vorzubereiten, schuf sich Göring in enger Zusammenarbeit mit der Industrie einen eigenen Apparat, der den größten Teil der Investitionsmittel in kriegswichtige Bauvorhaben lenkte.

Der Generalfeldmarschall machte sich daran, ein eigenes Industrieimperium zu errichten und betrachtete die Luftrüstung als seine Domäne, in die er sich auch vom OKW nicht hineinregieren ließ. Er spielte zwar gern die Rolle eines »Antreibers« der Industrie, war aber gleichzeitig korrupt und neigte außerdem nicht zu einer systematischen und beständigen Arbeitsweise. Sein dauernder Zuwachs an Kompetenzen stand in einem Mißverhältnis zur Regierbarkeit seines bald kaum noch zu überschauenden Imperiums. Wenn er schon einen Wirtschaftsdiktator an seiner Seite brauchte, dann war Hitler die schillernde Figur seines alten Gefolgsmannes zweifellos am angenehmsten. Und Göring liebte nicht nur seine zahlreichen Uniformen, sondern bevorzugte auch einen militärisch geprägten Umgangsstil mit der Wirtschaft.

Das bedeutete aber keineswegs eine Machtübernahme der Wehrmacht im wirtschaftlichen Bereich, denn nachdem seine Hoffnung, Nachfolger Blombergs als Reichskriegsminister zu werden, durch Hitler, der den Oberbefehl selbst übernahm, zunichte gemacht worden war, kümmerte sich dieser ranghöchste Soldat der Wehrmacht nur noch um seine Teilstreitkraft.

Das galt auch für andere Offiziere, die in wirtschaftliche Schlüsselpositionen einrückten. So für Oberst Hermann v. Hanneken, der 1937 aus dem Heereswaffenamt austrat und von Göring zum »Generalbevollmächtigten für die Eisen- und Stahlbewirtschaftung« ernannt wurde. Er dirigierte damit die Verteilung der wichtigsten Rohstoffe für die moderne Kriegführung, wurde aber im Reichswirtschaftsministerium völlig assimiliert. Seine Verteilungspolitik begünstigte keineswegs automatisch die Wehrmacht, sein bürokratisches System war Ende 1941 völlig zusammengebrochen, und erst die Neuordnung der Eisenbewirtschaftung unter Speer schuf ab 1942 die Basis für die Rüstungssteigerung. Auch andere Offiziere, die Sonderwirtschaftsbereiche verantwortlich führten, wie Oberst Adolf v. Schell für das Kraftfahrwesen und Generalmajor Erich Fellgiebel für Nachrichtenmittel, konnten die Erwartungen nicht erfüllen und wurden 1941/42 abgelöst bzw. durch industrielle Beiräte in »zivile Bahnen« gelenkt.

Es gab also bei Kriegsbeginn in der Wehrmacht weder eine einheitliche und schlagkräftige Organisation zur Bündelung und Wahrnehmung der militärischen Wirtschaftsinteressen, noch eine klare Auffassung über die Rolle der Armee in der Kriegswirtschaft. Wohl aber war allgemein die Erwartung verbreitet, daß es im Zuge der totalen Mobilmachung zwangsläufig zu einer Ausrichtung von Wirtschaft und Gesellschaft auf die Bedürfnisse der Wehrmacht kommen würde.

Auf ein solches »Räderwerk« der Mobilmachung setzte auch General Thomas, obwohl die Vorbereitungen dafür noch längst nicht abgeschlossen waren. Alle seine Bemühungen, sofort den Einfluß der Wehrmacht gegenüber den verschiedenen zivilen Gremien und Ressorts auszubauen, eine Zentrale Planung unter seiner Leitung einzurichten, schlugen fehl. Die Federführung im Reichsverteidigungsrat ging vom OKW zur Reichskanzlei über, womit dieses Koordinationsgremium praktisch beerdigt wurde. Die zahlreichen Sonderbeauftragten verteidigten ihre Autonomie, die Vierjahresplan-Administration baute durch die Einrichtung eines Generalrats ihren Einfluß weiter aus, und der Führungsstab des GBW, mit dem Thomas im Mai 1939 endlich eine Vereinbarung zur engeren Zusammenarbeit geschlossen hatte, geriet innerhalb des Reichswirtschaftsministeriums in die Isolation. Die auf den »Friedensbetrieb« ausgerichteten Ministerialbeamten behielten das Regiment und Funk selbst ließ seinen Führungsstab, der allzu sehr auf die militärische Linie eingeschwenkt war, bedenkenlos im Stich.

Bei diesem organisatorischen Gärungsprozeß kam auch die Umstellung der Wirtschaft rasch zum Erliegen. Mitte Oktober 1939 konnte Funk die Parole ausgeben, daß eine weitere Mobilisierung nicht erforderlich sei. Es komme vielmehr darauf an, friedensähnliche Verhältnisse soweit wie möglich aufrechtzuerhalten. Die kriegswichtige Produktion sollte nicht — wie geplant — in leistungsfähigen Großbetrieben konzentriert, sondern möglichst dezentralisiert werden. Die Mobilmachung wurde vor allem mit Rücksicht auf die innenpolitische Lage abgebremst. Thomas stand mit seinem Drängen zur Umstellung auf den totalen Krieg praktisch allein.

Man verständigte sich zwar auf die Sprachregelung einer »Übergangswirtschaft« und verschob die totale Mobilmachung auf den Beginn der erwarteten Massenschlachten bei der bevorstehenden Westoffensive. Aber Thomas gab nicht so schnell auf. Die zunehmende Unsicherheit über den weiteren Kurs in der Kriegswirtschaft wollte er nutzen, um doch noch zu einer militärischen Lösung zu gelangen. Er gewann Göring, sich als Kandidat für die Einsetzung eines allgewaltigen Rüstungsministers zur Verfügung zu stellen. An dessen Seite sollte ein Rüstungsführungsstab unter Thomas treten, der praktisch die gesamte Kriegswirtschaft lenken würde und sowohl gegenüber den Wehrmachtteilen als auch den zivilen Wirtschaftsressorts Weisungsbefugnis bekommen sollte.

Thomas versammelte bereits die Spitzen der Industrie, um sie auf die kommenden Aufgaben einzustimmen. Er machte mit unbekümmertem Elan einen Schritt, der für die Funktionsfähigkeit der Rüstungswirtschaft und sein weiteres Verhältnis zur Industie verheerende Folgen hatte: Er erklärte mit aller Deutlichkeit, daß das Gewinnprinzip in diesem Kriege außer Kraft gesetzt sei und die Wehrmacht keinen finanziellen Anreiz für die Produktion bieten werde. Welche Gesichter die anwesenden Industriellen auf diese Ankündigung hin gemacht haben, wird vom Protokoll[10] dieser Sitzung nicht verzeichnet. Daß die Industrie aber bald darauf einen anderen Mann, Fritz Todt, protegierte, der die Bewegungsgesetze einer kapitalistischen Wirtschaftsordnung anscheinend besser studiert hatte, ist sicher kein Zufall.

Hitler, der von den Besprechungen zwischen Thomas und der Industrie unterrichtet wurde, lehnte es kategorisch ab, Göring, neben dessen zahlreichen anderen Funktionen, auch noch zum Rüstungsminister zu machen. Offiziere seien nicht geeignet, so erklärte er mehrfach, die Wirtschaft zu führen. Es fehle ihnen an Sachkenntnis, aber auch an »Schliche«, die nun einmal erforderlich sei, um die Industriellen zu lenken. Eine Klärung der Führungsprobleme in der Kriegswirtschaft hielt er offensichtlich nicht für dringlich. Zwar löste er die Institution des GBW endgültig auf, Funk behielt aber die Kontrolle über die Reichsbank und die Kriegsfinanzierung sowie das Reichswirtschaftsministerium, damit eine Schlüsselposition für die Verteilung der Rohstoffe. Hitler wollte kein sparsames Haushalten mit den Vorräten, sondern befahl den sofortigen Einsatz aller verfügbaren Ressourcen, um im Jahre 1940 die Entscheidung auf dem Schlachtfeld zu erzwingen.

Das Wehrwirtschafts- und Rüstungsamt verlegte sich nun darauf, die Rohstoffverteilung innerhalb der Wehrmacht unter seine Kontrolle zu bringen und auf den Sofortbedarf zu konzentrieren. Die Waffenämter allerdings lehnten in dieser Hinsicht jede Bevormundung durch das OKW ab, akzeptierten lediglich eine Globalaufteilung des Wehrmachtkontingents und leisteten erbitterten Widerstand, wenn es darum ging, innerhalb ihrer jeweiligen Kontingente Einsparungen oder Umverteilungen vorzunehmen.

Alle Aufmerksamkeit richtete sich Ende 1939 auf die Munitionserzeugung, deren Verdreifachung Hitler gefordert hatte. Das verantwortliche Heereswaffenamt war unter dem Druck der Kritik an seinem bürokratischen Lenkungsverfahren bereit, mit Generaldirektor Borbet einen führenden Rüstungsmanager aus der Wirtschaft als Berater zu verpflichten. Die Verhandlungen zwischen den verschiedenen Dienststellen um ein neues Rüstungsprogramm und seine Absicherung innerhalb der Kriegswirtschaft brachten keine Einigung. Ende Februar 1940 entschloß sich Hitler unter dem Eindruck einer schweren Krise des Transportsystems und rückläufiger Produktion, doch einen Rüstungsminister einzusetzen. Er wählte dazu Fritz Todt aus, der das Vertrauen von Industrie und Partei besaß, als Beauftragter für die Rüstungsbauten große Erfolge vorweisen konnte und über die Organisation der Ingenieure verfügte. Vor allem mit ihrer Hilfe wollte Todt einerseits Hemmnisse im Produktionsbereich beseitigen und andererseits die schwerfällige Militärbürokratie auf Trab bringen. Er war aber auch zunächst bereit, das Wehrwirtschafts- und Rüstungsamt als seinen Planungs- und Exekutivapparat zu übernehmen.

Die Zusammenarbeit von technischen Experten, Industrieführern und wirtschaftlich geschulten Offizieren war zweifellos das Gebot der Stunde, doch Keitel lehnte als Chef des OKW eine Übergabe des Thomas-Amtes an den Zivilisten Todt ab. Hitler wollte die Wehrmacht in dieser Frage nicht allzu sehr bedrängen, und Todt selbst spürte offenbar die Gefahr, daß General Thomas nach einem Wechsel bald alle Fäden in der Hand halten könnte. Er verzichtete darauf, sein Angebot weiter zu verfolgen und machte sich daran, parallel zur militärischen Rüstungsbürokratie einen eigenen technisch-industriellen Apparat aufzubauen. Hier liegen die Wurzeln für das System der »Selbstverwaltung der Wirtschaft«, das zwei Jahre später von Speer vollendet wurde.

Todt verstand sich nicht nur als Ingenieur sondern auch als Offizier, jetzt als Generalmajor der Luftwaffe uniformiert. Er war daher — anders als sein Nachfolger Speer — bereit, das Imperium Görings zu respektieren. Gegenüber den militärischen Rüstungsstellen entwickelte er jedoch ein beachtliches Durchsetzungsvermögen. Der Vorstoß von General Becker, dem Chef des Heereswaffenamtes, die Rüstungsinteressen in einem Wehrmacht-Waffenamt zu bündeln, stieß ins Leere. Hitler hatte zunächst zugestimmt, ließ sich dann aber davon überzeugen, daß die Industrie das Konzept Todts bevorzugte und eine Ausweitung der militärischen Kompetenzen strikt ablehnte. Becker reagierte auf den Fehlschlag dieses übereilten und verspäteten Vorschlags mit seinem Selbstmord. Über ein Wehrmacht-Waffenamt wurde erst im Frühjahr 1945 wieder konkret verhandelt.

Die Machterweiterung Todts schien nicht mehr aufzuhalten zu sein. Er wußte, daß die Kontrolle über die Munitionsherstellung allein nicht ausreichte. Todt strebte daher konsequent die Zusammenfassung der verschiedenen Rüstungsplanungen unter seiner Federführung an: damit auch die Unterordnung der Waffenämter, mit dem Ziel, die Priorität der Rüstung in der Kriegswirtschaft besser zur Geltung bringen zu können. Obwohl im Ziel einig, führte das Heereswaffenamt unverdrossen einen zähen Kampf gegen den Rüstungsminister.

Die überraschend schnelle Beendigung der Westoffensive machte alle neuen Ansätze zunichte. Im »Kampf zwischen Offizier und Ingenieur«, so die Einschätzung von Thomas, wurde eine weitere Runde eingeläutet. Das Einvernehmen zwischen Heeresführung und Hitler war wiederhergestellt, die Oberkommandos gewannen ihre Rüstungshoheit zurück. Todts Einfluß blieb im wesentlichen auf den technisch-industriellen Bereich bei der Munitionserzeugung sowie beim Panzerbau und später auch der Waffenfertigung beschränkt. Die Wehrmacht gab sich dafür mit ihrem erreichten Anteil an der Kriegsproduktion zufrieden und stellte sich darauf ein, die laufende Rüstungsfertigung nach kurzatmigen Dringlichkeiten zu dirigieren.

Hier lag auch die Chance für General Thomas, sein Amt stärker ins Spiel zu bringen. Die von Hitler befohlene Umsteuerung der Rüstung gab die Möglichkeit, auf die Wehrmachtteile einzuwirken und die Regie der notwendigen Absprachen zu übernehmen. Das Heereswaffenamt zeigte sich kooperativ, galt es doch, gegen Todt Front, d.h. ihn überflüssig zu machen. Kriegsmarine und Luftwaffe ordneten sich um so leichter ein, da die Umsteuerung vor allem zu Lasten des Heeres gehen sollte.

Die Aufstellung von Dringlichkeitslisten führte jedoch immer wieder zu Konflikten, denn die Wünsche der Wehrmachtteile waren stets größer als die der Wehrmacht zur Verfügung stehenden Kontingente. Da aber nach Hitlers Entscheidung die Programme aller drei Teilstreitkräfte gleichberechtigt nebeneinander stehen sollten, war eine verbindliche Abstimmung nahezu unerreichbar. Absprachen wurden nicht eingehalten bzw. umgangen, Prioritäten in kurzen Abständen geändert, notfalls durch direkte Verhandlungen der Oberbefehlshaber mit dem »Führer«. Das OKW stand dann vor vollendeten Tatsachen und mußte sehen, daß die Auftragsplanungen entsprechend angepaßt wurden. Die höchste Dringlichkeitsstufe wurde von Monat zu Monat stärker aufgebläht, so daß am Ende ohne dieses Etikett überhaupt keine Aufträge mehr in der Industrie untergebracht werden konnten. In dem Maße, wie die Rüstungsbürokraten den Boden unter den Füßen verloren, gewann Todt wieder an Einfluß. Nur seinem Bemühen, durch Absprachen innerhalb der Industrie und durch Rationalisierung auf betrieblicher Ebene die Produktion am Laufen zu halten, war es zu verdanken, daß die Flut an Rüstungsbefehlen und Gegenbefehlen nicht zu einer Erdrosselung der Fertigung führte.

Im zweiten Kriegsjahr beherrschte Deutschland die Ressourcen fast des gesamten europäischen Kontinents, aber eine wesentliche Steigerung der Rüstung, wie sie Hitler erwartete, kam unter diesen Bedingungen nicht zustande. Die hektische Betriebsamkeit in den Schreibstuben der Wehrmacht stand in einem auffälligen Gegensatz zur Produktivität in den Rüstungsfabriken. Das zeigte sich auch bei den nur mühsam koordinierten Planungen für den beabsichtigen Überfall auf die UdSSR. Angesichts laufender Verluste im Kampf gegen England und mit Blick auf spätere überseeische Aufgaben waren Kriegsmarine und Luftwaffe nicht bereit, dem Heer größere Rüstungsanteile zu überlassen. Die Heeresführung akzeptierte letztlich den ihr zugewiesenen engen Rahmen, da sie wohl befürchtete, daß allzu heftiges Drängen nur wieder Todt ins Spiel bringen würde. Außerdem übernahm sie Hitlers Einschätzung, daß der Feldzug im Osten nach wenigen Wochen beendet und quasi aus der Substanz geführt werden konnte.

Eine Entlastung bei den schwierigen Verteilungskämpfen in der Kriegswirtschaft versprachen sich alle Beteiligten vor allem durch die Ausbeutung der besetzten Gebiete. Aber auch hier gelang es der Wehrmachtführung nicht, den Primat des militärischen Bedarfs in vollem Umfange durchzusetzen. General Thomas erhielt im Februar 1941 unerwartet das Angebot Görings, unter seiner Schirmherrschaft eine militärische Wirtschaftsorganisation für die russischen Gebiete aufzubauen. In ihr sollten Experten der Konzerne, des Vierjahresplans, der Wirtschaftsbürokratie und der Wehrmacht unter einheitlichem militärischem Kommando zusammengefaßt werden — eine völlig neuartige Organisation, abgesetzt von der Militärverwaltung des Heeres, verantwortlich für die gesamte Wirtschaft im Besatzungsgebiet.

Das schien die militärische Lösung zu sein, die Thomas seit langem angestrebt hatte. Aber die von ihm aufgebaute Organisation konnte die Erwartungen nicht erfüllen. Es kam auch hier rasch wieder zu einer Arbeitsteilung, bei der sich die militärischen Führungsgruppen auf die unmittelbaren Truppenbedürfnisse konzentrierten und die als Sonderführer uniformierten Experten die Interessen der Ministerialbürokratie und der Industrie verfolgten.

Obwohl bei Beginn des Ostkrieges noch nicht einmal die begrenzten Beschaffungsvorhaben abgeschlossen waren, leistete die Heeresführung keinen

Widerstand, als die anderen Wehrmachtteile bereits auf eine weitere Umsteuerung zu ihren Gunsten drängten. So fehlte den Verbänden schließlich nicht nur ein Teil ihrer Ausrüstung, sondern auch ausreichender Nachschub. Das absehbare Scheitern des »Blitzkrieges« mobilisierte die Verantwortlichen im Herbst 1941 nur sehr langsam. Das OKW war außerstande, weitere Ressourcen für den rasch wachsenden Heeresbedarf zur Verfügung zu stellen, und die zivilen Institutionen erklärten einhellig, daß keine weiteren Kräfte für die Wehrmacht mobilisiert werden könnten. Alle Versuche, zuerst von Todt, dann von Generalfeldmarschall Milch, dem Chef der Luftrüstung, schließlich von Keitel selbst, die Rüstungsplanung und -steuerung zu straffen und zusätzliche Ressourcen im Bereich der Wehrmacht frei zu machen, verliefen im Sande. Erst die Kriegswende im Dezember 1941 setzte die notwendigen Energien frei, einen Kurswechsel in der Kriegswirtschaft herbeizuführen.

Die erneute Umsteuerung der Rüstung durch die militärischen Dienststellen löste weitere Spannungen und Rivalitäten aus. Dabei trat deutlich zutage, daß die Wehrmacht mit ihrem Latein am Ende war. Wollte man den Übergang zu Rationalisierung und Massenfertigung endlich erzwingen, dann brauchte man die Hilfe der Unternehmer und der technischen Intelligenz, die aber nicht bereit waren, sich dem militärischen Führungsanspruch zu unterwerfen. Hermann Göring, der bisherige »Wirtschaftsdiktator«, mußte ebenso weichen wie radikale Elemente in der Partei, die die Führungskrise durch einen antikapitalistischen Kurswechsel lösen wollten.

Der Aufstieg von Todt rief zahlreiche Konkurrenten und Widersacher auf den Plan, die den Diktator zu unangenehmen Entscheidungen zwangen. Der mysteriöse Unfalltod des Rüstungsministers am 8. Februar 1942 löste die Spannungen für Hitler, da Todt aus seinen pessimistischen Kriegserwartungen kein Hehl gemacht hatte. Die überraschende Wahl von Albert Speer zum Nachfolger Todts und die rückhaltlose Unterstützung, die ihm Hitler gewährte, sicherten die Fortsetzung des Reorganisationsprozesses. Speer zeigte sich entschlossen, seine Chance zu nutzen und die Probleme der Kriegswirtschaft in den Griff zu bekommen. Er erzwang jene Leistungssteigerung in der Rüstung, die der »Führer« als Ermutigung zur Fortsetzung des Krieges wünschte, die ihm aber die bisher verantwortlichen Militärs nicht in Aussicht zu stellen vermochten.

Sein erster Schritt war die Entmachtung der militärischen Rüstungsstellen, die Zerschlagung des Wehrwirtschafts- und Rüstungsamtes und die weitere Zurückstufung des Heereswaffenamtes. Die Übernahme der Marinerüstung folgte 1943, der Luftrüstung 1944. Das Ergebnis: Die Munitionserzeugung stieg auf das Dreifache, die Waffenproduktion auf das Neunfache von 1940. Speer wurde tatsächlich zum »Wirtschaftsdiktator«, der es besser verstand als die Generale vor ihm, die Wirtschaft bis zur völligen Erschöpfung auf die militärischen Bedürfnisse auszurichten; noch im Zusammenbruch trieb er den Rüstungsausstoß auf den höchsten Gipfel.

Die Mobilisierung von Wirtschaft und Gesellschaft für eine rasche Aufrüstung, über die Grenze eines volkswirtschaftlichen Gleichgewichts hinaus, schließlich die Umstellung auf die Kriegswirtschaft bedeuteten für alle am Zweiten Weltkrieg beteiligten Großmächte eine schwere Herausforderung. Die Notwendigkeit, Ressourcen rationell zu verteilen und nach politischen, ökonomischen oder militärischen Prioritäten einzusetzen, erforderte eine Umstrukturierung der Entscheidungsprozesse und der Führungsstrukturen. In Deutschland vertraute die Wehrmacht darauf, daß ihr — wie schon im Ersten Weltkrieg — das entscheidende Gewicht zufallen würde. Dieser Führungsanspruch wurde allerdings nur halbherzig verfolgt, gehemmt nicht zuletzt auch durch die Uneinigkeit in der Wehrmachtführung. Hinzu kam die wenig überzeugende Planung und Lenkung der Rüstungsfertigung, die zunächst durch die Wehrmacht selbst geleistet wurde.

So unentschlossen und zersplittert der militärische Primat auch vertreten wurde, er reichte doch dazu aus, den Widerstand im zivilen Bereich herauszufordern. Wie in den westlichen Demokratien war auch im »Dritten Reich« dieser Widerstand gegen eine Militarisierung der Wirtschaft unüberwindbar. Selbst der »Führer« wollte keinen Offizier als »Wirtschaftsdiktator« neben sich dulden. Das Ergebnis war ein schrittweiser Rückzug der Armee auf die Bedarfsanmeldung sowie die Entwicklung und Erprobung von Waffen und Gerät. Die Steuerung der Kriegswirtschaft und die Mobilisierung der Ressourcen übernahmen — wie in den anderen Industriestaaten — zivile Gremien und Experten. Eine solche Aufgabenverteilung scheint nach diesen Erfahrungen in der modernen Gesellschaft auch unter den extremen Bedingungen des totalen Krieges unumgänglich zu sein.

## Anmerkungen

1 Eugen Bircher und Ernst Clam, Krieg ohne Gnade. Von Tannenberg zur Schlacht der Zukunft, Zürich 1937, S. 249.

2 Dazu ausführlich Gerald D. Feldman, Armee, Industrie und Arbeiterschaft in Deutschland 1914 bis 1918. Berlin, Bonn 1985.

3 Siehe auch Mobilization for total war. The Canadian, American and British experience 1914—1918, 1939—1945, ed. by Nandor A. Dreisziger, Waterloo, Ont. 1981.

4 Dazu W. Wette, Reichstag und »Kriegsgewinnlerei« (1916—1918), in: Militärgeschichtliche Mitteilungen, 36 (1984), S. 31—56.

5 Ausarbeitung: Zur Geschichte der heerestechnischen Entwicklungsstellen, vom 27.1.1936, Bundesarchiv-Militärarchiv Freiburg (BA-MA), N 28/2.

6 Georg Thomas, Geschichte der deutschen Wehr- und Rüstungswirtschaft (1918—1943/45), hrsg. von Wolfgang Birkenfeld. Freiburg, Boppard 1966, S. 89.

7 Ebd. S. 51.
8 Thomas (wie Anm. 6), S. 72.
9 Wilhelm Burandt, Wehrwirtschafts- und Verwaltungspolitik von 1933 bis 1945. Eine Erinnerungsschrift, 1970, BA-MA, MSg.
10 Vortrag am 29.11.1939, abgedr. in Thomas (wie Anm. 6), S. 498 ff.

Gerhard Th. Mollin

# Der Strukturwandel der Montanindustrie in der NS-Wirtschaft*

Die Montanindustrie ist einer der zentralen Sektoren in jeder modernen Rüstungs- und Kriegswirtschaft. Welchen Wandel machte diese Industrie in der nationalsozialistischen Zeit durch, und wodurch wurde dieser bewirkt? Wie groß war die Wirkungsmacht und Durchdringungskraft der NS-Wirtschaftspolitik in die Montanindustrie hinein? Für diese Problemstellung ist es von entscheidender Bedeutung, zwischen Veränderungen zu unterscheiden, die

a) von der politischen Führung direkt angestrebt wurden,
b) sich als Nebeneffekt von auf andere Ziele orientierten politischen Maßnahmen ergaben,
c) Ergebnis von Unternehmerentscheidungen waren.

## *I. Die Phasen der NS-Wirtschaftspolitik*

### *1. 1933–1936*

In der Aufschwungphase der Weltwirtschaftskrise konnte die neue Reichsregierung das Interventions-Instrumentarium verwenden, das schon von den Präsidialregierungen entwickelt worden war. Besondere Bedeutung kommt in diesem Zusammenhang der Devisen- und Rohstoffbewirtschaftung (Verordnung des Reichspräsidenten vom 1. August 1931) zu, mit der es der Regierung Hitler möglich war, nicht nur den Rohstoffimport, sondern auch den Auslandsschuldendienst der deutschen Unternehmen zu kontrollieren, wodurch ein erstes, wichtiges Einfallstor in die Wirtschaftsführung geöffnet wurde.

Prägend für die Durchsetzungskraft der NS-Wirtschaftspolitik in den ersten Regimejahren wurde jedoch die Tatsache, daß die polykratische Konkurrenz der verschiedenen einschlägigen »Dienststellen« in Partei, Wehrmacht und Ministerialbürokratie erhalten blieb, die sich in ihrer Wirkung tendenziell gegenseitig aufhoben. Dieses scheinbare Entscheidungsdefizit erklärt sich da-

* Aus Platzmangel mußte die ungewohnte und unangenehme Lösung gewählt werden, auf einzelne Belege und Verweise zu verzichten. Dafür sei generell auf meine Untersuchung: Montankonzerne und »Drittes Reich«, Göttingen 1988, hingewiesen, deren Materialgrundlage durch Inhaltsverzeichnis und Register leicht zu erschließen ist.

raus, daß Hitler und die Spitzenführung der Partei zuerst der Machtergreifung im politisch-staatlichen Bereich Priorität einräumen mußten. Der wichtigste Beleg für diese relative anfängliche Zurückhaltung im ökonomischen Sektor sind die umfassenden Reprivatisierungsmaßnahmen, die nicht nur den Bankensektor betrafen, sondern auch die größte Kapitalbeteiligung des Reiches in der Privatindustrie: die vom zweiten Kabinett Brüning auf dem Höhepunkt der Weltwirtschaftskrise gekaufte Aktienmehrheit an der Vereinigte Stahlwerke AG (VSt), dem nach der Belegschaftsstärke größten und nach dem Kapital zweitgrößten deutschen Industriekonzern.

Demgegenüber standen erste Interventionen des Reichswirtschaftsministeriums (RWM) unter Schacht in die Montanproduktion: Nachdem die mitteldeutschen Braunkohleindustriellen im Oktober 1934 zur »Pflichtgemeinschaft der Braunkohleindustrie« »zusammengeschlossen« worden waren, gelang es dem Reichswirtschaftsminister seit 1935, die rheinisch-westfälischen Braunkohle- und Steinkohlegesellschaften sowie Montankonzerne ebenfalls zur kollektiven Aufnahme der Kohleverflüssigung zu bewegen. Zwar entsprachen diese Investitionen nicht dem optimalen Interesse der Montankonzerne, das in einer Ausnutzung ihrer bestehenden Benzol- und Teerkapazitäten bestanden hätte, von einem substantiellen Interessengegensatz, der durch die Anwendung staatlichen Zwangs aufgelöst worden wäre, kann aber hier noch nicht gesprochen werden.

### *2. 1936–1938*

Angesichts der sich im Verlauf des Jahres 1936 verschärft zeigenden Kapazitätsgrenzen besonders auf dem Roh- und Grundstoffsektor war die bisherige Behördenkonkurrenz im Planungsbereich nicht mehr aufrechtzuerhalten. Mit der Ernennung des zweitmächtigsten, charismatischen Parteiführers und Preußischen Ministerpräsidenten Hermann Göring am 18. Oktober zum Beauftragten für den Vierjahresplan räumte Hitler dem wirtschaftlichen Handlungsfeld erste Bedeutung ein. In den weitreichenden Kompetenzen Görings, dessen Verordnungen Gesetzeskraft besaßen, war gleichzeitig die Überlegenheit der neuen Institution über das RWM angelegt.

In seiner industriellen Zielsetzung, die deutsche »Auslandsabhängigkeit« bei strategisch wichtigen Roh- und Grundstoffen durch die Erweiterung der jeweiligen inländischen Produktion bzw. die Erzeugung von synthetischen Ersatzstoffen abzuschwächen, stieß der Vierjahresplan auf zwei Feldern in den Produktionsbereich der Montanindustrie vor: der restlosen Kohleverflüssigung zur Treibstoffproduktion sowie der Roheisenerzeugung aus inländischen Erzen. Im Gegensatz zur Lage auf dem Treibstoffsektor, wo sich die nun überlagernden Anstrengungen des RWM und des Vierjahresplans ohne Schwierigkeiten durchsetzen konnten, entstand auf dem Eisensektor ein massiver Interessengegensatz zur Privatindustrie, der nicht nur zu einem qualitativen Umschlag in der Interventionspolitik gegenüber der Phase 1933—1936 führte, sondern auch einen Bruch in der Kontinuität der deutschen Bergwirtschaftspolitik seit der zweiten Hälfte des 19. Jahrhunderts herbeiführte. Unter Vorschiebung des Autarkieziels, das durch das Rentabilitätsinteresse der Ruhrkonzerne an der Verarbeitung hochwertiger skandinavischer Erze gefährdet würde, machte der zum »Eisenkommissar« im Vierjahresplan aufgestiegene Gauwirtschaftsberater Paul Pleiger besonders die VSt zum Gegenstand einer machtpolitischen Offensive gegen die Privatindustrie. Die am 15. Juli 1937 absichtlich als Konkurrenzunternehmen gegründete »Reichswerke Hermann Göring AG für Erzbergbau und Eisenhütten« (HGW) stellte nicht nur institutionell ein Novum dar; die Tatsache, daß ihre Gründung nur gut ein Jahr nach der Aufgabe der Sperrminorität bei den VSt durch das Reich erfolgte, belegt, daß die nationalsozialistischen Vierjahresplaner mit der neuen Reichsgesellschaft Ziele verbanden, die sie mit der überkommenen Wirtschaftsbürokratie und Staatswirtschaft des RWM, sprich mit Schacht, nicht als durchsetzbar ansahen.

*3. 1938—1942*

In den folgenden Jahren gelang es Göring und Pleiger, den neuen Reichskonzern teils durch faktische Enteignungen, deren Ziel im besonderen der Erzfelderbesitz der VSt im Gebiet Salzgitter (1937) und in Österreich (1938) war, teils durch Aufbau neuer Kapazitäten bei Salzgitter und Linz und in der Folge durch die Übernahme erbeuteter Unternehmen in den deutschen Besatzungsgebieten zur größten industriellen Zusammenballung in Europa zu machen. Die Expansionsmethoden dieser neuen Wirtschaftsform beruhten auf rein außerökonomischem Zwang, so daß der Begriff der »Befehlswirtschaft« in seiner vollen Bedeutung angebracht ist. Grundlage für diesen Machtzuwachs war die Ausnahmestellung Görings als Beauftragter für den Vierjahresplan, die er im Frühjahr 1938 zum ersten Mal auf Österreich und in der Folge auch auf die anderen annexionsbesetzten und annektierten Länder ausdehnen konnte. Seitdem es ihm im August 1937 gelungen war, Schacht aus der Führung des RWM zu verdrängen, gelang es ihm, in der äußeren Expansion des »Dritten Reiches« seit 1938 eine zentrale Position bei der Mobilisierung des Produktionspotentials in den besetzten Gebieten für die deutsche Kriegsmaschine und dem Management der nationalsozialistischen Beuteökonomie einzunehmen. Den Vorrang der Reichswerke bei der Verteilung der Beute konnte Göring vor allem durch die exzessive Anwendung der seit 1938 systematisch kodifizierten »Arisierung« begründen, die zum wichtigsten Instrument für alle »Interessenten« an der Übernahme sowohl deutsch-jüdischen als auch ausländischen Kapitalbesitzes wurde. Insgesamt übte Göring zwischen Sommer 1937 und Anfang 1942 eine Suprematie über die Wirtschaft aus, die sich allerdings schon seit 1940 abschwächte, als sein Stern infolge der enttäuschten Erwartungen in die Leistungsfähigkeit der Luftwaffe zu sinken begann.

*4. 1942–1945*

Nach dem Scheitern des Blitzkriegs-Plans durch die Niederlage in der Winterschlacht um Moskau 1941/42 wuchs die Einsicht des Diktators, daß die Kriegsproduktion mit höherer Priorität und neuer Dynamik ausgestattet werden müsse. Die Ernennung Albert Speers, eines zuverlässigen Parteifunktionärs des innersten Kreises, zum Leiter der Rüstung trug dieser Überlegung Rechnung. Speer gelang es innerhalb weniger Monate, Göring im wirtschaftlichen Sektor zu entmachten und eine neue, tiefgreifende Organisation der Kriegswirtschaft aufzubauen. Das Funktionsprinzip dieser neuen Organisation bestand in der bewußten Einbindung der Privatindustriellen in die Führung der Rüstungsgremien. Die wichtigsten dieser neuartigen Lenkungsinstitutionen im Bereich der Montanindustrie wurden die Reichsvereinigung Kohle (RVK) von 1941 und die Reichsvereinigung Eisen (RVE) von 1942. Sie stellten Superkartelle mit staatlicher Autorität dar, in denen alle marktordnenden sowie wirtschaftspolitischen Verbände der Montanindustrie zusammengefaßt waren. Obwohl es Speer gelang, sich eine Hausmacht in der Industrie aufzubauen und seit Mitte 1943 die wichtigsten Ämter des RWM in sein neues Reichsministerium für Rüstung und Kriegsproduktion zu übernehmen, blieb es ihm letztlich versagt, wichtige Bereiche, wie das Wirtschaftsimperium der SS und den Komplex der Reichswerke um Pleiger, unter seine unmittelbare und verläßliche Kontrolle zu bringen. Allerdings gelang es der Speerschen Mannschaft, die Sonderinteressen einzelner Gruppen im Wirtschaftssystem im »Gesamtinteresse« wirkungsvoll einzuschränken. Damit endete 1942 auch die weitgehende Bevorzugung, die die Reichswerke zuvor seitens der Wirtschaftsbürokratie erfahren hatten. Dies betraf nicht zuletzt den Bereich des »Arbeitseinsatzes«, der seit Frühjahr 1942 im Mittelpunkt der kriegswirtschaftlichen Anstrengungen stand, als der NS-Imperialismus versuchte, die Überspannung des deutschen Arbeitskräftepotentials durch den Zugriff auf »Fremd-«, das hieß in erster Linie: Zwangsarbeiter, Kriegsgefangene und KZ-Häftlinge zu kompensieren.

## *II. Der Strukturwandel der Montanindustrie*

### *1. Die Unternehmensstruktur*

Die Montanindustrie in Deutschland war aus der Weltwirtschaftskrise als ein Komplex von 14 selbständigen Konzernen hervorgegangen, mit seinem eindeutigen regionalen Schwerpunkt in Rheinland-Westfalen, wo 1936 69,5 % des Rohstahls und 72,7 % der Steinkohle erzeugt wurden, und dem Unternehmensschwerpunkt um die Gruppe der VSt. Sie besaß zwar nicht mehr die quantitative Bedeutung der Jahre bis 1932, als sie praktisch die Hälfte der deutschen Walzwerksproduktion umfaßte, bildete aber weiter mit 17,6 % der Steinkohle, 21,8 % des Eisenerzes und 39,6 % des Walzstahls 1935/36 die stärkste Konzentration in der deutschen Montanproduktion. Außerdem verdichtete sich die Unternehmensleitung der VSt durch Personalunionen mit den Kartell- und Verbandsleitungen zu einem Machtbereich noch größerer Reichweite. Angesichts dieser quantitativen und qualitativen Bedeutung ist diese Unternehmensgruppe geeignet, auch das Wachstum und die Entwicklungsbedingungen des Gesamtsektors greifbar zu machen.

Die Gruppe der Montankonzerne differenzierte sich auf zwei Linien:

1. Der monopolistischen, weltmarktorientierten Gruppe der großen Ruhrkonzerne (bes. VSt, Krupp, Gutehoffnungshütte) standen verschiedene Randgruppen gegenüber, die sich aus der oberschlesischen, der Saarindustrie (im wesentlichen mit dem Röchling-Konzern identisch), der Ilseder Hütte und dem Flick-Konzern (Mitteldeutsche Stahlwerke und Maximilianshütte) zusammensetzten. Die Eisenerzgrundlage der Kerngruppe lag im Gegensatz zu den Randgruppen im Ausland, in erster Linie in Skandinavien.
2. Daneben bestand ein nicht ganz parallel laufender, latenter Gegensatz zwischen den älteren, »saturierten« Konzernen mit extranationaler Orientierung und den neueren Konzernen, die nach der Dekomposition des großen Stahltrusts um die VSt seit 1932 selbständig geworden waren (Flick, Otto Wolff, Ballestrem, Mannesmann).

Im Vergleich zu diesen Verwerfungen ging der 1937 entstandene Interessenkonflikt zwischen der Monopolindustrie, die im wesentlichen mit den Konzernen »des Westens« identisch war, und der NS-Wirtschaft viel tiefer. Dieser Gegensatz entwickelte sich zu einem permanenten Konflikt und brannte nicht in einem Strohfeuer 1937 aus, wie bisher oft angenommen worden ist. Vielmehr bildete sich, als neuartiges Phänomen in der deutschen Industriegeschichte, eine wirklich bilaterale Struktur der Montanindustrie aus. Ihre Durchsetzung war im wesentlichen mit der Entmachtung des VSt-Konzerns identisch.

Sie vollzog sich in der Form eines Konzernkonfliktes in mehreren Schritten zwischen 1937 und 1942. Als Folge des Salzgitter-Konflikts im Sommer 1937 wurde die vorher unbestrittene Führungsstellung des VSt-Vorstandsvorsitzenden, Ernst Poensgen, in der Wirtschaftsgruppe Eisenschaffende Industrie (WGE) zu einer nur noch formalen Leitungsposition abgeschwächt.

Ein Jahr später, im Sommer und Herbst 1938, preßten Göring und Pleiger dem Stahlverein seine bis zum März 1938 als wichtigste Auslandsbeteiligung geltende Österreichisch-Alpine Montangesellschaft (ÖAM) ab. Der wichtigste Kapitaleigner und Aufsichtsratsvorsitzende der VSt, Fritz Thyssen, gab auf und emigrierte Anfang September 1939. Seine mit den VSt verbundene Unternehmensgruppe wurde daraufhin von der Befehlswirtschaft annektiert.

Aber erst mit dem Rücktritt Poensgens von der Verbandsführung im Frühjahr 1942 war der Prozeß beendet, dessen Resultat die Degradierung des bis 1936/37 unbestritten führenden deutschen Montankonzerns zu einem unter anderen war, der auf dem Kohle- und Eisenerzsektor vom Konzern der Befehlswirtschaft, den HGW, aus seiner führenden Marktstellung verdrängt werden konnte. Obwohl damit die stärkste Machtstellung in der Monopolindustrie überwunden war, handelte es sich weder um einen Konflikt zwischen dem Vierjahresplan und »der Stahlindustrie« noch um eine »Entmachtung« der gesamten montanindustriellen Konzerngruppe. Man kann nicht einmal von ihrer Unterprivilegierung sprechen, denn zum einen konnte der VSt-Konzern seine große Rüstungswichtigkeit bewahren, zum anderen setzte sich synchron zum Aufstieg der HGW die Erfolgsgeschichte der jüngeren und der »autarkistischen« Montankonzerne (Flick, Otto Wolff, Ballestrem, Mannesmann, Röchling) ungemindert fort. Ihre Machtausweitung speiste sich aus den Quellen der »Arisierung« und der ersten, unkriegerischen Expansionsphase nach Südosten 1938/39.

Da die Interessen der Befehlsindustrie und der Monopolindustrie prinzipiell auseinanderstreben mußten, kam es zu vielfältiger Konkurrenz: um Produktionsmittel und Facharbeiter, Staatsaufträge und lukrative Exportgeschäfte. Bis 1942 waren die HGW dabei durchweg erfolgreicher. Im Gegensatz zu diesen Erscheinungen, die vielleicht noch unter der Kategorie eines »normalen« Wettbewerbs in einer Wirtschaft unter starker Staatsintervention gefaßt werden können, gab es einen Grundkonflikt, der dazu berechtigt, den dargestellten Fall als einmalig anzusprechen und ihn als Gegensatz zwischen einer privatkapitalistischen und einer spezifisch nationalsozialistischen Wirtschaftsform aufzufassen. Dieser Konflikt dreht sich in erster Linie um die Rohstoffversorgung der deutschen Hüttenindustrie: In ihr verfolgten die Reichswerke und die Ruhrkonzerne, die sich in den zwanziger Jahren auf den ausländischen Erzbezug, vor allem aus Skandinavien, ausgerichtet hatten, im Ausmaß kontradiktorische Ziele. Die HGW konnten ihre minderwertigen inländischen Erze desto schwieriger absetzen, je weiter sie sich von ihrem eigentlichen Auftrag, der Versorgungsreserve beim zeitweiligen Wegfall der Importe, entfernten und je klarer wurde, wie unrealistisch und fadenscheinig die Begründung des Projekts von Anfang an gewesen war.

Die beiden Sektoren der Montanindustrie, deren Gegensatz nicht mit der schlichten Gegenüberstellung von »Staat und Wirtschaft« verwechselt werden darf, verfolgten nicht nur gegensätzliche Interessen und entwickelten sich ökonomisch unterschiedlich; sie unterlagen auch einem durch die jeweiligen Systeme bedingten, unaufhebbaren Antagonismus, denn die Unterschiede zwischen ihnen beruhten auf dem Gegensatz zwischen einer durch Kapitalbesitz und einer durch politischen Auftrag legitimierten Verfügung über Produktionsmittel. Diese Differenzierung findet ihre Grenzen allerdings hinsichtlich der Teilnahme an der »Arisierung« und der Ausbeutung von Zwangsarbeitern. Nicht nur die Befehlswirtschaft, sondern auch die Monopolindustrie profitierte von der »inneren Expansion« durch die Verdrängung der jüdischen Unternehmer. Auf diesem Feld läßt sich sogar ein Beispiel für die Zusammenarbeit der sonst gegeneinander operierenden Bereiche finden. Ähnliches gilt für den Einsatz von Zwangsarbeitern. Wenn die Behandlung der Arbeitssklaven in den Betrieben der HGW auch besonders schlimme Formen angenommen haben mag, läßt sich dies nicht auf einen essentiellen Unterschied gegenüber den privaten Unternehmen zurückführen.

Die skizzierte Strukturspaltung läßt sich auch quantitativ belegen: Der Sektor der Befehlsindustrie, überwiegend durch die HGW repräsentiert, wuchs in der deutschen Montanproduktion mit folgenden Anteilen (in %):

| Produkt | 1927–35 | 1936 | 1939 | 1942 |
|---|---|---|---|---|
| Steinkohle | 9,7 | 16,4 | 17,8 | 27,5 |
| Eisenerz | - | - | 28,4 | 16,8 |
| Roheisen | - | - | 8,5 | 14,6 |
| Rohstahl | - | - | 3 | 11,3 |
| Hydrierbenzin | - | 26,6 | 49,9 | 39 (1943) |

Dagegen gingen die Produktionsanteile der VSt über 1938/39 auf 1942/43 zurück: bei der Steinkohle über 16,9 % auf 10 %, beim Eisenerz über 20,1 % auf 5,5 %, beim Walzstahl über 38,2 % auf 24,8 %. In dieser Entwicklung kommt eindeutig ein Dezentralisationsprozeß zum Ausdruck, der sich auch auf der Ebene der Kapitalformation verfolgen läßt. Analog verschoben sich auch die Produktionsanteile der deutschen Montanregionen: Der Rückgang des Rhein-Ruhr-Gebietes 1943 auf 36,2 % der Rohstahl- und 48,4 % der Steinkohleproduktion zugunsten der Randregionen war jedoch ebenso wie der rein quantitative Bedeutungsverlust der Monopolindustrie nicht so sehr ein Ergebnis der nationalsozialistischen Investitionspolitik, sondern eine indirekte Folge der kriegsmäßigen Ausweitung des Produktionsgebietes.

Ein der Dezentralisierung der Konzernstruktur entsprechender Effekt erfaßte die Kartelle. Hier war die gesamte private Montanindustrie betroffen, deren Absatzmonopol von einem Außenseiter herausgefordert war, der zum ersten Mal in der deutschen Industriegeschichte die volle Schubkraft einer zentralistischen, entwickelten Staatsbürokratie hinter sich hatte. Dadurch stellte dieser Außenseiter eine viel massivere und ernster zu nehmende Bedrohung dar als jeder privatkapitalistische Kartellaußenseiter, der national und international mit Verhandlungen auf gleicher Ebene und unter gleichen Voraussetzungen pazifiziert werden konnte. Drohte von diesem nur eine, wenn auch möglicherweise schwere Störung der Marktorganisation, war bei der Befehlsindustrie mit einer parasitären Aus- und Unterhöhlung zu rechnen. Diese Befürchtung bestimmte die Erwartungen der Konzern- und Verbandsmanager um so stärker, als bis 1942 ein siegreicher Kriegsausgang angenommen wurde und damit von einer Fortsetzung oder gar Weiterentwicklung der bilateralen Konzernstruktur ausgegangen werden mußte.

Die Expansion der Befehlsindustrie vollzog sich im Gegensatz zur Politik der konventionellen staatlichen Bergbaugesellschaften — die Hibernia, aber auch noch die neue Saargruben-AG von 1935 waren dem Rheinisch-Westfälischen Kohlensyndikat (RWKS) beigetreten — weitgehend außerhalb der Marktverbände der Monopolindustrie. Die gewaltige Zusammenballung von Steinkohlenzechen bei den HGW, deren Förderung 1943 mit 45 Millionen Tonnen 38 % der gesamten Ruhrproduktion (ohne HGW-Zechen) entsprach, führte mit dem ersten Superkartell, der RVK, unter Pleigers Führung zur Suprematie der Befehlswirtschaft über einen der wichtigsten Marktverbände. Die Kartelle der Eisen- und Stahlindustrie verloren immer mehr an Bedeutung. Der Stahlwerksverband, dessen Vertragsverlängerung 1940 anstand, konnte seine Funktion als Kontrollinstrument der Monopolindustrie über die Produktion nicht mehr erfüllen und ging im Frühjahr 1942 in der Eisen- und Stahlwerks-Gesellschaft (Esge) in der RVE auf, deren Führung der als nationalsozialistischer Unternehmer bekannte Generaldirektor von Mannesmann und Leiter der Reichsgruppe Industrie (RGI), Wilhelm Zangen, übernahm. Die neue Institution funktionierte nicht mehr nach den Kartellprinzipien der Quotenzuteilung und des Gruppenschutzes, sondern nach dem Grundsatz: Wer produzieren kann, bekommt Arbeiter und Rohstoffe. Diese Praxis wirkte sich in einem staatlich geförderten Vernichtungswettbewerb durch die Zuteilung der Produktionsfaktoren nach dem Maßstab des »Bestbetriebs« aus. Zwar wurde die Umwälzung der Kartellstruktur erst durch die kriegsbedingte Zwangswirtschaft durchgesetzt, sie war aber vorher entscheidend durch den von den Reichswerken ausgeübten Druck vorbereitet worden.

Noch bedeutsamer als die Unterhöhlung der nationalen Kartelle war der Zusammenbruch der seit 1933 wieder aufgebauten internationalen Marktverbände infolge des Kriegsbeginns im September 1939. Zu diesem Zeitpunkt war es nicht nur gelungen, alle wichtigen kapitalistischen Stahlländer, auch die USA, in die internationale Marktorganisation zu integrieren, sondern auch alle wichtigen Produkte zu quotisieren. Den Zusammenhalt erhielt diese Organisation durch die Kontrolle, die ihr Spitzenverband, das International Steel Cartel (ISC), über seine Verkaufskontore durch das Instrument der Rohstahlexportquoten ausübte. Die Reichweite des internationalen Stahlkartells erfaßte 85,8 % des europäischen Binnenmarktes, ohne die UdSSR. Die höchste Rohstahlexportquote hatte mit rund einem Drittel die deutsche Gruppe, die mit Poensgen auch den Kartell-Leiter stellte. Der Zusammenbruch dieser Organisation, deren Aufbau die monopolistische Montanindustrie in Deutschland, an erster Stelle die VSt, höchste Priorität eingeräumt hatte, stellte eine erstrangige und ihren Interessen entgegenlaufende Verschlechterung der Absatzbedingungen dar.

Die informelle Interessenvertretung der Montanindustrie im politischen System erfuhr ebenfalls eine tiefgreifende Wandlung. In der späten Weimarer Zeit hatte die »Ruhrlade« als Pressure Group der sechs rheinisch-westfälischen Montankonzerne versucht, politische Entscheidungen durch gezielte, besonders finanzielle Interventionen in ihrem Interesse zu beeinflussen. Nach 1933 war ihr Zusammenhalt durch die Aufnahme branchenfremder Industrieller und die zersetzende Wirkung der antisemitischen Ideologie, wie sich diese im Fall des rheinischen Braunkohleindustriellen Paul Silverberg manifestierte, schnell verlorengegangen. Nach der Niederlage im Salzgitterkonflikt, im Herbst 1937, nahm die Ruhrindustrie diese Strategie unter entscheidend gewandelten Voraussetzungen wieder auf: Auf Anregung Peter Klöckners trafen sich am 15. Oktober neun Vertreter von sieben Montankonzernen, um ihr Verhalten gegenüber den neuen Reichswerken abzustimmen: Albert Vögler, stellvertretender Aufsichtsratsvorsitzender der VSt und graue Eminenz an der Ruhr, Poesgen und Thyssen für die VSt, Gustav v. Bohlen für den Krupp-Konzern, Paul Reusch für die Gutehoffnungshütte, Erich Tghart für den Hoesch-Konzern, Zangen für Mannesmann sowie Friedrich Flick und Peter Klöckner für ihre Konzerne. Diese Gruppe war praktisch, wenn auch nicht formell, sozusagen der engere Beirat der WGE und des Stahlwerksverbandes, der die Politik dieser Organisationen bestimmte, und sollte sich bis 1942 nicht regelmäßig, aber häufig im Stahlhof Düsseldorf treffen, um die Eisen- und Stahlpolitik zu besprechen. Die Konstituierung dieses »Kleinen Kreises« kann zwar oberflächlich als Spaltung der deutschen Montanindustrie verstanden werden, in Wirklichkeit stellte sie aber das Gegenteil einer Aufsplitterung dar: Die Ruhrkonzerne und Flick, dessen Steinkohlegrundlage ebenfalls in Westfalen lag, schotteten sich von den anderen Konzernen ab. Sie konzentrierten ihre Interessen damit außerhalb der formalen Organisation der Montanindustrie, die besonders nach der Aufnahme der Saarwerke 1935 für einen wirtschaftspolitischen Interessenverband zu heterogen geworden war, um einem Druck zu widerstehen, wie er von der Befehlswirtschaft seit Sommer 1937 auf dem Erzsektor ausgeübt wurde.

Während eine Pressure Group wie die Ruhrlade hauptsächlich durch die Beeinflussung der Öffentlichkeit auf die Regierungspolitik einzuwirken suchte, hatte der »Kleine Kreis« diese Möglichkeit nicht mehr. Er beschränkte sich deshalb darauf, so weit wie möglich übereinstimmende »Stellungnahmen« der westlichen Konzerne gegenüber dem RWM zustande zu bringen, was ihm manchmal nicht einmal mehr gelang. Viel wichtiger als formelle wie informelle Gruppierungen wurde deshalb der direkte Draht zu den wirtschaftspolitischen Machthabern, wie ihn Thyssen bis 1936 und danach Flick besaß. Seine persönliche Beziehung zu Göring verschaffte ihm den großen Erfolg der Jahre 1937–1941, in denen sein Konzern zu den größten Einheiten, den VSt und Krupp, aufschließen konnte und in der Expansionsrasanz nur von den Reichswerken übertroffen wurde. In der Kriegswirtschaft seit 1942 wurde die Vertretung von Privatinteressen durch die Mißerfolgsängste der politischen Führung immer weiter reduziert. Der Primat der »Leistungssteigerung« trat auf dem Feld der Kriegsproduktion, der Primat der politischen Rücksichtnahme gegenüber besiegten Gegnern wie Frankreich, aber auch gegenüber England, das nicht als ideologischer Feind betrachtet wurde, auf dem Feld der äußeren Beziehungen in den Vordergrund.

### *3. Das Unternehmertum*

Die Mittel, mit denen die Befehlswirtschaft die Interessen ihres Montankonzerns durchsetzte, bewegten sich auf der ganzen Bandbreite zwischen der pseudo-legitimen Anwendung von Verordnungen und Erlassen Görings über den Einsatz der überlegenen Staatsfinanzen bis hin zur puren Interessendemagogie und Erpressung. Das diesen fallspezifischen Methoden strukturell zugrunde liegende Element war der Einsatz eines neuartigen Kaders von Wirtschaftsfunktionären, die in die einschlägige Ministerialbürokratie eindrangen und in fließendem Übergang auch im Unternehmensmanagement tätig wurden. Sie waren in der Regel Vertraute Görings bzw. seit 1942 Speers, hatten ihre Parteikarriere vielfach als Gauwirtschaftsberater begonnen und waren als Fachleute durch die Führung kleinerer Unternehmen oder die Beschäftigung im mittleren Management von Wirtschaftsverbänden oder Großunternehmen ausgewiesen. Ideologisch waren sie durch die im Vergleich zur Großwirtschaft frühere und allgemeinere Annäherung an die NSDAP gekennzeichnet. Sie lagen dabei auf der Mittellinie zwischen den alten Mittelstandsextremisten vom Schlag eines v. Renteln, v. Lucke oder Otto Wagener und den großbürgerlichen Parteiführern wie Göring, Schacht und Schmitt. Deshalb überstanden sie auch die Zerschlagung des revolutionären Parteiflügels 1933/34. Auf dieser Linie blieben sie, was im Unterschied zu den radikalen Funktionären der Deutschen Arbeitsfront (DAF), intellektuellen Antikapitalisten und wegen persönlicher Ressentiments gegen »die Großindustrie« eingestellten Funktionären zum Ausdruck kam. Der Kader wurde ergänzt durch Göring-vertraute Rüstungsspezialisten aus der Wehrmacht und nationalsozialistische Beamte aus der deutschen und ehemals österreichischen Ministerialbürokratie.

Im konkreten wirtschaftlichen Management entstand aus diesem Kader ein neuer Unternehmertyp, den man als Funktionär-Unternehmer im Gegensatz zum herkömmlichen Manager-Unternehmer bezeichnen könnte und dessen wichtigster Repräsentant Pleiger war. Dieser Unternehmertyp zeichnete sich aus durch die Orientierung auf den politischen Auftrag des »Führers«, die ideologische Nähe zur Autarkie, zum Antimonopolismus und zum Annexionsimperialismus, verhielt sich antagonistisch zur »organisierten Konkurrenz« in der Monopolindustrie und stellte dadurch in seinem ganzen Verhalten einen Gegentyp zum konventionellen Monopolindustriellen dar. Dieser Gegensatz kam schon in den großen Verständnis- und Umgangsschwierigkeiten zum Ausdruck, die viele Montanindustrielle seit August 1937 mit den nunmehr unangefochten die Wirtschaftspolitik bestimmenden Funktionären der Befehlswirtschaft hatten. Hierbei handelte es sich nicht etwa nur um marginale Differenzen, sondern um gegensätzliche Einstellungen. Mit Pleiger und Poensgen z.B. trafen nicht nur zwei gegensätzliche Charaktere aufeinander: der dynamisch-brutale Ideologe von proletarischer Herkunft auf den kultivierten Grandseigneur der internationalen Wirtschaftsverständigung aus altem Industrie-»Adel«, sondern verschiedene Grundhaltungen. Zugespitzt könnte man sagen, daß hier die Mentalität des archaisch-ungebändigten und des organisierten Kapitalismus aufeinandertrafen.

Zwischen den beiden Gegenformen des Manager-Unternehmens und Funktionär-Unternehmens bildete sich noch ein Zwischentyp heraus, der als »Parteibuchindustrieller« bezeichnet werden könnte. Er war aber weder durch eine besondere Affinität zur nationalsozialistischen Ideologie gekennzeichnet noch durch das schiere Faktum der Parteimitgliedschaft. Konstitutiv wurde für ihn vielmehr, daß er seine Postition in der Monopolindustrie wegen seiner Parteimitgliedschaft und nicht durch die Beauftragung der Kapitalisten erreichte. Am Beispiel des ehemaligen Marineoffiziers Otto Steinbrinck kann dieser Unterschied aufgezeigt werden: Während er 1926 bis 1931 als Vertreter des die VSt dominierenden Kapitaleigners Flick im Aufsichtsrat des Stahlvereins saß, verdankte er seine Kooptierung 1940 seinem »guten« Ruf als »Parteimann« und der Protegierung durch Göring. Daß aber Steinbrinks Bindung an die Partei ernst zu nehmen war, zeigt die durchaus nicht nebensächliche Tatsache, daß er in seiner Rolle als Montankommissar in den besetzten Westgebieten seit 1940 die ihm »unterstehenden« Betriebe auch in SS-Uniform aufsuchte.

Auch der Aufstieg des Krefelder Stahlindustriellen Walter Rohland, seit 1942 Speers engster Mitarbeiter, zum Vorstandsvorsitz des VSt-Konzerns und zu einer der maßgeblichen Gestalten in der Rüstungsbürokratie kann als Parteibuchkarriere gewertet werden. Seit 1938 gelangte eine ganze Reihe von »Nachwuchsunternehmern« zu unternehmerischem Erfolg, sprich: der »Übernahme« größerer fremder Gesellschaften als »Treuhänder«, den sie vornehmlich ihrer Verbindung mit der Parteiorganisation zu verdanken hatten. Auch der Eintritt Flicks und vieler anderer Unternehmer in die Politische Organisation der NSDAP 1937 können als eine wichtige Bedingung für ihren weiteren Erfolg und damit als Beleg für die Monopolisierung auch der ökonomischen Chancen durch die Staatspartei bzw. den Partei-Staat gewertet werden. Der Status eines »Parteigenossen« allein reichte jedoch nicht aus, die eigene Position zu halten, wenn diese in einen Gegensatz zu den wirtschaftlich-politischen Zielen der Reichsführung trat. Dies zeigte die Enteignung Fritz Thyssens, der sich schon seit 1931 als Nationalsozialist betrachtete, in eindringlicher Weise. Dies alles können nur Hinweise auf den umfassenden Vorgang einer »Nazifizierung« des Unternehmertums sein, zu dessen näherer Aufklärung noch umfangreiche empirische Arbeit zu leisten ist, zumal dem Phänomen des Vordringens der NSDAP in das Unternehmertum nach 1933 oder nach 1936 weniger Aufmerksamkeit geschenkt worden ist als dem Problem des Verhältnisses zwischen Unternehmern und NSDAP vor 1933.

### *4. Investitions- und Produktionsbedingungen*

Eines der signifikanten Merkmale des Vierjahresplans, die Lenkung privater Investitionen in Bereiche, die andernfalls nur in wesentlich geringerem Ausmaß mit Finanzmitteln ausgestattet worden wären, ist mit der Vorstellung unternehmerischer Handlungsfreiheit, wie sie grundsätzlich in parlamentarischen Systemen herrscht, nicht vereinbar. Die Montanindustrie investierte große Summen für den Vierjahresplan, um ihre »nationale« Verhüttungsbasis und die Kapazitäten zur Steinkohlehydrierung auszubauen. So machten z.B. die Ausgaben der VSt für die Groß-Hydrieranlage der Gelsenberg-Benzin 45 % aller Neuinvestitionen des Konzern im Zeitraum 1936/37 bis 1941/42 aus und die Anschaffung für die autarke Eisenerzeugung 16 %.

Diese Erweiterung der Produktionsanlagen war nach Ausmaß und Zeitpunkt ein Ergebnis des Drucks der staatlichen Rüstungspolitik, das tendenziell dem privatwirtschaftlichen Prinzip der Profitmaximierung entgegenlief: Die Benzinproduktion wurde für die VSt erwartungsgemäß zu einem eher schlechten Geschäft, weil die Zahlung von Lizenzgebühren an die I.G. Farbenindustrie AG für das Hydrierverfahren stark zu Buche schlug. Es war wahrscheinlich diese Erfahrung, die in der zweiten Kriegsphase zu Plänen führte, den Kohlebereich ganz abzugeben und sich auf den Verkauf hochwertiger Verarbeitungsgüter zu konzentrieren. In noch stärkerem Gegensatz zu den Interessen der Ruhrkonzerne stand aber das Programm der Eisenautarkie.

Trotz einer zeitweiligen Aktionsgemeinschaft des Rohstoffmanagements der Monopolindustrie und der Wirtschaftsführung bei den Lieferverhandlungen mit den skandinavischen Erzexporteuren war das Verhältnis der beiden Gruppen auf dem Feld des Außenhandels antagonistisch, denn sie verfolgten letztlich gegensätzliche Ziele: Während das RWM die Autarkiequote maximieren und nur das notwendige Minimum an Rohstoffen einführen wollte, versuchte die Monopolindustrie, den Anteil der wertvollen Auslandserze so hoch wie möglich zu halten. Dabei ging es ihr besonders um die zukünftige Rentabilität ihrer Eisenproduktion, die sie durch Investition in Anlagen, die in ihrer Kapazität nur bei der Verhüttung besonderer, armer Inlandserze ausgenutzt werden konnten oder nach dem Rüstungsboom Überkapazitäten ergeben würden, gefährdet sah. Die säkulare Orientierung auf den ausländischen Rohstoffbezug, die die Ruhrmontangesellschaften seit dem Ende des Ersten Weltkriegs vorgenommen hatten, war keine ad hoc revidierbare »Maßnahme« gewesen, sondern eine globale Versorgungsstrategie, die sie unbedingt so schnell wie möglich wieder aufnehmen wollten. Ob im nationalsozialistischen »Neuen Europa« zur »Normalität« der Zwischenkriegszeit zurückgekehrt werden konnte, erschien angesichts des mangelnden Verständnisses der nationalsozialistischen Autarkieideologen für die Handelsbeziehungen und Produktionsstruktur der Monopolkonzerne als sehr fraglich. Vor diesem Hintergrund erscheint der Rückgang der Erzimportquote, die bei den VSt von 80 % 1936 auf 55 % 1941 sank, bedeutsamer, als es diese dürren Zahlen ausdrücken, zumal er nicht am illusionären Endziel der Vierjahresplaner (Reduzierung des Anteils ausländischer Rohstoffe am Erzverbrauch auf rund 38 %) gemessen werden sollte, sondern am Maximum der Importquote der Monopolindustrie von über 90 % in den zwanziger Jahren. Parallel zu dieser Entwicklung wurden die Exportumsätze durch die Außenwirtschafts- und Kriegskurspolitik der Reichsregierung seit 1933 relativ und seit 1938 auch absolut verringert. Der Krieg mit den westeuropäischen Staaten und die Lähmung der internationalen Kartelle als Konsequenz der NS-Politik seit 1933 richtete die VSt dann endgültig auf den Binnenmarkt aus: Im Jahresdurchschnitt 1939/40 bis 1942/43 machten die Konzernexporte nur noch 7,6 % ihres Gesamtumsatzes (Jahresdurchschnitt 1926/27 bis 1932/33 27 %) aus. Die Herauslösung der Ruhrmontankonzerne aus dem in den zwanziger Jahren aufgebauten Gefüge ihrer internationalen Beziehungen stellte den Kern des Gegensatzes zwischen der Befehlswirtschaft und der monopolistischen Montanindustrie dar. Schon er allein mußte die Identifizierung der Konzern- und Verbandsführung bis 1942 mit den Zielen der politischen Führung verhindern.

Aber auch die Durchsetzungskraft der Befehlswirtschaft fand ihre Grenzen, die durch unverrückbare Bedingungen gegeben waren. Aufgrund der schon seit 1936 sehr angespannten Lage auf dem Markt für Facharbeiter hatten die Reichswerke mit ständigen Schwierigkeiten bei der Rekrutierung von qualifizierten Arbeitskräften zu kämpfen. Ihre Unternehmensführung versuchte deshalb mehrfach, die benötigten Bergleute, Hochöfner und Kokereiarbeiter aus den Betrieben der Ruhrindustrie abzuziehen. Als die Monopolunternehmen entsprechende Wünsche der HGW mit guten Gründen ablehnten, versuchten diese, ihre Ziele durch die Androhung und schließlich Anwendung staatlicher Zwangsmaßnahmen durchzusetzen. Diese Absicht konnte jedoch nur in einem sehr begrenzten Ausmaß und auch nur bis Anfang 1942 durchgesetzt werden. Meistens hingegen waren die HGW auf die »normalen« Wettbewerbsmittel des Industriekapitalismus, die Werbung durch höhere Lohnangebote und andere Vergünstigungen, angewiesen. Daher lag der Anteil der ausländischen Arbeiter bei den Reichswerken in der Kriegswirtschaft bei 58 %, während er bei den Ruhrwerken ca. 30 % betrug, ein »Wettbewerbsnachteil«, den die Befehlsindustrie trotz aller sonstigen Privilegierung durch die Wirtschaftsbürokratie nicht hatte wettmachen können.

Wenn die Entscheidungsmacht der privaten Montanindustrie über Investitionsrichtung und -höhe, Rohstoffbeschaffung, Absatzlenkung, Belegschaftsrekrutierung aufgehoben war, so blieb sie doch in einem Bereich unangreifbar, wie sich in der Kriegswirtschaft deutlich herausstellen sollte. Im Dezember 1943 ernannte Rüstungsminister Speer eine Kommission, die überprüfen sollte, wie weit die Stahlproduktion auf Kriegserfordernisse umgestellt war. In einem Kommentar zu dem im März 1944 vorgelegten Bericht des sogenannten »Dreierausschusses« kritisierte Hans Kehrl, seit Oktober 1942 Leiter der zuständigen Hauptabteilung II des RWM, die Produktionspolitik der Unternehmen scharf: Trotz aller Rationalisierungsanstrengungen der kriegswirtschaftlichen Steuerungsorgane sei die »Bereinigung« der nach Stahlgüten, Sorten und Dimensionen zersplitterten Produktion »in der Hauptsache nur innerhalb der einzelnen Konzernwerke« erfolgt, »so daß die Konzerne als ganze ihre alten Friedensprogramme im wesentlichen voll beibehalten« hätten. Dieser Vorwurf richtete sich an die Adresse der großen privaten Montankonzerne, die die Walzstahlproduktion fast ausschließlich kontrollierten. In der Phase der intensivierten Kriegsproduktion, als die Rüstungsbürokratie ihre Forderungen an die Monopolindustrie immer höher schraubte, gelangte sie offenbar an die gesellschaftliche Grenze ihrer Durchsetzungsfähigkeit: Der Plan Kehrls, die Rüstung auf dem Stahlsektor im einzelnen durch »Produktionsbefehle« zu kommandieren, stieß auf den erfolgreichen »passiven Widerstand« der Industrie.

### 5. *Die äußere Expansion*

Während sich die privatwirtschaftliche Konzernexpansion, meist in Form des Kapitalexports, vor 1933 weitgehend unberührt von staatlicher Einflußnahme vollzog, gelang es dem RWM, zunehmend unter Schacht und besonders seit der »Machtergreifung« Görings über das Ministerium, lenkend auf die Expansionsstrategien der Konzerne einzuwirken. Durch den Übergang des »Dritten Reiches« zur äußeren Expansion seit 1938 änderten sich auch die Wirkungsbedingungen der Montankonzerne im Ausland grundlegend. Nunmehr konnten die Unternehmen nur noch in den Ländern unbeeinflußt von staatlicher Einflußnahme vorgehen, die sich ihren neutralen Status, von besonderer Bedeutung war hier Schweden, bewahren konnten. In den Gebieten jedoch, die unter deutsche Militärherrschaft gerieten, gelang es den Besatzungsbehörden meist ohne große Schwierigkeiten, im Konfliktfall das politische Interesse gegen privatökonomische Interessen durchzusetzen. Besonders aber in Territorien, die unter deutsche Zivilverwaltung gestellt wurden, sahen sich die privatmonopolistischen Interessenten oft der übermächtigen Konkurrenz der Befehlswirtschaft, d.h. des RWM und der Reichswerke, ausgesetzt. Zwar wird die Vorstellung, daß die »widerwilligen« Unternehmen der deutschen Montanindustrie in die Expansion hätten gezwungen werden müssen, der historischen Wirklichkeit nicht gerecht. Aber auch die Annahme, daß die Expansionsziele und -richtungen der Konzerne sich mit denjenigen der Reichswirtschaft auch nur überwiegend gedeckt hätten oder daß ihr »Engagement« die staatliche Besitzergreifung verursacht habe, trifft nicht zu.

In den meisten betroffenen Ländern bzw. Regionen waren die montanindustriellen Kapazitäten zum großen Teil auf ein oder zwei Unternehmen konzentriert, Bedingungen, die die »Durchdringungsanstrengungen« der Monopolindustrie und der Befehlswirtschaft förderten. Die privaten deutschen Konzerne konnten sich bei ihren Versuchen, diese Kapazitäten zumindest unter ihre Kontrolle zu bringen, so lange der Zielharmonie mit der Befehlswirtschaft sicher sein, wie der NS-Staat diese Gebiete noch nicht seiner Herrschaft unterworfen hatte. Durch den Übergang zur formellen Herrschaft entstand jedoch eine potentiell störende Konkurrenz zu den Interessen der Monopolindustrie, eine These, die wegen der eher halbherzigen Engagierung der privaten Montankonzerne auf die osteuropäischen Besatzungsgebiete nicht zutrifft. Von diesem Expansionsraum abgesehen gilt, daß die Möglichkeit, durch die Expansion des Herrschaftsgebiets des Deutschen Reichs »private« Machtpositionen zu gewinnen, deren Erreichung ohne diese Voraussetzung nicht möglich schien, in der Regel durch den Nachteil überkompensiert wurde, dann auch die Intervention der Besatzungsbehörden in Kauf nehmen zu müssen.

Der im inneren System der NS-Wirtschaft relativ klare Gegensatz zwischen Monopolindustrie und Befehlswirtschaft diffundierte auf dem Feld der äußeren Expansion. Daß das Verhältnis im Kern antagonistisch blieb, kann durch verschiedene Fälle belegt werden, die die Verlängerung des Industriekonflikts zwischen den Reichswerken und den Ruhrwerken zeigten. Allerdings schien sich diese Frontstellung immer stärker in einen Kampf aller gegen alle um Expansionschancen aufzulösen.

Stellvertretend für die in der imperialistischen Expansion verfolgte Strategie der Monopolindustrie kann das Verhalten der VSt gelten, das sich grundsätzlich an zwei Zielen orientierte:

1. Die Politik zur Sicherung der eigenen Rohstoffversorgung mit hochwertigen Erzen weiterzuverfolgen und dazu Kapitalbeteiligungen an Erzgesellschaften, vorzugsweise in Skandinavien, aber auch in anderen Regionen zu erwerben.
2. Seit 1940 trat gleichrangig die Absicht hinzu, in den besetzten westeuropäischen Ländern »die freundschaftlichen Beziehungen, die vor dem Kriege zwischen den Gruppen der internationalen Verbände bestanden, auch während des Kriegs aufrecht[zu]erhalten«.

Sowohl bei der »wirtschaftlichen Durchdringung« Norwegens als auch bei der »Verteilung« der lothringischen und luxemburgischen Hüttenwerke erforderte diese Strategie ein »containment« des verselbständigten Aktionszentrums der Befehlswirtschaft, der HGW, das – in der Sicht der Monopolindustriellen – mit destruktiver Dynamik in ihre äußeren Beziehungen einbrach. Während Poensgen und seine Kollegen das Ziel verfolgen mußten, die weitere Machtzusammenballung bei den HGW zu bremsen, um die Basis für die zukünftige Zusammenarbeit mit den westeuropäischen Industriellen zu erhalten, brauchte die Befehlswirtschaft auf diese Beziehungen keine Rücksicht zu nehmen, durfte dies sogar nicht, wenn die nationalsozialistische »Neue Ordnung« ernst gemeint war. In mehreren Fällen waren die VSt in ihren Anstrengungen erfolgreich, die Expansion der Reichswerke zu bremsen. Ursächlich hierfür war aber nicht ihr Einfluß auf das politische System.

Der belgisch-luxemburgische Arbed-Konzern, wichtigster der von einer ganzen Reihe von Interessenten umkämpften Gesellschaften in Westeuropa und neben den VSt tragende Säule der internationalen Stahlorganisation der Zwischenkriegszeit, mußte sich zwar in die Befehlswirtschaft eingliedern lassen, konnte aber als selbständiges Unternehmen erhalten werden, weil die polykratische Konfliktstruktur des Systems, hier die Hausmachtpolitik des zuständigen Gauleiters und »Satrapen«, die Energie der Reichswerke aufhob; in anderen Fällen intervenierte das Auswärtige Amt, um verschiedene Gesellschaften dem Zugriff deutscher »Reflektanten«, nicht nur aus der Staatswirtschaft, sondern auch aus der Monopolindustrie, zu entziehen.

Dort aber, wo die Monopolindustrie weder glaubte, Rücksicht auf die Unternehmer in den besetzten Ländern nehmen, noch ihr eigenes Vorgehen mäßigen zu müssen, um dem Expansionismus der Reichswerke keinen Vorschub zu leisten, verfolgte sie selber eine aggressive imperialistische Linie. In der Zielsetzung, mißliebige, die eigenen Profitmöglichkeiten verschlechternde industrielle Entwicklungen in den kleineren europäischen Ländern zu verhindern, stimmten die Konzerne der Monopolindustrie nicht nur untereinander überein, dieses Kriegsziel harmonierte auch mit den Absichten der nationalsozialistischen »europäischen Industriepolitik«.

Die Reichswerke wirkten zusammen mit den anderen öffentlichen Unternehmen gleichsam als Schwungmasse zur Beschleunigung des Expansionismus der Monopolkonzerne: Die Befürchtung, bei der Neuverteilung der »Wettbewerbschancen« zu kurz zu kommen, die die Ausdehnungsabsichten des Hoesch-Konzerns in Lothringen und Luxemburg deutlich motivierte, war von ausschlaggebender Bedeutung. Zweifel daran, daß die Entscheidungsmacht der Reichsführung und ihre Kriegsaußen- und Kriegswirtschaftspolitik die Konzerne und ihre Interessen dominierte sowie Richtung und Dynamik der Expansion, kausal wie final, bestimmte, sind nicht angebracht. Diese These wird nicht nur durch die grundsätzlich auf Reaktion eingeschränkten Verhaltensmöglichkeiten der Monopolindustrie belegt, sondern auch durch eine Reihe von Beispielen, in denen die Nagelprobe des Interessenkonflikts gemacht wurde. Von besonderer Bedeutung sind die Fälle, in denen entweder das Auswärtige Amt das Tabu über die angestrebten Expansionsobjekte aussprach oder die Besatzungsautoritäten Konzernen die Durchsetzung ihrer Annexionsziele verweigerten. In allen diesen Fällen gab die besatzungsdiplomatische Rücksichtnahme den Ausschlag. Sie spielte auch bei der Behandlung des »Interessentenhaufens« bei den Arbed eine wichtige Rolle. Große Bedeutung kommt in diesem Zusammenhang schließlich dem Faktum der ausgebliebenen Eigentumsübertragung an den Werken in den westlichen Besatzungsgebieten zu. Dem Argument, daß das angewandte System der Treuhand- und Patenschaften nur eine Aufschiebung der Besitzüberschreibung auf die Zeit nach dem »Endsieg« bedeutet habe, ist entgegenzuhalten, daß die politische Führung eigentlich daran hätte interessiert sein müssen, vollendete Tatsachen zu schaffen, nicht zuletzt, um die Konzerne stärker an sich zu binden. Die Hartnäckigkeit, mit der sie dagegen, besonders im Fall Frankreichs, ihre Verweigerungspolitik gegen das ständige Drängen der interessierten Unternehmen durchhielt, paßt nicht zu einem Primat von Konzerninteressen, sondern belegt die Prädominanz des Kriegskalküls. Welchen Spielraum Vertreter der monopolindustriellen Interessen unter diesen Bedingungen selbst glaubten überhaupt noch zur Verfügung zu haben, kommt beeindruckend in der rhetorischen Frage eines Berliner VSt-Angestellten zum Ausdruck, der als Reserveoffizier in der deutschen Militärverwaltung in Frankreich tätig war: »Was hilft einem bei der heutigen Staatsallmacht die Stellung selbst des Mehrheitsaktionärs?«

Der tiefgreifende Wandel, dem die Montanindustrie in Deutschland besonders in der Phase zwischen 1937 und 1942 unterworfen wurde, war auf zwei Faktoren zurückzuführen: Erstens gelang es der nationalsozialistischen Führung, das kollektive Entscheidungsmonopol der Montankonzerne zu durchbrechen, indem sie ihm ein, im nationalsozialitischen Sinn äußerst erfolgreiches, Unternehmen entgegensetzte. Unter dessen Druck zeigte sich, daß die scheinbare Kohärenz der Monopolindustrie nur auf der sehr begrenzten Konsensbildung der Marktordnung beruhte: Die kollektive Interessenvertretung der Montanindustrie unterlag dem Druck der Befehlswirtschaft beim ersten Ansturm, und die Kartelle wurden immer weniger wirkungsvoll, bis sie 1942 in der neuartigen, staatlich gelenkten Planung der deutschen Kriegswirtschaft aufgingen. Der andere Faktor waren die Rückwirkungen, die sich aus der grundsätzlichen Entscheidung des Regimes für den Krieg als imperialistischer Strategie ergaben, mit den Konsequenzen, die diese Entscheidung nach sich zog: Das extranationale Marktgefüge der Montanindustrie zerbrach, ihr nationales Schwergewicht verlagerte sich weiter von den Ruhrmontankonzernen weg, und die Zwangslagen der Kriegsproduktion führten seit 1942 zu einer weiteren Einengung des privatindustriellen Spielraums, auch bei der äußeren Expansion. Dieser Zwangslage mußte sich allerdings auch der Reichswerke-Konzern beugen, der als industrieller Sektor nicht weiter privilegiert wurde. Während die Entwicklung bis 1941/42 als angestrebtes Ergebnis der ideologisierten, spezifisch nationalsozialistischen Befehlswirtschaft angesehen werden kann, verlief die Entwicklung in der Phase seit 1942 entsprechend der »Normalität« industrieller Systeme unter Kriegsdruck, wobei die ideologische Phase von 1936 bis 1940 aber in der Kriegswirtschaft weiter wirkte und sich in der Endkrise des NS-Systems noch einmal revitalisierte.

Keine der Wandlungen in der Struktur der Montanindustrie seit 1936 war letztlich ein Ergebnis privatunternehmerischer Entscheidung. Während z.B.

die investitionspolitische Zurückhaltung der VSt in den Jahren 1933 bis 1936 als Reaktion auf die in den Vorjahren gerade von diesem Konzern gemachte Erfahrung der Überkapazitätskrise einen Beleg für den Handlungsspielraum des führenden Konzerns in der frühen Regimephase darstellt, war die Wahl dieser Verhaltensweise nach der Einrichtung des Vierjahresplans nicht mehr möglich. Hätten die VSt und die anderen Monopolkonzerne die Wahl gehabt, wäre der Ausbau der inländischen Förder- und Verarbeitungskapazitäten in einem wesentlich geringeren Ausmaß und Tempo erfolgt, bzw. weiter ganz überwiegend auf den Rohstoffimport und dessen Sicherung gesetzt worden.

In der Kriegswirtschaft wurde die privatwirtschaftliche Entscheidungsmacht schließlich auf den engeren Unternehmensbereich reduziert. Damit zeigte sich allerdings auch, daß die Monopolindustrie die direkt-prinzipielle Verfügungsgewalt über ihre Produktionsmittel nicht verloren hatte, weil die NSDAP die Eigentumsordnung unangetastet gelassen hat. Auf dieses Minimum an Autonomie war der industrielle Kapitalismus in Deutschland faktisch schon in der Vorkriegsphase beschränkt – viel im Vergleich zu einem kommunisitischen System, wenig gegenüber den Möglichkeiten der Großwirtschaft im Parlamentarismus. Daß nun noch im untersten Bereich, der Produktion, ein Primat des Privateigentums galt, reichte aber auch dazu aus, das politische System im technologischen Sinn weiter in Abhängigkeit zu halten.

Matthias Frese

# Vom »NS-Musterbetrieb« zum »Kriegs-Musterbetrieb«

## Zum Verhältnis von Deutscher Arbeitsfront und Großindustrie 1936–1944*

Ein Strukturprinzip nationalsozialistischer Betriebspolitik war der Wettbewerb als permanenter Anreiz zur Leistungssteigerung. Neben innerbetrieblichen Wettbewerben, z.B. im Rahmen der Ausbildung, den Unfallverhütungskampagnen oder dem Betriebssport, standen zwei Wettbewerbe als regelmäßig durchgeführte Veranstaltungen im Vordergrund: der zunächst nur für jugendliche Arbeitnehmer organisierte Reichsberufswettkampf und der 1936/37 eingeführte »Leistungskampf der deutschen Betriebe«. Die Wettbewerbe lösten den einzelnen Arbeitnehmer aus den solidarischen Gemeinschaften am Arbeitsplatz und förderten die Vereinzelung. Gleichzeitig sollten sie aber eine Rückbindung des Arbeitnehmers in die »Betriebs-« und »Volksgemeinschaft« suggerieren, für die Einsatz und Leistungssteigerung erfolgten. Dies galt sowohl beim Reichsberufswettkampf für die Beschäftigten, als auch beim »Leistungskampf«, mit dem die Unternehmer von der Deutschen Arbeitsfront (DAF) in das Wettbewerbssystem eingebunden werden sollten.

Im folgenden werden die Betriebspolitik der DAF im Zusammenhang mit dem »Leistungskampf der Betriebe« beschrieben und am Beispiel einiger Großbetriebe insbesondere der rheinisch-westfälischen Schwerindustrie die Bemühungen der DAF untersucht, gestaltend in die betrieblichen Angelegenheiten einzugreifen. Gefragt wird nach dem Durchsetzungsvermögen der DAF gegenüber der Staatsbürokratie und der Industrie, der Resonanz bei den Unternehmen und letztlich nach »Erfolg« und Einfluß der DAF.

---

* Die Ausführungen fußen auf Unterlagen, die ich im Zusammenhang mit meiner Dissertation zum Thema: Nationalsozialistische Betriebspolitik 1933–1939. Untersuchungen zum Verhältnis von Deutscher Arbeitsfront, Industrie und staatsbürokratie (im Druck) gefunden habe. Dort auch weitere Vergleiche zu Betrieben anderer Branchen bei der Analyse des »Leistungskampfes« sowie eingehend zu den von der DAF initiierten oder getragenen Wettbewerben. Die Anmerkungen sind daher hier auf das Notwendigste beschränkt.

*1. Die Einrichtung des »Leistungskampfes« und erste Auseinandersetzungen zwischen DAF und Staatsbürokratie*

Erste Konzeptionen für den »Leistungskampf der Betriebe« hatte die DAF bereits seit 1934/35 entwickelt und einen »sozialen Wettbewerb, der natürlich auch ein wirtschaftlicher sein wird«, angekündigt[1]. Der »Leistungskampf der deutschen Betriebe«, der schließlich am 29. August 1936 von Hitler auf Drängen Leys bekanntgegeben wurde, war als jährlicher Wettkampf geplant und sollte Betriebe, »in denen der Gedanke der nationalsozialistischen Betriebsgemeinschaft im Sinne des Gesetzes zur Ordnung der nationalen Arbeit und im Geiste der Deutschen Arbeitsfront vom Führer und seiner Gefolgschaft auf das vollkommenste verwirklicht ist«, als »NS-Musterbetriebe« auszeichnen[2].

Hierbei hatte sich die DAF das Recht zum Vorschlag der Betriebe gesichert, das die Erarbeitung der Grundsätze und Verfahrensvorschriften der auszuzeichnenden Betriebe miteinschloß. Diese Richtlinien berücksichtigten alle Aspekte der Betriebspolitik sowohl sozialer als auch betriebswirtschaftlicher Art. So mußte ein Bewerber nicht nur den Grundsätzen der DAF-Ämter »Schönheit der Arbeit« und »Feierabend«, den Forderungen der Arbeitsfront bei der Berufsausbildung und bei der Gestaltung der »Betriebsgemeinschaft« von »Betriebsführer« und »Gefolgschaft« entsprechen sowie die im Betrieb arbeitenden DAF-Betriebswalter in ihrer Arbeit fördern und die Bildung von Werkscharen unterstützen, sondern ebenfalls die Übernahme und Realisierung der betriebs- und volkswirtschaftlichen als auch technischen Grundsätze der politischen Führung in der Arbeitslenkung, der »Wehrhaftmachung« und der Gestaltung des Vierjahresplans gegenüber der DAF gewährleisten. Reichte der detaillierte Forderungskatalog der Arbeitsfront damit weit über die Bereiche hinaus, die bisher von den DAF-Ämtern abgedeckt wurden, so behandelten die von Ley festgelegten »Beurteilungsgrundsätze« demgegenüber die von den staatlichen Behörden kontrollierten Bereiche nur knapp, wobei deren Kompetenzen zusätzlich noch stark relativiert wurden[3]. Insgesamt waren die zu prüfenden Gesichtspunkte indes so weit gefaßt, daß die DAF selbst zugeben mußte, daß deren restlose Erfüllung nicht möglich und daher keine zwingende Voraussetzung für eine Auszeichnung war[4]. Die Forderungen stellten daher gleichsam die inhaltliche Ausfüllung der parallel geführten Auseinandersetzungen um den Totalitätsanspruch der DAF auf die Regelung der betrieblichen Angelegenheiten dar[5].

Ley hatte den Zeitpunkt für sein Verlangen einer gesetzlichen Verankerung des »organisatorischen Totalitätsanspruchs« (Mason) günstig gewählt. Denn angesichts der im Rahmen des Vierjahresplans beschlossenen Forcierung der Aufrüstung konnte er den »Leistungskampf« leicht als notwendiges Mittel zur Straffung der Sozialpolitik durchsetzen[6]. Doch stieß dieser Versuch, die DAF der gesamten Sozialverfassung überzuordnen, auf erbitterten, langanhaltenden Widerstand der Reichsregierung und hier vor allem des Reichswirtschaftsministers Schacht. Nachdem Ley seine mit dem »Leistungskampf« verknüpften Absichten am 7. September 1936 in der DAF-Tageszeitung »Der Angriff« deutlich gemacht hatte[7], schlugen das Reichswirtschafts- und das Reichsarbeitsministerium Alarm. In Eingaben an Göring und Hess warnte zunächst der Ministerialdirektor im Reichsarbeitsministerium, Mansfeld[8], im Oktober 1936 vor einer Gefährdung des Vierjahresplans und wies darauf hin, daß eine ausbleibende Auszeichnung als »Mißtrauensvotum« der DAF und der Regimespitze erscheinen konnte. Am gravierendsten war für Mansfeld aber der beabsichtigte Zugriff der DAF auf die sozialpolitischen und wirtschaftlichen Belange der Betriebe. Als jedoch in der Folge eine Einigung nicht zustande kam, verbot Schacht Anfang Februar 1937 den öffentlichen Betrieben und Verwaltungen, sämtlichen aus öffentlichen Geldern finanzierten Unternehmen und allen Rüstungsunternehmen, sich am »Leistungskampf« zu beteiligen. Schacht hielt den »Leistungskampf« zum damaligen Zeitpunkt für undurchführbar und schädlich, da mit ihm ein unnötiger Verbrauch von Rohstoffen, die Gefährdung der staatlichen Lohnpolitik und »Fehlleitungen von Kapital« einher gehen würden. Sollte der »Leistungskampf« aber unumgänglich sein, verlangte Schacht, daß die Bewertung auf die sozialen Verhältnisse in den Betrieben beschränkt und die Verantwortung statt der DAF den Reichstreuhändern der Arbeit übertragen werden sollte[9].

Der von Schacht zwischen Februar und April 1937 mehrfach angeschriebene Generalbevollmächtigte für den Vierjahresplan, Göring, stimmte indes nach einigem Zögern Mitte April 1937 dem Aufruf Leys zur Teilnahme am »Leistungskampf« unter der Bedingung zu, daß die von Schacht genannten Einschränkungen berücksichtigt wurden[10]. Die Aufforderung an Ley, die Treuhänder der Arbeit, die »Organisation der gewerblichen Wirtschaft« und insbesondere die Wirtschaftskammern beim Auswahlverfahren zu beteiligen, besaß allerdings kaum mehr als eine Feigenblattfunktion. Schließlich waren mittlerweile die Vorbereitungen für die Auszeichnung der ersten »NS-Musterbetriebe« schon so weit fortgeschritten, daß am 30. April 1937 die ersten 30 Betriebe prämiert werden konnten[11].

Ging es in diesen Auseinandersetzungen vor allem darum, den Kompetenzzuwachs der DAF bei innerbetrieblichen Angelegenheiten zu verhindern, so bewahrheitete sich die Befürchtung Schachts indes nicht, daß der »Leistungskampf« die Rüstungsunternehmen veranlaßte, ihre Anstrengungen von der Produktion auf soziale Verbesserungen der Arbeitnehmer zu verlagern. Unter den ausgezeichneten Betrieben befand sich 1937 mit dem

Bochumer Verein nur ein einziges rüstungswichtiges Unternehmen, dagegen elf aus der Nahrungs- und Genußmittelbranche[12].

Damit wurde das Dilemma offenkundig, in dem sich die DAF bei der Auswahl befand. Die rüstungsorientierten Großunternehmen sahen sich vom Regime so sehr umworben, daß sie zumindest aus Rücksicht auf staatliche Aufträge eine Teilnahme am »Leistungskampf« nicht für notwendig erachteten. Die Auszeichnung des Bochumer Vereins war vielmehr sowohl in der Person des Vorstandsvorsitzenden Walter Borbet, der als glühender Nationalsozialist auch die DAF eingehend unterstützte, als auch im Bemühen der Arbeitsfront begründet, wenigstens ein Unternehmen der rheinisch-westfälischen Schwerindustrie für ihre Initiative vorweisen zu können. So verfügte der Bochumer Verein weder über eine besondere Berufsausbildung noch über hervorragende Sozialleistungen. Hier erreichte er nicht einmal das Niveau der anderen Unternehmen der Vereinigten Stahlwerke oder von Krupp, Siemens oder Bosch. Zudem stammten die meisten der vom Bochumer Verein herausgestellten sozialen Einrichtungen bereits aus den zwanziger Jahren und wurden jetzt unter dem Signum »Schönheit der Arbeit« nochmals als besonders vorbildlich verkauft[13]. Zwischen der NSDAP-Gauleitung und der DAF-Gauwaltung Westfalen-Süd war auch deshalb die Auszeichnung des Vorzeigeunternehmens Bochumer Verein nicht unumstritten gewesen[14].

Denn der Vorstoß Leys hatte beispielsweise in der rheinisch-westfälischen Schwerindustrie 1936/37 sonst keine positive Resonanz gefunden. Statt dessen verfochten die Unternehmen hier die Linie des Reichswirtschaftsministeriums und lehnten insbesondere die Einsichtnahme in ihre betriebswirtschaftlichen Unterlagen und die anschließende Bewertung durch die DAF ab. Andererseits war die Ablehnungsfront wiederum keineswegs so geschlossen, wie der Kreis der ausgezeichneten Unternehmen vermuten läßt. Während beispielsweise die Gutehoffnungshütte (GHH) eine Teilnahme mit Hinweis auf den Erlaß Schachts strikt ablehnte, sprang Krupp erst am 30. April 1937 ab, einen Tag vor der Bekanntgabe der »NS-Musterbetriebe«. Gustav Krupp hatte sich nicht gegen die Anordnung Leys durchsetzen können, daß nur einzelne Betriebe, nicht aber ein Gesamtunternehmen oder ein gesamter Konzern ausgezeichnet werden sollten, und verzichtete auf die Auszeichnung der Gußstahlfabrik in Essen und der Friedrich-Alfred-Hütte in Rheinhausen als »NS-Musterbetriebe«[15].

Damit waren die Auseinandersetzungen zwischen dem Wirtschaftsminister und der DAF jedoch nicht zu Ende. Während sich Schacht und Mansfeld erneut bei Göring über die Einflußnahme der DAF beschwerten[16], mobilisierte die DAF in der Zwischenzeit weiter. Die fünf Hauptkriterien bei der Kontrolle der Betriebe, die Ley ebenfalls Anfang Mai 1937 veröffentlichte, sahen wie die Anfang Juli 1937 vom »Beauftragten für den Leistungskampf der deutschen Betriebe«, Hupfauer, herausgegebenen Durchführungsbestimmungen die Überprüfung der »wirtschaftlichen Zielsetzung unter Berücksichtigung der Ziele der politischen Führung« durch die DAF vor und fragten nach der Preisgestaltung, Löhnen und Gratifikationen. Zwar nahm die DAF die Einwendungen von seiten der Reichsregierung auf. Doch drohte beispielsweise der DAF-Gauobmann in Düsseldorf, Bangert, gleichzeitig allen »Drückeberger-Betrieben« vor allem in der Großindustrie mit Sanktionen, trotz der allseits betonten Freiwilligkeit der Teilnahme[17]. Andererseits stießen aber auch die Aufrufe der DAF zur Beteiligung auf Resonanz. Danach hatten sich z.B. im Gau Essen bis Ende Juli 1937 bereits rund 1000 Betriebe für den anlaufenden neuen »Leistungskampf« beworben[18].

Die Reaktion der Reichsregierung und der »Organisation der gewerblichen Wirtschaft« ließ allerdings nicht lange auf sich warten. Anfang August 1937 verbot Schacht auf der Grundlage des Göring-Erlasses vom 17. April 1937 »allen Betrieben der gewerblichen Wirtschaft« so lange die Teilnahme, bis die Wirtschaftsorganisationen bei der Prüfung der Betriebe mitarbeiten konnten[19]. Der Reichsarbeitsminister wies gleichzeitig die Treuhänder der Arbeit an, bei der Auswahl der Betriebe vorläufig nicht mit der DAF zusammenzuarbeiten.

Diesmal wirkte die Anordnung des Wirtschaftsministers. Ende August lenkte die DAF ein. Die Industrie- und Handelskammern wurden für den betriebswirtschaftlichen Teil der Auswahlkriterien zuständig und erhielten zusammen mit den Wirtschaftskammern die letzte Entscheidung, ob ein Betrieb als »Musterbetrieb« vorgeschlagen wurde. Im Anschluß zog Schacht sein Teilnahmeverbot zurück und die Reichswirtschaftskammer forderte ihrerseits jetzt die Betriebe auf, sich zum »Leistungskampf« 1937/38 — dem in der Zählweise ersten — anzumelden oder die Bewerbung zu erneuern. Der in der Zwischenzeit abgelaufene Meldetermin wurde von der DAF verlängert[20].

## 2. *Die Erweiterung des Wettbewerbs und der Wandel der Anforderungen*

Schacht hatte somit letztlich den »Leistungskampf« nicht verhindern, sich jedoch mit seinen Forderungen durchsetzen können. Andererseits konnte die DAF weiterhin ihre Zielsetzungen z.B. bei der Arbeitsplatzgestaltung, Unfallverhütung, Freizeitorganisation und Berufsausbildung als Meßlatte beim »Leistungskampf« anlegen. Hierfür verfeinerte sie ihren Kriterienkatalog ständig. So erhielten Betriebe und DAF-Funktionäre umfangreiche Antragsformulare und Bewertungsbögen, mit deren Hilfe unverändert detailliert Betriebsinterna abgefragt wurden[21].

Allerdings verschoben sich innerhalb des Kriterienkatalogs rasch die Gewichte. Aufgrund der Arbeitsmarkt- und Lohnentwicklungen, der nach Ansicht des Regimes ausufernden Sozialleistungen der Betriebe, um die Beschäftigten zu binden und neue, gesuchte Arbeitskräfte anzulocken, und der damit verbundenen restriktiven Maßnahmen des Regimes richtete die DAF, wie das Sicherheitshauptsamt 1938 festhielt, bereits beim zweiten »Leistungskampf« 1938/39 ihr Augenmerk weniger auf die »sozialpolitische Leistung für die eigene Betriebsgemeinschaft«, sondern verstärkt auf »die soziale Maßnahme für die Leistungssteigerung der gesamten Volkswirtschaft im Rahmen des eigenen Betriebes«. Immer stärker rückten somit die Leistungssteigerung des einzelnen und die betrieblichen Maßnahmen hierzu in den Vordergrund. Galt es dann 1938/39 noch, »alle unnötigen sozialen Leistungen« abzubauen und sich »auf die sozialen Leistungen zu konzentrieren, die unmittelbar arbeits-, kraft- und damit wirtschaftsfördernd sind« sowie die Rationalisierung in den Betrieben voranzutreiben, so nannte der Kriterienkatalog 1940/41 als Bewertungsmaßstäbe Arbeitsdisziplin, keine Bummelschichten, ein betriebliches Vorschlagswesen, Arbeits- und Betriebsorganisation, Berufsnachwuchslenkung, einen voll ausgebildeten Zellenapparat der DAF, die Werkscharen und »höchstmögliche Leistung«[22].

Zunächst von der DAF als Vorbedingungen, nach der Intervention des Reichswirtschaftsministers offiziell nur noch als Orientierung für die Auszeichnung als »NS-Musterbetrieb«[23] vergab die DAF seit dem 1. Mai 1937 zusätzlich spezielle »Leistungsabzeichen« für »vorbildliche Gesundheitsfürsorge«, »vorbildliche Berufserziehung«, Wohnungsbau, soziale Werksfürsorge und die Förderung von »Kraft-durch-Freude« sowie das »Gaudiplom für hervorragende Leistungen«[24]. Diese »Leistungsabzeichen« und »Gaudiplome« dienten der Integration kleinerer oder finanzschwacher Unternehmen — im Juni 1938 kam noch das »Leistungsabzeichen für vorbildliche Kleinbetriebe« hinzu[25] — denen somit eine Auszeichnung nicht von vornherein unmöglich erscheinen sollte. Ferner wollte die DAF mit der Ausdifferenzierung und Vorschaltung generell den Wunsch nach Auszeichnungen und damit die Leistungssteigerung fördern, zumal die Zahl der »NS-Musterbetriebe« nicht allzu sehr vergrößert werden sollte, um den »Wert« des Titels nicht zu schmälern[26].

Dabei traten bei den Kriterien für die »Leistungsabzeichen« die betriebspolitischen Zielsetzungen der DAF deutlich zu Tage. So knüpften die Richtlinien für das »Leistungsabzeichen für vorbildliche Berufserziehung« direkt an die »erprobten Muster des früheren DINTA« (Deutsches Institut für Nationalsozialistische Technische Arbeitsschulung) an. Beurteilt wurden der Ausbildungsablauf, die Ausbilder und deren Zusammenarbeit mit DAF und Hitlerjugend (HJ), die »weltanschauliche Schulung«, die ganzheitliche Betreuung durch die Erfassung der Jugendlichen in der Freizeit und bei der Gestaltung des Urlaubs, die Ausbildungsstätte und die Maschinen, Teilnahme und stetiger Erfolg beim Reichsberufswettkampf. In den Auszeichnungen sollte sich damit die Neustrukturierung des Ausbildungswesens widerspiegeln und damit die planmäßige Ausbildung in Lehrwerkstätten gefördert werden[27].

Während das Vergabeverfahren der Auszeichnungen 1936/37 trotz des detaillierten Forderungskataloges der DAF noch ausgesprochen improvisiert und der für die DAF erfolgreiche Abschluß keineswegs gesichert waren, besaß der ab 1937/38 in Wettbewerbsform durchgeführte »Leistungskampf« einen geplanten und durchstrukturierten Ablauf. Dabei verlief die Begutachtung und Auswahl der Betriebe je nach Auszeichnung unterschiedlich, doch für sich in der Regel nach einem gleichbleibenden Muster[28].

Danach mußte sich ein Betrieb formal für die Auszeichnung als »NS-Musterbetrieb« bei der DAF-Gauwaltung bewerben und zunächst einen Fragebogen der DAF zur Art des Betriebes, Zusammensetzung der Belegschaft und Mitgliedschaften in NS-Organisationen ausfüllen. Bei der anschließenden Überprüfung traf die DAF aufgrund ihrer Kriterien, der Stellungnahmen des Treuhänders der Arbeit und des Kreisleiters oder Ortsgruppenleiters der NSDAP eine Vorauswahl, die dann die Wirtschaftskammern aufgrund von Gutachten der Industrie- und Handelskammern in ihrer »wirtschaftlichen Zuverlässigkeit und Würdigkeit« bestätigen oder ablehnen konnten. Bei einem negativen Votum der Kammer schied der Betrieb sofort aus. Von den übrigen Betrieben schlug der DAF-Gauobmann »die ihm würdig erscheinenden« dem Gauleiter für das »Gaudiplom« vor. Aus dem Kreis dieser Betriebe wählte wiederum die DAF-Zentrale die »NS-Musterbetriebe« aus[29].

Bei den »Leistungsabzeichen« wurden die Anforderungen von den DAF-Ämtern allein festgelegt und gemeinsam mit den Reichsbetriebsgemeinschaften der DAF und den lokalen DAF-Stellen — sowie bei den Ausbildungseinrichtungen mit der HJ — in Betriebsbesichtigungen kontrolliert, wobei neben den Betriebsleitungen auch die Vertrauensratmitglieder und der DAF-Betriebsobmann befragt wurden. Die Entscheidung lag beim zentralen DAF-Amt. Im Vergleich zur Vergabe der anderen Titel handelte es sich somit um das unkompliziertere Verfahren, das zudem ganz in den Händen der DAF lag[30].

Suchte die DAF damit auf der einen Seite zwar weiterhin »Gaudiplome« und »Leistungsabzeichen« als »Vorstufe« für die Auszeichnung als »NS-Musterbetrieb« zu behaupten, so wollte sie auf der anderen Seite aber ihre Eigenständigkeit bewahren, indem sie die Vergabe der »Leistungsabzeichen« während des gesamten Jahres vornahm und zeitlich nicht befristete, sondern sich die individuelle Überprüfung vorbehielt.

Darüber hinaus war die DAF nach wie vor bestrebt, die Kammern und die Treuhänder zurückzudrängen und die Vorauswahl so weit als möglich in eigener Regie zu treffen. Während die Berichte mehrerer DAF-Gauwaltungen den »Leistungskampf« deshalb als die beste von allen DAF-Aktionen zur Durchsetzung ihres Totalitätsanspruchs priesen, klagten die Industrie- und Handelskammern im Wirtschaftskammerbezirk Düsseldorf daher über ihre ungenügende Beteiligung bei der Durchführung des »Leistungskampfes« 1938/39[31]. Aus welchen Gründen die Kammern schließlich einzelne Betriebe ablehnten und andere Betriebe empfahlen, läßt sich jedoch nicht mehr rekonstruieren.

Ferner entstanden beispielsweise im Gau Westfalen-Süd zwischen DAF und Parteistellen Kompetenzrangeleien über die Entscheidung auf der Gauebene[32]. Insbesondere Lokal- oder Kreisdienststellen der DAF bemühten sich, daß Betriebe aus ihrem Raum als »Musterbetriebe« ausgezeichnet wurden. Zudem konnten gerade die Großbetriebe mit Zahlenangaben über Sozialleistungen und Verbesserungen den Gutachtern der DAF imponieren[33]. Doch bildeten sich hieraus keine Grundsatzkonflikte mehr.

Der Wandel der Anforderungen in Richtung »Rationalisierung und Leistungssteigerung«[34] als Zielsetzung des »Leistungskampfes« setzte sich beschleunigt nach Kriegsbeginn fort. Noch mehr als bisher rückte die »Steuerung der betrieblichen Sozialleistungen« und letztlich die reine Steigerung der Produktionskapazitäten in den Vordergrund. Diese Entwicklung führte im Rahmen allgemeiner Bemühungen zur »Leistungssteigerung« im Mai 1942 zur Einrichtung der Auszeichnung »Kriegs-Musterbetrieb« durch Ley und Speer, der gerade erst im Februar 1942 allein zuständig für sämtliche »mit der Leistungssteigerung zusammenhängenden Fragen« geworden war[35]. Wurde der jährliche »Leistungskampf« um die Auszeichnung als »NS-Musterbetrieb« unter dem alten Schwerpunkt Sozialeinrichtungen weitergeführt, so standen bei der während des gesamten Jahres und von der DAF maßgeblich beeinflußten Auszeichnung »Kriegs-Musterbetrieb« als Kriterien hohe Produktion, Rationalisierung, Arbeitskräfteeinsparung, geringe Unfall- und Krankenziffern, keine Bummelanten, ein betriebliches Vorschlagswesen, die Schulung der Vorgesetzten, Leistungsanreize durch Aufstiegschancen, Verbesserungen in der Betriebsorganisation, Frauen- und Jugendlichenbeschäftigung sowie die Sozialbetreuung, die als eine Form sozialer Kontrolle und Disziplinierung beschrieben wurde, im Mittelpunkt. Im weiteren Kriegsverlauf traten 1944 die Arbeitsbereitschaft der Beschäftigten, die schnelle Schadensbehebung, die Beseitigung von Leistungshemmnissen als weitere Kriterien daneben. Dabei konnten Betriebe auch beide Auszeichnungen erlangen, wenngleich sich die Schöpfer des »Kriegs-Musterbetriebes« gerade über die Probleme bei der Erbringung von Sozialleistungen während der Kriegsjahre bewußt waren[36].

Die DAF plante während des Krieges letztlich als Weiterentwicklung einen – überwiegend wegen der Kräfteabsorbtion, der Frage der Vergleichbarkeit der Ergebnisse sowie der Geheimhaltung der Betriebsangaben abgelehnten – Leistungssteigerungs-Wettkampf, bei dem einzelne Betriebe zur Förderung des »betrieblichen Wettkampfgedankens» gegeneinander antreten sollten. Doch kamen diese Wettbewerbe über DAF-Initiativen und erste Ansätze nicht hinaus, und Ley zog seinen Vorschlag nach Intervention aus der Schwerindustrie zurück[37]. Weitreichender entwickelten sich dagegen neben dem intensivierten »Arbeitseinsatz« der Zwangsarbeiter, KZ-Häftlinge und Kriegsgefangenen in einzelnen Betrieben selbstätig erprobte Maßnahmen zur Leistungssteigerung, z.B. das Vorschlagswesen, eine eingehendere Kontrolle der Krankmeldungen, das Vorschlagswesen, die innerbetriebliche Leistungsdifferenzierung durch individuelle Anreize, wie z.B. die Einführung eines »Leistungsbuches« oder der »Selbstkontrolleure«, schließlich eine »gerechtere Leistungsentlohnung« sowie die Ausweitung und bessere Nutzung der Arbeitszeiten[38].

### *3. Die Diskussion und Beteiligung der Großindustrie*

Der rheinisch-westfälischen Schwerindustrie behagte zwar auch nach dem Erfolg des Reichswirtschaftsministers im Sommer 1937 die Beteiligung am »Leistungskampf« nicht, doch waren sich die Unternehmen im klaren, daß man »sich zu der verlangten Meldung bequemen müsse, um sich nicht den scharfen Vorwürfen der DAF (Sabotage) auszusetzen«, zumal Ley in der Zwischenzeit Rückhalt bei Göring gefunden hatte[39]. Stärker als beim Ruhrbergbau schrumpfte dabei der Kreis der Eisen- und Stahlunternehmen, die die erneute Ablehnung der DAF, Gesamtunternehmen auszuzeichnen[40], beim »Leistungskampf« 1937/38 sowie in den folgenden Jahren nutzten, um ihre Anmeldungen zurückzuziehen oder Anfragen des Vertrauensrates sowie der lokalen und regionalen DAF-Stellen abzuwehren.

Trotz der Bedenken nahmen von den Vereinigten Stahlwerken bereits bis 1939 mehrere Unternehmen am »Leistungskampf« teil, wobei sich eine enge Kooperation mit der DAF bei der Bewerbung und Bewertung entwickelte. Dennoch erhielten bis 1939 neben dem Bochumer Verein und den Lippstädter Eisen- und Metallwerken nur noch zwei Unternehmen der Vereinigten Stahlwerke den Titel »NS-Musterbetrieb«: 1938 die Deutschen Edelstahlwerke in Krefeld und 1939 die Friedrich-Wilhelms-Hütte der Deutschen Eisenwerke[41]. Allerdings lassen sich weder der genaue Kreis der Bewerber noch die ausschlaggebenden Gründe für die Auswahl durch die DAF aus den Archivunterlagen feststellen. Über die als »Musterbetriebe« ausgezeichneten Unternehmen hinaus kann aber angenommen werden, daß sich von den zwischen 1937 und 1939 mit dem »Leistungsabzeichen« der DAF ausgestatteten Unternehmen einzelne auch am »Leistungskampf« beteiligten, trotz eines nach Angaben der DAF zentralen Verbots des Vorstandsvorsitzenden der Vereinigten Stahlwerke Ernst Poensgen[42]. Soziale Einrichtungen und Leistungen, wie sie die DAF und deren Ämter forderten, oder eine durchstrukturierte Berufsausbildung wiesen in ähnlicher Form schließlich andere Unternehmen — wie z.B. das Werk Thyssen der Deutschen Röhrenwerke — ebenfalls auf. Lediglich bei der Friedrich-Wilhelms-Hütte betonten darüber hinaus die gutachtenden Partei- und DAF-Instanzen wie schon beim Bochumer Verein die frühe nationalsozialistische Gesinnung des »Betriebsführers« und dessen Widerspruch als einzigem Vorstandsvorsitzenden eines Unternehmens der Vereinigten Stahlwerke gegen das Teilnahmeverbot von Poensgen[43].

Die Beteiligung einzelner Unternehmen vermochte aber die weiterhin distanzierte Haltung wesentlicher Teile der Großindustrie nicht zu überdecken. So bewarb sich Krupp nach der zurückgezogenen Auszeichnung auch in den folgenden Jahren nicht und untersagte seinen Einzelbetrieben gleichzeitig, eigene Anträge zu stellen oder Auszeichnungen anzunehmen[44]. Indes konnte sich Krupp 1940 bei der DAF schließlich doch mit der Forderung durchsetzen, dem Gesamtunternehmen den Titel »NS-Musterbetrieb« zu veleihen. Dabei räumte Ley die Werbewirksamkeit einer Auszeichnung des Renommierbetriebes für den »Leistungskampf« ein, mußte gleichzeitig aber eingestehen, daß die Verleihung an Krupp bei den unteren DAF-Stellen Unmut hervorgerufen hatte, zumal Krupp im Frühjahr 1940 ohne reguläre Teilnahme den Titel »NS-Musterbetrieb« erhalten hatte. Doch obwohl DAF und Konzern die Verleihung mit großem propagandistischen Aufwand begleiteten[45], blieb dies die einzige Beteiligung Krupps. Lediglich die nicht zu 100 Prozent zugehörenden Betriebe sollten am folgenden Wettbewerb 1940/41 teilnehmen. Statt dessen stellte Krupp gegenüber Ley klar, daß auch in Zukunft »das Direktorium Krupp selbst die Ordnung in den betreffenden [d.h. 1940 ausgezeichneten, der Verf.] Werken und Werksteilen« kontrollieren würde[46].

Ebenso wie Krupp verzichtete auch die GHH bis 1940 auf eine Bewerbung. Charakterisierte die GHH 1937/38 zunächst in Gesprächen mit der DAF ihre Sozialleistungen als noch nicht ausreichend, so stufte sie diese in den folgenden Jahren als zu unterschiedlich in den einzelnen Werken ein und erklärte wie Krupp die Teilnahme von einigen Werken als »ungerecht« gegenüber den übrigen Werken[47]. Indes änderte die GHH 1939 ihre grundsätzlich ablehnende Haltung und benannte als Hinderungsgrund die Weigerung der DAF, Gesamtunternehmen teilnehmen zu lassen. Beeinflußt wurde der Sinneswandel dabei durch die ständigen Pressionen der Arbeitsfront gegenüber Betriebsleitungen einzelner Werke als auch gegenüber den DAF-Betriebsobmännern bei der GHH[48]. Die GHH konnte jedoch die Drohungen der Arbeitsfront mit Kundenflucht, Abwanderung von Arbeitnehmern und Aberkennung bereits verliehener »Leistungsabzeichen« sowie die Halbwahrheiten der DAF zur Beteiligung anderer Unternehmen der Schwerindustrie leicht zurückweisen, so daß die DAF schließlich sogar selbst auf das Ausfüllen der Fragebögen durch die GHH verzichten wollte. Nachdem dann aber Krupp im Frühjahr 1940 als »NS-Musterbetrieb« ausgezeichnet worden war und einzelne GHH-Betriebe immer mehr drängten, meldete sich die GHH erstmals für den »Leistungskampf« 1940/41 ebenfalls mit sämtlichen Abteilungen an[49]. Doch konnte sich die GHH mit ihrer Bewerbung wie auch gleichzeitig der Elektrokonzern Siemens nicht durchsetzen. Während sich die GHH aber trotz dieses Mißerfolges und des Scheiterns einer einheitlichen Bewerbung mit der DAF arrangierte und in den folgenden Jahren immer wieder Auszeichnungen einzelner Betriebe akzeptierte[50], bemühte sich Siemens auch im folgenden »Leistungskampf« um die zentrale Auszeichnung, erhielt jedoch Ende September 1942 schließlich endgültig negativen Bescheid von der DAF für die angestrebte Sonderregelung. Eine Auszeichnung von Siemens-Betrieben als »NS-Musterbetrieb« erfolgte daher nicht[51].

Solche Bedenken wie bei der Auszeichnung als »NS-Musterbetrieb« hatte die Großindustrie bei den von der DAF-Gauwaltung allein und ohne besonderen Wettbewerb verliehenen »Leistungsabzeichen« und den »Gaudiplomen« indes nicht. Von den Vereinigten Stahlwerken erhielten bereits im Dezember 1936 der Bochumer Verein und im Januar 1937 die Friedrich-Wilhelms-Hütte der Deutschen Eisenwerke und die August-Thyssen-Hütte in Duisburg-Hamborn das erst im Frühjahr 1936 geschaffene »Leistungsabzeichen für vorbildliche Berufserziehung«. Im Zusammenhang mit dem jährlichen »Leistungskampf« folgten rasch die anderen Auszeichnungen für einzelne Betriebe der Vereinigten Stahlwerke, vor allem nachdem sich diese 1939 zu einer engagierteren Bewerbung im »Leistungskampf« entschlossen hatten. Allein in diesem Jahr wurden 29 Betriebe mit insgesamt 44 Auszeichnungen, davon 21 »Gaudiplomen«, bedacht[52]. Bei Krupp, der GHH und Siemens wurde die Verleihung dieser Auszeichnungen wiederum durch deren Einstellung zum »Leistungskampf der Betriebe« beeinflußt. So blieb es bei Krupp bei dem »Leistungsabzeichen« für die Lehrwerkstatt der Gußstahlfabrik im Frühjahr 1937. Hier verzichtete der Konzern im Zusammenhang mit seiner Haltung zum »Leistungskampf« auf weitere Auszeichnungen, deren Fehlen aber bei der Verleihung des »Musterbetrieb«-Titels 1939/40 von der DAF nicht als Hinderungsgrund angesehen wurde. Dagegen erstreckte sich die ablehnende Haltung der GHH beim »Leistungskampf« auch auf die DAF-»Leistungsabzeichen« oder das »Gaudiplom«, während bei Siemens bis 1939 fünf Betriebe ein »Leistungsabzeichen« für ihre Ausbildungsmaßnahmen erhielten. Erst ab 1940/41, nachdem sich beide beim »Leistungskampf« 1940/41 erfolglos um eine Auszeichnung als »NS-Musterbetrieb« bemüht hatten, wurden aber auch GHH- und Siemens-Betrieben in großem Umfang »Leistungsabzeichen«

verliehen, bei Siemens erneut hauptsächlich für die Berufsausbildung sowie für hohe Produktionsziffern während des Krieges. Demgegenüber erhielten die GHH-Hüttenbetriebe Oberhausen und die Weiterverarbeitungsbetriebe in Sterkrade neben »Leistungsabzeichen« für die »Berufserziehung« und die »Sorge um die Volksgesundheit« noch das »Gaudiplom« der DAF. Ferner wurden die GHH-Werft in Walsum und die Weiterverarbeitungsbetriebe in Sterkrade, nicht aber die Hüttenbetriebe Oberhausen noch 1944 als »Kriegs-Musterbetrieb« ausgezeichnet[53].

Die Gründe für die Auswahl der Betriebe durch die DAF können zwar auch bei den individuellen Auszeichnungen nicht mehr im einzelnen festgestellt werden. Andererseits entsprachen z.B. die Ausbildungseinrichtungen in der Schwerindustrie schon aufgrund der überwiegenden DINTA-Tradition zumeist den Forderungen des DAF-Amtes für Berufserziehung und Betriebsführung (AfBB) nach einer strukturierten Ausbildung in Lehrwerkstätten und Berufsschule und einem ganzheitlichen, die Arbeitszeit und Freizeit umfassenden Konzept einer »Betriebsgemeinschaft« im kleinen. Zudem war der AfBB-Leiter Arnhold bestrebt, zunächst »Richtbetriebe [...] als Muster und Vorbild herauszustellen«[54]. Wo dies — wie beim Werk Hoerde des Dortmund-Hoerder Hüttenvereins oder bei der August-Thyssen-Hütte (ATH) — nach eigener Aussage nicht oder nicht durchgängig der Fall war, begründeten die Unternehmen dies intern mit dem Fehlen der noch nicht erfolgten Verleihung des »Leistungsabzeichens«[55]. Umgekehrt wurden von der DAF allerdings auch Ausbildungseinrichtungen von Unternehmen prämiert, die von anderen Unternehmen als »sozial sehr mangelhaft« oder als »Ausbildung zum übelsten, einseitigen Spezialistentum, Bluff und Schwindel« charakterisiert wurden[56].

Insgesamt erfreuten sich die DAF-Initiativen damit eines sprunghaft wachsenden Zuspruchs. Die Zahl der sich beim »Leistungskampf« bewerbenden Betriebe stieg von 80 559 im Jahr 1937/38 auf 290 322 im Jahr 1940/41 und betrug 1942/43 ca. 323 000 Betriebe. Die Zahl der »NS-Musterbetriebe« kletterte von 113 im Jahr 1938 auf 419 im Jahr 1941, 495 im Jahr 1942 und 506 am 1. März 1944, wobei die ausgezeichneten Betriebe in den folgenden Jahren in der Regel jeweils wieder bestätigt worden waren. Der Kriterienwandel hin zu Rationalisierung und Leistungssteigerung fand indes seinen Niederschlag in der umgekehrt sich beschleunigenden Zunahme der »Kriegs-Musterbetriebe«, deren Zahl von 19 im Mai 1942 bei der Einführung der Auszeichnung auf 96 im Januar 1942, 202 im Mai 1943 und 336 im März 1944 stieg. Von diesen besaßen wiederum 88 Betriebe im Frühjahr 1943 und 114 Betriebe im Jahr 1944 beide Auszeichnungen. Aufgeschlüsselt nach Wirtschaftszweigen dominierte dabei der Bereich Eisen und Metall, aus dem durchgängig ca. 25 Prozent der »NS-Musterbetriebe« und über die Hälfte der »Kriegs-Musterbetriebe« stammten[57].

Zunehmend gab die Großindustrie hierbei ihre anfängliche Zurückhaltung auf und beteiligte sich rege. Keineswegs blieb der Bochumer Verein ein Ausnahmefall in der Montanindustrie[58]. Zwar verknüpften Großunternehmen mit der Anmeldung vielfach die Forderung, als Gesamtunternehmen bewertet — und ausgezeichnet — zu werden[59] oder zögerten ihre Anmeldung angesichts der ablehnenden Haltung der DAF hinaus. Doch arrangierten sich diese Unternehmen in der Regel nach dem zweiten oder dritten Durchgang des »Leistungskampfes«, wobei der Krupp-Konzern — wie die Diskussionen bei der GHH oder zwischen den Siemensdirektoren und der DAF zeigen — als Präzendenzfall diente. Indes unterstreicht das Beispiel des hier nicht behandelten Kunstfaserkonzerns Vereinigte Glanzstoff-Fabriken, daß auch Großbetriebe den DAF-Wettbewerb von Beginn an unterstützten[60].

Ungleich breiter waren schließlich die verschiedenen »Leistungsabzeichen« oder das »Gaudiplom« verteilt. So hatten 1938 schon 1 662 Betriebe, 1939 bereits 2 102 Betriebe und 1942 ca. 7 800 Betriebe das »Gaudiplom« erhalten und waren in den Jahren 1937 bis 1939 insgesamt 1 716 »Leistungsabzeichen« vergeben worden, von denen wiederum auch in der Großindustrie das »Leistungsabzeichen« für die Berufsausbildung am meisten verliehen wurde. Innerhalb der Industrie entfiel dabei der größte Teil auf Lehrwerkstätten der Eisen- und Metallindustrie. 1942 war die Zahlen der »Leistungsabzeichen« dann auf 4 642 gestiegen, zu denen nochmals 2 193 »Leistungsabzeichen« für Kleinbetriebe hinzukamen[61]. Allerdings erreichte die Beteiligung am »Leistungskampf« zu keinem Zeitpunkt das 1937 großspurig verkündete Ziel der Vollständigkeit. Auch wenn die DAF von Jahr zu Jahr über enorme Steigerungsraten aus den einzelnen Gauen berichtete, gestand sie gleichzeitig Mobilisierungsprobleme ein. An eine Pflichtteilnahme war aber nach Ansicht des Gauobmanns der DAF im Gau Essen, Johlitz, schon aufgrund der organisatorischen Schwierigkeiten bei der Kontrolle aller Betriebe nicht zu denken[62].

### 4. *Zusammenfassung*

Mit dem »Leistungskampf der deutschen Betriebe« gelang der DAF somit der Einbruch in die bis 1936 für sie nur mühsam zugängliche Betriebsebenen. Dabei war die Arbeitsfront nach anfänglichen Auseinandersetzungen mit dem Reichswirtschafts- und dem Reichsarbeitsministerium sowie mit der Reichsgruppe Industrie zunächst nur in einzelnen Betrieben erfolgreich, konnte aber bis 1938/39 den Wettbewerb weitgehend etablieren. Wenn sie auch Kontrollfunktionen abtreten mußte, blieb der Haupteinfluß doch zu Anfang noch in Händen der DAF. Dabei waren bei dieser DAF-Schöpfung die »beiden Haupttendenzen der DAF-Politik«, wie Mason festgestellt hat,

»auf ideale Weise vereinigt«. Gegenüber Industrie und staatlichen Behörden konnte sie ihren Kompetenzbereich erweitern und gleichzeitig bei den Beschäftigten mit der Forderung nach sozialen Verbesserungen um Zuspruch werben[63]. Mit der forcierten Aufrüstung und der Ausrichtung auf den Krieg, den zunehmenden Beschränkungen auf dem Arbeitsmarkt und den Maßnahmen des Regimes, indirekte Lohnerhöhungen einzudämmen, rückten aber gegenüber sozialpolitischen immer mehr die Leistungs- und Rationalisierungskriterien in den Vordergrund.

Ihren Kontrollanspruch konnte die DAF bei großen Unternehmen wie Krupp, der GHH oder Siemens allerdings nicht durchsetzen. Zwar beteiligten sich einzelne Großbetriebe wie der Bochumer Verein frühzeitig führend am »Leistungskampf«. Dies bedeutete aber selbst bei den, den DAF-Aktionen gegenüber aufgeschlossenen Vereinigten Glanzstoff-Fabriken nicht, daß durch die Arbeitsfront »die Vormachtstellung des Arbeitgebers in allen betrieblichen Angelegenheiten und die ausschließliche Verantwortung des Reichsarbeitsministers für die Sozialpolitik in entscheidenden Punkten revidiert worden [waren]«[64]. Für den Bereich des Reichsarbeitsministers mag diese Feststellung zutreffen. Insbesondere die Treuhänder der Arbeit waren bis 1939 nicht in die ihnen zugedachte Position gelangt. Hingegen war die Stellung der Unternehmer zwischen 1936 und 1939 in ihrem Verhältnis zur DAF höchst ambivalent. So trifft für kleine Betriebe die Aussage Masons sicherlich zu. Hier mußte sich der Unternehmer beim »Leistungskampf« mit der Arbeitsfront arrangieren. Die Großindustrie und vor allem die rüstungswichtigen Betriebe besaßen demgegenüber eine viel zu herausragende Stellung, als daß sie durch die DAF erpreßbar geworden wären. Die Eingriffsmöglichkeiten der Arbeitsfront waren zudem bereits 1938/39 zurückgewiesen worden. Die Federführung bei der »Bewertung« der wirtschaftlichen Entwicklung der Betriebe lag ferner weitgehend in der Hand der Unternehmen oder der Industriegruppen selbst. Und schließlich hatte die DAF die Gesamtkoordination der Leistungssteigerung im Februar 1942 offiziell an das Speer-Ministerium abgeben müssen.

Inwieweit die DAF daher mit ihrem Ziel Erfolg hatte, mit Hilfe des »Leistungskampfes« und der verschiedenen Auszeichnungen den Maßnahmen und Aktivitäten ihrer Ämter bei den Betriebsleitungen mehr Gewicht zu verleihen, läßt sich stets nur im Einzelfall nachverfolgen. Vielfach warben allerdings Betriebe in den Antragsformularen für den »Leistungskampf« mit solchen baulichen oder arbeitsorganisatorischen Änderungen und nutzten im Zusammenhang mit dem »Leistungskampf« betriebliche KdF-Maßnahmen oder soziale Einrichtungen zur Selbstdarstellung[65]. Dennoch waren der »Leistungskampf« und die »Leistungsabzeichen« die bedeutsamste Schöpfung der DAF bis 1939 zur dauernden Mobilisierung und Leistungssteigerung der

Betriebe und der Beschäftigten[66]. Und für die DAF selbst stellten die detaillierten Bewerbungsanträge — unabhängig von den Einschränkungen bei den betriebswirtschaftlichen Angaben und den möglicherweise geschönten Daten bei den betrieblichen Sozialleistungen — eine bedeutende Informationsquelle über die Betriebe und den Stand ihres eigenen Funktionärsapparates sowie der Mitgliedschaften der Beschäftigten in anderen NS-Organisationen dar. Mit Hilfe ihres Funktionärsapparates konnte die DAF dann aber Betriebe auch von innen beeinflussen. Umgekehrt benutzten die Unternehmen die DAF-Betriebsfunktionäre gern zur Kontrolle der Belegschaft. Der »Leistungskampf der Betriebe« kann daher als signifikantes Beispiel für die Betriebspolitik der DAF gewertet werden: als Maßnahme zur Leistungssteigerung und zur Verfolgung der eigenen Machtinteressen innerhalb des polykratischen Herrschaftssystems von der DAF eingerichtet und bis 1939 mit zunehmendem »Erfolg« durchgeführt, wurde der Wettbewerb bald nach Kriegsbeginn ohne wesentlichen Einfluß der DAF organisiert, deren Ersatzmaßnahmen am Widerspruch der Industrieunternehmen scheiterten, die ihrerseits eigene Maßnahmen zur Leistungssteigerung entwickelten.

## Anmerkungen

1 Der Ruhr-Arbeiter, 3. Jg., H. 38, 1934; Robert Ley, zit. nach: Sozialistischer Wettbewerb in Musterbetrieben, in: Der Angriff, 9. Jg., Nr. 83, vom 8.4.1935.

2 Verfügung des Führers, Auszeichnung »Nationalsozialistischer Musterbetrieb«, vom 29.8.1936, abgedr. in: Monatshefte für NS-Sozialpolitik, 3. Jg., H. 12, 1936, S. 461.

3 Robert Ley, Anordnung: Grundsätze und Verfahrensvorschriften für die Auswahl von Betrieben, o.D. [1936], Bundesarchiv Koblenz (BA) NS 22/ 663.

4 Leistungskampf der deutschen Betriebe. Richtlinien für die Überprüfung und Beurteilung, in: DAF/ Amt für Berufserziehung und Betriebsführung (AfBB) (Hrsg.), Nationalsozialistischer Musterbetrieb, Berlin 1936, S. 17.

5 Zum Totalitätsanspruch der DAF: die wenige Tage nach der Verfügung Hitlers zum Leistungskampf von Ley herausgegebene »Anordnung 45/36. Grundsätzliche Anweisungen zu der Verordnung des Führers vom 24.10.1934« (d.h. der »Verordnung über Wesen und Ziel der DAF«), vom 2.9.1936, BA Sammlung Schumacher, 223; zu den seit dem Frühjahr 1936 intensivierten Auseinandersetzungen zwischen DAF und Staatsführung eingehend: Timothy Mason, Sozialpolitik im Dritten Reich, Opladen 1977, insb. S. 193—207, S. 248—262; sowie neuerdings: Ronald Smelser, Robert Ley. Hitler's labor front leader, Oxford, New York 1988 und dessen Beitrag in diesem Band.

6 Zu dieser Parallelität: Jürgen Reulecke, Die Fahne mit dem goldenen Zahnrad: der »Leistungskampf der deutschen Betriebe« 1937—1939, in: Die Reihen fest geschlossen. Beiträge zur Geschichte des Alltags unterm Nationalsozialismus. Hrsg. von Detlev Peukert und Jürgen Reulecke, Wuppertal 1981, S. 250 f.

7 Kurt Kränzlein, Führungszeugnis aller Betriebe. Der »Angriff« sprach mit Dr. Ley, in: Der Angriff, 10. Jg., Nr. 211, vom 8.9.1936. Dieses Gespräch wurde in der DAF-Presse mehrfach abgedruckt, z.B. in: Deutsche Arbeits-Korrespondenz, 4. Jg., vom 7.9.1936. Die zentralen Passagen zitiert bei: Mason (wie Anm. 5), S. 249; Reulecke (wie Anm. 6), S. 251. Vgl. auch die anschließende DAF-Propagandakampagne in der DAF-Presse.

8 Zur Biographie und Tätigkeit von Werner Mansfeld, der im Bereich der Arbeitsbeziehungen die einflußreichste Person innerhalb der Regierungsbürokratie war, meine Dissertation (wie Vorbemerkung).

9 Den Forderungen Schachts schlossen sich der Reichsfinanz- und der Reichskriegsminister an. Der Schriftwechsel in: Zentrales Staatsarchiv Potsdam (ZStA-P) RWM 10316. Mason (wie Anm. 5), S. 248—250.

10 Ebd.

11 Die Betriebe werden vorgestellt in: Schönheit der Arbeit. Monatsschrift, H. 2, 1937 (Themenausgabe zu den NS-Musterbetrieben). Schacht blieb der Auszeichnungsfeier demonstrativ fern. Mason (wie Anm. 5), S. 250.

12 Auflistung in: Schönheit der Arbeit, H. 2, 1937 (wie Anm. 11); dagegen: Mason (wie Anm. 5), S. 250, der mehrere ausgezeichnete Rüstungsbetriebe angibt, diese aber nicht im einzelnen benennt.

13 Diese Art der Präsentation alter Einrichtungen war indes keine Seltenheit. Hierzu meine Dissertation (wie Vorbemerkung). Zum Bochumer Verein: Gustav Seebold, Ein Stahlkonzern im Dritten Reich. Der Bochumer Verein 1927—1945, Wuppertal 1981, S. 229 f., 241 ff. (zu Walter Borbet), 253 ff.

14 Die detaillierte Schilderung bei: Reulecke (wie Anm. 6), S. 257—261.

15 Vorgänge in: Historisches Archiv der Fried. Krupp AG (HA Krupp) WA 41 / 6—22 und FAH IV C 112. Die Regelung Leys, in: Ley (wie Anm. 3), Art. 1. Zur GHH: GHH/ Abt. A, an Abt. Schwerte, vom 14.7.1938 (Historisches Archiv der Gutehoffnungshütte Aktienverein (HA GHH) 400145/1). Vgl. auch die ablehnende Haltung im Ruhrbergbau: Klaus Wisotzky, Der Ruhrbergbau im Dritten Reich. Studien zur Sozialpolitik im Ruhrbergbau und zum sozialen Verhalten der Ruhrleute in den Jahren 1933 bis 1939, Düsseldorf 1983, S. 208 f.

16 Briefwechsel von Mansfeld und Schacht mit Göring Mai/ Juni 1937. Vorgänge in: ZStA-P RWM 10316.

17 Ley, Anordnung 18/37, abgedr. in: Leistungskampf der deutschen Betriebe. Hrsg. von der DAF, Berlin 1937; Hupfauer, Anordnung 3/37 und Anordnung 4/37, beide in: Amtliches Nachrichtenblatt der DAF, 3. Jg., Folge 10, vom 6.7.1937; Bangert, Der Leistungswettkampf, in: Rheinische Landeszeitung, vom 22.7.1937 (ZStA-P RWM 10316). Die Forderungen der DAF referiert: Wolgang Spohn, Betriebsgemeinschaft und Volksgemeinschaft. Die rechtliche und institutionelle Regelung der Arbeitsbeziehungen im NS-Staat, Berlin 1987, S. 212—214.

18 Treuhänder der Arbeit für Westfalen Hahn, an Reichsarbeitsminister, vom 6.8.1937 (ZStA-P RWM 10316).

19 Vorgänge in: ZStA-P RWM 10313 und 10316. Im einzelnen hierzu meine Dissertation (wie Vorbemerkung). Die DAF suchte dabei die Vereinbarung über die Beteiligung der IHKn als ein großzügiges Entgegenkommen ihrerseits zu verkaufen. Vgl. auch: Mason (wie Anm. 5), S. 251; Reulecke (wie Anm. 6), S. 253 f.

20 Leiter der Reichswirtschaftskammer Pietzsch, an Mitglieder (zur Weiterleitung an die Betriebe), vom 30.8.1937 (Rheinisch-Westfälisches Wirtschafts-Archiv Köln (RWWA) 20/973/1). Jetzt nahm auch Göring wieder Stellung zu der Teilnahme und forderte die Betriebe zur Anmeldung auf. Göring, Rede auf der 5. Jahrestagung

der DAF (Auf dem Parteitag der NSDAP) am 11.9.1937, abgedr. in: Völkischer Beobachter, Nr. 255, 12.9.1937.

21 Als Beispiel die Antragsformulare der Betriebe der Vereinigten Glanzstoff-Fabriken 1937/38 und 1938/39 (Enka-Archiv S 3-0-3). Zu den Bewertungsbögen z.B. die insgesamt 58 Seiten lange Anleitung mit »Fragen zum Leistungskampf« in: DAF/Fachamt Eisen und Metall, Ratgeber für den Leistungskampf, Berlin 1939, S. 75—133.

22 Kurt Schaaf, Leistungskampf der deutschen Betriebe, in: Monatshefte für NS-Sozialpolitik, 4. Jg., H. 22, vom 25.11.1937, S. 513—519; Reichssicherheitshauptamt, Jahreslagebericht 1938, in: Meldungen aus dem Reich. Hrsg. von Heinz Boberach, Bd 2, S. 202f; Hupfauer, Leistungskampf der deutschen Betriebe (Rede), in: Protokoll der 5. Tagung der Arbeitskammer Westfalen-Nord am 23.11.1938 (ZStA-P DAF, ZB 245); ders., Richtige Menschenführung steigert die Leistung, in: Der Vierjahresplan, 3. Jg., H. 9, 1939, S. 606; DAF/ Fachamt Eisen und Metall (wie Anm. 21), S. 9—74; (Siemens), Aktennotiz vom 3.9.1940, betr. Leistungskampf. Zum Wandel der Kriterien und Anforderungen auch die jährlichen Aufrufe zur Teilnahme in der NS- und speziell der DAF-Presse. (Siemens-Archiv-Akte [SAA] 14 Lp 206). Dagegen Spohn (wie Anm. 17), S. 217 f., der diesen Kriterienwandel übersieht.

23 Die Intervention Schachts erfolgte beim »Leistungsabzeichen« für die Berufsausbildung bereits zusammen mit dem Einspruch gegen den »Leistungskampf« Anfang Februar 1937 und war eingebettet in den in den allgemeinen Streit um den Totalitätsanspruch der DAF. Dies hinderte Ley aber nicht, die »Leistungsabzeichen« unverändert als zwingende Voraussetzung für den Titel »NS-Musterbetrieb« darzustellen. In der Praxis der Titelvergabe spielten solche Forderungen keine Rolle. Hierzu weiter unten.

24 Ley, Anordnung 18/37 (wie Anm. 17). Das »Leistungsabzeichen für vorbildliche Berufserziehung« war als Auszeichnung für die Ausbildungsstätten bereits im Sommer 1936 eingeführt worden. Das Leistungsabzeichen für vorbildliche Berufserziehungsstätten, in: Soziale Praxis, 45. Jg., H. 28, vom 17.7.1936, Sp. 819—821.

25 Leistungskampf der Kleinbetriebe, in: Monatshefte für NS-Sozialpolitik, 5. Jg., H. 15, 10.8.1938, S. 353 f.

26 Schon ab 1939 wurden daher die »Leistungsabzeichen« nochmals in Silber und Bronze unterschieden.

27 Arnhold, Vorbildliche Berufserziehung, in: Völkischer Beobachter, Nr. 333, 28.11.1936; Ley, Ertüchtigung durch Berufserziehung, in: Der Vierjahresplan, H. 2, 1937, S.76. Hierzu eingehend meine Dissertation (wie Vorbemerkung).

28 Hierzu z.B. die Absprache zwischen DAF und der Niederrheinischen IHK Duisburg-Wesel am 21.9.1937 über die zeitliche Abwicklung der verschiedenen Prüfverfahren bis zum Frühjahr 1938 (RWWA 20/973/1). Die Fragebögen der DAF differierten zwar in den einzelnen Gauen und ließen teilweise den Unternehmen mehr Platz für die Eigendarstellung, hielten sich aber alle an die Durchführungsbestimmungen der DAF; als Beispiele die Anträge und Fragebögen bei den einzelnen Betrieben der Vereinigten Glanzstoff-Fabriken für 1937/38 und 1938/39 (siehe Anm. 21). Als Ausnahme von der Regel die Auszeichnung von Krupp 1940 (siehe unten, Anm. 45).

29 Hupfauer, Anordnung 4/37 (wie Anm. 17), mit den Anlagen Nr. 1: Fragebogen der DAF, Nr. 3: Erklärung des Reichstreuhänders der Arbeit, Nr. 4: Erklärung des Kreisleiters oder Ortsgruppenleiters; ferner die Absprache zwischen DAF und der Niederrheinischen IHK Duisburg-Wesel am 21.9.1937 (wie Anm. 28).

[30] Soziale Praxis, 46. Jg., H. 2, vom 8.1.1937, Sp. 45. Zum Ablauf z.B. bei der GHH: GHH, Aktenvermerk, vom 26.4.1941, betr. Werksbesichtigung bei der GHH (Oberhausener Hüttenbetriebe) durch die DAF aus Anlaß der Anmeldung zum Leistungskampf 1940/41 (HA GHH 400145/12).

[31] Berichte der DAF-Gauwaltungen Düsseldorf, Westfalen-Nord, Schlesien, Baden, an den Beauftragten für den Leistungskampf der deutschen Betriebe Hupfauer, Mitte März 1938, betr. Erfahrungen mit der Durchführung des Leistungskampfes (ZStA-P DAF, ZB 205). Die Einwendungen der IHK in: Niederschrift über die Besprechung der Hauptgeschäftsführer der IHKn im Wirtschaftskammerbezirk Düsseldorf, vom 12.6.1939 (RWWA 20/973/2).

[32] Zu diesem Konflikt, bei dem der Bochumer Verein im Mittelpunkt stand: Reulecke (wie Anm. 6), S. 257—265.

[33] So z.B. die Bewertung der Friedrich-Wilhelms-Hütte der Deutschen Eisenwerke durch das Fachamt Eisen und Metall der DAF, vom 30.3.1939 (ZStA-P DAF ZB 245).

[34] Treffend Tilla Siegel, Rationalisierung statt Klassenkampf. Zur Rolle der DAF in der Nationalsozialistischen Ordnung der Arbeit, in: Herrschaftsalltag im Dritten Reich, hrsg. von Hans Mommsen, Düsseldorf 1988, S. 113.

[35] Kriegsmusterbetriebe, in: Monatshefte für NS-Sozialpolitik, 9. Jg., H. 23/24, S. 211 f. Zur Kompetenzabgrenzung von Speer und Ley: NSDAP/ Parteikanzlei, Anordnung A 6/42, vom 15.2.1942 (Archiv Thyssen AG, VSt. Sozialwirtschaft 14/13/1—2).

[36] Hierzu die laufende Berichterstattung in den Zeitschriften: bis Ende 1943: Monatshefte für NS-Sozialpolitik; deren Beilage: Der Vertrauensrat; Soziale Praxis. Ab 1944: Die deutsche Sozialpolitik.

[37] Vorgänge für Ende 1941/ Anfang 1942 in: Archiv der Thyssen AG, VSt. Sozialwirtschaft 14/13/1—2.

[38] Vorgänge ebd.; SAA 14 Lp 206. Beispielhaft: Karl Bretschneider (Direktor des Dortmund-Hoerder Hüttenvereins), Die Betriebsgemeinschaft als Leistungsgemeinschaft, Dortmund 1942.

[39] Bericht für Gustav Krupp, vom 18.9.1937, betr. Sitzung des Beirats der Bezirksgruppe Ruhr am 17.9.1937 (HA Krupp FAH IV C 112).

[40] Dies war das Verlangen der Bezirksgruppe Ruhr (wie Anm. 39). Zum Ruhrbergbau: Wisotzky (wie Anm. 15), S. 209 f.

[41] Hierzu meine Dissertation (wie Vorbemerkung), Tabelle 27.

[42] Zu Poensgen: DAF/ Fachamt Eisen und Metall, an Hupfauer, vom 30.3.1939, betr. Vorschlag zur Auszeichnung: Friedrich-Wilhelms-Hütte der Deutschen Eisenwerke AG (ZStA-P DAF, ZB 245). Zu den verschiedenen Auszeichnungen für Betriebe der Vereinigten Stahlwerke (VSt.) 1937—1939: Monatsberichte der Sozialpolitischen Abteilung der VSt. 1937—1939 (Archiv Thyssen AG, FWH. Berichtswesen VSt. XI, 7—9).

[43] Das Lob in: DAF/ Fachamt Eisen und Metall, an Hupfauer (wie Anm. 42); zum Werk Thyssen, Mülheim/ Ruhr der Deutschen Röhrenwerke: Bericht zum Leistungskampf der Betriebe 1938/39 (Mannesmann-Archiv R 36075).

[44] Rundschreiben der Krupp-Direktion vom 21.7.1937 und 20.7.1938, betr. Musterbetrieb, in: Gustav Krupp, an C. F. v. Siemens, vom 10.5.1939 (SAA 14 Lp 206).

[45] An der Feier nahmen Ley, Hess, Todt und einige Generale teil. Zum Ablauf: Krupp. Zeitschrift der Kruppschen Betriebsgemeinschaft, 32. Jg., H. 16, vom 15.5.1940, S. 154—156.

[46] Niederschriften von Besprechungen zwischen Krupp und Ley am 18.5.1940 und 9.7.1940; Notiz der H. V. vom 15.7.1940 (Vorgänge in: HA Krupp FAHIV C 178).

[47] Dabei wollte die GHH ihre Sozialeinrichtungen zwar als eigene Leistung, aber durchaus innerhalb der nationalsozialistischen Volksgemeinschaftsideologie gewertet wissen. Zu Krupp die Erläuterung in: Antwortschreiben der GHH/ Abt. A, an GHH/ Abt. Düsseldorf, vom 29.7.1938; zur GHH: GHH/ Abt. Düsseldorf, Aktenvermerk über eine Besprechung mit dem Gauobmann der DAF Bangert, vom 31.8.1938; Niederschrift der Unternehmensbeirat-Sitzung vom 29.6.1939 (HA GHH 400145/1, 400145/12, 4001026/10). Ebenso wie die GHH und Krupp wollte auch Siemens nur eine Auszeichnung als »NS-Musterbetrieb« für den gesamten Konzern. v. Witzleben, Aktennotiz über eine Besprechung mit dem Leiter des DAF-Fachamtes Eisen und Metall Jäzosch, 17.11.1938 (SAA 14 Lp 206).

[48] Als ein Beispiel: DAF/ Kreiswaltung Oberhausen, an »Betriebsführer« Hüttenbetriebe Oberhausen, vom 16.6.1939. Weitere Vorgänge sowie zum Druck auf die Betriebsobleute deren Aussagen nach: Niederschrift der Unternehmensbeirat-Sitzung vom 29.6.1939 (HA GHH 400145/1, 400145/12, 4001026/10).

[49] Die GHH mußte allerdings der Anmeldung gleich eine Korrektur hinterherschicken, da die DAF zunächst nur die Betriebe im Gau Essen akzeptiert hatte. Die GHH bestand auf der gemeinsamen Anmeldung für sämtliche Betrieben in allen Gauen. Kellermann und Hilbert, an Gauobmann der DAF Johlitz, vom 3.7.1940; GHH/ Abt. G, an DAF/ Kreisobmann für Essen, Abt. Soziale Selbstverantwortung, vom 20.8.1940 (HA GHH 400145/12, 4001026/7). Zudem beteiligten sich mittlerweile neben Krupp andere Großunternehmen wie die IG Farben, Bosch, Rheinmetall-Borsig, der AEG, Telefunken, Deutsche Fernkabel und Osram.

[50] Zu »Gaudiplomen« und »Leistungsabzeichen« siehe oben, Anm. 42.

[51] Hierzu im einzelnen meine Dissertation (wie Vorbemerkung), Tabelle 29.

[52] Aufstellung der verliehenen »Leistungsabzeichen« für die VSt. (wie Anm. 42).

[53] Zu Krupp und GHH: die Zusammenstellungen in Tabelle 27 meiner Dissertation (wie Vorbemerkung). Zu den insgesamt 50 Auszeichnungen für Siemens-Betriebe zwischen 1942 und 1944 — 8 »Gaudiplome für hervorragende Leistungen«, 17 »Leistungsabzeichen für vorbildliche Berufserziehung« und 1 für »Schönheit der Arbeit«, 1 »besondere Anerkennung als NS-Leistungsträger«, 2 als »anerkanntes Berufserziehungswerk der DAF«, 4 für »Musterlager für Ausländer« und 17 Auszeichnungen für den »Leistungseinsatz im Kriegsverlauf«: Vorgänge in SAA 14 Lp 206.

[54] Arnhold, zit. nach: Soziale Praxis, 46. Jg., H. 2, vom 8.1.1937, Sp. 45.

[55] VSt./ Soz.wirt.Abt., Vermerk, vom 18.3.1939, betr. Werk Hoerde; ebd., vom 2.2.1939, betr. ATH (beide: Archiv Thyssen AG, Sozialwirtschaft 14/08/3).

[56] So die Charakterisierung in: VGF, Zusammenstellungen von Lehrwerkstätten (1938) (Enka-Archiv S 11—2, 11—3). Beurteilt wurden hier mit »Leistungsabzeichen« prämierte Lehrwerkstätten.

[57] Auf eine genaue Aufschlüsselung der Angaben wird an dieser Stelle verzichtet. Zahlenangaben bis 1940: Tagung der Reichsarbeitskammer am 1.5.1940 in Essen (BA NS 22/ 662); für die folgenden Jahre die jährlichen Angaben in: Der Vertrauensrat. Beilage zu den Monatsheften für NS-Sozialpolitik, 1940, S. 33, 1941, S. 41 f., 1942, S. 28—30, 1943, S. 70 f.; sowie in: Die deutsche Sozialpolitik. (Gemeinschaftsausgabe von Soziale Praxis und Monatshefte für NS-Sozialpolitik), H. 2, 1944, S. 18.

[58] So die These bei Hisashi Yano, Hüttenarbeiter, Die Betriebsverhältniss und soziale Lage bei der Gutehoffnungshütte Aktienverein und bei Fried. Krupp AG 1936 bis 1939, Stuttgart 1986 (= Zeitschrift für Unternehmensgeschichte, Beiheft 34), S. 153.

59 So z.B. auch die Mannesmann-Röhrenwerke 1937/38 und 1938/39: Mannesmann-Röhrenwerke/ H.V. Düsseldorf, Rechtsabteilung, an Abt. Forschungsinstitut Huckingen, 9.7.1937 und 13.7.1938 (Mannesmann-Archiv M 49030).

60 Zum Verhältnis der Vereinigten-Glanzstoff-Fabriken (VGF) zur DAF: meine Dissertation (wie Vorbemerkung). Zur Verteilung auf die Wirtschaftszweige die Angaben in Anm. 57. Zur Unterstützung des »Leistungskampfs« durch andere Großunternehmen z.B.: Die Daimler-Benz AG 1916—1948. Schlüsseldokumente zur Konzerngeschichte. Bearb. von Karl Heinz Roth/ Michael Schmid, Nördlingen 1987 (= Schriften der Hamburger Stiftung für Sozialgeschichte des 20. Jahrhunderts, Bd 5), Dok. 71a—d; Klaus-Jörg Siegfried, Das Leben der Zwangsarbeiter im Volkswagenwerk 1939—1945, Frankfurt 1988, S. 50—54.

61 Die Aufschlüsselung nach Auszeichnungen bei: Fundamente des Sieges. Die Gesamtarbeit der DAF 1933—1940. Hrsg. von Otto Marrenbach, Berlin 1940, S. 331; die Aufzählung der einzelnen Betriebe in der Eisen- und Metallindustrie mit den verschiedenen Auszeichnungen bis einschließlich 1939 in: DAF/ Fachamt Eisen und Metall (wie Anm. 21), S. 145—180. Für die Jahre 1940—1943 die Angaben in Anm. 57. Für 1944 konnten keine zusammenfassenden Daten gefunden werden.

62 Johlitz, Einige Fragen des Arbeitslebens, in: Der Ruhr-Arbeiter, 6. Jg., H. 49, 1937; Ley, Aufruf zum Leistungskampf 1938/39, ebd., 7. Jg., H. 41, 1938.

63 Mason (wie Anm. 5), S. 249; Siegfried (wie Anm. 60), S. 54 f.

64 So Mason (wie Anm. 5), S. 252; vgl. auch Yano (wie Anm. 58), S. 153.

65 Hierzu z.B. die Bewertungsbögen für die GHH 1940 (Vorgang in: HA GHH 400145/12); zur Friedrich-Wilhelms-Hütte der Deutschen Eisenwerke (wie Anm. 42); zum Werk Thyssen/ Mülheim der Deutschen Röhrenwerke (wie Anm. 43). Zur Politik der DAF in den Bereichen Berufsausbildung, »Schönheit der Arbeit«, »Gesundheitsfürsorge«, Unfallverhütung und KdF meine Dissertation (wie Vorbemerkung).

66 Mason (wie Anm. 5), S. 252 f.; und im Anschluß daran: Reulecke (wie Anm. 6), S. 269; Yano (wie Anm. 58), S. 152; Michael Prinz, Vom neuen Mittelstand zum Volksgenossen. Die Entwicklung des sozialen Status der Angestellten von der Weimarer Republik bis zum Ende der NS-Zeit, München 1986 (= Studien zur Zeitgeschichte, Bd 30), S. 219; Smelser (wie Anm 5), S. 194—197.

Bernhard R. Kroener

# Der Kampf um den »Sparstoff Mensch«

## Forschungskontroversen über die Mobilisierung der deutschen Kriegswirtschaft 1939—1942*

Der monströse Charakter des Dritten Reiches und seine menschenverachtende Herrschaftspraxis haben die historische Forschung immer wieder veranlaßt, den langfristigen programmatischen und machttechnischen Strukturprinzipien nachzuspüren, auf die sie sich gründete. Da dieses Erkenntnisinteresse neben der Analyse auch der Spekulation Raum gibt, ist die Bandbreite der Interpretationsansätze vergleichsweise extrem. Selbst über zentrale Phänomene der Epoche lassen sich gegensätzliche Positionen vertreten, deren Grundannahmen von ausschließlicher ideologischer Zieltreue der Zeitgenossen bis hin zu situationskonformer politischer Anpassung reichen. Bisweilen erscheint es erstaunlich, daß die einzelnen Erklärungsversuche auf ein und demselben Quellenmaterial basieren.

Die unterschiedlichen Ausgangspositionen werden besonders augenfällig, wenn es darum geht, die Mechanismen zu ergründen, mit denen während des Krieges die Ausbeutung der materiellen und personellen Ressourcen des Reiches und der besetzten Gebiete betrieben wurde.

In diesen Zusammenhang gehört auch die Frage nach dem Mobilisierungsgrad der deutschen Wirtschaft in der ersten Kriegshälfte. Die Antworten erstrecken sich von den noch vorsichtigen Deutungen in den Untersuchungen des United States Strategic Bombing Survey (USSBS), denen zufolge das Regime weder eine totale Mobilisierung der Wirtschaft geplant noch durchgeführt habe[1] über die zugespitzte These von Alan Milward, Hitler habe kurze Kriege gewollt, um die Belastungen für die Zivilbevölkerung gering zu halten[2], bis zu der jüngst von Richard Overy vorgetragenen Auffassung. Seiner Ansicht nach hat es eine »wirtschaftliche Blitzkriegsstrategie« nie gegeben. Von einem vergleichbar hohen Rüstungsniveau der Vorkriegszeit aus sei im Gegenteil versucht worden, eine langfristig durchzuhaltende totale Mobilisierung zu erreichen. Der Autor gesteht aber, nachdem er zunächst

---

* Der Beitrag beruht auf folgenden Veröffentlichungen des Autors: Squaring the Circle. Blitzkrieg Strategy and Manpower Shortage, 1939—1942, in: Wilhelm Deist (Hrsg.), The German Military in the Age of Total War, Leamington Spa 1985, S. 282—303, und: Die personellen Ressourcen des Dritten Reiches im Spannungsfeld zwischen Wehrmacht, Bürokratie und Kriegswirtschaft 1939—1942, in: Das Deutsche Reich und der Zweite Weltkrieg, Bd 5/1, Stuttgart 1988, S. 693—1001.

seine Auffassung materialreich dargetan hat, daß diese Form der Mobilisierung in der ersten Kriegshälfte »elend« gescheitert sei[4]. Diese Einschränkung zwingt geradezu zu der Überlegung, welche Gestalt die deutsche Kriegswirtschaft zwischen 1939 und 1942 nun tatsächlich angenommen hat, welche Intentionen ihr zugrunde gelegen und vor allem welche externen Faktoren möglicherweise einen Konzeptionswandel erzwungen haben könnten.

Die neuere deutsche Forschung hat die Auffassung Milwards inzwischen eindeutig zurückgewiesen. Es erscheint daher in erster Linie geboten, sich mit der von Overy aufgeworfenen Frage zu beschäftigen, ob und in welchem Umfang es bei Kriegsbeginn eine allgemein verbindliche Konzeption einer »totalen Mobilisierung« der Wirtschaft gegeben hat. Nachstehend soll versucht werden, dem Problem auf dem Sektor des Bevölkerungseinsatzes nachzugehen, da hier, intensiver als in jedem anderen Bereich der Kriegswirtschaft, die soziale Befindlichkeit der Gesamtgesellschaft auf dem Spiele stand.

Dabei richtete sich bisher das wissenschaftliche Interesse stärker auf die Lebenswirklichkeit bestimmter, auf der Wertskala des Regimes exakt zu definierender Gruppen und weniger auf die Strukturprinzipien eines globalen Einsatzes des demographischen Potentials des Reiches und der besetzten Gebiete[6]. Vor allem die Sogwirkung, die von den rapide anwachsenden Verlusten der Wehrmacht und den damit verbundenen Neuaufstellungen von Großverbänden auf die zivile Beschäftigungsstruktur ausging, ist erst allmählich ins Bewußtsein der Forschung gerückt.

Zunächst ist festzuhalten, daß im Gegensatz zu England und Frankreich zu Beginn des Krieges eine nennenswerte Anzahl vermittelbarer Arbeitsloser im Reich nicht zur Verfügung stand. Die deutsche Vollbeschäftigung beruhte zweifellos auf den forcierten Rüstungsanstrengungen, mit denen bereits vor dem Krieg eine erhebliche Breitenrüstung erreicht werden konnte. In dieser Situation mußte die Wehrmacht im Sommer 1939 in mehreren Wellen insgesamt 2,5 Millionen zumeist erwerbstätige Wehrpflichtige dem Wirtschaftsprozeß entziehen.

Ein Verlust von Arbeitskräften in dieser Größenordnung bedeutete in einer bereits angespannten gesamtwirtschaftlichen Situation eine erhebliche Belastung. Eine darüber hinausgehende Verschärfung der Lage durch einen auf eine totale Kriegsanstrengung abzielenden Mobilisierungsschub wäre nur zu verkraften gewesen, wenn die dazu notwendigen steuerungstechnischen und organisatorischen Voraussetzungen langfristig vorbereitet worden wären.

In dieser Hinsicht hatte jedoch das unter dem Dach der Vierjahresplan-Organisation wildwuchernde Kompetenzchaos in den Bereichen des Generalbevollmächtigten für die Wirtschaft (GBW), des Reichsministeriums des Innern, des Reichsarbeitsministeriums und des Oberkommandos der Wehrmacht zu erheblichen Verzögerungen in der Mobilmachungsplanung geführt.

Gerade eine totale wirtschaftliche Mobilmachung erforderte vorausschauende, karteimäßig umfassend vorbereitete Maßnahmen zum Ein- und Umsetzen der in Frage kommenden Bevölkerungsgruppen. Die als Teil eines derartigen Instrumentariums ins Leben gerufene »Arbeitsbuchkartei« des Reichsarbeitsministeriums verzeichnete jedoch nur die nichtselbständig Beschäftigten und ließ daher den nicht unerheblichen Anteil handwerklicher und vor allem landwirtschaftlicher und akademischer Berufe unberücksichtigt. Eine »Volkskartei«, die nach dem markigen Ausspruch Görings dazu dienen sollte, jeden deutschen Volksgenossen zwischen dem 14. und dem 60. Lebensjahr mit einer »Mobbeorderung« zu versehen, war 1939 noch nicht einmal über das Planungsstadium hinausgediehen. Insgesamt hatte man bei Kriegsbeginn nur etwa 58 Prozent der arbeitenden Bevölkerung erfaßt[8]. Diese Feststellung gilt auch für den wertvollen, da nur schwer zu ersetzenden Facharbeiterbestand der kriegswichtigen Industrien. Zwar hatten die vom Wehrwirtschaftsstab des Oberkommandos der Wehrmacht (OKW) unmittelbar betreuten Rüstungsbetriebe ihr Personal bereits vor Kriegsbeginn vom Wehrdienst freistellen lassen, doch waren 1939 bei den Zulieferbetrieben entsprechende Vorkehrungen nicht getroffen worden. Ähnlich stellte sich auch die Lage bei den Grundstoffindustrien und im Transportgewerbe dar. Belastend erwies sich, daß die Wehrmacht zur Verschleierung ihrer Absichten im Frühsommer 1939 noch vor der unmittelbaren Mobilmachung in größerem Umfang Reservisten als Spezialpersonal der neuaufzustellenden rückwärtigen Dienste eingezogen hatte, unter denen sich vor allem im Instandsetzungsbereich der motorisierten Divisionen eine erhebliche Zahl unabkömmlich gestellter (uk) Facharbeiter befand. Da die wirtschaftliche Mobilmachung erst am 3. September 1939 verkündet wurde, ließen sich Reklamationen erst von diesem Zeitpunkt an realisieren[9].

Erschwerend kam hinzu, daß selbst die verzögerte Mobilmachungsanweisung für die Wirtschaft nur mit Einschränkungen durchgeführt werden durfte und die Wehrmacht sich bei Rückforderungen aus der Truppe auf den traditionellen Standpunkt stellte, der Waffenkrieg habe Priorität, und für jeden in die Heimat abzugebenden Soldaten sei ein vergleichbarer Ersatzmann zu stellen.

Die »geteilte Mobilmachung«, die dazu dienen sollte, den außenpolitischen Handlungsspielraum des Regimes in Spannungszeiten zu sichern, geriet im Hinblick auf eine rasche umfassende Mobilisierung der Wirtschaft zum Fiasko. Sie kann keinesfalls als Bestandteil einer von langer Hand vorbereiteten Blitzkriegsstrategie gelten. Gerade eine derartige Konzeption hätte im Konfliktfall eine rasche, wenngleich zeitlich begrenzte, aber gleichwohl umfassende Mobilisierung der Wirtschaft erforderlich gemacht. Ebenso ist aber auch die Feststellung, die Overy in diesem Zusammenhang trifft, daß, »als im September 1939 der europäische Krieg tatsächlich kam, [...] die Strategie der totalen wirtschaftlichen Mobilmachung auf Grund von Intentionen Hitlers sogleich aktiviert« wurde, anhand der Quellen nicht zu belegen[10].

Es wäre nun aber durchaus vorstellbar, daß Hitler, unbeeinflußt von den bis zu diesem Zeitpunkt unzureichenden Vorbereitungen und Mängeln in der praktischen Durchführung, klar umrissene Vorstellungen darüber besessen hat, wie ein zukünftiger Krieg geführt werden müsse und welche wirtschaftlichen Maßnahmen in diesem Fall zu treffen seien.

Es kann kein Zweifel daran bestehen, daß Hitler langfristig den Kampf um die Weltherrschaft anvisierte. Dieses Endziel lag für ihn aber so fern, daß er durchaus Zweifel hegte, ob er es noch erleben werde. Das bedeutete, daß er aus seiner sozialdarwinistischen Vorstellungswelt heraus die Leistungskraft des Reiches auf einen langdauernden Konflikt auszurichten suchte[11]. Unterhalb dieser langfristigen Perspektive, der offenkundig eher die Rolle eines theoretischen Überbaus als einer realistischen Perspektive zukam, setzte er anscheinend bis zum September 1939 auf das strategische Konzept kurzer militärischer Schläge[12].

Diese Konzeption, in der begrenzte militärische Aktionen in das Kalkül einer übergeordneten Weltauseinandersetzung eingebettet wurden, darf aber nicht ohne weiteres als Ausdruck einer Blitzkriegsstrategie mißdeutet werden. Gerade die militärische Führung des Deutschen Reiches hat zumindest bis zum Sommer 1940 immer wieder darauf hingewiesen, daß derartige begrenzte Konflikte unter Einsatz *aller* Energien *kurz* und schlagkräftig geführt werden müßten[13]. Ob und in welchem Umfang diese Überzeugung von der Notwendigkeit eines kurzen Krieges, der, basierend auf der geopolitischen Mittellage des Reiches, Grundbestandteil der strategischen Planungen Preußen-Deutschlands seit den Tagen Friedrichs des Großen war, Eingang in die operativen Weisungen für die Kriegführung und die entsprechende materielle Mobilisierung der Kriegsmittel fand, hing entscheidend von der Einschätzung der gegnerischen Kräfte ab.

Bereits im Fall Polens läßt sich ein entsprechender Umschwung im strategisch-operativen Kalkül zwischen März und August 1939 deutlich erkennen — ein Konzeptionswechsel, der sich letztlich auch in Hitlers öffentlichen Äußerungen widerspiegelt. Hatte er Ende Mai 1939 einen Krieg von 10 bis 15 Jahren Dauer nicht ausgeschlossen, notierte Halder im Anschluß an die Führerrede vom 14. August 1939, in der Hitler unmißverständlich festgestellt hatte, daß er mit Polen in 6 bis 8 Wochen fertig sein wolle: »Führer will den großen Krieg nicht[14].« Doch bei Hitler, wie in der Folge auch bei vielen Spitzenvertretern des Regimes, verband sich mit dieser Aussage zwar eine Hoffnung, aber keine Feststellung. Diese Einstellung blieb nicht ohne Auswirkungen auf das Verhalten der regionalen Parteikader der NSDAP.

Das Unternehmen gegen Polen bildete also nur ein weiteres Glied in der Kette der »besonderen Einsätze«, wie sie gegen Österreich, das Sudetenland und die Tschechoslowakei geführt worden waren. Hitler war sich zweifellos bewußt, daß mit einem Eingreifen der Westmächte dieses Prinzip durchbrochen werden würde und ein Waffengang, dessen Ausmaß und Dauer nicht abzusehen waren, angetreten werden müßte. Als am 3. September das Unerwartete eintraf, waren sich die militärische wie auch die politische Führung des Reiches zunächst in der Lagebeurteilung einig, daß man nun am Anfang eines langen Krieges stand[15].

So wenig die Wirtschaft 1939 auf eine totale Kriegführung eingestellt war, so wenig waren es die Wehrmachtteile. Raeders pessimistischer Lagebeurteilung, daß die Kriegsmarine, deren megalomaner Z-Plan sich noch in ersten Anfängen befand, nur »mit Anstand zu sterben« verstünde, folgte selbst Göring, der für die Luftwaffe den Offenbarungseid leistete, indem er bekannte: »Luft kann zwar schädigen, aber *jetzt* noch nichts ernstliches tun[16]. Auch das Heer suchte in den ersten Kriegswochen fieberhaft seine defensive Komponente zu stärken, eine drohende Entmotorisierung der Schnellen Truppen zu verhindern und die Mängel bei der Infanterie zu beheben, deren Personal wegen der demographischen Situation des Reiches, verbunden mit der erst vier Jahre dauernden Allgemeinen Wehrpflicht, kaum den Anforderungen eines modernen Bewegungskrieges entsprach.

Die Rüstungswirtschaft versuchte, sich möglichst rasch auf die durch den unerwarteten Kriegseintritt der Westmächte veränderten Produktionsanforderungen einzustellen. Unter dieser Voraussetzung erhält auch ein Zitat aus den Akten des Wehrwirtschafts- und Rüstungsamtes, das Overy zur Stützung seiner These einer bereits vor Kriegsbeginn weitgehend und im September 1939 kurzfristig auf die Bedürfnisse einer totalen Mobilisierung eingestellten Wirtschaft heranzieht, eine andere Deutung. »Andererseits sollen aber *wieder* [Hervorhebung B.R.K.] alle Vorbereitungen so getroffen werden, um einen 5 jährigen Krieg durchzuführen[17].« Mit diesem Hinweis wurde gerade das Wechselbad anschaulich zum Ausdruck gebracht, in dem sich die Wehrwirtschaftsplaner seit Jahren befanden.

Die Führungselite des Dritten Reiches bewahrte sich nur wenige Wochen ihre einvernehmliche Einschätzung, daß man nun am Anfang eines langen Krieges stünde. Die unvorhergesehen stabile Lage im Westen ließ einen allmählichen Auffassungswandel entstehen, wobei sich die optimistische Einschätzung vom Zentrum der Macht zu seiner Peripherie, das heißt mit einer zunehmend realistischeren Beurteilung der eigenen Kräfte im Detail, abschwächte. Waren Göring und Keitel noch Ende Oktober 1939 von einer mehrjährigen Kriegsdauer ausgegangen, so revidierte der Chef OKW bereits Anfang Dezember seine Auffassung, indem er darauf hinwies, der Führer habe erkannt, daß der Krieg auf lange Sicht nicht durchgehalten werden könne. Man müsse ihn schnell beenden, und daher beabsichtige Hitler, den großen Schlag noch vor Weihnachten zu führen. »Es muß alles auf eine Karte gesetzt werden«, sollen seine Worte gewesen sein[18].

Innerhalb weniger Wochen hatten sich die Auffassungen über den weiteren Verlauf des Krieges gleich dreimal diametral verändert. Vom »besonderen Einsatz« mit begrenzten Kräften zum langen Krieg mit einem langfristigen Ausbau der Produktionskapazitäten und der Streckung vorhandener Rohstoffe, dann zum kurzen Krieg unter zeitlich begrenztem Einsatz aller Mittel. Ein derartig rascher Konzeptionswechsel konnte nicht ohne Auswirkungen auf die Mobilisierung der kriegswirtschaftlichen Ressourcen und auf die Haltung der Bevölkerung bleiben.

Der bereits vor Kriegsbeginn aufgrund einer nur in Ansätzen realisierten Mobilmachungsplanung bestehende Kompetenzwirrwarr bei den für die Organisation der Kriegswirtschaft verantwortlichen zivilen Stellen und den für den engeren Rüstungsbereich zuständigen militärischen Institutionen ließ bei zahlreichen Betrieben einen Auftragsstau entstehen, der durch die mangelhafte Regelung des Uk-Verfahren noch verschärft wurde[19].

Aber auch die Masse der Bevölkerung blieb in ihrer Einstellung zum Krieg von diesen abrupten Kursänderungen nicht unberührt. Erste Anzeichen von Arbeitsverweigerungen, die man in der deutschen Industriearbeiterschaft seit Frühjahr 1939 zu konstatieren glaubte, unterliegen bei genauerer Überprüfung gewissen subtilen Schwankungen. So nahmen sie nach der Mobilmachung kurzfristig ab, gewannen aber nach Abschluß des Polenfeldzuges und als Reaktion auf den »Sitzkrieg« im Westen wieder an Intensität. Das bedeutet, daß die arbeitende Bevölkerung zunächst die Härten der Kriegswirtschaftsverordnung unter dem Eindruck eines »besonderen Einsatzes« willig akzeptierte, zumal eine weitverbreitete antipolnische Einstellung und die inzwischen bekanntgewordene Kriegserklärung der Westmächte zusätzlich stimulierend auf die Leistungsbereitschaft wirkten. Als aber die Beendigung des Feldzuges nicht die Friedenszustände wiederkehren ließ, die in den vergangenen Jahren stets den Aktionen gefolgt waren, gleichzeitig eine unmittelbare Bedrohung im Westen nicht erkennbar wurde, befürchtete vor allem die Industriearbeiterschaft, das Regime wolle auf kaltem Wege die wenigen sozialen Errungenschaften der letzten Jahre rückgängig machen[20]. Wie es scheint, erzeugte nicht der Feldzug gegen Polen eine gewisse Unruhe, sondern die paradoxe Situation des nachfolgenden erklärten Nichtkrieges. Timothy Masons undifferenzierte Feststellung, daß die Arbeiterschaft mit verstärkter Arbeitsunlust auf den Kriegsausbruch reagiert habe, läßt sich also so nicht bestätigen[21].

Hitlers Äußerungen, vor allem in seiner »Friedensrede« nach Abschluß des Polenfeldzuges, wurden von der Propagandamaschinerie und den Parteiorganisationen auf regionaler und lokaler Ebene begierig aufgenommen. Die Erinnerung an den Stimmungsumschwung in der Bevölkerung als ausschlaggebendes Element der Niederlage von 1918 war den Führungskadern der NSDAP stets gegenwärtig. Aus dieser traumatischen Erfahrung heraus empfand Goebbels die rigiden Mobilisierungsmaßnahmen, wie sie in der Kriegswirtschaftsverordnung vorgesehen waren, als gefährlich. Mit Erfolg suchte er daher in den Monaten nach dem Polenfeldzug einzelne, ihm unpopulär erscheinende Maßnahmen der wirtschaftlichen Mobilisierung zu hintertreiben[22].

Wenn also Richard Overy bereits das Inkrafttreten der Kriegswirtschaftsverordnung als sichtbares Zeichen einer funktionierenden Mobilisierung der Wirtschaft auf den Krieg deutet, dann übersieht er zweifellos den Einfluß polyzentrischer Kräfte im Machtgefüge des Dritten Reiches[23]. Am Widerstand der Gauleiter, der Deutschen Arbeitsfront (DAF) und mit ihnen im Bündnis der Industrieverbände und schließlich der Arbeiterschaft bleiben gerade in den ersten Kriegsmonaten alle Maßnahmen zur Dienstverpflichtung von Arbeitern in entferntere Produktionsstätten, die regionale Konzentration der ungleichmäßig vergebenen Rüstungsaufträge im Rahmen des Reichsausgleichs und letztlich die Stillegung nichtkriegswichtiger Fertigungen weit hinter den Erwartungen zurück[24]. Im Gegenteil, durch die aus innenpolitischen Rücksichten erzwungene Streuung von Rüstungsaufträgen auch auf Klein- und Mittelbetriebe waren Rationalisierungsmaßnahmen in der Produktion ebensowenig zu erreichen wie die dringend erforderlichen Einsparungen auf dem Sektor des Facharbeitereinsatzes. Damit war auf lange Sicht eine effiziente umfassende Mobilisierung der Wirtschaft für den Krieg gescheitert, nicht zuletzt weil sie von der politischen Führung des Reiches als unzweckmäßig, ja sogar als das System destabilisierend empfunden wurde.

Die Streuung von Wehrmachtaufträgen führte dazu, daß jeder Betrieb sich bemühte, wenigstens einen derartigen Auftrag zu erhalten, der es ihm ermöglichte, seine Facharbeiter, seinen Maschinenpark und seine Lagerbestände zu sichern. Der Konkurrenzkampf, den die Beschaffungsstellen der Wehrmachtteile untereinander ausfochten, bewirkte, daß viele Betriebsführer mit stillschweigender Duldung der sie betreuenden Rüstungsdienststellen nach Abschluß eines Auftrages ihre personellen und materiellen Kapazitäten für weitere Anschlußaufträge des jeweiligen Wehrmachtteils zur Verfügung hielten. Bis dieser Auftrag einging, produzierten diese Betriebe für den zivilen Bedarf. Niemand konnte ein Interesse daran haben, diesen Zustand zu ändern. Wenn also heute das in diesem Zusammenhang entstandene zeitgenössische statistische Material unkritisch als Beweis dafür herangezogen wird, daß die Industrie bereits zu einem frühen Zeitpunkt mit Rüstungsaufträgen weitgehend ausgelastet gewesen sei, dann beweist diese Feststellung nur, daß die Absichten, die die Zusammenstellung dieses Materials vor Jahrzehnten leiteten, auch heute noch ihren Zweck erfüllen[25]. Erst vor dem Hintergrund des enormen Personalbedarfs der Streitkräfte in den Jahren 1943/44 und den damit verbundenen Auskämmaktionen wird deutlich, in welchem Umfang im ersten Kriegsjahr deutsche Arbeitskräfte noch zur Verfügung gestanden hatten[26]. Ein anschauliches Beispiel bietet hierzu die ständig steigende Zahl von unabkömmlich gestellten Arbeitern. Waren es bei Kriegsbeginn nur etwa 1,7 Millionen gewesen, so stieg ihre Zahl bis zum September 1941 auf 5,6 Millionen Menschen an, um erst unter dem Eindruck der erheblichen Verluste des Ostheeres einen ersten Einbruch zu erfahren[27].

Der Vergleich der martialischen Äußerungen, die Hitler und seine engsten Paladine in der Öffentlichkeit und im Kreise von Fachleuten und Vertrauten von sich gegeben haben, verstärkt den Eindruck einer aus Unsicherheit geborenen Doppelzüngigkeit, bisweilen aber auch einer grotesken Planlosigkeit. Zweifellos gehörte der Appell zur umfassenden Mobilisierung der Kraftreserven des deutschen Volkes als Stilmittel in das sozialdarwinistisch inspirierte Propagandarepertoire des NS-Regimes, das selbst die Produktion von Eiern und Käse zur landwirtschaftlichen »Erzeugungsschlacht« stilisierte.

Somit bleibt für die erste Phase des Krieges bis etwa zum Ende des Frankreichfeldzuges im Juni 1940 festzuhalten, daß es weder zur Ausbildung einer spezifischen Blitzkriegswirtschaft im Sinne der Definition von Alan Milward gekommen ist, noch, wie Richard Overy zu konstatieren glaubt, der Versuch unternommen wurde, eine totale kriegswirtschaftliche Mobilisierung zu erreichen.

Vor dem Hintergrund einer als unausweichlich angesehenen Weltauseinandersetzung schwankte Hitler vielmehr zwischen der Hoffnung auf einen begrenzten Konflikt mit entsprechender partieller ökonomischer Mobilisierung und einem auf lange Frist angelegten Krieg hin und her. Die militärische Führung und die Rüstungsbürokratie hofften dagegen auf einen kurzen Krieg, glaubten ihn aber ohne eine — wenn auch nur kurzfristige — umfassende Mobilisierung aller Kräfte des Staates nicht realisieren zu können. Die Parteiführung, vor allem auf der Ebene der Gaue und Kreise, sowie die DAF als selbsternannte Interessenvertreterin der Arbeiterschaft meinten in Erinnerung an die Jahre des Ersten Weltkrieges, der Bevölkerung eine derartige Belastung nicht erneut zumuten zu können. In Anlehnung an die von der Propaganda des Regimes verbreiteten vagen Friedenshoffnungen unterstützten sie daher die zurückhaltende und abwartende Haltung von Industrie und Arbeiterschaft. Mit Blick auf das feindliche Ausland, bisweilen auch als Beruhigung der unterschwellig vorhandenen eigenen Befürchtungen akzentuierten die führenden Vertreter der Partei und des Staates in der Öffentlichkeit den Eindruck eines auch im Hinblick auf einen langen Krieg ungebrochenen Durchhaltewillens der Bevölkerung.

Die Schwäche der Gegner, die Fähigkeit, kritische Lagen aus einer grundsätzlichen, wenn auch partiellen Identität mit den Zielen des Regimes improvisatorisch zu lösen, nicht aber ein verbindliches Konzept gesamtstaatlicher Mobilisierung prägten das Bild der deutschen Kriegsanstrengungen bis zum Ende des Frankreichfeldzuges. Der unerwartete Sieg über den Angstgegner des Ersten Weltkrieges, dessen rascher Zusammenbruch die politische und militärische Führung des Dritten Reiches ebenso betäubend traf wie das Ausland, stellt zweifellos einen der herausragenden Wendepunkte des Krieges dar. Noch unter dem Eindruck der Kapitulation bekannte Halder in einer Generalsbesprechung in Versailles, das Ausland frage sich, wie der deutsche Sieg zustande gekommen sei. Kriegführung, so erläuterte der Chef des Generalstabes des Heeres weiter, sei eben immer ein System von Aushilfen. Treffender läßt sich die Struktur der deutschen Kriegsanstrengungen zu diesem Zeitpunkt kaum charakterisieren[28].

Die Hybris, die dem Siege folgte, ließ aber derartige Gedanken schon bald zur Blasphemie werden. Nicht Improvisation, sondern das »Genie des Führers« hatte den Erfolg möglich werden lassen. Der Blitzsieg im Westen ließ den Blitzkrieg im Osten, zumal im Hinblick auf einen in jeder Hinsicht als minderwertig eingestuften Gegner, realistisch erscheinen.

Die Forschung hat inzwischen die von Milward als Beweis einer funktionierenden Blitzkriegswirtschaft gewerteten Umsteuerungsbefehle vom Sommer 1940 auf der Ebene der Mittelinstanz und der Betriebe auf ihre praktische Umsetzung hin untersucht und ist dabei auf ein wenig erstaunliches, nichtsdestoweniger bisher unbeachtet gebliebenen Phänomen gestoßen[29].

Einschneidende Umsteuerungen im industriellen Produktionsprozeß lassen sich nicht binnen weniger Wochen erreichen. Deshalb bestand für die deutsche Rüstungswirtschaft, als Hitler Ende September 1940 eine erneute »Umstellung« anordnete, zwar die Notwendigkeit zu einer weiteren Steigerung des Produktionsausstoßes auf dem Sektor des Heeresgerätes, zu einer Umsteuerung der Kapazitäten gab es jedoch keine Veranlassung. Seit es Fritz Todt als Reichsminister für Bewaffnung und Munition im Vorfeld des Frankreichfeldzuges gelungen war, den inflexiblen Strukturen der bis dahin dominierenden »militärischen Kommandowirtschaft«[30] das Prinzip der »industriellen Selbstverwaltung« gegenüberzustellen und ihre Leistungsfähigkeit nachzuweisen, war die deutsche Rüstungsindustrie mit einem deutlichen Schwerpunkt auf der Heeresrüstung erkennbar effizienter geworden. Auf dieser Basis ließen sich die Kapazitätserweiterungen für den Bedarf des Ostheeres unschwer durchführen.

Der Sieg über Frankreich hatte aber auch Auswirkungen auf die Einstellung der Bevölkerung zum Regime und zum Krieg. Ähnlich wie bereits beim Feldzug gegen Polen hat es den Anschein, als ob die Mehrheit der Bevölkerung gegen die politisch-expansiven Ziele des NS-Regimes keine Einwände erhob, jedoch stets in der Angst vor einem möglichen Mißlingen lebte[31]. So mag der rasche Erfolg gegen einen Gegner, dem Hitler selbst intensiv empfundene Kriegserfahrungen verdankte, die breite Zustimmung und der Glauben an die eigene Genialität, die ihm allenthalben bestätigt wurde, ihn veranlaßt haben, den geplanten Ostkrieg tatsächlich als Blitzkrieg zu konzipieren und durchzuführen. Sein Entschluß wurde ihm zweifellos durch die Haltung der militärischen Führungselite erleichtert, die ihre bisherige vorsichtige Zurückhaltung aufgegeben hatte und die ihrerseits unter Hintansetzung jedes realitätsbezogenen Kräftevergleichs überzeugt war, daß, nach dem überwältigenden Erfolg gegen Frankreich, keine Macht in Europa den deutschen Waffen gewachsen sein werde.

Die politisch-militärische Führung des Reiches war sich zum erstenmal seit Beginn des Krieges einig, daß es möglich sein müsse, durch einen temporär begrenzten, genau berechneten Rüstungsausstoß das Heer zahlenmäßig so zu verstärken und entsprechend auszurüsten, daß im Rahmen einer zeitlich beschränkten Aktion ein Gegner, dessen Kampfkraft und Ressourcen als unterlegen eingeschätzt wurden, niedergeworfen werden konnte[32].

Gerade im Bereich des Arbeitseinsatzes lassen sich bis zum Sommer 1941 einige signifikante Elemente der praktischen Umsetzung einer derartigen Blitzkriegskonzeption mit kalkuliertem Kräfteansatz deutlich ausmachen.

Den erheblichen qualitativen Unterschied zwischen den Rüstungsanstrengungen vom Spätjahr 1939 und dem Herbst 1940 hat Overy in dem Bemühen, seinem Modell einer versuchten totalen Kräfteanspannung der deutschen Volkswirtschaft bis 1942 eine gewisse Stringenz zu verleihen, offensichtlich übersehen. Vermutlich lassen sich diese Zusammenhänge aber auch nur erkennen, wenn man die Interdependenz politisch-militärstrategischer und ökonomischer Faktoren zutreffend zu gewichten vermag[33].

Bei der Notwendigkeit, die Wehrmacht für den Ostkrieg personell erheblich zu verstärken, bei einer gleichzeitig großzügig geübten Uk-Stellungspraxis, bei der ganze Belegschaften vom Kriegsdienst freigestellt wurden, und vor dem Hintergrund der aus Sicherheitserwägungen noch nicht erfolgten großräumigen Umsetzung von Kriegsgefangenen und den bestehenden ideologischen Hemmnissen bei der Mobilisierung weiblicher Arbeitskräfte, galt die zeitweise Beurlaubung von Metallarbeitern aus den Verbänden des Feldheeres in die Betriebe der Rüstungswirtschaft als ein der Blitzkriegsstrategie kongeniales Instrument auf dem Sektor der personellen Rüstung. Indem man die Soldaten ihre eigenen Waffen produzieren ließ, schien man in bezug auf die angespannte demographische Situation des Reiches die Quadratur des Kreises erreicht zu haben[34].

Das auf den ersten Blick bestechende Projekt konnte jedoch nur dann Erfolg haben, wenn man von der Voraussetzung ausging, daß der beabsichtigte Feldzug keine überdurchschnittlichen personellen wie materiellen Verluste verursachen würde. Trat dieser Fall ein, dann wog jeder Verlust doppelt schwer, da nun nicht nur der Kämpfer, sondern auch die zur Herstellung neuen Kriegsgerätes notwendige Fachkraft zu ersetzen war. Dieses Risiko konnte demnach nur der eingehen, der vom Erfolg seiner strategischen Planung zutiefst überzeugt war.

Aber nicht nur die personelle, sondern auch die materielle Rüstung wurde im zweiten Kriegsjahr erkennbar den Erfordernissen einer Blitzkriegsstrategie unterworfen. Ausgehend von den Prämissen eines begrenzten Kräfteansatzes hatten die militärischen Wehrwirtschaftsexperten, gestützt auf die Erfahrungswerte des Frankreichfeldzuges, Ende 1940 gemeldet, daß zum angenommenen Feldzugsbeginn gegen die Sowjetunion zwar ein zwölfmonatiger Munitionsvorrat, hingegen aber nur eine auf eine dreimonatige militärische Aktion hin angelegte Waffen- und Geräteausstattung des Ostheeres vorhanden sein werde. Hitler entschied daraufhin am 20. Dezember 1940, nur wenige Tage nach Ausfertigung der operativen Weisung für »Barbarossa«, daß bei Erreichen der genannten Planziele die entsprechenden Fertigungskapazitäten zur Herstellung der für die Fortsetzung des Kampfes gegen England notwendigen Ausrüstung von Luftwaffe und Marine umzusteuern seien[35]. Während die Rüstungsindustrie vor und im Verlauf des Frankreichfeldzuges ausschließlich für die laufenden Operationen produziert hatte, stellte man bereits ein halbes Jahr vor Beginn des Ostkrieges entscheidende Weichen für eine Umstellung der Fertigung zu Lasten des Heeres, das in dem bevorstehenden Kampf die maßgebliche Rolle spielen mußte. In welchem Umfang sich die Planungen vom Dezember 1940 bereits vor Beginn des Unternehmens »Barbarossa« praktisch auswirkten, läßt sich an der weiteren Behandlung der Rüstungsurlauber ablesen. Anstatt diese Soldaten nach Erfüllung ihrer Aufgaben unverzüglich der Truppe zur weiteren Ausbildung wieder zuzuführen, hielt man im Frühjahr 1941 einen nicht unbeträchtlichen Teil von ihnen in der Industrie zurück, um sie bereits zu diesem Zeitpunkt verstärkt in Programmen der Luftwaffen- und Marinerüstung zu beschäftigen. Sie trugen dazu bei, daß die Zahl der Unabkömmlichgestellten ständig weiter anstieg und zu Beginn der Operationen im Osten die 5-Millionen-Marke überschritt[36].

Am Beispiel der Uk-Stellungspraxis lassen sich im Vergleich der entsprechenden Maßnahmen zu Beginn des Frankreichfeldzuges und des Ostkrieges die Elemente eines Blitzkriegskonzepts mit kalkuliertem Zeitansatz besonders anschaulich herausarbeiten. Vor Beginn der Operationen im Westen hatte das für den militärischen Ersatz zuständige Allgemeine Heeresamt (AHA) eine unbefristete Uk-Stellungssperre vom Feldheer zur Heimat verfügt, um der Truppe während der Kämpfe keine Soldaten entziehen zu müssen. Auch vor Beginn des Rußlandfeldzuges erfolgte eine entsprechende Verfügung, diesmal jedoch mit der maßgeblichen Einschränkung, daß die Sperre, genau auf drei Monate begrenzt, im September 1941 aufgehoben werden sollte[37].

Während das Heer, in Erwartung kräftezehrender Materialschlachten, im Mai 1940 mit tiefgestaffelten operativen Reserven den Angriff gegen Frankreich begonnen hatte, standen im Sommer 1941, obwohl die Zahl der Frontverbände erheblich erhöht worden war, dem Feldheer kaum nennenswerte Reserveformationen zur Verfügung. Damit bestätigt sich das Blitzkriegskonzept auch im Hinblick auf einen begrenzten operativen Kräfteansatz.

Aufgrund der sektoral bereits Anfang 1941 eingeleiteten Umsteuerungsmaßnahmen in der Rüstungswirtschaft erzielten die Betriebe der Luft- und Marinerüstung schon in der zweiten Jahreshälfte 1941 erkennbare Produktionssteigerungen.

Während mittelfristig vorbereitete Umsteuerungen durchaus erfolgreich verliefen, blieben kurzfristige Änderungen der Prioritäten stets unbefriedigend. Als der Verlauf des Feldzuges gegen die Sowjetunion im Herbst 1941 nicht den erhofften Sieg und auch nicht die angestrebten operativen Zielmarken erreichte, zeigte sich die politische wie militärische Führung ebenso wie die Kriegswirtschaft außerstande, sich rasch auf die veränderte Lage einzustellen.

So glaubten im Spätsommer 1941 die Verantwortlichen noch an die Möglichkeit, die steigenden Materialverluste ausgleichen und die notwendig gewordene Neuausstattung der Wehrmacht durch eine erneute Urlaubsaktion noch größeren Ausmaßes gewährleisten zu können[38]. Das Blitzkriegskonzept begann sich zu perpetuieren. Die sowjetische Gegenoffensive erzwang schließlich im Dezember 1941 den Offenbarungseid. Aufhebungen von Uk-Stellungen zur Deckung der Personalverluste sowie ein massiver Einsatz sowjetischer Kriegsgefangener und Fremdarbeiter, nicht nur in der Rüstungsindustrie, sondern auch bei den rückwärtigen Diensten der Feldverbände der Wehrmacht, waren die zwingende Folge. Doch selbst im Angesicht des Scherbenhaufens aller bisherigen Maßnahmen zur Sicherung der personellen Ressourcen von Front und Heimat vermochte sich die Kriegswirtschaftsbürokratie nicht so rasch, wie es die Lage erfordert hätte, auf die neue Situation einzustellen. So lief etwa das »Spezialbetriebsschutzabkommen«, dessen grober Raster zu viele ersetzbare wehrfähige Arbeitskräfte der Truppe vorenthalten hatte, noch bis zum 31. März 1942 weiter[39]. Das eklatante Scheitern der kombinierten militärischen und kriegswirtschaftlichen Blitzkriegskonzeption im Winter 1941/42 bedeutete für die militärische Wehrwirtschaftsorganisation die endgültige Entmachtung. Mit der Errichtung des Ministeriums Speer setzte das Präludium des »totalen Krieges« ein.

Will man die sechs großen Angriffsoperationen der ersten Kriegshälfte schematisieren, so läßt sich eine Dreigliederung deutlich erkennen. Die Angriffsoperationen gegen Polen und Frankreich waren weitgehend bestimmt von der militärischen Forderung nach einer den gestellten operativen Zielen adäquaten personellen wie materiellen Ausstattung. Erfolg war ihnen nicht zuletzt deshalb beschieden, weil die militärischen »Planer« zum Teil bewußt gegen die aus innenpolitischen Erwägungen restriktiven Vorgaben der nationalsozialistischen Führung handelten, die ihrerseits keineswegs eine genaue Vorstellung von der Dauer der Feldzüge hatte. Mit Rücksicht auf die Bevölkerung, deren politische Belastbarkeit man nicht einzuschätzen wußte, verhinderte sie gleichwohl eine umfassende Mobilisierung des gesamtstaatlichen Potentials. Der Skandinavien-, der Balkan- und der Afrikafeldzug stellten dagegen nur sektorale Unternehmen mit begrenzten Kräften dar. Somit kann nur der Ostkrieg als ein geplanter — und gescheiterter — Blitzkrieg gelten. Die Selbstüberschätzung der politischen und militärischen Führung des Reiches nach einem spektakulären und in diesem Umfang nicht erwarteten Sieg über Frankreich, dessen militärische Kraft aus der Erinnerung an den Ersten Weltkrieg von der Bevölkerung genauso wie von der der Frontkämpfergeneration entstammenden politischen und militärischen Elite des Reiches überbewertet worden war, schuf das spezifische Klima, das der Entwicklung des Blitzkriegsgedankens förderlich war. Als zusätzlich stimulierender Faktor trat die mehr aus irrationalen Erwägungen denn aus rationaler Erkenntnis getroffene Einschätzung der Sowjetunion als einem in jeder Hinsicht unterlegenem Gegner hinzu. Durch eine exakte zeitliche Festlegung und einen auf der Basis der angenommenen feindlichen Kräfte genau kalkulierten und daher begrenzten eigenen Kräfteansatz wurde ein geradezu klassischer Blitzkrieg vorbereitet. Als er scheiterte, war die Unterwerfung militärischer Führungsgrundsätze unter ideologischen Prämissen die fast zwangsläufige Folge.

Die These von einer einheitlichen »Blitzkriegsphase« zwischen 1939 und Anfang 1942 erweist sich als ebenso untauglich wie die einer verbindlich akzeptierten, wenngleich gescheiterten »totalen Mobilmachung« in der ersten Kriegshälfte. Beide Systematisierungsversuche legen dem nuancierten Beziehungsgeflecht von ideologisch-politischen Vorgaben, kriegswirtschaftlichen Strategien und kriegführungstechnischen Maximen einen zu grobschlächtigen Interpretationsraster auf. Ihre Attraktivität beruht zweifellos nicht zuletzt darauf, daß sie plakative Feststellungen erlauben, die jedoch bei einer mikroanalytischen Betrachtung ihren simplifizierenden Charakter kaum verleugnen können.

Nach einer Phase der Unsicherheit im Spätjahr 1939 begann etwa mit der Schaffung des Munitionsministeriums im März 1940 eine zunächst noch verhaltene, da in einem steten Konkurrenzverhältnis zur militärischen Rüstungsbürokratie stehende Mobilisierung der Wirtschaft vor allem für die Belange des Heeres. Eine weitere Akzelerierung erfolgte im Vorfeld des Ostkrieges, wobei bereits Anfang 1941 innerhalb der Kriegswirtschaft erste Ansätze einer Umsteuerung zugunsten von Luftwaffe und Marine erkennbar wurden. Nach dem Abbruch aller kriegswirtschaftlichen Blitzkriegsplanungen im Winter 1941/42 setzte mit der Ernennung Speer die Konzentration des deutschen Machtbereichs auf einen totalen Kräfteeinsatz ein.

Eine kurzatmige Planungseuphorie und die Unfähigkeit zur Realisierung gesamtstaatlich wirksamer Mobilisierungsvorstellungen, militärische »Kommandowirtschaft« versus industrielle Selbstverwaltung, ideologische Tabuzonen und militärischer Machbarkeitswahn, Führerverantwortung und Kompetenzchaos, kurz, das Janusgesicht des NS-Regimes ließ eine Herrschaftsrealität entstehen, die zwar langfristig angelegte programmatische Zielvorstellungen besaß, denen jedoch entsprechende allgemein akzeptierte Realisierungskonzepte fehlten.

Der »Schein des Durchdachten« in der Politik des Dritten Reiches hat die historische Forschung immer wieder angeregt, auch dort Züge totalitärer Machtausübung zu konstatieren, wo es dem Regime bis in die Endphase nicht gelang, heterogene Zielvorstellungen seiner Führungsgruppen im Sinne einer programmatisch vorgegebenen Expansionspolitik zu koordinieren. Die Maßnahmen zur Mobilisierung der Gesamtbevölkerung in der ersten Kriegshälfte bieten hierzu ein anschauliches Beispiel[40].

## Anmerkungen

1 United States Strategic Bombing Survey, Overall Report (European War), Washington 1945, S. 31; Rolf Wagenführ, Die deutsche Industrie im Kriege 1939—1945, Berlin ²1963; Burton H. Klein, Germany's Economic Preparation for War, Cambridge 1959; Nicolas Kaldor, The German War Economy, in: ders., Essays on Economic Policy, vol. 2, New York 1965, S. 203—232.

2 Alan S. Milward, Die deutsche Kriegswirtschaft 1939—1945, Stuttgart 1966 (= Schriftenreihe der Vierteljahrshefte für Zeitgeschichte 12); ders., Hitlers Konzept des Blitzkrieges, in: Andreas Hillgruber (Hrsg.), Probleme des Zweiten Weltkrieges, Köln 1967, S. 19—40; ders., Der Einfluß ökonomischer und nichtökonomischer Faktoren auf die Strategie des Blitzkrieges, in: Friedrich Forstmeier, Hans-Erich Volkmann (Hrsg.), Wirtschaft und Rüstung am Vorabend des Zweiten Weltkrieges, Düsseldorf 1975, S. 189—201; in Anlehnung an die Thesen Milwards, aber zugespitzt auf die Arbeitseinsatzlage: Dietmar Petzina, Soziale Lage der deutschen Arbeiter und Probleme des Arbeitseinsatzes während des Zweiten Weltkrieges, in: Waclaw Dlugoborski (Hrsg.), Zweiter Weltkrieg und sozialer Wandel, Göttingen 1981, S. 65—86.

3 Richard J. Overy, Hitler's War and the German Economy. A Reinterpretation, in: The Economic History Review, 2. ser. 35 (1982), No. 2, S. 272—291; ders., Mobilization for Total War in Germany 1939—1941, in: The English Historical Review, 103 (1988), S. 613—639; eine zusammenfassende Darstellung seiner Thesen lieferte Overy in: »Blitzkriegswirtschaft«? Finanzpolitik, Lebensstandard und Arbeitseinsatz in Deutschland 1939—1942, in: Vierteljahrshefte für Zeitgeschichte, 36 (1988), S. 379—435.

4 Ebd., S. 433.

5 Rolf-Dieter Müller, Die Mobilisierung der deutschen Wirtschaft für Hitlers Kriegführung, in: Das Deutsche Reich und der Zweite Weltkrieg, Bd 5/1, Stuttgart 1988, S. 349—689; Kroener, Squaring; ders., in: Das Deutsche Reich und der Zweite Weltkrieg (beides wie Vorbemerkung).

6 Ulrich Herbert, Fremdarbeiter. Politik und Praxis des »Ausländer-Einsatzes« in der Kriegswirtschaft des Dritten Reiches, Berlin, Bonn 1985; Dörte Winkler, Frauenarbeit im »Dritten Reich«, Hamburg 1977; Hans-Eckhardt Kannapin, Wirtschaft unter Zwang, Köln 1966.

7 Kroener, in: Das Deutsche Reich (wie Vorbemerkung), S. 746.

8 Ders., Squaring (wie Vorbemerkung), S. 286.

9 Kroener, in: Das Deutsche Reich (wie Vorbemerkung), S. 759 ff.

10 Overy, »Blitzkriegswirtschaft« (wie Anm. 3), S. 383.

11 Die von Overy in diesem Zusammenhang angeführten Bemerkungen Hitlers stützen diese These. Ebd., S. 387.

12 Müller, in: das Deutsche Reich (wie Anm. 5), S. 387.

13 Generalmajor Georg Thomas, Chef Amtsgruppe Wehrwirtschaftsstab, in der Inspekteurbesprechung vom 28.3.1939, Bundesarchiv-Militärarchiv (BA-MA), Wi/IF 5.384 T.2.

14 Generaloberst Franz Halder, Kriegstagebuch. Tägliche Aufzeichnungen des Chefs des Generalstabes des Heeres. Bearb. von H.-A. Jacobsen, Stuttgart 1962, Bd 1, S. 11, 13.

15 OKW/WiRüAmt, Interne Monatsberichte der deutschen Rüstungswirtschaft, September 1939, BA-MA, RW 19/206.

16 Lagevorträge des Oberbefehlshabers der Kriegsmarine vor Hitler 1939—1945, hrsg. von Gerhard Wagner, München 1972, S. 20 ff.; AHA/KTB, vom 26.8.1939, Imperial War Museum, M I 14/981.

17 Eine zutreffendere Einschätzung der Haltung Hitlers gibt im Gegensatz zu Overy, »Blitzkriegswirtschaft« (wie Anm. 3), S. 387, Müller, in: Das Deutsche Reich (wie Anm. 5), S. 362.

18 Besprechung Keitel/Thomas am 4.12.1939, BA-MA, RW 19/164.

19 Merkblatt D 3/14 vom 11.11.1940, Bestimmungen für Unabkömmlichstellung bei besonderem Einsatz; Wehrwirtschaftsinspekteur VI (Münster), 14.11.1939, BA-MA, Wi/IF 5.375.

20 Kroener, Squaring (wie Vorbemerkung), S. 289.

21 Timothy W. Mason, Innere Krise und Angriffskrieg 1938/1939, in: Wirtschaft und Rüstung (wie Anm. 2), S. 158—188, hier S. 186 f.

22 Müller, in: Das Deutsche Reich (wie Anm. 5), S. 387.

23 Overy, »Blitzkriegswirtschaft« (wie Anm. 3), S. 385.

24 Overys positive Bilanz der Stillegungsmaßnahmen bei Kriegsbeginn erfährt eine entschiedene Korrektur bei: Müller, in: Das Deutsche Reich (wie Anm. 5), S. 442, 446.

[25] Kroener, in: Das Deutsche Reich (wie Vorbemerkung), S. 768 global und mit Einzelbeispielen; dagegen Overy, »Blitzkriegswirtschaft« (wie Anm. 3), S. 410 f.
[26] Folgte man den Thesen Overys, so wären die zahlenmäßig erheblichen Erfolge der Auskämm- und Einziehungsaktionen der zweiten Kriegshälfte kaum verständlich, z.B. Unruhkommission, Bundesarchiv (BA), R 43 I/681. Sondereinziehungs-Aktionen (SE) des Reichsmin. f. Rüstung u. Kriegsprod., BA, R 3/1527.
[27] Kroener, in: Das Deutsche Reich (wie Vorbemerkung), S. 946.
[28] Vortrag Chef. Gen.Stb. d. Heeres vor der Generalität in Versailles am 28. Juni 1940, BA-MA, RH 19 III/141.
[29] Müller, in: Das Deutsche Reich (wie Anm. 5), S. 502 ff., Kroener (wie Vorbemerkung), S. 786 ff.
[30] Dieser äußerst prägnante Begriff zuerst bei Müller, in: Das Deutsche Reich (wie Anm. 5), S. 372.
[31] Kroener, Squaring (wie Vorbemerkung), S. 294.
[32] Das von Overy, »Blitzkriegswirtschaft« (wie Anm. 3), S. 381, Anm. 7, verwendete Zitat ist dort aus dem Zusammenhang gerissen. Es bezieht sich eindeutig nur auf die Vorbereitungsphase des Ostkrieges und nicht auf den Kriegsbeginn 1939.
[33] Ebd., S. 432.
[34] Das von mir in: Das Deutsche Reich (wie Vorbemerkung), S. 791, 794—797, im Detail ausgebreitete Datenmaterial macht deutlich, daß der Kriegswirtschaft insgesamt im Rahmen der verschiedenen Urlaubsaktionen nur etwa 260 000 Mann zur Verfügung gestellt werden konnten. Die bei Overy, »Blitzkriegswirtschaft« (wie Anm. 3), S. 418, genannte Zahl von 600 000 Rü 40-Arbeitern bleibt unverständlich.
[35] Kroener, Squaring (wie Vorbemerkung), S. 296.
[36] Kroener, in: Das Deutsche Reich (wie Vorbemerkung), S. 794.
[37] Kroener, Squaring (wie Vorbemerkung), S. 297.
[38] Kroener, in: Das Deutsche Reich (wie Vorbemerkung), S. 867.
[39] OKW/WiRüAmt, KTB, 12. Dezember 1941, BA-MA, RW 19/166.
[40] Mason, Innere Krise (wie Anm. 21), S. 188.

Ronald Smelser

# Eine »braune Revolution«?

## Robert Ley, Deutsche Arbeitsfront und sozialrevolutionäre Konzepte

Zahlreiche Nationalsozialisten entwickelten Visionen vom anzustrebenden Endzustand des Dritten Reiches. Oft schienen genau so viele Vorstellungen von der nationalsozialistischen Sozialpolitik zu existieren wie es Nationalsozialisten gab. Die Sozialpolitik wurde hauptsächlich in der Deutschen Arbeitsfront (DAF) formuliert, deren Leiter Robert Ley vielleicht das weitgehendste und umfassendste — um nicht zu sagen radikalste — Konzept der zukünftigen Volksgemeinschaft entwickelt hatte. Ley nutzte jede Gelegenheit — öffentliche Reden, Zeitungsartikel, seine eigenen Werke — aus, um seine Pläne darzustellen, so daß diese als bekannt gelten können[1]. Darüber hinaus wurden seine oft widersprüchlichen Äußerungen in den vielen Veröffentlichungen des Arbeitswissenschaftlichen Instituts der DAF konkretisiert. Der Krieg wirkte sich auf die Aktivitäten und Sozialplanung der DAF entscheidend aus, teils durch Beschleunigung während der frühen siegesgewissen Phase, teils durch die dramatische Schwächung, nachdem sich das Blatt gegen das Dritte Reich gewendet hatte.

Hitler hat Ley einmal seinen größten Idealisten genannt, eine Bezeichnung, die gut zu ihm paßte. Man kann mit Recht behaupten, daß von den führenden Nationalsozialisten Ley einer der visionärsten und fanatischsten war[2]. In seiner Kindheit wurde sein Vater wegen Versicherungsbetruges verurteilt, Verarmung und sozialer Abstieg der Familie waren die Folge, was ein traumatisches Erlebnis für den jungen Ley war. Darüber hinaus bedeuteten seine Erlebnisse als junger Mann im Kriege eine weitere seelische Belastung: Nachdem er mehrere Jahre als Artillerist an der Front verbracht hatte, wo er an den Schlachten von Verdun und an der Somme teilgenommen hatte, wurde Ley 1917 Flugzeugbeobachter. Kurz darauf wurde er abgeschossen und schwer verwundet. Danach geriet er in französische Gefangenschaft, wo seine Verletzungen in mehreren Operationen behandelt wurden. 1920 kehrte er endgültig nach Deutschland zurück. Diese seelischen Erschütterungen haben anscheinend bei Ley ein starkes Gefühl der Unsicherheit verursacht, was in den extrem instabilen Jahren der Weimarer Republik nur noch schlimmer wurde. 1924 versuchte er, diese Unsicherheit zu überwinden, indem er sich den Nationalsozialisten anschloß. Die braune Uniform vermittelte ihm ein Gefühl der Geborgenheit und gab seinem Leben einen gesellschaftlichen

Sinn. Ley brachte der Bewegung eine quasi-religiöse Begeisterung entgegen und betrachtete Hitler als eine Art von deutschem Messias. Durch den Sieg der Nationalsozialisten und ihres Führers erhoffte sich Ley eine konfliktfreie, einträchtige Volksgemeinschaft. In der Kampfzeit wurde er zu einem Hauptverfechter dieses Traumes, was ihm Gelegenheit bot, seinem frustrierten Idealismus Ausdruck zu verleihen. Die Hauptbestandteile seiner Vorstellungen sollten ein entwickelter Wohlfahrtsstaat, bessere Aufstiegsmöglichkeiten sowie eine durch völkische Homogenität geschaffene soziale Eintracht sein. Nachdem er Hitler in den Jahren vor der Machtergreifung treu zur Seite gestanden hatte, besonders in seiner Zeit als Gauleiter im Rheinland, wurde er im Mai 1933 dafür belohnt: Hitler übertrug ihm nach der Auflösung der Gewerkschaften die Aufgabe der Gründung einer neuen nationalsozialistischen Organisation, die für die Betreuung der deutschen Arbeiter und für ihre Integration in das Dritte Reich sorgen sollte. Die Deutsche Arbeitsfront bot Ley die Möglichkeit, seinen persönlichen Ehrgeiz zu befriedigen und seine sozialen Träume zu verwirklichen. Als Leiter der DAF wurde er rasch zu einem der mächtigsten Männer im Dritten Reich. In der vielgestaltigen politischen Konstellation des Regimes konkurrierte er in seinem Versuch, deutsche Arbeiter für seine sozialen Träume zu gewinnen, mit Regierungsstellen sowie mit Industrie- und Parteiorganisationen. Durch die schnelle Vergrößerung seiner Organisation übernahm Ley immer mehr Zuständigkeitsbereiche, so daß die Arbeitsfront zu einem wichtigen »Superamt«, einer bürokratischen Herrschaft, zu werden drohte, die Partei und Staat überragen und Hitlers Hauptinstrument für die Einführung eines »braunen Kollektivismus« bilden konnte.

In den Vorkriegsjahren unternahm die DAF in zahlreichen Bereichen Versuche, die Ley für die Schaffung der zukünftigen Volksgemeinschaft für wichtig hielt. Viele davon fielen unter den Begriff »Betreuung«, darunter auch Versuche in wichtigen Bereichen wie Wohnungsbaupolitik und Sozialversicherung. Diese beiden Komplexe waren besonders wichtig, da zum einen angemessene Wohnungen entscheidend waren für den Schutz und die Förderung großer, gesunder Familien, und zum anderen eine ausreichende soziale Absicherung für Krankheit und Alter dem deutschen Volk genügend Sicherheit bieten sollte, um dessen Regimetreue zu erhalten. Nach Kriegsbeginn wurden diese beiden Bereiche noch wichtiger. Die DAF war bemüht, einen aktiven Einfluß auf die Lohnpolitik auszuüben und es gelang ihr, obwohl nach 1933 die Löhne technisch eingefroren waren, auf verschiedenste Art und Weise einen indirekten Ausgleich dafür zu schaffen. Darüber hinaus erstreckte sich die Betreuung durch die DAF auch auf die Betriebe selbst, wo einige Teile der Verwaltung versucht hatten, die Arbeitsbedingungen zu verbessern. Das Amt »Schönheit der Arbeit« beispielsweise führte Werbekampagnen durch, die u.a. zu Verbesserungen in den Bereichen Beleuchtung, Sanitätsbedingungen und Verpflegung führen sollten. Das erfolgreichste Betreuungswerk stellte die Kampagne »Kraft durch Freude« (KdF) dar, die sich mit der Organisation der Freizeit der deutschen Arbeiter beschäftigte. Zu den populärsten Unternehmungen der Bewegung gehörten Ferienreisen, Sport, Erwachsenenbildung, Hobbys und kulturelle Veranstaltungen[3].

In engster Verbindung mit der Betreuung stand die Propaganda, die es der DAF ermöglichte, ihre schon beträchtlichen Errungenschaften zugunsten der Arbeiter übertrieben herauszustellen. Eine ebenso wichtige Rolle spielte sie hinsichtlich der Veränderung des Vokabulars, das den Deutschen zur Verfügung stand, um sich selbst zu charakterisieren, da sich mit der Veränderung der Sprache auch die Denkweise änderte. Mit der Einführung einer ganzen Reihe neuer Ausdrücke in die Sprache versuchte Ley das Ansehen der Arbeiter zu verbessern, denn er war bemüht, die Arbeiter zum Stolz auf die eigene Klasse zu erziehen und bei der restlichen deutschen Bevölkerung den Eindruck sozialer Gleichstellung hervorzurufen.

Obwohl die DAF in der Überwachung und Disziplinierung der Arbeiter eine wichtige Rolle spielte (teils in enger Verbindung mit der SS und der Gestapo), lag ihre Hauptaktivität in der Vorkriegszeit doch eher auf dem Gebiet der populären Maßnahmen wie materielle Begünstigungen und Propaganda, mit denen sie versuchte, das Ansehen der Arbeiter zu fördern und für sie verbesserte Lebensbedingungen zu schaffen.

Eine für die DAF als Anwalt der deutschen Arbeiter teilweise unangenehme Aufgabe war die Steigerung von deren Produktivität. Mit diesem Auftrag, der angesichts des bevorstehenden Krieges immer wichtiger wurde, waren erhebliche Forderungen an die Arbeiter verbunden. Der sauere Apfel, in den die Arbeiter beißen mußten, wurde jedoch erträglicher dadurch, daß die Steigerung der Produktivität mit dem anderen Bestandteil der sozialen Traumvorstellungen Leys verbunden war: dem sozialen Aufstieg. In diesem Bereich konnten die Nationalsozialisten auf Errungenschaften der Weimarer Sozialpolitik zurückgreifen. Gerade in dem Moment, in dem der Arbeiter ein neues Selbstbewußtsein gefunden hatte, bekam er die Möglichkeit, in den Mittelstand aufzusteigen; diese Übergangsmöglichkeit wurde zu einem Bestandteil der Sozialpolitik. Ein wesentliches Hilfsmittel der DAF bei diesen Bestrebungen war die Berufsausbildung, die zu den wichtigsten Aufgabenbereichen gehörte, für die sich Ley 1934 von Hitler die Verantwortung übertragen ließ, und der sich zum Hauptstreitpunkt zwischen Ley und dem Reichswirtschaftsministerium entwickelte. Die Organisation der Berufsausbildung bedeutete, daß die DAF über ein wichtiges Mittel für den sozialen Aufstieg der Arbeiter verfügte. Die DAF nutzte dieses Mittel sehr geschickt aus, insbesondere durch die Austragung nationaler Wettbewerbe wie »Reichsberufswettkampf«

und »Leistungskampf der deutschen Betriebe«. Die Sieger aus beiden Wettbewerben — Einzelpersonen oder Firmen — erhielten Auszeichnungen, die ihnen förderlich waren[4].

Die ideologischen und tatsächlichen Zusammenhänge zwischen Arbeitsfront und Krieg waren schon lange vor Beginn des Zweiten Weltkrieges ersichtlich. So entwickelte Ley viele seiner sozialen Vorstellungen aus dem Erlebnis des Ersten Weltkriegs heraus. Wenn er an die Masse der Arbeiter dachte, so stellte er sie sich meist als eine Arbeiterarmee vor, eines seiner Bücher trug sogar den Titel »Soldaten der Arbeit«. Diese Terminologie wurde dann noch präzisiert, als Ley in den zwanziger Jahren Karl Arnholds Ideen über die Integration der Arbeiter in die Gesellschaft übernahm. Als geeignetes Mittel, die Arbeiter durch Ausbildung und Disziplinierung vom Marxismus abzuhalten, erschien Arnhold die Übertragung des Modells der preußischen Armee auf die Fabriken. Wenn der Arbeiter sich als Mitglied in einer disziplinierten militärischen Gemeinschaft empfand, war es ihm vielleicht möglich, sich von seiner proletarischen Subkultur zu lösen. Dies war deutlich ein Ergebnis des »Sozialismus der Schützengräben« der Kriegszeit[5]. Später gründete Ley für die Betriebe eine uniformierte ideologische Miliz: die Werkscharen. Überdies erzeugte die Erinnerung an die Massen im Kriege und an den totalen Kampf um Leben und Tod in Ley die fast religiöse Überzeugung, daß der Krieg eine apokalyptische, religiöse Auseinandersetzung zwischen dem Guten und dem Bösen, zwischen Schwarz und Weiß sei. Er neigte sowieso dazu, den politischen Kampf der Nationalsozialisten in diesem Sinne zu verstehen; nachdem der Zweite Weltkrieg entbrannt war, konnte eine solche Vorstellung auf eine globale Ebene übertragen werden. Ley stellte sich den Krieg als den Kampf der deutschen Arbeiter um das Gute gegen die dunklen Mächte des internationalen Judentums vor, die in Deutschlands Feinden auf dem Schlachtfeld konkrete Formen angenommen hatten[6].

Ley und Hitler neigten dazu, Erkenntnisse aus dem Ersten Weltkrieg auf eine zukünftige militärische Auseinandersetzung zu übertragen. Ley glaubte — teilweise vielleicht wegen des fehlenden eigenen Erlebens sozialer Geborgenheit — an die Dolchstoßlegende. Er war der Ansicht, daß der »Dolchstoß« darauf zurückzuführen sei, daß man sich in Deutschland während des Krieges nicht genug um die Situation in der Heimat gekümmert hatte: Wenn die Arbeiter genau die Möglichkeiten und Vorteile bekommen hätten, die der Nationalsozialismus ihnen nun versprach, und wenn sie über den nationalen Kampf und seine Bedeutung für ihre Zukunft genau informiert gewesen wären, dann wäre es vielleicht nie zum »Dolchstoß« gekommen. Im November 1936 war diese Haltung bei einem Gespräch zwischen Ley und Oberst Thomas (Leiter des Wehrwirtschaftsstabes im Wehrmachtsamt des Kriegsministeriums) deutlich zu erkennen. Thomas unterstrich die Bedeutung der absoluten Offenheit gegenüber dem deutschen Volk im Falle eines Kampfes; denn sollte Deutschland zur Großmacht werden, würden viele Entbehrungen notwendig werden, über die sich das Volk im klaren sein mußte. Als Antwort führte Ley die Fehler der deutschen Führung während des Ersten Weltkrieges an. Jedes Volk habe seine Grenzen, meinte er.

»Und die war bei uns eben 1918 da am 9. November. Wir mögen darüber traurig sein, betrübt, mögen schimpfen und wettern; Tatsache ist, daß die regierenden Männer vergaßen, dem Volk für die ungeheuere Belastung dieser viereinhalb Jahre auf der anderen Seite neue Kräfte einzugeben und immer wieder hineinzupumpen[7].«

Diese Diskussion zeigt deutlich das Dilemma, dem das Regime und besonders die DAF während der Vorbereitung und der Fortsetzung des Krieges gegenüberstanden. An den teilweise widersprüchlichen Verpflichtungen der DAF läßt sich dieses Dilemma erläutern: Einerseits sollte sie eine Leistungsgesellschaft aufbauen, die einen totalen Krieg unterstützen konnte; andererseits sollte sie durch Betreuung genug Wohlstand schaffen, damit die langfristige Politik des Regimes Rückhalt bei der Bevölkerung finden konnte. Schließlich, während des Krieges selbst, sollte das Regime versuchen, diese Kluft zu überbrücken, indem es die Kriegsbestrebungen mit einer sozialen Umschichtung verband, die die Nachkriegswelt in eine soziale Utopie für alle Deutsche verwandeln würde.

Die DAF der Vorkriegszeit war mit dem Militär auf doppelte Weise organisatorisch verbunden. Die Verbindung zur Wehrmacht wurde zum einen von zwei DAF-Einrichtungen geschaffen — die »Abteilung Wehrmacht« und das KdF-Amt »Wehrmachtheime«, gegründet 1935 bzw. 1936 —, und zum anderen konnte die DAF, aufgrund ihrer Beschäftigung mit der Unterbringung, Ernährung und Unterhaltung einer tatsächlichen »Arbeiterarmee« bei der Errichtung des Westwalls 1938 wichtige Erfahrungen sammeln[8].

Mit Kriegsbeginn 1939 wurden die unzähligen Aktivitäten der DAF noch umfassender. Die Betreuung der Truppe hatte nun höchsten Vorrang, besonders für die KdF-Organisation. Schätzungen besagten, daß sich 80 Prozent der KdF-Tätigkeiten auf die Truppe bezogen, einschließlich der Verwendung von Luxusschiffen als schwimmende Feldlazarette[9]. Bestätigt wurde dies durch die Tatsache, daß die Mobilmachung die höchste Vorrangstufe erhielt. Sämtliche schon in Angriff genommenen Aufgaben, die damit nicht unmittelbar zusammenhingen, mußten schnell erledigt oder völlig aufgegeben werden. Es wurde allmählich klar, daß aus den vor dem Krieg populären Maßnahmen langsam ein zentralisiertes Überwachungsamt wurde, dessen Ziel die Steigerung der Produktivität um jeden Preis war. Die DAF bekam neue Aufgaben: Sie sollte mit den »Wehrmacht-Fürsorgeoffizieren« eng zusammenarbeiten, um den frühestmöglichen Einsatz von verwundeten Soldaten und Zivilisten in der Industrie zu erreichen, möglichst im selben Beruf, den sie vorher ausgeübt hatten. Diese Operation hieß »Förderungsgemeinschaft für Kriegsversehrte«. Sie sollte angelernte und ältere deutsche Arbeiter als Vorarbeiter in den Fabriken einarbeiten, so daß diese die immer größer werdende Anzahl von Fremdarbeitern überwachen konnten. Ferner sollten »Arbeitseinsatz-Ingenieure« in Mittel- und Großbetrieben eingestellt werden, die durch Entwicklung von wissenschaftlichen Methoden zur Steigerung der Produktivität ohne Vergrößerung des Arbeitseinsatzes beitragen sollten. Hunderte von »Refa-Lehrgemeinschaften« wurden ebenfalls in den Förderungsplan aufgenommen — ein Ausbildungsprojekt, das durch Leistungs- und Produktivitätsstudien zu einer zunehmenden Rationalisierung in der Industrie führen sollte. Weitere Aufgabe für die DAF war, wenn auch in kleinerem Umfang, die Fortsetzung der Wettbewerbe der Vorkriegszeit; Fabriken konnten nun den Titel »Kriegsmusterbetrieb« erringen. Durch ihr »Betriebliches Vorschlagswesen« bat die DAF sogar die Arbeiter um Vorschläge für die Steigerung der Produktivität[10]. Außerdem oblag der DAF die Organisation von Ausbildung, Unterbringung, Ernährung und Bewertung der Millionen von Fremdarbeitern, die in immer größerem Umfang nach 1942 eingesetzt wurden. Bis 1944 war die DAF mit der direkten Verwaltung von 1 000 Lagern, in denen 1,1 Millionen Arbeiter untergebracht waren, und der Aufsicht über zusätzlich 4 600 solcher Lager betraut[11].

Die bisher wichtigen Sozialleistungen wurden durchaus nicht aufgegeben und in manchen Fällen sogar erweitert: Das Wohnungshilfswerk half der ausgebombten Bevölkerung mit der Beschaffung von Notunterkünften. Werkskantinen und Vitaminaktionen unterstützten den Gesundheitsschutz. Wie auch früher schon unterlagen die Frauen am Arbeitsplatz besonderer Berücksichtigung: Kindergärten wurden in Fabriken eingerichtet; Lebensmittelgeschäfte am Ort übernahmen Bestellungen, um direkt in die Fabriken zu liefern, wodurch den Frauen das Anstehen und der Zeitverlust erspart wurden. Sogar die Schuhe und Strümpfe der Frauen wurden instandgehalten und repariert (Flickbeutel), um die Stimmung zu heben[12].

Trotz all dieser Tätigkeiten war es nicht zu verheimlichen, daß die Hauptkraft der DAF nicht mehr in der Betreuung, sondern in der Kontrolle steckte. Während das Kriegsglück sich allmählich zuungunsten Deutschlands wendete, neigte die DAF dazu, viele von den Vorkriegsleistungen aufzugeben, da sie bestrebt war, die Produktivität zu steigern. Dies wurde in einem Bericht aus der Kriegszeit folgendermaßen dargestellt:

»Insbesondere kommen die früheren Sozialleistungen der DAF in bezug auf Erwerbslosen- und Krankenunterstützung, Stellenvermittlung, Rechtsberatung, usw. praktisch kaum mehr zur Durchführung, während ihre heutige Sozialarbeit auf jene Probleme beschränkt wird, die von den Nazis als kriegswichtig betrachtet werden. Dies wird von den Nazis auch ganz offen zugegeben[13].«

Auch die Bemühungen der DAF im Bereich des sozialen Aufstiegs litten unter der Not des Krieges. Die Berufsausbildung mußte immer mehr gekürzt werden, um junge Arbeiter baldmöglichst in den Fabriken einsetzen zu können. Die ursprünglich vierjährige Lehrzeit, die den Weg zu einer weiteren Ausbildung garantierte, wurde jetzt auf drei oder sogar zwei Jahre reduziert. Diese Reduzierung der Ausbildungszeit erklärt teilweise das erstaunliche Einsetzen des Berufswettkampfes 1944, also gegen Ende des Krieges[14].

Vermutlich sowohl die Umstellung des Schwerpunktes von populären Sozialmaßnahmen auf die Forderungen nach Steigerung der Produktivität als auch die Euphorie wegen des im Sommer und im Herbst 1940 scheinbar bevorstehenden Sieges führten dazu, daß Ley, auf Forderung Hitlers, eines seiner großartigen, utopischen Versprechen für die Nachkriegszeit ankündigte: das Sozialwerk des deutschen Volkes. Dies beinhaltete einen alle Lebensabschnitte von der Wiege bis zur Bahre umfassenden Sozialleistungsplan (eine Art nationalsozialistischer Beveridge-Plan), der, wenn er durchgeführt worden wäre, eine Gesellschaft des sozialen Aufstiegs und vielfältiger Förderungsmöglichkeiten mit einem beinahe vollständigen Sozialversicherungssystem geschaffen hätte. Der Plan enthielt viele der Vorkriegsrichtlinien der DAF, wie z.B. Berufsausbildung, Sozialwohnung, einen Krankenversicherungsplan, eine neue, gestaffelte Lohnstruktur und eine umfassende Altersversorgung. Diese Vorschläge lassen viele überraschend fortschrittliche Ideen erkennen und kamen in der Nachkriegszeit tatsächlich zur Durchführung[15].

Aber es gab ein Haar in der Suppe. Nach den Siegen der Nationalsozialisten 1940 im Westen kamen im Sommer und Herbst 1941 Erfolge im Osten und es wurde deutlich, daß die revolutionäre Schaffung der Chancengleichheit durch die Nationalsozialisten nicht nur eine Frage der Umschichtung der deutschen Gesellschaft war. Grundelement dieser Revolution war eher die tatsächliche Unterjochung der angeblich »unteren« Rassen im Osten, die mit einem ehrgeizigen Plan für die Besiedlung dieser Gebiete verbunden war. Die Planungsbeauftragten der DAF wurden vom dramatischen und scheinbar verheerenden Charakter der ersten deutschen Siege über die Sowjetunion so angeregt, daß sie sich weltbewegende historische Möglichkeiten ausrechneten und daher weitreichende Pläne vorbereiteten, die den tatsächlichen Zusammenhang zwischen einem rassistisch geprägten Eroberungskrieg und den Plänen der DAF für eine zukünftige deutsche Utopie aufzeigten.

Es stand außer Zweifel, daß die Lösung des Ostproblems Vorteile für das deutsche Volk bringen mußte, wie eine Denkschrift der DAF zeigt:

»Der Zweck einer solchen Lösung ist die wirtschaftliche, vor allem aber siedlungspolitische Nutzung. Die Gebiete sollen für das Staatsvolk, das sie mit den Blutopfern seiner Wehrmacht erobert hat, einen unmittelbaren Ertrag abwerfen, der sich in einer fühlbaren Verbesserung der wirtschaftlichen Lage des Staatsvolkes äußert[16].«

Materieller Wohlstand sollte aber auch mit Chancenreichtum einhergehen: »Der Zug nach dem Osten muß mit einem unmittelbar fühlbaren sozialen Aufstieg verbunden sein[17].«

Die Pläne der Nationalsozialisten für den Osten bedeuteten im Grunde, daß für die sozialen Probleme Deutschlands keine Lösung innerhalb des Altreiches gefunden werden konnte. Leys Vorstellung von einer nationalsozialistischen Revolution ließ sich nur durch die Beherrschung eines großen Gebietes, das von einer beträchtlichen Kolonialbevölkerung bewohnt und von einer zunehmenden Anzahl von deutschen Siedlern und Führungspersonen beherrscht wurde, verwirklichen. Den Intellektuellen bei der DAF war es klar, wie sie an das Ziel kommen würden. Die beiden Elemente der Sozialpolitik der DAF — sozialer Aufstieg und Sozialversicherung — konnten durch eine gezielte Ausbeutung des Ostens verwirklicht werden. Die zahlreichen sich anbietenden Möglichkeiten würden zu einem sozialen Aufstieg führen und

»[es] können im Osten mit einem Schlag Hunderttausende von Volksgenossen auf gehobene Arbeitsplätze rücken, die ihnen unter den nun einmal herrschenden Verhältnissen im Altreich wahrscheinlich für immer verschlossen bleiben müßten«[18]. Und so »ganz gleich, ob jemand als politischer, wirtschaftlicher, technischer oder wissenschaftlicher Pionier nach dem Osten gehen will oder soll — ihm muß damit die größte Chance seines Lebens in ideeller und materieller Hinsicht geboten werden«[19].

Der von Leys sozialer Revolution angestrebte soziale Aufstieg hing von den in großem Umfang zur Verfügung stehenden Möglichkeiten im Osten ab, der aufgrund einer riesigen Investition deutschen Kapitals eine scheinbar unerschöpfliche Quelle billiger Arbeitskräfte und großer Rohstoffvorkommen bieten würde. Nicht nur die verbesserten Möglichkeiten sollten den nach dem Osten umgesiedelten Deutschen einen bisher unerreichten Lebensstandard sichern, sondern auch die Notwendigkeit, sich als »Staatsvolk« von den eroberten Völkern abzuheben, spielte eine wichtige Rolle. Die kolonialen Erfahrungen der Briten und der Franzosen als Beispiel vor Augen war die nationalsozialistische Führung bestrebt, das Bild des Herrenvolkes nicht dadurch zu beflecken, daß sie es zuließ, daß der Lebensstandard seiner ärmeren Angehörigen unter den der wohlhabendsten der eroberten Völker absinke. Man mußte auf jeden Fall vermeiden, daß ein Deutscher

»auch nur vorübergehend in so große soziale Bedrängnis gelangen kann, daß er auf Hilfe und Gemeinschaft der fremdvölkischen Reichsbewohner angewiesen ist«[20].

Die großen Sozialprogramme der DAF, darunter »das Gesundheitswerk, die Altersversorgung, die Berufsausbildung« und besonders »Wohnungsbau«, sind nicht nur

»Probleme der ausreichenden Beteiligung der weniger verdienenden Volksgenossen am volkswirtschaftlichen Ertrag, sondern vor allem auch Fragen des nationalen Ansehens der Deutschen gegenüber den von ihnen geführten Völkern«[21].

Für die Deutschen, die auf Hitlers Aufforderung, nach Osten zu gehen, hörten, sah alles gut aus; für den Führer galten die Früchte der Revolution durch den Chancenreichtum und die Wahrung des Herrenbildes als gesichert. Aber was war mit den Millionen von Deutschen, die im Altreich wohnten? Dort boten sich nicht so viele Chancen wie im Osten. Zumindest am Anfang würden Löhne und Gehälter im Altreich niedriger sein als im Osten, weil Anreiz zur Umsiedlung geschaffen werden mußte. Nach einer gewissen Zeit würden die Leute aus dem Altreich von der neuen Welt der Möglichkeiten im Osten buchstäblich aufgesaugt werden. In diesem Fall benutzten die Denker der DAF öfters die meteorologische Analogie vom »Hochdruck« und vom »Tiefdruck«, um die Gebiete zu beschreiben, die die Leute anziehen würden oder nicht. Der Druck, den die verbesserten Möglichkeiten und die Ausbeutung des Ostens geschaffen hätten, hätte somit eine revolutionäre Rückwirkung auf das Altreich ausgeübt.

»Man mag die Dinge drehen und wenden, wie man will. Die Besiedlung und Erschließung des neuen Ostens wird auf die Verhältnisse des alten Reichsgebietes eine revolutionäre Wirkung ausüben[22].«

Wenn sozialer Aufstieg das Schlüsselwort für die Deutschen im Osten war, war soziale Sicherheit das Schlagwort derjenigen, die in der Heimat geblieben waren. Gerade die Früchte des Sieges sollten auf das Altreich eine derartige Rückwirkung haben, daß sie zur Gründung eines Wohlfahrtsstaates von unerhörtem Ausmaß führen würden, in dem jene Reste der Klassengesellschaft und des Systems sozialer Schichtung untergehen sollten, die die Nationalsozialisten während der ersten Jahre an der Macht frustriert hatten.

Für die Planung der Verbindung zwischen den neuen kolonialen Gebieten und der sozialen Umschichtung durch die Nationalsozialisten in der Heimat bediente sich das Arbeitswissenschaftliche Institut der DAF sogar der marxistischen Terminologie – dem Mehrwert –, allerdings in einem neuen, eigenen Zusammenhang. Die eroberten Völker sollten nur einen Teil ihrer Erzeugnisse behalten; der Rest – der Mehrwert – sollte als Entgelt für die politische Führerschaft den Deutschen übergeben werden. Dies bedeutete die Übertragung der traditionellen Ausbeutung der einheimischen Arbeiter durch die Kapitalisten in der Heimat auf die eroberten Gebiete.

»In einer geordneten und nach anständigen Grundsätzen geführten nationalen Volkswirtschaft kann und darf es einen echten Mehrwert, den etwa der Kapitalist auf Kosten des Arbeiters einsteckt, nicht geben. Jedenfalls hat der Nationalsozialismus die feste Absicht, die Bildung eines solchen Mehrwertes zwischen deutschen Volksgenossen mit allen Mitteln zu unterbinden. Etwas ganz anders ist es jedoch, wenn der Nationalsozialismus einen solchen Mehrwert von den Völkern fordert, die sich infolge ihrer kulturellen Rückständigkeit der deutschen Nation unterlegen erweisen, zumal dieser ökonomische ›Mehrwert‹ die Gegenleistung für den politischen Schutz des Reiches ist[23].«

Hier ist das Kernstück der von der DAF vorausgesagten sozialen Umschichtung sichtbar; die Früchte des Sieges sollten in ausreichendem Maße sämtlichen Deutschen zur Verfügung gestellt werden; die Ausbeutung in der Heimat wäre damit beendet gewesen, da diese jetzt im Ausland betrieben werden würde. Angesichts solcher Richtlinien kann es nicht verwundern, daß Ley öffentlich verkündete:

»In 10 Jahren wird Deutschland nicht wiederzuerkennen sein. Aus einem Proletariervolk wird dann ein Herrenvolk geworden sein. Der deutsche Arbeiter wird in 10 Jahren besser aussehen als heute ein englischer Lord[24].«

Dieser Traum bestand bis ins fünfte Kriegsjahr, als es jedem klar wurde, daß Deutschland den Krieg nicht gewinnen würde. Otto Marrenbach, der Chefadjutant Leys, verkündete gleichwohl in einer Rede am 23. Februar 1944, daß, wenn

»die Waffen unserer Soldaten das siegreiche Ende dieses Krieges herbeigeführt haben werden, dann werden auch die Früchte dieser Leistungsgemeinschaft vor uns liegen«[25].

Aber es sollte anders kommen. Sämtliche Träume der Nationalsozialisten gingen vom totalen Sieg aus, statt dessen sahen sie sich der totale Niederlage gegenüber. Schon während des zerstörerischsten Krieges aller Zeiten zeigte sich die Schizophrenie der Träume Leys. Der Krieg war notwendig, um die Träume der DAF zu realisieren, seine Durchführung setzte aber voraus: langer Arbeitstag, dauernde Forderung nach Produktivitätssteigerung, geringeres Ausbildungsniveau, Schwund der Sozialleistungen — dies alles untergrub die Anziehungskraft und Dynamik der DAF und zerstörte einige ihrer früheren Errungenschaften. Hinzu kam die Einberufung Hunderttausender junger Männer, die als DAF-Funktionäre den größten Anteil der Schwungkraft in der Organisation während der Vorkriegszeit dargestellt hatten. Der letzte Schlag wurde dem sozialen Wunschbild der DAF zugefügt, als Hitler Ende 1942 Ley angesichts der bevorstehenden Niederlage bei Stalingrad befahl, seine sozialen Pläne beiseite zu legen und nicht mehr öffentlich zu erörtern, da sie nur vom totalen Kriegseinsatz ablenkten[26]. Was Ley selbst betrifft, gibt sein ziemlich unrühmliches Versagen, als er während des Krieges als Reichswohnungskommissar mit großer Machtbefugnis ausgestattet war, eine Vorstellung davon, wie gut er im Falle eines deutschen Sieges die Träume der DAF verwirklicht hätte[27].

Die soziale Revolution der DAF stellte also den Versuch dar, eine neue Welt der Aufstiegsmöglichkeiten mit einer Welt der Sicherheit zu verbinden. Da Aufstiegsmöglichkeiten und Sicherheit in der Gesellschaft sich nicht zwingend ergänzten — eine Steigerung des einen bedeutet normalerweise eine Verminderung des anderen —, versuchten die Nationalsozialisten das Ummögliche zu erreichen, indem sie einen rassistisch-imperialistischen Krieg führten, der einen Vorstoß in beide Richtungen ermöglichte. Doch diese Vision war veraltet; denn gerade als die anderen Kolonialmächte Europas dabei waren, sie aufzugeben, trieben die Nationalsozialisten ihre imperialistischen Ideen auf die Spitze. Betrachtet man die nationalsozialistische »Revolution« in diesem Zusammenhang, erscheint sie als eine Ansammlung oft fortschrittlich-moderner, wenn auch widersprüchlicher Ideen, die sich in einem sehr rückschrittlich-traditionellen Rahmen befanden.

## Anmerkungen

1 U. a. Die Deutsche Arbeitsfront. Ihr Werden und ihre Aufgaben, München 1934; Deutschland ist glücklicher geworden, Berlin 1935; Durchbruch der sozialen Ehre, Berlin 1935; Deutschland ist schöner geworden, Berlin 1936; Soldaten der Arbeit, München 1938. Mehrere sind Zusammenfassungen von den wichtigsten Reden Leys.

2 Folgende Angaben über Leys Leben und Karriere bei Ronald Smelser, Robert Ley. Eine Biographie, Paderborn 1989.

3 Eine ausführlichere Darstellung der Organisation »Kraft durch Freude« befindet sich in Laurence Van Zandt Moyer, »The Kraft durch Freude Movement in Nazi Germany 1933–1939«, unveröffentl. Diss., Northwestern University 1967.

4 Für die von der DAF für die Steigerung der Produktivität durch Wettbewerbe angewandten Methoden siehe Smelser (wie Anm. 2), S. 191–197.

5 Ebd., S. 189–192.

6 Siehe besonders Leys Rede in der Anfangszeit des Krieges »Unser Sozialismus. Der Haß der Welt«, Bundesarchiv Koblenz (BA), NS D 50/13.

7 Angaben in Tim Mason, Arbeiterklasse und Volksgemeinschaft. Dokumente und Materialien zur deutschen Arbeiterpolitik 1936–1939, Opladen 1975 (= Schriften des Zentralinstituts für sozialwissenschaftliche Forschung der Freien Universität Berlin, Bd 22), S. 190

8 Der DAF war es klar, daß sie wertvolle Erfahrung beim Bau des Westwalls gesammelt hatte. Siehe DAF-Anordnung 58/39 vom 23.12.1939 in United States National Archives (NA), Mikrokopie T-580/Ordner 694; siehe auch Hans-Gerd Schumann, Nationalsozialismus und Gewerkschaftsbewegung, Hannover 1958, S. 158–159.

9 Ebd., S. 159.

10 Die obengenannten Aufgaben, ein Beispiel von den vielen von der DAF ausgeführten Aufgaben, befinden sich im DAF-Zentralamt, »Entwurf über Organisation und Aufgaben der nachgeordneten Dienststellen der D.A.F. im Kriege« (SNA T-81, Spule 70, Bilder 80 540–550); siehe auch Otto Marrenbach, Fundamente des Sieges. Die Gesamtarbeit der Deutschen Arbeitsfront 1933–1940, Berlin [2]1940, S. 390 ff., für einen Überblick der Aufgaben während des Krieges; eine ausgezeichnete Studie der NS-Sozialpolitik während des Krieges von Marie-Luise Recker, Nationalsozialistische Sozialpolitik im Zweiten Weltkrieg, München 1985.

11 Siehe Edward L. Homze, Foreign Labor in Nazi Germany, Princeton 1967, S. 167; zum gleichen Thema Ulrich Herbert, Fremdarbeiter. Politik und Praxis des »Ausländer-Einsatzes« in der Kriegswirtschaft des Dritten Reiches, Berlin, Bonn 1985.

12 Siehe »Entwurf über Organisation ...« (wie Anm. 10), Bilder 79 396 ff.

13 Siehe kritischer Bericht (wahrscheinlich von den Sozialdemokraten im Exil vorbereitet) »Die deutsche Arbeitsfront im 5. Kriegsjahr«, NA, T-81, 79 424.

14 Ebd., Bilder 79 377–378.

15 Zu Leys Sozialwerk siehe Recker (wie Anm. 10), S. 89–94, 98–106, 121–125; auch Smelser (wie Anm. 2), S. 305 f.

16 Siehe geheime AWI-Denkschrift »Erwägungen zur Nutzung der eroberten Gebiete durch das Deutsche Volk«, eine von mehreren während der Euphorie des ersten halben Jahres des Rußlandfeldzuges geschrieben Denkschriften vom Dezember 1941, BA, NS 25/1679, S. 55.

17 Siehe geheime AWI-Denkschrift von Dezember 1941 »Raum formt Sozialpolitik«, die ausführlichste dieser Schriften, ebd., S. 33.

18 Ebd., S. 35.

19 Siehe die dritte AWI-Denkschrift »Die Durchdringung des Ostens in Rohstoff- und Landwirtschaft«, Dezember 1941, ebd., S. 95; trotz seiner sozialen Träume war Ley sich über die Rohstoffsituation in Rußland im klaren. Siehe das Gespräch zwischen Ley und Colin Cross, über das Hjalmar Schacht berichtet: 27. Juli 1942, in: »Weltpolitischer Rundblick«, BA, NS 22/2040.

20 »Raum formt« (wie Anm. 17), S. 47.

21 Ebd., S. 50.

22 Ebd., S. 40.

23 Siehe »Erwägungen« (wie Anm. 16), S. 55 f.

24 Siehe Leys Rede vor ausländischen Journalisten vom 15.9.1940, zit. bei Recker (wie Anm. 10), S. 98.

25 Rede: »Kriegsarbeit der DAF«, BA, NS 8/194, S. 8.

26 Siehe Aktenvermerk von Bormann vom 25.12.1942, Historische Kommission bei der Bayerischen Akademie der Wissenschaften und dem Bundesarchiv, Akten der Reichskanzlei: Regierung Hitler 1933–1938, Boppard, 1983, Mikrofiche 103 22040.

27 Leys Tätigkeiten als Reichswohnungskommissar sind bei Smelser (wie Anm. 2), S. 278–283, erörtert.

Marie-Luise Recker

# Zwischen sozialer Befriedung und materieller Ausbeutung

## Lohn- und Arbeitsbedingungen im Zweiten Weltkrieg

»Der kommende Krieg«, so führte der ehemalige Erste Generalquartiermeister der kaiserlichen Armee, Erich Ludendorff, in seiner 1936 erschienenen Schrift über den »totalen Krieg« aus, »wird noch ganz andere Anforderungen an das Volk in der Bereitstellung seiner seelischen, physischen und materiellen Kräfte für die Kriegsführung stellen, als es schon der Weltkrieg tat. Die Abhängigkeit der Wehrmacht vom Volke und namentlich von seiner seelischen Geschlossenheit wird in Zukunft gewiß nicht geringer, sondern noch erheblich größer sein.« Deshalb sah er auch in Zukunft die Aufgabe der politischen Führung darin, die »seelische Geschlossenheit des Volkes« zu fördern und seine Bereitschaft zu stärken, die physischen und psychischen Belastungen eines Krieges zu tragen[1]. Die sich hieraus ableitende Einschätzung, daß die Stabilität und der moralische wie materielle Unterstützungswille der »Heimatfront« wesentliche Faktoren für den eigentlichen Waffenkrieg sein würden, war dann in der Folgezeit zu einer unverrückbaren Überzeugung der militärischen wie der politischen Spitzen des Dritten Reiches geworden und hatte sich in Appellen zur »totalen« Mobilisierung der Kampfbereitschaft und des Wehrwillens der ganzen Nation niedergeschlagen.

Vor diesem Hintergrund muß die sozialpolitische Entwicklung im Deutschen Reich während des Zweiten Weltkriegs gesehen werden. Eingedenk der »Erbschaft der Novemberrevolution für den Nationalsozialismus«[2], der Furcht also, durch Zerbrechen der »Heimatfront« in einem zukünftigen Krieg auch die militärische Leistungskraft einzubüßen, war das Bestreben der politischen Führung in Berlin deutlich, den Durchhaltewillen der Bevölkerung zu stärken, fühlbare Belastungen soweit wie möglich von ihr abzuwenden und einer befürchteten innenpolitischen Destabilisierung durch enttäuschte Erwartungen oder materielle Not entgegenzuwirken. Hierbei setzte sie darauf, den eroberten und besetzten Ländern die Lasten aufzubürden, die den Deutschen selbst nicht zugemutet werden sollten. So entstand ein vielschichtiges, nach rassenideologischen Gesichtspunkten gestuftes System sozialer Privilegierung, das — über den Wunsch nach Stabilisierung der »Heimatfront« im Reich selbst hinaus — bereits Konturen einer entsprechenden Nachkriegsordnung in den nun unter nationalsozialistischer Kontrolle und Oberhoheit stehenden Gebieten sichtbar werden läßt. Dies soll im folgenden nachgezeichnet werden.

Für die deutsche Bevölkerung selbst blieben vor allem in der ersten Phase die Auswirkungen des Krieges auf das öffentliche und private Leben, auf Lebensstandard, Versorgungsstand, Arbeitsmarkt und Arbeitsrecht relativ gering. Hierzu trug bei, daß gerade auf dem Arbeitsmarkt bereits vor dem Sommer 1939 schon wichtige Weichenstellungen hin zu einer verbesserten staatlichen Kontrolle und Lenkung erfolgt waren, so daß die mit Kriegsbeginn in diesem Bereich erlassenen Gesetze und Verordnungen eher graduelle Veränderungen als prinzipielle Neuerungen brachten. Im großen und ganzen griffen sie auf einschlägige legislative oder administrative Maßnahmen der letzten Jahre zurück, die nun verschärft bzw. erweitert wurden. So rundete die Verordnung über die Beschränkung des Arbeitsplatzwechsels vom 1. September 1939, mit der eine direkte Steuerung des Arbeitsmarkts ermöglicht werden sollte[3], nur die staatliche Kontrolle von Veränderungen am Arbeitsmarkt ab, wie sie schon vorher in Teilbereichen bestanden hatte. Damit konnte die Kündigung eines Arbeitsverhältnisses nur noch mit Zustimmung des örtlichen Arbeitsamtes erfolgen, und auch die Neueinstellung von Arbeitskräften bedurfte dessen Zustimmung. Mit dieser Verordnung und mit dem (bereits seit dem Sommer 1938 auf Teilarbeitsmärkten praktizierten) Mittel der Dienstverpflichtung waren die Kontrollinstrumente geschaffen worden, die eine lückenlose Steuerung des Arbeitskräfteeinsatzes ermöglichen sollten.

Auch in den korrespondierenden Feldern des Arbeitsrechts bzw. der Gestaltung der Arbeitsbeziehungen blieben nach dem 1. September 1939 im allgemeinen die Vorkriegsmaßstäbe gültig. Insbesondere wurde der achtstündige Normalarbeitstag nicht aufgegeben, wenn auch durch verstärkte Mehrarbeit die Wochenarbeitszeit ausgeweitet und arbeitsfreie Zeiten wie Urlaub und Feiertage eingeschränkt wurden. Zu diesem Zweck verfügte der Reichsarbeitsminister mit Kriegsbeginn[4] eine Lockerung der Arbeitsschutzvorschriften, die einer entsprechenden Mehrarbeit im Wege standen, und auch eine vorläufige Urlaubssperre. Letztere wurde zwar im November 1939 wieder rückgängig gemacht, doch wurden nun nach und nach bestimmte Wochenfeiertage aufgehoben bzw. auf den vorausgehenden oder folgenden Sonntag »verlegt«[5]. Dennoch war eine solche Maßnahme angesichts der Arbeitsmarktlage kaum von großem Belang.

Gerade in der Arbeitseinsatzpolitik dieser ersten Kriegsphase läßt sich das Bestreben der politischen Führung des Dritten Reiches konstatieren, allzu scharfe Einschnitte zu vermeiden und die mit Kriegsbeginn gegebenen Möglichkeiten zu Eingriffen in den Arbeitsmarkt nicht voll auszuschöpfen. Trotz deutlicher Engpässe in Teilbereichen des Arbeitsmarktes, insbesondere im Metallbereich, aber auch im Bergbau und in der Bauwirtschaft, blieben durchgreifende Maßnahmen zur Umschichtung des Arbeitskräftepotentials an die Brennpunkte des Bedarfs aus. Die schließlich angeordneten Aktionen[6] —

vor allem die »Auskämmung« dringend benötigter Facharbeiter und die Stilllegung nicht als »kriegswichtig« angesehener Fertigungen oder kleinerer Betriebe — blieben im Ergebnis deutlich hinter den kriegswirtschaftlichen Erfordernissen zurück. Zudem ließen sich die zuständigen Behörden bei der Durchführung dieser Maßnahmen nicht selten von der Absicht leiten, den Betroffenen berufliche oder private Härten zu ersparen und aufbrechendem Unmut vorzubeugen, waren doch derartige, auf Dienstverpflichtungen beruhende Arbeitsplatzwechsel häufig von Widerspruch und Protest begleitet. Aber auch der Vorsatz spielte mit, strukturelle Veränderungen im ökonomischen Bereich als Folge der staatlichen Arbeitseinsatzpolitik, insbesondere eine überproportionale Belastung kleinerer Betriebe bzw. der mittelständischen Wirtschaft, nach Möglichkeit zu vermeiden[7], da ein solcher Kurs den wirtschaftspolitischen Grundüberzeugungen des Nationalsozialismus widersprochen hätte. Unter diesen Prämissen blieben größere Umschichtungen des Arbeitskräftepotentials ebenso aus wie eine Dienstverpflichtung von bisher nicht berufstätigen Frauen. Entsprechende Überlegungen scheiterten immer wieder an der Einschätzung, daß eine solche Zwangsmaßnahme »eine allzu große Beunruhigung in die Bevölkerung hineintragen«[8] würde und deshalb hiervon Abstand zu nehmen sei.

Ein solcher Kurs wurde gestützt durch den raschen Zugriff auf das mit den ersten militärischen Erfolgen greifbare ausländische Arbeitskräftepotential. Bereits im Gefolge der Besetzung Polens war es[9] zur Verpflichtung polnischer Kriegsgefangener und Zivilarbeiter vornehmlich im landwirtschaftlichen Bereich gekommen, um hier die größten Lücken zu schließen. Mit den militärischen Erfolgen des Frühjahrs und Sommers 1940 wurde die Basis eines solchen »Fremdarbeiter«-Einsatzes dann wesentlich erweitert, da nun in großer Zahl qualifizierte Arbeitskräfte für die Anwerbung ins Reich zur Verfügung standen, gegen deren Einsatz im Bereich der gewerblichen Wirtschaft nicht dieselben rassenideologischen und sicherheitspolitischen Vorbehalte bestanden wie gegen die Polen. Somit stieg seit dem Sommer 1940 die Zahl ausländischer Arbeitskräfte im Deutschen Reich steil an und erreichte mit knapp drei Millionen im Herbst 1940[10] einen ersten Höhepunkt. Deren konkrete Arbeitsbedingungen unterschieden sich jedoch zum Teil deutlich von denen ihrer deutschen Arbeitskollegen. Zwar galt die Maxime, daß die in Frankreich, Holland und Belgien angeworbenen zivilen Arbeitskräfte (ebenso wie die entsprechenden Zivilarbeiter aus dem »befreundeten« Italien, aus der Slowakei und aus Ungarn) im Arbeitsrecht den deutschen Beschäftigten gleichzustellen seien, doch sollte dieser Grundsatz »nicht nur eine Schlechterstellung« gegenüber den Deutschen, sondern »auch eine Besserstellung der nichtdeutschen Arbeitskräfte« ausschließen[11]. In der Praxis bedeutete dies in vielen Fällen, daß deutsche Kräfte für Vorarbeiter- oder

Meisterpositionen bzw. für Überwachungs- und Kontrollfunktionen vorgezogen wurden, während die sogenannten »Westarbeiter« dann eher untergeordnete Aufgaben übernahmen. Aber nicht nur am Arbeitsplatz wurden sie benachteiligt, auch ihre Wohn- und Lebensbedingungen waren durchweg ungünstiger als die ihrer deutschen Arbeitskollegen, waren sie doch von der Familie und persönlicher Umgebung getrennt und zudem häufig in Baracken oder Gemeinschaftslagern untergebracht.

Für die polnischen Arbeitskräfte wiederum wurde schon bald ein diskriminierendes Sonderarbeitsrecht geschaffen. Nach den im März 1940 herausgegebenen »Polenerlassen«[12], die deutlich die Handschrift des Reichssicherheitshauptamts trugen, sollten für sie die üblichen arbeitsrechtlichen Bestimmungen — Arbeitszeit, Urlaubsanspruch, Gewährung von bestimmten Zulagen — nicht gelten und auch besondere Strafmaßnahmen bei »Arbeitsbummelei«, Verstößen gegen die Arbeitsdisziplin oder Arbeitsvertragsbruch eingeführt werden. Ihre Kennzeichnung mit einem an der Kleidung angebrachten »P« und ihre Unterstellung unter Polizeistatut sollten aber nicht nur die Überwachung ihres Verhaltens am Arbeitsplatz leichter gestalten, sondern insgesamt ihre »Lebensführung« im Sinne ihrer »Niederhaltung«[13] regeln, also private und familiäre Kontakte, religiöses, kulturelles oder gesellschaftliches Leben u. a. m. Insgesamt erwuchs aus dieser Sonderstellung schließlich »ein System der vollkommenen Trennung nicht nur von der sozialen Umwelt, sondern auch von Herkunft, Familie und Heimat«[14] und der Reduktion der polnischen Arbeiter auf ein billiges, zu schlechten Arbeitsbedingungen und an unattraktiven Arbeitsplätzen einsatzfähiges minderwertiges Arbeitskräftereservoir, das zudem durch ein repressives Sonderrecht auch nach Arbeitsschluß der polizeilichen Kontrolle und Überwachung unterstand. Damit war im Kern eine nach rassischen Prinzipien geformte Rangordnung geschaffen worden, die in Zukunft noch weiter nach dem vermeintlichen rassischen »Wert« der entsprechenden Bevölkerungsgruppen differenziert werden sollte.

Die unterste Stufe dieser Pyramide bildeten aber schon bald nicht mehr die polnischen Arbeitskräfte, sondern — nachdem sich die politische Führung des Dritten Reiches entschlossen hatte, deren Einsatz in der Kriegswirtschaft in Erwägung zu ziehen — die sowjetischen Kriegsgefangenen und Zivilarbeiter. Wie die Polen mußten auch sie ein besonderes Kennzeichen tragen, das sie als »Ostarbeiter« auswies, wie erstere standen sie in keinem »deutsch-rechtlichen Treueverhältnis« zu ihrem Arbeitgeber und folglich »außerhalb der deutschen Arbeitsordnung und außerhalb der Betriebsgemeinschaft«[15]. Aus diesem Grund galten auch die entsprechenden arbeitsrechtlichen Bestimmungen nicht für sie, vielmehr wurde für sie ein zweites Sonderarbeitsrecht geschaffen, das dann die Voraussetzung bildete für den zahlenmäßig rasch wachsenden Einsatz sowjetischer Arbeitskräfte in der deutschen Kriegswirtschaft.

Dieser Rückgriff auf »Fremdarbeiter« und Kriegsgefangene aus den eroberten und besetzten Gebieten kennzeichnete die deutsche Arbeitseinsatzpolitik bis weit in das Jahr 1944 hinein. Dies änderte sich auch nicht, als im Zeichen der militärischen Niederlage bei Stalingrad und nach Goebbels' dramatischem Appell zur Totalisierung des Krieges ein erneuter Anlauf zur Mobilisierung des gesamten deutschen Arbeitskräftepotentials gemacht wurde. Die hieraus resultierende Meldepflichtverordnung[16] vom 27. Januar 1943 wies alle bisher nicht berufstätigen Männer (zwischen 16 und 65 Jahren) und Frauen (zwischen 17 und 45 Jahren) an, sich beim Arbeitsamt zu melden und an einen entsprechenden Arbeitsplatz vermitteln zu lassen, doch waren die Ergebnisse dieser Aktion eher dürftig. Dies lag vor allem darin begründet, daß die Durchführung dieser Verordnung von Anfang an von der Absicht begleitet war, tatsächliche oder vermeintliche Härten für die Betroffenen zu vermeiden und insbesondere Mütter mit Kindern von einer Dienstverpflichtung auszunehmen. Auch wurden die zuständigen Behörden angewiesen, die Auswirkungen der Meldepflichtverordnung auf die »Heimatfront« im Auge zu behalten und die eigenen Entscheidungen hieran auszurichten.

Ähnlich schwankend zwischen rigoroser Stillegung nicht »kriegswichtiger« Betriebe und Rücksichtnahmen auf »stimmungsmäßige« Faktoren und ideologische Postulate erwies sich die Politik der Reichsregierung bei dem gleichzeitig unternommenen Versuch, durch die »Auskämmung« von Arbeitskräften aus bestimmten Sektoren der gewerblichen Wirtschaft oder aus der Verwaltung die Lücken in der Belegschaft insbesondere der Rüstungsbetriebe zu schließen. Als die entsprechende Stillegungsaktion[17] in Handel, Handwerk sowie im Gaststätten- und Hotelgewerbe auf vielfältige Vorbehalte der Betroffenen stieß und auch Bedenken hinsichtlich der negativen Auswirkungen auf die (Über-)Lebensfähigkeit des gewerblichen Mittelstandes laut wurden, erlahmte schon bald das Interesse an ihrer strikten und konsequenten Durchführung. Mit Blick auf das »politische Porzellan, das dabei zerbrochen werde«[18], aber auch angesichts der insgesamt geringen Zahl an Kräften, die schließlich an einen Arbeitsplatz im Rüstungsbereich vermittelt werden konnte, wurde diese Aktion dann im Spätsommer 1943 abgebrochen[19]. Damit war Goebbels' Ansatz zur »Totalisierung unserer inneren Kriegführung«[20], den er in diesen Wochen und Monaten mit großer Emphase durchzusetzen versucht hatte, weitgehend im Sande versickert.

Kompensation für die ungenügende Mobilisierung der einheimischen Arbeitskräfte bot dann wiederum der Rückgriff auf die besetzten Gebiete, aus denen der neue Generalbevollmächtigte für den Arbeitseinsatz, Fritz Sauckel, in verschiedenen »Aktionen«[21] mehr als 5 Millionen »Fremdarbeiter« in das Reich zu bringen beabsichtigte. Hierbei lag der Schwerpunkt zunächst auf den westeuropäischen Ländern, da die von dort kommenden Arbeitskräfte als fachlich besser qualifiziert galten und ihre Arbeitsleistungen höher eingestuft wurden als die der Polen oder Russen. Zudem schienen gegenüber diesem Personenkreis die für »Ostarbeiter« spezifischen rassenideologisch begründeten Absonderungsprinzipien nicht erforderlich, so daß sie — ein weiterer Vorteil — individuell an den entsprechenden Arbeitsplätzen eingesetzt werden konnten. Um den Bedarf der Industrie an »Westarbeitern« zu decken, wurde schließlich die Anwerbepraxis in den entsprechenden Ländern deutlich verschärft. Die Maßnahmen der deutschen Behörden reichten von der Kürzung von Unterstützungsleistungen über schärfere Polizeimaßnahmen bis hin zur Errichtung eines Zwangsarbeitsdienstes, in dessen Rahmen eine Dienstverpflichtung männlicher und weiblicher Arbeitskräfte in die deutsche Wirtschaft eingeführt wurde. Nach Erfolgen in den beiden ersten »Sauckel-Aktionen« fielen dann aber seit dem Sommer 1943 die Anwerbungszahlen deutlich zurück. Dies lag nicht nur darin begründet, daß die härteren Werbemethoden den Widerstand in der Bevölkerung gegen eine Zwangsverpflichtung verstärkten, sondern war auch ein Resultat der Tatsache, daß gleichzeitig eine Politik der Verlagerung von deutschen Aufträgen in die westeuropäischen Länder initiiert wurde, verbunden mit einer Bestandsgarantie für die Belegschaften der entsprechenden »geschützten« Betriebe. Die unter diesen Prämissen durchgeführte dritte und vierte »Sauckel-Aktion« war deshalb hinsichtlich der »Westarbeiter« ein deutlicher Fehlschlag.

Somit blieb kein Ausweg, als nun wiederum auch die Anwerbung im Osten zu intensivieren. Aber auch hier wurden die Ergebnisse dürftiger, obwohl die von den deutschen Behörden angewandten Methoden immer brutaler wurden. Die nach Stalingrad sich allmählich verringernde territoriale Basis für entsprechende Anwerbungen, die Zunahme der Partisanentätigkeit wie auch die Konkurrenz zum Bedarf der Wehrmacht an sowjetischen Hilfskräften — all dies trug dazu bei, daß die Resultate von Sauckels Tätigkeit seinen ursprünglichen Ankündigungen bei weitem nicht entsprachen. Im Ergebnis bleibt aber festzuhalten, daß, auch wenn das zunächst angekündigte Soll deutlich unterschritten wurde, immerhin nahezu die Hälfte aller in Deutschland bei Kriegsende beschäftigen sowjetischen Zivilarbeiter seit Jahresbeginn 1943 ins Reich deportiert worden ist[22] und daß von den 2,5 Millionen »Fremdarbeitern«, die zwischen Anfang 1943 und Herbst 1944 neu im Reich eingesetzt wurden, zwei Drittel aus dem Osten kamen, aber nur etwa 15 Prozent aus den besetzten Westgebieten — der Rest kam im wesentlichen aus Italien.

Auf der anderen Seite wurden dann aber seit dem Frühjahr 1943 Anstrengungen unternommen, durch eine Verbesserung der Arbeits- und Lebensbedingungen der »Ostarbeiter« deren Arbeitsleistungen zu erhöhen, um so die unzureichende Personenzahl durch höhere Produktivität wettzumachen. Bis Kriegsende wurden nach und nach die entsprechenden Bestimmungen, die die Einsatzbedingungen dieser Arbeitskräfte regelten, modifiziert, aufgehoben oder in ihrem Anwendungsbereich eingeschränkt, ohne daß ihr Status jedoch dem der »Westarbeiter« oder gar der deutschen Arbeitskräfte angeglichen worden wäre. Trotz aller Erleichterungen — die nach »rassischer Zugehörigkeit« abgestuften Einsatzregelungen wurden im Kern nicht revidiert — konnten kriegsbedingte Zugeständnisse in Einzelfragen die langfristigen weltanschaulichen Ziele des Regimes nicht beseitigen oder ersetzen.

Als dann im Frühjahr/Sommer 1944 mit dem weiteren Vormarsch der Roten Armee und der Landung der Alliierten in der Normandie die Basis der bisherigen Arbeitseinsatzpolitik, nämlich die Rekrutierung zusätzlicher Kräfte in den besetzten Gebieten, buchstäblich dahinschmolz, wurde unter der Ägide Goebbels', des neuen Reichsbevollmächtigten für den totalen Kriegseinsatz, ein letzter Versuch gemacht, die notwendigen Umschichtungen auch des deutschen Arbeitskräftepotentials hin zur Rüstungsindustrie zu erzwingen. Dennoch erwiesen sich die nun verfügten Verschärfungen[23] — Erweiterung der Meldepflichtverordnung, Einführung der 60-Stunden-Woche, Streichung des Urlaubsanspruchs, »Auskämmung« der Verwaltung, verstärkter Kampf gegen »Bummelei« — als noch immer unzureichende und zu spät in Gang gesetzte Maßnahmen, die den Bedarf bei weitem nicht zu decken vermochten. Zudem wurden diese Maßnahmen schon wenige Wochen später von der militärischen Lage überholt, so daß nun die Rekrutierung neuer Soldaten noch Vorrang vor der Gewinnung neuer Arbeitskräfte erhielt. Die Ende September 1944 verfügte Bildung eines »Deutschen Volkssturms«[24] unter der Führung der Gauleiter, mit der alle waffenfähigen Männer im Alter von 16 bis 60 Jahren erfaßt und für militärische Aufgaben eingesetzt werden sollten, ließ praktisch eine geregelte Rüstungsproduktion nicht mehr zu. Das letzte Kriegshalbjahr war in wirtschaftlicher Hinsicht geprägt von widersprüchlichen Anweisungen, der Ausbildung von Partikulargewalten und der zunehmenden Paralysierung aller ökonomischen Tätigkeiten.

Hinsichtlich der Lohnpolitik wiederholte sich der Ansatz zu einer Rangordnung zwischen deutschen und nichtdeutschen Arbeitskräften, wie dies bereits hinsichtlich der Arbeitsmarktpolitik deutlich geworden ist. Mit der Kriegswirtschaftsverordnung vom 4. September 1939[25] wurde ein Lohn- und Preisstopp verhängt, verbunden mit der Maßgabe, »übersteigerte« Verdienste auf ein angemessenes Maß zu reduzieren und eine »Neuordnung« der Löhne in Angriff zu nehmen, durch die das Lohnniveau insgesamt gesenkt werden sollte. Gleichzeitig brachte sie die Streichung aller Zuschläge für Überstunden-, Nacht-, Sonntags- und Feiertagsarbeit, eine Bestimmung, die spürbare Lohneinbußen bedeuten konnte, war doch der Anstieg der Reallöhne in den vergangenen Jahren vor allem durch längere Wochenarbeitszeiten bedingt gewesen. Verstärkt wurde diese Einkommensminderung noch durch die Kriegssteuerpolitik, wo nun mit der Kriegswirtschaftsverordnung ein 50prozentiger Kriegszuschlag zur Einkommensteuer erhoben wurde, von dem allerdings Einkommen unter 2 400 RM jährlich befreit sein sollten. Auch dies brachte Einkommenseinbußen in unterschiedlicher Höhe, die zu vielen Klagen Anlaß gaben. Demgegenüber fiel für das Gros der Bevölkerung die gleichzeitig verfügte Erhöhung der Verbrauchssteuer (Reichssteuer auf Bier, Tabakwaren, Branntweinerzeugnisse und auf Schaumwein) nicht so sehr ins Gewicht.

Die hier mit der Kriegswirtschaftsverordnung festgelegte Marschroute in der Lohn- und Steuerpolitik war ein Kompromiß zwischen den für diese Fragen zuständigen Ressorts gewesen, der jedoch manche Probleme aufwarf. Bereits in den vorausgegangenen Beratungen hatte sich ein Zielkonflikt zwischen dem Prinzip der sozialen Ausgewogenheit der zu verabschiedenden Maßnahmen und dem Postulat der Bewahrung des Leistungsanreizes abgezeichnet, der durch die konkreten Bestimmungen der Kriegswirtschaftsverordnung nicht aufgehoben war. Als dann in den Wochen nach Kriegsbeginn deutlich wurde, daß die durch diese Maßnahmen bedingten Reallohnkürzungen zu deutlichem Unmut und zu Verstimmung unter den Betroffenen führten, sah sich die politische Führung[26] schon bald genötigt, diese Bestimmungen nach und nach zu widerrufen. Insbesondere Vertreter der NSDAP selbst traten für eine Rücknahme der lohnmindernden Klauseln der Kriegswirtschaftsverordnung ein; vor dem Hintergrund dieser gewichtigen Stimmen, aber auch angesichts des sich ausbreitenden Unmuts und Leistungsabfalls unter der Arbeitnehmerschaft sowie angesichts anhaltender Proteste und »Bummelei« wurden dann die Weichen zugunsten einer Revision gestellt. Zunächst nahm der Reichsarbeitsminister die Anweisung zur Einführung einer neuen Lohnordnung zurück, dann folgte die Wiederauszahlung der Zuschläge für Sonntags-, Feiertags- und Nachtarbeit, gegen Jahresende 1939 auch die für über zehn Stunden pro Tag hinausgehende Mehrarbeit. Im September 1940 fiel schließlich die Einbehaltung der Zuschläge für die 9. und 10. Arbeitsstunde, so daß nun alle lohnpolitischen Bestimmungen der Kriegswirtschaftsverordnung wieder aufgehoben worden waren und nur noch die steuerlichen Vorschriften — Kriegszuschlag zur Einkommenssteuer und die genannten Verbrauchssteuern — in Kraft blieben.

Mit Kriegsbeginn war ebenfalls ein Rationierungssystem für Lebensmittel und andere Güter des täglichen Bedarfs eingeführt worden, mit dessen Hilfe die Grundbedürfnisse der Bevölkerung im wesentlichen befriedigt und Versorgungsengpässe wie im Ersten Weltkrieg vermieden werden sollten. Die hierbei festgelegten Sätze[27], ergänzt um Zulagen für Schwer-, Schwerst- und Nachtarbeit, lagen zwar unter dem bisherigen Ernährungsstandard, doch konnte dies durch gewisse Veränderungen der Verbrauchergewohnheiten und den Zukauf »markenfreier« Lebensmittel im großen und ganzen wettgemacht werden. Damit war auch hier eine Regelung geschaffen worden, die deutliche Einschränkungen vermied und die zudem darauf setzte, durch die Gewinnung (und Ausbeutung) von landwirtschaftlichen Überschußgebieten diesen Standard auch im weiteren Kriegsverlauf halten zu können. Allerdings erwies sich die Hoffnung auf einen derartigen wirtschaftlichen Gewinn als falsch; obwohl die besetzen Gebiete rücksichtslos geplündert und teilweise »regelrechte Kahlfraßzonen«[28] eingerichtet wurden, blieben die landwirtschaftlichen Erträge, insbesondere aus dem Osten, weit hinter den Erwartungen zurück.

Die schrittweisen Zugeständnisse in der Kriegslohnpolitik und die hiermit verbundene Erhöhung der verfügbaren Einkommen (bei tendenziell sinkendem Warenangebot) ließen dann aber bereits Ende 1939 Überlegungen[29] aufkommen, durch eine erneute Anhebung der direkten oder der indirekten Steuern diese »überschüssige« Kaufkraft zu neutralisieren bzw. »abzuschöpfen«. Trotz intensiver Diskussionen zwischen den zuständigen Ressorts über diese Vorschläge kam es aber zu keiner Übereinkunft in dieser Frage, da die Auswirkungen der beabsichtigten Maßnahmen auf die unterschiedlichen Einkommensschichten unterschiedlich bewertet wurden, die einzelnen Vorschläge sich gegenseitig blockierten und die Vorgänge um die Teilrevision der Kriegswirtschaftsverordnung wenige Monate zuvor ganz offenbar eine Einigung erschwerten. Die militärischen Erfolge des Frühjahrs und Sommers 1940 entzogen derartigen Steuerplänen dann schließlich den psychologischen Boden; angesichts dieser Situation, so meinte resignierend der Reichsfinanzminister, bestehe »zur Zeit überhaupt keine Aussicht [...], irgendwelche steuerlichen Dinge beim Generalfeldmarschall [Göring, die Verf.] und dem Führer durchzubringen«[30].

Kompensation für diese lohnpolitischen Konzessionen und für die eher laxe Kriegssteuerpolitik bot dann eine entsprechende Belastung der nichtdeutschen Bevölkerung, wobei zum einen der fiskalische Ertrag der Kriegsfinanzierung zugute kommen und zum anderen eine rassisch begründete Stufenordnung unter den für die deutsche Kriegswirtschaft Tätigen bzw. im deutschen Herrschaftsbereich Lebenden geschaffen werden sollte. Dies galt zunächst hinsichtlich des eroberten und besetzten Polens, für das Hitler bereits im Oktober 1939 die Maxime ausgegeben hatte, das Land »wie eine Kolonie«[31] auszubeuten, dann aber auch für die anderen Länder im Norden und Westen Europas. Harter wirtschaftlicher Druck, offener polizeilicher Terror, bald auch materielle Not und Hunger kennzeichneten die Lebensumstände der dortigen Bevölkerung. Die Verschlechterung der sozialen Lage, bedingt durch steigende Lebenshaltungskosten bei stagnierenden Arbeitsentgelten und zunehmenden Versorgungsmängeln, aber auch durch die Auswirkungen der wirtschaftlichen und finanziellen Maßnahmen, mit denen das Deutsche Reich aus diesen Gebieten Gewinn zu schlagen trachtete, bot aus der Perspektive Berlins den zusätzlichen Vorteil, daß das hieraus entstehende soziale Gefälle vom Reich zu den eroberten Ländern die Rekrutierung von Arbeitskräften aus diesen Gebieten erleichtern würde.

Im lohnpolitischen Bereich wurden für die im Deutschen Reich tätigen polnischen Arbeitskräfte zunächst ab Jahresbeginn 1940 eigene Tarifordnungen erlassen, die deren Löhne deutlich unter das in Deutschland übliche Niveau drückten und die Bezahlung von Krankheits- und Feiertagen sowie von Mehrarbeitszuschlägen in der Regel ausschlossen. Ab August 1940 wurde dies dann noch um eine an den Fiskus abzuführende »Sozialausgleichsabgabe« von 15 Prozent des Lohnes ergänzt, die ebenfalls dem Ziel dienen sollte, »den Deutschen [...] auf Grund des höheren Lebensstandards ein[en] größer[n] Verdienst als den Polen«[32] zu gewähren.

Mit noch fataleren Konsequenzen wiederholte sich dies gegenüber der Sowjetunion. Gerade in der deutschen Besatzungspolitik dort wurde deutlich, was die nationalsozialistische Führung unter einem »rassischen Vernichtungskrieg« verstand, in dem die Vertreibung und der Hungertod von »vielen zehn Millionen« Menschen«[33] einkalkuliert wurde. Drastischer noch als in Polen sollte das Land ausgebeutet, die Bevölkerung dezimiert und Raum für eigene Besiedlungsmöglichkeiten geschaffen werden. »Kommissarbefehl« und »Generalplan Ost« ließen paradigmatisch erkennen, wohin die deutsche Politik hier steuerte.

Die gegenüber der sowjetischen Bevölkerung maßgeblichen Handlungsmaximen kamen dann auch in der Behandlung der russischen Kriegsgefangenen wie der Zivilarbeiter zum Tragen. Da ihr Arbeitseinsatz in der deutschen Kriegswirtschaft angesichts der hohen Zahl der bereits dort beschäftigten »Fremdarbeiter« als nicht notwendig angesehen wurde, wurde ihr Tod durch unerträgliche Lebensbedingungen, durch Unterernährung und Krankheiten bewußt in Kauf genommen. Als sich dann jedoch angesichts der Stagnation des Rußland-Feldzuges eine Neueinschätzung innerhalb der nationalsozialistischen Führung hinsichtlich der Beschäftigung sowjetischer Kriegsgefangener und Zivilarbeiter im Reich abzeichnete, geschah dies unter der Prämisse, deren Arbeitskraft »durch ihren Großeinsatz für die Bedürfnisse der Kriegswirtschaft weitgehend auszunutzen«. Grundlage dieses Beschäftigungsverhältnisses sollte eine »ganz geringe Entlohnung zur bescheidensten Versorgung mit eigenen Genußmitteln des täglichen Lebens, gegebenenfalls Leistungsprämien«[34] sein. Für die Kriegsgefangenen wurde diese Maxime dann unverzüglich in die Tat umgesetzt, für die zivilen Arbeitskräfte wiederholte sich dies in den sogenannten »Ostarbeitererlassen«[35]; hiermit wurde ihnen zunächst eine »Ostarbeitersteuer« — ab Juni 1943 in »Ostarbeiterabgabe« umbenannt — auferlegt, durch die die Nettolöhne der sowjetischen Zivilarbeiter derart beschnitten wurden, daß ihnen nach Abzug entsprechender

Beträge für Verpflegung und Unterkunft kaum ein Taschengeld blieb. Zudem galt für sie wie für polnische Kräfte, daß sie Lohn nur für »tatsächlich geleistete Arbeit« erhielten, also an arbeitsfreien Tagen oder bei Krankheit keine Vergütung gezahlt wurde. Damit war nun für alle im Reich tätigen Ausländer ein lohnpolitisches Sonderrecht geschaffen worden, das zusammen mit obigen Ausführungen zur Arbeitseinsatzpolitik die neue, nach rassischen Kriterien geformte Stufung deutlich machte. Trotz aller weiteren (bescheidenen) Erleichterungen für die »Ostarbeiter« hinsichtlich ihrer Entlohnung und Ernährung, die noch bis Kriegsende erfolgten, blieb dieses Gefälle erhalten und wurde in anderen Bereichen (Strafrecht etc.) eher noch verschärft.

Hinsichtlich der deutschen Arbeitskräfte blieb es bis Kriegsende bei den lohnpolitischen Bestimmungen, wie sie seit dem Sommer 1940 gültig waren, als nach der schrittweisen Revision der Kriegswirtschaftsverordnung noch der Kriegszuschlag zur Einkommensteuer und zu verschiedenen Verbrauchssteuern in Kraft blieb. Weitere Versuche, im Sinne der »Abschöpfung« von Kaufkraft eine höhere Steuerlastquote zu erreichen, scheiterten ausnahmslos. Ende Oktober 1941 hatte die Reichsregierung Lohn- und Gehaltsempfängern die Möglichkeit eröffnet, auf sogenannten Eisernen Sparkonten[36] Teile ihrer Einkünfte steuerbegünstigt festzulegen, und gehofft, durch diese Sparanreize gleichzeitig das wachsende Mißverhältnis zwischen Kaufkraftüberhang und Gütererzeugung abbauen zu können, doch machte die Bevölkerung nur geringen Gebrauch von dieser Möglichkeit. Seit dem Frühjahr 1943 unternahm der Reichsfinanzminister dann weitere Versuche[37], durch Erhöhung der direkten und/oder indirekten Steuern diesen Abschöpfungseffekt zu erzwingen, aber auch hier scheiterte er wie bereits im Winter 1939/40 am Widerspruch der anderen Ressorts und auch Hitlers selbst gegen Teile dieser Steuervorlagen. Fiskalische Notwendigkeiten, die Forderung nach sozialer Ausgewogenheit und das Postulat einer den Leistungsanreiz erhaltenden Ausgestaltung der steuerlichen Abschöpfungsmaßnahmen blockierten sich gegenseitig, so daß sich die entsprechenden Diskussionen schließlich bis in den Sommer 1944 hinzogen. Nun jedoch wurde die Steuervorlage – ähnlich wie ihre Vorgängerin im Frühjahr 1940 – ein Opfer der sich drastisch verschlechternden Lage und ihre Verabschiedung angesichts der »inzwischen eingetretenen Entwicklung«[38] endgültig ausgesetzt. Somit blieb es bis Kriegsende bei den im ersten Kriegsjahr beschlossenen steuerpolitischen Maßnahmen.

Insgesamt war der mit Kriegsbeginn verkündete bzw. nach der ersten Revision der Kriegswirtschaftsverordnung Mitte Oktober 1939 bekräftigte Lohn- und Preisstopp eine wichtige Voraussetzung dafür, daß es der politischen Führung des Dritten Reiches gelingen konnte, die materiellen Belastungen für die Bevölkerung – gerade wenn man die Situation in anderen Ländern während des Zweiten Weltkriegs zum Vergleich heranzieht – relativ gering zu halten. Nach den Ergebnissen der amtlichen Lohnerhebungen[39] stiegen die Realeinkommen der Industriearbeiterschaft bis 1941 sogar geringfügig an, gingen dann jedoch leicht zurück, so daß sie 1944 (in bezug auf die Stundenlöhne) den Stand von 1938 wieder erreichten. Hinsichtlich der Wochenlöhne lagen die Bruttoarbeitsverdienste gemäß diesem Index aber auch 1944 im Schnitt noch über denen des Jahres 1938. Eine ähnliche Entwicklung läßt sich für die Mehrheit der Angestellten konstatieren[40], während beispielsweise Beamte angesichts ihrer festen Gehaltssätze keine entsprechenden Einkommensteigerungen verzeichnen konnten.

Allerdings entsprachen die alltäglichen Erfahrungen der Bevölkerung nicht immer der hier konstatierten Wahrung der realen Einkommenshöhe. Insbesondere hinsichtlich der Entwicklung der Lebenshaltungskosten waren die dort zugrundegelegten Werte offenbar zu niedrig angesetzt; der Preisanstieg[41] für Lebensmittel, Textilien, Hausrat und andere Güter des täglichen Bedarfs lag im Einzelfall durchaus über dem amtlichen Mittelwert, zudem bedeuteten qualitative Verschlechterungen bei gleichem Preis oder auch das Verschwinden der unteren Preisklassen bestimmter Waren vom Markt eine zusätzliche indirekte Verteuerung. Auch bewirkte die teilweise unregelmäßige Belieferung der Einzelhandelsgeschäfte mit den unter das Rationierungssystem fallenden Gütern eine weitere Erschwernis, die dann vielfach durch ein Ausweichen auf andere (teurere) Waren kompensiert wurde. Dennoch können diese abweichenden Erfahrungen nicht darüber hinwegtäuschen, daß bis weit in den Krieg hinein das reale (Familien-)Einkommen kaum gesunken ist. Erst im letzten Kriegsjahr sollte sich dies mit zunehmenden Versorgungsengpässen, mit der Desorganisation des wirtschaftlichen Lebens und der Herausbildung illegaler Märkte ändern.

Die Kehrseite dieser Politik war die Verlagerung der ökonomischen Bürden dieses Krieges auf die eroberten bzw. unter deutscher Herrschaft stehenden Länder und deren Bevölkerung. Ob sie an ihrem Heimatort blieben oder als »Fremdarbeiter« im Deutschen Reich selbst tätig waren — ihre soziale Lage war deutlich schlechter als die der Deutschen. Während für die nord- und westeuropäischen Staaten bzw. die von dort kommenden »Westarbeiter« die entsprechenden Unterschiede in der Lohn- und Steuerpolitik, der Lebensmittelversorgung oder auch hinsichtlich der Arbeitseinsatzbedingungen zwar ebenfalls nicht zu übersehen waren, kam diese Maxime insbesondere gegenüber der Bevölkerung in Polen und der Sowjetunion zum Tragen. Hier verknüpfte sich die Absicht, die ökonomischen Bürden des Krieges auf die eroberten Gebiete zu verlagern, mit den Zielsetzungen eines »rassischen Vernichtungskrieges« und der Schaffung einer nach rassischen Kriterien gestuften politischen Ordnung innerhalb des deutschen Herrschaftsgebiets.

Noch eindeutiger war diese Komponente dann allerdings gegenüber den in den Machtbereich der SS gelangten Häftlingen in den Konzentrationslagern, sofern ihr Arbeitseinsatz überhaupt in Betracht kam. Hier wurden schließlich vor allem[42] die als »arbeitsfähig« klassifizierten jüdischen KZ-Insassen in steigendem Maße in SS-eigenen Unternehmen sowie in der Privatindustrie eingesetzt, doch blieb hier in den Arbeits- und Lebensbedingungen die rassische Komponente, nämlich der »Genozid«, am stärksten dominant. Zugeständnisse an kriegswirtschaftliche Sachzwänge konnten für diesen Personenkreis am wenigsten bewirken, vielmehr wurde das Ziel der »Vernichtung durch Arbeit« nicht in Frage gestellt. Die jüdischen Häftlinge bildeten die unterste Schicht in der Hierarchie der Arbeitskräfte, die für den deutschen Sieg herangezogen und eingesetzt wurden.

Damit hatte die politische Führung des Dritten Reiches das eingelöst, was sie im Vorfeld des Krieges angestrebt hatte, nämlich die Belastung der deutschen Bevölkerung durch die kriegswirtschaftlichen Zwänge möglichst gering zu halten und damit einer befürchteten Destabilisierung vorzubeugen. Im Vergleich zum Ersten Weltkrieg konnten die Auswirkungen auf die Lohn- und Preisentwicklung, auf Lebenshaltung und Versorgungsstand, auf Arbeitsmarkt und Arbeitsbedingungen relativ gering gehalten werden. Dies geschah allerdings vor dem Hintergrund der Verlagerung dieser Bürden auf die Bewohner der eroberten bzw. unter deutscher Herrschaft und Kontrolle stehenden europäischen (Nachbar-)Staaten, die in spezifischer, nach »rassischen« Kriterien gestufter Weise hiermit belastet wurden. Vor diesem Hintergrund konnte die »Heimatfront« bis in die letzten Wochen des Krieges intakt gehalten werden, erst der Vormarsch der Alliierten an allen Fronten zerstörte auch die innere Ordnung im Deutschen Reich, bevor die Kapitulation dann die militärische und politische Macht in die Hände der Besatzungsmächte legte.

## Anmerkungen

1 Erich Ludendorff, Der totale Krieg, München 1936, S. 9, 11. Vgl. zur Herausbildung der Lehre vom totalen Krieg Ludlof Herbst, Der Totale Krieg und die Ordnung der Wirtschaft. Die Kriegswirtschaft im Spannungsfeld von Politik, Ideologie und Propaganda 1939–1945, Stuttgart 1982, S. 35–47; sowie zur Diskrepanz zwischen Anspruch und Realität des totalen Krieges jetzt: Das Deutsche Reich und der Zweite Weltkrieg, Bd 5/I, Stuttgart 1988, S. 349–405 (Müller).

2 Timothy Mason, Arbeiterklasse und Volksgemeinschaft. Dokumente und Materialien zur deutschen Arbeiterpolitik 1936–1939, Opladen 1975, S. 1.

3 Reichsgesetzblatt (RGBl) 1939, I, S. 1685. Vgl. auch hierzu Marie-Luise Recker, Nationalsozialistische Sozialpolitik im Zweiten Weltkrieg, München 1985, S. 58–73.

4 Verordnung zur Abänderung und Ergänzung von Vorschriften auf dem Gebiete des Arbeitsrechts vom 1.9.1939, RGBl 1939, I, S. 1683.

5 Vgl. die entsprechenden Verordnungen im Reichsarbeitsblatt (RABl) 1939, I, S. 545; RABl 1940, I, S. 528 u. 544; RABl 1941, I, S. 447; RABl 1942, I, S. 207.

6 Vgl. für Einzelheiten: Das Deutsche Reich und der Zweite Weltkrieg, Bd 5/I (wie Anm. 1), S. 442—453, 540—546 (Müller).

7 Dieses Argument nennen z. B. die Berichte über den Arbeitseinsatz im Landesarbeitsamtsbezirk Westfalen für September und Oktober 1939, Staatsarchiv Münster, Oberpräsidium 5098. Vgl. für Einzelheiten auch Herbst (wie Anm. 1), S. 120—123.

8 So Göring in einem Schreiben an den Chef der Reichskanzlei vom 4.6.1940, Bundesarchiv Koblenz (BA), R 43 II/652.

9 Vgl. hierzu: Das Deutsche Reich und der Zweite Weltkrieg, Bd 5/I (wie Anm. 1), S. 258—263 (Umbreit); und Ulrich Herbert, Fremdarbeiter. Politik und Praxis des »Ausländer-Einsatzes« in der Kriegswirtschaft des Dritten Reiches, Berlin, Bonn 1985, S. 67—95.

10 So die Angaben bei Herbert (wie Anm. 9), S. 106.

11 Runderlaß des Reichsarbeitsministers vom 2.8.1940, zit. ebd., S. 99.

12 Vgl. zu den einzelnen Erlassen und zur Genesis dieses Erlaßpakets ebd., S. 74—82.

13 Diemut Majer, »Fremdvölkische« im Dritten Reich, Boppard/Rh. 1981, S. 306.

14 Ebd., S. 313.

15 Zit. nach Herbert (wie Anm. 9), S. 171.

16 RGBl 1943, I, S. 67. Vgl. zur Entstehung dieser Verordnung auch Recker (wie Anm. 3), S. 176—185.

17 Verordnung zur Freimachung von Arbeitskräften für den kriegswichtigen Einsatz vom 29.1.1943, RGBl 1943, I, S. 75, sowie die ergänzenden drei Runderlasse des Reichswirtschaftsministers vom 30.1.1943, BA, R 43 II/658.

18 So der Reichsinnenminister in einem Schreiben an den Chef der Reichskanzlei vom 17.3.1943, BA, R 43 II/662 a.

19 Insgesamt wurden im Rahmen der Meldepflichtaktion bis Ende Juni 1943 knapp 3,15 Mill. Personen registriert, von denen aber nur die Hälfte, nämlich 1,6 Mill., als einsetzbar galt, hiervon allerdings viele nur halbtags. Vgl. die Statistik in BA, R 43 II/654 b. Die Stillegungsaktion brachte bis Jahresende 400 000 Kräfte; vgl. das Protokoll der Chefbesprechung vom 22.7.1944, BA, R 43 II/664 a.

20 Goebbels-Tagebuch, Eintragung vom 26.1.1943, BA, NL 118/51.

21 Vgl. Alan S. Milward, Der Zweite Weltkrieg. Krieg, Wirtschaft und Gesellschaft 1939—1945, München 1977, S. 229 f.; und Herbert (wie Anm. 9), S. 251—263.

22 So die Angaben bei Herbert (wie Anm. 9), S. 258.

23 Vgl. hierzu insgesamt Recker (wie Anm. 3), S. 266—275.

24 Führererlaß vom 25.9.1944, BA, R 43 II/692 a.

25 RGBl 1939, I, S. 1609. Nach Berechnungen des Statistischen Reichsamts machte die Nichtzahlung der Zuschläge für den Kreis der gewerblichen Arbeitnehmer durchschnittlich 2,5 Prozent des Verdienstes aus, konnte aber im Einzelfall einen weit höheren Prozentsatz erreichen. Vgl. Schreiben des Präsidenten des Statistischen Reichsamtes an den Reichsarbeitsminister vom 18.12.1941, BA, R 41/60.

26 Die Entstehung der Kriegswirtschaftsverordnung und die Diskussion um ihre Modifizierung ist breit bei Mason (wie Anm. 2), Kap. 18, dokumentiert. Dort auch Einzelheiten.

27 Vgl. Das Deutsche Reich und der Zweite Weltkrieg, Bd 5/I (wie Anm. 1), S. 396—405, 585—588 (Müller).

[28] Ebd., 242 (Umbreit).
[29] Vgl. zu diesen Plänen Recker (wie Anm. 3), S. 53–58.
[30] Schreiben des Reichsfinanzministers an Staatssekretär Reinhardt vom 4.6.1940, BA, R 2/24254.
[31] So der spätere Generalgouverneur Frank über eine Anordnung Hitlers vom 2.10.1939 anläßlich einer Besprechung über die zukünftige Politik gegenüber Polen, zit. nach Gerhard Eisenblätter, Grundlinien der Politik des Reichs gegenüber dem Generalgouvernement 1939–1945, Diss. Frankfurt/M. 1969, S. 111.
[32] So der Reichsminister für Ernährung und Landwirtschaft am 12.3.1940 in einem Brief an den Reichsfinanzminister, BA, R 43 II/793 b.
[33] So Rosenberg am 20.6.1941, zit. nach Herbert (wie Anm. 9), S. 134.
[34] So Hitler in einem Erlaß vom 31.10.1941, zit. nach Christian Streit, Keine Kameraden. Die Wehrmacht und die sowjetischen Kriegsgefangenen 1941–1945, Stuttgart 1978, S. 204.
[35] Vgl. hierzu und zum folgenden Herbert (wie Anm. 9), S. 171 ff.
[36] Verordnung zur Lenkung der Kaufkraft vom 30.10.1941, RGBl 1941, I, S. 664.
[37] Vgl. für Einzelheiten Recker (wie Anm. 3), S. 218 ff.
[38] Reichsfinanzminister an den Ministerrat für die Reichsverteidigung vom 29.9.1944, BA, R 2/24244.
[39] Vgl. hierzu die Angaben bei Tilla Siegel, Lohnpolitik im nationalsozialistischen Deutschland, in: Carola Sachse u. a., Angst, Belohnung, Zucht und Ordnung. Herrschaftsmechanismen im Nationalsozialismus, Opladen 1982, S. 54–139, insbes. Tab. 2. Dort wird dem offiziellen Index auch ein eigener, modifizierter Index entgegengesetzt.
[40] Vgl. Michael Prinz, Vom neuen Mittelstand zum Volksgenossen. Die Entwicklung des sozialen Status der Angestellten von der Weimarer Republik bis zum Ende der NS-Zeit, München 1986, S. 256 ff.
[41] Vgl. für Einzelheiten Wolfgang Franz Werner, »Bleib übrig«. Deutsche Arbeiter in der nationalsozialistischen Kriegswirtschaft, Düsseldorf 1983, S. 129 ff., 194 ff., 329 ff.
[42] Vgl. hierzu Falk Pingel, Häftlinge unter SS-Herrschaft. Widerstand, Selbstbehauptung und Vernichtung im Konzentrationslager, Hamburg 1978, S. 118 ff., sowie dessen Beitrag in diesem Band.

# Vierter Teil

# Programm, Politik und Kriegführung

Marian Zgórniak

# Militärpolitische Lage und Operationspläne Polens vor dem Ausbruch des Zweiten Weltkrieges

Der nach dem Ersten Weltkrieg wiedererstandene polnische Staat sah sich vor einer Fülle schwieriger innerer und äußerer Probleme. Das über 120 Jahre zwischen Preußen, Österreich und Rußland aufgeteilte polnische Territorium mußte vereinigt und konsolidiert und die aus den über dreijährigen Kriegshandlungen an der Ostfront sowie durch den Kampf um die Staatsgrenzen in den Jahren 1919 bis 1920 entstandenen Schäden behoben werden. Die junge Republik fürchtete um ihre westlichen und nördlichen Grenzen, die im Versailler Vertrag bestimmt und das Ergebnis einer Volksabstimmung waren, sowie um die Ostgrenze, die 1921 in Riga bei dem Friedensabschluß mit der Sowjetunion festgesetzt, aber erst 1923 von den Großmächten bestätigt wurde. Auch die südliche Grenze mit der Tschechoslowakei war strittig, da Polen die Abtretung eines Teiles des ehemaligen Herzogentums Teschen nicht akzeptieren wollte, der im Januar 1919 von tschechoslowakischem Militär mit Gewalt eingenommen wurde. Im Nordosten wollte dagegen Litauen den Verlust von Wilna nicht anerkennen, das im Herbst 1920 von polnischen Truppen eingenommen worden war, und brach alle Beziehungen mit Polen ab.

Nach der Beendigung des Ersten Weltkrieges lagen sowohl Polen als auch sein südlicher Nachbar, die Tschechoslowakei, im französischen Einflußbereich und spielten in dem nach Versailles entstandenen politischen System eine wesentliche Rolle. Der Verlust des russischen Vorkriegsverbündeten bewog Frankreich zum Suchen nach Ersatzbündnissen mit den neuen, im Osten Deutschlands gelegenen Staaten. 1921 unterzeichnete Polen einen Bündnisvertrag mit Frankreich. Er verpflichtete beide Partner zu einer sofortigen Konsultation und zu gegenseitiger Hilfeleistung im Falle einer Aggression, die gegenüber einem der Unterzeichner von deutschem Gebiet aus erfolgen würde. Der Vertrag sah auch eine beschränkte französische Hilfe für Polen im Falle eines Konfliktes mit Sowjetrußland vor. Der Vertrag wurde von einer geheimen militärischen Konvention begleitet, die die militärischen Verpflichtungen beider Staaten konkretisierte[1].

Die Tschechoslowakei schloß gleichfalls einen Bündnisvertrag mit Frankreich ab (25.1.1924), jedoch ohne Militärkonvention. Trotz vieler Bemühungen Frankreichs, das für den Fall eines Konfliktes an den Ostgrenzen Deutschlands möglichst starke und im Einvernehmen handelnde Verbündete besitzen wollte, kam es zu keinem polnisch-tschechoslowakischen Bündnis[2]. Vor dem ungarischen Revisionismus und vor einer Restaurierung der Habsburger in Österreich versuchte sich die Tschechoslowakei durch die Schaffung der sogenannten Kleinen Entente mit den übrigen Nachbarn Ungarns, d.h. mit Rumänien und Jugoslawien, zu schützen. Diese sicherte jedoch nicht die Tschechoslowakei vor Deutschland, Jugoslawien nicht vor einer italienischen Expansion und Rumänien nicht vor den territorialen Ansprüchen der Sowjetunion, die die Einverleibung Bessarabiens durch Rumänien nicht anerkannte. Zu Beginn des Bestehens der Kleinen Entente versuchte auch Polen mit ihr zu kooperieren und sie sogar zu einem Bündnis von vier nach allen Richtungen hin handelnden Staaten umzugestalten. Diese Bestrebungen Polens wurden teilweise von Rumänien unterstützt, doch trafen sie auf den Widerstand der Tschechoslowakei und in einem gewissen Grade auch Jugoslawiens[3]. So kam es also zu keiner Einbeziehung Polens in die Kleine Entente. Da die polnisch-französische Militärkonvention nur eine beschränkte Hilfe seitens Frankreichs im Falle eines polnisch-sowjetischen Krieges vorsah, kam es am 3. März 1921 zum Abschluß eines polnisch-rumänischen Bündnisübereinkommens, das gegen Osten gerichtet war. Dieses Übereinkommen wurde von einer mehrmals erneuerten und ergänzten Militärkonvention begleitet, kraft derer jeder der Partner sich verpflichtete, im Falle einer Bedrohung an seiner Ostgrenze mindestens 14 (später 17) Infanteriedivisionen sowie 2 Kavalleriedivisionen aufzustellen[4]. Der polnische Partner ergriff die Initiative, das polnisch-rumänische Bündnis auch gegen Deutschland zu erweitern und die Bestimmungen der polnisch-französischen Militärkonvention mit der polnisch-rumänischen in Einklang zu bringen. Jedoch brachten diese Bemühungen trotz dreiseitiger Stabsunterredungen in Warschau keine Erfolge. Die rumänisch-französische Annäherung entwickelte sich nicht zu einem engen militärischen Bündnis, und auch Polen gelang es nicht, das Versprechen rumänischer Militärhilfe im Falle eines Krieges mit Deutschland zu erhalten[5].

Trotz des Fehlens eines politisch-militärischen Zusammenwirkens mit der Tschechoslowakei stellte sich angesichts der aus dem Versailler Vertrag hervorgehenden Beschränkungen der Rüstung Deutschlands und einer relativen Schwäche der Roten Armee bis zum Jahre 1933 die militärische Lage Polens und anderer mittelöstlicher Staaten Europas noch verhältnismäßig günstig dar. Ungeachtet seiner wirtschaftlichen Schwäche unterhielt Polen auf Kosten von über 5 % des Nationaleinkommens eine relativ große Armee, deren Friedensstärke 250—300 000 Mann betrug und die zu Beginn der dreißiger Jahre aus 10 Korps, 30 Infanteriedivisionen, 4 Kavalleriedivisionen, 5 Kavalleriebrigaden, 3 Panzerregimentern, dem Grenzschutzkorps und 6 Fliegerregimentern bestand. Im Mobilmachungsfalle konnten diese Kräfte auf 34 Infanteriedivisionen und ca. 800 000 Mann Feldtruppen erhöht werden[6].

1928 beschloß das französische Parlament, die Militärdienstzeit auf 12 Monate zu verkürzen, die Maginot-Linie zu bauen und im Jahre 1930 vorzeitig die Besetzung des Rheinlandes aufzuheben. Zur Zeit der großen Wirtschaftskrise in den Jahren 1929 bis 1934 nahm Frankreich auch Kürzungen im Verteidigungsetat vor, die eine Modernisierung der französischen Armee unmöglich machten. Diese Maßnahmen verschlechterten entschieden die militärische Lage der östlichen Verbündeten Frankreichs, d.h. Polens und der Tschechoslowakei.

Die ursprünglich für Polen und andere mittel-osteuropäische Staaten verhältnismäßig günstige Konfiguration der militärischen Kräfte begann sich demnach zu Beginn der dreißiger Jahre im Zuge der fortschreitenden deutschen und sowjetischen Rüstungen zu verändern. Daher stammte auch das große Interesse Polens und der Tschechoslowakei an der Genfer Abrüstungskonferenz und die fieberhaften Anstrengungen, besonders Polens, den deutschen Postulaten in der Frage einer Gleichberechtigung im Bereich der Rüstung entgegenzutreten. Man beabsichtigte sogar, diese Rüstungsmaßnahmen mit Hilfe von Präventivaktionen zu vereiteln und sondierende Gespräche mit Frankreich zu führen[7]. Diese Gerüchte wurden bisher jedoch nicht völlig beurkundet[8]. Jedenfalls machte die wachsende militärische Schwäche und die Unlust des westlichen Verbündeten Polens diese Art Anstrengungen gegenstandslos. Die Aufhebung der Rüstungsbeschränkungen des Versailler Vertrages, die in Kürze erfolgen sollte, bildete den Anfang des Verfalls des nach dem Versailler Vertrag entstandenen politischen Systems und bedrohte vor allem Polen und die Tschechoslowakei.

Der Kampf der Nationalsozialisten in Deutschland um die Macht unter der Losung des Sturzes der Weimarer Republik und der Aufhebung der Bestimmungen des Versailler Vertrags riefen in Polen tiefe Unruhe hervor; andererseits schienen die Angriffe der Nazis auf den Kommunismus und die Sowjetunion die sich nach dem Vertrag von Rapallo entwickelnde deutsch-sowjetische Zusammenarbeit zunichte zu machen — auch auf militärischer Ebene —, die die regierenden Kreise Polens besonders beunruhigt hatte. Im Jahre 1932 trat also eine gewisse Entspannung in den polnisch-sowjetischen Beziehungen ein, die von der Unterzeichnung eines Nichtangriffspaktes gekrönt wurde, der zunächst drei Jahre gelten sollte und etwas später bis zum Jahre 1945 verlängert wurde.

Nach Hitlers Machtübernahme in Deutschland kam es anfangs zu einer Verschärfung der polnisch-deutschen Beziehungen, u.a. im Zusammenhang mit Demonstrationen der Hitleranhänger in Danzig und dem Anwachsen einer antipolnischen Kampagne in der Frage des »Korridors« und Schlesiens sowie mit der Unterzeichnung des »Viererpaktes«, der u.a. die Möglichkeit einer Revision der Grenzen in Europa vorsah. Polen reagierte darauf mit einer Versteifung seiner Haltung, mit Versuchen einer Annäherung an die Tschechoslowakei und sogar an die Sowjetunion sowie mit einigen ostentativen militärischen Demonstrationen, die Hitler zu einer Änderung seiner Haltung gegenüber Polen bewogen. Der neue Reichskanzler wollte nämlich Zeit zur Verwirklichung seiner großen Aufrüstungspläne gewinnen, und diesem Zweck sollte vor allem eine Entspannung der Beziehungen mit Polen dienen. Nach längeren Verhandlungen unterschrieben beide Parteien am 26. Januar 1934 eine Erklärung, in der sie sich verpflichteten, in keinem Falle bei eventuellen Streitfragen zu den Waffen zu greifen; außerdem wurde bestimmt, daß das abgeschlossene Abkommen in Übereinstimmung mit dem Pariser Briand-Kellogg-Akt vom Jahre 1928 in keinem Punkt die früher mit anderen Staaten abgeschlossenen Verträge beeinträchtigen sollte. Der Vertrag sollte 10 Jahre gelten.

Der Vertrag mit dem Dritten Reich verschuf Polen gewisse Vorteile. Deutschland stellte seine antipolnische Pressepropaganda ein, manifestierte seinen Willen zu einer Besserung der gegenseitigen Beziehungen und gab sogar nach außen hin zu verstehen, daß das polnisch-deutsche Abkommen tiefer reichte, als aus der verkündeten Erklärung hervorging. Die wirtschaftlichen Beziehungen belebten sich und Polen, das aufhörte, ein Gegenstand unmittelbarer Angriffe zu sein, gewann zeitweilig eine größere Bewegungsfreiheit auf dem internationalen Schauplatz.

Deutschland trat seinerseits aus der politischen Isolation heraus, in der es sich nach seinem Austritt aus dem Völkerbund befunden hatte, und erlangte größere Möglichkeiten, seine Rüstung zu betreiben, denn Polen stellte seine vorherige Initiative in der Frage einer eventuellen Präventivaktion ein. Hitler behandelte von Anfang an den Vertrag mit Polen als eine taktische Ausflucht, um Deutschland Zeit für seine Rüstung zu geben. Im Ergebnis schützte der Vertrag Polen nicht vor einer Aggression, sondern schuf nur für einige Jahre eine scheinbare Besserung der Beziehungen, bis zu dem Zeitpunkt, als die Wehrmacht zu einem bedrohlichen Werkzeug im Kampf um den »Lebensraum« wurde.

Piłsudski, der die Nichtangriffspakte mit den beiden großen Nachbarn abschloß, war sich über den vorübergehenden Zustand der Lage im Klaren. »›Wir sitzen auf zwei Stühlen‹, sagte er zu einem der Generale, ›und das kann nicht lange dauern. Wir müssen nur wissen, wann und von welchem wir zuerst fallen werden‹[9].« Er wies seine Mitarbeiter an, die Änderungen, die in Deutschland und in der UdSSR vor sich gingen, scharf im Auge zu behalten[10]. Nichtsdestoweniger war man in Warschau der Meinung, daß die weitgehenden ideologischen Unterschiede, die zwischen dem Dritten Reich und der Sowjetunion bestanden, eine Zusammenarbeit zwischen diesen beiden Mächten unmöglich machten, und wenigstens diese Tatsache würde Polen eine Zeitlang ermöglichen, eine Gleichgewichtspolitik zwischen den beiden großen Nachbarn zu führen. Im Laufe der nächsten Jahre war man also bemüht, mit ihnen möglichst gute Beziehungen zu unterhalten. Sowohl Piłsudski selbst als auch sein Nachfolger, General Stanisław Haller (der Marschall verschied am 12. Mai 1935), vermieden jedoch eine engere, einseitige Annäherung an einen dieser beiden Staaten. So akzeptierte Polen z.B. nicht die in den Jahren 1934 und 1935 aufgetauchte Idee eines sogenannten Ostpaktes, aber gleichzeitig wies es auch Versuche ab, sich in eine antisowjetische Politik wie z.B. den Antikominternpakt hineinziehen zu lassen[11]. In diesem Zeitabschnitt kam es zu einer gewissen Lockerung des polnisch-französischen Bündnisses, obwohl dieses weiterhin die Grundlage der polnischen Militär- und Außenpolitik blieb. Polen nahm mit Unruhe und Unzufriedenheit den französisch-tschechoslowakisch-sowjetischen Vertrag vom Mai 1935 zur Kenntnis, der nach Meinung der führenden Kreise in Warschau die Möglichkeit einer Fortsetzung der Gleichgewichtspolitik und ein Lavieren zwischen beiden großen Nachbarstaaten beschränkte. Trotzdem, als im März des Jahres 1936 Hitler den Locarno-Pakt brach und deutsche Truppen in das entmilitarisierte Rheinland einmarschierten, erklärten sowohl Außenminister Beck als auch der Vertreter des polnischen Militärattachés in Paris, Gustaw Łowczowski, die Bereitschaft Polens zur Erfüllung seiner Bündnispflichten, falls Frankreich sich entscheiden sollte, aktiv auf dieses Vorgehen Hitlers zu reagieren[12]. Wie bekannt, verhielt sich Frankreich damals völlig passiv, und die Besetzung der Westgrenzen des Reiches durch die Wehrmacht verschlechterte die strategische Lage sowohl Polens als auch der Tschechoslowakei bedeutend. Die Möglichkeit einer französischen Offensive zugunsten der östlichen Verbündeten Frankreichs wurde außerdem noch durch eine Neutralitätserklärung des bisher mit Frankreich verbündeten Belgiens beschränkt[13].

Erst die Krise im Jahre 1936 veranlaßte Frankreich zu einem Beschluß zur Erteilung von Rüstungskrediten, die eine teilweise Modernisierung der französischen Armee ermöglichen sollten, sowie zu einer Erhöhung seines Interesses an den östlichen Verbündeten der Republik[14].

Nach dem Tode des Marschalls Piłsudski stellte der Generalstab auf Anweisung des neuen Generalinspektors der Streitkräfte, Rydz-Śmigły, einen Vergleich der polnischen Streitkräfte mit den Streitkräften Deutschlands, Frankreichs und der Sowjetunion an. Dieser Vergleich fiel für die polnische Armee sehr ungünstig aus. Bei einem hohen Prozentsatz von Infanterie und Kavallerie war der Prozentsatz der Panzertruppe, Artillerie, Luftwaffe, Nachrichten- und technischen Einheiten sehr gering, und das Mißverhältnis gerade zu den Nachbarn unterlag einer ständigen Steigerung. Frappierend war die Schwäche der Flieger- und Panzerabwehr, die Motorisierung der Armee sowie die Spärlichkeit der Mobilmachungsbestände. Die Luftwaffe verfügte über ein im Vergleich zu den Nachbarn immer mehr veraltendes Gerät. Die Analyse der bestehenden Lage wurde zum Ausgangspunkt für die Arbeiten an einem Modernisierungsplan der Streitkräfte, den der Generalstab im Jahre 1936 unternahm[15]. Zur finanziellen Grundlage des Ausbaus der Armee wurde im April des Jahres 1936 der Nationale Verteidigungsfonds (FON) ins Leben gerufen, in den Zuwendungen aus den verschiedenen Ressorts und auch Gaben der Bevölkerung einfließen sollten[16].

Zu einer bedeutenden Hilfe bei der Verwirklichung des Planes sollte das sogenannte Darlehen von Rambouillet werden, das Rydz-Śmigły anläßlich seines Besuches in Frankreich in Höhe von 2,6 Milliarden Francs (ca. 550 Millionen Zloty) gewährt wurde; 1 Milliarde Francs sollten in Form von Materialkrediten genutzt, der Rest zum Ausbau der polnischen Rüstungsindustrie verwendet werden. Die Gesamtsumme der Modernisierungskosten der Streitkräfte wurde auf 4,759 Millionen Zloty (außer den jährlichen normalen Budgetausgaben zur Erhaltung des Militärs) berechnet; die Realisierung des Planes sollte im Laufe von 6 Jahren (1936—1942) erfolgen. Die erwähnte Summe, die den Gegenwert von 906 Millionen des damaligen US-Dollars bildete, sollte für folgende Zwecke verwendet werden: 47 % für das Landheer, 18,7 % für die Luftwaffe, 14,04 % für die Fliegerabwehr, 2,52 % für die Kriegsmarine, 3,89 % für die Errichtung von Befestigungen, 11,22 % für den Ausbau der Industrie, Einkauf von Rohstoffen und geologischen Forschungen, 2,73 % für andere Zwecke[17]. Die Planerfüllung setzte keine zahlenmäßige Erhöhung des Militärs und der großen Einheiten des Landheers voraus, sondern nur ihre Ausrüstung mit Waffen und Gerät, das den Ansprüchen eines modernen Krieges eher gewachsen sein sollte, und das in einer Größenordnung, die eine Bewaffnung der Divisionen und Brigaden auf einem Niveau von ungefähr 50 % der entsprechenden Ausrüstung der Divisionen der Nachbarstaaten ermöglichte. In den Jahren 1936 bis 1938 wurden zur Verwirklichung des Planes nur 782 Millionen Zloty ausgegeben, ungefähr 50 % von dem, was ursprünglich für diesen Zeitabschnitt geplant wurde, und die Realisierung des ganzen Planes wurde aus Mangel an Mitteln auf die Zeit von 10 Jahren, also bis zum Jahre 1946 ausgedehnt[18].

Der mit dem Modernisierungsplan der Streitkräfte verbundene Plan des Ausbaus der Rüstungsindustrie sah die Einrichtung vieler Produktionsbetriebe im sogenannten Zentralen Industriegebiet zu beiden Seiten der mittleren Weichsel und den Stromgabelungen des San, der Weichsel und des Dunajec vor, also in Wojewodschaften, die, wie erwartet, am wenigsten von einem künftigen Gegner bedroht waren. Bis zum Ausbruch des Zweiten Weltkriegs konnte jedoch nur ein kleiner Teil der neuerbauten Betriebe die Produktion aufnehmen[19]. 1939 beschäftige die polnische Rüstungsindustrie über 32 000 Menschen und deckte im allgemeinen den Bedarf an Handfeuerwaffen und Maschinengewehren, teilweise auch an Minenwerfern und an Gewehrmunition. Artilleristische Waffen wurden auch in Polen erzeugt, aber nur in sehr geringer Anzahl. Da das Problem der Ausrüstung des Heeres mit Flieger- und Panzerabwehrwaffen am dringendsten war, wurde von der schwedischen Firma Bofors die Lizenz zur Produktion von 37-mm-Panzerabwehr- und 40-mm-Fliegerabwehrkanonen gekauft und mit ihrer Produktion begonnen. Auch Panzerwaffen wurden erzeugt, und zwar kleine Panzerspähwagen TK und TKS sowie dem englischen Vickers nachgebildete leichte Panzer vom Typ »7 TP« und Panzerkraftwagen »Ursus«. In kleinen Mengen wurden auch Schlepper, Lastkraftwagen sowie Motorräder hergestellt. Die Flugzeugindustrie produzierte verschiedene Flugzeugtypen, jedoch nur wenige Modelle entsprachen dem damaligen Weltstandard. Solche Erfordernisse erfüllte der 1938 produzierte Bomber »Łos«, dagegen sollte die Produktion von modernen Jagdflugzeugen »Jastrząb« und »Sokół« erst in den Jahren 1940 und 1941 aufgenommen werden. Die Mobilmachungsmöglichkeiten der Rüstungsindustrie waren noch gering. Nach einem Bericht von Stabsoffizieren konnten sie die Kriegsbedürfnisse folgendermaßen decken: 50 % der Gewehrmunition, 45 % der Maschinengewehre, 70 % der Geschütze, 40 % der Artilleriemunition, 30 % der Flak-Munition[20].

In der Mitte der dreißiger Jahre zwang die Entwicklung der deutschen Rüstung die polnische Seite zur Aufgabe ihrer Offensivpläne. Die Ereignisse des Jahres 1938 verschlechterten die strategische Lage Polens noch mehr. Der Anschluß Österreichs und später die tschechoslowakische Krise riefen in Warschau Unruhe hervor. Die politische und militärische Führung glaubte an keine französische Intervention zur Verteidigung der Tschechoslowakei, sie zweifelte auch an einem tatsächlichen Willen zum Widerstand ihres südlichen Nachbarn, mit dem Polen, wie wir wissen, mit keinem unmittelbaren Bündnis verbunden war und an den es territoriale Ansprüche stellte, die das Gebiet von Tescher-Schlesien betrafen. Unruhe erweckte auch die Möglichkeit eines Durchmarsches der Roten Armee durch polnisches Gebiet, um der Tschechoslowakei zu Hilfe zu kommen; Polen verweigerte hierzu seine Einwilligung und nahm in Wolhynien demonstrative Manöver vor[21]. Da es ein Grundsatz der polnischen Außenpolitik war, im Falle eines Krieges nicht in einem Frankreich feindlichen Lager zu stehen, hätte im Falle einer französischen Intervention zum Schutze der Tschechoslowakei zweiffelos eine sofortige Umgestaltung der polnischen Politik erfolgen müssen. Der Münchner Vertrag vom September 1938, der eine Kapitulation gegenüber den Forderungen Hitlers bedeutete, verursachte in Warschau eine Bestürzung, und man beschloß, von der Tschechoslowakei das Abtreten des Olsa-Gebiets an Polen zu erzwingen, das, wie befürchtet wurde, mindestens teilweise dem Reich zufallen könnte. Am 1. Oktober 1938 richtete Polen in dieser Angelegenheit ein Ultimatum an die Tschechoslowakei, das von der Prager Regierung angenommen wurde. Im Laufe der ersten Dekade des Oktobers 1938 wurde das strittige Gebiet von den Truppen der »Selbständigen Operationsgruppe Schlesien« eingenommen, die seit dem 21. September im polnisch-tschechoslowakischen Grenzgebiet an der Olsa zusammengezogen worden war[22].

Die Münchner Kapitulation schied aus den Reihen der potentiellen Gegner des Dritten Reiches die große und gut bewaffnete tschechoslowakische Armee aus. Nach der gegen Ende September 1938 erfolgten Mobilmachung rief die Tschechoslowakei 1 250 000 Mann zu den Waffen, davon entfielen auf die Linientruppen 972 479 Mann; sie stellte 36 000 Kraftfahrzeuge, 78 900 Pferde und 32 000 Pferdewagen. Die Ordre de bataille der tschechoslowakischen mobilisierten Streitkräfte umfaßte 4 Armeen, 14 Korps, 34 Divisionen und 4 »Skupina« Infanterie, 4 schnelle Divisionen (Panzer- plus Kavalleriebrigade) sowie 138 Bataillone der Festungsbesatzungen außerhalb der Divisionen, 7 Fliegergeschwader, die 55 Staffeln zählten (13 Bomber-, 21 Jagd- und 21 Aufklärungsstaffeln) und 1 514 Flugzeuge, davon 568 Maschinen in der ersten Linie[23]. Die Münchner Kapitulation bezeichnete für diese so bedeutenden Kräfte den Verlust der mit großen Kosten befestigten Verteidigungslinien und machte einen wirksamen Widerstand unmöglich. Der von Hitler am 18. Januar unterzeichnete »Fall Süd-Ost«[24] und seine Realisierung am 15. März 1939 bedeutete eine weitere ungemein große Stärkung des Potentials des Reiches, das ohne Kampf die ganze tschechoslowakische Bewaffnung eroberte. Polen, das schon seit dem Oktober 1938 in der Danziger Frage von Deutschland unter Druck gesetzt wurde, war jetzt auch von seiten der bisher verhältnismäßig sicheren Südgrenze bedroht.

Die Einnahme Prags, die Verkündung des deutschen Protektorats über die Slowakei, die Einnahme Memels und die in scharfer Form gestellten Forderungen in der Frage Danzigs und der exterritorialen Verkehrsverbindungen durch den pommerischen »Korridor« bewogen die polnische Regierung zur Verordnung einer Reihe von sichernden militärischen Maßnahmen. Schon am 21. März, sofort nach der Unterredung Ribbentrops mit Lipski, wurde eine Reihe von Mobilmachungsbefehlen erlassen, die im Laufe der nächsten Tage vollzogen wurden. So übernahmen die Armeeinspektoren den Befehl über ihre Armeen und begaben sich zu deren Standorten. Die Stäbe der Armeekommandos wurden fast auf volle Kriegsstärke mobilisiert. Der Inspektor der Luftraumverteidigung des Staates, General Jan Zajac, wurde zum Oberkommandierenden der Luftstreitkräfte und der Fliegerabwehr ernannt. Alle nahe der Grenze gelegenen Garnisonen wurden durch Einberufung von Reservisten zu Übungen verstärkt. Das für den Kriegsfall vorgesehene Nachrichtenübermittlungsnetz zwischen dem Oberkommando und den Kommandeuren der Armeen, der Kriegsmarine und der Korpswehrkreise wurde teilweise in Betrieb genommen. Im Zusammenhang mit den Gerüchten über ein Auslaufen der deutschen Flotte nach Danzig (ein starkes Geschwader deutscher Kriegsschiffe zog auf dem Wege nach Memel vorbei) wurde der Kriegsmarine die Weisung einer permanenten Beobachtung, die Bereitstellung der Flotte sowie eine Verstärkung der Besatzung auf der Westerplatte gegeben. Der Grenzschutz wurde den einzelnen Armeekommandos untergeordnet, denen auch entsprechende Karten, Munition, Stacheldraht und Material zum Bau von Hindernissen und Befestigungen zugeteilt wurde. Am 22. März wurden der Armee »Krakau« einige Bataillone des Grenzschutzes zugeteilt, um über die Karpaten führende Wege zu schließen; verstärkt wurden auch die Kavallerieeinheiten der Armee »Lodz«[25]. Am nächsten Tag wurde eine »farbige« Mobilmachung des IX. Korpswehrkreises (Brest am Bug) und eine »schwarze« im I. Korpswehrkreis (Warschau) vorgenommen, die vier Infanteriedivisionen, eine Kavalleriebrigade und eine Reihe von sich außerhalb der Divisionen befindenden Einheiten auf Kriegsstärke brachten. Ein Teil dieser Formationen wurde den einzelnen Armeen überwiesen, der Rest verblieb als Reserve des Oberkommandos in seinen Mobilmachungsräumen. Auf diese Weise erfolgte eine Deckung der wichtigsten Richtungen, die keine Friedensgarnisonen besaßen[26]. Insgesamt wurden durch die teilweise Mobilmachung die polnischen Streitkräfte bis auf ungefähr 350 000 Mann erhöht[27]. Bald darauf wurden die polnisch-deutschen Beziehungen weiter verschärft, als am 26. März Lipski die deutschen Forderungen zurückwies. Am 31. März erteilte Premierminister Chamberlain eine Garantie für Polen, und am 3. April begab sich Beck nach London, wo ein Bündnisvertrag zwischen Polen und Großbritannien über gegenseitige Hilfeleistung abgeschlossen wurde[28]. Gleichfalls bekräftigte Frankreich seine Bündnistreue zu Polen. Am selben Tage wurde die Weisung für den »Fall Weiß« unterzeichnet[29].

Seit Ende Februar 1939 intensivierte der Generalstab die Arbeiten am Plan »W«. Nach der Einnahme Böhmens und Mährens durch deutsches Militär wurden Korrekturen an den Operationsvoraussetzungen vorgenommen und dem Oberbefehlshaber zur Bestätigung vorgelegt[30]. Im allgemeinen wurden die Konzentrationsrayons der deutschen Truppen und die Angriffsrichtungen richtig vorausgesehen. Die Kräfte, über die das Dritte Reich verfügen könnte, wurden auf 100—120 Divisionen geschätzt, wovon 70—80 — darunter alle leichten, motorisierten und Panzerdivisionen — Polen angreifen sollten. Die deutsche Luftwaffe wurde auf ca. 3 500 Kampfflugzeuge geschätzt, von denen der Großteil an der polnischen Front erwartet wurde[31].

Der polnische Plan hatte defensiven Charakter. Es wurde beabsichtigt, jene Gebiete zu verteidigen, die für die Kriegführung unentbehrlich waren, dabei dem Gegner so schwere Verluste wie möglich zuzufügen, und sich vor Beginn von Angriffshandlungen der Verbündeten nicht zerschlagen zu lassen. Die Hauptverteidigungslinie sollte über die Biebrza, Narew, Weichsel bis zur Mündung der Brda, über Bromberg, die obere Warthe, über Schlesien nach Bielitz und Saybusch verlaufen. Den ersten Stoß sollten die Einheiten der Armeen der ersten Welle auffangen, die schon früher in Alarmbereitschaft mobilisiert worden waren. Sie sollten auch die übrigen Einheiten decken, aus denen die Reserve des Oberbefehlshabers organisiert wurde. Im Süden dagegen sollte die Verteidigungslinie längs der Karpaten verlaufen.

Angesichts des Kräfteverhältnisses zwischen dem Dritten Reich und Polen sowie einer fast völligen Einkreisung des Landes durch feindliche Nachbarn hatte die Verwirklichung des polnischen Verteidigungsplanes keinerlei Aussichten auf Erfolg. Darüber war sich der polnische Generalstab im Klaren[32], der über die bestehende Lage vom polnischen militärischen Geheimdienst ziemlich präzise informiert wurde. Dem Geheimdienst gelang es, ungefähr 80 Prozent der großen Einheiten des deutschen Landheeres und der Luftwaffe zu lokalisieren, und auf der Grundlage einer so erkundeten Konzentration konnten die Hauptrichtungen der Angriffe vorausgesehen werden[33]. Nichtsdestoweniger war der Generalinspektor der polnischen Streitkräfte bis Mitte August nicht völlig davon überzeugt, daß die deutsche Invasion tatsächlich erfolgen werde. Wie es Vizepremierminister Eugeniusz Kwiatkowski in seinem Tagebuch vermerkte, erklärte Marschall Rydz-Śmigły während einer am 11. August im Warschauer Schloß abgehaltenen Beratung, daß aus Quellen, über die das Militär verfügte, festgestellt werden konnte, daß in Deutschland eine teilweise Mobilmachung im Gange war, und daß er es für notwendig hielt, die Kriegsstärke Polens zu erhöhen. Er behauptete gleichfalls, daß ihm ein konkreter Angriffsplan auf Polen mit der Bezeichnung der deutschen Divisionen und den deutschen Operationsplänen zugeleitet wurde. Er war jedoch der Meinung, daß ihm dieses Material in die Hände gespielt wurde, um ihn in die Irre zu führen[34]. Wie man sieht, wurden die Nachrichten des polnischen Geheimdienstes nicht einmal richtig eingeschätzt und für fragwürdig gehalten.

Polen überschätzte auch den guten Willen und die Rolle seiner westeuropäischen Verbündeten. Im Mai 1939 fanden in Paris polnisch-französische Militärgespräche statt, in denen bestimmt wurde, daß Frankreich im Falle eines deutschen Angriffs auf Polen mit dem Großteil seiner Kräfte (»avec le gros de ses forces«) eine Offensivaktion gegen Deutschland unternehmen werde[35]. Indessen nahm General Gamelin von Anfang an diese Versprechungen nicht sehr ernst, da schon am 4. April und später am 4. Mai die französischen und britischen Stäbe eine gemeinsame Aktion abstimmten und entschieden, daß sie nur gegen Italien eine Offensive führen könnten und daß gegen Deutschland in den ersten Kriegswochen nur beschränkte Offensivhandlungen stattfinden könnten. Eine größere Offensive gegen Deutschland an der Westfront wäre erst in weiterer Zukunft — und das bei aktiver Hilfe der USA — möglich. Was die Bündnisse mit Polen und Rumänien betrifft, so wurde damals festgestellt, daß sie nur Wert hätten, wenn diese Staaten Hilfe von der Sowjetunion erhalten würden und wenn es auf diese Art zu einer beständigen und soliden Ostfront käme[36]. Obwohl die polnische Regierung und das polnische militärische Oberkommando auf jeden Fall entschlossen waren, dem Reich aktiven Widerstand zu leisten, so spielte doch der unbegründete Glaube an eine tatsächliche Hilfe der Verbündeten eine wichtige Rolle in den politischen Entscheidungen des Jahres 1939 und hielt auch den Willen zum Kampf in der polnischen Öffentlichkeit aufrecht.

Es stellt sich die Frage, ob die polnischen regierenden und militärischen Kreise über die sich 1939 vorbereitende Reorientierung der sowjetischen Außenpolitik in bezug auf Deutschland, die Westmächte, Polen und andere Staaten Osteuropas angesichts des heranziehenden weltweiten Konflikts unterrichtet waren. Eine teilweise Antwort auf diese Frage können wir in der Denkschrift des Oberst Ludwik Sadowski finden, der die Tätigkeit der II. Abteilung des Generalstabes zusammenfaßte. Diese Denkschrift wurde auf Veranlassung einer bei der Regierung von General Władysław Sikorski in Frankreich berufenen Kommission verfaßt, die die Ursachen der polnischen Niederlage im Jahre 1939 untersuchen sollte[37]. Sie wurde auf der Grundlage von Verhören und Berichten von 190 Mitarbeitern des polnischen Geheimdienstes erarbeitet. Das gleiche Problem berührt ein nach dem Kriege verfaßter ausführlicher Bericht des Generalstabschefs der polnischen Armee, General Wacław Stachiewicz[38]. Nach den hier angeführten Quellen war die Änderung der Haltung der Sowjetunion für die II. Abteilung eine große Überraschung. Der polnische Generalstab wie auch Außenminister Beck nahmen an, daß eine deutsch-sowjetische Verständigung angesichts der tiefen ideologischen Gegensätze, die zwischen den beiden politischen Systemen bestanden, eine absolute Unmöglichkeit sei. Zu Beginn des Jahres 1939 unternahm die II. Abteilung eine Aktualisierung einer früheren Studie über die von ihr hoch eingestufte Rote Armee[39]. In Warschau glaubte man im allgemeinen nicht an ein aktives Auftreten der Sowjetunion gegen Deutschland schon in den ersten Kriegswochen. Man war der Meinung, daß sie eine wohlwollende Neutralität bewahren würde, was zahlreiche Erklärungen von Vertretern der Sowjetregierung bestätigten[40].

Gegen solche Beurteilungen (u.a. des ersten Stellvertreters des Chefs der II. Abteilung, Oberst Józef Englicht)[41] sprachen einlaufende Berichte von einer Sitzung des Politbüros des Zentralkomitees in Moskau, bei der Anhänger einer Verständigung mit Deutschland aufgetreten sein sollten. Der Leiter des

Selbständigen Referates »Rußland« (Hauptmann Niezbrzycki) betrachtete dies jedoch als eine sowjetische Irreführung. Der II. Abteilung des Generalstabes wurde auch gemeldet, daß Großbritannien und Frankreich bestrebt seien, die Atmosphäre der deutsch-sowjetischen Beziehungen zu vergiften. Frappierend war auch das Fehlen von antisowjetischen Akzenten in einer Rede Hitlers, die er anläßlich des Stapellaufes des Panzerkreuzers »Bismarck« hielt, sowie auch eine von Mołotow anläßlich der III. Sitzung des Obersten Rates (im Sommer 1939) gehaltene Rede, die eine Wiederaufnahme der Handelsbeziehungen mit Deutschland ankündigte. Berichte des Geheimdienstes des Grenzschutzkorps vom Juni desselben Jahres sprachen von einem Löschen militärischen Geräts von deutschen Schiffen in Leningrad. Schließlich meldete der polnische Militärattaché in Berlin im Juni 1939 eine Aussage des Generals Bodenschatz, der empfahl, Polen möge die Vorschläge Hitlers annehmen, denn ihre Abweisung könnte fatale Folgen nach sich ziehen, da Deutschland schon seit längerer Zeit Unterredungen mit der Sowjetunion führe und diese dem Vernehmen nach fortgeschritten seien[42]. Diese Aussage Bodenschatz' fand, wie wir heute wissen, schon am 30. April statt und war an den französischen Luftwaffenattaché in Berlin, Hauptmann Paul Stehlin, gerichtet[43]. Die II. Abteilung behandelte diese Meldung jedoch mit Geringschätzung, als einen erneuten Versuch, auf den Standpunkt Polens Einfluß zu nehmen und es zu Zugeständnissen zu bewegen.

Bis zum Ausbruch des Krieges meldeten die polnischen Dienststellen der nahen und tiefen Aufklärung in der Sowjetunion keine besonderen Bewegungen sowjetischen Militärs in Richtung polnische Grenze. Erst von 1.—5. September begannen solche Nachrichten ziemlich zahlreich einzulaufen, doch wurden sie als eine normale sowjetische Reaktion auf den Kriegsausbruch behandelt. Am 12. September übersandte der polnische Militärattaché in Paris einen Auszug aus einem Kommuniqué der französischen II. Abteilung, die eine Agenturnachricht enthielt, daß Sowjetrußland angeblich Aktionen gegen Polen und Rumänien vornehmen würde. Trotzdem war die sowjetische Aktion am 17. September — wie alle oben angeführten Quellen einmütig angeben — eine völlige Überraschung für die polnischen Militär- und Regierungskreise, die sich aktuell in der Nähe der rumänischen Grenze befanden und noch beabsichtigten, den sogenannten »rumänischen Brückenkopf« zu verteidigen. Angesichts einer solchen Lage entschied sich die Regierung sowie auch der Oberbefehlshaber, Marschall Eduard Rydz-Śmigły, und sein Generalstab, die rumänische Grenze zu überschreiten, mit der Absicht, sich nach Frankreich zu begeben und dort an der Seite der westlichen Verbündeten den Kampf fortzusetzen. Die rumänische Regierung vereitelte jedoch diese Absicht und internierte sowohl die Mitglieder der polnischen Regierung als auch den Marschall Polens samt seinem Stab in Rumänien. Der Operationsplan »Westen«, der in den Jahren 1936—1939 zahlreichen Modifizierungen unterworfen und in den Einzelheiten nicht bis zu Ende ausgearbeitet wurde, ging nicht über die erste, einleitende Phase des polnisch-deutschen Krieges hinaus.

1939 war die Überlegenheit Deutschlands, das inzwischen seine militärischen Effektiven um ungefähr 40 Prozent erhöht hatte, gegenüber Polen schon zerschmetternd, und die Änderung der Haltung der Sowjetunion vollendete die Katastrophe. Obwohl die verhältnismäßig gute Erkundung der militärischen Lage und der Möglichkeiten beider großen Nachbarn durch den Geheimdienst und die deutschen Vorbereitungen zu einem Angriff auf Polen dem militärischen Oberkommando die ganze Aussichtslosigkeit der strategischen Lage vor Augen brachte, entschied sich die polnische Regierung zur Aufnahme eines Kampfes, der von Anfang an keine Aussichten auf einen Erfolg versprach. Eine völlig rationelle Beurteilung der Meldungen, die die strategische Lage betrafen, hätte nämlich zu einer Kapitulation führen müssen, was jedoch im Namen der Ehre nicht geschah.

## Anmerkungen

1 J. Ciałowicz, Polsko-francuski sojusz wojskowy 1921—1939 (Das polnisch-französische militärische Bündnis 1921—1939), Warszawa 1970, Annex Nr. 3 und Nr. 4, S. 402—405.

2 H. Bułhak, Z dziejów stosunków wojskowych polsko-czechosłowackich w latach 1921—1927 (Aus der Geschichte der polnisch-tschechoslowakischen militärischen Beziehungen in den Jahren 1921—1927), in: Studia z dziejów ZSSR i Europy Środkowej (Studien aus der Geschichte der UdSSR und Mitteleuropas), Bd V, S. 115—145.

3 A. Essen, Mała Entanta w polskiej polityce zagraniczney w latach 1920—1934 (Die Kleine Entente in der polnischen Außenpolitik in den Jahren 1920—1934), Diss. masch.schr.

4 Der Text der polnisch-rumänischen militärischen Konventionen: H. Bułhak, Materiały do dziejów sojuszu polsko-rumuńskiego w latach 1921—1931, in: Studia Historyczne (Material zur Geschichte des polnisch-rumänischen Bündnisses in den Jahren 1921—1931, in: Historische Studien), Kraków 1973, Nr. 3.

5 H. Bułhak, Próby przekztałcenia sojuszu wojskowego z Rumunią w trójstronne przymierze polsko-francusko-rumuńskie w latach 1923—1924, in: Przeglad Historyczny (Versuche zur Umgestaltung des Bündnisses mit Rumänien in ein dreiseitiges polnisch-französisch-rumänisches Bündnis in den Jahren 1923—1924, in: Historische Rundschau), Warszawa 1973, Nr. 3.

6 M. Zgórniak, Sytuacja militarna Europy w okresie kryzysu politycznego 1938 r. (Die militärische Lage Europas im Zeitabschnitt der politischen Krise im Jahre 1938), Warszawa 1973, S. 258 f.

7 M. Zgórniak, Sytuacja międzynarodowa Polski na początku lat trzydziestych XX wieku, in: Przeglad Historyczny (Die internationale Lage Polens zu Beginn der dreißiger Jahre des XX. Jhdts. in: Historische Rundschau), Warszawa 1975, H. 2.

[8] Aus Platzmangel kann die dieses Problem betreffende kontroverse Literatur hier nicht ausführlicher dargestellt werden.

[9] K. Fabrycy, Komórka specjalna, in: Niepodległość (Die Sonderzelle, in: Unabhängigkeit), London, Bd V, S. 217—222.

[10] K. Glabisz, Laboratorium, in: Niepodległość, Bd VI, S. 220—227; Diariusz i Teki Jana Szembeka (Jan Szembek, Tagebuch und Mappen), 4 Bde, London 1964—1972; Bd 1, 1964, Nr. 62, S. 153—156.

[11] H. Roos, Polen und Europa. Studien zur polnischen Außenpolitik 1931—1939, Tübingen 1957, S. 253—260; J. Szembek (Anm. 10), Bd 3, 1969, S. 395 f.

[12] Documents Diplomatiques Français 1932—1939, Serie II, Bd I, Paris 1963, Nr. 303; L. Noël, Agresja niemiecka na Polske (Die deutsche Aggression in Polen), Warszawa 1966, S. 104—115; G. Łowczowski, Remilitaryzacja Nadrenii w marcu 1936 a zagrozenie Polski i Czechosłowacji, in: Goniec Karpacki (Die Remilitarisierung des Rheinlandes im März 1936 und die Bedrohung Polens und der Tschechoslowakei, in: Der Karpaten-Bote), London 1960, S. 43—45; J. Ciałowicz (Anm. 1), S. 216—220; H. Roos (Anm. 11), S. 236.

[13] J. Willequet, La Belgique et la Deuxième Guerre Mondiale. Les Relations militaires franco-belges de mars 1936 au mai 1940, Paris 1968.

[14] Commission d'Enquêtes Parlementaires. Les événements survenus en France de 1933 à 1939, Bd II, S. 180.

[15] Polskie Siły Zbrojne w drugiej wojny swiatowej (Die Polnischen Streitkräfte im Zweiten Weltkrieg), Bd I, Teil 1, London 1951, S. 167 f., Nr. 6.

[16] Wojna obronna Polski. Wybór źródeł (Der Verteidigungskrieg Polens. Quellenauswahl), Warszawa 1968, Nr. 6.

[17] E. Kozłowski, Wojsko Polskie 1936—1939, Warszawa 1974, S. 34.

[18] Ebd., S. 36 f.

[19] M. Drozdowski, Geneza i rozwój Centralnego Okręgu Przemysłowego, in: Najnowsze Dzieje Polski. Materiały i Studia z okresu 1914—1939 (Die Genese und die Entwicklung des Zentralen Industriegebietes, in: Neueste Geschichte Polens. Material und Studien aus dem Zeitabschnitt 1914—1939) 1959, Nr. 2.

[20] Wojna obronna Polski 1939 (Der Verteidigungskrieg Polens 1939), Warszawa 1979, S. 107.

[21] Daran nahmen 5 Infanteriedivisionen, 1 improvisierte Kavalleriedivision, 1 motorisierte Brigade und 1 Brigade leichter Bomber teil; M. Zgórniak, Sytuacja militarna Europy (Anm. 6), S. 284 f.

[22] Zu dieser Gruppe gehörten 3 nicht komplette Infanteriedivisionen, 1 motorisierte Brigade, 1 Kavalleriebrigade, 1 Bataillon leichter Panzer, 1 Regiment schwerster Artillerie und Hilfseinheiten, unterstützt von 107 Flugzeugen. Die Gruppe zählte ungefähr 37 000 Mann; M. Zgórniak, ebd., S. 285—296.

[23] Ebd., S. 138—167.

[24] BA-MA, RH 2/v. 298.

[25] The Piłsudski Institute of America, New York, Archiv des Generals Jósef Jaklicz.

[26] Ebd.

[27] E. Kozłowski, Wojsko Polskie 1936—1939, Warszawa 1974, Annex Nr. 6.

[28] J. Szembek (Anm. 10), Bd 4, 1972, S. 716—718; Documents on British Foreign Policy, London 1946 ff., Bd V, Nr. 16.

[29] H. Rohde, Hitlers erster »Blitzkrieg« und seine Auswirkung auf Nordosteuropa, in: Das Deutsche Reich und der Zweite Weltkrieg, Bd 2, Stuttgart 1979, S. 79.

[30] Przyczynki do genezy polskiego planu operacyjnego do kampanii 1939 r. (Beiträge zur Genese des polnischen Operationsplanes im Jahre 1939), in: Bellona, H. 1,

London 1952.

31 W. Stachiewicz, Pisma, T. I, Przygotowania wojenne w Polsce 1935—1939 (Schriften, Bd I, Kriegsvorbereitungen in Polen 1935—1939), Paris 1977, S. 190 f.

32 So behauptete der damalige Stellvertreter des Generalstabschefs Józef Jaklicz in einem Gespräch mit dem Autor, das im Jahre 1972 in Paris geführt wurde.

33 M. Cieplewicz, M. Zgórniak, Przygotowania niemieckie do agresji na Polskę w 1939 r. w swietle sprawozdan Oddziału II. Sztabu Głownego (Die deutschen Vorbereitungen zur Aggression gegen Polen im Jahre 1939 im Lichte der Berichte der II. Abteilung des Generalstabes), Wrocław 1969.

34 Auszug aus den Notizen des Ministers Kwiatkowski im Nachlaß von J. Ciałowicz (im Besitz des Autors).

35 Protokoły polsko-francuskich rozmów sztabowych w Paryzu w maju 1939 (Protokolle der polnisch-französischen Stabsunterredungen in Paris im Mai 1939), in: Bellona, H. 2, London 1958, S. 165—179; dem Autor von General J. Jaklicz am 26. April 1972 erteilter Bericht.

36 History of the Second World War. United Kingdom Series, ed. by J. R. M. Butler, Grand Strategy, vol. I: N. H. Gibbs. Rearmement Policy, London 1976, S. 667—677; Grand Strategy, vol. II: J. R. M. Butler, September 1939 — June 1941, London 1957, S. 9—12; W. B. R. Neave-Hill, L'évolution de la Stratégie franco-anglaise (1939—1940), in: Français et Britanniques dans la Drôle de Guerre, Paris 1979, S. 334.

37 Militär-Historisches Institut in Warschau (WIH), MiD I/3/60, Dipl. Oberst L. Sadowski, II. Abt. des Generalstabes. Ergebnisse der Friedensarbeit und der Anteil an den Kriegsvorbereitungen, Maschinenschrift, S. 188 ff.

38 W. Stachiewicz, Pisma, T. I (wie Anm. 31), S. 15—18.

39 L. Sadowski (Anm. 37), S. 136.

40 W. Stachiewicz (Anm. 38), S. 17 f.

41 Interview mit Oberst Józef Smoleński (dem Chef der II. Abteilung des Generalstabes), von Dr. R. Woytak am 17. Januar 1976 in London; Sammlungen R. Woytaks in Carmel.

42 L. Sadowksi (Anm. 37), S. 189.

43 P. Stehlin, Témoignage pour l'histoire, Paris 1964, S. 148—150.

Horst Rohde

# Kriegsbeginn 1939 in Danzig — Planungen und Wirklichkeit*

## 1. *Vorbemerkung*

Obwohl die ersten Schüsse des Zweiten Weltkrieges[1] — entgegen einer weitverbreiteten Meinung — offensichtlich nicht direkt in Danzig gefallen sind, gibt es dennoch Aspekte, die eine Beschäftigung mit den Ursachen und dem Ausbruch der Kampfhandlungen in der Freien Stadt interessant erscheinen lassen: Während die politische Rolle Danzigs in der Vorgeschichte des Zweiten Weltkrieges bekannt und von der Historiographie aufgearbeitet ist[2], herrscht noch immer Unklarheit über die militärische Position der Hafenstadt an der Weichselmündung vor und nach dem Morgen des 1. September 1939. Dieses mangelnde Wissen resultiert vor allem aus der fälschlichen Ansicht, daß die Bedeutung des operativen Einflusses von Danzig seinerzeit erheblich hinter dem diplomatischen Gewicht zurückgestanden habe. Außerdem waren die politischen Archive früher zugänglich als die militärischen und verfügten über die umfassenderen und — der Natur der Sache entsprechend — aussagekräftigeren Dokumente.

Der Sinn einer Untersuchung wie der vorliegenden besteht nun aber weniger darin, die weißen Flecken, die in der Geschichtswissenschaft noch hinsichtlich der Genesis des Polenfeldzuges vorhanden sind, zu beseitigen. Entscheidender dürfte auch in diesem Fall das Aufzeigen politisch-militärischer Interdependenzen sein, die — bezogen auf Danzig — bisher fast völlig außer acht gelassen worden sind. So ist die Rolle der Freien Stadt bei der Entfesselung des Zweiten Weltkrieges überwiegend als Alibifunktion für die Nationalsozialisten bewertet worden, deren erfolgreiche Praktizierung besonders sinnfällig in dem französischen Schlagwort »Mourir pour Gdansk?« im Zusammenhang mit den Pariser Bündnisverpflichtungen gegenüber Polen ihren Ausdruck fand. Bei dieser Argumentation ist vergessen worden, daß die Problematik viel tiefer lag: Danzig spielte nämlich seit dem Ende des Ersten Weltkrieges für die deutsche und die polnische Seite eine wesentliche symbolische und damit zugleich auch propagandistische Rolle. Das wiederum zeitigte entsprechende Auswirkungen auf die beiderseitigen operativen Planungen zwischen 1918 und 1939. So war es denn auch kein Zufall, daß

---

* Gekürzte Fassung aus: Wehrwissenschaftliche Rundschau, 28 (1979), S. 154—162.

sich einerseits die polnischen Offensiv- oder zumindest Pressionspläne in der Zeit bis zur Jahreswende 1933/34 — gipfelnd in den sogenannten »Präventivkriegsplänen« Piłsudskis — hauptsächlich gegen die Freie Stadt richteten[3]. Andererseits steigerte das die ohnehin in Deutschland vorhandene Furcht vor einem totalen Verlust der Ostseehafenstadt. Umgekehrt verlief diese Entwicklung nach der nationalsozialistischen Machtergreifung, indem nunmehr von Berlin aus die überall initiierte Aufrüstung im Falle Danzigs von dem berechtigten Bedürfnis nach Sicherheit in eigene Ambitionen auf eine Besitzergreifung umfunktioniert wurde. Entsprechend vergrößerten sich daraufhin die polnischen Bedenken und Befürchtungen, die eigenen Rechte dort überhaupt wahren zu können.

Wenn diese Verhältnisse dann in den endgültigen Kriegsvorbereitungen trotzdem keinen angemessenen Niederschlag fanden, so läßt sich das wie folgt erklären: Auf deutscher wie auf polnischer Seite stand das vorhandene militärische Kräftepotential in keiner ausreichenden Relation zu den Anforderungen, die sich aus den Bemühungen um eine wirkungsvolle Offensive, beziehungsweise Defensive, ergaben. Aus dieser Situation resultierten dann jeweils Konzentrationen der deutschen und polnischen Kräfte in den voraussichtlichen Schwerpunkten des Kriegsgeschehens sowie Improvisationen in den Bereichen, die zwar außerhalb der zu erwartenden Hauptstoßrichtungen lagen, aber dennoch so bedeutsam erschienen, daß man die Entwicklung dort nicht allein dem Zufall überlassen mochte. Musterbeispiel für solche Maßnahmen war Danzig, so daß besonders aus diesem Grund die militärischen Ereignisse in der Stadt vor und unmittelbar nach Kriegsbeginn festgehalten zu werden verdienen.

## 2. *Die deutsche Remilitarisierung Danzigs*

### *Erste Anfänge — Januar 1933 bis Juni 1939*

Als Ansatzpunkte zur deutschen Aufrüstung in Danzig dienten den Nationalsozialisten zunächst die dortige Schutzpolizei und die »Einwohnerwehr«, eine verfassungsmäßig verankerte Miliz in Stärke von ca. 3 000 Mann, die jedoch keinen besonderen Kampfwert besaß, weil sowohl ihre Ausbildung als auch ihre Ausrüstung und Organisation mangelhaft waren[4]. Die entsprechenden Maßnahmen zur Umgliederung und Verstärkung der bestehenden Verbände sind spätestens seit 1933 durch Etatmittel der Reichswehr unterstützt worden. Außerdem baute man nach den Wahlen zum Danziger Volkstag im Mai 1933, die der NSDAP die absolute Mehrheit brachten, im Rahmen der dann folgenden Gleichschaltung der Freien Stadt mit dem Deutschen Reich auch SA-Einheiten systematisch auf[5]. Während dieses Vorhaben bis 1939 kontinuierlich fortgesetzt wurde, erfuhren die Aufstellungen der eigentlichen militärischen Verbände Anfang 1934 als Folge des deutsch-polnischen Nichtangriffspaktes eine wesentliche Beeinträchtigung. Bis zum Herbst 1938 verstärkte man daher die bestehende kasernierte Schutzpolizei nur geringfügig. Erst auf Grund des Sicherheitsdienstgesetzes vom Oktober desselben Jahres wurden dann wieder vermehrt Dienstpflichtige eingezogen, so daß die in einem Umfang von etwa einem Bataillon vorhandenen Truppen bis zum Frühsommer 1939 annähernd dreifache Stärke bekamen[6].

*Entstehung des »Kampfverbandes Danzig«*
Im Mai 1939 nahm der Gedanke an eine verstärkte Danziger Remilitarisierung deutscherseits erneut konkrete Formen an. Er ging in erster Linie von dem im »Fall Weiß«, das heißt bei einem deutschen Angriff gegen Polen, als Oberbefehlshaber der Heeresgruppe Nord vorgesehenen Generaloberst von Bock aus. Sein Großverband hatte unter anderem die schwierige Aufgabe, mit der 4. Armee aus Pommern und mit Teilen der 3. Armee von Ostpreußen her den »Korridor« zu durchstoßen, um so möglichst rasch die Verbindung mit dem Reichsgebiet herzustellen und zugleich die polnischen Kräfte in der Tucheler Heide von ihrer weiter südlich befindlichen Hauptmacht abzuschneiden. Bock sah es daher als seine vordringliche Verpflichtung an, die Vereinigung seiner Heeresgruppe östlich der Weichsel möglichst schnell zu vollziehen, um dann in der zweiten Operationsphase mit beiden Armeen den entscheidenden Schlag gegen den Nordflügel des polnischen Heeres beiderseits von Warschau führen zu können. Im Falle der 4. Armee bedeutete das für die Verantwortlichen, alle nur denkbaren Vorbereitungen zu treffen, um den Vorstoß durch den »Korridor« zu erleichtern und Unwägbarkeiten von vornherein möglichst auszuschalten. Entsprechend erläuterte der Heeresgruppen-Oberbefehlshaber dem OKH, dessen Weisung erstmals am 1. Mai ergangen war, 27 Tage später seine Pläne, darunter auch »Maßnahmen in und gegen Danzig«[7]. Dabei betonte er, daß vor allem die Kräfte der 4. Armee bei einem Durchbruch zusammengehalten werden müßten, zumindest so lange, wie noch mit ernsthaftem Widerstand zu rechnen sei. Deshalb dürfe auch für Nebenaufgaben – wie die Inbesitznahme von Danzig und Gdingen – höchstens ein Regiment abgestellt werden. Falls aber doch im Nordteil des »Korridors« stärkere polnische Kräfte vorhanden sein sollten, könnten sich diese in den Besitz der fast wehrlosen Stadt Danzig setzen und dann von dort aus gegen den Nordflügel der 4. Armee operieren. Dieser Gefahr ließe sich nur begegnen, wenn Danzig in die Lage versetzt werde, »sich so lange zu halten oder wenigstens zu wehren, bis weitere Kräfte der 4. Armee [...] verfügbar sind«. Personell bestehe durchaus die Möglichkeit, einen »Kampfverband« aufzustellen, denn in Danzig befänden sich Polizei und

Gendarmerie, Reservisten des Reichsheeres, altgediente Soldaten sowie SS, insgesamt etwa 12 000 Köpfe. Ihnen fehle es allerdings an Waffen, Munition und Ausrüstung, da diese lediglich für die Gendarmerie und die Polizei vorhanden seien. Trotz der Schwierigkeiten bei der Einfuhr von Material solle jedoch »schon im Frieden im geheimen ein Kampfverband aufgestellt und mit allem Nötigen versehen« werden. Als Grundstock wären infanteristische Einheiten vorzusehen, die Verstärkung durch einige Infanterie-Geschütz- und Pak-Einheiten sowie durch Panzer-Spähwagen erfahren würden. Die Aufstellung und Führung des Verbandes sollte einem älteren Offizier des Heeres übertragen werden. Außerdem wurde eine Unterstützung durch die Reichsmarine in Form von Torpedo-Booten sowie eventuell durch die Anlandung eines Bataillons angestrebt.

Selbst für den Fall, daß der deutsche Angriff gegen Polen nicht stattfinden würde, sah Bock in der Aufstellung von Truppen in Danzig große Vorteile: So wies er unter anderem auf das Risiko hin, daß die Polen ihrerseits die Feindseligkeiten mit einem Handstreich auf die Freie Stadt eröffnen und sie bereits nach wenigen Schüssen in ihren Besitz bringen könnten. Eine Rückeroberung würde dann erst recht Probleme mit sich bringen.

*Die neue »Landespolizei«*

Tatsächlich ist daraufhin am 11. Juni 1939 »nach bemerkenswert kurzer Besprechung beim Führer« in Danzig als erste Maßnahme ein Befehl zur Aufstellung von »Landespolizei« ergangen[8]. Zum Kommandeur der neuen Einheiten wurde der Generalmajor Friedrich-Georg Eberhardt ernannt. Er erhielt den Befehl, sich sofort nach Danzig zu begeben, um als »Berater« der dortigen Polizei tätig zu sein. Innerhalb kürzester Zeit hatte er einen Stab aufgestellt, der größtenteils aus Reserve-Offizieren des Freistaatgebietes bestand. Bald trafen aber auch noch aktive Offiziere und Reservisten aus dem Reich ein, die für Führungspositionen bei den unterstellten Truppen vorgesehen waren, sowie Unteroffiziere und Mannschaften.

Der zeitliche Verlauf der Aufstellung der verschiedenen »Landespolizei«-Einheiten läßt sich bis jetzt zwar noch nicht im einzelnen festlegen, doch gibt es immerhin zahlreiche Anhaltspunkte, die es erlauben, die Abfolge der organisatorischen Maßnahmen zumindest im großen nachzuvollziehen. So wurde bereits am 15. Juni der »Polizeiverband Danzig« — bestehend aus einem aktiven, einem Mobilmachungs-Regiment und dem SS-Sturmbann Danzig — offiziell erwähnt. Er unterstand direkt dem Heeresgruppenkommando Nord[9]. Als amtlicher Entstehungstermin des Stabes der »Landespolizei« galt der 1. Juli[10]. Die Aufstellung des I. Regiments dürfte spätestens Mitte Juli abgeschlossen gewesen sein. Dieses war um so leichter möglich, als es sich bei ihm praktisch nur um die Neuformung eines Verbandes, vor allem aus

Einheiten der Schutzpolizei sowie aus aktiven Soldaten oder Reservisten der Wehrmacht, handelte. Entsprechendes war dann bei der Bildung des II. Regimentes nicht mehr möglich, da die Reserven — auch in Danzig — wohl überwiegend ausgeschöpft waren. Somit setzte sich der zweite Verband Eberhardts im wesentlichen aus Danziger SA-Männern zusammen. Seine Aufstellung begann etwa vom 21. Juli an. Einige Tage zuvor waren allerdings schon die Führungsstellen besetzt worden: »Vor dem Auditorium Maximum der Technischen Hochschule traten die ersten Freiwilligen aus den SA-Stürmen der Stadt Danzig unter Führung des Adjutanten der Brigade 6 an, um dem Regimentskommandeur [...], einem alten Danziger, vorgestellt zu werden[11].« Da die Angehörigen des II. Regimentes in der Mehrzahl entweder noch gar nicht oder nur vor längerer Zeit gedient hatten, also nur über die in der SA übliche vormilitärische Schulung neuerer Art verfügten, bekam dieser Truppenteil die zusätzliche Bezeichnung »Mob.-Regiment«[12]. Eine intensive militärische Ausbildung war hier nach Meinung der Verantwortlichen daher besonders vordringlich. Die konnte allerdings nur etwa vier Wochen dauern, weil die Einheiten schon zehn Tage vor dem beabsichtigten Angriff auf Polen ihre vorbereiteten Feldstellungen bezogen haben mußten[13].

Das Ergebnis der bisherigen Vorbereitungen fand seinen Niederschlag in einer Meldung, die unter dem Datum des 1. August 1939 berichtete:

»In Danzig ist ein verstärktes Polizei-Regiment aufgestellt und als Führer der Danziger Truppen General Eberhardt eingesetzt worden. Die mobilmachungsmäßige Aufstellung von einem weiteren Regiment, zwei leichten Batterien, einer 10-cm Batterie ist vorbereitet, die Ausbildung (Kurse) für diese Einheiten läuft seit Mitte Juli. Aufstellung einer gemischten Flak-Abteilung ist vorgesehen[14].«

Während der gesamten Dauer des Aufbaues der neuen Danziger Truppen waren die deutschen Stellen natürlich mit allen Mitteln darum bemüht, eine angemessene Tarnung aufrechtzuerhalten. Angesichts des ständig wachsenden Umfanges der Einheiten und ihrer erforderlichen Ausbildung wurde das jedoch immer schwieriger. Auf jeden Fall ist der polnischen Seite die allgemeine Entwicklung nicht allzu lange verborgen geblieben; und schon am 1. Juli telegraphierte der deutsche Botschafter in Warschau, von Moltke, an das Auswärtige Amt in Berlin:

»Die letzten Ereignisse in Danzig, im besonderen die Bildung eines diskreten Schutzkorps und das Eintreffen von Geschützen aus Ostpreußen, sind zwar in den hiesigen Regierungsblättern nicht besonders aufgemacht, tatsächlich aber von der Boulevardpresse in alarmierender Form behandelt worden[15].«

Am 14. Juli ließ Generaloberst Keitel im Auswärtigen Amt anfragen, »ob es politisch angebracht sei, die in Danzig befindlichen zwölf leichten und vier schweren Geschütze öffentlich zu zeigen und daran Übungen vornehmen zu lassen, oder ob es besser sei, das Vorhandensein dieser Geschütze zu tarnen«[16]. Der Staatssekretär von Weizsäcker bat daraufhin das OKW, die

Übungen an den Geschützen vorläufig noch in gedeckten Räumen durchführen zu lassen. Dieser Vorschlag kann aber nur den Zweck verfolgt haben, das Deutsche Reich außenpolitisch möglichst wenig bloßzustellen; denn von einem echten Verbergen der Remilitarisierung Danzigs konnte zu diesem Zeitpunkt mit Sicherheit nicht mehr die Rede sein. Der polnische Kommissar in der Freien Stadt hatte seiner Regierung in Warschau kontinuierlich über die dortige Entwicklung berichtet. Diese gipfelte offensichtlich in einer Meldung des polnischen Generalstabes, in dem das Eintreffen von 800 deutschen Soldaten in Danzig während der Woche vom 20. bis 26. August bekanntgegeben wurde[17]. In dieser Phase war allerdings auch von deutscher Seite aus der Versuch einer Verschleierung der Maßnahmen an der Weichselmündung weitgehend aufgegeben worden. So war es nach einem »Führerbefehl« vom 12. August erlaubt, sämtliche in Danzig befindlichen Waffen »in dem für die Ausbildung erforderlichen Umfang« zu zeigen und die Bezeichnungen »Landespolizeiregiment« und »Landespolizeiartillerie-Abteilung« öffentlich zu gebrauchen[18].

*Die »Landespolizei-Artillerieabteilung«*

Im Gegensatz zu den beiden »Landespolizei«-Regimentern mußte die zugehörige Artillerieabteilung im Sommer 1939 völlig neu aufgestellt werden, weil es in dem Danziger Gebiet keine entsprechenden Kader mehr gab. Es existierten zwar noch Reservisten im Freistaat, auf die man auch zurückgriff; doch reichte ihre Zahl nicht aus, so daß man beträchtliche personelle Unterstützung aus dem Reichsgebiet hinzuziehen mußte. Als noch problematischer erwies sich allerdings das Fehlen von Geschützen. Diese mußten daher erst unter komplizierten Tarnungsmaßnahmen in die Freie Stadt hineingebracht werden. Damit dürfte im Juni 1939 begonnen worden sein, wie der schon zitierte Bericht des deutschen Botschafters aus Warschau vom 1. Juli zeigt. Als Keitel dann am 14. Juli die ebenfalls bereits erwähnte Anfrage an das Auswärtige Amt richtete, dürften die betreffenden Maßnahmen wahrscheinlich weitgehend abgeschlossen und damit drei leichte und eine schwere Batterie mit insgesamt 16 Geschützen in Danzig aufgestellt gewesen sein. Anfang August kam General Eberhardt jedoch zu der Ansicht, daß die Artillerie seiner Truppen noch zu schwach sei, um die übertragenen Aufgaben schnell genug lösen zu können. Er ersuchte um weitere Verstärkung, die ihm insofern auch vom OKH gewährt wurde, als eine weitere schwere Batterie aus dem Reichsgebiet mit dazugehörigen Versorgungsteilen nach Danzig verlegt wurde. In diesem Zusammenhang sind vor allem die befohlenen Tarnungsmaßnahmen interessant, zumal sie sonst nirgendwo so deutlich zum Vorschein kommen[19]: Die für die Verlegung vorgesehene Batterie sollte bis zum Abend des 14. August zwecks »Teilnahme an den Herbstübungen des

Königsberger I. Armeekorps in mobilmachungsmäßiger Stärke, Gliederung und Ausrüstung« aufgestellt und marschbereit gemacht werden. Die polizeilichen Kennzeichen an den Fahrzeugen, Hoheitsabzeichen und Wappen an Stahlhelmen und Mützen mußten entfernt werden. Außerdem sollte die gesamte Batterie durch das Heeres-Bekleidungsamt Berlin mit einer Garnitur (Rock, Hose, Mantel) Polizeibekleidung ausgestattet und eingekleidet werden. Die Wehrmachtuniformen waren in Kisten verpackt mitzunehmen. Auch sämtliche Militärpapiere, wie Soldbücher, Truppenausweise, Wehrpässe, Führerscheine usw. durften nicht ausgegeben, sondern mußten unter Verschluß mitgeführt werden. Bezeichnend für die Geheimhaltung der ganzen Aktion war schließlich auch die Tatsache, daß nirgendwo der Name Danzig überhaupt auftauchte. Die Postversorgung der Einheit sollte über Königsberg und Elbing erfolgen, wobei es den betroffenen Soldaten ausdrücklich untersagt wurde, für abgehende Post einen anderen Weg als über Elbing zu benutzen.

Die Verlegung der Artillerie-Batterie erfolgte am 14. August über Stettin und von dort auf dem Seeweg bis Danzig[20]. Ende August 1939 bestand damit die »Landespolizei« in Danzig, die ab 1. September dann die Bezeichnung »Gruppe Eberhardt« führte, aus zwei Regimentern, die der Gliederung und Stärkenachweisung deutscher Infanterie-Regimenter entsprachen, aus einer Artillerie-Abteilung sowie aus Nachrichten- und Versorgungseinheiten.

*Die »Flak-Abteilung Danzig«*

Ähnlich wie die »Landpolizei«-Regimenter dürfte auch die »Flak-Abteilung Danzig« aus reichsdeutschem Stammpersonal und Danziger Reservisten oder Freiwilligen aufgestellt worden sein. In der »Zeittafel für den ›Fall Weiß‹« war außerdem die voraussichtliche Verlegung von einer Flak-Batterie nach Danzig bis zum 10. August 1939 vermerkt. In einem Nachsatz dieses vom 14. Juli datierenden Planes findet sich noch der Hinweis: »Vorgesehene Tarnung: NSFK-, SS- und SA-Uniform[21].« Am 20. Juli erging ein Befehl, der die Verschleierung der Remilitarisierung innerhalb der Freien Stadt regelte: »Zeigen von Artillerie, Flak und schweren Infanteriewaffen in Danzig: Den Zeitpunkt für das Zeigen oben genannter Waffen in der Öffentlichkeit behält sich der Führer vor. Die Flak-Artillerie ist zu einem möglichst späten Zeitpunkt nach Danzig zu überführen[22].« Bereits fünf Tage danach wurde diese Weisung jedoch geändert: »[...] ist die Flak-Artillerie so bald als möglich nach Danzig zu überführen. Bezüglich des Zeigens der Flak-Artillerie in der Öffentlichkeit verbleibt es jedoch bei der [...] getroffenen Regelung«[23].

Am 28. August begab sich der Kommandeur der Flak-Abteilung in Danzig an Bord der »Schleswig-Holstein« und übergab dem Kommandanten eine Karte über die Aufstellung seiner Batterie[24]. Danach befanden sich im Freistaatgebiet drei Batterien mit 8,8-cm-Flak und 10 Züge mit 2-cm-Flak[25].

*»SS-Heimwehr Danzig«*

Bereits im Januar 1939 war die Aufstellung eines SS-Totenkopf-Verbandes für Danzig erwogen worden. Gauleiter Forster sprach deswegen am 13. Januar im Auswärtigen Amt vor. Zugleich wünschte er die offizielle Einführung des »Deutschen Grußes« sowie der Reichsflagge. Sämtliche Vorschläge sind jedoch in Berlin zunächst noch abschlägig beschieden worden. Vor allem aus diplomatischen, aber auch aus militärischen Erwägungen heraus waren die Nationalsozialisten daran interessiert, die Konfrontation in Danzig noch nicht auf die Spitze zu treiben[26].

Im Juni 1939 ist dann allerdings doch der III. Sturmbann der SS-Totenkopfstandarte 4, der ab Oktober 1939 in Berlin-Adlershof aufgestellt worden war, nach Danzig in Marsch gesetzt worden. Ihm folgte schon bald der Panzerabwehr-Lehrsturm der SS-Totenkopf-Standarten. Zu diesen Einheiten traten in der Freien Stadt noch etwa 500 Freiwillige hinzu. Bereits im Juli dürfte die Formierung der Danziger SS weitgehend abgeschlossen gewesen sein. Von ihren 42 Führern und rund 1 500 Unterführern und Mannschaften waren circa zwei Drittel Reichsdeutsche und der Rest Danziger[27]. Am 18. August fand die Fahnenverleihung an die »SS-Heimwehr Danzig« statt. Damit trat sie zum ersten Mal öffentlich in Erscheinung. Der Verband, der nunmehr den Umfang eines verstärkten Bataillons besaß, war in vier Schützen-Stürme, einen MG-Sturm, einen Infanteriegeschütz-Sturm, zwei Pak-Stürme sowie je einen Nachrichten- und Pionier-Zug gegliedert[28].

*Der Verstärkte Grenzaufsichtsdienst (VGAD)*

Der VGAD[29] entstand Ende Juni 1939 in Danzig, als wiederum die SA einen Grenzschutz in der Stärke von 400 Mann aufstellte. Die Angehörigen dieser Formation wurden ebenfalls auf Grund des Danziger Gesetzes über den Sicherheitsdienst ordnungsgemäß mit Wehrpässen ausgestattet, in die der Vermerk »freiwillig« eingetragen war. Am 16. Juli übernahm die Landeszollbehörde diese Männer in den VGAD, in dem reguläre Zollbeamte die Führungspositionen innehatten[30]. Der Danziger VGAD setzte sich mithin aus »planmäßigen Beamten des Aufsichtsdienstes« an der Grenze nach Polen und kurzfristig, auf unbestimmte Dauer eingestellten »Hilfsgrenzangestellten« zusammen[31].

Im Gegensatz zu den Aufgaben des VGAD im Reichsgebiet waren die militärischen Kompetenzen in Danzig deutlich herausgestellt. So sollten auch Angriffe stärkerer feindlicher Kräfte für eine begrenze Zeit aufgehalten werden, falls sich das ermöglichen ließ. Wie sehr der eigentliche Zoll- und Grenzaufsichtsdienst hier tatsächlich hinter die militärischen Forderungen zurücktrat, zeigt am besten die Aufgabenstellung des Danziger VGAD im einzelnen:

»1) Sicherung der Grenzen gegen polnische Übergriffe, feindliche Spähtrupps und gegnerischen Nachrichtendienst. 2) Beobachtung aller Vorgänge jenseits der Grenze, Sammeln von Feindmeldungen. 3) Bewachung der fertigen und vorbereiteten Sperren, Beobachtung des Eisenbahnverkehrs, notfalls Vornahme von Sprengungen im Falle einer Überrumpelung durch übermächtige Feindkräfte. 4) Im Fall stärkerer Angriffe Halten der Widerstandslinie in Höhe der Feldwachen, bis die neugebildeten Danziger Regimenter 1 und 2 die rückwärtigen Stellungen besetzt haben[32].«

Zur Vorbereitung dieser Maßnahmen wurde die Grenze zu Polen in vier Verteidigungsabschnitte eingeteilt. In ihnen taten jeweils ganz vorne die planmäßigen Zollbeamten Streifendienst und versahen die Grenzabfertigung. Dahinter wurden die Hilfsgrenzangestellten in geschlossenen Einheiten von 50 Mann eingesetzt. Den Streifendienst zwischen diesen als Feldwachen bezeichneten Gruppen führten ebenfalls VGAD-Angehörige durch, die dabei unter der Leitung von SA-Führern standen[33].

Obwohl der VGAD in Kürze auf fast 1 000 Köpfe anwuchs, waren die Stellungen der Feldwachen weit auseinandergezogen, und zwar im Durchschnitt mehr als 500 Meter. Lediglich 10 Prozent der Mannschaften hatten in der Wehrmacht gedient, während der große Rest nur eine Ausbildung in der SA erhalten hatte. Entsprechend unzureichend war die Ausrüstung: So mußte der Dienst in SA-Uniformen durchgeführt werden, zu denen eine Armbinde mit der Aufschrift »Grenzwache« getragen wurde. Waffen und Munition waren so knapp, daß anfangs allein Gewehre und Karabiner mit je 50 Schuß vorhanden waren. Erst später, als immer mehr Kriegsmaterial getarnt nach Danzig gelangte, besserte sich die Situation für den VGAD. Bei Kriegsausbruch standen dann pro Waffe 80 Schuß zur Verfügung[34]. Ein schweres und zehn leichte MG verstärkten außerdem die Abwehrkraft des Grenzschutzes[35].

Indessen hatten sich bereits in den letzten Augusttagen des Jahres 1939 die »Landespolizei«-Regimenter in die Linien des VGAD hineingeschoben[36]. Dadurch waren mit Beginn des deutschen Angriffes gegen Polen die eigentlichen Aufgaben des VGAD praktisch beendet. Seine Männer traten vielfach in geschlossenen Zügen, aber auch einzeln, vor allem zur »Landespolizei« über und nahmen an den Kämpfen im Danziger Raum teil. Wo keine Truppen eingesetzt waren, gingen VGAD- und Zoll-Angehörige sogar selbständig auf polnisches Gebiet vor[37].

*Der »Küstenschutz«*

Die Beschreibung der Danziger Truppen vor Beginn des Zweiten Weltkrieges ist nicht komplett, solange nicht auch die Einheiten, welche die Kriegsmarine abstellen mußte, und die Vorbereitungen, die sie zu treffen hatte, wenigstens erwähnt worden sind. Schon Generaloberst von Bock hatte in seiner ersten Forderung nach der schnellen Inbesitznahme von Danzig auch die Unterstützung der Marine für notwendig erachtet, die den Schutz Danzigs von der Seeseite her übernehmen sollte[38]. Auch das OKH machte sich bereits früh Gedanken über Möglichkeiten, den Hafen der Freien Stadt gegen das Einlaufen von polnischen Kriegsschiffen zu sichern. So wurde das OKM gebeten, Maßnahmen zur Sperrung der Weichselmündung vorzubereiten und im Bedarfsfall durchzuführen. Dort stimmte man dem Anliegen unter der Bedingung zu, daß eigene Seestreitkräfte dennoch in der Lage sein müßten, jederzeit Danzig anzusteuern. Als Folge davon vereinbarten das zuständige Marine-Gruppenkommando Ost und das Generalkommando I in Königsberg sowie General Eberhardt, daß anstelle der ursprünglich vorgesehenen Verminung der Weichselmündung eine schwer aufklappbare Balkensperre gefertigt werden sollte, die im »Fall Weiß« auf Befehl des AOK 3 auszulegen war. Außerdem legte man in der Freien Stadt zwei Tonnen Sprengmittel sowie Taucher- und Unterwasserschneideausrüstungen bereit, um eventuell in der Weichselmündung gesunkene Schiffe möglichst rasch wieder beseitigen und damit die Zufahrt für die deutsche Kriegsmarine freimachen zu können. Für alle diese Vorbereitungen erbat das Königsberger Generalkommando Personal beim OKM. Infolgedessen wurde die Marinestation Ostsee am 14. Juli beauftragt, bis zum 1. August je einen Offizier, Unteroffizier und Mannschaftsdienstgrad, die die Vorbereitungen in Danzig leiten sollten, nach Königsberg abzukommandieren[39].

Als sich dann Anfang August 1939 die politische Lage verschärfte und Hitler — nach einem Vortrag des Danziger Gauleiters Forster — eine Verstärkung der Truppen in der Freien Stadt anordnete, hatte das auch eine entsprechende Konsequenz für die Marine:

»OKM veranlaßt die Überführung mehrerer (2—3) Küstenbatterien mittleren Kalibers nach Danzig. Bedienungen sind durch Kriegsmarine zu stellen. Betreffend Verwendungszweck und Aufstellungsort ist mit der Danziger Regierung (General Eberhardt) Verbindung aufzunehmen. Im Bedarfsfall kann auf möglicherweise geeignete Geschütze tschechischer Herkunft zurückgegriffen werden[40].«

Die betroffenen Wehrmachtteile hatten bis zum 12. August ihre entsprechenden Maßnahmen an das OKW zu melden. Das OKM teilte daraufhin mit, daß man nach Rücksprache mit Eberhardt zwei Küstenbatterien zu je vier Geschützen vom Kaliber 8,8 cm, einschließlich der zugehörigen Leitmittel, der Munition und des Personals, abstellen werde. Die Transportschiffe sollten in der Nacht vom 18. auf den 19. August in Danzig eintreffen und die Aufstellung der Batterien zwischen dem 22. und dem 23. August beendet sein[41]. Hinzugefügt wurde, daß an sich ein stärkeres Kaliber und ein früheres Eintreffen wichtig seien, General Eberhardt beides jedoch als unerwünscht bezeichnet habe. Offensichtlich räumte dieser also der strikten Einhaltung der Tarnungsmaßnahmen zunächst noch Priorität ein, bis schließlich durch den OKW-Befehl vom 12. August dazu keine Notwendigkeit mehr bestand[42].

Am 19. August erfolgte eine Meldung des Marine-Gruppenkommandos Ost über die in Danzig eingesetzten Marine-Truppenteile. Danach handelte es sich um zwei Küstenbatterien und eine sogenannte Hafensperrgruppe, die Korvettenkapitän Hornack als »Gruppe Küstenschutz« der »Landespolizei« unterstanden und dem Kommandostab Eberhardts damit direkt zugeordnet waren[43]. Außerdem bestand noch eine Einheit des VGAD, die den Zusatz »Küste« führte, sowie ein Verbindungsoffizier (Korvettenkapitän Davidson) des OKM, der dem Stab der »Landespolizei« zugeteilt war[44]. Die Stärke des Küstenschutzes dürfte insgesamt etwa 180 Mann betragen haben, wobei die Angehörigen der Küstenbatterien nicht mitgezählt sind.

### *3. Die Kämpfe in Danzig am 1. September 1939*

#### *Die Westerplatte*[45]

Am 16. August 1939 war der Kommandant des alten Linienschiffes »Schleswig-Holstein«, Kapitän zur See Kleikamp, in das OKM befohlen worden, um dessen Pläne für den Einsatz in Danzig zu erörtern. Hauptaufgabe der als Schulschiff verwendeten »Schleswig-Holstein« sollte es sein, etwa in der Freien Stadt liegende polnische Kriegsschiffe auszuschalten und die eigene Verteidigung dort durch Geschützfeuer auf wichtige Ziele im Bereich der Danziger Bucht zu unterstützen. Man war sich von vornherein darüber im klaren, daß dabei der Westerplatte, jener Halbinsel in der Weichselmündung, eine besondere Bedeutung zukam. Solange diese in den letzten Jahren relativ stark ausgebaute Befestigung jedenfalls in polnischem Besitz war, konnte das deutsche Schiff nicht ohne größeres Risiko die für einen wirksamen Artillerie-Einsatz erforderliche Position einnehmen. Von seiten des OKM wurde wiederholt versichert, daß Danziger Kräfte sofort bei Kriegsbeginn gegen die polnische Munitionsniederlage vorgehen würden. Als zusätzlichen Schutz sowie für sonstige Spezialaufgaben nahm die »Schleswig-Holstein« eine speziell ausgebildete sogenannte »Marine-Stoßtrupp-Kompanie« in Stärke von über 200 Mann an Bord. Hinzu kamen noch 60 Mann Flugabwehrpersonal mit 5 Flak-Geschützen (2 cm) und 6 MGs, die zusätzlich zu den an Bord normalerweise vorhandenen Einrichtungen übernommen worden waren. Als die »Schleswig-Holstein« am Morgen des 25. August in den Hafen der Freien Stadt einlief, hatte sie insgesamt fast 1 200 Mann an Bord, darunter 5 Vertreter von Presse und Film. Ihr erster Anlegeplatz befand sich unterhalb der Salzhäuser in Neufahrwasser, mitten gegenüber der Westerplatte, der das Schiff seine Steuerbordseite zukehrte. Schon am Nachmittag dieses Tages besuchte unter anderem General Eberhardt den Kommandanten.

Bei dem ersten persönlichen Gespräch zwischen den örtlich verantwortlichen Führern der Kriegsmarine und des Heeres stellte sich heraus – und das ist bezeichnend für die gesamten militärischen Aktionen der Wehrmacht in Danzig –, daß die »Landespolizei« an sich davon ausging, daß die Westerplatte nicht genommen, sondern lediglich bewacht werden sollte. Unterstrichen wurde diese Auffassung durch die ursprüngliche Aufgabe der Danziger Truppen, polnische Stellungen nördlich der Stadt mit Artillerie-Unterstützung des Linienschiffes anzugreifen. Dieses mußte bei einem solchen Auftrag allerdings eine andere Position, und zwar nördlich der Westerplatte, einnehmen, was wiederum so lange zu risikoreich erschien, wie die Munitionsniederlage noch in polnischer Hand war; denn an jener Stelle setzte sich die »Schleswig-Holstein« praktisch schutzlos den gegnerischen Geschützen aus. So einigten sich Kleikamp und Eberhardt, daß als erstes die Westerplatte zu nehmen sei, und zwar – nach einem »kurzen Feuerüberfall« des Schulschiffes – durch die Marine-Stoßtrupp-Kompanie. Erstaunlicherweise ist während dieses ersten oder eines der folgenden Gespräche niemals angeschnitten worden, daß die Erstürmung der polnischen Befestigung eine schwierige Angelegenheit werden könne. Dabei war zumindest die Führung des deutschen Heeres seit langem darüber informiert, daß die äußere Absicherung und die Stärke der Besatzung auf der Halbinsel bei weitem das ursprünglich vom Völkerbund sanktionierte Maß überstiegen. Aber auch der Kommandant der »Schleswig-Holstein« kam schon nach wenigen Tagen seines Aufenthaltes in Danzig aus eigener Ansicht zu der Überzeugung, daß die Einnahme der polnischen Munitionsniederlage so gründlich wie noch eben möglich vorbereitet werden müsse. Allein eine solche Erkenntnis wäre jedoch ohne die Verschiebung des Angriffstermins vom 26. August nicht mehr zustande gekommen. Für eine Umsetzung in die Praxis blieb dennoch wenig Zeit übrig, so daß nur einzelne Maßnahmen ergriffen werden konnten. So verlegte Kleikamp sein Schiff näher an Danzig heran, und zwar in die unmittelbare Nachbarschaft von der Festung Weichselmünde, weil es dort wahrscheinlichen polnischen Angriffen weniger ausgesetzt sein würde. Die Besatzung der Westerplatte hatte sich nämlich nach deutschen Beobachtungen augenscheinlich auf den Beschuß der »Schleswig-Holstein« und dessen Abwehr eingerichtet. An dem neuen Liegeplatz war das Schiff außerdem leichter in der Lage, die Marine-Stoßtrupp-Kompanie unbemerkt an Land zu setzen. Andererseits konnte man von dort nur den Südostabschnitt der Westerplatte beschießen, und das auch nur mit einem Teil der Geschütze. Überdies stellten die Polen ihre Verteidigung ebenfalls schnell um.

Hinsichtlich der Erstürmung der Westerplatte planten der Kommandant der »Schleswig-Holstein« und General Eberhardt zusammen mit dem Chef der Marine-Stoßtrupp-Kompanie, daß dessen Einheit so frühzeitig ausgeschifft und in ihre Ausgangsstellungen an Land eingewiesen werden sollte, daß auch ein zusätzlich aus der Schiffsbesatzung gebildeter MG-Zug noch in der Lage sein würde, ebenfalls vor Angriffsbeginn von Bord zu gehen und seine vorgesehenen Positionen zu beziehen. Zusätzlich sollten Danziger Truppen rechtzeitig ihre zugewiesenen Stellungen einnehmen. Direkt vor Anlaufen des ganzen Unternehmens hatte das Schulschiff sich dann der Westerplatte wieder mehr zu nähern, und zwar bis zur Südostecke der Halbinsel, etwa in der Mitte zwischen der ersten und der zweiten Position. Von dort sollte es bestimmte Punkte ganz gezielt unter Feuer nehmen. Die MGs des Schiffes und der Truppen an Land mußten sich von Anfang an auf die polnischen MG- und Beobachtungsposten konzentrieren, damit die Stoßtrupp-Kompanie innerhalb kürzester Zeit zum Angriff antreten konnte. Mit diesen Planungen war zwar ein höherer Stand der Vorbereitungen erreicht als am 25. August. Das kann jedoch nicht darüber hinwegtäuschen, daß auch der endgültige Angriff aus ungenügend koordinierten Improvisationen bestand, vom taktischen oder gar operativen Sinn des Vorhabens ganz zu schweigen.

Tatsächlich begann dann das Entladen der Truppen von Bord der »Schleswig-Holstein« am 31. August 1939 gegen 23.30 Uhr und war um 1.45 Uhr des folgenden Tages abgeschlossen. Zugleich machte sich das Schiff gefechtsklar und legte um 4.30 Uhr ab. Zwischen 4.48 und 4.55 Uhr eröffnete es von seiner neuen Position aus das Feuer auf die Westerplatte, zugleich mit den MGs von Land aus. Nachdem der Kommandant beobachtet hatte, daß sehr schnell Löcher in die Mauer, die den Zugang zur Halbinsel versperrte, geschossen worden waren, ordnete er die vorläufige Einstellung des Feuers an, und bereits um 4.56 Uhr trat die Marine-Stoßtrupp-Kompanie zum Angriff an. Sie gelangte jedoch nur bis zur Eingangsmauer oder unmittelbar dahinter. Dort stieß sie auf starken polnischen Widerstand, der auch trotz eines erneuten Beschusses nicht gebrochen werden konnte. So erging um 6.23 Uhr die Meldung an Kleikamp, daß man sich zurückziehen müsse. Damit hätte die deutsche militärische Führung nun eigentlich endgültig zu der gar nicht so schwierigen Erkenntnis gelangen müssen, daß die polnische Befestigung nicht ohne weiteres einzunehmen sei. Trotz der ersten, unverantwortlich hohen Verluste von 40 bis 50 Mann faßte man aber zunächst nur den Entschluß, einem neuerlichen Angriff einen längeren und planmäßigeren Beschluß vorangehen zu lassen. Entsprechende Salven wurden von 7.40 Uhr an abgegeben, wobei wiederum die an Land eingesetzten Teile unterstützend mitwirkten. Um 8.55 Uhr setzte ein weiterer Sturm der Stoßtrupp-Kompanie ein, die diesmal durch einen Zug der »SS-Heimwehr« verstärkt worden war. Um 11 Uhr erreichten die Angreifer nach heftigen Kämpfen die Lichtung vor den Kasernen auf der Westerplatte. Doch hier versteifte sich der gegnerische Widerstand erneut so sehr, daß sich zunächst die »SS-Heimwehr«

zurückziehen mußte, zumal eine artilleristische Unterstützung von der »Schleswig-Holstein« aus wegen mangelnder Beobachtungsmöglichkeiten nicht mehr gewährt werden konnte. Gegen 12.33 Uhr setzte sich schließlich auch die Stoßtrupp-Kompanie vom Feind ab, als dieser bereits mit einem Gegenangriff in deren Flanken und Rücken begann. Um 13 Uhr war endgültig klar, daß der Ansturm des ersten Tages gegen die polnische Befestigung gescheitert war. Die Stellungen, die noch gehalten werden konnten, wurden daraufhin verstärkt gesichert und das Schulschiff an seinen vorherigen Liegeplatz zurückgenommen.

Damit sah das Fazit der deutschen Maßnahmen gegen die Westerplatte am Abend des 1. September 1939 nicht gerade so aus, wie es den Vorstellungen der politischen und militärischen Führung in Berlin von der eigenen moralischen und qualitativen Überlegenheit gegenüber Polen angemessen gewesen wäre. Während Eberhardt noch an der Absicht festhielt, am nächsten Tag unter den gleichen Voraussetzungen wieder anzugreifen, war der Kommandant der »Schleswig-Holstein« offensichtlich realistischer in seiner Lagebeurteilung: Ausgehend von der Tatsache, daß allein die Stoßtrupp-Kompanie 16 Gefallene und 56 Verwundete zu verzeichnen hatte, ohne daß Ersatz vorhanden gewesen wäre, und daß die Schiffsartillerie sich nicht in der Lage sah, die Stellungen auf der Westerplatte unmittelbar zu beschießen, forderte er bereits für den Abend des ersten Angriffstages Bombenabwürfe zwecks Ausschaltung der polnischen Bunker. Die daraufhin geplanten Einsätze von Marinefliegern wurden aber wieder fallengelassen, weil sie nach Auffassung von General Eberhardt, der hier ein entscheidendes Mitspracherecht besaß, andernorts dringlicher benötigt wurden. Damit war allerdings der beabsichtigte Luftangriff auf die Westerplatte nur verschoben, zumal Göring als erster auf entsprechende Meldungen reagierte, die am Nachmittag des 1. September nach Berlin gelangten und das Scheitern des Unternehmens an der Weichselmündung signalisierten. Der Oberbefehlshaber der Luftwaffe wies nämlich sofort seinen in Ostpreußen zuständigen Befehlshaber, General Kesselring, an, sobald wie möglich in Zusammenarbeit mit dem Marine-Gruppenkommando Ost die Westerplatte zu bombardieren.

*Die polnische Post am Hevelius-Platz*[46]

Bereits am März 1939 war die seit längerem vorhandene »Selbstschutzorganisation« des »Polnischen Post- und Telegraphenamtes Danzig 1« im Zentrum der Stadt aktiviert worden, indem unter anderem ein verstärkter Nachtbereitschaftsdienst eingeführt und ein Reserveoffizier, der unter einem Decknamen agierte, dem Personal für Sonderaufgaben in Verbindung mit der Verteidigung des Gebäudes gegen einen deutschen Überfall zugeteilt wurde. Schließlich verstärkte man Mitte August die Belegschaft um weitere 10 Postbedienstete, die in der Mehrzahl Reserveunteroffiziere waren. Am 28. August erhielten alle Personen — insgesamt etwa 50 —, die sich nunmehr ständig in der Post aufhielten, Waffen, Munition und Handgranaten ausgehändigt, die dort schon geraume Zeit lagerten.

Gerade im Falle dieses polnischen Stützpunktes wird besonders deutlich, wie sehr für die Verteidigung von Positionen in der Freien Stadt längst überholte operativ-taktische Ansichten ausschlaggebend waren. Alle vorhandenen Pläne waren nämlich als Gegenmaßnahmen für einen separaten deutschen Handstreich gegen Danzig gedacht. Sie verfolgten allein die Absicht, die betreffenden Gebäude oder Anlagen bis zum Eintreffen von Entsatz vor deutschem Zugriff zu bewahren. Ein solches Vorhaben hätte durchaus Erfolgschancen gehabt. Mit dem Ausbruch eines deutsch-polnischen Krieges auf gesamter Front konnte davon allerdings keine Rede mehr sein, ja es war dann sogar völlig unrealistisch oder gar unnötig, hier Kräfte zu vergeuden und Menschenleben aufs Spiel zu setzen. So hat denn auch noch am 31. August der polnische Generalkommissar in Danzig seinen Außenminister in Warschau wissen lassen, daß er angesichts der sich abzeichnenden Lage nicht mehr die Zweckmäßigkeit einer Verteidigung polnischer Objekte in der Hafenstadt einsehe. Eine Antwort darauf scheint nicht mehr eingegangen zu sein. Übrigens soll die Belegschaft der polnischen Stützpunkte nicht so gut über die Lage informiert gewesen sein; diese Behauptung vermag jedoch in Anbetracht der allgemein vorhandenen Kenntnisse von den Begebenheiten und der Lagebeurteilung des Generalkommissars nur schwer einzuleuchten. Wahrscheinlicher ist, daß Prestigedenken und der in Danzig besonders ausgeprägte Gegensatz zwischen Deutschen und Polen dazu führten, daß man nur allzu gerne die Augen vor den Tatsachen verschloß und derart wirklichkeitsfremd handelte. Dieses gilt noch zweifelsfreier für die deutsche Seite. Hier war zwar die Aufstellung militärischer Verbände in Danzig noch in etwa verständlich; einen echten Grund, die polnischen Stützpunkte mit Gewalt zu nehmen — und das möglichst schon am ersten Kriegstag —, gab es jedoch nicht. Blinder Eifer und Haß bestimmten vielmehr allein das Handeln.

Am Morgen des 1. September 1939 durchtrennten die Deutschen zunächst sämtliche Telephon- und Telegraphenleitungen, die die polnische Hauptpost mit der Außenwelt verbanden[47]. Fast gleichzeitig mit den ersten Schüssen der »Schleswig-Holstein« griffen Teile der »Landespolizei« und der »SS-Heimwehr« — zunächst nur mit den eigenen Handfeuerwaffen — an und versuchten, das Gebäude nach einem vorbereiteten taktischen Plan zu erobern. Dieser Versuch eines Handstreichs mißlang aber, weil die Verteidiger ihre Maßnahmen sorgfältig überlegt und in die Praxis umgesetzt hatten. Beide Seiten mußten bereits in dieser Phase Verluste an Gefallenen und Verwundeten hinnehmen.

In dem zweiten Abschnitt des Kampfes setzten die deutschen Einheiten dann MGs und ein Geschütz zur Feuervorbereitung ein. Anschließend griffen sie erneut zweimal an, und zwar jetzt im Schutz von Panzerspähwagen. Doch auch diese Versuche mißglückten unter weiteren blutigen Einbußen beider Seiten. Wie bei dem Unternehmen gegen die Westerplatte wurde nun auch im Fall der Polnischen Post dem Angreifer klar, daß für einen durchschlagenden Erfolg erheblich mehr Kräfte vonnöten waren, die zudem wohldurchdachter eingesetzt werden mußten. Somit wurde — offensichtlich erst am Nachmittag des 1. September — die militärische Aktion in die alleinige Verantwortlichkeit eines Regimentskommandeurs der »Landespolizei« übergeben. Pioniere trieben einen Stollen gegen den Keller des Gebäudes vor, mit dessen Hilfe ein großes Loch in die Außenmauer gesprengt werden konnte. Gleichzeitig nahmen nunmehr drei Geschütze das Feuer auf. Anschließend folgte ein weiterer Angriff mit Unterstützung der Spähwagen, der jedoch auch noch nicht zur Aufgabe der Verteidiger führte. Dieses geschah vielmehr erst kurz nach 19 Uhr, nachdem von deutscher Seite aus noch zusätzlich Flammenwerfer eingesetzt worden waren. Insgesamt verloren die Verteidiger mindestens 12 Personen durch Tod. Die übrigen gerieten fast ausnahmslos in Gefangenschaft und wurden — einschließlich der Verwundeten — am 5. Oktober 1939 wegen angeblicher Freischärlerei hingerichtet.

Erheblich weniger dramatisch verliefen im übrigen die deutschen Aktionen gegen die anderen polnischen Behörden im Stadtgebiet von Danzig. Dieses könnte unter Umständen darauf zurückzuführen sein, daß dort überall auch Deutsche beschäftigt waren, während das Personal der Hauptpost nur noch aus Polen bestand. So wurde zum Beispiel die in einem deutschen Bericht als »Stützpunkt Neugarten Nr. 27« bezeichnete polnische diplomatische Vertretung bereits am Vormittag des ersten Kriegstages von einer »Abteilung der Landespolizei« ohne Widerstand besetzt, obwohl der Leiter der Militärabteilung darauf hingewiesen hatte, daß sich das Gebäude im Besitz des polnischen Staates befinde und daher exterritorial sei. Die Deutschen verhafteten hier 24 Personen; dazu kamen weitere, die gerade nicht anwesend waren und daher in ihren Privatwohnungen festgenommen wurden. Erst am 3. September kam ein Beamter des Auswärtigen Amtes aus Berlin nach Danzig und veranlaßte, daß die Polen, denen der Schutz der diplomatischen Immunität zustand, am folgenden Tag über Litauen in ihr Heimatland abreisen konnten.

Auch in der polnischen Eisenbahndirektion am Olivaer Tor nahmen deutsche Sicherheitskräfte 51 Personen fest, je eine weitere wurde erschossen oder verwundet. Durch die Besetzung des Hauptbahnhofs und des polnischen Gymnasiums gerieten 11 Mann in Gefangenschaft — und bei weiteren ähnlichen Aktionen noch einmal mindestens 53. Überall stellte man bei Hausdurchsuchungen Waffen und Munition sicher.

## *4. Fazit*

Betrachtet man abschließend die deutschen und polnischen militärischen Aktionen in Danzig noch einmal im Zusammenhang, so ergibt sich folgendes Bild[48]: Die Freie Stadt spielte in den beiderseitigen Operationsplänen der letzten Vorkriegsphase nur eine untergeordnete Rolle, obwohl sie seit langem sowohl für Berlin wie auch für Warschau zu einer unerhörten Prestigefrage geworden war. Behauptungen, daß es dabei in erster Linie um den Schutz der deutschen Bevölkerung vor Kampfhandlungen ging oder — umgekehrt — um vorbeugende Maßnahmen gegen einen Handstreich der Wehrmacht auf Danzig, entbehrten, zumindest am Vorabend des Krieges, jeglicher Grundlage. Vielmehr kam es den Deutschen nur noch darauf an, die Parole »Heim ins Reich« zu realisieren, während die Polen schließlich allein um die Erhaltung des Status quo der Freien Stadt rangen. Der scheinbare Widerspruch zwischen solcher Absicht und der konkreten Planung läßt sich verhältnismäßig einfach vor dem Hintergrund eines umfassenden deutsch-polnischen Krieges erklären, der keine Kräftezersplitterung erlaubte. Selbst der Umstand, daß schließlich doch noch mindestens 12 000 deutsche Kämpfer in Danzig den maximal 500 polnischen Abwehrkräften gegenüberstanden, hatte operative Hintergründe und nicht etwa taktische oder gar propagandistische. Allerdings war eine weitgehende Deckungsgleichheit vorhanden, die sich sehr schnell bemerkbar machte: Selbst wenn man für die ersten Stunden des Kampfes der deutschen und der polnischen Seite noch eine gewisse Furcht vor Imponderabilien zugestehen mag, so mußte sich dieses spätestens am Vormittag des 1. September ändern. Indessen stellte dann der — angesichts der Gesamtlage — heldenhafte, aber sinnlose Widerstand der Polen eine große psychologische Belastung für die deutsche politische Führung dar, die sie nicht hinzunehmen vermochte. So mußten Menschenleben als Opfer dafür dienen, daß die Überlegenheit und Stärke der deutschen Wehrmacht weiterhin von Goebbels und seinen Organen uneingeschränkt der Weltöffentlichkeit verkündet werden konnten.

Auf der anderen Seite waren die — im Grunde genommen — ebenso nutzlosen Verteidigungsanstrengungen der Polen für sie eine der wenigen Möglichkeiten, um den eigenen Widerstandswillen deutlich kundzutun und damit zugleich weitere Fanale des Selbstbehauptungsvermögens ihrer Nation zu setzen. Das drückte sich am auffälligsten dadurch aus, daß die entsprechenden Ereignisse schon während des Zweiten Weltkrieges, aber noch mehr unmittelbar danach, sicherlich unangemessen hochstilisiert worden sind, und zwar bezeichnenderweise nicht allein von den Exilpolen, sondern vielmehr von seiten der Volksrepublik Polen, wie zahlreiche örtliche Denkmäler und entsprechende Publikationen beweisen.

Das geflügelte Wort »Mourir pour Gdansk?« hat also nicht nur im weltweiten Rahmen der Kriegshandlungen zwischen 1939 und 1945 und ihrer Folgen eine apokalyptische Antwort erhalten, sondern an Ort und Stelle, und sogar schon am ersten Kriegstag, den Wahnwitz des Zweiten Weltkrieges sinnfällig unter Beweis gestellt.

## Anmerkungen

1 Obwohl immer wieder behauptet wird, daß in Danzig allgemein oder auch speziell an Bord der »Schleswig-Holstein« die ersten Schüsse des Zweiten Weltkrieges gefallen seien, ist dieses nicht zutreffend: Sieht man einmal von den wenigen verfrühten Aktionen am 26.8.1939 ab, so dürften die ersten Bombenabwürfe und Schußwechsel gegen 4.30 Uhr am Morgen des 1.9. bei Dirschau stattgefunden haben, also etwa 15 Minuten bevor auf der gesamten Frontlänge der Krieg begann. Vgl. dazu: Herbert Schindler, Mosty und Dirschau 1939. Freiburg 1971, S. 27 ff. Hitlers Aussage am selben Morgen vor dem Reichstag, daß »seit 5.45 Uhr« zurückgeschossen werde, beruhte bekanntlich auf einem Irrtum von einer Stunde.

2 Vor allem: Ludwig Denne, Das Danzig-Problem in der deutschen Außenpolitik 1934–1939, Bonn 1959.

3 Siehe dazu: Hans Roos, Die »Präventivkriegspläne« Piłsudskis. In: Vierteljahrshefte für Zeitgeschichte, 3 (1955), S. 344 ff.

4 Die folgenden Ausführungen über die Militarisierung Danzigs von deutscher Seite aus basieren zum Teil auf Vorarbeiten von Herrn Dr. K. Volker Neugebauer. Ihm sei auch an dieser Stelle noch einmal für seine wertvolle Unterstützung gedankt. Eine weitere wichtige Information findet sich in der Akte RH 53-20/39 des Bundesarchivs-Militärarchivs Freiburg (im folgenden: BA-MA). Es handelt sich um den »Bericht über die Entwicklung der politischen und militärischen Lage in Danzig von Juni bis Ende August 1939. Erstattet vom ehemaligen Leiter der Abwehrnebenstelle Danzig, Major Cartellieri« (im folgenden: Cartellieri-Bericht).

5 Denne (wie Anm. 2), S. 44 ff.

6 Gesetzblatt für die Freie Stadt Danzig, Nr. 68; Akten zur deutschen auswärtigen Politik 1918–1945. Serie D. 1937–1945, Baden-Baden 1950 ff. (ADAP, D), Bd V, Nr. 675 und 676.

7 BA-MA, II H 821: H.Gr.Kdo. 1, Ia, Nr. 40/39 g.Kdos. Chefs. v. 27.5.1939; die OKH-Weisung v. 1.5.1939 ist bisher nicht auffindbar, läßt sich aber aus einem »Entwurf Aufmarschanweisung ›Weiß‹ des Arbeitsstabes Rundstedt« (später: Heeresgruppenkommando Süd) fast völlig rekonstruieren: BA-MA, RH 19 I/9: Arbeitsstab Rundstedt IA, Nr. 1/39 g.Kdos. v. 20.5.1939. Siehe dazu auch die entsprechenden ausführlichen Tagebuchnotizen von Bocks in: BA-MA, III H 53/1: Tagebuch-Notizen zum Polen-Feldzug, Mai/Juni 1939–3. Oktober 1939. Ausführliche Darstellung der operativen Planungen in: Das Deutsche Reich und der Zweite Weltkrieg, Bd 2, Stuttgart 1979, S. 79–156 (Beitrag Rohde).

8 Cartellieri-Bericht (auch für das folgende).

9 BA-MA, RH 15/v. 159: Der ObdH (1.Abt./I) GenStdH Nr. 4200/39 g.Kdos. v. 15.6.1939, Anl. 1 zu Teil A III (erging später!).

[10] Sogenannte »Verbändekartei« des BA-MA.
[11] Hans Sponholz, Danzig — deine SA, München 1940, S. 46 f.
[12] BA-MA, M 155/8: WFA Nr. 92/39 g.Kdos. Chefs. LI v. 14.7.1939 = Zeittafel für den »Fall Weiß«; Stand der Vorbereitungen am 1.8.1939.
[13] Sponholz (wie Anm. 11), S. 48.
[14] Wie Anm. 12.
[15] ADAP, D, VI, Nr. 599.
[16] Ebd., Nr. 670.
[17] Halina Trocka, Przygotowania militarne Niemiec hitlerowskich do agresji na Gdańsk w latach 1933—1939 (Militärische Vorbereitungen Hitler-Deutschlands für den Angriff auf Danzig in den Jahren ...). In: Przegład Historyczny Nr. 1/1960, S. 111 ff. Zbigniew Flisowski, Westerplatte. Wspomnienia, relacje, dokumenty. Zebrał, opracował i wstepem opatrzył (... Erinnerungen, Abhandlungen, Dokumente. Gesammelt, bearbeitet und mit einer Einleitung versehen von ...). Warschau 1959 (inzwischen in 7. Aufl. 1974), S. XV.
[18] BA-MA, III M 155/8: OKW/WFA Nr. 1928/39 g.Kdos. L I v. 12.8.1939.
[19] BA-MA, W 5a: OKH Nr. 2485/39 g.Kdos. AHA Ia M v. 10.8.1939.
[20] Ebd.: GenKdo IX. A.K. Ia Nr. 3921/39 g.Kdos. v. 14.8.1939.
[21] Wie Anm. 12.
[22] BA-MA, III M 155/8: WFA Nr. 96/39 g.Kdos. Chefs. L I v. 20.7.1939.
[23] Ebd.: OKW Nr. 96/39 g.Kdos. Chefs. WFA/L I 2. Ang. v. 25.7.1939.
[24] BA-MA, PG/48503: Kriegstagebuch der »Schleswig-Holstein« v. 24.8.—14.9.1939, hier: Eintragung v. 28.8.1939.
[25] BA-MA, PG/48504: Anl. 14 zum Kriegstagebuch der »Schleswig-Holstein«.
[26] ADAP, D, V, Nr. 122.
[27] Kurt-Gerhard Klietmann, Die Waffen-SS. Eine Dokumentation, Osnabrück 1965, S. 419 f.
[28] Ebd., S. 420; vgl. dazu auch: Militärgeschichtliches Forschungsamt: III H (A) 42 = Walter Klingsporn, Der Handstreich auf die Dirschauer Weichselbrücken am 1. September 1939.
[29] Allgemeine Aufgaben: Heeresdruckvorschrift 92 g.Kdos. = Handbuch für den Generalstabsdienst im Kriege, Teil II, Berlin 1939, S. 28 f.
[30] Sponholz (wie Anm. 11), S. 30 f.
[31] Bericht des Leiters der Danziger VGAD (im Besitz des Verfassers).
[32] Sponholz (wie Anm. 11), S. 31 f.
[33] Wie Anm. 31.
[34] Sponholz (wie Anm. 11), S. 32 f.
[35] BA-MA, P II 48d: Kriegsgliederung des Grenzschutz-Abschnitts-Kommandos 1 v. 1.9.1939.
[36] Sponholz (wie Anm. 11), S. 37.
[37] Wie Anm. 31; Sponholz (wie Anm. 11), S. 37 f.
[38] BA-MA, II H 821: H.Gr.Kdo. 1, Ia, Nr. 40/39 g.Kdos. Chefs. v. 27.5.1939.
[39] BA-MA, III M 155/4: Marine-Gruppenkommando Ost, B.Nr. 179/39 g.Kdos. Chefs. v. 14.7.1939.
[40] BA-MA, III M 155/8: OKW/WFA Nr. 113/39 g.Kdos.Chefs. L I v. 8.8.1939.
[41] Ebd. Zu 1./Skl A I op 136/39 g.Kdos. Chefs. o. D.
[42] Wie Anm. 18.
[43] BA-MA, III M 155/4: Marine-Gruppenkommando Ost, B.Nr. 244/39 g.Kdos. Chefs. v. 19.8.1939.
[44] Wie Anm. 24, hier: Eintragung v. 25.8.1939.

45 Wie Anm. 24, passim; ferner: Bertil Stjernfelt/Klaus-Richard Böhme, Westerplatte 1939, Freiburg 1979, S. 16 ff. Diese Publikation faßt die bisherigen Ergebnisse — auch auf polnischer Seite — recht gut zusammen. Allerdings muß das Unternehmen an der Weichselmündung stets im Zusammenhang mit den übrigen Ereignissen in Danzig gesehen werden.

46 Das folgende im wesentlichen nach: BA-MA, RH 53-20/10: »Bericht über das Vorgehen gegen die polnischen Stützpunkte in Danzig am 1.9.1939, zusammengestellt von Major Cartillieri, jetzt Ic beim Militärbefehlshaber, vorher seit Jahren als Leiter der Abwehrstelle Danzig tätig gewesen«. Ferner: F. Bogakki/J. Romaniwski, Obrona Poczty Polskiej w Gdańsku (Verteidigung der Polnischen Post in Danzig), Warschau 1966, passim; Andrzej Rzepniewski, Obrona Wybrzeza w 1939 r (Küstenverteidigung im Jahre 1939), Warschau 1970 (inzwischen in 2. Aufl. 1974), S. 84 ff. und 150 ff.

47 Der Roman »Die Blechtrommel« von Günter Grass führt — auch in der Verfilmung — die Ereignisse vor und während der Kämpfe in der Post auf polnischer Seite sehr plastisch vor Augen.

48 Siehe auch: Stjernfelt/Böhme (wie Anm. 45), S. 14 f. und 133 ff.

Christian Jansen/Arno Weckbecker

# Eine Miliz im »Weltanschauungskrieg«: der »Volksdeutsche Selbstschutz« in Polen 1939/40*

Der »Volksdeutsche Selbstschutz« war eine Miliz, der weit über 100 000 »wehrfähige«, in Polen lebende Deutsche angehörten. Er ist für die Ermordung von mehreren Tausend Polen und polnischen Juden teils allein-, teils mitverantwortlich[1]. Offiziell sollte er die mit den Besatzern sympathisierenden Angehörigen der deutschen Minderheit organisieren, sie militärisch ausbilden, deutschen Besitz bewachen sowie polizeiliche Hilfsdienste (Absperrung, Bewachung und Gefangenentransport) bei SS- und Gestapo-»Aktionen« leisten. Außerdem wollten die Besetzer auf diese Weise eine Vorauswahl treffen, wer später in SS und Polizei übernommen werden sollte. Der Selbstschutz verselbständigte sich aber in vielen Orten zu einer Organisation, in der deutschstämmige Polen als Rache für angebliche oder tatsächlich erlittene Diskriminierung unter der polnischen Herrschaft, aus Rassenwahn und nicht selten aus purer Mordlust zahllose Verbrechen an der polnischen Bevölkerung verübten.

Die Überlieferung über Rekrutierung, Aufbau und Aktivitäten des Selbstschutzes ist für die einzelnen Teile des von den Deutschen besetzten Gebietes sehr verschieden. Die Aufstellung der Miliz ist überall bis auf Oberschlesien detailliert nachzuweisen. Ihr Terror gegen die polnische Bevölkerungsmehrheit und Juden ist vor allem für den Reichsgau Danzig-Westpreußen und in geringerem Maße für das Generalgouvernement, den Reichsgau Wartheland und »Südostpreußen« durch Quellen belegt.

---

* Dieser Aufsatz ist ein kurzer und in vielem unvollständiger Einstieg in diese Thematik, mit der sich die Verf. in einer im Herbst 1989 erscheinenden Monographie eingehender beschäftigen werden. Angeregt hat uns der verstorbene Leiter der Zentralen Stelle der Landesjustizverwaltungen in Ludwigsburg (im Folgenden: ZStL), Dr. Dr. h.c. Adalbert Rückerl. Er hatte Anfang der sechziger Jahre für mehrere Ermittlungsverfahren Materialien über den »Volksdeutschen Selbstschutz« für eine bereits damals geplante publizistische Aufarbeitung vorstrukturiert und für den Dienstgebrauch zusammengestellt (Einsatzgruppen in Polen. H. 1 [1962], S. 164–184; dass., H. 2 [1963], S. 43–126). Aufsatz wie Monographie basieren, da nur wenige zeitgenössische Quellen überhaupt entstanden sind, von denen wiederum nur ein Bruchteil überliefert ist, vor allem auf Justizakten aus der Nachkriegszeit, die uns aus der Bundesrepublik und Polen fast lückenlos, aus der DDR in Einzelfällen zugänglich waren. Die Axel-Springer-Stiftung hat unsere Forschungen gefördert.

Unter den nicht polnisch sprechenden ethnischen Minderheiten in der Republik Polen bildeten die Deutschen mit rund 3 Prozent der Bevölkerung nur die viertgrößte Gruppe nach Ukrainern (ca. 14 %), Juden[2] (ca. 9 %) und Weißruthenen (bzw. Weißrussen; ca. 4 %). Die Zahl der Deutschen wurde je nach Interessenlage sehr unterschiedlich beziffert — von Vertretern der deutschen Minderheit mit gut einer Million, nach der polnischen Volkszählung von 1931 mit etwa 750 000[3]. Sie lebten vornehmlich in den bis 1919 zum Reich gehörenden westpolnischen Gebieten.

Die Regierungen der Zwischenkriegszeit hatten durchweg eine minderheitenfeindliche Politik betrieben, von der allerdings die Deutschen relativ am wenigsten betroffen waren. Während es in Ostpolen zu bürgerkriegsähnlichen Zuständen kam, beschränkte sich die Diskriminierung der als insgesamt loyal geltenden deutschen Minderheit auf die Unterdrückung ihres Kulturlebens, ihres Schulwesens, ihrer Presse und Organisationen. Insbesondere der »Westmarkenverein«, die Organisation der polnischen Aufständischen in den ehemals deutschen Gebieten, forcierte antideutsche Pressionen bis hin zu Boykottaufrufen gegen deutsche Kaufleute und Gewerbetreibende[4]. Ihr faktischer Ausschluß aus dem Herrschaftssystem führte zu völkischer Radikalisierung der Minderheiten und gab ihnen in ihren Augen das Recht, den Anschluß an einen Staat ihrer Nationalität zu fordern. Ausdruck dieser Veränderung war etwa, daß sich die deutsche Minderheit seit Ende der Zwanziger Jahre in zunehmendem Maße als »Volksgruppe«, also als Teil eines größeren, jenseits der Grenze liegenden Ganzen sah, und nicht mehr als Minderheit innerhalb der polnischen Nation[5].

Hitlers außenpolitische Erfolge, vor allem der »Anschluß« Österreichs und des »Sudetenlandes«, steigerten Hoffnungen, der »Führer« werde eine Revision der deutsch-polnischen Grenze von 1919 durchsetzen. Nach dem Bruch mit Polen im Frühjahr 1939 schürten deutsche Stellen die Unzufriedenheit und Radikalisierung der »Volksdeutschen« über ihre Verbindungen zu deren Organisationen, die finanziell vom Reich abhängig waren[6], über die NSDAP-Auslandsorganisation, durch Rundfunkpropaganda usw. Zugleich kam es seitens der polnischen Regierung und Bevölkerungsmehrheit zu einer Welle der Schließung deutschsprachiger Schulen und Zeitungen, wirtschaftlicher Diskriminierungen, der Ausweisungen und Verhaftungen sowie antideutscher Überfälle, einer »Angst- und Haßpsychose« angesichts des bevorstehenden Krieges[7]. Erst in dieser Zeit dürften die meisten »Volksdeutschen« dem polnischen Staat die Loyalität aufgekündigt haben.

Bei Kriegsbeginn kam es teils spontan, teils von Deutschland aus oder durch Organisationen der deutschen Minderheit vorbereitet, zu zahlreichen Widerstands- und Sabotageakten. Sichere Belege für deren Ausmaß und Wirkung gibt es kaum[8]. Wenn es diese »5. Kolonne« überhaupt in nennenswertem Umfang gab, so war sie jedenfalls für den Ausgang des Krieges nicht von entscheidender Bedeutung.

Jedenfalls gab es massive polnische Gegenmaßnahmen. Nach vorbereiteten Listen ließen die Behörden 10—15000 »Volksdeutsche« (1—2 Prozent der deutschen Minderheit) verhaften und zu Fuß in Marsch setzen, um sie aus dem Gebiet der Kampfhandlungen fortzubekommen, da man in ihnen potentielle Unterstützer des Feindes sah. Es kam zu zahlreichen Ausschreitungen und Mißhandlungen, vor allem seitens der Zivilbevölkerung. Marschunfähige wurden häufig erschossen[9]. An vielen Orten holten Angehörige polnischer Vereine Deutschstämmige, die sie der Sabotage oder Konspiration verdächtigten, aus ihren Häusern und mißhandelten sie[10].

Zu den schlimmsten Ausschreitungen kam es am 3. September 1939 in Bromberg[11]. In einem Ausbruch wilden Hasses wurden mehrere hundert Menschen, nachdem angeblich polnische Truppen von einer »volksdeutschen« Widerstandsgruppe angegriffen worden waren, ermordet und mißhandelt. Die Zahl der Opfer dieser Lynchaktionen wurde von der nationalsozialistischen Propaganda aufgebauscht: 58 000 »Volksdeutsche« hätten die Polen ermordet. Der »Bromberger Blutsonntag« wird bis heute von rechtsradikalen, aber auch von rechtskonservativen Autoren zum Anlaß genommen für Vergleiche, die die deutschen Verbrechen in Polen relativieren sollen. So schrieb etwa Ernst Nolte noch 1987:

»Der Krieg gegen Polen begann mit einem tendenziellen Genozid auf polnischer Seite [...]. Ob die deutsche Minderheit überlebt hätte, wenn der Krieg länger als drei Wochen gedauert hätte, muß zweifelhaft erscheinen[12].«

Der von den Nationalsozialisten eingesetzte Bromberger Oberbürgermeister Kampe sprach nach dem Krieg von 1200—1500 Opfern des »Blutsonntags«, von denen er etwa 700 mit eigenen Augen gesehen habe[13]. Dank akribischer Nachforschungen sind sich mittlerweile seriöse Autoren darüber einig, daß insgesamt knapp 4 000 »Volksdeutsche« während der Kriegshandlungen umgekommen sind. Dazu gehören nicht nur die in Bromberg und andernorts bei Ausschreitungen Ermordeten, sondern auch die bei den Internierungsmärschen, den Kriegshandlungen selbst (auch als Angehörige der polnischen Armee) und deutschen Bombardements zum Opfer Gefallenen[14]. Demgegenüber betrugen die polnischen Kriegsverluste 66 300 Tote und 134 000 Verletzte[15] — ohne die zahlreichen später von Einsatzkommandos, vom Selbstschutz usw. wegen antideutscher Ausschreitungen Ermordeten.

In der Zwischenkriegszeit hatte die deutsche Minderheit besonders unter der permanenten Wirtschaftskrise und der miserablen Versorgungslage in dem als Armenhaus Europas geltenden Land zu leiden. Die Integration der drei bis zur polnischen Wiedervereinigung bestehenden Teilgesellschaften und —wirtschaften zu einem Ganzen bedeutete für die wirtschaftlich entwickelteren ehemals deutschen Gebiete eine Verschlechterung ihres Lebensniveaus, zumal die dortige Wirtschaft ihre Absatzgebiete in Preußen weitgehend verloren hatte. Spezielle Restriktionen für die Minderheiten verschärften die Einkommensverluste noch. Eine starke Bevölkerungszunahme führte darüber hinaus zu Unterbeschäftigung und Arbeitslosigkeit, diese wiederum zu wachsender Perspektivlosigkeit und Resignation insbesondere der jüngeren Generation. Das Ventil für Frustrationen und das dadurch entstandene Gewaltpotential boten die bereits traditionellen ethnischen Konflikte zwischen deutscher Minderheit, die bis 1918 durch die Germanisierungspolitik[16] der Reichsregierung privilegiert gewesen war, und polnischer Mehrheit, die ihrerseits nationalistisch war und nun am längeren Hebel saß.

### *Die »Eingliederung« polnischer Gebiete*[17]

Obwohl ursprünglich insbesondere das Reichsinnenministerium nur geringfügige Erweiterungen der Grenzen von 1914 vorgesehen hatte, waren die 1939 annektierten Gebiete fast doppelt so groß wie die Abtretungen von 1919 und verschoben die Reichsgrenze gegenüber 1914 um 150—200 km nach Osten. In den neuen Gauen Danzig-Westpreußen und Wartheland sowie den zu den Provinzen Schlesien und Ostpreußen geschlagenen Gebieten lebten insgesamt etwa 7,8 Millionen Polen. Sie stellten 86 Prozent der dortigen Bevölkerung, während 7 Prozent deutsch und 5 jiddisch sprachen. Mit Abstand am größten war der Anteil der Deutschen an der Gesamtbevölkerung in Danzig-Westpreußen. Da in der Bezirkshauptstadt fast nur Deutsche lebten, hatte zumindest der Regierungsbezirk Danzig eine deutschsprachige Bevölkerungsmehrheit (53 %). Im Regierungsbezirk Bromberg betrug der deutsche Anteil nur 14 Prozent. Noch geringer war er in Ostoberschlesien und im Reichsgau Wartheland. In dem zu Ostpreußen gekommenen »Südostpreußen« und im Suwalki-Dreieck wohnten fast keine »Volksdeutschen«.

### *Organisierte Aufstellung des Selbstschutzes*

In einzelnen Orten der von schneller deutscher Eroberung bedrohten Gebiete flüchteten die polnischen Polizei- und Verwaltungsangehörigen bereits kurz vor oder unmittelbar nach dem deutschen Überfall. Infolgedessen sahen sich Mitglieder der mit dem Nationalsozialismus sympathisierenden »Deutschtumsorganisationen« veranlaßt, einen »Selbstschutz« zu bilden, um die wichtigsten Verwaltungsstellen, Wirtschaftsbetriebe und strategischen Punkte zu besetzen bzw. zu bewachen[18].

Da die deutschen Truppen in den ersten Tagen des Krieges schnell vorrückten, blieb in den Orten hinter der Front meist nur eine zahlenmäßig schwache Besatzung zurück. Deshalb unterstützten die Ortskommandanten der Wehrmacht und die in den eroberten Gebieten eingesetzten Verwaltungsbeamten vielfach die Aufstellung von Milizen der deutschsprachigen Zivilbevölkerung, indem sie sie ausbildeten und mit Beutewaffen ausrüsteten[19].

Die flächendeckende Mobilisierung der deutschen Minderheit wurde auf einer Konferenz der SS-Führung beschlossen, die unter Vorsitz Himmlers vermutlich am 8. September 1939 im Führerhauptquartier stattfand. Himmler teilte mit, »daß Adolf Hitler als Folge der Wehrmachtsberichte, nach denen mehr als 12 000 Deutsche getötet oder verschleppt worden waren, die sofortige Aufstellung einer Heimwehr angeordnet hatte«[20]. Die SS unternahm nach dieser Konferenz in großer Eile die weiteren organisatorischen Schritte. Am 9. September setzte der Chef des SS-Hauptamtes vier »Führerstäbe Selbstschutz und Polizei« unter Führung je eines SS-Oberführers in Marsch[21].

Eine entscheidende Rolle bei der Entstehung der Miliz und der Präzisierung ihrer Organisationsstruktur und Aufgaben dürfte der spätere Selbstschutz-Führer in Westpreußen, Ludolf von Alvensleben, gespielt haben. Als Himmlers erster Adjutant hatte er privilegierten Zugang zum Reichsführer SS. Organisationsgrad und Brutalität der Miliz waren in dem von ihm befehligten Bereich weitaus größer als in den übrigen besetzten Gebieten. Am 12. September, also nachdem die »Führerstäbe Selbstschutz« bereits unterwegs waren, traf von Alvensleben Himmler im »Sonderzug Heinrich«[22]. Bei dieser Gelegenheit dürften Funktion und Struktur des Selbstschutzes präzisiert worden sein. War zunächst eine polizeiliche Hilfstruppe geplant, die unabhängig von der SS aufgestellt werden sollte, so entwickelten Himmler und von Alvensleben nun die tatsächliche Konzeption, nach der Selbstschutz und SS ineinander verwoben wurden, so daß eine neuartige NS-Organisation entstand. Zugleich wurde die Zuständigkeit des Selbstschutzes über die von der Wehrmacht und Hitler ursprünglich vorgesehenen hilfspolizeilichen Funktionen hinaus erweitert. Als Organisation unter Führung der SS sollte er sich an »volkstumspolitischen« Aufgaben, d.h. an der systematischen Ermordung von Polen und Juden beteiligen.

Himmler unterstellte den Selbstschutz dem Chef der Ordnungspolizei Daluege. Die Höheren SS- und Polizeiführer bzw. die örtlichen Organe der Ordnungspolizei verfügten »über den Einsatz des Selbstschutzes«, und erließen »auch die erforderlichen Weisungen für Bewaffnung, Ausbildung und Dienstaufsicht über den Selbstschutz«. Gleichzeitig ersuchte Himmler die Chefs der Zivilverwaltung und die Armeeoberkommandos, »dafür Sorge zu tragen, daß Polizeibefugnisse nicht von anderen Organisationen in Anspruch genommen werden«[23]. Dieser Exklusivanspruch richtete sich vor allem gegen die noch bestehenden Heimwehren und andere kaum in die SS- und Polizeihierarchie eingebundene Verbände, zeigt aber zugleich, welch zentrale Rolle der Selbstschutz in den anfänglichen Planungen der SS-Führung spielte. Ein zweiter Erlaß bestimmte:

»Der Selbstschutz setzt sich aus waffenfähigen Volksdeutschen im Alter von 17—45 Jahren zusammen. Aufgenommen werden nur solche, die sich nach einer Überprüfung als würdig erweisen. Der Dienst des Selbstschutzes ist ehrenamtlich.«

Seine Mitglieder sollten an einer weißen Armbinde mit schwarzem Farbenaufdruck »Selbstschutz« zu erkennen sein und mit polnischen Beutewaffen und beschlagnahmten Gewehren ausgerüstet werden[24]. Organisiert wurde er in Entsprechung zur Zivilverwaltung. Es bestanden fünf Selbstschutz-Bereiche (Danzig-Westpreußen, Wartheland, Südostpreußen, Ostoberschlesien und Generalgouvernement). Auf Regierungsbezirksebene gab es Inspektionsführer. Ihnen unterstanden Kreis, Orts- und — soweit die Zahl der rekrutierten Volksdeutschen dies zuließ — Hundertschafts- und Rottenführer. Bis zur Ebene der Kreisführer hinab handelte es sich um SS-Führer aus dem Reich. Die unteren Ebenen wurden mit Angehörigen der deutschen Minderheit, in vielen Dörfern mit den kommissarischen Bürgermeistern besetzt. In dem Rekrutierungs-Aufruf, der in Zeitungen veröffentlicht und plakatiert wurde, hieß es:

»Auf der Flucht vor der unaufhaltsam vordringenden deutschen Truppe hat verhetztes und vertiertes Polentum viehischste Grausamkeiten an Volksdeutschen begangen. Zahllos sind die Opfer des polnischen Terrors. Immer noch flackert der fanatische Haß auf. Noch finden sich verrohte und vertierte Kreaturen, denen die Lust am Mord Handwerk geworden ist. Um diesen Zuständen ein Ende zu bereiten, wird der Selbstschutz (Heimatwehr) aufgestellt[25].«

Neben dem Appell an Haß, Chauvinismus und Rassismus übten die mit der Aufstellung des Selbstschutzes beauftragten SS-Männer auch Druck aus, um möglichst viele zum Eintritt in den Selbstschutz zu bewegen. Sie gestatteten nur den geflüchteten »Volksdeutschen« die Rückkehr in ihre Heimat, die in die Miliz eintraten. Diese hatte ein Monopol bei der Arbeitsvermittlung für »Volksdeutsche«. Die Mitgliedschaft war für die entsprechenden Altersgruppen Voraussetzung dafür, einen »Volksdeutschen-Ausweis« ausgestellt zu bekommen, der allein Schutz vor den Repressalien der Besatzer und auch des Selbstschutzes versprach[26].

Auf diese Weise gelang es in Westpreußen, rund 80 Prozent der »waffenfähigen« deutschen Männer zu rekrutieren. In diesem Gebiet, das die ehemals polnischen Teile des Reichsgaues Danzig-Westpreußen ohne vier dem Danziger Selbstschutz unterstellte Kreise umfaßte, lebten etwa 200 000 »Volksdeutsche«, von denen bis Ende November 38 300 im Selbstschutz organisiert waren. Etwa 40 Prozent von ihnen gehörten zu »Kategorie A« und bildeten die auch bei Exekutionen eingesetzte Kerntruppe. Die übrigen (»Kategorie B«) erhielten in erster Linie eine Formalausbildung und wurden nur gelegentlich für Wachgänge oder Absperrungen eingesetzt[27].

Im Reichsgau Wartheland lag die Rekrutierungsquote bei etwa 60 Prozent der »Waffenfähigen«. Hier betrug der Personalstand des Selbstschutzes ca. 45 000 Mann. Im Generalgouvernement, wo außer im Raum Lodz kaum Deutsche lebten, gab es 12 600 Selbstschutz-Männer. Also waren auch dort trotz der z.T. sehr verstreuten Siedlungsweise rund die Hälfte der »waffenfähigen Volksdeutschen« rekrutiert worden. Nur in Gebieten mit einem höheren Anteil der Deutschen ensprach die Organisation hier der in den übrigen besetzten Gebieten. Wo kaum Deutsche lebten, war ein mobilerer Einsatz notwendig. Hier bildete die SS kasernierte »Selbstschutz-Bataillone«. Für Ostoberschlesien spricht die einzige Zahlenangabe (vom 1. November 1939) von »23 200 Mann Selbstschutz«, was ebenfalls auf eine Rekrutierungsquote von über 50 Prozent der in Frage kommenden Männer schließen läßt. Für den Raum Danzig, wo der Selbstschutz angesichts einer deutschen Bevölkerungsmehrheit und anderer Umstände keine große Rolle spielte, und für Südostpreußen liegen keine Zahlen vor[28].

Von den vier ursprünglich als Bereichsführer nach Polen entsandten SS-Oberführern war einer bereits nach wenigen Tagen durch den Himmler-Adjutanten, Reichstagsabgeordneten und »alten Kämpfer« von Alvensleben ersetzt worden. Ende Oktober wurde auch der Führer im Reichsgau Wartheland abgelöst. An seine Stelle trat der SS-Oberführer Stroop. In beiden Fällen wurden aufgrund persönlicher Intervention Himmlers eher farblose SS-Bürokraten gegen ausgesprochen radikale Verfechter der nationalsozialistischen Rassenlehre ausgetauscht, für die die Führerposition im Selbstschutz eine weitere Stufe in einer in die oberste SS-Spitze führenden Karriere war. Der oberschlesische Selbstschutz-Führer Katzmann zählte als Mitglied des Volksgerichtshofes und späterer Planer der »Endlösung der Judenfrage« in Galizien ebenfalls zu den Vertretern der harten Linie innerhalb der SS-Führung.

Etwas aus dem Rahmen fiel demgegenüber der Selbstschutz-Führer im Generalgouvernement Hans Kersten. Er verkörperte den Typus eines SS-Bürokraten, der den Selbstschutz organisierte, ohne daß es zunächst zu größeren Ausschreitungen gekommen wäre. Kersten ging es im Sinne der ursprünglichen Selbstschutz-Konzeption um die Organisierung möglichst vieler Volksdeutscher in einer Hilfspolizeitruppe, er versah sie mit entsprechenden Aufgaben, die jedoch keinen »volkstumspolitischen« Charakter hatten. Erst später radikalisierten auch dort andere SS-Führer, insbesondere der berüchtigte Odilo Globocnik in Lublin, den Selbstschutz[30].

Die wenigen schriftlichen Befehle definierten den Selbstschutz vor allem als Hilfspolizei. Offensivere Aufgaben sprachen sie nur in spezifisch nationalsozialistischer Verklausulierung an. In einem Befehl vom 11. September 1939 heißt es etwa: »Bei evtl. eintretender Unruhe ist der Selbstschutz zusammenzuziehen. Er steht dann zur Bekämpfung von Unruhen unter dem jeweiligen SS-Führer dem Landrat zur Verfügung[30].« Einen Monat später, am 14. Oktober 1939, informierte das Oberkommando der Wehrmacht in einem geheimen Rundschreiben alle »Festungs-, Regiments- und Bataillonskommandeure im Sitz eines Landkreisamtes«, »daß der Selbstschutz als Hilfsorgan der Ordnungspolizei berechtigt ist, Festnahmen durchzuführen.« Grundsätzlich sei die Miliz zwar »zu Exekutionen nicht berechtigt und diesbezüglich angewiesen«, könne aber durchaus »bei mangelnden oder nicht ausreichenden SS-Einsatzkommandos als Einsatzkommando mit besonderem Auftrag verwendet« werden[31].

Standen nicht genügend Männer aus der »Truppe des Weltanschauungskrieges« zur Verfügung oder wurden sie anderweitig benötigt, war es Sache des Selbstschutzes, deren rassepolitische »Säuberungsmaßnahmen« zu übernehmen. Führt man sich zudem vor Augen, daß der Selbstschutz zu diesem Zeitpunkt bereits weitgehend autonom Massenexekutionen durchführte, dürfte das zitierte Schreiben der Wehrmachtführung als Versuch zu interpretieren sein, den Selbstschutz von weiteren krassen Kompetenzüberschreitungen abzuhalten. Zahlreiche Konflikte mit der Wehrmacht, zeitgenössische und spätere juristische Ermittlungen und Gerichtsurteile bestätigen, daß mindestens der Selbstschutz Westpreußen trotz der Ausweitung seiner Kompetenzen diese immer häufiger überschritt und weitgehend unabhängig von anderen — auch übergeordneten — Instanzen operierte.

Himmler selbst hatte neben hilfspolizeilichen Tätigkeiten größten Wert auf die Erfüllung einer weiteren Aufgabe gelegt: Werbung für die SS und Aufbau einer SS-Organisation, wie ein Fernschreiben vom 12. September 1939 aus dem »Sonderzug Heinrich« belegt:

> »SS-Oberführer von Alvensleben wird [...] aufgrund direkter eingehender Informationen des Reichsführer-SS im Volksdeutschen Gebiet mit dem Aufbau eines Werbeabschnittes wie s.zt. im Sudetengau beginnen[32].«

Die »listenmäßige Erfassung« der »Volksdeutschen«, ihre ärztliche und rassische Musterung für die verschiedenen NS-Formationen sowie eine politische und militärische Grundausbildung gehören zu den in den Nachkriegsermittlungen am häufigsten genannten Aufgaben des Selbstschutzes, während die Teilnahme an Exekutionen meist geleugnet oder verschleiert wurde.

Radikalere Vorgaben wurden in der Regel nur mündlich formuliert. Da es zu den internen Prinzipien des Selbstschutzes gehörte, schriftliche Befehle, wenn irgend möglich, zu vermeiden, liefern in erster Linie Zeitungsberichte einen Eindruck, wie die Führer dessen Aufgaben umrissen.

In seiner ersten öffentlichen Ansprache führte von Alvensleben vor einer Versammlung des Selbstschutzes im Bromberger Stadttheater am 14. Oktober 1939 u.a. aus:

»Die Ordensritter haben dieses Land mit dem Schwert erobert. Auch wir müssen heute mit dem Schwert in den ehemaligen polnischen Provinzen Posen und Westpreußen Ordnung schaffen [...]. Wir [wollen] alle radikale Kämpfer sein, einig im Glauben an Adolf Hitler[33].«

Zwei Tage später sprach von Alvensleben vor dem Selbstschutz in Thorn:

»Jetzt seid Ihr hier das Herrenvolk. Mit Weichheit und Schwäche wurde noch nichts aufgebaut. [...] Darum erwarte ich, ebenso wie es unser Führer Adolf Hitler von Euch erwartet, daß Ihr diszipliniert, aber hart wie Kruppstahl zusammensteht. Seid nicht weich, seid erbarmungslos und räumt mit allem auf, was nicht deutsch ist und uns am Aufbau hindern könnte[34].«

Kennzeichnend für die innere Einstellung der Selbstschutz-Führer sind auch Briefe des Inspektionsführers von Hohensalza, SS-Obersturmbannführer Dr. Koelzow, die er in einer Beilage zu der Zeitschrift des Verbandes Deutscher Ingenieure unter dem Titel »Mitteilungen zwischen Front und Heimat. Feldpost 1939« veröffentlichen ließ:

»Meine Aufgabe besteht darin, die deutschen Männer für den Selbstschutz zu gewinnen, [...] um durch diese das polnische Volk in Schach zu halten. [...] Die Aufgabe ist nicht leicht, zumal die Polen sehr gehässig waren. Außerdem herrschte während des polnischen Rückzuges solche Raserei, daß wir mehr als die Hälfte der Bevölkerung lt. Gesetz an die Wand stellen mußten. [...] Wer auf irgendwelche Weise an den Verfolgungen der Deutschen teilgenommen hatte, wurde selbstverständlich erschossen. Obgleich es hier sehr wenig SS-Männer gibt, fürchtet sich das polnische Gesindel grenzenlos. Da, wie anzunehmen ist, wir zu Weihnachten von hier wegkommen sollen, besteht unsere gegenwärtige Aufgabe darin, aus den hier ansässigen Deutschen wirkliche Herren dieses schönen und reichen Landes zu machen.«

Die meisten der in den Nachkriegsverfahren vernommenen ehemaligen Angehörigen des Selbstschutzes haben bekundet, ihre Aufgabe habe neben der Erfassung und Musterung der »Volksdeutschen« im wesentlichen darin bestanden, militärische und wirtschaftliche Objekte zu bewachen. Einzelne gaben zu, bei der Festnahme von Personen und bei der Evakuierung von Teilen der polnischen Bevölkerung mitgewirkt zu haben. Obwohl die Teilnahme an Exekutionen in der Regel bestritten wurde, leugneten die wenigsten Zeugen, daß Exekutionen insbesondere im Befehlsbereich von Alvenslebens zu den Hauptaufgaben der Miliz gehörten.

Als Himmler selbst am 20. September nach Bromberg kam, sprach er mit von Alvensleben die weitere Vorgehensweise ab. Der damalige Bromberger

Kreisführer des Selbstschutzes hat nach dem Krieg ausgesagt, Himmler habe bei dieser Gelegenheit angeordnet, für jeden ermordeten Deutschen zehn Angehörige der polnischen Oberschicht zu erschießen[35].

Weisungen und Richtlinien erhielten die Selbstschutz-Führer fast ausschließlich durch von Alvensleben persönlich. Während dieser »Dienstbesprechungen«, die zumeist wöchentlich stattfanden, stand der Rapport der Kreis- und Inspektionsführer über die Zahl der Exekutionen und die ständigen Forderungen von Alvenslebens, die Zahl der Exekutierten zu erhöhen, im Vordergrund. Die Führung eines Protokolls war strikt untersagt. Einer der Anwesenden berichtete, »daß von Alvensleben mich einmal, nachdem ich bereits zweimal Fehlanzeige [an Exekutionen] für Schubin gemeldet hatte, fragte, ob es denn in Schubin überhaupt keine Polen mehr gebe«[36]. Etwa Anfang Oktober 1939 schränkte von Alvensleben vermutlich auf Druck der Wehrmacht die Befugnisse der Selbstschutz-Führer dahingehend ein, daß er die Entscheidung über das Schicksal der festgenommenen Personen nunmehr selbst fällte. Die Listen mit den Namen der Beschuldigten und einer knappen Darstellung der ihnen zur Last gelegten Taten waren ihm vorzulegen. Er vermerkte dann in einer dafür vorgesehenen Spalte, ob der Beschuldigte exekutiert, in ein Konzentrationslager überwiesen oder freigelassen werden sollte[37].

Eine von den Verfassern aufgrund des Aktenmaterials angelegte Liste der Exekutionen und Mordaktionen, die vom Selbstschutz eigenständig oder gemeinsam mit anderen NS-Formationen durchgeführt wurden, enthält 141 Eintragungen, die ganz überwiegend Westpreußen, gelegentlich den Warthegau und in Einzelfällen Ostoberschlesien und Südostpreußen betreffen. Keine Beteiligung des Selbstschutzes an Erschießungen ist im Generalgouvernement nachzuweisen, obwohl der Gouverneur Hans Frank den Selbstschutz im Distrikt Lublin als »Mordbande des SS- und Polizeiführers«[38] bezeichnete und sich mehrfach gegen die »selbständige Durchführung von Exekutionen durch den Selbstschutz« wandte[39]. Hier scheint die Verschleierung der Verbrechen, die die Bearbeitung dieses Themas ohnehin erschwert, am besten funktioniert zu haben.

Wenn die zahlenmäßige Verteilung der Mordtaten auch mit dadurch verursacht sein dürfte, daß sich die Nachkriegsermittlungen insbesondere in der Bundesrepublik auf Westpreußen konzentrierten, so dürfte sie doch tatsächliche regionale Unterschiede in der Tätigkeit des Selbstschutzes in den »eingegliederten« Gebieten widerspiegeln. Unter von Alvensleben in Westpreußen, wo auch während der polnischen Republik und insbesondere in den ersten Kriegstagen die härtesten Auseinandersetzungen zwischen der deutschen Minderheit und der polnischen Mehrheit tobten, verselbständigte er sich zu einem im nationalsozialistischen »Volkstumskampf« massiv eingesetzten Instrument zur »Ausschaltung reichsfeindlicher Elemente«. Im Warthegau, Ostoberschlesien und »Südostpreußen« spielte der Selbstschutz bei derartigen Aktionen offensichtlich eine geringere Rolle. Im Generalgouvernement wurde er mindestens in einigen Gegenden auch bei Erschießungen herangezogen, seine Verbrechen traten dort aber relativ zurück hinter denen der Haupttruppen des »Weltanschauungskrieges« — den Einsatzgruppen und -kommandos[40].

*Stellung des Selbstschutzes in der Besatzungsherrschaft*

In Polen sind 1939/40 drei Phasen der nationalsozialistischen Herrschaft zu unterscheiden. Vom 1.—28. September 1939 war Kriegszustand, und es galt Kriegsrecht. Bis zum 25. Oktober 1939 stand das Land unter Militär-, dann unter deutscher Zivilverwaltung.

Die SS- und Polizeihierarchie gliederte sich im hier interessierenden Zeitraum in drei Sektoren: den Selbstschutz, die Ordnungspolizei (bestehend aus 1. Hilfspolizei, 2. auf dem Land Gendarmerie bzw. in den Städten Schutzpolizei und 3. mobilen Polizeibataillonen) sowie die Sicherheitspolizei, zu der während der Militärverwaltung die Einsatzgruppen und Einsatzkommandos sowie Danziger Sondereinheiten der SS, später — wie im Reich — Kriminalpolizei, Staatspolizei und SD gehörten.

Die beiden erstgenannten Sektoren unterstanden dem Hauptamt Ordnungspolizei innerhalb der Reichsführung von SS und Polizei, der dritte dem Reichssicherheits-Hauptamt, das seit September 1939 den gesamten sicherheitspolizeilichen Bereich zusammenfaßte.

Funktional erscheint die differenzierte Polizeistruktur keineswegs gerechtfertigt. Bei großen »Aktionen« arbeiteten häufig mehrere verschiedene Polizei-Einheiten, Selbstschutz und/oder Wehrmacht zusammen. Klare Unterschiede bestanden aber bei Rekrutierung und organisatorischem Charakter der verschiedenen Truppen: der Selbstschutz, die der Ordnungspolizei unterstellte Hilfspolizei und mehr und mehr auch die formell für Verkehr und öffentliche Ordnung zuständige Gendarmerie (in den größeren Städten hieß sie Schutzpolizei) bestanden aus »Volksdeutschen«. SS- bzw. Polizeiführer aus dem Reich bekleideten lediglich — und im Prinzip nicht auf Dauer — die höheren Führungspositionen. Alle übrigen Polizeiverbände waren dagegen in der Zeit der Militärverwaltung aus dem Reich bzw. aus Danzig nach Polen verlegt worden und leisteten keinerlei Ausbildungs- und Rekrutierungsarbeit. Zudem waren sie weniger ortsgebunden als die überwiegend aus Einheimischen bestehenden Formationen. Sie wurden primär für Exekutionen und andere »Groß-Aktionen« eingesetzt, bis die »volksdeutschen« Einheiten ausgebildet und einsatzfähig waren, um diesen Part der nationalsozialistischen Polenpolitik selbst zu übernehmen.

Der Vorrang, den das Militär in der Phase der Militärverwaltung gegenüber den anderen Herrschaftsträgern beanspruchte, zeigte sich in Querverbindungen zwischen militärischer und polizeilicher Hierarchie. Alle polizeilichen Kräfte unterstanden neben der Reichsführung von SS und Polizei auch den jeweiligen regionalen Militärbefehlshabern. Daß die polizeilichen Befehlswege in allen Erlassen Vorrang hatten, zeigt, wo die wirkliche Verfügungsgewalt lag. So setzten auf lokaler Ebene die zur Aufstellung des Selbstschutzes nach Polen geschickten SS-Stäbe ihre Autonomie umgehend durch: Die kommissarischen Zivilverwaltungschefs verloren ihre Weisungsbefugnis dem Selbstschutz gegenüber bereits Mitte September. Mehr und mehr bestand die Unterstellung auch der übrigen Polizeikräfte unter die Militärbefehlshaber nur noch auf dem Papier. Die Machtvollkommenheit, die sich aus dieser faktischen Unabhängigkeit von den Militärbefehlshabern ergab, ermöglichte erst das tatsächliche Ausmaß der Erschießungen durch den Selbstschutz und löste auch die meisten Konflikte zwischen ihm und anderen Instanzen der nationalsozialistischen Herrschaft aus.

Der Übergang zur Zivilverwaltung am 25. Oktober 1939 führte einerseits zu einer Normalisierung der Herrschaftsstrukturen: Die Armeeeinheiten waren weitgehend, Einsatzgruppen, Einsatzkommandos und sogenannte Sondereinheiten der SS vollständig abgezogen und — wie im Reich — durch Kriminal- und Staatspolizei ersetzt worden. Die Zivilverwaltung war nun funktionsfähig und hatte sich gegenüber der militärischen Hierarchie verselbständigt. Das Militär verfügte trotz des Abzuges der meisten Truppen weiterhin über größere Rechte als im Reich. Zwischen militärischer und ziviler Hierarchie bestanden keinerlei Unterstellungsverhältnisse mehr. Andererseits hatte sich der SS- und Polizeibereich weiter ausdifferenziert und an Macht gewonnen. Obwohl die Zivilbehörden im besetzten Polen über eine ungewöhnliche Machtfülle verfügten[41], hatten sie doch kaum Einfluß auf den polizeilichen Bereich, in dem die SS-Führung — mit Blick auf die geplante »Volkstumspolitik« — die Fäden in der Hand hatte. Bezeichnenderweise hatte die Reichsführung von SS und Polizei für alle polizeilichen Bereiche Sonderbefehlswege geschaffen, über die direkt von ganz oben nach ganz unten »Sonderaufträge« erteilt wurden.

Der Selbstschutz hatte sich also — wohl entgegen der ursprünglichen Planung — schnell als weitgehend autonome, faktisch nur der obersten SS- und Polizei-Führung untergeordnete Organisation etabliert. Insbesondere in Westpreußen arbeitete er sehr eng mit den Einsatzgruppen der Sicherheitspolizei und deren örtlichen Einheiten (den Einsatzkommandos bzw. Teilkommandos) zusammen. Mit Teilen der Wehrmacht kam es hingegen — besonders in Westpreußen — zu zahlreichen Reibungen. Dennoch arbeiteten Wehrmacht und Selbstschutz bei einigen größeren Erschießungsaktionen zusammen.

Wehrmacht und politische bzw. SS-Führung hatten gleich zu Beginn des Krieges gegen Polen ihre Aufgabenbereiche abgesteckt. Bereits am 12. September wies Abwehrchef Canaris General Keitel vom Oberkommando der Wehrmacht darauf hin,

»daß weitreichende Exekutionen in Polen geplant seien und daß insbesondere der Adel und die Geistlichkeit ausgerottet werden sollten. Letzten Endes würde die Welt die Wehrmacht für diese Taten verantwortlich machen, unter deren Augen solche Dinge geschehen seien. Keitel antwortete, daß der Führer in dieser Frage bereits entschieden hätte. Er hätte es dem Oberbefehlshaber des Heeres klargemacht, daß, wenn die Wehrmacht mit diesen Vorkommnissen nichts zu tun haben wollte, sie die SS und die Gestapo als Rivalen hinzunehmen hätte. Deshalb werde für jeden Bezirk neben dem militärischen Befehlshaber ein Zivilbefehlshaber ernannt werden. Der letztere würde dann mit der Volksausrottung betraut werden[42].«

Diese Aufgabenteilung erstreckte sich auch auf den Selbstschutz. So hieß es in einem Merkblatt des 4. Armeeoberkommandos für alle Soldaten in Westpreußen:

»In die Unternehmungen des Selbstschutzes hat die Truppe nicht einzugreifen. [... Es sei] jedoch notwendig, daß die Truppen Unternehmungen des Selbstschutzes, soweit sie ihnen bekannt werden, nach Zeit, Ort und Anzahl der Festgenommenen unter ›geheim‹ an die Division melden[43].«

Umgekehrt herrschte auch seitens der Selbstschutz-Führung Mißtrauen der Wehrmacht gegenüber. Dies kommt etwa in einem Brief von Alvenslebens an Himmler zum Ausdruck:

»Leider wird nicht so durchgegriffen, wie es notwendig wäre, und zwar liegt das an den sogenannten Kriegsgerichten und an den Ortskommandanten der Wehrmacht, die [...] aufgrund ihrer bisherigen Berufe zu schwach sind[44].«

Widerstände gegen willkürliche Erschießungen durch den Selbstschutz kamen zunächst von einzelnen Offizieren. Im spektakulärsten Fall nahm eine Wehrmachteinheit ein Selbstschutz-Kommando fest und befreite dessen Gefangene. Als sich von Alvensleben zugunsten des betreffenden Selbstschutz-Führers einschaltete, ließ der Oberbefehlshaber Ost die Gefangenen an den Selbstschutz zurückgeben, was einem Todesurteil gleichkam. Widerstand aus der Wehrmacht regte sich auch, als Hitler, das Oberkommando der Wehrmacht und der Justizminister am 4. Oktober 1939 eine Amnestie »aus Anlaß der siegreichen Beendigung des uns aufgezwungenen Feldzuges in Polen« erließen. Danach sollten

alle »Taten, die in der Zeit vom 1. September 1939 bis zum heutigen Tag in den besetzten polnischen Gebieten aus Erbitterung wegen der von den Polen verübten Greuel begangen worden sind, strafgerichtlich nicht verfolgt« werden.

Die Chefs der Heeresgruppe Süd und der VIII. Armee sprachen sich gegen diesen Gnadenerlaß aus, der einen nachträglichen Freibrief für den Selbstschutz bedeutete[45].

Am 13. Oktober 1939 kam es zu einer Besprechung über Aufgaben und Rechte des Selbstschutzes, an der der Chef des Generalstabes des Wehrmachtsbefehlshabers im Wehrkreis XX (Danzig), der Höhere SS- und Polizeiführer von Danzig und Selbstschutz-Führer von Alvensleben teilnahmen. Man einigte sich, daß Erschießungen durch den Selbstschutz nurmehr in »Notfällen« — etwa bei »Mangel« an Einsatzkommandos —, nur nach standgerichtlichen Verfahren und mit ausdrücklicher Genehmigung von Alvenslebens stattfinden dürften. Damit hatten sich einmal mehr SS und Selbstschutz der Wehrmacht gegenüber durchgesetzt. Auch sie billigte ihm nun prinzipiell dieselben sicherheitspolizeilichen Befugnisse zu wie den Einsatzkommandos und hielt nicht mehr an dessen ursprünglicher, rein ordnungspolizeilicher Auftragsdefinition fest. Tatsächlich exekutierte der Selbstschutz auch weiterhin. Ein »Mangel« an Polizeikräften konnte überall und immer behauptet werden.

Schließlich griff der Wehrkreis-Befehlshaber in Danzig-Westpreußen im November mit einem Brief an den Reichsstatthalter und Gauleiter Forster in den Konflikt ein. Unter Hinweis auf »den Geist und die Schlagkraft« seiner Truppe sowie auf »Verzweiflungsakte«, mit denen die Polen auf den Terror des Selbstschutzes reagieren und die zu einer »schweren Gefährdung der Sicherheit des Reichsgaues« führen könnten, verlangte er, daß Forster dem Selbstschutz jegliche Erschießungen verbiete[46]. Ein späteres Schreiben des Wehrkreiskommandos bezeichnete die Miliz gar als »Terror-Organisation«[47]. Forster war selbst ein Gegner der Eigenmächtigkeiten des Selbstschutzes und hatte ein ausgesprochen gespanntes Verhältnis zu Himmler. Mehrfach hatte er sich dafür ausgesprochen, daß die »Schweinereien« des Selbstschutzes ein Ende haben müßten. Wenn auch langfristig Forster und die Wehrmacht durch Vermittlung Görings bei Hitler ihren Standpunkt und letztlich die Auflösung des Selbstschutzes durchsetzen konnten, so saß doch von September bis November von Alvensleben als Vertreter der SS-»Volkstumspolitik« am längeren Hebel. Dafür spricht das Ausmaß der Mordaktionen des Selbstschutzes so wie die Tatsache, daß er sich systematisch und erfolgreich dagegen wehrte, Forster genauere Auskünfte über die Aktivitäten des Selbstschutzes zu erteilen[48].

Ähnliche Dimensionen hatte der Dauerkonflikt zwischen dem Gouverneur Hans Frank und dem Selbstschutz im Generalgouvernement. In Franks Diensttagebuch ist mehrfach von der »Unzuverlässigkeit« und sogar »Gefährlichkeit« des Selbstschutzes die Rede. Wie Forster bezeichnete Frank

»es als unzulässig, daß der Selbstschutz sich anmaße, deutsche Polizei zu sein, und daß er selbständig ohne Beiziehung von SS und Polizei Exekutionen vornehme. Der Herr Generalgouverneur beauftragt den Höheren SS- und Polizeiführer, dafür zu sorgen, daß dies [...] in Zukunft unterbleibe[49].«

Als Frank befahl, die Mitglieder des Selbstschutzes in die Wehrmacht zu überführen, um die Reibungen zwischen den verschiedenen Polizeikräften zu mindern und die Eigenmächtigkeiten der Miliz zu unterbinden, stieß er auf den Widerstand der örtlichen Selbstschutz-Führer und konnte sich einstweilen nicht durchsetzen.

Schließlich läßt eine hohe Zahl von Disziplinar- und Strafverfahren bei Selbstschutz-Angehörigen — unter den uns bekannten immerhin bei jedem zehnten! — darauf schließen, daß die Organisation der NS-Führung dadurch zunehmend Probleme bereitete, daß sie bis in den deutschen Bevölkerungsteil hinein für Empörung und Unruhe sorgte. Allerdings standen keineswegs die willkürlichen Erschießungen im Mittelpunkt dieser Verfahren, selbst wenn sie auf den haltlosesten Anschuldigungen basierten, sondern Vergewaltigungen, Plünderungen, sexuelle Kontakte mit »Fremdvölkischen«, Bereicherung im Dienst u.ä. Auch die Staatsanwaltschaft beim Landgericht Bromberg und das dortige NS-Sondergericht, die hauptsächlich wegen der antideutschen Pogrome des »Blutsonntags« ermittelten, kamen in verschiedenen Verfahren zu einer kritischen Beurteilung der Aktivitäten des Selbstschutzes[50].

Mit Erlaß vom 8. November 1939 verfügte Himmler die Auflösung des Selbstschutzes zum Monatsende. Seine Mitglieder sollten in die SS, die SA, das NSKK und das NSFK übernommen werden[51]. Allerdings wurde nur in Danzig-Westpreußen dieser Termin im allgemeinen eingehalten. In den übrigen Gebieten verzögerte sich die Auflösung bis weit ins Jahr 1940 hinein.

Fragt man nach den Gründen dafür, daß der Selbstschutz in Westpreußen nur rund drei Monate und nirgendwo in Polen länger als ein Jahr bestand, so spricht alles dafür, daß angesichts zunehmender Widerstände vor allem von Teilen der Wehrmacht, der Zivilverwaltung, aber auch seitens der deutschstämmigen Bevölkerung der Selbstschutz für eine effiziente Beherrschung Polens zunehmend dysfunktional und durch den inzwischen erfolgten Aufbau von SS und Polizei auch entbehrlich wurde. So erfolgte die Auflösung in den einzelnen Teilen Polens zeitlich analog zur Konsolidierung der deutschen Herrschaft. In einer SS-internen Analyse zur »Behandlung politisch-polizeilicher Angelegenheiten in den neubesetzten Westgebieten« kam der Chef der Sicherheitspolizei und des SD, Reinhard Heydrich, 1940 zu einem ähnlichen Ergebnis: »Im Interesse der Verhütung weiterer Schäden in der politisch-polizeilichen Arbeit« müßten Reibungen zwischen dem Oberkommando des Heeres und SS und Polizei, wie sie in Polen vorgekommen seien, möglichst vermieden werden. Die Ursachen der Konflikte sah Heydrich auf zwei Ebenen: einerseits »darin, daß die Weisungen, nach denen der polizeiliche Einsatz handelte, außerordentlich radikal waren (z.B. Liquidierungsbefehl für zahlreiche polnische Führungskreise, der in die Tausende ging)«. Andererseits habe »der Selbstschutz zu Anfang aus zwar verständlicher Erbitterung gegen die Polengreuel selbst zum Teil unmögliche, unkontrollierbare Racheakte aus[ge]führt, die dann wieder zu Lasten von SS und Polizei geschrieben wurden«[52].

## Anmerkungen

1 Gleichwohl blieb er in der Literatur bisher weitgehend unberücksichtigt. Außer einigen Abschnitten bei Broszat (Nationalsozialistische Polenpolitik, Stuttgart 1961, S. 60—62), einem weitgehend revisionsbedürftigen und nicht auf deutsch vorliegenden Aufsatz von Josef Skorzynski, Selbstschutz — V kolonna, in: Biuletyn Glownej Komisji Badanja Zbrodni Hitlerowskich w Polsce, Bd X, Warschau 1958, und einer Passage bei Kazimierz Moczarski, Gespräche mit dem Henker, Düsseldorf 1978, S. 141—148, taucht der Selbstschutz nur beiläufig auf. Selbst in der 700-seitigen Darstellung von Czeslaw Madajczyk, Die Okkupationspolitik Nazideutschlands in Polen 1939—1945, Warschau 1970, Köln 1988, wird er nur am Rande erwähnt. Auch in Polen gibt es keine neueren Publikationen über den Selbstschutz.

2 Obwohl es sich bei den Juden — trotz der eigenen Sprache — primär um eine religiöse Minderheit handelte, werden sie in der gesamten Literatur als eine der ethnischen Minderheiten genannt. Zahlen nach Alfred Bohmann, Strukturwandel der deutschen Bevölkerung im polnischen Staats- und Verwaltungsbereich, Köln 1969, S. 40—46.

3 Przemyslaw Hauser, Die deutsche Minderheit in Polen 1918—1933, in: Die deutsch-polnischen Beziehungen 1919—1932, Braunschweig 1985, S. 87. Vgl. auch: Wolfgang Jacobmeyer, Die deutschen Minderheiten in Polen und der Tschechoslowakei in den dreißiger Jahren, in: Aus Politik und Zeitgeschichte, B 31/86, S. 17—25.

4 Walter Kuhn, Das Deutschtum in Polen und sein Schicksal in Kriegs- und Nachkriegszeit, in: Osteuropa-Handbuch. Polen, Köln usw. 1959, S. 143 und 149 ff.; Otto Heike, Die deutsche Minderheit in Polen bis 1939. Ihr Leben und Wirken kulturell, gesellschaftlich, politisch, Leverkusen 1985; Skorzynski (wie Anm. 1), S. 34.

5 Jacobmeyer (wie Anm. 3), S. 23 und 17. Vgl. auch Wolfgang Kessler, Die deutsche Bevölkerung Pommerellens und Großpolens nach dem Ersten Weltkrieg (1919—29), in: Hermann Rauschning, Die Abwanderung der deutschen Bevölkerung aus Westpreußen und Posen 1919-29, Berlin 1988, S. XXVI, XXXVIII f. In einem Teil der Literatur besteht diese Terminologie fort: Vgl. Kuhn (wie Anm. 4), wo das Kapitel über die Jahre 1933/35—1939 »Die Entwicklung zur Volksgruppe« überschrieben ist.

6 Vgl. Norbert Krekeler, Revisionsanspruch und geheime Ostpolitik der Weimarer Republik. Die Subventionierung der deutschen Minderheit in Polen. Stuttgart 1973.

7 Heike (wie Anm. 4), S. 439—446, Kuhn (wie Anm. 4), S. 151. Ob diese Maßnahmen allerdings die »Existenz der deutschen Volksgruppe in Frage gestellt haben«, wie Kuhn in einer späteren Publikation behauptete (Aschenbrenner et al. (Hrsg.), Die Deutschen und ihre östlichen Nachbarn, Frankfurt/M. 1967, S. 263), erscheint mehr als fraglich.

8 The German Fifth Column in Poland, London 1941; Louis de Jong, Die deutsche fünfte Kolonne im Weltkrieg, Stuttgart 1959, S. 145—154; Skorzynski (wie Anm. 1), S. 33 f.

9 Kuhn (wie Anm. 4), S. 151. De Jong (wie Anm. 8), 52. Alfred M. de Zayas, Die Wehrmacht-Untersuchungsstelle, München 1979, S. 234 f. Eine der zahlreichen NS-Propagandadarstellungen dieser Märsche ist: Erhard Wittek, Der Marsch nach Lowitsch, Berlin 1940.

[10] De Jong (wie Anm. 8), S.55.

[11] Generell werden die auch in den Quellen verwendeten deutschen Ortsnamen benutzt.

[12] Der europäische Bürgerkrieg, Frankfurt/M. usw. 1987, S. 502 f.

[13] ZStL V 203 AR-Z 313/59, Bl. 139.

[14] Vgl. Peter Aurich, Der deutsch-polnische September 1939. München usw. 1969; de Zayas (wie Anm. 9), S. 227 ff.; Karol Pospieszalski, Sprawa 58 000 »Volksdeutschów«, Posen 1959; Kuhn (wie Anm. 4), S. 151; Heike (wie Anm. 4), S. 443—446; Jörg K. Hoensch, Geschichte Polens, Stuttgart 1983, S. 280 f.

[15] Ebd., S. 280.

[16] Kessler (wie Anm. 5), S. XX f.

[17] Broszat (wie Anm. 1), S. 31—37. Rassenpolitisches Amt, Die Frage der Bevölkerung der ehemaligen polnischen Gebiete. Berlin 1939, in: Karol Pospieszalski, Hitlerowskie »prawo« okupacyjne w Polsce, Posen 1952, S. 2—36.

[18] ZStL V 203 AR-Z 1461/62, S. 1011 ff.; Heimatkalender des Kreises Bielitz 1941, S. 33 ff.; Skorzynski (wie Anm. 1), S. 32 f., der davon ausgeht, daß solche Milizgründungen bereits insgeheim vorbereitet waren.

[19] Hans Umbreit, Die militärische Besetzung der Tschechoslowakei und Polens, Stuttgart 1977, S. 173 f. ZStL V 203 AR-Z 175/60: Urteilsbegründung, S. 32, 43 und die dort zitierten Zeugenaussagen in den Beweismittelbänden VI 219, IX S. 36 und 97, X S. 54 und 57 und XI S. 158 (Soldau); 2 Js 886/ 63: Anklageschrift des Landgerichts Hannover (Groß-Neudorf, Kreis Bromberg); V 203 AR-Z 119/60, Ermittlungsergebnis Bl. 30 f., Urteil Bl. 7 und V 203 AR-Z 2558/67 Anklage Bl. 24 (Hermannsbad und Alexandrowo); V 203 AR-Z 143/60, Anklageschrift Bl. 14; Sondergericht Bromberg 6 Sd KLs 160/40, Bl. 71; OStA beim Landgericht Bromberg vom 3.10.40 in: V 203 AR-Z 1563/67, S. 296. Vgl. auch Ordner Polen 359, Bild 237 sowie V 203 AR-Z 1461/62, S. 663.

[20] Hauptstaatsarchiv Nürnberg, The American Military Tribunal I, Case VIII, Bd XIII, S. 3838-3844 (Aussage des Chefs des SS-Ergänzungsamtes Berger). Zur Datierung: Berger gab an, die Konferenz habe zwischen dem 8. und 10.9. stattgefunden. Da jedoch bereits ab 7.9. die ersten Marschbefehle an Selbstschutz-Führer abgesandt wurden, ist diese Angabe vermutlich falsch. (ZStL: Ordner Selbstschutz I—IV: DC Akten Kersten, Hilgenfeldt; Bundesarchiv Koblenz [BA], Sammlung Schumacher, Ordner 457). Andererseits muß die Konferenz nach dem »Bromberger Blutsonntag« am 3.9. stattgefunden haben.

[21] BA, Sammlung Schumacher, Ordner 457.

[22] ZStL Ordner Selbstschutz I (DC-Unterlagen von Alvensleben).

[23] Himmler an Berger vom 26.9.39 und Begleitschreiben Himmlers an die Armeeoberkommandos und die Chefs der Zivilverwaltung mit gleichem Datum (Nürnberg Doc. NO 2285, ZStL Ordner Selbstschutz).

[24] ZStL Ordner Selbstschutz I.

[25] Deutsche Rundschau. Bromberg, 15.9. sowie 21.—28.9.39. Vgl. auch zahlreiche Zeugenaussagen, vor allem in ZStL V 203 AR-Z 1461/62.

[26] ZStL V 203 AR-Z 1461/62, Bl. 93, 543 und 987; Bl. 651; Bl. 445, 919 und 1008.

[27] ZStL Ordner Selbstschutz I (Aufstellung »Stärke des Selbstschutzes Westpreußen« vom 24.9. bis 21.11.39).

[28] Alle Zahlenangaben: ZStL Ordner Selbstschutz I (US-Mikrofilm T-77, F 617).

[29] Stroop wurde 1951 in Polen hingerichtet, von Alvensleben konnte 1945 aus dem Internierungslager Neuengamme nach Argentinien entfliehen, wo er 1970 verstarb, ohne für seine Taten zur Rechenschaft gezogen worden zu sein. Katzmann

und Kersten lebten nach 1945 in der Bundesrepublik und wurden ebenfalls nie verurteilt. Ruth Bettina Birn, Die Höheren SS- und Polizeiführer, Düsseldorf 1986, S. 330 ff. Moczarski (wie Anm. 1).

30 ZStL Ordner Selbstschutz I (DC-Unterlagen Kersten). Vgl. Rückerl II (wie Vorbemerkung), S. 72 f.

31 ZStL Ordner Selbstschutz I.

32 ZStL Ordner Selbstschutz (DC-Akten von Alvensleben).

33 Deutsche Rundschau, Bromberg, 14.10.39. Abgedruckt bei Skorzynski (wie Anm. 1), S. 46.

34 Deutsche Rundschau, Bromberg, 17.10.39.

35 ZStL V 203 AR-Z 1461/62, Bl. 1253.

36 ZStL Ordner Selbstschutz I (aus: ZStL V 203 AR-Z 313/59, Vernehmung 3.7.62). Ähnlich auch ZStL V 203 AR-Z 1461/62, Vernehmung vom 17.1.63. Ausführlich hierzu auch ZStL V 203 AR-Z 175/60, Aussage Moceks vom 23.3.64, 2.4.64, Bl. 4—7 und 14.4.64, Bl. 5 f.

37 Diese bereits in einem Urteil des Sondergerichts Posen gegen den Landrat von Hohensalza, von Hirschfeld, der aus purer Mordlust mindestens 56 Gefangene ermordet hatte, enthaltene Darstellung bestätigten später zahlreiche Zeugen (Rückerl I [wie Vorbemerkung], Anhang). ZStL V 203 AR-Z 1461/62, Bl. 1214 f. und V 203 AR-Z 175/60, Bl. 574a. Zum Druck seitens der Wehrmacht vgl. Rückerl II (wie Vorbemerkung), S. 179 ff.

38 Broszat (wie Anm. 1), S. 61 f., Anm. 5.

39 Das Diensttagebuch des deutschen Generalgouverneurs in Polen 1939—1945. Stuttgart 1975, S. 68, 127, 246 und 172 (Dezember 1939 bis Juli 1940).

40 Vgl. dazu allgemein: Helmut Krausnick, Hitlers Einsatzgruppen. Die Truppen des Weltanschauungskrieges 1938—1942, Frankfurt/M. 1985, S. 26—88.

41 Broszat (wie Anm. 1), S. 50 ff.

42 Zitiert in: Karl Heinz Abshagen, Canaris. Patriot und Weltbürger. Stuttgart 1950, S. 210; mit etwas anderem Wortlaut auch in: Hellmuth Groscurth, Tagebuch eines Abwehroffiziers, Stuttgart 1970, S. 338.

43 ZStL Ordner Selbstschutz I, Befehle vom 14. und 20.10.39.

44 Vom 17.9.39; ZStL Ordner Selbstschutz (DC-Akten von Alvensleben).

45 Franz Halder, Kriegstagebuch. Tägliche Aufzeichnungen des Chefs des Generalstabes des Heeres 1939—1942, hrsg. vom Arbeitskreis für Wehrforschung, bearb. von Hans-Adolf Jacobsen in Verbindung mit Alfred Philippi, Bd 1, Stuttgart 1962, S. 100; Gnadenerlaß: ZStL Ordner Polen 217, Film 35, 699 ff., auch zit. bei Rückerl I (wie Vorbemerkung), S. 221.

46 Abschrift im Bundesarchiv, zit. bei: Rückerl II (wie Vorbemerkung), S. 179 ff. und Groscurth (wie Anm. 42), S. 409 ff.

47 Schreiben des »Stellvertr.Gen.-Kdo.XX.AK/(Wehrkreis-Kdo. XX)/Abt.Chef des Stabes« vom 26.1.40, zitiert nach: ZStL V 203 AR-Z 1461/62, Bl. 645 (Filmauswertung Nr. 6/294993/97).

48 Forster gab in seinem Prozeß zu Protokoll: Als er Akten über Exekutionen durch den Selbstschutz verlangt habe, sei der Wagen, mit dem die Unterlagen von Bromberg nach Danzig gefahren werden sollten, unterwegs in einen Unfall verwickelt worden und ausgebrannt. Verhandlungsstenogramm des NTN in Sachen gegen Albert Forster, Bd 1, S. 77, zit. nach Skorzynski (wie Anm. 1), S. 52.

49 Diensttagebuch (wie Anm. 39), S. 68, 127, 246 und 172 (Dezember 1939 bis Juli 1940).

50 Bezirkskommission zur Untersuchung der Naziverbrechen in Polen, Bydgoszcz.

Akten des Landgerichts Bromberg 6 Sd Js 946/40, Bl. 3; 6 Sd Js 525/41, Bl. 12; 6 Sd Js 1018/40 und des Sondergerichts Bromberg: 6 Sd KLs 78/41, Bl. 12 und 6 Sd KLs 241/40, Bl. 49.

51 O-Kdo. O/1/1 Nr. 309/39. Ob Hitler persönlich am 26.10., wie Rückerl II (wie Vorbemerkung), S. 117 annimmt, oder gar erst am 26.11., wie Skorzynski (wie Anm. 1), S. 54 unter Berufung auf eine Aussage des ehemaligen Reichsstatthalters Forster vor dem polnischen Volkstribunal behaupten, der Auflösung zustimmte, ist nicht belegbar. Vgl. auch die Zeugenaussagen in: ZStL Ordner Selbstschutz (Abel aus: V 203 AR-Z 248/67, Bl. 56); ZStL V 203 AR-Z 1461/62, Bl. 97, 668f, 967 und 1377; V 203 AR-Z 175/60, Bl. 576f; V 203 AR-Z 313/59, Bl. 1217 f.

52 BA, C.d.S. B.-Nr.: 53 355/40 vom 2.7.40; zit. bei Rückerl II (wie Vorbemerkung), S. 197 ff.

Doron Arazi

# Die deutsche militärische Funkaufklärung im Zweiten Weltkrieg

## Versuch eines Überblicks

In der heutigen Zeit ist es üblich geworden — und das ist allgemein bekannt —, daß in der internationalen Arena jeder von jedem elektronisch erfaßt, abgehört und belauscht wird[1]. Die Wurzeln dieses Phänomens — die außerordentliche Zunahme der Technologien zur Beobachtung — sind wohl im Zweiten Weltkrieg zu suchen. Die flutartige Häufung von Untersuchungen über den alliierten Entzifferungserfolg »ULTRA« stellte die deutsche militärische Funkaufklärung in den Schatten.

Die heutige wehrwissenschaftliche Diskussion über das sogenannte »C³I« — die Einheit der Befehlsgebung, Kontrolle, Fernmeldeverbindung und Nachrichtenbeschaffung in der Kriegführung — wurde von einer Wiederbelebung des Interesses an der unbestreitbaren deutschen Überlegenheit im operativen Bereich abgeleitet[2]. Die Fähigkeit von Hitlers Feldherren, Schlachten siegreich zu »komponieren«[3], war schließlich Hitlers eigentliches »Einsatzkapital«. Daß diese Fähigkeit allein für einen Sieg nicht ausreichte, liegt auf der Hand; hier soll versucht werden, die sie untermauernde elektronische Aufklärungstätigkeit zu skizzieren.

Überlegungen über die Gefahr des Mitlesens von Funksprüchen gab es bald nach der Einführung des Funkdienstes[4], jedoch ohne daß praktische Konsequenzen gezogen wurden. Das deutsche Heer verdankte seinen ersten bekannten Erfolg auf diesem Gebiet (Tannenberg) dem Zufall[5]. Daraus entwickelte sich bis zum Ende des Ersten Weltkrieges eine solide, leistungsfähige Funkaufklärungsorganisation, die nach den Bestimmungen des Versailler Vertrags jedoch wieder abgeschafft werden sollte. Einen Ausweg bot die Klausel, die eine »Abhörabteilung« (Listening Detachment) in der neuen Divisions-Nachrichtenabteilungen zuließ[6]. Nach einigem Gerangel mit der Interalliierten Kontroll-Kommission[7] entschied die deutsche Führung, unter der Bezeichnung »Horchdienst« eine Funkaufklärungsorganisation aufzubauen. Die aus den Horchabteilungen der Kriegszeit hervorgegangenen neuen Horchzüge (wie die 1. Nachrichtenabteilung in Königsberg) wurden von der Chiffrierwesen(Chi)-Abteilung geleitet, die nach mehreren Umgliederungen vom Reichswehrministerium übernommen wurde[8]. Ende der zwanziger Jahre, aufgrund verbesserter Ausrüstung, entwickelten die Horchzüge den »beweglichen Horchdienst«: Statt in ihren Festen Horchstellen nur Sprüche aus dem Äther aufzufangen, begannen sie zeitweise, »Peilansatzpunkte« entlang der Grenzen zu besetzen, um ausländische Manöver der benachbarten Armeen zu peilen und zu beobachten. Hieraus resultierte die Überlegung, bewegliche Horcheinheiten aufzustellen. Zwei Horch-Versuchskompanien nahmen am Reichswehrmanöver 1932 teil und erzielten überraschend gute Erfolge. Die Bemerkung der Manöver-Leitung, »es bedarf keiner besonderen Betonung mehr, daß die Ergebnisse des Horchdienstes eine sehr wesentliche Ergänzung der Aufklärungs-Tätigkeit der anderen Waffen darstellen«[9], veranschaulicht den hier erzielten Durchbruch ebenso wie den früheren, von Mißtrauen geprägten Zustand. Der Erfahrungsbericht des Manövers wurde am 31. Januar 1933 abgeschlossen. Einen Tag zuvor öffnete die Machtübernahme Hitlers den Weg zu gewaltiger Aufrüstung. Damit war auch die Stunde des Horchdienstes gekommen.

Der Heeresausbau brachte eine Gruppe ehrgeiziger, hochbegabter, sich mit ihren Waffengattungen fast bis zur Monomanie identifizierender Offiziere hervor: Dönitz bei der U-Boot-Waffe, Guderian bei der Panzertruppe, Milch bei der Luftwaffe. Die überragende Persönlichkeit der Nachrichtentruppe war zweifellos der damalige Oberst Erich Fellgiebel, der im Jahre 1934 das Amt des Inspekteurs der Nachrichtentruppe übernommen hatte. Als ehemaliger Leiter der Chi-Stelle und Ic(Feindbearbeitung)-Generalstabsoffizier war er besonders geeignet, die Entwicklung der Funkaufklärung vorwärtszutreiben. Das ihn motivierende Trauma war das Versagen der deutschen Heeresfernmeldeverbindungen in der ersten beweglichen Phase des Ersten Weltkrieges in Frankreich, die er als Funkleiter einer Kavallerie-Division miterlebte. Das Bestreben, mit technischen Mitteln den beweglichen Geist der Kavallerie in der modernen Kriegführung wiederzubeleben, war für ihn seine ganze Laufbahn hindurch ein Anreiz. Die Funkaufklärung hatte daher in seinem Konzept einen wichtigen Platz.

Fellgiebel erreichte die Teilung der Chi-Stelle in zwei Dienststellen, eine koordinierende Abteilung gleichen Namens im Reichskriegsministerium und eine neue, für den Horchdienst des Heeres zuständige »Horchleitstelle«, die ihm unmittelbar unterstand. Über sie führte er den gewaltigen Ausbau des Horchdienstes: Neue Feste Horchstellen wurden eingerichtet (insgesamt zehn bis 1939) und sieben neue Horchkompanien aufgestellt. Beides führte zu einem großen Geräte- und Personalausbau; die Festen Horchstellen etwa versiebenfachten ihr Personal[10]. Fellgiebel verfügte die Entwicklung von speziellen Horchgeräten und bewirkte damit einen qualitativen Sprung der Leistungsfähigkeit in der Funkaufklärung[11]; bis dahin war der Horchdienst mit handelsüblichen Empfangsgeräten betrieben worden. Getrennt von den beiden ihm unmittelbar unterstellten Dienstzweigen, den Festen Horchstellen und den Horchkompanien, errichtete Fellgiebel für die taktische Funkaufklärung Nahaufklärungszüge (NAZ) in den Nachrichtenabteilungen der Divisionen, um diesen in Kriegszeiten Nachrichten von örtlicher Bedeutung verschaffen zu können, ohne die operative Ebene zu überlasten[12]. Diese Maßnahme erwies sich wegen wiederholter technischer und personeller Schwierigkeiten als das schwächste Glied in der Funkaufklärung und wurde im Jahre 1942 korrigiert. Die Doktrin der Funkaufklärung wurde mit einigen Lücken in einer 1938 erschienenen Dienstvorschrift zusammengefaßt[13].

Erste Gelegenheit zur Bewährungsprobe unter kriegsmäßigen Bedingungen bot den Funkaufklärungstruppen die deutsche Intervention im Spanischen Bürgerkrieg[14]. Dort wurde im Oktober 1936 eine »Horch-Gruppe« aufgestellt und im Herbst 1937 auf Kompanie-Soll verstärkt. Dem deutschen Militärattaché unterstellt, dehnte sie ihren Beobachtungsraum allmählich aus, und dank der »ziemlich primitive[n]« Funksicherheitsmaßnahmen der Republikaner konnten der franquistischen Führung sehr wertvolle Nachrichten zugeleitet werden. Die Deutschen ihrerseits benutzten diesen Einsatz, um Erfahrungen mit ihrem Horch-Versuchsgerät zu sammeln, das ihrer Meinung nach die Probe bestand[15].

Auch der Feste Horchdienst erzielte seine Erfolge: Mehr als ein Jahr vor dem deutschen Einmarsch in Österreich war es der Funkempfangsstelle Starnberg (Wehrkreis VII) gelungen, ein umfassendes und detailliertes Bild des österreichischen Bundesheeres zu gewinnen, und zwar ausschließlich durch Funkaufklärung. Das routinierte, schematische Funkverfahren des österreichischen Verteidigungsministeriums im Bürostunden-Takt (9—18 Uhr mit einer Pause zwischen 12 und 13 Uhr) erleichterte wesentlich die Erfassung. Die »Verkehrsauswertung«, also die Rekonstruierung der gegnerischen Befehlsstruktur nur aufgrund der Netzzusammenhänge, auch ohne Mitlesen, brachte hier erste Erfolge. Das Ausbleiben jedweden Widerstandes während des später erfolgenden Anschlusses bewirkte, daß diese beachtliche Leistung als bloßer Übungserfolg betrachtet wurde[16].

Deutschland und die Tschechoslowakei betrieben stets Funkbeobachtung gegeneinander[17]. Manchmal kam der deutschen Seite auch gezielte Agententätigkeit zugute, wie etwa beim Ankauf von Unterlagen über die tschechischen Nachrichtentruppen[18]. Der tschechische Heeresfunkdienst war in deutschen Augen »leicht zu erfassen und auszuwerten«[19]. Dies gewann eine besondere Bedeutung während der sogenannten »Wochenend-Krise« im Mai 1938, als die tschechische Mobilmachung rechtzeitig erkannt werden konnte[20]. Die deutsche Funkaufklärung hatte am 22. Mai 1938 einen wegen seiner Kürze auffallenden Funkspruch aus dem Prager Kriegsministerium abgehört und darin einen Mobilmachungsbefehl vermutet. Da kurz darauf Veränderungen im tschechischen Heeresfunknetz beobachtet wurden, meldete die beobachtende Horchkompanie nach nur zweieinhalb Stunden die tschechische Mobilmachung als bestätigt nach Berlin[21].

Dies schlug sich sofort in den Lageberichten des für die Feindnachrichten zuständigen Oberquartiermeisters IV im OKH nieder. Die unklare Feindlage vor dem 21. Mai verwandelte sich (unter ausdrücklicher Berufung auf die Funkaufklärung) nun in ein präziseres Bild[22]. Die dadurch ausgelöste diplomatische Kettenreaktion war wohl eines der frühesten Beispiele für Wirksamkeit der Funkaufklärung.

Während des Einmarsches ins Sudetenland im Oktober 1938 wurde die dritte (Horch)-Kompanie der Nachrichtenabteilung 7 (kurz 3/N 7) dem damit beauftragten »Heeresgruppenkommando zur besonderen Verwendung« zugeteilt. Ihre detaillierten Berichte über das tschechische Heer und die Luftwaffe[23] scheinen jedoch weitgehend ignoriert worden zu sein. Der Nachrichtenführer der Heeresgruppe begnügte sich mit einem sehr vage gehaltenen Befehl, der Stabsoffizier für die Feindnachrichten (Ic) hat sie weder in den »Besonderen Anordnungen für den Ic-Dienst« noch in seinem »Erfahrungsbericht« erwähnt[24]. Noch schlimmer erging es den gerade neu aufgestellten Nahaufklärungszügen: Einer von ihnen wartete 15 Tage lang vergebens auf den ihm zugewiesenen Frequenzbereich für den erwarteten tschechischen Klartextverkehr, ehe seine Division ihn wieder einzog[25]. Lediglich die Drahtaufklärungstrupps haben durch Anschlüsse an tschechische Leitungen einige Ergebnisse minderer Bedeutung erzielt, aber auch diese erreichten die Führungsebenen zu spät[26]. Angesichts der kampflosen Räumung des Sudetenlandes blieb das alles ohne Folgen. Allerdings waren trotz aller Fortschritte ernstzunehmende Probleme der Funkaufklärung deutlich geworden.

Der Polenfeldzug bewirkte einen qualitativen Sprung in der Kriegsgeschichte: Er war der erste der modernen, motorisierten Blitzkriege[27] und brachte den ersten operativen Einsatz der deutschen Funkaufklärung mit sich. Diese wurde nun nicht mehr in Kompaniestärke, sondern mit fast der Hälfte ihrer Gesamtstärke (drei Horchkompanien 3/7, 3/N3, 3/N18 und drei festen Horchstellen in Striegau, Treuenbritzen und Königsberg) eingesetzt. Das Potential der Funkaufklärung trat dabei erstmals deutlich in Erscheinung — ebenso wie seine Grenzen und Mängel.

Polen hatte seit Ende des Ersten Weltkriegs ununterbrochen unter deutscher Funkbeobachtung gestanden. Ein Erfolg war die 14tägige Verfolgung eines großen Manövers »bis ins Einzelne« durch die Horchstellen des Wehrkreises II im Jahre 1937[28]. Die Polen ihrerseits verfügten über eine Gruppe brillanter Mathematiker und Entzifferer, die schon mit ihren Erfolgen gegen den Funkverkehr der Roten Armee im Jahre 1920 eine kryptoanalytische Tradition besaß und später einen wesentlichen Beitrag zum alliierten ULTRA-Unternehmen leistete[29]. Wie von deutscher Seite nach dem Feldzug zugegeben wurde, waren die polnischen »Kampfschlüssel« praktisch in einem taktisch sinnvollen Zeitraum nicht zu lösen gewesen, da sie zu kompliziert waren[30]. Doch ließ sich dieses Verfahren, wie das deutsche OKH schon vor dem Kriege urteilte, in Kriegszeiten nicht aufrechterhalten[31].

Paradoxerweise führten die polnischen Erfolge zum Verzicht auf intensive Funkübung in Friedenszeiten, was die Lähmung der polnischen Nachrichtenverbindungen im Kriege zur Folge hatten. Zusammen mit der Angst vor Luftangriffen entstand hieraus sogar eine »Funkpanik«[32].

In der Zeit vor dem deutschen Überfall hielten die polnischen Kräfte eine strenge Funkstille ein, die den schon Wochen zuvor eingesetzten deutschen Horcheinheiten die Erfassung erheblich erschwerte. In weiten Teilen Polens konnte seit Juni 1939 kein Funkverkehr mehr abgehört werden; das Netz der obersten polnischen Führung wurde erst drei Tage nach Kriegsausbruch in Betrieb genommen; die deutsche Funkaufklärung mußte sich mit dem wenig disziplinierten, allerdings auch operativ weniger bedeutsamen Funkverkehr der Grenzwacht und der Polizei begnügen. Es gelang ihr dennoch, das Gros der polnischen Kräfte entlang der Grenze zu orten. Die im Inneren konzentrierten, für die Lagebeurteilung sehr wichtigen operativen Reserven — wie die Armee »Prussy«, die Gruppe »Narew« und die Gruppe »Wyszkow« — wurden jedoch ebensowenig erfaßt wie die längs der polnisch-slowakischen Grenze aufmarschierte Armee »Karpaty«, obwohl eine deutsche Horchstelle bis in die Slowakei vorgeschoben worden war[33]. Die vom OKW am meisten erwartete Nachricht von der polnischen Mobilmachung wurde erst durch das Anschließen an das polnische Postnetz Teichwalde von der Drahtaufklärung aufgefangen[34].

Mit dem Beginn der Kampfhandlungen konnte die deutsche Funkaufklärung einen erheblich angewachsenen polnischen Funkverkehr erfassen. Allerdings benötigte sie einige Tage zum Einarbeiten in die neuen Verhältnisse[35]. Besonders die deutsche Luftwaffe scheint in dieser Phase in der Lage gewesen zu sein, schnell und wendig aufgrund von Horchmeldungen (etwa des polnischen Verkehrsministeriums über Truppentransporte) offensive Maßnahmen wie Luftangriffe einzuleiten[36]. Parallel zu diesen Erfolgen zeichnete sich entgegen allen früheren Vorstellungen von straffer, zentraler Lenkung der Funkaufklärung ein »osmotischer« Prozeß des Verlustes der Kontrolle von oben nach unten ab: Die Horcheinheiten waren schließlich nicht als »Horcheinheiten der«, sondern als »Horcheinheiten *im Bereich der*« jeweiligen Heeresgruppe definiert. Nun aber fand sich die Horchleitstelle, die z.B. noch zwei Wochen zuvor einen nachrichtentechnisch begründeten Antrag einer Horchkompanie um eine Verlegung von einigen Kilometern kurzerhand abgelehnt hatte, plötzlich außerstande, den Horchkompanien auch nur allgemeine Weisungen zu erteilen: Zum ersten waren Fellgiebel und sein Stab im weit entfernten Berlin völlig mit dem Aufrechterhalten der Fernmeldeverbindungen überlastet. Zum zweiten lösten sich die Horchkompanien bereits bei ihrer ersten Verlegung — der kämpfenden Truppe vorschriftsgemäß folgend — von dem nach Berlin führenden Drahtnetz. Am 7. September räumte die Berliner Zentrale stillschweigend ihren Kontrollverlust ein: Die beiden Festen Horchstellen und eine Horchkompanie »im Bereich der Heeresgruppe Nord« wurden zur »Horch-Abteilung Nord« unter dem direkten Befehl der Heeresgruppe zusammengefaßt[37]. Bei der Heeresgruppe Süd eignete sich die »Hauptauswertestelle Süd«, die ursprünglich nur ein das Heeresgruppenkommando beratendes Organ sein sollte, die faktische Weisungsbefugnis gegenüber den Horcheinheiten an[38]. In der Praxis verlagerte sich die tatsächliche Führungsgewalt sogar noch um eine Kommandoebene nach unten, als die Horchkompanien immer enger mit den Armeen zusammenarbeiteten, in deren Bereich sie sich betätigten. Denn oberhalb eines Armeeoberkommandos konnten die Meldungen infolge von Übermittlungsschwierigkeiten im überlasteten Netz einfach nicht schnell genug weitergeleitet werden, um aus ihnen noch einen taktischen Nutzen ziehen zu können. Die Heeresgruppe Süd etwa, in deren Meldungen an das OKH die »Funkaufklärung« immer zunehmendere Anerkennung fand, führte die von den Armeen durchgegebenen Horch-Meldungen getrennt unter Armee-Ziffer auf, ohne sie offensichtlich sinnvoll zusammenfassen zu können[39].

In die operativen Überlegungen der Armeen wurde die Funkaufklärung zunehmend — jedoch mit unterschiedlichem Ausmaß — einbezogen. Offenbar war sie für die 4. und 10. Armee besonders ertragreich, was wohl auf deren Befehlshaber (v. Kluge, v. Reichenau) zurückzuführen ist, die in früheren Verwendungen bei der Nachrichtentruppe Kenntnisse über die Funkaufklärung erworben hatten[40]. Bei der 8. Armee dagegen scheint die Funkaufkärung zu langsam gearbeitet zu haben, und bei der 14. Armee wurde sie fast überhaupt nicht in die Lagebeurteilung miteinbezogen. Dies trat in der Bzura-Schlacht, der einzigen operativen Krise, die das deutsche Heer in diesem Feldzug durchstehen mußte, klar zutage.

In der Bzura-Schlacht wurde von polnischen Kräften, die die deutsche Führung schon als überwunden betrachtet hatte, ein Gegenangriff auf die 8. Armee verübt[41]. Der 8. Armee war das Eintreffen dieser Kräfte im Knotenpunkt Piatek zwar durch angehörte Sprüche bekannt geworden, allerdings erst dann, als es zu spät war[42]. Dieser kritische Zeitverlust hätte vermieden werden können, wenn die schon zuvor bei der benachbarten 4. Armee vorliegenden Horcherkenntnisse über diese Kräfte ausgewertet und dem 8. AOK übermittelt worden wären. Dies unterblieb jedoch, teils aus Übermittlungsschwierigkeiten (es gab keine direkte Leitung zwischen benachbarten Armeen in unterschiedlichen Heeresgruppen), teils wegen mangelnden Interesses für die eigene Armee nicht unmittelbar betreffende Nachrichten[43]. Natürlich konnten solche »Flaschenhälse der Information« nicht von Berlin aus beseitigt werden. Der Befehlshaber der 10. Armee scheute dagegen nicht davor zurück, den ihm vorgelegten (von einer anderen Horchkompanie stammenden) Meldungen über diese Kräfte-Konzentrationen *entgegen* Informationen aus anderen Quellen (Agenten usw.) Glauben zu schenken. So konnte er rechtzeitig operative Maßnahmen einleiten, die zum Erfolg führten[44].

Die operative Funkaufklärung brachte bis zum Ende der Kampfhandlungen weitere Ergebnisse. Als am 17. September der sowjetische Einmarsch die polnische Niederlage besiegelte, begann die deutsche Funkaufklärung auch den Funkverkehr der Roten Armee zu beobachten[45].

Nach dem Versagen der Funkaufklärung im Polenfeldzug (und einem in seiner Schlampigkeit fast absurden Intermezzo im Norwegenfeldzug[46]) veränderte Fellgiebel die Befehlsstruktur der im Westen aufmarschierten Horcheinheiten und zog damit zumindest teilweise Lehren aus den vorangegangenen Feldzügen. Jede der Heeresgruppen (A, B, C) erhielt einen eigenen »Kommandeur der Horchtruppen« mit Befehlsgewalt über die Horcheinheiten in ihrem Bereich — Horchkompanien, jüngst beweglich gemachten Festen Horchstellen und einen Teil der Festen Horchstellen — sowie eine eigene Horch-Auswertestelle[47]. Auch hier erschwerte die Funkstille natürlich die Beobachtung. Alliierter Übungsverkehr ermöglichte jedoch die Feststellung der wichtigen Aufmarschräume, allerdings ohne genaue Bestimmung von Verbänden und Kommandobehörden[48]. Im Bereich der Heeresgruppe C betrieb die deutsche Funkaufklärung einen phantasievoll konzipierten Täuschungsplan, um französische Kräfte möglichst lange an diesen Nebenschauplatz zu binden[49]. Die Horchtruppen spiegelten der französischen Funkaufklärung[50] den Funkverkehr einer nichtexistierenden deutschen Armee vor, um den Gegner glauben zu machen, daß dort der Durchbruch gegen die französische Front unternommen werden sollte. Dann wurden die französische Netze abgehört, um festzustellen, ob die Täuschung gelungen war[51]. Das scheint der Fall gewesen zu sein[52].

Mit dem explosionsartigen Anwachsen des Funkverkehrs nach dem deutschen Angriff auf Frankreich konnte die Funkaufklärung nach einigen Tagen ausgesprochen gute und brauchbare Ergebnisse erzielen und — vielleicht noch wichtiger — diese auch rechtzeitig in der operativen Führung verwerten. Der Schwerpunkt lag zunächst bei der durch Holland, Belgien und Nordfrankreich vorrückende Heeresgruppe B (v. Bock)[53]. Ihre Ergebnisse gingen weit über die bloße Abhörung von Einzelmeldungen hinaus und ermöglichten die Erkennung der strategischen Absichten der Niederländer (Rückzug im Kerngebiet Hollands), Belgier (Verteidigung auf dem Albert-Kanal) und der Briten und Franzosen (Vorrücken nach Belgien, dann Abwehr an der Dyle-

Stellung)[54]. Auch die Übermittlung der Ergebnisse von den Horchkompanien zu den Auswertestellen verbesserte sich erheblich, sogar aufgenommene Einzelsprüche erreichten diese binnen einiger Stunden[55]. Die Unterrichtung der unteren Kommandobehörden blieb dagegen dürftig, besonders bei den eigentlichen Trägern des Blitzkriegs, der Panzergruppe von Kleist (die unterhalb der Armee-Ebene eingestuft worden war) und den Panzerkorps. Für diese waren die Meldungen der Luft- und Erdaufklärung deutlich schneller[56]. Hier schlug die unzureichende Ausstattung der Auswertestellen, insbesondere die Abhängigkeit von Fernsprechleitungen oder Kraftradmeldern für die Übermittlung, zu Buche[57]. Die Horchleitstelle versagte erneut: Weil die Auswertestellen zur eigenständigen Entzifferung zu schwach waren, leiteten sie der Horchleitstelle laufend aufgenommene Sprüche zu — bekamen jedoch keine Lösungsmethoden[58].

Die operative Führung stand der Funkaufklärung immer noch mißtrauisch gegenüber, begann sich allmählich aber unter dem Einfluß ihrer Erfolge (besonders die Vorhersage der französischen Abwehr-Absichten an der Aisne, später an der »Weygand-Linie«) auf sie zu verlassen. Die Funkaufklärung gab dem Blitzkrieg — wenn auch nicht in dem erhofften Ausmaß — einen großen Teil seiner operativen Wendigkeit. Und sie fand mit dem Prinzip der Dezentralisierung ein Leitfaden für ihre Weiterentwicklung.

Nach dem Westfeldzug richteten sich einige Horchkompanien zum langjährigen Verbleib im besetzten Frankreich ein. Sie nahmen von dort aus die Beobachtung Großbritanniens und später Amerikas auf. 1944 fielen die deutschen Horchkompanien jedoch dem massiven alliierten Täuschungsplan zur Tarnung des Unternehmens »Overlord« zum Opfer[59]. Die Funkaufklärung nahm auch an den Feldzügen auf dem Balkan[60] und in Afrika teil. Im Afrikafeldzug errang der Beitrag der Horchkompanie 3/N 56 unter den speziellen Bedingungen des Wüstenkrieges und wegen des spektakulären Führungsstils Rommels besondere Bedeutung[61]. Aber der »wahre« Krieg war und blieb nach 1941 für die Funkaufklärung sowie für die ganze Wehrmacht der Krieg im Osten.

Die Funkaufklärung spielte eine wichtige Rolle bei der Gewinnung der Informationen über die Sowjetunion, die dem deutschen Angriffsplan zugrunde gelegt wurden. Die Erfassung der Reserven in der Tiefe des sowjetischen Raumes lag allerdings außerhalb der Grenzen des technisch Möglichen. Die verhängnisvollen Folgen sind bekannt[62]. Wie im Westfeldzug gliederte sich die Funkaufklärung unter drei Horchgruppen-Kommandeuren bei den Heeresgruppen (Nord, Mitte, Süd, später auch einer für die neugeschaffene Heeresgruppe A). Diesmal wurde zudem die enge Zusammenarbeit der Horchtruppen mit den Armeen und Panzergruppen institutionalisiert. Dies ermöglichte eine große Zeitersparnis[63]. Beispielhaft hierfür war die Rolle der

Funkaufklärung im Verlauf der Schlacht der Panzergruppen 2 und 3 (Guderian bzw. Hoth) in Weißrußland: Zwar hatten die technisch und taktisch ihren Gegnern überlegenen Panzergruppen eine große Zahl sowjetischer Kräfte eingeschlossen, allerdings nur mit gewisser Mühe und mit einem Zeitverlust, der den Fortschritt der Gesamtoperation zu lähmen drohte. Es waren dann die aufgenommenen Funkmeldungen über Auflösungserscheinungen bei den sowjetischen Truppen, vor allem über ihre Transportschwierigkeiten, die es der Heeresgruppe Mitte ermöglichten, das Risiko einzukalkulieren, den Kessel allein durch die Infanterie schließen zu lassen und die Panzergruppe noch vor dem Ende dieser Operation in Richtung Slonim-Witebsk marschieren zu lassen. 1942 vollzog die Funkaufklärung die letzte umfassende Gliederung im Kriege. Diese sollte die chronischen Fehlleistungen der in den Divisions-Nahaufklärungszügen verzettelten taktischen Funkaufklärung beheben, die vor dem Hintergrund der Erfolge der operativen Aufklärung um so deutlicher hervortrat[64]. Oberflächlich kann man diese Umgliederung wohl als zentralistisch interpretieren, weil die Divisions-Züge aus ihren Bereichen herausgezogen und in neu zusammengestellten Nachrichtenaufklärungskompanien den Armeen unmittelbar unterstellt wurden. In Wirklichkeit aber vervollständigte diese Umgliederung die schon früher begonnene Dezentralisierung. Die Armeen verfügten nunmehr — zusätzlich zu den ihnen von der Heeresgruppe zugeteilten in der Tiefe des feindlichen Raumes aufklärenden Horchkompanien — über eigene Mittel für laufende Aufklärung im näheren Gefechtsbereich und gewannen so mehr Unabhängigkeit und Flexibilität. Die Terminologie wurde vereinheitlicht (überall »Nachrichtenaufklärung« statt »Horch«). An der Spitze stand die alte Horchleitstelle (neu »Leitstelle für die Nachrichtenaufklärung« benannt), die in sieben Gruppen (Abhör, Peilung, Entzifferung, Auswertung, Unterlagen, Dolmetscher, Tagesmeldungen) umstrukturiert worden war[65]. Nunmehr war sie auf die höhere Lenkung sowie auf die Verbindung mit den Abteilungen »Fremde Heere« des Generalstabs hin ausgerichtet.

Als Ironie des Schicksals kann man es bezeichnen, daß mit der Reifung und Vervollkommung der Nachrichtenaufklärung die Stunde des mit ihr eng verbundenen Blitzkriegs bereits vorbei war. Die offensiv konzipierte Waffe (die 1944 ihren eigenen General bekam) mußte — wie die ganze Wehrmacht — den Rest des Krieges als eine Kette von Abwehrschlachten und Rückzügen miterleben. Dabei leistete sie allerdings Hervorragendes und gewann auch im Vergleich zu den Jahren des Blitzkriegs viel mehr Einfluß. Die Abwehr der sowjetischen Offensive im Donraum durch v. Manstein, die Verteidigungskämpfe an der Mjus und in Isjum, der Rückzug zum Dnepr und viele andere Schlachten (auch in Frankreich und Italien) hingen jetzt, als die Initiative endgültig an die alliierte Seite übergegangen war, von den Ergebnissen der Funkaufklärung ab. Gegen Kriegsende machten sie wohl 95 Prozent aller gesammelten Feindnachrichten aus. Ob, wie nach dem Krieg behauptet wurde, die Funkaufklärung die Niederlage Deutschlands hätte verhindern können, wenn ihr Hitler nur geglaubt hätte, sei dahingestellt[66].

Aber sie hat die Niederlage zweifellos in einem schwer feststellbaren, aber doch spürbaren Maße hinausgeschoben und damit die Todesqualen des Dritten Reiches noch verlängert. Auch der Militärhistoriker kann selbst angesichts dieser hervorragenden Leistung die Augen vor dem mit ihr verbundenen menschlichen Elend nicht verschließen.

## Anmerkungen

Alle Quellenangaben ohne Bezeichnung des Archivs stammen aus dem Bundesarchiv-Militärarchiv Freiburg. Andere Abkürzungen: PRO — Public Record Office, Kew/London; SHAT — Service historique de l'Armee de Terre, Schloß Vincennes, Paris; SME/US — Stato Maggiore Esercito/Ufficio Storico, Rom.

1 Vgl. etwa »Der Spiegel«, 20.2.1989, S. 30—49: »NSA: Amerikas großes Ohr«.
2 C. Bellamy, The Future of Land Warfare, London 1987: Command, Control, Communication and Intelligence, S. 243—271.
3 Siehe die scharfsinnige Beobachtung eines militärischen Laien: S. Haffner, Sedantag, in: ders., Im Schatten der Geschichte, Stuttgart 1987, S. 59.
4 Hesse, Der Einfluß der heutigen Verkehrs- und Nachrichtenmittel auf die Kriegführung (= Beiheft zum Militärwochenblatt 1910, 1), Berlin 1910, S. 15.
5 K. Randewig, Die deutsche Funkaufklärung in der Schlacht bei Tannenberg, in: Wissen und Wehr, 13 (1932), S. 128.
6 Versailler Vertrag, in: Consolidated Treaty Series, Vol. 225, Part V, Section 1, Table II, S. 271.
7 D. Kahn, Hitler's Spies, New York 1978, S. 575.
8 J. W. M. Chapman, No Final Solution: A Survey of the Cryptonalytical Capabilities of German Military Agencies, 1926—1935, in: Intelligence & National Security, 1 (1986), 1, S. 18—19. S. auch K. Randewig, Die 1. (Preuß.) Nachrichten-Abteilung. 1921—1934, o.O. 1964, S. 10, 18.
9 RH 12-2/101, Wehramt In 7 Ia Nr. 62/33 g. vom 31.1.33.
10 N 591/176: Eine Untersuchung über den russischen, britischen und amerikanischen Funkdienst vom deutschen Standpunkt aus (Eine Nachkriegsausarbeitung A. Paruns), S. 20 f.
11 F. Trenkle, Die deutschen Funkpeil- und Horchverfahren bis 1945, Ulm o.J. [1980], S. 25, 53.
12 RH 44/149 (Anl. 23): »Nahaufklärung durch Nachrichtenmittel« vom 13.5.1938.
13 RH D5/17: H.Dv.geh. 17, »Aufklärung durch Nachrichtenmittel« vom 15.3.1938.
14 N 591/176, S. 66.
15 RH 2/1552: OKH/Genst.d.H. 139/39 g. Kdos. O.Qu. III vom 30.2.1939, »Bericht über die Beteiligung und Erfahrungen des deutschen Heeres im Spanischen Bürgerkrieg«, S. 27, 31—33, 37.

16 RW 5/422: Feste Funkempfangsstelle im Bereich des Generalkommandos VII. AK Nr. 66/37 vom 19.2.1937, »Das österreichische Bundesheer im Lichte der Funkaufklärung (Stand: Mitte Februar 1937)«.

17 N 591/176, S. 166; RH 53-7/121: Großes Orientierungsheft Tschechoslowakei, Stand Mai 1938.

18 RW 49/17: Abwehrstelle München Nr. 694/34 I, »Schema der Organisation der tschechoslowakischen Nachrichtentruppen«.

19 NS 9/176, ebd.

20 D. Cameron Watt, Hitler's Visit to Rome and the May Weekend Crisis, in: Journal of Contemporary History, 9 (1974), 4, S. 23—32.

21 N 591/100 (Bericht H. Seemüller).

22 RH 19XVI/16, S. 47—53; Lageberichte Tschechoslowakei (insbes. Nr. 12 vom 23.5.1938).

23 RH 19XVI/11, S. 61—84; Funklagemeldungen der 3./N 7.

24 RH 53-7/150, Tätigkeitsbericht der Armee-Nafü. beim H.Gr.Kdo. z.b.v., S. 9; RH 19XVI 15; Erfahrungsbericht Ic des H.Gr. z.b.v.

25 RH 44/102: N.A. 10 Nr. 838/38 geh. vom 7.11.1938.

26 RH 19XVI/15, S. 2.

27 H. Rohde, Hitlers »Blitzkrieg«, in: Das Deutsche Reich und der Zweite Weltkrieg, Bd 2, Stuttgart 1979, S. 79—126.

28 N 591/132, S. 1 f. (Bericht U. Poppe).

29 Siehe J. Garliński, Intercept. The Enigma War, London 1979; J. Stengers, »Enigma, the French, the Poles and the British, 1931—1940«, in: C. M. Andrew/D. Dilkes (Hrsg.), The Missing Dimension. Governments and Intelligence Communities in the Twentieth Century, London 1984. Für 1920 siehe RH 12-7/13, RWM/HL Nr. 63/29.

30 RH 60/1, Die Nachrichtenverbindungen des deutschen Heeres im Polenfeldzug, S. 253 f.

31 RH 18/264: OKH/Genst.d.H./12. Abt. (III) Nr. 1343 geh., Eigenarten der polnischen Kriegführung, S. 6.

32 N 591/176, S. 67.

33 RH 60/1, Anl. 7: Einsatz der operativen Funkaufklärung und ihre Ergebnisse bis 1.9.1939 (Skizze).

34 RH 2/2324: OKH Az. 3a/n50 12. Abt. (III) Genst.d.H. Nr. 280/39 g.Kdos, »Kriegsaufklärungsplan Polen«; RH 191/95, OKH/Genst.d.H. Nr. 232/39 vom 15.6.1939: »Spannungs-Aufklärungsplan« (Merkmale für die Mobilmachung S. 10—13); RH 60/1, S. 18 f.

35 RH 20-10/21: Funklagemeldung Nr. 1, S. 60; RH 20-14/73b: Funklagemeldung Nr. 1 der 3/N 18 vom 1.9.1939, S. 70.

36 RH 60/1, S. 71 f.; RH 20-14/73b, S. 40 f., 23.

37 RH 19II/346: Nachrichteneinsatz bei der Heeresgruppe Nord im Polenfeldzug, S. 6.

38 RH 19I/94, S. 151 f.: H.Gru.Kdo. Süd, H-Einsatz, Befehl vom 13.9.1939; RH 20-14/73b, S. 27; H.Gru.Kdo. Süd, Befehl vom 5.9.1939.

39 RH 19I/108: Morgen- und Abendmeldungen Ic an OKH vom 7.9.—11.10.1939. Die Ziffer »Funkaufklärung« taucht erst am 10.9. auf.

40 v. Kluge war Fellgiebels Vorgänger als Inspekteur der Nachrichtentruppen — für Truppenoffiziere eine ungewöhnliche Verwendung.

41 Vgl. R. Elble, Die Schlacht an der Bzura aus deutscher und polnischer Sicht, Freiburg i.Br. 1975.

[42] RH 20-8/11: 8. AOK KTB Ia Polen, Einträge vom 10.9.1939, S. 102 f.
[43] RH 20-4/1136: 3.(H)/N7, »Geographisch orientiertes Funkbild, 10.—12.9.1939«.
[44] RH 60/1, S. 97 f.
[45] RH 20-14/73a, S. 69: 3./N18, Funklagemeldung Nr. 1 vom 24.9.39, wörtlich: »... Seit 22.9. 13.00 Uhr beobachtet 3./N 18 russischen Heeresfunk«.
[46] N 591/131: »Die Nachrichtenaufklärung des deutschen Heeres im Norwegenfeldzug 1940. Der Einsatz des Horchzuges Bode« (Bericht E. Bode).
[47] N 591/176, S. 80—83.
[48] Ebd.
[49] N 591/124: »Die deutsche Täuschung vor dem Westfeldzug 1940« (Bericht K. Randewig).
[50] SHAT, 28 N 19: Grand Quartier Général/2ème Bureau, 27.9.1939. Note pour les 2èmes Bureaux des G.U. sur l'exploitation des écoutes et de la goniométrie.
[51] N 591/124, S. 7—9.
[52] SHAT, 28 N 19, Dossier 2: Renseignements sur l'Armée allemande: Ordre de Bataille de l'Armée allemande (Skizze).
[53] N 591/176, S. 83: RH 21-3/568, »Nachrichteneinsatz bei der Heeresgruppe B im Frankreichfeldzug«, S. 11, 21 f. (»Horch«); ebd., »Funkaufklärungsräume beim H-Einsatz« (Skizze).
[54] N 591/176, RH 19 II/284, S. 68: Horch-Auswertestelle B, Br. B. Nr. 741/40 geh.
[55] Ebd., siehe insbes. die Einzelmeldungen für den 22.5.1940, S. 66 f.
[56] Vgl. RH 21-1/33K, 146 K.
[57] RH 44/378: Kdr.d.H.Tr.-H.Gr. A: Kommandobefehle, Stabsbefehle usw., April-Juni 1940.
[58] K. Randewig, »50 Jahre Deutsche Heeres-Funk-, Nachrichten- und Fernmelde-Aufklärung«, in: Wehrwissenschaftliche Rundschau, 14 (1964), S. 686.
[59] Vgl. A. Cave Brown, »A Bodyguard of Lies«, New York 1975.
[60] N 591/176, S. 71—75. Für die spätere Aufklärung auf dem Balkan siehe RH 44/380: Nachr. Fernaufkl. Komp. 621, Meldungen an den Kdr. d. Nachr. Aufkl.Tr. Athen.
[61] H. O. Behrendt, Rommel's Intelligence in the Desert Campaign, London 1985, S. 49—54, 80—87, usw.; PRO, WO 201/2150, German Wireless Intercept Organisation, April 1942—March 1943.
[62] N 591/176, S. 141 f. Aber die dort aufgeführte Behauptung, daß die deutsche Funkaufklärung im Gegensatz zu anderen Wehrmachtteilen die Rote Armee nicht unterschätzt habe, ist zumindest problematisch.
[63] Ohne in dem hier gegebenen Rahmen auf Einzelheiten eingehen zu können, sei auf die überlieferten Aktenbestände der Funkaufklärung aus »Barbarossa«, bes. RH 21-1/153, RH 20-11/37-265, RH 21-3/434 u.a.m. hingewiesen.
[64] V. D. Heydorn, Nachrichtennahaufklärung (Ost) und sowjetrussisches Heeresfunkwesen bis 1945, Freiburg i.Br. 1985, S. 73—100.
[65] Wegen der völligen Vernichtung der Akten der Horchleitstelle mußte auf den Bericht der Kommission für nachrichtentechnische Zusammenarbeit der italienischen Nachrichtentruppen zurückgegriffen werden: SME/US, US 1075, Ufficio Trasmissioni/Settembre-Ottobre 1942, Allegato No. 17 al DS: Costituzione particoleggiata del 5 Gruppo (Intercettazione) dell'OKH.
[66] N 591/176, S. 174 f. Vgl. die zunehmenden Schwierigkeiten der Funkaufklärung durch Verbesserung der sowjetischen Funkdisziplin: RH 2/2951, FHO (Chef) vom 30.5.1944; H. H. Wilhelm, »Die Prognosen der Abteilung Fremde Heere Ost«, in: Zwei Legenden aus dem Zweiten Weltkrieg, hrsg. vom Institut für Zeitgeschichte, Stuttgart 1974, S. 7—72.

Klaus A. Maier

# Die Luftschlacht über England*

## *Frankreich besiegt! Was nun?*

Nach dem Sieg über Frankreich glaubte Hitler in grober Fehleinschätzung der britischen Politik, England werde ihm nach dem Verlust seines »Festlanddegens« endlich freie Hand für seinen Lebensraum-Krieg gegen die Sowjetunion gewähren. Aber mit dem spektakulären Angriff der Royal Navy auf die vor Mers-el-Kebir liegenden Teile der französischen Flotte am 3. Juli 1940 demonstrierte die britische Regierung Freunden wie Feinden ihre Entschlossenheit, den Krieg fortzusetzen[1].

Die sich damit abzeichnende Gefahr eines Krieges mit den USA, den Hitler ursprünglich erst für eine spätere Phase seines Weltmacht-Strebens vorgesehen hatte, setzte sein »Programm« unter Zeitdruck. In dieser von ihm selbst entfesselten Dynamik — »Deutschland wird entweder Weltmacht oder überhaupt nicht sein«[2] — reifte bei Hitler ab Ende Juli 1940 der Entschluß, Rußland anzugreifen[3]. Mit dem nach Meinung vieler Militärs in kurzer Zeit zu erringenden Sieg über die Sowjetunion wollte Hitler — das Ziel-Mittel-Verhältnis seiner ursprünglichen Strategie umkehrend — England die letzte Hoffnung auf einen kontinentalen Verbündeten nehmen und so zum Ausgleich zwingen, gleichzeitig aber auch Lebensraum im Osten als autarke Ausgangsstellung für den früher als erwartet heraufziehenden Krieg mit den USA gewinnen.

In Hitlers Vorstellungen hatte der Krieg im Sommer 1940 bereits eine interkontinentale Dimension angenommen, auch wenn er die Hoffnung, England vielleicht doch noch auf direktem Wege zum Ausgleich zwingen zu können, noch nicht ganz aufgegeben hatte.

## *Eine strategische und taktische Improvisation*

Am 16. Juli erklärte Hitler, da England »trotz seiner militärisch aussichtslosen Lage« noch keine Anzeichen einer Verständigungsbereitschaft zu erkennen gebe, habe er sich entschlossen, eine Landungsoperation gegen England

---

* Vorstehender Aufsatz ist die gekürzte und überarbeitete Fassung des Beitrages: Die Luftschlacht um England, in: Das Deutsche Reich und der Zweite Weltkrieg, Bd 2 (wie Anm. 1), S. 375—408. Dort finden sich ausführliche Quellen- und Literaturhinweise.

(Unternehmen »Seelöwe«) vorzubereiten und, wenn nötig, durchzuführen. Unter den Voraussetzungen führte Hitler an erster Stelle an, daß die englische Luftwaffe so weit niedergekämpft sein müsse, daß sie keine nennenswerte Angriffskraft mehr zeige.

Vorbehalte gegenüber einer Landungsoperation wurden vor allem von Seiten der Kriegsmarine angemeldet. Sie verlangte die Luftherrschaft nicht nur zum Schutz des Übergangs, sondern schon für die Sicherung des Aufmarsches der Transportflotte und für die erforderliche Minenräumung im Kanal. Am 29. Juli glaubte die Seekriegsleitung eine Landung im Jahre 1940 nicht verantworten zu können, ja ihr erschien die Durchführbarkeit überhaupt »höchst zweifelhaft«. Der Oberbefehlshaber der Kriegsmarine erklärte, die Landung dürfe nur das »letzte Mittel« sein, und forderte statt dessen starke Luftangriffe, »um das ganze Volk die Wirkung spüren zu lassen«.

Da die Landungsvorbereitungen der Kriegsmarine nicht vor dem 15. September beendet sein konnten, befahl Hitler am 31. Juli, alle Vorbereitungen auf dieses Datum abzustellen. Nach acht oder spätestens 14 Tagen, gerechnet vom Beginn des »Großkampfes zur Luft«, der etwa vom 5. August an beginnen könne, wollte er endgültig entscheiden, ob die Landung noch 1940 stattfinden würde oder nicht.

Aber die Luftwaffe, die seit Anfang Juli im sogenannten »Kanalkampf« gegen Häfen und Seeziele auf eine zurückhaltende englische Jagdabwehr traf, war noch auf der Suche nach einem einheitlichen taktischen Einsatzkonzept gegen England.

Am 2. August erließ Göring – nebenher mit »Friedensfühlern« beschäftigt – eine eher allgemeingehaltene Weisung für den Kampf um die Luftüberlegenheit in Südengland und für die Bekämpfung der britischen Flotte.

Zum ersten Mal stand die gemäß Hitlers Blitzkriegs-Strategie vornehmlich für das operative und taktische Zusammenwirken mit dem Heer ausgerüstete und ausgebildete Luftwaffe vor der Aufgabe, ihren Angriff auf die feindliche Luftwaffe und gegen strategische Ziele über See, ohne die Gunst der Überraschung und ohne gleichzeitige Heeresoffensive führen zu müssen. Die entscheidende Frage war: Wird die durch die unvorhergesehenen Siege gewonnene günstige Absprungbasis entlang der England gegenüberliegenden kontinentalen Küsten die fehlende strategische Ausrüstung (viermotorige Kampfflugzeuge mit hoher Bombenzuladekapazität, weitreichender Jagdschutz) und fehlende Ausbildung (strategische Einsatzführung) ausgleichen können?

Die Luftwaffe gab sich optimistisch. In einer Lagebeurteilung des Luftwaffenführungsstabes Ic (Feindnachrichtenabteilung) vom 16. Juli 1940 war die deutsche Luftwaffe der britischen Luftwaffe nach Stärke, Ausrüstung, Ausbildung, Führung sowie luftgeographischen Vorbedingungen »klar überlegen« und »in Anbetracht der unzureichenden Luftverteidigung der Insel in der Lage, zum entscheidenden Tageinsatz überzugehen«. Eine »entscheidende Wirkung« sei noch 1940 möglich, falls die verhältnismäßig günstigen Witterungsbedingungen der Monate Juli bis Anfang Oktober ausgenutzt würden. Der Ic nahm an, daß die Royal Air Force insgesamt 900 Jagdflugzeuge besaß, von denen etwa 675 Flugzeuge (40 Prozent Spitfire und 60 Prozent Hurricane) einsatzbereit seien. Während der Ic mit dieser Schätzung dem tatsächlichen englischen Jägerbestand von 700 Jagdflugzeugen ziemlich nahe kam, unterschätzte er mit der Annahme einer Monatsproduktion von 180 bis 200 Jagdflugzeugen die Leistungsfähigkeit der britischen Luftrüstungsindustrie ganz erheblich. Diese produzierte damals durchschnittlich 470 Jagdflugzeuge im Monat, zweimal so viel wie die deutsche Luftfahrtindustrie[4]. Ungleich verhängnisvoller als die Unterschätzung der britischen Flugzeugproduktion sollte sich die Unterschätzung der britischen Luftverteidigung auswirken.

*Der Kampf um die Luftüberlegenheit*

Als am 13. August 1940 der Kampf um die Luftüberlegenheit über Südengland begann, waren seit dem Ende der Operationen in Frankreich mehr als sieben Wochen vergangen. In dieser Zeit hatte England sein Luftverteidigungssystem weiter ausbauen können. Es bestand im August 1940 aus einer Kette von 52 Radarstationen entlang der Küste von Pembrokeshire bis zu den Shetlands, die genaue Informationen über die Entfernung und Anflugrichtung angreifender Flugzeuge auf eine Distanz von etwa 120 km sowie ungefähre Angaben über die Anflughöhe und die Anzahl der Flugzeuge lieferten. Nach Überfliegen der englischen Küste wurden die Flugzeuge durch Luftraumbeobachter (Royal Observer Corps) erfaßt. Die Informationen der Radarstationen und des Royal Observer Corps liefen bei den vier Gruppengefechtsständen des Fighter Command auf. Diese Gruppen waren wiederum in mehrere Sektoren aufgeteilt, deren Kommandeure den Jägereinsatz gemäß den Anweisungen des betreffenden Gruppengefechtsstandes über Funk leiteten. Im Fighter Command Headquarters bei Stanmore wurde das aktuelle Gesamtlagebild erarbeitet. Die schnelle Reaktionsfähigkeit des englischen Luftverteidigungssystems, das durch 1 300 schwere und 700 leichte Flakgeschütze sowie 1 500 Sperrballone ergänzt wurde, gewährleistete einen äußerst ökonomischen Jägereinsatz und machte aufwendige Jägerpatrouillen entbehrlich.

Von kaum zu überschätzendem Wert für die englische Luftverteidigung wie für die englische Kriegführung überhaupt war der Umstand, daß es den Engländern seit April 1940 möglich war, die mittels »Enigma«-Geräten verschlüsselten deutschen Funksprüche zu entziffern. Die hieraus gewonnenen Erkenntnisse über den Aufmarsch und die Organisation der Luftwaffe bildeten wertvolle Anhaltspunkte für die Einsatzführung des Fighter Command.

Die Schwachstelle der englischen Luftverteidigung war die prekäre Personallage des Fighter Command, das während der Schlacht um Frankreich 300 Flugzeugführer, etwa ein Drittel seiner Piloten, verloren hatte. Trotz des Personalersatzes aus dem Empire und aus den von deutschen Truppen besetzten Ländern fehlten ihm Anfang August 154 Piloten. Die Personallage wäre noch schwieriger gewesen, hätte der Luftkrieg nicht über englischem Territorium stattgefunden, so daß viele der abgeschossenen R.A.F.-Piloten, sofern sie unverletzt geblieben waren, wieder eingesetzt werden konnten.

Schon die ersten Großeinsätze offenbarten die Rüstungs- und Ausbildungsmängel der deutschen Luftwaffe. Von den am 15. August eingesetzten 520 Kampf- und 1 270 Jagd- und Zerstörerflugzeugen gingen 57 verloren. Die britischen Jäger stürzten sich auf die abwehrschwachen Kampfflugzeuge und wichen dem Kampf Jäger gegen Jäger in der Regel aus. Im Jagdschutz von Kampfflugzeugen im Verbandsflug waren die deutschen Jäger aber weniger geübt als in der »freien Jagd«. Außerdem reichten für den Jagdschutz die vorhandenen Kräfte nicht aus. Nach Meinung der Luftflotte 2 waren beispielsweise 36 Kampfflugzeuge eine so ausgedehnte Formation, daß selbst ein Zerstörergeschwader (max. 108 Flugzeuge) keinen ausreichenden Schutz bieten konnte. Aber gerade die Zerstörer (Me 110) erfüllten nicht die in sie gesetzten Erwartungen. Ihre Verluste nahmen derart rasch zu, daß der personelle und materielle Ersatz nicht mehr gewährleistet war und schließlich gemischte Jagd- und Zerstörergeschwader gefordert wurden. Der Tag-Einsatz der Kampffliegerverbände war somit nicht nur bezüglich der Reichweite, sondern auch bezüglich der Angriffsstärke durch den ungenügenden Jagdschutz begrenzt.

Am 19. August erklärte Göring, daß es darauf ankomme, »den Gegner bei Tag und Nacht mürbe zu machen«. Bei Nichtauffinden der ursprünglich befohlenen Ziele sollten die Kampfflugzeugbesatzungen »andere lohnende Objekte« angreifen: »Irgend eine Scheu in der Wahl der Ziele kann es zur Zeit nicht mehr geben. Vorbehalten habe ich mir lediglich den Befehl zum Angriff auf Ziele in London und Liverpool[5].«

Seine Nervosität war begreiflich. Inzwischen verstrich nämlich die Zeit, die Hitler der Luftwaffe eingeräumt hatte, um die Luftüberlegenheit für »Seelöwe« zu erringen. Nach dem Ausbleiben eines raschen und durchschlagenden Erfolges der sieggewohnten Luftwaffe verbreitete sich bereits Skepsis. Am 23. August hielt es beispielsweise Goebbels für erforderlich, »das Volk allmählich mit der Möglichkeit vertraut zu machen, daß der Krieg sich auch noch über den Winter hinausziehen kann«[6].

Unter diesen Umständen kann es nicht verwundern, daß die Luftwaffe bei ihrem Versuch, die englischen Jäger zu stellen, alsbald der Versuchung erlag, London anzugreifen, wenn auch die fehlenden Quellen eine genaue Rekonstruktion der Entschlußfassung nicht zulassen.

Obwohl nach einer OKW-Weisung vom 24. August Luftangriffe gegen das Stadtgebiet von London der Entscheidung Hitlers vorbehalten waren, griff am gleichen Tage gegen 22.00 Uhr ein Luftwaffenverband mit ca. 100 Kampfflugzeugen die englische Hauptstadt an. Die englische Feuerwehr verzeichnete 76 Brände in der City und in den Vororten Bethnal Green, East Ham, Stepney und Finsbury. Als Vergeltung hierfür flog die Royal Air Force ab dem 25./26. August Luftangriffe auf Berlin, die zwar nur geringe Opfer und Schäden verursachten, Hitler aber dazu veranlaßten, nunmehr seinerseits Vergeltungsangriffe zu fordern[7].

Der erste »Vergeltungsangriff« auf London am 7. September richtete sich hauptsächlich gegen die Hafenregion und wurde mit so starken Kräften durchgeführt, daß auf englischer Seite die höchste Stufe des Invasionsalarms ausgelöst wurde. Die Verluste waren nach damaligen Maßstäben hoch: 306 Tote und 1 337 Schwerverletzte im Stadtgebiet und 142 Tote in den Vororten. Trotz der »Weisung des Führers für Störangriffe auf Bevölkerung und Luftverteidigung größerer englischer Städte einschließlich London bei Nacht und am Tage« vom 5. September 1940, stellten die Angriffe auf London noch keinen allgemeinen Zielwechsel in der deutschen Luftkriegsführung gegen England im Sinne eines reinen Terrorluftkrieges dar. Die Terrorwirkung gegen die Bevölkerung wurde vorerst lediglich als Nebenziel bzw. als erwünschte Begleiterscheinung angesehen. Hauptziele des Luftkrieges blieben weiterhin die englische Luftwaffe und die Luftrüstungsindustrie. Der Luftwaffenführungsstab unterschied am 9. September zwischen dem »Großkampf« gegen London »bis zur Vernichtung der Hafenanlagen, der Versorgungs- und Kraftquellen der Stadt« und gleichzeitigen »Störangriffen« gegen Rüstungsziele und Hafenanlagen.

Die Verlagerung des deutschen Luftangriffsschwerpunktes von den südenglischen Flugbasen auf London stellte aus britischer Sicht eine bedeutsame Wende in der Luftschlacht um England dar. In der Zeit vom 31. August bis 6. September hatte das Fighter Command 185 Flugzeuge verloren. Die Verluste unter den Jagdflugzeugführern erreichten im gleichen Zeitraum mehr als 10 Prozent der Gesamtstärke. Auch die Schädigung der südenglischen Infrastruktur der Royal Air Force hatte ein solches Ausmaß angenommen, daß die Luftwaffe nahe daran war, die Luftüberlegenheit über Sussex und Kent zu gewinnen. Die deutsche Angriffsausdehnung auf London brachte nicht nur eine

Entlastung für die Luftverteidigung Südost-Englands. Mit der Verlängerung der Anflugwege der deutschen Kampfflugzeuge gewann die englische Luftverteidigung mehr Zeit für die Abfangjagd, während der deutsche Jagdbegleitschutz wegen des längeren Flugweges sich eher vom Gegner lösen mußte.

Am 14. September 1940 teilte Hitler den Oberbefehlshabern mit, daß die Kriegsmarine ihre Aufträge für »Seelöwe« erfüllt habe, dagegen seien trotz der bisher schon »ungeheuerlichen« Erfolge der Luftwaffe die »Voraussetzungen für Seelöwe noch nicht gegeben«. Trotz fehlender Luftherrschaft wollte er aber das Unternehmen »Seelöwe« noch nicht absagen, weil dadurch die moralische Wirkung der Luftangriffe paralysiert würde:

»Bisherige Angriffe haben ungeheuere Wirkung ausgeübt, wenn vielleicht auch hauptsächlich auf die Nerven. Zu diesem Eindruck gehört auch die Angst vor der Landung. Eindruck der Landungsgefahr darf nicht weggenommen werden. Auch wenn Lufterfolge erst in 10–12 Tagen eintreten, können auf englischer Seite noch hysterische Massenerscheinungen auftreten. Wenn wir in 10–12 Tagen in gewissem Bereich die Luftherrschaft erreicht haben, dann könnte der Feind durch Landung gezwungen werden, mit seinen Zerstörern herauszukommen, um sie gegen die Landung einzusetzen. Dann wird er Verluste haben und seine Geleitzüge nicht mehr schützen können.«

Der erklärte Zweck einer eventuellen Landung (über die Durchführung am 27. wollte Hitler am 17. September entscheiden) hatte mit der ursprünglichen Erwartung einer kriegsentscheidenden Wirkung nur noch wenig gemein.

Die Tatsache, daß Hitler in seiner Argumentation sehr stark auf die moralische Wirkung der Luftangriffe abhob, schien den Generalstabchef der Luftwaffe, Jeschonnek, ermuntert zu haben, die Freigabe von Luftangriffen auf Wohngebiete zu fordern. Hitler hielt aber daran fest, daß Luftangriffe gegen die Bevölkerung die letzte »furchtbare Drohung« bleiben müßten[8].

Diese Vorstellungen bekräftigte am selben Tage eine Weisung des OKW:

»Die Luftangriffe gegen London sind unter Erweiterung der bisherigen Angriffsräume auch weiterhin vornehmlich gegen kriegswichtige und für die Großstadt lebenswichtige Ziele (einschließlich der Bahnhöfe) zu richten, solange noch lohnende Ziele vorhanden sind. Terrorangriffe gegen reine Wohnviertel sollen als letztes mögliches Druckmittel vorbehalten bleiben und daher jetzt noch nicht zur Anwendung kommen[9].«

### *Der »Zermürbungskrieg«*

Als Hitler aber am 17. September eine Landung »bis auf weiteres« verschob und damit eine unmittelbare militärische Niederlage Englands, wenn überhaupt, dann nur noch mit der Luftwaffe herbeigeführt werden konnte, wurde der Möglichkeit eines moralischen Zusammenbruchs der englischen Bevölkerung immer größere Bedeutung beigemessen. Da die Kampffliegerverbände wegen der nach wie vor starken englischen Jagdabwehr seit Mitte September vornehmlich zum für die Einzelzielbekämpfung ungünstigen Nachteinsatz übergangen waren, mußte man ohnehin mit vermehrten Fehlwürfen in Wohnbezirken rechnen.

Die radikalste Position bezüglich der Angriffe auf die Zivilbevölkerung vertrat der »England-Ausschuß« des Auswärtigen Amtes. Am 20. September war man dort der Ansicht, Luftangriffe auf die Arbeiterviertel Londons würden die Arbeiterbevölkerung zur Flucht in die vornehmeren Viertel des Westens veranlassen, wodurch der »Bruch in der sozialen Linie« deutlich würde. Dies müsse innerhalb kürzester Zeit zur völligen Dislokation der Lebensmittelversorgung und zu schwersten Unruhen in London führen: »Wenn die ärmere Bevölkerung einer tatsächlichen Not ausgesetzt wird, so übt dies einen derartigen Druck auf die Arbeiterpartei aus, daß sie die Regierung zwingen muß, Schluß zu machen[10].«

Gegen diese an der deutschen »Dolchstoßlegende« orientierten Vorstellungen erhob die Feindnachrichtenabteilung mehr aus Nützlichkeitserwägungen denn aus humanitären Rücksichten Einwände. Man müsse diejenigen Leute treffen, die einen »legalen« Regierungswechsel herbeiführen könnten:

»Da es für die maßgeblichen Leute (Zivilisten) doch letzten Endes ums Ganze geht, ist ihnen das Schicksal von einigen 100 000 Volksgenossen ganz gleichgültig. Nicht gleichgültig ist ihnen ihr eigener Ruin[11].«

Die Feindnachrichtenabteilung forderte daher Angriffe auf die Industrie und machte »Vorschläge für die bei längerer Kriegsdauer unbedingt für erforderlich gehaltene allgemeine Lahmlegung der Flugrüstungsindustrie auf breiter Grundlage«. Hierfür empfahl sie Angriffe auf die industriellen Großräume Coventry, Birmingham und Sheffield. Zu Coventry bemerkte die Feindnachrichtenabteilung, daß

»die Wirkung auf die Industrie noch dadurch besonders gesteigert [werde], weil die unmittelbar in Werksnähe wohnende Arbeiterschaft stark in Mitleidenschaft gezogen wird. Infolge der leichten Bauweise von Fabrik- und Wohngebäuden unter enger Zusammendrängung des bebauten Raumes ist hier eine besonders starke Wirkung bei Brandbomben-Einsatz zu erwarten[12].«

Die Luftwaffenführung griff die Vorschläge der Angriffsausdehnung auf die mittelenglischen Industriezentren auf, ohne allerdings vom Angriffsschwerpunkt London abzulassen. Der Befehl vom 19. Oktober enthielt aber eine solche Vielzahl von anzugreifenden Zielen, daß von einer wirklichen Schwerpunktbildung nicht mehr die Rede sein konnte. Hinzu trat eine Aufsplitterung der Befehlsführung zwischen dem Oberbefehlshaber der Luftwaffe und den nachgeordneten Kommandobehörden. So wurde den Kampfgruppenkommandeuren für die »mit allem Nachdruck« zu führenden Zerstörungsangriffe gegen die Luftrüstungsindustrie weitgehende Freiheit eingeräumt. Angriffe auf die Londoner Versorgungsbetriebe hatten bei Tag und Nacht

»möglichst pausenlos« zu erfolgen. Die englische Jagdwaffe sollte unter häufigem Wechsel der Jägerangriffstaktik und durch überraschende Angriffe bombentragender Jäger gegen Jagdflugzeuge am Boden empfindlich geschädigt werden. Auch wenn kein Jagdschutz möglich sei, müßten Störangriffe der Kampffliegerverbände durchgeführt werden: »Zweck dieser Angriffe ist es, das Leben der Bevölkerung empfindlich zu stören. Sie sind daher über den Gesamtraum von London auszudehnen.« Bei Nacht waren 200 Kampfflugzeuge für Angriffe auf London bereitzuhalten. Die Zielräume dieser Nachtangriffe sollten häufig gewechselt werden, »um die notwendige Wirkung gegen die Londoner Bevölkerung zu erzielen, und die englische Abwehr vor immer neue Aufgaben zu stellen«. Dem IX. Fliegerkorps wurde befohlen, die englischen Seehäfen zu verminen. Die Luftflotte 2 sollte außer den befohlenen Nachteinsätzen gegen Ziele in London mit den restlichen Kampfflugzeugen Nachtangriffe auf die Industrieräume Liverpool und Birmingham-Coventry fliegen und, soweit noch Flugzeuge verfügbar waren, Störangriffe gegen die Seehäfen an der Ostküste richten. Angriffe gegen die Nachtflughäfen des Bomber Command behielt sich Göring vor. Die Luftflotte 3 hatte den Kampf gegen die britischen Jäger im Südwesten Englands weiterzuführen und mittels bombentragender Zerstörer und Jagdflugzeuge Southampton anzugreifen. Daneben oblag der Luftflotte 3, unter Einsatz der Stuka-Verbände ein Wiederaufleben des Schiffsverkehrs an der englischen Südküste zu unterbinden und Störangriffe gegen den Nordeingang der Irischen See sowie gegen Glasgow zu führen. Obendrein hatte die Luftflotte 3 noch Vorbereitungen zu treffen, um auf Befehl Görings »kurzfristig mit allen ihren Kräften« entweder Liverpool oder Birmingham angreifen zu können[13].

Obwohl der Kampf um die Erringung der Luftüberlegenheit durch Angriffe auf die englischen Jäger und die Luftrüstungsindustrie nicht aufgegeben wurde, nahm der Luftkrieg fortan immer mehr den Charakter eines Terrorluftkrieges[14] an. Noch am 3. November notierte der Staatssekretär des Auswärtigen Amts, v. Weizsäcker, man solle die Erwartung nicht ausschließen, »daß es dem Ost-Ende von London einmal zu langweilig wird und daß Verhandlungen mit Deutschland und vielleicht sogar ein neues Kabinett aufgefordert wird«[15]. Doch Angriffe wie der auf Coventry in der Nacht vom 14. auf 15. November, bei dem 568 Einwohner den Tod fanden und nahezu alle Industrieanlagen sowie 75 Prozent aller Gebäude, einschließlich der Kathedrale aus dem 14. Jahrhundert, zerstört oder beschädigt wurden, trugen wie die Großangriffe auf London eher dazu bei, den Widerstandswillen der britischen Bevölkerung zu stärken.

In den folgenden Monaten richteten sich die deutschen Luftangriffe neben den Großangriffen gegen die englischen Städte in zunehmendem Maße gegen Ziele, von deren Bekämpfung nicht mehr die Kriegsentscheidung gegen England, sondern bestenfalls eine Entlastung der Westfront im heraufziehenden Zweifrontenkrieg gegen die Sowjetunion und England erwartet werden konnte. Verstärkte Einsätze erfolgten gegen die Nachtflughäfen der britischen Bomber, zur Verminung der Flußmündungen und Küstengewässer und im Zufuhrkrieg gegen Hafenanlagen und Handelsschiffe. Weizsäcker notierte am 17. November: »Übrigens ist man jetzt trotz Coventry usw. der Ansicht, daß die Aushungerung durch die Blockade das wichtigste Mittel gegen England sei und nicht die Ausräucherung[16].«

Am 5. Dezember gab Hitler die Luftschlacht über England verloren. Er rechnete damit, daß die englische Luftwaffe »nicht sehr stark geschwächt« sei: »Vielleicht hat dieEinstellung unserer Tagesangriffe sie vor der Vernichtung ihrer Jagdwaffe gerettet. Unsere Angriffe gegen die englische Industrie können diese nicht zertrümmern.« Doch Hitler tröstete seine Zuhörer mit äußerst leichtfertigen Vorhersagen. England könne seine Verluste selbst nicht ersetzen, eine wesentliche Steigerung der US-Lieferungen sei bis Sommer 1941 nicht zu erwarten. Während die Engländer im Frühjahr 1941 keine stärkere Luftwaffe haben würden als jetzt und daher keine wirksame Offensive gegen das Reichsgebiet führen könnten, werde die deutsche Luftwaffe im kommenden Frühjahr »wesentlich stärker sein« als im vergangenen. Im Mai/Juni kämen die ersten Serien der neuen Flugzeug-Modelle heraus, die nach dem Westen gingen. Die älteren Typen würden gegen die Sowjetunion eingesetzt. Abschließend unterstrich er: »Voraussetzung dafür, daß die Luftlage tragbar bleibt, ist rasches Fortschreiten der Landoperationen[17].«

Am 18. Dezember 1940 erließ Hitler die Weisung Nr. 21 (Fall »Barbarossa«) derzufolge sich die Wehrmacht nunmehr endgültig darauf vorzubereiten hatte, auch vor Beendigung des Krieges gegen England die Sowjetunion in einem »schnellen Feldzug« niederzuwerfen.

Mit seiner Hoffnung auf einen raschen Kriegserfolg im Osten sollte sich Hitler ebenso täuschen wie mit seiner Beurteilung der britischen Luftrüstung. England produzierte 1941 insgesamt über 20 000 Flugzeuge!

Und noch etwas unterschätzte er: Er hatte seine erste entscheidende Schlacht verloren. An diesem Umstand reorientierten nicht nur die bislang von der nationalsozialistischen Aggression nicht unmittelbar betroffener Länder ihre Politik, auch der aufkeimende Widerstand in den von den deutschen Truppen besetzten Gebieten schöpfte hieraus erste Hoffnungen.

## Anmerkungen

1 Das Deutsche Reich und der Zweite Weltkrieg, Bd 2, hrsg. vom Militärgeschichtlichen Forschungsamt, Stuttgart 1979, S. 365—367 (Hans Umbreit).

2 Adolf Hitler, Mein Kampf, München [12]1943, S. 741 f.

3 Über Hitlers Entschluß zum Angriff auf die Sowjetunion siehe Jürgen Förster, Hitlers Entscheidung für den Krieg gegen die Sowjetunion, in: Das Deutsche Reich und der Zweite Weltkrieg, Bd 4, Stuttgart 1983, S. 3—37.

4 Bundesarchiv-Militärarchiv Freiburg (BA-MA), ohne Signatur, Luftwaffenführungsstab Ic, Beurteilung der Schlagkraft der britischen Luftwaffe im Vergleich zur deutschen Luftwaffe, Entwurf, 16.7.1940.

5 Der Generalluftzeugmeister, Erhard Milch, notierte: »X. Fl[ieger] K[orps] Glasgow/Clyde-Werften, auch Stadt, keine Rücksicht, frei. — Allg[emeine] Störangriffe auf Industrie oder Städte — nur London noch nicht. [...] Liverpool noch nicht frei aber vorbereiten!« Milch, Merkbuch, Abschrift MGFA, Eintrag vom 19. August 1940.

6 Willi A. Boecke (Hrsg.), Wollt Ihr den totalen Krieg? Die Geheimen Goebbels-Konferenzen 1939—1943, Stuttgart 1967, S. 121.

7 Es gibt Anhaltspunkte dafür, daß Churchill mit den Luftangriffen auf Berlin deutsche Luftangriffe von ihren Angriffen auf die angeschlagenen britischen Jägerbasen in Südost-England weglocken wollte. Harvey B. Tress, Churchill, The First Berlin Raids and the Blitz: A New Interpretation, in: Militärgeschichtliche Mitteilungen, 32 (1982), S. 65—78.

8 Franz Halder, Generaloberst Halder. Kriegstagebuch. Tägliche Aufzeichnungen des Chefs des Generalstabes des Heeres 1939—1942, hrsg. vom Arbeitskreis für Wehrforschung Stuttgart, bearb. von Hans-Adolf Jacobsen in Verb. mit Alfred Philippi, Bd 2, Stuttgart 1963, S. 98 ff.

9 Karl Klee, Dokumente zum Unternehmen »Seelöwe«. Die geplante Landung in England 1940 (= Studien und Dokumente zur Geschichte des Zweiten Weltkrieges, Bd 4b), Göttingen 1958, S. 406.

10 BA-MA, RL 2/671, Bl. 124 ff.

11 BA-MA, RL 2/671, Bl. 116 f.

12 BA-MA, RL 2/671, Bl. 147 ff.

13 Kriegstagebuch des Oberkommandos der Wehrmacht (Wehrmachtführungsstab) 1940—1945. Geführt von H. Greiner und P. E. Schramm. Im Auftrag des Arbeitskreises für Wehrforschung hrsg. von P. E. Schramm, Bd 1, Frankfurt a.M. 1963, S. 977 ff.

14 Die Bezeichnung »Terrorluftkrieg« hält der Verfasser wegen der erkennbaren Absicht der deutschen Luftwaffe, die Moral der englischen Zivilbevölkerung zu beeinträchtigen, für angebracht. Horst Boog urteilt u.a. auf Grund englischer Darstellungen milder und verwendet diese Bezeichnung erst für den »unterschiedslosen Luftkrieg« der Luftwaffe gegen England ab Frühjahr 1942. Horst Boog, Luftwaffe und unterschiedsloser Bombenkrieg bis 1942, in Vorbereitung.

15 Leonidas E. Hill (Hrsg.), Die Weizsäcker-Papiere 1933—1950, Frankfurt a.M., Berlin, Wien 1974, S. 222 f.

16 Ebd., S. 225.

17 Halder, Kriegstagebuch, Bd 2 (wie Anm. 8), Eintrag vom 5.12.1940.

Horst Boog

# Luftwaffe und unterschiedsloser Bombenkrieg bis 1942*

Die deutsche Luftwaffe des Zweiten Weltkrieges erscheint heute noch vielen vorwiegend als Hitlers Terrorluftwaffe. Hitler war ein Bösewicht, also muß auch alles, was unter ihm geschah, böse gewesen sein. So lassen manche Veröffentlichungen zuweilen den Eindruck einer sich von Anfang an über alle Regeln der Menschlichkeit hinwegsetzenden Luftwaffe entstehen. Von diesem Schema nimmt sich aber die meist sachliche und faire angelsächsische Literatur über die Luftwaffe aus. Um Mißverständnissen vorzubeugen: Der Umkehrschluß, daß, wenn nicht alles, was Hitlers Wehrmacht tat, böse war, dann auch die Hitlersche Politik und sein System nicht so schlecht gewesen sein können, wird hier nicht gezogen und wäre angesichts des Gesamtcharakters und Gesamtergebnisses dieses Regimes auch ein Fehlschluß. Der Historiker muß differenzieren.

Zum schlechten »image« der Luftwaffe trug nicht nur ihre Entstehung im Dritten Reich als Attribut Hitlerschen Großmachtstrebens und Instrument nationalsozialistisch-rassistischer Expansionspolitik bei, sondern auch die NS-Propaganda und -Politik, die die Luftwaffe als überlegenes, furchterweckendes Abschreckungs- und Erpressungsinstrument und als unbarmherzigen Vollstrecker Hitlerscher Politik hinstellte und somit ihr »image« negativ vorformte[1]. Den Rest bewirkte die Assoziation mit den Namen Guernica[2], Warschau[3], Rotterdam[4], Coventry[5] und Belgrad[6] durch die gegnerische, aber auch die eigene Kriegspropaganda. Doch schon Geoffrey Best meinte[7], das »image«, das die NS-Propaganda von der Luftwaffe entworfen hatte, habe wohl bereits ihren »respectable part embarrassed«, d.h. die besseren und die meisten ihrer Angehörigen in Verlegenheit versetzt.

Tatsächlich traf dieses »image« weitgehend nicht zu, wenn man von der mit den jeweiligen Bomberoperationen verbundenen Absicht ausgeht und nicht von der Wirkung. Keine Bomberwaffe der Welt war zu Kriegsbeginn zum genauen Bombenwurf in der Lage. Jede Seite mußte unbeabsichtigte Schäden im nicht militärisch relevanten Bereich in Kauf nehmen, wollte sie sich nicht wegen ihrer Unfähigkeit, genau zu treffen, selbst abschaffen (was

---

* Dies ist die auf der Internationalen Luftkriegstagung in Freiburg i.Br. 1988 vorgetragene Kurzfassung eines Aufsatzes, der demnächst in einem Sammelband zu dieser Tagung erscheint.

wohl eine utopische Forderung gewesen wäre). Man darf bei der Beurteilung des Bombenkrieges auch nicht von propagandistischen und politischen Verlautbarungen, Emotionen und privat geäußerten Wunschvorstellungen einiger politischer und militärischer Führer, von Erwägungen und Studien ausgehen, sondern sollte sich an die mit der jeweiligen Operation verbundenen Absicht und an den Wortlaut der Befehle halten. Die Luftwaffe wurde im operativen Bereich nicht von Politikern oder blindwütigen Racheengeln, sondern von Soldaten geführt, die noch im klassisch-kontinentalen Sinne der Unterscheidung zwischen Kombattanten und Nichtkombattanten ausgebildet worden waren. Hier könnte nun eingewendet werden, man könne ja viel in Befehle hineinschreiben, tatsächlich aber das Gegenteil anordnen, d.h. also im Befehl militärische Objekte als Bombenziele angeben, tatsächlich aber reine Terrorangriffe fliegen lassen. Wer so seine Truppe führen wollte, würde die Disziplin aushöhlen.

Keinesfalls soll durch die eben gemachten Bemerkungen in Abrede gestellt werden, daß es Überlegungen und Vorschläge zum unterschiedslosen, d.h. Terrorbombenkrieg gegen die feindliche Zivilbevölkerung gab[8]. Die gab es in der Tat wie bei allen anderen Luftmächten auch, vor allem in den Entstehungsjahren der Luftwaffe, als der Douhetismus und das Denken in den Kategorien des totalen Krieges in den Militärdoktrinen dominierten[9]. Aber sie wurden schon vor dem Kriege vom Luftwaffengeneralstab abgelehnt, wenn auch nicht in erster Linie aus moralischen Gründen, sondern aus Gründen des Ansehens in der Welt, der Wirtschaftlichkeit und kontraproduktiven Wirkung in der angegriffenen Zivilbevölkerung. Erinnert sei an General Felmys diesbezügliche Äußerungen in der Schlußbesprechung des Planspieles seiner Luftflotte im Mai 1939 und an die Ablehnung solcher Gedanken durch den Generalstab vom 22. Mai 1939[10].

Die Luftwaffe erkannte unter dem Vorbehalt, daß unbeabsichtigte Schäden im zivilen Bereich angesichts technischer Unzulänglichkeiten und Kampfsituationen nicht zu vermeiden seien, in ihren beiden Vorschriften L.Dv. 16 und L.Dv. 64 II[11] das geltende Luftkriegsrecht an, auch wenn es, wie die Luftkriegsregeln von 1923, nicht ratifiziert, also formal nicht verbindlich war. Sie übernahm aber auch – wie die Engländer und Amerikaner – den aus dem Seekriegsrecht stammenden Grundsatz, daß das Bombardement von militärischen Objekten in unverteidigten Ortschaften zulässig sei. Terrorangriffe galten als Ausnahme im Rahmen der völkerrechtlichen Repressalie, die den Zweck hat, den Gegner von unrechtmäßigen Handlungen abzubringen und auf beiden Seiten den völker- und menschenrechtskonformen Normalzustand wiederherzustellen[12]. Vornehmstes Ziel der Luftwaffe war die Niederringung der feindlichen Wehrmacht[13], nicht die Brechung der Moral der Zivilbevölkerung. Die drei Grundaufgaben[14] der Luftwaffe waren die

Erkämpfung und Erhaltung der Luftüberlegenheit, die Kooperation mit Heer und Marine, die erst indirekt, später mehr und mehr direkt verstanden wurde, und der Kampf gegen die Kraftquellen der feindlichen Wehrmacht, in dessen Bereich auch der Terrorbombenkrieg fallen sollte. Dem heute strategisch genannten, damals als operativ bezeichneten und mehr im Zusammenhang mit den Erdoperationen gesehenen Bombenkrieg gegen die Kräfte im gegnerischen Hinterland wurde aber nicht der gleiche Rang wie den beiden ersten Aufgaben zuerkannt. Er sollte nämlich aus Gründen der Wirtschaftlichkeit[15] nur vor oder nach entscheidenden Erdoperationen geführt werden oder wenn wegen der Erstarrung der Erdfronten eine Entscheidung anders nicht möglich war, denn diese Art Bombenkrieg binde zu viele Kräfte zu lange Zeit und wirke sich zu langsam auf den Verlauf des für Deutschland in seiner geostrategischen Lage entscheidenden Erdkrieges aus. Daher galt er sozusagen nur als letzter Ausweg, den man am liebsten natürlich nicht einschlug.

Mit dem Wirtschaftlichkeitsgedanken war der Humanitätsgedanke verbunden, allerdings, wie in anderen Bomberwaffen auch, leider nur als »junior partner«, der hinter die sogenannten Kriegsnotwendigkeiten, wenn sie nur einigermaßen militärisch gerechtfertigt werden konnten, zurückzutreten, wenn auch ihnen nicht völlig zu weichen hatte. Es ist im einzelnen jedenfalls schwer zu sagen, wie hoch der Anteil humanitären Denkens und derjenige der Wirtschaftlichkeit und Kriegsnotwendigkeit jeweils war. Immerhin führte dieser wohl von der Wirtschaftlichkeit angeführte Gedankenkomplex zu drei Entwicklungen, die die deutsche Bomberwaffe von anderen Bomberwaffen unterschied.

Dies war erstens die Ausdehnung der Sturzkampfforderung auf so gut wie alle Bomber[16]. Sie war ursprünglich für den weitreichenden Bombenkrieg[17] gedacht, führte aber wegen der mit ihr verbundenen Qualitätsforderung an die Besatzungen und der für den Sturzbombenwurf nötigen Zusatzeinrichtungen zu technischen Schwierigkeiten bei den Bombern, zur Verhinderung des Aufbaues einer starken und weitreichenden Horizontalbomberwaffe[18] und zur Verkennung der Bedeutung des Masseneinsatzes von Bombern mit durchschnittlichen Besatzungen. Das Prinzip der Wirtschaftlichkeit und Humanität, die Absicht, mit geringstmöglichem Einsatz von Menschen und Material größtmögliche Wirkung unter größtmöglicher Schonung ziviler Güter und Personen zu erzielen, wurde hier über Gebühr und damit zum eigenen Schaden angewendet.

Die Luftwaffe entwickelte zweitens aus den gleichen Gründen größtenteils schon vor dem Kriege die X-, Y- und Knickebein-Verfahren genannten Funknavigationssysteme zur genauen Zielfindung für die Bomber zu einer Zeit, als an derartige Entwicklungen beim Bomber Command der RAF noch nicht gedacht wurde[19].

Zum dritten kannte die Luftwaffe zwar auch die Mischung der Bombenzuladung aus Spreng- und Brandbomben und die Wirkung starker Brandbombenanteile bei der Zerstörung von Städten, hielt den Anteil letzterer aber vergleichsweise sehr gering, weil man keine Städte vernichten, sondern mit den Brandbomben nur militärisch relevante Ziele zur Bombardierung kenntlich machen wollte[20]. In der Praxis war es so, daß die Luftwaffe bis Ende 1941 hauptsächlich militärisch relevante Ziele in England angriff.

Unterschiedslose Bombenangriffe wurden in dieser Zeit vereinzelt als Repressalie (Vergeltung) durchgeführt, aber ohne Erfolg, denn die Briten gingen von ihren Städteangriffen bei Nacht nicht ab. Sie wollten und konnten dies auch nicht, weil sie keine Punktziele sondern nur Flächenziele trafen, weil das Bomber Command damals das einzige Instrument war, mit dem die Engländer direkt gegen Deutschland zurückschlagen konnten, und weil sie eine andere als die klassisch-kontinentaleuropäische Luftkriegsauffassung vertraten und die in der »Moral« der gegnerischen Zivilbevölkerung das vorrangigste Ziel sahen[21]. Gegen diese Auffassung halfen keine Repressalienangriffe. Dies kam auch in einer Regierungserklärung vom 18. April 1941[22] zum Ausdruck.

»It is not a reprisal«, hieß es hier über einen Luftangriff auf Berlin, »but part of the regular policy adopted by the RAF under instructions of His Majesty's Government of bombing all objectives in the two guilty countries [Deutschland und Italien] which are most likely to weaken their military and industrial capacity. This policy will be continued to the end of the war, it is hoped on an ever-increasing scale, irrespective of whether any further attacks are made on the British Islands or not.«

Durch diese auf der Lehre vom gerechten Krieg beruhenden englischen Haltung mußte sich das deutscherseits benutzte Instrument der Repressalie durch übermäßigen Gebrauch selbst entwerten. Es ließ den Charakter der deutschen Luftkriegführung gegen England praktisch unterschiedslos werden.

Aber obwohl Hitlers blutrünstige Rede vom 4. September 1940[23], in der er die englischen Städte »auszuradieren« ankündigte, den Übergang zum unterschiedslosen Bombenkrieg einzuleiten schien, behielt er sich doch 10 Tage später Terrorangriffe immer noch vor und lehnte den Vorschlag seines Luftwaffengeneralstabschefs Jeschonnek, englische Wohnviertel zur Erzeugung von Massenpanik unter der Zivilbevölkerung zu bombardieren, mit den Worten ab: »Ja, aber der Angriff auf kriegswichtige Teile ist immer das Wichtigste, weil er Werte zerstört, die nicht zu ersetzen sind. Solange man noch ein kriegswichtiges Ziel hat, muß man auf diesem bleiben.« Und er befahl,

»Luftangriffe gegen London unter Erweiterung der bisherigen Angriffsräume nach wie vor in erster Linie gegen kriegswichtige und für die Großstadt lebenswichtige Ziele einschließlich Bahnhöfe zu richten. Terrorangriffe gegen reine Wohnviertel sollen als letztes Druckmittel vorbehalten bleiben und daher jetzt noch nicht zur Anwendung kommen[24].«

Also kein Terrorbombardement als Dauereinrichtung. Im Dezember 1940 hielt Hitler den Bombenkrieg gegen die britische Rüstungsindustrie und damit indirekt gegen die Moral der Zivilbevölkerung für chancenlos[25]. Wie schon in seiner Weisung Nr. 13 vom 24. Mai 1940[26] wies er auch in seiner Weisung Nr. 23 vom 6. Februar 1941[27] ausdrücklich militärisch-relevante Bombenziele in England an und lehnte den Terrorbombenkrieg ab. Es wurde Abstand genommen von »früheren Auffassungen«, England könne am besten durch Zerstörung seiner Rüstungswirtschaft und der damit verbundenen Brechung seines Widerstandswillens getroffen werden. »Die Auswirkung der Luftangriffe unmittelbar gegen die englische Rüstungsindustrie«, so heißt es weiter, »ist schwerer abzuschätzen [...] am wenigsten ist bisher die Wirkung gegen die Moral und die Widerstandskraft des englischen Volkes von Außen erkennbar«. Der Schwerpunkt des Luftkrieges wurde daher auf die »Bekämpfung der feindlichen Zufuhr« gelegt. Von »planmäßigen Terrorangriffen auf Wohnviertel« sei jedenfalls »kein kriegsentscheidender Erfolg zu erwarten«.

Wegen des durch die britische Abwehr erzwungenen Übergangs des deutschen Bombenkrieges gegen England auf die Nacht im Winter und Frühjahr 1941 und der damit erhöhten Zielungenauigkeit nahm zwar diese nächtliche Wirtschaftsluftoffensive mehr und mehr den Charakter der Unterschiedslosigkeit an, aber offenbar funktionierten die vorhin genannten Funknavigationsverfahren trotz Störung noch so gut, daß für den Betroffenen erkennbar war, daß die Angriffe militärisch relevanten Zielen galten und nicht der Terrorisierung der Zivilbevölkerung. Dafür kann es keine überzeugendere Aussage geben als die der Betroffenen selbst. Das amtliche britische Werk über die Luftverteidigung Englands im Zweiten Weltkrieg von Collier[28] sagt dazu folgendes:

> »Although the plan adopted by the Luftwaffe early in September had mentioned attacks on the populations of large cities, detailed records of the raids made during the autumn and winter of 1940-1941 do not suggest that indiscriminate bombing of civilians was intended. The points of aim selected were largely factories and docks. Other objectives specifically allotted to bomber-crews included the City of London and the government quarter round Whitehall.«

Da in dieser Feststellung von »größeren Städten« gesprochen wird und sie gleich unter der Kapitelüberschrift »The Night Offensive against British Industry and Communications« steht, ist anzunehmen, daß sie nicht nur für London, sondern ebenso für alle anderen Städte gilt, in denen von November 1940 bis Mai 1941 Ziele von der Luftwaffe angegriffen wurden. Aber nicht nur der Historiker Collier kam zu diesem Urteil, sondern schon der englische Luftfahrtminister Sinclair urteilte im April 1941 in diesem Sinne. Dies berichtet General Arnold, der Chef der amerikanischen Heeresluftstreitkräfte, der damals mit einer Beobachter-Delegation in London weilte. »Sinclair«, so schreibt er in seinen Memoiren[29], »took me to the Air Raid Precaution Office where there was a map of the city showing the location of all the bombs that had been dropped. They were spread all over London, in most cases close to railroad stations, switching points, power houses, transformers, bridges, docks, warehouses, and factories; but a lot were in the residential districts. Every bomb dropped was accurately plotted.«

Erst mit der Vernichtung der historischen Innenstädte von Lübeck und Rostock im Frühjahr 1942[30] ging auch die Luftwaffe — allerdings mit kaum nennenswerten Kräften, die Bomber waren in Rußland und Afrika gebunden — nun mit ihren sogenannten »Baedeker-Angriffen« gegen historische, abseits der Rüstungszentren liegende und wenig verteidigte Landstädte wie Canterbury, Bath, York u.a. vorübergehend zum unterschiedslosen Bombenkrieg über, den sie 1944 mit der V-1 Offensive fortsetzte. Die Entwicklung flächendeckender Waffen, die der Generalstab der Luftwaffe 1939 noch abgelehnt hatte, weil er nur Punktzielangriffe im Sinne hatte, wurde im Frühjahr 1942 freigegeben[31]. Damit hatte sich im Luftwaffengeneralstab eine Absichtsänderung vom klassisch-kontinentaleuropäischen Luftkrieg zum unterschiedslosen Bombenkrieg vollzogen, was aber nicht bedeutet, daß die Bomber, soweit überhaupt welche für den strategischen Luftkrieg abgezweigt werden konnten, nun überhaupt keine Angriffe auf militärisch relevante Ziele mehr flogen, sondern nur noch auf die Zivilbevölkerung. Im Gegenteil, in der Hauptsache wurden schon aus militärischen, völkerrechtlichen und Wirtschaftlichkeitserwägungen weiterhin militärisch-wirtschaftliche Ziele angegriffen, wenngleich Hitler immer wütender forderte, den Bombenterror durch Gegenterror zu brechen. Die Zivilbevölkerung sollte aber nun gleichermaßen mitgetroffen werden. Man kann wohl von Glück sagen, daß Hitler dazu nicht mehr die nötigen Mittel hatte.

## Anmerkungen

1 H. J. A. Wilson, The Luftwaffe as a Political Instrument, in: Eugene M. Emme, The Impact of Air Power, New York 1959, S. 58—63; George Fielding Eliot, Aerial Blackmail at Munich, ebd., S. 64—67; Karl-Heinz Völker, Die deutsche Luftwaffe 1933—1939, Stuttgart 1967, S. 147—158 (Die Einsätze und Demonstrationen der Luftwaffe in den Jahren 1935—1938); Klaus A. Maier, Totaler Krieg und Operativer Luftkrieg, in: Das Deutsche Reich und der Zweite Weltkrieg, Bd 2, Stuttgart 1979, S. 43—49; Horst Boog, Die deutsche Luftwaffenführung, Stuttgart 1982, S. 153 ff.

2 Hans-Henning Abendroth widerlegt die Terror-Legende in seinem Aufsatz »Guernica: Ein fragwürdiges Symbol«, in: Militärgeschichtliche Mitteilungen, 41 (1987), S. 121, 123.

3 General der Flieger a.D. Wilhelm Speidel weist in seiner Studie »Die Luftwaffe im Polenfeldzug«, MGFA Lw 2a, S. 24 f., 301 f., 328, auf die Bemühungen hin, Terrorangriffe auf Warschau zu verhindern.

4 Noble Frankland, The Bombing Offensive against Germany. Outlines and Perspectives, London 1965, S. 111, urteilt über die Bombardierungen Warschaus und Rotterdams, daß »these attacks were within battle zones and their object was to cause the surrender of the military garrisons in those towns«.

5 Der Lord President of the Council beurteilte den Angriff auf Coventry am 14.11.1940 als »the heaviest yet experienced on a munition centre«, 289. Sitzung des War Cabinet vom 15.11.1940, 11:45 Uhr, in: Public Record Office (PRO), CAB 65/10, S. 63; Norman Longmate, The Bombers. The RAF Offensive against Germany, 1939—1945, London 1983, S. 94, bezeichnet ihn als eine »legitimate operation of war«, die in der damaligen Kriegspropaganda »was presented as a ›terror attack‹ on civilians, and had a dramatic effect on British, and indeed world public opinion«.

6 Der Hitlersche Vernichtungsbefehl wurde vom Luftflottenchef, Generaloberst Löhr in einen Angriffsbefehl gegen militärisch relevante Ziele in Belgrad umgewandelt. Siehe hierzu J. Diakow, Generaloberst Alexander Löhr. Ein Lebensbild, Freiburg 1964, S. 33—44, und den Bericht von Fachleuten des Generalluftzeugmeisters über die Bombenwirkung in Belgrad, LC 7 II Nr. 2550/41 g und Lfl Kdo 4 FüAbt Ic vom 15.4.1941, Bundesarchiv-Militärarchiv (BA-MA), RL 3/2157.

7 Geoffrey Best, Humanity in Warfare. The Modern History of the International Law of Armed Conflicts, London 1980, S. 278.

8 Siehe vor allem die Theorie der sogenannten Risiko-Luftwaffe von Dr. Robert Knauß in: Bernhard Heimann und Joachim Schunke, Eine geheime Denkschrift zur Luftkriegskonzeption Hitler-Deutschlands vom Mai 1933, in: Zeitschrift für Militärgeschichte, 3 (1964), S. 72—86; Erwin Gehrts, Major (E), Gedanken zum operativen Luftkrieg. Eine Studie, in: Die Luftwaffe, 2 (1937), H. 2, S. 16—39.

9 Vgl. z.B. die britische Bomberdoktrin, wie bei Barrey D. Powers, Strategy without Slide-Tule, London 1976, dargestellt und in: Royal Air Force War Manual, Part I, Operations, von 1928, in der Fassung vom Februar 1940 festgehalten.

10 Operative Zielsetzung für die Luftwaffe im Fall eines Krieges gegen England im Jahre 1939. Generalstab 1. Abteilung (Chef) Nr. 5094/39 g.Kdos. Chef-Sache vom 22.5.1939, MGFA Sammlung Greffrath G IV/1.

11 Luftwaffendienstvorschrift »Kriegsvölkerrecht« (L.Dv. 64 II), S. 3, 99; Luftwaffendienstvorschrift »Luftkriegführung« (L.Dv. 16, Ziff. 12).

12 L.Dv. 16, Ziff 186.

13 Ebd., Ziff. 9, 10.

14 Ebd., Ziff. 10, 21, 22, 31.

15 Zur Wirtschaftlichkeit s. neben L.Dv. 16, Ziff. 22, auch die Feststellung des Generalstabschefs der Luftwaffe auf der Generalstabsreise 1939: »Die Luftwaffe ist noch mehr als die anderen Wehrmachtstäbe darauf angewiesen, den Krieg so wirtschaftlich wie irgendmöglich zu führen«, BA-MA, RL 7/160, und DRdLu ObdL Generalstab 1. Abt. Nr. 60/40 g.Kdos. (III) vom 10.1.1940, S. 2: »Jedes Flugzeug zu viel bedeutet einen unwirtschaftlichen Einsatz«, BA-MA, RL 2 II/360.

16 Mdl. Mitteilung Major a.D. Dipl.Ing. Pohle, Techn. Offz. im Genst.d.Lw. bis 1939, vom 2.7.1986; Völker (Anm. 1), S. 207 ff.; Boog (Anm 1), S. 183—190; Oberst a.D. Petersen, Ausarbeitung vom 4.5.1972 über die Entstehungsgeschichte des Kampfgeschwaders 40: »Das ganze Konzept der operativen Luftwaffe [wurde] auf dem Sturzkampfflugzeug mit einer mittleren Reichweite aufgebaut.« MGFA.

[17] Takt.-techn. Forderung an das Techn. Amt vom 31.1.1934, DRdL Nr. 6093/34 g.Kdos., BA-MA, RL 3/192 (»Punktziele, die weit im feindlichen Gebiet liegen«).

[18] Hierzu die Aussage des Generalleutnants a.D. Josef Schmid in: Gen.d.Flieger Paul Deichmann, Angriffswaffen, MGFA Lw 33, S. 68 f.: »Es ist ja bekannt, daß Gen. Jeschonnek sich bereits vor dem Kriege mit allen Mitteln für einen sturzfähigen Bomber eingesetzt hat. Er wollte damit anstelle des Massenangriffs den Einsatz kleiner und kleinster Einheiten, bestehend aus 1—3 Bombern setzen, die im Sturzflug durch die Zerstörung entscheidender Teile eines Werkes usw. dieses still legten.« Siehe auch »Einsatz gegen England«, DRdLu ObdL Generalstab 1. Abt. Nr. 60/40 g.Kdos (III) vom 10.1.1940, S. 18: »Die Angriffseinheit ist die Kette«; DObdL Führungsstab Ia Nr. 5937/40 g.Kdos. vom 2.9.1940, beides in BA-MA, RL 2 II/360.

[19] L.A. (NVW) IIIa 2 Nr. 941 g.Kdos. vom 6.3.1936, BA-MA, RL 3/192. S. auch Hptm i.G. Pohle, Vortrag anläßlich der Generalstabsreise im Juni 1939, BA-MA, Lw 104/14, Teil 1, S. 23 f. Zu den Vorkriegsentwicklungen s. auch Forschungsplan RLM 1938, 3. Teil: Ausrüstung, Nr. 30300, 30413, 30500, BA-MA, RL 39/1034, und Tätigkeitsbericht der Luftfahrtforschungsanstalten und -institute des RLM, abgeschlossen im Dezember 1940, S. 27 ff., BA-MA, RL 3/2368; ferner Fritz Trenkle, Die deutschen Funknavigations- und Funkführungsverfahren bis 1945, Stuttgart 1979, S. 58 ff., 149 ff.; Alfred Price, Herrschaft über die Nacht. Spione jagen Radar, Gütersloh 1968, S. 35—55; Werner Niehaus, Die Radarschlacht 1939—1945, Stuttgart 1977; Ulf Balke, Kampfgeschwader 100 »Wiking«, Stuttgart 1981; R.V. Jones, Most Secret War, London 1978, S. 84 ff., 135 ff., 140 ff., 164 ff.; Fritz Trenkle, Deutsche Ortungs- und Navigationsanlagen (Land und See 1933—1945), Deutsche Gesellschaft für Ortung und Navigation e.V., Sonderbücherei, hrsg. von Leo Brandt, o.O. 1964, S. 67; Francis Harry Hinsley u.a., British Intelligence in the Second World War. Its Influence on Strategy and Operations, Bd 1, London 1979, S. 556 ff.

[20] Hans Rumpf, Das war der Bombenkrieg. Deutsche Städt im Feuersturm, Oldenburg 1961, S. 68 f.; Theo Weber, Die Luftschlacht um England, Wiesbaden 1956, S. 165, 173; BA-MA, RL 2 IV/33; L.Dv. 16, Ziff. 47, 189; Erfahrungsbericht der Legion Condor über den Einsatz der Kampfflieger, Auszug in: Klaus A. Maier, Guernica 26.4.1937, Freiburg 1975, S. 153; FS ObdL Führungsstab Ia (Robinson) an Lfl. 3 vom 15.2.1941, BA-MA, RL 2 II/360; Luftmarschall Arthur T. Harris, Befehlshaber des Bomber Command, bemerkte in seinem Buch Bomber Offensive, London 1947, S. 83, zu dem deutschen Mischungsverhältnis zwischen Spreng- und Brandbomben: »The Germans missed their chance [...] of setting our cities ablaze by a concentrated attack.«

[21] Royal Air Force War Manual, Part I, Operations, Air Publication 1300, Ziff. I.1, 5, 7—10, 13; IV.6, 11; VII.1, 3, 12, 15; VIII.8, 14, 26, 27, 38—41, 57, 73; IX.3, 4; Sir Charles Webster und Noble Frankland, The Strategic Air Offensive against Germany 1939—1945, Bd 1, London 1961, S. 9.

[22] War Cabinet Defence Committee Meeting vom 18.4.1941, D.O. (41) 17th meeting, PRO CAB 120/300.

[23] Max Domarus, Hitler. Reden und Proklamationen 1932—1945, Bd 2, Untergang (1939—1945), Würzburg 1963, S. 1575.

[24] Kriegstagebuch des Oberkommandos der Wehrmacht (Wehrmachtführungsstab) 1940—1945 [...], Bd I, Frankfurt a.M. 1965, S. 76.

[25] Franz Halder, Kriegstagebuch. Tägliche Aufzeichnungen des Chefs des Generalstabes des Heeres, 1939-1942 [...], Bd 2, Stuttgart 1963, S. 213.

26 Hitlers Weisungen für die Kriegführung 1939–1945, hrsg. von Walther Hubatsch, München 1965 (dtv 278/79), S. 63, 46 ff., 50 ff.

27 Ebd., S. 118 ff.

28 Basil Collier, The Defence of the United Kingdom, London 1957, S. 261.

29 Henry Arnold, Global Mission, New York 1949, S. 227 f.

30 Das Deutsche Reich und der Zweite Weltkrieg, Bd 6 (Horst Boog).

31 Rudolf Brée, Oberstabsingenieur a.D., Meine Tätigkeit im Reichsluftfahrtministerium 1935/1945 unter besonderer Berücksichtigung der Entwicklung ferngelenkter Körper, Bericht vom April 1987, S. 1: Der Generalstab der Luftwaffe lehnte noch im Herbst 1939 ein für die Flächenzielbekämpfung ausgelegtes Entwicklungsprojekt mit der Begründung ab, daß »deutscherseits kein Angriff auf gegnerische Flächenziele beabsichtigt sei. Fernlenkentwicklungen sollten nach Maßgabe des Möglichen zur Bekämpfung von Punktzielen [...] vorgeschlagen werden.« Brée war der Leiter der Abteilung für die Entwicklung von Fernlenkwaffen im Technischen Amt des Generalluftzeugmeisters. Auch Pohle, Vortrag (wie Anm. 14), S. 24, weist ausdrücklich auf die Punktzielbekämpfung unter Verringerung der Gesamtmenge bei gleichzeitiger Verbesserung der Bomben als Ziel der Bombenentwicklung hin. Auf S. 2 der o.a. Beschreibung seiner Tätigkeit führt Brée dann aus: »Im Frühjahr [1942] wurden die Städte Köln, Rostock und Lübeck mit Bomben angegriffen. Dies veranlaßte den Genst.d.Luftw. seine Entscheidung von 1939 zu revidieren hinsichtlich der Bekämpfung von Flächenzielen. Der Generalluftzeugmeister wurde beauftragt, ein entsprechendes Projekt vorzulegen mit einem Vorschlag für die zugehörigen technisch-taktischen Forderungen. Nach entsprechenden Sondierungen geschah dies.« Die Weisung zur entsprechenden Entwicklung erging im Juni 1942; die Entwicklung erhielt unterschiedliche Tarnnamen. Es handelte sich um das Gerät Fi 103 (»V 1«). S. auch Hauptmann Otto Bechtle, Der Einsatz der Luftwaffe gegen England. Ihre Taktik und die Lehren 1940–1943, BA-MA, RL 17/49, S. 15: »Eine grundsätzliche Umstellung dieser Luftkriegsführung trat ab April 1942 ein, als für die von nun ab beginnenden Terrorangriffe des Feindes gegen das Reichsgebiet Vergeltungsmaßnahmen gefordert wurden«. S. auch Heinz-Dieter Hoelsken, Die V-Waffen. Entstehung – Propaganda – Kriegseinsatz, Stuttgart 1984, S. 34.

Detlef Vogel

# Deutschland und Südosteuropa

## Von politisch-wirtschaftlicher Einflußnahme zur offenen Gewaltanwendung und Unterdrückung

### *1. Vom Ende des Ersten Weltkrieges bis zum Oktober 1940*

Nicht erst seit der Machtübernahme Hitlers 1933 und den bald darauf beginnenden forcierten Rüstungsanstrengungen rückte der rohstoffreiche Südosten Europas ins Blickfeld deutscher Politik. Schon in der Anfangsphase der Weimarer Republik hatte das Deutsche Reich, von den Weltmärkten nun weitgehend isoliert, Kontakte mit den Balkanländern geknüpft. Dort eröffneten sich für Deutschland als Industrienation einmal gute Absatzmärkte und zum anderen die Möglichkeit, dringend benötigte Rohmateralien günstig zu erwerben. Vermutlich entwickelten sich daraus — wenn auch in dieser frühen Phase noch schemenhaft — erste Ideen eines von Deutschland gelenkten Großwirtschaftsraumes. Ebensogut ließen sich aber mit Hilfe ökonomischer Verflechtungen politische Einflußnahmen verbinden, die das Gewicht des Reiches in dieser Region zwangsläufig verstärken mußten[1].

Als Folge der Pariser Vorortverträge von 1919/20, nach der Auflösung der Habsburgermonarchie, konnte man in Südosteuropa generell gesehen zwei unterschiedliche Lager ausmachen: das der Gewinner und das der Verlierer. Auf der Gewinnerseite standen Jugoslawien, Rumänien und die Tschechoslowakei, die mit Unterstützung Frankreichs und Polens versuchten, ihren neuen Besitzstand zu wahren, den status quo trotz erheblicher Nationalitätenprobleme aufrecht zu erhalten. Sie schlossen sich deshalb 1921/22 zur Kleinen Entente zusammen. Nach französischen Vorstellungen war dadurch zugleich eine Art »cordon sanitaire« von der Ostsee bis zum Mittelmeer entstanden, der ein etwaiges Zusammengehen von Deutschland und Rußland verhindern sollte. Ungarn und Bulgarien hingegen, auf der Verliererseite, strebten eine Revison der für beide Länder gleichermaßen unbefriedigenden Nachkriegsregelungen an. Lebten doch jetzt bedeutende Teile ihrer Bevölkerungen in den umliegenden, neuentstandenen Staaten[2].

Ohne sich für das eine oder andere Lager von vornherein festzulegen, intensivierte Deutschland, besonders unter der Regierung Brüning, geschickt seine Wirtschaftsbeziehungen mit den Balkanstaaten, was langfristig gesehen Frankreichs Einfluß mindern, sein Bündnissystem gefährden mußte[3].

Nach 1933 wurde diese Politik fortgesetzt, freilich in weit größerem Ausmaß als je zuvor. In einem wahren Boom schnellten die Außenwirtschaftsdaten der Balkanländer mit Deutschland in den folgenden Jahren nach oben. Vor allem Jugoslawien, das für die Rüstungsindustrie Hitlers dringend notwendige Metalle zu liefern vermochte, und Rumänien mit seinen großen Mineralölvorkommen, stießen auf das Interesse deutscher Wirtschaftsfachleute. Die südosteuropäischen Länder ergriffen bereitwillig die Chance, ihr Handelsvolumen zu erhöhen, lag doch geographisch gesehen das Reich wesentlich näher als die Absatzmärkte Frankreichs, Englands oder gar der USA. Zudem hatten sie sich bislang untereinander, wegen ihrer annähernd gleichen ökonomischen Strukturen, kaum ergänzen können[4]. Mit Hilfe zahlreicher Abkommen gelang es Berlin, sowohl den Einfluß der Westmächte als auch Italiens auf dem Balkan allmählich zurückzudrängen und in den dortigen Kapitalmarkt einzudringen. Dabei kam es den Deutschen darauf an, nur in jenen Bereichen zu investieren, die eigene Interessen förderten. Keineswegs ging es ihnen um eine sinnvolle Industrialisierung der Partnerländer. Die deutschen Handelsschulden, chronisch passiv im Warenaustausch mit Südosteuropa, verschärften noch den Ausnutzungscharakter einer solchen Wirtschaftpolitik. Zwar spürten die südosteuropäischen Politiker, daß sie gegenüber Deutschland immer mehr in einen halbkolonialen Zustand verfielen, und versuchten gegenzusteuern. Jedoch von den westlichen Märkten zunehmend isoliert, gelang ihnen keine entscheidende Wende[5].

Dies vor allem deswegen nicht, weil auch der politische Einfluß Deutschlands, in gewissem Maß auch Italiens, mit der wirtschaftlichen Verflechtung — oder besser gesagt Verstrickung — wuchs. Allmählich wandelten sich die inneren Strukturen der Balkanstaaten, weg von bislang mehr oder weniger demokratischen Verhältnissen, hin zu autoritären Systemen mit durchaus faschistischen Einsprengseln. Hitler-Deutschland stützte sich jedoch nicht, wie man zunächst vermuten möchte, auf politische Gruppierungen rechtsextremistischer Couleur. Vielmehr bevorzugten die Deutschen konservativ, monarchistisch und national orientierte Persönlichkeiten von Armee und Staat. Diese versprachen weit mehr Stabilität, aber auch Fügsamkeit, wenn es um deutsche Belange ging, als die vergleichsweise unberechenbaren Rechtsradikalen. Was freilich nicht heißen soll, Berlin hätte solche Strömungen gänzlich aus seinem politischen Kalkül verbannt. Faschistische Organisationen bildeten für Hitlers Diplomaten stets ein willkommenes Mittel, die südosteuropäischen Länder unter Druck zu setzen[6].

Die Abkehr der Balkanstaaten von demokratischen Prinzipien hatte naturgemäß auch zur teilweisen Distanzierung von den Westmächten geführt. Ja, die westlichen Länder selbst, wie zum Beispiel Großbritannien, ließen ihr Desinteresse an Südosteuropa immer deutlicher spüren. Kein Wunder, daß

Hitler die Vereinbarungen des Münchener Abkommens (29.9.1938) als weitgehenden Verzicht Frankreichs und Englands am Balkangeschehen interpretierte. Der Anschluß Österreichs (13.3.1939) sowie die Zerschlagung der Tschechoslowakei ein Jahr später brachten die deutsche Präsenz auch territorial bedrohlich nahe[7].

Alles in allem ließ diese Entwicklung von der Konzeption des »Versailler Systems« nur noch einen Trümmerhaufen übrig. Auch wandten sich Gewinner und Verlierer der Pariser Vorortverträge, soweit sie zu Beginn des Zweiten Weltkrieges noch existierten, vorwiegend an Deutschland, wenn es darum ging, den Status quo ihres Territoriums zu bewahren, oder umgekehrt, revisionistische Intentionen zu verfolgen. Dabei zielte die Politik des Reiches darauf ab, im Südosten Europas politische Turbulenzen zu vermeiden, schon um den noch verbliebenen Rivalen auf dem Balkan, in Italien und der Sowjetunion, keinen Grund zum Eingreifen zu geben[8]. Sollten stabile Verhältnisse doch weiterhin die Kriegsbereitschaft Deutschlands fördern. Dem deutschen Diktator und seinen Generalen war es auch in der Anfangsphase des Krieges, während der Feldzüge gegen Polen, Norwegen und Frankreich, darum zu tun, militärische Verwicklungen im Südosten Europas zu vermeiden. Keinesfalls sollten sich die Divisionen Deutschlands auf verschiedenen Kriegsschauplätzen verzetteln[9].

Die spektakulären Erfolge Hitlers und seiner Wehrmacht hatten aber im Frühsommer 1940, nach der Niederlage Frankreichs, nicht verhindern können, daß im deutschen Lager tiefe Ratlosigkeit über die nun einzuschlagende Strategie herrschte. Der einzig verbliebene Kriegsgegner, das britische Empire, wollte nämlich weder mit dem Deutschen Reich paktieren, noch gar den Krieg verloren geben. Englands hartnäckiger Premier Churchill machte vielmehr klar, das Empire werde jetzt erst recht bis zur Niederlage der europäischen Diktatoren weiterkämpfen. In den folgenden Wochen und Monaten zeichnete sich deshalb immer deutlicher ab, daß Hitler durch einen Angriff auf die mit ihm noch verbündete Sowjetunion dem strategischen Dilemma des Sommers 1940 zu entrinnen trachtete. Ohnehin – um Lebensraum im Osten zu gewinnen und den ideologischen Gegner zu besiegen – war dieser als Vernichtungskrieg konzipierte Schritt schon lange Zeit vorgegeben[10].

Dem Südosten Europas war dabei die Rolle zugedacht, die rechte Flanke des Angriffs zu sichern und kriegsentscheidende Rohstoffe zu liefern. In einer Art Doppelstrategie versuchte Berlin nun seinen Einfluß in diesem Raum sowohl politisch als auch militärisch zu verstärken. Bis zum Ende des Jahres gelang es, mit Hilfe des am 27. September 1940 geschlossenen Dreimächtepaktes zwischen Deutschland, Japan und Italien, auch die Slowakei, Ungarn und Rumänien zum Beitritt zu bewegen[11]. Ebenso konnten bis dahin wichtige territoriale Umgestaltungen erreicht werden: Rumänien trat nicht nur Bessarabien und die Nordbukowina an die Sowjetunion ab, sondern auch Teile von Siebenbürgen an Ungarn, die Süddobrudscha an Bulgarien[12].

Parallel dazu unternahm Deutschland ganz konkrete Schritte für den im Frühjahr 1941 geplanten Überfall auf die Sowjetunion – ohne übrigens den italienischen Achsenpartner ausreichend zu informieren. Im Oktober 1940 erschienen erste Vorkommandos einer deutschen Militärmission in Rumänien mit dem Auftrag, sowohl für die deutsche als auch rumänische Wehrmacht in diesem Raum künftige Operationen vorzubereiten. Außerdem sollten deutsche Soldaten das so wichtige Ölgebiet von Ploesti sichern[13].

Damit erreichte das Verhältnis Deutschlands zu den Ländern Südosteuropas eine neue Dimension, denn bislang schienen wirtschaftlicher, politischer, allenfalls militärischer Druck zu genügen, Hitlers Ziele zu verwirklichen. Jetzt aber, angesichts des bevorstehenden Krieges im Osten, setzte er militärische Mittel direkt ein. Wenn auch nicht gegen ein bestimmtes Land in Südosteuropa gerichtet, so mußte die Präsenz der Wehrmacht in Rumänien doch dazu führen, die Balkanstaaten noch stärker als bisher einzuschüchtern.

### 2. *Mussolinis Überraschungscoup*

Eine weitere Eskalation zeichnete sich ab, als Hitlers Bundesgenosse Mussolini im Oktober 1940 Griechenland von Albanien aus angriff[14]. Das Verhältnis beider Achsenmächte in Südosteuropa war in der Vergangenheit kaum von konkreten Absprachen geprägt worden. Zwar hatte Hitler schon 1936 festgestellt, Italiens Domäne sei eher das Mittelmeer, wohingegen er selbst den Osten Europas für sich reklamierte; der Donauraum aber blieb ausgespart. Allenfalls konnte Hitler vermuten, Mussolini werde sich nach dem Krieg gegen Abessinien 1935 mehr nach Süden als nach Südosten orientieren. Hitler machte seinem Partner auch deutlich, daß er militärische Verwicklungen auf dem Balkan nicht wünsche.

Vermutlich durch die fortwährenden Siege seines Verbündeten animiert, wollte Mussolini vollendete Tatsachen schaffen, wie es Hitler etwa bei der Einrichtung einer Militärmission in Rumänien ja vorgemacht hatte[15]. Das Unternehmen geriet aber in den albanisch-griechischen Bergen schnell zum Fiasko. Schlimmer noch für Hitlers weitere Kriegsabsichten: Die Engländer kehrten, seit dem Debakel bei Dünkirchen vom Kontinent verdrängt, auf das Festland zurück. Mit Luftwaffen- und Marineverbänden eilten sie den Griechen zu Hilfe und besetzten auch wichtige Inseln in der Ägäis, wie etwa Kreta[16].

Hitler und seine militärischen Berater fürchteten nun, in Südosteuropa könnte sich, vor oder während des Krieges gegen die Sowjetunion, eine zweite Front im Rücken der deutschen Truppen bilden. Darüberhinaus schien es Großbritannien jetzt möglich, die wichtigen Ölfelder von Ploesti zu bombardieren. Berlin entschloß sich, die so entstandene Lage mit Gewalt zu lösen. Allerdings teilte Hitler dem italienischen Außenminister Ciano Mitte November 1940 mit, eine militärische Intervention in Griechenland käme erst nach dem Ende der Schneeschmelze, im Frühjahr 1941, in Frage. Bis dahin müßten die Italiener in Albanien schon alleine kämpfen. Die Operationen, das schärfte Hitler seinen Generalen wiederholt ein, müßten dann aber möglichst schnell verlaufen, um die eingesetzten Truppen noch rechtzeitig für den Krieg gegen die Sowjetunion freizubekommen.

Über Ungarn, Rumänien und Bulgarien sollten die deutschen Invasionsstreitkräfte Griechenland erreichen. Hitlers Diplomaten unternahmen nun alles, diese Länder sowohl politisch als auch organisatorisch für das deutsche Vorhaben zu gewinnen. In Budapest und Bukarest regte sich dagegen kein besonderer Widerstand. Hatten doch beide Staaten ihre Unabhängigkeit längst verspielt. Anders Bulgarien: Nur in zähen, mitunter durch offene Drohungen begleiteten Verhandlungen, gelang es Berlin, den Beitritt auch dieses Landes zum Dreimächtepakt der Achse Ende Februar 1941 zu erzwingen. Wenige Tage später, am 2. März, marschierten deutsche Truppen, von Rumänien kommend, in Bulgarien ein. Diplomatische Interventionen der Westmächte, aber auch der Sowjetunion, vermochten daran nichts zu ändern. In realistischer Einschätzung der militärischen Kräfteverhältnisse in Südosteuropas war Sofia keine andere Wahl geblieben, als sich zu unterwerfen[17]. Sowohl die Türkei als auch die Sowjetunion suchte Hitler durch beschwichtigende Erklärungen über den tatsächlichen Hintergrund seiner militärischen Aktionen zu täuschen. Beiden Ländern versicherten deutsche Diplomaten wahrheitswidrig, das Deutsche Reich würde sich lediglich gegen das britische Engagement in der Ägäis wenden, sonst aber nichts im Schilde führen.

Griechenland, nach dem deutschen Einmarsch in Bulgarien auf's höchste alarmiert, unternahm in dieser ungünstigen Lage dennoch alle erdenklichen diplomatischen Schritte, den sich abzeichnenden Konflikt zu vermeiden. Berlin hatte aber bereits Anfang Februar 1941 durchblicken lassen, nur eine »friedliche Kapitulation«, das heißt die kampflose Besetzung des Landes, könne einen Krieg noch verhindern. Athen wies dieses Ansinnen jedoch entschieden zurück. Hitlers Entschluß stand somit fest: Die Briten sollten vom Kontinent wieder verdrängt und Mussolinis Ansehen so weit es ging wiederhergestellt werden. Außerdem stand einer friedlichen Regelung mit Griechenland das deutsche Versprechen an Sofia im Wege, Bulgarien einen

Zugang zur Ägäis über griechisches Territorium zu verschaffen. Vor dem geplanten Einmarsch in Griechenland, am 6. April 1941, lehnte es Berlin deshalb überhaupt ab, griechischen Bitten um Kontaktaufnahme nachzukommen. Ribbentrop, der deutsche Außenminister, suchte zu vermeiden, daß »später einmal« behauptet werden könne, die griechische Regierung sei offiziell an die Reichsregierung herangetreten, um den Konflikt friedlich beizulegen[18].

Nicht weniger rigoros verfuhr Berlin mit Belgrad nach dem Mißerfolg Italiens im griechisch-albanischen Grenzgebiet. Zwar hatte Hitler dem jugoslawischen Außenminister Cincar-Marković Ende November 1940 noch einen bloßen Nichtangriffspakt zwischen Deutschland, Italien und Jugoslawien vorgeschlagen, aber bereits einen Monat später schien es ihm angebracht, doch den Beitritt des Landes zum Dreimächtepakt zu fordern. Auch Jugoslawien, ähnlich wie Bulgarien, sträubte sich, zog die Verhandlungen in die Länge und stellte immer neue Bedingungen. Umsonst. Nachdem Hitler Ministerpräsident Cvetković am 4. März 1941 unverhohlen gedroht hatte, erklärte sich die jugoslawische Regierung zum Beitritt bereit. Auch ihr erschien jeder weitere Widerstand nicht nur sinnlos, sondern für das Schicksal des Landes in letzter Konsequenz fatal.

Die Nachricht von diesem Schritt löste in Jugoslawien, vor allem aber in Belgrad, Unmut aus. Minister traten zurück und Cvetković bat Berlin erneut um Aufschub. Abgesehen davon, daß Hitler und seine nähere Umgebung für die Schwierigkeiten einer jugoslawischen Regierung ohnehin nicht viel Verständnis aufbrachten, hatte Berlin nun, kurz vor dem geplanten Angriff auf Griechenland, den Krieg im Osten stets im Auge, offenbar alle Geduld verloren. Ribbentrop forderte Belgrad deshalb ultimativ dazu auf, dem Dreimächtepakt bis zum 25. März beizutreten. Die jugoslawische Regierung beugte sich diesem Diktat[19].

Deutschland schien es demnach geglückt zu sein, für den bevorstehenden Krieg gegen Griechenland alle anderen Länder außer Großbritannien vom Eingreifen zugunsten Athens fernzuhalten. Gleichzeitig versuchte Berlin seinen Einfluß, wenn auch unter Zuhilfenahme militärischen Druckes, auszudehnen, die Balkanländer schließlich auf den Status unmündiger Satellitenstaaten zu drücken. Italiens Gewicht in diesem Raum schwand selbstredend mit den Mißerfolgen in Albanien. Dennoch mußte ein gemeinsamer Sieg in Griechenland auch das Ansehen Mussolinis wenigstens teilweise wieder verbessern helfen. Alles in allem bestand also durchaus die Chance, den Krieg gegen die Sowjetunion wie geplant durchzuführen, wenn auch ein etwas späterer Angriffstermin in Kauf genommen werden mußte. Die kriegswirtschaftlichen Ressourcen des Balkanraumes jedenfalls standen dem Zugriff Deutschlands jetzt offener denn je.

Die mit erheblichem Druck zustande gekommene Unterzeichnung des Dreimächtepaktes am 25. März 1941 durch Jugoslawien verstärkte die Opposition insbesonders serbischer Kreise im Vielvölkerstaat wesentlich. Nur zwei Tage nach der Ratifizierung zwangen prowestlich orientierte Offiziere die Regierung zum Rücktritt, inhaftierten gar den Ministerpräsidenten und seinen Außenminister vorübergehend. General Simović bildete ein neues Kabinett.

Während in London unverhohlene Genugtuung herrschte, faßte Berlin diese Entwicklung als Brüskierung auf. Nur wenige Stunden nach dem Umsturz versammelte Hitler seine Generale um sich. Er teilte ihnen seinen Entschluß mit, Jugoslawien ohne Ultimatum oder Kriegserklärung zu überfallen, das Land als »Staatsgebilde« zu zerschlagen und — in einer Art Racheakt — Belgrad durch Luftangriffe zerstören zu lassen. Selbst wenn die neue jugoslawische Regierung noch »Loyalitätserkärungen« Deutschland gegenüber abgebe, so der in seiner Eitelkeit tief verletzte Diktator, würde dies an seinem Entschluß nichts mehr ändern.

Trotz eiliger Versicherungen Simovićs, alle Verpflichtungen aus dem Dreimächtepakt getreu zu erfüllen, und Warnungen des deutschen Gesandten in Belgrad vor einem Vergeltungsfeldzug gegen Jugoslawien, ließ sich Hitler nicht umstimmen. Letztlich verfuhr Berlin mit Belgrad wie mit Athen: Das Auswärtige Amt wies seine Vertreter an, sich notfalls verleugnen zu lassen, wenn die jugoslawische Seite nochmals an sie herantreten würde. Hitlers unbeugsame Haltung lag besonders in seiner Absicht begründet, die Ergebnisse des Ersten Weltkrieges auch mit Gewalt in seinem Sinn zu revidieren. Dabei sollte vor allem der serbische Einfluß zurückgedrängt werden, weil Hitler und seine Gefolgsleute darin eine dauernde, gegen Deutschland gerichtete Tradition des Terrors zu erkennen glaubten, die mit dem Mord in Sarajevo 1914 nur begonnen hätte[21].

Die neuen Kriegsabsichten der Deutschen, jetzt nicht nur Griechenland sondern auch Jugoslawien zu erobern, warfen bei den militärischen Stäben keine unüberwindlichen Probleme auf. Hatte man doch bereits seit Februar 1941 mit einer solchen Möglichkeit gerechnet. In aller Eile konzentrierten sich rasch verfügbare Heeres- und Luftwaffenverbände nun auch an den Nord- und Ostgrenzen Jugoslawiens. Eine Armee des italienischen Bündnispartners sollte von Friaul nach Slowenien vorstoßen.

Ein Vergleich der gegnerischen Kräfte läßt erkennen, daß allein die Deutschen über mehr Flugzeuge und gepanzerte Fahrzeuge verfügten als Jugoslawen, Griechen und Briten zusammen. Ferner besaß die Wehrmacht einen weit höheren technischen Standard, wenn von dem kleinen Empire-Kontingent einmal abgesehen wird.

Wie geplant, begann der Angriff gegen Jugoslawien am 6. April 1941, einem Palmsonntag, ohne Kriegserklärung mit dem Unternehmen »Strafgericht«, der Bombardierung Belgrads. Dies, obwohl die jugoslawische Regierung noch zwei Tage zuvor angekündigt hatte, sie werde die Hauptstadt beim Ausbruch von Feindseligkeiten zur völkerrechtlich geschützten »offenen Stadt« erklären. Dazu meldete die deutsche Vertretung in Belgrad nach Berlin, in der Stadt gebe es nicht eimal Flugabwehrgeschütze. Jugoslawische Truppen würden darüberhinaus, bei etwaigen Operationen, die Hauptstadt meiden. Hitler beharrte trotzdem, wenn auch nach tagelangem Zögern, auf dem einmal gegebenen Befehl. Um die Flächenwirkung der Angriffe noch zu erhöhen, ordnete Generaloberst Löhr, als Chef der im Südosten eingesetzten Luftflotte 4, den Abwurf von Spreng- und Brandbomben gleicherweise an. Wieviele Tote und Verletzte die Bombardierung forderte — sie war bereits die fünfte dieser Art nach Guernica, Warschau, Rotterdam und Coventry — ist kaum zu ergründen. Denn die Luftangriffe erschwerten naturgemäß die Tätigkeit jugoslawischer Behörden. Als nur acht Tage später deutsche Truppen Belgrad besetzten, war ohnehin niemand mehr Willens und in der Lage, die Registrierung von Opfern vorzunehmen[22].

In einem beispiellos schnellen Feldzug eroberten die Deutschen danach Jugoslawien in noch nicht einmal zwei Wochen. Dabei stießen sie nur im Süden und Südosten des Landes auf nennenswerten Widerstand meist serbischer Verbände. Im Norden des Landes hingegen mußten sie bei ihren Vorstößen kaum ernsthafte Kämpfe bestehen, weil sich bereits wenige Tage nach Beginn der Operationen erste Auflösungserscheinungen des jugoslawischen Heeres bemerkbar machten. Das lag vor allem an der Einflußnahme Berlins auf kroatische nationalistische Kreise. Ihnen versprachen deutsche Agenten schon vor dem 6. April die Gründung eines eigenen Staates. Nachdem die Truppen Hitlers am 10. des Monats Zagreb, die kroatische Hauptstadt, eingenommen hatten, stellten kroatische Verbände die Kämpfe dann gänzlich ein.

Als sich bereits eine Woche nach Angriffsbeginn deutlich abzuzeichnen begann, daß die Operationen nicht lange dauern würden, bremste das Oberkommando des Heeres den Zustrom von Truppen nach Südosten zunächst und ordnete wenig später auch den Abtransport nicht mehr benötigter Verbände aus Jugoslawien an. Bis Mitte Mai 1941, also noch über einen Monat vor Beginn des Krieges im Osten, befanden sich die verwendeten Truppen somit an der sowjetischen Grenze oder auf dem Weg dorthin.

Nicht ganz so reibungslos entwickelten sich die Kämpfe in Griechenland. Obwohl der deutsche Gesandte in Athen erst wenige Stunden vor Angriffsbeginn, um den Überraschungseffekt nicht zu gefährden, Ministerpräsident Koryzis von dem bevorstehenden Überfall unterrichtete, leisteten die Griechen im bulgarischen Grenzgebiet, der »Metaxas-Linie«, erbitterten Widerstand. Erst nach hohen Verlusten der Deutschen, sie hatten insgesamt in diesem Gebiet etwa 500 Tote und 1750 Verwundete zu beklagen, gelang ihnen der Durchbruch zur Ägäis bei Saloniki[23]. Das Empire-Kontingent hinderte sie indes daran, rasch weiter nach Süden, in Richtung Athen vorzustoßen. Wiederholte Versuche, das kleine Expeditionskorps aus Briten, Neuseeländern und Australiern einzukesseln, mißlangen an den umsichtigen Rückzugsgefechten des britischen Generals Wilson. Auch behinderten Engpässe in der deutschen Betriebsstoff- und Munitionsversorgung sowie Mängel bei der Luftunterstützung einen zügigen Vormarsch der Aggressoren. Am Endergebnis aber änderte all dies nichts. Die zahlenmäßig weit überlegenen Truppen Hitlers erreichten am 30. April 1941 die Südspitze des Peloponnes. Allerdings konnten die Briten, trotz deutscher Luftüberlegenheit, das Gros ihrer Truppen (50 000 von 62 000 Mann) vorher nach Kreta und Ägypten evakuieren.

Als es den Deutschen bis Ende Mai 1941 auch noch gelang, die Insel Kreta, freilich unter schwersten Verlusten[24], zu erobern, hatten sie ihre vorher gesteckten Ziele alle erreicht: Die Engländer mußten den ägäischen Raum wieder verlassen, das rumänische Erdölgebiet blieb weitgehend gesichert und Mussolini sah sich einigermaßen rehabilitiert. Zum bevorstehenden Überfall auf die Sowjetunion bestanden demnach an der rechten Flanke wieder günstige Voraussetzungen. Weitere Vorstöße in Richtung Naher und Mittlerer Osten verfolgte Hitler trotz dieser für die deutsche Kriegführung vorteilhaften Entwicklung gegenwärtig nicht. Erst suchten er und seine Generale die Entscheidung im Osten.

Die Feldzüge auf dem Balkan und in der Ägäis, so schnell sie auch zu Ende gingen, hatten dennoch da und dort Defizite bei der deutschen Operationsführung erkennen lassen. Nicht nur, daß es den militärischen Führern oftmals schwerfiel, die nötigen Versorgungsgüter bereitzustellen, auch gestaltete sich die Zusammenarbeit zwischen Heer und Luftwaffe mitunter spröde. Zudem trat den Deutschen mit dem Empire-Kontingent ein Feind gegenüber, der ihnen sowohl technisch, als auch was die Führungskunst seiner Offiziere anlangte, zumindest ebenbürtig war. Vor allem auf dem Gebiet des Aufklärungs- und Nachrichtenwesens schien Großbritannien ein Vorsprung geglückt zu sein. Die hohen Verluste auf Kreta hatten nämlich ihre Ursache einmal in der mangelhaften Aufklärung alliierter Verteidigungspositionen und zum anderen in der Fähigkeit des britischen Intelligence Service, den deutschen Funkverkehr größtenteils mitzulesen. Dadurch konnten sich die Briten stets ein genaues Bild der gegnerischen Angriffsabsichten machen[25]. Diesen Vorsprung behielten die Engländer bei, ja vergrößerten ihn später noch, als es darum ging, die Deutschen über alliierte Landungsabsichten in Nordwestafrika, Sizilien und schließlich in der Normandie zu täuschen. All dies zeichnete sich hier bereits ab, ohne daß freilich der deutschen Seite die

Tragweite der Ereignisse schon jetzt bewußt wurde. Im Überschwang des schnellen Sieges auf dem Balkan hielten sich die siegreichen Offiziere vielmehr auch den Briten gegenüber weit überlegen. Das Geheimnis der jüngsten Erfolge, so ein Offizier im Wehrmachtführungsstab, liege in der Tatsache, daß auf deutscher Seite »Feldherr und Staatsmann in einer Person vereinigt sind: im F ü h r e r !« Dies aber »wird der Engländer neben vielem anderen nie begreifen«[26].

## *4. Die deutsche Besatzungspolitik*

Wie bereits vor dem Überfall angekündigt, zerschlug Hitler die staatliche Einheit Jugoslawiens nach der Eroberung vollkommen: Während Nordslowenien an das Reich fiel, gerieten Altserbien und das östliche Banat unter deutsche Militärverwaltung. Ungarn erhielt Gebiete westlich der Theiß, Italien nahm sich Südslowenien, besetzte außerdem Montenegro und das Kosovo. Bulgarische Truppen schließlich rückten in Ostmazedonien ein. Im Norden entstand ein neuer, mit der Achse verbündeter Staat »Groß-Kroatien« (kroatische, bosnische und herzegowinische Gebiete). In Griechenland ließ Hitler eine deutschfreundliche Regierung zu. Aus Mangel an verfügbaren Kräften begnügte sich Berlin hier mit der Besetzung strategisch bedeutsamer Gebiete: nahe der türkischen Grenze, um Saloniki und Athen, auf Kreta endlich. Den weitaus größten Teil des Landes aber überließ Hitler seinem Freund Mussolini[27].

Zur Beherrschung des eroberten Raumes glaubten die Deutschen nicht mehr als sieben, noch dazu personell und materiell sehr schwache Divisionen, zu benötigen. Alle kampfkräftigen Verbände hingegen zog das Oberkommando des Heeres an die Ostfront ab. Ansonsten wollte sich Hitler künftig auf die Truppen der verbündeten Italiener, Bulgaren und Kroaten in Südosteuropa verlassen.

Was der Bevölkerung in den eroberten Gebieten bevorstand, hatte sich bereits angekündigt, noch ehe der erste Schuß fiel. Abgesehen von der grundsätzlich feindseligen Haltung, die Hitler und seine Umgebung speziell der serbischen Volksgruppe entgegenbrachte, ergingen auch gezielte Weisungen an die Truppe, wie sie sich künftig in Jugoslawien zu verhalten hätte: »Jede Nachsicht – auch bei Gefangenen« sei zu vermeiden, so liest man in einem Merkblatt an die bereitgestellten Verbände, weil der »serbische Soldat [...] zäh, roh und gefühllos« kämpfe. Nach einem weiteren Befehl des Oberkommandos der Wehrmacht sollten selbst serbische Offiziere »ausgemacht schlecht behandelt« werden. Ihnen hatte der deutsche Militärattaché in Jugoslawien nach dem Putsch von Belgrad ohnehin nur »Sturheit und Dummheit« attestiert. Wenn auch der Gesandte des Reiches in Jugoslawien, von Heeren, diesen Vorurteilen entgegentrat und alles versuchte, in Berlin eine andere Sicht zu erwirken, vermochte er es letztlich nicht, sich mit seinen Argumenten durchzusetzen.

Auch was die Behandlung der Zivilbevölkerung anlangte, so planten die Deutschen ebenfalls schon vor Kriegsausbruch rigorose Maßnahmen gegen sie: Gleich nach Beginn der Kampfhandlungen, so ein Befehl des Oberkommandos des Heeres, sollten »besonders wichtige Einzelpersonen« ergriffen werden. Darunter verstanden die Offiziere sowohl »Emigranten und Juden« als auch »Kommunisten und Terroristen«. Die an den Operationen beteiligten Armeen wurden aufgefordert, bei Aktionen gegen die Zivilbevölkerung mit den deutschen Polizeiorganen (SiPo und SD) zusammenzuarbeiten[28]. All dies trug sicherlich dazu bei, künftighin nicht nur den Blick und das Gefühl für eine menschliche, völkerrechtlich vertretbare Perspektive in der Besatzungspolitik zu verstellen, sondern hinderte die Deutschen oftmals daran, das pragmatisch Vernünftige, das zum eigenen Nutzen Sinnvolle, zu tun.

Der Widerstand gegen die Besatzer und ihre einheimischen Helfer begann bald nach dem Ende der offiziellen Kampfhandlungen mit Überfällen und Revolten. Nicht nur die von Anfang an rüde Behandlung der Serben durch die Deutschen, auch die Verhältnisse in »Groß-Kroatien« hatten den Untergrund mobilisiert. Dort unternahmen, mit stillschweigender Duldung deutscher und italienischer Militärs, kroatische Ustascha-Verbände entsetzliche Ausrottungs- und Vertreibungsaktionen hauptsächlich gegen Serben und Bosniaken, denen Hunderttausende zum Opfer fielen. Die Partisanentätigkeit wurde aber auch durch den schnellen Abzug deutscher Truppen begünstigt. Sie fanden keine Zeit mehr zu einer gründlichen Entwaffnung der ehemaligen jugoslawischen Armee. Massenweise fiel deshalb Kriegsmaterial in die Hände der Aufständischen. Hinzu kam, daß die jugoslawischen Völkerschaften auf eine lange Tradition des Widerstandes gegen viele Eroberer in ihrer Geschichte zurückblikken konnten. Das befähigte sie offenbar wie kaum ein anderes Volk dazu, den Partisanenkampf langfristig, unter Inkaufnahme hoher Opfer, zu führen[29].

Auf einen Guerillakrieg indessen waren die Deutschen zunächst nicht recht vorbereitet. Hatten sie doch ihre Besatzungsverwaltung vornehmlich danach ausgerichtet, kriegsentscheidende Ressourcen jetzt gründlicher denn je auszubeuten. Zwar bedeckte bald ein dichtes Netz von Kommandanturen, Sicherungsverbänden, Polizei- und Einsatzgruppen unter einem Militärbefehlshaber das Land, mit ernsthaften Kämpfen gegen Aufständische aber rechnete anfangs kaum jemand.

Noch während sich die an der Eroberung Jugoslawiens beteiligten Divisionen Ende April 1941 zum Abtransport sammelten, kam es zu ersten gravierenden Überfällen, bei denen deutsche Soldaten getötet und verletzt wurden. Die verantwortlichen Kommandeure nahmen die Zwischenfälle zum Anlaß, ihre Truppen künftighin zu »rücksichtsloser Schärfe« bei jeglichem Widerstand aufzufordern. Partisanen seien an Ort und Stelle zu erschießen, Gefangene von Standgerichten abzuurteilen. Sollten gar »bewaffnete Banden« auftauchen, müßten nicht nur ihre Mitglieder, sondern alle in der Nähe ergriffenen verdächtigen Männer getötet werden. Zur Abschreckung seien die Erschossenen aufzuhängen, »ihre Leichen [...] hängen zu lassen«. Weiter hieß es in einem Befehl: »In jeder von Truppen belegten Ortschaft des gefährdeten Gebiets sind sofort Geiseln (aus allen Bevölkerungsschichten!) festzunehmen, die nach einem Überfall zu erschießen und aufzuhängen sind«. Als erste Vergeltungsmaßnahme, so der Oberbefehlhaber der 2. Armee, von Weichs, in einer öffentlichen Bekanntmachung, hätten die Besatzungstruppen 100 Serben erschossen. Bei weiteren Überfällen würden sie ebenso verfahren[30]. Diese bereits Ende April verfügten Maßnahmen und Ankündigungen bildeten gleichsam das Grundmuster für die Verhaltensweise der Besatzungsmacht während der kommenden Monate und Jahre.

Nach dem Abzug der meisten Divisionen in den folgenden Wochen übernahmen Polizei- und Sicherungsverbände den Kampf gegen die sich ausweitende Revolte — mit wenig Erfolg, wie sich schnell zeigte. Ja, es schien, als ob brutale Aktionen der Besatzer sogar eine Zunahme der Überfälle bewirkten. Obwohl bis August 1941 bereits etwa 1000 Kommunisten, oder was man dafür ausgab, aber auch zahllose Juden getötet worden waren, hielt der Aufstand an. Er weitete sich noch aus, als nur wenige Wochen nach dem Angriff auf die Sowjetunion neben die bislang eher nationalen Widerstandsgruppen nun auch die kommunistischen Partisanen Titos traten. Der Militärbefehlshaber in Serbien erließ zwar Ende Juli 1941 Rahmenrichtlinien, nach denen nur Geiseln zu erschießen seien, die in direktem Zusammenhang mit der zu sühnenden Tat standen — sich also etwas mehr an völkerrechtliche Regeln zu halten. Die in seinem Bereich agierenden Dienst- und Kommandobehörden scherten sich um diesen Befehl freilich wenig und töteten weiterhin wahllos vorher festgenommene Personen. Wie hätte man auch die aus ganz Mitteleuropa vor den Deutschen auf den Balkan geflüchteten Juden je mit den Überfällen der Serben in Verbindung bringen können? Hohe Repräsentanten der Besatzungmacht waren aber der Meinung, mit solchen Untaten die »Judenfrage«, wie es im NS-Jargon hieß, am schnellsten lösen zu können[31].

Anfang August 1941 mußte der Militärbefehlshaber jedoch eingestehen, daß sich trotz allen Terrors die Aufstandbewegung nicht auslöschen ließ. Er wandte sich deshalb hilfesuchend an das Oberkommando der Wehrmacht, zusätzliche Polizei- und Sicherheitsorgane nach Serbien zu verlegen. Dazu waren die Deutschen indes nicht mehr in der Lage, mußten sie doch immer größere Kontingente zur Unterdrückung der Bevölkerung in den eroberten

Gebieten Osteuropas, vor allem der Sowjetunion, bereitstellen. Hitler und Keitel forderten deshalb dazu auf, den Widerstand hauptsächlich mit Truppen der Wehrmacht niederzuringen. Hierfür fehlten im Südosten aber ebenfalls die nötigen Verbände. Nach Überfällen konnten sich die Partisanen deshalb stets dem Zugriff der wenigen Divisionen entziehen und entkamen in schwer zugängliche Gebiete. Aus Enttäuschung darüber brannten die Besatzer oftmals Dörfer nieder und erschossen ihre Bewohner, was wiederum den Kreis der Partisanen vergrößerte.

Aus diesem gegenseitigen Hochschaukeln von Überfällen und brutalsten Repressionen schien es keinen Ausweg zu geben. Einen modus vivendi anzustreben und, wie die Italiener, mit den Partisanen regelrechte Abkommen zu schließen, lehnten Hitler und Keitel kategorisch ab[32]. Vielmehr setzten sie auch weiterhin auf bloße Gewalt, insbesonders als es im Spätsommer 1941 so aussah, als könnten sich ihre wenigen Truppen in Serbien nicht mehr lange halten.

Inspiriert wohl durch die unbeugsame Haltung Hitlers und des OKW entwarfen List, als Wehrmachtbefehlshaber Südost der Dienstvorgesetzte des Militärbefehlshabers Serbien, vor allem aber sein Chef des Generalstabes Foertsch, ein umfangreiches Szenario zur Aufstandsbekämpfung. Es lief im Grunde darauf hinaus, die Partisanen durch »verschärften Druck auf die Bevölkerung« in die Knie zu zwingen. Bisherige Repressalien sollten nun im großen Stil durchgeführt und darüberhinaus auch Familienangehörige von Aufständischen festgesetzt und in KZs verbracht werden. Gleichzeitig forderte der Wehrmachtbefehlshaber Südost die Zuführung einer Kampfdivision sowie die fundamentale Änderung der Befehlsverhältnisse in Serbien. Militärverwaltung und Truppenkommando, bislang getrennt, sollten künftig in der Hand eines »Bevollmächtigten Kommandierenden Generals« die gesamte vollziehende Gewalt in Serbien übernehmen. Dies zusammengenommen bedeutete aber nichts weniger als das völlige Scheitern der deutschen Besatzungspolitik, denn Serbien war, nach Verwirklichung dieser Absichten, de facto wiederum zum Kriegsgebiet geworden[33].

Unmittelbar danach kam es unter dem Befehl des neuen Kommandierenden Generals zu weiträumigen Operationen gegen die Partisanen mit anschließenden Plünderungen und Massenerschießungen von Serben und Juden. Nur dort, wo wirtschaftliche Belange wahllose Exekutionen nicht sinnvoll erscheinen ließen, entgingen manchmal wenigstens die Serben den Tötungskommandos. Für die Juden indes gab es, waren sie einmal inhaftiert, kein Entrinnen. Bis Ende Oktober 1941 hatten die Deutschen nahezu alle in ihrem Gewahrsam befindlichen Juden umgebracht[34].

Zwar ebbte die Revolte aufgrund der brutalen Methoden gegen Bevölkerung und Partisanen Ende 1941 ab, aber bereits im Januar des darauffolgenden Jahres flammte sie im benachbarten Bosnien, später auch in Montenegro und der Herzegowina erneut auf, veranlaßte die Besatzungsmacht wiederum zu Operationen mit immer umfangreicheren Kräften. Einen starken logistischen Auftrieb erhielten die Truppen Titos — der sich allmählich gegen alle anderen Gruppen durchzusetzen verstand — als im Herbst 1943 Italien den Krieg beendete und zahlreiche Waffen und Versorgungsgüter italienischer Truppen und Dienststellen in die Hände der Partisanen fielen. Ganze Regionen kontrollierten von nun an die Brigaden Titos, richteten lokale Verwaltungen ein, regelten das Schulwesen und die Versorgung der Bevölkerung. Vor allem aber vermittelten sie den Völkern des ehemaligen Jugoslawien die Idee von einer Konföderation gleichberechtigter Regionen. Dieser Zukunftsperspektive vermochten die Deutschen nichts auch nur annähernd Gleichwertiges entgegenzusetzen[35].

Griechenlands Kampf gegen die italienischen und deutschen Besatzer begann mit einiger Verzögerung erst 1942. Selbst dann jedoch erreichte er nicht das Ausmaß und die Bedeutung des Partisanentätigkeit in Jugoslawien. Das lag einmal an Problemen des Nachschubs, der Organisation und Rekrutierung, zum anderen aber auch daran, daß in Griechenland verschiedene Widerstandsgruppen gegeneinander kämpften. Die Besatzungsmächte verstanden es zeitweise, diese Schwäche geschickt für sich zu nutzen. Erst Mitte 1943, als die Deutschen gezwungen waren, Truppen anderen Kriegsschauplätzen zuzuführen, und wenig später die Italiener aufgaben, eskalierte der Aufstand. Auch hier reagierten die Deutschen mit großangelegten Operationen, denen Plünderungen, Geiselerschießungen und das Einäschern ganzer Ortschaften folgten. Allein im Zeitraum von Juni 1943 bis Juni 1944 töteten die Besatzungstruppen nach eigenen Berichten 20 650 Partisanen, oder was sie dafür ausgaben, nahmen weitere 25 728 gefangen, erschossen 4785 Geiseln und deportierten schließlich die jüdischen Bewohner Griechenlands in deutsche Vernichtungslager. Wie in Serbien, verstärkten die Reaktionen der Besatzer den Willen vieler Griechen, sich dem Widerstand anzuschließen. Dazu animierte sie schon der desolate wirtschaftliche Zustand des Landes, denn deutsche Ausplünderungsmaßnahmen hatten hier bald zu Inflation und Hungersnöten geführt, deren schlimmste Auswirkungen allein durch die Hilfe des Internationalen Roten Kreuzes etwas gelindert werden konnten[36].

### *Resumée*

Wenn nach den Gründen des deutschen Verhaltens in Jugoslawien und Griechenland gefragt wird, so muß zunächst die Ideologie der Nationalsozialisten und ihrer Gefolgschaft in die Überlegungen einbezogen werden. Hatten sie doch Völkern und Rassen jeweils verschiedene Wertigkeiten zugeordnet. Danach rangierten die Slawen am untersten Ende der Skala. Ihnen fühlten sich die Deutschen sowohl kulturell als auch technisch-zivilisatorisch weit überlegen. Im speziellen Fall Serbien kamen langgehegte Ressentiments hinzu, die sich aus dem Beginn des Ersten Weltkrieges herleiteten. Der Feldzug gegen Jugoslawien und die anschließenden Operationen zur Unterdrückung des Widerstandes nahmen deshalb oft den Charakter wahrer Vergeltungs- und Racheakte an. Bemerkenswert ist auch die Tendenz, vom OKW kommende Befehle nicht nur getreulich auszuführen, sondern noch zu verschärfen. Die Geiselmorde an den Juden, um nur ein Beispiel zu nennen, waren ursprünglich nicht von Berlin intendiert. Daß in Südosteuropa überdurchschnittlich viele ehemalige Österreicher höchste Positionen in der Hierarchie der Besatzungsmacht einnahmen, mag dabei eine gewisse Rolle gespielt haben. Sie fühlten sich von den Deutschen kritisch beobachtet und suchten offenbar durch besonders brutales Verhalten Linientreue zu beweisen. Mehr als marginale Bedeutung darf indes diesem Umstand nicht beigemessen werden, denn generell läßt sich kein Unterschied zwischen den Verhaltensweisen von Deutschen und »Ostmärkern« in Südosteuropa ausmachen.

In den Befehlen zur Partisanenbekämpfung kam vielmehr ein ganz anderer Gesichtspunkt zum Vorschein, der die zunehmende Brutalität eher erklären könnte: Die Deutschen, ob nun Wehrmachtangehörige oder nicht, fanden sich — nach beispiellosen politischen und militärischen Erfolgen — erstmals in der Rolle von Unterlegenen und Gedemütigten, als sie der Aufstandsbewegung nicht mehr Herr wurden und für alle sichtbar als Besatzungsmacht kläglich versagten. Noch dazu widerfuhr ihnen die Niederlage von einem Volk, das sie zutiefst verachteten. All dies führte fast zwangsläufig zu immer unsinnigeren Maßnahmen gegen Partisanen und Bevölkerung gleicherweise.

Den Griechen indes brachten die Deutschen zunächst Hochachtung entgegen, was mit ihrer bravourösen Kampfführung und den Kulturleistungen der Antike zusammenhing. Aber auch hier bekam letztlich das Ansehen der Wehrmacht einen höheren Stellenwert zugesprochen. Als »Dreckvolk« bezeichnete ein Divisionskommandeur Ende 1943 die Griechen — nach zahlreichen Partisanenüberfällen — in einem Befehl. Ihre »verlogene Haltung« sei allein die Ursache für manche »Fehlgriffe« der Besatzungsmacht[37].

Alternative Sichtweisen tauchten zwar auf, sie blieben aber Ausnahmefälle. Ihre Verfechter vermochten es nicht, sich gegen die von Hitler und dem OKW gestützte Absicht durchzusetzen, alle Probleme in Südosteuropa mit immer menschenverachtenderen Methoden zu lösen. Dennoch bleibt festzuhalten, daß selbst Verstöße gegen höchste Befehle, die mitunter zur Rettung von Festgenommenen führten, selten streng geahndet wurden. Sie endeten kaum je vor Kriegsgerichten, sondern hatten meist nur eine mehr oder minder ernste Verwarnung zur Folge. Kopf und Kragen riskierte man also, bei geschickter Verfahrensweise, nicht von vornherein[38]. Am eingangs festgestellten Bild der deutschen Besatzungspolitik änderten solche Einzelfälle freilich nichts. Sie blieben die absolute Ausnahme.

## Anmerkungen

1 Gerd Schreiber, Deutschland, Italien und Südosteuropa, in: Das Deutsche Reich und der Zweite Weltkrieg, Bd 3, Stuttgart 1984, S. 309; Johann Wuescht, Jugoslawien und das Dritte Reich. Eine dokumentierte Geschichte der deutsch-jugoslawischen Beziehungen von 1933 bis 1945, Stuttgart 1969, S. 79 ff.

2 Jürgen Förster, Rumäniens Weg in die deutsche Abhängigkeit. Zur Rolle der deutschen Militärmission 1940/41, in: Militärgeschichtliche Mitteilungen 1/79, S. 47f; Schreiber (wie Anm.1) S. 278 f.; Hans-Joachim Hoppe, Die Balkanstaaten Rumänien, Jugoslawien, Bulgarien. Nationale Gegensätze und NS-Großraumpolitik, in: Innen- und Außenpolitik, Opladen 1977, S. 161—175, hier S. 169; zu den Gewinnern gehörte eigentlich auch Griechenland, das keine territorialen Ansprüche an seine nördlichen Nachbarn stellte.

3 Vgl. Griff nach Südosteuropa. Neue Dokumente über die Politik des deutschen Imperialismus und Militarismus gegenüber Südosteuropa im zweiten Weltkrieg, hrsg. und eingel. von W. Schumann, Berlin (Ost) 1973, S. 16 f.; zur deutschen Politik in der Zeit der Weimarer Republik gegenüber Südosteuropa; dazu auch Förster (wie Anm. 2), S. 47 f.

4 Roland Schönfeld, Deutsche Rohstoffsicherungspolitik in Jugoslawien 1934—1944, in: Vierteljahrshefte für Zeitgeschichte (VfZG), 24 (1976), S. 215—258, hier S. 215, 223 und 231; Griff nach Südosteuropa (wie Anm. 3) und Hoppe (wie Anm. 2), S. 161 ff.; und Holm Sundhaussen, Geschichte Jugoslawiens 1918—1980, Stuttgart 1982, S. 93 ff.

5 Griff nach Südosteuropa (wie Anm. 3) S. 30; Wilhelm Treue, Das Dritte Reich und die Westmächte auf dem Balkan. Zur Struktur der Außenhandelspolitik Deutschlands, Großbritanniens und Frankreichs 1933—1939, in: VfZG, 1 (1953), S. 45—64, hier S. 54; und Wuescht (wie Anm. 1) S. 82.

6 Zur Bildung autoritärer Regime in Südosteuropa und der Rolle von Rechtsextremisten vgl. Schreiber (wie Anm. 1); Peter F. Sugar (Hrsg.), Native Fascism in the Successor States, 1918—1945, Santa Barbara, Cal. 1971, dort vor allem die Beiträge von D. Djordjević (Jugoslawien), G. Ránki (Ungarn) und E. Turczynski (Rumänien); sowie Hoppe (wie Anm. 2), S. 173.

7 Vgl. Andreas Hillgruber, König Carol und Marschall Antonescu. Die deutsch-rumänischen Beziehungen 1938—1944, Wiesbaden 1954, S. 23; Sundhaussen (wie Anm. 4), S. 102; sowie Adalbert Toth, Ungarn — Revision im Bündnis mit Deutschland, in: Innen- und Außenpolitik (wie Anm. 2), S. 151. Die Abkehr der Westmächte vom Balkan traf allerdings auf Griechenland nicht zu; auch gingen Frankreich und England im Sommer und Herbst 1939 Bündnisse mit der Türkei ein, vgl. Schreiber (wie Anm. 1), S. 338 f., und Wuescht (wie Anm. 1), S. 116.

8 Dazu diente letztlich auch der deutsch-sowjetische Nichangriffsvertrag, in dem Ribbentrop wahrheitswidrig das »völlige Desinteressement an diesen Gebieten«

(Südosteuropa, d. Verf.) bekundet hatte, vgl. Akten zur deutschen auswärtigen Politik 1918–1945 (ADAP), Serie D, Bd VII, Dok. 229, S. 207.

9 Vgl. dazu Schreiber (wie Anm. 1), S. 354.

10 Vgl. Andreas Hillgruber, Hitlers Strategie, Politik und Kriegführung 1940–1941, München 1982, S. 274 und 353 f.; Franz Halder, Kriegstagebuch. Tägliche Aufzeichnungen des Chefs des Generalstabes des Heeres, 1939–1942 (KTB), 3 Bde, Stuttgart 1962–1964, Bd II, S. 32 f. (22.7.1940) u. S. 49 (31.7.1940); Schreiber (wie Anm. 1); und Detlef Vogel, Das Eingreifen Deutschlands auf dem Balkan, in: Das Deutsche Reich, Bd 3, S. 417 (wie Anm. 1).

11 ADAP, D, Bd XI,1, Dok. 118 und Klaus Ohlshausen, Die deutsche Balkanpolitik 1940–1941, in: Hitler, Deutschland und die Mächte, S. 713; sowie Ahmet Donlagić, Atanackovic Zarko, Plenča Dušan, Jugoslawien im Zweiten Weltkrieg, Belgrad 1967, S. 28.

12 Förster (wie Anm. 2), S. 55 f.

13 Ebd. S. 47–77.

14 Zum Überfall Italiens auf Griechenland und den Maßnahmen Großbritanniens vgl. Schreiber (wie Anm. 1), S. 368–414, und Vogel (wie Anm. 10); dazu auch: Great Britain. Cabinet Office. Principle War Telegrams and Memoranda 1940–1943. Middle East, Bd I–III, Nendeln 1976, hier: I, Hist (B) 1, Nr. 7, S. 6 f. (3.11.1940); Nr. 6, S. 5 (1.11.1940); Nr. 4 (31.10.1940) und Nr. 5, S. 4 (1.11.1940).

15 Vgl. Schreiber (wie Anm. 1), S. 318 und 351 f., und Toth (wie Anm. 7), S. 149.

16 Vgl. dazu und zu den folgenden Ausführungen: Vogel, (wie Anm. 10), S. 419 ff.

17 Vgl. dazu: Griff nach Südosteuropa, Dok. 26, S. 112 f.

18 ADAP, D, Bd XII, Dok. 189, S. 268, Aktenvermerk Botschafter Ritter vom 21.3.1941.

19 Vgl. Vogel (wie Anm.10), S. 436 ff.

20 Ebd. S. 483 und Anm. 152 f.

21 Ebd. S. 442–447.

22 Ebd. S. 448 ff. und 458 f.; dazu auch Kriegsarchiv Wien, Nachlaß Löhr, B 521, fol. 20, Erfahrungsbericht Kampfgeschwader 2, Ia, Nr. 1206/41 vom 9.5.41; dort steht u.a. über die Luftangriffe auf Belgrad: »Die 50 kg Sprengbombe hat sich für die Zerstörung eines größeren Stadtteils im Verein mit der Brandbombe hervorragend bewährt«. Die Schätzungen über die Todesopfer der Bombardierungen schwanken zwischen 1500 und 30 000, vgl. Vogel (wie Anm. 10) Anm. 7.

23 Vgl. zu den Kämpfen in Jugoslawien, Griechenland und der Eroberung von Kreta: Vogel (wie Anm. 10), sowie zu den Verlustzahlen: ders., Probleme sanitätsdienstlicher Versorgung in der Endphase deutscher Blitzkriege. Balkanfeldzug und Eroberung von Kreta, in: MGM, 45 (1989).

24 Vgl. ebd. Bei der Eroberung von Kreta traten folgende Verluste auf deutscher Seite auf: 2000 Tote, 1880 Vermißte und 2600 Verwundete, die Verluste bei der Eroberung von Jugoslawien und Griechenland: 1100 Tote und 4000 Verwundete und Vermißte; die Empire-Truppen: 11 800 Tote, Verwundete und Gefangene, nach Kurt von Tippelskirch, Der deutsche Balkanfeldzug 1941, in: Wehrwissenschaftliche Rundschau, 5 (1955), S. 49–65, hier S. 64.

25 Vgl. F. H. Hinsley, British Intelligence in the Second World War, Bd 1, London 1979, S. 411 ff.

26 Die Operationen im Südosten, Vortrag OKW/Abt. L, vom 5.5.1941, S. 24, Bundesarchiv-Militärarchiv (BA-MA), RW 4/v. 662.

27 Zur Aufteilung Jugoslawiens vgl. Deutschland im zweiten Weltkrieg, Autorenkollektiv, Berlin 1975, Bd 1, S. 141 ff.; und Walter Manoschek, Hans Safrian,

Österreicher in der Wehrmacht, in: NS-Herrschaft in Österreich, Wien 1988, S. 331—360, hier S. 339 f.

28 Vgl. Richtlinien für das Verhalten der Truppe in Jugoslawien, o. D., BA-MA, RH 20—12/397; Halder, KTB II, S. 357 (9.4.1941); OKW/A Ausl/Abw/I Nr.0675/41, Außen- und militärpolitische Nachrichten, vom 31.3.1941, BA-MA,RW 5/v. 354 (Äußerung deutscher Militärattaché); ADAP, D, Bd XII,1, Dok. 259, S. 367 f. (Aufzeichnung von Heeren am 3.4.1941); sowie OKH/GenStdH (GenQu/Abt) Kriegsverwaltung Nr. II/0308/41 vom 2.4.1941, BA-MA, RH 31—1/v. 23.

29 Dazu Manoschek, Safrian (wie Anm. 27), S. 343; Sundhaussen (wie Anm. 4); und Paul Hehn, The German Struggle Against Yugoslav Guerrillas in World War II, New York 1979, S. 21; zu den Vertreibungen der Serben: Lagebericht Verw. St. b. Befh. Serbien vom 6.10.41, danach wurden insgesamt 161 414 Serben gezwungen, nach Altserbien auszuwandern, BA-MA, RW 40/187.

30 Griff nach Südosteuropa (wie Anm. 3), Dok. 34, S. 123 f., und Nürnberger Dok., NOKW-1151, Ob d. 2. Armee vom 28.4.1941; wo die Serben erschossen wurden, geht aus dem Dokument nicht hervor.

31 Vgl. Bericht der Internationalen Historikerkommission (Waldheim-Report), in: Profil Nr. 7, Wien 1988, S. 5; Christopher Browning, Wehrmacht Reprisal Policy and the Mass Murder of Jews in Serbia, in: MGM, 33 (1983), S. 31—47, hier S. 31 ff. und 39; Hillgruber, Hitlers Strategie (wie Anm. 10), S. 471; Griff nach Südosteuropa (wie Anm. 3), Dok. 48, S. 139 f.

32 Vgl. Hehn (wie Anm. 29), S. 141, und Lothar Gruchmann, Der Zweite Weltkrieg, München, [8]1985, S. 275; Sundhaussen (wie Anm. 4), S. 128 f. (zum Verhältnis Italiener-Partisanen und deutschen Reaktionen darauf); zur Lage der Besatzungsmacht im Spätsommer 1941: Höh. Kdo. LXV, Ia, Nr. 520/41, vom 28.8.41 an Wehrmachtbefh. Südost, S. 170 ff., BA-MA, RW 40/5.

33 Vgl. Manoschek, Safrian (wie Anm. 27), S. 344 f.; Browning (wie Anm. 31), S. 31 ff., und Griff nach Südosteuropa (wie Anm. 3), Dok. 47, S. 138 f.; Waldheim-Report (wie Anm. 31), S. 5; zur Umstellung von der Besatzungs- zur Kampftruppe vgl. Befh. Serbien, Nr. 144/41, vom 11.8.41 an Höh. Kdo LXV, S. 42 ff., BA-MA, RW 40/5.

34 Bis Dezember 1941 wurden in Serbien 3562 Personen als Partisanen und 11 164 als Geiseln getötet, in KZs nochmals 558 ermordet; die deutschen Verluste dabei: 120 Tote und 278 Verwundete vgl. Manoschek, Safrian (wie Anm. 27), S. 350; Hehn (wie Anm. 29), S. 69; Browning (wie Anm. 31).

35 Im April 1944 befanden sich im Südosten unter dem Kommando der Heeresgruppe E und der 2. Panzerarmee: 10 AKs mit 17 Divisionen und ca. 11 Regimentern; dazu kamen noch zahlreiche Verbände anderer Völkerschaften, vgl. Schematische Kriegsgliederungstafeln 1944, MGFA; zur Entwicklung Ende 1941, Anfang 1942: Hehn (wie Anm. 29), S. 84 f., Gruchmann (wie Anm. 32), S. 275 f.

36 Vgl. Gruchmann (wie Anm. 32), S. 278 f.; Griff nach Südosteuropa (wie Anm. 3), S. 231 ff.; Deutschland im zweiten Weltkrieg, Bd 3, 1977 (wie Anm.27), S. 382 f.; und: Bandenwesen in Griechenland, Feindverluste vom Juni 43 — Juli 44, HGr.E.,BA-MA, RH 19 VII/54.

37 Vgl. 117. Jg. Div., Kdr, Ia, Nr. 1435/43 vom 9.12.43, S. 6 und Nr. 1793/43 vom 18.12.43, S. 9, BA-MA, RH 26-117/16; Griff nach Südosteuropa (wie Anm. 3), Dok. 33, S. 123 und Dok. 47, S. 138 f.; sowie Browning (wie Anm. 31), S. 35 und 38 (zu Ansehen und Vergeltung); Manoschek, Safrian (wie Anm. 27), S. 346 ff. (zu den Verschärfungen von Befehlen des OKW).

38 Vgl. »Waldheim-Report« (wie Anm. 31), S. 18 f.; dort wird z.B. von einem Hauptmann berichtet, der sogenannte »Kommando-Angehörige«, die dem SD übergeben werden mußten (was nahezu einem Todesurteil gleichkam), dem Schweizer Roten Kreuz meldete, so daß sie überleben konnten.

Rainer Zitelmann

# Zur Begründung des »Lebensraum«-Motivs in Hitlers Weltanschauung

Die Frage, ob eher kurzfristige militärstrategische oder langfristige »programmatische« Zielsetzungen ausschlaggebend für Hitlers Entschluß zum Angriff auf die Sowjetunion waren, ist in der Forschung umstritten[1]. Jene Historiker, die die »programmatische« Komponente in der Entschlußbildung Hitlers hervorheben, betonen insbesondere die enge Verknüpfung von »rassenideologischen« und außenpolitischen Zielsetzungen in Hitlers Weltanschauung. Vorherrschend ist die Sichtweise von Andreas Hillgruber, wonach »die militärische Eroberung Rußlands zwecks Gewinnung neuen ›Lebensraums‹ und die Ausrottung der Juden in Hitlers Programm wie in seiner [...] Realisierung untrennbar verknüpft waren.« Wesentlich zum Verständnis der Weltanschauung und Politik Hitlers sei die Einsicht in diesen »rassenideologische[n] Kern des Programms«[2]. Die Erklärung des »Lebensraum«-Programms habe von Hitlers »rassenideologische[m] Dogma« vom »jüdischen Bolschewismus« auszugehen[3].

Anhand zahlreicher Hitler-Äußerungen sucht Hillgruber nachzuweisen, Hitler sei von der »fixen« Vorstellung ausgegangen, der Bolschewismus stelle eine Herrschaft der Juden über die slawischen Massen in Sowjetrußland dar. Diese These vom »jüdischen Bolschewismus«, an der Hitler auch nach 1933 festgehalten habe, liefere den Schlüssel zum Verständnis der inneren Verknüpfung der »rassenideologischen« und der außenpolitischen Ziele des Diktators.

In der Tat können ohne Mühe — vor allem in Hitlers Buch »Mein Kampf« und seinen anderen frühen Reden und Schriften — Belege für die These vom »jüdischen Bolschewismus« gefunden werden. Ob Hitler jedoch auch noch in den Jahren 1940/41, als er den Entschluß zum Angriff auf die Sowjetunion fällte, an diese These glaubte, ist mehr als zweifelhaft.

Vieles spricht eher dafür, daß Hitler zu diesem Zeitpunkt seine ursprüngliche Sicht Stalins und der Sowjetunion in einem entscheidenden Punkt revidiert hatte. Während er früher den »internationalistischen« (»jüdischen«) Charakter des Bolschewismus betont hatte, erklärte er Anfang August 1939 gegenüber dem ungarischen Außenminister, es sei durchaus möglich, »daß der Bolschewismus sich einen nationalen Helm aufsetze«[4]. In einem Gespräch mit Sven Hedin am 4. März 1940 vertrat Hitler die Ansicht:

»Stalin mache überhaupt eine Wandlung durch. Er sei nicht mehr der internationale Bolschewist, sondern zeige sich absolut als nationaler Russe und verfolge im Grunde genommen genau dieselbe naturgegebene nationalrussische Politik des Zaren[5].

Am 8. März 1940 erklärte Hitler in einem Antwortbrief auf ein Schreiben Mussolinis vom 3. Januar 1940:

»Rußland erlebt seit dem endgültigen Siege Stalins ohne Zweifel eine Wandlung des bolschewistischen Prinzips in Richtung auf eine nationale russische Lebensform[6].«

Zehn Tage später sagte Hitler in einem Gespräch mit dem »Duce«:

»Stalin sei ein absoluter Autokrat, und wenn man statt Stalin 1940 einen russischen Zaren von 1540 setze, so habe sich eigentlich nichts geändert. Auch die Juden würden in immer größerem Ausmaße von den Zentralstellungen der russischen Verwaltung herausgedrängt [...] So hätte der Bolschewismus seinen moskowitisch-jüdischen und internationalen Charakter abgelegt und wäre zu einem slawischen Moskowitertum geworden[7].«

Sicherlich hatten solche Äußerungen auch die Funktion, Bedenken des italienischen Bündnispartners gegen den deutsch-sowjetischen Pakt vom August 1939 zu zerstreuen. Hitler sah sich gezwungen, das Zusammengehen mit der Sowjetunion zu rechtfertigen. Die taktische Komponente seiner Argumentation ist insofern offensichtlich, als Hitler in Wahrheit nicht bereit war, aus seiner veränderten Sichtweise Stalins einen Verzicht auf seine Lebensraum-Pläne abzuleiten. Der Befund als solcher – abgesehen von den Schlüssen, die er aus diesem zu ziehen vorgab – entsprach jedoch Hitlers Überzeugungen. So äußerte er sich am 12. Januar 1940 auch in einem Gespräch mit Goebbels in ähnlichem Sinne:

»Der Führer meint, der Bolschewismus sei die dem Slawentum heute entsprechende Staatsorganisation [...] Stalin sei ein moderner Iwan der Schreckliche oder meintswegen [sic!] auch ein Peter der Große. Und daß das Land nicht lache, das habe es unter den Zaren auch nicht getan. Nur sei seit damals die regierende Oberschicht verschwunden und durch typische Slawen ersetzt worden[8].«

Dafür, daß Hitler *wirklich* von einer inneren Wandlung der Sowjetunion überzeugt war – die taktische und situationsbedingte Funktion seiner Äußerungen mithin nicht überbewertet werden sollte – spricht vor allem, daß er auch noch *nach dem Angriff auf die Sowjetunion an seiner neuen Beurteilung Stalins festhielt*. So erklärte er am 5./6. Januar 1942 in einem seiner nächtlichen Tischgespräche:

»Stalin steht da als der Mann, welcher der bolschewistischen Idee zum Sieg zu verhelfen gedachte. In Wirklichkeit ist er nur Rußland, die Fortsetzung des zaristischen Panslawismus! Der Bolschewismus ist ihm ein Mittel zum Zweck: Vor den germanischen und romanischen Völkern dient er als Tarnung[9].«

Am 23. März 1942 meinte er, »man müsse das an Stalin schätzen, daß er ›den Juden‹ an die Kunst nicht heranlasse«[10]. Am 24. Juli 1942 erklärte Hitler:

»Auch Stalin habe Ribbentrop gegenüber keinen Hehl daraus gemacht, daß er nur auf den Augenblick des Heranreifens genügend eigener Intelligenz in der UdSSR warte, um mit dem heute noch von ihm benötigten Judentum als Führungsschicht Schluß zu machen[11].«

Am 24. August 1942 sagte er, Stalin habe die Juden nur »benutzt, um die Intelligenz der Ukraine zu beseitigen«. Dann jedoch habe er »Züge von Juden nach Sibirien geschickt«[12]. Rückblickend erklärte Hitler am 26. Februar 1945, er habe geglaubt, Stalin habe sich als »Realist« von den »Eierschalen der nebulösen marxistischen Ideologie« befreit,

»die nur als Opium weiterhin für fremde Völker in Reserve gehalten wurde. Die Brutalität, mit welcher die jüdische Intelligenz liquidiert wurde, nachdem sie den Zweck, das zaristische Reich zu zersetzen, erfüllt hatte, schien diese Annahme zu unterstreichen. Ich mußte annehmen, daß Stalin rechtzeitig Vorsorge dafür hatte tragen wollen, daß diese jüdischen Intellektuellen nicht auch das ihm vorschwebende großrussische Reich ansteckten — jenes panslawistische Ziel, das ja im Grunde nur die geistige Erbfolge Peters des Großen antritt[13].«

Wann Hitler zu dieser Neueinschätzung Stalins und der Sowjetunion gelangt war, ist nicht mit Sicherheit zu sagen. Schon in seinem 1928 verfaßten »Zweiten Buch« hatte er die *Möglichkeit* einer entsprechenden Entwicklung in Rußland angedeutet:

»Allerdings wäre es denkbar, daß in Rußland selbst ein innerer Wandel innerhalb der bolschewistischen Welt insoferne eintritt, als das jüdische Element vielleicht durch ein mehr oder minder russisches nationales verdrängt werden könnte[14].«

In den kommenden Jahren blieb Hitler gegenüber einer solchen Entwicklungsmöglichkeit gleichwohl sehr skeptisch[15]. Gegen die in »völkischen« Kreisen verbreitete Ansicht, Stalin habe sich vom »Juden« emanzipiert und betreibe eine national-russische Politik, verwahrte sich Hitler ganz entschieden. Diese »positive« Sichtweise Rußlands war in den Kreisen der »Konservativen Revolution« weit verbreitet. Für die Anhänger dieser in Deutschland damals einflußreichen intellektuellen Strömung war Rußland nicht der »marxistische« Staat, sondern eher ein vorbildhaftes Beispiel für die Wiedererweckung nationaler Werte.

»Die lebendige Wirklichkeit triumphierte in Rußland über die trockene Theorie, die russische Eigenart überwand nach und nach die westlichen Fremdkörper ›Petrinismus‹ und Marxismus[16].«

Den Konflikt zwischen Stalin und Trotzki hatte Hitler in den Jahren 1929 und 1930 noch als bloßes »Scheingefecht« gewertet. Den am 23. Januar 1937 eröffneten Prozeß gegen Grigorij Pjatakow, Karl Radek und andere »trotzkistische Verräter« sah er jedoch möglicherweise schon als Ausdruck eines Kampfes Stalins gegen »die Juden«. Goebbels notierte am 25. Januar 1937 in seinem Tagebuch:

»In Moskau wieder Schauprozeß. Diesmal wieder ausschließlich gegen Juden. Radek etc. Führer noch im Zweifel, ob nicht doch mit versteckter antisemitischer Tendenz. Vielleicht will Stalin doch die Juden herausekeln. Auch das Militär soll stark antisemitisch sein[17].«

Spätestens ab Ende 1939 hatte Hitler jedoch — wie wir gezeigt haben — mit Sicherheit seine These vom »jüdischen Bolschewismus« revidiert. Hillgruber weist darauf hin, daß Hitler in seinen Reden weiterhin an der Formel vom »jüdischen Bolschewismus« festhielt[18], doch dies spricht nicht gegen den Befund, daß Hitler diese Auffassung revidiert hatte. Bei öffentlichen Äußerungen Hitlers ist nämlich immer die propagandistische Absicht, die er verfolgte, mit zu berücksichtigen. Wie auch zahlreiche andere Beispiele (z.B. seine Haltung zu Francos Spanien, zum italienischen Faschismus oder auch zu den deutschen Sozialdemokraten und Kommunisten[19]) zeigen, gab es oft eine erhebliche Diskrepanz zwischen öffentlichen und nicht-öffentlichen Äußerungen Hitlers. Daß er weiterhin die These vom »jüdischen Bolschewismus« in seinen Reden vertrat, ist noch kein Beleg dafür, daß er auch selbst daran glaubte.

Diese Propagandastrategie entsprach vielmehr seinem schon in »Mein Kampf« entwickelten Grundsatz:

»Überhaupt besteht die Kunst aller wahrhaft großen Volksführer zu allen Zeiten in erster Linie mit darin, die Aufmerksamkeit eines Volkes nicht zu zersplittern, sondern immer auf einen einzigen Gegner zu konzentrieren. Je einheitlicher dieser Einsatz des Kampfwillens eines Volkes stattfindet, um so größer wird die magnetische Anziehungskraft einer Bewegung sein und um so gewaltiger die Wucht des Stoßes. Es gehört zur Genialität eines großen Führers, selbst auseinanderliegende Gegner immer als nur zu einer Kategorie gehörend erscheinen zu lassen, weil die Erkenntnis verschiedener Feinde bei schwächlichen und unsicheren Charakteren nur zu leicht zum Anfang des Zweifels am eigenen Rechte führt[20].«

Hitler kämpfte in Wahrheit gegen sehr verschiedene Feinde: gegen die westlichen Demokratien und gegen die kommunistische Sowjetunion. Es war also erforderlich, einen »gemeinsamen Nenner« zu finden, der diese beiden Gegner als »zu einer Kategorie gehörend« erscheinen lassen konnte. Hier bot sich die Behauptung von den Zwillingsbrüdern des »jüdischen Bolschewismus« und des »jüdischen Kapitalismus« an, die Hitler schon in der Zeit vor der Machtergreifung propagandistisch verwertet hatte.

Welche Folgerungen ergeben sich aber aus dem Befund, daß Hitler seine These vom »jüdischen Bolschewismus« revidiert hatte? William Carr, der als einer der wenigen Historiker die »ideologische Neubewertung« des Bolschewismus durch Hitler konstatierte, meint:

»Die geschilderte Episode wirft zumindest einige Zweifel auf die Hypothese, Hitler habe von 1939 bis 1941 unablässig und konsequent das gleiche alte ideologische Ziel verfolgt.«

Der Angriff auf Rußland sei weniger Ausdruck einer

»feste[n] Absicht, ›Lebensraum‹ zu erobern [gewesen], sondern eher eine spontane Reaktion auf eine neue Lage, die die strategischen und wirtschaftlichen Interessen Deutschlands auf dem Balkan bedrohte[21].«

Dominierten demnach die »kurzfristigen« militärstrategischen Motive gegenüber den »langfristigen« programmatisch fixierten Zielvorstellungen des Diktators? Sicherlich spielten beide Komponenten eine wichtige Rolle für Hitlers Entschluß, die Sowjetunion anzugreifen. Carrs *Relativierung* der programmatischen Komponente könnte jedoch nur dann überzeugen, wenn Hitler sein Ziel, Lebensraum in Rußland zu erobern, primär aus seinen rassenideologischen Ideen abgeleitet hätte. Wenn wir uns eingehender mit der Frage befassen, *warum* Hitler »neuen Lebensraum« in Rußland erobern wollte und *wie er diese Forderung begründete*, zeigt sich jedoch, daß — was Hitlers *langfristige Zielvorstellungen* angeht — ökonomische Überlegungen im Vordergrund standen[22].

Wenn die Argumentation nachvollzogen wird, die Hitler in »Mein Kampf«, dem »Zweiten Buch« sowie seinen Reden und Aufsätzen — vor wie nach der »Machtergreifung« — zu der Forderung führte, das deutsche Volk müsse neuen Lebensraum im Osten erobern, stößt man auf eine immer gleich bleibende Herleitung: Eine Grundbedingung menschlicher Existenz ist nach Hitlers Ansicht der »Lebensraum« eines Volkes, also eine ganz bestimmte Grundfläche, die die Ernährungsgrundlage im weitesten Sinne (d.h. landwirtschaftliche Nutzflächen, Rohstoffe, Energiequellen etc.) abgibt. Diese Grundfläche bildet gleichsam die Basis und begrenzt die wirtschaftlichen Möglichkeiten. In dem gegebenen »Lebensraum« lebt eine bestimmte Anzahl von Menschen, wobei diese Zahl natürlich nicht statisch ist, sondern unter normalen, d.h. »gesunden« Bedingungen ständig steigt. Auf einer gewissen Entwicklungsstufe gerät die begrenzte Grundfläche in Widerspruch zur steigenden Volkszahl.

»Wenn ein Volk einen zu beengten Lebensraum hat, d.h. wenn ein Volk gewisse Bodenschätze nicht besitzt, wenn der Boden für seine Ernährung zu beengt ist, dann führt das dazu und zwar (sic!) einer bestimmten Not[23]. Not, Elend, soziale Erkrankungen, endlich auch natürliche Erkrankungen, sie alle folgern aus diesem Mißverhältnis heraus[24].«

Wenn einmal ein Mißverhältnis zwischen den Faktoren »Lebensraum« und »Volkszahl« eingetreten sei, gebe es verschiedene Möglichkeiten, hierauf zu reagieren. Hitler setzte sich vor allem mit der »Strategie der wirtschaftsfriedlichen Eroberung der Welt«, also einer exportorientierten Wirtschaftspolitik, auseinander. Er hielt eine solche Politik für eine nur scheinbare Lösung des Problems der Inkongruenz von Lebensraum und Volkszahl.

Der Erste Weltkrieg habe gezeigt, daß auch eine exportorientierte Wirtschaftspolitik letztlich zum Kriege führen müsse. Wie auch viele seiner Zeitgenossen war Hitler der Ansicht, die eigentliche Ursache des Ersten Weltkrieges habe in der Handelskonkurrenz zwischen England und Deutschland gelegen. So erklärte er in einer Rede am 26. Mai 1920 die Ursache des Weltkrieges damit, daß

»England [...] den deutschen Wettbewerb auf dem Weltmarkt zu fürchten begann [...] England [hat] aber [...] kein Mittel gehabt, Deutschland friedlich niederzubringen, und so schritt es zum Mittel der Gewalt[25].«

Eine wirtschaftsexpansive Politik stoße jedoch nicht nur auf den Widerstand anderer Wirtschaftsnationen, sondern sei auch deshalb als langfristige Strategie zur Lösung des Widerspruchs von »Lebensraum« und »Volkszahl« ungeeignet, weil der Weltabsatzmarkt zunehmend schrumpfe. In Anlehnung an damals verbreitete nationalökonomische Theorien[26] ging Hitler davon aus, daß die Industrialisierung der Agrarländer zu einer zunehmenden Erschwerung der Absatzmöglichkeiten für die »alten« Industrieländer führen müsse. In einer Rede am 6. August 1927 führte Hitler diesen Gedanken aus:

»Dann gibt es noch eine Möglichkeit [um den Widerspruch zwischen Lebensraum und Volkszahl zu lösen, der Verf.], nämlich den Warenexport. Allein, diese Möglichkeit ist eine trügerische; nicht nur Deutschland geht dieser Industrialisierung entgegen und ist zu dieser Industrialisierung gezwungen, genau so auch England, Frankreich und Italien. Und in letzter Zeit tritt auch Amerika in die Reihe dieser Konkurrenten ein, und das Schwierigste ist nicht die sogenannte Steigerung der Produktion, wie man bei uns immer sagt, sondern das Schwierigste ist die Steigerung des Absatzes. Das ist heute das Problem auf dieser Welt, auf dieser Welt, die sich selbst überall industrialisiert, die um diese Märkte ringt.«

Die wirtschaftlichen Schwierigkeiten Deutschlands müßten immer größer werden,

»weil erstens die Weltkonkurrenz von Jahr zu Jahr noch größer wird und zweitens, weil die übrigen Staaten selbst sich industrialisieren, denen wir bisher Produkte geliefert haben, und weil der Rohstoffmangel uns von vornherein in eine immer ungünstigere Lage bringt, gegenüber den anderen Staaten und Völkern dieser Erde[27].«

Hinzu komme noch, daß eine exportorientierte Wirtschaftspolitik das schon bestehende Ungleichgewicht in der Entwicklung von Landwirtschaft und Industrie verstärke und zu einer Vernichtung des Bauernstandes führen müsse.

Die Strategie der »wirtschaftsfriedlichen Eroberung der Welt«, so folgerte Hitler, sei aus all diesen Gründen illusionär und nicht geeignet, die wirtschaftlichen Probleme Deutschlands auf die Dauer zu lösen. Man solle vielmehr den »direkten Weg« gehen, und das Mißverhältnis zwischen Lebensraum und Volkszahl durch die Eroberung von neuem Boden beseitigen. In seinem »Zweiten Buch« erklärte Hitler:

»Die Vermehrung der [Volks-]Zahl könnte nur wettgemacht werden durch eine Vermehrung, also Vergrößerung des Lebensraumes [...] Ja, man kann füglich sagen, daß der ganze Lebenskampf eines Volkes in Wahrheit überhaupt nur darin besteht, [...] für die steigende Volkszahl den notwendigen Grund und Boden als allgemeine Ernährungsvoraussetzung zu sichern [...] Es gibt nun im Völkerleben einige Wege, das Mißverhältnis zwischen Volkszahl und Grundfläche zu korrigieren. Der natürlichste ist der einer Anpassung des Bodens von Zeit zu Zeit an die gewachsene Volkszahl. Dies erfordert Kampfentschlossenheit und Bluteinsatz[28].«

Bekanntlich erklärte Hitler in »Mein Kampf« und seinem »Zweiten Buch«, die Erweiterung des Lebensraums des deutschen Volkes könne nur auf Kosten Rußlands erfolgen. Hätte Hitler seine Forderung nach der »Erweiterung des Lebensraums« und dem hierzu notwendigen Krieg gegen Rußland nur in »Mein Kampf« und seinen frühen Reden erhoben, so könnte man sie in der Tat als Phantastereien abtun, die keine Erklärung für sein späteres Handeln ermöglichten[29]. Dem ist jedoch nicht so. Zu den zahlreichen Zeugnissen, die die Kontinuität dieser Zielsetzung Hitlers auch *nach 1933* belegen, sind inzwischen auch die Tagebuch-Aufzeichnungen von Joseph Goebbels hinzugekommen[30].

Zwei grundlegende Dokumente, die immer wieder als Belege für Hitlers Kriegswillen angeführt werden, zeigen den zentralen Stellenwert der ökonomischen Komponente der Hitlerschen »Lebensraum«-Forderung. In seiner im August 1936 erstellten »Denkschrift zum Vierjahresplan« stellte er der deutschen Wirtschaft die Aufgabe, »in 4 Jahren kriegsfähig [zu] sein«. Er betonte, daß die Substitution und synthetische Herstellung von Rohstoffen zwar eine »*vorübergehende* Entlastung« bringen, jedoch keineswegs eine grundlegende und langfristige Lösung der ökonomischen Probleme Deutschlands bedeuten könne. Entscheidend sei es, »jene Maßnahmen zu treffen, die für die *Zukunft* eine *endgültige* Lösung [...] bringen können«. Mit »endgültiger Lösung« meinte Hitler die »Erweiterung des Lebensraums bzw. der Rohstoff- und Ernährungsbasis unseres Volkes«. Es sei »die Aufgabe der politischen Führung, diese Frage dereinst zu lösen«[31].

Auf der sogenannten »Hoßbach«-Konferenz, auf der Hitler am 5. November 1937 seine bekannte Ansprache vor den führenden Militärs hielt, diskutierte er noch einmal jene Strategien, die zur Behebung der ökonomischen Probleme Deutschlands in Frage kämen. Wiederum kam er auf das Theorem von der »Schrumpfung der Märkte« zurück:

»Beteiligung an der Weltwirtschaft: Ihr seien Grenzen gezogen, die wir nicht zu beheben vermöchten [...] Insbesondere sei grundsätzlich zu bedenken, daß seit dem Weltkriege eine Industrialisierung gerade früherer Ernährungsausfuhrländer stattgefunden habe.«

Eine Autarkie sei jedoch auf der Basis des begrenzten Lebensraums nur in einigen Bereichen realisierbar. Hitlers Folgerung lautete,

»die einzige, uns vielleicht traumhaft erscheinende Abhilfe läge in der Gewinnung eines größeren Lebensraums, ein Streben, das zu allen Zeiten die Ursache der Staatenbildungen und Völkerbewegungen gewesen sei[32].«

Am 10. Februar 1939 hielt Hitler eine Ansprache vor den Truppenkommandeuren in Berlin. Ihm gehe es darum, wie er eingangs erklärte,

»1. die nationalsozialistischen Grundgedanken vor den Spitzen der deutschen Wehrmacht zu erörtern, wie man das aus verständlichen Gründen vor der Öffentlichkeit nicht tun kann, 2. aber auch bestimmte Vorgänge besonders zu erläutern, die Gründe darzustellen, die zu diesem Handeln und zu diesen Entschlüssen geführt haben und führen mußten und endlich daraus die Folgerungen abzuleiten, die sich nicht nur damals, sondern auch für die Zukunft ergeben[33].«

Auch in dieser Rede kam Hitler auf das Problem des Verhältnisses von Lebensraum und Volkszahl zu sprechen:

»Ich komme aber zu einem anderen Faktor, der der entscheidendste ist, und dies ist der Lebensraum selbst. Und dies ist der zwingendste Faktor für den Lebensstandard und für die Ausgestaltung des Lebensstandards und besonders für die Aufrechterhaltung des Lebensstandards. Was kann aus einem zur Verfügung stehenden Lebensraum nun wirklich geschaffen werden [...]? Zunächst ist dies ein Problem der Bodenschätze, der Fruchtbarkeit, zweitens aber selbstverständlich auch ein Problem der Besiedlungsdichte [...] Es ist gänzlich gleichgültig, wer in Deutschland regieren würde, jedes Regime hat zur Kenntnis zu nehmen, daß hier 140 Menschen auf dem Quadratkilometer leben, die von diesem Boden nicht ernährt werden können und auch nicht mit den sonstigen notwendigen Rohstoffen zu versorgen sind[34].«

Im Verlauf seiner weiteren Ausführungen setzte sich Hitler mit den möglichen Lösungsstrategien für diesen Widerspruch auseinander, um sie letztlich alle zu verwerfen.

»Damit blieben nur zwei Wege übrig. Der eine Weg ist der, durch einen sich steigernden Export den notwendigen Import an Lebensmitteln und den dabei ja nun auch nebenbei notwendigen Rohstoffen zu sichern, und der zweite Weg ist der, statt die Volkszahl an den Lebensraum anzupassen, den Lebensraum an die Volkszahl anzupassen. Es ist der Weg, den alle großen Völker der Welt bisher gegangen sind. Welcher Weg der ist, der mir persönlich vorschwebt, das brauche ich Ihnen gar nicht im einzelnen und in den Gründen zu erklären. Ich kenne nur diesen zweiten Weg[35].

Ich habe mir vorgenommen, die deutsche Frage zu lösen, d.h. das deutsche Raumproblem zu lösen. Nehmen Sie es zur Kenntnis, daß, solange ich lebe, daß dieser Gedanke mein ganzes Dasein beherrschen wird. Seien Sie weiter der Überzeugung, daß, sowie ich glaube, in irgendeinem Augenblick einen Schritt hier vorwärts zu kommen, daß ich dann augenblicklich immer handeln würde, daß ich dabei auch vor dem Äußersten nie zurückschrecken werde, weil ich der Überzeugung bin, daß so oder so diese Frage gelöst werden muß[36].«

Hitlers »Lebensraum«-Konzept wurde oft im Zusammenhang mit einer angeblichen antimodernistischen »Reagrarisierungs-Ideologie« gedeutet. Diese Interpretation geht vor allem auf Henry Turner zurück. In seinem Beitrag über »Faschismus und Anti-Modernismus«, der die Forschung in hohem Maße beeinflußte, schreibt Turner:

»Um die Probleme des hochindustrialisierten Deutschland im 20. Jahrhundert zu heilen, verordneten sie [Hitler, Himmler, Rosenberg und Darré, die Turner gemeinsam einer antimodernistischen Richtung in der NSDAP zuordnet, der Verf.] eine Wiederbelebung der kultischen Verehrung von Blut und Boden. Sie wollten einen großen Teil des deutschen Volkes aus der industriellen Welt befreien, und ihm eine Rückkehr zum einfachen Leben auf dem Lande ermöglichen[37].«

Hitler habe, so führt Turner an anderer Stelle aus, »während der Jahre, in denen er die Macht in einem der fortgeschrittensten Industrieländer der Welt anstrebte, das Wirtschaftsleben letzten Endes mit agrarischen Begriffen«

betrachtet[38]. Er belegt diese These hauptsächlich mit Hitlers »Lebensraum«-Konzept, das im Dienste einer »Reagrarisierung« gestanden habe. Die Gewinnung von Lebensraum im Osten habe für Hitler »einen einseitig agrarpolitischen Zweck« gehabt. Es fänden sich in Hitlers Schriften keine Hinweise darauf, »daß Hitler in diesem Zusammenhang auch umfassendere wirtschaftliche Überlegungen anstellte und z.B. die Möglichkeiten der Energie- oder Rohstoffgewinnung berücksichtigte«[39].

Angesichts einer Fülle von Äußerungen Hitlers, die zeigen, daß er dem Rohstoffproblem eine zentrale Bedeutung beimaß und den zu erobernden Lebensraum auch und gerade als Rohstoff- und Energiequelle sah, verwundert diese Behauptung.

Schon in seinem »Zweiten Buch« befaßte er sich mit dem Rohstoffproblem. Hitler erklärte, daß schon vor dem Krieg »die Rohstoffversorgung mancher Industrien [...] auf ernste Schwierigkeiten [stieß]« und nur aus dem Ausland, d.h. durch den Import besorgt werden konnte[40] — ein Weg, den er bekanntlich ablehnte. Den Erwerb neuen Bodens sah Hitler als den besten Weg an, um dieses Problem zu lösen. Die Größe des Lebensraums der USA, vor allem der Reichtum an Rohstoffen, so argumentiert er an einer anderen Stelle in seinem »Zweiten Buch«, bedinge deren ökonomische Überlegenheit. Die Zukunft Deutschlands in seinen jetzigen Grenzen müsse aber, »besonders angesichts der Beschränktheit unseres eigenen Rohstoffmaterials und der dadurch bedrohlichen Abhängigkeit von anderen Ländern, als sehr trübe und traurig erscheinen«[41]. Hitler sah die Bedeutung Rußlands auch unter dem Aspekt der Energiegewinnung. Er betonte, daß Rußland

»Besitzer von Ölquellen [ist], denen heute die gleiche Bedeutung zukommt, wie Eisen- und Kohlengruben sie im vergangenen Jahrhundert besessen haben[42].«

Diese Äußerungen belegen, daß der Faktor »Rohstoffe« schon sehr früh einen wichtigen Stellenwert in Hitlers Denken einnahm. In einer Rede am 10. Oktober 1928 beschäftigte er sich wiederum mit der »Bedeutung des Bodenproblems« und untersuchte die Gründe für die ökonomische Überlegenheit der USA und deren höheren Lebensstandard. Die Ursache hierfür liege keineswegs in der Wirtschaftsordnung der USA, sondern einfach in der Tatsache, daß Amerika

»genügend Weizenboden, genügend Naturschätze, riesenhafte Waldungen, riesenhafte Erzlager, riesenhafte Kohlengebiete, riesenhafte Ölquellgebiete [besitze: ...] kurz und gut, Amerika ist das Land der ungeheuren Bodenschätze[43].«

Wenn Hitler auf das Problem des Mißverhältnisses von Volkszahl und Lebensraum zu sprechen kam, so beklagte er keineswegs nur das Fehlen landwirtschaftlicher Anbauflächen, sondern ebenso die »fehlenden Rohstoffe«, die nun aus dem Ausland eingeführt werden müßten[44].

Hitler wandte sich verschiedentlich gegen die Vorstellung, allein eine Neugestaltung der Wirtschaftsordnung könne die ökonomischen Probleme Deutschlands lösen, die seiner Ansicht nach primär aus der unzureichenden Grundfläche resultierten:

»Der Mensch lebt nicht von Ideen, sondern von Getreide und Korn, von Kohle, Eisen, Erzen, lauter Dinge, die im Boden liegen [...] Es ist nicht ein Problem der Wirtschaft an sich, sondern des Bodens[45].«

Diese und ähnliche Bemerkungen verdeutlichen, daß Hitler, wenn er von dem Mißverhältnis zwischen Ernährungsgrundlage und Volkszahl sprach, dies keineswegs nur auf das Fehlen landwirtschaftlicher Anbauflächen bezog, sondern ebenso auf das Fehlen lebenswichtiger Rohstoffe. »Boden« stand bei Hitler für beide Faktoren. Am 3. Juli 1931 erklärte Hitler, der derzeitige Lebensraum sei

»zu arm an Bodenschätzen, die die heutige Industrie als Rohstoffe benötigt, mit anderen Worten, der beengte Lebensraum wird uns immer und immer wieder zwingen, nach Abhilfe zu suchen[46].«

Ebenfalls im Jahre 1931 begründete er gegenüber dem Leiter der Wirtschaftspolitischen Abteilung der NSDAP, Otto Wagener, sein Konzept der Lebensraum-Eroberung im Osten mit der fehlenden Rohstoffbasis Deutschlands. Wagener berichtet, Hitler habe ihm gegenüber erklärt:

»Und außerdem braucht Europa, um im Entscheidungskampf mit Amerika bestehen zu können, das Getreide, das Fleisch, das Holz, die Kohle, das Eisen und das Öl Rußlands[47].«

Es ließe sich eine Fülle ähnlicher Zitate hinzufügen, die belegen, daß Hitler den zu erobernden Lebensraum im Osten auch und gerade als Rohstoffquelle sah. Entsprechende Äußerungen sind auch für die Zeit der militärischen Planung des Rußland-Krieges (und für die Zeit danach) nachzuweisen. Den Oberbefehlshabern erläuterte Hitler am 9. Januar 1941:

»Der russische Raum berge unermeßliche Reichtümer. Deutschland müsse ihn wirtschaftlich und politisch beherrschen, jedoch nicht angliedern. Damit verfüge es über alle Möglichkeiten, in Zukunft auch den Kampf gegen Kontinente zu führen, es könne dann von niemand mehr geschlagen werden[48].«

Die ökonomische Zielrichtung des Rußland-Feldzuges wurde auch von führenden Militärs in den Jahren 1940/41 ausgiebig erörtert. Dabei ist allerdings zwischen (»kurzfristigen«) kriegswirtschaftlichen und (»langfristigen«) konzeptionellen Überlegungen zu unterscheiden. Letztere spielten eine Rolle in den am 28. Juli 1940 von dem Chef des Stabes der Seekriegsleitung, Konteradmiral Fricke, vorgelegten Betrachtungen über Rußland. Die Sicherheit Deutschlands, so führte er aus, verlange nach »möglichst autarkischer Wirtschaft, zumal der im Kriege lebenswichtigen Güter (z.B. Öl, Nahrungsmittel)«. Dazu benötige man Rohstoffe und Absatzmöglichkeiten. Für beides sei Rußland »denkbar gut geeignet«. Auch hinsichtlich des geplanten Aufbaus einer europäischen Großraumwirtschaft unter deutscher Führung fielen die »natürlich gegebenen Ergänzungsmöglichkeiten zwischen Deutschland und Rußland auf fast allen Gebieten des wirtschaftlichen Lebens« zwangsläufig immer wieder ins Auge[49]. In einer Anfang August 1940 fertiggestellten militärgeographischen Studie über das europäische Rußland wurde auf die Bedeutung der Industriezentren Moskau und Leningrad sowie auf die Ukraine als dem landwirtschaftlich wie industriell wertvollsten Teil der Sowjetunion hingewiesen. Die Besetzung dieser Regionen werde sich »besonders lohnen«. Rolf-Dieter Müller konstatiert:

»Damit war aber nicht so sehr an eine Schwächung der feindlichen Wehrkraft, sondern mehr noch an den Gewinn gedacht, den Deutschland auf längere Sicht aus der Verfügung über die landwirtschaftlichen Produkte und Rohstoffe dieses Raumes ziehen würde[50].«

Eine Denkschrift des Generals Thomas (Chef des Wehrwirtschafts- und Rüstungsamtes im OKW) widmete dem langfristigen ökonomischen Gewinn, der für Deutschland durch den zu erobernden Lebensraum in Rußland erzielt würde, breiten Raum. Laut Thomas hatte der Staatssekretär im Reichsernährungsministerium Herbert Backe dem »Führer« versichert, »daß der Besitz der Ukraine uns von jeder wirtschaftlichen Sorge befreien würde«[51]. Die Denkschrift von Thomas — wie auch andere Ausarbeitungen — wurden von Hitler als Bestätigung seiner Auffassungen gewertet.

Als nach dem Angriff auf die Sowjetunion die Möglichkeit einer Realisierung der Hitlerschen Ziele in unmittelbare Nähe gerückt schien, sprach er nicht nur von dem Vorhaben der Bauernansiedlung im Osten, sondern ebenso von den ungeheuren Perspektiven, die sich durch den Besitz der Rohstoff- und Energiequellen Rußlands aufzeigten. Im August 1941 hob Hitler die Bedeutung der russischen Eisenvorkommen hervor[52], im September des gleichen Jahres sprach er über die Bedeutung der in Rußland eroberten Erzgebiete[53]. Hitler bezeichnete Rußland in seinen Tischgesprächen ausdrücklich als »Rohstoff-Quelle und Absatzgebiet«[54].

Im Oktober 1941 sprach er wieder davon, daß der eroberte Lebensraum in Rußland die Autarkie für Europa ermöglichen werde:

»Wo finden wir ein Gebiet mit Eisen in der Hochwertigkeit des ukrainischen? Wo Nickel, Kohle, Mangan und Molybdän? Es sind das die Mangan-Quellen, von denen Amerika noch bezogen hat. Dazu die Möglichkeit, Öl- und Gummi-Pflanzen anzubauen! Bei 40 000 Hektar Anbaufläche ist unser ganzer Gummibedarf gedeckt[55].«

Hitler nannte die Ukraine ein »europäisches Indien« und erklärte:

»Aus dem Osten bringt uns kein Mensch mehr heraus! Wir hatten ein Kali-Monopol. Wir kriegen jetzt dazu ein Brot-Monopol, Kohle, Eisen, Holz[56].«

Im Februar 1942 erklärte er:

»Nur die Vernunft gebietet uns, nach dem Osten zu gehen [...] Im Osten gibt es Eisen, Kohle, Getreide, Holz[57].«

In einem Tischgespräch im August 1942 nannte er die Rohstoffe und Bodenschätze, die den Osten für ihn so wertvoll erscheinen ließen: »Holz haben wir genügend, Eisen unbegrenzt, die größten Manganerz-Vorkommen der Welt, Öl, da schwimmt alles[58]!« Wie beeindruckt Hitler von den russischen Rohstoffvorkommen war, kommt auch in einem Gespräch mit dem Führer der holländischen Nationalsozialisten, Mussert, zum Ausdruck:

»Gigantische Rohstoffe ständen dem Osten zur Verfügung, gleichgültig, ob man an die Landwirtschaft oder an Erze denke. Rußland sei zweifellos das reichste Land der Erde. Man brauche nur an die Eisenlager in Kertsch zu denken, an die Ölvorräte, an die seltenen Metalle usw. Außerdem stände Rußland der wichtigste Rohstoff zur Verfügung: der Mensch[59].«

Diese Äußerungen Hitlers belegen: Sicherlich sollte die Ukraine auch zur »Kornkammer Europas« werden, der zu erobernde Lebensraum hatte *auch* die Funktion eines agrarischen Ergänzungsgebietes. Eine mindestens ebenso große Bedeutung maß er jedoch den Bodenschätzen und Rohstoffen bei, dem Eisen, Nickel, Mangan, der Kohle und vor allem den Erdölquellen Rußlands, von denen er immer wieder sprach.

Neben den Funktionen eines agrarischen Ergänzungsgebietes sowie einer Rohstoff- und Energiequelle sah Hitler den Lebensraum in Rußland auch als Absatzmarkt. Werner Koeppen notierte z.B. folgende Äußerung Hitlers vom 18.9.1941: »Die Absatzmöglichkeiten auf dem russischen Markt mit Gebrauchs- und Fertigwaren werde der sächsischen Industrie einen ungeahnten Aufschwung geben[60].«

Hitlers Lebensraum-Konzeption war nicht — wie Henry Turner meint — Ausdruck seiner angeblichen antimodernistischen Reagrarisierungs-Ideologie. Die Rücksiedlung von Städtern auf das Land zum Zwecke der Bauernansiedlung lehnte er im übrigen ausdrücklich ab. Ein solches Unternehmen sei »vergebliche Mühe und hinausgeworfenes Geld«[61]. Zwar war die Bauernansiedlung *eine* Funktion des Lebensraums im Osten, doch sollte sie nicht die »Reagrarisierung« der deutschen Gesellschaft einleiten, sondern lediglich der Beseitigung der gestörten Proportionalität von Landwirtschaft und Industrie dienen und die Voraussetzung für die Bildung einer relativ autarken großeuropäischen Wirtschaftsordnung bilden. Die Eroberung der russischen Rohstoffquellen und Energieressourcen würde, so Hitlers Vision, einen ungeheuren Aufschwung der industriellen Produktion in Deutschland ermöglichen. Sein Vorbild war keineswegs eine mittelalterliche Agrargesellschaft, sondern die hochindustrialisierte und hochtechnisierte Wirtschaft der USA, die er einholen und überholen wollte[62].

Auch die Verwirklichung der sozialpolitischen Ideen Hitlers hing entscheidend von der Voraussetzung ab, die Ressourcen des russischen Raumes in den Dienst einer autarken, großeuropäischen Wirtschaftsordnung zu stellen. Wenn Hitler sich verschiedentlich gegen die — im übrigen durchaus seinem sozialpolitischen Programm entsprechenden — Forderungen der »Deutschen Arbeitsfront« wandte, dann deshalb, weil seiner Ansicht nach »aus unserer Lage nicht die Theorie, sondern nur die Macht herausführt«[63] und jetzt noch der »Raum [fehlt], um unser Volk zu ernähren«[64].

Zuammenfassend muß hervorgehoben werden, daß *wirtschaftliche* Überlegungen Hitlers Lebensraum-Forderung ganz wesentlich motivierten. In einem Tischgespräch am 10. Oktober 1941 erklärte er:

»Der Krieg ist zur Urform seines Daseins zurückgekehrt: An die Stelle von Völkerkriegen tritt aufs neue der Raumkrieg. Ursprünglich war der Krieg nichts als ein Kampf um den Futterplatz. Heute geht es wieder um die Naturschätze. Nach dem Willen der Schöpfung gehören sie dem, der sie sich erkämpft[65].«

Kriege, die nicht aus der Notwendigkeit motiviert waren, den Widerspruch zwischen »Volkszahl« und »Ernährungsgrundlage« zu beseitigen, lehnte Hitler hingegen ab. In solchen »unmotivierten« Eroberungskriegen sah er sogar die Ursache des Pazifismus.

»Völker auf unmöglicher Bodenfläche werden grundsätzlich, zumindest solange sie gesund geführt sind, stets das Bestreben haben, ihren Boden, mithin Lebensraum zu erweitern. Dieser ursprünglich nur in der Nahrungssorge begründete Vorgang erschien in seiner glücklichen Lösung so segensreich, daß er allmählich den Ruhm des Erfolges an sich erhielt. Das heißt, die Raumerweiterung, die ihren ersten Grund in reinen Zweckmäßigkeiten besaß, wurde im Laufe der Menschheitsentwicklung zur heroischen Tat, die dann auch stattfand, wenn die ursprünglichen Voraussetzungen oder Veranlassungen auch fehlten. Aus dem Versuch, den Lebensraum der gestiegenen Volkszahl anzupassen, wurden später unmotivierte Eroberungskriege, die in ihrer Nichtmotivierung den Keim zum späteren Rückschlag in sich trugen. Die Antwort darauf ist der Pazifismus. Es gibt auf der Welt einen Pazifismus, seit es Kriege gibt, die ihren Sinn nicht mehr in der Eroberung von Boden für die Ernährung eines Volkes hatten [...] Er wird wieder verschwinden, sowie der Krieg aufgehört hat, ein Instrument beute- oder machthungriger Einzelpersonen oder Völker zu sein, und sowie er wieder die letzte Waffe wird, mit der das Volk um das tägliche Brot ficht[66].«

Es wird deutlich, daß auch die Revision des Rußland-Bildes, die Hitler spätestens Ende 1939 vollzogen hatte, nichts an seinem Ziel der Eroberung von neuem »Lebensraum« in Rußland ändern konnte. In seinem »Zweiten Buch«, in dem er schon hypothetisch die Möglichkeit eines Wandels Rußlands erörterte[67], betonte er, daß auch unter dieser Voraussetzung ein Bündnis mit Rußland (wie es z.B. von der nationalsozialistischen Linken um die Straßer-Brüder damals gefordert wurde[68]) nicht möglich sei.

»Denn ganz gleich wie das Ende dieses Bündnisses sein würde, Deutschland könnte nicht zu einer endgültigen außenpolitischen Zielsetzung kommen. An der grundsätzlichen Lebensfrage, ja an der Lebensnot unseres Volkes würde damit nichts geändert werden. Im Gegenteil, Deutschland würde erst recht von einer einzig vernünftigen Bodenpolitik abgetrennt werden[69].«

Es sei deshalb ein

»Glück für die Zukunft, daß diese Entwicklung [der Sieg des Bolschewismus in Rußland, der Verf.] so stattgefunden hat. [Hierdurch sei ein] Bann gebrochen [...], der uns verhindert hätte, das Ziel der deutschen Außenpolitik dort zu suchen, wo es einzig und allein liegen kann: Raum im Osten[70].«

Der »jüdisch-bolschewistische« Charakter Rußlands war demnach nicht der eigentliche *Grund* für Hitlers programmatische Zielsetzung eines Krieges gegen Rußland. Er konnte allerdings eine — ganz unabhängig davon gefällte — Entscheidung zusätzlich begründen.

## Anmerkungen

1 Vgl. zu dieser Diskussion die Darstellungen von Ahmann, Förster, Schreiber, Ueberschär im vorliegenden Band.

2 Andreas Hillgruber, Die »Endlösung« und das deutsche Ostimperium als Kernstück des rassenideologischen Programms des Nationalsozialismus, in: Manfred Funke (Hrsg.), Hitler, Deutschland und die Mächte. Materialien zur Außenpolitik des Dritten Reiches, Düsseldorf 1978, S. 94—114, hier S. 98.

3 Andreas Hillgruber, Der Ostkrieg und die Judenvernichtung, in: ders., Die Zerstörung Europas. Beiträge zur Weltkriegsepoche 1914 bis 1945, Frankfurt, Berlin 1988, S. 313—338, besonders S. 313—319.

4 Akten zur deutschen Auswärtigen Politik 1918-1945, Serie D: 1937—1945, Baden-Baden 1950 ff. (zit.: ADAP, D), VI, Nr. 784 (8. August 1939).

5 Unterredung Hitlers mit dem schwedischen Forscher Sven Hedin am 4.3.1940, in: Andreas Hillgruber (Hrsg.), Staatsmänner und Diplomaten bei Hitler. Vertrauliche Aufzeichnungen über Unterredungen mit Vertretern des Auslandes 1939—1944, Bd I, Frankfurt/M. 1967, S. 78.

6 ADAP, D (wie Anm. 4), VIII, Nr. 663 (8.3.1940).

7 Gespräch Hitlers mit Mussolini am 18.3.1940, in: Hillgruber, Staatsmänner, Bd 1 (wie Anm. 5), S. 96.

8 Die Tagebücher von Joseph Goebbels. Sämtliche Fragmente. Hrsg. von Elke Fröhlich im Auftrag des Instituts für Zeitgeschichte und in Verbindung mit dem Bundesarchiv. Teil I: Aufzeichnungen 1924—1941, Bd 1: 27.6.1924—31.12.1930, Bd 2: 1.1.1931—31.12.1936, Bd 3: 1.1.1937—31.12.1939, Bd 4: 1.1.1940—8.7.1941, München u.a. 1987, hier: Bd 4, S. 12. Goebbels notierte am 13.3.1940: »Mit der Judenfrage werden die Bolschewiken auf ihre Weise fertig. Sie sind und bleiben Asiaten. Umso besser für uns. Stalin wird allmählich ein richtiger Panslawist« (ebd., S. 72). Zwei Tage später schreibt Goebbels: »Ob wohl Stalin allmählich auch die Juden liquidiert? Vielleicht nennt er sie nur, um die Welt zu täuschen, Trotzkisten« (ebd., S. 74).

9 Adolf Hitler. Monologe im Führerhauptquartier 1941—1944. Die Aufzeichnungen Heinrich Heims. Hrsg. von Werner Jochmann, Hamburg 1980, S. 180.

10 Henry Picker, Hitlers Tischgespräche im Führerhauptquartier, Wiesbaden 1983, S. 133.

11 Ebd, S. 457.

12 Hitler, Monologe (wie Anm. 9), S. 363.

13 Hitlers Politisches Testament. Die Bormann Diktate vom Februar und April 1945, Hamburg 1981, S. 116.

14 Hitlers Zweites Buch. Ein Dokument aus dem Jahr 1928. Eingeleitet und kommentiert von Gerhard L. Weinberg, Stuttgart 1961, S. 153.

15 Vgl. Illustrierter Beobachter, 9.2.1929, S. 64; 30.3.1929, S. 149; 11.1.1930, S. 21; 8.2.1930, S. 85.

16 Louis Dupeux, »Nationalbolschewismus« in Deutschland 1919—1933. Kommunistische Strategie und konservative Dynamik, München 1985, S. 219. Die konservativ-revolutionäre Sicht Rußlands beeinflußte auch den »linken« Flügel der NSDAP: Geoffrey Stoakes, Hitler and the Quest for World Dominion. Nazi Ideology and Foreign Policy in the 1920s, Leamington Spa u.a. 1986, S. 179 f.

17 Goebbels-Tagebücher (wie Anm. 8), Bd 3, S. 21, Eintragung vom 25.1.1937.

18 Hillgruber, Ostkrieg und Judenvernichtung (wie Anm. 3), S. 317.

19 Vgl. hierzu: Rainer Zitelmann, Hitler. Selbstverständnis eines Revolutionärs, Stuttgart [2]1989, S. 462—488.

20 Hitler, Mein Kampf. Zwei Bände in einem Band. Bd 1: Eine Abrechnung. Bd 2.: Die nationalsozialistische Bewegung, München 1939 (419.—423. Auflage), S. 129.

21 William Carr, Von Polen bis Pearl Harbor. Zur Entwicklung des Zweiten Weltkrieges, Hamburg u.a. 1987, S. 179. An einer anderen Stelle (S. 59) zitiert Carr die Liebmann-Aufzeichnung über Hitlers berühmte Ansprache vor Reichswehrgeneralen am 3.2.1933. Hitler hatte hier erklärt: »Wie soll pol. Macht, wenn sie gewonnen ist, gebraucht werden? Jetzt noch nicht zu sagen. Vielleicht Erkämpfung neuer Export-Mögl., vielleicht — und wohl besser — Eroberung neuen Lebensraums im Osten u. dessen rücksichtslose Germanisierung.« Carr meint, diese Äußerung zeige, daß Hitler die »Erkämpfung neuer Exportmöglichkeiten« für eine »realisierbare Alternative« gehalten habe, »d.h. die militärische Macht konnte in einem Akt der *Machtpolitik* benutzt werden, um die Nachbarn Deutschlands zur wirtschaftlichen Zusammenarbeit zu zwingen.« Dagegen spricht, daß Hitler in seinen Ausführungen erklärte, eine weitere »Steigerung der Ausfuhr« sei zwecklos, weil die »Aufnahmefähigkeit der Welt« begrenzt und die Produktion »überall übersteigert« sei. Einige kritische Anmerkungen zu der Interpretation Carrs finden sich in: Rainer Zitelmann, Adolf Hitler. Eine politische Biographie, Göttingen, Zürich 1989, S. 93 f.

22 Dies soll nicht heißen, daß nicht auch andere (außerökonomische) Motive eine Rolle spielten. Hingewiesen sei besonders die von Hitler schon in »Mein Kampf« (wie Anm. 20), S. 150, 728 ff., und im »Zweiten Buch« (wie Anm. 14), S. 102, hervorgehobene militärgeographische Bedeutung eines großen Lebensraums.

23 Hitler-Rede vom 3.7.1931, Stadtarchiv Erlangen III.220.H.1., S. 6.

24 Hitler-Rede vom 18.9.1928, Bundesarchiv Koblenz (BA), NS 26/55, Bl. 44.

25 Adolf Hitler, Sämtliche Aufzeichnungen 1905—1924. Hrsg. von Eberhard Jäckel zusammen mit Axel Kuhn, Stuttgart 1980, S. 135.

26 Vgl. hierzu: Eckart Teichert, Autarkie und Großraumwirtschaft in Deutschland 1930—1939. Außenwirtschaftspolitische Konzeptionen zwischen Wirtschaftskrise und Zweitem Weltkrieg, München 1984, S. 15, 86 f., 94.

27 Hitler-Rede vom 6.8.1927, BA, NS 26/52, Bl. 14. Die Bedeutung dieser Theorie von der »Schrumpfung der Märkte« im Rahmen der Hitlerschen Weltanschauung hat zuerst Peter Krüger herausgearbeitet: Zu Hitlers »nationalsozialistischen Wirtschaftserkenntnissen«, in: Geschichte und Gesellschaft, 6 (1980), S. 263—282.

28 Hitlers Zweites Buch (wie Anm. 14), S. 54.

[29] So etwa die These von A. J. P. Taylor, Erneute Betrachtungen, in: Gottfried Niedhart (Hrsg.), Kriegsbeginn 1939. Entfesselung oder Ausbruch des Zweiten Weltkrieges?, Darmstadt 1976, S. 29—51, hier besonders S. 46—49. Taylors Hitler-Bild ist sicherlich nicht überzeugend. Allerdings weist er selbst darauf hin, daß einige seiner Thesen zum Ausbruch des Zweiten Weltkrieges durchaus mit der Sichtweise jener Historiker vereinbar wären, die von Hitlers programmatischem Ziel der Lebensraumeroberung im Osten ausgehen: »Übrigens überrascht es mich, daß die Vertreter dieser Version meinem Buch [gemeint: »The Origins of the Second World War«, wo Taylor seine »revisionistische« Interpretation des Kriegsausbruchs 1939 entwickelte, der Verf.] keinen Beifall zollten. Denn, wenn Hitler einen großen Krieg gegen Sowjetrußland plante, so war sein Krieg gegen die westlichen Mächte ganz sicher ein Fehler« (ebd., S. 33).

[30] Vgl. Goebbels-Tagebücher (wie Anm. 8), Bd 3, Eintragungen vom 19.8.1935, 8.6.1936, 15.11.1936.

[31] Hitlers Denkschrift zum Vierjahresplan 1936. Dokumentation mit einer Vorbemerkung von Wilhelm Treue. In: Vierteljahrshefte für Zeitgeschichte, 3 (1955), H. 2, S. 184—210, hier: S. 206—210.

[32] Max Domarus, Hitler. Reden und Proklamationen 1932—1945. Kommentiert von einem deutschen Zeitgenossen, 2 Bde, Wiesbaden 1973, S. 750.

[33] Die Rede ist jetzt abgedruckt in: Klaus-Jürgen Müller, Armee und Drittes Reich 1933—1939, Paderborn 1987, S. 365—375, hier S. 365.

[34] Ebd., S. 367.

[35] Ebd., S. 368.

[36] Ebd., S. 373 f.

[37] Henry A. Turner, Faschismus und Anti-Modernismus, in: ders., Faschismus und Kapitalismus in Deutschland. Studien zum Verhältnis zwischen Nationalsozialismus und Wirtschaft, Göttingen $^{2}$1980, S. 157—182, hier S. 164.

[38] Henry A. Turner, Hitlers Einstellung zu Wirtschaft und Gesellschaft vor 1933, in: Geschichte und Gesellschaft, 1976, H. 1, S. 89—117, hier S. 93.

[39] Ebd., S. 94. Ähnlich: ders., Die Großunternehmer und der Aufstieg Hitlers, Berlin 1985, S. 96.

[40] Hitlers Zweites Buch (wie Anm. 14), S. 99.

[41] Ebd., S. 123.

[42] Ebd., S. 173.

[43] Völkischer Beobachter, Sondernr. vom 13.10.1928, Bayerisches Hauptstaatsarchiv, Presseausschnittsammlung 1172.

[44] Völkischer Beobachter, Nr.272 vom 22.11.1928, Rede vom 21.11.1928.

[45] Hitler-Rede vom 31.8.1930, BA, NS 26/57, Bl. 9.

[46] Hitler-Rede vom 3.7.1931, Stadtarchiv Erlangen III.220.H.1., Bl. 8.

[47] Otto Wagener, Hitler aus nächster Nähe. Aufzeichnungen eines Vertrauten 1929—1932. Hrsg. von H. A. Turner, Frankfurt, Berlin, Wien 1978, S. 296 f.

[48] Percy E. Schramm (Hrsg.), Kriegstagebuch des Oberkommandos der Wehrmacht 1940-1941. Teilband I. Zusammengestellt und erläutert von Hans-Adolf Jacobsen, München 1982, S. 258.

[49] Hier zit. nach: Rolf-Dieter Müller, Von der Wirtschaftsallianz zum kolonialen Ausbeutungskrieg, in: Das Deutsche Reich und der Zweite Weltkrieg, Bd 4, Stuttgart 1983, S. 98—189, hier S. 112. Vgl. auch ders., Das »Unternehmen Barbarossa« als wirtschaftlicher Raubkrieg, in: Gerd R. Ueberschär, Wolfram Wette (Hrsg.), »Unternehmen Barbarossa«. Der deutsche Überfall auf die Sowjetunion, Paderborn 1984, S. 173—196.

50 Rolf-Dieter Müller, Von der Wirtschaftsallianz (wie Anm. 49), S. 114.
51 Zit. ebd., S. 126.
52 Hitler, Monologe (wie Anm. 9), S. 59, Eintragung vom 19./20.8.1941.
53 Aufzeichnungen des persönlichen Referenten Rosenbergs, Dr. Werner Koeppen, über Hitlers Tischgespräche, BA, R/6/34a, Fol. 1-82, Bericht Nr. 31 vom 17.9.1941, Mittagstafel.
54 Hitler, Monologe (wie Anm.9), S. 70, Eintragung vom 25.9.1941. Rußland sollte allerdings, wie Hitler hinzufügte, »nicht ein Feld für industrielle Produktion« sein. Auch dies hat jedoch mit einer »Reagrarisierungsideologie« nichts zu tun, sondern ist nur im Zusammenhang mit Hitlers Kritik des Kapitalexports zu verstehen. Vgl. Zitelmann (wie Anm. 19), S. 345—349.
55 Hitler, Monologe (wie Anm. 9), S. 78, Eintragung: 13.10.1941.
56 Ebd., S. 110, Eintragung: 26./27.10.1941.
57 Ebd., S. 264, Eintragung: 4.2.1942.
58 Ebd., S. 336, Eintragung: 9.8.1942.
59 Niederschrift Martin Bormanns über eine Unterredung zwischen Hitler und Mussert, BA, NS 6/161, S. 4.
60 Koeppen-Vermerke (wie Anm. 53), Bericht Nr. 32, 18.9.1941, Mittagstafel.
61 Ebd., Bericht Nr. 40 vom 4.10.1941, Abendtafel.
62 Vgl. hierzu Zitelmann (wie Anm. 19), S. 355 ff.
63 So gibt Goebbels Hitlers in einem Gespräch geäußerte Ansicht wieder: Goebbels-Tagebücher (wie Anm. 8), Bd 3, S. 164, Eintragung vom 3.6.1937.
64 Ebd., S. 138, Eintragung vom 8.5.1937.
65 Hitler, Monologe (wie Anm. 9), S. 76.
66 Hitlers Zweites Buch (wie Anm. 14), S. 80.
67 Vgl. Zitat im vorliegenden Beitrag, S. 3.
68 Zu Hitlers Auseinandersetzung mit den außenpolitischen Vorstellungen der Straßer-Richtung vgl. Stoakes (wie Anm. 16), S. 174—191.
69 Hitlers Zweites Buch (wie Anm. 14), S. 155.
70 Ebd., S. 159.

Gerd R. Ueberschär

# »Der Pakt mit dem Satan, um den Teufel auszutreiben«

## Der deutsch-sowjetische Nichtangriffsvertrag und Hitlers Kriegsabsicht gegen die UdSSR*

### *Der »Schock« des Hitler-Stalin-Paktes*

Als Hitler am 23. August 1939 von Reichsaußenminister Joachim von Ribbentrop in Moskau mit Stalin und Molotov den deutsch-sowjetischen Nichtangriffsvertrag abschließen ließ, versetzte er nicht nur zahlreiche Regierungen und Diplomaten in den Hauptstädten Europas, sondern auch seine eigenen Parteigenossen und Diplomaten und besonders die »alten Kämpfer« der NSDAP in Verwirrung. Der »Schock des Hitler-Stalin-Paktes«[1] erreichte ebenso unvorbereitet auch viele im Untergrund gegen das NS-Regime kämpfende Gegner des Nationalsozialismus, die — wie beispielsweise Anhänger und Mitglieder von SPD und KPD — bislang fest der antifaschistischen Position der Sowjetunion vertraut hatten.

Während gerade die Anhänger des Kommunismus weitgehend im Ungewissen über Stalins Absichten gegenüber Berlin blieben und sogar die Mitglieder des Politbüros der KPdSU in Moskau von dem Kreml-Führer keine zusätzlichen Erläuterungen über diesen Pakt erhielten[2], bemühte sich Hitler persönlich, den eigens nach Berlin gerufenen NSDAP-Gauleitern und -Reichstagsabgeordneten seinen neuen politischen Kurs am 27. August 1939 in der Reichskanzlei zu erklären. Jahrelang hatten die Parteigenossen Hitlers die NS-Ideologie vom jüdischen Bolschewismus als Feind des Dritten Reiches vernommen. Und insbesondere die UdSSR galt als Hort des jüdischen Bolschewismus.

Angesichts der Moskau-Reise Ribbentrops und dessen Vertragsunterzeichnung stellte sich die Frage, ob die bisher propagierte Bekämpfung des Bolschewismus Lug und Trug gewesen sein sollte. Hatte man Hitler und die anderen Nazi-Größen mißverstanden? Oder waren Inhalt und Ziele des Paktes

---

* Die folgenden Ausführungen stützen sich auf Gerd R. Ueberschär, Hitlers Entschluß zum »Lebensraum-Krieg« im Osten. Programmatisches Ziel oder militärstrategisches Kalkül?, in: »Unternehmen Barbarossa«. Der deutsche Überfall auf die Sowjetunion 1941. Berichte, Analysen, Dokumente, hrsg. von Gerd R. Ueberschär und Wolfram Wette, Paderborn 1984, S. 83—110. Dort ist auch die weiterführende Literatur angegeben. Im folgenden werden deshalb nur ausgewählte Belegstellen aufgeführt.

wirkungslos für das politische Gesicht Europas? Konnte man die Vertragsunterzeichnung als bedeutungslos negieren? Oder lag nun doch eine entscheidende Wende der deutschen Innen- und Außenpolitik vor?

Keineswegs konnte man allerdings Hitlers zahlreiche frühere Äußerungen über seine ostpolitischen Absichten seit den zwanziger Jahren falsch verstehen. Schon in seinen beiden Büchern von 1924/25 und 1928 hatte er grundlegende Aussagen zu seinen programmatischen Vorstellungen über die Sowjetunion vorgelegt. Die besondere Bedeutung beider Schriften im Rahmen des schon vor 1933 von Hitler entwickelten außenpolitischen Programms und der späteren Kriegsziele ist in der historischen Forschung durch grundlegende Studien umfassend nachgewiesen worden[3], so daß an dieser Stelle nur knapp auf das Hitlersche »Ostprogramm« vor 1939 hingewiesen werden muß.

In seinem 1924/25 geschriebenen Buch »Mein Kampf« entwickelte Hitler ausführlich seine »ostpolitischen« Ziele. In einem besonderen Kapitel des zweiten Bandes über »Ostorientierung oder Ostpolitik«[4] machte er deutlich, daß das Verhältnis zu Rußland eine der wichtigsten außenpolitischen Fragen für die nationalsozialistische Bewegung sei. Im Rahmen des Kampfes gegen Weltjudentum und jüdischen Bolschewismus verlangte er eine klare Einstellung zur Sowjetunion, die er als »das furchtbarste Beispiel« der jüdischen Herrschaft über ein Volk bezeichnete. Der Bolschewismus sei die extremste Form des Weltjudentums. Der Kampf gegen das Judentum war deshalb zugleich ein Kampf gegen die Sowjetunion.

Ein Bündnis mit der UdSSR wies Hitler zurück. Man könne »nicht den Teufel mit Beelzebub austreiben«. Dementsprechend verlangte er damals eine vollständige Neuorientierung des außenpolitischen Handelns gegenüber der Sowjetunion. Ziel künftiger deutscher Außenpolitik müsse eine expansive »Ostpolitik im Sinne der Erwerbung der notwendigen Scholle« für das deutsche Volk sein. Er verlangte deshalb, einen Schlußstrich unter die bisherige deutsche Außenpolitik zu ziehen, und bekundete:

> »Wir stoppen den ewigen Germanenzug nach dem Süden und Westen Europas und weisen den Blick nach dem Land im Osten. Wir schließen endlich ab die Kolonial- und Handelspolitik der Vorkriegszeit und gehen über zur Bodenpolitik der Zukunft. Wenn wir aber heute in Europa von neuem Grund und Boden reden, können wir in erster Linie nur an Rußland und die ihm untertanen Randstaaten denken.«

Zu dieser Eroberungs- und Expansionspolitik nach Osten fühlte sich Hitler aufgrund der Annahme legitimiert, daß »das Riesenreich im Osten« angesichts der dortigen jüdisch-kommunistischen Herrschaft »reif zum Zusammenbruch« sei[5]. Die sowjetischen Regierungsvertreter bezeichnete er gar als »blutbefleckte, gemeine Verbrecher«, als »Ausgeburt der Hölle« und »Abschaum der Menschheit«. Das Ende der Judenherrschaft in Rußland werde folglich auch das Ende der UdSSR als Staat sein. Es sollte sich später als folgenreich erweisen, daß dieses willkürliche Rußland-Bild Hitlers in keiner Weise mit der Realität übereinstimmte und daß die ökonomische und militärpolitische Kraft der Sowjetunion von ihm so fatal unterschätzt wurde.

Das in »Mein Kampf« entwickelte Grundkonzept blieb ebenso im »Zweiten Buch« aus dem Jahr 1928 bestehen[6]; auch dort ist das Rußlandbild von rassistischen Vorstellungen geprägt. Hitler sprach der slawischen Rasse die Fähigkeit zur Staatenbildung ab. Gerade in Rußland seien die Staatsbildungen »immer von fremden Elementen« — wie z.B. von den Deutschen — besorgt worden. Nach der bolschewistischen Revolution habe das Judentum die Herrschaft in Moskau übernommen. Ein Bündnis mit diesem Rußland sei für Deutschland »ein voller Wahnsinn«. Es sei gerade »ein Glück für die Zukunft« Deutschlands, daß in Rußland das Judentum die Führung übernommen habe, da dessen »destruktive Veranlagung« die UdSSR als Staat zerstören werde und »weil dadurch ein Bann gebrochen« sei, der es in der deutschen Bevölkerung verhindert habe, »das Ziel der deutschen Außenpolitik dort zu suchen, wo es einzig und allein liegen kann: Raum im Osten«.

Hitler dachte bei dieser Expansion nach Osten an die angeblich dünn besiedelten Gebiete in Osteuropa und im europäischen Teil der UdSSR. Im Zusammenhang mit der Eroberung von Lebensraum sprach er davon, die in den annektierten Gebieten ansässige Bevölkerung »kurzerhand [zu] entfernen«, um den dadurch »freigewordenen Grund und Boden« an die eigene Bevölkerung übergeben zu können. Er war der Überzeugung, daß es bei einer solchen Expansionspolitik möglich sei, dem deutschen Volk »einen genügenden Lebensraum für die nächsten 100 Jahre« zu verschaffen. Für ihn stand unabdingbar fest, daß dieser Raum »nur im Osten« liegen könne.

Die beiden Programmschriften Hitlers verdeutlichen, daß sein radikales »Ostprogramm«, d.h. die Eroberung neuen Lebensraumes im Osten durch Krieg gegen die Sowjetunion als Vorstufe und Ausgangsbasis zur Erkämpfung der Weltmachtstellung, neben Vorstellungen vom ständigen Lebenskampf der Völker und grundsätzlichem Antisemitismus, eine der Konstanten seines Weltbildes auf außen- und raumpolitischem Gebiet war[7]. Zur Erreichung dieses Ziel galt es, die »militärischen Machtmittel« in die Hand zu bekommen und alle staatlichen Kräfte darauf zu konzentrieren.

Obwohl Hitlers »Ostprogramm« kein völlig geschlossenes System darstellte, blieb es bestimmend für die Leitlinien von Hitlers Ostpolitik bis zum Kriegsbeginn 1939. Dies belegen mehrere Äußerungen nach der »Machtübernahme« am 30. Januar 1933, wie z.B. die programmatische Rede vor Befehlshabern der Reichswehr am 3. Februar 1933, wonach die wiedergewonnene militärische und politische Macht zur »Erkämpfung neuer Export-Mögl[ichkeiten], vielleicht — und wohl besser — Eroberung neuen Lebensraumes im Osten u[nd] dessen rücksichtslose Germanisierung« benutzt werden sollte[8].

Eine umfangreiche Liste von weiteren »Schlüsseldokumenten« über Erklärungen, Denkschriften und Reden Hitlers, in denen er als Regierungs- und Parteichef nach 1933 »programmorientiert« über seine politischen Ziele Auskunft gab[9], bezeugt, daß er konsequent an diesen Kriegszielvorstellungen festhielt. Seine Anhänger konnten ihn schwerlich mißverstehen, auch wenn er in der Öffentlichkeit und im diplomatischen Bereich seine Absichten mit dem Mantel der »Friedenspolitik« umhüllte und gelegentlich taktische Umwege machte.

Als Hitlers Werben um England als »Wunschpartner« erfolglos blieb, war er ab 1937 bereit, die Politik der Expansion im Osten auch gegen die Widerstände Großbritanniens durchzuführen und zuerst einen Krieg gegen Frankreich und England in Kauf zu nehmen. Schon 1934 hatte er diesen Umweg skizziert. Es sei möglich, daß er erst kurze entscheidende Schläge im Westen austeilen müsse, bevor er sich dann dem Osten zuwenden könne[10]. In zwei Reichstagsreden vor seinen Parteigenossen bekannte sich Hitler 1937 und 1938 öffentlich zum unerbittlichen Kampf gegen den »jüdisch-internationalen Moskauer Bolschewismus«, den er bei diesen Gelegenheiten als »Inkarnation des menschlichen Zerstörungstriebs« bezeichnete[11]. In einer Besprechung mit den militärischen Führungskräften aus Heer, Marine und Luftwaffe einen Tag nach Abschluß des »Stahlpaktes« mit Italien verdeutlichte Hitler, daß Danzig nicht das Objekt sei, um das es ihm in der Auseinandersetzung mit Polen gehe, sondern daß es sich für Deutschland »um die Erweiterung des Lebensraumes im Osten und Sicherstellung der Ernährung, sowie der Lösung des Baltikum-Problems« handele[12]; dies waren Ziele, die weit über die unmittelbare Kriegsabsicht gegenüber Polen hinauswiesen.

Am 11. August 1939 kam Hitler im Gespräch mit dem Völkerbundkommissar in der Freien Stadt Danzig, Carl J. Burckhardt, auf diese Vorstellungen zurück. Er gab dem Schweizer Diplomaten und Historiker zu verstehen, daß er die Danziger Frage durch eine militärische Aktion gegen Polen lösen werde; er zeigte sich jedoch irritiert, daß Frankreich und Großbritannien ihm dabei den Weg verstellten. Um London und Paris doch noch davon abzubringen und endlich »freie Hand im Osten [zu] haben«, bekannte er:

»Alles was ich unternehme, ist gegen Rußland gerichtet; wenn der Westen zu dumm und zu blind ist, um dies zu begreifen, werde ich gezwungen sein, mich mit den Russen zu verständigen, den Westen zu schlagen, und dann nach seiner Niederlage mich mit meinen versammelten Kräften gegen die Sowjetunion zu wenden. Ich brauche die Ukraine, damit man uns nicht wieder wie im letzten Krieg aushungern kann[13].«

Hitlers außenpolitische Vorstellungen und Ziele hatten sich somit seit Mitte der zwanziger Jahre bis Ende August 1939 kaum geändert. Zweifellos war manches hinzugekommen, aber das Hauptziel – nämlich die Eroberung des europäischen Teils der Sowjetunion als Lebensraum für das deutsche Volk

— war konstant geblieben, seine Verbindlichkeit auch nicht durch taktische Zugeständnisse aufgehoben worden. Diese »programmatische Vorgabe« macht deutlich, daß man Hitlers bisherige Rußlandpolitik nicht falsch verstanden haben konnte, als der Vertragsabschluß mit Moskau in die Krisensituation des Sommers 1939 hineinplatzte und sowohl Anhänger als auch Gegner der NS-Herrschaft irritierte.

*Hitlers Ostkonzeption und sein »Pakt mit dem Satan, um den Teufel auszutreiben«*

Hitler ergriff mit dem Paktabschluß die ihm von der sowjetischen Führung gebotene Chance, seinen im Sommer 1939 eingeengten politischen Bewegungs- und Spielraum zurückzugewinnen, nachdem es ihm nicht gelungen war, Polen als »Juniorpartner« seiner Kriegspolitik zu gewinnen und Großbritannien von der geplanten Neuordnung Osteuropas fernzuhalten. Der Vertrag mit Stalin erleichterte ihm den Angriff auf Polen am 1. September 1939. Um mit Moskaus indirekter Rückendeckung den Krieg gegen Polen beginnen zu können, waren Hitlers Zugeständnisse an den neuen Partner im Rahmen einer Abgrenzung der beiderseitigen Interessenzonen gewiß nicht kleinlich.

Obwohl das geheime Zusatzprotokoll nicht veröffentlicht wurde, bestanden wenig Zweifel über die grundlegende Bedeutung der neuen Partnerschaft zwischen Moskau und Berlin für die politische Ordnung Europas. Vorausblickend auf die weitere politische Entwicklung notierte sich der ehemalige Botschafter Ulrich von Hassell, der Vertrag mit der Sowjetunion werde zu einer »äußersten Verschärfung« der internationalen Krisensituation führen und letztlich Hitler den Weg zum Kriegsbeginn freimachen[14]. Die auf der Basis einer erneuten Teilung Polens begründete Zusammenarbeit des Dritten Reiches mit der UdSSR bezeichnete Oberstleutnant Groscurth, der Verbindungsoffizier zwischen Admiral Canaris und General Halder im Oberkommando des Heeres, denn auch als »grauenvolle Freundschaft«[15].

Dieser »Freundschaft« fielen alsbald außer Polen noch weitere Staaten in Osteuropa zum Opfer. In Verbindung mit dem am 28. September 1939 zwischen Berlin und Moskau abgeschlossenen Grenz- und Freundschaftsvertrag wurden Estland, Lettland, Litauen und Finnland sowie Bessarabien als sowjetische Interessengebiete anerkannt und Polen zwischen den beiden Vertragspartnern aufgeteilt. Für den Südosten Europas erklärte Berlin dabei »das völlige politische Desinteressement an diesen Gebieten«[16].

Einerseits ermöglichten die beiden Verträge mit der Sowjetunion eine Phase der korrekten Zusammenarbeit auf politischem und wirtschaftlichem Feld zwischen Berlin und Moskau und durchbrachen die durch den Kriegseintritt Großbritanniens und Frankreichs bedingte politische Isolierung und ökonomische Blockade des Deutschen Reiches[17], andererseits sind auch diese Bündnisverträge, wie es alle Bündnisse und Koalitionen für Hitler waren, nur im Gedanken an künftige Kriege zu beurteilen. Hitler selbst hat sich dann auch wiederholt über die relative Haltbarkeit der Verträge mit Stalin — gerade in Verbindung mit seinen programmatischen Zielvorstellungen — ausgelassen und dazu seine persönliche Einschätzung dargelegt.

Auch während der Phase der scheinbar gedeihlichen politischen Zusammenarbeit zwischen dem Dritten Reich und der UdSSR belegen mehrere Erklärungen Hitlers, daß er keinesfalls der Ansicht war, daß der Pakt mit Stalin »auf Jahre hinaus die Grundlage eines für beide Teile vorteilhaften Verhältnisses bilden würde«[18]. Hitler verstand die Verträge mit der UdSSR ausdrücklich nicht in dem Sinne, daß er damit eine Epoche enger politischer Zusammenarbeit mit der Sowjetunion einleiten wollte. Nach den Erinnerungen von Hitlers Luftwaffenadjutanten, Nicolaus von Below, erklärte der Diktator bereits am Tage des Vertragsabschlusses mit Stalin, der Pakt sei nur eine »Vernunftehe«, die ihm die Chance biete, »England aus dem Konflikt mit Polen herauszuhalten«[19]. Diese Absicht scheiterte jedoch. Aus vielen Bemerkungen des deutschen Diktators sei »deutlich zu entnehmen« gewesen, »daß seine ganze Außenpolitik auch weiterhin nur dem einen Ziel diente, den Bolschewismus zu zerschlagen«. Hitler habe auf sein programmatisches Ziel nicht verzichtet: »Alle anderen Kämpfe dienten nur dem einen Ziel, sich den Rücken für die Auseinandersetzung mit dem Bolschewismus freizumachen«. Below überliefert, daß Hitler ferner angenommen habe, auch für Stalin bedeute der Pakt nichts anderes »als ein taktisches Manöver«.

Besondere Schwierigkeiten hatte die nationalsozialistische Führung, ihren Anhängern den Hitler-Stalin-Vertrag plausibel zu machen, denn Hitler selbst hatte in »Mein Kampf« erklärt, »man kann eben nicht jahrelang ein Volkstum als ›hunnisch‹, ›räuberhaft‹, ›vandalisch‹ usw. hinstellen, um plötzlich über Nacht das Gegenteil zu entdecken und den ehemaligen Feind als Bundesgenossen von morgen zu empfehlen«[20]. Daß es keinesfalls Sinn und Zweck des Vertrages war, Moskau als Bundesgenossen zu empfehlen, machte Hitler in der schon erwähnten Ansprache vor den Reichstagsabgeordneten der Partei und den NSDAP-Gauleitern am 28. August 1939 deutlich. Er erläuterte, der Pakt mit der Sowjetunion sei »von vielen Parteimitgliedern mißverstanden« worden[21]; es handele sich um einen Pakt »mit dem Satan, um den Teufel auszutreiben«. Und für dieses Vorgehen sei es wichtig, daß die Sowjetunion »nicht mehr ein Bolschewistenstaat [sei], sondern ein autoritärer Militärstaat«. Nach einer von Ulrich von Hassell festgehaltenen Überlieferung der Ansprache hat der Diktator ferner erklärt, der Vertrag mit Stalin »ändere nichts an seiner grundsätzlichen antibolschewistischen Politik; man müsse den Teufel auch mit Beelzebub vertreiben, jedes Mittel gegen die Sowjets sei ihm recht, also auch ein solcher Pakt«[22]. Hassell war der Ansicht, daß »Hitler in seinem Innersten sich für später den Angriff auf Sowjetrußland« vorbehielt.

Auch nach dem militärischen Erfolg über Polen lassen weitere Äußerungen Hitlers von Ende September bis Ende November 1939 keinen Zweifel daran, daß er das Bündnis mit der Sowjetunion nicht als das letzte Wort in dieser Angelegenheit, vielmehr als zeitliches Zweckbündnis und Übergangslösung ansah. Die abgeschlossenen Verträge waren nach Hitlers Überzeugung »keine sichere Grundlage für die Beurteilung« des bilateralen Verhältnisses zur UdSSR[23]. »Ewig gültig« seien nur »der Erfolg [und] die Macht«, so notierte General Halder, der Chef des Generalstabes des Heeres, in seinem Tagebuch die Worte Hitlers vom 27. September 1939.

Wie sehr Hitler auf Macht und militärische Stärke auch im Verhältnis zweier miteinander verbündeten Staaten vertraute, belegen die Ausführungen in seiner Denkschrift vom 9. Oktober 1939, mit der er das Oberkommando des Heeres (OKH) von der Richtigkeit seines Entschlusses zum Angriff auf Frankreich zu überzeugen versuchte. Dabei führte er aus, daß eine dauernde Neutralität der UdSSR »durch keinen Vertrag und durch keine Abmachung [...] mit Bestimmtheit sichergestellt« werden könne[24]. Zur Zeit bestehe zwar ein Vertragsverhältnis; »in 8 Monaten, in einem Jahr oder gar in mehreren Jahren, kann dies auch anders sein. Die geringe Bedeutung des Wertes vertraglicher Abmachungen« habe sich gerade in den letzten Jahren erwiesen. Man könne sich nur auf die Demonstration militärischer Stärke verlassen.

Ende November erklärte Hitler den Befehlshabern der Wehrmacht, Rußland bleibe auch »in Zukunft gefährlich«[25]. Man könne ihm jedoch nur entgegentreten, wenn man im Westen ungebunden sei. Verträge würden nur so lange gelten und eingehalten, wie sie für die Vertragspartner von Nutzen seien. Deshalb drängte Hitler auch so sehr darauf, das Heer nach dem Frankreichfeldzug ab Frühjahr 1940 bald wieder frei zur Verfügung zu haben, um dann »eine große Operation im Osten gegen Rußland« durchführen zu können[26].

In einer viereinhalbstündigen Ansprache vor Reichs- und Gauleitern in der Reichskanzlei kam Hitler Ende Oktober 1939 noch deutlicher auf seine alten Ziele im Osten zurück. Groscurth berichtet darüber: »Wenn er [...] England und Frankreich auf die Knie gezwungen habe, werde er sich erneut dem Osten wieder zuwenden und dort klare Verhältnisse schaffen, die im Augenblick unter der Not der Zeit in Unordnung geraten und verworren seien[27].« Die Frage nach dem militärischen Wert der Roten Armee und Vorstellungen über die frühere territoriale Größe Deutschlands beschäftigten den »Führer« auch bei mehreren Gesprächen mit Reichspropagandaminister Joseph Goebbels, wie letzterer in seinen Tagebüchern überliefert. Als Goebbels Mitte November 1939 bei Hitler war, stellte dieser »nochmal den katastrophalen Zustand der russischen Armee fest«[28]. Im Zusammenhang mit dem von Moskau begonnenen »Winterkrieg« gegen Finnland meinte Hitler, die Sowjetarmee sei »kämpferisch kaum zu gebrauchen«. Geringschätzig äußerte er sich ferner über »das Intelligenzwissen des Durchschnittsrussen« und den militärischen Gesamtwert der Sowjetunion. Goebbels mokierte sich: »Wir haben uns nette Bundesgenossen ausgesucht.«

Zum Jahresende beschäftigten sich die beiden erneut »sehr interessiert« mit der »Frage Rußland«. Hitler gab sich höchst zufrieden, daß die Bolschewisten die westeuropäische Führungsschicht in Rußland beseitigt hätten. Es sei gut, daß dadurch »dieser Riesenkoloß« nicht mehr aktionsfähig sei. Ein Übergreifen des Bolschewismus nach Westeuropa werde er »zu verhindern wissen«. Auch in den ersten Wochen des neuen Jahres 1940 beobachtete Hitler nach den Angaben von Goebbels sehr sorgfältig die Ereignisse in der UdSSR und im sowjetisch-finnischen Krieg. Offiziell hielt er sich streng an die Abmachungen mit Stalin. Er lehnte es deshalb auch ab, im Krieg zwischen Finnland und der Sowjetunion zu vermitteln, obwohl dem Auswärtigen Amt in Berlin von der finnischen Regierung die Vermittlerrolle angeboten wurde[29].

»Erschütternde« Berichte aus den von der Sowjetunion besetzten polnischen Ostgebieten ließen Goebbels in diesen Tagen zur Erkenntnis kommen, daß die Juden in der UdSSR »noch immer vorneweg« seien[30]. Dort zeige sich nun »der Bolschewismus in Reinkultur«. Derartige Notizen Goebbels' über Gespräche mit Hitler bezeugen, daß die alten rassistischen Vorstellungen über die Gleichsetzung von Judentum und Bolschewismus nach wie vor für das Rußland-Bild der NS-Führung bestimmend waren, obwohl Hitler kurz darauf in einem Brief an Mussolini von einer »Wandlung des bolschewistischen Prinzips in der Richtung auf eine nationale russische Lebensform« sprach und damit dem »Achsenpartner« offiziell sein überraschendes Zusammengehen mit der UdSSR schönfärberisch zu erklären versuchte[31]. Als sich beide Diktatoren ein paar Tage später an der deutsch-italienischen Grenze am Brenner trafen, erklärte Hitler, daß ihn »nur ein bitterer Zwang zum Zusammengehen mit diesem Land [d.i. Rußland] veranlaßt habe [...] Deutschland und Rußland seien aber [...] zwei Welten«[32]. Hitler gab dem »Duce« zu verstehen, daß er den Pakt mit der UdSSR nicht als grundlegendes Bündnis, sondern nur als zeitlich begrenztes taktisches Manöver ansah, bis er im Westen Rückenfreiheit habe, um im Rahmen seines »Ostprogramms« den Kampf gegen den Bolschewismus wiederaufzunehmen.

Als im April 1940 im Auswärtigen Amt Versuche unternommen wurden, einen deutsch-sowjetischen Kulturaustausch einzuleiten, wandte sich Hitler scharf dagegen. Er bestimmte, das Vertragsverhältnis mit der UdSSR dürfe »über die rein politische Zweckmäßigkeit nicht hinausgehen«[33].

Hitlers geheime Kriegsabsicht im Osten blieb nicht ohne Auswirkungen auf die militärische Planung. So wurden insbesondere die besetzten polnischen Gebiete »als vorgeschobenes Glacis« betrachtet, das einmal militärische Bedeutung erlangen werde, wie der Chef des Oberkommandos der Wehrmacht (OKW), Generaloberst Keitel, dem Generalquartiermeister, General Wagner, am 17. Oktober 1939 erklärte[34]. Wagner mußte »Vorsorge« treffen, dieses Gebiet für einen späteren Aufmarsch nutzen zu können. Es konnte sich dabei nur um Überlegungen für einen Aufmarsch gegen die Sowjetunion und nicht gegen das besetzte Polen handeln.

Noch bevor Hitler im Mai 1940 den Angriff im Westen begann, drängte er voller Ungeduld auf möglichst schnelle Aktionen; er könne und wolle nicht mehr länger warten, um endlich sein Kriegszielprogramm zu verwirklichen, wie er im »kleinsten Kreise« anläßlich seines Geburtstages am 20. April 1940 verkündete[35]. Als sich der militärische Sieg Deutschlands über Frankreich, Belgien, Luxemburg und die Niederlande abzeichnete, gab Hitler am 2. Juni 1940 während eines Besuches beim Oberkommando der Heeresgruppe A in Charleville gegenüber dem Heeresgruppen-Oberbefehlshaber, Generaloberst von Rundstedt, und dessen Stabschef, Generalleutnant von Sodenstern, zu verstehen, daß er nach einem Friedensschluß mit London »endlich die Hände frei« haben werde für seine »große und eigentliche Aufgabe: die Auseinandersetzung mit dem Bolschewismus«[36].

Im gleichen Zusammenhang machte sich der Staatssekretär des Auswärtigen Amts, Freiherr von Weizsäcker, am 23. Mai 1940 Notizen über die Erkenntnis, daß im Osten, wo »Raum« und »flüssige Grenzen« seien, wohl noch eine »weitere Abrechnung« durchzuführen sei, um eine neue beständige Ordnung im Sinne Deutschlands herzustellen[37]. Hitler stellte Überlegungen an, wie er es dem deutschen Volk sagen solle, daß der Krieg noch nicht beendet sei. Weitere tradierte Belege für Hitlers Gedanken in diesen Wochen verdeutlichen, daß ab Anfang Juni 1940, noch vor Abschluß der militärischen Operationen im Westen, jedoch unter der Annahme eines sicheren Sieges über Frankreich und des Nachgebens von England, die Kriegsabsichten gegen die Sowjetunion in den Vordergrund seiner Überlegungen traten. Dabei war Hitler bestrebt, seine Umgebung von der Richtigkeit seiner Gedankenführung zu überzeugen. Albert Speer hörte, wie er zu General Keitel am 25. Juni nach dem Waffenstillstand mit Frankreich sagte: »Jetzt haben wir gezeigt, wozu wir fähig sind. Glauben Sie mir Keitel, ein Feldzug gegen Rußland wäre dagegen nur ein Sandkastenspiel[38].« Trotz des politischen Bündnisses und trotz erfolgreicher wirtschaftlicher Zusammenarbeit mit Moskau zeigte sich Hitler demnach entschlossen, die UdSSR so bald wie möglich anzugreifen.

Es wäre verfehlt, für Hitlers Kriegsabsicht eine ernsthafte Bedrohung deutscher Interessen durch die Sowjetunion als entscheidendes Motiv anzusehen.

Dies ist von Hitler im Sommer 1940 auch nicht behauptet worden. Statt dessen ist den Tagebuchaufzeichnungen von Goebbels zu entnehmen, daß man zufrieden registrierte, daß Stalin »fest« zu Berlin stehe[39]. Es waren nicht die politischen und militärischen Aktionen des sowjetischen Diktators oder die offensive Kraft Moskaus, die bei Hitler gleichsam eine Bedrohungsfurcht auslösten und so »gezwungenermaßen« den Anstoß gaben, sich über den Angriff auf die Sowjetunion Gedanken zu machen[40]. Hitlers Ziele im Osten sind davon unabhängig gewesen.

Zweifellos bedrückten Hitler die kriegswirtschaftliche Verbindung und die teilweise Abhängigkeit von Moskau sowie das öffentlich zu beobachtende politische Zusammengehen mit dem Sowjetstaat — wie z.B. beim sowjetischen Vorgehen gegen Finnland —, die er nur so lange zu tragen bereit war, wie die Westmächte noch nicht ausgeschaltet waren. Sie waren jedoch nicht die Ursache für seine kriegerische Wendung gegen die Sowjetunion. Hitler hatte auch keine Veranlassung, sich in einer bedrängten Situation zu empfinden; nach dem Sieg über Frankreich war er überzeugt, einen Höhepunkt seiner politischen und militärischen Macht in Europa erreicht zu haben.

Hitlers Intentionen führten schließlich dazu, daß im Generalstab des Heeres ab Ende Juni 1940 vorsorglich und ohne konkreten Auftrag Hitlers die Arbeit an militärischen Planungen für einen Krieg gegen die UdSSR aufgenommen wurde. Dem Generalstabschef, General Halder, war seit Herbst 1938 Hitlers rassenideologisches Ziel der Eroberung neuen Lebensraumes im Osten bekannt, und er schätzte dieses Programm als »unveränderlich festgesetzt und entschieden« ein[41]. Zudem wollte Halder bei etwaigen Fragen Hitlers über bereits angestellte Operationsplanungen verständlicherweise nicht unvorbereitet sein, zumal ihm Staatssekretär von Weizsäcker berichtete, daß Hitlers »Augen stark auf den Osten gerichtet« seien[42]. Der Generalstabschef hat folglich sofort auf Hitlers Äußerungen reagiert; er war jedoch nicht der verantwortliche Akteur für die Wendung in den politisch-militärischen Überlegungen der deutschen Führung im Sommer 1940. Generaloberst Jodl hat diese Tatsache in einer Aussage von 1945 bestätigt:

> »Das Heer hatte von den Absichten des Führers schon erfahren, als diese noch im Stadium der Erwägungen waren. Es wurde deshalb ein Operationsplan entworfen, noch ehe der Befehl dazu erging, da sich der Generalstab nicht wieder [wie beim Frankreichfeldzug — Verf.] drängen lassen wollte und im Falle des Falles mit einer fertigen Sache allen Eingriffmöglichkeiten Hitlers zuvorkommen wollte[43].«

Auch in der Abteilung Landesverteidigung des Wehrmachtführungsamtes begann Oberstleutnant von Loßberg »aus eigenem Antrieb« Ende Juni oder Anfang Juli 1940, eine Operationsstudie für einen Feldzug gegen die Sowjetunion zu entwerfen; zur gleichen Zeit soll Hitler seinem Wehrmachtadjutanten, Oberst Schmundt, und Reichsaußenminister von Ribbentrop erklärt haben, »er spiele mit dem Gedanken, einen Krieg gegen Rußland zu führen«[44]. Nach einer späteren Aussage hatte General Jodl ebenfalls bereits während des Westfeldzuges von Hitler dessen Entschluß erfahren, die UdSSR anzugreifen, sobald es die militärische Lage irgendwie erlaube[45]. Hitler meinte dabei, die bisher aus dem Zusammengehen mit Stalin resultierende »verkehrte Frontstellung« revidieren und somit die politisch-strategischen Voraussetzungen für den Krieg um den Lebensraum im Osten — nämlich die Rückendeckung Großbritanniens im Westen — erhalten zu können, wie er es früher propagiert hatte.

*Hitlers Entscheidung zum Angriff auf die Sowjetunion trotz Nichtangriffspakt mit Moskau*

Während man im Oberkommando des Heeres und der Wehrmacht sowohl die Ostkriegsmöglichkeit als auch die »Frage des Westens« operativ bearbeitete und dabei prüfte, »wie ein militärischer Schlag gegen Rußland zu führen« sei[46], vertraute Goebbels seinem Tagebuch an, »vielleicht müssen wir später doch einmal gegen die Sowjets antreten«[47].

Als Hitlers Appell an Londons »Vernunft« vom britischen Außenminister Lord Halifax am 22. Juli kühl zurückgewiesen wurde, wobei sich London für die Fortsetzung des Krieges gegen Nationalsozialismus und Faschismus der Rückendeckung durch die USA gewiß war, mußte er damit rechnen, durch Englands Bereitschaft, den Krieg bis zum Sieg fortzusetzen, im Westen nach wie vor gebunden zu sein. Daraus ergab sich für den »Führer«, daß London auf einen »Umschwung in Amerika« und »auf Rußland« hoffe, wie er auf einer Besprechung am 22. Juli darlegte[48]. Eine eventuelle deutsche Landung in England müsse deshalb entweder noch im Herbst oder erst im Mai des folgenden Jahres stattfinden. Feldmarschall von Brauchitsch, der den Auftrag erhielt, das »russische Problem in Angriff [zu] nehmen« und »gedankliche Vorbereitungen zu treffen«, meldete dem »Führer« die dazu schon angestellten generalstabsmäßigen Überlegungen, die von einem raschen Aufmarsch von »4—6 Wochen« ausgingen. Die dabei zugleich skizzierten politischen Ziele für einen Krieg gegen die Sowjetunion lassen erkennen, daß Hitler seinen »großen Krieg« gegen die UdSSR beginnen wollte — denn nur dann konnte man hoffen, die Ukraine und Weißrußland aus dem Staatsverband der UdSSR herausbrechen zu können.

Nach dieser Konferenz wurden für Hitlers Überlegungen der Faktor Zeit und die Frage nach der Haltung Amerikas immer beherrschender. Die Furcht vor dem Eingreifen der USA und deren anwachsendem Militärpotential verstärkte das Gefühl, unter Zeitdruck zu stehen, wenn er sein »Ostprogramm« verwirklichen wollte. Nach der Absage Londons mußte Hitler folglich rasch entscheiden, ob er sein programmatisches Kriegsziel zur Eroberung neuen Lebensraumes im Osten weiter hintanstellen oder ob er die militärische Ostlösung in Angriff nehmen sollte, in der Annahme, daß er auf dem Höhepunkt der militärischen Stärke der Wehrmacht die Rückenfreiheit im Westen praktisch besaß, obwohl der Krieg gegen England fortgesetzt werden mußte.

Es ist bezeichnend, daß dabei rein machtpolitische Motive gegenüber der UdSSR von Hitler nicht in den Vordergrund gestellt wurden und in keiner Weise als seine Politik bestimmende Sachzwänge dargelegt wurden. So empfand man den sowjetischen Einmarsch in Bessarabien und die Nordbukowina keinesfalls als große Überraschung, da man das Vorgehen Moskaus gegenüber Rumänien schon früher in Kauf genommen hatte. Bereits beim Abschluß des Nichtangriffsvertrages im August 1939 hatte Berlin gegenüber Moskau sein »völliges politisches Desinteressement an diesen Gebieten« Südosteuropas erklärt[49]. Für Hitlers Absicht, den Krieg gegen die Sowjetunion bei seinen weiteren Plänen voranzustellen, läßt sich denn auch »nur ein als ursächlich und übergeordnet anzusprechendes Motiv lokalisieren: die programmatisch vorgegebene Idee, im Osten Lebensraum zu erobern«[50].

Die Entscheidung, nunmehr das »Ostprogramm« zu verwirklichen, bot zugleich die Chance, für die Weigerung Londons, sich mit Berlin zu verständigen, eine plausible Erklärung anzubieten: Anscheinend rechne Großbritannien mit einer baldigen, engeren Verbindung zur UdSSR und vertraue auf eine militärische Entlastung durch sowjetische Störmaßnahmen im Rücken Hitlers. Die Absage Londons nutzte Hitler zur Begründung des beabsichtigten Krieges gegen die Sowjetunion: Mit dem Krieg gegen die UdSSR werde man Großbritannien den »Festlandsdegen« aus der Hand schlagen. Mit dieser Argumentation konnte er der Kritik der höheren Militärs vorbeugen, die vor einem Zweifrontenkrieg warnten.

Nach dem 21. Juli drängte Hitler darauf, die Vorbereitungen für den Angriff auf die UdSSR auf jeden Fall aufzunehmen. In der Zwischenzeit wollte er einen letzten Versuch unternehmen, um Klarheit über die politischen Absichten Moskaus zu erhalten. General Jodl informierte seine nächsten Mitarbeiter im Wehrmachtführungsamt am 29. Juli darüber, »daß Hitler sich entschlossen habe, zu dem frühestmöglichen Zeitpunkt, das heißt im Mai 1941, durch einen überraschenden Überfall auf Sowjetrußland die Gefahr des Bolschewismus ›ein für allemal‹ aus der Welt zu schaffen«[51]. Zur Vorbereitung des Aufmarsches im besetzten Polen wurde dann am 9. August als grundlegende Anweisung für die Vorbereitung des Ostkrieges der Befehl zum »Aufbau Ost« erlassen. Auch im Generalstab des Heeres wurden die Vorbereitungen für die Operationsplanung gegen die Sowjetunion intensiv fortgesetzt[52].

Daß diese verstärkt fortgeführte Planungsarbeit nicht aus persönlicher Antriebskraft General Halders resultierte, machen dessen Notizen über ein

Gespräch mit Feldmarschall von Brauchitsch deutlich, in dem sich beide Generale dafür aussprachen, »besser mit Rußland Freundschaft« zu halten und »mit Hilfe Rußlands das in West- und Nord-Europa geschaffene Reich aus[zu]bauen«. Die politischen Bestrebungen und Aktionen Moskaus beurteilten beide dabei in keiner Weise als gefährlich für die deutsche Position.

Doch Hitler entschied anders. Auf der am 31. Juli 1940 stattfindenden Konferenz auf dem Berghof mit Feldmarschall von Brauchitsch, Generaloberst Halder, Feldmarschall Keitel, General Jodl und Großadmiral Raeder machte er deutlich, daß er zu einem »bestimmten Entschluß« gekommen war: »Rußland [muß] erledigt werden. Frühjahr 1941. Je schneller wir Rußland zerschlagen, um so besser. Operation hat nur Sinn, wenn wir Staat in einem Zug schwer zerschlagen[53].« Als Kriegsziel gelte, die »Lebenskraft Rußlands« zu vernichten. Die Ukraine, Weißrußland und die baltischen Staaten sollten an Deutschland fallen. Hitlers Ausführungen belegen, daß er sich konsequent zum Angriff auf die Sowjetunion entschlossen hatte, daß der Entschluß »so gemeint wie gesagt war«[54].

Der Krieg gegen die UdSSR war beabsichtigt, um sein altes rassenideologisches »Ostprogramm« zu realisieren. Es wäre verfehlt anzunehmen, Hitler habe den Ostkrieg wegen politischer Reibereien mit Moskau aufgenommen oder allein als strategische Alternative angesehen, um dadurch den Krieg gegen Großbritannien fortzusetzen. Als aktivierendes Moment stand nicht das militärstrategische Kalkül, den Widerstandswillen Großbritanniens in der Sowjetunion brechen zu können, sondern das programmatische Kriegsziel und die Vorstellung vom Lebensraum im Osten im Vordergrund. Goebbels überliefert in seinem Tagebuch eine Unterhaltung mit Hitler vom 9. August 1940, in der die ideologische Grundeinstellung des Diktators gegenüber der UdSSR auch für diese Zeit nachdrücklich bestätigt wird: »Der Bolschewismus ist doch der Weltfeind Nr. 1[55].«

Hitler schätzte die militärische Stärke des Reiches nach dem erfolgreichen Westfeldzug so hoch ein, daß er überzeugt war, den Krieg gegen die »Untermenschen« im Osten auch trotz des weitergehenden Kampfes gegen England beginnen zu können. Dabei ließ er sich »vorwiegend von der Besessenheit seiner politischen Vorstellungen leiten [...], ohne den militärischen Verhältnissen das ihnen zukommende Gewicht beizulegen«[56]. Er wollte eben nicht die Chance verpassen, sein Lebensraumkonzept zu verwirklichen, bevor Großbritannien und die USA ihre Militärpotentiale ausbauten und die deutsche Ausgangsposition grundlegend verschlechterten.

Wie der »Führer« letztlich die Überlegung beurteilte, die Sowjetunion sei der kontinentale Degen Englands, belegt eine Notiz von Goebbels nach einem Gespräch mit Hitler: »Sie [die Engländer — Verf.] müssen endgültig aus Europa heraus. Sie finden hier auch keinen Festlandsdegen mehr. Rußland? Dazu ist Stalin viel zu schlau. Und unsere Wehrmacht ist viel zu stark. Stalin will doch etwas verdienen bei der Sache. Und keine vagen Risiken eingehen[57].« Für Hitler war das »Festlandsdegen«-Motiv demnach nicht der entscheidende Grund für seinen Kriegsentschluß gegen die Sowjetunion.

Es ist auch wiederholt nachgewiesen worden, daß es in den Quellen keine Anhaltspunkte dafür gibt, daß Hitlers Entschluß als Reaktion auf die sowjetische Politik im Sommer 1940 anzusehen ist[58]. Später hat er dieses Argument zwar wiederholt benutzt und damit Propaganda gemacht, im Sommer 1940 nahm er jedoch das Vorgehen Stalins äußerlich gelassen hin. Goebbels' Notizen bestätigen, daß man sich nicht in einer politischen Notlage gegenüber der UdSSR sah. Grundsätzlich nahm Hitler das Vorgehen Moskaus in den ihm zugesprochenen Interessengebieten »nicht tragisch«[59]; er fühlte sich dadurch nicht bedroht.

Wenn Hitler auch im Laufe der nächsten Monate bis zum 22. Juni 1941 eine ganze Reihe von Argumenten für seinen Entschluß aufzählte, so heben sich die rassenideologischen Lebensraumvorstellungen immer wieder von den anderen Erklärungen deutlich ab, so daß auch das von ihm noch im Sommer 1940 erwähnte militärstrategische Kalkül immer mehr verblaßte und im Juni 1941 für ihn überhaupt nicht mehr aktuell war. Hitler hielt sich bei dem im Juli 1940 beschlossenen Krieg gegen die Sowjetunion konsequent an das axiomatisch festgelegte Kriegsziel seines außenpolitischen Programms: Eroberung von Lebensraum für das deutsche Volk im Osten zum Aufbau eines deutschen kontinentalen Imperiums.

Von dieser Absicht hat ihn auch der bestehende Nichtangriffsvertrag mit Moskau nicht abgehalten; der Pakt war für Hitler nur eine Möglichkeit, im Sommer 1939 aus einer politischen Notlage herauszukommen. Nach dem Mißerfolg bei den Besprechungen mit dem sowjetischen Ministerpräsidenten Molotov im November 1940 konstatierte Hitler dann auch einigermaßen erleichtert: »Er habe sich sowieso davon nichts versprochen [...] Er sei richtig erleichtert; dies [das Bündnis mit Stalin — Verf.] würde nicht einmal eine Vernunftehe bleiben[60].« Einige Tage darauf erklärte er nochmals, »ehrlich sei der Pakt nie gewesen, denn die Abgründe der Weltanschauung seien tief genug«.

Hitlers Wille, sein Ostprogramm in die Tat umzusetzen, war dann auch der Ausgangspunkt für alle weiteren Planungen in dieser Zeit. Dies dokumentieren die im Anschluß an die »Weisung Nr. 21 Fall Barbarossa« bis zum Sommer 1941 erlassenen Befehle und Weisungen für die Durchführung des rassenideologisch motivierten Vernichtungskrieges gegen die Sowjetunion. Es ging dem »Führer« dabei nicht um übliche Machtpolitik, sondern um die totale Realisierung seines schon lange zuvor entworfenen Ostprogramms.

Radikale Vorstellungen von Vernichtung und Ausmerzung des Gegners beherrschten danach deutlich die deutsche Kriegführung im Osten, so daß die Wehrmacht des Deutschen Reiches schließlich am 22. Juni 1941 den Angriff auf die UdSSR unter dem Vorzeichen der Unmenschlichkeit und Kriegsverbrechen begann[61].

## Anmerkungen

1 Wolfgang Leonhard, Der Schock des Hitler-Stalin-Paktes. Erinnerungen aus der Sowjetunion, Westeuropa und USA, Freiburg 1986.

2 Ebd., S. 21 ff.

3 Vgl. Hugh R. Trevor-Roper, Hitlers Kriegsziele, in: Vierteljahrshefte für Zeitgeschichte (VfZg), 8 (1960), S. 121—133; Eberhard Jäckel, Hitlers Weltanschauung. Entwurf einer Herrschaft, Tübingen 1969; ders., Hitlers Herrschaft. Vollzug einer Weltanschauung, Stuttgart 1986; Axel Kuhn, Hitlers außenpolitisches Programm. Entstehung und Entwicklung 1919—1939, Stuttgart 1970; Andreas Hillgruber, Hitlers Strategie. Politik und Kriegführung 1940—1941, München 1965; Norman Rich, Hitler's War Aims, 2 Bde, New York 1973/74; Jochen Thies, Architekt der Weltherrschaft. Die »Endziele« Hitlers, Düsseldorf 1976; Klaus Hildebrand, Deutsche Außenpolitik 1933—1945. Kalkül oder Dogma? Stuttgart [4]1980; Rainer Zitelmann, Hitler. Selbstverständnis eines Revolutionärs, Hamburg/Leamington Spa 1987; vgl. auch den Beitrag von Rainer Zitelmann in diesem Band.

4 Adolf Hitler, Mein Kampf. Jubiläumsausgabe, München 1935, S. 726 ff.; zu den folgenden Zitaten siehe dort S. 358, 736, 738 f., 742 f., 752, 757.

5 Ebd., S. 742 f., 750 ff., auch zum folgenden.

6 Hitlers Zweites Buch. Ein Dokument aus dem Jahr 1928. Eingeleitet und kommentiert von G. L. Weinberg, Stuttgart 1961, zu den folgenden Zitaten siehe S. 62, 153—159, 163.

7 Vgl. Jäckel, Hitlers Weltanschauung (wie Anm. 3); Manfred Messerschmidt, Außenpolitik und Kriegsvorbereitung, in: Das Deutsche Reich und der Zweite Weltkrieg, Bd 1, Stuttgart 1979, S. 535 ff.; bereits in zeitgenössischen Hitler-Interpretationen vor 1933 wurde die Eroberung von »Lebensraum im Osten« als Hitlers politisches Hauptziel erkannt, vgl. Gerhard Schreiber, Hitler. Interpretationen 1923—1983. Ergebnisse, Methoden und Probleme der Forschung, Darmstadt 1984, [2]1988, S. 127 ff.

8 Thilo Vogelsang, Neue Dokumente zur Geschichte der Reichswehr 1930—1933, in: VfZg, 2 (1954), S. 397—436, hier Liebmann-Aufzeichnung, S. 435.

9 Siehe Andreas Hillgruber, Quellen und Quellenkritik zur Vorgeschichte des Zweiten Weltkrieges, in: Wehrwissenschaftliche Rundschau, 14 (1964), S. 110—126; Hans-Adolf Jacobsen, Nationalsozialistische Außenpolitik 1933—1938, Frankfurt/M. 1967, S. 448, und Kuhn, Programm (wie Anm. 3), S. 141 ff.

10 Hitlers Ansprache vor höheren Reichswehroffizieren vom 28.2.1934, vgl. Hillgruber, Quellen (wie Anm. 3), S. 118 mit Anm. 32.

11 Max Domarus, Hitler. Reden und Proklamationen 1932—1945. Bd I: Triumph (1932—1938), Würzburg 1962, S. 664 ff., 671, 792 ff., 799.

12 Schmundt-Aufzeichnung über die Besprechung vom 23.5.1939, in: Akten zur Deutschen Auswärtigen Politik 1918—1945. Serie D: 1937—1941 (= ADAP D), Bd VI, Baden-Baden 1956, S. 47 ff.

13 Carl J. Burckhardt, Meine Danziger Mission 1937—1939, München 1962, S. 267, 272.

14 Ulrich von Hassell, Vom Andern Deutschland. Aus den nachgelassenen Tagebüchern 1938—1944, Frankfurt/M. 1964, S. 67; vgl. nunmehr: Die Hassell-Tagebücher 1938—1944. Ulrich von Hassell. Aufzeichnungen vom Andern Deutschland. Nach der Handschrift revidierte und erweiterte Ausgabe, unter Mitarbeit von Klaus P. Reiß hrsg. von Friedrich Freiherr Hiller von Gaertringen, Berlin 1988, S. 113 (27.8.1939).

15 Helmuth Groscurth, Tagebücher eines Abwehroffiziers 1938—1940. Mit weiteren Dokumenten zur Militäropposition gegen Hitler, hrsg. von Helmut Krausnick und Harold C. Deutsch, Stuttgart 1970, S. 202.

16 Siehe ADAP D, VII, S. 205 ff. und VIII, S. 127 ff., sowie Andreas Hillgruber/Klaus Hildebrand, Kalkül zwischen Macht und Ideologie. Der Hitler-Stalin-Pakt: Parallelen bis heute? Zürich 1980, mit Abdruck der Verträge und Zusatzprotokolle S. 62 ff.

17 Vgl. Gerhard L. Weinberg, Germany and the Soviet Union 1939—1941, Leiden 1954; Wolfgang Birkenfeld, Stalin als Wirtschaftspartner Hitlers (1939—1941), in: Vierteljahresschrift für Sozial- und Wirtschaftsgeschichte (VSWG), 53 (1966), S. 477—510; Ferdinand Friedensburg, Die sowjetischen Kriegslieferungen an das Hitlerreich, in: Vierteljahreshefte zur Wirtschaftsforschung, 1962, S. 331—338; zusammenfassende Darstellung nunmehr in: Das Deutsche Reich und der Zweite Weltkrieg, Bd 4, Stuttgart 1983, $^{2}$1987.

18 So die Einschätzung bei Hartmut Schustereit, Planung und Aufbau der Wirtschaftsorganisation Ost vor dem Rußlandfeldzug — Unternehmen »Barbarossa« 1940/41, in: VSWG, 70 (1983), S. 70.

19 Nicolaus von Below, Als Hitlers Adjutant 1937—1945, Mainz 1980, S. 183 ff., 192, auch zum folgenden.

20 Hitler, Mein Kampf (wie Anm. 4), S. 702.

21 Groscurth, Tagebücher (wie Anm. 15), S. 190; ähnlich bei Franz Halder, Kriegstagebuch. Tägliche Aufzeichnungen des Chefs des Generalstabes des Heeres 1939—1942, bearb. von Hans-Adolf Jacobsen, 3 Bde, Stuttgart 1962—1964, hier Bd I, S. 38.

22 Hassell, Vom Andern Deutschland (wie Anm. 14), S. 71, zum folgenden S. 77.

23 Halder, Kriegstagebuch (wie Anm. 21), I, S. 86, auch zum folgenden.

24 Hans-Adolf Jacobsen, Dokumente zur Vorgeschichte des Westfeldzuges 1939—1940, Göttingen 1956, S. 7.

25 Groscurth, Tagebücher (wie Anm. 15), S. 414; ähnlich in ADAP D, VIII, S. 347, und: Der Prozeß gegen die Hauptkriegsverbrecher vor dem Internationalen Militärgerichtshof Nürnberg 14.11.1945—1.10.1946, 42 Bde, Nürnberg 1947 ff. (= IMT), Bd 26, 789-PS, S. 331.

26 Below, Hitlers Adjutant (wie Anm. 19), S. 217.

27 Groscurth, Tagebücher (wie Anm. 15), S. 385 (21.10.1939).

28 Die Tagebücher von Joseph Goebbels. Sämtliche Fragmente, hrsg. von Elke Fröhlich. Teil I: Aufzeichnungen 1924—1941. 4 Bde, Bd 3: 1.1.1937—31.12.1939, München 1987, S. 641 (14.11.1939), zum folgenden S. 679 (29.12.1939).

29 Vgl. Gerd R. Ueberschär, Hitler und Finnland 1939—1941. Die deutsch-finnischen Beziehungen während des Hitler-Stalin-Paktes, Wiesbaden 1978, S. 84 ff., 108 ff., 134 ff.

30 Die Tagebücher von Joseph Goebbels (wie Anm. 28), Bd 4, S. 12 (13.1.1940), S. 22 f. (25.1.1940).

31 ADAP D, VIII, S. 685—693, hier S. 689.

32 Ebd., IX, S. 6 (18.3.1940).

33 Die Tagebücher von Joseph Goebbels (wie Anm. 28), Bd 4, S. 109 (12.4.1940).

34 Der Generalquartiermeister. Briefe und Tagebuchaufzeichnungen des Generalquartiermeisters des Heeres, General der Artillerie Eduard Wagner, hrsg. v. Elisabeth Wagner, München 1963, S. 144 ff.; vgl. Halder, Kriegstagebuch (wie Anm. 21), I, S. 107, und Below, Hitlers Adjutant (wie Anm. 19), S. 211.

35 Die Tagebücher von Joseph Goebbels (wie Anm. 28), Bd 4, S. 121 (21.4.1940).

36 Karl Klee, Das Unternehmen »Seelöwe«. Die geplante Landung in England 1940, Göttingen 1958, S. 189.

37 Die Weizsäcker-Papiere 1933—1950, hrsg. von Leonidas E. Hill, Frankfurt/M. 1974, S. 204 f.

38 Speer, Erinnerungen, Frankfurt/M. 1969, S. 188.

39 Die Tagebücher von Joseph Goebbels (wie Anm. 28), Bd 4, S. 184 (1.6.1940).

40 Zur Bewertung der sowjetischen Interessen- und Expansionspolitik siehe Bianka Pietrow, Stalinismus — Sicherheit — Offensive. Das Dritte Reich in der Konzeption der sowjetischen Außenpolitik 1933—1941, Melsungen 1983, S. 127 ff.; dies., Deutschland im Juni 1941 — ein Opfer sowjetischer Aggressionen? Zur Kontroverse über die Präventivkriegsthese, in: Geschichte und Gesellschaft, 14 (1988), S. 116—135. Wissenschaftlich unhaltbar ist die Theorie, Moskaus Aktionen hätten einen Präventivschlag Hitlers gerechtfertigt, mit der in der apologetischen Literatur rechtsextremer Kreise Hitlers Wendung gegen die Sowjetunion verteidigt wird; vgl. Gerd R. Ueberschär, »Historikerstreit« und »Präventivkriegsthese«. Zu den Rechtfertigungsversuchen des deutschen Überfalls auf die Sowjetunion 1941, in: Tribüne, 26 (1987), S. 108—116; ders., Zur Wiederbelebung der »Präventivkriegsthese«. Die neuen Rechtfertigungsversuche des deutschen Überfalls auf die UdSSR 1941 im Dienste »psycho-politischer Aspekte« und »psychologischer Kriegsführung«, in: Geschichtsdidaktik, 12 (1987), S. 331—342, mit Angabe der entsprechenden Literatur. Ein neuer Versuch in dieser Richtung liegt nun vor mit Viktor Suworow (Pseudonym), Der Eisbrecher. Hitler in Stalins Kalkül, Stuttgart 1989.

41 IMT, Bd 28, Dok. 1759-PS, S. 238 ff.

42 Halder, Kriegstagebuch (wie Anm. 21), I, S. 375 (30.6.1940).

43 Aufzeichnungen und Gesprächsnotizen Jodls vom 22.8.1945, Archiv des Instituts für Zeitgeschichte München, ED 115/5.

44 Ebd., Zeugenschrifttum ZS 97 von Loßberg, Briefe Loßbergs vom 7.9.1956 und 16.9.1956. Vgl. auch David Irving, Hitler und seine Feldherren, Frankfurt/M. 1975, S. 136 ff., 138 f.; ders., Hitlers Krieg. Die Siege 1939—1942, München 1983, S. 187 ff., 191.

45 IMT, Bd 37, S. 638 (Redeentwurf Jodls zum 7.11.1943).

46 Halder, Kriegstagebuch (wie Anm. 21), II, S. 6 (3.7.1940); Klee, Seelöwe (wie Anm. 36), S. 191 mit Anm. 521.

47 Die Tagebücher von Joseph Goebbels (wie Anm. 28), Bd 4, S. 228 (5.7.1940).

48 Halder, Kriegstagebuch (wie Anm. 21), II, S. 30—33 (22.7.1940), auch zu den folgenden Zitaten; Klee, Seelöwe (wie Anm. 36), S. 191 mit Anm. 520.

49 Abgedruckt bei Hillgruber/Hildebrand, Kalkül (wie Anm. 16), S. 64.

50 Gerhard Schreiber, Der Mittelmeerraum in Hitlers Strategie 1940. Programm und militärische Planung, in: Militärgeschichtliche Mitteilungen, 28 (1980), S. 72.

[51] Walter Warlimont, Im Hauptquartier der deutschen Wehrmacht 1939–1945, Frankfurt/M. 1964, S. 126 f., auch zum folgenden.

[52] Halder, Kriegstagebuch (wie Anm. 21), II, S. 41 (29.7.1940), zum folgenden S. 34, 37 ff., 46.

[53] Ebd., S. 46 ff. (31.7.1940), auch zu den folgenden Zitaten.

[54] Schreiber, Mittelmeerraum (wie Anm. 50), S. 76.

[55] Die Tagebücher von Joseph Goebbels (wie Anm. 28), Bd 4, S. 273.

[56] Warlimont, Im Hauptquartier (wie Anm. 51), S. 64.

[57] Die Tagebücher von Joseph Goebbels (wie Anm. 24), Bd 4, S. 382 (1.11.1940).

[58] Siehe u.a. Hans Uhlig, Das Einwirken Hitlers auf Planung und Führung des Ostfeldzuges, in: Vollmacht des Gewissens, Bd 2, Frankfurt/M. 1965, S. 176; Hillgruber (wie Anm. 3), Strategie, S. 208 f.

[59] Halder, Kriegstagebuch (wie Anm. 21), II, S. 98 (14.9.1940).

[60] Heeresadjutant bei Hitler 1938–1943. Aufzeichnungen des Majors Engel, hrsg. von Hildegard v. Kotze, Stuttgart 1974, S. 91 f., auch zum folgenden. Siehe ferner die Notiz in: Weizsäcker-Papiere (wie Anm. 37), S. 226 (17.11.1940): »Man [Anspielung auf Hitler — Verf.] sagt, ohne Rußland zu liquidieren, sei doch keine Ordnung in Europa zu schaffen.«

[61] Vgl. dazu: Das Deutsche Reich und der Zweite Weltkrieg, Bd 4 (wie Anm. 17); »Unternehmen Barbarossa«. Der deutsche Überfall auf die Sowjetunion 1941. Berichte, Analysen, Dokumente, hrsg. von Gerd R. Ueberschär und Wolfram Wette, Paderborn 1984.

Bianka Pietrow-Ennker

# Deutschland im Juni 1941 — ein Opfer sowjetischer Aggression?

## Zur Kontroverse über die Präventivkriegsthese*

Im gegenwärtigen Streit um den Stellenwert der nationalsozialistischen Vergangenheit im Geschichtsbewußtsein der Deutschen spielt die Sowjetunion eine zentrale Rolle. Renommierte Historiker wie Ernst Nolte, Klaus Hildebrand, Joachim Fest und andere haben den Eindruck erweckt, als wollten sie durch den Vergleich der Massenmorde unter Stalin und Hitler die NS-Verbrechen relativieren[1]. Das mußte hohe Wellen schlagen. Man ist sich bis heute uneins über die Zulässigkeit solcher Vergleiche, vergißt jedoch bisweilen zu fragen, in welcher Absicht denn verglichen wird. Michael Stürmer läßt daran keinen Zweifel zu. In seinen Leitartikeln in der »Frankfurter Allgemeinen Zeitung« (= FAZ) ist er bemüht, auf einen anderen Grundkonsens als den einzustimmen, den Christian Meier in seinem Beitrag zur Historiker-Kontroverse im Blick hatte, als er die unvermindert scharfe Verurteilung der nationalsozialistischen Untaten durch die deutsche Geschichtswissenschaft hervorhob[2]. Stürmer dagegen geht es vornehmlich um eine neue, offensive Abgrenzung zum Sowjetsystem; er spricht von verbrauchter Entspannungspolitik und fordert den Westen zu stärkerer »kulturelle[r] und politische[r] Ausstrahlung« nach Mitteleuropa auf, da sich der Marxismus als »Ideologie der Systemsklerose« erwiesen habe[3]. Angesichts eines solchen Sendungsbewußtseins ist eine Relativierung der nationalsozialistischen Vergangenheit funktional, wenn nicht sogar zwingend.

Vor den Bestrebungen, nationale Identität nicht auf die Erfahrungen der nationalsozialistischen Vergangenheit zu gründen, sondern nach »positiveren« Identifikationsmustern Ausschau zu halten, ist zu Recht gewarnt worden. Hans Mommsen hat in diesem Zusammenhang darauf hingewiesen, daß die Rückbesinnung auf traditionelle Werte auch überkommene Feindbilder wiederbelebt habe[4]. So mußte in der Tat verblüffen, mit welcher Leichtfertigkeit Ernst Nolte von einer »asiatischen Tat« sprechen konnte, als er einen Zusammenhang zwischen dem »Archipel GULAG« und Auschwitz konstruierte. Mommsen fühlte sich dadurch zu dem Vorwurf veranlaßt, es werde wieder auf Vokabeln des völkischen Rassismus zurückgegriffen[5]. Im Rahmen

* Durch neuere Literatur ergänzter Wiederabdruck aus: Geschichte und Gesellschaft, 14 (1988), S. 116—135.

dieser Kontroverse haben einige Themen, die in der Nachkriegszeit zu den heißen Eisen zählten und dann lange Zeit Gegenstand fruchtbarer wissenschaftlicher Auseinandersetzungen gewesen sind, neue Aktualität erhalten[6]. In diese Reihe derzeit neubelebter Thesen gehört die vom deutschen Angriff auf die Sowjetunion als Präventivschlag. Ehedem war das die offizielle nationalsozialistische Rechtfertigung des »Unternehmens Barbarossa«. Schon am 22. Juni 1941 hatte Hitler in einer Proklamation der Bevölkerung zu erklären versucht, warum die Zusammenarbeit der Sowjetunion durch den Kriegszustand abgelöst worden sei. Seine ganze Redekunst wandte er auf, um Angst vor der »jüdisch-bolschewistischen Machthaberschaft in Moskau« zu schüren. Diese Clique trachte danach, »nicht nur Deutschland, sondern ganz Europa in Brand zu stecken«[7]. Die traumatische Erfahrung, daß der Rußlandfeldzug sich keineswegs als »Sandkastenspiel« erwies, wie das Hitler seinem Feldmarschall Keitel prophezeit hatte[8], wirkte lange nach. Noch heute gibt es Stimmen, die trotz aller Gegenbeweise der historischen Forschung unbeirrt an der Meinung festhalten, daß Hitler am 22. Juni 1941 einer übermächtigen und angriffsbereiten Roten Armee zuvorgekommen sei.

In den Auseinandersetzungen um die deutsche Vergangenheit ist diese renovierte Präventivkriegsthese zu einem Politikum geworden. Zunächst versuchte sich der Grazer Philosoph Ernst Topitsch mit seinem Buch »Stalins Krieg« zum Erstaunen mancher Leser als Militärexperte, doch vertrat er ebenso obsolete wie abenteuerliche Positionen, die keinen Zweifel daran lassen, daß sich Topitsch um Forschungsergebnisse nicht schert. Schon aus diesem Grund hat seine Arbeit keine neuen wissenschaftlichen Erkenntnisse über die sowjetische Außen- und Militärpolitik gebracht. Wohl aber liefert sein Buch jenen Schützenhilfe, die Hitler immer noch in erster Linie als ein Opfer sowjetischer Politik betrachten[9].

Problematisch ist das Interesse, das eine so renommierte Zeitung wie die FAZ an Hitlers »Präventivkrieg« nimmt, seit der sowjetische Emigrant Viktor Suvorov in einer britischen Militärzeitschrift die Ansicht vertreten hat, die Rote Armee habe im Sommer 1941 Deutschland angreifen wollen[10]. Obwohl Suvorovs Argumentation so verkürzt ist, daß Kritiker sogar seine Befähigung zum Historiker in Frage stellten[11], meinte Günther Gillessen in der FAZ, die Hypothese vom sowjetischen Schlag gegen Deutschland im Jahr 1941 habe an Plausibilität gewonnen. Außerdem gab er der Hoffnung Ausdruck, daß der Nachweis einer Aggressionsabsicht der Roten Armee die Deutschen von jener »Friedensschuld« befreien werde, die das Sowjetregime im Blick auf die schweren sowjetischen Kriegsschäden der Bundesrepublik seither zugeschoben habe[12].

Diesem Artikel Gillessens ist inzwischen heftig widersprochen worden. Seine Kritiker stellten erneut heraus, daß das »Unternehmen Barbarossa« keine

Reaktion Hitlers auf einen sowjetischen Aufmarsch war, sondern ein ideologisch motivierter und von langer Hand geplanter Vernichtungskrieg gegen die UdSSR[13].

Man hätte es bei diesem Schlagabtausch belassen können, wäre nicht Joachim Hoffmann in Band 4 der vom Militärgeschichtlichen Forschungsamt in Freiburg herausgegebenen Gesamtdarstellung »Das Deutsche Reich und der Zweite Weltkrieg« zu dem Ergebnis gekommen, daß die Präventivkriegsthese durchaus ihre Berechtigung habe. Er bekräftigte diese Auffassung nochmals in einem Leserbrief[14].

Autoren, die Hoffmanns Standpunkt teilen, gehen in der Regel von einer überlegenen politischen und militärischen Position der UdSSR im internationalen System vor und zu Beginn des Zweiten Weltkrieges aus[15]. Im wesentlichen berufen sie sich auf drei Argumente: Erstens habe Stalin im Sommer 1939 freie Hand gehabt; er habe sich für eine Zusammenarbeit mit Hitler entschlossen, um die »kapitalistischen Mächte« in einen Krieg zu verwickeln. Topitsch geht dabei wo weit, Hitler als Werkzeug Stalinscher Weltmachtpläne zu betrachten. Zweitens werden die Gespräche des sowjetischen Außenkommissars Molotov mit der deutschen Regierung im November 1940 als Beweis dafür genommen, daß die Sowjetunion nach Westen nahezu unbegrenzte Expansionsinteressen verfolgte. Topitsch unterstrich noch einmal in einem Leserbrief, daß Stalin Kontinentaleuropa erobern wollte und deshalb Molotov hohe Territorialforderungen vorbringen ließ, um einen deutschen Angriff auf die Sowjetunion bewußt zu provozieren. Mit Hilfe der Offensivstrategie der Roten Armee sollte Deutschland dann auf eigenem Boden geschlagen werden. Drittens wird behauptet, daß die Rote Armee – wenn nicht schon 1941, so doch spätestens 1942 – Deutschland angreifen wollte. Daraus schließt man, daß Hitler nur noch im Sommer 1941 Gelegenheit gehabt habe, Stalin zuvorzukommen.

Angesichts so gravierender Feststellungen muß vor allem danach gefragt werden, ob die Autoren aufgrund überlegener Materialkenntnis zu ihren Einsichten gekommen sind. Der Blick auf die benutzte Literatur zeigt, daß dies nicht der Fall ist. Hoffmann stützt sich hauptsächlich auf Aussagen sowjetischer Kriegsgefangener, ohne den umstrittenen Wert dieser Quellen in Rechnung zu ziehen. Suvorov hat gar kein neues Material ausgebreitet, sondern zitiert selektiv (dazu auch falsch!) aus bekannten Memoiren.

Schwerer wiegt noch, daß wesentliche neue Arbeiten von den Autoren nicht zur Kenntnis genommen worden sind[16] oder maßgebliche Untersuchungen nur zu einzelnen Punkten herangezogen werden, ohne aber die Arbeitsergebnisse von Autoren wie Andreas Hillgruber oder John Erickson zu beachten. Gerade die von Hoffmann mehrfach zitierte Monographie Ericksons zählt zu denjenigen Publikationen, in denen der These von einer sowjetischen Angriffsabsicht 1941 mit einer Fülle von Material überzeugend entgegengetreten wird[17].

Methodische Nachlässigkeit kennzeichnet auch die Behandlung der sowjetischen Außenpolitik. Anders als Hoffmann annimmt, geht aus den Memoiren des deutschen Botschaftsrats Gustav Hilger hervor, daß die Sowjetdiplomatie in erster Linie einem starken Sicherheitsbedürfnis folgte[18]. In der Forschung ist mit dem Erscheinen des »Osteuropa-Handbuches« zur Außenpolitik der UdSSR für alle Phasen ihrer Politik bis 1941 nochmals umfassend nachgewiesen worden, welche zentrale Rolle dieses Sicherheitsinteresse jeweils gespielt hat. Das Verdienst dieser Publikation war es zudem, die inneren Voraussetzungen für die Außenpolitik herausgearbeitet zu haben. Das bedeutete u.a., den sowjetischen Industrialisierungsweg in Bezug zur Stalinschen Politik zu setzen, die Opfer zu berücksichtigen, die Wirtschaft, Gesellschaft und Staat durch unrealistische Planziele, durch immer neue Säuberungswellen, damit verbundene massenhafte Eliminierung von Fachkräften, schließlich durch wirtschaftliches Chaos und mangelhafte Arbeitsproduktivität erlitten. Solche Rückschläge mußten notwendig auch den Verteidigungssektor treffen. Daher konnte die Sowjetunion während des dritten Planjahrfünfts (1938—1942) zwar einzelne Spitzenleistungen in der Waffenproduktion erbringen, doch konnte sie die typischen Begleiterscheinungen Stalinscher Industrialisierung wie Produktionsengpässe, Stagnation und Desorganisation in einzelnen Branchen nicht beseitigen. Das führte zu Verzögerungen bei der Ausstattung der Streitkräfte, z.B. mit Transportmitteln, Funkgeräten, Munition, zu einer Vernachlässigung des Ausbaus der Infrastruktur u.a.m.[19]

Auch die Folgen der Großen Säuberungen in der Roten Armee werden von den Verteidigern der Präventivkriegsthese nicht in ihrer vollen Bedeutung für die Verteidigungsfähigkeit der Sowjetunion erfaßt. Betroffen waren ca. 65 Prozent der höheren Offiziersgrade. Nach allem, was man heute weiß, wurden alle Korpskommandeure entfernt, fast alle Kommandeure von Divisionen, Brigaden und Regimentern, die meisten Mitglieder der Militärräte und Leiter der politischen Verwaltungen der Militärbezirke, die Mehrheit der Politischen Kommissare der Korps, Divisionen und Brigaden, ungefähr ein Drittel der Politkommissare der Regimenter und eine nicht erfaßbare Zahl von Offizieren unterer Ränge und politischer Funktionäre. Opfer der Säuberungswelle wurden drei von fünf Marschällen, 60 von 67 Kommandierenden Generälen, sämtliche acht Admirale erster und zweiter Klasse. »In keinem Krieg, den Zweiten Weltkrieg eingeschlossen, hat irgendeine Armee der Welt derartige Verluste an hohen und höchsten Offizieren erlitten. Solche Verluste hat nicht einmal eine völlige militärische Zerschlagung zur Folge[20].«

Hinzu kamen Säuberungen im Volkskommissariat für Verteidigung, in den Militärakademien, im Nachrichtendienst, in der Spionageabwehr, unter führenden Waffenkonstrukteuren und Militärtheoretikern. Die Folge dieser Liquidierung konnte nur eine wesentliche Schwächung der Roten Armee sein. Im Ausland wurde sie auch so bewertet. Vor allem in den Augen von britischen Militärs und Regierungskreisen sank der Bündniswert der sowjetischen Streitmacht auf ein Minimum. Im Sommer 1939 hielt man die Rote Armee für völlig demoralisiert und unzureichend kampfbereit, trotz ihrer quantitativen Stärke an Material und Soldaten[21]. Wenn auch die sowjetische Streitmacht im August 1939 durch ihre Kämpfe gegen Japan am Chalchyn gol an Ansehen gewann, hatte sie es nach dem finnisch-sowjetischen Winterkrieg 1939/1940 wieder gänzlich eingebüßt.

Ein ähnliches Bild ergab sich aus den Berichten der deutschen Botschaft[22]. General Köstring, Miltärattaché in Moskau und einziger Rußlandexperte unter den deutschen Militärs, teilte das britische Urteil. Noch im September 1940 war er der Meinung, die Rote Armee benötige weitere vier Jahre, um die Folgen der »Säuberung« zu beheben. Trotz der Bedenken einzelner, die Sowjetarmee werde zähen Widerstand leisten, war auch die deutsche militärische Führung noch im Juni 1941 davon überzeugt, daß der »tönerne Koloß« Sowjetunion in kurzer Zeit überrollt werde[23].

Der Präventivkriegstheorie ist das Folgende entgegenzuhalten:

1. Es geht zunächst einmal darum, die Ursachen für das sowjetische Sicherheitsbedürfnis am Vorabend des Zweiten Weltkrieges zu bestimmen. Dabei ist außer der disproportionalen Industrialisierung und den Folgen der Säuberungswellen die außenpolitische Isolierung zu nennen, in die die Sowjetunion durch die britische Appeasementpolitik, zumal durch das Münchener Abkommen, gedrängt worden war. Für den Kreml bedeutete das Verrat. Der Vorsitzende des Rates der Volkskommissare, Molotov, sprach zum Jahrestag der Oktoberrevolution 1938 sogar davon, daß der »zweite imperialistische Krieg« durch die Aggressoren Deutschland, Italien und Japan bereits begonnen habe. Er warf Großbritannien, Frankreich und den USA vor, keine antifaschistische Einheitsfront zu organisieren, weil diese Mächte anscheinend den Faschismus für ein »gutes Gegengift« gegen den Sozialismus hielten. In München sei das aggressive Deutschland weiter ermutigt worden, deshalb stehe eine Ausweitung des Krieges auf der Tagesordnung[24].

Diese Rede war mehr als eine Interpretation der internationalen Politik nach leninistischem Schema. In ihr drückte sich die Furcht der Sowjetführung davor aus, daß eine weitere Konzessionsbereitschaft der Westmächte gegenüber territorialen Ansprüchen des »Dritten Reiches« früher oder später auch zu deutschen Forderungen an die Sowjetunion führen könne. Folglich mußte es das erste Sicherheitsgebot sein, den Tiefstand im deutsch-sowjetischen Verhältnis vorsichtig zu überwinden. In diesem Zusammenhang ist Stalins vielzitierte ›Kastanienrede‹ zu sehen. Sie spiegelt deutlich die Besorgnis der UdSSR angesichts westlicher Pressemeldungen über eine mögliche Angliederung der sowjetischen Ukraine an die Karpaten-Ukraine wider, die im Oktober 1938 autonomer Teil der föderativen ČSR geworden war[25].

Ein Blick hinter die Kulissen zeigt, daß Stalin keineswegs übertrieben reagierte. Der französische Außenminister Bonnet rechnete damals tatsächlich damit, daß Deutschland gegenüber der Ukraine eine ähnliche Politik wie gegenüber dem Sudetenland verfolgen und mit Hilfe des Selbstbestimmungsrechtes Separatistenbewegungen in Polen und der UdSSR zum Sieg verhelfen werde. Weil sich dadurch die Möglichkeit einer friedlichen Konfliktlösung analog zum Münchener Abkommen abzuzeichnen schien, sah sich die französische Armeeführung trotz des sowjetisch-französischen Beistandspaktes von 1935 der Verpflichtung enthoben, für den Fall eines deutschen Zugriffs auf die Ukraine die Rote Armee durch französische Operationen zu entlasten[26].

Erst als man in Frankreich begriff, daß ein Machtzuwachs Deutschlands im Osten dessen Potential für den Kampf im Westen stärken werde, begann ein Umdenken. Es bewirkte jedoch wenig: Frankreich war darauf angewiesen, letztlich stets die britische Position zu stützen. Großbritannien aber setzte im Sommer 1939 alles daran, im Rahmen der Appeasementpolitik zu einer friedlichen Vereinbarung mit Deutschland zu kommen. Die Verhandlungen mit der Sowjetunion fungierten dabei als Druckmittel, um Hitler zum Einlenken zu bewegen — eine Tatsache, die auch der Stalinschen Führung nicht verborgen bleiben konnte und ihr tiefes Mißtrauen gegenüber der britisch-französischen Politik noch steigerte.

In diesem Zusammenhang ist verständlich, daß die historische Forschung einige Zeit die britische Garantie für die Unabhängigkeit Polens für eine Wende hielt, die das Ende der Appeasementpolitik zu bedeuten und Stalin Handlungsfreiheit einzuräumen schien. Doch haben gründliche, auf breiter Quellenbasis angelegte Studien inzwischen gezeigt, daß davon nicht die Rede sein kann. Lothar Kettenacker resümiert mit harten Worten: »Die am 31. März ausgesprochene Garantie Polens war ein Bluff sondergleichen[27].« Er interpretiert sie zudem als eine dem Münchener Abkommen nicht nachstehende Brüskierung der Sowjetunion. Denn der britischen Seite hätte klar sein müssen, daß Polen ohne wirkungsvolle Zusammenarbeit mit der Sowjetunion nicht zu verteidigen war, selbst wenn man die Schwäche der Roten Armee in Rechnung stellte.

Noch ein weiterer Aspekt gehört zum Verständnis der sowjetischen Politik hinzu: Nicht nur aus Gründen der Appeasementpolitik der Westmächte schien eine Übereinkunft mit Deutschland die größere Sicherheit zu bieten. Sie UdSSR führte im Sommer 1939 mit Japan an der mandschurisch-mongolischen Grenze Krieg. »Die anhaltenden Grenzkämpfe beschworen für die Sowjetunion die Gefahr eines Zweifrontenkrieges an ihrer fernöstlichen und an der europäischen Flanke herauf, falls sich die sowjetische Führung zu einer Entscheidung gegen Deutschland durchrang[28].«

Wie eine eingehende Betrachtung der innen- und außenpolitischen Lage 1939 zeigt, war der Handlungsspielraum der Sowjetunion äußerst gering. Deshalb kann von ihr auch nicht als »lachendem Dritten« gesprochen werden, als der Krieg begann[29]. Trotz der mit Deutschland neu begründeten Zusammenarbeit glaubte die Stalinsche Führung ihr Land noch nicht vor einem Krieg gesichert. Darauf weist auch die TASS-Meldung vom 30. August 1939 hin, mit der der Bevölkerung mitgeteilt wurde, der zahlenmäßige Bestand der Garnisonen an der westlichen Grenze der UdSSR solle wegen möglicher »Überraschungen« verstärkt werden. Am 10. September wurde darüber informiert, daß eine begrenzte Einberufung von Reservisten in die Rote Armee beschlossen wurde. Die Sowjetbürger verstanden, daß ihre Führung mit Mißtrauen den Vormarsch der deutschen Wehrmacht beobachtete. Eine Panik brach aus, die zu Hamsterkäufen und einer Nahrungsmittelverknappung führte[30].

Stellt man heute die Frage nach einer Alternative für die UdSSR zur Partnerschaft mit Deutschland, bleibt nur die weitere Verhandlungsführung mit den Westmächten bis zum Wintereinbruch 1939, der den deutschen Angriff auf Polen vorerst technisch unmöglich gemacht und der Sowjetunion einen Zeitgewinn bei den schwierigen Verhandlungen über ein Dreierbündnis gebracht hätte. Doch die Vorteile, die sich die Stalinsche Führung von einer Partnerschaft mit den Nationalsozialisten versprach, gaben Deutschland schon vor einer Ausschöpfung dieser Option den Vorrang.

2. Es ist einseitig, die Ablehnung der Versailler Friedensordnung in erster Linie zum Schnittpunkt der Interessen Deutschlands und der UdSSR zu machen[31]. Primär bestimmten Sicherheitsbedürfnisse die sowjetische Diplomatie; ihnen waren alle anderen Ambitionen untergeordnet. Daneben strebte das Stalin-Regime dort nach territorialem Gewinn, wo er relativ gefahrlos für die eigene Sicherheit zu erlangen war. Wollte man eine Auflistung der sowjetischen außenpolitischen Ziele vornehmen, wäre zuerst der Schutz und die Förderung des sozialistischen Aufbaus in der UdSSR zu nennen. Dieses Prinzip der Koexistenzpolitik war auf dem XVIII. Parteitag der KPdSU(B) erneut bekräftigt worden, und es sollte aus sowjetischer Sicht die Grundlage für die Wiederaufnahme der Beziehungen zum ›Dritten Reich‹ werden. Die Stalinsche Führung versprach sich davon ruhige Grenzen (auch gegenüber Japan) sowie einen regen Wirtschaftsverkehr, den sie zur Planerfüllung dringend benötigte[32].

Nur wenn diese Aspekte übersehen werden, läßt sich behaupten, die späteren sowjetischen Rohstofflieferungen seien allein aus dem Interesse daran erfolgt, Deutschland zum Abnutzungskrieg gegen Großbritannien zu befähigen. Ein solcher Krieg war noch nicht in Sicht, als am 19. August 1939 ein deutsch-sowjetisches Handelsabkommen abgeschlossen wurde und man sich am 28. September 1939 auf einen groß angelegten Warenaustauch einigte[33]. Seit dieser Zeit konnte man in der Sowjetunion immer wieder vernehmen, was schon kurz nach Abschluß des deutsch-sowjetischen Nichtangriffsvertrages erklärt worden war: Dank der Verständigung mit Deutschland laufe die friedliche Aufbauarbeit in der UdSSR trotz aller weltweiten Spannungen weiter. Die deutsch-sowjetische Zusammenarbeit sei Ausdruck des Prinzips der friedlichen Koexistenz, die Kooperation beider Mächte Voraussetzung für eine erfolgreiche Politik der UdSSR:

»Wenn dies jemandem in der kapitalistischen Welt nicht paßt, ist das nicht unsere Schuld. Aber es paßt dem sowjetischen Volk, dessen Interessen für die sowjetische Regierung Gesetz sind. Es paßt dem deutschen Volk, dem gegenüber das sowjetische Volk niemals Feindschaft hegte und hegen wird[34].«

Der Tenor dieses typischen Zitats macht klar: Die sowjetische Führung sah mit Genugtuung auf die Wiederaufnahme der traditionellen deutsch-russischen Zusammenarbeit. Und nur aus dieser Blickrichtung läßt sich verstehen, warum das Regime nach den Verträgen mit Deutschland vom Herbst 1939 dem »Dritten Reich« einen so hohen Stellenwert einräumte. Denn es ging nicht nur um die Kooperation gegen das Versailler System. Wohl aber meinte Stalin, beide Staaten seien als »Benachteiligte von Versailles« auf besondere Weise gegen die Siegermächte des Ersten Weltkrieges verbunden. Daher sparte die sowjetische Propaganda auch nicht damit, Großbritannien, den Träger der Nachkriegsordnung, als Hauptfeind der Sowjetunion zu bekämpfen. Entsprechend entwickelten sich die britisch-sowjetischen Beziehungen negativ, während man die Beziehungen mit Deutschland nach alter Tradition auf vielen Gebieten neu belebte. Dazu gehörte außer dem Wirtschaftsbereich die Aufwertung deutscher Kultur in der Sowjetunion, die Aufgabe antifaschistischer Positionen bei der Frage des politischen Asyls, ja eine direkte Unterstützung der nationalsozialistischen Kulturpolitik bis hin zur Übernahme von Propagandaparolen gegen die westlichen Demokratien[35].

Nicht zufällig erschienen die Bismarck-Memoiren in der Sowjetunion in hoher Auflage. Der enge Vertraute Stalins, Anastas Mikojan, hat in seinen Memoiren kürzlich nochmal bestätigt, daß Stalin ein Bismarck-Kenner war und glaubte, Hitler richte sich nach den Prinzipien der Rußlandpolitik dieses großen Staatsmannes. Aus diesem Grund hielt er es auch nicht für möglich, daß Hitler einen Zweifrontenkrieg wagen werde[36].

Zieht man das sowjetische Faschismusverständnis in die Betrachtung mit ein, wird der Standpunkt Stalins noch klarer. Der Nationalsozialismus wurde nur als Instrument des Großkapitals begriffen. Daher galt die NSDAP nicht als selbständige politische Kraft. Sie schien von der Großindustrie abhängig, auf deren Kooperationswillen man in der Sowjetunion setzte. Und die Stalinsche Führung wird zeitweise wohl auch davon ausgegangen sein, daß man die deutsche Wehrmachtführung durch die partielle militärische Zusammenarbeit zwischen der Sowjetunion und dem »Dritten Reich« für sich gewonnen habe, zumal ja die UdSSR Deutschland im Krieg gegen die Westmächte den Rücken deckte[37]. Zu Recht hat daher J. W. Brügel kürzlich noch einmal an Stalins Worte erinnert: »Zusammen mit den Deutschen wären wir unbesiegbar gewesen[38].« Stalin verfolgte, läßt sich zusammenfassen, durchaus ein in sich logisches außenpolitisches Konzept. Nur beruhte es auf einem falschen Verständnis nationalsozialistischer Herrschaft. Stalin unterschätzte die politische Durchsetzbarkeit der weltanschaulichen Ziele Hitlers. Das galt auch für dessen Ansicht, daß ein rassistischer Vernichtungskrieg gegen die Sowjetunion zur Gewinnung von »Lebensraum im Osten« notwendig sei.

Es wäre allerdings verfehlt, bei der Erörterung der außenpolitischen Interessen die sowjetischen Großmachtambitionen nicht angemessen zu berücksichtigen. Schon der XVIII. Parteitag der KPdSU(B) 1939 hatte gezeigt, daß die sowjetische Führung zu einem klassischen Großmachtdenken gefunden hatte, das sich durch revolutionäres Vokabular nur unzureichend verhüllen ließ. Den Beweis erbrachten bald die deutsch-sowjetischen Abmachungen (mit ihren geheimen Zusatzprotokollen[39]) sowie die daraufhin von der Sowjetunion eingestrichenen territorialen Eroberungen. Stalin verstand sich dabei stets als Partner Hitlers, dem es in jeder neuen Etappe des Krieges auf Machterweiterung der UdSSR an Deutschlands Seite ankam. In der ersten Phase, im Krieg gegen Polen, war der Preis die Überlassung der bis dahin zu Polen gehörenden westlichen Ukraine und des westlichen Weißrußland sowie finnischer Gebiete. Von einer zweiten Phase des Krieges sprach die Sowjetunion seit Beginn des Westfeldzugs der deutschen Wehrmacht. Unter dem Eindruck der deutschen Siege bestand sie als Preis für ihre vertragliche Rückendeckung auf Estland, Lettland, Litauen, Bessarabien und der nördlichen Bukovina. Mit dem Abschluß des Dreimächtepaktes vom 27. September 1940 brach in den Augen der Stalinschen Führung die dritte Phase des Krieges an. Als der deutsche Außenminister v. Ribbentrop Molotov nach Berlin einlud, um die UdSSR für den Beitritt zu diesem — auf die Zerschlagung der angelsächsischem Herrschaft abzielenden — Bündnis zu gewinnen, stellte der sowjetische Außenkommissar seine Bedingungen[40].

Das genaue Studium der Akten des Auswärtigen Amtes über diesen Meinungsaustausch legt offen, daß Stalin bereits in seinem Antwortbrief auf die Einladung des deutschen Außenministers andeutete, daß es der Sowjetunion in erster Linie um eine Bereinigung der Meinungsverschiedenheiten mit Deutschland über die 1939 abgesteckten Interessensphären gehe (die bereits damals der Sowjetunion von *deutscher* Seite offeriert worden waren). Während sich Hitler vor Molotov in großen Zukunftsvisionen erging und dabei im Sinn hatte, die UdSSR von Europa weg nach Asien zu drängen, war der sowjetische Gast vor allem auf Nahziele fixiert: Er forderte zunächst einmal Maßnahmen zur Stabilisierung des deutsch-sowjetischen Verhältnisses. Zweitens machte Molotov klar, daß sich die Sowjetunion bei der Absteckung von Fernzielen durch Hitler nicht täuschen lassen werde[41]. Die sowjetische Seite glaubte, so bestimmt auftreten und wiederum einen Preis für eine engere Zusammenarbeit gegen Großbritannien fordern zu können, weil Stalin Deutschland im Krieg gegen die angelsächsische Seemacht fest gebunden glaubte und nicht ahnte, daß Hitler trotzdem schon mit Planungen für den Rußlandfeldzug begonnen hatte[42].

In der Historiographie über die deutsch-sowjetischen Beziehungen ist immer wieder ausführlich beschrieben worden, daß die UdSSR nach dem Molotov-Besuch in Berlin alles im Rahmen ihrer Möglichkeiten Stehende tat, um Deutschland zu einer Einigung zu bewegen. Dabei schwankte die sowjetische Diplomatie zwischen Protest (bis hin zur direkten Unterstützung Jugoslawiens noch am Tag des deutschen Angriffs) gegen eine politische Vereinnahmung des Balkans durch die Staaten des Drei-Mächte-Paktes und einer geradezu devoten Beschwichtigungspolitik gegenüber Hitler. Unter dem Eindruck des gewaltigen deutschen Truppenaufmarsches vor den sowjetischen Grenzen ließ die UdSSR nichts unversucht, eine deutsche Stellungnahme herauszufordern, weil sie die Truppenmassierung als gigantisches Erpressungsmanöver betrachtete. Sowjetische Presseerklärungen waren darauf angelegt, Deutschland zu bedeuten, daß die Stalinsche Führung Wachsamkeit wahrte. In der »Pravda« wurden Mutmaßungen, die Sowjetunion beabsichtige die Verpachtung der Ukraine, ebenso scharf zurückgewiesen wie Gerüchte über einen bevorstehenden Krieg zwischen der UdSSR und Deutschland (!), über territoriale oder wirtschaftliche Forderungen der Reichsregierung oder über laufende Verhandlungen wegen eines neuen, engeren Abkommens zwischen beiden Mächten[43]. Das TASS-Kommuniqué vom 13. Juni 1941 ist in diesem Zusammenhang zu sehen. Denn es informierte darüber, daß die Stalinsche Führung von der deutschen Truppenkonzentration Kenntnis besaß, und es enthielt zugleich ein Verhandlungsangebot an Hitler: Besprechungen zwischen beiden Staaten hätten bisher nicht stattfinden können, hieß es, weil Deutschland keinerlei Forderungen gestellt und auch keine Vorschläge unterbreitet habe[44].

Ganz anders ist die Interpretation Viktor Suvorovs: Er blickt wie gebannt auf den sowjetischen Aufmarsch, und da für ihn die Diplomatie immer im Dienst des Krieges steht (»diplomacy must always work for war«), sind alle diplomatischen Schritte der Sowjetunion, auch die TASS-Meldung, in dieser Zeit Desinformationen. Es zählt allein, was Militärs und Waffen sagen[45].

Wenn dem so wäre, bliebe Suvorov aber die Antwort auf die Frage schuldig, warum gerade Kommandeure der Roten Armee, wie wir heute wissen, das TASS-Kommuniqué als Täuschung des Sowjetvolkes, als »objektiven Landesverrat« empfanden. Denn die Stalinsche Führung hatte ja zahlreiche Warnungen vor einem deutschen Angriff, selbst von der sowjetischen Aufklärung, erhalten[46]. So kann in Kriegsmemoiren immer wieder nachgelesen werden, daß das Kommuniqué die militärische Führung vor Rätsel stellte. In den darauffolgenden Tagen, ja selbst noch am 22. Juni, blieb sie in den unlösbaren Widerspruch verstrickt, die sowjetischen Grenzen angesichts der deutschen Truppenmassierung zu sichern und dabei gleichzeitig dem Verdacht vorzubeugen, die Sowjetunion wolle Deutschland provozieren[47].

3. Joachim Hoffmann berücksichtigt in seiner Darstellung durchaus, daß die UdSSR seit dem Beginn der Stalinschen Industrialisierung eine Streitmacht nach modernsten Gesichtspunkten entwickelte und ihr aufgrund der Erfahrungen aus dem Ersten Weltkrieg eine offensive Verteidigungskonzeption gab, um einen Stellungskrieg auf sowjetischem Territorium zu vermeiden. Er stellt auch in Rechnung, daß man nach den Großen Säuberungen davon überzeugt war, auf die Variante der strategischen Verteidigung gegen einen deutschen Angriff verzichten zu können, für die sich Marschall Tuchačevskij bis zu seiner Hinrichtung 1937 eingesetzt hatte. Die Schwächen der Roten Armee sind Hoffmann ebenfalls gegenwärtig, z.B. wenn er sich auf das blamable Bild bezieht, das die sowjetischen Truppen aller Welt bei ihren Operationen gegen Polen und Finnland 1939 und 1940 boten[48]. Dennoch läßt er sich allzu sehr von sowjetischen Angaben über die Waffenproduktion vor Kriegsausbruch 1941 leiten. Demgegenüber ist auch neuerdings wieder hervorgehoben worden, daß Material und Menschen, für sich genommen, militärischen Erfolg noch nicht verbürgen können, sondern daß es auf die Qualität von Waffen und Truppen, das Niveau der Militärtheorie und der militärischen Ausbildung ankommt. Bernd Bonwetsch ist zuzustimmen, wenn er schreibt:

»In ihrem Gerät war die Rote Armee den Angreifern schon bei Kriegsbeginn kaum unterlegen [...] Eine Gesamtwertung ergibt jedoch, daß die Deutschen ein überlegenes Waffen- und Gerätearsenal besaßen und zudem ihren technischen Vorsprung wirkungsvoll auszuspielen verstanden. Indessen liegen weder darin noch in der anfänglichen Personalüberlegenheit oder der größeren Kriegserfahrung die Hauptursachen für die sowjetischen Niederlagen von 1941. Den Ausschlag gab vielmehr die Unfähigkeit des Stalinschen Systems, sich einer harten Wirklichkeit unvoreingenommen zu stellen. Aus diesem systembedingten Realitätsverlust mußten selbstmörderische Fehler und Versäumnisse bei der Kriegsvorbereitung und -führung folgen[49].«

Zu solchen gravierenden Fehlentscheidungen gehörte u.a. die von Hoffmann besonders herausgestrichene (und für seine These maßgebliche) Massierung sowjetischer Verbände in vorspringenden Frontbögen wie Białystok und Lemberg. Doch wird Hoffmann seinen eigenen Prämissen untreu, wenn er außer acht läßt, welche Auswirkungen die Großen Säuberungen auch auf die sowjetische Militärtheorie gehabt hatten. Es genügt nicht, nur von den Bemühungen des sowjetischen Verteidigungskommissars S. K. Timošenko zu sprechen, nach dem finnisch-sowjetischen Winterkrieg die dort zutage getretenen Schwächen zu beheben. Vielmehr muß auch herausgearbeitet werden, daß das Plenum der KPdSU(B) im März 1940 eine umfassende Reorganisation der Streitkräfte, ihre Neuausrüstung und eine gründliche Revision ihres Ausbildungsprogramms gerade deshalb beschließen konnte, weil sich das Verhältnis zum »Dritten Reich« so günstig gestaltet hatte. Denn die Durchführung breit angelegter Reformen mußte die Kampfkraft der Streitkräfte zwangsläufig erst einmal weiter herabsetzen. Die Reorganisation sollte im Sommer 1942 zwar abgeschlossen sein, doch stellten die typischen Engpässe im sowjetischen Produktions- und Distributionssektor sowie der Mangel an kompetenten Führungskräften diese optimistische Planung sehr in Frage. Das System arbeitete generell nur mit schweren Reibungsverlusten. Daß die Rüstung hiervon ebenso betroffen war wie andere Bereiche der sowjetischen Volkswirtschaft, kann in eben der Literatur nachgelesen werden, die Hoffmann selber zitiert hat. Um nur einige Beispiele herauszugreifen: Im Juni 1941 waren weder der Truppenaufbau noch die nötige Ausrüstung der neuen Einheiten abgeschlossen. Nur 27 Prozent der alten Panzermodelle in den westlichen Militärbezirken waren voll einsatzfähig, die Soldaten noch nicht umgeschult; 25 Fliegerdivisionen befanden sich im Prozeß der Aufstellung. Erst im Frühjahr 1941 hatte man mit der Modernisierung der alten und mit dem Bau neuer Flugplätze begonnen. Am 6. Juni 1941 schließlich war der Mobilisierungsplan zur Munitionsherstellung für die zweite Hälfte von 1941 sowie für 1942 gebilligt worden[50]. Die zentralisierten Führungsstrukturen verstärkten die Probleme noch. Stalin und seine Vertrauten rissen auch in militärischen Angelegenheiten die Entscheidungsgewalt an sich. So konnten die höchsten Kommandeure erst nach der Dezember-Konferenz 1940 durchsetzen, wenigstens die operative Verteidigung stärker als bisher auszuarbeiten. Sie fand im »Plan zur Verteidigung der Westgrenze« Berücksichtigung, der aber erst Ende April/Anfang Mai endgültig bestätigt worden war[51].

Inzwischen war die sowjetische Regierung wiederholt von amerikanischer und britischer Seite sowie aus anderen Informationsquellen vor einem deutschen Angriff gewarnt worden. Außerdem hatte die UdSSR schon monatelang deutsche Truppenverschiebungen von West nach Ost beobachten können, obwohl — wegen des Krieges gegen Jugoslawien und Griechenland — der Endaufmarsch zum »Unternehmen Barbarossa« erst in der zweiten Maihälfte begann. Andreas Hillgruber hat bereits vor mehr als zwanzig Jahren die Thesen Philipp W. Fabrys widerlegt, als er aus Akten des Oberkommandos des Heeres nachwies, daß auf deutscher Seite an der reinen Defensivstellung der Roten Armee damals kein Zweifel bestand. Erst nach dem Einmarsch deutscher Verbände in Bulgarien am 2. März 1941 verstärkte die UdSSR ihre Truppen in den Grenzbezirken weiter. Einen Tag nach Beginn der deutschen Balkanoffensive, am 7. April 1941, äußerte sich der Chef des Generalstabs des Heeres, Generaloberst Halder, besorgt über die Möglichkeit eines sowjetischen Angriffs, doch zeigte gerade die Deutschlandpolitik der UdSSR, daß Stalin seither wieder voll auf eine Beschwichtigung Hitlers setzte. Am 11. April konnte die Abteilung »Fremde Heere Ost« bestätigen, daß das sowjetische Truppenaufgebot weiterhin einen defensiven Charakter behalte[52].

Heute kennen wir außerdem die Haltung der nationalsozialistischen Führung zum sowjetischen Aufmarsch. Goebbels notierte in seinem Tagebuch, die Truppenkonzentration der Roten Armee an der Grenze werde einen deutschen Durchstoß wesentlich erleichtern. Er hoffe nur, daß die sowjetischen Verbände dort bis zum 22. Juni blieben, schon allein wegen ihrer unzureichenden Transport- und damit schlechten Rückzugsmöglichkeiten. Hitler glaubte Mitte Juni 1941, daß der Feldzug vier Monate dauern und den Bolschewismus »wie ein Kartenhaus« zusammenbrechen lassen werde[53]. Der traditionelle, eng militärische Präventivkriegsbegriff mit seiner »subjektiven« Variante der zeitgenössischen Lageeinschätzung wie auch der »objektiven« Sehweise aus historischer Perspektive entbehrt angesichts solcher Quellen jeder Grundlage.

Auf welche Art von Krieg die Rote Armee sich 1941 vorzubereiten suchte, zeigte z.B. das große operativ-strategische Kriegsspiel vom Januar 1941, bei dem das Volkskommissariat für Verteidigung davon ausging, daß Deutschland die Sowjetunion angegriffen habe. Es nahm nach General Žukovs Angaben damals bereits viele Situationen vorweg, die am 22. Juni blutige Wirklichkeit werden sollten[54]. Obwohl Hoffmann von der Dezember-Konferenz wie auch von den Memoiren Žukovs Kenntnis hat, wertet er seine Informationen nur im Hinblick auf die Angriffsstrategie der Roten Armee aus. Er stellt dabei nicht in Rechnung, daß sich sogar die sowjetischen Militärhistoriker über die Widersprüchlichkeiten der verfehlten Stalinschen Verteidigungspolitik weitgehend einig sind. Man kritisiert die Unterschätzung des Gegners, die Überbewertung der eigenen Truppenausstattung, die de facto nicht mit der Angriffstheorie korreliert habe, die unzureichende Mobilisierung und strategische Entfaltung der Truppen[55].

Unter solchen Bedingungen mußte es zwangsläufig zu Ungereimtheiten beim sowjetischen Aufmarsch kommen, nicht nur in Grenzvorsprüngen wir Białystok und Lemberg[56]. Widersinn dieser Art war auch nach Kriegbeginn zu beobachten. Es sei daran erinnert, daß die erste Direktive an die Fronttruppen noch von der vermuteten Provokation ausging und verbot, das Feuer auf den Feind zu eröffnen. Die sieben Stunden später ausgegebene zweite Direktive verkannte noch immer den Charakter des deutschen Einfalls und befahl daher noch keine allgemeine Mobilmachung. Die dritte Direktive am Abend des 22. Juni ordnete schließlich gemäß der sowjetischen Militärstrategie offensive Gegenschläge an allen Fronten an, um den Feind auf seinem eigenen Territorium zu schlagen. Zu dieser Zeit hatte die Rote Luftflotte bereits ca. 1 200 Flugzeuge und damit ihre Luftherrschaft verloren, die sowjetischen Truppen führten schwere Verteidigungsgefechte oder befanden sich bereits auf dem Rückzug[57].

Abschließend ist zu fragen, welche Relevanz so umstrittene Quellen wie die von Hoffmann angeführte Rede Stalins vor den Absolventen der Militärakademien vom 5. Mai 1941 oder aber Aussagen von Überläufern und kriegsgefangenen sowjetischen Offizieren haben können. Rolf-Dieter Müller hat zu Recht darauf hingewiesen, daß solche Personen leicht zu Aussagen bereit sein konnten, die die neue Schutzmacht hören wollte[58]. Auf keinen Fall aber geht es an, die Stalin-Rede als eindeutig verifiziert zu bezeichnen. Es gibt mindestens vier Versionen der Rede aus zweiter Hand[59]. Warum sollte die dem sowjetfreundlichen *britischen* Journalisten Alexander Werth nach Kriegsausbruch zugespielte die richtige sein? Konnten die Informanten nicht beabsichtigt haben, mit dieser Version die Fehler der Stalinschen Deutschlandpolitik mit Blick auf die Alliierten zu überspielen, indem vorgegeben wurde, daß die Sowjetunion 1942 bereit gewesen wäre, die Vorherrschaft Deutschlands in Europa mit Waffengewalt zu brechen? Eine solche Quelle kann unmöglich als Beweis dafür dienen, daß Hitler aufgrund längerfristig gegen Deutschland gerichteter sowjetischer Kriegsziele de facto einen Präventivkrieg gegen die UdSSR geführt habe.

Setzen wir jenem Bericht das Interview des bekannten sowjetischen, jetzt emigrierten Historikers Aleksandr Nekrič mit Marschall F. I. Golikov, dem damaligen Leiter des militärischen Nachkriegsdienstes, entgegen. Nach Golikov hat Stalin bis zum 22. Juni 1941 überzeugt an der Vorstellung festgehalten, daß der Hauptfeind der Sowjetunion Großbritannien sei, das alles daran wende, aus einem militärischen Zusammenstoß zwischen Deutschland und der UdSSR Gewinn zu ziehen. Daher habe Stalin darauf gedrungen, die sowjetische Neutralität im Krieg um jeden Preis zu wahren. General Grigorenko enthüllte, daß Golikovs Amtsvorgänger Proskurin dem Politbüro kurz vor dem Kriegsausbruch einen Bericht des Chefs der Nachrichtenabteilung beim Generalstab über die vom deutschen Truppenaufmarsch ausgehende akute Bedrohung der Sowjetunion vorlegte. Weil Proskurin Stalin und den Volkskommissar für Innere Angelegenheiten Berija jedoch nicht überzeugen konnte, wurde er schon am nächsten Tag verhaftet und erschossen[60].

Trotz dieser Indizien hat sich Viktor Suvorov auf die Hypothese versteift, die Rote Armee sei aufmarschiert, um Deutschland einen Zweifronten-Krieg aufzuzwingen. Es hätte für sie gar keine Alternative gegeben, weil eine Demobilisierung der an der Grenze massierten Verbände zur Erntezeit nur um den Preis einer ökonomischen Katastrophe zu erreichen gewesen wäre[61]. Dieses Argument läßt sich nicht halten. Das Stalin-Regime hat sich stets wenig um ökonomische Rationalität gekümmert, wenn es galt, politische Ziele durchzusetzen. Man denke nur an die willkürliche Hochsetzung der Planziele und die Zwangskollektivierung der Landwirtschaft in der Anfangsphase der forcierten Industrialisierung. Wenn Suvorov den sowjetischen Marschall Vasilevskij zitiert, um die Angriffsabsicht der Roten Armee nachzuweisen[62], muß er sich sagen lassen, daß er seine russische Quelle nicht richtig gelesen hat. Tatsächlich geht Vasilevskij in seinem Bericht davon aus, daß die sowjetische Führung in den Vorkriegsjahren alles daran setzte, das Verteidigungspotential ihres Landes optimal zu entwickeln. Der deutsche Einfall in die Sowjetunion habe die Rote Armee jedoch in eine äußerst ungünstige Lage gebracht, weil Stalin den Angriff nicht rechtzeitig vorausgesehen und die nötigen Maßnahmen »zur Abwehr der ersten Schläge« unterlassen habe:

»Er gab nicht die Erlaubnis, die Truppen der Grenzbezirke in volle Gefechtsbereitschaft zu versetzen, weil er glaubte, daß dieser Schritt von den faschistischen Machthabern des Dritten Reiches als Vorwand für den Krieg genommen werden könnte. Die Truppen, die sich in den Grenzgebieten befanden, erwiesen sich für die Abwehr der Aggression als unzureichend vorbereitet. Der mächtige Schlag der hitleristischen Kriegsmaschinerie traf sie plötzlich[63].«

Vasilevskij führt weiter aus:

»Wir hätten mindestens noch ein bis zwei Jahre der friedlichen Entwicklung benötigt, um die Aufgaben des Kriegsplans zu lösen. Dazu gehörte: der forcierte Ausstoß von Waffen und Kriegstechnik nach neuesten Modellen, die Einberufung neuer Kontingente in die Armee, ihre Schulung, die operative und taktische sowie die technische Vorbereitung der kommandierenden Kader im Geiste der Erfordernisse des modernen Krieges, die Versetzung des ganzen Landes in volle Bereitschaft und anderes mehr[64].«

Der Marschall wirft Stalin vor, er hätte den Zeitpunkt erkennen müssen, von dem an seine Beschwichtigungspolitik für die Sowjetunion gefährlich zu werden begann:

»Beweise dafür, daß Deutschland den militärischen Angriff auf unser Land vorbereitet hatte, gab es genug — in unserem Zeitalter kann man sie schwer verhüllen. Die Befürchtungen, daß sich im Westen Lärm wegen angeblicher aggressiver Absichten der UdSSR erheben würde, hätte man beiseite werfen sollen. Wir waren aufgrund von Umständen, die nicht von uns abhingen, an den Rubikon des Krieges gekommen, und es wäre nötig gewesen, einen entschiedenen Schritt nach vorn zu tun[65].«

Damit bestätigt Vasilevskij, was vor ihm schon viele seiner Zeitgenossen geschrieben hatten: Die Sowjetarmee war durch die Schuld der Stalinschen Führung unzureichend auf den deutschen Angriff vorbereitet.

Hier ist nicht der Ort, auf den rassistischen Vernichtungskrieg einzugehen, den Deutschland gegen die UdSSR führte. Es muß genügen, darauf hinzuweisen, daß die Rote Armee mit Hilfe der Alliierten Jahre brauchte, um den Aggressor zurückzuschlagen. Er ließ ein ausgebeutetes und verwüstetes Land hinter sich, das etwa 20 Millionen Tote zu beklagen hatte[66]. Martin Broszat hat in der Historiker-Kontroverse um das deutsche Geschichtsbewußtsein die Meinung vertreten, daß »die durch die Not erworbene moralische Sensibilität gegenüber der eigenen Geschichte« als eine große kulturelle Leistung der Nachkriegszeit betrachtet werden muß[67]. Eine solche Sensibilität speist sich, möchte ich ergänzen, auch aus der Offenheit gegenüber der Geschichte der anderen.

## Anmerkungen

1 E. Nolte, Vergangenheit, die nicht vergehen will, in: FAZ, 6.6.1986; K. Hildebrand, Das Zeitalter der Tyrannen, in: ebd., 31.7.186; J. Fest, Die geschuldete Erinnerung, in: ebd., 29.8.1986. Vgl. neuerdings auch den Sammelband zur Historiker-Kontroverse »Historikerstreit«. Die Dokumentation der Kontroverse um die Einzigartigkeit der nationalsozialistischen Judenvernichtung, München 1987.

2 C. Meier, Kein Schlußwort, in: FAZ, 20.11.1986. Er schreibt: »Es besteht überhaupt kein Anlaß, zu bezweifeln, daß die Verurteilung der Untaten jener Zeit, der Abscheu gegenüber dem NS-Regime unter den deutschen Historikern vermindert sei. Ich wüßte von keinem, der die ›Hypotheken einer glücklichen entmoralisierten Vergangenheit abschütteln‹ wollte. Man sollte diese Gemeinsamkeit nicht in Zweifel ziehen. Es ist in dieser Hinsicht kein Grundkonsens aufgekündigt worden.« Vgl. dagegen J. G. Reißmüller, Verschwiegene Zeitgeschichte, ebd., 14.11.1986; M. Stürmer, Was Geschichte wiegt, ebd., 26.11.1986; ders., Gibt es Mitteleuropa?, ebd., 10.12.1986.

3 Stürmer, Mitteleuropa (wie Anm. 2).

4 H. Mommsen, Neues Geschichtsbewußtsein und Relativierung des Nationalsozialismus, in: Blätter für deutsche und internationale Politik, 31 (1986), S. 1200—1213. Vgl. auch G. Erler u.a., Geschichtswende? Entsorgungsversuche zur deutschen Geschichte, Freiburg 1987.

5 Nolte (wie Anm. 1); Mommsen (wie Anm. 4), S. 1211.

6 Vgl. Mommsen (wie Anm. 4), S. 1201 f.

7 M. Domarus, Hitler. Reden und Proklamationen 1932—1945. Bd II, Würzburg 1963, S. 1726—1732, bes. S. 1727.

8 A. Speer, Erinnerungen, Frankfurt/M. 1976, S. 188.

9 E. Topitsch, Stalins Krieg. Die sowjetische Langzeitstrategie gegen den Westen als rationale Machtpolitik, München 1985; A. v. Thadden, Der Rußlandfeldzug — Überfall oder Präventivschlag?, in: Nation Europa, 3 (1987), S. 32—37.

10 V. Suvorov, Who Was Planning to Attack Whom in June 1941, Hitler or Stalin?, in: Journal of the Royal United Services Institute for Defence Studies (RUSI), 1985/2, S. 50—55, und ders., Yes, Stalin Was Planning to Attack Hitler in June 1941, ebd., 1986/2, S. 73 f.; jetzt auch in Buchform: ders., Der Eisbrecher. Hitler in Stalins Kalkül, Stuttgart 1989.

11 Correspondence, in: RUSI, 1986/1, S. 78 f.; vgl. auch G. Gorodetsky, Was Stalin Planning to Attack Hitler in June 1941?, ebd., 1986/2, S. 72–79.

12 G. Gillessen. Der Krieg der Diktatoren, in: FAZ, 20.8.1986. Vgl. auch Geschichte und Gesellschaft, 14 (1988), S. 541.

13 Vgl. die Leserbriefe von L. Luks und B. Pietrow, in: FAZ, 3.9.1986; G. R. Ueberschär u. J. W. Brüger, ebd., 31.10.1986; R.-D. Müller, ebd., 10.11.1986; M. J. Inacker, ebd., 21.11.1986; G. R. Ueberschär u. W. Wette, in: Die Frankfurter Rundschau, 23.6.1987; G. R. Ueberschär, »Historikerstreit« und »Präventivkriegsthese«, in: Tribüne, 26 (1987), H. 103, S. 108–116; W. Wette, Über die Wiederbelebung des Antibolschewismus mit historischen Mitteln. Oder: Was steckt hinter der Präventivkriegsthese?, in: Erler, Geschichtswende (wie Anm. 4), S. 86–115; W. Benz, Präventiver Völkermord? Zur Kontroverse um den Charakter des deutschen Vernichtungskrieges gegen die Sowjetunion, in: Blätter für deutsche und internationale Politik, 33 (1988), S. 1215–1227.

14 Vgl. Das Deutsche Reich und der Zweite Weltkrieg, Bd 4: Der Angriff auf die Sowjetunion, Stuttgart 1983; J. Hoffmann, Hitler or Stalin?: A German View, in: RUSI, 1986/2, S. 88: »At any rate, following the historical facts, June 1941 was the final date for possible preventive war.« Siehe auch J. Hoffmann, Leserbrief, in: FAZ, 16.10.1986. Schon in diesem Band 4 hat sich Hoffmann mit den Mitautoren nicht auf eine Interpretation des Ostkrieges einigen können. Während einige Mitarbeiter des Militärgeschichtlichen Forschungsamtes davon ausgingen, langfristige programmatische Vorstellungen Hitlers seien ausschlaggebend für seinen Entschluß gewesen, die Sowjetunion anzugreifen, legte Hoffmann nahe, es habe sich aufgrund der sowjetischen Kriegsziele, der militärischen Stärke der Roten Armee sowie ihrer Offensivstrategie um einen deutschen Präventivkrieg gehandelt. Doch hatte Hoffmann versäumt, in diesem Zusammenhang die Präventivkriegsproblematik dem Forschungsstand angemessen zu erörtern. Vgl. hierzu die Rezension von A. Hillgruber, Der Angriff auf die Sowjetunion, in: FAZ, 28.11.1984. Auch in der gegenwärtigen Diskussion hat der Präventivkriegsbegriff keine Präzisierung erfahren. Seine Vertreter unterscheiden nicht zwischen dem traditionellen, eng militärischen Begriff und seiner breiteren (sozialdarwinistischen) Variante. Man trennt auch nicht analytisch zwischen der subjektiven Lageeinschätzung durch Hitler oder die deutsche militärische Führung und der realen historischen Situation, die die Forschung erschlossen hat. Die Ebenen der »subjektiven« und »objektiven« Bedrohung überdecken sich zuweilen, die Klärung bleibt dem Leser überlassen. Wegen dieser begrifflichen Unschärfe kann im folgenden nicht auf den Gebrauch des Begriffes im einzelnen eingegangen werden.

15 Topitsch, Stalins Krieg (wie Anm. 9); auch D. Kunert, Ein Weltkrieg wird programmiert, Frankfurt/M. u.a. 1986; M. Klüver, Präventivschlag 1941. Zur Vorgeschichte des Rußlandfeldzuges, Leoni 1986.

16 Das gilt auch für den Bereich der sowjetischen Außenpolitik. J. Hoffmann begnügt sich damit, im Großen und Ganzen die deutsch-sowjetischen Beziehungen nach der längst überholten Darstellung Rossis zu interpretieren. Vgl. A. Rossi, Zwei Jahre deutsch-sowjetisches Bündnis, Köln 1954.

17 A. Hillgruber, Hitlers Strategie. Politik und Kriegführung 1940–1941, München $^{2}$1982; J. Erickson, The Road to Stalingrad. Stalin's War with Germany, London 1975.

18 G. Hilger, Wir und der Kreml. Deutsch-sowjetische Beziehungen 1918–1941, Frankfurt/M. 1955. Dagegen J. Hoffmann, Leserbrief, in: FAZ, 16.10.1986.

[19] D. Geyer (Hrsg.), Osteuropa-Handbuch, Sowjetunion, Teil: Außenpolitik I, 1917—1955, Köln 1972. Speziell zu Problemen der Industrialisierung z.B. N. Jasny, Soviet Industrialization 1928—1952, Chicago 1961; R. Lorenz, Sozialgeschichte der Sowjetunion 1, 1917—1945, Frankfurt/M. 1976, bes. S. 215 ff.; exemplarisch: T. Kirstein, Die Bedeutung von Durchführungsentscheidungen in dem zentralistisch verfaßten Entscheidungssystem der Sowjetunion. Eine Analyse des stalinistischen Entscheidungssystems am Beispiel des Aufbaus von Magnitogorsk (1928—1932), Wiesbaden 1984; für die sowjetische offizielle Historiographie u.a.: Geschichte des Großen Vaterländischen Krieges der Sowjetunion in sechs Bänden, hrsg. vom Institut für Marxismus-Leninismus beim Zentralkommitee der Kommunistischen Partei der Sowjetunion, Bd I, Berlin 1962, S. 552 ff.; Geschichte des Zweiten Weltkrieges 1939—1945 in zwölf Bänden, hrsg. vom Institut für Militärgeschichte des Ministeriums für Verteidigung der UdSSR u.a., Bd III, Berlin 1977, S. 506 ff.; A. G. Chor'kov, Ukreplennye rajony na zapadnych granicach SSSR, in: Voenno-istoričeskij žurnal, 12 (1987), S. 47—54; L. M. Sandalov, Stojali nasmert', ebd., 10 (1988), S. 3—13, bes. S. 4 ff., und 11 (1988), S. 3—10, bes. 4 ff.; für die sowjetische Exilhistoriographie A. Nekritsch/P. Grigorenko, Genickschuß. Die Rote Armee am 22. Juni 1941, hrsg. von G. Haupt, Wien 1969, S. 86 ff.; für die neuere westliche Forschung z.B. Erickson, Road (wie Anm. 17), S. 60 ff.; A. Seaton, Stalin as Warlord, London 1976, S. 101 ff.

[20] Nekritsch/Grigorenko (wie Anm. 19), S. 88 ff. und S. 263 f., Zitat S. 264. Zu den Säuberungen vgl. außerdem — um nur zwei weitere Beispiele aus der umfangreichen Literatur zu nennen — A. Conquest, Am Anfang starb Genosse Kirov, Düsseldorf 1970, S. 577 ff., und J. Erickson, The Soviet High Command. A Military-Political History 1918—1941, London 1962, S. 449 ff. Neuestes Zahlenmaterial bei I. I. Kuznecov, Generaly 1940 gode, in: Voenno-istoričeskij žurnal, 10 (1988), S. 29—37, und V. D. Danilov, Glavnoe komandovanie v preddverii Velikoj Otečestvennoj vojny, in: Novaja i novejšaja istorija, 6 (1988), S. 3—20.

[21] G. Niedhart, Der Bündniswert der Sowjetunion im Urteil Großbritanniens 1936—1939, in: Militärgeschichtliche Mitteilungen, 9 (1971), S. 55—67, hier S. 59 ff.

[22] Der Botschafter in Moskau an das Auswärtige Amt, Moskau, den 18.11.1938, in: Akten zur deutschen auswärtigen Politik 1918—1945 (ADAP), Serie D, Baden-Baden 1950 ff., Bd IV, S. 534—1937, hier S. 537.

[23] General E. Köstring. Der militärische Mittler zwischen dem Deutschen Reich u. der Sowjetunion 1921—1941. Profile bedeutender Soldaten, hrsg. vom Bundesarchiv/Militärarchiv Freiburg (BA-MA), Bd I, Frankfurt/M. 1966, S. 189 f. und 286 f. Weitere Nachweise bei A. Hillgruber, Das Rußland-Bild der führenden Deutschen Militärs vor Beginn des Angriffs auf die Sowjetunion, in: A. Fischer u.a. (Hrsg.), Rußland-Deutschland-Amerika, Wiesbaden 1978, S. 296—310, bes. S. 303 ff. und 309. Es muß verwundern, daß sich Alfred Seidl in seinem Leserbrief (FAZ, 29.11.1986) dennoch auf die von Generaloberst Jodl seit 1945 vertretene Präventivkriegsthese stützt. Hillgruber hat solchen Überlegungen längst den Boden entzogen, vgl. ders., Rußland-Bild, S. 297 u. 310.

[24] Iz doklada predsedatelja Soveta Narodnych Komissarov na toržestvennom zasedanii Mossoveta, in: Dokumenty vnešnej politiki SSSR, hrsg. vom Ministerstvo Inostrannych Del SSSR, Bd XXI, Moskau 1977, S. 692—698.

[25] Vgl. J. Stalin, Rechenschaftsbericht an den XVIII. Parteitag über die Arbeit des ZK der KPdSU(B), in: ders., Fragen des Leninismus, Berlin 1955, S. 760—817, hier: S. 770—773: »Es ist allerdings sehr wohl möglich, daß es in Deutschland Verrückte gibt, die davon träumen, einen Elefanten, daß heißt die Sowjetukraine,

einer Mücke, das heißt der sog. Karpato-Ukraine, anzugliedern. Wenn es dort wirklich solche wahnwitzigen Leute gibt, so ist nicht daran zu zweifeln, daß sich in unserem Lande in genügender Zahl Zwangsjacken für solche Verrückte finden würden [...] Die Aufgaben der Partei auf dem Gebiet der Außenpolitik bestehen in folgendem: 1. auch in Zukunft eine Politik des Friedens und der Festigung sachlicher Beziehungen mit allen Ländern zu betreiben; 2. Vorsicht walten zu lassen [im Text falsche Übersetzung: Vorsicht zu beobachten] und den Kriegsprovokateuren, die es gewohnt sind, sich von anderen die Kastanien aus dem Feuer holen zu lassen, nicht die Möglichkeit zu geben, unser Land in Konflikte hineinzuziehen« (S. 773). Vgl. dagegen die Interpretation J. Hoffmanns in: Das Deutsche Reich (wie Anm 14), Bd 4, S. 77.

26 H. Bartel, Frankreich und die Sowjetunion 1938—1940. Ein Beitrag zur französischen Ost-Politik zwischen dem Münchener Abkommen und dem Ende der Dritten Republik, Stuttgart 1986, S. 68 ff.

27 L. Kettenacker, Die Diplomatie der Ohnmacht. Die gescheiterte Friedensstrategie der britischen Regierung vor Ausbruch des Zweiten Weltkrieges, in: W. Benz/H. Graml (Hrsg.), Sommer 1939. Die Großmächte und der Europäische Krieg, Stuttgart 1979, S. 223—279, 250. Zu den Verhandlungen zwischen Großbritannien, Frankreich und der Sowjetunion vgl. H. Bartel u. R. Weber, Die Entstehungsgeschichte des Hitler-Stalin-Paktes 1939, Frankfurt/M. 1980. Angesichts eines solchen Forschungsstandes bleibt die Interpretation der Garantie durch H.-D. Löwe in seiner Rezension der Arbeit von E. Topitsch, Stalins Krieg, unverständlich, vgl. Militärgeschichtliche Mitteilungen, 39 (1986), S. 200—203, bes. S. 201.

28 A. Hillgruber, Der Zweite Weltkrieg 1939—1945, in: Geyer (Hrsg.), Osteuropa-Handbuch (wie Anm. 19), S. 270—342, hier: S. 277.

29 So dennoch H. Boog, Leserbrief, FAZ, 13.12.1986.

30 Vgl. B. Pietrow, Stalinismus — Sicherheit — Offensive. Das Dritte Reich in der Konzeption der sowjetischen Außenpolitik 1933—1941, Melsungen 1983, S. 138.

31 Dagegen Hoffmann, in: Das Deutsche Reich (wie Anm. 14), Bd 4, S. 79.

32 Stalin, Rechenschaftsbericht, S. 779 f.; Doklad t. Molotova o tret'em pjatiletnem Plane, in: XVIII s-ezd Vsesojuznoj Kommunističeskoj partii(b), 10-21 marta 1939 g. Stenografičeskij otčet, Moskau 1939, S. 228, 312.

33 Kreditabkommen zwischen dem Deutschen Reich und der Union der Sowjetischen Sozialistischen Republiken (19.8.1939), in: ADAP, D, Bd VII, Nr. 131, S. 188—222; Nr. 162, Bd VIII, S. 130 f., und Nr. 163, Bd VIII, S. 131.

34 Itogi IV sessii Verchovnogo Soveta SSSR, in: Izvestija, 2.9.1939, Leitartikel.

35 Nachweise bei Pietrow, Stalinismus (wie Anm. 30), S. 162 ff.

36 Ebd., S. 165 f.; dies., Anastas Iwaniwitsch Mikojan erinnert sich: die ersten Monate des deutsch-sowjetischen Krieges 1941, in: Osteuropa, 36 (1986), S. 433—440, bes. S. 436.

37 Vgl. B. Pietrow, Stalin-Regime und Außenpolitik in den dreißiger Jahren, in: Jahrbücher für Geschichte Osteuropas, N.F. 33 (1985), S. 495—517, bes. S. 509.

38 J. W. Brügel, Leserbrief, in: FAZ, 31.10.1986. Brügel stützt sich auf: S. Allilujeva, Only One Year, London 1969, S. 369.

39 Vgl. ADAP, D, Bd VII, Nr. 228, S. 205 f.; Nr. 229, S. 206 f.; Bd VIII, Nr. 157, S. 127 f.; Nr. 158, S. 128 f.; Nr. 159, S. 129; Nr. 160.

40 Zur sowjetischen Expansionspolitik Pietrow, Stalinismus (wie Anm. 30); zum Besuch Molotovs im einzelnen Hillgruber, Hitlers Strategie (wie Anm. 17), S. 300 ff.; dagegen E. Topitsch, Leserbrief, in: FAZ, 6.9.1986.

41 Vgl. ADAP, D, Bd XI, Nr. 211, S. 300 f., Nr. 325, 326, 328, 329, S. 448—478.

Siehe auch Entwurf eines Abkommens zwischen den Staaten des Dreimächtepakts und der Sowjetunion, Nr. 309, S. 428—430.

[42] K. M. Simonov, Zametki k biografii G. K. Žukova, in: Voenno-istoričeskij žurnal, 9 (1987), S. 48—57, hier S. 50; G. R. Ueberschär, Hitlers Entschluß zum »Lebensraum«-Krieg im Osten. Programmatisches Ziel oder militärisches Kalkül?, in: ders. u. W. Wette (Hrsg.), »Unternehmen Barbarossa«. Der deutsche Überfall auf die Sowjetunion 1941, Paderborn 1984, S. 83—110.

[43] Vgl. Pietrow, Stalinismus (wie Anm. 30), S. 237 ff.

[44] Soobščenie TASS, in: Pravda u. Izvestija, 14.6.1941; auch ADAP, D, Bd XII, Nr. 628, S. 855 f.

[45] Suvorov, Who Was Planning (wie Anm. 10), S. 69 ff.; ders., Yes, Stalin (wie Anm. 10), S. 73.

[46] P. Grigorenko, Erinnerungen, München 1981, S. 199 ff.; Nekritsch/Grigorenko (wie Anm. 19), S. 153 ff.; auch: Velinkaja Otečestvennaja vojna Sovetskogo Sojuza 1941—1945. Kratkaja istorija, Hrsg. Institut Markszima. Leninizma pri CK KPSS, Moskau 1965, S. 59: »Welche außenpolitischen Ziele diese Mitteilung auch verfolgt haben mag, acht Tage vor Kriegsbeginn konnte ihre Veröffentlichung nur die Wachsamkeit unserer Bevölkerung herabsetzen.« In der gegenwärtigen sowjetischen Historikerdebatte wird das TASS-Kommuniqué ebenfalls scharf kritisiert: V. Antilov, Ot otstuplenija — k pobede, in: Literaturnaja gazeta, 17.6.1987.

[47] So L. M. Sndalov, Perezitoe, Moskau 1961, S. 74 ff.; V. A. Nifilov, Bessmertnyj podvig. Issledovanie kanuna i pervogo ėtapa Velikoj Otečestvennoj vojny, Moskau 1971, S. 178 ff.; I. C.Bagramjan, Tak načalas'vojna, Moskau 1971, S. 68 ff.; K. A. Mereckov, Na službe narodu. Stranicy vospominanij, Moskau 1968, S. 209 ff. Siehe auch Chruschtschëws historische Rede, in: Ost-Probleme, 25/26 (1956), S. 867—897, S. 881 ff. Auf das Dilemma, in dem sich die militärische Führung nach dem Kommuniqué befand, weist auch Gorodetsky (wie Anm. 11), S. 69, hin.

[48] Vgl. auch für das folgende Hoffmann, in: Das Deutsche Reich (wie Anm. 14), Bd 4, S. 56 ff.

[49] B. Bonwetsch, Der »Große Vaterländische Krieg«: Vom deutschen Einfall bis zum sowjetischen Sieg 1941—1945, in: M. Hellmann u. a. (Hrsg.), Handbuch der Geschichte Rußlands, Bd III, Lief. 13, Stuttgart 1984, S. 933. Diese Ansicht wird aufgrund neuen Archivmaterials bestätigt von Danilov, Glavnoe komandovanie (wie Anm. 20), bes. S. 7.

[50] Geschichte des Großen Vaterländischen Krieges (wie Anm. 19), Bd I, S. 486 ff.; A. Nikitin, Sostojanie važnejših ostraslej promyšlennosti SSSR nakanune Velikoj Otečestvennoj vojny, in: Voenno-istoričeskij žurnal, 3 (1960), S. 14—26; Geschichte des Zweiten Weltkrieges (wie Anm. 19), Bd III, S. 510 ff.

[51] Marschall Schukow, Erinnerungen und Gedanken, Stuttgart 1969, S. 183 ff.: Erickson, Road (wie Anm. 17), S. 76 ff.; Chor'kov, Ukreplennye rajony (wie Anm. 19); Itogi diskussii o strategiceskich operacijach Velikoj Otecestvennoj vojny 1941—1945 gg., in: Voenno-istoričeskij žurnal, 10 (1987), S. 8—24.

[52] Hillgruber, Hitlers Strategie (wie Anm. 17), S. 433 ff. Vgl. auch das Deutsche Reich (wie Anm. 14), Bd 4, S. 268 ff.; dagegen H. Boog, Leserbrief, in: FAZ, 13.12.1986, der zwei Quellen aus dem Zusammenhang herausgreift und ihnen eine andere Bewertung gibt, obwohl er Mitarbeiter an diesem Band 4 ist.

[53] E. Fröhlich (Hrsg.), Die Tagebücher von Joseph Goebbels. Sämtliche Fragmente. Teil I, Bd 4, München 1987, S. 694 f. (Eintragung vom 16.6.1941.)

[54] Schukow (wie Anm. 51). S. 184 f.

55 Geschichte des Großen Vaterländischen Krieges (wie Anm. 19), Bd I, S. 515 ff.; Nekritsch/Grigorenko (wie Anm. 19), S. 93 ff.; P. Korkodinov, Fakty i mysli o načal'nom periode Velikoj Otečestvennoj vojny, in: Voenno-istoričeskij žurnal, 10 (1965), S. 26—34; V. D. Sokolovskij (Hrsg.), Voennaja straegija, Moskau 1962, S. 151 f.; V. Kulikov, Die sowjetische Kriegskunst, in: Sowjetische Forschungen über den Zweiten Weltkrieg, hrsg. von der Akademie der Wissenschaften, Moskau 1976, S. 109 ff. Zur neuen sowjetischen Kritik an Stalins Versäumnissen z.B. A. Samsonov, ... no nel'zja i pereinačivat', in: Socialističeskaja industrija, 24.5.1987; K. M. Simonov, Zametki k biografii G. K. Žukova, in: Voenno-istoričeskij žurnal, 9 (1987), S. 48—56.; M. M. Kir'jan, Načal'nyj period Velikoj Otečestvennoj vojny, ebd., 6 (1988), S. 11—17, und K. K. Rokossovskij, Soldatskij dolg, ebd., 4 (1989), S. 52—56.

56 Vgl. Pietrow, Stalinismus (wie Anm. 30), S. 261 f.

57 J. Erickson, The Soviet Response to Surprise Attack: Three Directives, June 22, 1941, in: Soviet Studies, 23 (1971/72), S. 519—553; ders., Road (wie Anm. 17), S. 101 ff.

58 Vgl. J. Hoffmann, Leserbrief, in: FAZ, 16.10.1986; darauf R.-D. Müller, Leserbrief, ebd., 10.11.1986. Hoffmann beruft sich zu Unrecht auf Hilger. Dieser hatte tiefen Einblick in die sowjetische Politik und schrieb deshalb: »Wie Sie es vermutlich nicht anders erwartet haben, teile ich in der Frage, ob die Rote Armee im Sommer 1941 zu einem Angriff gegen Deutschland bereitgestanden habe, Ihre und auch Köstrings Ansicht [vgl. Anm. 23], zumal ich mit letzterem eng befreundet war und dieses Problem wiederholt, besonders während unseres gemeinsamen Aufenthaltes in Amerika im Herbst 1945, mit ihm erörtert habe [...] Während des Krieges hatte ich wiederholt Gelegenheit, mich mit sowjetischen Generälen, die in deutsche Gefangenschaft geraten waren, unter vier Augen darüber zu unterhalten, ob Stalin 1941 oder in einem der nächstfolgenden Jahre Deutschland angegriffen hätte. Die Antwort lautete übereinstimmend: Im Jahre 1941 keinesfalls. Hinsichtlich eines späteren Zeitpunktes waren die Ansichten geteilt [...] Sie wissen, daß Stalin bis zum letzten Augenblick nicht an die Möglichkeit eines deutschen Angriffs geglaubt hatte, sondern überzeugt war, daß Hitler nur bluffe, um von der Sowjetunion wirtschaftliche und territoriale Zugeständnisse zu erpressen.« G. Hilger an General Freiherr Geyr von Schweppenburg, Bonn, den 10.10.1958, in: Archiv des Instituts für Zeitgeschichte München, Akz. 2732/61, Sign. ED 91, Bd 10. Vgl. zudem den Lagebericht der Panzergruppe 3 vom 14.7.1941, in: BA-MA, RH 21-3/v. 437. Darin wird davor gewarnt, »sich durch Gefangenenaussagen ein falsches Bild zu machen. Nach den Erlebnissen des Kampfes sind die meisten Gefangenen geneigt, das Moskauer System negativ zu beurteilen.«

59 A. Werth, Rußland im Krieg 1941—1945, München 1965, S. 106 f.; G. Hilger, Wir und der Kreml (wie Anm. 18), S. 307 f.; L. Besymenski, Sonderakte Barbarossa, Stuttgart 1968, S. 268 f.; A. Nekrič, Otrešis'ot stracha. Vospominanija istorika, London 1979, S. 222 f.

60 Grigorenko (wie Anm. 46), S. 201 f.; Nekrič, Otrešis' (wie Anm. 59), S. 222 f.

61 Suvorov, Eisbrecher (wie Anm. 10), S. 338 f.

62 »It was essential to eleminate fears of rumours arising in the West regarding aggressive aspirations on the part of the USSR. We had come ... to the Rubicon of war and we had to take a firm step forward«; Suvorov, Yes, Stalin (wie Anm. 10), S. 73. Suvorov bringt dieses Zitat (mit Auslassung) als Antwort auf seine Frage, was denn die Rote Armee beabsichtige, wenn sie — wie er unterstellt —, sich nicht zurückziehen und aus Versorgungsgründen nicht länger an der Grenze stehen bleiben könne.

63 A. Vasilevskij, V te surovye gody, in: Voenno-istoričeskij žurnal, 2 (1978), S. 65—72, hier S. 67.

64 Ebd., S. 68.

65 Ebd.

66 Nach neuesten demographischen Schätzungen wird der Bevölkerungsverlust durch den Großen Vaterländischen Krieg in der Sowjetunion auf rund 40 Millionen bemessen. Vgl. V. I. Kozlov, O ljudskich poterach Sovetskogo Sojuza v Velikoj Otečestvennoj vojne 1941—1945 godov, in: Istorija SSSR, 2 (1989), S. 132—139.

67 M. Broszat, Wo sich die Geister scheiden. Die Beschwörung der Geschichte taugt nicht als nationaler Religionsersatz, in: Die Zeit, 3.10.1986.

Hans-Henning Schröder

# Die Lehren von 1941. Die Diskussion um die Neubewertung des »Großen Vaterländischen Krieges« in der Sowjetunion*

## *1. Geschichte, Kriegsgeschichte und politische Legitimation*

Die Politik der »glasnost« hat die Türen zur Vergangenheit aufgestoßen. Die sowjetische Gesellschaft entdeckt ihre Geschichte wieder, die seit Stalin unter Lügen und Legenden begraben ist. Das öffentliche Interesse an Geschichte und insbesondere an der Geschichte der dreißiger und vierziger Jahre ist — das zeigen die Leseräußerungen in allen sowjetischen Presseorganen — groß, und es ist emotional aufgeladen[1]. Die institutionalisierte Geschichtswissenschaft hat sich der politischen und pädagogischen Rolle, die ihr aus dieser Entwicklung zuwächst, bisher verweigert und das Feld der Publizistik und der Belletristik überlassen[2]. Während die Historiker den neuen Freiraum nur zögernd erkundeten, waren es Zeitschriften und Zeitungen wie »Ogonek«, »Literaturnaja Gazeta« oder »Sovetskaja Kul'tura«, Schriftsteller wie Šatrov, Rybakov, Astaf'ev und Adamovič, die sich offensiv mit der stalinistischen Vergangenheit auseinandersetzten.

Auf der andereren Seite formierte sich der Widerstand gegen diese — wie unterstellt wurde — »einseitige«, »verzerrende« und »konjunkturelle« Geschichtsbetrachtung vor allem in den Presseorganen des Verteidigungsministeriums und der Politischen Hauptverwaltung der Streitkräfte (GlavPU). Der Militärpresse ging es dabei vor allem um jene Kritiker, die sich mit der Rolle Stalins im »Großen Vaterländischen Krieg«[3] und mit den Ursachen der militärischen Katastrophe des Sommers 1941 auseinandersetzten.

Der »Große Vaterländische Krieg« hat für das öffentliche Bewußtsein der sowjetischen Gesellschaft — besonders für das der älteren Generation — einen hohen Stellenwert. Die Abwehr des Überfalls, der von deutscher Seite — man denke an Kommissarbefehl, Kriegsgerichtsbarkeitserlaß, Tätigkeit der Einsatzgruppen und Behandlung der sowjetischen Kriegsgefangenen — als Rassen- und Vernichtungskrieg angelegt war[4], wird von der sowjetischen Bevölke-

---

* Vgl. ausführlicher: H.-H. Schröder, Die Lehren von 1941. Stalinismus, Traditionswandel und die Bedeutung der strategischen Defensive im Verständnis der sowjetischen Militärs heute. Berichte des Bundesinstituts für ostwissenschaftliche und internationale Studien 50 (1988); vgl. ders., Weiße Flecken in der Geschichte der Roten Armee, in Osteuropa (im Druck).

rung als Kollektivleistung begriffen und schafft so eine Tradition von großer Integrationskraft. Das politische System legitimiert sich durch diese Kollektiverfahrung, die es in Denkmälern, Jahrestagen und Jubiläumsfeiern ritualisiert hat. Der Sieg im »Großen Vaterländischen Krieg« diente jedoch seinerzeit auch der Legitimation der Stalinschen Herrschaft. Daher ist zu verstehen, daß die modernen Kritiker des Stalinimus die Tätigkeit Stalins vor und im Kriege massiver Kritik unterziehen. Sie zielen damit auf den Kern der Stalinschen Rechtfertigungslegende. Andererseits beziehen aber auch die sowjetischen Streitkräfte einen Teil ihrer Legitimation aus dem Sieg im »Großen Vaterländischen Krieg« und sind so indirekt von der Kritik betroffen. Militärische Mythen und traditionsbildende Legenden geraten in Gefahr. Darüber hinaus betrachtet das sowjetische Militär Kriegsgeschichte ohnehin als eigene Domäne. Die militärhistorische Analyse ist Teil der Strategiediskussion und dient als Stoff für strategische Studien und für die operativ-taktische Ausbildung des Offizierkorps. Eine Neubewertung der kriegsgeschichtlichen Erfahrung hat deshalb Folgen für die aktuelle Diskussion um Strategie und Militärdoktrin[5]. Die Kritik an Stalins Rolle im Kriege und an der offiziellen Kriegsgeschichtsschreibung stieß daher in der Militärpresse zunächst auf heftigen Widerstand.

### 2. *Die Öffentlichkeit dringt auf Revision der Militärgeschichte*

Die Kritik an der Militärhistoriographie wurde von ziviler Seite mit großer Heftigkeit vorgetragen und berührte eine Reihe empfindlicher Punkte. Das Interesse konzentrierte sich vor allem auf die Vorgeschichte des Krieges und auf seine Anfangsphase 1941. Die Vernichtung der militärischen Kader in den Repressionen von 1937—1939 wurde ebenso thematisiert wie die Fehlentscheidungen auf rüstungswirtschaftlichem und militärischem Gebiet. Die Kritiker warfen Stalin außenpolitische Fehler vor; die hohen Verluste der sowjetischen Streitkräfte wurden diskutiert; die Frage des Schicksals der Vermißten und der in deutsche Hand gefallenen sowjetischen Soldaten wurde neu gestellt. Schließlich griffen einzelne Schriftsteller frontal die offizielle Kriegsgeschichtsschreibung als Ganzes an.

Die Kritik an der Repressionspolitik der dreißiger Jahre hatte sich im Frühjahr 1988 insbesondere in Reaktion auf die öffentliche Verteidigung Stalins durch jenen ominösen Leserbrief der Nina Andreeva entfaltet[6]. Zahlreiche Schriftsteller und Publizisten griffen das Thema auf[7]. Das Politbüro des ZK tat im Juli 1988 nach der XIX. Parteikonferenz ein übriges und beschloß, in Moskau ein Denkmal für die »Opfer der Gesetzlosigkeit und Repression« zu errichten[8].

Die sowjetischen Streitkräfte standen anfangs außerhalb der Diskussion. Diese Haltung wandelte sich aber, als auf dem Hintergrund der allgemeinen Stalinismus-Kritik auch die Frage der Repressionen in der »Roten Armee« neu thematisiert wurde. Die namhaftesten der 1937—1939 verhafteten und hingerichteten Truppenführer waren bereits unter Chruščev rehabilitiert worden. Ihre Namen wurden bereits in den fünfziger oder sechziger Jahren wieder in die Enzyklopädien aufgenommen, ihre Werke wurden neu verlegt[9]. In der Breżnev-Ära wurde die Aufarbeitung der Stalinschen Verbreche gestoppt, es kam teilweise zu einer Wiederbelebung Stalinscher Legenden. Im Frühjahr 1988 jedoch wurde die Rehabilitation der Repressionsopfer nun wieder aufgenommen und weitergeführt. Die mit der Überprüfung der Repressionen betraute Politbürokommission ging nach der Rehabilitierung Rykovs und Bucharins[10] auch ausdrücklich auf das Schicksal der liquidierten Militärs ein: Uborevič, Tuchačevskij, Gamarnik, Jakir, Kork, Putna, Ėjdeman, Primakov und Fel'dman, die Ende der zwanziger, Anfang der dreißiger Jahren die sowjetische Militärtheorie entwickelt und die Rote Armee zu einer modernen Streitmacht geformt hatten, waren 1937 unter aberwitzigen Beschuldigungen verurteilt und hingerichtet worden. 1955 bzw. 1957 hatte das Oberste Militärgericht das Urteil aufgehoben. Die Politbürokommission setzte die Militärs nun im März 1988 posthum wieder in ihre Rechte als Parteimitglieder ein. Damit wurde nach der juristischen auch die politische Rehabilitation vollzogen[11].

Die sowjetische Presse griff das Thema rasch auf. Am 20. April wies Arkadij Vaksberg in der »Literaturnaja Gazeta« auf die Verhaftung und Hinrichtung einer Reihe weiterer hoher Offiziere unmittelbar vor und in den ersten Tagen des deutschen Angriffs im Juni 1941 hin[12]. Vaksberg unterstrich die Unsinnigkeit und die Verwerflichkeit dieser Repressionsakte:

»Erinnern wir uns an das Datum: 28. Oktober 1941. Die Faschisten stehen vor den Toren Moskaus, Leningrad ist eingeschlossen, die Ukraine, Moldawien, das Baltikum und Weißrußland sind unter dem Stiefel des Besetzers. Und eben an diesem Tag knallen die vom Lärm der Lastwagenmotoren übertönten Salven bei Kujbyšev und Saratov: Völlig schuldlose Heerführer, Kommandeure und Waffenkonstrukteure werden liquidiert. Drei sterben zusammen mit ihren Frauen. Opfer der eigenen Leute. Der eigenen[13]?«

Der Artikel wies nicht nur auf die Tragik dieses Vorgangs, er machte auch deutlich, wie sehr die Stalinschen Repressionen die eigene militärische Führung desorganisierten.

Wenig später ging die »Pravda« ausführlich auf die Liquidierung der militärischen Führungsspitze 1937/38 ein. In einem ganzseitigen Artikel beschrieb Viktorov, der Militärstaatsanwalt, der die mit der Rehabilitation befaßte Untersuchungsgruppe 1955—1957 geleitet hatte, das Verfahren gegen Tuchačevskij, Jakir, Uborevič und andere hohe Militärs im Jahre 1937 und die

Repressionswelle, die 1937—1938 den Führungsbestand der Roten Armee dezimierte[14]. Viktorov stellte fest, daß die Beschuldigungen insgesamt grundlos und die Geständnisse durch Folter erpreßt worden waren. Er beschrieb, wie die Kommission in den Akten eines Tages auf Spuren der Mißhandlungen stieß:

»Wir bemerkten auf einigen Seiten der [Verhör-]Protokolle graubraune Flecken [...] Solche Flecken entstehen aus Blutstropfen [...] War das vielleicht auch Blut? Wir berieten uns mit Spezialisten, gaben eine kriminaltechnische Untersuchung in Auftrag [...] Es erwies sich, es war tatsächlich Blut[15].«

Auf Basis der Untersuchungsprotokolle und der Prozeßunterlagen stellte Viktorov das Vorgehen der Untersuchungsrichter dar und umriß die Rolle, die Ežov, Stalin und Vorošilov gespielt haben. Welche Folgen die Ermordung von Tuchačevskij, Jakir, Uborevič und der anderen Offiziere für die sowjetischen Streitkräfte hatte, machten die Aussagen hoher sowjetischer Militärs deutlich, die die Rehabilitationskommission einholte:

»In der Schlußphase wurde eine Reihe hoher militärischer Führer, die im Verlauf des Großen Vaterländischen Krieges Erfahrung in großen Schlachten gesammelt hatten, von der GVP [Glavnaja Voennaj Prokuratura; Hauptmilitärstaatsanwaltschaft] vorgeladen. Sie vertraten einstimmig die Ansicht, daß die von Tuchačevskij und seinen Kampfgefährten entwickelten und schon in den dreißiger Jahren bei Manövern erprobten Grundlagen der Führung großer Operationen unter den Bedingungen des ›Maschinenkrieges‹ ihrem Wert nach eingeschätzt, angewandt und weiterentwickelt worden seien. Sie bedauerten, daß mit der Verurteilung Tuchačevskijs dieser Prozeß der Stärkung der Kampfkraft der Roten Armee unzweifelhaft verlangsamt wurde[16].«

Viktorov ging noch weiter. Die von ihm geleitete Kommission untersuchte nicht nur das Verfahren gegen Tuchačevskij, sie suchte ein Bild von der Repression in der Roten Armee insgesamt zu gewinnen:

»In der GVP [Hauptmilitärstaatsanwaltschaft] wurde naturgemäß alles untersucht, was die Möglichkeit gab, mehr über die ›Verschwörung‹ in der Roten Armee selbst zu erfahren, und darüber, wie die praktischen Schritte zu ihrer ›Liquidierung‹ realisiert wurden. Allein von Mai 1937 bis September 1938 unterlag die Hälfte der Regimentskommandeure, fast alle Brigade- und Divisionskommandeure, alle Korpskommandeure, alle Oberbefehlshaber von Wehrkreisen, die Mitglieder der Militärräte und Leiter der politischen Verwaltungen der Wehrkreise, die Mehrheit der Politleiter der Korps, Divisionen und Brigaden, ein Drittel der Regimentskommissare, viele Dozenten der höheren und mittleren [militärischen] Lehranstalten der Repression. Die Folgen dieser ›Kampagne‹ zeigten sich für Streitkräfte und Land sehr rasch. Und sie sind allen wohlbekannt[17].«

In aller Schärfe erinnerte die »Pravda« daran, daß die Stalinsche Führung durch Vernichtung des Kommandobestandes der Streitkräfte und durch Abkehr von modernen militärischen Konzeptionen mitschuldig war an den Niederlagen, die die Sowjetunion in den Jahren 1941 und 1942 erlitt. Aus dem Artikel wurde deutlich, daß die Tradition der Streitkräfte keineswegs mit der stalinistischen Vergangenheit identifiziert werden mußte, sondern daß eine sowjetische militärische Tradition auch antistalinistische Elemente enthalten konnte.

Die Kritik an Stalins Fehlern wurde in der Publizistik weitergeführt. Die Zeitungen wiesen auf die schwerwiegenden Folgen hin, die die Vernichtung des Offizierkorps und die sachlich nicht gerechtfertigte Abkehr von modernen militärischen Konzepten nach sich zogen. In mehreren Artikeln wurde Stalins Fehlverhalten am Vorabend des Krieges thematisiert. Alexander Samsonov, Historiker und Mitglied der Akademie der Wissenschaften der UdSSR, faßte die Vorwürfe in einem Artikel der »Literaturnaja Gazeta« zusammen:

»Meiner Meinung nach war Stalin kein großer Feldherr. Zu diesem Ergebnis bin ich aufgrund der Analyse des Krieges gekommen — und ich habe auch darüber geschrieben. Und das hat Auseinandersetzungen hervorgerufen. [...] A.M. Vasilevskij, wie Žukov ein wahrhaft großer Heerführer, konnte sich bis zum Schluß nicht von der Aura des Personenkults befreien. Aber in seiner letzten Veröffentlichung zeigt er doch überzeugend, welche schrecklichen Fehler Stalin am Vorabend des Krieges gemacht hat. Er hat die Bedeutung des deutsch-sowjetischen Paktes überschätzt. Er hat sich geweigert, unsere Truppen in den westlichen Wehrkreisen in Gefechtsbereitschaft zu versetzen. Er lehnte es ab, Armee und Industrie zu mobilisieren. Und deshalb begann der Krieg, während uns die nötigen Panzer, Flugzeuge und Munitionsvorräte fehlten[18].«

Teilweise wurde der Hitler-Stalin-Pakt vom 23. August 1939 noch grundsätzlicher kritisiert. So bezeichnete Dašičev, Historiker und Abteilungsleiter im »Institut für die Ökonomie des sozialistischen Weltsystems«, das Abkommen mit Hitlerdeutschland als schweren außenpolitischen Fehler:

»Als die Sowjetunion die traditionelle europäische Kräftekonfiguration aufgab, standen Frankreich und England dem faschistischen Deutschland allein gegenüber. Im Ergebnis erhielt das Hitlersche Oberkommando die einzigartige Möglichkeit, an der Westfront zu Beginn des Angriffs gegen Frankreich 136 Divisionen zu konzentrieren, während es im Osten gegenüber der Sowjetunion nur 10 wenig kampfkräftige Divisionen beließ. Das erlaubte dem faschistischen Deutschland, Frankreich schnell zu zerschlagen und sich die Ressourcen fast ganz Westeuropas anzueignen. In der Folge wendete sich das auf schlimmste Weise gegen die Sicherheit der Sowjetunion, als diese am 22. Juni 1941 ihrerseits der faschistischen Wehrmacht allein gegenüberstand[19].«

Nach Dašičev war der Hitler-Stalin-Pakt ein schwerer außenpolitischer Rechenfehler, Ergebnis eines Kalküls, das nicht über den Augenblick hinausdachte. Dies rief in der Folge bei einigen Historikern Widerspruch hervor[20]. Diese verteidigten den Nichtangriffspakt, da er durch die Haltung der Westmächte während des Spanischen Bürgerkrieges und in München erzwungen worden sei, verurteilten dann aber den am 28. September 1939 zwischen Ribbentrop und Molotov abgeschlossenen Grenz- und Freundschaftsvertrag, der nun auch öffentlich die Einflußsphären zwischen beiden Staaten abgrenzte und eine Phase einleitete, in der die Sowjetunion Hitlerdeutschland als Freund und Bündnispartner behandelte. Dies — so die sowjetischen Autoren heute — sei eine Desinformation der sowjetischen Öffentlichkeit und der internationalen Arbeiterbewegung gewesen. Am gründlichsten setzte sich ein ganzseitiger Aufsatz in der »Pravda« mit dieser Frage auseinander[21]. Er beschrieb die internationale Lage, in der sich die sowjetische Führung 1938/39 sah und rechtfertigte den Abschluß des Vertrages. Die Autoren setzten sich mit dem Vorwurf auseinander, der Pakt habe den Angriff Hitlers auf Polen erst möglich gemacht, lehnten diese These aber als spekulativ ab. Sie griffen auch die Frage des geheimen Zusatzabkommens auf und behaupteten, es gebe in sowjetischen Archiven keine Unterlagen. Die westlichen Versionen über diesen Vertrag wurden in Zweifel gezogen[22]. Angesichts der in westlichen Archiven vorhandenen Akten und der zahlreichen Memoiren, die sich auf die Verhandlungen und den Abschluß des Zusatzabkommens beziehen, angesichts der Tatsache, daß in der Sowjetunion selbst noch Zeitzeugen leben und, wenn man in Rechnung stellt, daß sich das sowjetische Verhalten nach dem 17. September 1939 eben entlang dieses Zusatzabkommens bewegte und der Freundschaftsvertrag vom 28. September lediglich eine Modifikation darstellte, ist die Behauptung der beiden sowjetischen Autoren doch sehr verwunderlich. Offenbar war die offizielle sowjetische Geschichtswissenschaft zu diesem Zeitpunkt noch nicht bereit, sich ernsthaft mit der Außenpolitik der UdSSR unter Molotov auseinanderzusetzen.

Dennoch gab es kritische Ansätze. Daß Molotovs programmatische Rede vom 31. Oktober 1939, in der er das Deutsche Reich als friedliebend und Polen als »Mißgeburt des Versailler Vertrags« bezeichnete[23], getadelt wurde[24], war wohl auch als politisches Entgegenkommen gegenüber Polen zu verstehen, wie es sich bereits 1987 andeutete und wie es Gorbačev in seiner Rede vor dem polnischen Sejm im Juli 1988 thematisierte[25]. Bemerkenswert war die Aussage des Historikers Michail Semirjaga in der »Literaturnaja Gazeta«, daß — gleichgültig, ob das Zusatzabkommen zum Nichtangriffspakt aufgefunden würde oder nicht — aus den Handlungen beider Vertragspartner hervorgehe, daß sie sich von Überlegungen hätten leiten lassen, wie sie in eben dem angeblichen Zusatzabkommen niedergelegt worden seien[26]. Damit umging Semirjaga die innersowjetische Scheindiskussion um die Existenz des Zusatzabkommens und kritisiert die Substanz der damaligen sowjetischen Außenpolitik. Die sowjetische Führung aber stellt sich bisher den Problemen nicht, die sich aus einer ernsthafen wissenschaftlichen Aufarbeitung des Hitler-Stalin-Paktes nach innen für den Umgang mit den baltischen Republiken und nach außen für die Beziehungen zur Volksrepublik Polen ergeben würden[27] — auch wenn in der kritischen Publizistik bereits die Diskussion um den Nichtangriffspakt begonnen hat.

Die publizistische Kritik beschränkte sich aber nicht auf die politischen Mißgriffe Stalins am Vorabend des Krieges, sie diskutierte auch die militärischen Fehlentscheidungen und thematisierte erstmals auch die hohen Verluste, die die sowjetischen Truppen im Kriege erlitten hatten. In der »Izvestija« führte Dašičev dies vor allem auf die Fehler Stalins zurück:

»Geradeheraus gesagt, die mangelnde Ausbildung und die Unfähigkeit Stalins und seiner Umgebung, die Fragen der Kriegführung in der kritischsten Periode unserer Geschichte — in den Jahren 1941—1942 — zu entscheiden, wurden durch den unerhörten Heroismus und die Selbstaufopferung des Volkes kompensiert. Als Resultat waren unsere Verluste sechs- bis achtmal höher als die des Gegners[28].«

Mit der Frage der Verluste berührte die sowjetische Presse einen wunden Punkt. Dabei ging es nicht nur um falsche strategische Konzepte und inkompetente Führung, hier ging es auch um das Schicksal der Soldaten, die in die Hand der Wehrmacht gefallen waren. Bis heute tragen die Kriegsgefangenen, von denen der größere Teil in deutschen Lagern an den Folgen von Unterernährung, Zwangsarbeit und mangelnder ärztlicher Fürsorge starb bzw. — als »Jude« oder »Kommissar« — ermordet wurde, im Bewußtsein der sowjetischen Öffentlichkeit das Stigma, ihre Pflicht nicht getan zu haben[29]. Nach Kriegsende mußten alle überlebenden Kriegsgefangenen eine Überprüfung durchlaufen und viele von ihnen — darunter die Verteidiger der Brester Festung, die man später zu Helden erklärte — wurden verhaftet und in Arbeitslager verschickt[30]. Im August 1987 veröffentlichte die »Izvestija« einen Artikel, der die Rehabilitation der Vermißten und der überlebenden Kriegsgefangenen verlangte. Das Leserecho war groß, und nach Aussage der Zeitung unterstützte die Mehrheit der Briefschreiber die Initiative der »Izvestija«[31]. In der »Literaturnaja Gazeta« bezeichnete der Historiker Samsonov die Behandlung der Kriegsgefangenen nach dem Kriege als eines der schlimmsten Übrigbleibsel der Stalin-Ära[32]. Die Autoren der Artikel und der Leserbriefe erbitterte besonders, daß man Kriegsgefangenen und Vermißten eine persönliche Schuld zuschob, obwohl sie oft nur Opfer der schweren Niederlagen von 1941 und 1942 waren, die die unfähige Führung zu verantworten hatte.

Die langjährige Verdrängung des Kriegsgefangenenproblems war symptomatisch für eine Kriegsgeschichtsschreibung, die bis in jüngste Zeit von der Halbwahrheit lebt. Der Schriftsteller Viktor Astaf'ev, selbst Kriegsteilnehmer, faßte die Kritik an der offiziellen Kriegsgeschichtsschreibung in einem vehementen Angriff zusammen. In einem Leserbreif an die Redaktion der »Moskovskie Novosti« schrieb er:

»Die sowjetischen Historiker in ihrer Mehrheit und die Redakteure und Autoren der ›Geschichte des Vaterländischen Krieges‹ im besonderen haben lange das Recht verloren, das heilige Wort ›Wahrheit‹ zu benutzen, denn von der Berührung ihrer unsauberen Hände, ihrer schmutzigen Gedanken und ihrer verkrümmten Feder wird das bei uns ohnehin besudelte und verbogene Wort noch weiter besudelt und verbogen[33].«

Astaf'ev nahm das noch einmal auf der Konferenz der Historiker und Literaten auf, die Ende April 1988 in Moskau stattfand. Dort erklärte er:

»In jedem Falle habe ich als Frontsoldat zu dem, was seit langem über Krieg geschrieben wird, nicht die geringste Beziehung. Ich nahm an einem völlig anderen Krieg teil[34].«

Dies war einer der heftigsten Angriffe, die gegen die Mythen und Legenden der offiziellen Kriegsgeschichtsschreibung vorgetragen wurden. Doch es war nur die Spitze einer breiten Front von Publizisten und Wissenschaftlern, die ihre Kritik an der Stalin-Ära zunehmend gegen die Kräfte in Verteidigungsministerium und Politischer Hauptverwaltung der Streitkräfte richtete, die versuchten, das alte Geschichtsbild zu wahren.

### *3. Militär und Stalinismus-Rezeption im Frühjahr 1988: Wo, bitte, bleibt das Positive?*

Die militärische Publizistik und die Mehrzahl der führenden Militärs waren von den öffentlichen Diskussionen um den Stalinismus und von der massiven Kritik an den Mängeln der Militärgeschichtsschreibung sichtlich irritiert. Eine einheitliche Position war anfangs nicht erkennbar. Bestrebungen zu einer Annäherung an die historische Wahrheit, die von einigen der Autoren vorangetrieben wurden, kollidierten offenbar mit Befürchtungen anderer Militärs, die Abrechnung mit dem Stalinismus könne die Legitimation der Streitkräfte in Frage stellen und pazifistische Strömungen stärken.

Der Leiter der Politischen Hauptverwaltung von Armee und Flotte, Armeegeneral Lizičev, etwa attackierte die Stalinkritiker in einem Round-table-Gespräch, das die Zeitschriften »Kommunist« und »Kommunist Vooružennych Sil« gemeinsam veranstalteten:

»In letzter Zeit ist in den Presseorganen dazu aufgerufen worden, die sogenannten »weißen« Flecken unserer Geschichte, besonders der Militärgeschichte, zu entfernen. Häufig sind die Autoren dieser Aufrufe Leute, die sich nicht durch eine genaue Kenntnis des Gegenstandes auszeichnen. »Weiße« Flecken gibt es in der Geschichte — wie übrigens in anderen Wissenschaften auch — tatsächlich eine Menge. Aus den verschiedensten Gründen. Auf ihr Niveau mußte sich der Dogmatismus auswirken, ebenso wie der von Konjunkturen bestimmte Umgang mit gewissen Ereignissen. Aber ist es etwa eine richtige Position, wenn die Genossen im Kampf für die Wahrheit ihre Aufmerksamkeit ganz auf die negativen Erscheinungen konzentrieren? Dabei vergißt man alles früher Erreichte, darunter das Ruhmreiche und Heldenhafte, das unserem Volke teuer ist[35].«

Aber Lizičev konnte sich nicht einmal in dem Round-table-Gespräch durchsetzen. Der Historiker Polikarpov konfrontierte ihn mit den Repressionen der dreißiger Jahre, und der Schriftsteller und Kriegsveteran Anfinogenov gab die Frage wieder, die ihm Schüler gestellt hatten: »Warum haben wir unsern Sieg, unsern wirklich großen Sieg, erst an der Volga errungen, an den Mauern von Stalingrad[36]?«

Die Militärpresse bot in dieser Phase kein einheitliches Bild. Kriegshistoriker, die für eine vorsichtige Revision eintraten, standen neben Autoren, die den Verlust alter Werte wie Sowjetpatriotismus und Disziplin beklagten. Einhellig wehrten sich die Autoren jedoch gegen Vorwürfe von ziviler Seite.

Bereits 1987 waren in der »Krasnaja Zvezda« Stimmen laut geworden, die sogenannte »unehrliche Veröffentlichungen« über die Anfangsperiode des Krieges kritisierten[37]. Im Januar 1988 veröffentlichte die Armeezeitung »Krasnaja Zvezda« dann einen Artikel, der nur als direkter Angriff auf die »perestrojka«-Politik interpretiert werden konnte. Oberst V. Filatov, Spezialkorrespondent der »Krasnaja Zvezda«, der für diese Zeitung u.a. aus Černobyl' berichtet hatte, setzte sich über mehr als eine Seite hinweg mit den zivilen Stalin-Kritikern auseinander[38]. Er bescheinigte ihnen rundherum Unkenntnis und mangelndes historisches Verständnis:

»Da liest du einen Autor, sagen wir über das Jahr 1937, und siehst, er verfügt über kein einziges Dokument aus dieser Zeit, er ist nicht bereit, das Beschriebene im Kontext aller Ereignisse zu sehen, die widersprüchlich sind, sich oft gegenseitig ausschließen und dennoch gewiß eine Logik haben, die geboren ist aus der kompliziertesten Dialektik der Zeit und des Lebens[39].«

Diese Vorwürfe gegen zivile Autoren, mit denen zugleich implizit Stalin in Schutz genommen wurde, entbehren nicht einer gewissen Perfidie: historische Dokumente waren ja bisher von offizieller Seite sorgfältig verheimlicht worden. Literaten und Publizisten mußten auf Berichte von Zeitgenossen und eigene Erfahrungen zurückgreifen. Filatov ging es aber nicht allein um eine Verteidigung der überlieferten Geschichtssicht, er sah eine allgemeine Aufweichung vaterländischer Gesinnung:

»Es formt sich der Eindruck, daß unter dem Banner der Liquidierung »Weißer Flecken« derzeit etwas ganz anderes vor sich geht[40].«

Und dann ging der Autor der Armeezeitung mit den Schriftstellern ins Gericht: Es gebe unter ihnen solche, die sich öffentlich rühmten, dem Wehrdienst entgangen zu sein, die die Armee denunzierten: man lerne in ihr das Saufen; es gebe solche, die Afghanistan mit Vietnam verglichen, die Kriegsgefangene rechtfertigten, wo Kriegsgefangenschaft doch eine Schande sei. Unter Berufung auf das Kriegstagebuch Halders, des ehemaligen Chefs des Generalstabes des deutschen Heeres, pries er den Heroismus und die Leistungen der sowjetischen Armeen im Jahre 1941. Insgesamt wertete Filatov die Anstrengungen der Presse, Mythen und Legenden über die sowjetische Geschichte durch historische Wahrheit zu ersetzen, als Versuche, Patriotismus und Wehrwillen zu zersetzen.

Ähnliche Ideen leiteten offenbar einen pensionierten Generalmajor namens Sidel'nikov, der in der »Krasnaja Zvezda« urteilte:

»Wir riskieren es, Halbwahrheit und Verwirrung verhaftet zu bleiben, wenn wir die tragischen, negativen Momente unserer Geschichte verabsolutieren, darunter auch der Geschichte des vergangenen Krieges. Damit werfen wir gewollt oder ungewollt einen Schatten auf die große Heldentat des sowjetischen Volkes und seiner Armee[41]. [...] Vor nicht allzulanger Zeit führte mich der Zufall mit einem ziemlich bekannten, verdienten Kriegsgeneral zusammen, der den ganzen vergangenen Krieg, wie er es ausdrückte, ›in des Teufels Pfanne gebraten wurde‹. Der zum Beispiel denkt, daß die ›Kritik der militärischen Kader ungeachtet ihres Ranges und ihrer Position zu nichts Gutem führt.‹ Heute, sagte er, ›kritisiert ihr Offiziere in der Zeitung für Verfehlungen im Dienst oder im Verhalten. Und morgen machen sich die Untergebenen über sie lustig. Mit Eurer Kritik habt ihr deren moralisches Recht zerstört, Leute dienst- und pflichtgemäß zu kommandieren‹.«[42]

Hier äußerten sich Stimmen von Militärs, die von den gesellschaftlichen Entwicklungen, die die Politik der »perestrojka« ausgelöst hatte, stark irritiert waren. Und die Eingriffe der Politik in die Führung der Armee, die Versuche, die Streitkräfte unter der Parole »glasnost« und »demokratizacija« effektiver zu machen, verunsicherten Militärs des alten Schlages offenbar stark.

Dem Militärjournalisten und dem pensionierten General eilte alsbald ein Militärhistoriker zu Hilfe. Oberst R. Savuškin veröffentlichte im Februarheft der militärgeschichtlichen Zeitschrift einen Artikel über die Entwicklung der sowjetischen Militärdoktrin in den Jahren 1921—1934[43]. Er stellte die Entwicklung der sowjetischen Kriegstheorie anhand der Äußerungen Lenins, Frunzes und Tuchačevskijs dar und erklärte, sie sei auf dem Stand ihrer Zeit gewesen. Pikant wird sein Urteil durch den Kronzeugen, den Savuškin anrief. Es heißt in seinem Artikel:

»Unser Volk war überzeugt, daß ein Krieg nicht nur mit der Niederlage des Imperialismus enden, sondern auch tiefe soziale Folgen haben, daß er die Frage über die Existenz des Kapitalismus stellen werde. ›Man kann kaum daran zweifeln‹, heißt es auf dem XVII. Parteitag im Rechenschaftsbericht über die Arbeit des ZK der VKP(b), ›daß der zweite Krieg gegen die UdSSR zu einer vollständigen Niederlage des Angreifers führen wird, zur Revolution in einer Reihe von Ländern Europas und Asiens und zur Zerschlagung der bürgerlich-feudalen Regierungen dieser Länder.‹ Das Leben hat diese Prognose bestätigt. Insgesamt entsprach die sowjetische Militärdoktrin in der betrachteten Periode den Forderungen der Zeit. Sie spielte eine wichtige Rolle bei der Stärkung der Verteidigungsfähigkeit des sowjetischen Staates[44].«

Das Zitat aus dem Parteitagsprotokoll stammt von Stalin. Daß der Autor des Aufsatzes ausgerechnet die Person heranzieht, gegen die sich die öffentlich Kritik wendet, und daß er explizit klarstellt, Stalins Äußerung sei durch das Leben bestätigt worden, macht deutlich, welch Geistes Kind Savuškin ist.

Nicht alle Autoren in der Militärpresse warteten mit solchen unehrlichen und törichten Stellungnahmen auf. Eine Anzahl von Artikeln wiesen die Angriffe von Literatur und Publizistik zwar scharf zurück, doch sie bemühten sich um eine differenzierte Wertung der Stalin-Zeit, die die negativen

Seiten dieser Phase nicht verschwieg, »positive« Elemente wie Patriotismus und Heldenverehrung aber zu wahren suchte.

Chorev, Publizist und Oberst im Ruhestand, der mit seinen Feuilletons seit März die Artikel Filatovs von den Seiten der »Krasnaja Zvezda« verdrängte, beklagte ebenfalls die Schwarzmalerei der sowjetischen Geschichte in der zivilen Presse. Doch er versuchte, Stalins Rolle im Kriege und seine Verantwortlichkeit für die Repressionen gegeneinander abzuwägen:

Wie schwer es auch vielen Leuten meiner Generation fällt, sich an die vieldeutigen, unvermeidlich von Kränkungen begleiteten Bewertungen der Persönlicheit Stalins und gewisser Politiker aus seiner Umgebung zu gewöhnen, einen anderen Weg gibt es für uns nicht. Aus der Geschichte kann man, wie aus dem Lied, die Worte nicht herausstreichen[45].«

Die Position Chorevs — Zurückweisung radikaler Neubewertung, Wahrung patriotischer Tradition bei Übernahme der unwiderlegbaren Kritikpunkte — fand bald Nachahmer. Auch der Militärhistoriker Oberst Chor'kov suchte zwischen historischer Wahrheit und traditionalistischer Bewertung zu lavieren[46]. Chor'kov wies die Urteile der Schriftsteller Šatrov, Rybakov und des Historikers Samsonov über die Stalin-Zeit entschieden zurück — diese Autoren würden der Wahrheit Gewalt antun — und warnte vor übereilten Urteilen. Er verteidigte Vorošilov und Kalinin und kritisierte, daß man die Anfangsperiode des Krieges — also das Jahr 1941 — heute »tragisch« nenne und nicht »schwierig«. Aber Chor'kov ging auch mit der herrschenden Kriegsgeschichtsschreibung scharf ins Gericht. Er erklärte:

»Es ist vollkommen klar, daß man gewisse Seiten der Geschichte des Großen Vaterländischen Krieges neu schreiben muß, denn es tut not, an die Bewertung des Geschehenen neu heranzugehen, es muß auch unbedingt vieles vom Standpunkt des Historismus her neu bedacht werden, in vollkommener Übereinstimmung mit der Realität dieser Zeit unter Vermeidung von Subjektivismus und konjunkturellen Verzerrungen[47].«

Eine auf Basis von Archivarbeit und mit professioneller Redlichkeit neu geschriebene Geschichte des Krieges sollte vor allem der patriotischen und internationalistischen Erziehung der Jugend, der verbesserten Ausbildung der Offiziere und der Aufdeckung der ideologischen Diversion der Klassenfeinde dienen[48].

Diese Position fand auch in anderen Artikeln Unterstützung[49]. Dennoch tat sich die Militärpublizistik mit einer Reihe von Aspekten der Diskussion sehr schwer. Vor allem die Frage des Umgangs mit den sowjetischen Soldaten, die in deutsche Kriegsgefangenschaft geraten waren, stellte offenbar ein Problem dar[50]. Andererseits wurde von der Leserseite her wiederholt präzisere und bessere Information über den Krieg gefordert, vor allem Informationen, die mit der persönlichen Erfahrung der Leser zusammenstimmten: Solche Stimmen wurden vermehrt nach dem Konflikt um den Artikel der Nina

Andreeva auch in der »Krasnaja Zvezda« publiziert[51]. Und es war die militärhistorische Zeitschrift »Voenno-istoričeskij Žurnal«, die bereits im Jahre 1987 mit einer Serie von Aufzeichnungen Simonovs über Marschall Žukov eine erste Bresche für eine neue Geschichtsbetrachtung geschlagen hatte.

Anfang des Jahres 1988 war die militärische Publizistik jedoch noch nicht bereit, eine Wende zu vollziehen. Die Irritation über die Vorgänge in der Gesellschaft war offenbar viel zu groß.

### *4. Die Revision des Geschichtsbildes setzt sich in der Militärpresse durch*

Etwa im Mai oder Juni 1988 begannen die Leser der »Krasnaja Zvezda« — je nach politischer Einstellung irritiert oder erfreut — zu registrieren, daß sich die Redaktionspolitik der Militärzeitung veränderte. Die »Abteilung für Leserbriefe und Massenarbeit« der Zeitung, die monatlich eine »Expreßanalyse« durchführte, stellte fest, daß sich die Umfrageergebnisse für Leserzustimmung und -ablehnung, die sich in den Monaten vorher auf bestimmte Werte eingependelt hatten, zu verschieben begannen[53].

Offensichtlich hatte sich das Meinungsprofil der Einsender geändert — sei es nun, daß andere Leser als bisher den Fragebogen beantworteten, sei es, daß die Leser den Zeitungsinhalt anders bewerteten. Die Redaktion verstand diese Verschiebung als Reaktion auf eine Änderung ihrer Veröffentlichungspolitik und illustrierte diese Auffassung mit einer Reihe von Leserbriefen. Anscheinend waren eine Reihe von Briefschreibern mit der neuen Politik nicht einverstanden. Ein pensionierter Generalmajor warf der »Krasnaja Zvezda« vor, sie jage dem »Massenleser« nach, verliere ihr Profil und werde weniger soldatisch. Andererseits begannen offenbar Leser Hoffnung zu schöpfen, die die reaktionäre Linie der Zeitung bisher abgestoßen hatte[54].

Tatsächlich wird auch für den westlichen Leser im Frühsommer 1988 deutlich, daß sich die Haltung der Militärpresse ändert. Die Ansätze, die es 1987 und Anfang 1988 in Simonovs Žukov-Notizen, in der Round-table-Diskussion von »Kommunist« und »Kommunist Vooružennych Sil« sowie in einzelnen Artikeln und Leserbriefen erkennbar geworden waren, verstärkten sich im Vorfeld der Parteikonferenz erheblich und verdrängten die pro-stalinistischen Äußerungen in der militärischen Publizistik teilweise[55].

Die Wende wurde auch personell markiert: Neuer Direktor des Militärgeschichtlichen Instituts wurde Armeegeneral D. A. Volkogonov. In mehreren Interviews und Zeitungsartikeln umriß der er seine Position und seine Ziele. Am 26. Juli 1988 erklärte er in der »Krasnaja Zvezda«:

»Heute suchen wir Antwort auf wenigstens zwei eng verbundene Fragen. Einerseits: Wovon wollen wir uns befreien? Andererseits: Welchen Sozialismus wollen wir aufbauen? Wovon wir uns befreien wollen ist klar: Vom Stalinismus und allen seinen Erscheinungen und Folgen. Stalinismus ist für mich die Verzerrung der Theorie und Praxis des Sozialismus. Und alles, was damit verbunden ist — Dogmatismus, Bürokratismus, autoritäre Strukturen [...] —, muß beseitigt werden. Konsequent, prinzipiell, ruhig, ohne überflüssige Leidenschaften, ohne Übertreibungen. Aber gründlich. Und das geht nicht, wenn man nicht bis an die Wurzeln des Stalinismus geht. Die Geschichte hilft die Wurzeln aufzudecken [...] ›Welchen Sozialismus bauen?‹ — diese Frage, die unlängst noch als rebellisch galt, wurde im Lauf der allgemeinen Erörterungen der Thesen des ZK vor der Parteikonferenz gestellt. Wir haben noch keine volle Antwort gefunden, aber wir haben präzise die Hauptrichtungen der gesellschaftlichen Veränderungen bestimmt, die dem Sozialismus sein Leninsches Gesicht wiedergeben[56].«

Volkogonov setzte hier neue Maßstäbe für die offizielle Militärgeschichtsschreibung. So führte er anstelle des bisher üblichen Begriffs »Personenkult« (kul't ličnosti) den Terminus »Stalinismus« (stalinizm) ein, der zwar auch im Russischen schon länger gebräuchlich, doch in offiziellem Rahmen vermieden worden war. Noch im Februar 1986 hatte Generalsekretär Gorbačev auf Fragen der Zeitung »L'Humanité« erklärt:

»›Stalinismus‹ ein Begriff, den sich die Gegner des Kommunismus ausgedacht haben, und der umfassend dafür genutzt wird, die Sowjetunion und den Sozialismus zu verunglimpfen[57].«

Volkogonov setzte sich über diese Äußerung hinweg und ließ auch an seiner grundsätzlichen Ablehnung des Stalinismus keinen Zweifel — Äußerungen im Stile eines Filatovs oder Sidel'nikovs erteilte er eine klare Absage.

Der Direktor des Militärgeschichtlichen Institutes proklamierte eine neue offizielle Sicht des Großen Vaterländischen Krieges. Er stellte sich der katastrophalen Niederlage des Jahres 1941, er forderte eine seriöse Behandlung des Gegners im Rahmen der Militärgeschichte und wies darauf hin, daß die Sowjetunion im Zweiten Weltkrieg nicht allein gekämpft habe, sondern im Rahmen einer antifaschistischen Koalition, deren Mitglieder es stärker zu berücksichtigen gelte[58].

Die Wende in der Beurteilung der sowjetischen Geschichte schlug sich zunächst in einer neuen Sicht Stalins und der Ereignisse im Vorfeld des Jahres 1941 nieder. Die Repressionen der dreißiger Jahre wurden offen angesprochen, es wurden Zahlen angegeben. Der stellvertretende Chef der Hauptverwaltung für Kader im Verteidigungsministerium, Generaloberst Arapov, sprach in einem Interview von 40 000 Opfern allein zwischen Frühjahr 1937 und Herbst 1938:

»Wir wissen von den Schwierigkeiten bei der Formierung der regulären Roten Armee, und von den ernsten Verzerrungen der Kaderpolitik, von den schrecklichen Repressionen, die über die Häupter ehrlicher, der Revolution ergebener Menschen in den Jahren des Stalinismus hereingebrochen sind. Deren Ausmaß kann man an dem Umstand ermessen, daß allein zwischen Mai 1937 und Oktober 1938 in Armee und Flotte nach Archivdaten ungefähr 40 000 Menschen repressiert wurden. Darunter war der Hauptteil des Führungsbestandes der Zentralverwaltungen des Verteidigungsministeriums und der Wehrkreise, aber auch viele Korps-, Divisions- und Regimentskommandeure[59].«

Die Verbrechen Stalins und seiner Umgebung wurden nun in der Militärpresse offen benannt. In der »Krasnaja Zvezda« erschienen lange Artikel über die Opfer des Stalinismus, z.B. über den Marschall Tuchačevskij. Anhand der Personalakte wurden sein Lebenslauf und seine Leistungen dargestellt, der Autor, A. Chorev, verschwieg auch nicht Tuchačevskijs Rolle bei der Zusammenarbeit von Reichswehr und Roter Armee in den zwanziger Jahren — bisher ein Tabuthema. Die Bedeutung Tuchaečvskijs als Feldherr und als Theoretiker wurde deutlich unterstrichen. Chorev zitierte hier Žukov, der Tuchačevskijs Leistungen besonders herausgestellt hatte[60].

Der Militärhistoriker Anfilov, ein ehemaliger Oberst, veröffentlichte in der Militärzeitung »Krasnaja Zvezda« eine Generalabrechnung mit den Fehlern Stalins: Die Repression habe die militärischen Kader vernichtet, die 1941 gefehlt hätten; auf Druck Stalins sei im Vorfeld des deutschen Überfalls die Hauptangriffsrichtung falsch bestimmt und die Kräfte seien demgemäß falsch verteilt worden. Die Aufklärungsergebnisse des militärischen Geheimdienstes seien von Stalin unterdrückt und nicht an die Stäbe weitergeleitet worden. Durch seine öffentlichen Äußerungen und insbesondere durch das TASS-Dementi habe Stalin die sowjetische Bevölkerung desorientiert und dadurch erst dafür gesorgt, daß Hitlers Angriff ein Überrraschungsschlag geworden sei. Die Munitionsversorgung habe versagt, die große zahlenmäßige Überlegenheit auf sowjetischer Seite sei durch Führungsfehler nicht zum Tragen gebracht worden. Im Anfang des deutschen Angriffs habe die Führung keine Übersicht gehabt und den unsinnigen Befehl vom Abend des 22. Juni 1941 ausgegeben, in dem verlangt wurde, unverzüglich zum Angriff überzugehen[61].

Mit diesen Veröffentlichungen demontierte die Presse der Streitkräfte die Legende von der »Großen Koryphäe«, dem »Genialen Feldherren«, der für alle Siege im Großen Vaterländischen Kriege verantwortlich gemacht worden war. Nun wurde er im Gegenteil als Dilettant gezeigt, der sich in viele Bereiche einmischte, von denen er nichts verstand, während er andere Bereiche, die er nicht übersah, einfach sich selbst überließ.

## Anmerkungen

1 Vgl.B. Bonwetsch, »Nur vorwärts und vorwärts«?, in: Osteuropa (1988), No. 6, S. 457—467, hier S. 464 f.; vgl. Auszüge aus der Leserbriefdiskussion in: H. v. Ssachno (Hrsg.), »Ungeheuerlich und unverzeihlich«. Die sowjetische Stalin-Diskussion am Beispiel von Leserbriefen, in: Süddeutsche Zeitung 14./15.5.1988, S. 137.

[2] G.I.Marčuk, O zadačach Akademii Nauk SSSR v svete rešenij fevral'skogo plenuma CK KPSS, in: Vestnik Akademii Nauk SSSR (1988), No. 7, S. 9—21, hier S. 11.

[3] Die UdSSR hebt aus dem Zweiten Weltkrieg die Phase 1941—1945, in der sie unmittelbar beteiligt war und sich gegen das Deutsche Reich zur Wehr setzen mußte, besonders hervor und bezeichnet sie formelhaft als »Großen Vaterländischen Krieg«.

[4] Vgl. aus der Fülle der Literatur: Das Deutsche Reich und der Zweite Weltkrieg, Bd 4, hrsg. vom Militärgeschichtlichem Forschungsamt, Stuttgart 1983; A. Streim, Sowjetische Gefangene in Hitlers Vernichtungskrieg. Berichte und Dokumente 1941 bis 1945, Heidelberg 1982; A. Dallin, Deutsche Herrschaft in Rußland 1941—1945, Düsseldorf 1958; H. Krausnick, Kommissarbefehl und »Gerichtsbarkeitserlaß Barbarossa« in neuer Sicht, in: Vierteljahrshefte für Zeitgeschichte 25 (1977), S. 682—738; H. Krausnick/H.H. Wilhelm, Die Truppe des Weltanschauungskrieges. Die Einsatzgruppen der Sicherheitspolizei und des SD 1938—1942, Stuttgart 1981 (= Quellen und Darstellungen zur Zeitgeschichte, Bd 22); A. Streim, Die Behandlung sowjetischer Kriegsgefangener im »Fall Barbarossa«. Eine Dokumentation. Unter Berücksichtigung der Unterlagen deutscher Strafvollzugsbehörden und der Materialien der Zentralen Stelle der Landesjustizverwaltung zur Aufklärung von NS-Verbrechen, Heidelberg, Karlsruhe 1981; Chr. Streit, Keine Kameraden. Die Wehrmacht und die sowjetischen Kriegsgefangenen 1941—1945, Stuttgart 1978; zur Vorgeschichte und zu den deutsch-sowjetischen Beziehungen 1933—1941 vgl. B. Pietrow, Stalinismus, Sicherheit, Offensive. Das »Dritte Reich« in der Konzeption der sowjetischen Außenpolitik 1933—1941, Melsungen 1983.

[5] Zur laufenden Diskussiom um Militärdoktrin und Strategie vgl. R. Garthoff, New Thinking in Soviet Military Doctrine, in: Washington Quarterly (1988), No. 3, S. 131—158; G. Weiß, Suffizienz als sicherheitspolitische Leitvorstellung. Überblick über den Stand der Diskussion in der Sowjetunion, in: Berichte des Bundesinstituts für ostwissenschaftliche und internationale Studien 29 (1988).

[6] Nina Andreeva, Ne mogu postupat'sja principami, in: Sovetskaja Rossija 13.3.1988, S. 3.

[7] Unter vielen anderen vgl. etwa Jurij Feofanov, Gruzčik Ivan Demura v scheme Niny Andreevoj, in: Izvestija 19.4.1988, S. 6; die Kritik griff bald auch weiter nach vorn aus und thematisierte etwa die Unterdrückung der »Oppositionsgruppe« um Rjutin 1932, vgl. A. Vaksberg, Kak živoj s živymi, in: Literaturnaja Gazeta 29.6.1988, S. 13; u.v.a.

[8] Pravda 5.7.88, S. 1.

[9] Vgl. A. P. van Goudoever, The Limits of Destalinization in the Soviet Union. Political Rehabilitations in the Soviet Union since Stalin, London, Sidney 1986, S. 86, 108, 112 f., 115 ff., 123 f., 131, 146 f., 187, 199 ff., 214, vgl. auch die Liste ebd., S. 225 ff.

[10] Vgl. V Kommissii Politbjuro CK KPSS po dopol'nitel'nomu izučeniju materialov, svjazannych s repressijami, imevšimi mesto vo period 30—40-ch i načala 50-ch godov, in: Pravda 6.2.1988, S. 1.

[11] Vgl. V Kommissii Politbjuro CK KPSS po dopol'nitel'nomu izuceniju materialov, svjazannych s repressijami, imevšimi mesto vo period 30—40-ch i nacala 50-ch godov, in: Izvestija 27.31988, S. 1.

[12] A. Vaksberg, Tajna oktjabrja 1941-go, in: Literaturnaja Gazeta 20.4.88, S. 13.

[13] Ebd.

[14] B. Viktorov, »Zagovor« v Krasnoj Armii, in: Pravda 29.4.1988, S. 3.

[15] Ebd.

[16] Ebd.
[17] Ebd.
[18] [V.L. Kondrat'ev; A:M. Samsonov; A. Egorov], »Glazami čelovekom moego pokolenija«. Razmyšlenija K. Simonova o I. V. Staline, in: Literaturnaja Gazeta 18.5.1988, S. 6.
[19] V. Dašičev, Vostok — zapad: Poisk novych otnošenij. O prioritetach vnešnej politiki Sovetskogo gosudarstva, in: Literaturnaja Gazeta 18.5.1988, S. 14.
[20] Vgl. etwa: A.S. Jakuševskij, Sovetsko-germanskij dogovor o nenapadenii: vzgljad čerez gody, in: Voprosy Istorii KPSS (1988) No. 8, S. 82—96; vgl. auch die Ausführungen D. Volkogonovs, Nakanune vojny..., in: Pravda 20.6.1988, S. 3.
[21] F. Kovalev; O. Ržeševskij, Tak načinalas' vojna, in: Pravda 1.9.1988; zur gültigen westlichen Interpretation des deutsch-sowjetischen Nichtangriffspaktes vgl. Pietrow (wie Anm. 4) , S. 127 ff.
[22] Auf einer Konferenz des militärhistorischen Instituts, die das Konzept zum ersten Band der neuen Geschichte des Großen Vaterländischen Krieges kritisch beleuchtete, berichtete Falin, daß wichtige Dokumente aus dem Jahre 1939 in den Archiven vernichtet und auch alle Spuren getilgt worden seien; vgl. Velikaja Otečstvennaja..., in: Voenno-istoričeskij žurnal (1988), No. 9, S. 9—17, hier S. 11; das Fehlen des Zusatzabkommens in sowjetischen Archiven kann also nicht als Beweis für seine Nichtexistenz gelten; die Argumentation der beiden Autoren, von denen der eine, Rževskij, Professor am Institut für allgemeine Geschichte der Akademie der Wissenschaften ist, ist auf diesem Hintergrund äußerst fragwürdig; auf westlicher Seite ist die Existenz des Zusatzabkommens unstrittig; das Dokument liegt im Politischen Archiv des Auswärtigen Amtes auf Mikrofilm vor, das Original ist allerdings bei Kriegsende verbrannt; aus den im Original vorhandenen Verhandlungsakten geht die Existenz des Zusatzabkommens zweifelsfrei hervor; vgl. Schreiben von Frau Dr. Keipert, Politisches Archiv des Auswärtigen Amtes, an den Verfasser vom 7.11.1988.
[23] Vgl. V. M. Molotov, O vnešnej politike Sovetskogo Sojuza, in: Bol'ševik (1939), No. 20, S. 1-12, hier S. 2.
[24] Vgl. Kovalev, Rževskij, in: Pravda 1.9.88., S. 4.
[25] Vgl. Vstreča v Sejme PNR. Vystuplenie M. S. Gorbačeva, in: Izvestija 13.7.1988, S. 2.
[26] Vgl. M. Semirjaga, 23 avgusta 1939 goda. Sovetsko-germanskij dogovor o nenapadenii: byla li al'ternativa? in: Literaturnaja Gazeta 5.10.88, S. 14.
[27] Symptomatisch dafür ist die verlogene Pressekonferenz, die Falin, Bezymenskij und einige Historiker aus den baltischen Republiken anläßlich des Jahrestages des Hitler-Stalin-Paktes gaben: Istorija nel'zja perekroit', in: Izvestija 18.8.1988, S. 3.
[28] V. Dašičev, cto oni nam gotovili, in: Izvestija 22.6.1988, S. 3.
[29] Vgl. Kondrat'ev u.a., in: Literaturnaja Gazeta 18.5.1988, S. 6.
[30] Vgl. den Brief Tjagunovs, in: Izvestija 11.9.87, S. 6.
[31] E. Maksimova, živym i mertvym, in: Izvestija 21.8.1987, S. 3; »živym i mertvym«, ebd. 11.9.87, S. 6; vgl. auch die Reaktionen in der Krasnaja Zvezda 5.9.1987.
[32] Vgl.Kondrat'ev u.a., in: Literaturnaja Gazeta 18.5.1988, S. 6.
[33] V. Astaf'ev, »Istovo« i »neistovo«, in: Moskovskie Novosti 8.5.1988.
[34] Vgl. Istorija i literatura, in: Literaturnaja Gazeta 18.5.1988, S. 4—5, hier S. 4; vgl. auch das vollständige Protokoll: Istoriki i pisateli o literature i istorii, in: Voprosy Istorii (1988), No. 6, S. 3—114; vgl. dazu auch Vladimir Šapošnikov, Cena pobedy, in: Literaturnaja Gazeta 22.6.1988, S. 4.

35 Armija revoljucija, armija naroda, in: Kommunist Vooružennych Sil (1988), No. 4 (Februar), S. 9–26, hier S. 10; das Gespräch wurde parallel im »Kommunist« publiziert; der »Kommunist« ist das theoretische Organ des ZK, das nach einer redaktionellen Umbesetzung die Politik der »perestrojka« intensiv unterstützt, der »Kommunist Vooružennych Sil« das der Politischen Hauptverwaltung von Armee und Flotte.

36 Ebd., S. 14.

37 Vgl. A. Beljaev, Prežde vsego – soldat, in: Krasnaja Zvezda 22.12.1987, S. 4.

38 V. Filatov, »Belye«, »serye«, »černye«, in: Krasnaja Zvezda 16.1.1988, S. 3–4.

39 Ebd., S. 3.

40 Ebd.

41 I. Sidel'nikov, .. i tol'ko pravda k dvoru, in: Krasnaja Zvezda 23.1.1988, S. 3–4, hier S. 3.

42 Vgl. ebd., S. 4.

43 R. A. Savuškin, Zaroždenie i razvitie sovetskoj voennoj doktriny, in: Voenno-istoričeskij Žurnal (1988), No. 2, S. 19–26.

44 Ebd., S. 26; das Zitat stammt aus dem stenographischen Protokoll des Parteitags: XVII s-ezd Vsesojuznoj Kommunističeskoj partii (b). 26 janvarja – 10 fevralja 1934 g. Stenografičeskij otčet, Moskva 1934, S. 12.

45 A. Chorev, Čitaja o Staline..., in: Krasnaja Zvezda 12.3.1988, S. 3–4, hier S. 4.

46 A. Chor'kov, S pozicii istoričeskoj pravdy, in: Kommunist Vooružennych Sil (1988) No. 7, S. 30–35; Istorija ne terpit suety, in: Krasnaja Zvezda 29.3.1988, S. 2. (dabei handelt es sich um ein Interview mit Chor'kov).

47 Chor'kov, in: Kommunist Vooružennych Sil (1988) No. 7, S. 31.

48 Ebd., S. 35.

49 Vgl. etwa die Leitartikel: Ogon' večnoj slavy, in: Kommunist Vooružennych Sil (1988) No. 9, S. 3–8; Pomnit' uroki istorii. Vsemerno ukrepljat' boevuju gotovnost', in: Voenno-istoričeskij Žurnal (1988), No. 6, S. 3–10; ebd., S. 6, heißt es u.a.: »Die Tatsachen überzeugen, daß er [Stalin] für die Stärkung der Verteidigungsfähigkeit des Landes, die Entwicklung von Armee und Flotte nicht wenig getan hat. Dies aus dem Rechenbuch der Geschichte zu streichen hieße, die historische Wahrheit zu verlassen. Gleichzeitig ist aber offensichtlich, daß gerade Stalin ernste Fehler in der Reorganisation der bewaffneten Streitkräfte zugelassen hat. Und natürlich ›ist die Schuld Stalins, wie auch die Schuld seiner nächsten Umgebung, vor Partei und Volk, für die Zulassung der Massenrepressionen und Gesetzlosigkeit ungeheuer und unverzeihlich‹.« Der Leitartikel des Voenno-istoričeskij Žurnal zitierte hier einen ungezeichneten programmatischen Artikel der Pravda, der angeblich aus dem Umkreis von Jakovlev stammt und offensichtlich als Antwort auf den Artikel der Nina Andreeva gedacht war: Principy perestrojki: revoljucionnost' myšlenija i dejstvij, in: Pravda 5.4.88; der Artikel galt als ›Manifest‹ der »perestrojka«; die Berufung auf diesen Aufsatz ist wohl auch als politische Stellungnahme zu rechnen.

50 Vgl. etwa die Äußerungen Jazovs, in: Ju. Beličenko; V. Lukaševič, Slovo v boevom stroju, in: Krasnaja Zvezda 17.12.1987, S. 2, und die des Militärhistorikers B.Kanevskij, Istorija v poiskach pravdy, in: Komsomol'skaja Pravda 6.3.1988.

51 Vgl. etwa O. Cirkunov, Istorija ne obezličena, in: Krasnaja Zvezda 12.4.1988, S. 2; Utverždat' principy perestrojki, in: Krasnaja Zvezda 16.4.1988.

52 Vgl. K.M. Simonov, Zametki k biografii G. K. Žukova, in: Voenno-istoričeskij Žurnal 1987, No. 6, S. 46–54; No. 7, S. 45–56; No. 9, S. 48–56; No. 10, S. 56–63; No. 12, S. 40–46; vgl. dazu B. Bonwetsch, Georgij Konstantinowitsch

Shukow — Heerführer und Memoirenverfasser, in: Osteuropa (1988), Nr. 6 (Osteuropa-Archiv).

53 »Byt' bliže k real'noj žizni...«, in: Krasnaja Zvezda 2.8.88, S. 2

54 Ebd.

55 Nichtsdestoweniger publizierte der Kommunist Vooružennych Sil (1988), No. 16, S. 91—95, wieder einen heftigen publizistischen Angriff auf »Novyj Mir« und »Literaturnaja Gazeta« — implizit eine Verteidigung der »Sonderabteilungen« (d.h. der politischen Polizei) und ein Angriff auf Armeegeneral Gorbatov, der in der Chruščev-Ära in »Novyj Mir« Erinnerungen über seine Verhaftung unter Stalin, seine Lagererfahrungen und seine Kriegserlebnisse publiziert hatte; vgl. A.V. Gorbatov, Gody i vojny, in: Novyj Mir 1964, No. 4, S. 111—138.

56 D.A. Volkogonov, My objazany napisat' čestnye knigi, in: Krasnaja Zvezda 26.7.88, S. 2.

57 Antworten Michail Gorbatschows auf Fragen der Zeitung »l'Humanité«, in: Sowjetunion heute (1988) No. 3, Beilage S. III—VIII, hier S. V.

58 Volkogonov, in: Krasnaja Zvezda 26.7.88, S. 2; ders, Istina prevyše vsego, in: Izvestija 4.5.88, S. 6.

59 Interview mit V.F. Arapov, Vremja i kadry, in: Krasnaja Zvezda 28.5.1988, S. 2.

60 A. Chorev, Maršal Tuchačevskij, in: Krasnaja Zvezda 4.6.1988, S. 3.

61 V.A. Anfilov, Načalo..., in: Krasnaja Zvezda 22.6.1988, S. 2.

Jürgen Förster

# Der historische Ort des Unternehmens »Barbarossa«

Der deutsch-sowjetische Krieg hat seit 1941 viele Deutungen erfahren. Die Bandbreite reicht vom unvermeidbaren Entscheidungskampf zwischen Nationalsozialismus und Bolschewismus bis zum deutschen Überfall, vom Präventivkrieg bis zum rassenideologischen Vernichtungskrieg, von der Idee, London über Moskau zu schlagen, bis zu der eines europäischen Kreuzzuges gegen den Bolschewismus. Ein gemeinsamer Nenner für die Bewertung dieses Krieges ist deshalb auch heute noch so schwer zu finden, weil seine Ursachen eben tiefer liegen als in bloßen machtpolitischen oder militärischen Zusammenhängen. Einigkeit besteht allenfalls darüber, daß der deutsch-sowjetische Krieg das für Deutschland und Europa wichtigste Phänomen des Zweiten Weltkrieges war, dessen Folgen noch deutlich in der politischen Gegenwart spürbar sind.

Schon Feldmarschall Erich von Manstein hatte als Zeuge vor dem Internationalen Militärgerichtshof in Nürnberg vom »doppelten Gesicht« des deutschen Krieges gegen die Sowjetunion gesprochen. Der besondere Charakter dieses Krieges, insbesondere der enge Zusammenhang zwischen der geplanten Eroberung von Lebensraum im Osten und der Vernichtung des europäischen Judentums, wurde durch die westdeutsche historische Forschung seit den sechziger Jahren offengelegt. Dennoch ist in der Öffentlichkeit der Bundesrepublik noch immer die selbsttäuschende Tendenz anzutreffen, über der Erinnerung an die »deutsche Katastrophe« die »sowjetische« und die »jüdische« zu vergessen. Der Kalte Krieg trug wesentlich dazu bei, die längst überfällige Demontage der vom Nationalsozialismus und Stalinismus aufgebauten Feindbilder zu verhindern. Auch in der Sowjetunion hat nun die historische Aufklärungsarbeit damit begonnen, der Bevölkerung die Vergangenheit unverzerrt vor Augen zu bringen. Wir sollten uns allerdings davor hüten, sowjetische Verbrechen gegen deutsche aufzurechnen oder Hitlers Untaten ursächlich auf Stalins zurückzuführen. Historische Einsicht in das Vergangene auf beiden Seiten ist die unabdingbare Voraussetzung dafür, daß der in den letzten Jahren sichtbar gewordene Wandel im deutsch-sowjetischen Verhältnis endlich eine tragfähige Basis erhält. Neue Einsichten aber haben es schwer. Sie müssen sich nicht nur gegen den zähen Widerstand des Überlieferten, sondern auch gegen das fast noch unbelehrbare Mißverständnis durchsetzen.

Der Rußlandkrieg war weder ein bloßer Feldzug wie die vorausgegangenen noch eine Präventivaktion zur Abwehr eines drohenden sowjetischen Angriffs. Auch die jüngste Debatte über die Verantwortung für den 22. Juni 1941 hat dem historischen Forschungsprozeß keine neue Schubkraft verleihen können, da der Nachweis einer sowjetischen Angriffs*absicht* für das Jahr 1941 nicht erbracht wurde[1]. Für die Deutung »Präventivkrieg« fehlen also nicht nur die objektiven Tatsachen, sondern auch die notwendigen subjektiven Voraussetzungen; denn das Gefühl einer unmittelbaren Bedrohung Deutschlands durch die Rote Armee war auf Seiten des Angreifers nicht vorhanden. Die Blickwendung des nationalsozialistischen Deutschland nach Osten im Sommer 1940 läßt sich nur aus dessen eigener Kriegspolitik erklären. Sie wurde zwischen 1933 und 1945 von Hitler dominiert. Sein Weltbild und seine politischen Ziele müssen als *ein* Ausgangspunkt für die Analyse der Ursachen des deutschen Angriffs auf die Sowjetunion angesehen werden. Hitler faßte den Entschluß zu diesem Krieg in Konsequenz seiner doktrinären Vorstellungen, die um Lebensraum, Rasse, Judentum, Wirtschaftsautarkie und Weltmachtstellung für Deutschland kreisten. Weil sein Programm eine Symbiose von Kalkül und Dogma, Strategie und Ideologie, Welt- und Rassenpolitik darstellt, ist es müßig, eine Rangfolge zwischen den einzelnen Motiven herstellen zu wollen. Hitlers Lebensraumprogrammatik traf in den Führungsschichten von Wehrmacht, Wirtschaft und Diplomatie auf verwandte Ziele hinsichtlich der Nutzbarmachung des »russischen Raumes« für Deutschland sowie der Behandlung der slawischen Bevölkerung. Auch die »Konstanten seines Weltbildes«, einschließlich des radikalen Feindbildes vom »jüdischen Bolschewismus«, lagen nicht ganz quer zur allgemeinen Stimmung in Deutschland[2].

Als ein *zweiter* Ausgangspunkt für die Analyse der Ursachen des 22. Juni 1941 ist die strategische Lage im Sommer 1940 zu nennen. Neun Monate nach Kriegsbeginn waren Polen, Dänemark, Norwegen, Belgien, Luxemburg und die Niederlande besetzt, Frankreich niedergeworfen. Die deutsche Hegemonie erstreckte sich damit westlich der deutsch-sowjetischen Interessengrenze vom Nordkap bis zur Biskaya. Besonders der schnelle Sieg über Frankreich war von fundamentaler Bedeutung für Hitler und die Deutschen in psychologischer, politischer und militärischer Hinsicht. Die »Schmach vom November 1918« war ausgelöscht, der Ehrenschild wieder blank. Die Übereinstimmung zwischen Regime und Bevölkerung war in einem hohen Maße erreicht, der Opposition gegen Hitlers Kriegskurs der Boden entzogen. Durch den Triumph *seiner* Kriegführung war Hitlers unumschränkte Autorität in politischen und militärischen Fragen gesichert, sein Mythos als Führer des deutschen Volkes bestätigt. Dem deutschen Soldaten schien angesichts der vernichtenden Niederlage, die man dem französischen »Erbfeind« zugefügt hatte, nichts unmöglich. In der Bevölkerung war man überzeugt, daß die Engländer in höchstens sechs Wochen nach Angriffsbeginn besiegt und die Sowjetunion als »endgültiger Grenznachbar« für Deutschland kaum tragbar seien[3].

Hinter der nationalen Begleitmusik des Sieges im Westen verschwand völlig, daß die deutsche Hegemonie in Europa keineswegs abgesichert war. Sie blieb weiterhin abhängig vom Verhalten der beiden Flügelmächte Großbritannien und Sowjetunion. Hitler ging davon aus, daß London angesichts seiner militärischen Schwäche »klein beigeben«[4] werde und er damit die vor dem Hintergrund seines ursprünglichen Programms »verkehrte« Frontstellung von 1939/40 überwunden habe. Wunschdenken und ideologische Prämissen verhinderten wiederum eine nüchterne Einschätzung der britischen Interessen und ließen die Hoffnung auf einen Ausgleich mit Großbritannien in weltumspannender Dimension erneut aufkommen. Dieser Erwartung entsprachen auch Hitlers Absicht vom 28. Mai 1940, das Heer stufenweise auf den Friedensstand zurückzuführen, und seine Weisung vom 15. Juni 1940, 39 Divisionen aufzulösen[5]. Für den Fall, daß Großbritannien den Krieg doch fortsetzen würde, nannte Hitler als eine mögliche Erklärung die Hoffnung Londons, durchhalten und die Vereinigten Staaten sowie die Sowjetunion in den Konflikt mit dem Reich hineinziehen zu können.

Diese Annahme wurde für Hitler Mitte Juli 1940 zur Gewißheit. Nicht nur hatte Großbritannien seinen letzten »Appell an die Vernunft« vom 19. Juli kompromißlos zurückgewiesen, sondern auch der amerikanische Präsident Franklin D. Roosevelt hatte in einer programmatischen Rede die totalitären Staaten, i.e. Deutschland, Japan und Italien, als *den* Feind der USA bezeichnet. Nun stand für die deutsche politische und militärische Führung die Frage im Vordergrund, wie der Krieg siegreich beendet werden konnte. Alle waren entschlossen, auch weiterhin das Gesetz des Handelns zu bestimmen. Hitler bezeichnete es am 21. Juli 1940 als Pflicht der deutschen Führung, »die amerikanische und russische Frage stark zu erwägen«, wie sich Großadmiral Erich Raeder von einer Besprechung der militärischen Spitzen auf dem Berghof notierte[6]. Wie aber sollte der langfristig angenommenen Bedrohung der deutschen Machtstellung in Europa durch die angelsächsischen Seemächte und die Sowjetunion begegnet werden? Zur schnellen Beendigung des Krieges schien nun auch Hitler eine Landung in England das wirksamste Mittel zu sein. Die eingeleitete Reduzierung des Heeres wurde gestoppt. Als Voraussetzungen für das Unternehmen »Seelöwe« nannte er die völlige Luftherrschaft und den Abschluß der Vorbereitungen bis Anfang September 1940. Sollten beide Bedingungen bis zu diesem Zeitpunkt nicht zu erreichen sein, müßten »andere Pläne« erwogen werden. In welche Richtung Hitler dabei dachte, wurde deutlich, als er am 21. Juli den Oberbefehlshaber des Heeres, Generalfeldmarschall Walther von Brauchitsch, damit beauftragte, die Lösung des »russischen Problems« planerisch in Angriff zu nehmen. Weil die Heeresführung bereits eigenständige Überlegungen für einen »militärischen Schlag gegen Rußland« angestellt hatte, konnte Brauchitsch schon in dieser Besprechung detailliert über einen Feldzug gegen die Sowjetunion vortragen, der die hegemoniale Rolle Deutschlands in Europa absichern sollte[7]. Er hielt 80—100 deutsche Verbände für »nötig«, da er mit nur 50—75 »guten« sowjetischen Divisionen rechnete. Doch Hitler ging auf diesen Vorschlag der Heeresführung für einen begrenzten Angriffskrieg zur machtpolitischen Schwächung der Sowjetunion nicht ein.

Der Befund autonomer Planungen auf höchster militärischer Ebene darf jedoch nicht dahingehend mißverstanden werden, Hitler nur als einen Faktor neben gleichgewichtigen anderen anzusehen. Er war, besonders nach dem Triumph über Frankreich, die beherrschende Figur in der deutschen Führung. Die operativen Vorarbeiten aus eigener Initiative in den Oberkommandos von Heer und Wehrmacht sollten allerdings auch nicht als rein militärfachliches Handeln eingestuft werden. Sie waren zugleich aus politischer Übereinstimmung in Grundfragen geprägte Mit- und Zuarbeit. Unzweifelhaft ist, daß die deutsche Kriegspolitik im Entscheidungsjahr 1940/41 von Hitlers machtpolitischem Kalkül und ideologischen Fixierungen bestimmt wurde. Seinen »bestimmten Entschluß«, einen großen Krieg gegen die Sowjetunion für das Frühjahr 1941 ins Auge zu fassen, eröffnete Hitler seinen obersten militärischen Beratern am 31. Juli 1940 auf dem Obersalzberg. Auffällig an dieser entscheidenden Besprechung ist zweierlei. Erstens gab es weder während noch anschließend ein mit der Vorgeschichte des Krieges gegen Frankreich »vergleichbares Ringen um die Grundentscheidung und danach um den Operationsplan als Ganzes«[8]. Der Wille Hitlers, sich die Herrschaft in Europa über die Zerschlagung der Sowjetunion zu sichern, traf sich mit ähnlichen Überlegungen der Militärs. Übereinstimmung herrschte auch darüber, daß eine direkte militärische Bedrohung des Reiches durch die Sowjetunion in nächster Zukunft nicht gegeben war. Ganz im Gegenteil. Generalmajor Erich Marcks, der Bearbeiter des ersten Operationsentwurfs nach Hitlers Auftrag vom 21. Juli 1940, sprach bedauernd davon, daß die Russen den Deutschen »nicht den Liebesdienst eines Angriffs erweisen würden«[9]. Damit ist offenkundig, daß die von der Sowjetunion im Sommer 1940 vorgenommene Erweiterung ihres strategischen Glacis nach Westen und Südosten — das ein Jahr zuvor geschlossene Interessenbündnis mit dem weltanschaulichen Gegner bildete dafür die Basis — nicht die Ursache für die deutschen Planungen war. Hier wirkten vielmehr viel ältere Vorstellungen über die Gewinnung und Nutzung des »russischen Raumes« sowie das Fernhalten des Bolschewismus von Europa nach.

Auffällig an der Besprechung vom 31. Juli 1940 ist zweitens, daß Hitler seinen Entschluß zu einem Angriffskrieg gegen die Sowjetunion strategisch und nicht ideologisch rechtfertigte. Die weltpolitische Begründung und das »Felstlanddegen«-Argument sollten uns nicht dazu verleiten, die Symbiose von Kalkül und Dogma, Strategie und Ideologie, Welt- und Rassenpolitik in Hitlers Kriegspolitik zu übersehen. Das machtpolitische Interesse, den Gesamtkrieg erfolgreich zu bestehen, war untrennbar mit seiner langfristigen Lebensraumprogrammatik verknüpft. Das Ausgreifen nach Osten, *das* große Ziel seit den zwanziger Jahren, erschien Hitler nun auch als Mittel, das Reich aus der strategischen Situation offensiv zu befreien, in die es durch sein politisches Vabanquespiel 1939, das unerwartete Weiterkämpfen Großbritanniens sowie die globalen Interessen der USA geraten war. Das Risiko eines neuen Krieges schien erträglicher als das Abwarten einer gemeinsamen Reaktion der angelsächsischen Seemächte auf die Errichtung der Hegemonie Deutschlands in Europa. Vor dem Hintergrund seiner sozialdarwinistischen Alternative für die Führung des Lebenskampfes des deutschen Volkes, entweder klarer Sieg oder restlose Vernichtung, wollte Hitler die Verantwortung für die Sicherung des notwendigen Lebensraumes nicht einer späteren Generation überlassen. Er setzte im Sommer 1940 auf die »Gunst des Augenblicks« gegenüber der sich abzeichnenden Konstellation des Ersten Weltkrieges. Seiner Ansicht nach waren bis 1941 Deutschlands Rücken und Flanken noch frei für die Zerschlagung der Sowjetunion und damit den Gewinn des »russischen Raumes«. Dieses alte Ziel erschien nun auch als Grundvoraussetzung für eine entscheidende Wende des Gesamtkrieges, denn für einen jahrelangen Abnutzungskrieg wie 1914/18 war die 1940 gewonnene wehrwirtschaftliche Lage Deutschlands zu schwach. Hitler hielt es für notwendig und möglich, das Unternehmen »Barbarossa« von einem Eingreifen der USA auf britischer Seite siegreich abzuschließen. Der Entschluß zum Krieg gegen die Sowjetunion wurde also nicht *wegen*, sondern *trotz* der unnachgiebigen Haltung Londons getroffen[10].

Wenngleich der Entschluß vom 31. Juli 1940 keineswegs als unwiderruflich, als »point of no return« eingestuft werden kann, so löste er doch sofort die dafür als notwendig angesehenen politischen, militärischen und rüstungswirtschaftlichen Folgeentscheidungen aus, die ihrerseits eine gewisse Eigendynamik zu entfalten begannen. Unverkennbar ist ein Umschwung in der Außenpolitik des Reiches im Sommer 1940. Der anvisierte Krieg gegen die Sowjetunion führte zu einer Neubewertung der Staaten und Völker in Südost- und Nordeuropa, da deutsche strategische, operative und wirtschaftliche Interessen dafür sprachen. Sie galt es nun in Rumänien und Finnland gegenüber gleichgelagerten sowjetischen Einflußnahmen zu sichern, obwohl beide Staaten nach Geist und Buchstaben des Hitler-Stalin-Paktes zur Interessensphäre der Sowjetunion gehörten. Hitler zeigte sich entschlossen, das machtpolitische Gewicht Deutschlands in die Waagschale zu werfen und eine tiefe

Verstimmung Stalins zu akzeptieren[11]. Während Hitler auf Italien und Japan verzichten zu können glaubte, waren Rumänien und Finnland willkommene Mitstreiter gegen den Bolschewismus und wurden die Hauptverbündeten. Die Anlehnung beider Staaten an das nationalsozialistische Deutschland, aus der heraus ihre Beteiligung an Hitlers Krieg gegen die Sowjetunion erwuchs, erfolgte weniger auf deutschen Druck als vielmehr aus einem Zusammen- bzw. Widerspiel von historischen, politischen, ideologischen und wirtschaftlichen Faktoren, denen die sowjetische Politik und deren militärische Folgen ab Herbst 1939 besonderes Gewicht verlieh.

Die militärische Planung des Unternehmens »Barbarossa« überließ Hitler der Verantwortung der Generalstäbe. Am 5. Dezember 1940 entschied er sich für den von der Heeresführung ausgearbeiteten Operationsplan, mit dem die Sowjetunion in einem schnellen Feldzug niedergeworfen werden sollte. Hitler billigte die Operationsabsichten des Heeres pauschal, obwohl sie in wesentlichen Punkten von seiner Beurteilung der Lage abwichen. Für Hitler stand die Gewinnung kriegswirtschaftlicher Basen im Norden und Süden im Vordergrund, einerseits um die eigene Versorgung aus dem Lande zu erleichtern und andererseits um dem Gegner die Grundlagen für einen personellen und materiellen Neuaufbau seiner Kräfte zu entziehen. Der Chef des Generalstabes des Heeres, Generaloberst Franz Halder, wollte dagegen die Kriegsentscheidung durch einen konzentrierten Stoß auf Moskau herbeiführen. Übereinstimmung herrschte darüber, zunächst die Masse der Roten Armee westlich der Dnepr-Dvina-Linie zu vernichten und den Rückzug kampfkräftiger Teile nach Osten zu verhindern. Charakteristisch für das Verhältnis zwischen Hitler und Halder war, daß die deutlichen Auffassungsunterschiede über den Ansatz der zweiten Operationsphase nicht diskutiert und geklärt wurden. Die späteren Auseinandersetzungen um die Vorrangigkeit Moskaus als Operationsziel – gegenüber Leningrad und dem Besitz des ukrainischen und kaukasischen Potentials – waren damit vorprogrammiert. Während Hitler davon ausging, daß seine Weisungen ausgeführt würden, vertraute Halder darauf, daß die operative Entwicklung die Richtigkeit seiner Planung bestätigen werde. Der Chef des Generalstabes des Heeres entschied sich, seine Operationsabsichten weiterzuverfolgen. Wie schon bei der autonomen Planung im Sommer 1940 sah Halder sich selbst als Feldherr[12].

Wie beurteilte die deutsche militärische Führung den anvisierten Gegner? In ihrer Einschätzung hatte die Rote Armee, das »riesige Kriegsinstrument«, nach dem deutschen Sieg über Frankreich damit begonnen, deutsche taktische Erfahrungen zu übernehmen und sich zu einer modernen Armee zu entwickeln. Der Masse fehlte aber noch die Qualität der Wehrmacht. Da die Fähigkeit zu einer weiträumigen Großoffensive noch nicht vorhanden war, wurde eine akute Bedrohung des Reiches auch für 1941 ausgeschlossen. Die

Anspruchslosigkeit, Härte und Tapferkeit des einzelnen sowjetischen Soldaten wurden dagegen positiv hervorgehoben, die Rote Armee in der Verteidigung als besonders leistungsfähig beurteilt[13]. Die sowjetischen Maßnahmen im Frühjahr 1941, die Durchführung einer Teilmobilmachung sowie das Aufschließen von Truppen zur Grenze mit dem Reich, wurden als defensive Reaktion auf den erkannten deutschen Aufmarsch eingeschätzt. Aufgrund der bisherigen politischen Haltung der Sowjetunion hielt Halder Anfang Juni 1941 eine Großoffensive der Roten Armee für »wenig wahrscheinlich«, beurteilte er ihre Dizlozierung als defensiv. Darum sei sie in den vorgeschobenen Räumen um Lemberg und Białystok besonders stark, wie der Chef der Operationsabteilung im Generalstab des Heeres, Oberst i.G. Rudolf Heusinger, ergänzte[14]. Diese, den deutschen Absichten entgegenkommende Massierung der Roten Armee in bestimmten Grenzabschnitten sollte allerdings propagandistisch dahingehend ausgenutzt werden, den deutschen Angriff als eine »absolute militärische Notwendigkeit« gegen einen »sprungbereit« aufmarschierten Gegner zu erklären[15]. Da Stalin keine Angriffs*absicht* unterstellt wurde, waren Hitler und seine militärischen Berater durch die Kriegs*fähigkeit* der Roten Armee nicht beunruhigt. Mit dem militärischen Feindbild verband sich die Erwartung eines raschen Zusammenbruchs des Stalinschen Systems. In der Einschätzung des sowjetischen Gegners durch die deutsche militärische Führung mischten sich aufgrund der schnellen Siege im Westen und Südosten deutlich gesteigertes Kraftbewußtsein und ein kulturelles Überlegenheitsgefühl gegenüber dem Slawentum, das ebenso wie das antibolschewistische Feindbild rassistische und antisemitische Komponenten hatte.

Für die optimistische Einschätzung des eigenen Leistungsvermögens sei ein Bericht der 4. Armee zitiert:

»Vielleicht hat [der Russe] doch die Absicht, sich zwischen der Westgrenze und dem Dnepr dem deutschen Angriff zu stellen, was sehr wünschenswert ist [...] Schon die kaiserliche Armee kam gegen die deutsche Führung nicht auf, um wieviel weniger die heutigen russischen Führer. Die mittlere Führung ist noch mangelhafter [...] Der Nimbus der deutschen Waffen, der jetzt durch den Krieg gegen Jugoslawien noch gesteigert ist, wird sich bald auswirken! Es wird 14 Tage schwerer blutiger Kämpfe geben. Wir hoffen, es dann geschafft zu haben[16].«

Auch Halder erwartete nach schweren Grenzkämpfen beim Gegner ein »Vakuum«, in das die Panzergruppen hineinstoßen sollten. Da die Panzerdivisionen des Jahres 1941 mit denen des Frankreichfeldzuges nicht zu vergleichen waren, empfahl Halder den Truppenführern »das Ausschöpfen aller Behelfsmöglichkeiten« im eigenen Bereich! Ein System von Aushilfen sollte helfen, mit der rauhen Wirklichkeit zu leben, daß nur 20 Prozent der verfügbaren Kräfte für den anvisierten schnellen und weiträumigen Bewegungskrieg geeignet waren[17].

Die deutschen rüstungswirtschaftlichen Weichenstellungen nach dem 31. Juli 1940 verdeutlichten vielleicht noch stärker als der operative Ansatz, daß der Krieg gegen die Sowjetunion von Anfang an als Blitzkrieg gegen einen als unterlegen eingeschätzten Gegner geplant wurde. Die von Hitler befohlene Erhöhung des Feldheeres auf 180 Divisionen mit den entsprechenden Heerestruppen (Rechensatz: 20 Divisionen) warf mannigfache personelle und materielle Probleme auf, weil sich das Kraftpotential des Reiches nicht spürbar vergrößert hatte. Die Entscheidungen im Verteilungkampf um den »Sparstoff Mensch« (W. Keitel) zwischen Wehrmacht und Rüstungsindustrie im Herbst und Winter 1940 offenbaren den Versuch der deutschen Führung, »die Quadratur des Kreises im Hinblick auf die demographische Situation des Reiches« zu schaffen[18]. So verfiel man auf die Idee, Soldaten in die Rüstungsindustrie zu beurlauben, um sie ihre eigenen Waffen produzieren zu lassen. Damit fehlten sie in der Truppe bei der notwendigen Einzel- und Verbandsausbildung, denn die Neuaufstellungen von Verbänden wurden mit Hilfe des Prinzips der organischen Zellteilung bewerkstelligt. Durch den hinhaltenden Widerstand der Truppe traf die Masse der beurlaubten Soldaten nicht vor Januar 1941 in den Betrieben ein, zudem nur ein starkes Drittel der geforderten 300 000 Mann. Weil die obere Führung überzeugt war, die Sowjetunion in spätestens drei Monaten niedergeworfen zu haben, sollte das Heer mit den vorhandenen materiellen Kräften auskommen, nahezu ohne Reserveverbände antreten, wurde eine nur bis zum September 1941 befristete Unabkömmlichkeitssperre vom Feldheer in die Heimat erlassen und parallel zur operativen Weisung Nr. 21 der Luft- und Marinerüstung die personelle Priorität eingeräumt. Dieser »Führerbefehl« vom 20. Dezember 1940 nahm so auf einem Sektor die erwartete sowjetische Niederlage bereits voraus. Im Gefühl des sicheren Sieges befahl Hitler dann am 14. Juli 1941 die generelle Verlagerung des Rüstungsschwerpunktes zugunsten von Marine und Luftwaffe[19].

Das »doppelte Gesicht« des deutsch-sowjetischen Krieges — das militärische und das weltanschauliche — enthüllt sich allerdings erst dann wirklich, wenn neben den militärischen Vorbereitungen auch dessen politische Sinngebung und ideologische Aufladung in den Blick genommen werden. Wie aber gelang es Hitler, dem Unternehmen »Barbarossa« den Stempel eines Vernichtungskrieges gegen Bolschewismus und Judentum aufzudrücken? Bereits am 10. Februar 1939 hatte Hitler in einer Rede an die Truppenkommandeure des Heeres davon gesprochen, daß der nächste Krieg »ein reiner Weltanschauungskrieg, d.h. bewußt ein Volks- und ein Rassenkrieg« sein werde, in dem der Offizier auch der weltanschauliche Führer seiner Soldaten sein müsse. Folgerichtig hatte der Oberste Befehlshaber der Wehrmacht und selbsternannte oberste weltanschauliche Führer vor den Spitzen der Wehrmacht am 23. November 1939 erklärt, daß der »Rassenkampf ausgebrochen [sei], wer in Europa und der Welt herrschen soll«[20]. Das Endziel aus Hitlers Sicht, die rassische Umgestaltung Europas, bestimmte zwar von Anfang an die Mittel, d.h. die Kriegführung, aber erst im Vernichtungskrieg gegen den »jüdisch-bolschewistischen« Todfeind waren Ziel und Mittel identisch. Im harten Kampf für die eigene und damit gegen fremde Rassen konnte es auch keine gesetzlichen Bindungen geben. Der Sieg war wichtiger als das Recht. Dem Stärkeren gehörte die Zukunft. Die Ermordung der polnischen Intelligenz und der Juden in Polen durch die SS war sowohl als eine Sofortmaßnahme zur Unterstützung der Kriegführung, d.h. Ausschaltung wirklicher und potentieller Gegner gegen die deutsche Besatzung, als auch als erster Schritt auf dem Wege zur rassischen »Flurbereinigung« gedacht. Auch das Heer war in Polen mit äußerster Strenge gegen Freischärler vorgegangen; dort war es zu eigenmächtigen Maßnahmen gegen Juden, willkürlichen Erschießungen, Ausschreitungen und Plünderungen durch Soldaten gekommen, die die Befehlshaber noch kriegsgerichtlich geahndet hatten. Einer wirklichen Bestrafung hatte allerdings Hitlers Gnadenerlaß vom 4. Oktober 1939 entgegengewirkt.

Im Unterschied zum Feldzug gegen die Polen war der Krieg gegen die Sowjetunion Hitlers eigentlicher Krieg. Er betrachtete das Unternehmen »Barbarossa« nicht als einen bloßen »Kampf der Waffen«, sondern auch als die entscheidende Auseinandersetzung mit dem »jüdischen Bolschewismus«, dessen unheilvollem Wirken die Niederlage von 1918 zugeschrieben wurde. Militärische Operationen zur Eroberung von »Lebensraum«, dessen rücksichtslose Ausbeutung für die Kriegswirtschaft und politisch-polizeiliche Maßnahmen zur endgültigen Beseitigung des rassischen Gegners waren für Hitler nur verschiedene Seiten eines einzigen großen Krieges. Das Vernichtungskonzept war — anders als noch in Polen — von Anfang an integraler Bestandteil der Kriegführung. Deshalb sollten die Einsatzgruppen der Sicherheitspolizei und des SD bereits im Operationsgebiet des Heeres Jagd auf »Staats- und Reichsfeinde« machen und die Truppe — nicht die Gerichte — schonungslos gegen tatsächliche und vermutete Freischärler sowie gegen die »Träger der jüdisch-bolschewistischen Weltanschauung« in der Roten Armee, die Kommissare, vorgehen. SS-Aktion und militärischer Kampf konnten von Hitler zu einem einzigen Vernichtungskonzept verschmolzen werden, weil Offiziere und Juristen in den Oberkommandos von Wehrmacht, Heer und Luftwaffe auch davon überzeugt waren, daß rassisch und weltanschaulich eine unüberwindbare Kluft zwischen dem nationalsozialistischen Deutschland und der bolschewistischen Sowjetunion klaffte. Deshalb sah Halder für das Heer durchaus die Notwendigkeit, »den weltanschaulichen Kampf mitdurch[zu]fechten«[21]. Deshalb erschien es den militärischen Führern und ihren juristischen Beratern plausibel, für diese als kurzer Feldzug geplante Auseinandersetzung das Kriegsvölkerrecht zu suspendieren und die Militärgerichtsbarkeit einzuschränken. Der relevante Erlaß vom 13. Mai 1941 war als eine präventive Amnestie für Verbrechen von Soldaten gegenüber der sowjetischen Zivilbevölkerung und für die rechtswidrige Erschießung der Truppenkommissare nach ihrer Gefangennahme gedacht. Die rasche Ausschaltung wirklicher und potentieller Gegner im Operationsgebiet, sei es durch die Einsatzgruppen oder die Truppe, sollte »deutsches Blut sparen« helfen. Die bewußte Verzahnung von ideologischen und militärischen, von strafenden mit vorbeugenden Gesichtspunkten trug erheblich dazu bei, die Rechtswidrigkeit der Erlasse zu verschleiern. Im Unterschied zu den Morden in Polen stießen weder die geplanten »Maßnahmen« der SS noch die Einbindung des Heeres in die nationalsozialistische Vernichtungspolitik auf scharfe Kritik in der oberen Führung. Das so andere Verhalten derselben Soldaten liegt in der durch den Sieg über Frankreich veränderten psychologischen Lage und in ihrer antibolschewistischen Grundeinstellung begründet[22]. Eine »Aufklärung« der Soldaten an der Ostfront über den Sinn des Krieges setzte erst mit dem Angriffstag ein. Ein Aufruf Hitlers, Richtlinien des OKW für das eigene Verhalten und Merkblätter der Armee über die zu erwartende »heimtückische« Kriegführung der Roten Armee sollten den Soldaten auf den speziellen Charakter dieser Auseinandersetzung einstimmen.

Am 22. Juni 1941 begann der von Hitler herbeigeführte Krieg mit dem Gegner im Osten. Daß das Unternehmen »Barbarossa« aber eine besondere Qualität bekam, lag nicht nur an den entsprechenden Maßnahmen von SS und Wehrmacht, sondern auch an der sowjetischen Reaktion auf den deutschen Einmarsch. Zum einen definierte auch Stalin am 3. Juli 1941 den Kampf gegen die Wehrmacht nicht als einen »gewöhnlichen Krieg« zwischen zwei Armeen, sondern als einen von der Partei angeleiteten erbarmungslosen Volkskrieg gegen den »deutschen Faschismus«, da es um Leben und Tod des Sowjetstaates gehe. Diesen Aufruf, auch den deutschen Soldaten durch sowjetische Flugblätter in deutscher Sprache bekannt, begriff Hitler seinerseits als »Chance, auszurotten, was sich gegen uns stellt«. Nun konnte das Vernichtungskonzept noch wirkungsvoller als Kriegsführungsmaßnahme drapiert, das Sicherheitsbedürfnis der Truppe gegen »feige« Angriffe in den Rücken ausgenutzt werden. Zum anderen wandte auch die sowjetische Seite von Anfang an völkerrechtswidrige Methoden an. Die Exzesse gegen deutsche Kriegsgefangene und die Massenerschießungen politischer Gefangener durch die Sondertruppen des NKVD (Volkskommissariat des Innern) in den baltischen Republiken, der Ukraine und in Weißrußland verliehen dem auf deutscher Seite gemalten Bild von der »asiatischen« Kriegführung der Sowjets grelle Farben. Sie ließen darüber hinaus die Vernichtungsaktionen der Einsatzgruppen als Vergeltung erscheinen, z.B. im Falle Lemberg. Ein Grund zur Rechtfertigung und Aufrechnung liegt darin aber nicht. Denn die deutschen Verbrechen können nicht als bloße Reaktion auf sowjetische Greuel erklärt werden. Sie bewirkten allerdings eine Eskalation des deutschen Vorgehens. Eine solche Art von völkerrechtswidriger Kriegführung der Truppen gegeneinander setzte trotz aller Versuche von militärischen Führern von Wehrmacht wie der Roten Armee, Eigenmächtigkeiten ihrer Soldaten zu unterbinden und die Disziplin zu wahren, irrationale Leidenschaften und Rachebedürfnisse frei, die den besonderen Charakter des deutsch-sowjetischen Krieges *mit*bestimmten[23].

Diese besondere Qualität des Krieges im Osten spiegelt sich auch in Briefen deutscher Soldaten wider. Hier drei Beispiele:

»Das deutsche Volk hat eine gewaltige Verpflichtung unserem Führer gegenüber, denn wenn diese Bestien, die hier unsere Gegner sind, nach Deutschland gekommen wären, wäre ein Morden eingetreten, wie es die Welt noch nicht gesehen hätte [...] Und wenn man in Deutschland den »Stürmer« liest und die Bilder sieht, so ist das nur ein ganz kleines Zeichen von dem, was wir hier sehen und was hier vom Juden verbrochen wird.« (10.7.1941); »Alles, was an Kommissaren usw. gefangen und geschnappt wird, wird gleich erschossen. Die Russen machen es nicht anders. Ein grausamer Krieg hier.« (16.7.1941); »Das mit dem Krieg hier stellst Du Dir zu einfach vor! Du meinst, wir sind nur zur Besatzung hierher gekommen [...] Es ist hier vor allem mit Banditen- und Kleinkrieg zu rechnen. Erst gestern wurde in einem Nachbarort ein deutscher Offizier von Russen in Zivil erschossen. Dafür wurde dann das ganze Dorf in Brand gesteckt. Es ist in diesem Ostfeldzug gar vieles anders als im Westfeldzug« (23.10.1941)[24].

Anders war vor allem, daß sich das Heer bei der Behandlung der sowjetischen Zivilbevölkerung auch vom Feindbild des »jüdischen Bolschewismus« leiten ließ. Damit wurde von vornherein der Unterschied zwischen militärischen Notwendigkeiten zur Aufrechterhaltung von Ruhe und Ordnung und Ausrottungspraktiken verwischt. Unter dem Eindruck, daß sie in den westlichen Gebieten der Sowjetunion als »Befreier vom Bolschewismus« begrüßt worden war, reagierte die Truppe auf ungeklärte Sabotageakte anfangs nicht sofort mit kollektiven Repressalien, sondern lastete diese Vorkommnisse vornehmlich Juden, Kommunisten und Russen an. Sie wurden eo ipso als »deutschfeindliche Elemente« eingestuft. Durch diese Sündenbockmethode glaubte die Truppe, sich das Vertrauen der Masse der Bevölkerung zu erhalten und sie nicht in das »bolschewistische Lager« zurückzutreiben.

Am 22. Juni 1941 zweifelten weder Hitler noch die militärischen Führer daran, daß die Sowjetunion in einem Blitzfeldzug niedergerungen werden könnte. Die großen Erfolge der ersten Tage entsprachen diesen Erwartungen. Das hohe Selbstwertgefühl des deutschen Soldaten wurde ein weiteres Mal bestätigt. Halder und Hitler sahen den Feldzug bereits nach zwei Wochen für gewonnen an. Doch schon wenige Tage später zeigte sich, daß die »Masse des russischen Heeres« nicht westlich der Dnepr-Dvina-Linie hatte vernichtet werden können, Moskau eine wirksame Verteidigung organisiert und kampffähige Teile der Roten Armee über die »magische« Linie nach Osten abgezogen hatte. Die deutsche Lagebeurteilung mußte nun den tatsächlichen Gegebenheiten angepaßt werden. Die Auseinandersetzung zwischen Hitler und der Heeresführung im Sommer 1941 über das Ziel und die Art der Durchführung der zweiten Operationsphase spiegelt bereits die wachsende Erkenntnis in der deutschen Führung wider, daß das Unternehmen »Barbarossa« gescheitert, der »Koloß Rußland« militärisch, wirtschaftlich und organisatorisch unterschätzt worden war. Zeit und Kräfte reichten nicht aus, die Sowjetunion in einem Blitzfeldzug vor Beginn des Winters niederzuwerfen. Die von Anfang an gefürchtete »Weite des russischen Raumes« stellte die Wehrmacht bei abnehmender eigener Angriffsfähigkeit vor immer schwerer zu lösende Probleme.

Auch im riesigen Besatzungsgebiet erweiterte sich die Kluft zwischen dem Auftrag und der geringen Zahl der Ordnungskräfte. Das angestrebte Ziel, Befriedung und Ausnutzung des Landes, hatte Vorrang vor der Rechtmäßigkeit der Mittel. Terror wurde seit Ende Juli 1941 zur gängigen Methode. Die Truppe wurde ausdrücklich darauf hingewiesen, daß eine vorherige Festnahme von Geiseln zur Haftung für »zukünftiges Unrecht« nicht erforderlich sei. Ad hoc zu befehlende »Sühnemaßnahmen«, d.h. summarische Hinrichtungen und Zerstörungen ganzer Ortschaften, wurden zur Regel gemacht. Die deutschen Befehlshaber, Kommandeure und Kommandanten registrierten genau, daß sie sich keiner bewaffneten *Volks-*, sondern einer von politischen und staatlichen Stellen gelenkten *Partisanen*bewegung gegenübersahen. Um so unnachsichtiger wurden diese tatsächlichen oder vermeintlichen »Träger der feindlichen Einstellung« und deren Helfer bzw. Sympathisanten verfolgt. Dabei waren, anders als noch während des Westfeldzuges, SS-Einheiten zur Beseitigung der »gefährlichen Elemente« im Rücken der Front willkommen. Besonders die Landbevölkerung wurde zwischen dem sowjetischen Hammer und dem nationalsozialistischen Amboß (A. Dallin) eingekeilt. Während die Partisanengruppen von ihr materielle und personelle Unterstützung erwarteten und gegen Kollaborateure rücksichtslos vorgingen, forderte die Besatzungsmacht von der Bevölkerung Loyalität und Hilfestellung bei der Bekämpfung der Partisanen. Die Selektion bestimmter Gruppen und ihre Hinrichtung bei unaufgeklärten Sabotageakten, die Diskrepanz zwischen den Zahlen getöteter »Freischärler«, »Partisanen«, »Rotarmisten« und den eigenen Verlusten sowie der geringe Unterschied zwischen festgenommenen und später erschossenen Personen in den Berichten der eingesetzten Sicherungskräfte und Kampfverbände lassen sich mit dem Sicherheitsbedürfnis der Truppe *allein* nicht rechtfertigen. Dieses Vorgehen macht vielmehr den ideologischen Hintergrund unübersehbar. »Allgemein war die Vorverurteilung ohne individuellen Schuldnachweis eine beabsichtigt bequeme Methode, um die potentiellen Gegner und alle unerwünschten Bevölkerungsteile zu dezimieren[25].« Es ist eben ein Zerrbild der Wirklichkeit, daß nur die Einsatzgruppen den Todesstoß gegen das Wahnbild des »jüdischen Bolschewismus« führten. Die Verschmelzung von Bolschewismus, Judentum und Widerstand, in vielen anderen Befehlen nur latent vorhanden, ist in denen Reichenaus, Mansteins und Hoths manifest geworden. Solche Befehle, in denen die Aufgaben des deutschen Soldaten im »Ostraum« nicht mehr nur militärisch, sondern auch weltanschaulich definiert wurden, hatten natürlich Konsequenzen, die die Truppenführer seit September 1939 kannten. Da nutzte auch der von Manstein an den Schluß gesetzte Appell an die Manneszucht und die Warnung vor Eigenmächtigkeiten wenig[26].

Natürlich gab es auch Truppenführer, die eine differenziertere Haltung einnahmen und dafür eintraten, den Völkern der Sowjetunion außer der Vernichtung des »jüdischen Bolschewismus« auch eine positive Zukunft aufzuzeigen. Ihre professionellen Argumente für eine politische Kriegführung, die dem Scheitern des Unternehmen »Barbarossa« Rechnung tragen sollte, konnten Hitler immerhin dort zu gewissen Abstrichen von seinen Axiomen bewegen, wo sie militärischen oder wirtschaftlichen Nutzen versprachen und die Widerstandskraft des Gegners schwächten. Aus akutem Mangel an Arbeitskräften im Reich und an Sicherungseinheiten in den besetzten sowjetischen Gebieten durften ab Herbst 1941 Landeseinwohner und Kriegsgefangene angeworben werden. Hitler stimmte auch einer Revision der sowjetischen Kollektivwirtschaft und der Kommissarrichtlinien zu. In der Nachkriegsdiskussion über die beiden rechtswidrigen Erlasse hat die Durchführung der Kommissarrichtlinien vom 6. Juni 1941 eine weitaus größere Rolle gespielt als der sogenannte Führererlaß vom 13. Mai 1941, obwohl die durch ihn und seine Ergänzungen erlaubten »besonderen Maßnahmen« der Truppe gegenüber der sowjetischen Zivilbevölkerung bedeutend mehr Opfer kosteten. Dies hängt damit zusammen, daß bei der angeordneten Erschießung der Kommissare der Bruch des Völkerrechts offensichtlicher war, sich ihre Ausschaltung nicht als militärische Notwendigkeit zur Befriedung des Landes verschleiern ließ.

Hitler ging bereits Ende August 1941 davon aus, daß der Krieg gegen die Sowjetunion bis Jahresende nicht mehr abzuschließen sei. Er wollte deshalb die Kampfkraft der Roten Armee in engen Einschließungen vernichten, die sowjetischen Kraftquellen sowie gute Ausgangspositionen für 1942 gewinnen. Halder glaubte weiterhin, das Ende des Krieges durch eine Wegnahme Moskaus herbeizwingen zu können. Der unerwartete Gegenstoß der Roten Armee am 5. Dezember 1941 traf nicht nur auf deutsche Verbände, die physisch und psychisch an einem Tiefpunkt angelangt waren, sondern auch auf eine deutsche Führung, die über die Ursachen der »gegenwärtigen Krise« und über die Maßnahmen zu ihrer Überwindung gespalten war, weil sie zunächst nicht wahrhaben wollte, daß das Gesetz des Handelns auf den Gegner übergegangen war. Die operative Krise weitete sich zu einer Führungskrise zwischen Hitler, dem Oberkommando des Heeres und den Frontbefehlshabern aus. Am 19. Dezember übernahm Hitler selbst den Oberbefehl über das Heer. Nach den immensen personellen und materiellen Verlusten beim Unternehmen »Barbarossa«, die in absehbarer Zeit nicht auszugleichen waren, wurden die operativen Möglichkeiten für 1942 nüchterner eingeschätzt. Die gesamte Angriffskraft des Ostheeres sollte am Südflügel der Front konzentriert werden, um die Ölgebiete im Kaukasus zu gewinnen, das Rüstungszentrum Stalingrad auszuschalten und durch das Erreichen der Volga Moskau von einer der beiden Verbindungslinien mit den Angloamerikanern abzuschneiden[27]. Die Winterkrise bedeutete zwar das Ende der »friedensmäßigen Kriegswirtschaft«, doch noch wagte es das Regime nicht, den Deutschen ähnliche Lasten aufzulegen wie die Sowjetunion, die bereits seit dem Sommer einen »totalen Krieg« führte. Neben einer Strukturreform der Rüstung entschied sich das Dritte Reich lieber für eine stärkere Ausnutzung der personellen und materiellen Ressourcen der besetzten Gebiete.

Das Scheitern der deutschen Blitzkriegsstrategie gegen die Sowjetunion und das Entstehen der übermächtigen Konstellation des Ersten Weltkrieges durch den Kriegseintritt der USA führten auf deutscher Seite nicht zu dem Entschluß, einen Verhandlungsfrieden zu erreichen. Dies nicht etwa wegen der realistischen Einschätzung, daß die gegnerische Koalition nicht mit ihm verhandeln würde, sondern weil für Hitler die sozialdarwinistische Alternative des »alles oder nichts« bestimmend blieb. Seine kompromißlose Haltung in der Führung des Lebenskampfes des deutschen Volkes hatte Hitler schon vor dem Beginn des Krieges mit einem Zitat von Clausewitz untermauert: Es sei oft zweckmäßiger und richtiger, im Namen der Ehre selbst zugrundezugehen, als im Namen einer sogenannten Klugheit zu kapitulieren. Diese Kompromißlosigkeit zeigte sich auch in der Radikalisierung der Ausrottungspolitik gegenüber dem europäischen Judentum. Im Unternehmen »Barbarossa« wird wie in keinem anderen Feldzug die unauflösbare Verbindung von ideologischen und machtpolitischen Zielen mit den sozialdarwinistischen Wertvorstellungen des Dritten Reiches deutlich.

## Anmerkungen

1 Vgl. den Beitrag von Bianka Pietrow in diesem Band.

2 Vgl. Das Deutsche Reich und der Zweite Weltkrieg, Bd 4, Stuttgart 1983, S. 9 ff. und 23 ff. (Beitrag Förster).

3 Meldungen aus dem Reich. Auswahl aus den geheimen Lageberichten des Sicherheitsdienstes des SS 1939–1944. Hrsg. von Heinz Boberach, Neuwied, Berlin 1965,

S. 79 (27.6.1940), und Nr. 105 vom 15.7.1940, Bundesarchiv-Militärarchiv Freiburg (BA-MA), Wi/IF 5. 3172.

4 So äußerte sich Hitler gegenüber dem Oberbefehlshaber des Heeres am 23.6.1940, BA-MA, RW 4/v. 581, Notiz des Wehrmachtführungsamtes vom 24.6.1940.

5 Zu den Demobilisierungsvorhaben auf deutscher Seite vgl. Das Deutsche Reich und der Zweite Weltkrieg, Bd 4, S. 259 ff. (Beitrag Klink), und mit anderer Akzentsetzung den Beitrag von Kroener, ebd., Bd 5/1, S. 843 ff.

6 Kriegstagebuch der Seekriegsleitung, Teil A, S. 236, BA-MA, RM 7/14.

7 Vgl. Das Deutsche Reich und der Zweite Weltkrieg, Bd 4, S. 9 f. (Beitrag Förster) und S. 207 ff. (Beitrag Klink).

8 Andreas Hillgruber, Hitlers Strategie. Politik und Kriegführung 1940/41, München [2]1982, S. 211.

9 Der »Operationsentwurf Ost« des Generalmajors Marcks vom 5. August 1949, hrsg. und eingel. von Ingo Lachnit und Friedhelm Klein, in: Wehrforschung, H.4 (1972), S. 114—123.

10 Die entgegengesetzte Ansicht, daß Hitler den Westen durch einen Sieg im Osten bezwingen wollte, vertritt Hartmut Schustereit, Vabanque, Herford, Bonn 1988.

11 Vgl. Das Deutsche Reich und der Zweite Weltkrieg, Bd 4, S. 333 ff. und 367 ff. (Beiträge Förster und Ueberschär), sowie die Beiträge von Detlef Vogel und Gerd Ueberschär in diesem Band.

12 Vgl. Das Deutsche Reich und der Zweite Weltkrieg, Bd 4, S. 235 ff. (Beitrag Klink).

13 Vgl. ebd., S. 198 ff.

14 Vgl. die Notizen von Teilnehmern an der großen Besprechung in Zossen, BA-MA, RH 20-18/71, RH 21-3/v. 46, und 17. Armee, 14499/5.

15 BA-MA, RW 4/v. 578, Weisung an die Abteilung Wehrmachtpropaganda vom 21.6.1941.

16 BA-MA, RH 20-4/114.

17 Vgl. Jürgen Förster, The Dynamics of Volksgemeinschaft. The Effectiveness of the Military Establishment in the Second World War, in: Military Effectiveness. Hrsg. von Allan R. Millett und Williamson Murray, Bd 3: The Second World War, Boston, London 1988, S. 200 ff.

18 Das Deutsche Reich und der Zweite Weltkrieg, Bd 5/1, S. 998 (Beitrag Kroener).

19 Vgl. ebd. und S. 846 ff.

20 Ebd., Bd 4, S. 22 f. (Beitrag Förster).

21 Generaloberst Halder. Kriegstagebuch. Tägliche Aufzeichnungen des Chefs des Generalstabes des Heeres 1939—1942. Bearb. von Hans-Adolf Jacobsen, Bd 3, Stuttgart 1964, S. 399 (6.5.41). Vgl. Das Deutsche Reich und der Zweite Weltkrieg, Bd 4, S. 413 ff.

22 Vgl. Helmut Krausnick. Die Wehrmacht im nationalsozialistischen Deutschland, in: Das Dritte Reich. Herrschaftsstruktur und Geschichte, hrsg. von Martin Broszat und Horst Möller, München 1983, S. 203.

23 Vgl. hierzu Das Deutsche Reich und der Zweite Weltkrieg, Bd 4, S. 1035 ff. und 781 ff. (Beiträge Förster und Hoffmann).

24 Zitiert nach: Das Andere Gesicht des Krieges. Deutsche Feldpostbriefe 1939-1945, hrsg. von Ortwin Buchbender und Reinhold Sterz, München 1982.

25 Das Deutsche Reich und der Zweite Weltkrieg, Bd 5/1, S. 200 (Beitrag Umbreit).

26 Vgl. ebd., Bd 4, S. 1049 ff. (Beitrag Förster).

27 Vgl. den Beitrag von Bernd Wegner in diesem Band.

Martin Vogt

# Selbstbespiegelung in Erwartung des Sieges

## Bemerkungen zu den Tischgesprächen Hitlers im Herbst 1941

Anfang September 1941 erstreckte sich der deutsche Machtbereich in Europa vom Nordkap bis Kreta sowie von Dnjepr und Wolchow bis zu den Pyrenäen. Wenn auch bei den Kämpfen auf russischem Boden die deutschen Terminplanungen deutlich überschritten waren und sich zunehmend personelle und materielle Schwierigkeiten herausstellten, wurde zumindest offiziell die Zuversicht aufrechterhalten, vor der Vernichtung des letzten kontinentalen und primären ideologischen Feindes zu stehen, noch ehe es zum Konflikt mit den USA kommen werde[1].

Diese Hinweise auf die reale Situation sind notwendig, bevor auf die Auffassungen und Betrachtungen über das Ansehen und die Stellung Hitlers eingegangen wird, die vom September bis Anfang November 1941 bei Tischgesprächen im Führerhauptquartier zum Ausdruck gebracht wurden. Zwei einander ergänzende Quellen bilden die Basis hierzu: Einmal handelt es sich um die von Werner Jochmann publizierten Aufzeichnungen Heinrich Heims, der auf ausdrücklichen Befehl Bormanns die Äußerungen Hitlers an der Mittags- und Abendtafel sowie im kleinen Kreis mitstenografiert hat[2]. Vor allem kommen ergänzend 29 Berichte über Unterhaltungen bei Tisch und zur militärischen Lage aus den Wochen vom 6. September bis zum 7. November 1941 hinzu, die Werner Koeppen, der ständige Vertreter des Reichsministers für die besetzten Ostgebiete, aus dem Hauptquartier an Alfred Rosenberg sandte[3].

Bereits die berüchtigte Besprechung vom 16. Juli 1941 über die Verwaltung und Gliederung der unter deutsche Kontrolle fallenden Ostgebiete hatte gezeigt, daß Rosenberg als präsumtiver Ressortchef bei den beteiligten Ministerien, bei Wehrmacht und SS, die Eigeninteressen in ideologisch-politischer und wirtschaftlicher Hinsicht verfolgten, nur auf Ablehnung stieß[4]. Seit Beginn des Krieges gegen die UdSSR fern vom Führerhauptquartier in Berlin war er auf genaue Unterrichtung angewiesen, um die Haltung und Stimmung Hitlers und der auf ihn direkten Einfluß nehmenden Konkurrenten zu erfahren und innerhalb der Machtgruppen potentielle Verbündete ausfindig zu machen. Deshalb hat sich Koeppen nicht wie Heim und Picker, die bekannten beiden anderen Protokollanten von Tischgesprächen im Führerhauptquartier[5], auf Hitler beschränkt, sondern gegebenenfalls auch Äußerungen von Angehörigen der Tafelrunde und militärische Lageberichte mitgeteilt. Gelegentliche Fehler bei Namen oder Sachfragen[6] sprechen eher für als gegen die Authentizität der Berichte; denn Koeppen gehörte offensichtlich nicht zur hochrangig eingeschätzten Garnitur der Ministerienvertreter, sondern war — wie sein Chef — nur ein Mann der zweiten oder dritten Reihe[7]. Aber gerade das Bemühen des Ostministeriums um Aufwertung des Ansehens hat allem Anschein nach Koeppen veranlaßt[8], nach bestem Vermögen schnell und detailliert nach Berlin zu berichten. Charakteristisch ist der nahezu naiv beglückt klingende Hinweis, Hitler habe, nachdem Rosenberg die Beteiligung an einer Reise ins Baltikum aus gesundheitlichen Gründen hatte absagen müssen, »ausdrücklich« betont,

»daß ihm eine Wiederherstellung der Gesundheit des Reichsministers wichtiger sei als eine Teilnahme an dem Flug nach Rußland. Der Führer erzählte dann der Tafelrunde, daß der Reichsminister das Pech gehabt habe, daß ihm vor langen Jahren ein Gepäckträger ein schweres Gepäckstück so unglücklich auf den Fuß gesetzt habe, daß noch jetzt Komplikationen einträten[9].«

Andererseits hat Koeppen aus den Äußerungen Hitlers auch abzulesen verstanden, welche Gefahren für die Kompetenzen des Ostministeriums weiterhin bestanden. Unterstützt etwa vom ostpreußischen Gauleiter Koch, der in ständiger Auseinandersetzung mit Rosenberg als Reichskommissar für die Ukraine fungierte, hatte sich Hitler nachdrücklich gegen eine Sonderstellung der Ukraine ausgesprochen[10]. Die Ukrainer wurden von ihm wie die Großrussen als faul, unorganisiert und nihilistisch-anarchistisch ausgegeben, so daß Hitler es als beachtenswerte Leistung Stalins ansah, aus der »slawischen Kaninchenfamilie«[11] einen Staat gebildet zu haben[12]. Soweit sowjetische Städte überhaupt einen Krieg überstehen würden, sollten sie nicht von Deutschen betreten werden, sondern »abseits der großen Straßen weiter in ihrem Dreck vegetieren«[13]. Kultur und Ausbildungsmöglichkeiten kamen bei einem deutschen Sieg für die unterworfenen Russen und Ukrainer nicht mehr in Frage[14], sondern ihre Aufgabe sollte es sein, als billige Arbeitskräfte u.a. für einen großzügigen Ausbau der Infrastruktur zur Verfügung zu stehen[15], die dann zu einer großangelegten Siedlungstätigkeit führen werde, an der außer Reichs- und Auslandsdeutschen sich auch Angehörige der anderen europäischen Staaten beteiligen könnten[16].

Der Rosenberg-Adjutant erkannte im Führerhauptquartier klar die administrative und institutionelle Problematik, die angesichts des nationalsozialistischen »Führungs-Chaos« zu erwarten war und sich für das neugegründete Ostministerium dadurch bemerkbar machte, daß es von allen Seiten wegen seiner ungenügenden Organisation kritisiert wurde, obwohl es sich noch im Aufbau befand. Nicht gegenüber Hitler, aber gegenüber Angehörigen des Hauptquartiers und gegenüber seinem Minister meldete Koeppen indirekt Einwände an, als er ausführte:

»Es löste allgemeines Erstaunen aus, als ich [...] sagte, daß von höchster Stelle noch nicht einmal alle Reichskommissare fest bestimmt wären, geschweige denn die Gebietskommissare, und daß es wohl sehr schwierig wäre, einen Stab zusammenzustellen, wenn die Personen weder bekannt sind, noch zur Verfügung stehen [...] Es dürfte empfehlenswert sein, der höchsten Stelle einmal einen Bericht über diese Schwierigkeiten und vor allem über den wirklichen Stand der Ausrüstung des zivilen Apparates zu geben, damit hier keine schiefen Vorstellungen entstehen[17].«

Bei anderer Gelegenheit erklärte der Adjutant seinem Minister:

»In Anbetracht der außerordentlich scharfen und bestimmten Ausführungen des Führers über die deutsche Siedlung und Germanisierung der besetzten Ostgebiete erscheint eine genaue Abgrenzung der Kompetenzen des Reichsministers für die besetzten Ostgebiete und des Beauftragten zur Sicherung des deutschen Volkstums durch den Führer und Reichsminister Dr. Lammers in kürzester Zeit unumgänglich nötig. Sonst erfolgt hier eine Unterhöhlung des Führerauftrags vom 17.7.41, die das Reichsministerium für die besetzten Ostgebiete zu einer Nebensächlichkeit herabsinken läßt. Seine Aufgabe bestände dann noch darin, die in Reservaten zusammengepferchten Slawen möglichst bald zum Auswandern oder zum Absterben zu bringen. Alle irgendwie positiven Aufgaben, angefangen vom Straßen- und Siedlungsbau, fallen sonst dem Beauftragten für die Förderung des deutschen Volkstums zu[18].«

An diesem Absatz ist auffällig, wieweit der Rosenberg-Beauftragte bereits die Zielsetzungen nationalsozialistischer Ostpolitik in sich aufgenommen hatte, daß er das »Absterben« von »in Reservaten zusammengepferchten Slawen« — wenn auch warnend — überhaupt als potentielle administrative Aufgabe anzusprechen vermochte.

Zweifellos ergeben die Aufzeichnungen Heims und Koeppens für den knappen Zeitraum von wenig mehr als zwei Monaten zunächst nicht mehr als eine Momentaufnahme; doch das Bild ist geprägt von der Erwartung eines sicheren Sieges. Hitler hat in diesen Monaten seine Ansichten über politisches Geschehen und seine Zukunftsvorstellungen im Kreis enger Mitarbeiter drastisch zum Ausdruck gebracht. Hierher gehören die Bemerkungen über die völlige Zerstörung Leningrads und Moskaus. So hatte Hitler am 10. September 1941 ein Eindringen deutscher Truppen in Leningrad mit drohenden Straßenkämpfen abgelehnt,

»sondern die Stadt wird nur eingeschlossen mit Artillerie zerschossen und ausgehungert. Auf ein paar Tage oder Wochen kommt es dabei nicht an [...] Der von den Finnen vorgeschlagene Plan den mehrere Meter höher liegenden Ladoga See in den finnischen Meerbusen abzuleiten und dabei die Stadt Petersburg wegzuschwemmen, dürfte wohl technisch auf große Schwierigkeiten stoßen[19].«

Daß der letzte Satz die Absicht zu einem Massenmord zum Inhalt gehabt hatte, klingt nicht an. Am 9. Oktober teilte Koeppen zur militärischen Lage ebenso nüchtern und ungerührt mit: »Der Führer hat angeordnet, daß kein deutscher Soldat Moskau betreten soll. Die Stadt wird zerniert und vom Erdboden weggewischt[20].« Am 17. Oktober schließlich gab Hitler zu erkennen, daß nur wenige russische Städte nach einem deutschen Sieg im Osten noch bestehen würden[21]. Die pauschale Negativeinschätzung der russischen Bevölkerung schlug sich in der Äußerung des »Führers« nieder: »Hier von einem Ethos der Arbeit und der Pflicht zu reden wäre vollkommen zwecklos, die Menschen würden das nie verstehen, da sie nur auf die Peitsche reagieren[22].« Seine brutale Verachtung und krasse Inhumanität gegenüber den slawischen Völkern, die offensichtlich ohne Widerspruch blieb, drückte Hitler ferner in seiner Verweigerung einfacher Bildungs- und Fürsorgemöglichkeiten aus:

»Die Kenntnis der Verkehrsschilder genüge, der deutsche Schulmeister hätte dort gar nichts zu suchen. Unter Freiheit verständen die Ukrainer, daß sie sich statt zweimal im Monat jetzt nur noch einmal zu waschen brauchten, mit seiner Wurzelbürste werde sich der Deutsche dort bald unbeliebt machen. Er werde als Führer mit eiskalter Überlegung diese neue Verwaltung einrichten, was die Slawen darüber dächten, das wäre ihm vollkommen gleich[23].«

Form und Inhalt der Ausführungen, die Hitler, ohne politische Rücksichtnahme und ohne eigentlichen Widerspruch zu finden, vortrug, lassen Rückschlüsse auf sein Empfinden zu, eine Position einzunehmen, die ihm die Möglichkeit bot, u.a. seine Meinungen zu allen Fragen, die ihn beschäftigten oder auch nur assoziativ durch den Kopf gingen, autoritativ vor einem Kreis, der für einzelne Detailfragen eigentlich Sachkenner enthielt, zur Geltung zu bringen[24]. Insofern ist es bemerkenswert, daß in dieser Runde überhaupt einmal eine abweichende Meinung zum Ausdruck gebracht wurde, die freilich keinerlei politischen Inhalt hatte: Als anläßlich des Erntedankfestes vom Gau Ostpreußen im Hauptquartier ein Tisch aufgebaut worden war, machte Hitler »Glossen darüber, wie viel schöner und ästhetischer dieser vegetarische Tisch mit seinen vielfachen Farben aussehe, als wenn dort lauter geschlachtete Tierleichen lägen.« Koeppen bemerkte weiter: »Da es aber zum Mittagessen gerade ein sehr schönes Schweineschnitzel gab, so fanden die Ausführungen des Führers nur sehr geteilten Anklang[25]!« Daß dies die äußerste Form von »Opposition« ist, die in Koeppens Aufzeichnungen nachweisbar ist, kann in der Retrospektive nur peinlich berühren.

Auch bei einer Analyse von Tischgesprächen im Hauptquartier darf der NS-Führer nicht abgelöst von Personen und »Regime«, die ihn bis 1945 trugen und ertrugen, betrachtet werden, um der Gefahr eines bequemen Hitler-Zentrismus zu entgehen; vielmehr sind auch die Personen zu erfassen, die an der Herrschaftspraktizierung in allen Bereichen partizipierten und die Expansionspolitik mit ihren imperialistischen Absichten ohne ernsthaften Widerspruch akzeptierten. Dabei kann hier allerdings nicht die Debatte zu dem Problemkreis »›Herr und Meister im Dritten Reich‹ oder ›schwacher Diktator‹« als interpretatorische Charakteristika des nationalsozialistischen Herrschaftsstils erweitert werden; denn wenn Hitler auch im personellen Mittelpunkt der Aufzeichnungen über die Unterhaltungen in seinem Hauptquartier steht — was der »intentionalistischen« Ansicht entgegenkommt —, so kann nicht außer acht bleiben, daß die Verwirklichung seiner ideologischen Vorstellungen nur möglich war, wenn sie auf zustimmende Resonanz trafen. Und für die nationalsozialistische Ostpolitik gilt, daß sie in einer Tradition von zumindest seit dem Ersten Weltkrieg in weiten Kreisen gepflegten Gedankengängen stand. Nun stand nackter Macht- und Vernichtungswille im Vordergrund, wenn Koeppen nach einer Reise Himmlers in die Ukraine mitteilte:

»Von Kiew sei lediglich ein Stadtteil vollkommen niedergebrannt, die Zahl der Bewohner sei aber noch sehr groß. Diese Bewohner machten durchweg einen schlechten, proletarischen Eindruck, so daß man ›gut 80 — 90 % von ihnen entbehren könne‹! Der Reichsführer schlug vor, und der Führer ging auch sofort darauf ein, daß das älteste russische Kloster bei Kiew, ein Name wurde nicht genannt, beschlagnahmt werden müsse, damit sich nicht ein orthodoxer und nationaler Mittelpunkt bilden könne[26].«

Da hier eine von außen herangetragene, offensichtlich verbreitete Anschauung zur Geltung gebracht wurde, würde also in diesem Punkt die »strukturalistische« Perspektive zutreffend sein[27]. Anzumerken ist, daß im Ostministerium ein Sonderstatus für die Ukraine angestrebt wurde, den aber Hitler und die konkurrierenden Institutionen ablehnten.

Auch wenn die Gespräche und Monologe im Hauptquartier zumeist in gelockerter Atmosphäre stattfanden, muß die von Eberhard Jäckel mit Bezug auf die langbekannten Niederschriften Henry Pickers ausgesprochene Warnung berücksichtigt werden, keinesfalls sei aus dem Ablauf der Unterhaltungen auf einen »gemütlichen Hitler« zu schließen[28]. Hitlers unkonventionelle Methoden hatten entgegen allen Warnungen politische und militärische Erfolge gezeitigt, die seine Anhänger zur Gläubigkeit an den »größten Führer aller Zeiten« veranlaßten und bei seinen Mitarbeitern, dem Dauerpublikum seiner Tischgespräche, den Wunsch weckten, im Augenblick des Triumphs zu seinen nächsten Kampfgefährten gerechnet zu werden. Dies erstickte — zumindest im Bereich des Führerhauptquartiers — kritische Bemerkungen und unterstützte die Monomanie Hitler, die bis zur Selbstdämonisierung reichte. Sie schlug sich unter anderem in der fortgesetzten Beschäftigung mit den Kolossalbauten nieder, die als Herrschaftssymbole, und daher auch aus dauerhaftem Material — für Hitler kam hierfür nur Granit in Betracht — errichtet, die nationalsozialistisch-deutsche Weltherrschaft ausdrücken sollten:

»Das solideste ist der Steinbau, darum sollen alle künftigen Staatsbauten in Berlin in Granit errichtet werden, damit ist die Gewähr gegeben, daß sie mindestens 3—4000 Jahre überdauern.« Und: »Wer die Reichskanzlei betritt, muß das Gefühl haben vor den Herrn der Welt zu treten, und schon der Weg dahin durch den Triumphbogen auf den breiten Straßen an der Soldatenhalle vorbei zum Platz des Volkes soll ihm den Atem nehmen[29].«

Es kann keine Zweifel geben, daß Hitler, der sich ja selbst als »Baumeister« einschätzte[30] und sich als eigentlichen Schöpfer dieser gigantomanen Architektur betrachtete, mit dem »Herrn der Welt« sich selbst gemeint hat und dies auch mit dem angestrebten Übertreffen der römischen antiken und christlichen Bauten ausdrücken wollte, in denen er die einzige Konkurrenz sah: »Die große Halle soll so werden, daß die Peterskirche mit dem Platz davor darin verschwinden kann[31].«

Getragen von der seit Kriegsbeginn sich überschlagenden Woge dithyrambischer Verherrlichungen lebte Hitler in der — durch weitgehende Willfährigkeit seiner näheren und weiteren Umgebung gestärkten — Überzeugung, er könne nunmehr von den die Herrschaftsstruktur tragenden Institutionen und gesellschaftlichen Gruppen die völlige Anpassung an seine Vorstellungen in der Form bedingungsloser Unterwerfung unter seinen Willen voraussetzen. Hitlers Auftreten — unter anderen Bedingungen als Besserwisserei und Überheblichkeit kritisiert — darf nicht allein im Licht des Augenblicks gesehen werden, sondern zu beachten bleibt, daß er, seitdem er die Parteiführung 1921 an sich gerissen hatte, bereits schulisch und akademisch besser Ausgebildete sowie höherrangige Soldaten als Parteigenossen gehabt hatte, die sich ihm zumeist bereitwillig unterstellt und ihm gehorcht hatten.

Die Durchsetzung der nationalsozialistischen Diktatur seit 1933, die Unterwerfung der Generalität 1934 und 1938 sowie die Kriegserfolge vom September 1939 an bestätigten Hitler in seiner militärischen Selbsteinschätzung. So hob er seine Erfahrung als Frontsoldat des Ersten Weltkriegs hervor, die ihn befähige, sich in die Situation der kämpfenden Truppe zu versetzen und zu erkennen, wie akuten Gefahren begegnet werden müsse[32]. Dies ging dann schließlich soweit, daß Hitler ganz offensichtlich die ihm nach dem Frankreichfeldzug von Göring dargebrachte Huldigung inhaltlich soweit akzeptiert hat, daß er neben sich immerhin Moltke noch gelten ließ. Seiner Tischrunde erklärte er jedenfalls im Oktober 1941:

»Feldherr bin ich wider Willen; nur deshalb befasse ich mich mit militärischen Dingen, weil es im Augenblick einen, der es besser könnte, nicht gibt. Hätten wir heute einen Moltke, so würde ich ihn gewähren lassen[33].«

In diesem Zusammenhang — und vor allem im Hinblick auf die zunehmenden Schwierigkeiten im Osten bei gleichzeitiger Zuspitzung der Situation gegenüber den USA — ist eine Äußerung zu seiner Befehlserteilung auffällig, die durch ihren Erklärungscharakter verdeutlicht, wie wichtig einerseits Hitler sich nahm und daß er andererseits meinte, seiner Umgebung Führungsbedingungen in einfältiger Weise erläutern zu müssen:

»Ich denke über militärische Dinge jetzt im Durchschnitt zehn Stunden am Tag. Den Befehl zu geben, was getan werden muß, das ist eine Sache von einer halben oder dreiviertel Stunde; aber zunächst will jede Operation überlegt sein, die Überlegung muß oft schon ein halbes Jahr vorher einsetzen. Dann kann ein Augenblick kommen, wo mich die Kriegsführung im Osten überhaupt nicht mehr beschäftigt, weil es sich nur noch um die Ausführung des Befohlenen handelt; die Art, wie der Befehl vollzogen wird, interessiert mich nicht, und ich wende mich, während es dort weitergeht, ganz anderen Dingen zu[34].«

Einige Wochen später, von Beginn der Winterkrise an, begann Hitler dann allerdings, sich auch Details zuzuwenden.

Ausdruck einer selbst vorgenommenen Abhebung von seiner Umgebung ist die Art, sich im Auftreten von seiner Gefolgschaft zu unterscheiden:

»Als Führer und Staatsoberhaupt [...] muß ich mich von aller meiner Umgebung sichtbar abheben. Behängt sich meine Umgebung mit Orden und Sternen aller Art, so sticht der Führer dadurch ab, daß er das nicht tut. Liefen meine Männer ohne Dekoration, so müßte ich die Sterne tragen[35].«

In diesem Zusammenhang ist bemerkenswert, daß die in der Führerpropaganda herausgestellte Schlichtheit Hitlers keineswegs prinzipiell gewesen ist, sondern daß er selbst noch die NS-Feiern ausgestalten wollte, damit nicht später »Schlichtheit« mit Berufung auf ihn als besondere Führungsqualität betont werde[36].

Gesprächspartner und Mitarbeiter fühlten sich in der Nähe ihres »Führers« zur intellektuellen Unterwerfung bewogen, in der Hitlersches Denken und Selbstbewußtsein zum Maßstab eigener Urteilsfähigkeit gedieh. Die Konsequenz war, daß Zweifel an Realitätsbezogenheit und Wahrheitsgehalt der Worte Hitlers, auch wenn sie bei Tisch beiläufig hingesprochen zu sein schienen, jedenfalls aber unzutreffend gewesen sind, nicht geäußert wurden. Dies scheint allemal der Fall gewesen zu sein, wenn dadurch eine Abwertung von Staatsmännern der Feindstaaten stattfand oder aber Einrichtungen und Personen betroffen waren, die damit im Führungschaos des NS-Staates eine neue oder auch nur erneute Zurücksetzung erfuhren. Dies gilt etwa für Hitlers Äußerung, Roosevelts Erkrankung an Kinderlähmung im Alter von 21 Jahren sei ein Zeichen dafür, daß er damals noch ein »Kindskopf« gewesen sei[37], oder für die beständigen Angriffe auf Juristen und Justiz[38]. Dabei blieb dann auch eine Art Liebedienerei nicht aus, wenn Teilnehmer der Tafelrunde meinten, sich durch Diskriminierung Hitler wohlgefällig zu verhalten. Dies zeigt der Bericht Koeppens, als nach dem Fall Odessas die Sondermeldung von deutscher und rumänischer Marschmusik begleitet wurde:

»Die rumänischen Märsche gefielen sehr wenig, General Jodl bezeichnete sie treffend als ›eine Kreuzung von Knierutschen und leichtfertigem Lebenswandel‹! Alles war froh, als die deutschen Märsche kamen[39].«

In Kompetenzstreitigkeiten nationalsozialistischer Diadochen versuchte jede Seite, sich auf ihr angenehme Äußerungen Hitlers zu berufen und mit dem Durchsetzen ihrer Ansichten den Beweis anzutreten, ihm besonders ergeben zu sein. Die fortdauernde »Polykratie« des nationalsozialistischen Herrschaftssystems, die zum Führungschaos ausartete, findet hier eine Erklärung, die sich erweitern läßt, wenn Hitlers Vulgärdarwinismus in die Betrachtung einbezogen wird. Bewußt oder unbewußt ging Koeppen hierauf ein, als er seinen Minister anmahnte, klare Verhältnisse in den Beziehungen zum Reichskommissar Koch zu schaffen, als dieser in Auseinandersetzung mit der Wehrmachtführung eine eigene Polizeiarmee für die Ukraine beantragte:

»Es handelt sich bei diesem Vorstoß um einen direkten Versuch eines Reichskommissars, über oder gegen Anweisungen des Reichsministeriums zu regieren, denn das OKW ist ja nur ein vorgeschobener Gegner. Es muß nun auf alle Fälle auf das schnellste festgestellt werden, welche Ansicht der Führer in der Behandlung der Ukraine hat. Es handelt sich hier um eine ganz entscheidende Frage, die das Ansehen des Ministeriums sowohl gegenüber seinen nachgeordneten Dienststellen als auch gegenüber einer fremden Dienststelle (OKW) entscheidend und für die Dauer bestimmen wird[40].«

Hitler selbst bemühte sich allerdings um Distanz zu diesen Streitigkeiten bei Ressorts und Institutionen und wollte sich vor eindeutigen Festlegungen bewahren, die sich später als falsch erweisen konnten und ihn zum Objekt kritischer Diskussion machen würden. Gleichwohl hatten seine Monologe, da aus dem Hauptquartier niemand ihm gegenüber bislang den Versuch der Korrektur oder gar eines Widerspruchs unternahm, den Charakter nichtschriftlicher Richtlinien für Verwaltung und Kriegführung. In dieser Hinsicht sind zweifellos Hitlers Bemerkungen über das im Osten als Gegensatz zu überseeischen Kolonien einzurichtende kontinentale Herrschaftsgebiet zu verstehen, in dem im Lauf von 50 Jahren fünf Millionen deutsche Bauern angesiedelt werden sollten.

»Auf Kolonien lege er nur noch ganz geringen Wert, in diesem Punkt würde er sich schnellstens mit England einigen. Deutschland brauche nur etwas Kolonialland für den Anbau von Kaffee und Tee, alles andere werde es im Kontinent selbst herstellen. Für Deutschlands koloniale Bedürfnisse genüge Kamerun und ein Teil von Französisch-Äquatorialafrika oder Belgisch-Kongo. Unser Missisippi müsse die Wolga werden, und nicht der Niger[41].«

Die östlichen Räume sollten verkehrstechnisch derart erschlossen sein, daß die Deutschen sie besuchen könnten. »Man dürfe nicht in den Fehler der Vorkriegszeit verfallen, wo der koloniale Gedanke nur das Eigentum weniger Kapitalisten oder Gesellschaften war[42].« Die Herrschaftsform hatte sich nach Hitlers Willen an dem englischen Auftreten in Indien zu orientieren, das er »als das erstrebenswerte Ziel unserer Verwaltung im Osten« darstellte[43]. In einer Zeit, in der die Erstfassung des »Generalplans Ost« Hitler bereits vorlag[44], muß der Erklärung bei Tisch über die von ihm beabsichtigte Deportation von Tschechen eine grundsätzliche Bedeutung beigemessen werden:

»Nach diesem Krieg beabsichtigt der Führer, alle rassisch nicht wertvollen Elemente aus dem böhmischen Raum auszusiedeln und nach Osten zu verpflanzen. Der einzelne Tscheche sei fleißig, und wenn man sie verstreut in den besetzten Ostgebieten ansiedle, gäben sie vielleicht ganz gute Aufseher ab[45].«

Hier schlägt sich freilich auch die Ansicht Hitlers nieder, daß der böhmisch-mährische Raum, ursprünglich germanisch, nach der Völkerwanderungszeit von Slawen besiedelt und damit den Germanen geraubt worden sei. Noch eindeutiger erscheint das Tischgespräch als beiläufige Form einer Hitlerschen Befehlsübermittlung durch Koeppens Bericht über die Mittagstafel vom 6. Oktober 1941, bei der der »Führer« ausgeführt hatte:

»Alle Juden müssen aus dem Protektorat entfernt werden, und zwar nicht erst ins Generalgouvernement, sondern gleich weiter nach Osten. Es ist dies augenblicklich nur wegen des großen Bedarfs des Militärs an Transportmitteln nicht durchführbar. Mit den Protektoratsjuden sollten gleichzeitig alle Juden aus Berlin und Wien verschwinden. Die Juden sind überall die Leitung, auf der alle Nachrichten des Feindes mit Windeseile in alle Verästelungen des Volkes dringen[46].«

Es erscheint nach dieser Mitteilung kaum mehr möglich anzunehmen, daß das geplante Schicksal der Juden im Führerhauptquartier vor der »Wannsee-Konferenz« nicht bekannt oder nicht doch diskutiert worden ist.

Bei den regelmäßigen Mitgliedern der Tafelrunde, die, aus Wehrmacht, den Ministerien und der Partei kommend, den Apparat des Dritten Reichs repräsentierten, ist die Tendenz offensichtlich, die Äußerungen ihres Führers, die für den Bereich, den sie vertraten, markant erschienen, als Weisungen aufzunehmen. Das erforderte allerdings genaues Hinhören, da Hitler auch im engen Kreis seiner Neigung zu ermüdend langen Ansprachen frönte und hierbei häufig die Themen assoziativ wechselte. Dem möglichen Einwand, eine derartige Systematisierung konstruiere aus flüchtig hingeworfenen Bemerkungen eine klare Strategie, ist entgegenzuhalten, daß häufig bis in den Wortlaut gleiche Darlegungen Hitlers in früheren und späteren Zeitabschnitten nachweisbar sind, und seine Rückfragen aus dem Jahr 1942 zur Ausführung einiger 1941 getroffenen Willensäußerungen zwingen den Schluß auf, er habe durchaus deutliche Vorstellungen besessen, wie er Einzelprobleme im Ergebnis behandelt wissen wollte, wobei er allerdings den Zeitplan offenhielt und die detaillierte Ausführung zunächst den konkurrierenden Dienststellen überließ, die nunmehr seine Intentionen kannten.

## Anmerkungen

1 Zur militärischen Lage siehe Das deutsche Reich und der Zweite Weltkrieg, Bd 3: Der Mittelmeerraum und Südosteuropa. Bd 4: Der Angriff auf die Sowjetunion, Stuttgart 1983/1984. Beide Bände enthalten eine Fülle von weiterführenden Literaturverweisen. Sie bieten außerdem durch ihre vor allem in Band 4 kontroversen Beiträge ein ausgezeichnetes Beispiel für die unterschiedlichen derzeitigen Betrachtungsweisen dieser historischen Ereignisse in der Bundesrepublik.

[2] Adolf Hitler, Monologe im Führerhauptquartier 1941—1944. Die Aufzeichnungen Heinrich Heims, hrsg. von Werner Jochmann, Hamburg 1980. Hier werden auch fehlerhafte Datierungen und Äußerungen korrigiert, die bei den Heim-Texten auftreten, die durch Henry Picker überliefert wurden in: Hitlers Tischgespräche im Führerhauptquartier 1941—1942, im Auftrage des Deutschen Instituts für Geschichte der nationalsozialistischen Zeit geordnet, eingel. u. veröffentl. von Gerhard Ritter, Bonn 1951; zu den einzelnen Ausgaben siehe Monologe im Führerhauptquartier, S. 10, Anm. 7; zur Quellenkritik ebd., S. 16—18.

[3] Auf diese Aufzeichnungen — es handelt sich um die Berichte Nr. 27 bis 55 —, deren Edition ich vorbereite, hat mich dankenswerterweise bereits vor Jahren Archivdirektor a.D. Dr. Heinz Boberach aufmerksam gemacht: Sie sind zuerst von David Irving benutzt worden, der den Eindruck zu erwecken versucht hat, daß die überlieferte Zahl sehr viel größer sei. Gearbeitet hat mit ihnen in redlicher Weise u.a. Jochen Thies, Architekt der Weltherrschaft. Die »Endziele« Hitlers, Düsseldorf $^{2}$1976. Diese Koeppen-Berichte (künftig: K-B mit Folio-Angabe) befinden sich im Bundesarchiv Koblenz (R 6/34a).

[4] Der Prozeß gegen die Hauptkriegsverbrecher vor dem Internationalen Militärgerichtshof (International Military Tribunal), Nürnberg 14. Nov. 1945—1. Okt. 1946, 42 Bde, Nürnberg 1947—1949 (IMT), Dok. L-221, und Akten zur deutschen auswärtigen Politik (ADAP), Serie D, Baden-Baden 1950 ff., Band XIII/1, Dok. Nr. 114; vgl. auch Alexander Dallin, Deutsche Herrschaft in Rußland 1941—1945. Eine Studie über Besatzungspolitik, Düsseldorf 1958, S. 695 f.; ferner: Norman Rich, Hitler's War Aims, Bd 2, New York 1974, S. 343 ff.; Jürgen Förster, Die Sicherung des Lebensraumes, in: Das Deutsche Reich und der Zweite Weltkrieg (wie Anm. 1), Bd 4, S. 1070 ff., insbes. S. 1073.

[5] Die Vermutung scheint berechtigt, daß neben Heim, Picker und Koeppen auch andere mehr oder minder regelmäßige Teilnehmer der Gespräche im Führerhauptquartier sich Notizen gemacht haben, um Vorgesetzten berichten zu können oder aber auch um »goldene Hitlerworte« zu sammeln und später verbreiten zu können.

[6] Beispielsweise berichtete Koeppen am 7. September 1941, am Vorabend sei Gast an Hitlers Tafel ein Kapitän »Killer« gewesen; tatsächlich handelte es sich um Otto Kähler, damals Kommandant des Hilfskreuzers »Thor«. Zuvor hatte Koeppen von einem beabsichtigten »Besuch in Riga« geschrieben. In Wirklichkeit ging es um den im Zusammenhang mit dem Besuch des ungarischen Reichsverwesers Horthy vorgesehenen Flug nach Reval (K-B, f. 4 f.)

[7] Siehe dazu Koeppens Hinweis, daß er wegen der zahlreichen Gäste im Führerhauptquartier für das Abendessen am 21. September 1941 »Für Speisesaal II eingeteilt« gewesen sei und deshalb »nicht Zeuge des Tischgesprächs« habe sein können, was aber wegen der Anwesenheit Himmlers, Staatssekretär Franks und Heydrichs (K-B, f. 24) sicher für Rosenberg aufschlußreich gewesen wäre.

[8] Der Versuch, von Dr. Koeppen nähere Informationen über seine Tätigkeit in der Wolfsschanze zu erhalten, ist von ihm zurückgewiesen worden.

[9] K-B, f. 7; vgl. zu dieser gesundheitlichen Beeinträchtigung Rosenbergs auch Otto Bräutigam, So hat es sich zugetragen. Ein Leben als Soldat und Diplomat, Würzburg 1968, S. 431.

[10] K-B, f. 12; vgl. Monologe im Führerhauptquartier (wie Anm. 2), S. 62 f.

[11] Vgl. hierzu auch die Äußerungen, die Slawen seien geborene Sklaven, die nach einem starken Herrn fragen, und daß Rußland erst durch die Waräger zu einem Staat geworden sei, da ihnen selbst wie den Kaninchen die Fähigkeit zur Staatsbildung abgehe; Monologe im Führerhauptquartier (wie Anm. 2), S. 62 f.

[12] K-B, f. 28.
[13] Ebd., f. 51 f.
[14] Ebd.; auch die Wiedereröffnung der Kiewer Universität war von Hitler abgelehnt worden (K-B, f. 12).
[15] K-B, f. 51; vgl. Monologe im Führerhauptquartier (wie Anm. 2), S. 90.
[16] Ebd.
[17] K-B, f. 16.
[18] K-B., f. 52 f.
[19] K-B, f. 9.
[20] K-B, f. 46. Siehe zu diesen Vernichtungsabsichten F. v. Schlabrendorff, Offiziere gegen Hitler, Frankfurt/M., Hamburg 1959, S. 61; A. Hillgruber, Hitlers Strategie. Politik und Kriegführung 1940—41, Frankfurt/M. 1965, S. 695.
[21] K-B, f. 51 f.
[22] K-B, f. 28.
[23] K-B, f. 52.
[24] Aus Raumgründen kann in diesem Beitrag fast nur auf die Ostproblematik eingegangen werden. Die Zahl der von Hitler behandelten Themen ist weitaus größer gewesen.
[25] K-B, f. 39.
[26] Ebd.
[27] Siehe hierzu die Kapitel 4 und 6 in Ian Kershaw, Der NS-Staat. Geschichtsinterpretationen und Kontroversen im Überblick, Hamburg 1988, S. 89 ff., 209 ff.
[28] Eberhard Jäckel, Dokumentationen zur Geschichte des Zweiten Weltkrieges, in: Neue politische Literatur, 9 (1964), Sp. 555—595, hier besonders Sp. 570—577 mit Sp. 574.
[29] K-B, f. 5; Monologe im Führerhauptquartier (wie Anm. 2), S. 101.
[30] Monologe im Führerhauptquartier (wie Anm. 2), ebd.
[31] Ebd.; vgl. zu dem Bauwesen Thies, Architekt (wie Anm. 3), S. 83—104; hier auch der Bezug zu den Weltherrschaftsplänen S. 98.
[32] Monologe im Führerhauptquartier (wie Anm. 2), S. 80.
[33] Ebd., S. 101.
[34] Ebd., S. 81.
[35] Ebd., S. 99 f.
[36] Ebd., S. 100.
[37] K-B, f. 82.
[38] K-B, f. 31; Monologe im Führerhauptquartier (wie Anm. 2), S. 59 f., 120 f., 123 f.
[39] K-B, f. 48.
[40] K-B, f. 26.
[41] K-B, f. 37.
[42] K-B, f. 15.
[43] K-B, f. 12; vgl. Monologe im Führerhauptquartier (wie Anm. 2), S. 62 f.
[44] G. Eisenblätter, Grundlinien der Politik des Reichs gegenüber dem Generalgouvernement 1939—1945, Diss. Frankfurt/M. 1969, S. 206 f.
[45] K-B, f. 43.
[46] K-B, f. 42; vgl. hierzu R. Hilberg, The Destruction of the European Jews, Chicago 1967, S. 226 ff., und U. Adam, Judenpolitik im Dritten Reich, Königstein, Düsseldorf 1979, S. 310 ff.

Bernd Wegner

# Hitlers zweiter Feldzug gegen die Sowjetunion. Strategische Grundlagen und historische Bedeutung*

Die sich seit dem Jahre 1942 im Schatten einer zunächst potentiellen, bald aber schon unausweichlichen Niederlage entwickelnde deutsche Strategie und Kriegführung gegen die Sowjetunion hat die deutsche und internationale Geschichtswissenschaft (mit Ausnahme allenfalls der sowjetischen Historiker) bis auf den heutigen Tag bemerkenswert wenig beschäftigt. Dies ist um so erstaunlicher, als außer Frage steht, daß die deutsch-sowjetische Front den für den Ausgang des Zweiten Weltkrieges in Europa und den Zusammenbruch des »Dritten Reiches« ausschlaggebenden Schauplatz darstellte. An keiner anderen Front des Kontinents sind über soviele Jahre hinweg Millionenheere und materielle Ressourcen in vergleichbarem Umfang verschlissen worden, hat sich die imperiale und rassenideologische Megalomanie des nationalsozialistischen Deutschland nachdrücklicher dokumentiert, haben Leiden und Verwüstung eine ähnliche Dimension erreicht. Dementsprechend sind denn auch Vorgeschichte und Frühphase des deutsch-sowjetischen Krieges immer wieder ein bevorzugter Gegenstand der Forschung gewesen[1]; indes bricht die kontinuierliche historiographische Behandlung des Krieges mit dem Scheitern der deutschen Blitzkriegshoffnungen im Winter 1941 praktisch ab. Zwar existieren eine Reihe kritischer Studien zu Einzelaspekten vorwiegend der deutschen Außen- und Besatzungspolitik, vereinzelt auch der Operationsführung und Kriegswirtschaft, doch fehlt ein interpretatorischer Gesamtansatz bislang ebenso wie eine aus den Quellen gearbeitete, die verschiedenen Ebenen der Kriegführung mehr als nur punktuell verknüpfende Darstellung des deutsch-sowjetischen Krieges *nach* »Barbarossa«[2]. Was immer die Gründe dieses augenfälligen Defizits sein mögen, vorherrschend erscheint die zwar im Ansatz richtige, die unerhört komplexe Realität eines mehrjährigen »totalen« Krieges gleichwohl gefährlich verkürzende Auffassung, daß es sich bei den Kämpfen der Jahre 1942 bis 1945 ja »nur noch« um den militärischen Vollzug eines für das Deutsche Reich im Grunde bereits gescheiterten Krieges gehandelt habe.

---

* Überarbeitete Fassung des Schlußkapitels meiner Darstellung des deutsch-sowjetischen Krieges 1942/43 in: Das Deutsche Reich und der Zweite Weltkrieg, Bd 6 (Stuttgart, im Erscheinen begriffen).

So gesehen mag auch der 1942 unter dem Decknamen »Blau« vorbereitete zweite deutsche Ostfeldzug als eine bloße Fortsetzung von »Barbarossa« unter anderem Namen und mit veränderter operativer Zielsetzung angesehen werden. Dies umso eher, als der nun den in Vordergrund der deutschen Planungen rückende Vorstoß in und über den Kaukasus von Hitler schon für 1941 vorgesehen und studienmäßig vorbereitet worden war. Noch im Juli 1941 war der deutsche Diktator davon ausgegangen, die deutschen Truppen könnten Anfang Oktober an der Volga und einen Monat später bei Baku und Batumi stehen[3]. Als sich solche Hoffnungen seit dem Spätsommer mehr und mehr zerschlugen, die Notwendigkeit einer Fortsetzung der Operationen im Jahre 1942 immer unabweisbarer und die Mineralölprognosen immer pessimistischer wurden, stand für Hitler das Ziel seiner nächsten Offensive fest. Schon im Oktober wurden von den zuständigen Abteilungen im OKH die Planungsgrundlagen für die kommenden Frühjahrsoperationen erarbeitet; noch im gleichen Monat weihte er den italienischen Außenminister in seine Absichten ein[4].

War »Blau« einerseits also durchaus eine unmittelbare Folge der Tatsache, daß die im Sommer 1941 verfolgten Ziele nicht erreicht, der damals entfesselte Krieg gegen die Sowjetunion noch keineswegs entschieden war, so handelte es sich andererseits doch um einen letzten, mit eigenständiger strategischer Zielsetzung geführten Feldzug, der sich von allen früheren Offensiven Hitlers, auch und gerade vom »Barbarossa«-Unternehmen des Vorjahres in vielfacher Hinsicht grundlegend unterschied. Hatte »Barbarossa« den Höhepunkt eines im Wesentlichen noch europäischen Krieges dargestellt, den Hitler nach Genese und Verlauf zurecht als »seinen« Krieg ansehen durfte, waren seit Dezember 1941 mit Japan und den USA Faktoren ins Spiel gekommen, deren Gewicht den Einfluß des deutschen Diktators auf den Ausgang des weltweiten Ringens stark relativierte und die — andernfalls vielleicht kriegsentscheidende — Bedeutung eines deutschen Sieges im Osten von vornherein abschwächte. Parallel dazu hatte sich der Handungsspielraum des Reiches zunehmend verengt. War »Barbarossa« im Rahmen der Gesamtkriegführung noch eine von mehreren denkbaren Optionen gewesen, so sah die deutsche Führung 1942 — angesichts der der Roten Armee verbliebenen Kampfkraft vermutlich zu Recht — keine militärische Alternative zu einer Neuaufnahme des Angriffs im Osten. Dies bedeutete zugleich, daß einem solchen Angriff naturgemäß das für »Barbarossa« charakteristische politisch-strategische Überraschungsmoment fehlte: Das Unternehmen »Blau« richtete sich gegen einen — um den Preis unsäglicher Opfer — auf die Anforderungen eines totalen Krieges mittlerweile sehr wohl vorbereiteten Gegner und versprach einen Überraschungseffekt allenfalls noch in Hinblick auf seine operative Stoßrichtung. Hinzu kam, daß das zur Durchführung des zweiten

Ostfeldzuges verfügbare militärische Instrument in personeller, materieller und logistischer Hinsicht nach Abschluß der Winterkämpfe nur noch ein Schatten jener Macht war, die im Sommer zuvor gegen die Sowjetunion angetreten war. Wie sehr die Heeresführung selbst sich dieses Umstandes bewußt war, zeigt ein Vergleich der vom Generalstab des Heeres von Zeit zu Zeit erstellten Kampfwertbeurteilungen der Ostdivisionen. Danach waren am Vorabend des deutschen Angriffs auf die Sowjetunion 134 Divisionen oder 64 Prozent aller beteiligten Verbände als voll angriffsfähig eingestuft worden. Neun Monate später, Ende März 1942, zum Zeitpunkt also, da die für den bevorstehenden Sommerfeldzug grundlegende Weisung Nr. 41 beschlossen wurde, war die Zahl der »für alle Aufgaben geeigneten« Divisionen auf insgesamt acht, d.h. fünf Prozent aller verfügabren Verbände geschrumpft[5]. Auch wenn die berechtigte Hoffnung bestand, diese niederschmetternde Bilanz bis zum Anlaufen der neuen Offensive noch ein wenig aufpolieren zu können, war von vornherein unzweifelhaft, daß letztere auf der Basis eines unvergleichlich schmaleren Kräfteansatzes geplant und auf den Bereich nur einer der drei Herresgruppen beschränkt werden mußte.

Lediglich in der zeitlichen Dimensionierung erscheinen die Feldzüge der Jahre 1941 und 1942 auf den ersten Blick vergleichbar. Zwar waren jene Illusionen des Jahres 1941, wonach der Krieg gegen Rußland eine Sache von wenigen Wochen sei, ein Jahr später längst verflogen, doch war auch der Feldzugsplan »Blau« sowohl seiner Konzeption wie der Struktur seines militärischen Instrumentes nach noch einmal ein »Blitzkrieg«, welchen Hitler bis zum Herbst abschließen zu können hoffte. Damit endet aber auch schon die Parallele. Hatten der deutsche Diktator und seine militärischen Berater 1940/41 noch darauf vertraut, »Sowjetrußland in einem schnellen Feldzug niederzuwerfen«[6] und als militärischen, wirtschaftlichen und politischen Faktor auszuschalten, so waren die mit »Blau« verbundenen Erwartungen alles in allem bescheidener. Es besteht kein Zweifel, daß Hitler seit der Beinahe-Katastrophe der Wintermonate erheblichen Respekt vor der Leistungsfähigkeit und Opferbereitschaft der Roten Armee empfand, auch wenn deren Hervorhebung gelegentlich dem Zweck diente, das eigene Versagen in milderem Lichte erscheinen zu lassen[7]. So wurde zwar in Augenblicken der Euphorie, aus propagandistischen Gründen oder unter politisch-taktischen Gesichtspunkten gegenüber den Verbündeten immer wieder die Hoffnung genährt, das Jahr 1942 könne die endgültige Entscheidung im Osten bringen, doch orientierten sich die konkreten Planungen nunmehr an einem rückblickend zwar nicht realistisch zu nennenden, wohl aber weniger utopischen Ziel: der Erhaltung der eigenen Fähigkeit zur weiteren Kriegführung. Um was es bei der Ostkriegsplanung im ersten Halbjahr 1942 in erster Linie ging, waren nicht der Zugewinn an Siedlungsraum oder die Zertrümmerung des

Bolschewismus, ja primär nicht einmal mehr die Vernichtung der Roten Armee (wenngleich die Hoffnung auf all dies der Motor aller weiteren Kriegsanstrengungen blieb), sondern die Eroberung einer mittel- und langfristig zureichenden Rohstoffbasis, insbesondere auf dem Mineralölsektor. »Wenn ich das Öl von Majkop und Grozny nicht bekomme«, so bekannte Hitler freimütig anläßlich eines Frontbesuches in Poltava, »dann muß ich diesen Krieg liquidieren«[8].

In der Tat hatte die seit Herbst 1941 kritische Mineralöllage in Verbindung mit dem Scheitern der deutschen Absichten vor Moskau, dem Eintritt der USA in den Krieg und der von Hitler für 1942, spätestens aber 1943 befürchteten Eröffnung der »zweiten Front« in Frankreich oder Norwegen den deutschen Diktator im Winter 1941/42 erstmals *konkret* vor die Alternative gestellt, den Krieg entweder politisch zu beenden (was für ihn außer Diskussion stand), oder aber schnellstmöglich die Voraussetzungen dafür zu schaffen, auch einen *langen* Krieg gegen die sowjetisch-angelsächsische Allianz durchzustehen. Indem Hitler sich hierzu entschloß[9], stellte er die deutsche Kriegsmaschinerie vor die Notwendigkeit, relativ ungeschützt einen gefährlichen Zeitkorridor durchqueren zu müssen, der sich zwischen dem Zusammenbruch der Blitzkriegshoffnungen im Osten und einer erfolgreichen Umstellung des Reiches auf den langen Krieg erstreckte. Das Unternehmen »Blau« war der operative Versuch, diese Gefahrenzone rechtzeitig, d.h. noch vor einem Eingreifen der Westalliierten auf dem Kontinent, zu überwinden und das sich mit dem nun akut drohenden Mehrfronten-Landkrieg auftuende »Fenster der Verwundbarkeit« schnellstmöglich zu schließen. Der sich aus dieser Konstellation ergebende strategische Erfolgszwang beraubte Hitler in seiner Eigenschaft als Oberbefehlshaber des Heeres von vornherein der Freiheit, die anstehenden Operationen im Osten allein nach Grundsätzen klassischer operativer Logik – d.h. vor allem unter Berücksichtigung der realen Kräfte- und Raumverhältnisse auf diesem Kriegsschauplatz – zu gestalten.

Der dem Ostheer im Zuge der Umstellung des Reiches vom kurzen auf den langen Krieg zufallende Primat der Rohstoffeiroberung bestimmte Hitlers operative Pläne um so mehr, als sich damit die Erwartung verband, die Sowjetunion auf diese Weise von den für sie gleichermaßen überlebenswichtigen Ressourcen abschneiden zu können. In diesem Punkte deckte sich Hitlers Einschätzung ganz mit jener Lagebeurteilung, welcher der französische Generalstab im Rahmen der alliierten Kaukasusplanungen zwei Jahre zuvor erarbeitet hatte. Damals, im Februar 1940, war auch Gamelin überzeugt gewesen, daß eine direkte Aktion gegen die kaukasische Erdölindustrie »einen sehr schweren, wenn nicht entscheidenden Schlag gegen die militärische und wirtschaftliche Organisation der Sowjetunion« bedeuten würde, welcher diese womöglich binnen einiger Monate an den Rand »eines völligen Zusammenbruchs« führen könnte[10]. Für Hitler gab es neben solchen Hoffnungen noch eine Reihe weiterer wichtiger — wenn auch für sich genommen nicht ausschlaggebender — politischer, strategischer und operativer Faktoren, welche für den Kaukasus als Operationsziel sprachen: Das Kalkül, nach dem die Rote Armee gerade wegen der kriegswirtschaftlichen und logistischen Bedeutung jener Region sich dort der entscheidenden Schlacht nicht werde entziehen können; die Erwartung, mit dem Erreichen des Kaukasus nicht nur die südliche Nachschubverbindung der Westalliierten in die Sowjetunion kappen, sondern auch die Voraussetzungen für einen späteren deutschen Schlag gegen die britische Nahost-Stellung schaffen zu können sowie nicht zuletzt die Hoffnung, durch überzeugende militärische Erfolge vor der »Haustür« der Türkei diese zu einem Kriegseintritt auf Seiten der Achsenmächte zu bewegen.

Daß es sich bei der Ostkriegsplanung 1942 primär um eine Rohstoffsicherungsstrategie handelte, bedeutete keineswegs, daß der rassenideologische Impetus dieses Vernichtungskrieges verloren gegangen wäre. Vielmehr wurden von der politischen wie von der Wehrmachtführung auch 1942 erhebliche Anstrengungen unternommen, der kämpfenden Truppe die weltanschaulichen Grundlagen ihres militärischen Einsatzes in Wort und Schrift nahezubringen[11]. Wichtiger noch: im trügerischen Bewußtsein vermeintlich dauerhaft gesicherter Eroberungen im Osten wurde 1942 — das Jahr der »Wannsee-Konferenz« und des »Generalplans Ost« — mehr als jede andere Zeit zu einem Jahr langfristiger »volkstumspolitischer« Planungen. Zugleich wurden die 1941 in großem Stil angelaufenen Maßnahmen zur Ermordung, Versklavung, Deportation und Umsiedlung ganzer Bevölkerungsgruppen fortgesetzt. Der Osten, so versprach der Hauptprotagonist dieser Politik, Heinrich Himmler, in einer Rede am 23. November 1942 (genau jenem Tage also, da sich der Ring um Stalingrad schloß), werde »heute Kolonie, morgen Siedlungsgebiet, übermorgen Reich« sein[12]. Zwei Monate früher war der Reichsführer-SS im kleinen Kreise sogar noch einen Schritt weiter gegangen und hatte von einem »später oder früher einsetzenden Endkampf gegen Asien« geschwärmt, von dem Rußland schließlich nur »ein Vorposten« sei: »Nach dem großdeutschen Reich kommt das germanische Reich, dann das germanisch-gotische Reich bis zum Ural, und vielleicht dann auch noch das gotisch-fränkisch-karolingische Reich«[13].

Vor dem Hintergrund einer dermaßen bizarren Vorstellungswelt hatte sich jedoch seit dem Winter 1941/42 bereits eine eigentümliche Diskrepanz zwischen den politischen Ansprüchen des Reiches und seinen militärischen Möglichkeiten abzuzeichnen begonnen. Während die Befriedigung ersterer unter der ungebrochenen Vorgabe eines deutschen Totalsieges auf buchstäblich mörderische Weise ins Werk gesetzt wurde, wurden die strategischen und operativen Planungen in wachsendem Maße von der Sorge bestimmt, ob das

Erreichte auf Dauer überhaupt gehalten bzw. die materiellen Voraussetzungen hierfür noch gewonnen werden könnten. Diese zunehmend ins Bewußtsein auch der obersten Führung rückenden Zweifel und Unwägbarkeiten begünstigten in der Phase zwischen dem Scheitern vor Moskau und jenem vor Stalingrad einen vergleichsweise pragmatischeren Stil in der deutschen Ostkriegführung. Die auf allen Führungsebenen in unterschiedlicher Intensität spürbare Desillusionierung hinsichtlich des Kriegsverlaufs erzwang auf dem Gebiet der *militärischen* Planungen eine gewisse Rückorientierung imperialer Eroberungsvisionen auf das konkret Machbare. Dies freilich in engen Grenzen: das Dogma der Nichtverlierbarkeit des Krieges blieb auch unter den schwierigen Verhältnissen des Jahres 1942 offiziell unangetastet; ideologische Vorurteile trugen auch weiterhin zu einer chronischen Unterschätzung der Fähigkeiten des sowjetischen Gegners bei, und wo sich tatsächlich Ansätze zu pragmatischen Lösungen zeigten, wurden diese nicht selten durch sich häufende persönliche Eingriffe Hitlers unterlaufen.

Mit der Entscheidung für den kaukasischen Raum als Hauptziel der deutschen Sommeroffensive wurde eine Option aufgegriffen, welche die deutsche Führung schon im Ersten Weltkrieg vergeblich zu realisieren versucht und die Hitler selbst, wie oben erwähnt, bereits für 1941 ins Auge gefaßt hatte. Es handelte sich also keineswegs um einen aus plötzlicher Eingebung geborenen, gar besonders originellen strategischen Geniestreich des deutschen Diktators. Gleichwohl wird man in Hinblick auf das Kaukasusprojekt mit weit größerer Berechtigung als im Falle des deutschen Vorstoßes gegen Moskau von einer persönlichen Entscheidung Hitlers sprechen müssen, welche dieser schon vor dem Höhepunkt der Winterkrise ohne jegliche (an sich zu erwartende) vorherige Abstimmung mit dem damals noch amtierenden Oberbefehlshaber des Heeres, seinem Chef des Generalstabs, dem Chef der Heeresrüstung und Befehlshaber des Ersatzheeres oder gar den Oberbefehlshabern der Heeresgruppen traf. Der Einfluß der Genannten beschränkte sich in den folgenden Monaten allein auf die Modalitäten der Operationsplanung. An deren Realisierbarkeit bestanden freilich im Oberkommando des Heeres, aber auch bei Dienststellen des OKW — insbesondere im Wehrwirtschafts- und Rüstungsamt und im Wehrmachtführungsstab, zeitweise aber selbst bei Keitel — zum Teil erhebliche Zweifel. Entgegen dem in zahlreichen, z.T. unter Halders persönlichem Einfluß entstandenen Nachkriegspublikationen verbreiteten Eindruck[14] schlugen sich diese Zweifel jedoch zu keinem Zeitpunkt in konkreten, den Grundgedanken des bevorstehenden Feldzuges in Zweifel ziehenden Gegenvorstellungen nieder. Im Gegenteil: Halder selbst machte sich, zumindest offiziell, den strategischen Grundgedanken des Kaukasusunternehmens schon sehr bald zu eigen. Die Eroberung des kaukasischen Raumes sei, so ließ der Generalstabschef den ihm zugeteilten Marineverbindungsoffizier wissen, sogar »eine zwingende Notwendigkeit«, besitze diese Region für das Reich doch »etwa die gleiche Bedeutung wie die Provinz Schlesien für Preußen«: »Erst durch den Besitz dieses Gebietes wird das deutsche Kriegsreich auf Dauer lebensfähig«[15].

Die während des ersten Halbjahres 1942 von diversen OKW- und OKH-Dienststellen vorgelegten Lagebeurteilungen und Denkschriften über den Zustand der eigenen wie der sowjetischen Armee, aber auch über die strategische und kriegswirtschaftliche Lage der Sowjetunion allgemein, waren denn auch fast ausnahmslos in einem vorsichtig optimistischen Ton gehalten[16]. Stets dazu neigend, die Chancen der ins Auge gefaßten Operation stärker zu betonen als deren Risiken, lassen diese Ausarbeitungen trotz einer allzu oft nur höchst lückenhaften Kenntnis der Feindlage zumeist alle Ansätze zu jenem »worst-case«-Denken vermissen, welches solide militärische Planung gemeinhin auszeichnet[17]. Dies war ein Jahr früher, im Vorfeld der Operation »Barbarossa«, nicht anders gewesen; von der »Kontinuität eines fast schon zur Ideologie gewordenen Optimismus« zu sprechen, erscheint insofern durchaus berechtigt[18]. Doch während die damalige Kritiklosigkeit Folge eines zwar maßlosen, aber subjektiv ehrlichen Überlegenheitsgefühls war, war die Lage im Frühjahr 1942 von einem teils taktisch-motivierten, teils geradezu zwanghaften Optimismus geprägt, welcher nicht nur Hitler selbst, sondern gerade auch die professionell zuständigen militärischen Planungsinstanzen daran hinderte, Möglichkeiten und Konsequenzen des operativen Scheiterns ihres ja durchaus als risikoreich empfundenen Vorhabens mitzudenken.

Diese verhängnisvolle Neigung beruhte auf einer Verkettung vor allem dreier Umstände: Zum einen schien eine erfolgversprechende Alternative zu Hitlers Operationsplänen tatsächlich nicht zu existieren. Weder die von einigen Generalstäblern im OKH vielleicht zeitweise erwogene »strategische Defensive« noch eine Wiederholung des Vorstoßes auf Moskau, geschweige denn die globalen Ambitionen der Seekriegsleitung[19], stellten eine Lösung der sich von Monat zu Monat verschärfenden kriegswirtschaftlichen Sachzwänge dar. Im übrigen war, was die »Moskau-Option« angeht, der Generalstab des Heeres Hitler gegenüber in einer psychologisch denkbar ungünstigen Situation; schließlich war die gescheiterte Operation des Vorjahres doch vor allem Halders Idee gewesen, die dann drohende Katastrophe indes, so schien es, nur dank Hitlers energischer Haltebefehle verhindert worden. Angesichts dieser Lage sah der Generalstab keine andere Möglichkeit, als Hitlers Ostkriegskonzeption entweder mitzutragen oder - ohne jede Aussicht auf Erfolg — für eine *politische* Beilegung des Krieges zu plädieren.

Die Frage, warum er eben dies nicht tat, verweist auf einen zweiten wichtigen Umstand: Hitlers Operationsgedanke für 1942 ging von der Annahme aus, daß die Rote Armee am Ende ihrer Kraft und nur noch sehr bedingt regenerationsfähig sei. Dieser grundlegende Irrtum war — dies wird in der Literatur gemeinhin übersehen — nicht zuletzt ein Produkt eben jener Fehlinformationen, welche das Oberkommando des Heeres, und hier insbesondere die Abteilung »Fremde Heere Ost«, während der Winterkrise über den Gegner verbreitet hatten. Als man sich dann im Frühjahr 1942 gezwungen sah, die bisherige Feindeinschätzung zu korrigieren[20], waren die Würfel bereits gefallen. In einer fatalen Umkehrung rationaler Entscheidungslogik ging es nun nicht mehr darum, Entscheidungen einer unbequemen Realität, sondern diese vermeintlich unwiderruflichen Entscheidungsvorgaben anzupassen.

Eine dritte, vielleicht die wichtigste Erklärung für den zwanghaften Optimismus, der die offiziellen Verlautbarungen in der ersten Jahreshälfte 1942 auszeichnete, ist in der für diese Entwicklungsphase des Führerstaates charakteristischen Kommunikationsstruktur der politisch-militärischen Spitzenbehörden zu sehen. Kennzeichnend für diese Struktur war der Umstand, daß es innerhalb wie außerhalb der einzelnen Wehrmachtteile zwar eine Fülle sich in ihren Funktionen ergänzender oder überschneidender Stäbe und Dienststellen gab, kaum aber jene intermediären, unterschiedliche Interessen abgleichenden und gemeinsame Entscheidungen vorbereitenden Koordinierungsinstanzen, wie sie z.B. in den angelsächsischen Ländern in Gestalt zahlreicher »committees« und »subcommittees« existierten. Beschränkte sich die »horizontale« Kommunikation mithin auf einen zumeist engeren Rahmen, der durch persönliche Kontakte und das fachliche Aufeinander-Angewiesen-Sein einzelner Dienststellen bestimmt war, so gewann die »vertikale«, d.h. auf Hitler als das höchste und im Grunde einzige Entscheidungszentrum abgestellte Kommunikation eine um so größere Bedeutung. Es entstand so geradezu ein Wettlauf der militärischen Interessenvertreter um die Gunst des »Führers«, war diese doch die entscheidende Voraussetzung dafür, den an Aktenlektüre und systematischer Unterrichtung desinteressierten Diktator für einen bestimmten Problemlösungsansatz einzunehmen. Führerentscheidungen waren also, von einigen Grundsatzpositionen und ideologischen Fixpunkten Hitlers abgesehen, je nach dem Maß des taktischen Geschicks seiner Umgebung durchaus manipulierbar, und zwar umso eher, als der militärische Entscheidungsbedarf stieg, des »Führers« gesundheitliche Konstitution sich verschlechterte und Hitler zu einer immer selektiveren Wahrnehmung der Kriegsrealität tendierte.

In dieser Situation wähnte sich der Generalstabschef des Heeres im Frühjahr 1942 trotz — vielleicht sogar wegen — seiner Zweifel an Hitlers Feldherrnkunst und der operativen Realisierbarkeit des Kaukausus-Unternehmens noch keineswegs auf verlorenem Posten. War nicht jetzt noch einmal, vielleicht zum letzten Mal, die Stunde der professionellen Operateure gekommen? Hing nicht jetzt, da jede aussichtsreiche militärische Alternative zur Operation »Blau« fehlte, alles davon ab, den »Führer« zu den »richtigen« operativen Entscheidungen zu bewegen? Immerhin verfügte Halder mit dem Generalstab über das entscheidende Instrument zur Planung und Durchführung der Operation. Auch mochte er noch darauf hoffen, durch seinen seit dem Abgang Brauchitsch's engeren Kontakt zu Hitler, dessen »erster Berater in allen Fragen der Kriegführung« er laut Dienstanweisung[21] ja nun sein sollte, leichter auf diesen einwirken zu können. Immerhin schien es einige Monate lang, als könnten sich Halders Hoffnungen erfüllen. Nicht nur trug nämlich die grundlegende Weisung Nr. 41[22] in ihren wesentlichen Teilen die Handschrift des Generalstabschefs; auch in seinen operativen Entschlüssen im Zusammenhang der großen Frühjahrsschlachten folgte Hitler weitestgehend dessen Ratschlägen, selbst wenn diese, wie die große Panzerschlacht um Char'kov im Mai 1942 und die Entlassung Bocks Anfang Juli zeigen, bisweilen in schroffem Gegensatz zur Auffassung der betroffenen Heeresgruppen- und Armeeoberkommandos standen. Paradoxerweise trugen allerdings gerade die überzeugenden operativen Erfolge der Frühjahrskämpfe und der rasche Raumgewinn während der ersten Phase von »Blau« zum wenig später erfolgenden Bruch im Verhältnis zwischen Hitler und Halder bei. Gerade der bereits wieder ins Grenzenlose ausufernde Optimismus des »Führers« hinsichtlich der operativen Entwicklung im Osten und seine gleichzeitig wachsende Nervosität hinsichtlich einer vorzeitigen Landung der Westmächte auf dem europäischen Kontinent verleiteten den Diktator im Juli zu jener verhängnisvollen Aufspaltung des Unternehmens »Blau« in zwei zeitlich parallel gegen die Volga und den Kaukasus zu führende Teiloffensiven, deren Hauptzweck es war, den Ostkrieg unter schnellstmöglicher Eroberung der strategisch zentralen Ölquellen alsbald zu einem wenigstens vorläufigen Abschluß zu bringen[23]. Diese Entscheidung Hitlers, die der Generalstab des Heeres vergeblich zu verhindern gesucht hatte, ließ einmal mehr die unterschiedlichen Ebenen deutlich werden, auf denen sich die Gedankengänge des »Führers« und seines ersten Beraters bewegten. Urteilte letzterer ganz auf der Basis der sich aus den *operativen* Lageverhältnissen »seines« Kriegsschauplatzes ergebenden Schlußfolgerungen, so waren eben diese für Hitler lediglich eine Funktion vermeintlich übergeordneter *strategischer* Sachzwänge. Indem der Diktator sich an ihnen eher als an den Realitäten des Schlachtfeldes orientierte, ließ er Halders beharrliche Versuche, ihn in seinen Entschlüssen an das professionelle Denken des Generalstabs anzubinden, in einem entscheidenden Augenblick scheitern. Anders als noch ein halbes Jahr zuvor war Halder jetzt freilich nicht mehr bereit, die Verantwortung für operativ widersinnige Entscheidungen seitens seines Oberbefehlshabers auf sich zunehmen. Angesichts der Tatsache, daß die deutsche Offensive zwar zu schnellem Raumgewinn, nicht aber zur erhofften Vernichtung der Masse der Roten Armee geführt hatte, waren dem Generalstabschef die fatalen Konsequenzen klar, welche eine Halbierung der deutschen Angriffskraft gegen das sich erkennbar zur Festung rüstende Stalingrad zeitigen würde. Wenn Halder darum in den folgenden Wochen auf seine Entlassung hinzuarbeiten begann, stand dahinter nicht zuletzt die Einsicht, daß der unter seiner operativen Verantwortung vorbereitete und geführte Krieg gegen die Sowjetunion militärisch nicht mehr zu gewinnen sein werde.

Diese Erkenntnis setzte sich bei Hitler erst Anfang September, also nach Beginn der allgemeinen Stagnation an allen Frontabschnitten durch und führte zu jener »Septemberkrise«[24], deren Bedeutung über den förmlichen Bruch zwischen Hitler und Halder hinaus vor allem darin zu sehen ist, daß in ihr — ähnlich wie schon in den Führungskrisen der Jahre 1938 und 1941 — der tiefgreifende Beziehungskonflikt zwischen Diktator und traditioneller Militärelite erneut aufbrach. Genau wie im Dezember des Vorjahres[25] wurde dabei auch im September 1942 die innere Krise durch eine äußere ausgelöst; auf beide Krisen reagierte Hitler nach dem schon bekannten Muster: Während er die innere, die Führungskrise durch einseitige Schuldabwälzung, die Auswechslung unbequemer Generale (List, Halder) sowie die Konzentration immer neuer militärischer Funktionen (in diesem Fall: des Oberbefehls über die Heeresgruppe A) auf seine eigene Person zu bewältigen versuchte, flüchtete er sich zur Überwindung der äußeren Krise in eine undifferenzierte »Halte«-Mentalität, welche für ihn spätestens seit den Erfahrungen des Winters 1941/42 zur im Grunde einzig akzeptablen Form defensiver Kriegführung geworden war. Im Unterschied zu der auf den ersten Blick vergleichbaren Haltung, wie sie Stalin Ende Juli mit seinem berühmten Befehl Nr. 227 eingenommen hatte[26], handelte es sich in diesem Falle indes keineswegs um eine »Strategie«, hinter der ein realistisches Konzept zur Rückgewinnung der Initiative gestanden hätte. Vielmehr war jene mitunter euphemistisch als »Halte-Strategie« bezeichnete Reaktionsform angesichts der sich dramatisch verschlechternden Kräfterelationen nichts anderes als ein Ausdruck der strategischen Ratlosigkeit und operativen Inkompetenz des »Führers«, der sich — zumal im Bewußtsein der schon bald zu gewärtigenden »zweiten Front« im Westen — mit einem abermaligen Scheitern seiner Pläne im Osten nicht abfinden mochte. Der Preis dieser Uneinsichtigkeit war die Vernichtung der 6. Armee bei Stalingrad.

Da der Name der Volgametropole längst zu einem Codewort für die »Wende« des Krieges schlechthin avanciert ist, besteht Anlaß genug, den historischen Ort dieser ersten *vernichtenden* Niederlage des deutschen Ostheeres noch einmal zu überdenken. Daß sie von den Zeitgenossen ganz überwiegend als Zäsur empfunden wurde, steht dabei außer Zweifel. Die sich abzeichnende Tragödie in Stalingrad hatte, wie der Sicherheitsdienst der SS zu berichten wußte, »das ganze Volk [...] bis ins tiefste aufgewühlt.« Sie veränderte darüber hinaus nachhaltig die Bewertung der Gesamtkriegslage durch die Bevölkerung. »Allgemein ist«, so ein anderer Lagebericht vom 4. Februar 1943, »die Überzeugung vorhanden, daß *Stalingrad ein Wendepunkt* des Krieges bedeute«[27]. Kaum überraschend erreichte die Stimmung in der Bevölkerung damit »einen bisher nicht gekannten Tiefstand«[28]. Neue, bislang unterdrückte Fragen kennzeichneten den nach Stalingrad veränderten Erwartungshorizont: An die Stelle bangen Hoffens trat jetzt die Sorge, »wie das alles enden« werde; die Frage, »wie lange es noch bis zum Siege dauere«, wich jener, »wie lange wir den Krieg noch mit Aussicht auf ein günstiges Ende durchhalten können«[29]. Selbst die Person des »Führers«, die trotz eines sich zunehmend verschleißenden Mythos bislang von direkten Unmutsäußerungen weitgehend verschont geblieben war, wurde von nun an zu einer Zielscheibe der Kritik[30].

Nicht weniger gravierend als in Deutschland selbst waren die psychologischen Rückwirkungen der Stalingrad-Tragödie in den mit dem Reich verbündeten Ländern. Auch hier war, wie sich nunmehr in aller Deutlichkeit zeigte, die Stimmungslage der Bevölkerung eine vom Erfolg der deutschen Waffen unmittelbar abhängige Größe. Ein besonders markantes Beispiel hierfür bietet Finnland, wo vertrauliche Erhebungen über die Stimmungslage der Bevölkerung einen geradezu dramatischen Verfall der Siegeszuversicht registrierten, welcher sich von den Deutschland gegenüber immer noch betont loyalen Regierungsverlautbarungen und den von Zensur und Selbstzensur gebremsten Presseberichten scharf abhob[31]. Nicht sehr viel anders verhielten sich die Dinge bei den übrigen Verbündeten Deutschlands, zumal wenn diese, wie Rumänien und Ungarn, als Folge des Stalingrad-Abenteuers den Verlust erheblicher Teile ihrer nationalen Streitkräfte zu beklagen hatten und sich überdies noch schweren Vorwürfen und Schuldzuweisungen seitens ihres deutschen Verbündeten ausgesetzt sahen. So konnte in keiner Weise überraschen, daß in jenen Wochen die diplomatischen Vertreter des Reiches mehr denn je von einer »zunehmenden Kriegsmüdigkeit sowohl in Teilen der rumänischen Armee wie auch in der Bevölkerung«[32] bzw. von einer »labilen Haltung einflußreicher [ungarischer] Kreise mit Bezug auf ihren Kriegs- und Durchhaltewillen«[33] zu berichten wußten. Der nicht ganz unerwartete, aber doch dramatische und auch durch die folgende Restabilisierung der Ostfront nur kurzfristig zu bremsende Stimmungsumschwung begünstigte naturgemäß die nach Stalingrad von allen verbündeten Regierungen in unterschiedlicher Intensität unternommenen Versuche, den deutschen Partner zu einem Kompromißfrieden zu bewegen oder sich angesichts der Vergeblichkeit solcher Bemühungen von der deutschen Kriegszielpolitik abzusetzen.

Daß das Stalingrad-Debakel von jenen, die das Geschehen aus der Nähe erlebten oder aus der Ferne mitverfolgten, fast einmütig als »Kriegswende« empfunden wurde, war für sich genommen zweifellos von einiger Bedeutung für den weiteren Fortgang des Krieges. Eine ganz andere Frage freilich ist, ob bzw. inwieweit die zeitgenössische Einschätzung vor dem Auge des rückblickend urteilenden Historikers Bestand haben kann. Ohne Zweifel liegen für letzteren die Dinge weit weniger klar. Das in der Literatur unterschiedlichster Provenienz immer wieder kolportierte Urteil, die Stalingrader Schlacht stelle eine oder gar *die* Wende des Zweiten Weltkrieges dar[34], ist jedenfalls in mehrfacher Hinsicht problematisch. Insbesondere suggeriert es die Vorstellung, daß der Krieg seit und bedingt durch Stalingrad einen grundlegend anderen Verlauf als vordem genommen habe. Bezogen auf Deutschland hieße dies, daß mit dem Ausgang der Schlacht die Straße des Sieges endgültig verlassen worden sei, ein bis dahin noch gewinnbarer Krieg sich nunmehr in einen aussichtslosen verwandelt habe. Indessen kann gerade davon keine Rede sein. Die Maßlosigkeit der Hitlerschen Kriegsziele, die frühe Globalisierung des Krieges, die extrem asymmetrische Verteilung der menschlichen und materiellen Ressourcen, der amerikanische Vorsprung in der Nuklearwaffenentwicklung sowie nicht zuletzt die Entschlossenheit der alliierten Großmächte, den ihnen aufgezwungenen Krieg nicht vor einer deutschen Niederlage zu beenden — all dies zusammengenommen entzieht zumindest im Rückblick einer jeden These, das Deutsche Reich habe *jemals* eine reale Chance besessen, den Krieg *als ganzen* im Sinne Hitlers zu gewinnen, den Boden[35]. Von Stalingrad als einer »Kriegswende« ganz allgemein und uneingeschränkt zu sprechen, ist insofern also irreführend.

Anders steht es mit der Frage, ob die Vernichtung der 6. Armee an der Volga eine Wende des Krieges *im Osten* markierte. Dort zumindest war die deutsche Wehrmacht einer Entscheidung von strategischer Bedeutung zweimal nahe gewesen. Sowohl im Herbst 1941 vor Moskau als auch im folgenden Sommer am Südabschnitt der Front hatte ein Zusammenbruch der sowjetischen Verteidigung, wenn nicht gar des stalinistischen Regimes als solchem im Bereich des Möglichen gelegen. Jedenfalls war es in beiden Fällen eine Konstellation relativ weniger Faktoren, keineswegs aber eine wie auch immer geartete »Gesetzmäßigkeit«[36] gewesen, welche letztendlich den Ausschlag gab. Der Fähigkeit, vergleichbare Entscheidungssituationen noch einmal zu erzwingen, war das deutsche Ostheer mit der Niederlage an der Volga endgültig verlustig gegangen. Es hatte die strategische Initiative auf diesem Kriegsschauplatz (wie anderswo auch) für immer eingebüßt. Insofern stellten die Stalingrader Ereignisse in der Tat einen »point of no return« dar. Genauer gesagt, markieren sie den *Schluß*punkt eines Prozesses sich zunehmend verengender Siegesoptionen im Osten. Die wesentlichen Stationen dieses Prozesses waren die Schlacht von Smolensk im Juli 1941 und der aus ihr resultierende Halt des deutschen Vormarsches, das Scheitern vor Moskau im Dezember desselben Jahres, die zurecht als »ökonomisches Stalingrad« bezeichnete Ostverlagerung erheblicher Teile der sowjetischen Industrie[37] sowie Hitlers Entscheidung zur Aufspaltung der Operation »Blau« im Juli 1942. Nach jedem dieser Ereignisse waren die Grundlagen eines deutschen Sieges im Osten brüchiger, die Zahl der Optionen kleiner geworden. In diesem Prozeß einer sich kumulativ vollziehenden »Wende« stellte die Stalingrader Tragödie die letzte militärische Konsequenz dar. Jenseits von ihr gab es keinerlei begründete Hoffnung mehr auf einen Sieg im Osten. Die Einsicht in diese Tatsache *hätte* eine Wende auch der deutschen Kriegspolitik begründen können. Daß sie es nicht tat, sondern vielmehr zum Ausgangspunkt einer weiteren Radikalisierung der deutschen Kriegsanstrengungen wurde, ist das vielleicht bemerkenswerteste Ergebnis der Schlacht an der Volga.

## Anmerkungen

1 Vgl. hierzu den Literaturbericht in: »Unternehmen Barbarossa«. Der deutsche Überfall auf die Sowjetunion 1941, hrsg. von Gerd R. Ueberschär und Wolfram Wette, Paderborn 1984, S. 267–291.

2 S. auch Bernd Wegner, Kriegsgeschichte – Politikgeschichte – Gesellschaftsgeschichte. Der Zweite Weltkrieg in der westdeutschen Historiographie der siebziger und achtziger Jahre, in: Neue Forschungen zum Zweiten Weltkrieg, hrsg. von Jürgen Rohwer, München (im Erscheinen begriffen) (= Schriften der Bibliothek für Zeitgeschichte, Bd 26).

3 Franz Halder, Kriegstagebuch, Bd III, bearb. von Hans-Adolf Jacobsen, Stuttgart 1964, S. 107 (23.7.1941); Ergänzung zur Weisung Nr. 33 vom 23.7.1941, abgedr. in: Hitlers Weisungen für die Kriegführung 1939–1945, hrsg. von Walther Hubatsch, Frankfurt/M. [2]1983, S. 143.

4 Kriegstagebuch des Oberkommandos der Wehrmacht (Wehrmachtführungsstab) 1940–1945, hrsg. von Percy E. Schramm, Bd I, S. 1072 f. (Dok. 105); Staatsmänner und Diplomaten bei Hitler. Vertrauliche Aufzeichnungen über Unterredungen mit Vertretern des Auslandes, hrsg. von Andreas Hillgruber, 2 Bde, Frankfurt/M. 1967/1970, hier Bd 1, S. 629.

5 GenStdH/Org.Abt. (I), Beurteilung des Kampfwertes der Divisionen nach dem Stande vom 20. Juni 1941 vom 18.6.1941, Bundesarchiv-Militärarchiv (BA-MA), RH 2/427; GenStdH/Org.Abt. (I) vom 2.4.1942 betr. Meldungen über Beurteilung der Divisionen nach dem Stande vom 30.3., BA-MA, RH 2/429.

6 Weisung Nr. 21 vom 18.12.1940, zit. nach: Hitlers Weisungen (Anm. 3), S. 84.

7 So etwa in Hitlers Unterredung mit Mannerheim am 4.6.1942; Carl G. Mannerheim, Erinnerungen, Zürich 1952, S. 482 ff.

8 Zit. nach: Der Prozeß gegen die Hauptkriegsverbrecher vor dem Internationalen Militärgerichtshof, Bd VII, Nürnberg 1947, S. 290 (Aussage Paulus).

9 Auf die mit diesem Entschluß verbundenen vielfältigen Maßnahmen — von der Umsteuerung der Rüstung und Reorganisation der Rüstungsproduktion über die drastischen Schritte zu einer rationelleren »Menschenbewirtschaftung« bis hin zur verschärften Ausbeutung der besetzten und verstärkten Mobilisierung der mit dem Reich verbündeten Länder — kann hier nicht näher eingegangen werden.

10 Aufzeichnung Gamelins vom 22.2.1940, zit. nach: Auswärtiges Amt, Weißbuch Nr. 6 (Die Geheimakten des französischen Generalstabes), S. 50 (Dok. 22).

11 S. beispielhaft die von der Abt. Wehrmachtpropaganda im OKW regelmäßig herausgegebenen Mitteilungen für die Truppe bzw. Mitteilungen für das Offizierkorps, BA-MA, RW/v. 353 und 357.

12 Zit. nach Bernd Wegner, Hitlers Politische Soldaten. Die Waffen-SS 1933—1945, Paderborn [3]1988, S. 48, Anm. 120.

13 Zit. nach ebd., S. 48.

14 Beginnend mit Halders eigener Schrift: Hitler als Feldherr, München 1949, S. 48 f.; charakteristisch auch Adolf Heusinger, Befehl im Widerstreit, Tübingen [2]1957, S. 176 ff.

15 Schreiben des Marineverbindungsoffiziers beim OKH an 1./Skl vom 4.4.1942, BA-MA, RM 7/259.

16 Zu erwähnen sind hier vor allem die Denkschriften der Abteilung Fremde Heere Ost betr. Die personelle Wehrleistungsfähigkeit der UdSSR vom 23.3.1942, BA-MA, RH 2/1924, des Wehrwirtschafts- und Rüstungsamtes über Die wehrwirtschaftliche Lage der UdSSR Anfang des Jahres 1942 vom 31.3.1942, BA-MA, Wi/ID 138, sowie des Wehrmachtführungsstabes zur Wehrkraft der Wehrmacht im Frühjahr 1942 vom 6.6.1942, BA-MA, RM 7/395.

17 Eingehender dazu mein Aufsatz: The Tottering Giant: German Perceptions of Soviet Military and Economic Strength in Preparation for »Operation Blau« (1942), in: Intelligence and International Relations 1900—1945, hrsg. von Christopher Andrew und Jeremy Noakes, Exeter 1987, S. 293—311.

18 So Hans-Heinrich Wilhelm, Die Prognosen der Abteilung Fremde Heere Ost 1942—1945, in: ders. und Louis de Jong, Zwei Legenden aus dem Dritten Reich, Stuttgart 1974, S. 21 (= Schriftenreihe der Vierteljahrshefte für Zeitgeschichte, Bd 28).

19 Vgl. Michael Salewski, Die deutsche Seekriegsleitung 1935—1945, Bd II, München 1975, S. 72 ff.

20 So vor allem in der von Fremde Heere Ost am 28.6.1942 vorgelegten Denkschrift: Gedanken über die vermutete Kampfkraft der sowjetischen Armee bei Winterbeginn 1942, BA-MA, RH 2/932, Dok. 644.

21 Dienstanweisung für den Chef des Generalstabs des Heeres, o.D., BA-MA, RW 4/v. 35.

22 Abgedr. in: Hitlers Weisungen (Anm. 3), S. 183 ff.

23 Weisung Nr 45 vom 23.7.1942, abgedr. ebd., S. 196 ff.

24 Eine eingehendere Analyse dieser Krise bietet mein in Kürze erscheinender Beitrag zum 6. Band des Reihenwerkes »Das Deutsche Reich und der Zweite Weltkrieg«, hrsg. vom Militärgeschichtlichen Forschungsamt, Stuttgart 1979 ff.

25 Zu Verlauf und Bedeutung der Dezemberkrise vgl. ebd., Bd 4, S. 605 ff. (Beitrag Klink).

26 Abgedr. in: Voenno-istoričeskij žurnal, 1988, H. 8, S. 73 ff.

27 Meldungen aus dem Reich 1938—1945. Die geheimen Lageberichte des Sicherheitsdienstes der SS, hrsg. von Heinz Boberach, 17 Bde, Herrsching 1984, hier Bd 12, S. 4720 (Nr. 354 vom 28.1.1943) und 4751 (Nr. 356 vom 4.2.1943).

[28] Zit. nach Ian Kershaw, Der Hitler-Mythos. Volksmeinung und Propaganda im Dritten Reich, Stuttgart 1980 (= Schriftenreihe der Vierteljahrshefte für Zeitgeschichte, Bd 41), S. 168.

[29] Meldungen aus dem Reich (Anm. 27), Bd 12, S. 4784 (Nr. 358 vom 11.2.1943) und 4761 (Nr. 357 vom 8.2.1943).

[30] Kershaw (Anm. 28), S. 169.

[31] Vgl. Eino Jutikkala, Mielialojen kirjo jatkosodan aikana, in: Studia Historica in Honorem Vilho Niitemaa, Turku 1987 (= Turun Historiallinen Arkisto, Bd 42), S. 131 ff., 145 ff.

[32] Bericht des deutschen Generals beim Oberkommando der Rumänischen Wehrmacht vom 5.3.1943, zit. nach: Jürgen Förster, Risse im Bündnis 1942/43, Freiburg 1975, S. 138, Anlage 1.

[33] Bericht des Gesandten in Budapest an das Auswärtige Amt vom 17.2.1943, zit. nach: ADAP, Serie E, Bd V, S. 237 (Dok. 136).

[34] Zeitzler selbst gab seiner (unveröffentlichten) Stalingrad-Darstellung den Untertitel: Der Wendepunkt des Krieges. BA-MA, N 220/126.

[35] Vgl., die Hauptargumente zusammenfassend, Alan J. Levine, Was World War II a Near-run Thing? in: The Journal of Strategic Studies, 8 (1985), No 1, S. 38—63.

[36] Zur These von der »Gesetzmäßigkeit« des sowjetischen Sieges an der Volga vgl. z.B. Jakusewskijs Auslassungen in: Voenno-istoričeskij žurnal, 1982, H. 12, S. 41 ff.

[37] So A.M. Belikov, Transfer de l'industrie Soviétique vers l'Est (juin 1941-1942), in: Revue d'Histoire de la Deuxième Guerre Mondiale, 43 (1961), S. 48.

Werner Rahn

# Der Atlantik in der strategischen Perspektive Hitlers und Roosevelts 1941*

Mit der »Weisung Nr. 9« vom 29. November 1939, die »Richtlinien für die Kriegführung gegen die feindliche Wirtschaft« festlegte und dabei in der Störung der britischen Wirtschaft »das wirksamste Mittel« für die Niederringung Englands sah[1], schien Hitler bereit zu sein, die strategischen Zielvorstellungen der Kriegsmarine zu übernehmen, um Großbritannien an seiner verwundbarsten Stelle, den Seeverbindungen zu treffen. Hitler und die Marineführung bewegten sich jedoch in ihrem strategischen Denken auf unterschiedlichen Ebenen: Während Hitler mit einem kurzen, auf Europa begrenzten Krieg rechnete und die erhoffte Wiederannäherung an Großbritannien nicht durch einen radikalen Wirtschaftskrieg zur See gefährden wollte, ging die Marineführung schon sehr früh davon aus, daß eine lange Auseinandersetzung mit dem angelsächsischen Gegner bevorstehe, die vor allem im Atlantik ausgetragen und entschieden werden müsse, auch wenn dabei der Kriegseintritt der USA zu erwarten sei. Aus der Erfahrung des Ersten Weltkrieges wußte die deutsche Marineführung, daß die wirtschaftliche Verbindung Großbritanniens mit dem nordamerikanischen Kontinent für das Durchhalten des Inselreiches letztlich *der* Lebensnerv war und daß Deutschland bei einem Wirtschaftskrieg gegen das von Seezufuhren abhängige Land mit einer wie auch immer gearteten Gegenwirkung der USA rechnen mußte, sobald die Existenz des Inselreiches ernsthaft bedroht war. Als Großbritannien nach der Niederlage Frankreichs im Sommer 1940 im Kampf gegen Deutschland allein stand und nicht bereit war, die deutsche Vormachtstellung auf dem Kontinent anzuerkennen, zeichnete sich in der amerikanischen Politik bald eine Entwicklung ab, die mehr und mehr zu einer Bedrohung für die deutsche Strategie und Kriegführung werden sollte.

Diese pro-britische Politik ging vor allem von Präsident Roosevelt aus, der seine politische Karriere 1913 als »Assistant Secretary of the Navy« begonnen hatte. Seither fühlte er sich der US-Navy eng verbunden, was nicht ohne Auswirkungen auf sein strategisches Denken blieb: Sichere Seeverbindun-

* Es handelt sich hier um die knappe Zusammenfassung einer Darstellung, die demnächst in dem Werk Das Deutsche Reich und der Zweite Weltkrieg, Bd 6: Die Ausweitung zum Weltkrieg, vorgelegt wird. Auf einen Anmerkungsapparat wird daher weitgehend verzichtet. Lediglich die wörtlichen Zitate werden belegt.

gen und starke Seestreitkräfte waren für ihn unverzichtbare Voraussetzungen einer Großmacht, die sich dem liberalen Welthandel verpflichtet fühlte und Interessen in Übersee zu schützen hatte. Als Präsident bemühte sich Roosevelt nach Kräften darum, die Rüstungsforderungen der Marine im Kongreß durchzubringen. Nach der Niederlage Frankreichs war es dort bei der Bewilligung von Militärausgaben zu einem Meinungsumschwung gekommen, der am 19. Juli 1940 zur Annahme des »Two-Ocean-Expansion-Act« führte.

Damit begann ein gigantischer Ausbau der US-Navy, der den amerikanischen Willen unter Beweis stellte, sowohl im Atlantik als auch im Pazifik als überlegene Seemacht auftreten zu können. Angesichts dieses anlaufenden Rüstungsprogramms spielte der Zeitfaktor für die deutsche Kriegführung eine zunehmend wichtigere Rolle: Großbritannien mußte auf dem atlantischen Kriegsschauplatz entscheidend getroffen werden, bevor die USA in der Lage waren, mit ihrem militärischen Machtpotential effektiv in das Kriegsgeschehen einzugreifen. Angesichts der erkennbaren Grenzen der eigenen Produktionskraft und Rohstoffvorräte sah die deutsche Seekriegsleitung (Skl) bereits im Dezember 1940 in der wachsenden Unterstützung der britischen Kriegführung durch die Politik und das Rüstungspotential der USA eine gefährliche Entwicklung »in Richtung einer starken *Kriegsverlängerung*«, was sich »höchst nachteilig für die deutsche Gesamtkriegführung auswirken« werde[2]. Auch wenn es nicht direkt ausgesprochen wurde, so verbarg sich hinter dieser vorsichtigen Formulierung wohl auch die nüchterne Erkenntnis, daß Deutschland einen langen Abnutzungskrieg gegen beide angelsächsischen Seemächte nicht erfolgreich beenden könne. Der Oberbefehlshaber der Kriegsmarine, Großadmiral Raeder, forderte daher noch im Dezember 1940 von Hitler, als dieser schon fest entschlossen war, die Sowjetunion anzugreifen, »die klare und ausschließliche Schwerpunktbildung gegen England«, was für ihn bedeutete, die Kampfmittel von Luftwaffe und Marine gegen die britischen Zufuhren zu konzentrieren. Er vertrat die »feste Überzeugung«, daß Deutschland wie bereits im Ersten Weltkrieg mit seiner U-Bootwaffe ein »kriegsentscheidendes Kampfmittel gegen England« besitze, das jedoch in der Gesamtrüstung mehr als bisher gefördert werden müsse. Hitler widersprach diesem Ansatz nicht ausdrücklich, sondern verwies auf die vermeintlich neue politische Lage, die »unter allen Umständen« die Ausschaltung des letzten kontinentalen Gegners erfordere, »ehe er sich mit England zusammentun könne [...]. Danach werde die volle Konzentration auf Luftwaffe und Marine erfolgen können[3].« Damit griff Hitler geschickt und vordergründig ein strategisches Argument auf, das in der Marine Tradition hatte: Erst nach der Beseitigung des letzten Festlandsdegens einer Seemacht könne diese selbst entscheidend geschlagen werden.

Immerhin schienen die intensiven Bemühungen der Skl um die Durchsetzung ihrer strategischen Zielvorstellungen bei Hitler Wirkung zu zeigen, wie aus seinen Ausführungen vor der Wehrmachtführung im Januar 1941 hervorgeht: Beim Kampf gegen Großbritannien müsse bei den Angriffen der See- und Luftstreitkräfte der Schwerpunkt auf den Zufuhren und der Rüstungsindustrie liegen, was möglicherweise schon im Sommer zum Erfolg führen könne. Es blieb dabei offen, was Hitler in diesem Zusammenhang konkret unter »Erfolg« verstand, doch der unmittelbar darauf folgende Hinweis auf seine »grundsätzliche« Bereitschaft »zum Verständigungsfrieden mit England« machte erneut deutlich, daß er mit der Fortsetzung des Krieges gegen die Briten andere politisch-strategische Ziele verfolgte als sie der Marineführung vorschwebten[4]. Als Hitler wenige Wochen später der Forderung Raeders nach einem zusammengefaßten, zielbewußten Einsatz der U-Boote und Luftwaffe gegen die britische Seetransportkapazität zustimmte, hatte die Marine wohl kurzfristig einen Erfolg erzielt, der jedoch eher eine formale Anerkennung der Argumentation als eine grundlegende Änderung der Gesamtstrategie des Reiches war. Das Unternehmen »Barbarossa« warf seine Schatten voraus. Der massive Einsatz der Luftwaffe gegen britische Werften und Hafenanlagen ließ sich nicht lange aufrechterhalten. Die Schwerpunktverlagerung der Luftwaffe auf andere Kriegsschauplätze zeigte deutlich »die begrenzte Rolle«[5], die Hitler dem atlantischen Seekrieg im Rahmen seiner Gesamtstrategie zugewiesen hatte. Großbritannien war in seinen Augen eben nicht der Gegner, auf den sich alle Kriegsmittel zu konzentrieren hatten, um ihn niederzuwerfen, sondern ein potentieller Partner, der mit dosiertem militärischen Druck zur »Einsicht«, zum »Ausgleich« mit dem Reich gebracht werden sollte. Hitler wußte auch — und die Argumentation der Marine hat ihn darin bekräftigt —, daß ein forcierter Wirtschaftskrieg selbst bei größter Kraftanstrengung nicht innerhalb eines Jahres durchgreifende Erfolge bringen konnte, zudem war dieser Krieg auch mit dem Risiko eines Kriegseintritts der USA belastet, den Hitler zu diesem Zeitpunkt noch vermeiden wollte, um zunächst mit der Niederwerfung der Sowjetunion einen blockadefesten, kontinental-europäischen »Großraum« zu schaffen, der die wirtschaftliche Basis für die künftige Auseinandersetzung mit den USA bilden sollte.

Mit der Wiederwahl Roosevelts zum Präsidenten am 5. November 1940 war die Grundlinie der bisherigen amerikanischen Unterstützungspolitik für Großbritannien in den USA innenpolitisch so weit abgesichert, daß Schritt für Schritt weitere Hilfsmaßnahmen durchgesetzt und gleichzeitig die eigene Aufrüstung vorangetrieben werden konnten. Auf das Eingeständnis Churchills vom Dezember 1940, daß England bald nicht mehr in der Lage sein werde, die amerikanischen Rüstungslieferungen nach dem »Cash-and-Carry«-Prinzip zu bezahlen, entstand bald darauf das Leih- und Pachtgesetz, das Roosevelt die Möglichkeit gab, jeden Staat materiell zu unterstützen, »dessen Verteidigung der Präsident für die Verteidigung der Vereinigten Staaten für lebenswichtig erachtete«[6]. Die Aufrechterhaltung der britischen Abwehrkraft war auf diese Weise integraler Bestandteil der amerikanischen Sicherheitspolitik geworden, die Grundstruktur einer atlantischen Allianz war vorgezeichnet. Indem Churchill zu verstehen gab, daß sein Land den Krieg gegen Deutschland nicht aus eigener Kraft gewinnen könne, bot er den USA praktisch an, daß Großbritannien in der künftigen Allianz die »Junior-Partnerschaft« übernehmen wolle.

Angesichts der tödlichen Gefahr, die von der ständigen und immer schnelleren Verringerung der verfügbaren Seetransportkapazität ausging, sah es die britische Führung als wichtigste Aufgabe an, den Tonnageverlust im Atlantik zu verringern oder zu beschränken. Dafür bot sich sowohl eine Verstärkung der Seestreitkräfte als auch eine Intensivierung des Handelsschiffbaus an. Doch in beiden Bereichen waren die britischen Werftkapazitäten bis an ihre Grenzen ausgeschöpft, so daß sich eine weitere Steigerung nur unter Ausnutzung der amerikanischen Kapazitäten erreichen ließ.

In Washington hatte sich Ende 1940 die Auffassung durchgesetzt, daß Deutschland im Vergleich zu Japan nicht nur der stärkere, sondern angesichts seiner inzwischen erreichten Machtposition in Europa und seiner offensiven Kriegführung im Atlantik der weitaus gefährlichere Gegner war, der den angelsächsischen Partner und die eigene Hemisphäre unmittelbar bedrohte. Damit schwenkte Washington auf die Grundlinie der britischen Strategie ein, die ihren Schwerpunkt auf die Sicherung der atlantischen Seeverbindungen als Ausgangsbasis für jede weitere Offensive in Europa setzen mußte. Mit der Ende März 1941 erzielten Übereinkunft (ABC-1-Agreement) wurde die gemeinsame Strategie einer künftigen Koalitionskriegführung dahingehend festgelegt, daß der europäisch-atlantische Kriegsschauplatz eindeutige Priorität erhielt, um zunächst Deutschland niederzuwerfen (»Germany first«). Erst danach sollten sich alle Kräfte auf den Konflikt mit Japan konzentrieren. Obwohl die USA sich bei dieser Vereinbarung nicht zum Kriegseintritt verpflichteten und darüber hinaus auch offen ließen, wann und unter welchen Umständen sie dies überhaupt tun würden, hatte die strategische Grundentscheidung bald Konsequenzen für die Kräfteverteilung der beiderseitigen Seestreitkräfte und für das weitere amerikanische Vorgehen im atlantischen Raum. Aus der Begründung des Leih- und Pachtgesetzes ergab sich ja die logische Konsequenz, Mittel und Wege zu finden, daß das Material, das für die Verteidigung der USA als lebenswichtig erachtet wurde, auch seinen Bestimmungsort erreichte. Somit war der Schutz der atlantischen Konvoirouten im Grunde schon ein Bestandteil der US-Sicherheitspolitik geworden, obwohl Roosevelt dies noch im Januar öffentlich bestritten hatte.

Politische Zielsetzung und strategische Bedeutung des Leih- und Pachtgesetzes wurden in Berlin sofort erkannt. Schon am 18. März schlug Raeder verschiedene Maßnahmen vor, um der eigenen Seekriegführung größere Freiräume zu geben und sie damit effektiver zu machen. Doch Hitler konnte sich nur dazu entschließen, das bisherige Operationsgebiet, in dem der uneingeschränkte Waffeneinsatz freigegeben war, nach Nordwesten bis an die Territorialgewässer von Grönland auszudehnen. Die amerikanische Reaktion auf diese Erweiterung ließ nicht lange auf sich warten und machte deutlich, daß Roosevelt durchaus gewillt war, den Konflikt zu verschärfen. Im April übernahmen die USA den Schutz Grönlands und richteten dort Stützpunkte ein. Am 18. April wurde die panamerikanische Sicherheitszone nach Osten bis 30° West vorgeschoben. Im Zuge der damit verbundenen Verpflichtungen zur Wahrung der eigenen Sicherheitsinteressen und zur indirekten Unterstützung der britischen Seekriegführung verlegte die US-Navy bis Juni 1941 nach und nach drei Schlachtschiffe, einen Flugzeugträger, vier Kreuzer und 18 Zerstörer aus dem Pazifik in den Atlantik. Diese Neuverteilung der Seestreitkräfte war nicht unproblematisch, zumal der Abschluß des sowjetisch-japanischen Neutralitätsabkommens am 13. April die strategische Lage im Pazifik zugunsten Japans verändert hatte. Die amerikanische Marineführung mußte erkennen, daß sie mit dem Potential einer One-Ocean-Navy verfrüht auf das Risiko eines globalen Krieges zusteuerte, der in zwei Ozeanen geführt werden würde. Trotz der Verstärkung aus dem Pazifik war die US-Atlantikflotte weder materiell noch personell auf kontinuierliche Konvoioperationen im Westteil des Atlantiks vorbereitet. Angesichts dieser Lage und des fehlenden Rückhalts im Kongreß unterblieben daher vorerst derartige Einsätze. Statt dessen wurden die Patrouillenfahrten innerhalb der Sicherheitszone ausgedehnt und intensiviert, was zwangsläufig eine Beeinträchtigung der deutschen Seekriegführung bewirkte, da die Sicherheitszone zwischen Island und Grönland weit in das deutsche Sperrgebiet hineinragte. Zwischenfälle waren damit vorprogrammiert und sollten vielleicht auch provoziert werden, um den ungewissen, in jedem Fall langen Weg zum Kriegseintritt zu verkürzen, denn inzwischen hatte sich in Europa die Lage dramatisch zuungunsten Großbritanniens verschlechtert. Die monatlichen Schiffsverluste waren von Januar bis April 1941 von 320 000 BRT auf 688 000 BRT angestiegen. Die Lieferungen aus dem Leih- und Pachtgesetz drohten in einem Faß ohne Boden zu versickern, wenn die Schiffsraumverluste in diesem Maße anhielten. Hinzu kam die katastrophale Entwicklung im Mittelmeerraum und auf dem Balkan, die in Washington mit großer Besorgnis registriert wurde.

Roosevelt entschloß sich daher am 10. April zu einer weiteren Unterstützung für Großbritannien, indem er die britischen Erfolge in Ostafrika gegenüber den — von jeder Versorgung abgeschnittenen — italienischen Streitkräften zum Anlaß nahm, das Rote Meer nicht mehr als Kriegszone anzusehen. Damit war es möglich geworden, daß amerikanische Handelsschiffe Kriegsmaterial über die Kaproute direkt zum nahöstlichen Kriegsschauplatz transportieren konnten, was erheblich zur Entlastung der angespannten Versorgungslage der Briten beitrug.

In Berlin mußte sich Raeder damit abfinden, daß Hitler seine Vorschläge, die auf eine Nichtrespektierung dieser neutralitätswidrigen Haltung hinausliefen, weitgehend ablehnte, um im Vorfeld des beabsichtigten Rußlandfeldzuges einen Konflikt mit den USA zu vermeiden. Innerhalb der Skl wurde aber auch die Auffassung vertreten, die objektiven innenpolitischen Schwierigkeiten Roosevelts bei der Durchsetzung seiner pro-britischen Außenpolitik zu berücksichtigen, denn nicht nur die noch unzureichende militärische Stärke der USA, sondern vor allem die öffentliche Meinung bilde »das stärkste Bollwerk gegen einen Kriegseintritt«. Daraus ergab sich die Folgerung, »daß der *Kriegseintritt der USA noch nicht als unvermeidlich* angesehen werden darf«[7]. Eine vorsichtige Haltung des Reiches gegenüber den USA erschien daher angebracht. Zweifellos hatte diese Politik des »Nichtprovozierenlassens« ohne jeden Zwischenfall, der die öffentliche Meinung in den USA negativ beeinflussen konnte, ihre Berechtigung im Hinblick auf die Zwangslage, in die sich Hitler mit der Entscheidung für »Barbarossa« begeben hatte. Nach dieser Prämisse durfte eben der Atlantik nicht das strategische Zentrum der deutschen Kriegführung werden, bevor der letzte potentielle Bündnispartner der Seemächte auf dem Kontinent geschlagen war.

Im Mai 1941 sah die Skl in den weiträumigen Sicherungsoperationen der US-Atlantikflotte vor allem eine Gefahr für die eigenen Überwasserstreitkräfte, die bei einem Zusammentreffen mit amerikanischen Einheiten damit rechnen mußten, daß ihr Standort offen gemeldet wurde. Für Raeder war daher jetzt der Zeitpunkt gekommen, »wo es erforderlich ist, dem Präsidenten und dem Volk der USA in geeigneter Form und unter Vermeidung jeglicher Provokation die Grenzen aufzuzeigen, an denen die Maßnahmen der Englandhilfe ihr Ende finden müssen.« Wenn Deutschland sich alles gefallen lasse, bestehe die Gefahr weiterer amerikanischer Maßnahmen, »die entweder zu einer schwerwiegenden Beeinträchtigung der deutschen Seekriegführung gegen die britische Zufuhr oder zu einer Auslösung eines bewaffneten Konfliktes führen werden«. Die Reaktion Hitlers auf diese Argumentation war wiederum eindeutig: Angesichts der nach seiner Auffassung noch immer schwankenden Haltung Roosevelts wünschte er »unter keinen Umständen« Zwischenfälle mit dem Risiko des amerikanischen Kriegseintritts, »zumal Japan voraussichtlich nur eingreifen wird, wenn USA der Angreifer ist«[8].

Nun war die Politik Roosevelts zwar alles andere als schwankend, sondern zielstrebig auf die massive materielle Unterstützung Großbritanniens ausgerichtet, doch so falsch war der Eindruck Hitlers von einem schwankenden Präsidenten auch wieder nicht, da sich dieser in seinen auf äußere Wirkung bedachten Reden nicht eindeutig festlegen konnte und wollte, ob, wann und gegebenenfalls unter welchen Umständen er die direkte bewaffnete Auseinandersetzung mit dem Reich aufnehmen würde. Am 27. Mai beschwor Roosevelt zwar mit starken Worten die Gefahren bei einer weiteren Machtausdehnung Deutschlands, doch konkret wurde er nur bei der Proklamation des unbegrenzten nationalen Notstands, um die Rüstungs- und Schiffbaukapazitäten forciert ausbauen zu können, denn die britischen Schiffsverluste hatten bedrohliche Dimensionen erreicht und lagen immer noch weit über der Neubaurate in Großbritannien und in den USA.

Mit der Ablösung britischer Truppen auf Island durch amerikanische Einheiten im Juli 1941 gab Roosevelt seine Entschlossenheit zu erkennen, die amerikanische Position im Nordatlantik weiter nach Osten vorzuschieben. Die Besetzung Islands muß auch im Zusammenhang mit dem deutschen Angriff auf die Sowjetunion gesehen werden, denn in Washington rechnete man allgemein mit einem baldigen Zusammenbruch der Roten Armee innerhalb von zwei bis drei Monaten und mit einer sich daran anschließenden erneuten Schwerpunktverlagerung der deutschen Kriegführung nach Westen. Im Hinblick auf die dann äußerst gefährdete Lage Großbritanniens bot es sich für Washington geradezu an, diese einmalig günstige Gelegenheit der Bindung des deutschen Militärpotentials im Osten für eine Ausweitung der Unterstützung der britischen Kriegführung zu nutzen. Es gab daher gewichtige Stimmen, die Roosevelt erneut drängten, im Atlantik massiver als bisher aufzutreten. Doch dieser blieb vorsichtig und wählte lieber den indirekten, in jeder Hinsicht gefahrloseren Weg. Die logische Konsequenz der Besetzung Islands war zunächst die entsprechende Ausdehnung der Sicherheitszone. Nunmehr hatten britische Schiffe die Möglichkeit, sich amerikanischen Konvois anzuschließen, die zur Versorgung der auf Island stationierten Truppen zusammengestellt wurden.

Die amerikanische Lageeinschätzung hinsichtlich der Erfolgsaussichten der deutschen Wehrmacht gegen die Sowjetunion sowie hinsichtlich der künftigen deutschen Strategie gegenüber den angelsächsischen Seemächten stimmte in bemerkenswerter Weise mit den Erwartungen und Zielen Hitlers überein, wie aus seinen verschiedenen Äußerungen und Weisungen im Juli 1941 deutlich wird. Als Raeder unmittelbar nach der amerikanischen Island-Besetzung um die politische Weisung bat, ob dies »als Kriegseintritt der USA zu betrachten oder als Provokation aufzufassen sei, die ignoriert werden solle«, wies Hitler darauf hin, »daß ihm alles daran liege, den Kriegseintritt der USA noch 1–2 Monate hinauszuschieben«. Daher sollten bei der Seekriegführung im Atlantik Zwischenfälle, d.h. Angriffe auf amerikanische Handels-

und Kriegsschiffe, vermieden werden[9]. Darüber hinaus scheint Hitler sogar erwogen zu haben, den U-Boot-Krieg vorübergehend ganz einzustellen, um derartige Zwischenfälle völlig auszuschließen. Er rechnete ganz offensichtlich mit einer siegreichen Beendigung des Ostfeldzuges innerhalb von wenigen Monaten, was aus seiner Sicht erhebliche positive Auswirkungen auf die strategische Gesamtlage des Reiches haben würde. Die deutsche Position auf dem europäischen Kontinent schien dann so weit gefestigt und langfristig gesichert, daß ein Konflikt mit den USA nicht gescheut werden mußte. Die globalen Dimensionen einer derartigen »Weltkriegsstrategie« werden auch in dem Bündnisangebot erkennbar, das Hitler am 14. Juli dem japanischen Botschafter Oshima unterbreitete[10]: Mit der Vernichtung Rußlands, die unmittelbar bevorstehe, sei ein gemeinsamer Gegner »ein für allemal« ausgeschaltet. Die Erkenntnis, daß die Vereinigten Staaten und England stets die Gegner Deutschlands und Japans sein würden, müsse »die Grundlage unserer Staatspolitik« werden.

Hitler sah sehr wohl den strategischen Druck, der von den USA ausging und sowohl nach Westen in den Pazifik als auch nach Osten in den Atlantik hineinwirkte: »Von uns aus gesehen drohe im Osten Rußland, im Westen Amerika, von Japan aus gesehen im Westen Rußland, im Osten Amerika. Daher sei er der Meinung, daß wir sie gemeinsam vernichten müßten.« Es war nicht nur die geographische Entfernung zum potentiellen Bündnispartner, die diesen weltumspannenden Kriegsplan Illusion und Utopie bleiben ließ, sondern neben den fehlenden Ressourcen vor allem die tiefe Diskrepanz zwischen den beiderseitigen strategischen Zielvorstellungen. Innerhalb der japanischen Führung gab es nämlich nur wenige, die bereit gewesen wären, Deutschland bei diesem gefährlichen Konfrontationskurs uneingeschränkt zu folgen.

Unter dem Eindruck der beachtlichen Anfangserfolge des Rußlandfeldzuges einerseits sowie im Hinblick auf die bedrohliche Entwicklung im Atlantik andererseits, wo die Zeit ganz offenkundig gegen Deutschland arbeitete, versuchte die Marineführung im Juli auf verschiedenen Ebenen die Wehrmachtführung und Hitler selbst von der strategischen Notwendigkeit zu überzeugen, den Schwerpunkt der eigenen Kriegführung möglichst bald auf den Kampf gegen die angelsächsischen Seemächte zu legen. Die Skl analysierte die Gefährdungen und Möglichkeiten des Reiches nüchtern und beschrieb das Dilemma einer europäischen Kontinentalmacht, der wesentliche Elemente einer Seemacht fehlten und die trotzdem gegen die größten Seemächte der Welt kämpfen müsse:

»Im Gegensatz zum Weltkrieg 1914/18, in dem wir die zweitstärkste Schlachtflotte der Welt, aber keine für ihren Einsatz erforderliche Operationsbasis besaßen, verfügen wir jetzt über eine strategisch günstige Ausgangsbasis, jedoch es fehlt uns die zum Einsatz erforderliche Atantik-Schlachtflotte.«

Die beiden verbündeten Seemächte würden auch nach einem Zusammenbruch der Sowjetunion weiterkämpfen, um ihr »Endziel« — »die Zerschlagung Deutschlands auf dem Kontinent« — zu erreichen. Angesichts des amerikanischen Schiffbauprogramms, das sich verstärkt ab 1942 auswirke, sei eine erhebliche Steigerung der Versenkungen erforderlich, »bis der Gefahrenpunkt der britischen Zufuhr wieder erreicht ist«. Unter Berücksichtigung dieses Zeitfaktors kam die Skl zu dem Ergebnis, daß »die Aussichten des Gegners für die Schlacht im Atlantik [...] bei nüchterner sachlicher Betrachtung für das Jahr 1942 *als günstig* angesehen werden [müssen]«[11]. Die Seekriegsleitung plädierte daher dafür, jetzt die politischen Chancen einer Zusammenarbeit mit Frankreich und Japan auszunutzen, um die Entscheidung im Atlantik unter konzentriertem Einsatz aller verfügbaren Kräfte, vor allem U-Boote und Luftstreitkräfte, herbeiführen zu können. Raeder unternahm gleichzeitig den Versuch, bei Hitler eine entsprechende Grundsatzentscheidung zu erreichen. Er hatte nämlich verschiedene Äußerungen des Diktators registrieren müssen, die ihn zweifeln ließen, ob der Seekrieg im Atlantik noch den ihm gebührenden Stellenwert habe. Offensichtlich hatte Hitler mit seinen Erwägungen, den U-Boot-Krieg vorübergehend ganz einzustellen, und mit seiner Kritik am Einsatz der schweren Überwassereinheiten im Atlantik deutlich zu verstehen gegeben, daß er künftig stärker als bisher die Seekriegführung beeinflussen wolle. Demgegenüber versuchte Raeder, bei Hitler für die Marine einen Freiraum mit entsprechenden Kompetenzen zu schaffen, den dieser angesichts der noch offenen Entscheidung in Rußland objektiv nicht bewilligen konnte. Die Hinweise Raeders auf die Gefahren, die sich aus der möglichen Besetzung Nordwestafrikas durch britische und amerikanische Streitkräfte ergeben könnten, machten deutlich, wo die strategische Lage der Achsenmächte in Europa gravierende Schwächen hatte, aus denen sich schnell eine Krise entwickeln konnte: Wenn sich der Gegner dort festsetze, sei ein Niederringen der Briten nicht mehr möglich, vielmehr verfüge die andere Seite dann über ein Aufmarschgebiet größten Ausmaßes für Operationen gegen die europäische Südflanke. Raeder forderte daher »eine Bereinigung des deutsch-französischen Verhältnisses« als Basis für eine politisch-militärische Zusammenarbeit, um die Nordafrikaposition mit dem französischen Kolonialbesitz als Ausgangsstellung für den »Entscheidungskampf der Schlacht im Atlantik« nutzen zu können. Daneben plädierte er für eine Erweiterung des Handelskrieges gegen amerikanische Handelsschiffe in Form des Vorgehens nach Prisenordnung, um die wachsende amerikanische Unterstützung des britischen Potentials zu unterbinden. Mit dem einschränkenden Hinweis, daß diese politische Entscheidung wohl erst nach Abschluß des Ostfeldzuges möglich sei, deutete Raeder das ganze Dilemma der deutschen Kriegführung an. Hitler griff das Stichwort auch sofort auf und versicherte dem Oberbefehlshaber der Marine, daß seine Auffassung von der Wirkung des Zufuhrkrieges gegen Großbritannien unverändert sei. Er wolle nur vermeiden, daß die »USA während des Ostfeldzuges den Krieg erklären«, danach behalte er sich »scharfes Vorgehen auch gegen USA vor«[12]. In der Frage der Frankreichpolitik ging Hitler nicht auf die Wünsche der Skl ein, vor allem wohl mit Rücksicht auf den italienischen Bündnispartner. Die deutsche Strategie änderte sich somit nicht, konnte sich nicht ändern, denn allein vom verfügbaren Streitkräftepotential her gesehen ließen sich die weit ausgreifenden Pläne der Skl nicht realisieren — und das »danach« des Ostfeldzuges blieb bekanntlich aus.

Inzwischen zeichnete sich jenseits des Atlantiks ab, daß die USA fest entschlossen waren, die Politik der Hilfeleistung für Großbritannien an der Grenze des Kriegseintritts (»short-of-war«) zu verstärken und dabei mehr und mehr die Rolle des dominierenden Partners zu übernehmen, um die eigenen politischen und wirtschaftlichen Zielvorstellungen von einer globalen Nachkriegs- und Friedensordnung durchzusetzen. Die schwierige Lage des britischen Partners sowie die noch offene Situation des möglichen eigenen Kriegseintritts boten für die bevorstehenden Verhandlungen eine günstige Ausgangsbasis. Somit war das Ergebnis der lange angestrebten Konferenz der beiden Regierungschefs, die vom 9. bis 12. August 1941 in der Placentia-Bucht vor Argentia (Neufundland) stattfand, im Grunde schon vorprogrammiert. Washington konnte bei den Verhandlungen auf politischer und militärischer Ebene seine Vorstellungen weitgehend durchsetzen, während die britische Seite enttäuscht zur Kenntnis nehmen mußte, daß der Partner wohl seine offene und verdeckte Unterstützung intensivieren wollte, jedoch von einem definitiven Kriegseintritt noch weit entfernt zu sein schien.

Das politische Signal war eine, zunächst mehr auf propagandistische Außenwirkung angelegte, von Roosevelt und Churchill unterzeichnete öffentliche Erklärung (»Atlantik-Charta«) vom 14. August, in der beide Seiten nicht nur ihre gemeinsamen Kriegsziele (»endgültige Zerstörung der Nazi-Tyrannei«), sondern auch Grundzüge einer globalen Friedensordnung festlegten: Verzicht auf territoriale Veränderungen und Erweiterung von Einflußsphären, Wiederherstellung des Selbstbestimmungsrechtes der Völker hinsichtlich ihrer Regierungsform, Freiheit des Welthandels mit gleichberechtigtem Zugang zu den Rohstoffquellen und Absatzmärkten, Freiheit der Meere, Verzicht auf Gewaltanwendung und Schaffung eines Systems der internationalen Sicherheit. — Bei diesen Grundsätzen blieben nicht nur elementare britische Interessen, die sich aus den wirtschaftlichen Vorteilen des Commonwealth (z.B. Präferenzzölle) ergaben, auf der Strecke, sondern blieben ebenso die Interessen des neuen Kriegsteilnehmers Sowjetunion unberücksichtigt, deren weitere Existenz angesichts der deutschen militärischen Erfolge ohnehin ernsthaft bezweifelt wurde. Die ersten Materiallieferungen für den »unnatürlichen Verbündeten« fielen entsprechend niedrig aus. Die bedrohliche Entwicklung im asiatisch-pazifischen Raum – Japan hatte sich inzwischen in Indochina festgesetzt – machte es aus britischer Sicht dringend erforderlich, in einer konzertierten Aktion ein deutliches Warnsignal an Tokio zu geben, da strategische Positionen wie Singapur und Dominions wie Australien gefährdet waren, deren Sicherheit angesichts der britischen Bindungen in Europa und Nahost nur mit amerikanischer Hilfe gewährleistet war. Doch Roosevelt, der bereits mit der Sperrung der japanischen Guthaben und einem Ölembargo reagiert hatte, wollte offensichtlich eine weitere Eskalation vermeiden und keinen vorzeitigen Konflikt riskieren, sondern im Hinblick auf das eigene Rüstungsprogramm Zeit gewinnen.

Unter geschickter Ausnutzung seiner Position als Oberbefehlshaber setzte Roosevelt jedoch das militärische Instrument US-Navy im Rahmen seiner pro-britischen Außenpolitik ein, denn es lag im Sicherheitsinteresse der USA, wenn das eigene Rüstungsmaterial wohlbehalten dorthin gelangte, wo es der Partner jenseits des Atlantiks benötigte. Als daher Churchill auf der Konferenz von Argentia eine generelle Beteiligung von Einheiten des US-Navy an der Sicherung der Nordatlantikkonvois sowie an der Überwachung der Dänemarkstraße erbat, gab Roosevelt die entsprechenden Zusagen, auch wenn die operative Umsetzung noch einige Zeit in Anspruch nehmen sollte. Dabei deutete er offensichtlich gegenüber Churchill auch an, daß er im Hinblick auf seine schwierige Position zum Kongreß den formalen Weg eines Antrages auf Kriegserklärung an Deutschland vermeiden und statt dessen durch die Beteiligung an den Sicherungsoperationen innerhalb des deutschen Blockadegebietes »Zwischenfälle« provozieren wolle, aus denen sich die Eröffnung von Feindseligkeiten rechtfertigen ließe. Derartige »Zwischenfälle« sollten nicht lange auf sich warten lassen.

Kurz danach, am 4. September 1941, gerieten etwa 200 sm südwestlich von Island der auf dem Marsch zur Insel befindliche amerikanische Zerstörer »Greer« und das deutsche U-Boot »U-652« aneinander und bekämpften sich erfolglos. Es war der erste Schußwechsel zwischen deutschen und amerikanischen Streitkräften im Kriege. Auf jeder Seite bestand die subjektiv durchaus berechtigte Auffassung, der Gegner habe den Angriff begonnen. Dabei blieb dem U-Bootkommandanten die enge Zusammenarbeit zwischen einem britischen Aufklärungsflugzeug, das den Angriff begonnen hatte, und dem Zerstörer verborgen.

Roosevelt sah in dem Zwischenfall sofort eine günstige Gelegenheit für die weitere Eskalation des amerikanischen Engagements im Atlantik. Obwohl er von seiner Marineführung über den tatsächlichen Ablauf der Ereignisse unterrichtet war, stellte er am 11. September den Zwischenfall so dar, als ob die »Greer« sich völlig harmlos verhalten habe und plötzlich warnungslosen Angriffen eines deutschen U-Bootes ausgesetzt gewesen sei. Er nahm den Fall zum Anlaß, um in massiver Form die aggressive, auf Weltherrschaft angelegte Kriegspolitik Hitlers und die damit verbundene, als Piraterie klassifizierte deutsche Seekriegführung im Atlantik zu geißeln. In den Seegebieten, die für die eigene Verteidigung notwendig seien, würden jetzt amerikanische See- und Luftstreitkräfte nicht mehr auf Angriffe warten, sondern innerhalb der eigenen Verteidigungsgewässer alle Handelsschiffe — gleichgültig ob unter amerikanischer oder fremder Flagge — schützen. Churchill kommentierte diese für ihn so erfreuliche Entwicklung mit den Worten, nunmehr habe Hitler nur noch die Wahl, die Schlacht im Atlantik zu verlieren oder dauernd in Konflikte mit amerikanischen Seestreitkräften verwickelt zu werden.

Zu dieser im wesentlichen zutreffenden Einschätzung kam in Berlin auch die Skl, die den Angriffsbefehl Roosevelts völkerrechtlich als »eine lokal begrenzte Kriegserklärung« charakterisierte, aus der sich als »einzig mögliche Konsequenz« die militärische Notwendigkeit ergebe, jede offene Kriegshandlung mit Waffengewalt zu beantworten. Gegenüber Hitler erklärte Raeder am 17. September, daß Roosevelt mit seinen Maßnahmen den Zweck verfolge, »uns aus Sorge vor Zwischenfällen zu Einschränkungen im Waffengebrauch zu zwingen.« Ein deutsches Zurückweichen würde jetzt nicht nur die Versenkungserfolge mindern, sondern Washington noch zu einem weitergehenden Eingreifen ermuntern. Eine harte Reaktion werde demgegenüber Roosevelt »eher zur Beschränkung als zur Verschärfung seiner Maßnahmen bringen, da er den offenen regulären Krieg offensichtlich noch zu vermeiden wünscht, zum mindestens, solange *Japan* nicht ganz sicher neutral bleibt.«

Vor dem Hintergrund der späteren Ereignisse im Atlantik und Pazifik lag Raeder mit dieser Beurteilung durchaus richtig, doch Hitler hoffte noch auf die »große Entscheidung« im Osten und ordnete an, bis etwa Mitte Oktober weitere Zwischenfälle im Handelskrieg zu vermeiden[13].

Eine wichtige Unterstützungsmöglichkeit der USA für Großbritannien lag im Bereich der ohnehin schon stark beanspruchten britischen Seetransportkapazität. Wenn es im strategischen Interesse der Vereinigten Staaten lag, die Position der Briten in Europa zu halten und noch zu stärken, dann war es nur konsequent, dafür auch die eigene Handelsflotte einzusetzen. Dem standen jedoch die Neutralitätsgesetze von 1939 entgegen, es sei denn, Hitler ließe sich durch die Einsätze der US-Atlantikflotte zu einer Kriegserklärung an die USA provozieren, was Roosevelt wohl weiterhin erhoffte, zumal die Aussichten für die Durchsetzung einer eigenen Kriegserklärung im Kongreß immer noch schlecht waren. Die Torpedierung des Zerstörers »Kearny« am 17. Oktober weit innerhalb des deutschen Operationsgebietes und hart an der Grenze der amerikanischen Sicherheitszone bot sich daher geradezu für eine weitere Eskalation in Form einer Revision der hinderlichen

Neutralitätsgesetze an. Die »Kearny« gehörte zu einem Verband, der die britische Sicherung eines gefährdeten Konvois verstärkt hatte. Bei der Torpedierung kamen elf Seeleute ums Leben, es waren die ersten Personalverluste amerikanischer Streitkräfte im Zweiten Weltkrieg. Roosevelt ließ sich jetzt mit seiner Reaktion zehn Tage Zeit, ehe er am 27. Oktober die deutsche Kriegspolitik und insbesondere Hitler mit scharfen Worten attackierte, ohne die näheren Umstände des Zwischenfalles zu erläutern[14]: Das Schießen habe begonnen und die Geschichte werde verzeichnen, wer zuerst geschossen habe. Er wiederholte den Befehl, daß die US-Navy zuerst schießen würde, und kündigte die angestrebte Revision der Neutralitätsgesetze an — wie die Bewaffnung der eigenen Handelsschiffe, Transport von Kriegsmaterial auf amerikanischen Handelsschiffen bis zu den Häfen der befreundeten Länder. Das hieß im Klartext: Öffnung der bisherigen Kriegszonen in Europa, deren Befahren bislang den eigenen Handelsschiffen verboten war. Als die erhoffte Reaktion Hitlers nicht eintrat und sowohl London als auch Washington aus den entzifferten Funksprüchen erfuhren, daß die deutschen U-Boote restriktive Befehle erhielten, jeden Zwischenfall mit amerikanischen Seestreitkräften zu vermeiden, gab Roosevelt eine weitere Eskalation auf. Die Versenkung des Zerstörers »Reuben James« am 31. Oktober (115 Tote) hatte dann auch keine weiteren Auswirkungen mehr auf das kaum noch bestehende deutsch-amerikanische Verhältnis, sondern verstärkte nur noch den Rückhalt des Präsidenten im Kongreß bei der Abschwächung der Neutralitätsgesetze in der Schlußabstimmung am 13. November. Die relativ knappe Mehrheit von 18 Stimmen im Repräsentantenhaus zeigte, daß Roosevelt mit seiner vorsichtigen Politik am Rande des Krieges auf einem schmalen Grat wandelte, obwohl bei den Meinungsumfragen Mitte Oktober 70 Prozent der Bevölkerung die Auffassung vertraten, daß es wichtiger sei, Hitler zu schlagen, als sich aus dem Krieg herauszuhalten. Die knappe Mehrheit im Kongreß machte auch deutlich, daß zur Durchsetzung einer Kriegserklärung außenpolitische Zwischenfälle bzw. Ereignisse mit anderen Dimensionen eintreten mußten als die Kampfhandlungen an den Konvoirouten im Atlantik. Aus der Entzifferung der diplomatischen Telegramme der Japaner wußte Roosevelt, daß die konfliktgeladene Situation im Pazifik eher auf eine Krise zusteuerte als im Atlantik.

Für Hitler hatte sich im Oktober die strategische Notwendigkeit ergeben, neben der Kräfte zehrenden Fortsetzung des Ostfeldzuges die Krise im Mittelmeerraum zu bewältigen, um die nordafrikanische Position zu halten, was auch aus Sicht der Marineführung eine wesentliche Voraussetzung für die erfolgreiche Beendigung des gesamten Krieges war. Mangels anderer Kräfte mußten U-Boote aus dem Atlantik abgezogen werden, um die Lage zu stabilisieren, was wiederum nach der Konzeption des Zufuhrkrieges eigentlich nicht zu verantworten war. Erneut wurde erkennbar, daß die Achsenmächte schon jetzt ihr Potential überspannt hatten und daß sie ihre Positionen nur mit wechselnder Schwerpunktbildung behaupten, jedoch nicht langfristig festigen konnten. Demgegenüber zeigte die Analyse der Gesamtkriegslage aus der Sicht Hitlers, daß dieser noch in der Illusion lebte, sein großes Ziel — die Vernichtung der Sowjetunion — sei im Grunde schon erreicht. Gegenüber dem Chef des Stabes der Skl, Vizeadmiral Fricke, gab er am 27. Oktober 1941 einen Überblick über die Gesamtlage und wies darauf hin[15], daß »die Bereinigung im Osten« notwendig sei als »Voraussetzung für jeden erfolgreichen Entscheidungskampf gegen England«. Die »*Sicherung des kontinentalen Raumes*« sei jetzt »erstes strategisches Gebot«, dazu gehöre die Sicherung der Mittelmeerlage, denn in Italien sinke die Stimmung von Tag zu Tag, außer den faschistischen Kreisen sei man kriegsmüde, das Volk sehne sich nach Ruhe und spreche vom »Krieg der Deutschen« — eine bemerkenswert zutreffende und ehrliche Einschätzung! Aus dieser kritischen Entwicklung ergab sich für Hitler die kategorische Forderung nach einer Verstärkung deutscher Luft- und Seestreitkräfte im Mittelmeer. Fricke vertrat demgegenüber die Auffassung der Skl von der notwendigen Konzentration der verfügbaren Kräfte gegen die britischen Zufuhren im Atlantik. Doch Hitler hielt an seiner Forderung fest, im Mittelmeer sofort eine »*eindeutige Schwerpunktbildung*« herbeizuführen, da »eine Ausschaltung Deutschland/Italiens aus dem Mittelmeer eine untragbare Gefährdung der Sicherheit des europäischen Kontinents darstellen würde.«

Als Fricke die »Frage der endgültigen siegreichen Kriegsbeendigung« anschnitt und dabei die Ansicht vertrat, »daß die völlige Niederwerfung Englands zur Sicherung der europäischen Neuordnung notwendig sei«, gab Hitler sehr offen zu erkennen, daß er den Gegner Großbritannien mit ganz anderen Augen sah als die Marineführung: Er sei »auch jetzt noch jederzeit bereit [...], mit England Frieden zu schließen, da der europäische Raum, den Deutschland sich durch die bisherige Kriegführung gesichert habe, für die Zukunft des deutschen Volkes ausreichend sei«. Bei Fricke entstand der Eindruck, daß Hitler in der Kolonialfrage zu Zugeständnissen bereit war, jedoch von Churchill kein Einlenken erwartete. »Führer würde es offenbar begrüßen, wenn England nach Abschluß Ostfeldzug von sich aus zum Einlenken bereit wäre [...], auch ohne daß Möglichkeit für Deutschland besteht, *weitere* Räume, als bisher besetzt, zu gewinnen.« Nach den eindeutigen Anweisungen Hitlers blieb der Marine nichts anderes übrig, als die geforderten U-Boote ins Mittelmeer zu entsenden. Der Atlantikeinsatz ging jetzt so weit zurück, daß Dönitz von einer »U-Bootsleere« sprach, die dem Gegner nur willkommen sein könne.

Der untergeordnete Stellenwert, den die Atlantikkriegführung Ende 1941 in der deutschen Strategie einnahm, ja angesichts der Krisen in Rußland und im Mittelmeer einnehmen mußte, kam besonders drastisch nach der deutschen Kriegserklärung an die USA zum Ausdruck, als von 91 im Fronteinsatz befindlichen U-Booten nur sechs für einen sofortigen Vorstoß zur amerikanischen Ostküste freigegeben wurden.

Während Hitler noch im April 1941 gegenüber dem japanischen Außenminister Matsuoka den Standpunkt vertreten hatte, daß der Kampf gegen die Seetransportkapazität »eine entscheidende Schwächung nicht nur Englands, sondern auch Amerikas« bedeute und daß man darauf vorbereitet sei, »daß in Europa kein Amerikaner landen könne«[16], traten Ende 1941 in seinem strategischen Kalkül die möglichen langfristigen Wirkungen einer effektiven Atlantikkriegführung mehr in den Hintergrund. Jetzt war es ihm lieber, daß im Nordmeer »4 Schiffe, die Panzer an die russische Front bringen, versenkt würden, als 100 000 BRT im Südatlantik«[17]. Abgesehen davon, daß die Panzerlieferungen der Westmächte im Vergleich zur sowjetischen Panzerproduktion unbedeutend blieben, war damit erneut die Grundsatzfrage der strategischen Zielsetzung der deutschen Seekriegführung im Atlantik aufgeworfen: Sollte die Entscheidung in dem »Wettrennen« zwischen Versenkungen und Schiffsneubauten gesucht werden oder sollte der Atlantik vor allem das Vorfeld der »Festung Europa« bilden, die es gegen materiell und personell weit überlegene Gegner zu verteidigen galt? Mit ihren bisherigen Erfolgen hatten die U-Boote eine beachtliche Leistungsfähigkeit gezeigt. Dies führte jedoch — nicht zuletzt auch bei Hitler — zur Überschätzung eines Waffensystems, das sich wohl noch als ein wirksames Instrument zur schnellen Bereinigung von kritischen Lagen, z.B. im Mittelmeer, einsetzen ließ, das jedoch binnen Jahresfrist die Fähigkeit einbüßte, sich der Überwachung und Abwehr des Gegners zu entziehen. Pearl Harbor und die japanischen Offensiven lenkten im Dezember 1941 naturgemäß die Aufmerksamkeit Washingtons mehr zum Pazifik, doch der Atlantik bildete weiterhin — trotz aller Verluste an Schiffsraum — die tragfähige Brücke zum »Juniorpartner« Großbritannien, der an der Gegenküste zum eigenen Kontinent entscheidende Positionen hielt, die zum Ausgangspunkt der erfolgreichen alliierten Offensiven wurden.

## Anmerkungen:

1 Hitlers Weisungen für die Kriegführung, hrsg. von Walther Hubatsch, 2. durchges. u. erg. Aufl. Koblenz 1983, S. 40 ff.

2 1. Skl, Kriegstagebuch (KTB), Teil A, S. 233 bzw. 238 (20.12.1940), Bundesarchiv-Militärarchiv Freiburg (BA-MA), RM 7/19. Hervorhebung im Original.

3 Lagevorträge des Oberbefehlshabers der Kriegsmarine vor Hitler 1939—1945, hrsg. von Gerhard Wagner, München 1972, S.171—173 (27.12.1940).

4 Ebd., S. 183 f. (8./9.1.1941 = Aufzeichnung KAdm Fricke vom 21.1.1941).

5 Andreas Hillgruber, Hitlers Strategie. Politik und Kriegführung 1940—41, Frankfurt/M. 1965, S. 165.

6 Zit. nach Hans-Adolf Jacobsen, Der Weg zur Teilung der Welt. Politik und Strategie 1939—1945, Koblenz, Bonn 1977, Dok. Nr. 78, S. 153.

7 1. Skl., KTB, Teil C VIII, S. 191 ff. (10.5.1941), BA-MA, RM 7/206. Hervorhebung im Original.

8 Lagevorträge (wie Anm. 3), S. 231 ff. (22.5.1941).

9 Ebd., S. 264 f. (9.7.1941).

10 Zum Begriff »Weltkriegsstrategie« siehe Andreas Hillgruber, Der Zweite Weltkrieg. Kriegsziele und Strategien der großen Mächte, Stuttgart, Berlin u.a. 1982, S. 72. Aufzeichnung d. Gesandten Hewel vom 15.7.1941, in: Akten zur deutschen auswärtigen Politik 1918—1945 (ADAP), Serie D: 1937—1945, Baden-Baden 1950 ff., Bd. XIII,2, Anhang II (S. 829 ff. — hier S. 833).

11 »Denkschrift zum gegenwärtigen Stand der Seekriegführung gegen England Juli 1941« (21.7.1941). Publiziert bei Michael Salewski, Die deutsche Seekriegsleitung 1935—1945, Bd 3, Frankfurt/M. 1973, S. 189—210, Zitate S. 195 ff. Hervorhebungen im Original.

12 Lagevortrag vom 25. Juli 1941. Zum Konzept Raeders für diesen Lagevortrag bei Hitler siehe Michael Salewski, Die deutsche Seekriegsleitung 1935—1945, Bd 1, Frankfurt/M. 1970, S. 407—412, sowie die Aufzeichnungen Raeders in Lagevorträge (wie Anm. 3), S. 271 ff. (25.7.1941).

13 Lagevorträge (wie Anm. 3), S. 286 ff. (17.9.1941), siehe insbesondere die militärpolitische Lagebeurteilung der Skl ebd., S. 289 f.

14 Deutscher Text in Keesings Archiv der Gegenwart 1941, S. 5253 f.

15 Von dieser Besprechung lassen sich zwei verschiedene Fassungen nachweisen, die voneinander abweichen:

(1) »Niederschrift der Besprechung des Führers mit dem Chef des Stabes der Seekriegsleitung, Vizeadmiral Fricke, über den Einsatz deutscher Marinestreitkräfte im Mittelmeer« (27.10.1941), publiziert in Lagevorträge (wie Anm. 3), S. 301—303.

(2) Aufzeichnung in 1. Skl, KTB, Teil A, S. 474—478 (28.10.1941), BA-MA, RM 7/29 .

Hier wird nach der Fassung 2 zitiert, da sie ausführlicher auf die Ausführungen und Intentionen Hitlers zur Gesamtkriegführung eingeht. — Hervorhebungen im Original.

16 Aufzeichnung über die Unterredung zwischen Hitler und dem japanischen Außenminister Matsuoka am 4.4.1941, in: ADAP, Serie D (wie Anm. 9), Bd XII,1, Nr. 266, S. 376.

17 Zit. nach OKW B. Nr. 1/42 g.Kdos. Chefsache vom 1.1.1942: »Besprechungsniederschrift vom 29. Dez. 1941«, angefertigt von Kpt.z.See v. Puttkamer, 2. Ausfertigung in: 1. Skl, KTB, Teil C II b Westraum-Atlantikküste-Flottenoperationen, März 1941—Dezember 1942, BA-MA, RM 7/133, Bl. 331—335, hier Bl. 335. — Die Aufzeichnung Puttkamers weicht in einigen Punkten, die die Ausführungen Hitlers betreffen, deutlich von der Aufzeichnung Raeders ab. Siehe Lagevorträge (wie Anm. 3), S. 334—337 (29.12.1941).

Enrico Syring

# Hitlers Kriegserklärung an Amerika vom 11. Dezember 1941

Noch immer ist Hitlers am 11. Dezember 1941 verkündete Kriegserklärung an die Vereinigten Staaten von Amerika für Historiker und Publizisten »der rätselhafteste seiner Entschlüsse im Zweiten Weltkrieg«[1]. Da die Quellenbasis für eine Klärung der Frage nach seinen Motiven für diesen Schritt nicht ausreicht, werden die Beweggründe in einem unbewußten Drang nach Selbstzerstörung[2] oder in »Größenwahn, selbstmörderischem Realitätsverlust und Spiel mit der Existenz des Deutschen Reiches«[3] gemutmaßt. Es wird bezweifelt, ob es überhaupt eine »machtpolitisch zweckrationale Erklärung«[4] gibt. Alle diese Deutungsversuche bleiben jedoch letztlich unbefriedigend. Daher mag der Versuch nützlich sein, Hitlers Entscheidung vom Dezember 1941 einmal vor dem Hintergrund der deutsch-amerikanischen Beziehungen seit 1933 sowie im Rahmen seines Bildes von der Entwicklung der internationalen Mächtekonstellation seit 1939 neu zu beleuchten.

Adolf Hitler hatte die Bedeutung der USA schon früh erkannt. Bereits in seinem 1928 verfaßten sogenannten »Zweiten Buch« schrieb er, in den Vereinigten Staaten sei ein Machtfaktor entstanden, der alle bisherigen Maßstäbe über den Haufen zu werfen drohe. Noch seien die Aktivitäten dieser Macht überwiegend nach innen gerichtet. In dem Moment jedoch, in dem sie sich nach außen wendeten, würde die übrige Welt eine böse Überraschung erleben. Nur ein besonders hochwertiger »Rassestaat«, der seinerseits über die Ressourcen eines ganzen Kontinents verfüge, könne Amerika dann machtpolitisch noch die Stirn bieten. Dieses weltpolitische »Sich-nach-außen-Wenden« der USA lag für Hitler allerdings noch in ferner Zukunft. Er ging davon aus, daß es sich nicht mehr zu seinen eigenen Lebzeiten vollziehen würde[5].

Andreas Hillgruber hat die Auffassung vertreten, Hitler habe seine Einschätzung der Vereinigten Staaten im Gefolge der Weltwirtschaftskrise ab 1929 modifiziert. Neben seine Furcht vor dem amerikanischen Potential sei nunmehr die Verachtung des »verjudeten Rassengemisches« getreten[6]. Diese Vermutung kann sich allerdings nicht auf zeitnahe Quellen stützen, denn zumindest aus der Zeit vor dem 30. Januar 1933 gibt es nicht eine einzige Äußerung, die nicht von Hitlers außerordentlichem Respekt vor Amerika und den Amerikanern zeugte[7].

Das Echo auf Hitlers »Machtergreifung« war in den Vereinigten Staaten von Beginn an negativ: Die nationalsozialistische Innen-, vor allem aber die

»Judenpolitik« stieß auf eine empörte Ablehnung. Die Autarkiebestrebungen des Deutschen Reiches, die in Gegensatz zu den amerikanischen »Open-door«-Leitvorstellungen standen, führten in der Folgezeit zusätzlich zu Spannungen[8].

Ab Ende 1936 engagierten sich die USA zunehmend auf der weltpolitischen Bühne[9]. Ob, bzw. wie Hitler diese Wende in der amerikanischen Politik wahrgenommen hat, ist nicht mit Sicherheit auszumachen. Sein damaliger Luftwaffenadjutant, Nicolaus v. Below, behauptete allerdings, der »Führer« habe zumindest Roosevelts berühmte »Quarantänerede« vom 5. Oktober 1937 als einen Wendepunkt empfunden und sehr ernst genommen:

»Roosevelt hatte davon gesprochen, daß 90 Prozent der Weltbevölkerung von 10 Prozent bedroht würden. Diese Zahlen erregten Hitler besonders, denn das Verhältnis gebe den klaren Beweis, daß Roosevelt die Russen nicht zu den Aggressoren rechne. Typisch für Hitlers Haltung war es, Roosevelts innenpolitische Gründe für den Umschwung seiner Politik zu erforschen. Dabei war er auf einen erschreckenden Niedergang der amerikanischen Wirtschaft und eine sprunghafte Zunahme der Arbeitslosigkeit in den letzten Monaten gestoßen. Hitler zog die Schlußfolgerung, daß Roosevelt einen Ausweg aus der wirtschaftlichen Katastrophe nur in Rüstungsaufträgen der Regierung suchen könne. Um hierfür vom Kongreß die Zustimmung zu erhalten, müsse er die amerikanische Öffentlichkeit gegen die genannten Staaten aufhetzen, an der Spitze gegen Deutschland[10].«

Die deutsche Außenpolitik des Jahres 1938 hatte zum einen ein deutliches Anschwellen der anti-deutschen Strömungen in der amerikanischen Öffentlichkeit zur Folge[11], zum anderen führte sie ebenfalls zu einer zunehmenden Präsenz der Vereinigten Staaten auf der Bühne der europäischen Politik. Für Hitler wurde immer deutlicher, daß Großbritannien einen starken Rückhalt gewonnen hatte[12].

Nach dem deutschen Sieg über Polen fühlte sich Hitler durch die internationale Lage mehr und mehr unter Zeitdruck gesetzt. Die Haltung der beiden »Flügelmächte«, insbesondere die der USA aber auch die der Sowjetunion, erschien ihm in mittelfristiger Perspektive als höchst undurchsichtig. Er ging davon aus, daß es bei einer längeren Fortdauer des Krieges unweigerlich zu einem gegen Deutschland gerichteten Eingreifen beider Mächte komme. Daher war er bestrebt, Großbritannien auf der Basis des Status quo so schnell wie möglich zu einem Arrangement mit dem Deutschen Reich zu zwingen, um den Krieg zu beenden[13]. Wurde er auf die Gefahr eines amerikanischen Engagements angesprochen, so antwortete er, wie Nicolaus v. Below berichtet, »daß er bis zum Eingreifen der USA längst alle Probleme in Europa gelöst hätte, oder ›wehe, wehe wenn wir bis dahin nicht fertig sind‹. Die erste Antwort war propagandistischer Art, während er die zweite Version denen gegenüber verwendete, zu denen er Vertrauen hatte[14].«

Um den Vereinigten Staaten keinen Anlaß zu einem beschleunigten Einschreiten zu liefern, trachtete Hitler danach, jeglichen Zwischenfall mit ihnen zu vermeiden. Auf außenpolitischer Ebene versuchte er, die USA auf die Linie einer gegenseitigen Nichteinmischung nach dem Motto »Amerika den Amerikanern, Europa den Europäern«[15] festzulegen. Das blieb die Grundlinie der deutschen Amerika-Politik bis Ende November 1941.

Daß sich Großbritannien auch nach dem deutschen Sieg über Frankreich nicht mit ihm verständigen wollte, war Hitler schier unbegreiflich. Nicht zu Unrecht vermutete er, diese britische Haltung werde durch die Hoffnung auf amerikanische und sowjetische Hilfe mit bedingt[16]. Damit aber hatte sich die von ihm bereits im Herbst 1939 angenommene latente Bedrohung Deutschlands in seinen Augen im Sommer 1940 nunmehr in eine akute verwandelt: Die USA und die Sowjetunion »kamen« nun doch sehr viel schneller, als er selbst es je für möglich gehalten hatte. Er fühlte sich daher gezwungen, ihr Eingreifen in den Krieg für die nähere Zukunft mit einzukalkulieren[17].

Hitler war sich darüber klar, daß sein eigentlicher strategischer Hauptgegner, die Vereinigten Staaten, für ihn auch auf längere Sicht hinaus unerreichbar war[18]. Zudem kann er sich keiner Illusion darüber hingegeben haben, daß er, so wie die Dinge im Sommer 1940 lagen, dem Potential Amerikas nicht gewachsen sein konnte. Dazu hätte er, gemäß den selbstformulierten ideologischen Vorgaben, seinerseits über die Ressourcen eines ganzen Kontinents verfügen müssen[19].

Auch aus diesen Überlegungen heraus wandte Hitler sich daher gegen die Sowjetunion. Denn entfiele die britische Hoffnung auf Rußland, so kalkulierte er, dann fiele auch Amerika weg, »weil [dem] Wegfall Rußlands eine Aufwertung Japans in Ostasien in ungeheurem Maße folgt«[20].

Hitler stellte sich also im Sommer 1940 eine Doppelaufgabe: Zum einen war die Sowjetunion als Hoffnungsfaktor für Großbritannien auszuschalten, zum anderen mußte er sich, um für alle Eventualitäten gewappnet zu sein, die Verfügungsgewalt über die Potentiale eines ganzen Kontinents verschaffen.

Bei dem Versuch, dieses Doppelziel zu erreichen, operierte er offenbar zumindest eine Zeit lang zweigleisig: Einerseits versuchte er, Europa unter Einschluß der Sowjetunion auf dem Verhandlungswege zu einem Kontinentalblock gegen die angelsächsischen Mächte zusammenzuschließen. Andererseits aber ließ er parallel dazu einen Eroberungsfeldzug gegen die Sowjetunion vorbereiten, um auf diesem Wege ein Kontinentalimperium zu schaffen.

Die Bemühungen zur Verwirklichung der Kontinentalblockkonzeption verliefen für ihn durchweg unbefriedigend. Spätestens seit dem Molotow-Besuch in Berlin im November 1940 war Hitler davon überzeugt, daß dieser Weg definitiv nicht gangbar sei. Von nun an setzte er voll auf den Eroberungsfeldzug gegen die Sowjetunion[21].

Um die deutschen Anstrengungen zur Schaffung eines europäischen Kontinentalblocks bzw. eines Kontinentalimperiums in Europa abzuschirmen, hatte Hitler zudem seit August 1940 die Wiederannäherung an Japan betreiben lassen. Das Ergebnis dieser Bemühungen war der »Dreimächtepakt« vom 27. September 1940[22]. Wenn auch die tatsächliche Bedeutung dieses Vertragswerkes durch einen geheimen deutsch-japanischen Notenwechsel erheblich eingeschränkt wurde[23], so diente er doch nach außen hin deutlich erkennbar dem Zweck, die Vereinigten Staaten für den Fall ihres Kriegseintritts an der Seite Großbritanniens zur Führung eines Zweifrontenkrieges gegen Deutschland und Japan gleichzeitig zu zwingen. Durch dieses Szenario sollten die USA von einem Eingreifen in den Krieg abgeschreckt werden[24]. Hätte Deutschland, so Hitlers Kalkül — sei es auf dem Verhandlungs-, sei es auf dem Eroberungswege —, sich erst einmal das Potential ganz Europas verfügbar gemacht, dann würde Amerika ohnehin »zurückweichen«[25].

Hitler wußte, daß dies ein sehr gewagtes Konzept war, das unter großem Zeitdruck stand. Deshalb machte er im Dezember 1940 gegenüber Alfred Jodl unmißverständlich deutlich, die deutsche Eroberung der Sowjetunion müsse um jeden Preis bis Ende 1941 abgeschlossen sein, weil ab 1942 die Vereinigten Staaten in der Lage seien einzugreifen[26].

Möglicherweise hat die infolge des deutschen Engagements in Nordafrika eintretende Verzögerung im Aufmarsch gegen die Sowjetunion Hitler bereits im Januar 1941 annehmen lassen, der ursprüngliche Zeitplan sei nicht mehr einzuhalten, und die Eroberung des europäischen Rußlands könne erst im Frühjahr 1942 vollendet werden[27]. Aber auch wenn dies nicht der Fall gewesen sein sollte, wurde ohnedies im Verlauf des Jahres 1941 sehr schnell deutlich, daß Hitlers Kalkül auf das Höchste gefährdet war: Die Vereinigten Staaten, die schon vorher nie wirklich neutral gewesen waren, zeigten sich durch den »Dreimächtepakt« in keiner Weise eingeschüchtert, sondern engagierten sich immer unverhohlener auf britischer Seite. Unter diesen Umständen kann es nicht verwundern, daß Hitler offenbar im Frühjahr 1941 zu der Ansicht gelangte, der Ausbruch eines Krieges zwischen Deutschland und den USA sei nur noch eine Frage der Zeit[28]. Allerdings war er bestrebt, den Zeitpunkt des Kriegsausbruchs so lange wie irgend möglich hinauszuzögern, zumindest jedoch bis zum erfolgreichen Abschluß des Rußlandkrieges[29]. Daran hielt er auch dann noch weiter fest, als die Vereinigten Staaten seit dem 11. September 1941 begonnen hatten, mit allen ihnen zu diesem Zeitpunkt zur Verfügung stehenden Mitteln vollends einen unerklärten Krieg gegen das Deutsche Reich zu führen[30].

Auch die Haltung Japans entsprach nicht den deutschen Erwartungen. Die deutsche Führung hatte gehofft, dieser »Dreimächtepakt"-Partner würde in großem Stile gegen britische Positionen im pazifischen Raum aktiv werden.

Hiervon hatte man sich eine Bindung starker anglo-amerikanischer Kräfte im Pazifik und damit eine Erleichterung der eigenen Kriegführung versprochen[31]. Bis zum April 1941 führte Hitler die — in seinen Augen — »übervorsichtige« Haltung Japans auf die Furcht zurück, im Falle eines aggressiveren Vorgehens in eine militärische Auseinandersetzung mit den Vereinigten Staaten und/oder der Sowjetunion zu geraten[32]. Aus diesem Grunde gab er dem japanischen Außenminister Matsuoka am 4. April 1941 die bekannte »Doppelgarantie«: Ganz gleich, ob die USA oder die Sowjetunion mit einer Kriegserklärung auf ein japanisches Vorgehen reagierten, Deutschland trete sofort voll an Japans Seite[33].

Anfang Mai 1941 wurde in Berlin bekannt, daß Japan mit den Vereinigten Staaten Geheimverhandlungen führte. Da die Informationen über Stand und Inhalt dieser Gespräche außerordentlich vage blieben, wurde der japanische Verbündete aus deutscher Sicht damit vollends zu einer unberechenbaren Größe: Man beobachtete ihn mit größtem Argwohn[34], mutmaßte etwa bei der Besetzung Islands durch US-Streitkräfte am 7. Juli 1941 eine japanisch-amerikanische Geheimabsprache[35], schenkte den japanischen Beteuerungen der Bündnistreue keinerlei Glauben mehr[36] und konnte sich seitdem durchaus vorstellen, die Japaner plötzlich »im anderen Lager«[37] zu sehen. Seit Mai 1941 stand somit für die deutsche Führung die Möglichkeit offen im Raum, in absehbarer Zukunft ganz allein mit dem konzentrierten amerikanischen Machtpotential konfrontiert zu werden. Unter diesem Eindruck forcierte man die Bemühungen, Japan zu einem Kriegseintritt an der Seite Deutschlands und Italiens zu bewegen, um es dadurch unwiderruflich an den »Dreimächtepakt« zu binden[38]. Als mögliche gemeinsame Kriegsgegner wurden dabei von deutscher Seite Großbritannien, die Sowjetunion und erst deutlich nachgeordnet auch die USA ins Gespräch gebracht[39]. Die Monate bis zum November 1941 sind durch die verbissenen deutschen Bemühungen, Japan endgültig auf den »Dreimächtepakt« festzulegen einerseits und durch ein ebenso hartnäckiges japanisches Ausweichen andererseits gekennzeichnet.

Seit dem 5. November 1941 kehrte sich dieses Verhältnis nahezu um. Die japanische Führung hielt nun einen Krieg mit den Vereinigten Staaten für so gut wie unvermeidlich[40]. Daher war sie nun bestrebt, sich für diesen Fall des deutschen Beistands zu versichern. Allerdings galt dies nicht um jeden Preis: Ein Eintritt in den deutschen Krieg gegen die Sowjetunion kam für die Japaner nicht in Betracht[41].

Deutsche Stellen waren seit Anfang November 1941 darüber informiert, daß die japanisch-amerikanischen Geheimverhandlungen offenbar in eine Sackgasse geraten waren. Der deutsche Marineattaché in Tokio hatte berichtet, die japanische Regierung sei »zum Krieg mit Amerika so gut wie entschlossen«[42], und die deutsche Botschaft in Tokio bestätigte: »Die Frage

Krieg oder Frieden sei gestellt[43].« Zumal bereits am 6. November in dieser Frage vorgefühlt worden war[44], mag man daher in Berlin auch nicht mehr sonderlich überrascht gewesen sein, als am 18. November japanische Stellen sondieren ließen, ob Deutschland für den wahrscheinlichen Fall eines japanisch-amerikanischen Krieges bereit sei, mit Japan eine Nicht-Sonderfriedensregelung hinsichtlich der Vereinigten Staaten zu treffen[45].

Hitler war inzwischen endgültig zu der Auffassung gelangt, die Sowjetunion sei nicht mehr, wie ursprünglich geplant, bis Ende des Jahres 1941 zu schlagen. Dies zu vollenden bezeichnete er als sein Hauptziel für das Jahr 1942[46]. Höchstwahrscheinlich in Kenntnis der japanischen Anfrage äußerte er in einer militärischen Besprechung am 19. November mit Blick auf die Gruppe seiner sich um Großbritannien scharenden Feinde die Erwartung, »daß die Erkenntnis, daß die beiden Feindgruppen sich gegenseitig nicht vernichten können, zu einem Verhandlungsfrieden führt«[47]. Drei Tage später, am 22. November 1941, soll er in kleinem Kreise weiter ausgeführt haben:

»Alle Kriege seien zunächst nicht völkischer, sondern wirtschaftlicher Struktur, ohne Händler sei noch kein Krieg entschieden. Der Krämer bestimme die Produktion von Kanonen, Panzern und Munition. Er müsse ein Potential für die deutsche Rüstung einsetzen, um den anderen den Atem wegzunehmen. [...] Den anderen die Möglichkeiten abgraben und sich selbst zueigen machen, das sei die Vorbedingung für den Endsieg[48].«

Währenddessen hatte Ribbentrop die deutsche Botschaft in Tokio angewiesen, ihren japanischen Gesprächspartnern mündlich mitzuteilen, in Berlin werde

»der Gedanke, Waffenstillstand und Frieden nur gemeinsam zu schließen für den Fall, daß, ganz gleich aus welchem Grunde, Japan oder Deutschland in einen Krieg mit den USA verwickelt werden, als ein selbstverständlicher empfunden [...] und daß man durchaus geneigt wäre, in einer für diesen Fall zu treffenden Vereinbarung Entsprechendes niederzulegen[49].«

Die japanischen Stellen zeigten sich über diese deutsche Reaktion »sehr erfreut« und ließen rückfragen, »ob [...] sich demnach Deutschland im Falle einer japanischen Kriegseröffnung gegen die Vereinigten Staaten ebenfalls mit diesen im Kriege befindlich betrachten werde«[50].

Ob diese erneute japanische Anfrage beantwortet worden ist, ist nicht mit Sicherheit zu klären. Zwar wurde dem Nürnberger Gerichtshof ein Dokument vorgelegt, aus dem hervorgeht, Ribbentrop habe den Japanern am Abend des 28. November 1941 unter Berufung auf Hitler eine Zusage erteilt[51]. Die Authentizität dieser Quelle wird jedoch bezweifelt[52]. Sicher ist aber, daß die deutsche Führung die Japaner, anders als zuvor, in den letzten Novembertagen durchaus ermutigte, die Vereinigten Staaten jetzt ruhig direkt anzugehen[53].

Es ist schwer abzuschätzen, welchen Einfluß die in dieser Zeit in Berlin eingehenden Berichte der Botschaften in den USA und Japan auf die deutsche Haltung hatten. Tenor der Berichte der deutschen Botschaft in Washington war, die Administration wie auch die amerikanische Öffentlichkeit seien bis auf weiteres noch keineswegs kriegsbereit. Daher sei auch nicht auszuschließen, daß sich die amerikanische Unnachgiebigkeit gegenüber Japan letztlich als Bluff entpuppen werde[54]. Die deutsche Botschaft in Tokio wiederum meldete noch am 6. Dezember 1941, die japanische Regierung habe hinsichtlich der Vereinigten Staaten noch immer keine abschließende Entscheidung getroffen. Zudem seien politische Kräfte am Werk, die versuchten, die Entwicklung »mit allen Mitteln«[55] aufzuhalten.

Die Berichte beider Botschaften zusammengenommen mögen auf deutscher Seite die Befürchtung genährt haben, es könne vielleicht doch noch zu einem japanisch-amerikanischen Arrangement in letzter Minute kommen. Eine solche Furcht wiederum ließe dann aber auch die umstrittene Zusage Ribbentrops vom 28. November wieder wahrscheinlicher werden.

In den letzten Novembertagen des Jahres 1941 geriet die japanische Führung zunehmend unter Zeitdruck. Seit dem 26. November war der japanische Flugzeugträgerverband unterwegs nach Hawaii, und mit dem gleichen Tage betrachtete man die japanisch-amerikanischen Geheimverhandlungen intern als endgültig gescheitert[56]. Deshalb setzte man nun alles daran, vom Deutschen Reich so schnell wie möglich eine vertraglich fixierte Zusicherung eines sofortigen Eintritts in einen von Japan eröffneten Krieg und eines Nicht-Sonderfriedensschlusses zu bekommen. Am 1. oder am 2. Dezember 1941[57] unternahm der japanische Botschafter in Berlin, Oshima, bei Ribbentrop einen entsprechenden Schritt[58]. Er gab bei dieser Gelegenheit einen inhaltlich verfälschten Bericht über Stand und Inhalt der Gespräche mit den USA. Wahrheitswidrigerweise benannte er den »Dreimächtepakt« als das Haupthindernis auf dem Wege zu einer japanisch-amerikanischen Verständigung. Allerdings ließ er durchblicken, daß die Zeit nunmehr dränge[59]. Da sich Hitler zu dieser Zeit jedoch auf Frontbesuch in der Sowjetunion befand, wo er laut Ribbentrop nicht zu erreichen war, konnte der deutsche Außenminister keine verbindliche Zusage machen. Er hat Hitler erst unmittelbar nach dessen Rückkehr von der Rußlandfront, am Abend des 4. Dezember 1941, im ostpreußischen »Führerhauptquartier« erreicht. Spätestens hier und jetzt entschloß sich Hitler, »dem japanischen Drängen nachzugeben«[60] und die von ihm erbetenen Zusicherungen zu geben[61].

Unmittelbar nach dieser Entscheidung ließ Ribbentrop zunächst der italienischen und dann auch der japanischen Regierung einen inzwischen vorbereiteten deutschen Entwurf eines gemeinsamen Nicht-Sonderfriedensvertrages zukommen und drängte auf dessen unverzügliche Erledigung[62].

Infolge nachrichtentechnischer Übermittlungsschwierigkeiten zwischen Berlin und Tokio und aufgrund verschiedener Formulierungsstreitigkeiten[63] zogen sich die Verhandlungen mit den Japanern jedoch solange hin, daß sie vom — auch die deutsche Führung völlig überraschenden — japanischen Überfall auf Pearl Harbor am 7. Dezember 1941 »überrollt« wurden. Es ist vielfach belegt, daß Hitler die Nachricht vom japanischen Angriff überaus positiv aufnahm[64]: Er wirkte, als fühle er sich »wie von einem Alb befreit«[65], und verfiel in »euphorische Stimmung«[66]. Seine Haltung zur Frage eines deutschen Eintritts in den nunmehr tatsächlich ausgebrochenen japanisch-amerikanischen Krieg soll er gegenüber Ribbentrop so zusammengefaßt haben:

»Die Amerikaner schießen ja schon auf uns, wir sind also mit ihnen bereits im Kriegszustand. Wir müssen jetzt die Konsequenzen ziehen, sonst wird uns Japan das nie vergessen. Und binnen kurzem, wahrscheinlich aber sofort, kommt unser Krieg mit Amerika doch, denn das ist von Anfang an das Ziel Roosevelts gewesen[67].«

Es trifft unbestreitbar zu: Das Deutsche Reich hat den Vereinigten Staaten nicht »sofort« nach der japanischen Kriegseröffnung den Krieg erklärt. Allerdings ist zu bezweifeln, daß, wie Eberhard Jäckel meint[68], ein deutsches Beharren auf dem vorherigen Abschluß des Nicht-Sonderfriedensvertrages der Hauptgrund für die »Verzögerung« war. Eine solche Auffassung setzt die Bedeutung, die vertragliche Abmachungen für Hitler hatten, wohl doch etwas zu hoch an. Zudem hob Hitler bereits am 8. — noch am gleichen Tage, an dem die Nachricht von Pearl Harbor nach Berlin gelangt war — und am 9. Dezember sämtliche Beschränkungen für die deutsche Seekriegführung auf[69], die einst zur Vermeidung einer Konfrontation mit den USA verfügt worden waren. Hierdurch wurde eindeutig eine neue Lage geschaffen.

Die »Verzögerung« der deutschen Kriegserklärung an Amerika dürfte eher aus der völligen Überraschung resultieren, mit der »Pearl Harbor« die deutsche Führung traf: Daß Japan den Krieg innerhalb so kurzer Frist eröffnen würde, hatte man nicht erwartet. Deshalb waren inzwischen auch nicht einmal die naheliegendsten militärischen Vorbereitungen, wie etwa eine Zusammenziehung deutscher U-Boote vor der amerikanischen Küste, auch nur eingeleitet worden[70].

Unter diesen Umständen spricht es doch wohl eher für eine außergewöhnliche Schnelligkeit, daß man deutscherseits nur vier Tage benötigte, um wenigstens einen notdürftigen propagandistischen Rahmen für eine Kriegserklärung an Amerika zu schaffen[71]. Auch der angestrebte Nicht-Sonderfriedensvertrag dürfte für Hitler vor allem hinsichtlich seines Propagandawertes im Zusammenhang mit diesem Schritt von Bedeutung gewesen sein. Daher hob er ihn auch in der Rede besonders hervor, in der er am Nachmittag des 11. Dezember 1941 immerhin die Kriegserklärung an die USA bekannt gab[72].

Begründet wurde der deutsche Entschluß mit dem faktischen, wenn auch unerklärten Krieg, den die Vereinigten Staaten seit Monaten gegen Deutschland führten[73].

Wie schon gesagt sind die Entscheidungsvorgänge, die zur deutschen Kriegserklärung führten, quellenmäßig nur sehr lückenhaft belegt. Daher wird es wohl kaum je gelingen, die dahinterstehenden Motive mit letzter Sicherheit zu klären. Nach Ansicht des Verfassers scheint der Bedingungsrahmen für Hitlers Entschluß jedoch im wesentlichen folgendermaßen konstituiert gewesen zu sein:

1. Die amerikanischen Aktivitäten im Atlantik hatten im Laufe des Jahres 1941 zu einem einseitigen De-facto-Kriegszustand zwischen den Vereinigten Staaten und dem deutschen Reich geführt.
2. Hitler rechnete für das Jahr 1942 fest mit einem vollen amerikanischen Kriegseintritt an der Seite Großbritanniens.
3. Faktisch bis zur tatsächlichen japanischen Kriegseröffnung konnte die deutsche Führung die Möglichkeit eines japanisch-amerikanischen Arrangements in letzter Minute bzw. eines japanischen Verharrens in der Passivität nicht ausschließen. Beides aber hätte das Deutsche Reich, so nahm man an, ab 1942 allein einem konzentrierten amerikanischen Zugriff ausgeliefert.
4. Ende November 1941 war Hitlers ursprüngliches Konzept, die Sowjetunion in einem Blitzfeldzug zu erobern, bevor die Vereinigten Staaten kriegsbereit waren, definitiv gescheitert. Am 29. November 1941 sah sich Hitler gar von seinem »Reichsminister für Bewaffnung und Munition«, Fritz Todt, dazu aufgefordert, den Krieg politisch zu beenden, da er rüstungswirtschaftlich bereits verloren sei[74].
5. Da Hitler nur verschleiernd und unzureichend informiert worden war, hatte er das wirkliche Ausmaß der Krise an der deutschen Ostfront noch nicht erkannt. Bis zum 14. Dezember ging er vielmehr davon aus, es handele sich bei der sowjetischen Gegenoffensive vor Moskau lediglich um ein begrenztes Unternehmen. Es habe aufgrund deutscher Führungsfehler zu einigen örtlichen Einbrüchen geführt, sei aber darüber hinaus von keiner größeren Bedeutung[75].

Für Hitler dürfte sich damit Anfang Dezember 1941 in etwa folgendes Bild von der Gesamtlage ergeben haben: Das ursprüngliche Kriegskonzept ist gescheitert. Die Sowjetunion kann 1941 nicht mehr geschlagen werden und die rüstungswirtschaftliche Lage ist aufs äußerste gespannt. Ein offener Kriegseintritt der Vereinigten Staaten aber ist kaum mehr länger hinauszuzögern. Ein mit voller Wucht einsetzender Zweifrontenkrieg gegen die Sowjetunion und die USA kann jedoch nicht durchgestanden werden. Allerdings ist es möglich, die UdSSR 1942 in einem konzentriert geführten Landkrieg endgültig niederzuwerfen. Also muß verhindert werden, daß die Vereinigten Staaten bereits im Jahre 1942 mit ihrem gesamten Potential auf dem europäischen Kriegsschauplatz wirksam werden können. Dies kann durch einen japanisch-amerikanischen Krieg erreicht werden. Der pazifische Raum sollte dann auch möglichst zum amerikanischen Hauptkriegsschauplatz gemacht werden[76]. Allerdings muß wiederum verhindert werden, daß dort das ganze, überwältigende Potential Amerikas konzentriert werden kann. Dies könnte zur Folge haben, daß Japan »erdrückt« werden würde[77], bevor Deutschland im zweiten Anlauf das europäische Rußland erobert hat. Daher muß ein Teil der amerikanischen Macht nach wie vor in Europa gebunden bleiben. Dies kann durch eine deutsche Kriegserklärung an die USA erreicht werden. Ist die europäische Sowjetunion, so mag Hitler weiter kalkuliert haben, erst einmal erobert, dann kann dieses deutsche Kontinentalimperium auf dem Verhandlungswege möglicherweise sogar noch zu einem gesamteuropäischen Kontinentalblock erweitert werden[78]. Von einer solchen Machtbasis aus, so hoffte er, wäre ein Arrangement mit den Anglo-Amerikanern realisierbar.

Vor dem Hintergrund dieses Gesamtkalküls erscheint die deutsche Zusage vom 4. Dezember 1941, sofort in einen japanisch-amerikanischen Krieg einzugreifen, als der Preis, den Deutschland für einen Kriegseintritt Japans zu zahlen bereit war. Die Kriegserklärung an Amerika wiederum sollte eine übermächtige Konzentration des amerikanischen Potentials im pazifischen Raum verhindern. Im Rahmen der sich ihm darbietenden Sicht der internationalen Mächtekonstellation sah Hitler in diesen Schritten die einzige ihm noch verbliebene Möglichkeit, die Zeit zu gewinnen, die er benötigte, um 1942 die Eroberung der Sowjetunion relativ unbehelligt vollenden zu können. Er wollte sein ursprüngliches Konzept, »Lebensraum im Osten«, bevor die USA wirksam in den europäischen Krieg eingreifen konnten, gleichsam »in der Verlängerung« doch noch verwirklichen. Vor dem Szenario eines langen Abnutzungskrieges mit einem Deutschen Reich, das über die Ressourcen ganz Europas verfügte, aber würden die Vereinigten Staaten, so nahm er an, noch immer zurückweichen. Auf der Basis des sich ihm im Moment der Kriegserklärung an Amerika darbietenden Bildes von der Gesamtlage war dies ein durchaus machtpolitisch-zweckrationales Kalkül.

## Anmerkungen

1 Sebastian Haffner, Von Bismarck zu Hitler. Ein Rückblick, München 1987, S. 293.
2 Robert G. L. Waite, The Psychopathic God Adolf Hitler, New York 1977, S. 409.

[3] Detlef Junker, Kampf um die Weltmacht. Die USA und das Dritte Reich 1933—1945, Düsseldorf 1988 (= Historisches Seminar, Bd 11), S. 32.
[4] Ebd.
[5] Hitlers Zweites Buch. Ein Dokument aus dem Jahre 1928, hrsg. von Gerhard L. Weinberg, Stuttgart 1961 (= Quellen und Darstellungen zur Zeitgeschichte, Bd 7), S. 124—132. Vgl. dazu auch Otto Wagener, Hitler aus nächster Nähe. Aufzeichnungen eines Vertrauten 1929—-1932, hrsg. von Henry A. Turner, Frankfurt/M., Berlin, Wien 1978, S. 296 f.
[6] Andreas Hillgruber, Die Zerstörung Europas. Beiträge zur Weltkriegsepoche 1914 bis 1945, Frankfurt/M, Berlin 1988, S. 188.
[7] Zu Hitlers Bewunderung für die USA vgl. auch Rainer Zitelmann, Hitler. Selbstverständnis eines Revolutionärs, Stuttgart [2]1989, S. 355—358.
[8] Vgl. Hillgruber (wie Anm. 6), S. 189, und Junker (wie Anm. 3), S. 19 ff.
[9] Bernd Martin, Amerikas Durchbruch zur politischen Weltmacht. Die interventionistische Globalstrategie Roosevelts 1933—1941, in: Militärgeschichtliche Mitteilungen (im folgenden zitiert: MGM), 30 (1981), S. 57—98, hier S. 64 ff.
[10] Nicolaus v. Below, Als Hitlers Adjutant 1937—45, Mainz 1980, S. 47 f.
[11] Junker (wie Anm. 3), Qu. 5, S. 70 ff.
[12] Vgl. Andreas Hillgruber, Der Faktor Amerika in Hitlers Strategie 1938—1941, in: Aus Politik und Zeitgeschichte, B 19 (1966), S. 3—21, hier S. 7 f., und James V. Compton, Hitler und die USA. Die Amerikapolitik des Dritten Reiches und die Ursprünge des Zweiten Weltkrieges, Oldenburg, Hamburg 1968, S. 57 f.
[13] Vgl. dazu Dokumente zur Vorgeschichte des Westfeldzuges 1939—1940, hrsg. von Hans-Adolf Jacobsen, Göttingen, Berlin, Frankfurt 1956 (= Studien und Dokumente zur Geschichte des Zweiten Weltkrieges, Bd 2 a), Nr. 3, S. 6 ff.; Lagevorträge des Oberbefehlshabers der Kriegsmarine vor Hitler 1939—1945, hrsg. von Gerhard Wagner, München 1972 (im folgenden zit.: Wagner), S. 50, und Akten zur deutschen auswärtigen Politik 1918—1945. Aus dem Archiv des deutschen Auswärtigen Amts, Serie D: 1937—1941, Baden-Baden 1950—1970 (im folgenden zitiert: ADAP), Bd IX, Dok. 192, S. 224.
[14] Below (wie Anm. 10), S. 200.
[15] Hitler. Reden und Proklamationen 1932—1945. Kommentiert von einem deutschen Zeitgenossen, hrsg. von Max Domarus, 2 Bde, Wiesbaden 1973 (im folgenden zit.: Domarus), hier Bd II/3, S. 1524 f.
[16] Vgl. dazu Generaloberst Halder. Kriegstagebuch. Tägliche Aufzeichnungen des Chefs des Generalstabes des Heeres 1939—1942, bearb. von Hans-Adolf Jacobsen, 3 Bde, Stuttgart 1964 (im folgenden zit.: Halder-KTB), hier Bd II, Eintrag 13.7.1940, S. 21, und Hans-Joachim Lorbeer, Westmächte gegen die Sowjetunion 1939—1941, Freiburg 1975 (= Einzelschriften zur militärischen Geschichte des Zweiten Weltkrieges, Bd 18), S. 86 f.
[17] Joachim v. Ribbentrop, Zwischen London und Moskau. Erinnerungen und letzte Aufzeichnungen. Aus dem Nachlaß hrsg. von Annelies v. Ribbentrop, Leoni am Starnberger See 1954, S. 221 f.
[18] Bernhard v. Loßberg, Im Wehrmachtführungsstab. Bericht eines Generalstabsoffiziers, Hamburg 1949, S. 105 f.
[19] Zu Hitlers Lebensraum-Konzeption vgl. auch den Beitrag von Rainer Zitelmann im vorliegenden Band.
[20] Halder-KTB (wie Anm. 16), Bd II, Eintrag 21.7.1940, S. 49.
[21] Ob die Kontinentalblockkonzeption für Hitler jemals eine ernsthafte Alternative zu einem »Lebensraumkrieg« gegen die Sowjetunion dargestellt hat, ist umstrit-

ten. Vgl. dazu etwa Bernd Stegemann, Hitlers Ziele im ersten Kriegsjahr 1939/40. Ein Beitrag zur Quellenkritik, in: MGM, 27 (1980), S. 93—105, und Gerhard Schreiber, Der Mittelmeerraum in Hitlers Strategie 1940. »Programm« und militärische Planung, in : MGM, 28 (1980), S. 69—99.

22 Vertragstext ADAP (wie Anm. 13), Bd XI/1, Dok. 118.

23 Der geheime deutsch-japanische Notenaustausch zum Dreimächtepakt, hrsg. von Johanna M. Menzel, in: Vierteljahrshefte für Zeitgeschichte, 5 (1957), S. 182—193, besonders Dok. 1, S. 190.

24 Die Weizsäcker-Papiere 1933—1950, hrsg. von Leonidas E. Hill, Frankfurt/M, Berlin, Wien 1974 (im folgenden zit.: Hill), Eintrag 28.9.1940, S. 219.

25 So trefflich Compton (wie Anm. 12), S. 11.

26 Kriegstagebuch des Oberkommandos der Wehrmacht (Wehrmachtführungsstab) 1940—1945. Geführt von Helmuth Greiner und Percy Ernst Schramm, hrsg. von Percy Ernst Schramm, 4 Bde, Frankfurt/M. 1961—1979 (im folgenden zit.: KTB/OKW), hier Bd I/2, Dok.-Anhang Nr. 45, S. 996.

27 So Below (wie Anm. 10), S. 260.

28 Vgl. Heeresadjutant bei Hitler 1938—1943. Aufzeichnungen des Majors Engel, hrsg. von Hildegard von Kotze, Stuttgart 1974 (= Schriftenreihe der Vierteljahrshefte für Zeitgeschichte, Nr. 29) (im folgenden zit.: Kotze), Eintrag 24.3.1941, S. 99, und Erich Kordt, nicht aus den Akten... Die Wilhelmstraße in Frieden und Krieg. Erlebnisse, Begegnungen und Eindrücke 1928—1945, Stuttgart 1950, S. 416.

29 Vgl. dazu Wagner (wie Anm. 13), S. 240, S. 263 f. und S. 271, und Ribbentrop (wie Anm. 17), S. 252.

30 Kriegswende 1941. Referate und Diskussionsbeiträge des internationalen historischen Symposiums in Stuttgart vom 17. bis 19. September 1981, hrsg. von Jürgen Rohwer und Eberhard Jäckel, Koblenz 1984 (im folgenden zit.: Rohwer/Jäckel), S. 81 ff.

31 Vgl. dazu ADAP (wie Anm. 13), Bd XII/1, Dok. 8, und Hitlers Weisungen für die Kriegführung 1939—1945. Dokumente des Oberkommandos der Wehrmacht, hrsg. von Walter Hubatsch, Koblenz [2]1983, Nr. 24, S. 103 ff.

32 Vgl. Wagner (wie Anm. 13), S. 183 f, und KTB/OKW (wie Anm. 26), Bd I/1, Eintrag 9.1.1941, S. 258.

33 ADAP (wie Anm. 13), Bd XII/1, Dok. 266, S. 376 f.

34 KTB/OKW (wie Anm. 26), Bd I/2, Eintrag 11.5.1941, S. 394.

35 Der Prozeß gegen die Hauptkriegsverbrecher vor dem internationalen Militärgerichtshof in Nürnberg. 14. November 1945 — 1. Oktober 1946, 42 Bde, Nürnberg 1947—1949 (im folgenden zit.: IMT), hier Bd XXXI, Dok. 2896-PS, S. 259.

36 Die Tagebücher von Joseph Goebbels. Sämtliche Fragmente, hrsg. von Elke Fröhlich, Teil I: Aufzeichnungen 1924—1941, 4 Bde, München, New York, London, Paris 1987, hier Bd 4, Eintrag 7.5.1941, S. 627.

37 Ernst v. Weizsäcker, Erinnerungen, München, Leipzig, Freiburg/Brsg. 1950, S. 325.

38 Vgl. dazu Graf Galeazzo Ciano, Tagebücher 1939—1943, Bern [2]1947 (im folgenden zit.: Ciano-Tgb.), Eintrag 12.5.1941, S. 320, und Staatsmänner und Diplomaten bei Hitler, 2 Bde, hrsg. von Andreas Hillgruber, Frankfurt/M. 1967, hier Bd 1, Nr. 79, S. 560.

39 Eberhard Jäckel. Die deutsche Kriegserklärung an die Vereinigten Staaten von 1941, in: Im Dienste Deutschlands und des Rechtes. Festschrift für Wilhelm G. Grewe zum 70. Geburtstag am 16. Oktober 1981, hrsg. von Friedrich J. Kroneck und Thomas Oppermann, Baden-Baden 1981, S. 117—137, hier S. 120.

[40] Nobutaka Ike, Japan's Decision for War. Records of the 1941 Policy-Conferences, Stanford/Cal. 1967, S. 208—239.
[41] Ebd., S. 241 f.
[42] Zitiert nach Klaus Reinhardt, Die Wende vor Moskau. Das Scheitern der Strategie Hitlers im Winter 1941/42, Stuttgart 1972 (= Beiträge zur Militär- und Kriegsgeschichte, Bd 13), S. 182. Vgl. dazu auch ADAP (wie Anm. 13), Bd XIII/2, Dok. 451, S. 609 f.
[43] Ebd., Dok. 473, S. 641.
[44] Ebd., Dok. 451, bes. S. 610, Anm. 4.
[45] Ebd., Dok. 480, S. 653 f.
[46] Halder-KTB (wie Anm. 16), Bd III, Eintrag 19.11.1941, S. 294 f.
[47] Ebd., S. 295.
[48] Kotze (wie Anm. 28), Eintrag 22.11.1941, S. 114 f.
[49] ADAP (wie Anm. 13), Bd XIII/2, Dok. 487, S. 660.
[50] Ebd., Dok. 492, S. 665.
[51] IMT (wie Anm. 35), Bd XXXV, Dok. 656-D.
[52] Jäckel (wie Anm. 39), S. 127 ff. Anders Peter Herde, Italien, Deutschland und der Weg in den Krieg im Pazifik 1941, Wiesbaden 1983 (= Sitzungsberichte der Wissenschaftlichen Gesellschaft an der Johann Wolfgang Goethe-Universität Frankfurt am Main, Bd XX, Nr. 1), S. 77.
[53] ADAP (wie Anm. 13), Bd XIII/2, Dok. 480 und Dok. 512, S. 709 f.
[54] Ebd., Dok. 458, S. 622 f.; Dok. 473, S. 642; Dok. 506, S. 693 f., und Dok. 541, S. 773 f.
[55] Ebd., Dok. 550, S. 785.
[56] Andreas Hillgruber, Der Zweite Weltkrieg. Kriegsziele und Strategie der großen Mächte, Stuttgart, Berlin, Köln, Wien [2]1983, S. 83.
[57] Das genaue Datum ist umstritten. Vgl. dazu Compton (wie Anm. 12), S. 206; Gerhard L. Weinberg, Germany's Declaration of War on the United States: A New Look, in: Germany and America. Essays on Problems of Internationel Relations and Immigrations, hrsg. von Hans L. Trefousse, New York 1980, S. 54—70, hier S. 64; Jäckel (wie Anm. 39), S. 129, und Herde (wie Anm. 52), S. 83 f.
[58] Da die diesbezüglichen deutschen Aktenbestände verlorengegangen sind, können die im folgenden dargestellten Schritte nur indirekt, über die entsprechende japanische Initiative gegenüber Italien rekonstruiert werden. Vgl. dazu ADAP (wie Anm. 13), Bd XIII/2, Dok. 537, besonders S. 767, Anm. 6; Ciano-Tgb. (wie Anm. 38), Eintrag 3.12.1941, S. 376 f.; Hill (wie Anm. 24), Eintrag 6.12.1941, S. 278 f., und Weizsäcker (wie Anm. 37), S. 328.
[59] ADAP (wie Anm. 13), Bd XIII/2, Dok. 537, bes. S. 766.
[60] So trefflich Junker (wie Anm. 3), S. 32.
[61] Vgl. dazu Domarus (wie Anm. 15), Bd II/4, S. 1787 ff., und Herde (wie Anm. 52), S. 86.
[62] Vgl. ADAP (wie Anm. 13), Bd XIII/2, Dok. 546 und Dok. 548, und Ciano-Tgb. (wie Anm. 38), Eintrag 5.12.1941, S. 377 f.
[63] Herde (wie Anm. 52), S. 88 f.
[64] Vgl. dazu Otto Dietrich, 12 Jahre mit Hitler, München 1955, S. 85 f., und Jodls und Ribbentrops Aussagen vor dem Nürnberger Gerichtshof in IMT (wie Anm. 35), Bd XV, S. 435, bzw. Bd X, S. 336 f.
[65] Generalfeldmarschall Keitel. Verbrecher oder Offizier? Erinnerungen, Briefe, Dokumente des Chefs OKW, hrsg. von Walter Görlitz, Göttingen, Berlin, Frankfurt/M. 1961, S. 285.

66 Tagebuch Walter Hewel, zit. nach David Irving, Die geheimen Tagebücher des Dr. Morell, Leibarzt Adolf Hitlers, München 1983, S. 103. Vgl. dazu auch Harald C. Deutsch in Rohwer/Jäckel (wie Anm. 30), S. 109.

67 Ribbentrop (wie Anm. 17), S. 250. Vgl. dazu auch Otto Meissner, Staatssekretär unter Ebert-Hindenburg-Hitler. Der Schicksalsweg des deutschen Volkes von 1918–1945, wie ich ihn erlebte, Hamburg 1950, S. 576.

68 Jäckel (wie Anm. 39), S. 133.

69 Vgl. IMT (wie Anm. 35), Bd XXXV, Dok. 657-D, und Wagner (wie Anm. 13), S. 327.

70 Vgl. Karl Dönitz, Zehn Jahre und zwanzig Tage, Bonn 1958, S. 195, und Walter Warlimont, Im Hauptquartier der deutschen Wehrmacht 1939–1945. Grundlagen, Formen, Gestalten, Frankfurt/M. 1962, S. 221 f.

71 IMT (wie Anm. 35), Bd XXXV, Dok. 657-D, S. 324.

72 Text Domarus (wie Anm. 15), Bd II/4, S. 1794–1811.

73 Vgl. ebd., S. 1805 ff., und ADAP (wie Anm. 13), Bd XIII/2, Dok. 572.

74 Reinhardt (wie Anm. 37), S. 184. Vgl. hierzu auch Franz W. Siedler, Fritz Todt. Baumeister des Dritten Reiches, Frankfurt/M, Berlin 1988, S. 255 ff.

75 Reinhardt (wie Anm. 37), S. 215–220 und S. 305.

76 Wagner (wie Anm. 13), S. 325.

77 Hitlers Mutmaßung, die USA beabsichtigten, Deutschland und Japan getrennt und nacheinander zu »erledigen«, findet bereits in seinem Gespräch mit Matsuoka am 4. April 1941 ihren deutlichen Niederschlag. Vgl. dazu ADAP (wie Anm. 13), Bd XII/1, Dok. 266, S. 376.

78 Halder-KTB (wie Anm. 16), Bd III, Eintrag 9.12.1941, S. 337.

Franz Knipping

# Die deutsche Frankreichpolitik 1940–1942*

Das Bemühen, den Kerngehalt der deutschen Frankreichpolitik in den Kriegsjahren 1940–1942 freizulegen – in der Zeit des Waffenstillstandsregimes mit deutscher Teilbesetzung Frankreichs zwischen Juni 1940 und November 1942 – muß sich im wesentlichen auf die Durchleuchtung zweier Problemkreise richten: einmal der verwirrenden Fülle deutscher Aktivitäten und erklärter oder unerklärter Zielsetzungen in Frankreich, d.h. der Vielzahl der in dieser Zeit mit den Vorgängen in Frankreich befaßten deutschen Entscheidungsträger, die mit- oder gegeneinander, manchmal ganz unterschiedlichen Konzeptionen folgend, im Grund auf Frankreich bezogen jenes Kompetenzenchaos reproduzierten, das die Forschung für das Dritte Reich als insgesamt so charakteristisch ansieht; und zum zweiten auf die Durchleuchtung der sukzessiven Entwicklung der deutschen Frankreichpolitik unter den sich verändernden Rahmenbedingungen, die der Kriegsverlauf setzte. Im folgenden soll, im Lichte der in gedruckter Form vorliegenden Quellen und der Forschungsliteratur, das Ergebnis in den wesentlichen Umrissen skizziert werden[1].

## I.

In der Polykratie der Ämter im besetzten Frankreich spielte die im Pariser Hotel Majestic residierende Militärverwaltung die führende Rolle. Sie war, unter der Leitung des allein Hitler verantwortlichen Oberbefehlshaber des Heeres (seit Oktober 1940: des Militärbefehlshabers), oberste Besatzungsbehörde und Trägerin der vollziehenden Gewalt. Ihre Zuständigkeiten erstreckten sich auf das gesamte besetzte Frankreich einschließlich der eroberten britischen Kanalinsel, nicht dagegen auf das unbesetzte Gebiet, die beiden Nord-

* Der vorliegende Beitrag ist die überarbeitete Fassung eines Vortrags, der anläßlich des XXV. Deutsch-französischen Historiker-Kolloquiums über »Frankreich und Deutschland im Krieg: September 1939–November 1942« gehalten wurde, das das Deutsche Historische Institut Paris in Zusammenarbeit mit dem Institut d'Histoire des Conflits Contemporains Paris und dem Komitee der Bundesrepublik Deutschland im Internationalen Komitee für die Geschichte des Zweiten Weltkriegs vom 17.–19. März 1988 in Wiesbaden veranstaltete. Er ist abgedruckt im Tagungsband La France et l'Allemagne en guerre (September 1939–November 1942), hrsg. von Claude Carlier/Stefan Martens, Paris 1989.

ostdepartements Nord und Pas-de-Calais und die elsässischen und lothringischen Departements. Dem Militärbefehlshaber war ein »Chef der Militärverwaltung« zugeordnet (zunächst Alfred Streccius, seit Oktober 1940 Otto von Stülpnagel, seit Mitte 1942 dessen Vetter Karl Heinrich von Stülpnagel), der, gestützt auf bald über tausend Mitarbeiter, die Besatzungskontrolle in Frankreich im Sinne des Waffenstillstandsvertrages ausübte. Der Pariser Militärverwaltung waren auf der Ebene der Provinzen, Kreise und Gemeinden sogenannte Oberfeld-, Feld- und Ortskommandanturen nachgeordnet, die auf den entsprechenden Ebenen mit den der Regierung in Vichy unterstehenden französischen Stellen zusammenarbeiteten. Es handelte sich also um eine — anders kaum denkbare — indirekte oder Auftragsverwaltung, die lediglich das normal weiterarbeitende französische Verwaltungspersonal kontrollierte. Mit der Militärverwaltung herrschte in Frankreich insgesamt das Heer, nicht die Partei.

Aber daneben gab es die Vertreter des Auswärtigen Amts, die — unter der Leitung von Ribbentrops Vertrautem Otto Abetz — in der Rue de Lille in Paris residierten. Abetz bekleidete formal den Rang eines deutschen Botschafters, der aber nicht bei der Regierung in Vichy akkreditiert war, da der Kriegszustand juristisch andauerte. Abetz' Befugnisse waren nicht ganz klar. Einerseits war er dem Militärbefehlshaber in Frankreich zugeteilt, in dieser Funktion für die »Behandlung aller politischen Fragen im besetzten und unbesetzten Frankreich verantwortlich« und konnte, »soweit durch seine Aufgabe militärische Interessen berührt werden sollten«, nur im Einvernehmen mit dem Militärbefehlshaber handeln. Andererseits erhielt er die Weisungen zur Durchführung seiner Aufgaben vom Auswärtigen Amt und war ausschließlich Ribbentrop dafür verantwortlich. Er war damit als Beauftragter des Militärbefehlshabers den Weisungen des Reichsaußenministers unterworfen.

Weiter gab es die deutsche Waffenstillstandskommission, die — mit Sitz in Wiesbaden — aufgrund des Artikels 22 des Waffenstillstandsvertrages dessen Durchführung nach den Weisungen des Oberkommandos der Wehrmacht regeln und überwachen sollte. Diese Kommission, die bis 1942 von General Karl Heinrich von Stülpnagel und seinem Stabschef Oberstleutnant Böhme geleitet wurde, verhandelte in besonderen Ausschüssen für Heer, Marine, Luftwaffe, Kriegsgefangene, Rüstungsindustrie u.a. mit einer französischen Waffenstillstandsdelegation, die zunächst von General Huntziger geleitet wurde, über die Durchführung der Stipulationen des Waffenstillstandsvertrages. Als von größter Bedeutung erwies sich bald ein weiterer Ausschuß für die Durchführung der wirtschaftlichen und finanziellen Bestimmungen des Waffenstillstandsvertrages, in dem die Regelung der Besatzungskosten und die Ausrichtung der gesamten französischen Wirtschaft auf die deutschen Interessen verhandelt wurden.

Es gab noch andere deutsche Stellen, die im besetzten Frankreich mitzureden suchten. In den nordöstlichen Küstendepartements Nord und Pas-de-Calais regierte, die Angliederung an das Deutsche Reich vorbereitend, der Militärbefehlshaber in Brüssel. Elsaß und Lothringen wurden den Gauen Rheinpfalz und Baden (Gauleiter Bürckel und Wagner) angegliedert und somit in verschleierter Form annektiert. Zwar trat die SS erst im Laufe der Jahre 1941 und 1942 stärker auf den Plan, dafür suchte aber von Anfang an Hermann Göring als Beauftragter für den Vierjahresplan in Rivalität mit dem Auswärtigen Amt in allen wirtschaftlichen Fragen, und nicht zuletzt bei der Frage der Beschlagnahmung und Auslagerung von Kunstgegenständen, ein gewichtiges Wort mitzureden. Zwischen den deutschen Stellen in Paris und den französischen Behörden bestanden zudem Verbindungsstellen, die ihrerseits auf die Verhältnisse Einfluß zu nehmen suchten. Und jenseits der französischen Grenzen gab es natürlich die Reichsführung, Hitler persönlich, der die Grundlinien der deutschen Frankreichpolitik unter dem Waffenstillstandsregime letztlich maßgeblich prägte, auch wenn das Mit- und Gegeneinander der verschiedenen Zuständigkeiten in Frankreich diese Tatsache gelegentlich verschleiern konnte. Das letzte Wort wurde, zumal wenn es sich um Kompetenzstreitigkeiten in Frankreich handelte, stets durch »Führer-Entscheidungen« gesprochen; die Instanzen in Frankreich hatten zwar vor Ort manche Handlungsspielräume und vermochten durch Beratung den Gang der »großen« Frankreichpolitik zu beeinflussen, zu bestimmen mochten sie diese im Zweifelsfalle aber nicht.

Der Vielzahl der Kompetenzen entsprach durchaus eine Großzahl von Interessen und Zielsetzungen. In der Militärverwaltung gaben insgesamt konservative ältere Offiziere und Beamte den Ton an, deren Erfahrungshorizont in der Zeit um 1914 lag, und die das Frankreich von 1940 kaum kannten. Sie sahen ihre Aufgabe darin, die Ruhe und Ordnung in Frankreich wiederherzustellen, bzw. aufrechtzuerhalten, darüber hinaus in Abstimmung mit den Bedürfnissen der deutschen Kriegführung die Hilfsquellen Frankreichs für die Bedürfnisse der Wehrmacht und der deutschen Kriegswirtschaft verfügbar zu machen. Indem sie konkrete militärische und wirtschaftliche Probleme zu lösen suchten, dafür wenig politisches Interesse geltend machten, erwarben sie sich durch korrekt-gutwillige Verwaltung des besetzten Gebietes durchaus einige Sympathien bei der französischen Bevölkerung.

In der deutschen Botschaft herrschte dagegen eine ganz andere Stimmung. Hier verstanden sich Abetz und eine Reihe seiner jüngeren Mitarbeiter, die allesamt Frankreich gut kannten — Rudolf Schleier, Ernst Achenbach, Friedrich Grimm, Karl Epting, Carltheo Zeitschel, Rudolf Rahn und andere — als so etwas wie Propagandisten und Vorkämpfer eines deutsch-französischen Ausgleichs, der in Zusammenarbeit vor allem mit Pierre Laval erreichbar schien. Man berief sich in diesem Kreise durchaus auf die Tradition der Briand-Stresemann-Ära, vertrat allerdings einen prononcierten Nationalismus (nicht unbedingt: Nationalsozialismus), der sich unter anderem auf das Unrecht von Versailles und die Überlegenheit der deutschen Kultur berief. In dem Europa, für das hier geworben wurde, sollte Frankreich einen ehrenhaften und seiner großen Geschichte entsprechenden Platz erhalten, allerdings einen der Führung Deutschlands in politischer, militärischer, wirtschaftlicher und kultureller Hinsicht untergeordneten: Frankreich sollte seine Schwerindustrie aufgeben und vor allem die Landwirtschaft sowie Luxus- und Modeproduktionen entwickeln, jedoch als eigenständiger Machtfaktor ausscheiden.

Die Waffenstillstandskommission, deren Mitglieder beim Auswärtigen Amt ressortierten, konzentrierte sich dagegen mehr und mehr darauf, soviel wie möglich von der französischen Wirtschaft nach Deutschland zu übertragen. Zumal die Wirtschaftskommission entwickelte sich binnen kürzester Zeit unter Richard Hemmen, daher auch »Kommission Hemmen« genannt, über ihren Überwachungsauftrag hinaus zum perfekten Instrument der wirtschaftlichen Ausbeutung Frankreichs. Solche Ausbeutung, auch persönliche Bereicherung, war im übrigen der allgemeine Nenner, auf den sich das Interesse eines großen Teils des deutschen, verschiedenen Besatzungsinstanzen zugeordneten Personals in Frankreich bringen ließ.

Von der höheren Warte der Reichsführung aus betrachtet, stand die deutsche Frankreichpolitik unter dem Waffenstillstandsregime wesentlich unter zwei strategischen Zielsetzungen: zum einen der möglichen Nutzbarmachung Frankreichs für die weitere Kriegführung über bloße materielle Ausbeutung hinaus und zum zweiten der Eingliederung Frankreichs in das durch den erhofften deutschen Sieg geschaffene Nachkriegseuropa. Über das letztere Ziel machte man sich in Berlin freilich nur einige Wochen lang während des Sommers 1940 Gedanken, so lang, wie die Niederwerfung Frankreichs den ersten Schritt zum rasch folgenden Kriegsende darzustellen schien. In entsprechenden Aufzeichnungen erschien Frankreich hier, ganz in der Linie der von Hitler schon in den 30er Jahren verfolgten Politik, als der historische Erzrivale, der auf die Grenzen von 1648 zurückgedrängt werden müsse und vorzüglich als ein wirtschaftlich entwaffneter, politisch quasi »verschweizerter« Satellitenstaat Deutschlands vorstellbar war, und dessen politisches System im übrigen so lange nicht interessierte, wie von ihm keine Gefährdung der deutschen Vormachtsstellung auszugehen drohte. Das erstere Ziel, die mögliche Nutzbarmachung des besiegten Frankreichs für die weitere Kriegführung, rückte dagegen nach dem Abschluß des Waffenstillstandsvertrages rasch in den Vordergrund des Interesses der Reichsführung. Diesem zentralen Gesichtspunkt unterlagen letztlich alle Aktivitäten der nachgeordneten Reichs- und Besatzungsinstanzen in Frankreich. Unter diesem »politischen« Blickwinkel soll im folgenden die deutsche Haltung gegenüber Frankreich zwischen dem Sommer 1940 und dem Herbst 1942 untersucht werden.

Dabei lassen sich drei größere Entwicklungsabschnitte unterscheiden: Eine erste Phase von Juni bis September 1940, als die deutsche Frankreichpolitik wesentlich in der Erwartung einer baldigen Beendigung auch des Krieges gegen England »so oder so« stand, und damit nach Lage der Dinge der Beendigung des Krieges überhaupt; eine zweite Phase von Oktober 1940 bis Juni 1941, in der deutsche Frankreichpolitik ein Interesse beinhaltete, Frankreich an dem Versuche zu beteiligen, England den Zugang zum europäischen Kontinent durch die Hintertür des östlichen Mittelmeerraumes und Afrikas zu verstellen und vielleicht, nach dem Abbruch der »Operation Seelöwe«, England ersatzweise im Mittelmeer zu schlagen; und schließlich eine dritte Phase von Juni 1941 bis November 1942, die von dem Rußlandfeldzug und dem dadurch entstandenen Zweifrontenkrieg geprägt war. Die deutsche Führung schickte sich an, die Sicherung der Französischen Mittelmeerküste einschließlich Korsika selbst zu übernehmen (»Operation Attila/Anton«).

## II.

Die erste Phase, von Juni bis September 1940, stand im Zeichen der Erwartung, daß nach der Niederwerfung Frankreichs auch der Kriegszustand mit England »so oder so« in absehbarer Zeit beendet werden könnte. Von der Realisierung dieser Erwartung hing für Hitler alles ab, denn es war das besondere Charakteristikum des deutschen Sieges über Frankreich, daß er zwar unter militärischen Gesichtspunkten von aufsehenerregender historischer Einmaligkeit war, aus strategischer Sicht aber nur eine halbe Entscheidung, sozusagen einen Etappenerfolg brachte: Der Westkrieg war erst wirklich gewonnen, wenn auch England, das ja dem Reich im September 1939 ebenfalls den Krieg erklärt hatte, die Waffen niederlegte, sei es freiwillig, sei es gezwungenermaßen. Nach Lage der Dinge im Sommer 1940 wäre dann womöglich zugleich der Krieg insgesamt zum Abschluß gekommen.

Dementsprechend entwickelte sich die deutsche Frankreichpolitik in den Sommermonaten 1940 zum guten Teil als Funktion des Bemühens um Regelung des Verhältnisses zu England. In den Wochen der Unterzeichnung des Waffenstillstandsvertrages, zwischen Mitte Juni und Anfang Juli 1940, hatte Hitler offenkundig die Hoffnung, daß England unter dem Eindruck der überlegenen deutschen Militärmacht, die sich ja nun als nächstes gegen die Britischen Inseln zu richten drohte, friedlich einlenken werde. Diese Hoffnung spiegelte sich nicht zuletzt in den — bei allem etwa in der Zeremonie von Compiègne zum Ausdruck kommenden Revanchebedürfnis — gemäßigten

Bestimmungen des Waffenstillstandsvertrages, die gewiß vor allem Frankreich davon abhalten sollten, aus Verzweiflung die Waffen in Nordafrika wieder aufzunehmen, die aber zugleich auch verhindern sollten, daß England gerade durch eine zu harte Behandlung Frankreichs von einer Verhandlungslösung mit Deutschland abgeschreckt würde: Art. 5 etwa (Verzicht auf die Auslieferung von Kriegsflugzeugen), auch Art. 17 (Berücksichtigung der Lebensbedürfnisse der Bevölkerung) sind Belege hierfür. Und sollte auch die Bildung einer autonomen französischen Regierung vor allem der Entlastung der Besatzungsverwaltung dienen und der Verringerung der Gefahr, daß die hochmoderne, dem deutschen Zugriff entzogene französische Flotte und das französische Kolonialreich in britische Hände gerieten, so schuf sie andererseits auch den französischen Ansprechpartner für den binnen kurzem erhofften Friedensschluß, der nur zu dritt Sinn machte: Der Westfrieden war ebenso unteilbar wie der Westkrieg. Und der Führer bedachte ein Einlenken Englands durchaus mit erträglichen Friedensbedingungen zu honorieren: nur die ehemaligen deutschen Kolonien sollten wieder herausgegeben werden, und Deutschland müsse auf dem Kontinent freie Hand erhalten.

Bekanntlich hat der britische Angriff auf die französische Flotte bei Mers-el-Kêbir am 3. Juli die kurze Zeit solcher Friedenshoffnung abrupt beendet. Churchills harte Demonstration der britischen Kriegsbereitschaft konnte Hitler nur zu dem Schluß führen, daß der Westkrieg auf militärische Weise beendet werden mußte, durch eine deutsche Invasion der britischen Inseln. Auch diese Option war im Waffenstillstandsvertrag, der die tiefgestaffelte Besetzung der französischen Atlantikküsten als militärischer Ausgangsstellung für einen Angriff auf England vorsah, offengehalten worden. Aber erst nach Mers-el-Kêbir wurde die Invasion Englands konkret ins Werk gesetzt. Damit erfuhren Rolle und Funktion Frankreichs in der deutschen Politik und Kriegführung eine erhebliche Akzentverlagerung: Deutsche Frankreichpolitik sollte nun nicht länger dem Frieden mit England vorarbeiten, sondern dem Sieg über England. Frankreich konnte unter so veränderten Umständen in die deutschen Planungen je nach Einschätzung der Entwicklungsperspektiven des französisch-britischen Verhältnisses einbezogen werden: entweder, sofern man auf die Dauerhaftigkeit der nach Mers-el-Kêbir aufbrechenden Animosität zwischen beiden Ländern vertraute, als mobilisierbares Hilfspotential des Versuchs einer Invasion Englands — was folgerichtig echtes oder scheinbares Entgegenkommen des Besatzers gegenüber dem Besetzten postulierte; oder, sofern man davon ausging, daß sich auf die Dauer die tiefreichende französisch-britische Interessenverwandtschaft doch wieder durchsetzte, als an der Unterstützung des Gegners zu hinderndes, als zu neutralisierendes Potential — was entsprechend eine harte Besatzungspolitik mit unnachgiebiger Einforderung und Ausweitung der Waffenstillstandsbestimmungen nahelegte.

Die Tatsache, daß zwischen Juli und September 1940 beide Wege nacheinander, manchmal auch parallel beschritten wurden, zeigt die deutsche Unsicherheit über die britische Politik und über die französische Englandpolitik. Die deutsche Haltung gegenüber Frankreich entwickelte sich in der Tat in dieser Zeit zum guten Teil als Funktion der Englandpolitik des Vichy-Regimes. Angesichts des französisch-britischen Schlagabtausches vor Algerien und weiteren vereinzelten Kampfhandlungen zwischen beiden Mächten suchte Hitler zunächst Öl ins Feuer zu schütten, indem er in der Waffenstillstandskommission die Abrüstung der französischen Marine stoppen, das Verbleiben französischer Kriegsschiffe in den für Deutschland unerreichbaren südfranzösischen und nordafrikanischen Häfen akzeptieren, und Entfestigungsforderungen für die französische Mittelmeerküste zurücknehmen ließ, auch Zugeständnisse bei der Ausrüstung der französischen Luftwaffe und der Afrika-Armee erlaubte. Aber als nach kaum zwei Wochen der französische Zorn auf die Briten sichtlich verrauchte und Pétain französische Hilfsleistungen für die deutsche Luftwaffe in Marokko und die deutsche Kriegsmarine im Mittelmeer ablehnte, wurden deutscherseits sofort andere Saiten aufgezogen: Die Demarkationslinie zwischen dem besetzten und dem unbesetzten Frankreich wurde dichter, der Personen-, Güter- und Postverkehr zwischen beiden Teilen Frankreichs stark erschwert, die Besatzungskosten wurden drastisch erhöht, nun Elsaß und Lothringen an die bestehenden deutschen Gaue Baden und Rheinpfalz angegliedert und der französische Nordosten in offenkundiger Vorbereitung einer späteren deutschen Annexion unter Sonderrecht gestellt.

Bald zeigte sich indessen, daß es für Deutschland ungeachtet der französischen Haltung langwierig, ja aussichtslos war, vom Kontinent aus eine erfolgreiche Invasion der britischen Inseln zu unternehmen. Mitte September brach Hitler den Versuch, England zu erobern, ab. In ahnungsvoller Voraussicht hatte er den Beweis, daß die deutsche Militärmacht zu Lande stark, in Seemanövern aber erheblich schwächer war, nicht abgewartet, und Ende Juli 1940 mit den Planungen für einen Angriff auf die Sowjetunion begonnen. Der Rußlandfeldzug, der ja ohnehin ganz oben in seinem strategischen Programm stand, erhielt nun zusätzlich die Funktion, England auf indirekte Weise in die Knie zu zwingen.

Während die Planungen für den Ostfeldzug, durch den Westeuropa in der Zukunft zu einem Nebenkriegsschauplatz absinken sollte, in Berlin anliefen, hatte die Aufgabe der »Operation Seelöwe« im September 1940 für die deutsche Frankreichpolitik unmittelbar vor allem zwei Auswirkungen. Die erste war, daß alle Diskussionen über die Möglichkeit, daß der Waffenstillstand in Frankreich durch einen Friedensvertrag abgelöst werden könnte, endgültig endeten. Diese Möglichkeit war schon nach Mers-el-Kêbir in weite

Ferne gerückt, nicht allein, weil aus deutscher Sicht nur ein gleichzeitiger Friedensschluß mit Frankreich und England Sinn machte, sondern auch, weil Deutschland in einem Friedensvertrag voraussichtlich vorteilhafte Waffenstillstandspositionen in Frankreich würde aufgeben und territoriale und koloniale Regelungen treffen müssen, die schwerste Belastungen für das Verhältnis nicht nur zu Frankreich, sondern auch zu Spanien und Italien bringen mußten, und auch, weil Hitler den Franzosen letztlich zutiefst mißtraute. Die zweite Auswirkung war, daß daraus ein grundsätzliches deutsches Interesse an militärischer Kollaboration mit dem Vichy-Regime im Mittelmeerraum entstand, wo es nun darum ging, England in seinen afrikanischen und vorderasiatischen Kolonialgebieten zu treffen und seine eventuelle Rückkehr auf den Kontinent von Süden her zu verhindern.

Dieses Interesse an militärischer Kollaboration wurde zwischen Oktober 1940 und Juni 1941, letztlich bis hin zum November 1942, gewissermaßen zum Leitmotiv der deutschen Frankreichpolitik, um so mehr, als es Hitler nicht gelang, Spanien für die Sicherung der »Hintertür Europas« in Nordwestafrika und im westlichen Mittelmeerraum zu gewinnen. Als Gegenleistung für die französische Unterstützung in einem für Deutschland geographisch abgelegenen, aber potentiell hochwichtigen Frontabschnitt konnten eventuell besatzungspolitische Erleichterungen in Aussicht gestellt werden. Frankreich mochte »in dem Maße geholfen werden, in dem es etwas für uns leistet«[2]. Dies war die deutsche Formel von »Montoire«, dem — mit drei Höhepunkten im Oktober 1940, Mai und Dezember 1941 unternommenen — Versuch eines Tauschgeschäfts, bei dem freilich die Leistungen, die beide Seiten erbringen sollten, bzw. voneinander erwarteten, stets einigermaßen im Vagen blieben, und bei der im Grunde beide Seiten ihre Verpflichtungen von Anfang an nicht zu erfüllen gedachten.

Es gab verschiedene Denkvarianten dieses Geschäfts, wobei auf deutscher Seite etwa Ribbentrop weiter zu gehen bereit war als Hitler, auf französischer Seite Laval weiter als Pétain. Die Maximalvorstellung lautete, daß Frankreich England formell den Krieg erklären, die Achsenmächte militärisch unterstützen und einen Teil seiner Kolonien an sie abtreten würde, wofür ihm im Gegenzug ein gebührender Platz im Nachkriegseuropa, koloniale Kompensationen und Erleichterungen des Waffenstillstandsregimes (Eingliederung der Nordost-Departements, Lockerung der Demarkationslinie, Ermäßigung der Besatzungskosten, Milderung der Requisitionspraxis, usw.) zuerkannt werden könnte. Hitler suchte gelegentlich die Franzosen für eine solche Absprache mit der Drohung zu gewinnen, daß er durchaus über die Alternative verfüge, entweder Regelungen mit Frankreich auf Kosten Englands oder aber einen Kompromißfrieden mit England auf Kosten Frankreichs ins Auge zu fassen.

Das erhoffte Ergebnis der Besprechungen in Montoire mit Laval und Pétain faßte der Führer in der Weisung Nr. 18 vom 12. November 1940 so zusammen:

»Das Ziel meiner Politik gegenüber Frankreich ist, mit diesem Land in einer für die zukünftige Kriegführung gegen England möglichst wirkungsvollen Weise zusammenzuarbeiten. Frankreich wird dabei vorläufig die Rolle einer ›nicht kriegführenden Macht‹ zufallen, die in ihrem Hoheitsgebiet, besonders in den afrikanischen Kolonien, Maßnahmen der deutschen Kriegführung zu dulden und, soweit erforderlich, auch durch Einsatz eigener Verteidigungsmittel zu unterstützen hat. Vordringliche Aufgabe der Franzosen ist die defensive und offensive Sicherung ihrer afrikanischen Besitzungen (West- und Äquatorial-Afrika) gegen England und die de-Gaulle-Bewegung. Aus dieser Aufgabe kann sich die Teilnahme Frankreichs am Krieg gegen England in vollem Maße entwickeln.«

Frankreich sollte also zunächst die deutschen und italienischen Kriegsunternehmungen unterstützen bzw. dulden und darüber hinaus seine afrikanischen Besitzungen gegen Engländer und Gaullisten selbst verteidigen und wo nötig zurückerobern und auf diese Weise womöglich in den formellen Kriegszustand mit England hineingleiten. Dies bedeutete nicht, daß Frankreich formeller oder gleichberechtigter Verbündeter Deutschlands werden sollte: Die Zusammenarbeit galt nicht der eigentlichen Kriegsentscheidung in Europa, sondern der Sicherung der südwesteuropäischen Flanke. Im übrigen wurden französische militärische Hilfsleistungen sofort erwartet, während besatzungspolitische Erleichterungen erst als deren Folge in Aussicht gestellt wurden. Es war eine ungleiche Kollaborationsperspektive, die in Aussicht genommene Zusammenarbeit ging tendenziell zu Lasten der Franzosen.

Der illusionäre Gehalt der Besprechungen von Montoire zeigte sich in den folgenden Wochen rasch. Die in Aussicht genommene Konkretisierung von Formen militärischer Zusammenarbeit und eine Lockerung des Waffenstillstandsregimes kamen nicht zustande. Vielmehr wurde im November 1940 das Besatzungsregime sogar weiter verschärft, als die französisch-sprachigen Lothringer und reichsdeutsche Juden aus Baden und aus der Pfalz in das unbesetzte Frankreich trotz Protesten aus Vichy abgeschoben wurden. Und das deutsche Interesse an militärischer Mitwirkung Frankreichs im Mittelmeerraum war von Anfang an mit dem Mißtrauen belastet, daß General Weygand eine Verstärkung der französischen Streitkräfte in Nordafrika dazu benutzen könnte, sich von Vichy loszusagen und in das britische Lager überzuwechseln. Dennoch gab es Ansätze einer Weiterentwicklung der Besprechungen von Montoire, als überraschend am 13. Dezember 1940 Ministerpräsident Laval, aus deutscher Sicht der entscheidende Garant der »Kollaboration«, von Pétain entlassen wurde und eine tiefgehende deutsche Verstimmung entstand.

Dies war ein Rückschlag, der vorübergehend die in Montoire erörterten Kollaborationsmöglichkeiten abzuschneiden schien. Botschafter Abetz in

Paris wie auch Hitler persönlich äußerten größten Unmut gegenüber der Regierung Pétains. Die ganze Bedeutung der Vorgänge des 13. Dezember 1940 wird in der folgenden Stellungnahme der Militärregierung deutlich:

»Als Folge der Ereignisse innerhalb der Vichy-Regierung Mitte Dezember besteht nicht mehr die Absicht, durch politische Absprachen oder Zusicherungen mit der französischen Regierung von uns aus auf eine Klärung der künftigen Zusammenarbeit hinzuwirken und hierfür Zugeständnisse oder gar Garantien zu geben. Den offensichtlichen Bemühungen von Vichy, den durch die Entlassung Lavals abgerissenen Faden nun wieder anzuknüpfen, zeigen wir politisch einstweilen die kalte Schulter[3].«

Aber dabei sollte es nicht bleiben. Bald wurde nicht die Führung in Vichy, sondern General Weygand als Saboteur der Montoire-Politik betrachtet, und die Entwicklung des deutschen Engagements im Nahen Osten (Irak), in Nordafrika (Rommels Afrikakorps) sowie in West- und Äquatorialafrika machte es aus deutscher Sicht im Frühjahr 1941 zunehmend erstrebenswert, sich die militärische Zusammenarbeit mit den Franzosen nun doch zu sichern. Auf französischer Seite bestand zu solcher »Kollaboration« ebenfalls Interesse, hoffte man doch unverändert auf eine Lockerung der Bestimmungen des Waffenstillstandsregimes und insbesondere der Demarkationslinie, die Erlaubnis zu Aufrüstungsmaßnahmen in Nordafrika, die Freilassung von Kriegsgefangenen usw. Das Ergebnis des nun beiderseits entstehenden Kollaborationsinteresses waren die von Lavals Nachfolger Darlan Ende Mai 1941 mit der deutschen Führung abgeschlossenen »Pariser Verträge«, die die konkreteste und weitestgehende militärische Zusammenarbeit im Bereich des Mittelmeeres und Nordafrikas bis hin zur Entwicklung des französisch-britischen Kriegszustands ins Auge faßten, die der Zweite Weltkrieg im deutsch-französischen Verhältnis kennt. Freilich sollten auch die Pariser Protokolle die auf beiden Seiten geweckten Erwartungen bald enttäuschen. Der Aufstand Raschid Alis im Irak, der mit französischer Hilfe gestützt werden sollte, brach wenige Tage nach der Vertragsunterzeichnung zusammen, in Berlin wie in Vichy zeigten sich erhebliche Widerstände gegen die Einzelbestimmungen, und im deutschen Auswärtigen Amt wirkte inzwischen die Perspektive eines offenen Konflikts Frankreichs mit England im höchsten Maße alarmierend, da als Folge britische Marineaktionen gegen Nordafrika und sogar das französische Mutterland befürchtet wurden, auf die es keine überzeugende Antwort gab. Vor allem verloren die Verabredungen der Pariser Protokolle binnen kurzem aus deutscher Sicht weitgehend an Relevanz. Drei Wochen später begann der Rußlandfeldzug, den Hitler als das Allheilmittel zur Lösung aller strategischen Probleme betrachtete, und der daher den Mittelmeerraum endgültig zum relativ bedeutungslosen Nebenkriegsschauplatz degradierte.

III.

Potentiell entstand mit dem Beginn des Ostfeldzuges für das Deutsche Reich eine Zwei-Fronten-Situation, in der der Stellenwert Frankreichs nur sehr bedingt an Bedeutung verlor. Er wurde, wie sich bald herausstellte, geringer nur für den Fall eines — zunächst freilich wenig bezweifelten — zügigen Sieges in Rußland, der in der Tat dann die Mittelmeerfrage und das Englandproblem quasi automatisch miterledigen mochte. In dem Maße freilich, in dem der durchschlagende Erfolg im Osten ausblieb, wurde der Stellenwert Frankreichs im Kriegsszenario eher wieder größer, weil nun die Gefahr wuchs, daß England und das seit Dezember 1941 mit ihm verbündete Amerika versucht sein könnten, die deutsche Festlegung im Osten zu nutzen, um in die offene Hintertür Europas in Nordafrika und im Mittelmeerraum einzubrechen.

Diese Perspektive hat deutscherseits noch einmal zu einem halbherzigen Anlauf zur militärischen Kooperation mit Frankreich geführt, der indes rasch steckenblieb. Gegen Ende des Jahres 1941, in der Folge eines Treffens zwischen Göring und Pétain in Saint Florentin (1. Dezember 1941) wurde nach dem Muster von Montoire nochmals über die Möglichkeit französischer Unterstützung der deutschen Kriegführung in Nordafrika gegen Erleichterungen des Besatzungsregimes in Frankreich und auch gewisse politische Konzessionen Deutschlands gesprochen, doch offenkundig fehlte bereits auf beiden Seiten der frühere Nachdruck. Hitler zeigte nur sehr vorübergehend Interesse, die alten Formen zweiseitiger Kollaborationsbemühungen wurden offenkundig obsolet, was sich im übrigen auch bei den Verhandlungen der Waffenstillstandskommission in Wiesbaden zeigte, wo im Verlaufe des Jahres 1942 kaum noch Besprechungen, geschweige denn Erfolge politischer, militärischer oder wirtschaftlicher Zusammenarbeit zu verzeichnen waren. Hitlers Mißtrauen gegenüber Frankreich war, nicht zuletzt aufgrund der bisherigen Erfahrungen, ungebrochen, er wünschte, während in Elsaß-Lothringen und Luxemburg Wehrpflicht bestand, die Beteiligung einer »Légion Tricolore« am Rußlandfeldzug nicht.

»Frankreich bleibt uns feindlich«, äußerte er am 31.1.1942. »In Nachahmung Talleyrands von 1815 versuchen die Franzosen von unseren Schwächemomenten zu profitieren, um aus der Lage den größtmöglichen Vorteil zu erlangen. Aber bei mir werden sie mit ihren Plänen keinen Erfolg haben. Wir können unmöglich mit den Franzosen einen Pakt schließen, bevor wir endgültig unsere Macht gesichert haben[4].«

Hinter solchen Äußerungen steckte gewiß die Sorge, daß die Franzosen auf den Ausgang des Krieges warteten und bis dahin ohnehin nur lavierten.

Nicht Partner, sonder Lieferant sollten die Franzosen für die deutschen Kriegsanstrengungen im Osten sein. Im Schatten des Rußlandfeldzuges begann die Zeit verstärkter wirtschaftlicher Ausbeutung Frankreichs, die mit dem gemeinsamen Interesse an der Abwehr des Bolschewismus, aber auch mit dem Argument begründet wurde, daß Frankreich die von Deutschland angebotene Zusammenarbeit in der Vergangenheit sabotiert habe und sich nur durch weitgehende Vorleistungen ihrer wieder als würdig erweisen könne. Als Laval im April 1942 nach langwierigen Bemühungen endlich die Zügel des Vichy-Regimes übernehmen konnte, mußte er feststellen, daß deutsches Kollaborationsinteresse, wie er es im Herbst 1940 kennengelernt hatte, kaum noch existierte. Das Deutsche Reich suchte jetzt im wesentlichen wirtschaftlichen Nachschub aus dem Westen, Lebensmittel, Rohstoffe, Industrieprodukte, dann, im Verlauf des Jahres 1942, auch Arbeitskräfte, und schließlich, unter ganz anderen Zielsetzungen, Juden. Diese verstärkte deutsche Ausbeutungspolitik, auch Repression, die die breite Bevölkerung traf, legte sich nun auch auf französischer Seite schwer auf die alte Bereitschaft zur Kollaboration.

Vor solchem Hintergrund wurde die sich im Verlauf des Jahres 1942 immer stärker abzeichnende Wahrscheinlichkeit, daß Engländer und Amerikaner in Nordafrika und im Mittelmeer Fuß zu fassen suchten, nicht mehr zum auslösenden Moment deutsch-französischen Zusammenrückens. Hitler baute nicht mehr darauf, daß in diesem Falle die Franzosen die Abwehr der Bedrohung ihrer Flotte und ihres Territoriums zuverlässig übernehmen würden. Offenkundig drehte sich der Wind in Frankreich gegen die Besatzungsmacht, die Aktivitäten der Résistance verstärkten sich, und die Kommunisten eröffneten mit politischen Anschlägen die unselige Kette von Geiselerschießungen und neuen Attentaten. Die Besatzungsmacht konnte zum Schutz des östlichen Mittelmeers und des südlichen Frankreichs zuverlässig nur auf ihre eigene Kraft vertrauen. Folgerichtig wurde zum beherrschenden Aspekt der deutschen Frankreichpolitik im Jahre 1942 die Perspektive, daß unter Umständen jenes »Unternehmen Attila« ausgelöst werden müsse, das die Besetzung ganz Frankreichs bis zur Mittelmeerküste vorsah. Charakteristischerweise hatte Hitler, die grundsätzliche Ambivalenz seiner Frankreichpolitik damit unterstreichend, dieses Unternehmen »Attila« Anfang Dezember 1940 entwerfen lassen, auf dem Höhepunkt der Montoire-Politik. Im Verlaufe des Jahres 1942 wurde die Notwendigkeit, für dieses Unternehmen in Frankreich genügend Truppen bereitzustellen — und sie aus dem Osten abzuziehen — immer offenkundiger. Die Zerreißprobe des Zweifrontenkrieges begann.

Im November 1942 wurde, auch als Reaktion auf die alliierte Landung in Nordafrika, die Besetzung des bis dahin unbesetzt gebliebenen Frankreichs vollzogen. Damit begann für die deutsche Frankreichpolitik im Zweiten Weltkrieg eine neue Zeit, in der nicht mehr mit einer eigenständigen französischen Regierung gerechnet wurde.

# Anmerkungen

1 Die folgenden Ausführungen stützen sich vor allem auf die in den Akten zur deutschen auswärtigen Politik 1918—1945, Serie E, abgedruckten deutschen Dokumente, auf die von der Délégation Française auprès de la Commission d'Armistice herausgegebenen Bände, sowie auf Günter Geschke, Die deutsche Frankreichpolitik 1940 von Compiègne bis Montoire, Frankfurt/M. 1960; Eberhard Jäckel, Frankreich in Hitlers Europa. Die deutsche Frankreichpolitik im Zweiten Weltkrieg, Stuttgart 1966; Hans Umbreit, Der Militärbefehlshaber in Frankreich 1940—1944, Boppard/Rh. 1968; Lucien Steinberg, Les Allemands en France 1940—1944, Paris 1980; Pierre Queuille, La politique d'Hitler à l'égard de Vichy: Finassieren et Machtpolitik, in: Revue d'Histoire diplomatique, 97 (1983), S. 256—278; sowie auf die Memoirenliteratur.

2 Franz Halder, Kriegstagebuch. Tägliche Aufzeichnungen des Chefs des Generalstabes des Heeres 1939—1942, Bd II, Stuttgart 1963, vom 4.11.1940.

3 Keitel an Thomas, 10.1.1941, zit. nach Jäckel (wie Anm. 1), S. 152.

4 Zit. nach Jäckel (wie Anm. 1), S. 216.

Hans Umbreit

# Die deutsche Besatzungsverwaltung: Konzept und Typisierung*

Der Krieg, den Hitler am 1. September 1939 leichtfertig entfesselte, nahm einen ganz und gar nicht programmgemäßen Verlauf. Nachdem durch Androhung militärischer Gewaltanwendung und diplomatischen Druck die Angliederung Österreichs, die Zerschlagung der Tschechoslowakei und von Litauen die Abtretung des Memelgebiets erreicht worden war, hatte der deutsche Diktator gehofft, den ersten kriegerischen Einsatz seiner Wehrmacht auf Polen beschränken zu können. Seine Absicht, in isolierten Feldzügen das Deutsche Reich etappenweise um einen neuen »Lebensraum« in Osteuropa zu erweitern, machten die Kriegserklärungen Großbritanniens und Frankreichs schon nach wenigen Tagen zunichte. Zwar waren die Westmächte militärisch nicht in der Lage, Deutschland in die Schranken zu verweisen. Indem sie sich aber weigerten, zu Hitlers Bedingungen einen Frieden zu schließen, zwangen sie ihm einen Krieg auf, der in dieser Abfolge und Konstellation vom deutschen »Führer« nicht von vornherein einkalkuliert worden war. Immerhin reichten die teilweise bestehende rüstungsmäßige Überlegenheit, die operative Fähigkeit verbunden mit neuartigen Einsatzgrundsätzen und bald auch die größere Kriegserfahrung auf deutscher Seite noch aus, um unter Verletzung der luxemburgischen, holländischen und belgischen Neutralität Frankreich als militärischen Gegner zeitweise auszuschalten. Ebenso war es im April 1940 und ein Jahr später gelungen, britischen Flankenbedrohungen in Nord- und Südosteuropa zu begegnen.

Noch ehe diese ungeahnten Kriegserfolge Hitler — und nicht nur ihn — dazu ermutigten, in einer weiteren militärischen Kräfteanspannung mit der Sowjetunion den letzten potentiellen Gegner auf dem Kontinent niederzuwerfen und dabei zugleich das große Ziel vom scheinbar alle Wirtschafts- und Sicherheitsprobleme lösenden »Lebensraum« zu verwirklichen, geboten die Deutschen über einen Herrschaftsbereich, der sich über weite Teile Europas erstreckte. Dazu kamen noch bis zum Dezember 1941, der Hitler auf einem — territorial gesehen — vorläufigen Höhepunkt seiner Erfolge sah und mit dem empfindlichen Rückschlag der Wehrmacht vor Moskau doch schon An-

---

* Gekürzte Fassung eines Beitrages in: Dienst für die Geschichte. Gedenkschrift für Walther Hubatsch, 17. Mai 1915—29. Dezember 1984, hrsg. von Michael Salewski und Josef Schröder, Göttingen, Zürich 1985, S. 163—186; vgl. auch das Deutsche Reich und der Zweite Weltkrieg, Bd 5/1, Stuttgart 1988, S. 95—102.

laß zum Umdenken hätte sein können, Besatzungsgebiete auf dem Balkan und die westlichen Republiken der Sowjetunion. Dieser riesige Bereich mußte gesichert und verwaltet werden, war inzwischen für die deutsche Kriegswirtschaft unentbehrlich und sollte eine innere und äußere »Neuordnung« erfahren, für die es viele Ideen, aber noch kein festes Konzept gab. Das erklärt sich nicht zuletzt aus dem Umstand, daß die nationalsozialistische Expansion kaum nach einem Kriegsplan, sondern mehr nach Augenblicksentscheidungen abgelaufen war. Die auf diese Weise erlangte Machtposition sollte aber nicht ungenutzt bleiben. Hitler hielt es für abwegig, erst ein Land zu unterwerfen und ihm anschließend wieder die Freiheit zurückzugeben[1].

Mit Böhmen und Mähren, Polen, Dänemark, Norwegen, Holland, Belgien, Luxemburg und den britischen Kanalinseln sowie Teilen Frankreichs, Jugoslawiens, Griechenlands und der Sowjetunion waren Gebiete unter deutsche Herrschaft gekommen, die, soweit es für die Sieger von Vorteil war, aus ihrem Machtbereich nicht mehr entlassen werden sollten. In dieser Hinsicht stimmten Hitler sowie alle berufenen und unberufenen Instanzen und Einzelpersonen überein, die sich ab Sommer 1940 ans Pläneschmieden begaben. Die bisherigen Staatsgrenzen und der Wille der betroffenen Völker spielten dabei keine Rolle.

Bereitwillig aufgegriffen wurde die Theorie von den Großräumen, in die sich nach den Vorstellungen mancher Planer die Länder der Erde zusammenfassen ließen. Den Deutschen stand nach ihrer Überzeugung die Führung im kontinentaleuropäischen Großraum zu, der durch eine entsprechende Großraumverwaltung[2] beherrscht und durch eine Großraumwirtschaft für die Autarkiebestrebungen des Reiches genutzt werden sollte. Letzterer mußte nicht unbedingt mit dem eigentlichen deutschen Machtbereich identisch sein und sollte weniger auf der militärischen Macht des Reiches als auf der »lebendigen Kraft der geistigen Idee«, der völkischen Entfaltung beruhen[3]. Wichtiger als die allen Völkern in Aussicht gestellte wirtschaftliche und soziale Wohlfahrt war für ihre Zukunft das Postulat von der Raumgebundenheit ihrer Länder, aus der sich die Pflicht zur Beteiligung an der neuen Ordnung und Arbeitsteilung ergab. In diesem Großwirtschaftsraum, der sich von Westeuropa über Deutschland und Skandinavien bis zu den Balkanstaaten erstrecken sollte[4], konnten sich beispielsweise auf dem Sektor der Landwirtschaft Dänemark und Holland auf eine Veredelungswirtschaft konzentrieren, der Balkan und Osteuropa als Kornkammern dienen[5].

Der Begriff des Großraums bürgerte sich vor allem bei den Wirtschaftsressorts ein, die auch schon Vorstellungen vom Umfang der zusätzlich benötigten Kolonien entwickelten, bis mit dem weiteren Verlauf des Krieges die Sowjetunion nicht länger als unberechenbarer Partner, sondern als Ausbeutungsobjekt zur Verfügung zu stehen schien. Ihre Vorstellungen deckten sich mit den Plänen Hitlers. Ihm war der Terminus des »Lebensraums« geläufiger, der sich im engeren Sinne auf die zu erobernden Kolonien im Osten bezog, im weiteren Sinne aber auf die Schaffung eines Machtbereichs hinauslief, der wirtschaftlich blockadefest und militärisch leicht zu sichern war. Wichtig war ihm nach wie vor die rassische Grundlage[6]; daher der von ihm benutzte vage Begriff vom »Großgermanischen Reich«[7], auf den er nach den militärischen Erfolgen vom Frühjahr 1940 verfiel und der durch den Zusatz »deutscher Nation« zu ergänzen war, um die inneren Strukturen und Abhängigkeiten deutlich zu machen.

Präzise Vorstellungen vom Umfang und von der inneren Einteilung des deutschen Machtbereichs — vom Schicksal der bisherigen Staaten — hatte Hitler noch nicht. Es erschien ihm auch nicht opportun, sich vor Kriegsende bereits festzulegen und seine Absichten zu offenbaren. »Betrachtungen über zukünftige Formen des Zusammenlebens der Völker« wurden der deutschen Presse geradezu verboten[8], da sie die Verhältnisse in den besetzten Gebieten komplizieren und deren Leistungen für die deutsche Kriegswirtschaft verringern konnten. Erst der »Endsieg« schuf günstige Voraussetzungen, um über das Ausmaß der deutschen Ansprüche im einzelnen zu befinden und sie gegenüber den betroffenen Völkern und den übriggebliebenen Großmächten durchzusetzen. Bis dahin dienten die Ankündigung einer »neuen Ordnung« und die Bekräftigung dieses Programms durch erste Maßnahmen dazu, die Bevölkerungen und — soweit noch vorhanden — die Regierungen und Parteien in den unterworfenen Ländern unter Druck zu setzen. Ihre Bereitschaft, sich den deutschen Forderungen zu fügen, sollte sich, wie Göring am 1. Dezember 1941 dem französischen Staatschef Marschall Pétain auseinandersetzte[9], in einem »politischen Hauptbuch« niederschlagen, »in das Deutschland für jedes Land die Soll- und Habenbeträge aufnehme und das er [Göring] am Ende des Krieges öffnen würde, um die Bilanz zu ziehen, wobei dann je nach der positiven Behandlung der einzelnen Länder diese erkennen könnten, wie sie von Deutschland bewertet würden«.

Diese massive Erpressung war mehr taktisch gemeint. Denn wenn auch die deutsche Führung vom Endziel und der zu beschließenden »neuen Ordnung« noch weit entfernt war, so zwangen die militärischen Planungen und Erfolge in der Anfangszeit des Krieges doch zu manchen Entscheidungen über provisorische oder endgültige Regelungen. Hitler verfügte teils schon die ersten Annexionen, teils schob er auch längst fällige Entscheidungen vor sich her und wartete die weitere Entwicklung ab. Während Vertreter von Partei, Behörden, Wissenschaft und Publizistik je nach Kriegsverlauf Europas Grenzen neu festlegten und großartige Pläne konzipierten, beschränkte sich der »Führer« häufig auf Einzelentscheidungen, äußerte sich mehr oder weniger zu Teilaspekten und widmete sich vorwiegend der ihm dringlicher erscheinenden Kriegführung. Zum Entwurf eines großen Konzepts, wie die von den Deutschen beanspruchte »machtpolitische, wirtschaftliche und kulturelle Führung innerhalb des europäischen Raumes«[10] gestaltet werden sollte, das vielleicht auch für die unter deutsche Herrschaft gekommenen Völker akzeptabel sein konnte, war er nicht bereit und aufgrund seiner ideologischen Fixierung wohl auch nicht befähigt. Zudem litten alle Entscheidungsprozesse im Dritten Reich unter ihrer Ausrichtung auf den keinesfalls »schwachen«, sondern zunehmend schlicht überlasteten Diktator[11].

Aus der Sicht Hitlers ist es durchaus zu begreifen, daß er die grundlegenden Entscheidungen bis zu dem Zeitpunkt hinausschieben wollte, der dafür die günstigsten Bedingungen bot. Dagegen war den Institutionen, Parteien und Völkern in den besetzten Gebieten daran gelegen, frühzeitig das ihnen zugedachte Schicksal zu erfahren, das sich in fast allen Fällen schon durch Entrechtung, geistige Umerziehungsversuche, Unterdrückung, Ausbeutung, Umsiedlungen oder Verfolgungen ankündigte. Und auch für den Historiker ist es von Interesse, Aufschluß über Hitlers Endziele — soweit sie ihm schon klar waren — zu erhalten. Dazu gibt es eine Vielzahl von Einzelverfügungen und — mitunter auch widersprüchlichen — Äußerungen des Diktators. Ein weiteres Indiz für Hitlers Absichten stellt bis zu einem gewissen Grade das System der Besatzungsverwaltungen dar, mit dem die Deutschen die von ihnen besetzten Gebiete überzogen.

Diese Einschränkung ist bei der Analyse und Beurteilung der Besatzungsregime vonnöten. Selbst der Begriff »System« erscheint erst einmal etwas zu anspruchsvoll für die mitunter recht chaotischen Zustände, die in den einzelnen Gebieten teils beabsichtigt waren, teils aber erst durch eine ungenügende Planung zustandekamen. Verwaltungsmäßig war die nationalsozialistische Expansion ausgesprochen dilettantisch vorbereitet gewesen. So erwies sich schon bei den ersten Einsätzen von Chefs der Zivilverwaltungen im Sudetenland, in Böhmen und Mähren und nach Kriegsbeginn in Polen, daß dieser Organisationsform erhebliche Mängel anhafteten. Vor allem, wenn politisch einflußreiche Gauleiter oder Minister als Verwaltungschefs fungierten, waren die Einflußmöglichkeiten der militärischen Stellen sehr gering. Für den Westfeldzug schuf das Oberkommando des Heeres daher in einem zweiten Anlauf einen neuen Typ des Besatzungsregimes, die »reine« Militärverwaltung: Das Verwaltungspersonal wurde in neuentworfene Heeresuniformen gekleidet, erhielt Dienstgrade von Kriegsverwaltungsbeamten und wurde in die militärische Kommandostruktur eingefügt.

Hitler standen also, als er ab 1940 über die ihm zweckmäßig erscheinende Verwaltungsform für ein besetztes Gebiet zu befinden hatte, zwei Grundtypen als Instrument für die Verwirklichung seiner Politik zur Verfügung: die mehr unpolitisch angelegte Militärverwaltung und die den jeweiligen politischen Absichten oder Erfordernissen leichter anzupassende Zivilverwaltung. Der zweite Typ war ihm grundsätzlich genehmer. An ihre Spitze stellte er Leute seines Vertrauens, in der Regel Gauleiter, die ihm nach kurzer Übergangszeit direkt unterstanden und von ihm ihre Weisungen erhielten. Militärverwaltungen mit ihrem umständlichen Dienstweg sah er als ein notwendiges Übel an, das nur aus militärischen Notwendigkeiten heraus beibehalten wurde. Hitler vermißte bei der Generalität das nötige Verständnis für politische Fragen und war im übrigen der Auffassung, daß die Wehrmacht nicht zum Verwalten, sondern zum Kämpfen bestimmt war.

Dieser Meinung waren mehr oder weniger auch die führenden Militärs. Sie begriffen in der Regel die Befugnis zur Ausübung der vollziehenden Gewalt nicht als ein militärisches Grundrecht, sondern als eine Ausnahmeregelung, die von der politischen Führung des Reiches nur solange beibehalten wurde, wie es den angestrebten militärischen und politischen Zwecken entsprach. Schon bei den ersten Besetzungen bis Ende 1939 war der Oberbefehlshaber des Heeres stets zufrieden, wenn Hitler den Auftrag zur Ausübung der vollziehenden Gewalt bald wieder zurückzog. Er akzeptierte, daß dieser Auftrag beim Überfall auf Dänemark und Norwegen erst gar nicht erteilt wurde.

In der sofortigen Ablösung der Militärverwaltung in den Niederlanden durch eine Zivilverwaltung hatte der Generalstabschef des Heeres, General Halder, zwar noch einen Beweis für die »völlige Unaufrichtigkeit der obersten Führer dem OKH gegenüber« gesehen[12]. Zu diesem Zeitpunkt war die Heeresführung aber schon auf dem Rückzug vor den Ansprüchen mächtigerer Instanzen im Dritten Reich, und ein knappes Jahr später war das Interesse an Verwaltungsfragen merklich gesunken. In Serbien hätte sich der zuständige Generalquartiermeister am liebsten mit der militärischen Sicherung und Oberaufsicht begnügt und im übrigen die »Gewalten der Polizei und des Vierjahresplans sich gegenseitig bekämpfen lassen«[13]. Das geschah kurz darauf beim Feldzug gegen die Sowjetunion. Das Oberkommando des Heeres hatte schon im März 1941 akzeptiert, daß sich die ihm noch verbliebenen Exekutivbefugnisse auf ein — ursprünglich — klein zu haltendes Operationsgebiet beschränkten, in dem mit geringem Personal ausgestattete Abteilungen VII der höheren Stäbe und Kommandanturen erste Verwaltungsanordnungen trafen. Vorgesehen war die baldige Einrichtung von Zivilverwaltungen im rückwärtigen Bereich unter der Leitung eines neugeschaffenen Reichsministeriums für die besetzten Ostgebiete. Die weitgehende Verselbständigung von Polizei und Wirtschaftsverwaltung war hingenommen worden.

Von der höheren Truppenführung wurde diese Entwicklung mitunter bedauert, vor allem, wenn sich herausstellte, daß die Interessen der Wehrmacht nicht mehr die erwartete Berücksichtigung fanden. In der Regel war man aber froh, sich aus den Praktiken des »Weltanschauungskrieges« im

Osten, die von nicht wenigen Soldaten durchaus zustimmend zur Kenntnis genommen wurden, weitgehend heraushalten zu können. Die Entlastung von größeren Verwaltungsaufgaben wurde begrüßt. Viele Generale waren nicht nur geneigt, sich auf die Ausübung des erlernten militärischen Handwerks zurückzuziehen. Die Betrauung mit territorialen Verantwortlichkeiten wurde von den aktiven Truppenkommandeuren sogar als Deklassierung empfunden, der Primat der politischen Führung im übrigen als selbstverständlich hingenommen. Daß der erste Militärbefehlshaber in Frankreich im Frühjahr 1942 um seine Ablösung bat, weil er die Befehle Hitlers politisch nicht mehr verantworten zu können glaubte, blieb eine rühmliche Ausnahme[14].

Mit Widerspruch oder massiv vorgetragenen Ansprüchen seitens der Wehrmacht brauchte sich Hitler also nicht abzugeben, als er ab 1938 daran ging, die durch politische Erpressung, militärische Drohung und kriegerische Besetzung unterworfenen Gebiete in eine »Neuordnung« Europas einzubeziehen. Soweit er sie nicht sofort dem jetzt »Großdeutschen Reich« einverleibte, bestimmte er nach eigenem Gutdünken die vorläufige Verwaltungsform, die ihm nach der Art, wie die Besetzung sich ergeben hatte, nach seinen Zukunftsplänen oder nach den Erfordernissen der weiteren Kriegführung zweckmäßig erschien. Hatte sich, was Hitler mehrfach versuchte, eine Regierung die Hinnahme des deutschen Einmarsches aufzwingen lassen — wie im Falle Böhmen und Mähren und in Dänemark, während es in Norwegen und Holland mißlang —, so begnügte er sich mit einer Aufsicht auf mehr oder weniger diplomatischer Ebene. Bestand an einem eroberten Land ein besonderes politisches Interesse, weil es Teil des künftigen Großgermanischen Reiches oder als Kolonialgebiet Bestandteil des projektierten deutschen »Lebensraums« (im engeren Sinne) werden sollte, bediente sich Hitler einer Form von ziviler Verwaltung und unterstellte sich deren Leiter in der Regel unmittelbar. Die Militärverwaltung blieb in jenen Bereichen erhalten, die weiterhin Operationsgebiet der Wehrmacht waren, über deren künftiges Schicksal Hitler noch keine festen Vorstellungen hatte oder an denen, etwa in Südosteuropa, auf deutscher Seite langfristig überhaupt kein Interesse bestand.

Österreich wurde ebenso wie die meisten von Volksdeutschen bewohnten Landesteile der Tschechoslowakei und das Memelgebiet dem Deutschen Reich angegliedert. Die Slowakei erhielt eine beschränkte Selbständigkeit und den Satellitenstatus eines deutschen Verbündeten. Die »Rest-Tschechei« kam als Proktetorat Böhmen und Mähren unter die Aufsicht eines deutschen Reichsprotektors und galt bereits, trotz einer inneren Autonomie, als Bestandteil des Reiches. Von Polen, das Deutschland und die Sowjetunion untereinander aufgeteilt hatten, annektierte Hitler die westlichen und nördlichen Landesteile. Sie wurden entweder Schlesien und Ostpreußen zugeschlagen oder bildeten die neuen Reichsgaue Danzig-Westpreußen und Wartheland (Warthegau). Das übrige Besatzungsgebiet bildete das »Generalgouvernement für die besetzten polnischen Gebiete«. Anfangs sah es Hitler noch als Verhandlungsobjekt bei einem Friedensschluß mit den Westmächten an. Als sich diese Möglichkeit zerschlug und außenpolitische Rücksichten sich erübrigten, konnte sich Hitler zwar noch nicht zu der vom deutschen Generalgouverneur gewünschten staatsrechtlichen Klarstellung entschließen. Die Idee von einem polnischen Reststaat war aber nicht länger aktuell. Zeitweise kamen Begriffe wie »Nebenland des Deutschen Reiches« und »Heimstätte des polnischen Volkes« auf. Es war aber keine Frage, daß das Generalgouvernement — der Zusatz »für die besetzten polnischen Gebiete« wurde im Juli 1940 gestrichen — im deutschen »Lebensraum« aufgehen sollte. Die Besiedlung kleinerer Gebiete mit Volksdeutschen, nach Vertreibung der polnischen Einwohner, setzte noch während des Krieges ein.

In Dänemark, das den deutschen Einmarsch unter Protest hingenommen hatte, begnügten sich die Deutschen mit der Kontrolle des Landes durch den Gesandten als »Bevollmächtigten des Deutschen Reiches«. Norwegen und die Niederlande, die sich beide der deutschen Invasion widersetzt hatten und so die von manchen Ideologen erhoffte »germanische« Solidarität vermissen ließen, kamen unter die Herrschaft deutscher Reichskommissare. Für Belgien als teilweise »germanischem« Land wurde eine ähnliche Lösung erwogen. Bis zum Sommer 1944 konnte sich die Militärverwaltung in Brüssel, unterstützt von einigen Ressorts im Reich, dem aber widersetzen. Zu ihrem Befehlsbereich gehörten auch die nordfranzösischen Departements Nord und Pas-de-Calais, die östlich einer durch Nordostfrankreich verlaufenden Sperrlinie lagen. Sie rührte von der Absicht Hitlers her, die künftige deutsche Grenze beträchtlich nach Westen zu verschieben.

Das ehemals deutsche Eupen-Malmedy wurde nach einigen Arrondierungen dem Reich angegliedert. De facto geschah dasselbe mit Luxemburg, Lothringen und dem Elsaß, wo die Gauleiter und Reichsstatthalter der benachbarten Reichsgaue als Chefs der Zivilverwaltungen eingesetzt wurden. Sie unterstanden Hitler unmittelbar und hatten den Auftrag, die neu hinzugekommenen Teile ihrer Gaue in einer Reihe von Jahren einzudeutschen.

Das Besatzungsgebiet in Frankreich, das durch eine Demarkationslinie von der freien Zone im Süden des Landes abgegrenzt wurde, blieb unter militärischer Verwaltung, die auch für die Ende Juni 1940 besetzten britischen Kanalinseln zuständig war. Auf dem Balkan war es Hitler in erster Linie auf die Zerschlagung Jugoslawiens angekommen, nachdem der bereits ausgehandelte Beitritt zum Dreimächtepakt in Belgrad einen Staatsstreich ausgelöst hatte. Er sicherte sich von den ehemals österreichischen Gebieten die — nach Süden erweiterte — Untersteiermark sowie Südkärnten mit dem Nordteil von Krain und setzte die Gauleiter der Steiermark und Kärntens als Chefs der Zivilverwaltungen ein. Die formelle Annexion unterblieb ebenso wie zuvor im Westen. Serbien mit dem von Ungarn und Rumänien begehrten Banat kam unter deutsche Militärverwaltung, Kroatien bildete einen nach außen selbständigen Staat. Das restliche Jugoslawien ging an die Verbündeten: Italien, Ungarn und Bulgarien. Noch weniger Interesse hatte Hitler an Griechenland, das er weitgehend den Italienern und Bulgaren überließ. Das deutsche Besatzungsgebiet erstreckte sich nur auf einige strategisch oder politisch wichtige Gebiete um Saloniki, an der türkischen Grenze, in Südgriechenland, in der Ägäis und auf Kreta. Die Exekutive lag in den Händen der Befehlshaber »Saloniki-Ägäis« und »Süd-Griechenland«. Letzterem unterstand der Festungskommandant für den deutsch besetzten, größeren Teil Kretas, der in seinem Auftrag die vollziehende Gewalt ausübte. Sie alle waren dem Wehrmachtbefehlshaber Südost unterstellt als dem höchsten Inhaber der Exekutive und militärischem Oberbefehlshaber auf dem Balkan.

Von den besetzten Landesteilen der Sowjetunion trennte Hitler das Gebiet um Białystok ab und überließ es dem Gauleiter von Ostpreußen, der als Chef der Zivilverwaltung den späteren Anschluß an seinen Herrschaftsbereich in die Wege leitete. Der ehemals polnische Teil der Ukraine kam als Distrikt Galizien zum Generalgouvernement, Rumänien erhielt Transnistrien zugesprochen. In den übrigen besetzten Ostgebieten erlaubte der nicht programmgemäße Verlauf des Krieges nur die Einrichtung von zwei der vorgesehenen »politischen« Verwaltungen: des Reichskommissariats für das Ostland (Litauen, Lettland, Estland, Weißrußland oder Weißruthenien) und des Reichskommissariats Ukraine. Die Reichskommissare unterstanden dem »Reichsminister für die besetzten Ostgebiete« in Berlin. Der Großteil des eroberten Raumes blieb weiterhin Operationsgebiet des Heeres.

Die deutschen Verwaltungen in den besetzten Gebieten, deren Abgrenzung teilweise noch umstritten war und erst nach Kriegsende geregelt werden sollte, lassen gewisse Grundstrukturen erkennen. Ihnen hafteten aber auch Besonderheiten an, die von Augenblickseingebungen Hitlers, politischen Rücksichtnahmen, dem Verhalten der betroffenen Völker oder den Machtkämpfen unter den Obersten Reichsbehörden herrührten. Selbst dort, wo dem Heer die vollziehende Gewalt verblieben war, glich keine Militärverwaltung der anderen[15]. Die Vielfalt der Verwaltungsformen führte zu endlosen Auseinandersetzungen zwischen den verschiedenen Reichsressorts, die ihre Zuständigkeiten zu verankern, abzugrenzen oder auszuweiten suchten. Gelegentlich traf Hitler eine Entscheidung. In der Regel sah er die Machtkämpfe aber als zweckdienlich an, und er zeigte wenig Neigung, sich mit Vorgängen zu befassen, die ihm angesichts der sich zunehmend komplizierenden Kriegslage immer weniger dringlich erschienen. Im März 1944 teilte der Reichsminister und Chef der Reichskanzlei dem Reichsminister für die besetzten Ostgebiete mit,

»daß der Führer auf eine gleichmäßige Konstruktion der Behörden- und Verwaltungsorganisation in den verschiedenen Gebieten des deutschen Machtbereichs nicht das geringste Gewicht legt. Es kommt ihm einzig und allein darauf an, ob die in diesen Gebieten getroffene Regelung, und sei sie auch noch so verschieden von den Regelungen in anderen Gebieten, für sich betrachtet zweckmäßig und erfolgversprechend erscheint[16].«

Die endgültigen Herrschaftsstrukturen bei der »Neuordnung« Europas waren für Hitler eine cura posterior.

Das schloß aber nicht aus, daß über diese Frage schon nachgedacht wurde. Sehr detaillierte Vorschläge für eine zweckmäßige Verwaltungsorganisation im künftigen Großraum machte Werner Best, der als Leiter der Verwaltungsabteilung bei der Militärverwaltung in Frankreich 1941 die verschiedenen Besatzungsregime studiert hatte und seine Erkenntnisse später als Reichsbevollmächtigter in Dänemark anzuwenden suchte[17]. Ihm schienen folgende Verwaltungsstrukturen zur Bewältigung der Zukunftsaufgaben geeignet:

— Bündnisverwaltungen aufgrund eines Vertrages mit privilegierten Großraumvölkern. Ein Vertreter der Führungsmacht, eine Art Reichsbevollmächtigter, kontrollierte und lenkte eine weitgehend selbständige Eigenverwaltung auf Regierungsebene;
— Aufsichtsverwaltungen durch Beauftragte des Führungsvolkes, die mit Hilfe von Fachleuten aller Ressorts die landeseigene Verwaltung in ihren einzelnen Zweigen führten und kontrollierten. Diese Form bedeutete schon einen stärkeren Eingriff in die Selbstverwaltung durch die weiterbestehende Regierung des Großraumvolkes;
— Regierungsverwaltungen durch Beauftragte der Führungsmacht, die die höchste Ebene der Landesverwaltung mit eigenen Leuten besetzten und die bis zur mittleren Stufe zugelassene Selbstverwaltung mit Anordnungen versah;
— Kolonialverwaltungen, bei der das Führungsvolk den gesamten Behördenapparat mit eigenem Personal ausstattete.

Eine Zuordnung der bis zu diesem Zeitpunkt besetzten Länder zu den einzelnen Verwaltungsformen schien Best noch verfrüht. Unschwer läßt sich aber erkennen, daß seinem Programm eine Systematisierung zugrunde lag, die sich an der bisherigen Praxis in verschiedenen besetzten Gebieten unter ziviler Verwaltung orientierte: Bündnisverwaltung nach dem Beispiel Dänemarks, Aufsichtsverwaltungen wie in Norwegen und Holland, Regierungsverwaltung nach dem Muster des Protektorats und Kolonialverwaltungen, wie sie im Generalgouvernement und in unterschiedlichem Maße in den besetzten Ostgebieten praktiziert wurden. In dieses Schema, darauf liefen Bests Vorschläge hinaus, hätten sich zu gegebener Zeit alle Besatzungsverwaltungen einordnen lassen, je nach dem Ausmaß der Eingriffe, die die deutsche Führungsmacht für notwendig hielt.

Solange der Krieg noch andauerte, war der Zeitpunkt für eine derartige Ordnung aber noch nicht gekommen. Bedeutsamer als die künftigen Herrschaftsstrukturen, zu denen sich Hitler auch noch nicht bindend geäußert hatte, waren die Besatzungsregime, wie sie bis Kriegsende im deutschen Machtbereich tatsächlich bestanden und unter denen die betroffenen Bevölkerungen in so fürchterlicher Weise zu leiden hatten. Jede Typisierung der deutschen Besatzungsverwaltungen wird der Vielfalt der institutionellen Lösungen und den unterschiedlichen politischen Intentionen nicht voll Rechnung tragen können. Trotzdem ist sie von Nutzen, denn sie gestattet doch aufschlußreiche Einsichten in die von der deutschen Führung anvisierte »neue Ordnung« Europas sowie in die teilweise analog angelegte Besatzungspolitik für verschiedene Ländergruppen. Sie kann auch der notwendigen Klärung der tatsächlichen Befugnisse dienlich sein, die sich mit den so unsystematisch verliehenen Amtsbezeichnungen vor allem für die Militärs verbanden: Nicht alle Militärbefehlshaber besaßen die Befugnis zur Ausübung der vollziehenden Gewalt, nicht jeder Wehrmachtbefehlshaber war lediglich als Territorialbefehlshaber einem Reichskommissar zur Seite gestellt. Wenn im folgenden versucht wird, nach vorwiegend formalen Kriterien zu unterscheiden, so berechtigt dazu auch die Tatsache, daß die Formen der sogenannten »Reichsaußenverwaltung« häufig Ausdruck politischer Absichten, also bereits auf die Einfügung eines Landes in das künftige Großreich ausgerichtet waren[18]. Die thematische Beschränkung auf die ersten Kriegsjahre dürfte den Wert der Typisierung nicht sonderlich beeinträchtigen.

Zwei Ländergruppen werden von vornherein nicht zu den besetzten Gebieten gezählt. Zum einen sind das jene Länder, die wie die Slowakei und Kroatien eine mehr oder weniger eingeschränkte Eigenstaatlichkeit erhielten und trotz mancher Einbußen an Souveränität und mancher innerer »Gleichschaltung« de jure und de facto unter die deutschen Verbündeten einzureihen sind. Das Deutsche Reich übte in diesen abhängigen Satellitenstaaten keine Besatzungsrechte aus[19]. Zum zweiten wird man Österreich, das Sudetenland, das Memelgebiet und Eupen-Malmedy nicht zu den besetzten Gebieten rechnen können. Der durch Gewaltandrohung erzwungene Einmarsch der Wehrmacht oder die Rückgliederung an das Reich wurde von der Mehrheit der Bevölkerung begrüßt. Sie erhielt, da sie ganz oder vorwiegend und soweit sie deutsch war, den Status von Reichsbürgern und entsandte Abgeordnete in den Reichstag. Als besetzt empfand sich lediglich eine unterdrückte und verfolgte Minderheit. Die Zahl der Unzufriedenen nahm während des Krieges naturgemäß zu. Ihre Haltung ist mit dem wachsenden Widerstand der Völker in den eroberten Ländern aber in keiner Weise vergleichbar. Dagegen werden auch jene Gebiete Polens als besetzt angesehen werden müssen, die vom Reich annektiert worden waren. Die überwiegende Mehrheit der

Bevölkerung war nicht deutscher Abstammung und lehnte sich von Anfang an gegen ihre Entrechtung, Ausbeutung, Verfolgung und Aussiedlung auf.

Bis Ende 1941 waren folgende Verwaltungsstrukturen für die Beherrschung der besetzten Gebiete geschaffen worden, von denen sich die für die späteren Besetzungen getroffenen Regelungen nicht wesentlich unterschieden:

I. Ausdehnung der *Reichsverwaltung* mit einigen Sonderregelungen auf
   1. die formell annektierten Gebiete unter Reichsstatthaltern oder Oberpräsidenten: Danzig-Westpreußen, Warthegau, Südostpreußen, Ostoberschlesien;
   2. die zunehmend wie Reichsgebiet behandelten, formell aber noch nicht eingegliederten Gebiete, unter Chefs der Zivilverwaltungen: Elsaß, Lothringen, Luxemburg, Untersteiermark, die besetzten Gebiete Kärntens und Krains, Białystok.

II. Einsetzung von *Zivilverwaltungen* oder zivilen Aufsichtsorganen für jene Länder, auf die nach der Art der Besetzung politische Rücksicht genommen werden mußte oder an denen ein besonderes politisches Interesse bestand:
   1. Staaten, deren »Schutz« das Deutsche Reich übernommen hatte, unter einem Reichsbevollmächtigten: Dänemark[20];
   2. Staaten mit »germanischer« Bevölkerung, die Teil des Großgermanischen Reiches werden sollten, unter Reichskommissaren: Norwegen, Niederlande[21];
   3. deutsche Siedlungsgebiete, deren »Kolonisierung« schon während des Krieges geplant und begonnen wurde: Protektorat Böhmen und Mähren, Generalgouvernement, Reichskommissariate für das Ostland und für die Ukraine.

III. Beibehaltung der *Militärverwaltung* mit Rücksicht auf die Erfordernisse der weiteren Kriegführung oder mangels politischem Interesse, unter
   1. Militär- oder Wehrmachtbefehlshabern: Belgien, Frankreich, Kanalinseln, Südost (Serbien, Saloniki-Ägäis, Südgriechenland mit Festung Kreta);
   2. Oberbefehlshabern von Heeresgruppen und Armeen in den rückwärtigen Heeres- und Armeegebieten: Operationsgebiet in der Sowjetunion[22].

Die Verwaltung in den de jure und de facto annektierten Gebieten wurde nach dem Muster der Reichsverwaltung neu aufgebaut. Den Reichsstatthaltern in den größeren Bereichen unterstanden auch Teile der Sonderverwaltungen, die, wie etwa die Finanzverwaltung, im Reich autonom waren. Diese Verstärkung der Exekutive sollte die Durchführung des wichtigsten Auftrags erleichtern, den Hitler den mit der Verwaltung betrauten Gauleitern erteilt hatte: die Eindeutschung ihrer Gebiete in rund zehn Jahren. Dazu wurde das Reichsrecht eingeführt oder angewandt, die als deutsch oder deutschstämmig anerkannte Bevölkerung der Arbeitsdienst- und Wehrpflicht unterworfen und der unerwünschte und schon entbehrliche Teil der Einwohner umgesiedelt oder ausgewiesen. Mit ihrem Ersatz durch volks- oder reichsdeutsche Siedler wurde bereits begonnen.

Unter den durch eine zivile Verwaltung oder Aufsicht beherrschten Gebieten bildete Dänemark eine Ausnahme. Mit Rücksicht auf die Landesregierung, die gegen den deutschen Einmarsch lediglich protestiert hatte, begnügte sich die Besatzungsmacht mit einer Kontrolle auf Regierungsebene durch den mit zusätzlichem Personal ausgestatteten Gesandten als Bevollmächtigtem des Reiches. Dänemark blieb eine Domäne des Auswärtigen Amtes, die Aufsicht und Einflußnahme vollzogen sich auf diplomatischen Wege. Das Land zahlte keine Besatzungskosten und war für die Deutschen eine Art Visitenkarte von propagandistischem Wert für den Umgang mit »einsichtigen« Großraumvölkern germanischer Abstammung, für Best der Idealfall einer Bündnisverwaltung.

Den Reichskommissaren in Norwegen und in den Niederlanden war aufgetragen, die Bevölkerung ihres Bereichs für die »neue Ordnung« zu gewinnen. Ihre personell schon recht aufwendige Aufsichtsverwaltung griff immer mehr in die Tätigkeit der Landesbehörden ein und war auch territorial stärker untergliedert.

Im künftigen deutschen Siedlungsraum verhinderten nur der kriegsbedingte deutsche Personalmangel und Zweckmäßigkeitserwägungen die Übernahme der gesamten Landesverwaltung. Der deutsche Behördenaufbau erstreckte sich in der Regel bis auf die Ebene der Stadt- und Landkreise. Darunter mußten einheimische Dorfälteste, Gemeindevorsteher und Bürgermeister noch geduldet werden, in den baltischen Ländern auch Verwaltungsorgane auf Landesebene, deren offizielle Anerkennung aber vermieden wurde. Die Siedlungsgebiete als Teil des anvisierten deutschen »Lebensraums« wurden sogleich zum Exerzierfeld für eine verbrecherische »völkische Neuordnung«, was die Liquidierung unerwünschter sozialer, politischer und ethnischer Gruppen einschloß. Die ihnen zugemuteten Herrschaftsmethoden demaskierten in besonderer Weise die rassistischen und unannehmbaren Ziele der nationalsozialistischen Expansion und provozierten schon frühzeitig den Widerstand der unterjochten Bevölkerung.

Eine enge Kontrolle der Landesbehörden übten auch die Militärverwaltungen mit ihrem weitverzweigten Netz von Oberfeldkommandanturen oder Bezirkschefs, Feld- und Orts- bzw. Kreiskommandanturen aus. Zu allen Dienststellen gehörten Fachleute der Reichsverwaltung und der freien Wirtschaft, die als Kriegsverwaltungsbeamte die einheimischen Behörden überwachten und anleiteten oder notfalls auch selbst tätig wurden. Die Exekutive durch militärische Organe galt allgemein als ein notwendiges Übel und stand stets im Verdacht der »Etappe«. Nichtsdestoweniger bemühten sich auch die Militärverwaltungen, das ihnen durchgehend abgesprochene politische Gespür unter Beweis zu stellen. Dazu wurden sie nicht nur von der in dieser Hinsicht überaus »verständnisvollen« obersten Wehrmacht- und Heeresführung angehalten. Auch unter dem ursprünglich zivilen Verwaltungspersonal gab es eine große Zahl von Nationalsozialisten, ja selbst von hohen SS-Führern, die für politische Zielsetzungen durchaus aufgeschlossen waren. Bei der Endlösung der »Judenfrage« etwa arbeiteten die Militärverwaltungen bereitwillig mit.

Allerdings konnte von einer Eigenständigkeit der Besatzungsregime ohnehin keine Rede sein. Selbst wenn der jeweilige höchste Repräsentant als Reichsprotektor, Generalgouverneur, Reichsstatthalter, Chef der Zivilverwaltung, Reichskommissar oder Reichsminister für die besetzten Ostgebiete Hitler direkt unterstand, mußte er einen zunehmenden Teil seiner Arbeitskraft darauf verwenden, sich gegen die Eingriffe der Obersten Reichsbehörden zur Wehr zu setzen. Alle Versuche, die in den besetzten Ländern zu treffenden Maßnahmen über die für die annektierten Gebiete geschaffene Zentralstelle im Reichsinnenministerium oder über die Reichskanzlei oder den Generalquartiermeister des Heeres zu koordinieren, erwiesen sich als nutzlos. Jedes Ressort, das sich mit einiger Berechtigung auf seinem Fachgebiet allein für kompetent hielt, tendierte dazu, zeitraubende Dienstwege zu vermeiden und seine Forderungen direkt an die Besatzungsverwaltungen heranzutragen. Als Ansprechpartner dienten ihnen vornehmlich die für diese Verwaltungen abgestellten eigenen Beamten, die sich ihren bisherigen Behörden, zu denen sie später ja wieder zurückkehren wollten, stärker verbunden fühlten als ihren Vorgesetzten im besetzten Gebiet. Oberste Reichsbehörden, die sich nicht im gewünschten Umfang in den Besatzungsverwaltungen vertreten sahen, schritten zur Einrichtung eigener Außenstellen, die immer weniger den Verantwortlichen in den besetzten Gebieten unterstellt wurden.

Auf die Invasion der Wehrmacht folgte somit eine Invasion von Dienststellen, deren Vielzahl auch für die Besatzungsverwaltungen nicht zu überschauen war. Erheblichen Anteil an dieser Inflation der Behörden, Sonderbeauftragten usw. hatten Göring, der sich als Beauftragter für den Vierjahresplan stets ein Weisungsrecht gegenüber den Besatzungsbehörden hatte einräumen lassen, und in zunehmendem Maße auch Himmler in seiner Eigenschaft als Reichsführer-SS, Chef der deutschen Polizei und Reichskommissar für die Festigung deutschen Volkstums. Mit Rückendeckung durch Hitler zog er nicht nur die Behandlung aller Volkstumsfragen an sich, sondern entsandte in alle Zivilverwaltungen seine Höheren SS- und Polizeiführer, die den örtlichen Verwaltungsspitzen nur nominell unterstanden. Himmler plädierte für eine »politische Verwaltung« in den Gebieten des künftigen deutschen »Lebensraums« und beanspruchte sie für seine SS[23]. Wer sich ihm entgegenstellte, nicht bereitwillig unterordnete oder bei Hitler nicht genügend Rückhalt fand, sah sich wie der Reichsprotektor, der Generalgouverneur oder der Reichsminister für die besetzten Ostgebiete bald im Abseits. Als Hebel dienten Himmler die Beamten, die einen Rang in der Allgemeinen SS besaßen und die der Reichsführer regelmäßig an ihre SS-Pflichten zu erinnern pflegte. Nicht alle entsprachen seinen Erwartungen. Sie ließen ihm aber Informationen und Berichte zukommen und waren für sein Bemühen empfänglich, seine Organisation allmählich auch stärker in den militärisch verwalteten Gebieten zu etablieren. Eine willkommene Handhabe bot die sich zunehmend verschlechternde innere Sicherheit im deutschen Herrschaftsbereich.

Kennzeichnend für die deutsche Herrschaft über weite Teile Europas war somit eine teilweise schon chaotische Organisation, die unnötig viel Personal erforderte und Anlaß zu endlosen Kompetenzstreitigkeiten gab. Hitler störte sich nicht daran, solange die innere Sicherheit in den besetzten Gebieten, wenn auch mit immer drakonischeren Maßnahmen, sich noch aufrechterhalten ließ und das Aufbringungssoll an Rohstoffen, Industrieprodukten, Lebensmitteln, Barzahlungen und Arbeitskräften einigermaßen erfüllt wurde. Eine überlegtere, auch psychologisch einfühlsamere Besatzungspolitik hätte vielleicht noch größere Leistungen bewirkt. Für Konzessionen sah Hitler aber keine Veranlassung, wertete sie auch als Eingeständnis von Schwäche. Er verließ sich mehr auf die Bajonette der Wehrmacht und der Polizei[24] als auf eine irgendwie geartete partnerschaftliche Zusammenarbeit mit den Bevölkerungen. Die Deutschen waren sich übrigens im klaren darüber, daß jene Kollaborationsparteien, die sich in fast allen besetzten Gebieten hervortaten und mehr aus opportunistischen als aus ideellen Motiven ihr Schicksal mit dem der Besatzungsmacht verbanden, keinen nennenswerten Rückhalt bei ihren Landsleuten besaßen. Sie waren als Verräter angesehene Minderheiten, untereinander zerstritten und ohne — nach deutschen Kriterien — charismatische Führerpersönlichkeiten. Häufig schien ihr Programm auch noch zu sehr auf eine Eigenstaatlichkeit ihrer Länder ausgerichtet zu sein, die ihnen nach den deutschen Absichten nicht länger zustehen sollte.

Wie Hitlers Europa einmal aussehen sollte, war auch dem deutschen Diktator im einzelnen noch nicht klar. Aus der Vielzahl seiner offiziellen Maßnahmen, Verlautbarungen und Stellungnahmen wie auch aus seinen privaten Äußerungen lassen sich aber die Konturen des nationalsozialistischen Machtbereichs einigermaßen bestimmen, den Hitler nach dem »Endsieg« im europäischen Krieg nach seinen Vorstellungen neu zu ordnen gedachte.

Zu den bereits annektierten oder entsprechend behandelten Gebieten sollten Böhmen und Mähren kommen. Im Protektorat wurde bereits die Ansiedlung von Volksdeutschen vorbereitet. Etwa die Hälfte der Tschechen galt als eindeutschungsfähig, den Rest — vor allem die Intellektuellen — mußte man noch irgendwie loswerden. Im Rahmen der ohnehin schon praktizierten Massenumsiedlungen hätte sich auch diese Frage durch Deportation nach dem Osten »lösen« lassen.

Als deutsches Siedlungsgebiet wurde auch das Generalgouvernement angesehen. Es hatte bis zur Abschiebung aller rassisch unerwünschten Bevölkerungsteile und bis zu seiner kompletten Eindeutschung zugleich als Reservat für billige Arbeitskräfte zu dienen, die das Dritte Reich für den Aufbau des neuen Europas benötigte.

Norwegen, Dänemark, die Niederlande und Belgien sollten im Großgermanischen Reich aufgehen, wobei die staatsrechtliche Form ihrer Einbeziehung noch nicht feststand: als zusätzliche Reichsgaue oder Verbündete mit einem Rest an Eigenstaatlichkeit.

Gegenüber der Masse der Franzosen hegte Hitler ein tiefverwurzeltes Mißtrauen. Das hätte ihnen vermutlich die Einfügung in das deutsche Großreich erspart, nicht aber die dauernde militärische, wirtschaftliche und geistige Unterwerfung unter die deutsche Hegemonie oder eine ständige Besetzung durch die Wehrmacht[25]. Der Aufbau einer deutschen Machtposition, mit der sich die Besetzer die wirtschaftliche und kulturelle Beherrschung Frankreichs über die Kriegszeit hinaus sichern wollten, hatte bereits eingesetzt. Wie weit sich Hitler neben den britischen Kanalinseln noch weitere Stützpunkte in Westeuropa anzueignen gedachte — an der Kanalküste und am Atlantik — muß offen bleiben. Die Idee von einer selbständigen Bretagne, die im Sommer 1940 für kurze Zeit aufkam, wurde von ihm nicht aufgegriffen.

Kein Interesse hatte Hitler am Balkan, wo einige Volksdeutsche von einem Reichsgau Belgrad träumten und für diese Idee das Reichsinnenministerium gewannen[26]. Weiter südlich als bis zur Krim sollte sein Imperium nicht reichen[27]. Der Mittelmeerraum blieb den Italienern überlassen, und erst ihr Abfall vom Achsenbündnis im Jahre 1943 veranlaßte Hitler zu ersten Maßnahmen für eine Annexion von Teilen Oberitaliens. Erwünscht waren noch einige afrikanische Kolonien für jene Produkte, die aus dem nationalsozialistischen »Indien«, dem westlichen und südlichen Teil der Sowjetunion, nicht zu beziehen waren. Der »Lebensraum« im Osten stellte das eigentliche Kriegsziel Hitlers dar. Er sollte unterworfen, in Teilgebiete zerlegt, verkehrsmäßig erschlossen und allmählich mit deutschen und in beschränktem Umfange auch »germanischen« Siedlern überzogen werden. Die durch Liquidierung potentieller Gegner und Beseitigung der Juden, durch Vertreibung und vorauszusehende Hungersnöte dezimierte Bevölkerung konnte als kulturlose Arbeitskräfte dienen, soweit nicht einzelne Volksteile eingedeutscht oder ethnische Minderheiten — darüber gab es unterschiedliche Ansichten — bevorzugt behandelt werden sollten. Diesem Großreich von Westeuropa bis zur Grenze mit Sibirien würden sich nach Hitlers Meinung auch Schweden und die Schweiz anschließen müssen[28]. Der schwedische »Läusestaat« und die »Eiterbeule« Schweiz hatten für ihn ebensowenig eine Existenzberechtigung wie andere neutrale Länder im Bereich der deutschen »totalen Hegemonie«.

Mit den Planungen und den ersten Schritten zur territorialen »Neuordnung« Europas gingen Maßnahmen für die Einführung einer inneren »neuen Ordnung« in den besetzten Gebieten einher. Ihr Ziel war die Absicherung des deutschen Führungsanspruchs durch rigorose Unterdrückung aller oppositionellen Regungen, kulturelle Beherrschung und wirtschaftliche Verflechtung mit dem Reich, wobei die einzelnen Volkswirtschaften sich nach den deutschen Bedürfnissen auszurichten hatten. Besonders offenkundig wurde das unmenschliche Programm des Nationalsozialismus in der brutalen Vertreibung jener Bevölkerungsteile, für die als Polen, Franzosen oder Slowenen kein Platz mehr im besonderen deutschen Interessengebiet vorgesehen war, und in der Entrechtung und bald auch systematisch betriebenen Ermordung der Juden. Diese wäre allein schon ein ausreichender Grund für den Widerstand gewesen, der sich neben der auf kleine Gruppen beschränkten Kollaboration und der von der Mehrheit eingenommenen Haltung des Abwartens in den besetzten Gebieten ausbreitete. Dieser Widerstand, von den meisten Beteiligten nicht nur als eine patriotische, sondern auch als eine sittliche Verpflichtung begriffen, wurde dank zunehmender Unterstützung durch die deutschen Kriegsgegner schon 1941 zu einem ernsten Problem. Zu seiner Bekämpfung waren die Besatzungsverwaltungen trotz aller Gewaltmaßnahmen immer weniger in der Lage. Die nationalsozialistische Expansion hatte bis Ende 1941 das Deutsche Reich nicht nur kräftemäßig überfordert, auch das Herrschaftsprogramm war nicht geeignet, nennenswerte Teile der unterworfenen Völker für die Deutschen einzunehmen. Die strukturellen Defizite und Widersprüche der Besatzungsregime taten ein übriges, um den »Großraumvölkern« die Fremdherrschaft unerträglich zu machen.

## Anmerkungen

1 Adolf Hitler, Monologe im Führerhauptquartier 1941—1944. Die Aufzeichnungen Heinrich Heims, hrsg. von Werner Jochmann, München 1982 (= Heyne-Buch Nr. 6097), S. 311 (3.3.1942); vgl. auch Lothar Gruchmann, Nationalsozialistische Großraumordnung. Die Konstruktion einer deutschen Monroe-Doktrin, Stuttgart 1962 (= Schriftenreihe der Vierteljahrshefte für Zeitgeschichte, Nr. 4), S. 74 und 119.

2 Werner Best, Grundfragen einer deutschen Großraum-Verwaltung, in: Festgabe für Heinrich Himmler, Darmstadt 1941, S. 33—60.

[3] Vgl. Probleme des europäischen Großwirtschaftsraumes. Gesammelte Beiträge von A. Reithinger u.a., Berlin 1942 (= Veröffentlichungen des Deutschen Auslandswissenschaftlichen Instituts, Bd 11), S. 14.

[4] Ebd., S. 68 ff.

[5] Herbert Backe, Um die Nahrungsfreiheit Europas. Weltwirtschaft oder Großraum, Leipzig 1943, S. 248.

[6] »Europa ist kein geographischer, sondern ein blutsmäßig bedingter Begriff.« Hitler (wie Anm. 1), S. 55 (8.—11.8.1941).

[7] Alfred Rosenberg, Das Politische Tagebuch Alfred Rosenbergs aus den Jahren 1934/35 und 1939/40, Göttingen, Berlin, Frankfurt/M. 1956 (= Quellensammlung zur Kulturgeschichte, Bd 8), S. 104 (9.4.1940); Halder, Kriegstagebuch. Tägliche Aufzeichnungen des Chefs des Generalstabes des Heeres 1939—1942. Bd 2, Stuttgart 1963, S. 31 (22.7.1940); Czesław Madajczyk, Faszyzm i okupacje 1938—1945. Wykonywanie okupacji przez Osi w Europie. T I: Ukształtowanie sie zarządów okupacyjnych, Poznań 1983, S. 251.

[8] Vertrauliche Presseinformationen des Reichspropagandaministeriums vom 9.6.1941. Zit. von Paul Kluke, Nationalsozialistische Europaideologie, in: Vierteljahrshefte für Zeitgeschichte (VfZg), 3 (1955), S. 269; vgl. auch den Aktenvermerk Bormanns über eine Besprechung bei Hitler am 16.7.1941. Nürnberger Dokument L-221, IMT, Bd 38, S. 86 ff.

[9] Eine ausführliche Aufzeichnung von dem Gespräch ist in der Akte Bundesarchiv-Militärarchiv Freiburg (BA-MA), RM 7/206, erhalten.

[10] Probleme des europäischen Großwirtschaftsraums (wie Anm. 3), S. 14.

[11] Vgl. Norman Rich, Hitler's War Aims. Bd 1: Ideology, the Nazi State, and the Course of Expansion, New York 1973, S. 249.

[12] Halder, Kriegstagebuch (wie Anm. 7), Bd 1, Stuttgart 1962, S. 302 (17.5.1940).

[13] Halder, Kriegstagebuch (wie Anm. 7), Bd 2, S. 366 (15.4.1941).

[14] Hans Umbreit, Der Militärbefehlshaber in Frankreich 1940—1944, Boppard 1968 (= Militärgeschichtliche Studien, Bd 7), S. 140.

[15] Jahresbericht der Militärverwaltung in Belgien und in Nordfrankreich für das erste Einsatzjahr, S. A 2, BA-MA, RW 36/201.

[16] Zit. von Czesław Madajczyk, Die Besatzungssysteme der Achsenmächte. Versuch einer komparativen Analyse, in: Studia Historiae oeconomicae, vol. 14. Poznán 1980, S. 117.

[17] Best (wie Anm. 2).

[18] Gruchman (wie Anm. 1), S. 75.

[19] Nach einer Aktennotiz über eine interministerielle Besprechung am 19.4.1941 in Wien erläuterte Botschafter Ritter folgendermaßen den offiziellen deutschen Standpunkt: »Kroatien sei von Italien und Deutschland als souveräner Staat anerkannt worden. Das schließt nicht aus, daß in weiterer Zukunft Deutschland im Hinblick auf die politische Ausrichtung Einfluß nehmen könne. Auf jeden Fall sei festzustellen, daß Kroatien unabhängig sei und ein Vergleich mit dem Protektorat nicht zutreffe«. BA-MA, Wi/IC.28.

[20] Dieser Regelung ähnelten anfangs die Verhältnisse in Böhmen und Mähren, wo ein Reichsprotektor die allerdings immer weniger autonome Landesregierung überwachte. Ein Bevollmächtigter des Reiches für Griechenland vertrat ab Sommer 1941 die deutschen Interessen bei der neuen griechischen Regierung. Mit ihm hatte sich der Wehrmachtbefehlshaber Südost abzustimmen.

[21] Eine ähnliche Lösung wurde seit 1940 auch für Belgien diskutiert, aber erst im Juli 1944 verwirklicht.

22 Diese Übergangsregelung galt für fast alle Besetzungen bis zur Einrichtung selbständiger Militär- oder Zivilverwaltungen.

23 Vgl. Alexander Dallin, Deutsche Herrschaft in Russland 1941—1945. Eine Studie über Besatzungspolitik, Düsseldorf 1958, S. 47 f.

24 Vgl. Andreas Hillgruber, Hitlers Strategie. Politik und Kriegführung 1940-41, Frankfurt/M. 1965, S. 65.

25 Hitler (wie Anm. 1), S. 305 (27.2.1942).

26 Hans-Ulrich Wehler, Reichsfestung Belgrad. Nationalsozialistische Raumordnung in Südosteuropa, in: VfZg, 11 (1963), S. 72—84.

27 Hitler (wie Anm. 1), S. 91 (17.10.1941).

28 Ebd., S. 366 (26.8.1942).

Karl-Heinz Frieser

# Nationalkomitee »Freies Deutschland«

## Der »Krieg hinter Stacheldraht« in sowjetischen Gefangenenlagern*

»... Ich habe Stalingrad überlebt, die Vernichtungsmärsche in die Gefangenschaft, ich habe sogar das Todeslager Beketovka überstanden, wo in ein paar Wochen von 55 000 meiner Kameraden 42 000 durch Hunger und Seuchen umkamen. Doch was ich bis heute noch nicht überwunden habe, das hat sich erst anschließend zugetragen, nämlich jener politische Kampf im Kriegsgefangenenlager um das Nationalkomitee »Freies Deutschland«, wo sich frühere Kameraden das Leben gegenseitig zur Hölle machten!«

(Aus einem Interview mit H. Kurz)

In zahlreichen Interviews mit ehemaligen Kriegsgefangenen in der Sowjetunion konnte der Verfasser immer wieder folgende Erfahrungen sammeln: Die Ereignisse des Zweiten Weltkrieges erscheinen weitgehend verarbeitet und bewältigt. Ein Thema ist jedoch geblieben, das für viele ein Trauma, für manche aber auch ein Tabu darstellt, und dieses Reizwort lautet: Nationalkomitee »Freies Deutschland«. Im folgenden soll vor allem zwei Fragen nachgegangen werden:
— Welche Rolle spielte das Nationalkomitee in der politischen Szenerie des Zweiten Weltkrieges?
— Welche Rolle spielte es bei jenem »Krieg hinter Stacheldraht« in den sowjetischen Lagern?

### *1. Die Konstellation im Frühjahr 1943*

Am 2. Februar war der Kampf um Stalingrad zu Ende gegangen. Diese Kesselschlacht bildete jedoch keineswegs schon die »Entscheidungsschlacht« des Krieges. Zum strategischen Wendepunkt wurde vielmehr die Schlacht bei

* Der Verfasser hat zu diesem Themenkomplex bereits eine Monographie veröffentlicht: Krieg hinter Stacheldraht. Die deutschen Kriegsgefangenen in der Sowjetunion und das Nationalkomitee »Freies Deutschland«, Mainz 1981. Im vorliegenden Aufsatz fand die seither erschienene Literatur zusätzliche Berücksichtigung. Der Umfang der Anmerkungen mußte stark reduziert werden. Für weitere Quellenangaben verweist der Autor auf sein Buch.

Kursk im Sommer 1943. Während die deutsche Wehrmacht eine gewaltige Sommeroffensive gegen den Kursker Bogen vorbereitete und dort immer mehr Panzer der neuen Typen Panther und Tiger zusammenzog, machte sich in Moskau eine äußerst nervöse Stimmung breit. Gleichzeitig betrachtete Stalin voller Argwohn die unzureichende Unterstützung durch die Westmächte. Er war nicht gewillt, wie er sich früher bereits einmal geäußert hatte, für andere »die Kastanien aus dem Feuer zu holen«[1]. Die Sowjetarmee mußte die Hauptlast des Krieges tragen, und die von den Westmächten angekündigte zweite Front ließ immer noch auf sich warten. Auch war es beunruhigend, daß die Westmächte die sowjetischen Annexionen in Osteuropa, vor allem von Ostpolen und den baltischen Staaten, nicht anerkennen wollten[2].

In dieser Situation entfalteten die Sowjets eine Reihe von Aktivitäten[3]. Stalin begann, gleich in zweifacher Ausfertigung, die deutsche Karte zu spielen. So kam es zur »intrigantesten Periode« der sowjetischen Diplomatie während des Zweiten Weltkrieges. Zunächst einmal signalisierten die Sowjets der deutschen Reichsregierung über Stockholm Bereitschaft zu einem Waffenstillstand. Der sowjetische Verbindungsmann Clauß erklärte Dr. Kleist, einem Angehörigen der deutschen Botschaft, die Sowjets seien nicht mehr gewillt, auch nur eine Minute länger für die Interessen der Westmächte zu kämpfen. Clauß beschwor immer wieder das Bild des Ersten Weltkrieges, in dem Deutsche und Russen auf dem Schlachtfeld liegen blieben, während sich die Westmächte als »lachende Dritte« des Sieges erfreuten. Und er versicherte, die Deutschen könnten innerhalb von acht Tagen Frieden haben, wenn sich die Wehrmacht auf die Grenzen von 1939 zurückziehen würde[4].

Doch Hitler, der die unverhofften Chancen dieses diplomatischen Pokerspiels nicht zu erkennen vermochte, ließ die Verhandlungen brüsk abbrechen. So ist bis heute noch nicht völlig geklärt, welche Absichten Stalin tatsächlich verfolgte[5]. Einen Zweck aber dürfte dieses von den Geheimdiensten argwöhnisch beobachtete Ränkespiel zweifellos erfüllt haben, nämlich die Westmächte in erhebliche Nervosität zu versetzen.

Stalin hatte jedoch noch eine zweite deutsche Trumpfkarte im Ärmel: das Nationalkomitee »Freies Deutschland«. Mit diesem Komitee, das sich aus deutschen Exilkommunisten und kooperationswilligen Kriegsgefangenen zusammensetzte, verfolgte er hauptsächlich vier Ziele:

1. Warnung an die Westmächte
2. Signal für den innerdeutschen Widerstand
3. Propaganda an der Front und in den Gefangenenlagern
4. Kaderbildung für die spätere kommunistische Umgestaltung Deutschlands.

*Erste Zielvorstellung*: Die Nachricht von der Gründung des Nationalkomitees schlug in den westlichen Hauptstädten — Presseberichten zufolge — »wie eine Bombe« ein. Das Unerhörte lag darin, daß die Sowjets noch vor wenigen Monaten auf der Konferenz von Casablanca Kampf bis zur bedingungslosen Kapitulation Deutschlands zugesagt hatten, nun aber Bereitschaft zu einem einseitigen Sonderfrieden erkennen ließen[6]. Doch das diplomatische Pokerspiel sollte sich lohnen. Auf der Konferenz von Teheran konnte Stalin den Westmächten gegenüber fast alle seine Forderungen durchsetzen, vor allem die endgültige Zusage einer zweiten Front im Westen und die grundsätzliche Tolerierung der sowjetischen Grenzrevisionen in Osteuropa. Damit war de facto die Abtretung der deutschen Ostgebiete entschieden[7]. Der sowjetische Verbindungsmann Clauß erklärte später seinem deutschen Verhandlungspartner Dr. Kleist: »Das trojanische Pferd, mit dem Stalin die amerikanische Festung gestürmt habe, sei die Drohung mit dem ›National-Comité-Freies Deutschland‹ gewesen[8].« So übertrieben der Vergleich klingen mag, das Nationalkomitee spielte bei jenen Verhandlungen eine psychologisch nicht zu unterschätzende Rolle.

*Zweite Zielvorstellung:* Stalin wollte mit der Gründung des Komitees dem innerdeutschen Widerstand Verhandlungsbereitschaft signalisieren. Er hatte ja schon vorher erklärt: »Die Hitler kommen und gehen, aber das deutsche Volk, der deutsche Staat bleibt[9].« Stalin war auch hier sehr weitblickend: Im Fall eines erfolgreichen Staatsstreiches hätte er sich über das Nationalkomitee, an dessen Schaltstellen einige Kommunisten wie Walter Ulbricht saßen, Einfluß auf die Regierungsbildung verschaffen können.

*Dritte Zielvorstellung:* Die Mitglieder des Komitees konnten für die Propaganda an der Front und in den Gefangenenlagern eingesetzt werden. Dieser Aspekt wird im folgenden eine zentrale Rolle spielen.

*Vierte Zielvorstellung:* Das Nationalkomitee ließ sich als Kaderschmiede für die spätere kommunistische Umgestaltung Deutschlands verwenden[10]. Besonders deutlich geht dies aus dem berühmten Buch von Wolfgang Leonhard »Die Revolution entläßt ihre Kinder« hervor[11]. Als Ulbricht 1945 die Verwaltung in der sowjetisch besetzten Zone aufzubauen begann, stützte er sich vor allem auf linientreue Mitglieder des Komitees. Ebenso konnte er bei der Aufstellung der Kasernierten Volkspolizei sowie der späteren Nationalen Volksarmee auf kriegsgefangene Offiziere zurückgreifen. So wird denn heute in der DDR das Nationalkomitee »Freies Deutschland« zu Recht als Grundstein des »ersten deutschen Arbeiter- und Bauernstaates« gefeiert.

## *2. Der Weg des Nationalkomitees von der Gründung bis zur Auflösung*

Die Sowjets hatten bereits zu Beginn des Krieges die sogenannte Antifa, d.h. »Antifaschistische Bewegung« für die Umerziehung der deutschen Kriegsgefangenen, gebildet[12]. Als Instruktoren waren hauptsächlich deutsche Exilkommunisten wie Walter Ulbricht eingesetzt. Diese jedoch stießen sowohl wegen ihrer doktrinären kommunistischen Propaganda als auch wegen der rigorosen Methoden gegenüber politisch Andersdenkenden auf Ablehnung.

Ein noch größeres Fiasko erlitten die sowjetischen Frontpropagandisten. Ihre Appelle waren zunächst ausgesprochen primitiv angelegt. Parolen wie »Tausend rote Lippen warten auf Euch in Moskau!« ernteten nur einen Heiterkeitserfolg. Ebenso scheiterten Versuche der deutschen Emigranten, an ein verschüttetes proletarisches Klassenbewußtsein oder an die internationale Solidarität aller Werktätigen zu appellieren. Parolen wie »Deutscher Arbeiter, Du begehst Brudermord, wenn Du gegen Deine Klassengenossen kämpfst!« wurden entweder mit Hohngelächter aufgenommen oder gar nicht erst verstanden[13].

Angesichts dieser Mißerfolge entschloß sich die sowjetische Führung im Frühjahr 1943 zu einem radikalen Propaganda-taktischen Kurswechsel und schlug einen nationalpatriotischen Kurs ein. Damit wurde eine Wende nachvollzogen, die in der Sowjetunion selbst bereits am Anfang des Krieges erfolgt war. Stalin hatte erkannt, daß er seine Landsleute nicht mit der abstrakten Idee des internationalen Kommunismus motivieren konnte, und rief daher zum »Großen Vaterländischen Krieg«, zur Verteidigung von »Mütterchen Rußland« auf, wie einst der russische Zar gegen Napoleon[14]. Die deutschen Kriegsgefangenen, zumindest die Offiziere, blieben nun von der bisherigen monotonen marxistischen Agitation verschont. Statt dessen appellierte man an ihren »nationalen Selbsterhaltungswillen gegenüber der Katastrophenpolitik Adolf Hitlers«[15]. Zahlreiche Propagandadelegationen wurden in die Lager gesandt. Hier suggerierten sowjetische Politoffiziere und deutsche Exilkommunisten den Gefangenen immer wieder, alle Hitlergegner, einschließlich der Kommunisten, müßten sich zu einer großen Aktionseinheit zusammenschließen.

So kam es am 12. und 13. Juli 1943 in Krasnogorsk bei Moskau zur Gründung des Nationalkomitees »Freies Deutschland« (NKFD)[16]. Bemerkenswert an der Gründungsversammlung war nicht nur das nationale Pathos, das aus den Reden klang, Aufsehen erregte vor allem die schwarz-weiß-rote Flagge des Komitees. Mit der Wahl dieser Farben wollte man dem nationalkonservativen Denken vieler Offiziere entgegenkommen, denn diese Farben symbolisierten das alte Kaiserreich[17].

Dennoch blieb das Nationalkomitee zunächst ein Torso. Ausgerechnet die Personen, auf die es angekommen wäre, nämlich die höheren Offiziere, vor allem die Generale, lehnten ein Mitwirken ab. Sie hielten das Komitee für kommunistisch infiziert. Da griffen auf spektakuläre Weise die Sowjets ein und initiierten die Gründung eines vom Nationalkomitee unabhängigen

»Bundes Deutscher Offiziere« (BDO). Generalmajor Mel'nikov unterbreitete den Generalen von Seydlitz, Lattmann und Korfes im Auftrag der Sowjetregierung folgendes Angebot: »Gelänge es dem BDO, die Wehrmachtführung zu einer Aktion gegen Hitler zu bewegen, die den Krieg beende, so wolle sich die Sowjetregierung für ein Reich in den Grenzen von 1937 einsetzen[18].«

Obwohl Mel'nikov eine schriftliche Fixierung dieser Zusagen ablehnte, stimmten die drei Generale nach kurzer Bedenkzeit zu. Nun aber ereignete sich etwas, das viele betroffen machte: Bereits bei der Gründungsversammlung am 11. und 12. September wurde trotz des Protestes etlicher Offiziere, die sich überrumpelt fühlten, handstreichartig beschlossen, den Offizierbund in das Nationalkomitee zu integrieren. Damit hatte er seine Selbständigkeit verloren und war zu einer Suborganisation degradiert worden. General von Seydlitz, der Vorsitzende des »Bundes Deutscher Offiziere«, wurde als Vizepräsident in das NKFD aufgenommen, als dessen Präsident der kommunistische Emigrant Erich Weinert fungierte[19].

Höchst aufschlußreich erscheint ein Blick auf die Organisationsstruktur des Nationalkomitees »Freies Deutschland«. Der Sitz des Präsidiums befand sich in Lunovo, 30 km nordwestlich von Moskau. Die meisten Mitglieder des Nationalkomitees erfuhren jedoch erst nach dem Kriege von der Existenz, beziehungsweise der wahren Bedeutung des sogenannten Instituts Nr. 99 in Moskau. Wolfgang Leonhard, ein ehemaliger Mitarbeiter dieses Instituts, enthüllte in seinem Buch »Die Revolution entläßt ihre Kinder«, daß es in Wirklichkeit zwei Nationalkomitees gab: das »offizielle« mit dem Sitz in Lunovo und das »inoffizielle« in einer Nebengasse des Arbatplatzes in Moskau, also jenes Institut Nr. 99[20]. Hier leiteten Exilkommunisten die Redaktionen der Zeitung und des Rundfunksenders »Freies Deutschland«, hier befand sich aber auch das Büro Walter Ulbrichts, der als »graue Eminenz« hinter den Kulissen die Fäden zog. Von hier aus kontrollierte er weitgehend die politischen Aktivitäten in den Gefangenenlagern. Der »Bund Deutscher Offiziere« unter General von Seydlitz hingegen blieb von den Mannschaftslagern nahezu völlig isoliert. Seine Wirkungsmöglichkeiten beschränkten sich auf die wenigen Offizierlager. Diese befanden sich in Krasnogorsk, Suzdal', Oranki, Elabuga und Grjazovec. Doch auch in diesen Lagern übten nicht die Bevollmächtigten des Offizierbundes, sondern die kommunistischen Politinstruktoren die wirkliche Macht aus.

Bei den nun einsetzenden Fraktionskämpfen gewann der von den Sowjets unterstützte linke Flügel immer mehr die Oberhand. Gleichzeitig wechselten viele Offiziere ins Lager der Kommunisten über. Die konservative Gruppe um General von Seydlitz hingegen verlor zusehends an Bedeutung. Auch ihre Frontpropaganda brachte nicht den erhofften Erfolg. Da bot sich noch einmal eine große Chance. Im Februar 1944 wurden bei Čerkassy und Korsun, westlich des Dnepr, sechs deutsche Divisionen eingekesselt. Es kam nun zur massivsten Propagandaaktion des NKFD während des Krieges. Doch das Unternehmen endete als Fiasko. Deutsche Entsatztruppen unter der operativen Leitung des Feldmarschalls von Manstein konnten sich bis etwa 10 km an den Kessel herankämpfen. So geschah das Unerwartete: Statt sich gefangen zu geben, wie die Propagandisten des NKFD hofften, brachen in der Nacht vom 16. zum 17. Februar die eingekesselten Verbände dicht gestaffelt durch die sowjetische Front. Sie drängten an einigen Stellen in wilder Verzweiflung zwischen den auf sie feuernden sowjetischen Panzern hindurch und stürzten sich in die eisigen Fluten des Gniloj Tikič, dessen Ränder vereist waren und in dessen Strömung Eisschollen trieben. Von 50 000 Mann gelang es 30 000, sich durchzuschlagen. Der Rest geriet in Gefangenschaft oder kam ums Leben[21].

Die Frontpropaganda des Nationalkomitees war gescheitert, seine Ziele hatten sich als Illusionen erwiesen. Nun erfolgte die endgültige Entmachtung des rechten Flügels. Alle »nicht progressiven« Mitglieder wurden aus führenden Positionen entfernt. Auch die Propaganda in den Lagern änderte sich. An die Stelle nationaler Appelle traten nun immer unverhüllter marxistische Parolen. Die Sowjets verloren schließlich ihr Interesse am Nationalkomitee. Gegen Ende des Krieges führte es nur noch ein Schattendasein. Als es am 2. November 1945 offiziell aufgelöst wurde, bedeutete dies nur noch eine Formsache.

Nun kam es zu einer Neuordnung der Lagerpropaganda. Die schwarzweiß-rote Phase war endgültig vorbei, und die Sowjets schwenkten zu jenem orthodox-kommunistischen Kurs zurück, der bereits die Antifa-Periode zu Beginn des Krieges bestimmt hatte[22]. Es begann ein Kesseltreiben gegen jene Mitglieder des Komitees, die sich immer noch weigerten, auf die Linie der Kommunisten umzuschwenken. Diese traf der Bannstrahl der Sowjets mit besonderer Härte. General von Seydlitz war bereits während des Hitlerregimes in Abwesenheit zum Tode verurteilt worden. 1950 verhängte auch ein sowjetisches Gericht die Todesstrafe über ihn. Das Urteil wurde allerdings in eine langjährige Freiheitsstrafe umgewandelt. Im Oktober 1955 kehrte er mit einem der letzten Heimkehrertransporte nach Deutschland zurück[23].

Um zum ersten Themenkomplex eine Bilanz zu ziehen: Das NKFD war keine «spontan« von deutschen Kriegsgefangenen gegründete Organisation, wie die Propaganda behauptete, es wurde vielmehr von den Sowjets inszeniert und für ihre politischen Zwecke instrumentalisiert. Nach dieser Darstellung der »großen Politik« sollen die Auseinandersetzungen im Archipel der Gefangenenlager aus der Sicht des »Plennys«, des einfachen Gefangenen, betrachtet werden.

### 3. *Die Lagerpropaganda*

Vor allem in der Gründungsphase des Nationalkomitees wurden zahlreiche Werbedelegationen in die Gefangenenlager gesandt. Dort initiierten sie die Bildung sogenannter Aktivs. Diese setzten sich aus besonders engagierten Mitgliedern zusammen, die von der Arbeitspflicht befreit waren, damit sie sich ganz der Propaganda widmen konnten. Ihre Werbemethoden bestanden aus Vorträgen vor der Lagerversammlung, Diskussionen im Gruppenrahmen und Einzelgesprächen. Ziel der Lageraktivs war es, eine möglichst große Zahl von Gefangenen als Mitglieder zu werben. Bei der Propaganda lassen sich inhaltlich vier Schwerpunktthemen unterscheiden:

— Die aussichtslose Lage an der Front mit dem Appell, auf die siegreiche Seite überzuwechseln.
— Die Anprangerung der NS-Verbrechen mit der Aufforderung, sich durch Beitritt in das Nationalkomitee davon zu distanzieren.
— Die Tradition der deutsch-russischen Waffenbrüderschaft: Hier spannte sich der Bogen von Tauroggen bis Rapallo.
— Den höchsten Stellenwert nahm das vierte Thema ein, der Appell an den Patriotismus. Es gelte, Deutschland vor der Katastrophenpolitik Hitlers zu retten[24].

Aus all dem ergibt sich: Das Nationalkomitee »Freies Deutschland« hatte zwei Gesichter: In Lunovo, dem Sitz des Präsidiums, zeigte es sich von seiner idealistischen Seite. Hier wurde die vom Gedankengut des Humanismus durchdrungene Propaganda gegen Hitlers abscheuliches Regime verfaßt. Man darf davon ausgehen, daß die Autoren der dort entstandenen Flugblätter und Zeitungsartikel wirklich ernsthafte und beste Absichten verfolgten. Doch die Realität in den Kriegsgefangenenlagern sah völlig anders aus. Hier, wo die von Walter Ulbricht geführten kommunistischen Politinstruktoren den Ton angaben, zeigte das Nationalkomitee ein oft erschreckend häßliches Gesicht. Jene gegen Hitlers totalitäres Regime gerichtete Propaganda wurde durch die in den Lagern angewandten totalitären Methoden ad absurdum geführt.

### 4. *Gratifikationen und Pressionen (»Zuckerbrot und Peitsche«)*

Die Mitgliederwerbung vollzog sich keineswegs nur auf der höheren Ebene der politischen Überzeugung, sondern die Instruktoren griffen zu den anrüchigsten Korruptions- und Zwangsmethoden, um möglichst eindrucksvolle Zahlenerfolge nach oben weitermelden zu können. Im Mittelpunkt der Darstellung soll deshalb jenes Instrumentarium der Manipulationstechniken stehen, das die Gefangenen mit dem Schlagwort »Zuckerbrot und Peitsche« charakterisierten. Durch ein System von Belohnung und Bestrafung sollten die Gefangenen zum gewünschten Pawlowschen Reflex, also zum Wohlverhalten gegenüber dem Nationalkomitee, gebracht werden.

Die Sowjets behandelten Gefangene, die ihnen interessant erschienen, mit größter Zuvorkommenheit. Wie kontrastreich sich ihre Methoden darstellten, enthüllt das Schicksal der Stalingradgefangenen. Die Masse wurde erbarmungslos bei klirrender Kälte durch die Steppe getrieben. Wer nicht mehr weitermarschieren konnte, erhielt den Genickschuß. Die grauenvollsten Szenen jedoch spielten sich in den Auffanglagern ab. Allein im Lager Beketovka starben innerhalb weniger Wochen von 55 000 Gefangenen 42 000[25]. Mit etwa 300 ausgewählten Offizieren jedoch war etwas Besonderes geplant. Statt des befürchteten Genickschusses erwartete sie ein Sonderzug mit weiß bezogenen Betten, weiblichen Betreuerinnen, Wodka und Wiener Schnitzeln, der sie in komfortable Sonderlager brachte. Weltgewandte sowjetische Professoren führten mit ihnen schöngeistige Konversationen und lenkten das Gespräch allmählich auf die Notwendigkeit einer neuen deutsch-russischen Zusammenarbeit. Dieser Theatercoup sollte seine Wirkung keineswegs verfehlen[26].

Doch auch in den übrigen Lagern wurde ganz offen mit materiellen Vergünstigungen geworben. Die Mitglieder des Nationalkomitees und des Offizierbundes erhielten — zumindest in der Anfangsphase — zusätzliche Essensrationen. Diese waren von der ohnehin zu knappen Verpflegung ihrer hungernden Kameraden abgezweigt worden. Ebenso gelangten nahezu alle begehrten Posten (vor allem in der Küche) in die Hände von Mitgliedern. Man verstand es auch, den Beitritt in die Lagergruppen durch vielfältige Versprechungen attraktiver zu machen. So lockte man mit der Ankündigung, Mitglieder würden früher in die Heimat entlassen werden. Kriegsgerichtsrat Schumann, der später vom Lageraktivisten zum Präsidenten des obersten Gerichts der DDR aufstieg, stellte unschlüssige Gefangene vor folgende Alternative: »Wenn Sie beitreten, liegt hier die Fahrkarte nach Hause, sobald der Krieg beendet sein wird; andernfalls wird es für Sie keine Heimkehr geben. Also wählen Sie[27]!«

Bei den restriktiven Maßnahmen lassen sich hauptsächlich sechs Methoden unterscheiden:

*Zerstörung des Gruppenzusammenhalts:* Das Gefangenendasein war durch ständige Verlegungen von einem Lager ins andere gekennzeichnet. Dahinter steckte ein System: Zunächst trennten die Sowjets die Mannschaften von ihren Vorgesetzten. Doch auch dann gingen die scheinbar willkürlichen Verlegungen und Verschiebungen weiter. Nicht nur die militärischen Strukturen, sondern auch die sich ständig neu bildenden »informellen Gruppen« wurden immer wieder auseinandergerissen. Dadurch wollten die Sowjets die Gefangenen in eine amorphe, formbare Masse verwandeln, die sich willenlos der politischen Beeinflussung unterwerfen würde.

*Isolierung oppositioneller Kräfte:* Trotz dieser Maßnahmen bildeten sich immer wieder Widerstandsgruppen gegen das Nationalkomitee, die es auszuschalten galt. Diese Männer wurden in speziellen Blöcken und Lagern isoliert oder in Gefängnisse geworfen. In Elabuga, in der tatarischen Republik, fand ein höchst interessantes sozialtechnisches Experiment statt. Hier waren in unmittelbarer Nachbarschaft zwei große Offizierlager eingerichtet. Die Sowjets sperrten im Mai 1944 alle widerspenstigen Gefangenen in das sogenannte »Klosterlager«. Das zweite Lager hieß »Kama-Lager« (nach der Kama, einem Nebenfluß der Wolga). In diesem Lager waren die bislang noch nicht hervorgetretenen Gefangenen und die Mitglieder des Bundes Deutscher Offiziere zusammengefaßt. Jene Schwungmasse von Aktivisten sollte eine Vielzahl von Mitläufern mitreißen. Durch diese Manipulation wurde in kürzester Zeit das Mehrheitsverhältnis zugunsten des BDO gekippt[28].

*Diskriminierung:* Die Lebensbedingungen in den Lagern waren vielerorts grauenvoll. Von 3 155 000 deutschen Kriegsgefangenen kehrten nur 1 959 000 aus der Sowjetunion zurück[29]. Diese extremen Verhältnisse im Kampf ums Überleben machten sich die Lageraktivisten zunutze. Wer es wagte, offen zu opponieren, mußte mit rigorosen Sanktionen, etwa bei der Arbeitseinteilung, rechnen. So existierten einige Lager, die wegen ihrer entsetzlichen Lebensbedingungen als »Straf-« und »Todeslager« gefürchtet waren. Gerade politisch unliebsame Gefangene wurden dorthin zum Arbeitseinsatz geschickt. Viele von ihnen kehrten nie wieder zurück.

Die Benachteiligung von Gegnern des Nationalkomitees erstreckte sich in mehreren Fällen sogar auf die medizinische Betreuung. Dies berichtete u.a. Dr. Ottmar Kohler, der als »Arzt von Stalingrad« zum Vorbild für den bekannten Konsalik-Roman wurde. Eines Tages mußte er sich vor einem Lagergericht des »Bundes Deutscher Offiziere« verantworten, weil er jeden Kranken ohne Rücksicht auf dessen politische Gesinnung gleich behandelte und sich weigerte, ärztliche Sanktionen gegen renitente Gefangene vorzunehmen. Einer Ablösung von seinem Posten entging er nur durch das Veto der sowjetischen Lagerärztin[30]. In diesem »Krieg hinter Stacheldraht« gingen einzelne Mitglieder des deutschen Lageraktivs gegen politisch unliebsame Kameraden erbarmungsloser vor, als dies den sowjetischen Lagerkommandanten recht war. Der Verfasser wurde in Interviews mit ehemaligen Kriegsgefangenen mehrfach mit folgender Feststellung konfrontiert: »Wir glaubten manchmal, wir wären nicht in sowjetischer, sondern in deutscher Gefangenschaft«. Dies war der härteste Vorwurf, der dem Nationalkomitee »Freies Deutschland« gemacht wurde.

*Terror:* Die Einschüchterungsversuche begannen bereits bei der Flüsterpropaganda. Durch gezielt ausgestreute Parolen sollte die Befürchtung erweckt werden, die Gegner des Nationalkomitees würden nie wieder die Heimat sehen, sondern in Sibirien enden. Doch die Bedrohung konnte auch sehr handgreiflich werden. War es den Anhängern des Komitees gelungen, in einem Lager die Mehrheit hinter sich zu bringen, so sahen sich alle, die einen Beitritt ablehnten, heftigen Attacken ausgesetzt. Beschimpfungen und Schikanen gehörten zur Tagesordnung, es kam auch zu Tätlichkeiten.

In manchen Lagern wurden alle Gefangenen der Reihe nach zum Politinstruktor oder zum Lageraktiv vorgeladen. Wer bei diesen Gesprächen den Beitritt ablehnte, hatte sich wie vor einem Inquisitionstribunal zu rechtfertigen und sah sich unverhüllten Drohungen ausgesetzt. Auch die politischen Lagerversammlungen fanden in einer Atmosphäre des Zwanges statt. Vielfach wurden Gefangene, die ihre oppositionelle Meinung offensiv zu vertreten wagten, am Weitersprechen gehindert und zum Teil noch während der Veranstaltung verhaftet und in Lagerkarzer oder Gefängnisse gesteckt. Zu diesem Instrumentarium der Drohungen gehörten auch »Lagergerichte« des politischen Aktivs. Es sind Beispiele überliefert, daß renitente Gefangene von ihren ehemaligen Kameraden zum Tode verurteilt wurden. Das Urteil sollte nach der Rückkehr in Deutschland vollstreckt werden. Doch jene »Geheimprozesse«, überfrachtet mit makabrer Symbolik, gerieten schließlich zur Farce. Einige »Delinquenten« verkündeten den geheimen Urteilspruch in aller Öffentlichkeit und gaben so ihre selbsternannten Richter der Lächerlichkeit preis[31].

In einigen Fällen jedoch schienen die Einschüchterungsversuche in tödlichen Ernst umzuschlagen. Es kam vor, daß Gefangene zur Exekution geführt wurden. Man zerrte sie vor eine Mauer, russische Kommandos ertönten. Der entscheidende Schuß jedoch fiel nicht, oder es wurde bewußt an ihnen vorbeigeschossen[32]. Die Schocktherapie durch Scheinhinrichtungen, auch »Holzhammernarkose« genannt, verfehlte jedoch ihre Wirkung und führte zu heftigen Trotzreaktionen. (Im übrigen hatte diese Methode bereits im zaristischen Rußland Anwendung gefunden. Der Schriftsteller Dostojevskij wurde wegen »Verschwörung« zum Tode verurteilt und am 22. Dezember 1849 zur Hinrichtungsstätte geführt. Die ersten Delinquenten waren bereits an die Pfähle gebunden, da traf im letzten Augenblick eine neue Order ein, wonach sie zu einer Freiheitsstrafe begnadigt worden waren[33]).

*Spitzelwesen:* In jedem Kriegsgefangenenlager befand sich eine Abteilung des sowjetischen Sicherheitsdienstes (NKVD). Sie hatte u.a. den Auftrag, ein engmaschiges Spitzelnetz zu organisieren. Dabei verfolgte man eine doppelte Absicht: Der direkte Nutzwert bestand in der Gewinnung von Informationen, etwa über Oppositionsversuche. Bedeutsamer war die indirekte Wirkung, nämlich die Schaffung einer allgemeinen Atmosphäre der Angst. In diesem repressiven Klima war am leichtesten politische Beeinflussung möglich.

*Spezielle Manipulationstechniken:* Die Sowjets verfügten über ein vielfältiges Repertoire psychologischer Tricks, die auch ohne Ausübung physischer Gewalt sehr wirkungsvoll waren. Es soll hier nur ein Beispiel ausgewählt werden, nämlich der Appell an den Herdeninstinkt, an das Mitläufertum: In einigen Lagern war neben dem Eingang eine große Tafel angebracht. Auf ihr stand zu lesen, wie viele Insassen das Lager hatte und wie viele davon bereits der Lagergruppe des Nationalkomitees und des »Bundes Deutscher Offiziere« beigetreten waren. Diese Zahlen wurden Woche für Woche, teilweise auch täglich geändert. So konnte man verfolgen, in welch eindrucksvollem Umfang die Anzahl der Mitglieder zunahm. War es einmal gelungen, die Mehrheit zu gewinnen, so gab es einen Erdrutsch von »Herdentieren«. Nun änderte man die Taktik. Jetzt waren wie an einem mittelalterlichen Pranger die Namen derjenigen angeschrieben, die immer noch den Beitritt verweigerten. Doch die Anzahl dieser Namen schmolz immer mehr zusammen. Wenn nun einer der standhaft gebliebenen feststellen mußte, daß schon wieder der Name eines Kameraden von der Tafel gestrichen war, so verringerte sich auch bei ihm die Entschlossenheit, seinen Widerstand aufrechtzuerhalten[34]. Die Werbepsychologie beschreibt diesen Appell an den Herdeninstinkt als »bandwagon«-Effekt, d.h. im Klartext: »Wenn die anderen alle auf den Wagen springen, mußt du ebenfalls aufspringen!«

### 5. *Die Motivstrukturen der Anhänger und Gegner*

Mit Hilfe der politischen Propaganda sowie sonstigen Beeinflussungsmethoden gelang es dem Komitee, bis zum Herbst 1944 etwa 45 Prozent der Offiziere und 75 Prozent der Mannschaften als Mitglieder zu werben[35]. Dann jedoch ging angesichts der nun massenweise eintreffenden Spät- und Kapitulationsgefangenen der prozentuale Anteil erheblich zurück. Die Sowjets sahen den Krieg als gewonnen an und verloren ihr Interesse am Nationalkomitee. Um jedoch den tatsächlichen Erfolg der Werbekampagnen abzuschätzen, muß die Motivstruktur der Anhänger und Gegner des NKFD untersucht werden:

Die meisten Mitglieder des NKFD und BDO waren lediglich Mitläufer. Die Gefangenen gingen im allgemeinen den Weg des geringsten Widerstandes und schlossen sich der Mehrheit an. Andererseits gab es Opportunisten, die ganz bewußt und aus Kalkül beitraten. Interessant ist hierbei der Typus, der es immer und überall versteht, auf der Seite der Macht zu stehen. So berichteten ehemalige Kriegsgefangene: »Wer bei den Nazis am lautesten geschrien hat, ist als allererster beigetreten[36]!« Wenn die Propaganda des NKFD in den Lagern so wenig Überzeugungskraft hatte, so deshalb, weil sie häufig genug von Kriegsgefangenen vorgetragen wurde, die vor kurzem noch als Gauredner, HJ-Führer usw. eine völlig andere Tonart angeschlagen hatten.

Es gab jedoch eine Reihe von Gefangenen, die aus ehrlicher Überzeugung und aus eigenem Antrieb den Lagergruppen des NKFD und des BDO beitraten. Sie wollten in ihrer Verzweiflung nicht tatenlos zusehen, wie Hitler das Deutsche Reich in den Abgrund stürzte. Doch diese »Überzeugten« stellten bestenfalls zehn Prozent der Mitglieder[37]. Hierbei spielte die nationalkonservative Offiziergruppe um General von Seydlitz eine höchst tragische Rolle. Sie mußte schließlich erkennen, daß das NKFD für ein schwarz-weiß-rot getarntes Täuschungsmanöver mißbraucht wurde. Es ehrt den General von Seydlitz, daß er — jedem Opportunismus abhold — seiner politischen Einstellung treu blieb. Dadurch aber geriet auch er in die Verurteilungsmaschinerie Stalins.

Der Einfluß der Seydlitz-Gruppe wurde in den Lagern immer stärker durch die sogenannten »Neukommunisten« zurückgedrängt. Hierbei handelte es sich häufig um einst extrem gläubige Nationalsozialisten, die radikal in die andere Richtung umgeschwenkt waren und nun die neue Ideologie mit demselben Fanatismus verfochten wie die alte. Wieder einmal sollte es sich bewahrheiten, daß sich die Extreme berühren, daß von äußerst rechts nach äußerst links ein sehr kurzer Weg sein kann und umgekehrt. So waren auch nach Hitlers Machtergreifung kaum Sozialdemokraten, hingegen massenweise Kommunisten in die NSDAP geströmt. In Hamburg-Altona etwa war der kommunistische Rotfrontkämpferbund fast geschlossen in die SA eingetreten, mit der er sich eben noch erbitterte Straßenschlachten geliefert hatte.

Noch verwirrender stellt sich das Spektrum der Gegner des NKFD dar. Die Bandbreite reicht von äußerst rechts bis äußerst links, vom 150prozentigen Nationalsozialisten bis zum kommunistischen Linksabweichler, vom unpolitischen »Nur-Soldaten« bis zum aktiven Hitlergegner. So gehörte Oberst i.G. Crome, der Blockälteste jenes bekannten Blocks VI in Jelabuga, in dem die gefährlichsten Opponenten des Nationalkomitees isoliert waren, einer konservativen Widerstandsgruppe gegen Hitler an[38]. Der spätere Brigadegeneral Crome erklärte hierzu in einem Interview: »So merkwürdig es klingt, die Gefangennahme bei Stalingrad hat mir das Leben gerettet, denn meine damaligen Gesinnungsfreunde, z.B. die Generale Lindemann und von Stülpnagel, sind größtenteils nach dem 20. Juli von den Nationalsozialisten umgebracht worden. Auch meine Frau ist damals von der Gestapo verhört worden.« Die gefährlichsten Gegenspieler der Politinstruktoren waren nicht die fanatischen Nationalsozialisten, deren Argumentation immer brüchiger werden sollte, sondern diejenigen, die bereits dem NS-Regime distanziert gegenübergestanden hatten. Sie hatten schon damals Zivilcourage beweisen müssen.

Gemeinsam war allen Opponenten die Ablehnung des stalinistischen Systems, das hinter dem Nationalkomitee stand. Viele Offiziere hatten dieselbe nationalkonservative Grundhaltung wie Seydlitz, doch sie lehnten sein Vorgehen als illusionistisch ab. Mit dem Wahlspruch des NKFD »Für Deutschland, gegen Hitler!« hätten sich auch viele Gegner des Nationalkomitees identifizieren können, doch sie fürchteten, daß diese Absicht in eine völlig andere Realität umschlagen könnte: »Für Stalin, gegen Deutschland«. Daher lehnten sie es ab, »den Teufel mit Beelzebub auszutreiben«. Es ist bemerkenswert, daß aus ähnlichen Überlegungen heraus nahezu alle Mitglieder der Verschwörergruppe des 20. Juli eine Zusammenarbeit mit dem Nationalkomitee ablehnten. Oberst i.G. Graf von Stauffenberg erklärte kategorisch: »Was ich mache, ist Hochverrat. Aber was die machen, ist Landesverrat[39].«

### *6. Der Widerstand gegen das NKFD*

Eine offene Opposition gegen die Propaganda des Nationalkomitees war nur in der Anfangsphase möglich, als die Mitglieder noch eine geringe Minderheit darstellten. Doch auch hier konnte es fatale Folgen haben, allzu laut seine politische Meinung zu sagen. Im Juni 1943 hielt Walter Ulbricht vor den Offizieren des Lagers Oranki eine Rede, die in einem völligen Fiasko endete. Er wurde in der Diskussion nicht nur argumentativ widerlegt, sondern schließlich ausgelacht und völlig niedergeschrien. Jener Zwischenfall blieb nicht ohne Folgen, denn kurz darauf deportierten die Sowjets die gefährlichsten Widersacher Ulbrichts in das berüchtigte Moskauer Gefängnis Lubjanka[40].

Ein nicht selten praktiziertes Mittel war der *passive Widerstand*. Diese Methode wandten vor allem Offiziere an, die entgegen den Regeln der Genfer Konvention zum Arbeiten gezwungen werden sollten. Die Sowjets griffen nun zu drakonischen Maßnahmen, sie ließen z.B. Exekutionskommandos aufmarschieren. Doch diese Repressalien sollten sich in der Regel als Bluff herausstellen.

Eine bemerkenswert wirksame Methode war der *Hungerstreik*. Es kam vor, daß ganze Lager zu diesem Mittel griffen. Die Effektivität dieser Methode führen ehemalige Gefangene auf einen speziellen Passus in den sowjetischen Dienstvorschriften zurück. Danach mußte jeder Hungerstreik innerhalb von 48 Stunden auf dem Dienstweg nach Moskau gemeldet werden. Was jedoch die sowjetischen Lagerkommandanten fürchteten wie »der Teufel das Weihwasser«, waren Inspektionen vorgesetzter Behörden. So waren sie meist sehr schnell zum Einlenken bereit.

In folgendem Punkt sind sich die ehemaligen Kriegsgefangenen weitgehend einig: Wer sich bei den vielen Verhören hart und unnachgiebig zeigte, wurde als »unbelehrbar« eingestuft und in Ruhe gelassen. Der Druck konzentrierte sich vielmehr auf diejenigen, die in die Rubrik »progressiv« und »anpassungsfähig« eingestuft wurden.

Auch die Amerikaner mußten in Korea und Vietnam erfahren, daß im Kampf gegen einen ideologisch fanatisierten Gegner der Krieg hinter Stacheldraht andauerte[41]. Hier ging es erneut um Sieg oder Niederlage. Bei der US-Army führten die negativen Erfahrungen in Korea zu einem speziellen Training und zur Formung eines »code of conduct«, der sich in Vietnam bewährte: Ein Gefangener, der sich nicht unterwirft, sondern an seiner Überzeugung festhält — also immer noch ein Ziel besitzt, für das er kämpfen kann — hat am ehesten die Chance, die Gefangenschaft zu überstehen. Es gibt keine größere Niederlage als den Verlust der eigenen Selbstachtung.

### *Zusammenfassung*

In den deutschen Kriegsgefangenenlagern in der Sowjetunion — vor allem in den Offizierlagern — spielte sich eine Tragödie ab. Während bei den Gefangenen anderer Nationen, z.B. den Japanern, das Zusammengehörigkeitsgefühl intakt blieb, kam es bei den Deutschen zu einer Spaltung, die zeitweise in einen ideologischen Glaubenskrieg ausartete. Ursache dieser »Selbstzerfleischung« war in erster Linie die maßlose und verbrecherische Politik Hitlers. Die Sowjets brauchten keinen Zwiespalt mehr unter den Gefangenen zu säen, sie konnten vielmehr die bereits vorhandenen Gegensätze ausnutzen. Von den Wehrmachtgefangenen vermochten sich immer weniger guten Gewissens mit dem Deutschland des Dritten Reiches zu identifizieren, vor allem nachdem mit Fortschreiten des Krieges immer schrecklichere Verbrechen bekannt wurden. Etliche der orientierungslos gewordenen Gefangenen erhofften sich nun eine Befreiung Deutschlands ausgerechnet durch das stalinistische Regime. So kam es zwischen den deutschen Kriegsgefangenen zu jener kontroversen Spaltung, die bereits ein Fanal für die spätere Teilung Deutschlands darstellt.

Betrachtet man die Geschichte der Kriegsgefangenschaft, so läßt unser Jahrhundert eine alarmierende Entwicklung erkennen. Während für Soldaten früherer Zeiten der Krieg mit dem Akt der Gefangennahme beendet war, trugen die militärischen Auseinandersetzungen seit dem Ersten Weltkrieg den Krieg auch in die Gefangenenlager hinein und verwandelten sie zum ideologischen Schlachtfeld. Die in sowjetischen Lagern erprobten Methoden der Umerziehung fanden beispielsweise ihre Fortsetzung in der im Koreakrieg weiterentwickelten »Gehirnwäsche«. Somit erfolgte in unserer modernen Zeit ein Rückfall in die Religionskriege vergangener Epochen. Der Sieger begnügte sich nicht mehr damit, Einfluß auf Leib und Leben des Gefangenen auszuüben, er wollte sogar dessen Denken unterwerfen.

Carl von Clausewitz hat in seinem berühmten Aphorismus den Krieg eine »Fortsetzung der Politik mit anderen Mitteln« genannt. Die neue Entwicklung scheint diesen Satz parodieren zu wollen, denn die Kriegsgefangenschaft entartet immer mehr zu einer Fortsetzung des Krieges mit politischen Mitteln.

## Anmerkungen

1 Stalins Rede auf dem 18. Parteitag am 10.3.1939 wurde nach diesem Ausspruch »Kastanienrede« genannt; vgl. hierzu Günther Stökl, Russische Geschichte, Stuttgart 1973, S. 747.

2 Vgl. Boris Meissner, Rußland, die Westmächte und Deutschland, Hamburg 1954, S. 11 f.; Herbert Feis, Churchill-Roosevelt-Stalin, Princeton N.J. 1957, S. 26 ff., 58 ff. sowie Horst Duhnke, Die KPD von 1933—1944, Köln 1972, S. 384.

3 Vojtech Mastny, Stalin and the Prospects of a Separate Peace in World War II, in: The American Historical Review, (77) 4/1972, S. 1373.

4 Peter Kleist, Zwischen Hitler und Stalin, Bonn 1950, S. 212, 238 ff.

5 Wolfgang Leonhard, Die Revolution entläßt ihre Kinder, Köln/Berlin 1976, S. 241 ff.; Bodo Scheurig, Freies Deutschland. Das Nationalkomitee und der Bund Deutscher Offiziere in der Sowjetunion 1943—1945, München 1960, S. 202 (von diesem Buch ist 1984 eine geringfügig modifizierte Neuauflage erschienen); Meissner (wie Anm. 2), S. 20; Arnold Sywottek, Deutsche Volksdemokratie, Düsseldorf 1971, S. 254, Anm. 177; Georg von Rauch, Geschichte der Sowjetunion, Stuttgart 1977, S. 403; Alexander Fischer, Sowjetische Deutschlandpolitik im Zweiten Weltkrieg 1941—1945, Stuttgart 1975, S. 39 ff.; Alexander Werth, Rußland im Krieg 1941—1945, München 1965, S. 452. Zu diesem Komplex ist eine völlig neue Darstellung erschienen: Ingeborg Fleischhauer, Die Chance des Sonderfriedens. Deutsch-sowjetische Geheimgespräche 1941—1945, Berlin 1986. Danach war die Furcht vor einem deutsch-sowjetischen Separatfrieden »weit weniger begründet, als Churchill und Roosevelt annahmen« (S. 284).

6 Scheurig (wie Anm. 5), S. 71 ff., 122; Hermann Graml/Helmut Krausnick, Der deutsche Widerstand und die Alliierten, in: Schriftenreihe der Bundeszentrale für Heimatdienst 1962, S. 25; Meissner (wie Anm. 2), S. 13 ff.; Fischer (wie Anm. 5), S. 53, 58; James S. Carnes, General zwischen Hitler und Stalin, Düsseldorf 1980, S. 176 ff.

7 Meissner (wie Anm. 2), S. 27 ff.; Winston S. Churchill, Der Zweite Weltkrieg, Stuttgart/Hamburg 1953 (Bd V/2), S. 49 f.; Fischer (wie Anm. 5), S. 68 ff.; Scheurig (wie Anm. 5), S. 127 f.; Sywottek (wie Anm. 5), S. 135 f.; Horst Duhnke (wie Anm. 2), S. 387 f.

8 Kleist (wie Anm. 4), S. 281.

9 Josef Stalin, Über den Großen Vaterländischen Krieg der Sowjetunion, Moskau 1946, S. 50.

10 Dies ist die Kernthese des Buches von Peter Straßner, Verräter. Das Nationalkomitee »Freies Deutschland« — Keimzelle der sogenannten DDR, München 1960.

11 Leonhard (wie Anm. 5), S. 274 ff.

12 Gert Robel, Die deutschen Kriegsgefangenen in der Sowjetunion — Antifa, München 1974 (= Zur Geschichte der deutschen Kriegsgefangenen des Zweiten Weltkrieges, Bd VIII), S. 30 ff.
13 Jesco von Puttkamer, Irrtum und Schuld, Neuwied/Berlin 1948, S. 36.
14 Stalin (wie Anm. 9), S. 39 ff.
15 Heinrich Graf Einsiedel, Tagebuch der Versuchung, Berlin/Stuttgart 1950, S. 54.
16 Erich Weinert, Das Nationalkomitee »Freies Deutschland« 1943—1945, Berlin (Ost) 1957, S. 19 ff.
17 Scheurig (wie Anm. 5), S. 42; Ruth von Mayenburg, Blaues Blut und Rote Fahnen, Wien/München/Zürich, 1969, S. 305 f.
18 Walter von Seydlitz, Stalingrad. Konflikt und Konsequenz, Oldenburg 1977, S. 286.
19 Vgl. u.a. Einsiedel (wie Anm. 15), S. 85; Robel (wie Anm. 12), S. 82 f.
20 Leonhard (wie Anm. 5), S. 232, 235.
21 Seydlitz (wie Anm. 18); S. 334 ff.; Scheurig (wie Anm. 5), S. 125 ff.; Luitpold Steidle, Entscheidung an der Wolga, Berlin (Ost) 1952, S. 352 ff.; Hermann Lewerenz, Am Kessel von Korsun, in: Mitteilungsblatt der Arbeitsgemeinschaft ehemaliger Offiziere (DDR), 2 (1969), S. 8 ff.; Heinrich Gerlach, Odyssee in Rot, München 1966, S. 320; Nikolaus von Vormann, Tscherkassy, Heidelberg 1954, S. 62, 119 ff.
22 Robel (wie Anm. 12), S. 95 ff.; vgl. auch die Dissertation von Kurt Libera, Zur Entwicklung der antifaschistischen Bewegung unter den deutschen Kriegsgefangenen in der UdSSR nach dem Sieg über den Hitlerfaschismus (1945—1950), Berlin (Ost) 1968.
23 Seydlitz (wie Anm. 18), S. 362 ff.
24 Eine exzellente kommunikationswissenschaftliche Analyse bietet die Dissertation von Birgit Petrick, »Freies Deutschland« — die Zeitung des Nationalkomitees »Freies Deutschland« (1943—1945), München/New York/London/Paris 1979.
25 Hans Kurz, Der Todesmarsch von Dubowka, in: Woina Plenny — Skoro domoi, hrsg. vom Bund ehemaliger Stalingradkämpfer, Erlangen o.J., S. 17 f.; diese Zahlen werden auch von der »Wissenschaftlichen Kommission für deutsche Kriegsgefangenengeschichte« bestätigt: vgl. Kurt W. Böhme, Die deutschen Kriegsgefangenen in sowjetischer Hand. Eine Bilanz, München 1966, S. 53.
26 Puttkamer (wie Anm. 13), S. 42; Gerlach (wie Anm. 21), S. 40 ff.
27 Wolfgang Harnisch, Giftige Trauben — bittere Beeren. Erlebnisbericht einer sowjetischen Kriegs- und Strafgefangenschaft, o.O. o.J. (unveröffentlichtes Manuskript), S. 90.
28 Zahlreiche Mitteilungen an den Verfasser, z.B. Oberst a.D. Dieter Freiherr Göler von Ravensburg, Ministerialrat Dr. Karl Ostarhild.
29 Böhme (wie Anm. 25), S. 151; die Anzahl sowjetischer Kriegsgefangener, die in deutschem Gewahrsam ums Leben kamen, war sogar noch höher (von ca. 5,7 Millionen etwa 3 Millionen); vgl. hierzu Streit, Keine Kameraden. Die Wehrmacht und die sowjetischen Kriegsgefangenen 1941—1945, Stuttgart 1978, S.10.
30 Interview mit Dr. Kohler, bestätigt durch weitere Mitteilungen.
31 Mehrere Mitteilungen, z.B. Gerhard Fromlowitz, Herbert Achenbach, Dr. Günther-Klaus Schaefer, Oberstleutnant a.D. Wilhelm Lotz, Hans Wissebach (MdB).
32 Vgl. z.B. Manfred Blume, In den Klauen des MWD, Hamburg 1960 (unveröff.), S. 14; Assi Hahn, Ich spreche die Wahrheit, Esslingen 1951, S. 26.
33 Dostojewski, Gesammelte Briefe 1833—1881, München 1966, S. 76 f.
34 Armin Germann, ... in Rußland gefangen, Mainaschaff 1970, S. 24.
35 Auf diesen gemeinsamen Nenner lassen sich die annähernd übereinstimmenden Zahlenangaben in der bisherigen Literatur, auch aus der DDR, bringen.

[36] Mehrere Aussagen, z.B. Interview mit Gottfried von Bismarck.

[37] Nahezu alle vom Verfasser befragten ehemaligen Kriegsgefangenen waren sich in dieser Einschätzung einig. Hierbei spielte es keine Rolle, ob es sich um ehemalige Mitglieder oder Gegner des Nationalkomitees handelte. Auch sowjetische Instruktoren und NKVD-Offiziere äußerten sich ähnlich illusionslos, wenn sie gelegentlich ihre Meinung preisgaben, vgl. z.B. Gotthilf Cramer, Erlebnisse in russischer Gefangenschaft 1942–1948, Osterode 1965, S. 39.

[38] Ulrich von Hassell, Die Hassell-Tagebücher 1938–1944. Nach der Handschrift revidierte und erweiterte Ausgabe, hrsg. von Friedrich Frhr. Hiller von Gaertringen, Berlin 1988, S. 295.

[39] Peter Hoffmann, War Stauffenberg »ostorientiert«?, in: Die Zeit vom 29.12.1978, S. 10; vgl. auch Hoffmanns Standardwerk: Widerstand – Staatsstreich – Attentat, München 1970, S. 773.

[40] Hahn (wie Anm. 32), S. 83 ff.; Cramer (wie Anm. 37), S. 25 ff.; Philipp Humbert, Ich bitte erschossen zu werden, in: Der Spiegel vom 12.2.1949, S. 19; diese Episode wurde dem Verfasser durch mehrere Augenzeugenberichte bestätigt, z.B. Gerhard Heger, Walter Freimann, Fritz Rosenbauer, Oberstleutnant a.D. Lotz.

[41] POW – The Fight Continues after the Battle. The Official Report of the Advisory Comitee on Prisoners of War, Department of Defence, Washington D.C. 1955; Peter Lienhart, Kriegsgefangenschaft, in: Allgemeine Schweizer Militärzeitschrift, 10 (1977), S. 419–422, 11 (1977), S. 481–487. Eugene Kinkead, Kampf ohne Waffen, Frauenfeld 1963; Peter Spinnler, Das Kriegsgefangenenrecht im Koreakonflikt (Diss.), Dießenhofen 1976; Joachim Engelmann, Krieg im Gefangenenlager. Erfahrungen der Amerikaner als chinesische Kriegsgefangene in Korea, in: Wehrwissenschaftliche Rundschau, 7 (66), S. 405–411, 8 (66), S. 443–457; George S. Prugh, The Code of Conduct for the Armed Forces, in: Columbia Law Review, 56 (1956), S. 678 ff.

# Fünfter Teil

# Vernichtungskrieg, Rassenideologie und ›Endlösung‹

Christian Streit

# Sowjetische Kriegsgefangene — Massendeportationen — Zwangsarbeiter*

Das traurige Schicksal der deutschen Kriegsgefangenen in sowjetischem Gewahrsam ist in der Bundesrepublik allgemein bekannt. Nach Feststellungen einer Historikerkommission gerieten etwa 3 155 000 Soldaten der Wehrmacht in sowjetische Gefangenschaft; zwischen 1 110 000 und 1 185 000 (35 bis 38 Prozent) kamen um[1].

Das Schicksal der sowjetischen Kriegsgefangenen in deutscher Hand ist dagegen — zumindest bis in die siebziger Jahre — weitgehend unbekannt geblieben. Rund 5,7 Millionen Rotarmisten gerieten zwischen dem 22. Juni 1941 und Kriegsende in die Gewalt der Wehrmacht[2]. Davon lebten Anfang 1945 noch 930 000 in den Gefangenenlagern. Maximal eine Million Gefangene hatte man, vorwiegend als »Hilfswillige« zum Dienst in der Wehrmacht, entlassen. Weitere 500 000 waren nach Schätzungen des OKH geflüchtet oder von der Roten Armee befreit worden. Die restlichen 3,3 Millionen (57 Prozent) waren umgekommen, fast zwei Millionen allein bis zum Februar 1942[3].

Fünf Hauptursachen führten zum Tode von mehr als der Hälfte der sowjetischen Gefangenen: Hunger; eine völlig unzureichende Unterbringung; die Art des Abtransports, vor allem 1941; eine unmenschliche Behandlung; schließlich die Ermordung bestimmter Gefangenengruppen.

Die Versorgung der Riesenzahl der Gefangenen stellte die Wehrmacht gewiß vor enorme Probleme, aber nicht dies war die Ursache des Massensterbens. Die Nahrungsressourcen des Ostens waren eines der Hauptziele des Ostkrieges. Ihre erbarmungslose Ausbeutung sollte es ermöglichen, der deutschen Bevölkerung einen »friedensmäßigen« Ernährungsstandard zu erhalten und so jeglicher Gefährdung der »Kriegsmoral« vorzubeugen — der November 1918 stand Hitler wie seinen Generalen in traumatischer Erinnerung.

Die Ministerialbürokraten, die diese Ausbeutung schon Monate vor dem Überfall bis ins Detail planten, waren sich über die Folgen völlig im klaren. Dabei würden, so hieß es nach einer Besprechung von Staatssekretären verschiedener Ministerien Anfang Mai 1941, »zweifellos zig Millionen Menschen verhungern[4].« Dies ist im Zusammenhang mit ungeheuerlichen Planungen

* Leicht geänderte und um Fußnoten ergänzte Fassung eines Aufsatzes gleichen Titels in: Frieden mit der Sowjetunion — eine unerledigte Aufgabe, in Zusammenarbeit mit Sophinette Becker u.a., hrsg. v. Dietrich Goldschmidt, Gütersloh 1989 (= Gütersloher Taschenbücher/Siebenstern 582).

zu sehen, die, in der Siegeseuphorie des Frühjahrs 1941 entworfen, auf die radikalste Umgestaltung der Bevölkerungskarte des europäischen Ostens abzielten. »Viele 10 Millionen Menschen« sollten in diesem Prozeß »überflüssig werden« und »sterben oder nach Sibirien abwandern[5]«.

Die erwarteten Kriegsgefangenen mußten notwendigerweise die ersten Opfer dieser Politik werden. Die verantwortlichen Stellen waren sich von vornherein darin einig, daß sie »nur die notwendigste Verpflegung« erhalten und nicht nach den üblichen kriegsvölkerrechtlichen Regeln behandelt werden sollten[6].

Es sei hier angemerkt, daß die deutsche Politik gegenüber den sowjetischen Gefangenen — wie der sowjetischen Bevölkerung überhaupt — dadurch erleichtert wurde, daß, oberflächlich gesehen, die kriegsvölkerrechtlichen Bindungen zwischen beiden Staaten unklar waren[7]. Die UdSSR hatte weder die Haager Landkriegsordnung von 1907 (HLKO) als verbindlich anerkannt, noch die Genfer *Kriegsgefangenen*konvention von 1929 ratifiziert. Für beide Seiten galten damit aber die Grundsätze des allgemeinen Kriegsvölkerrechts, wie sie sich in der Neuzeit entwickelt hatten. Dies bedeutete, daß das Leben der Gefangenen geschützt war, daß sie menschlich behandelt und ausreichend ernährt werden mußten. Überdies hatte die Sowjetunion die Genfer *Verwundeten*konvention von 1929 ratifiziert, ein Umstand, den die deutsche Führung ganz bewußt ignorierte. Man wollte sich im Osten keinerlei Beschränkungen auferlegen, weder in der Kriegführung, noch in der Besatzungspolitik, noch in der Behandlung der Gefangenen. In den einschlägigen Erlassen behauptete man, der UdSSR gegenüber bestünden keinerlei kriegsvölkerrechtliche Bindungen. Auch als die sowjetische Regierung im Juli 1941 eine Bindung an die HLKO anbot, lehnte die deutsche Führung ab — der Sieg im Osten schien unmittelbar bevorzustehen.

Von allem Anfang an erhielten die sowjetischen Kriegsgefangenen völlig unzureichende Rationen[8]. Berichte vom Sommer 1941 nennen tägliche Rationen wie »20 g Hirse und 100 g Brot ohne Fleisch« oder »100 g Hirse ohne Brot« — Rationen, die weniger als ein Viertel des Existenzminimums boten. Die Folgen wurden bald sichtbar. Schon im August 1941 war im OKW bekannt, daß oft nur ein Fünftel der Gefangenen eines Transportes lebend am Ziel ankamen. Anfangs August 1941 setzte das OKW einheitliche Rationssätze von etwa 2 200 Kalorien für arbeitende Gefangene fest. Die Quellen zeigen aber, daß diese Sätze, die unter dem Existenzminimum lagen, in aller Regel nicht erreicht wurden. Berichte vom Sommer und Herbst 1941 zeigen, daß in vielen Lagern die verzweifelten Gefangenen versuchten, ihren Hunger mit Laub und Gras zu stillen.

Im Oktober 1941 schnellte die Sterbeziffer sprunghaft nach oben[9]. Die Gefangenen, vom Hunger und den Strapazen der Märsche über Hunderte von Kilometern völlig entkräftet, hatten der Kälte, Infektionskrankheiten und hungerbedingten Seuchen nichts mehr entgegenzusetzen. Sie starben, wie es in einer Quelle heißt, »wie die Fliegen«. Im besetzten Polen wurden z.B. bis zum 20. Oktober 1941 54 000 Tote gezählt. Allein in den darauffolgenden zehn Tagen starben aber weitere 45 690 Gefangene — fast 4 600 pro Tag. Von den dort ursprünglich vorhandenen 361 000 Gefangenen kamen bis April 1942 310 000 um, mehr als 85 Prozent.

Trotz dieser Entwicklung ordnete der Generalquartiermeister des Heeres, General Wagner — er spielte später im Widerstand eine wichtige Rolle —, noch am 21. Oktober 1941 für die Frontgebiete eine drastische Reduzierung der Rationen an, die vor allem die bereits geschwächten, nicht arbeitsfähigen Gefangenen traf. Wagner erfüllte damit eine Forderung Görings, der kurz zuvor noch einmal die Notwendigkeit betont hatte, die »Moral« der deutschen Bevölkerung zu sichern[10].

Das Massensterben erreichte seinen Höhepunkt zwischen Oktober und Dezember 1941. Im Dezember gingen z.B. im besetzten Polen und im Reichskommissariat Ukraine jeweils 46 Prozent der dort untergebrachten Gefangenen zugrunde. Der Prozeß wurde durch den hereinbrechenden Winter beschleunigt, dem die Gefangenen fast schutzlos preisgegeben waren. Da man für die Gefangenen nur ein absolutes Minimum an Material und Energien aufwenden wollte, hatte man, im Reichsgebiet wie im besetzten Polen, auf Truppenübungsplätzen lediglich Geländestücke abgezäunt, auf denen jeweils Zehntausende von Gefangenen selbst allerprimitivste Unterkünfte bauen sollten[11]. Zum Beispiel erhielt der Kommandeur der Kriegsgefangenen im Generalgouvernement, der anfangs mindestens 500 000 Gefangene unterbringen sollte, nur 250 Tonnen Stacheldraht zugewiesen, dazu Chlorkalk, Kochkessel, Eßgerät und Werkzeuge, aber weder Baracken noch Baumaterial. Als Transportmittel standen nur Pferdefuhrwerke zur Verfügung. Das führte dazu, daß dort, wie auch im Reichgebiet, die Gefangenen bis in den Winter hinein in selbstgegrabenen Erdlöchern oder Erdhütten unter freiem Himmel dahinvegetieren mußten. Bis zum Frühjahr 1942 besserten sich die Unterkunftsverhältnisse vor allem dadurch, daß die so furchtbar dezimierte Zahl in den inzwischen fertiggestellten Unterkünften Platz fand.

Zehntausende, wenn nicht Hunderttausende verloren ihr Leben auf den Transporten[12]. Bis in den Winter hinein mußte der größte Teil der Gefangenen in wochenlangen Märschen in die Lager laufen. Dabei wurden Zehntausende von erschöpften Gefangenen kurzerhand erschossen. Einzelne Truppenführer wandten sich mit empörten Befehlen gegen diese Praxis. Dennoch wurden bis Anfang 1942 immer wieder solche Fälle gemeldet, selbst aus den Zentren von Großstädten wie Minsk und Smolensk. Im übrigen gab es auch Truppenführer, die anderer Meinung waren. In der 6. Armee des Feldmarschalls von Reichenau war befohlen worden, »alle schlappmachenden Kriegsgefangenen zu erschießen«.

Soweit Gefangene mit der Eisenbahn befördert wurden, geschah dies auf Befehl des OKH nur in offenen Wagen. Dies schränkte nicht nur den verfügbaren Transportraum ein, sondern verursachte mit Einbruch des Winters enorme Verluste. Im Rückwärtigen Heeresgebiet Mitte z.B. wurde der Transport mit geschlossenen Waggons erst am 22. November 1941 gestattet, als schon mehr als drei Wochen Dauerfrost herrschte. Konkreter Anlaß war dabei, daß bei einem Transport 1 000 Gefangene – ein Fünftel – erfroren waren. Unter den Bedingungen des russischen Winters bedeutete aber auch der Transport in geschlossenen, ungeheizten Waggons keine entscheidende Verbesserung. Nach einem Bericht von Anfang Dezember 1941 starben im Reichskommissariat Ostland »zwischen 25 und 70 Prozent der Gefangenen auf dem Transport«, auch weil für mehrtägige Fahrten keine Verpflegung bereitgestellt worden war[13].

Die deutschen Soldaten mußten vor allem 1941 den Eindruck haben, daß das Leben sowjetischer Menschen nichts wert sei. Das lag nicht nur daran, daß auch die Wehrmachtpropaganda sie als »Untermenschen« darstellte, es war vor allem die Folge der Befehle der militärischen Führung[14]. Der »Kriegsgerichtsbarkeitserlaß« vom 13. Mai 1941 bestimmte, daß »Straftaten feindlicher Zivilisten« nicht, wie üblich, durch Kriegsgerichte abgeurteilt werden durften. Zivilisten, die aktiven oder passiven Widerstand leisteten, sollten »schonungslos erledigt«, »verdächtige Elemente« auf Befehl eines Offiziers erschossen werden. Auf der anderen Seite sollten Verbrechen deutscher Soldaten an sowjetischen Bürgern nicht verfolgt werden, wenn der Täter politische Motive geltend machte[15]. Nach dem Kommissarbefehl[16] waren politische Kommissare der Roten Armee bei der Gefangennahme zu erschießen. Die Wehrmacht wurde damit zum ersten Mal an der Ermordung politischer Gegner beteiligt. Die Heeresführung war bereit, diese Politik mitzutragen. Generalstabschef Halder war, wie er in seinem Kriegstagebuch notierte, der Ansicht, »im Osten [sei] Härte mild für die Zukunft« und das Heer müsse »den weltanschaulichen Kampf mit durchfechten«[17].

Die Durchführung des Kommissarbefehls wurde von den beteiligten Soldaten nach dem Krieg aufs Heftigste abgestritten, war die Wehrmacht doch dabei am deutlichsten in die Ausrottungspolitik verstrickt. Neuere Untersuchungen anhand der nun zugänglichen Wehrmachtakten bestätigen aber, daß dieser Befehl in der Mehrzahl der Frontdivisionen durchgeführt wurde[18]. Noch aussagekräftiger als die Vielzahl der Vollzugsmeldungen sind dabei die im Herbst 1941 einsetzenden Bemühungen von Frontbefehlshabern um eine Aufhebung des Befehls: Mit dem Bekanntwerden der Erschießungen hatte sich der Widerstand der Roten Armee drastisch versteift. Im

Mai 1942 wurde der Befehl aufgehoben. Die Kommissare wurden von da an im KZ Mauthausen zu Tode gequält.

Nach groben Schätzungen dürfte dem Kommissarbefehl ein- bis zweitausend Gefangene zum Opfer gefallen sein. Noch viel furchtbarere Konsequenzen hatte eine Entscheidung, die kurz nach dem Angriffsbeginn fiel. Mitte Juli 1941 kamen Vertreter des OKW und des Reichssicherheitshauptamtes überein, politisch und rassisch »untragbare Elemente« unter den sowjetischen Gefangenen durch SS-Kommandos »aussondern« und ermorden zu lassen[19]. Mit einem Schlag wurde nun die Opferzahl vervielfacht, denn »untragbar« waren nicht nur Parteifunktionäre aller Art, sondern auch »alle Intelligenzler«, »alle fanatischen Kommunisten« und — »alle Juden«. Die Selektionen aufgrund dieses Befehls dauerten bis Kriegsende an. Die schlechte Aktenlage läßt eine genauere Berechnung der Opferzahlen nicht zu, doch fielen diesen Mordaktionen *mindestens* 140 000 sowjetische Gefangene zum Opfer, möglicherweise auch die zwei- bis dreifache Zahl[20]. Die Verbindung zum Völkermord an den Juden liegt auf der Hand: Zum ersten Mal wurde hier die Absicht aktenkundig, *alle* Juden zu ermorden.

Die Befehle zur Gefangenenbehandlung waren von Anfang an von der NS-Ideologie geprägt[21]. Der bolschewistische Soldat sei höchst gefährlich und hinterhältig, er habe »jeden Anspruch auf Behandlung als ehrenhafter Soldat [...] verloren«. Immer wieder wurde gefordert, es müsse »rücksichtslos und energisch« durchgegriffen und auf flüchtende Gefangene ohne Warnung geschossen werden. In einem Grundsatzbefehl des OKW vom 8. September 1941 hieß es gar, der Waffengebrauch gegen sowjetische Gefangene gelte »in der Regel als rechtmäßig« — ein klarer Freibrief für Mord. Sechs Monate später wurde dieser Satz gestrichen. Es waren zu viele Gefangene grundlos erschossen worden — und man hatte inzwischen erkannt, daß man die Gefangenen als Arbeitskräfte brauchte.

Dieser Befehl, in dem auch die Mordaktionen der Einsatzkommandos geregelt wurden, löste einen der wichtigsten Versuche aus, die Behandlung der Gefangenen grundlegend zu ändern. Auf Drängen des Grafen von Moltke — sicher einer der bedeutendsten Köpfe des deutschen Widerstandes — forderte der Chef der Abwehr, Admiral Canaris, vom Chef des OKW, Feldmarschall Keitel, die Aufhebung des Befehls[22]. Keitels Antwort war ebenso knapp wie eindeutig:

»Die Bedenken entsprechen den soldatischen Auffassungen vom ritterlichen Krieg! Hier handelt es sich um die Vernichtung einer Weltanschauung! Deshalb billige ich die Maßnahmen u[nd] decke sie.«

Einen reichlichen Monat später, Ende Oktober 1941, fiel in der deutschen Führung eine Entscheidung, die zunächst eine grundsätzliche Wende in der Politik den Gefangenen gegenüber möglich erscheinen ließ[23]. In der deutschen Kriegswirtschaft hatte sich der Arbeitskräftemangel bedrohlich verschärft. Diese Notlage konnte nun nicht, wie man gehofft hatte, durch die Entlassung von Zehntausenden von Soldaten nach dem Sieg im Osten beseitigt werden. Deshalb sollten nun die sowjetischen Gefangenen in großer Zahl eingesetzt werden. Die Gefahren, die vor allem Hitler in einem solchen Einsatz gesehen hatte, schienen nun durch die reibungslos laufenden »Aussonderungen« beseitigt.

Es zeigte sich bald, daß es zu einem grundlegenden Wandel nicht kommen würde. Die deutsche Führung war weder bereit, die Behandlung der Gefangenen entscheidend zu verbessern, noch war sie bereit, die Prioritäten bei der Ernährung zu ändern. Die Rationen wurden zwar etwas angehoben, sie blieben aber bis Kriegsende unterhalb des Existenzminimums und erheblich unter denen für die deutsche Bevölkerung. Zwar ließ sich die Absicht Görings nicht verwirklichen, die Gefangenen mit »üblicherweise nicht zum Verzehr kommende[n] Tiere[n]« zu füttern, doch entwickelten Experten aus dem Ernährungsministerium ein besonderes »Russenbrot«, das aus »50 % Roggenschrot, 20 % Zuckerrübenschnitzel, 20 % Zellmehl und 10 % Strohmehl oder Laub« bestand[24]. Ende 1942 mußte die Ausgabe dieses »Brotes« eingestellt werden, da in zu großem Umfang Magenerkrankungen aufgetreten waren.

Immerhin war das nun bewiesene Interesse der deutschen Führung am Leben der Gefangenen ein entscheidender Grund dafür, daß das Massensterben im Frühjahr 1942 abflaute. Es wurde nun Vorsorge für einen besseren Abtransport von der Front getroffen. Auch der Opferkatalog für die »Aussonderungen« wurde etwas eingeschränkt; allerdings wurden nun Tausende von Gefangenen wegen anderer Delikte wie »Arbeitsverweigerung«, verbotenen Beziehungen zu deutschen Frauen oder Fluchtversuchen umgebracht oder in die KZs verschleppt[25].

Mit den zugestandenen Mitteln konnte die Sterblichkeit nie auch nur entfernt auf ein »normales« Maß gedrückt werden. (Zum Vergleich sei gesagt, daß von den 230 000 angloamerikanischen Gefangenen bis Kriegsende 8 348 oder 3,6 Prozent starben.) Bei den sowjetischen Gefangenen stieg die Sterblichkeit vor allem von Ende 1943 an wieder stark an, da sich nun mit inneren Erkrankungen und Tbc die Folgen der langen Entbehrungen zeigten[26].

Ein besonders grauenhaftes Kapitel ist das Schicksal der verwundeten Gefangenen[27]. Obwohl Deutschland in diesem Fall, wie bereits erwähnt, ganz eindeutig an das Genfer Verwundetenabkommen von 1929 gebunden war, zielte die Heeresführung auch hier darauf ab, den materiellen und personellen Aufwand auf ein absolutes Minimum zu begrenzen. Das Ziel, das Leben der Verwundeten zu erhalten, trat demgegenüber völlig in den Hintergrund. Wenn auch manche deutschen Ärzte nicht bereit waren, dieser Politik zu folgen, deuten die Quellen darauf hin, daß die eingerichteten »behelfsmäßigen Kriegsgefangenen-Großlazarette« in einem erheblichen Maße Sterbelager waren. Nach sowjetischen Untersuchungen starben z.B. im ukrainischen Slavuta, wo 1942 durchschnittlich 15—18 000 Verwundete untergebracht waren, etwa 150 000 Gefangene.

Bemerkenswert ist, daß es hier ganz eindeutig die Truppenführer waren, die bald eine Radikalisierung herbeiführten. Nach längeren Überlegungen dazu, was man mit schwerversehrten Gefangenen machen solle, gingen die Armeen im Dezember 1941 dazu über, sie einfach zur Zivilbevölkerung zu entlassen, »da sie unnötig die Verpflegungslage belasten«. Einen Eindruck vom Schicksal solcher Gefangener gibt eine Meldung aus dem Rückwärtigen Heeresgebiet Nord, wo man mehrere Tausend in ein Gebiet abgeschoben hatte, das als »Hungergebiet« bezeichnet wurde: »Diese Aktion wirkt sich [...] auf die Bevölkerung stimmungsmäßig eher ungünstig aus. Die Kriegsgefangenen, die, fast verhungert, lebenden Skeletten ähnlich und zum Teil mit eiternden, stinkenden Wunden behaftet sind, machen einen grauenhaften Eindruck. Die Schilderungen, die sie von den Verhältnissen, in denen sie gelebt haben, geben, bleiben nicht ohne Wirkung[28].«

Am 22. Januar 1942 ordnete das OKH diese Praxis allgemein für die Frontbereiche an. Da diese Gefangenen als »Nichtarbeitende« keine Zuteilungen erhielten, konnten sie sich nur durch Betteln am Leben erhalten. Himmler wurde darauf aufmerksam gemacht und erreichte bei OKW-Chef Keitel, daß solche Gefangene in Zukunft an die SS ausgeliefert wurden. Im Reichsgebiet wurden sie von da an in den KZs ermordet, im Osten von SS-Einsatzkommandos. Spätestens 1944 wurde diese Praxis auch auf Tbc-Kranke ausgedehnt. Euthanasiedenken und nackte Nützlichkeitserwägungen auf seiten der Truppe hatten so den Anstoß dazu gegeben, daß eine weitere Gruppe der Gefangenen der summarischen Ausrottung anheimfiel.

Zu fragen ist, ob das hier beschriebene Massensterben der sowjetischen Kriegsgefangenen gewollt oder, wie dies die überlebenden Verantwortlichen vor den Nürnberger Gerichten behaupteten, Folge eines unvermeidbaren Notstandes war. Es kann heute kein Zweifel mehr daran sein, daß die nationalsozialistische Führung in der Siegeseuphorie des Frühjahrs 1941 das Ziel verfolgte, die »slawischen Massen des Ostens« um Millionen zu dezimieren. Das Hungersterben der Gefangenen war aus dieser Sicht nur zu begrüßen. Wie weit die militärische Führung diese Ziele ausdrücklich teilte, ist nicht feststellbar. Belegbar ist aber, daß die Hungerpolitik akzeptiert und ihre Folgen gesehen wurden. Aufgabe der militärischen Führung sei es, so formulierte Generalquartiermeister Wagner einmal, »die Truppe von den damit verbundenen Erscheinungen fernzuhalten[29].« Wo man in der Truppenführung diese Ziele nicht billigte, war man allzuschnell bereit, die Dinge als gegeben und unabänderlich hinzunehmen. Im übrigen gab es aber auf allen Ebenen

Verantwortliche, die die Ausrottungspolitik ganz ausdrücklich begrüßten. In mehr als einem Gefangenenlager herrschte »die Ansicht [...], daß es ganz gut wäre, wenn die Gefangenen verschwänden; sei es durch Erschießen, sei es durch Sterbenlassen«. Von einem großen Industriellen aus dem Ruhrgebiet ist die Äußerung bezeugt, »die Gefangenenmorde seien ganz richtig, denn so würde man diese unbrauchbare Rasse los«. Ein Funktionär der DAF in Essen erklärte dem Leiter eines Krupp-Betriebes, der sich für höhere Rationen einsetzte, »die Bolschewisten seien seelenlose Menschen, wenn Hunderttausende eingingen, kämen weitere Hunderttausende dran«[30].

Auf der anderen Seite geben viele Fälle Zeugnis davon, daß andere Deutsche versuchten, das Schicksal der Gefangenen und der sowjetischen Zwangsarbeiter zu mildern. Sie konnten jedoch kaum etwas ändern, da sie auf höherer Ebene nie ausreichende Unterstützung fanden. Auch Bemühungen einzelner Industrieller, im Interesse einer höheren Arbeitsleitung die Ernährung und Behandlung zu verbessern, blieben weitgehend erfolglos[31]. Trotz aller punktuellen Verbesserungen bestimmte bis zum Ende eine Einstellung das Schicksal der sowjetischen Gefangenen und Zwangsarbeiter, die von fanatischem Antibolschewismus und Rassenhaß geprägt war und die in brutalem Zwang die ultima ratio sah.

Die Hoffnung, mit den sowjetischen Gefangenen den Arbeitskräftemangel zu beseitigen, erfüllte sich nicht[32]. Das Massensterben hatte ihre Zahl zu sehr dezimiert, und um die Arbeitsfähigen konkurrierten nun neben der Wirtschaft auch die Armeen an der Front und die Verwaltungen in den besetzten Gebieten. Trotz ständig wiederholter Aktionen zur Beschaffung neuer Kräfte waren in der Wirtschaft des Reichsgebiets nie mehr als 631 000 sowjetische Gefangene eingesetzt (im August 1944), ganze 11 Prozent der Gesamtzahl. Die Neuzugänge wurden zu einem erheblichen Teil dadurch wettgemacht, daß Gefangene arbeitsunfähig wurden oder starben. Im ersten Halbjahr 1944 verbuchte zum Beispiel der Kohlenbergbau 32 000 »Abgänge« dieser Art; das waren ein Fünftel der durchschnittlich eingesetzten 160 000 Gefangenen und 1 500 *mehr*, als im gleichen Zeitraum neu zugewiesen wurden. Selbst die Abteilung Kriegsgefangene im OKW kritisierte diesen zu hohen »Verbrauch [!]« an Gefangenen[33]. Die wichtigste Ursache hierfür war die nach wie vor unzureichende Ernährung. Dieser Faktor wurde aber durch brutale Ausbeutungsmethoden noch verschärft. Dazu gehörte die zuerst im Kohlebergbau eingeführte »Leistungsernährung«, die vor allem die schwächeren Gefangenen verhängnisvoll traf[34]. Zuviele Unternehmer hielten auch das für gut und richtig, was der Generalbevollmächtigte für den Arbeitseinsatz, Gauleiter Fritz Sauckel, als »obersten Grundsatz« proklamiert hatte: »[...] aus den Kriegsgefangenen der Ostvölker soviel an Arbeitsleistung herauszuholen, als nur irgend möglich ist.«

Eine wesentlich größere Rolle als die sowjetischen Kriegsgefangenen spielten in der deutschen Kriegswirtschaft zivile sowjetische Zwangsarbeiter, die sogenannten »Ostarbeiter«[35]. Ende September 1944 befanden sich knapp 2,2 Millionen sowjetische Männer und Frauen im Reichsgebiet. Der größte Teil (34 Prozent) arbeitete in der Landwirtschaft, an zweiter Stelle stand die Metallindustrie (30 Prozent)[36]. Knapp 50 000 Frauen waren als Dienstmädchen eingesetzt — quasi im Vorgriff sollte dem deutschen Volk das durch den Endsieg erreichbare koloniale Herrenmenschentum vor Augen geführt werden.

Insgesamt waren mindestens 600 000 mehr, nämlich 2,8 Millionen deportiert worden[37]. Ihr Verbleib läßt sich nicht feststellen, doch muß angenommen werden, daß ein erheblicher Teil umgekommen ist — Gräber von »Ostarbeitern« finden sich in fast allen deutschen Städten. Tausende waren geflohen oder als körperliche Wracks in den Osten zurückgeschickt, viele Tausende oft schon wegen Bagatellvergehen in die KZs verschleppt worden.

Für die sowjetische Zivilbevölkerung hatte man von anfang an ganz selbstverständlich einen allgemeinen Arbeitszwang verfügt. Einen Arbeitseinsatz im Reichsgebiet hatte man aber zunächst strikt abgelehnt. Auch hier führte der Arbeitskräftemangel zu einem Umdenken. Die zunächst postulierte »Freiwilligkeit« blieb von Anfang an illusorisch. Da man für die einzelnen Rekrutierungsgebiete Quoten festlegte, gingen die Befehlshaber in den besetzten Gebieten schon im Frühjahr 1942 dazu über, auf dem Lande Dörfer umstellen und die arbeitsfähige Bevölkerung abtransportieren zu lassen[38]. In den Städten räumte man kurzerhand Kinos, Kirchen oder Märkte. Von April bis Dezember 1942 verschleppte man auf diese Weise pro Woche durchschnittlich 40 000, insgesamt mehr als 1,4 Millionen sowjetischer Bürger. Rund die Hälfte davon waren Frauen, das Durchschnittsalter lag bei 20 Jahren. Jugendliche unter 16 Jahren stellten einen hohen Anteil; selbst arbeitsunfähige Greise, Schwangere im neunten Monat und Kleinkinder wurden häufig abtransportiert. Ein großer Prozentsatz kam ohne Schuhe an, oft nur mit Hemd und Hose bekleidet, so, wie man sie gerade aufgegriffen hatte. Die Transporte selbst verliefen vor allem 1942 unter furchtbaren Bedingungen. Die Deportierten wurden in Viehwaggons gepfercht und blieben häufig tagelang ohne Nahrung und Wasser.

Die sowjetischen Zwangsarbeiter, mit dem Zeichen »OST« in ähnlich diskriminierender Weise kenntlich gemacht wie Juden und Polen, wurden im allgemeinen ebenso unmenschlich behandelt wie die sowjetischen Kriegsgefangenen, besonders in der Anfangszeit, als der Vorrat an solchen Arbeitskräften für unerschöpflich angesehen wurde. Das folgende Zitat aus einem Bericht der Auslandsprüfstelle Berlin vom März 1943 gibt, wie der Vergleich mit anderen Quellen zeigt, ein durchaus repräsentatives Bild von der Behandlung dieser Menschen:

»Die ungünstigen Äußerungen beziehen sich auf lange Arbeitszeit (bis zu 18 Stunden) [...] und Arbeit ohne Ruhetage. Sehr häufig sind Klagen, daß sie trotz der Kälte in zerrissenen Kleidern [...] und in zerrissenen Schuhen oder ohne Schuhe arbeiten müssen. [...] In immer größerer Zahl dieselben Klagen über die dünne Suppe, über ungeschälte Kartoffeln, Kohlrüben oder nicht ausreichende Brotzuteilungen (150 g, 200 g [pro Tag]). [...] Klagen über den geringen Lohn, 1, 2, 3 RM in der Woche und oft überhaupt nicht erhaltenen Lohn (bis zu einem halben Jahr). [...] Die meisten Klagen beziehen sich auf mangelnde oder nicht sorgfältige ärztliche Behandlung und auch Nicht-Anerkennung des Krankseins (›wurde vom Arzt wie ein Hund weggejagt‹). [...] Bei Erkrankung wird oft die Lebensmittelzuteilung vermindert [...] Sehr viel wird auch über die Art der persönlichen Behandlung geklagt: ›Kinder werfen mit Steinen [...]‹ ›Man betrachtet uns als Tiere.‹ [...] [S]ehr häufig sind Klagen über Schläge von seiten des Hauswirts (›mit dem Knüppel‹), des Meisters (›mit dem Hammer und dem Brecheisen‹) und der Polizei [...][39].«

Mit dem Untergang der 6. Armee bei Stalingrad im Februar 1943 verschärfte sich die Lage. Die enormen Verluste der Wehrmacht im Osten machten die Einberufung von immer mehr deutschen Arbeitern notwendig. In ständig wiederholten »Aktionen« versuchte man, aus den besetzten Gebieten Ersatz zu schaffen. Das schlimme Los der Deportierten war aber durch Briefe und durch die Berichte der als arbeitsunfähig zurückgeschickten im Osten sehr schnell bekannt geworden. Die Arbeitsfähigen entzogen sich nun der Rekrutierung, wo sie nur konnten. Die immer brutaleren Rekrutierungsmethoden führten dazu, daß schon bald beim bloßen Gerücht von einer bevorstehenden »Aktion« Tausende in die Wälder flohen[40]. Die Versklavungspolitik trug mit am stärksten dazu bei, daß aus der Partisanenbewegung, die 1941 noch weitgehend bedeutungslos gewesen war, spätestens 1943 eine echte Volksbewegung mit erheblicher militärischer Bedeutung wurde.

Mit den Beschaffungsaktionen für die deutsche Wirtschaft konkurrierten nun in zunehmendem Maße Bemühungen der Befehlshaber an der Front, Arbeitskräfte für den Stellungsbau auszuheben. Unmittelbar nach dem Fall von Stalingrad verfügte das OKH für die gesamte Zivilbevölkerung zwischen 14 und 65 Jahren wöchentliche Zwangsarbeit von 54 Stunden[41]. Schon vorher hatten Truppenbefehlshaber gefordert, ein solcher Arbeitseinsatz für die Truppe müsse »mit drakonischen Mitteln« durchgesetzt werden: »Wer sich weigert [...], ist zu erhängen. Den Befehl hierzu erteilt der nächste erreichbare Offizier.« Himmlers Feststellung in seiner berüchtigten Rede vor SS-Führern im Oktober 1943, es interessiere ihn nicht, »ob beim Bau eines Panzergrabens 10 000 russische Weiber an Entkräftung umfallen«, hatte einen sehr realen Hintergrund.

Mit dem Beginn der großen Rückzugsbewegungen wurde das Ziel formuliert, »dem Feind [...] keine verwendbaren Leute [zu] überlassen«. So erging z.B. im September 1943 im Bereich der Heeresgruppe Nord der Befehl, aus dem voraussichtlichen Kampfgebiet 900 000 Menschen zu evakuieren[42]. Die

Praxis zeigte bald, daß solche Ziele nicht erreichbar waren. Trotz der Gefahr, gehenkt oder erschossen zu werden, tat die Bevölkerung alles, um der Erfassung zu entgehen. Dennoch wurden Zehntausende in großen Trecks nach Westen getrieben. Beispielsweise wurden zwischen Ende November 1943 und Februar 1944 aus dem Erzgebiet von Krivoi Rog knapp 30 000 Menschen, fast ausschließlich Männer, deportiert. Die Trecks verliefen, soweit es die wenigen erhaltenen Quellen erkennen lassen, chaotisch und forderten hohe Opfer.

Trotz aller Bemühungen gelang es nicht, Sklavenarbeiter in der erhofften Zahl zu beschaffen. Hatte man 1942 noch mehr als 1,4 Millionen ins Reich bringen können, so wuchs die Zahl 1943 nur noch um 400 000, 1944 nur noch um 360 000. Die Politik des brutalen Zwangs hatte das Gegenteil von dem bewirkt, was ihre Initiatoren erwartet hatten.

Oben wurde erwähnt, daß auch die Sterblichkeit unter den deutschen Kriegsgefangenen in der Sowjetunion immens war. Mehr als ein Drittel kehrte nicht zurück; bei den sowjetischen Gefangenen war es mehr als die Hälfte. Bei aller Ähnlichkeit des Massenschicksals gibt es jedoch entscheidende Unterschiede. Der erste liegt in der Ernährung[43]. Zwar verhungerten auch die deutschen Gefangenen zu Hunderttausenden. Anders als die sowjetischen Gefangenen erhielten sie aber die gleichen Rationen wie die Zivilbevölkerung. Sie teilten deren Hunger in einem ausgeplünderten und weithin verwüsteten Land. Als zweiter Unterschied bleibt festzuhalten, daß zwar besonders am Anfang viele Deutsche bei der Gefangennahme erschossen wurden. Durch Beutebefehle wußte die deutsche Führung bald, daß es sich dabei um Übergriffe der beteiligten Truppen, nicht aber um zentral befohlene Maßnahmen handelte[44]. Auf sowjetischer Seite gab es *keine* gezielten Vernichtungsaktionen gegen bestimmte Gefangenengruppen. Auf deutscher Seite war schließlich ein Befehl ähnlich dem Stalins von Anfang 1946, es dürfe kein deutscher Gefangener mehr sterben, wegen des nationalsozialistischen Rassenhasses undenkbar.

Die Leiden der sowjetischen Kriegsgefangenen und Zwangsarbeiter waren mit dem Sieg der Alliierten nicht beendet. Wenn auch über ihr Schicksal nur wenig bekannt ist, so gibt es doch viele Hinweise darauf, daß ein großer Teil in die Stalinschen Zwangsarbeiterlager geschickt wurde — die Kriegsgefangenen, weil sie, anders als es ihr Fahneneid forderte, nicht bis zum Tode gekämpft hatten, die Zwangsarbeiter, weil man ihnen Kollaboration vorwarf. Erst die Reformen Chruschtschows nach dem XX. Parteitag 1956 brachten ihnen die Freiheit. Ein Makel lastet auch heute noch auf den meisten. Ihr Schicksal ist in einem erheblichen Maße ein Tabuthema geblieben, das erst jetzt, im Zeichen von »Glasnost«, angegangen wird[45].

## Anmerkungen

[1] Kurt W. Böhme, Die deutschen Kriegsgefangenen in sowjetischer Hand. Eine Bilanz, München 1966 (= Zur Geschichte der deutschen Kriegsgefangenen des Zweiten Weltkrieges, Bd 7), S. 151 und Erratablatt.

[2] Die Gesamtzahl der sowjetischen Kriegsgefangenen betrug nach einer Aufstellung der Abt. Fremde Heere Ost im OKH vom 20.2.45 (Stand 31.1.45) 5 734 528: Bundesarchiv-Militärarchiv Freiburg (BA-MA), H 3/728. — Eine Aufstellung des Feldwirtschaftsamtes im OKW v. 20.1.45 nennt für Dez. 44 nach Schätzung von OKW/Chef des Kriegsgefangenenwesens 5,6 Millionen: BA-MA, Wi VI.82. — Joachim Hoffmann, Die Kriegführung aus der Sicht der Sowjetunion, in: Das Deutsche Reich und der Zweite Weltkrieg, Bd 4, Stuttgart 1983, S. 730, legt unter Berufung auf nicht näher bezeichnete unbekannte Orginalakten eine Gesamtzahl von »genau 5 245 882« zugrunde. — Alfred Streim, Die Behandlung sowjetischer Kriegsgefangener im »Fall Barbarossa«. Eine Dokumentation, Heidelberg 1981, S. 224, geht von einer Aufstellung der Abt. Kgf. im OKW vom 1.5.44 aus (Nürnbg. Dok. NOKW-2125), in der eine Gesamtzahl von 5 163 381 genannt wird. Die beiden Autoren geben keine Begründung dafür, weshalb sie die obengenannten Quellen verwerfen.

[3] Zur Berechnung vgl. Christian Streit, Keine Kameraden. Die Wehrmacht und die sowjetischen Kriegsgefangenen 1941—1945, Stuttgart [2]1980 (= Studien zur Zeitgeschichte, Bd 13), S. 128 ff., 244—246. — Die Zahl 3,3 Millionen ist als eine Größenordnung zu verstehen. Eine auch nur einigermaßen genaue Ermittlung der Opferzahl ist wegen der lückenhaften Aktenüberlieferung nicht möglich. Zu bemerken ist, daß die beteiligten Stellen in Staat und Wehrmacht von allem Anfang an bestrebt waren, statistische Daten über diese Gefangenen nicht aktenkundig werden zu lassen, um die Spuren des Massensterbens zu verwischen: ebd., S. 129 f. — Streim (Anm. 2), S. 246, errechnet, ausgehend von der niedrigeren Gesamtzahl, eine Opferzahl von »*mindestens* 2 530 000« (Hervorhebung bei Streim). Hoffmann (Anm. 2), S. 730, nennt »rund 2 Millionen«, eine Zahl, die in deutlichem Widerspruch zu den Quellen steht. — Die apologetische Schrift von Hans Roschmann, Gutachten zur Behandlung und zu den Verlusten sowjetischer Kriegsgefangener in deutscher Hand 1941—1945, Ingolstadt 1982, ist wissenschaftlich nicht haltbar. Roschmann rechnet die Opferzahl durch mehrfachen Abzug derselben Faktoren auf 1 680 000 herunter.

[4] Aktennotiz v. 2.5.41, Nbg. Dok. 2718-PS, IMGT, Bd 31, S. 84.

[5] Wirtschaftspolitische Richtlinien der Gruppe Landwirtschaft des Wirtschaftsstabes Ost v. 23.5.41, Nbg. Dok. 126-EC, IMGT, Bd 36, S. 144 f.

[6] Streit (Anm. 3), S. 67—79.

[7] Ebd., S. 23 f., 224 ff.

[8] Zur Ernährung der sowjetischen Gefangenen vgl. ebd., S. 137—162.

[9] Zur Entwicklung der Sterblichkeit 1941/42: ebd., S. 130—137.

[10] Ebd., S. 142—145.

[11] Dazu und zum folgenden: ebd., S. 171—177.

[12] Zum folgenden: ebd., S. 162—171. — Der Befehl von Reichenaus ist in einem Bericht eines Mitarbeiters von Abwehrchef Canaris von Ende Okt. 1941 bezeugt: NOKW-3147.

[13] Streit (Anm. 3), S. 166.

[14] Vgl. zum hier angesprochenen Komplex der »verbrecherischen Befehle« ebd., S. 28—61; Helmut Krausnick, Kommissarbefehl und »Gerichtsbarkeitserlaß Barba-

rossa« in neuer Sicht, in: Vierteljahrshefte für Zeitgeschichte, 25 (1977), S. 682—738; Jürgen Förster, Das Unternehmen Barbarossa als Eroberungs- und Vernichtungskrieg, in: Das Deutsche Reich und der Zweite Weltkrieg, Bd 4, Stuttgart 1983, S. 413—447.

15 Text gedruckt in: »Unternehmen Barbarossa«. Der deutsche Überfall auf die Sowjetunion 1941, hrsg. v. Gerd R. Ueberschär und Wolfram Wette, Paderborn 1984, S. 305—308. Vgl. auch die verbindliche Interpretation der Heeresführung durch den General zbV beim OBdH: ebd., S. 337 f.

16 Text: ebd., S. 313 f.

17 Franz Halder, Kriegstagebuch. Tägliche Aufzeichnungen des Chefs des Generalstabs des Heeres 1939—1942, bearb. v. Hans-Adolf Jacobsen, Bd 2, Stuttgart 1963, S. 337 bzw. 399 (30.3. bzw. 6.5.41).

18 Vgl. Krausnick (Anm. 14), S. 733—736; Streit (Anm. 3), S. 83—89; Jürgen Förster, Die Sicherung des »Lebensraumes«, in: Das Deutsche Reich und der Zweite Weltkrieg, Bd 4, Stuttgart 1983, S. 1062—1070.

19 Der entsprechende Befehl Heydrichs mit dem Text des Abkommens: Ueberschär/Wette (Anm. 15), S. 346—349. Vgl. dazu Streit (Anm. 3), S. 87—105.

20 Streim (Anm. 2), S. 244, errechnet auf der Basis aktenkundig gewordener Erschießungen eine Mindestzahl von 140 000, fügt aber hinzu, daß die tatsächliche Zahl »*erheblich höher*« (seine Hv.) gewesen sein dürfte. — Vgl. Streit (Anm. 3), S. 104 f.

21 Vgl. dazu Streit (Anm. 3), S. 180—183. Der Befehl v. 8.9.41 gedruckt bei Ueberschär/Wette (Anm. 15), S. 351—354.

22 Vgl. Streit (Anm. 3), S. 231 f. Text der Denkschrift bei Ueberschär/Wette (Anm. 15), S. 355 f.

23 Vgl. zum folgenden Streit (Anm. 3), S. 191—208.

24 Nbg. Dok. USSR-177, IMGT, Bd 39, S. 446 f.

25 Vgl. Streit (Anm. 3), S. 253—260; Streim (Anm. 2), S. 157—163, 180—184.

26 Streit (Anm. 3), S. 246—249.

27 Vgl. zum folgenden ebd., S. 183—187; Streim (Anm. 2), S. 163—187.

28 Lagebericht des Befh. Rückw. Heeresgeb. Nord v. 15.3.42, BA-MA, RH 22/v. 232.

29 Bei einer Besprechung mit den Stabschefs der Heeresgruppen und Armeen am 13.11.41 in Orša, bei der er nach Aufzeichnung des Ch.d.St. des AOK 18 auch erklärte: »Nichtarbeitende Kriegsgefangene in den Lagern haben zu verhungern« (Nbg. Dok. NOKW-1535).

30 Meldung der Armeegefangenensammelstelle 21 v. 19.1.42, BA-MA, AOK 2/19902/67; vgl. Nbg. Dok. 081-PS, IMGT, Bd 25, S. 158; Ulrich von Hassell, Vom andern Deutschland. Aus den nachgelassenen Tagebüchern 1938—1944, Frankfurt/M. 1964, S. 207 (1.11.41); Nbg. Dok. D-297.

31 Vgl. hierzu und zum folgenden Streit (Anm. 3), S. 249—253; 260—267.

32 Zum folgenden ebd., S. 238—288.

33 Ebd., S. 248 f.

34 Ebd., S. 268—272; das folgende Zitat S. 253.

35 Vgl. dazu Ulrich Herbert, Fremdarbeiter. Politik und Praxis des »Ausländer-Einsatzes« in der Kriegswirtschaft des Dritten Reiches, Berlin, Bonn 1985; Dietrich Eichholtz, Geschichte der deutschen Kriegswirtschaft 1939—1945, Bd 2, Berlin 1985, S. 186—292.

36 Der Arbeitseinsatz im Großdeutschen Reich, Dez. 1944, Bundesarchiv Koblenz (BA), RD 89/28.

37 Alexander Dallin, Deutsche Herrschaft in Rußland 1941—1945. Eine Studie über Besatzungspolitik, Düsseldorf 1958, S. 465.

[38] Nach einer Aufzeichnung der Abt. Wehrmachtpropaganda im OKW v. 7.5.42: Norbert Müller (Hrsg.), Deutsche Besatzungspolitik in der UdSSR. Dokumente, Köln 1980, S. 289 f. — Zum folgenden vgl. Dallin (Anm. 37), S. 448 f.; Herbert (Anm. 35), S. 157 ff.; Lagebericht der Bez.Gr. Nordwest der Wirtschaftsgr. Eisen schaffende Industrie v. 5.9.42, BA, R 10 III/7.

[39] Zit. nach Herbert (Anm. 35), S. 287 f.

[40] PzAOK 3/OQu., Notizen für Gen.-Qu.-Besprechung am 4.4.43, BA-MA, PzAOK 3/41967/11.

[41] Verordnung des OKH: Müller (Anm. 38), S. 300—303; vgl. zum folgenden die Befehle des Befh. Rückw. Heeresgeb. Süd v. 8.2.42 und des XXIX. AK v. 24.1.43, ebd., S. 285; 299. — Die Rede Himmlers: IMGT, Bd 29, S. 123 (Nbg. Dok. 1919-PS).

[42] Befehl des Befh. im Heeresgeb. Nord v. 21.9.43; Müller (Anm. 38), S. 348 f.; vgl. den Führerbefehl Nr. 4 v. Febr. 1943, ebd., S. 334 f. — Zum folgenden vgl. die ebd., S. 363—372, gedruckten Dokumente.

[43] Vgl. dazu die Einführung von Erich Maschke zu Hedwig Fleischhacker, Die deutschen Kriegsgefangenen in der Sowjetunion. Der Faktor Hunger, München 1965 (= Zur Geschichte der deutschen Kriegsgefangenen des Zweiten Weltkrieges, Bd 3), S. VII-LI.

[44] Vgl. die Fallsammlung in den Akten der Völkerrechtsabt. des Amtes Ausland/Abwehr im OKW: BA-MA, RW 5/v. 506. — Der Befehl Stalins: Böhme (Anm. 1), S. 109.

[45] Dietrich Geyer, Blick zurück ins alte Rußland, in: Die Zeit, Nr. 46 v. 11.11.1988, S. 49.

Gerhard Schreiber

# Militärsklaven im »Dritten Reich«

## Zum Schicksal der entwaffneten italienischen Soldaten nach dem 8. September 1943*

Als die von Hitler und Mussolini zwischen 1936 und 1939 eingegangene Mesalliance, die Marschall Badoglio und die anderen Erben des »Duce« nach seinem Sturz am 25. Juli 1943 noch ein paar Wochen aufrechterhielten, durch den Kriegsaustritt vom 8. September auch formal zerbrach, sahen sich Deutsche und Italiener emotional in einen Zustand zurückversetzt, der demjenigen von 1915/16 in mancher Hinsicht glich. Erneut unterstellte die deutsche Seite der italienischen »Verrat«, obwohl sie dazu wiederum weder Grund noch Berechtigung besaß. Aber in jenen Zeiten schien Nachdenken so wenig gefragt gewesen zu sein wie Aufrichtigkeit. Pharisäertum, Unehrlichkeit und ein nicht allein mit dem Waffenstillstand zwischen den Alliierten und Rom zu erklärender Haß auf alles Italienische regierten die Stunde.

Dem Ausscheiden Italiens aus dem Kriege, das ist evident, hafteten zahlreiche politische, militärische und organisatorische Mängel an. Wenig beachtet wird freilich im allgemeinen die Tatsache, daß die deutsche Intransigenz — gegenüber den in Berlin bekannten nationalen Anliegen des Landes — die Art des Kriegsaustritts wesentlich beeinflußte. Bei dessen Durchführung ließen die Deutschen den Italienern letztlich keine Wahl.

Ansonsten aber reflektierte sich im Entschluß der italienischen Regierung mehr als ein machtpolitisches Kalkül. Und in der deutschen Reaktion drückte sich nicht nur situativ motivierte Empörung aus. Vielmehr manifestierten sich in diesem Zusammenhang gesellschaftliche Strukturunterschiede.

Um zu verdeutlichen, was damit gemeint ist, sei zum Beispiel daran erinnert, daß es in Norditalien bereits im März 1943 zu einer Streikbewegung kam, die bis zu 300 000 Arbeiter erfaßte. In Berlin stellte hingegen Goebbels am 18. Februar — also wenige Wochen vorher — im Sportpalast seine berüchtigte Suggestivfrage. Er erhielt frenetischen Beifall und eine Antwort, die ihn nicht überraschte. Die Anwesenden wollten den totalen Krieg, selbst wenn

---

* Die Ausführungen folgen im wesentlichen der Schlußbetrachtung meiner Untersuchung: Die italienischen Militärinternierten im deutschen Machtbereich 1943 bis 1945. Verraten, verachtet, vergessen! München 1989. Dort finden sich die Belege zu den verschiedenen Thesen und Ergebnissen sowie ein Bericht zum Forschungsstand.

er alles bis dahin Vorstellbare noch übertreffen würde. Der Reichspropagandaminister charakterisierte das Verhalten seiner Zuhörer sarkastisch als eine »Stunde der Idiotie«. Darauf lief es wohl hinaus.

Nun lebten im Staate Hitlers zwar ebenfalls regimefeindliche Arbeiter, aber ein Streik blieb aus. Mit dem Terror, dem sich die Bevölkerung ausgesetzt sah, ist deren Stillhalten nicht befriedigend zu erklären. Der Sachverhalt stellte sich komplizierter dar. Es ging hierbei um Aspekte einer spezifischen politischen Kultur, deren Genesis weit in die deutsche Geschichte zurückreichte.

Doch wie immer dem gewesen sein mag, in der konkreten Situation des Sommers 1943 wirkte sich ganz unmittelbar die Entschlossenheit der meisten Deutschen aus, bis zum sogenannten bitteren Ende durchzuhalten. Daher fehlte ihnen jedes Verständnis dafür, daß viele Italiener eine Wechselbeziehung zwischen Kampf und Sieg herstellten. Südlich der Alpen betrachtete die Mehrheit der Menschen ersteren als sinnlos, weil letzterer längst außerhalb der Möglichkeiten der »Achsenmächte« lag. Um das zu erkennen, bedurfte es weder spezieller militärischer Vorbildung noch vertraulicher Informationen. Jeder einigermaßen nüchtern denkende Zeitgenosse vermochte den Sachverhalt zu begreifen. Nach der Landung der alliierten Truppen auf Sizilien, im Juli 1943, mußte die italienische Regierung den Krieg so schnell wie möglich beenden. In Rom war Staatsraison gefragt. Die nationale Selbsterhaltung verlangte alternativlos, das widersinnige Aufopfern von Leben und die nutzlose Vernichtung materieller Werte einzustellen. Solange eine Nation noch intakt ist, entwickelt sie keine Lemminge-Mentalität.

Gerade weil die Italiener davon frei gewesen sind, muß es als ausgesprochen tragisch angesehen werden, daß die einzig richtige Konsequenz, die ihre Staatsführung aus der militärischen Entwicklung zog, unsagbares Leid und verheerende Zerstörungen mit sich brachte. Italien erlitt einen grausamen Bruderkrieg. Es diente der Wehrmacht und ihren Gegnern als Schlachtfeld. Die Wunden, die in jener Zeit geschlagen wurden, machten sich noch lange nach dem Ende des Weltkrieges innerhalb der italienischen Gesellschaft schmerzhaft bemerkbar.

Nach seiner Befreiung durch deutsche Soldaten gründete der »Duce« im Spätsommer 1943 einen Marionettenstaat: die Republik von Salò. Was sie taugte, zeigte sich nicht zuletzt darin, daß italienische Bürger als Arbeiter in die nationalsozialistische Kriegswirtschaft gepreßt worden sind. Um das Fehl an Freiwilligen auszugleichen, veranstalteten die Deutschen — so der offizielle Sprachgebrauch — regelrechte Menschen- oder Sklavenjagden. Für die Dauer von rund zwanzig Monaten fungierte Mussolinis Italien als Provinz des »Dritten Reiches«. Seine Bewohner erduldeten die Willkür der Besatzungsmacht. Seit dem September fühlten sie sich geplündert und ausgebeutet. Unglaubliche Vorfälle spielten sich ab. Die Tatsache, daß Generalfeldmarschall Kesselring, der gemäß seiner eigenen Aussage die Italiener nach dem Ausscheiden aus dem Kriege nur noch hassen konnte, im Sommer 1944 — um der marodierenden Horden Herr zu werden — einen von jedem militärstrafrechtlichen Verfahren losgelösten Erschießungsbefehl gegen seine eigenen Untergebenen erlassen mußte, sprach für sich. Unter den Opfern der Greueltaten, die Wehrmacht, Polizei und SS gemeinsam verantworteten, befanden sich Frauen, Kinder und Greise.

Die Auswirkungen des damit angedeuteten Verhaltens, das ausschließlich dem eigenen Belieben folgte, das auf Gesetz, Moral sowie die Rechte und Interessen anderer keinerlei Rücksicht nahm, spürten insbesondere die von der Wehrmacht entwaffneten italienischen Truppen.

Italiens Streitkräfte zählten am 8. September mehr als 1 500 000 Mann. Von ihnen mußten im Bereich der Heeresgruppe B, also in Nord- und Mittelitalien, etwa 416 000 ihre Waffen abgeben. Beim Oberbefehlshaber Süd (seit dem November 1943 Südwest), das heißt im Gebiet um Rom und in Süditalien, waren es circa 102 000. Das Armeeoberkommando 19 in Südfrankreich entwaffnete maximal 59 000 Soldaten. Ungefähr 165 000 meldete das Panzerarmeeoberkommando 2 in Jugoslawien und in Albanien. Bei der Heeresgruppe E, die für Griechenland und die Inseln des östlichen Mittelmeeres verantwortlich zeichnete, sollen insgesamt rund 265 000 Italiener ihre Waffen niedergelegt haben. Das ergäbe 1 007 000 Militärangehörige. Nicht alle gerieten oder verblieben in Gefangenschaft.

Dieser letzte »Sieg« der deutschen Wehrmacht, bei dem Hitlers Soldaten die zweitgrößte Beute des Krieges einbrachten, besaß verschiedene und recht unterschiedliche Ursachen. Zu nennen wären unter anderem die Fehler der italienischen politischen und militärischen Führung. Sie stellte ihre Armee zu spät und mit unklaren Befehlen auf die neue Lage ein. Vor allem aber ließ sie die Truppe in den entscheidenden Tagen zwischen dem 8. und dem 11. September im Stich. Eine wichtige Rolle spielte zweifellos die langfristige und zielgerichtete Vorbereitung der deutschen Seite auf den — seit dem Verlust von Nordafrika — erwarteten Kriegsaustritt. Die Divisionen der Wehrmacht wußten sehr genau, was sie bei der Durchgabe des Stichwortes »Achse« — mit dem die Gegenmaßnahmen ausgelöst worden sind — zu tun hatten. Von nicht zu unterschätzender Relevanz sind darüber hinaus die unzureichende Abstimmung der italienischen und der alliierten Planungen, die strukturellen Defizite des königlichen Heeres und manche weitere Unzulänglichkeit gewesen. Einen entscheidenden Faktor stellte sodann der Wortbruch der deutschen Generale dar. Wider besseres Wissen versprachen sie den Italienern, daß jene — nach der Abgabe ihrer Waffen in die Heimat abtransportiert werden würden. Außerhalb des Mutterlandes wäre die Entwicklung ohne solchen perfiden Betrug, ohne arglistige Täuschung und ohne schnöden Mißbrauch des Vertrauens, das zu viele italienische Offiziere den alten Waffengefährten noch immer entgegenbrachten, nicht so abgelaufen wie sie ablief.

Andererseits ließe sich für viele deutsche Vorkehrungen und Aktionen, die machtpolitische Notwendigkeiten betrafen, Verständnis aufbringen. Doch auf diese beschränkte man sich nicht. Hitler und die Wehrmachtführung erließen nämlich eine Reihe verbrecherischer Befehle, die durch absolut nichts gerechtfertigt werden konnten. Es handelte sich nicht um angemessene Reaktionen im Rahmen der gegebenen Situation, es ging um Rache. Einige der damals herausgegebenen Weisungen sind in der Geschichte des Zweiten Weltkrieges beispiellos.

Verbrecherisch war es, italienische Truppenkommandeure als Freischärler standrechtlich zu erschießen, falls es ihnen nicht gelang, ihre Soldaten im Verlaufe eines kurz befristeten Ultimatums zur Waffenabgabe zu veranlassen. Im Prozeß gegen die wegen Kriegsverbrechen angeklagten deutschen »Südostgenerale« wurde dazu eindeutig festgestellt, daß alle italienischen Soldaten, die sich der Entwaffnungsaktion widersetzten, als Kriegführende sämtliche Bedingungen der Haager Konvention erfüllten. Sie durften auf keinen Fall als Freischärler eingestuft und behandelt werden.

Den Tatbestand des Verbrechens erfüllte ferner die Hinrichtung von Offizieren, deren Untergebene ihre Waffen in die Hände von Aufständischen fallen ließen oder mit den Widerstandskämpfern gemeinsame Sache machten. Unteroffiziere und Mannschaften solcher Truppenteile verbrachte die Wehrmacht — ebenfalls gegen internationales Recht — zum Arbeitseinsatz ins Operationsgebiet des Heeres im Osten.

Verbrecherisch muß ein Befehl des XXII. Gebirgs-Armeekorps genannt werden, der die völlig formlose Erschießung von in Zivil angetroffenen italienischen Soldaten anordnete. Die verantwortlichen Generale setzten sich mit ihrer Weisung selbst über die primitivsten Grundsätze des Standrechts hinweg. Es steht fest, daß Italiener aufgrund jenes Befehls umgebracht wurden.

Ein Verbrechen bezweckte der »Kugelerlaß« vom 4. März 1944, zu dem sich hinterher keiner bekennen wollte. Er sah vor, daß — neben Kriegsgefangenen anderer Nationalität — auf der Flucht wiederergriffene italienische Offiziere und nicht arbeitende Unteroffiziere an die Geheime Staatspolizei übergeben werden sollten. Deren Leute brachten die Gefangenen unter strengster Geheimhaltung in das Konzentrationslager Mauthausen. Dort sind sie entweder beim Messen der Körpergröße durch Genickschuß oder — bei größerer Anzahl — durch Vergasung ermordet worden.

Hitlers Befehl, auf der griechischen Insel Kefallēnia keine Gefangenen zu machen, war zwar nicht einmalig, aber verbrecherisch. Tausende italienischer Soldaten metzelte die Wehrmacht bei der Ausführung der barbarischen Weisung nieder, obwohl sie sich ergeben hatten.

Auch die Anordung des Oberbefehlshabers der Kriegsmarine, Großadmiral Dönitz, daß alle führenden Offiziere von Supermarina und anderen italienischen Marinedienststellen standrechtlich abzuurteilen seien, sofern sie Kampfhandlungen gegen deutsche Seestreitkräfte zu verantworten hatten, forderte zu Kriegsverbrechen auf.

Einen schweren Verstoß gegen das Kriegsvölkerrecht implizierte die Weisung, die italienischen Gefangenen ohne jede Rücksicht auf die an Bord der Transportschiffe vorhandenen Rettungsmittel von den griechischen Inseln zum Festland zu bringen. Mit Gewißheit wird sich wohl nie sagen lassen, wieviele der über 13 000 Mann, die beim Untergang der hoffnungslos überladenen Dampfer ertranken, ihr Leben wegen dieser völkerrechtswidrigen Anordnung verloren. Es dürften sehr viele gewesen sein. Denn als die Kriegsmarine im Sommer 1944 — beim Rückzug der Heeresgruppe F aus dem Südostraum — Wehrmachtangehörige von den Inselstützpunkten nach Griechenland überführte, galten zwar die Transportbedingungen als noch schwieriger als 1943 und die Schiffsverluste fielen noch höher aus als damals, aber die Einbußen an Menschen blieben minimal. Das verdankte man den ausreichend vorhandenen Rettungsmitteln, angemessenen Sicherheitsvorkehrungen und einer intensiven Hilfeleistung bei Versenkungen.

Lediglich eine Handvoll deutscher Offiziere verweigerte gegenüber den als solchen klar zu erkennenden und erkannten Mordbefehlen den Gehorsam. Keiner von ihnen mußte schwerwiegende nachteilige Folgen in Kauf nehmen.

Im Vorgehen gegen die italienischen Streitkräfte manifestierten sich ein bestürzender Verfall des militärischen Berufsethos innerhalb der Wehrmacht und die totale Mißachtung des Kriegsvölkerrechts durch die politische sowie militärische Führung. Ziemlich belanglos erscheint es, daß die meisten deutschen Soldaten an vergleichbaren Scheußlichkeiten — rein zufällig — nicht mitwirkten. Da die Hinmordung der italienischen Militärangehörigen auf den ausdrücklichen Befehl der Wehrmachtführung erfolgte, besteht nämlich nicht der mindeste Grund anzunehmen, daß das Gros der Truppe, wäre es mit derartigen Weisungen konfrontiert worden, sie nicht ausgeführt hätte. Die Zahl der Opfer seelenloser Disziplin bewegt sich zwischen mindestens 5 200 und maximal etwa 6 300 ermordeten italienischen Soldaten aller Dienstgrade.

Jene Italiener, die sich weigerten, auf der Seite der Diktatoren weiterzumachen, wollte die Reichsführung von Anfang an in der deutschen Kriegswirtschaft als Zwangsarbeiter einsetzen. Zunächst betraf das lediglich die Unteroffiziere und Mannschaften, aber seit dem zweiten Halbjahr 1944 zunehmend auch die Offiziere.

Ungefähr 600 000 Mann aus dem Bestand der ehemaligen italienischen Armee arbeiteten im Reich und im besetzten Gebiet — in Betrieben aller Art und innerhalb der Wehrmacht — für die Kriegsziele des nationalsozialistischen Deutschlands. Ihr Einsatz bedeutete eine nicht unerhebliche Entspannung der prekären Lage auf dem Arbeitskräftesektor. Gerade deshalb erstaunt der Umgang mit ihnen. Ohne Übertreibung konnten die Zwangsarbeit verrichtenden Militärangehörigen als »Militärsklaven« bezeichnet werden.

Angesichts der Behandlung der entwaffneten italienischen Soldaten wird eine Auseinandersetzung mit dem Schicksal der Militärinternierten im deutschen Machtbereich unausweichlich zu einer Dokumentation für Inhumanität, für Menschenverachtung, für Erniedrigungen, die eine sadistische Phantasie zu immer neuen Exzessen trieb, für seelische und körperliche Qualen sowie für erbarmungslose Ausbeutung. Über jene besondere Gruppe von Gefangenen des »Dritten Reiches« zu schreiben, das heißt von ihrer Mißhandlung durch Bewacher und Aufseher zu sprechen; von Orten zu erzählen, an denen Menschen durch Nahrungsentzug, Isolierung, körperliche Züchtigungen, fehlende medizinische Versorgung und das Versagen des religiösen Beistands zerbrochen werden sollten; vom Haß zu berichten, mit dem ihnen die Mehrheit der deutschen Bevölkerung — soweit sie Kontakt mit ihr besaßen — entgegentrat; von den Auswirkungen zu reden, die Krankheiten sowie psychische und physische Entkräftung mit sich brachten; und von den allzu häufigen natürlichen, obwohl keineswegs normalen, sowie den nicht seltenen gewaltsamen Todesfällen mitzuteilen.

Es gab Ausnahmen beim Umgang mit den Italienern, aber sie scheinen selten gewesen zu sein. Außerdem existierten Unterschiede in bezug auf die Lebensbedingungen. In den Mannschaftsstammlagern stellten sie sich noch härter dar als in den Offizierslagern. Auf dem Balkan nahmen sich die Verhältnisse schlimmer aus als irgendwo sonst, sofern von den Straflagern und den Konzentrationslagern abgesehen wird, in denen sich ebenfalls Militärinternierte befanden. Aber unbeschadet aller Ausnahmen und Unterschiede erlebte die große Mehrheit der Gefangenen die Zeit der Internierung — im wahrsten Sinne des Wortes — als Hölle. Am Ende der Leiden stand eine bedrückende Bilanz: etwa 20 000 — nach deutschen Informationen — in den Lagern Verstorbene (was freilich eine unvollständige Größenangabe sein dürfte); rund 5 400 im östlichen Operationsgebiet des Heeres vermißte und getötete Internierte; circa 13 300, die beim Untergang von Gefangenentransportern ihr Leben verloren; und bis zu 6 300 Ermordete. Das wären — ohne Berücksichtigung der im Verlaufe der Kampfhandlungen Gefallenen — bereits 45 000 Tote.

Bei den Gegebenheiten in den Kriegsgefangenenlagern der Wehrmacht überrascht es nicht, daß mancher die Seite wechselte. Vermutlich verließen ungefähr 180 000 Mann als Kampf-, Hilfs- oder Arbeitswillige in deutschen Diensten und als Soldaten für Mussolinis faschistisches Heer die Lager. Im allgemeinen hatten die »Freiwilligen« und »Bündnistreuen« der ersten Stunde dort nur eine recht kurze Zeit verbracht.

Die Beweggründe für den Übertritt sind einigermaßen zuverlässig nachzuvollziehen. Bei jenen, die sich sehr frühzeitig dazu entschlossen, existierte eine ideologische Affinität zum Faschismus. Nicht wenige faßten ihren Entschluß aufgrund opportunistischer Überlegungen. Der eine oder andere gab einfach menschlicher Schwäche nach.

Als dann der erste Winter in den Lagern kam, als gleichzeitig adäquate Kleidung und ausreichende Nahrung fehlten, als Epidemien unter den Militärinternierten wüteten und das Abgeschnittensein von den Angehörigen immer drückender wurde, da zerbrachen nicht selten der quälende Hunger, die Kälte, die Sorge um die Familie und die nackte Angst ums Überleben selbst bei vielen von denjenigen den Widerstandswillen, die sich bis dahin verweigerten. Um sich ein Bild von der Entwicklung in den Lagern zu machen, genügt es, die Berichte faschistischer Funktionäre zu lesen, die nicht im Verdacht der Deutschfeindlichkeit standen. Sie sprachen von Männern, die sich als menschliche Skelette oder von Hungerödemen gekennzeichnet dahinschleppten, die als Folge der Gefangenschaft verblödeten oder die Sprache verloren. Ende 1944 vegetierten in den Internierungslagern annähernd 15 000 Italiener dahin, die — kaputtgearbeitet und geschunden — häufig der sichere Tod erwartete, falls sie nicht repatriiert werden konnten. In Deutschland galten ihre Leiden als unheilbar. Nicht wenige von denen, die tatsächlich heimkehrten, mußten wegen ihrer entsetzlichen körperlichen Verfassung vor der Öffentlichkeit in Italien verborgen werden.

Dennoch besaß das Gros der entwaffneten italienischen Soldaten die Kraft, allen Angeboten und Pressionen zu widerstehen. Daraus entwickelte sich schon in den ersten Tagen oftmals ein bewußter Widerstand, der primär politisch und ethisch sowie — in einem ganz elementaren, das heißt nicht theoretisierten Verständnis — antifaschistisch motiviert gewesen zu sein scheint. Das Widerstehen und der Widerstand speisten sich aus vielen und unterschiedlichen Quellen. Sie sind kaum exakt gegeneinander abzugrenzen. Aber das ist auch eine eher akademische Frage. Nähert man sich dem Problem nämlich vom nationalsozialistischen oder faschistischen Standpunkt, so zeigt sich ganz eindeutig: Berlin und Salò verstanden das Verhalten der sich verweigernden Internierten als Absage an den Krieg und an die Herrschaft der beiden Diktatoren. Sofern eine derartige Betrachtungsweise akzeptiert würde, müßte von einem alles in allem massiven passiven Widerstand der Gefangenen gesprochen werden.

Doch davon abgesehen liegen verschiedene Hinweise darauf vor, daß die Verweigerung zugleich auf die menschenunwürdige Behandlung der Militärinternierten durch die Deutschen antwortete.

Diese von Hitler persönlich vorgenommene Bezeichnung der entwaffneten und gefangenen italienischen Soldaten gab zu zahllosen Spekulationen

Anlaß. Offenkundig handelte es sich bei dem Terminus um einen Etikettenschwindel, der ein formales Entgegenkommen Hitlers zur Stabilisierung der innenpolitischen Position Mussolinis ausdrückte. In der Praxis der Internierung sahen sich die Italiener jedoch nicht — wie von der nationalsozialistischen Propaganda behauptet — besser, sondern in der Regel schlechter gestellt als Kriegsgefangene anderer Nationalität. Mitunter benachteiligte man sie sogar gegenüber sowjetischen Gefangenen.

Letzten Endes brachte es die Begriffswahl Hitlers zuwege, daß die Wehrmacht den gefangenen Exverbündeten alle Pflichten von Kriegsgefangenen auferlegen konnte, ohne ihrerseits irgendwelche Verpflichtungen förmlich anzuerkennen, die aus der Genfer Konvention von 1929 hervorgingen. Folglich hingen die Internierten gänzlich vom deutschen Wohlwollen ab. Darüber hinaus schalteten Hitler und die Wehrmachtführung durch ihr Manöver das Komitee vom Internationalen Roten Kreuz aus der Betreuung der Italiener aus, da jene offiziell keine Kriegsgefangenen darstellten. Und sie wahrten sich gleichzeitig uneingeschränkte Handlungsfreiheit gegenüber dem Servizio Assistenza Internati, der zur Unterstützung der italienischen Gefangenen geschaffenen Betreuungsdienststelle der Republik von Salò. Denn ihre Bediensteten vermochten sich im Streitfall nur an die eigene Regierung zu wenden, die eine Marionette Berlins gewesen ist.

Die Tatsache, daß Hitler im Juli 1944 dem Ersuchen Mussolinis entsprach und der Umwandlung der Militärinternierten in sogenannte freie Zivilarbeiter zustimmte, stand einem derartigen Befund nicht entgegen. Das Zugeständnis resultierte ganz einfach aus kriegswirtschaftlichen Nützlichkeitserwägungen. Die personelle Notlage des »Dritten Reiches« machte es notwendig, die Produktivität der vorhandenen Arbeitskräfte zu optimieren; und es war kein Geheimnis, daß die Arbeitsleistung der Italiener generell ziemlich niedrig ausfiel. Selbst eine mörderische Leistungsernährung hatte daran wenig ändern können. Hingegen schienen die Zwangsarbeiter auf bestimmte Zugeständnisse — insbesondere ausreichende Ernährung — positiv zu reagieren. Daraufhin versuchte die deutsche Seite ihr Ziel — unter anderem — über den Statuswechsel vom August/September 1944 zu erreichen. Für Hitler und seine Umgebung schloß die Überführung ins Zivilverhältnis keinerlei Risiko ein, da die »freien« Arbeiter im Reich bleiben mußten. Die Reichsführung durfte vielmehr hoffen, daß die Italiener — einige Gruppen blieben allerdings von der Aktion ausgenommen — auf den erneuten Betrug hereinfallen würden.

Tatsächlich hat jedoch allem Anschein nach lediglich ein Drittel von ihnen die Statusänderung freiwillig vollzogen. Den Rest machten die Deutschen, als weder Drohungen noch Gewaltmaßnahmen die gewünschten Ergebnisse zeitigten, qua Befehl zu freien Arbeitern. Sie lebten danach zwar auf der anderen Seite des Stacheldrahtes, aber sie blieben gefangen in Deutschland. So gut wie nichts änderte sich an der Einstellung der Bevölkerung; und was Ernährung, Behandlung, Bekleidung sowie Bezahlung anbelangte, sahen sie sich bis zum Mai 1945 an vorletzter Stelle in der Hierarchie der Fremdarbeiter, der Zwangsarbeiter sowie der arbeitenden Kriegsgefangenen angesiedelt.

Angesichts des Umgangs mit den entwaffneten italienischen Soldaten stellt sich die Frage, ob ein außergewöhnlicher Vorgang vorlag, eine spontane und unreflektierte Reaktion, oder ob die Vorkommnisse nicht doch unter dem Gesichtspunkt der nationalsozialistischen Ideologie und Indoktrination gesehen werden müssen.

Antworten lassen sich in solchem Kontext nur erarbeiten, wenn nach der Einstellung zum italienischen Menschen schlechthin gefragt wird. Die Behandlung der Militärinternierten, der italienischen Zwangsarbeiter, das heißt der Opfer von Menschenjagdveranstaltungen in Italien, und selbst der Bündnistreuen wären dabei als Einheit zu betrachten.

Bei einer derartigen Annäherung an das Problem ergibt sich der Eindruck, daß die einzelnen Kategorien von Italienern im deutschen Machtbereich durchaus unterschiedlich behandelt worden sind. Förmliche Auspeitschungen oder der Schußwaffengebrauch dürften den Militärinternierten vorbehalten gewesen sein. Ihnen und den deportierten Zwangsarbeitern ging es am schlechtesten. Die Bündnistreuen erfreuten sich vor allem materieller Vorteile. Aber mißhandelt, erniedrigt und verachtet haben die Deutschen sie ebenfalls. Außerdem standen den Toten unter den Kriegsgefangenen, die schießfreudige Bewachungssoldaten verursachten, auf der Seite der Kampf- oder Hilfswilligen diejenigen gegenüber, die eine hinsichtlich italienischer Militärangehöriger »großzügige« deutsche Militärjustiz allzu bereitwillig zum Tode verurteilte.

Trotz vieler Detailunterschiede führt die Gesamtschau zu der Überzeugung, daß die menschenverachtende Behandlung der Italiener unter anderem von einer rassenideologischen Maxime beeinflußt war. Gänzlich unverfälscht kam dies in der perversen Besorgtheit des Leiters der Parteikanzlei zum Vorschein, der im Sommer 1944 befürchtete, die Überführung der internierten Italiener in das zivile Arbeitsverhältnis könnte die »Reinerhaltung deutschen Blutes« gefährden. Mit Bormanns Haltung korrespondierte das Faktum, daß die italienischen Internierten schlechter gestellt gewesen sind als sogenannte rasseverwandte Kriegsgefangene. Auf ihre Einordnung als Angehörige einer Rasse minderer Art verwies ferner die Absicht der deutschen Führung, den Italienern — in einem vom »Dritten Reich« beherrschten Europa — die Rolle eines reinen Arbeitervolks aufzuerlegen. Hier kündigte sich eine spezielle Variante des »Sklavenstaats« an, den die SS projektierte. Denn der italienische Mensch stand zwar noch nicht auf der Stufe des Slawen, aber er galt als unwürdig, Waffen zu tragen. All das erwies sich als so evident, daß selbst Repräsentanten der Republik von Salò darüber an ihre

Regierung berichteten. Das Umgehen der Deutschen mit den Italienern, so hieß es, mache deutlich, daß sie letztere als »minderwertige Wesen« ansähen.

Zwischen der sich vielfältig artikulierenden negativen Einstellung zu den italienischen Bürgern und der nationalsozialistischen Rassendoktrin existierte offensichtlich eine Kausalbeziehung. Doch handelt es sich hierbei um eine Hypothese, die erst noch in einem größeren Zusammenhang zu überprüfen wäre. Dessen unbeschadet ist jedoch festzuhalten, daß sich die Ursachen für die »Mißhandlung« der Militärinternierten nur dann erschöpfend interpretieren lassen, wenn dabei die rassenideologisch fundierte Wertordnung des Nationalsozialismus berücksichtigt wird.

Hunderttausende internierter oder gefangener Männer, das waren ebensoviele Einzelschicksale. Noch einmal sei daher unterstrichen, daß nicht alle die gleichen Erfahrungen machten. Aber trotz der Erleichterungen, die sich in dem einen oder anderen Lager durchsetzen ließen, und ungeachtet der gutgemeinten, doch letztlich ineffizienten Betreuungsansätze ging im Frühjahr 1945 für die meisten der noch immer oder der ehemals internierten Italiener eine infernalische Phase in ihrem Leben zu Ende.

Für eine im einzelnen unbekannte Zahl unter den früheren Soldaten der königlichen Armee endete jene Zeit so, wie sie für Tausende ihrer Kameraden begann: mit Massakern! Namen wie Pothoff, Unterlüß, Liebenau, Hildesheim, Kassel und Treuenbrietzen stehen für den gewaltsamen Tod von mehr als 1 000 Militärinternierten.

Parallel zu den teilweise als Mordorgien zu bezeichnenden Vorgängen, die fanatisierte Anhänger des Regimes im Angesicht des zusammenbrechenden »Dritten Reiches« inszenierten, begann der Exodus der italienischen Arbeitssklaven aus dem Staate Hitlers. Spätestens seit dem März 1945 brandete eine wahre Menschenwoge an die Grenzen Italiens. Sie trug Militärinternierte, Zwangsarbeiter und freiwillige Arbeiter in ihre Heimat zurück. Was da ankam, bildete häufig buchstäblich Strandgut. Es handelte sich um zerbrochene, verschlissene, ausgelaugte und getriebene Existenzen.

Das ist auch die Zeit gewesen, in der die beiden wichtigsten Protagonisten des Dramas, in dem die entwaffneten Militärangehörigen die Rolle der Opfer spielen mußten, von der historischen Bühne abtraten. Am 28. April erschossen Partisanen den auf der Flucht befindlichen »Duce« am Rande des Dorfes Giulino di Mezzegra. Hitler wählte zwei Tage später in seiner in Schutt und Asche gelegten Reichshauptstadt den Freitod. Doch das Los der zurückkehrenden Internierten berührte der Tod der beiden nicht. Für viele von ihnen gab es noch lange keine Normalität. Sie blieben gezeichnet, litten an den Spätfolgen ihrer Gefangenschaft.

Noch etwas erscheint erwähnenswert: Militärinternierte erfuhren keine Wiedergutmachung. Man hat ihnen sowohl in Deutschland als auch in Italien — wo es wenigstens die Erinnerung gibt — in der historischen Bilanz der nationalsozialistischen beziehungsweise faschistischen Herrschaft nicht den Platz zugestanden, den sie aufgrund ihres Verhaltens und ihrer Leiden verdient gehabt hätten. Im großen und ganzen gerieten sie — nach Verrat, Verachtung, Mißhandlung und tausendfachem Tod — in Vergessenheit.

Rolf-Dieter Müller

# Die Zwangsrekrutierung von »Ostarbeitern« 1941–1944*

Überall in Deutschland waren sie zu sehen: auf den Straßen, in den Dörfern, Bergwerken und Betrieben; auch in den bombenzerstörten Städten arbeiteten sie und leisteten so ihren erzwungenen Beitrag zu den deutschen Kriegsanstrengungen. Es war nicht ihr Krieg, auch wenn die NS-Propaganda in der Endphase versuchte, sie zu Verbündeten im Kampf gegen den Bolschewismus zu stilisieren. Sie standen vielmehr auf der untersten Stufe der Hierarchie, mit der die Nationalsozialisten den sogenannten Fremdarbeiter-Einsatz im Reich regelten, in der Ernährung, Fürsorge und Behandlung kaum besser gestellt als jüdische Zwangsarbeiter und KZ-Häftlinge. Die kleinlichen bürokratischen Drangsalierungen und Diskriminierungen resultierten aus einem rigiden Rassismus, der sie als Gruppe noch einmal in eine besondere Wertigkeitshierarchie aufteilte. Diese Sonderstellung wurde erst im Februar 1945 endgültig aufgehoben, im Reichsgesetzblatt zumindest[1], als ihre Väter und Söhne als Rotarmisten bereits auf Berlin marschierten: Mädchen und Frauen zumeist, Jugendliche und Männer aus der Ukraine, dem Baltikum, Weißrußland und den anderen von Deutschland besetzten Gebieten der UdSSR.

»Ostarbeiter« hießen sie in der Terminologie des »Dritten Reiches«, damit sogar noch ihrer nationalen Identität beraubt. Opfer sind sie bis heute geblieben, in der Erinnerung ihrer ehemaligen deutschen Vorgesetzten und Kollegen in der Regel namenlos: der Iwan. Bei der aktuellen Entschädigungsdiskussion ist von ihnen keine Rede. Sie waren damals Angehörige einer feindlichen Macht, heute sind sie — oft hochdekorierte — Veteranen und Rentner des Sowjetstaates, also in den Augen vieler immer noch Gegner. Dabei waren sie auch nach ihrer Rückkehr bei Kriegsende lange Zeit Verfemte in der eigenen Heimat gewesen, vom stalinistischen Regime verdächtigt als Kollaborateure der Nazis oder mögliche Spione des Westens, den sie — unter welchen Umständen auch immer — für kurze Zeit kennengelernt hatten. In der jüngeren sowjetischen Geschichtsschreibung haben sie als Märtyrer und Widerstandskämpfer eine Form der Rehabilitierung gefunden[2].

---

* Eine Zwischenbilanz der westlichen Fremdarbeiter-Forschung wurde kürzlich auf dem Internationalen Symposium »Ausländische Zivilarbeiter, Kriegsgefangene und KZ-Häftlinge in der deutschen Kriegswirtschaft 1939 bis 1945« in Mühlheim/Ruhr gezogen. Die nachfolgenden Ausführungen basieren auf einem dort von mir gehaltenen Referat.

Auch in der westlichen Fremdarbeiter-Forschung, die Jahrzehnte nach dieser schicksalhaften Begegnung zwischen den Deutschen und ihren europäischen Nachbarn angelaufen ist, führen die »Ostarbeiter« eher ein Schattendasein. Solange die Archive in ihrem Heimatland verschlossen bleiben und Befragungsaktionen aus sprachlichen, geographischen und politischen Gründen wesentlich schwieriger sind als bei anderen Nationen, bestenfalls die in Deutschland verbliebenen ehemaligen »Ostarbeiter« erfassen, ist eine intensivere Erforschung dieser Thematik wohl nicht zu erwarten. Zudem sind in den okkupierten sowjetischen Gebieten bei der »Werbung« die wohl brutalsten Maßnahmen angewendet worden, Massenverbrechen, deren Ausmaß und einzelne Abläufe nicht völlig zu rekonstruieren sind[3].

Für die Lage, Betroffenheit und Reaktion der Opfer deutscher Rekrutierungspolitik hat es keinen zuverlässigen Chronisten gegeben. Im Unterschied zu anderen Besatzungsgebieten haben die Deutschen nur einen kleinen Teil des Landes in ihre Gewalt bringen können. Es gab keinen Sieg der Wehrmacht, keinen Waffenstillstand. Die Deutschen hatten die Verwaltung weitgehend selbst übernommen, mit Unterstützung von Kollaborateuren auf lokaler Ebene. Es konnte also keine Wahrnehmung der Interessen der Bevölkerung gegenüber der Besatzungsmacht geben. Um die Rekrutierungspolitik wurde lediglich zwischen verschiedenen Fraktionen des NS-Regimes selbst gestritten. Die betroffene Bevölkerung blieb eine sprachlose Masse zwischen den Fronten, so scheint es. Das spiegelt sich auch in der Geschichtsschreibung wider. Es dominiert — entsprechend der Quellenlage — entweder der Blickwinkel Berlins oder Moskaus[4].

Unter welchen Umständen sind während des Zweiten Weltkrieges Millionen sowjetischer Bürger als Arbeitskräfte für die deutsche Kriegswirtschaft angeworben bzw. verschleppt worden? Diese Frage wird in der älteren westlichen Literatur über die NS-Besatzungspolitik zwar aufgegriffen, aber doch fast ausschließlich aus der Sicht der Besatzungsmacht und ihrer Probleme behandelt[5]. Zweifellos spielte bei dem unentschiedenen Streit innerhalb der Polykratie des Besatzungsregimes die Frage der Zwangsrekrutierungen, der »Sklavenjagden« Sauckels, wie sie von Kritikern bereits damals bezeichnet wurden, eine Schlüsselrolle. Diese Vorgänge allein aus der Perspektive der Besatzungsmacht behandeln zu wollen, heißt aber, sich auf die Betrachtungsweise der Täter zu verlassen, in die Scheinwelt der Bürokratien und Ideologien hineinzugeraten, die in einem Kontrast zur Brutalität des realen Geschehens stand.

Solange nur deutsche Quellen ausgewertet werden können, läßt sich dieses Dilemma nicht völlig überwinden. Immerhin kann man feststellen, daß die NS-Akten eine Fülle von Berichten über die Reaktion der Sowjetbürger enthalten, damals oft Argumentationshilfe einzelner Behörden und Verantwortlicher im Bemühen um eine Änderung der Besatzungspolitik. Diese Zeugnisse enthalten, bei allen Einschränkungen, brauchbare Angaben, die einen gewissen Überblick zulassen. Wertvolle Äußerungen der Betroffenen selbst wurden außerdem bei der geheimen Kontrolle der Briefe festgehalten, die »Ostarbeiter« mit der deutschen Post in die Heimat sandten. Eine systematische Gesamtdarstellung über die Rekrutierung von sowjetischen Arbeitskräften als einem Schlüsselproblem sowohl für die Besatzungspolitik als auch für die deutsche Kriegswirtschaft bleibt vorerst ein Desiderat. Einige Thesen über die Entwicklung der Rekrutierungspolitik sowie über die Reaktion der sowjetischen Bevölkerung sollen dennoch gewagt werden.

## I.

Durch die deutschen Offensiven 1941 und 1942 sind zeitweilig bis zu 55 Millionen Bürger der UdSSR in deutsche Hände gefallen. Aus dem eroberten Raum waren aber zuvor rund 25 Millionen Menschen geflüchtet oder evakuiert worden. Bis zum 30. Juni 1944 wurden insgesamt etwa 2,8 Millionen als »Ostarbeiter« ins Reich transportiert[6]. Mitte 1942 waren im Besatzungsgebiet selbst rund 22 Millionen zur Arbeit für deutsche Zwecke bzw. unter deutscher Aufsicht eingesetzt, die Masse (20,8 Millionen) in der Landwirtschaft[7].

Haben die Deutschen also nur einen Teil des Arbeitskräftepotentials für sich ausnutzen können — oder wollen? Ein Blick auf die Zusammensetzung der Bevölkerung zeigt die objektiven Grenzen auf, die den deutschen Bemühungen von vornherein entgegenstanden. Ein Drittel der ursprünglich ansässigen Bevölkerung war — wie bereits erwähnt — geflohen oder evakuiert. Dabei handelte es sich um die leistungsfähigsten Jahrgänge von 20 bis 40 Jahren, die in den Reihen der Roten Armee kämpften oder als Facharbeiter und Spezialisten an der Mobilisierung des sowjetischen Hinterlandes mitwirkten. Das betraf vor allem die Arbeiterschaft. Zurück blieben größtenteils Frauen und Kinder sowie alte Leute, also der zumeist unproduktive Teil der Bevölkerung, und die Masse der Landbevölkerung, die sich eben erst von den Repressalien der 30er Jahre erholte hatte.

Hier werden schon die Schwierigkeiten der deutschen Besatzungsbehörden erkennbar, die in ihre Hände gefallenen Menschen restlos zu erfassen und zur Arbeit einzusetzen. Ein nicht geringer Teil blieb sich selbst überlassen bzw. entzog sich aktiv der Besatzungsmacht. Im Gegensatz zu anderen besetzten Gebieten gab es im Lande keine Eigenproduktion, bei der Menschen ihren Lebensunterhalt sichern konnten, keine eigenständigen Fabriken, Dienstleistungsbereiche und Bauernwirtschaften. Um zu überleben, gab es nur eine Alternative: Arbeit für die Deutschen oder Flucht in den Untergrund.

II.

Werfen wir nun einen Blick auf die Phasen der Rekrutierung für den »Reichseinsatz«. Allein aus dem militärischen Operationsgebiet, in dem bis zu 30 Millionen Menschen lebten, sind 1,4 Millionen Arbeitskräfte abtransportiert worden, in der Masse (rd. 920 000) aus der Ukraine[8]. Sowohl der Umfang der Rekrutierung als auch die Aufschlüsselung nach den einzelnen Regionen war im Gebiet der Zivilverwaltung und der Militärverwaltung in etwa gleich groß. Die zahlenmäßige Entwicklung im Operationsgebiet nahm folgenden Verlauf:

1. Bis zur Jahreswende 1941/42 gab es nur wenige Aktionen. Aus dem Distrikt Galizien waren 62 100, aus dem Baltikum und dem Bezirk Białystok rund 20 000 Arbeitskräfte angeworben worden. Die Rekrutierung von 5 000 Bergarbeitern aus Krivoi Rog lief erst allmählich an. Der erste Transport ging im Dezember 1941 mit 1 200 Arbeitern nach Deutschland.
2. Das Jahr 1942 brachte — wie auch in den anderen Besatzungsgebieten des deutschen Machtbereichs — den größten Abschub, und zwar insgesamt 805 136 Sowjetbürger, mit dem Höhepunkt in den Sommermonaten (Juni 1942: 163 998).
3. Um den Jahreswechsel 1942/43 vollzog sich ein drastischer Rückgang der Transporte (Januar 1943: 4475), und im Sommer 1943 pendelte sich die relativ niedrige Quote auf das Niveau vom Februar 1942 ein (durchschnittlich 20 000).
4. Im Frühjahr 1944 kam es dann wieder zu einem stärkeren Anstieg (Höhepunkt März 1944: 103 907), der aber nicht mehr die Größenordnung von 1942 erreichte. Im Herbst 1944 brachen die Transporte schließlich ab.

Die erste Phase der Besatzungspolitik war eindeutig vom politisch-ideologischen Primat geprägt, der auch die Wirtschafts- und Arbeitspolitik bestimmte. Da die deutschen »Neuordnungs«-Pläne einen generellen Wiederaufbau der Industrie ausschlossen, ging man davon aus, einen gigantischen Menschenüberschuß im Lande vorzufinden. Es konnten also ruhig »zig Millionen« infolge der deutschen Ausbeutungspolitik verhungern, wie es bereits in der berüchtigten Staatssekretärs-Besprechung am 2. Mai 1941 festgestellt worden war[9]. Ein Einsatz im Reich wurde nicht nur aus Sicherheitsgründen abgelehnt, sondern schien zunächst völlig überflüssig zu sein. Nach dem raschen Sieg, auf den man in Berlin vertraute, würden die im Ostheer kämpfenden deutschen Arbeiter wieder für die Fabriken in der Heimat zur Verfügung stehen.

Die arbeitslose Stadtbevölkerung im Besatzungsgebiet galt daher als lästige Kriegsbeute, als Ballast, den man möglichst ins Feindesland abschieben wollte. Die Deutschen zeigten damit, daß sie den wertvollsten Teil ihrer Beute an Arbeitskräften, das Millionenheer der Kriegsgefangenen, im Lande selbst und beim Marsch durch Dörfer und Städte vor den Augen der Einwohner verhungern ließen oder ermordeten, wie gering sie den Wert des einzelnen und seiner Arbeitskraft einschätzten[10].

Das Entgegenkommen der Bevölkerung und ihr Angebot zur Mitarbeit — zumindest in einigen Teilen des Landes — war sicher nur selten politisch motiviert. Angesichts der deutschen Gleichgültigkeit gegenüber dem Schicksal der Bevölkerung, der unaufhörlichen Repressalien und Liquidierungen gab es zunächst nur eine Überlebenschance: bei den Deutschen Arbeit zu suchen, sich möglichst unentbehrlich zu machen. In den Städten wurden die Hungerrationen bei den Arbeitsämtern verteilt. Nur wer sich »freiwillig« zum Arbeitseinsatz meldete, konnte auf ein Überleben hoffen. Aber das war nicht unbedingt sicher. Selbst Sowjetbürger, die für die Wehrmacht und die Besatzungsorgane arbeiteten, wurden oft nicht ausreichend versorgt. Die Angehörigen erhielten ohnehin nichts.

Der Kurswechsel Ende 1941, mit dem die zweite Phase eingeleitet wurde, war auf den für Deutschland ungünstigen Verlauf des Feldzuges zurückzuführen. Jetzt brauchte die deutsche Kriegswirtschaft, wollte sie ihre Produktion erhöhen, eine große Zahl ausländischer Arbeitskräfte. Die Hoffnung in Berlin richtete sich sofort auf die besetzten sowjetischen Gebiete. Dort schien ein Überangebot an Arbeitskräften nur darauf zu warten, für den »Reichseinsatz« mobilisiert zu werden. Man glaubte also, ohne große Mühe und Zugeständnisse die entsprechenden Zahlen — wenn nicht auf freiwilliger Basis, dann eben mit Zwang — rekrutieren zu können. Allein der Gedanke, um diese Menschen in irgendeiner Form ernsthaft zu »werben«, wurde von den Nationalsozialisten schon als Zumutung empfunden. Die generelle Einstellung, in den Sowjetbürgern rechtlose »Untermenschen« zu sehen, hatte sich nicht gewandelt, auch wenn man sie jetzt vorübergehend als billige Arbeitskraft einschätzte.

Das merkten die Betroffenen sehr schnell. Jene, die im Winter 1941/42 mehr oder weniger freiwillig ins Reich transportiert worden waren, sorgten mit ihren negativen Berichten für einen raschen Stimmungsumschwung im Besatzungsgebiet. Und die deutschen Behörden reagierten auf das nachlassende Entgegenkommen der Bevölkerung sofort mit härtesten Zwangsmaßnahmen. So hieß es über das Ergebnis geheimer Briefkontrollen:

»Besonders hart wird empfunden, daß durch die Zwangswerbungen Mütter von ihren kleinen Kindern und Schulkinder von der Familie getrennt werden. Die Betroffenen suchen sich mit allen Mitteln dem Abtransport nach Deutschland zu entziehen [...] Das hat wiederum eine Verstärkung der deutschen Gegenmaßnahmen zur Folge; als solche werden erwähnt: Beschlagnahmung des Getreides und des Eigentums, Inbrandsetzung des Hauses, gewaltsames Zusammentreiben, Fesselung und Mißhandlung der Gesammelten, Zwangsaborte von schwangeren Frauen[11].«

Zwar wurde die Zahl der sogenannten Werbekommissionen und die Propaganda für den »Reichseinsatz« verstärkt, da aber die Anforderungen aus Berlin immer weiter nach oben schnellten, konnte nur der Einsatz von Wehrmacht und Polizei den Erfolg verbürgen. In dieser Phase einer wilden Rekrutierung ging man vom Territorialprinzip aus, d.h. es wurden Umlagen für die einzelnen Städte und Gemeinden festgesetzt. Verantwortlich für die Erfüllung waren die einheimischen Bürgermeister und Dorfältesten. Damit riskierten die Deutschen, daß ihnen in erster Linie die Aufsässigen und Unbequemen, die Nichtbelastbaren und Arbeitsunfähigen, die Fremden und Flüchtlinge zur Verfügung gestellt wurden. In jedem Falle stand die Solidarität des Dorfes, der Nachbarschaften und Kollektive auf dem Spiel. Was konnte unter diesen Umständen »Freiwilligkeit« und »Werbung« bedeuten? Eher waren Gewalt und Repressalien vorprogrammiert, ebenso der Widerstand der Betroffenen und ihre Flucht zu den Partisanen.

Wenn »Ostarbeiter« z.T. gefesselt zu den Bahnhöfen gebracht wurden, dann blieben diese Vorgänge nicht ohne Auswirkung auf den eher passiven Teil der Bevölkerung. Auch die Gegenmaßnahmen der Sowjetregierung mit ihrem Appell an die Weltöffentlichkeit und ihrem Aufruf zum Volksaufstand trugen sicher dazu bei, die Abwehrhaltung zu stärken. Die Alternative Unterwerfung oder der bewaffnete Kampf war für die jungen Frauen aus den ukrainischen Dörfern, die 1942 von den Zwangsrekrutierungen besonders betroffen waren, sicher keine leichte Entscheidung[12].

Der drastische Zulauf zu den Partisanen veranlaßte schließlich die Wehrmacht, auf eine Änderung der Rekrutierungspolitik zu drängen und die Exzesse des Sauckel-Apparates einzudämmen. Der intensiven Abschöpfung des Arbeitsmarktes traten Wehrmacht und Zivilverwaltung freilich auch im Interesse ihres eigenen Bedarfs an Arbeitskräften entgegen. Die Bemühungen zum wirtschaftlichen Wiederaufbau sowohl zur Stützung der Front als auch zur Erfüllung der Lieferverpflichtungen ins Reich erforderten eine umfassende Arbeitsvermittlung im Lande selbst. Sie entwickelte sich immer stärker zum Konkurrenten des »Reichseinsatzes«.

Für die Bevölkerung bot die Arbeit für Wehrmacht, Ostgesellschaften und Zivilverwaltung — ungeachtet der politischen Einstellung — immerhin eine Chance, dem »Reichseinsatz« zu entgehen, die Familien zusammenzuhalten und versorgen zu können, im Notfalle die Gelegenheit zum Untertauchen zu bewahren und auf baldige Befreiung zu hoffen. Es bedeutete aber auch das Risiko, für die Deutschen jederzeit greifbar zu sein.

Am erfolgreichsten war die Rekrutierung zunächst in den ukrainischen Dörfern, bis auch hier die Verbitterung darüber wuchs, daß die Zwangsanwerbungen ohne Rücksicht auf die Notwendigkeiten der Landwirtschaft durchgeführt wurden.

Das Baltikum wurde anfangs eher geschont. Dort leisteten sich die Nazis sogar noch den Luxus rassenkundlicher Musterungen. In Mittelrußland hingegen war der Übergang zum offenen Widerstand gegen die Zwangsrekrutierung bereits vollzogen, als die Sommeroffensive 1942 noch einmal neue menschenreiche Gebiete in die Hände der Wehrmacht brachte. Den Fronttruppen folgten die Werbekommissionen direkt auf dem Fuße. Größere Freiwilligenzahlen gab es im Kaukasus, wo die Kapazitäten zum Abtransport nicht ausreichten. Die Gründe für diese Bereitwilligkeit lagen aber wohl nicht so sehr im Erfolg der deutschen Propaganda, sondern sind eher in der Geschichte der sowjetischen Nationalitätenpolitik zu suchen.

Ähnliches galt vermutlich auch für jene relativ kleine Zahl von Wissenschaftlern und technischen Spezialisten, die in deutsche Hände gerieten. Hier zeigten sich die Nazis imstande, bei ihrer Behandlung dem Gedanken der kriegswirtschaftlichen Zweckmäßigkeit den Vorrang zu geben. Den Wissenschaftlern unter den »Ostarbeitern« wurde eine privilegierte Stellung eingeräumt. Sie durften ihre Familien mitnehmen und arbeiteten zur Zufriedenheit der Firmen und Institute im Reich – ein Kapitel, über das bislang wenig bekannt ist[13].

Besonders große Hoffnungen hatten sich die Werbekommissionen beim Vormarsch nach Stalingrad gemacht. Man rechnete mit täglich 8 000–10 000 Flüchtlingen. Die gesamte Bevölkerung der Stadt sollte – nachdem Hitlers erste Anordnung, alle Männer zu ermorden, revidiert worden war – selektiert werden, insgesamt 800 000 Menschen. An der Rampe im Lager Forchstadt sollten die Arbeitsfähigen ausgemustert und dem »Reichseinsatz« bzw. anderen deutschen Bedarfsträgern vor Ort zugeführt werden. Die anderen wollte man in die Steppe leiten[14]. Sie waren also zum Tode verurteilt. Das war das Prinzip »Vernichtung durch Arbeit« unter militärischer Verantwortung. Noch vor der Niederlage, durch die die Reste der 6. Armee nun selbst Zwangsarbeit leisten mußten, war das Ergebnis für die Deutschen enttäuschend. Nur etwa 13 600 Arbeitskräfte konnten für den »Reichseinsatz« gewonnen werden.

Der in der Statistik ablesbare starke Rückgang der Rekrutierung in der dritten Phase – ab Spätherbst 1942 mit einer Verminderung bei zivilen Arbeitskräften um 70 Prozent – hatte vielfältige Ursachen. Zur Erschöpfung der bestehenden Anwerbegebiete, dem sich verschärfenden Widerstand und den jahreszeitlich bedingt nachlassenden Transportmöglichkeiten trat nun auch die Sperrung ganzer militärverwalteter Regionen. Die Wehrmacht versuchte so ihren eigenen steigenden Bedarf an einheimischen Arbeitskräften und »Hilfswilligen« zu decken. In dem Maße, wie jetzt nach der Wende des Krieges stoßweise Gebiete verloren gingen, verschärften sich zwangsläufig die Spannungen zwischen den verschiedenen Bedarfsträgern. Die militärischen Anforderungen drohten den »Reichseinsatz« zum Erliegen zu bringen.

Das deutsche Besatzungsregime reagierte darauf

1. mit der Anordnung einer allgemeinen Arbeitspflicht, damit verbunden dem Versuch einer systematischen Erfassung der gesamten Bevölkerung;
2. durch die Rekrutierung ganzer Jahrgänge für den »Reichseinsatz«, speziell der 18- bis 20jährigen, die ins arbeits- bzw. wehrfähige Alter hineingewachsen waren; der Übergang vom Territorial- zum Jahrgangsprinzip schien geeignet zu sein, sowohl dem Widerstand der Bevölkerung als auch den Rivalitäten örtlicher Bedarfsträger besser zu begegnen;
3. durch die Auskämmung der Behörden, Betriebe und Kolchosen im Besatzungsgebiet, um entbehrliche Kräfte für den Einsatz in Deutschland freizumachen.

Das Ergebnis blieb auch hier enttäuschend. Dabei wirkte sich die starke Zunahme des Volkswiderstandes ebenso lähmend aus wie der Versuch, durch Modifizierungen der Besatzungspolitik sowie einen Ausbau der Propaganda die Bevölkerung für die deutsche Sache zu gewinnen. Groß war der Spielraum in dieser Hinsicht ohnehin nicht. Mit dem Hinweis auf das »Schicksal unserer deutschen Volksgenossen in den luftgefährdeten Gebieten« sorgte Hitler dafür, daß die vielfältigen Bemühungen um eine bessere Behandlung und Betreuung der »Ostarbeiter« gebremst wurden[15]. Zwangsmaßnahmen und Razzien, die von einigen Stellen offen als »Sklavenjagden« kritisiert wurden, blieben an der Tagesordnung, ja die Meldungen darüber waren 1943 besonders zahlreich.

Die Kahlschlagpolitik der Werbekommissionen wurde auf zwei Bereiche konzentriert: Zum einen ging man bei der Partisanenbekämpfung dazu über, Gefangene und Verdächtige nicht mehr grundsätzlich zu ermorden, sondern als Zwangsarbeiter ins Reich zu überführen; damit glaubte man auch jene Dienstverpflichteten wieder in der Hand zu haben, die zu den Partisanen übergelaufen waren; zugleich ersparte man sich in diesem Falle alle propagandistischen und sozialpolitischen Zugeständnisse, mit denen man in den anderen Gebieten mühsam werben mußte; darüber hinaus erlaubte die Durchkämmung partisanenverdächtiger Gebiete und die kollektive Festnahme der Bevölkerung ein bequemes Durchbrechen der Verteilungskämpfe innerhalb des Besatzungsregimes.

Zum anderen ermöglichte die erzwungene Räumung ganzer Gebietsteile einen sehr viel stärkeren Zugriff auf die Bevölkerung; im gesamten Operationsgebiet wurde die Erfassung von Arbeitskräften ausgebaut und fast völlig auf die unmittelbaren militärischen Zwecke wie Stellungsbau, Aufrechterhaltung der Produktion etc. ausgerichtet. Die Wehrmacht schuf sich mit den Arbeitsformationen die Voraussetzung, bei weiteren Rückzügen die bereits erfaßten und bewachten Bevölkerungsteile mitzuführen und dem Reich zur Verfügung stellen zu können.

Das galt vor allem für den Abtransport ganzer Betriebsgemeinschaften. Die Besatzungsmacht ließ noch immer große Teile der Bevölkerung ohne Versorgung. Der Übergang zur Betriebsverpflegung fesselte die in den Wehrmachtbetrieben Arbeitenden und ihre Angehörigen. Aus diesem Potential von rund 6 Millionen speiste sich nun im wesentlichen der »Reichseinsatz«. Es waren Menschen, die bereits längere Zeit für die Deutschen im Lande gearbeitet hatten, die also bei einer Befreiung Repressalien zu befürchten hatten und nun im Wechselbad von propagandistischen Verlockungen und angedrohten Zwangsmaßnahmen den Abmarschbefehlen Folge leisten mußten. Freiwillig gingen die meisten aber anscheinend nicht. »Der Feindpropaganda und der Heimatverbundenheit der russischen Bevölkerung konnte nur mit Zwang entgegen gearbeitet werden«, bemerkten die deutschen Dienststellen. Da es aber oft an den notwendigen Polizeikräften und an Zeit fehlte, »gelangen geschlossene Aussiedlungen nirgends«[16].

Überstürzte Abtransporte, der Mangel an Fahrzeugen und Bewachungskräften führten allerdings dazu, daß ein großer Teil der Zwangsevakuierten — bis zu 40 Prozent in den Trecks — die Möglichkeit zur Flucht ausnutzen konnte. Die in Marsch gesetzten Landtrecks verliefen sich nicht selten oder wurden von Partisanen bzw. der rasch nach Westen vorstoßenden Roten Armee befreit. Die Machtmittel der Deutschen waren ohnehin nur auf einen Teil des Landes beschränkt, zumeist die Ortschaften und Durchgangsstraßen. »Das Bewußtsein, nunmehr russisches Gebiet überhaupt verlassen zu müssen«, führte vielfach zur Flucht selbst aus Eisenbahntransporten, wie die verantwortlichen Stellen notierten[17].

Wenn es auch oft nur kaschierender Sprachgebrauch war, wenn die Deutschen von Flüchtlingskolonnen sprachen — Flüchtlinge gab es tatsächlich in gewisser Zahl. Zu den Volksdeutschen, den Kollaborateuren und ihren Familien gesellten sich vermutlich auch Menschen, die einfach nur vor dem Krieg und drohenden Repressalien flüchteten. Eine Bereitschaft, sich für den Arbeitseinsatz in Deutschland zur Verfügung zu stellen, war bei ihnen damit nicht verbunden. Die Deutschen setzten dennoch alles daran, die mitgeschleppten Menschen zur Arbeit einzusetzen, selbst die arbeitsunfähigen Familienangehörigen. Bereits im Operationsgebiet wurden Kinder und Jugendliche erfaßt, in spezielle Lager verschleppt und ins Reich — angeblich zur Berufsausbildung — transportiert. Damit bekam man zugleich ein Druckmittel gegenüber den Eltern in die Hand, den Kindern zu folgen.

Bei diesen völkerrechtswidrigen Maßnahmen übernahm die Wehrmacht eine Führungsrolle[18]. Die vermeintliche militärische Zweckmäßigkeit dürfte die Hemmungen bei den Verantwortlichen rasch beseitigt haben. Der Leiter der Chefgruppe Arbeit bei der Wirtschaftsinspektion Süd machte z.B. im Februar 1944 folgende Rechnung auf: Bei den Rückzügen der vergangenen sechs Monate habe man ungefähr 1,5 Millionen wehrfähige Sowjetbürger zurücklassen müssen; das bedeute 150 neue Divisionen auf der anderen Seite der Front, die erst mit viel Mühe wieder als Gefangene eingesammelt werden müßten. Dagegen könnten die in der gleichen Zeit ins Reich transportierten 80 000 Wehrfähigen als mögliche »Waffenträger« des Feindes keine Schwierigkeiten mehr bereiten[19].

Ein letzter Schub für den »Reichseinsatz« kam im Sommer 1944 durch die Zuführung derjenigen Sowjetbürger und ihrer Familien, die im Troß der geschlagenen Wehrmacht als sogenannte Hilfswillige und Angehörige von Zivilarbeitsdienst-Bataillonen ins Reichsgebiet kamen. Fast die Hälfte aller in Deutschland beschäftigten »Ostarbeiter« ist erst 1943/44 rekrutiert worden. In dieser dramatischen Phase des deutschen Rückzugs machte ihr Anteil zwei Drittel an der Gesamtzahl aller neu eingesetzten ausländischen Zwangsarbeiter aus, zu einem Zeitpunkt, als die deutsche Kriegsproduktion ihren Höhepunkt erreichte, der Bedarf an Arbeitskräften — auch durch die massenhaften Einziehungen Deutscher zur Wehrmacht — entsprechend hoch war.

## III.

Nach diesem Überblick über Verlauf und Bedeutung der Zwangsrekrutierung von Sowjetbürgern für die deutsche Kriegswirtschaft stellt sich noch einmal die Frage nach der Haltung der betroffenen Bevölkerung im Besatzungsgebiet. Dazu lassen sich zusammenfassend folgende Thesen formulieren:

1. Die Bereitschaft, sich der Werbung für den »Reichseinsatz« zu widersetzen, dürfte im großen und ganzen in der Sowjetunion stärker ausgeprägt gewesen sein als in anderen Besatzungsgebieten. Ob die Reife des politischen Bewußtseins und die Loyalität gegenüber der eigenen Regierung hierzu mehr beigetragen haben als die bittere Erkenntnis, daß die Deutschen als Kolonialherren gekommen waren, die die Russen — nach einem geflügelten Wort — »als weiße Neger der Deutschen« behandelten, sei dahingestellt.
2. Die der Zwangsrekrutierung und den Sklavenjagden ausgelieferte Bevölkerung war zum Opfer eines rassenideologischen Dogmatismus und eines weitgehend enthemmten militärisch-industriellen Komplexes geworden. Ausmaß und Brutalität der Gewaltmaßnahmen wurden im deutschen Machtbereich nur noch durch das System der Konzentrations- und Vernichtungslager übertroffen. Die vielfältigen und massenhaften Formen des Widerstandes und der Verweigerung müssen unter diesem besonderen Blickwinkel gewürdigt werden.

3. Auch die soziologische Zusammensetzung der Bevölkerung und ihre Prägung durch die vorangegangenen Maßnahmen des Stalinismus schufen in den okkupierten Gebieten der UdSSR eine besondere Situtation. Sowohl die partielle Bereitschaft zur Anpassung und Mitarbeit zumindest von Teilen der Bevölkerung als auch der aktive Widerstand bedürfen daher einer differenzierten Betrachtung.
4. Die großen Zahlen des Sommer 1942, die unter speziellen Umständen erreicht worden sind, täuschen leicht darüber hinweg, daß die Rekrutierungspolitik der Nazis insgesamt — gemessen an ihren Zielsetzungen — als Fehlschlag angesehen werden muß. Der Nutzen, der aus der Zwangsarbeit von Millionen »Ostarbeitern« gezogen worden ist, war indes beträchtlich, mehr noch — die entscheidende Voraussetzung dafür, daß Hitler seinen Krieg bis zum Frühjahr 1945 fortsetzen konnte.

## Anmerkungen

1 Verordnung über Aufhebung der arbeitsrechtlichen, steuerrechtlichen und sozialversicherungsrechtlichen Sondervorschriften für Ostarbeiter, vom 13.3.1945, Reichsgesetzblatt I, Nr. 9, S. 39 f.

2 Siehe J. A. Brodski, Im Kampf gegen den Faschismus. Sowjetische Widerstandskämpfer in Hitlerdeutschland 1941—1945. Berlin (Ost) 1975.

3 Man kann deshalb zu Recht von einer »bisher nicht gekannten Stufe offener Massenversklavung« sprechen; N. Müller, Wehrmacht und Okkupation 1941—1944. Berlin (Ost) 1971, S. 175.

4 Die beste Darstellung findet sich bei U. Herbert, Fremdarbeiter. Politik und Praxis des »Ausländer-Einsatzes« in der Kriegswirtschaft des Dritten Reiches. Berlin, Bonn 1985, S. 154 ff. Die bislang einzige monographische Abhandlung von L. Ewerth, Der Arbeitseinsatz von Landesbewohnern besetzter Gebiete des Ostens und Südostens im Zweiten Weltkrieg. Diss. masch. Tübingen 1954, genügt wissenschaftlichen Ansprüchen bei weitem nicht mehr.

5 So vor allem bei A. Dallin, Deutsche Herrschaft in Rußland 1941—1945. Düsseldorf 1958, S. 441 ff.

6 Zu den Zahlen s. Kriegswirtschaft im Operationsgebiet des Ostens in den Jahren 1941—1943. Bearbeitet von Generalmajor Hans Nagel (1944/45), Institut für Zeitgeschichte, ED 2/I, S. 356; K. Segbers, Die Sowjetunion im Zweiten Weltkrieg. München 1987, und Dallin (wie Anm. 5), S. 444.

7 Stellungnahme Amtsgruppe WiAusl/IaH des OKW vom 17.9.1942, Bundesarchiv-Militärarchiv Freiburg (BA-MA), RW 31/151.

8 Gesamtzahl der bis 30.6.1944 ins Reich transportierten »Ostarbeiter«: 2 792 669, s. Dallin (wie Anm. 5), S. 465. Die nachfolgenden Zahlen sind errechnet aus den Monatsberichten und dem Kriegstagebuch des Wirtschaftsstabes Ost, BA-MA, im Bestand RW 31.

9 Zum Hintergrund s. Das Deutsche Reich und der Zweite Weltkrieg, Bd 4. Stuttgart 1983, S. 143 ff. (Müller).

10 Dazu umfassend Christian Streit, Keine Kameraden. Die Wehrmacht und die sowjetischen Kriegsgefangenen 1941–1945. Stuttgart 1978.

11 Zit. nach Dallin (wie Anm. 5), S. 448.

12 Dennoch gingen von den rd. 500 000 ukrainischen Mädchen nur 13 000–15 000 freiwillig; G. Reitlinger, Ein Haus auf Sand gebaut. Hitlers Gewaltpolitik in Rußland 1941–1944. Hamburg 1962, S. 304, 319.

13 Nagel (wie Anm. 6), S. 394 f.

14 Hitlers Anweisung in Generaloberst Franz Halder, Kriegstagebuch. Tägliche Aufzeichnungen des Chefs des Generalstabes des Heeres 1939–1942, hrsg. vom Arbeitskreis für Wehrforschung Stuttgart, bearb. von H.-A. Jacobsen in Verbindung mit A. Philippi. Bd III: Der Rußlandfeldzug bis zum Marsch auf Stalingrad (22.6.41–24.9.42). Stuttgart 1964, S. 541 (31.8.1942). Zu den Evakuierungsplänen s. Vermerk der Abt. Landwirtschaft betr. Evakuierung von Stalingrad, vom 1.10.1942, BA-MA, RW 31/23.

15 Vortrag Sauckels vor den verantwortlichen Offizieren und Beamten der Heeresgruppe Mitte am 15.7.1943, KTB Chefgruppe Arbeit/Wirtschaftsinspektion Mitte Nr. 9, S. 28/29, BA-MA, RW 31/568.

16 Nagel (wie Anm. 6), S. 387.

17 Ebd., S. 389; Müller (wie Anm. 3), S. 186.

18 Deutsche Besatzungspolitik in der UdSSR 1941–1944. Dokumente, hrsg. von N. Müller. Köln 1980 (zuerst Berlin-Ost 1980), S. 279 ff.

19 Schreiben des Leiters der Chefgruppe Arbeit bei der Wirtschaftsinspektion Süd vom 22.2.1944, BA-MA, RW 19/1224.

Falk Pingel

# Die KZ-Häftlinge zwischen Vernichtung und NS-Arbeitseinsatz*

Zahlreiche neuere Darstellungen zur Geschichte der Konzentrationslager beschäftigen sich verstärkt mit dem Häftlingsarbeitseinsatz; professionelle Historiker und regionale Geschichtsgruppen, die sich auch, aber nicht ausschließlich, auf historische Laien stützen, interessieren sich gleichermaßen für das Thema. Ihre Veröffentlichungen scheinen von einem bestimmten Motiv getragen zu sein: Sie wollen die bereits bekannten grausamen, z.T. lebensvernichtenden Haftbedingungen noch aus einer anderen Perspektive sehen, die Schilderung von Willkür und Schikane im KZ ergänzen durch den Hinweis auf die Rationalität der Ausbeutung, auf den Nutzen, den Häftlinge nicht nur für die SS, sondern für die NS-Wirtschaft im allgemeinen darstellten.

Freilich, wenn man sich diese Arbeiten im einzelnen anschaut, so beschreiben sie doch mehrheitlich wieder die gleiche Geschichte von Mißhandlung, Entwürdigung, Entzug der notwendigen Reproduktionsbedingungen unter dem Deckmantel der Arbeit: Arbeit als Mittel der Vernichtung — diese Formel findet sich als Titel und sie ist bereits zum Schlagwort geworden[1]. Die Seite des Gewinns für den Ausbeuter, die wirtschaftliche Rationalität scheint hier und dort auf, prägt aber nicht den Inhalt, wird nicht oder nur selten in einer eigenständigen Argumentation verfolgt. Der gequälte Häftling, nicht die Kassen der Konzerne, nicht einmal die der SS stehen im Vordergrund; vor allem die SS in den den Firmen angegliederten Lagern, vielleicht die zivilen Vorarbeiter terrorisierten die Häftlinge, nicht die Wirtschaftlichkeitsberechnungen der Konzernleitungen. So wird der Häftling zum Sklaven, bloßes Eigentum im Verfügungsrecht des Besitzers, der SS, von dessen Nutzen einfach ausgegangen wird, ohne ihm wirklich auf den Grund zu gehen[2].

Hier interessieren gerade diese Fragen: Was bedeutet der Ausdruck »Sklavenarbeit«? Weist er darauf hin, daß Zwangsarbeit dem kapitalistischen System nicht inhärent ist, deckt seine Anwendung im Grunde die These, der Industrie

---

* Dieser Beitrag geht auf einen Vortrag zurück, den ich erstmals auf einem gemeinsamen Seminar der Friedrich-Ebert-Stiftung, der Aktion Sühnezeichen und des Arbeitskreises Stadtgeschichte Salzgitter im Juni 1987 gehalten habe; die Anmerkungen sind hier entsprechend knapp gehalten. Mehr empirisches Material wird demnächst in einem von Ulrich Herbert zusammengestellten Tagungsband vorliegen: Der »Reichseinsatz«. Ausländische Arbeitskräfte in der nationalsozialistischen Kriegswirtschaft, 1939-1945, Bonn 1990.

seien die Häftlinge aufgezwungen worden? Wie, wenn der Krieg gewonnen worden wäre? Ist anzunehmen, daß die Privatbetriebe möglichst schnell wieder ausschließlich zu freier Lohnarbeit übergegangen wären?

Diese Fragen lassen sich nicht aus der Beschreibung der Arbeits- und Haftbedingungen allein beantworten. Die KZ-Arbeit, wenn sie einen systematischen Stellenwert für das System hatte und nicht nur *ein* Mittel unter anderen der Vernichtung »lebensunwerten Lebens« war, muß im Zusammenhang des Gesamtsystems, dessen Nutzen- und Kostenrechnung gesehen werden. Nur so kann entschieden werden, ob sie Bestandteil des Wirtschaftssystems und der Arbeitsordnung des Nationalsozialismus gewesen ist oder ob sie Bedeutung nur im internen System des Haftvollzugs gehabt hat.

Petzina unterscheidet in der Geschichte der nationalsozialistischen Arbeitsmarktpolitik fünf Abschnitte[3]:

1. 1933/34 Suchen nach einer neuen Arbeitsordnung, Arbeitsbeschaffungsmaßnahmen;
2. 1935/36 Abbau der Arbeitslosigkeit vor allem durch Rüstungswirtschaft;
3. erste Phase des Vierjahresplans bis Sommer 1938;
4. Übergang zur Zwangslenkung der Arbeitskräfte ab Sommer 1938;
5. ab 1942 zentrale Lenkung durch das Rüstungsministerium und den Generalbevollmächtigten für den Arbeitseinsatz.

Diese fünf Abschnitte lassen sich in drei Perioden zusammenfassen, von denen die erste die Jahre 1933—1936, die zweite die Jahre 1936/37—1942 und die dritte 1942—1944/45 umfassen. Jede dieser drei Perioden bezeichnet wesentliche Entwicklungsabschnitte der nationalsozialistischen Herrschaft insgesamt, die jeweils neue Instrumente der Arbeitsmarktpolitik erforderten. Auch die Entwicklung der Konzentrationslager läßt sich nach genau diesen drei Perioden gliedern. Sie bilden wichtige Einschnitte für die Entwicklung der Lagergröße, der Häftlingszahlen, der Häftlingszusammensetzung und der Ausweitung der Einlieferungsgründe. Mit jeder neuen Periode nimmt die Bedeutung des Arbeitseinsatzes zu[4].

Meine These zum Verhältnis von KZ-Arbeitseinsatz und nationalsozialistischer Arbeitsmarktpolitik wird aus diesen Sätzen schon deutlich: Die Arbeit von KZ-Häftlingen ist in erster Linie vom Gesamtsystem her zu begreifen, wenn auch die SS zeitweilig eigene Interessen verfolgte, die sich aber im großen und ganzen in das Gesamtsystem haben einfügen müssen.

Gerade in diesem Zusammenhang ist das eigentlich bemerkenswerte Faktum, daß das Bestreben der SS, tatsächlich einen »Sklavenstaat« im NS-Staat mit Hilfe der Konzentrationslager einzurichten, nicht zuletzt deswegen scheiterte, weil die Privatindustrie in einer von Staat oder Partei beherrschten Teilwirtschaft langfristig eine Gefährdung ihrer selbst sah[5]. Daraus schon geht hervor, daß die Form der Häftlingsarbeit, die während des Krieges schließlich gefunden wurde, ausdrücklich eine solche sein sollte, die mit einer kapitalistisch geführten Wirtschaft zu vereinbaren war. Es bleibt allerdings die Frage, ob und welche spezifischen Bedingungen hinzukommen mußten, damit sich die Privatwirtschaft bereit fand, Zwangsarbeit ins eigene System der freien Lohnarbeit zu integrieren. Es wäre verkürzt, dies nur aus der Kriegssituation heraus verstehen zu wollen. Betrachten wir die einzelnen Phasen des Griffs nach der Häftlingsarbeitskraft genauer.

Nicht erst die Arbeitsknappheit im Kriege hat die Versuchung hervorgerufen, die Arbeitskraft der Häftlinge auszunutzen. Systematisch wurde dieser Gedanke bereits von der SS in München für das Lager Dachau im Zusammenhang der Einlieferungen der sogenannten »Asozialen« im Herbst 1933 und im Jahre 1934 entwickelt; diese Häftlinge wurden z.T. ausdrücklich mit dem Ziel in die Konzentrationslager überstellt, die Kapazität der lagereigenen Werkstätten zu erweitern, allerdings, soweit sich sehen läßt, vor allem, um für SS-eigenen Bedarf zu produzieren. Doch dieses Konzept setzte sich nicht durch, da es gegen die wichtigste Funktion der NS- Herrschaft zu dieser Zeit verstieß, nämlich das kapitalistische System überhaupt zu retten, und nicht etwa, ihm Konkurrenz zu machen. Konkret scheiterte die SS in Dachau schon an der örtlichen Handwerkskammer, die die Dachauer Bäcker, Schuster usw. mobilisiert hatten. Denn diese fürchteten die Konkurrenz der SS auf dem privaten Markt und um ihre eigenen Aufträge für das Lager. Häftlingsarbeit wurde in der Regel nur dort zugelassen, wo sie auch außerhalb der Lagerwelt üblich war, z.B. bei Infrastrukturmaßnahmen, die nicht in die Produktion selbst eingriffen, sondern deren Investitionskosten möglichst gering oder die Subsistenzkosten der Arbeiter senken und damit die Löhne niedrig halten sollten: Gewinnung von Siedlungsland durch Moortrockenlegung, Straßenbau usw. Hier organisierte der Reichsarbeitsdienst Lagerarbeit in größerem Ausmaß, als dies zu dieser Zeit die SS mit den KZ-Häftlingen überhaupt hätte tun können. Und der Reichsarbeitsdienst (RAD) tat dies, um die schädliche Kehrseite der freien Lohnarbeit, nämlich die Arbeitslosigkeit, zu vertuschen. Selbst hier trat der RAD als Konkurrent zur KZ-Arbeit auf und die SS zog sich von dieser Konkurrenzsituation letztendlich sogar zurück. Allerdings schon diesmal weniger aus Schwäche, sondern weil sich ihr neue Betätigungsbereiche eröffneten.

Freilich kommt in der Auseinandersetzung zwischen dem RAD und der SS um den Stellenwert der Arbeit in den Emslandlagern, wo sich beide Organisationen das Feld streitig machten, auch die ideologische Komponente des Konflikts um die Arbeit als Mittel des Haftvollzugs zum Ausdruck[6]. Denn der RAD nahm die nationalsozialistische Propaganda ernst und machte für sich geltend: Arbeit adelt, und KZ-Häftlinge verdienen den Adel nicht. Im Gegenteil, wenn KZ-Häftlinge nützliche Arbeit verrichten sollten, würde dies das Ansehen der RAD-Arbeitslager schädigen. Gegen diese Auffassung konnte sich die SS nach ihren eigenen Kategorien nicht wehren. Denn überwiegend waren die Häftlinge ja noch nicht im Lager, um zu arbeiten, sondern um vom Staat die Leute fernzuhalten, die eine Gefährdung seines kapitalistischen Charakters darstellten oder darzustellen schienen. Andere Prioritäten zu setzen, war in der ersten Periode gescheitert. So bestimmte sich die Stellung der Arbeit in dieser Periode hauptsächlich vom internen Lagervollzug und nicht von externen ökonomischen Faktoren her, die Häftlingsarbeit weitgehend als unerwünscht gelten ließen. Als Mittel des Haftvollzugs trug die Arbeit dessen Eigenschaften, war qualvoll, Mißhandlung, Entwürdigung. Sie richtete sich mehr an der Doktrin der Beschäftigung als an der Nützlichkeit des zu erarbeitenden Produktes aus, dem Diktum folgend: Wer ißt, soll auch arbeiten. Das NS-System war noch nicht so ausgereift, als daß die SS schon stark genug gewesen wäre, auch die Umkehrung des Satzes zu realisieren: Wer nicht arbeitet, soll auch nicht essen.

Als die SS schließlich die Emslandlager räumte, gab zu diesem Entschluß die Auseinandersetzung mit dem RAD schon nicht mehr den Ausschlag. (Die Lager gingen bekanntlich an die Justizverwaltung über.) Der Rückzug aus diesem Lagerkomplex (und anderen, die in der ersten Periode gegründet worden waren) leitete in Wirklichkeit einen Ausbau des KZ-Systems ein.

Die wichtigen Änderungen, die in der zweiten Periode eintraten, sind allgemein bekannt. Ohne Zweifel waren es die Interessen der SS, die nun darauf hinwirkten, daß neue Lager dort angelegt wurden, wo die Häftlinge bei der Steingewinnung oder -verarbeitung eingesetzt werden konnten. Häftlinge arbeiteten für SS-eigene Werke und schufen somit der SS Gewinne — vorausgesetzt, daß die Betriebe gewinnbringend arbeiteten. Der SS gelang nun die eigene, mit Häftlingen geleistete Wirtschaftstätigkeit, weil die Arbeitslosigkeit nicht nur behoben war, sondern in manchen Sektoren der Produktion, und gerade in der Steinverarbeitung bereits Arbeitskräftemangel herrschte. Konkurrenz war nicht zu fürchten, weil es für die Privatindustrie weitaus lohnendere Fertigungszweige gab. Die Häftlinge arbeiteten nicht in einem hochprofitablen Sektor der kapitalistischen Produktion.

Wie weit stellt dieser Häftlingseinsatz einen Einbruch in das System der freien Lohnarbeit dar? Bestimmte Infrastrukturarbeiten, die z.T. direkt auf Rüstung und Kriegsvorbereitung bezogen waren, wie z.B. den Bau des »Westwalls«, führten staatliche Organisationen wie der RAD oder die Organisation Todt aus, die ihre Arbeiter zwangsverpflichteten, kasernierten und disziplinarischen Maßnahmen unterwarfen. Aber auch in der direkten Produktion, und zwar gerade in solchen Sektoren, in denen mächtige Firmen miteinander konkurrierten, schränkten staatliche Vorschriften den Wechsel des Arbeitsplatzes ein. Die Organisation des Vierjahresplans unter Beteiligung führender Großindustrieller — insbesondere aus dem IG-Farben-Konzern — bereitete bereits die Lenkung des zukünftigen Ausbaus der Wirtschaft und der Verteilung der Ressourcen durch staatliche Organe vor, in denen gleichsam »Delegierte« der Großindustrie das Sagen hatten. Freilich nutzte die Wirtschaft gerade in dieser Phase noch ihre Gewinnspannen, um sich gegenseitig Facharbeiter durch Lohnangebote abzuwerben, die die staatlicherseits bzw. durch die Treuhänder der Arbeit festgesetzten Lohnhöhen überschritten. Wenn es also auch noch gegenläufige Tendenzen gab, so war das Prinzip der freien Verfügbarkeit der Arbeitskräfte bereits eingeschränkt, in die Zukunft reichende Wirtschaftsplanungen nahmen kaum noch Rücksicht darauf. Die Lenkung der Arbeitskraft war mit dem Vierjahresplan in ein neues Stadium getreten, in das sich die Pläne der SS einfügen ließen, ohne daß die SS die treibende Kraft zum neuen Wirtschaftsdirigismus gewesen wäre. Die noch verbreiteten unterschiedlichen Auffassungen hingen damit zusammen, daß ein Teil der Firmen oder bestimmte Industriezweige sich weiterhin auf einem freien internationalen Markt orientierten und auf diesem auch in fernerer Zukunft Absatzchancen sahen, andere aber bereits auf das von Hitler geförderte Konzept der »Autarkiewirtschaft« umgeschwenkt waren, das von einem geschlossenen, von Deutschland beherrschten Wirtschaftsraum ausging, der zwar weder die Warenkonkurrenz zu fürchten hatte, noch aber über ein unbegrenztes Potential von Arbeitskräften und »Billiglohnländern« verfügen würde. Der Vorteil des Autarkiekonzeptes lag darin, der deutschen Industrie einen Absatzraum zu schaffen, der mit dem amerikanischen Binnenmarkt und dem britischen Empire konkurrieren konnte; sein Nachteil war, daß Expansion allein mit wirtschaftlichen Mitteln nicht möglich war, d.h. es war auch absehbar, wo die Grenzen von Produktion und Absatz lagen. Wenn diese auch weiter gesteckt sein würden als bisher, so sahen doch auch die klügeren Köpfe der nationalsozialistischen Wirtschaft, daß Planung und Kontrolle der Ausbeutungsmöglichkeiten in einem solchen, im wesentlichen durch die politische Macht bestimmten Wirtschaftsraum unumgänglich seien, aber natürlich auch zum Nutzen derer ausfallen würden, die sich nun statt in der sogenannten freien Konkurrenz in der staatlichen Wirtschaftsplanung würden durchsetzen können. Von diesen Prämissen her und angesichts der bereits vorhandenen Knappheit von Arbeitskräften war es nicht überraschend, daß die SS nun in einem durchaus bescheidenen Rahmen Zwangsarbeit einsetzen konnte und niemand mehr darin eine Bedrohung der freien, kapitalistischen Wirtschaft sah. Wenn es ein Problem beim Häftlingsarbeitseinsatz gab, dann lag dieses nicht bei der freien Wirtschaft, sondern bei der SS.

Die SS verfolgte mit ihren eigenen Wirtschaftsunternehmungen vor allem das Ziel, sich unabhängig zu machen. Sie wollte sich eine eigene Geldquelle erschließen, denn die SS war ja eine Organisation der Partei und von deren

Haushalt abhängig, wenn sie sich praktisch auch weitgehend durch den Staatshaushalt finanzierte. Aber Gelder des ordentlichen Haushaltes bekam sie nur für Zwecke, die sie als quasi staatliches Organ wahrnahm, wie z.B. den Bau und die Unterhaltung der Konzentrationslager. Konzepte, die sie also im polizeilichen Sektor verfolgte, waren stets davon abhängig, ob sie letztendlich von der staatlichen Administration genehmigt wurden. Der finanziellen Beschränkung entsprach eine inhaltliche Kontrolle. Gerade diese wünschte Himmler aber in Hinblick auf die sich ausweitenden Aufgaben der SS als einer Organisation zu überwinden, die sich nicht im Schutz von Partei und Staat vor dem »inneren Feind« erschöpfen, sondern auch eine rassistisch geprägte Wissenschaft vorantreiben, eigene kulturelle Projekte verfolgen und vor allem — je näher der Krieg rückte, desto dringlicher wurde dies — die Siedlung und Beherrschung des »Ostraumes« verwirklichen sollte.

Es ist nun erstaunlich zu sehen, daß die SS selbst nicht im Stande war, diese Absichten, die in die politische Ökonomie des Gesamtsystems paßten, zu verwirklichen. Wichtige Produktionsvorhaben in den Konzentrationslagern, wie die Ziegelwerke in Neuengamme und Sachsenhausen, brachten riesige Verluste, die sich für die beiden Werke in den Jahren 1941/42 auf insgesamt 5 700 000 RM beliefen. Einen bedeutenden Gewinn unter den KZ-Unternehmungen erzielte nur die Textil- und Lederverwertung (Texled), bei der im wesentlichen weibliche Häftlinge des KZ Ravensbrück beschäftigt waren — eine Gesellschaft, die in der Wertschätzung der SS durchaus hinter den Steinfirmen rangierte. Enno Georg führt in seiner Arbeit über die SS-Unternehmungen das finanzielle Desaster der Deutschen Erd- und Steinwerke (DEST), in der die Steinbrüche und Ziegeleien der Konzentrationslager zusammengefaßt waren, vor allem auf technische Unzulänglichkeiten und zu groß dimensionierte Fertigungsanlagen zurück, die ohnehin eine lange Anlaufzeit brauchten, bevor sie sich amortisieren würden[7]. Ohne Frage stand der SS anfangs nicht hinreichend ausgebildetes technisches Personal zur Verfügung, um die neuen Aufgaben sachgerecht zu bewältigen. Es kommt aber der Häftlingseinsatz selbst als ein weiterer, ins Gewicht fallender Faktor hinzu; nicht nur die technisch-administrative Führung war unzulänglich, der Einsatz der Zwangsarbeiterschaft erwies sich als ebenso ineffektiv. Der Aufbau der Ziegeleien, vor allem der dazugehörigen Infrastruktur wie Verlade- und Hafenanlagen, z.T. die Produktion selbst, mit Sicherheit auch die Arbeit in den Steinbrüchen, erfolgte weitgehend ohne Rücksicht auf den Erhalt der Arbeits-, ja der Lebenskraft der beschäftigten Häftlinge. Hierfür sind außerökonomische Gründe anzuführen, die in den Grundsätzen der Häftlingsbehandlung liegen und die der SS einfach keine andere Haltung als die der dauernden Schikane und Mißhandlung erlaubten. Das reicht aber nicht aus. Denn es erklärt nicht, warum an unterschiedlichen Arbeitsplätzen unterschiedliche Todesraten auftraten. Warum entwickelte sich die Arbeit gerade in den Steinbrüchen in Mauthausen, im Ziegelwerk in Oranienburg zu einer besonderen Strafe?

Die Lager-SS hatte in der zweiten Periode bestimmte Produktionsnormen zu erfüllen. Da es sich bei den geschilderten Arbeitsvorhaben im wesentlichen um schwere körperliche Arbeit ohne technische Kenntnisse handelte, bestand die Strategie der SS, Arbeitsleistung zu steigern, allein darin, die Kraftreserven der Häftlinge zu mobilisieren, bis sie verbraucht waren, da die SS den Häftlingen unterstellte, daß diese ihre Arbeitskraft der SS nach Möglichkeit vorenthalten würden. Die SS konnte diese Strategie durchhalten, weil die Arbeitskraft zu dieser Zeit noch stets ersetzbar war. Nie mehr als ein Drittel der Häftlinge war in SS-Betrieben beschäftigt, schätzungsweise ein Drittel der Häftlinge war überhaupt ohne Beschäftigung und für einen Teil dieser Häftlinge kehrte sich nun tatsächlich das Motiv aus der ersten Periode um: Da sie nicht arbeiteten, wurden sie ausgehungert, so z.B. polnische Häftlinge in Buchenwald oder Dachau. Oder anders: Nur so lange jemand arbeitete, durfte er essen. (Erst in der dritten Periode sollte es noch eine Ausdeutung dieses Satzes geben: Iß, damit Du arbeiten kannst.) Der ungeheure Verschleiß der Arbeitskraft schlug ökonomisch für die Lager-SS nicht negativ zu Buche: Sozial- und Krankheitskosten gab es nicht, die Lohnkosten waren zu vernachlässigen; sie betrugen nicht mehr als 30 Pf. pro Tag. Die Arbeitskraft wurde den Bilanzführern als Kostenfaktor nicht bewußt — das war eigentlich noch unter dem Niveau eines Sklavenstaates. Deshalb gab es niemanden, der die Lager-SS in ihrer Ausbeutungswut bremste, obwohl diese ökonomisch unsinnig war. Denn die Leistung pro Häftling erreichte wohl kaum die 50-Prozent-Marke eines Zivilarbeiters, oft lag sie beträchtlich darunter. Hierin ist natürlich auch ein Grund für den finanziellen Fehlschlag der DEST-Projekte zu sehen. So entstand in der zweiten Periode die paradoxe Situation, daß schwere und keine Arbeit zu ähnlich hohen Todesraten führten.

An Arbeitsplätzen, an denen nicht die Körperkraft für die Arbeitsleistung entscheidend war und wo die SS infolgedessen weniger in die Versuchung kam, durch ihre hemmungslose Auszehrung mehr Leistung zu fordern, erzielte sie auch andere finanzielle Ergebnisse. Den SS-Wirtschaftsprüfern in Berlin fiel dieses am positiven Beispiel der Texled auf. Die Texled führte beträchtliche »Übergewinne« an das Reich ab; durch erhöhte Lohnkosten ließ sich der Gewinnanteil der Gesellschaft auf Kosten der Überweisungen ans Reich steigern, d.h. der Gewinn der Texled ließ sich u.a. dadurch vermehren, daß der Wert der eingesetzten Arbeitskraft höher veranschlagt wurde — die Arbeitskraft mußte auch für die SS zu einem Wert werden, damit sie ihr wirklich Werte schaffen konnte. Die Texled setzte sich daher dafür ein, daß das Häftlingsentgelt erhöht wurde; dies hatte auf der anderen Seite aber zur Folge, daß ein toter Häftling die SS nun wirklich auch etwas kostete und daher mit der Arbeitskraft möglicherweise pfleglicher umzugehen war als bisher. Freilich standen die traditionelle Lagerorganisation und der Zugang immer neuer Häftlinge der reibungslosen Durchsetzung dieses Prinzips noch entgegen. Zumal mit den Einlieferungen der sowjetischen Kriegsgefangenen, dem Anstieg der rassenideologisch bedingten Vernichtung seit dem Krieg gegen die Sowjetunion, gewann der Satz noch an Bedeutung: Du sollst gar nicht essen, also auch nicht arbeiten. Der Prozentsatz der bei den SS-Betrieben arbeitenden Häftlingen nahm ab, die Zahl der Häftlinge dagegen bedeutend zu. Es hätten wohl kaum so viele Arbeitsplätze in der Steinindustrie aufgeschlossen werden können, um all diese Häftlinge zu beschäftigen. Als ökonomisches Modell hatte sich der Häftlingsarbeitseinsatz für die SS im ganzen noch nicht bewährt; innerhalb des SS-Systems war er mehr zu einem Mittel des Haftvollzugs verkommen, »löste« dort die Überfüllungsprobleme, statt Werte für den SS-Staat zu schaffen. Dies änderte sich erst, als die SS nicht mehr allein aus eigener Motivation, sondern auf Druck von außen produzieren sollte und dadurch gezwungen wurde, den Arbeitseinsatz neu zu organisieren.

Die Umstrukturierung des Arbeitseinsatzes der Konzentrationslager in der dritten Periode war mit dem Ziele verbunden, die Häftlinge nunmehr in einem zentralen Sektor der Produktion tätig werden zu lassen, in der Rüstungsproduktion. Hierzu liegen auch die meisten neueren Untersuchungen vor. Es ist wichtig festzuhalten, daß der Anstoß zu dieser Umstellung nicht allein von der SS ausging, sondern ebenso von privaten Firmen, dem Rüstungsamt der Wehrmacht und Speer als dem für die Rüstungsindustrie zuständigen Minister. Veranlaßt wurde die Umstellung durch den gescheiterten und verlustreichen »Blitzkrieg« in der Sowjetunion, der für die gesamte Kriegsstrategie eine neue Basis verlangte. Die Formen des Arbeitseinsatzes in dieser Zeit sollen hier nicht im einzelnen geschildert werden. Hier interessiert die Frage: Welche Stellung hatte der Rüstungsarbeitseinsatz der Häftlinge im Gesamtsystem?

Von der SS aus gesehen, beginnt er im Grunde genommen mit einem Scheitern. Denn ursprünglich wollten die SS-Führung, Himmler, wie auch Pohl, der Leiter des SS-Wirtschafts-Verwaltungshauptamtes, dem die Konzentrationslager nun unterstanden, die Tätigkeit in der Rüstungsfertigung nutzen, um der SS eine eigene Waffenherstellung zu verschaffen und somit die Waffen-SS unabhängiger von der Wehrmacht zu machen. Doch diese Versuche, in Neuengamme begonnen, wurden schnell durchkreuzt, von mehreren Seiten: Von der Privatindustrie, die auf diesem Sektor keine Konkurrenten zulassen wollte, da sie in der Verteilung der Aufträge und Grundstoffe durch das Speer-Ministerium ohnehin schon genug staatlichen Einfluß vorfand und zudem die Gründung der Staatsbetriebe wie der Hermann-Göring-Werke und des VW-Werkes hatte hinnehmen müssen bzw. selbst provoziert hatte, zum anderen, da gerade in der Waffenfertigung maximale Gewinne zu machen waren. Die Verstaatlichung der Wirtschaft wollte sie in diesem Sektor nicht weiter forcieren. Aber auch Speer sprach sich gegen eine eigenständige SS-Produktion aus. Himmler mußte ein Bekenntnis zur Privatwirtschaft ablegen und zudem allen Überlegungen abschwören, nach dem Kriege wieder auf die Pläne einer SS-eigenen Wirtschaft zurückgreifen zu wollen.

Was aber den Faktor Zwangsarbeit allgemein betrifft, so stand die SS in dieser Phase nicht mehr allein, ja innerhalb des Zwangsarbeitseinsatzes spielte sie in den Jahren ab 1942 sogar eine untergeordnete Rolle. Der Staat verteilte nicht nur die Produktionsaufträge, sondern noch vielmehr die Arbeitskräfte. Die Industrie hatte dieses System angenommen, weil ein Markt an freien Arbeitskräften ohnehin nicht mehr bestand. Wie es scheint, haben viele Betriebe bereitwillig ihre Produktionsweise auf die ausländischen Zwangsarbeiter umgestellt, sich selbst an der Auswahl von KZ-Häftlingen beteiligt und Anforderungen nach mehr Häftlingen gestellt. Einige Firmen, wie die IG-Farben in Auschwitz, griffen sogar begierig nach den Häftlingen als Voraussetzung weiterer Expansion. Daß hochgespannte Erwartungen nicht erfüllt wurden, daß die individuelle Arbeitsleistung weiterhin oft zu niedrig blieb, hat in der Regel nicht dazu geführt, daß betroffene Firmen auch nur den Versuch machten, das Ausmaß des Häftlingseinsatzes wieder zurückzuschrauben[8].

Die Arbeitsprozesse wurden soweit zerlegt, daß sie von angelernten Kräften vollzogen werden konnten; die »Oberschicht« der deutschen Facharbeiter übte oft nur noch Aufsicht und Kontrolle aus. Erst zukünftige Forschungen werden zeigen können, ob die Vermutung richtig ist, daß die Industrie auf den Einsatz der Zwangsarbeiter mit einem Rationalisierungsschub reagierte. War es Zufall oder Notwendigkeit, daß hochmoderne Werke wie IG-Auschwitz, das VW-Werk, und die Hermann-Göring-Werke überwiegend mit Fremdarbeitern und Zwangsarbeit aufgebaut wurden? Daß der Ausstoß wichtiger Waffen mit der Zunahme ausländischer Zwangsarbeiter stieg, beweist allerdings noch nicht, daß er vor allem einem durchrationalisierten Einsatz von Fremd- und Zwangsarbeit zuzuschreiben ist. Die Konzentration auf wenige Vorhaben mag hierfür mehr verantwortlich gewesen sein. Rein zahlenmäßig schufen die Fremdarbeiter keine neue Arbeitsproduktivität, da sie insgesamt ja nur die Zahl der eingezogenen deutschen Arbeiter ersetzten. Es muß eher davon ausgegangen werden, daß die Arbeitsproduktivität pro Person sank; zumal für den Einsatz der KZ-Häftlinge trifft dies in der Regel zu. Nach unseren bisherigen Kenntnissen waren KZ-Häftlinge überwiegend beim Bau neuer Rüstungsfabriken oder ihrer Verlagerung unter die Erde tätig, weniger direkt in der Produktion (eine Ausnahme machten vielleicht die Gewehrherstellung und die Luftfahrtindustrie). Aber auch hierzu geben die vorliegenden Arbeiten in der Regel kaum genaue Auskunft. Dabei ist die Frage, wieweit die Produktionsweise auf den Fremd- und Zwangsarbeitseinsatz umgestellt wurde, natürlich auch für die Untersuchung der Startchancen der westdeutschen Industrie im internationalen Vergleich nach 1945 von großer Bedeutung.

Es läßt sich bisher also nur auf einem generellen Niveau folgern, daß sich der Zwangsarbeitseinsatz nicht nur organisatorisch, sondern auch bilanzmäßig ins kapitalistische System integrieren ließ. Wie dies auf der betrieblichen Ebene aussah, muß weitgehend erst noch erforscht werden. Wenn die Gewinne vieler Werke ab 1944 sanken, so liegt dies vor allem daran, daß der Umsatz zurückging, Rohstoffe ausblieben, der Produktionsfluß insgesamt ins Stocken kam, Bombenschäden ausgeglichen werden mußten.

Die SS konnte sich durch den Verleih der Häftlinge im wesentlichen keine neue Geldquelle erschließen. Zwar wurde das Entgelt, das die Firmen für die entliehenen Häftlinge bezahlen mußten, schrittweise erhöht und reichte für Häftlingsfacharbeiter an dasjenige heran, das für zivile Arbeitskräfte zu zahlen war, doch mußte die SS diese Gelder an das Reich abführen.

Für die privaten Betriebe stellte die Höhe des Häftlingsentgeltes kein Problem dar, da sie bei Staatsaufträgen ohne nennenswerte Konkurrenz — nicht der Preis, sondern die Produktionsfähigkeit entschied über die Vergabe — über den Preis aufgefangen werden konnte, auch wenn die Arbeitsleistung der Zwangsarbeiter geringer als die ziviler Lohnarbeiter war. Es ist daher festzuhalten, daß der Ausdruck »Sklavenarbeiter« für diese Periode nur noch bedingt zutreffend ist, da die Arbeiter nicht dem Betrieb gehörten, für den sie arbeiteten, sondern dieser bei verschiedenen Verleihagenturen wie dem Generalbevollmächtigten für den Arbeitseinsatz und dem Wirtschafts-Verwaltungshauptamt um die benötigten Kontingente werben mußte und Verträge über die Subsistenzbedingungen mit ihnen abschloß.

Vor allen Dingen war die Arbeitskraft nicht mehr — wie in der zweiten Periode bei den SS-Betrieben — beliebig ersetzbar. Die Betriebe reagierten daher sehr unterschiedlich auf die neue Situation. Es gab Werke, die bestrebt waren, die Arbeitsverhältnisse der Zwangsarbeiter — und hierzu zählen die KZ-Häftlinge — denen freier Arbeiter bis zu einem gewissen Grade anzugleichen. So waren es die IG-Farben, die dem KZ Auschwitz und dem Wirtschafts-Verwaltungshauptamt vorschlugen, Leistungsprämien einzuführen, die die Form von direkter Entlohnung, aber auch von kulturellen Reproduktionsleistungen haben konnten; hierzu zählte nach Auffassung der SS und der Betriebe dann auch die in der Tat verwirklichte Einrichtung von Lagerbordellen. Das schwerste Hindernis für eine im ganzen lebenssichernde Behandlung der Häftlinge bildete sicherlich die Rassenideologie, von der — zumindest unbewußt — viele deutsche Vorarbeiter und Betriebsführer, insbesondere aber die Aufsichtskräfte wie der Werkschutz nicht frei waren. Jörg Siegfried hat dies für VW belegt. Es bleibt aber zu fragen, wie sich unterschiedliche Ernährung, Unterbringung und Behandlung — Mißhandlungen waren bei »Ostarbeitern« offensichtlich häufiger — auf den Arbeitsprozeß selbst auswirkten, ob die Arbeitsbedingungen und Arbeitsleistungen unterschiedlich waren, welche Interessen die Betriebsführung hatte, solche Unterschiede bestehen zu lassen, oder welche Hindernisse ihr erwuchsen, wenn sie diese zu überwinden suchte. Daß der Rassismus der nationalsozialistischen Gesellschaft auch in die Wirtschaft Eingang gefunden hatte, wissen wir. Wie sie aber konkret mit ihm umging, wird erst nach und nach sichtbar[9]. Solange dies aber noch nicht hinreichend geklärt ist, bleibt unbestimmt, welchen Stellenwert eigentlich Zwangsarbeit im kapitalistischen System hat, unter welchen Bedingungen sie vom Kapital akzeptiert und ökonomisch noch mit Gewinn betrieben werden kann. Sicher ist jedenfalls, daß die Wirtschaftsführer des Nationalsozialismus darauf geachtet haben, daß die privatwirtschaftliche Grundlage durch staatliche Auftragslenkung und Arbeitsmarktkontrolle nicht in Frage gestellt wurde. Die SS wurde voll in den Dienst dieses Systems gestellt; ihr Ehrgeiz, ein eigenes Wirtschaftssystem zu errichten, mußte weitgehend unbefriedigt bleiben. Geht man von der Prämisse des Sieges aus und zieht die von SS und Staatsführung vorgelegten Unterwerfungskonzepte in Betracht und stellt die Tendenzen der Wirtschaft in Rechnung, die freie Konkurrenz als leitendes Prinzip in den besetzten Gebieten auszuschalten, so wird man davon ausgehen müssen, daß auch nach dem Kriege allenfalls der deutsche Arbeiter über seine Arbeitskraft hätte bedingt frei verfügen können.

Der Widerspruch zwischen ökonomischer Rationalität und ideologisch bedingter Menschenvernichtung blieb gesamtgesellschaftlich in der dritten Periode erhalten, ja brach seit dem Kriege gegen die Sowjetunion erst voll durch[10]. Hiergegen konnte sich die Wirtschaft nicht durchsetzen; sie hat allerdings auch keine bemerkenswerten Versuche unternommen, dieses zu tun. Ja, die IG-Farben, Krupp, Siemens, um nur einige zu nennen, haben die gesamtwirtschaftliche Mißlichkeit der Vernichtung von wertvoller Arbeitskraft durch den Massenmord an den Juden noch in betriebswirtschaftlichen Nutzen umzumünzen verstanden, indem sie Teile ihrer Werke nach Auschwitz auslagerten, wo eine Minderheit der deportierten Juden die Selektion vorerst überstand, um in den Fabriken zu arbeiten. Gewiß, dies war eine kurzfristige und eine kurzsichtige Rechnung, eine menschenfeindliche ohnehin, aber wir wissen aus den Gründungsakten der IG-Farben-Monowitz hinreichend, daß es eine Rechnung war.

Noch etwas muß in Auseinandersetzung mit der Literatur betont werden. Trifft der Ausdruck »Vernichtung durch Arbeit« die Verhältnisse in den Konzentrationslagern in den ersten Kriegsjahren voll, so trifft dieses auf die dritte Periode nur noch bedingt, und wenn, zumeist in einem veränderten Sinne zu. Nicht die Vernichtung, sondern die Ausnutzung der Arbeitskraft war in der Mehrzahl der Häftlingsarbeitsstätten das Ziel. Allerdings — die Existenzbedingungen rangierten immer beträchtlich unter denen der deutschen Bevölkerung, da von den Zwangsarbeitern ja nur eine minimale Loyalität, eben gerade Arbeitsbereitschaft, gefordert werden mußte; das übrige sicherte der Zwang, der nicht im gleichen Maße gegen die Gesamtheit der Bevölkerung angewandt werden konnte. Der Grad der Ausnutzung wird nun wesentlich durch die Zeit bestimmt, in der der Arbeiter ausgezehrt wird. Das ist im zivilen Arbeitsleben nicht anders. Wenn auch heute noch die Mehrheit bestimmter Berufsgruppen wenige Jahre vor dem Pensionsalter als berufsunfähig in Rente geschickt wird, so ist dies für das Gesamtsystem noch tragbar, betrieblich sogar eine vorteilhafte Lösung, um die sinkende Arbeitsleistung und abnehmende Innovationsfähigkeit älterer Arbeitnehmer in Grenzen zu halten. Wenn ein KZ-Häftling 1943 in vermutlich zwei Jahren abgearbeitet sein würde, so war dies systemkonform. Das Ziel seiner Arbeit in der Rüstungsindustrie war ja das siegreiche Kriegsende. Je näher das Ende rückte und je ferner der Sieg, desto schneller verkürzten sich die Lebenserwartungen der arbeitenden Häftlinge. Auch das war systemkonform. Und wenn schließlich in den unterirdischen Bauvorhaben in Dora und anderswo wieder von Vernichtung durch Arbeit gesprochen werden konnte, so war doch das Ziel nicht die Vernichtung, sondern das Produkt — aber wenn dieses noch einen Zweck erfüllen sollte, dann mußte es in wenigen Monaten, schließlich Wochen fertig sein. So blieben vielen Häftlingen nur diese Wochen bis zum Sterben[11].

In der letzten Phase des Krieges hat das Kapital seine größten Zugeständnisse an die SS gemacht, als es duldete, daß die SS die Verfügungsgewalt über ganze Produktionsbereiche bekam, wie das beim Dora-Komplex unter Kammler im Harz der Fall war. Aber zu dieser Zeit lösten die Kapitalisten ihre Verbindungen zum Regime und orientierten sich bereits auf den Neuaufbau unter westlichem Vorzeichen. Da schwand der Widerstand gegen ein SS-Wirtschaftsimperium, das ohnehin keine Chance auf Dauer mehr hatte — wohl aber der Kapitalismus, der dieses System mithervorgebracht, es gleichwohl überdauert hat.

## Anmerkungen

1 Zu den ersten Untersuchungen, die sich auf den Aspekt des Arbeitseinsatzes konzentrierten, gehört: Nationalsozialistische Konzentrationslager im Dienst der totalen Kriegsführung. Sieben württembergische Außenkommandos des Konzentrationslagers Natzweiler/Elsaß, hrsg. von Herwart Vorländer, Stuttgart 1978 (= Veröffentlichungen der Kommission für geschichtliche Landeskunde in Baden-Württemberg, Reihe B, Bd 91); eine Übersicht über die zahlreichen Regionalstudien, die seitdem entstanden sind, bieten die »Informationen« des Studienkreises zur Erforschung und Vermittlung der Geschichte des deutschen Widerstandes 1933—1945.

Die wohl umfangreichste neuere Arbeit stellt dar: Konzentrationslager in Hannover. KZ-Arbeit und Rüstungsindustrie in der Spätphase des Zweiten Weltkriegs, Hildesheim 1985.
Das KZ-Außenlager Hannover-Mühlberg. »Vernichtung durch Arbeit«, hrsg. vom Kulturamt der Stadt Hannover (= Kulturinformationen Nr. 1, o.J.); Miroslav Karny, »Vernichtung durch Arbeit«. Sterblichkeit in den NS-Konzentrationslagern, in: Beiträge zur nationalsozialistischen Gesundheits- und Sozialpolitik, 5 (1987), S. 133—158; Verfolgung, Ausbeutung, Vernichtung. Lebens- und Arbeitsbedingungen der Häftlinge in deutschen Konzentrationslagern 1933—1945, hrsg. von Ludwig Eiber, Hannover 1985.

2 Einige neuere Arbeiten orientieren sich stärker an politökonomischen Fragestellungen; s. Gerd Wysocki, Häftlingsarbeit in der Rüstungsproduktion. Das Konzentrationslager Drütte bei den Hermann-Göring-Werken in Watenstedt-Salzgitter, in: Dachauer Hefte, 2 (1986), S. 35—67; das gesamte Heft ist dem Arbeitseinsatz gewidmet; Florian Freund u. Bertrand Perz, Das KZ in der »Serbenhalle«. Zur Kriegsindustrie in der Wiener Neustadt, Wien 1987; Florian Freund, »Arbeitslager Zement«. Das Konzentrationslager Ebensee und die Raketenrüstung, Wien 1988; vgl. auch den Beitrag von Reinhard Fröbe in diesem Band.

3 Dieter Petzina, Die Mobilisierung deutscher Arbeitskräfte vor und während des Zweiten Weltkrieges, in: Vierteljahrshefte für Zeitgeschichte, 18 (1970), S. 442—455.

4 Ich darf hier auf meinen Aufsatz hinweisen: Die Konzentrationslagerhäftlinge im nationalsozialistischen Arbeitseinsatz, in: Zweiter Weltkrieg und sozialer Wandel, hrsg. von Waclaw Długoborski, Göttingen 1981, S. 151—163, aus dem dieser Absatz zitiert ist.

5 Speer hat bezeichenderweise für die »Versklavung« von Arbeitskräften im Krieg vor allen die SS verantwortlich gemacht; im wesentlichen hatte er aber keine Alternative zur Zwangsarbeit zu bieten; in seiner Auseinandersetzung mit der SS ging es ihm in Wirklichkeit darum, die SS als Wirtschaftsfaktor unter seine Kontrolle zu bekommen. Albert Speer, Der Sklavenstaat. Meine Auseinandersetzungen mit der SS, Stuttgart 1981; Falk Pingel, Häftlinge unter SS-Herrschaft. Widerstand, Selbstbehauptung und Vernichtung, Hamburg 1978, S. 123 ff.; Karny, Vernichtung (wie Anm. 1), S. 157.

6 Den Arbeitseinsatz in den Emslandlagern beurteilt zusammenfassend Elke Suhr, Die Emslandlager, Bremen 1985, S. 186 ff.; s. a. die Dokumentation von Erich Kosthorst und Bernd Walter, Konzentrations- und Strafgefangenenlager im »Dritten Reich«. Beispiel Emsland, 3 Bde, Düsseldorf 1983.

7 Enno Georg, Die wirtschaftlichen Unternehmungen der SS, Stuttgart 1963 (= Schriftenreihe der Vierteljahrshefte für Zeitgeschichte, Nr. 7).

8 Nur bei wenigen Betrieben wäre das unmöglich gewesen. Sie beruhten von vornherein auf Zwangs- und Fremdarbeit; Gerd Wysocki, Zwangsarbeit im Stahlkonzern. Salzgitter und die Reichswerke »Hermann Göring« 1937—1945, Braunschweig 1982; Klaus-Jörg Siegfried, Rüstungsproduktion und Zwangsarbeit im Volkswagenwerk 1939—1945. Eine Dokumentation, Frankfurt [2]1987; ders., Das Leben der Zwangsarbeiter im Volkswagenwerk 1939—1945, Frankfurt 1988. Fremd- und Zwangsarbeitseinsatz als Bestandteil der Firmenpolitik wird sichtbar z. B. in den Beiträgen von Karl Heinz Roth u. a. in: Das Daimler-Benz-Buch. Ein Rüstungskonzern im »Tausendjährigen Reich«, hrsg. von der Hamburger Stiftung für Sozialgeschichte im 20. Jahrhundert, Nördlingen 1987.

9 Ulrich Herbert, Fremdarbeiter. Politik und Praxis des »Ausländereinsatzes« in der Kriegswirtschaft des Dritten Reiches, Bonn 1985; Herrenmensch und Arbeits-

völker. Ausländische Arbeiter und Deutsche 1939—1945, Berlin 1986 (= Beiträge zur nationalsozialistischen Gesundheits- und Sozialpolitik, Bd 3).

10 Eine Zusammenfassung der gegenwärtigen Diskussion bietet Ulrich Herbert, Arbeit und Vernichtung. Ökonomisches Interesse und Primat der »Weltanschauung« im Nationalsozialismus, in: Ist der Nationalsozialismus Geschichte? Zu Historisierung und Historikerstreit, hrsg. von Dan Diner, Frankfurt 1987, S. 198—236.

11 Hierzu hat Walter Bartel in der DDR in den 60er Jahren eine Reihe von Arbeiten angeregt, u. a. die Dissertationen von Laurenz Demps, Zum weiteren Ausbau des staatsmonopolistischen Apparats der faschistischen Kriegswirtschaft in den Jahren 1939—1945 und zur Rolle der SS und der Konzentrationslager im Rahmen der Rüstungsproduktion, dargestellt am Beispiel der unterirdischen Verlagerung von Teilen der Rüstungsindustrie, Diss. Berlin (Ost) 1970, und Götz Dieckmann, Existenzbedingungen und Widerstand im Konzentrationslager Dora-Mittelbau unter dem Aspekt der funktionellen Einbeziehung der SS in das System der faschistischen Kriegswirtschaft, Diss. Berlin (Ost) 1968; neuere Einzelforschungen zum Häftlingsarbeitseinsatz sind in der DDR nicht veröffentlicht worden; einen Überblick bietet Dietrich Eichholtz, Geschichte der deutschen Kriegswirtschaft, Bd 2: 1941—1943, Berlin (Ost) 1985.

Hamid Moghareh-Abed

# Rassenhygiene/Eugenik

## Ideologisches Prädispositiv und Handlungsmotivation zum Genozid

### *1. Eugenische Utopie — Die Dialektik von Weltverbesserungsenthusiasmus und Vernichtungswillen*

Die Ideologen der Rassenhygiene/Eugenik[1] waren fasziniert von der Vision einer neuen Welt, in der es weder Krankheit noch Armut geben sollte. Mit der Großartigkeit dieser Perspektive, die das Ende jeglichen menschlichen Leids verhieß und daher einer säkularen Revision des biblischen Sündenfalls gleichkam, korrespondierte die Radikalität und Dynamik des eugenischen Programms.

Aktuell bot sich den Eugenikern freilich ein jammervolles Bild: den gobinistischen Degenerationstopos erneut aufgreifend, warnten die Eugeniker in den zwanziger Jahren unermüdlich vor dem bedrohlichen »Überwuchern« der Gesellschaft durch geistig und körperlich »Minderwertige«. Die These vom gefährlichen Niedergang der Vitalität des »Volkskörpers« gründete in dem Paradigma, wonach nicht nur die menschliche Physis, sondern auch alle sozial relevanten Eigenschaften des Menschen erblich seien. Durch die genetische Fixierung der »dégénérescence« ergab sich, wie der Psychiater Morel mit seinem »Gesetz der Progressivität« lehrte, die Gefahr einer generationsweisen Akkumulation von degenerierten Merkmalen, die sich selbst zudem galoppierend verschlimmerten: der Niedergang der Zivilisation durch den »biologischen Kollaps eines ganzen Volkes«[2] war absehbar. Die »Diktatur der Chromosomen«[3] kannte überhaupt keine originär gesellschaftlich bedingten Zustände. Jede soziale Krise oder Disharmonie wurzelte dem eugenischen Dogma zufolge in distinkten Erbqualitäten und war demgemäß allein durch die »Reinigung des Volkskörpers« von »krankhaften Erbanlagen« zu »heilen«[4]. Fritz Lenz, *der* führende Rassehygieniker der Weimarer Republik, erläutert im zweiten Band des von ihm mitverfaßten eugenischen Standardwerks[5]:

»Es ist ein Jammer, wie Millionen (!) von Familien infolge ererbter körperlicher oder geistiger Untüchtigkeit an den Grenzen der Existenzmöglichkeit dahinvegetieren. Mit äußeren Mitteln ist da wenig oder gar nicht zu helfen. Den einzelnen Individuen dieser Art kann man überhaupt nicht durchgreifend helfen. [...] Um wenigstens für die Zukunft das Elend zu vermindern, ist die Verhinderung der Fortpflanzung der erblich Schwachen und Untüchtigen [das wirksamste Mittel]. Es wäre wirklich nicht nötig, daß es soviel Elend und Unglück gibt. Weit entfernt, etwa eine grausame Methode zu sein, ist die rassenhygienische Sterilisierung daher auf die Dauer die humanste Methode, die es gibt.«

Die eugenische Ideologie forcierte die Zivilisationskritik, um sich selbst als Retter in der Not zu empfehlen. Rassen- und sozialhygienische Autoren unterschiedlicher Prägung folgten gemeinsam einem elliptischen Modell mit zwei Brennpunkten: Der eine betonte die wohlbekannte Gefahr des baldigen Untergangs der »Kulturvölker« durch »Entartung« bzw. »Kontraselektion«, während der zweite kontrapunktisch hierzu die Möglichkeit der Rettung, ja sogar des »Fortschritts« verhieß. Da die Ursache aller sozialen und individuellen »Krankheiten« in Form minderwertiger Erbanlagen identifiziert war, konnte man nach der Fertigstellung eines umfassenden erbbiologischen Katasters[6] darangehen, den generativen Prozeß durch eugenisch indizierte Ehe- und Fortpflanzungsverbote sowie durch Sterilisierungen zu steuern: »Eugenics is the self direction of human evolution!« lautete 1932 der Schlachtruf fortschrittsgläubiger Eugeniker[7]. Realiter implizierte bereits der Gedanke der »Ausscheidung« »Minderwertiger«, »Erbkranker«, »Gemeinschaftsfremder« etc. vollständig jene innere Dynamik und Eskalation, welche schließlich zum Massenmord im Rahmen der sog. »Euthanasie« führte. War die Zwangssterilisation auf einen langfristigen, *evolutionären* eugenischen Reformerfolg berechnet, so bot die »Euthanasie« ungeduldigeren und radikaleren Eugenikern die verlockende Perspektive, möglichst noch in der aktuellen Generation die ersten Ausmerzerfolge am »Volkskörper« ablesen zu können. Ausmerzung ja — aber nicht in einem Jahrzehnte währenden Prozeß mühevoller Sterilisationen, sondern »Sofortsanierung« hier und heute, durch die physische Vernichtung der betroffenen Menschen. Lenz warnte freilich 1930 davor, sich mit einer Initiative zu einem Sterilisierungsgesetz allzu weit vorzuwagen, da die öffentliche Meinung hierfür noch nicht reif sei. Ebenso reagierte Hitler 1935, als Reichsärzteführer Wagner eine Führervollmacht zur Vernichtung lebensunwerten Lebens begehrte, zurückhaltend und riet zu »vorsichtigem Abwarten«. Im Kriege jedoch, »wenn alle Welt auf den Gang der Kampfhandlungen schaut und der Wert des Menschenlebens ohnehin minder schwer wiegt«, könne man das Projekt realisieren[8]. Den Umschlag von evolutionärer eugenischer Reform in eine *eugenische Revolution* haben freilich nicht alle Vertreter der Zwangssterilisation mitvollzogen[9].

Der rigorose Zugriff auf das Leben des einzelnen wurde zum zentralen Hebel aller eugenisch motivierten sozial- und gesundheitspolitischen Konzepte. Im vermeintlichen Besitz einer szientistisch-rationalen Theorie beanspruchten die Eugeniker die absolute Definitionsmacht über den Erb- und damit Existenzwert aller Menschen.

Die biomedizinische Zukunftsvision scheint bei dem Gros der ab 1933 endlich in die lang ersehnte praktische Phase eintretenden Ausmerztäter die Ausbildung eines Unrechtsbewußtseins sogar dann noch verhindert zu haben, als die »Ausscheidung Minderwertiger« gleichbedeutend mit physischer Vernichtung war. Friedrich Panse, ein »Euthanasie«-Gutachter, charakterisierte die Stimmung der Beteiligten so: »Es herrschte insbesondere bei den jüngeren Kollegen eine wie von einem Missionsgedanken getragene Begeisterung[10].« Sein Kollege Mennecke erinnerte sich in einem Brief vom 20. Oktober 1940 »mit Freuden« an eine Reise, deren Zweck die Auswahl von zu ermordenden Anstaltsinsassen war.

»Den Abschluß unserer Arbeitstournee bildete Anfang September die Anstalt Hall in Tirol. Wir haben auf dieser Reise viel gesehen und erlebt und behalten schönste Erinnerungen an die einzelnen Stationen[11].«

Das frappierende Normalitätsbewußtsein Menneckes tritt noch deutlicher zutage, betrachtet man seine Briefe aus der Zeit seiner KZ-Selektionsreisen. Im Rahmen der Aktion 14f13 hatte er die Aufgabe, arbeitsunfähige sowie unerwünschte KZ-Häftlinge zur anschließenden Vergasung in einer der speziellen T4-Anstalten auszusondern[12]. Am 4. April 1941 schreibt er aus Sachsenhausen:

»Unsere Arbeit ist sehr, sehr interessant. [...] Ich sammele hier bei dieser Arbeit massenhafte neue Erfahrungen.« Am 20. November 1941 aus Ravensbrück: »Meine liebste Mutti! [Ms. Ehefrau] Es ist 17.45$^h$, ich habe mein Tagewerk vollbracht und sitze wieder im Hotel. Das Ergebnis meiner heutigen Arbeit sind 95 Bögen. [...] Die Arbeit flutscht nur so, weil ja die Köpfe schon getippt sind und ich nur die Diagnose, Hauptsymptome etc. einschreibe [...], es klappt tadellos. Ich esse im Lager; heute Mittag gab's im Kasino Linsensuppe mit Speckeinlage, als Nachtisch Ommelett. Um 17$^h$ machte ich Schluß, aß im Kasino wieder zu Abend; 3 Sorten Wurst, Butter, Brot, Bier. [...] In meinem Bett schlafe ich herrlich, es ist ähnlich so wie in Hilmershausen. [...] Hoffentlich geht's Dir genausogut wie mir; ich fühle mich tadellos!« Aus Buchenwald schreibt er am 28. November 1941: »7.40$^h$. Auf geht's zum fröhlichen Jagen!!! [...] 19.03$^h$ Heute ist wieder viel geschafft, ich habe 185 fertiggebracht, Dr. Müller 153.«

Von besonderer Bedeutung ist auch die Mitteilung vom 2. Dezember 1941 aus Buchenwald. Nachdem Mennecke die Qualität des Essens in heller Begeisterung gewürdigt hatte, teilte er mit,

»nach der Untersuchung einer »1. Portion Arier [...] folgten als 2. Portion nun insgesamt 1 200 Juden, die sämtlich nicht erst ›untersucht‹ werden, sondern bei denen es genügt, die Verhaftungsgründe (oft sehr umfangreich!) aus der Akte zu entnehmen u. auf die Bögen zu übertragen[13].«

Während man »minderwertigen Ariern« das Privileg eines individualisierten Todesurteils gewährte, schien diese Mühe bei Juden überflüssig, so daß Mennecke bei ihrer Selektion stets sehr rasch »vorankam«.

Das Bild des Tötungs- und Selektionsarztes als einer dämonischen Figur, die am Beispiel Mengeles in der Publizistik gelegentlich zum »ontologischen Großphänomen des Sadismus«[14] hinaufstilisiert wird, muß revidiert werden. Auch die Annahme eines pervertierten naturwissenschaftlich-medizinischen

Erkenntnisinteresses, das zu den bekannten mörderischen Experimenten geführt habe, wird der Antriebsmotivation der meisten Täter nicht gerecht. »Dämonisch« war an den betreffenden Ärzten gerade die Tatsache, »daß sie nicht dämonisch waren«[15]. Sie vollbrachten ihr Werk der Vernichtung der zuvor von ihnen stigmatisierten Menschen in dem Bewußtsein, den harten, aber notwendigen Kehraus ein für alle Mal besorgen zu müssen, damit herrlichere Zeiten anbrechen konnten. Auch Hitler hatte in »Mein Kampf« im Hinblick auf die »barbarische Maßnahme« der »unbarmherzigen Absonderung unheilbar Erkrankter« angemerkt: »Der vorübergehende Schmerz eines Jahrhunderts kann und wird Jahrtausende vom Leid erlösen[16].«

Im Gegensatz zu den massiven psychischen Belastungen, die bei den Einsatzgruppen der SS anläßlich der Massenerschießungen Anlaß zur Sorge gaben[17], repräsentierten die in der »Euthansie«-Zentrale versammelten Psychiater, Ärzte und Verwaltungsfachleute eine Tötungselite, die ihr mörderisches Werk im Glauben vollzog, der Menschheit den entscheidenden Akt der *Heilung* darzubringen. Die biologistische Auffassung von der Gesellschaft als einem überindividuellen »Körper« erklärt auch die Attraktivität der eugenischen Lehre für eine große Zahl von Ärzten, obwohl die Eugenik ja gerade die Medizin als vielfach »kontraselektorische« Institution der modernen Zivilisation verworfen hatte, da sie der Ausmerze alles Kränklichen entgegenwirke. Indem eugenisch überzeugte Ärzte ihr Therapieziel nicht mehr primär in der Heilung des Einzelmenschen erblickten, sondern vor dem Hintergrund einer »fortschrittsgläubigen Vernichtungsmentalität«[18] die Tötung eines Menschen zu einer gleichsam chirurgischen Tat am Volkskörper wurde, eröffneten sich ganz neue Dimensionen der »Heilkunst«: Der Arzt, zunächst mit dem Sterilisationsskalpell in der Hand und dann als kraft seiner Profession ausschließlich Berechtigter zum Aufdrehen des Gashahns wurde mächtiger Teilhaber, ja Architekt der umfassendsten Gesellschaftsreform, die vorstellbar war[19].

Im folgenden soll nun versucht werden, 1. die Dimensionen der eugenischen Ausmerzabsicht sowie die ideologischen Verflechtungen zur Judenvernichtung am Beispiel von Fritz Lenz und Alfred Grotjahn aufzuzeigen. Sodann sind 2. die Linien der Eskalation nachzuzeichnen, die die eugenische Praxis schließlich 3. zur konzeptionellen Planung und Durchführung des eugenischen Massenmords führten. In diesem Zusammenhang wird besonders auf die Frage des institutionellen, personellen und technologischen Transfers zwischen eugenischem Massenmord und der Judenvernichtung einzugehen sein.

Angesichts der Rigorosität, mit der die Eugeniker über das Wohl und Wehe der als entartet stigmatisierten Menschen disponierten, ist es interessant zu sehen, wie freimütig sie zugaben, sowohl für somatische als auch für Geisteskrankheiten keinerlei Vererbungsgesetze zu kennen. So erklärten Baur/Fischer/Lenz z.B. bezüglich einer großen Anzahl von körperlichen Merkmalen:

»wissen wir vom Erbstandpunkt aus noch nichts Sicheres. [...] Auf keinem anderen Gebiet der Medizin steht die Erblichkeit so im Vordergrunde der Ursachen wie auf dem der Psychiatrie. [... Doch konnte] fast bei keiner einzigen [Geisteskrankheit] der Erbgang bisher völlig klargestellt werden[20].«

Trotz dieser Unsicherheiten immunisierte sich die Eugenik gegen jeden Zweifel, indem sie sich als gerade die Wissenschaft darstellte, die den fehlenden Erbbeweis bald erbringen werde. Die z.T. groteske Verteufelung selbst einfachster Mittel zur Erleichterung menschlichen Lebens wie der Verwendung von Brillen, orthopädischer Behandlung von »Verbiegungen der Wirbelsäule« etc.[21] ist ebenso uferlos wie die Diagnose der »geistigen Entartungen«. Über die vielfältigen lächerlichen Diagnosen (»Sogar ausgesprochene Häßlichkeit scheint mir eine genügende Indikation zur Sterilisierung zu sein«) könnte man hinweggehen, zeigten sie nicht die fast grenzenlose Ausmerzdimension der eugenischen Ideologie an.

»Von der Sterilisierung von ein paar Tausend Individuen, noch dazu von Anstaltsinsassen, die ohnehin nur wenig oder gar keinen Nachwuchs zu haben pflegen, ist eine wesentliche Abnahme der erbbedingten Minderwertigkeit natürlich nicht zu erwarten. Dazu wären Sterilisierungen von ungleich größerem Umfange nötig.«

Diesen »Umfang« beziffert Lenz sodann:

»Von allen Geborenen sind oder werden auf Grund erblicher Anlage: schwachsinnig — rund 1 Million; idiotisch — 170.000; geisteskrank — 1 Million; epileptisch — rund 100.000; psychopathisch — mehrere Millionen; geistig nicht vollwertig zusammen — über 6 Millionen. [dazuhin der ›zweite Posten‹]: körperlich schwach oder siech — [ebenfalls] über 6 Millionen.«

Alfred Grotjahn, Lenz' sozialdemokratischer Kollege, übertraf diese gigantische Ziffer von 12 Millionen fortpflanzungsunwürdiger Menschen noch um einige Millionen, denn er bezifferte »die Summe aller, die in irgendeiner Weise minderwertig sind, auf ein volles Drittel unserer Gesamtbevölkerung«[22]. Im Gegensatz zu Lenz, der die Sterilisierung als erbpflegerische Maßnahme favorisierte und die »Euthanasie« als partiell-flankierende Maßnahme hinzuzog[23], trat bei Grotjahn die »Asylierung« in das Zentrum seiner Programmatik. Dieser konnte nicht genug betonen,

»daß die Ausscheidung und Festhaltung des defekten Teils der Bevölkerung, wie sie ein ausgedehntes Asylwesen mit sich bringt, eine Amortisation der Minderwertigen überhaupt darstellt, die Jahr für Jahr die Armee der Verarmten (!), Arbeitsscheuen, Vagabunden und Kriminellen dezimieren und schließlich aufreiben muß.«

Grotjahn entwarf mit seiner Idee, die »Psychopathen«, »Asozialen« und schlicht Armen in Asylen zu »konzentrieren«, nichts weniger als Konzentrationslager. Während Lenz die »Minderwertigen« im Zuge seiner eugenischen Reform einfach ausmerzen wollte, legte der Grotjahnsche Amortisationsbegriff eine andere, effizientere Vorgehensweise nahe. Oskar Martini, der Leiter der Hamburger Sozialverwaltung, hatte 1929 einen richtungweisenden Einfall zur »Lösung der sozialen Frage«. Zukünftig sollte nur noch derjenige staatliche Unterstützungsgelder erhalten, der bereit war, hierfür eine zwangsweise verordnete Arbeit zu leisten. Seit 1930 führte nun »die Unfähigkeit zur, bzw. die Verweigerung von Zwangsarbeit zum Entzug der Unterstützungsgelder, was nichts anderes als soziale Existenzvernichtung bedeutete und meist mit Asylierung der Betreffenden einherging«[24], denn »ein Polizeiparagraph genügte, um unter Einschaltung eines Psychiaters gemeinlästige Personen nach Farmsen zu bringen«. Im Gegensatz zu Lenz' einfacher Ausmerze gedachte man in Hamburg, vor und nach 1933, zwei Fliegen mit einer Klappe zu schlagen: Die ursprünglich nur verarmten (durch psychiatrische Assistenz schnell zu »armen Irren« gestempelten und abgesonderten) Menschen, die sich bereits vor 1933 als minderwertig stigmatisiert in verschiedenen »Asylen« wiederfanden, sollten nun der endgültigen Ausmerze (»Lösung der sozialen Frage«!) anheimfallen, indem sie sich beim Aufbau einer monumentalen Skyline, des Manhattans an der Elbe, »aufrieben«. Diese Konzeption der »Vernichtung durch Arbeit« erscheint eugenisch deshalb so verlockend, weil sie die paradiesische Gestalt der anvisierten Gesellschaft nicht nur als nebulöses Folgeprodukt der Ausmerze im Ungewissen ließ, sondern den Prozeß der Ausscheidung selbst zur Basis einer umfassenden Modernisierung machte. Die Furcht vor der »Fortpflanzung« derjenigen, die im Rahmen der »Vernichtung/Verschrottung durch Arbeit« ohnehin dem Tod geweiht waren, war — da dies den Gedanken der »Endlösung« konterkariert hätte — so groß, daß Viktor Brack, der Euthanasieverantwortliche in der Kanzlei des Führers, am 23. Juli 1942 Himmler einerseits mitteilte, daß »bei den etwa 10 Millionen europäischer Juden nach seinem Gefühl mindestens noch zwei bis drei Millionen [...] gut arbeitsfähig« seien. Die Heranziehung zur Arbeit sei andererseits nur möglich, wenn man die Juden zuvor »fortpflanzungsunfähig« mache.

»Eine Sterilisierung, wie sie normalerweise durchgeführt wird, kommt in diesem Fall nicht in Frage, da sie zu kostspielig ist. Eine Röntgen*kastration* (!) jedoch ist nicht nur billig, sondern läßt sich bei vielen Tausenden in kürzester Zeit durchführen. Sollten Sie, Reichsführer, sich im Interesse der Erhaltung von Arbeits*material* dazu entschließen, diesen Weg zu wählen, so ist Reichsleiter Bouhler bereit, die für die Durchführung notwendigen Ärzte und sonstiges Personal Ihnen zur Verfügung zu stellen[25].«

Lenz beschränkte sich bei seinen eugenischen Postulaten nicht nur auf die Sphäre der »minderwertigen« Individuen, indem er erklärte, daß »die Unterschiede zwischen Angehörigen verschiedener *Rassen* nicht weniger bedeutungsvoll [sind], als die zwischen krankhaften und normalen *Individuen*«[26]. Während die »krankhaften Individuen« *einer* Rasse sich von ihren »Rassegenossen in der Regel nur durch eine einzige« Erbeinheit unterscheiden, seien »die großen Rassen [...] durch viele Erbeinheiten« voneinander getrennt. Das

Erbparadigma erlaubte somit nicht nur die Konstruktion einer Werthierarchie zwischen einzelnen Menschen, sondern auch die einer solchen zwischen wertvollen und minderen »Rassen«. Für Lenz lag es insgesamt »auf der Hand, daß das Bild für die Zukunft der nordischen Rasse bedrohlich ist«. Aus seinen weitläufigen Ausführungen erhellt, von wem diese Bedrohung ausgeht. Zunächst klärt er seine Leser darüber auf, daß die

»seelische Eigenart der Juden [...] noch ausgesprochener [ist] als die körperliche. Man könnte die Juden auch geradezu als eine seelische Rasse bezeichnen. [...] Wenn die Eigenart der Juden körperlich nicht so stark als seelisch in Erscheinung tritt, so dürfte dies darauf zurückzuführen sein, daß sehr fremdartig aussehende Juden weniger Erfolg hatten als solche, die dem Typus ihres Wirtsvolkes (!) mehr ähneln[27].«

Mit dieser Beschreibung der Juden in den Kategorien der Parasitologie wird nicht nur ein Abschütteln des Parasiten durch den »Wirt« nahegelegt, sondern werden auch solche Maßnahmen empfohlen, die diesen Wirt »resistent« gegen jene bedrohliche Infiltration machen können, der er angesichts der »erstaunlichen [jüdischen] Fähigkeit, sich in die Seele der anderen Menschen zu versetzen und sie nach ihrem Willen zu lenken«, ausgesetzt sei. Die eugenische Reinigung und Revitalisierung des eigenen »Volkskörpers« scheint die notwendige Vorbedingung für die Resistenz gegen das »zersetzende jüdische Blut«. Von hoher Bedeutung für die Verknüpfung zwischen eugenischer und antisemitischer Vernichtungsideologie sind folgende augenärztliche Hinweise von Lenz: »Den höchsten Prozentsatz von Brechungsfehlern scheinen die Juden zu haben[28].« Ebenso seien »in der jüdischen Bevölkerung Geisteskrankheiten doppelt bis dreimal so häufig als in der nichtjüdischen; insbesondere gilt das für die Schizophrenien«. Um die Juden als besonders ausmerzwürdige Gruppe der eugenischen Selektionsforderung zugänglich zu machen, mußte das durch die antisemitische Rassenideologie geprägte Haßbild *in ein Syndrom eugenischer Minderwertigkeit übersetzt werden.* Dies geschah, indem Lenz den Juden alle Formen von Entartung in erhöhtem Maße zusprach. So wurde die »Ausscheidung« der Juden im eugenischen Sinne operationabel und im Dritten Reich dann auch zur Realität.

### 2. *Die rassenhygienische Praxis*

Mit der »Machtübernahme« brach für die Eugeniker eine neue Ära an. Lenz hatte schon zuvor den »ungeheuren Vorteil« des Nationalsozialismus darin erkannt, daß dieser »keinen Eigenwert des Individuums« anerkenne, sondern sich zum »überindividuellen Leben« hinwende. Das emphatische Engagement der Eugeniker für den NS-Staat — mit dem Begriff »Goldrauschstimmung«[29] treffend charakterisiert — war getragen von dem Gefühl des

»ganz seltenen Glücks, wenn es einem Forscher vergönnt ist, seine Lebensarbeit nicht nur wissenschaftlich anerkannt zu sehen, sondern auch noch zu erleben, daß sie für sein ganzes Volk und für seinen Staat von großer, ja geradezu lebenswichtiger Bedeutung wird.«

Im Mittelpunkt der »praktischen Erbpflege« stand das »Gesetz zur Verhütung erbkranken Nachwuchses«, das aufgrund eines preußischen Entwurfs aus dem Jahr 1932 am 14. Juli 1933 mit Wirkung zum 1. Januar 1934 relativ kurzfristig verabschiedet werden konnte. Im Unterschied zum preußischen Gesetzentwurf bestimmte § 12 des Gesetzes zur Verhütung erbkranken Nachwuchses (GVeN), daß der zur »Unfruchtbarmachung« von einem Erbgesundheitsgericht endgültig Verurteilte im Falle des Widerstands auch durch die »Anwendung unmittelbaren Zwangs« zum Operationstisch geschleppt werden durfte[30]. Die Urheber des GVeN resümierten, »was als Grundgehalt des Gesetzes Bedeutung erlangt«, nämlich »das Primat und die Autorität des Staates, die er sich auf dem *Gebiet des Lebens*, der Ehe und der Familie endgültig gesichert hat«. Falk Ruttke, der juristische Ratgeber, präzisierte:

»Denken wir daran, daß der Sinn des Strafrechts in der Ausmerze liegt. Der Verbrecher, der die Erbgesundheit oder die rassisch wertvollen Bestandteile seines Volkes schädigt, hat sein Leben verwirkt[31].«

Der doppelte Hinweis auf die Schädigung der »Erbgesundheit« *oder* der »rassisch wertvollen Bestandteile« war von programmatischer Bedeutung, dienten sich doch die Eugeniker dem NS-Staat rasch als Ausmerzexperten auf beiden Gebieten an. Wie gut, daß man bereits in den zwanziger Jahren die besondere »erbliche« Minderwertigkeit der Juden wissenschaftlich dokumentiert hatte! Die Sterilisationsdiagnosen des GVeN teilten sich in sehr seltene somatische und die häufigeren psychiatrischen Krankheiten wie »Schizophrenie« und »angeborener Schwachsinn«. Der Direktor der Heil- und Pflegeanstalt Illenau, Dr. Roemer, hatte bereits früh erkannt, daß von den nach seinen Schätzungen etwa 400 000 Erbkranken »schätzungsweise 360 000 psychiatrische Fälle« seien. Die psychiatrische Zwangssterilisationsdiagnostik erfreute sich bei den eugenischen Reformern ob ihrer inflationären Anwendbarkeit besonders regen Zuspruchs.

Insgesamt läßt die eugenische Praxis in der Phase von 1933 bis 1939 zwei Linien der Eskalation erkennen: Zum einen wurde der Opferkreis gegenüber den ursprünglichen Bestimmungen des GVeN beträchtlich ausgeweitet, zum anderen etablierte man mit der Zwangskastration (durch das »Gesetz gegen gefährliche Gewohnheitsverbrecher«), der Röntgenstrahlensterilisation (durch das 2. Änderungsgesetz zum GVeN ) sowie der Zwangsabtreibung[32] auch zunehmend radikalere Mittel, wobei die eugenisch indizierte Abtreibung bis zum sechsten Monat bereits als eine erste Form der »Vernichtung lebensunwerten Lebens« anzusehen ist. Indem »asozialen Psychopathen« und

»Gemeinschaftsfremden«, d.h. Menschen, die keiner geregelten Arbeit nachgingen, ein »moralischer Schwachsinn« unterlegt wurde, konnten auch diese Personengruppen zwangssterilisiert resp. in entsprechenden Anstalten »asyliert« werden.

Von besonderer Bedeutung für die »Erbpflege« im Dritten Reich war die Integration des Antisemitismus in die eugenische Praxis. Lenz warnte vor der Gefahr von »geistig und körperlich dysharmonischen Typen« durch »Rassenmischung«[33]. Die eigene »Rasse«, wollte sie sich im Kampf mit den anderen Rassen behaupten, mußte zwei Bedingungen erfüllen: zum einen hatte sie »innerlich erbgesund« zu sein, zum anderen mußte sie ihre extraordinäre Substanz gegen die Infiltration des zur »seelischen Parasitose« fähigen Juden schützen. Entsprechend plante man für die dann getrennten Gesetze »zum Schutze des deutschen Blutes und der deutschen Ehre« vom 15. September 1935 und »zum Schutze der Erbgesundheit des deutschen Volkes« vom 18. September 1935 zunächst nur ein einziges »Gesetz gegen die volksschädliche Ehe« zu erlassen, wie Gütt Ende September 1935 berichtete. Paradigmatisch führte eines der kommentierenden Werke aus:

»Erbgesundheit und Rassenreinheit lassen sich nicht voneinander trennen. Während die rassen*politischen* Maßnahmen die Geschlossenheit und die Wesensechtheit der deutschen Persönlichkeit und dadurch die Harmonie des Volkskörpers gewährleisten sollen, sollen die rassen*hygienischen und erbpflegerischen* Maßnahmen die körperliche, geistige und seelische Gesundung und Gesundheit der lebenden und kommenden Geschlechter verbürgen. In ihrem Zusammenhang sichern sie den biologischen Bestand des Volkes[34].«

Vor dem Hintergrund strittiger Erbgesundheitsgerichtsurteile, Eheverbote und Ehestandsdarlehensbescheide trat die Medizinalabteilung des Reichsministeriums des Innern (RMdI) im Rahmen eines Entwurfs für ein Drittes Änderungsgesetz zum GVeN für ein Reichserbgesundheitsgericht ein. Ein solches Ansinnen wurde jedoch vom Chef der Reichskanzlei, Lammers, mit dem Hinweis abgelehnt, »daß er dem Führer zur Zeit nicht mit dem Plan eines Reicherbgesundheitsgerichts kommen könne, da sich beim Führer in letzter Zeit eine immer stärker werdende Abneigung dagegen entwickelt habe, die Zuständigkeiten der Gerichte zu verstärken«[35]. Die »Abneigung« Hitlers gegen eine noch tiefere Integration der Ausscheidungspraxis in den »Normenstaat« bildete sich kaum zufällig, hatte doch die Vergangenheit gezeigt, daß sich die radikalisierenden Impulse der eugenischen Basis weit besser im Rahmen des außernormativen Befehlsstrangs aufnehmen ließen. So wurde zwar das geplante Reichsgesundheitsgericht verworfen, der um die Jahreswende 1936/37 insgeheim als Vorbereitung einer obersten Reichsbehörde gegründete »Reichsausschuß für Erbgesundheitsfragen« wurde jedoch beibehalten und bald in »Reichsausschuß zur wissenschaftlichen Erfassung (!) erb- und anlagebedingter schwerer Leiden« umbenannt. Während der Verwaltungsapparat des Reichsausschusses in der Gesundheitsabteilung des RMdI unter Ministerialrat Herbert Linden lokalisiert war, oblag die Leitung der Kanzlei des Führers (KdF) Philipp Bouhler und Viktor Brack.

Die organisierten »Euthanasie«-Tötungen begannen im Frühjahr 1939 mit der Ermordung von Kindern. Da die KdF nach außen hin nicht mit der Kindereuthanasie in Verbindung gebracht werden sollte, fungierte der »Reichsausschuß« als Zentrale. Das später übliche Meldebogensystem wurde während dieser ersten »Aktion« ebenso eingeführt, wie eine erste Gruppe von »Gutachtern« ihren Dienst aufnahm. Hatten diese in ein entsprechendes Kästchen ein ›+‹ eingetragen, so wurde das betreffende Kind anschließend in eine der 30 »Kinderfachabteilungen« des Reichsgebiets eingeliefert und dort durch Injektionen mit Morphium, Scopolamin oder Luminal getötet[36]. Im Rahmen der Erwachsenen-»Euthanasie«, über die erste Gespräche bereits im Juli 1939 zwischen Hitler, dem Reichsgesundheitsführer Conti, dem Stabsleiter der Parteikanzlei Bormann und Lammers stattfanden, kam es dann zur Konstituierung eines bürokratischen Apparates von ca. 100 Personen, der der KdF unterstand und von Bouhler, dem Hauptamt II der KdF unter Brack (Deckname Jennerwein) und dort den Ämtern IIa (Blankenburg), IIb (Hefelmann) und IIc (Reinhold Vorberg) geleitet wurde. Um abermals jede Beziehung zur KdF zu verbergen, zog die Euthanasiezentrale bis April 1940 aus dem Gebäude der KdF in der Berliner Voßstraße in eine Villa in der Tiergartenstraße 4 um. Seit dieser Zeit hieß die Zentraldienststelle »T4«. Diese trat nach außen in Form von vier Tarnorganisationen auf[37]. Bereits im Oktober 1939 hatte die Euthanasiezentrale das im Besitz der Samariterstiftung Stuttgart befindliche Schloß Grafeneck im Kreis Münsingen beschlagnahmt und zu einer Vernichtungsstätte umbauen lassen, der Vorbildcharakter zukam: Neben einem »Untersuchungsraum« hatte man eine als Duschraum getarnte Gaskammer — diese Idee hatte Bouhler — errichtet. Des weiteren existierte ein Krematorium zur Verbrennung der Opfer. Das Tötungsverfahren war trotz dieser baulichen Vorentscheidung noch längere Zeit strittig. Während Paul Nitsche, der bereits mit Einspritzungen experimentiert hatte, dieser Mordart den Vorzug gab, hielt eine Mehrheit der T4 Gas für günstiger, da eine Massenmordaktion mit einer geplanten Opferzahl von ca. 70 000 durch Einzeltötungen undurchführbar schien. Um in den Besitz des technisch Erforderlichen zu gelangen, hatte sich Brack am 9. Oktober 1939 an den SS-Gruppenführer Arthur Nebe gewandt, der als Chef des Reichskriminalpolizeiamts in das Reichssicherheitshauptamt integriert war. Nebe leitete das Ansinnen Bracks an einen Mitarbeiter des Kriminaltechnischen Instituts, Dr. Albert Widmann, weiter, der zur Tötung Kohlenmonoxyd vorschlug. In den ersten Januartagen des Jahres 1940 fand dann im Zuchthaus Brandenburg a.d. Havel ein makabrer Wettstreit statt: In Anwesenheit der

T4-Ärzte Dr. Horst Schumann und Dr. Irmfried Eberl (des späteren 1. Kommandanten von Treblinka) erhielt eine kleinere Gruppe von Geisteskranken Injektionen mit Morphium-Scopolamin, während die größere Gruppe dem CO-Gas ausgesetzt wurde. Als Ergebnis verkündete Hitlers »Begleitarzt« Karl Brandt schließlich die Entscheidung für das Gas[38].

Bald nach Kriegsbeginn, um die Jahreswende 1939/40, nahm im Gebiet des Warthelandes, Danzig-Westpreußens und Ostpreußens ein Sonderkommando, angeführt von SS-Obersturmführer und Kriminalrat Herbert Lange, die Ermordung der Insassen der Heil- und Pflegeanstalten ihres Einsatzbereichs auf. Als Tötungsinstrument führte das Sonderkommando Lange einen von einem Sattelschlepper gezogenen Anhänger mit der Aufschrift »Kaisers-Kaffee-Geschäft« mit sich. Dieses luftdicht verschlossene Fahrzeug verfügte über eine mit CO gefüllte Gasflasche, deren Inhalt in das Innere des Kastenaufbaus geleitet werden konnte. Die Ähnlichkeit dieser »Gaskammer auf Rädern«[39] mit den Vergasungsanlagen der T4 war nicht zufällig, da ihr Entwurf vom gleichen August Widmann stammte, den Brack ursprünglich über Nebe mit der Konzeption beauftragt hatte.

Zu Beginn des Jahres 1941 wandte sich Himmler an den Chef der KdF, um zu beraten, wie die Tötungsorganisation der T4 genutzt werden könne, um die KZs von »Ballastexistenzen« zu befreien. Die Form dieser unter dem Aktenzeichen 14f13 rubrizierenden Aktion wurde durch die zitierten Menneckebriefe bereits deutlich. Hier geht es vor allem um die Frage, welche engere Motivation auf seiten der SS-Führung einerseits und der T4 andererseits ausschlaggebend gewesen sein könnte, die im Rahmen der »Euthanasie« entwickelte Vergasungstechnik in den Dienst der »Endlösung der Judenfrage« zu stellen. Daß nicht nur Himmler bei Bouhler angefragt hatte, sondern die T4 umgekehrt auch ein »Angebot« zur Verwertung ihrer Erfahrungen bei der projektierten Endlösung gemacht hatte, geht aus dem bekannten Briefentwurf des Reichsministers für die besetzten Ostgebiete (Sachbearbeiter Dr. Wetzel) an den Reichskommissar für das Ostland (Hinrich Lohse) vom 25. Oktober 1941 hervor, in dem es heißt:

»Unter Bezugnahme auf mein Schreiben vom 18. Okt. 1941 teile ich Ihnen mit, daß sich Oberdienstleiter Brack von der Kanzlei des Führers bereiterklärt hat, bei der Herstellung der erforderlichen Unterkünfte sowie der Vergasungsapparate mitzuwirken. [...] Nach Sachlage bestehen keine Bedenken, wenn diejenigen Juden, die nicht arbeitsfähig sind, mit den *Brackschen Hilfsmitteln* beseitigt werden[40].«

Während der Aktion 14f13 konnte sich die SS-Führung von der Effizienz der Giftgasmorde sowie der »Qualifikation« des T4-Personals überzeugen. Brack wiederum trieb noch vor dem sogenannten »Euthanasie-Stop« vom August 1941, der lediglich die Euthanasie-Vergasungen beendete und zu einer Phase des dezentralen Mordens der Anstaltsinsassen überleitete, die Sorge um, wie nach dem absehbaren Ende der Aktionen T4 sowie 14f13 infolge der Erschöpfung des anvisierten Opferkreises sein »Personal weiterhin zu beschäftigen« sei[41]. Den nichtmedizinischen Chef der T4 bewog mithin ein simpler Organisationsegoismus dazu, Ausschau nach einem erweiterten Betätigungsfeld zu halten. Insofern war Himmlers Anfrage und die weitere Entschlußbildung der SS-Führung, in bezug auf die »Endlösung« sich der T4 zu bedienen, eine überaus glückliche Fügung. Die erheblichen psychischen Belastungen der Einsatzgruppen bei den Massenerschießungen von Juden und Sowjetbürgern ließ die SS-Führung nach einem alternativen Verfahren suchen[42]. SS-General Otto Ohlendorf, Chef der Einsatzgruppe D, war allerdings der Auffassung, daß die Vergasung keine Alternative darstelle, da sie für »seine Männer« eine noch weit unerträglichere Belastung erbringen würde, da hier die »SS-Männer durch die Notwendigkeit, daß die Leichen aus den Gaskammern wieder entfernt werden müßten, ein zweites Mal mit ihrer Tat konfrontiert werden würden«. Die entscheidende Voraussetzung für die Etablierung der Massenvernichtung durch Gas im Rahmen der »Aktion Reinhard« ist schließlich die Abstellung des erfahrenen und überzeugten Personals der T4. Das gesamte Stammpersonal in Belzec, Sobibor und Treblinka rekrutierte sich aus den ehemaligen Mitarbeitern der Euthanasieaktion[43]. Die im Rahmen der Euthanasie bereits erreichte Stufe der fabrikmäßigen Tötung von »lebensunwerten« Menschen, d.h. die letzte Konsequenz eines Jahrzehnte währenden biomedizinisch-eugenischen Reformtraums, leistete somit bei der »Endlösung der Judenfrage« einen in technologischer und personeller Hinsicht erheblichen Beitrag, der durch die auch eugenische Stigmatisierung der Juden schon durch Lenz' Ideologiebildungen vorgeformt worden war. Bedenkt man, daß das Personal der drei genannten Vernichtungslager von der »T4« abgestellt wurde, und nimmt man weiter zur Kenntnis, daß die Euthanasiezentrale unter der direkten Leitung der Kanzlei des Führers stand, so sind vor allem zwei Feststellungen zu treffen: Zum einen tritt *auch hier* die zentrale Rolle Hitlers, der an allen richtungweisenden Euthanasieentscheidungen beteiligt war, deutlich hervor[44]. Zum anderen aber — und dies scheint für den Streit um die *Genesis* der Endlösung nicht ohne Bedeutung zu sein — waren jene eugenisch überzeugten T4-Ärzte, Kriminalbeamten etc. schon seit langem, z.T. bereits in der Weimarer Republik, prinzipiell einem gedanklichen Muster gefolgt, das mit einiger Logik auf einen Genozid zulief. Welche der vielen stigmatisierten Gruppen dabei zunächst ermordet wurden, war mehr eine Frage der Umstände und der Praktikabilität. Tatsache ist jedoch, daß weder die Errichtung des mit Gaswagen operierenden Vernichtungslagers Chelmno noch die »Aktion Reinhard« einem ad hoc gebildeten Vernichtungswillen entsprangen, wie dies Martin Broszat mit seiner These des durch die Überfüllung der östlichen Gettos in eine ausweglose Lage geratenen Deportationsprogramms annimmt, noch jene Tätergruppe durch eine »ideologische Metapher« motiviert zu werden brauchte: Von der »kleinen« Krankenschwester bis hin zum T4-Arzt trugen die Beteiligten diese »Metapher« als ureigenstes Überzeugungsgut im Kopf und in der Seele; das radikalisierende Moment ergab sich bei ihnen nicht durch die beständige Anstiftung »von oben«, sondern beruhte auf ihrer Faszination gegenüber der eugenischen Utopie.

Als im August 1941 die für viele Beteiligten überraschende Weisung Hitlers erfolgte, die »Aktion T4« in der bisher stattgehabten Form abzubrechen, war die Beunruhigung der eugenischen Täter nur von kurzer Dauer. Bereits Ende November 1941 wurde den Anstaltsleitern mitgeteilt, daß die »Aktion« keinesfalls beendet sei, sondern in veränderter Form »weitergeführt« werde[45]. Als Ursache für die Beendigung der *Vergasungs*euthanasie werden von der Forschung mehrere Gründe genannt: Zum einen wird angenommen, daß mit dem Erreichen des »Plansolls« von 70 000 Opfern die »Euthanasie« ihr schon zuvor festgesetztes Ende fand. Angesichts des realiter jedoch in veränderter Form weiter stattfindenden Mordens in den Anstalten des »Altreichs« kann die These mehr Evidenz beanspruchen, wonach der in der Predigt von Bischof Galen sich artikulierende Widerstand zum Abbruch führte. Dazu ist jedoch einschränkend festzustellen, daß Angehörige von Geisteskranken und Behinderten in einer nicht unbeträchtlichen Zahl von dem »Angebot« des nationalsozialistischen Staates Gebrauch gemacht hatten, den Betreffenden durch eine »riskante Therapie«, die in »95 % zum Tode führt«, »behandeln« zu lassen[46]. Soweit Unruhe unter der Bevölkerung zu verzeichnen ist, beruhte diese nicht nur auf der Sorge um den Angehörigen, sondern auch auf der Furcht, dereinst selbst in die Mühle der Ausmerze geraten zu können[47]. Die systematische Analyse des Einstellungswandels der Bevölkerung gegenüber eugenischen Theoremen, d.h. von den popularisierten Versionen eugenischer Ideologie in der Weimarer Republik und im Dritten Reich bis hin zur »Praxis«, muß derzeit noch als Desiderat ausgewiesen werden.

Die Form, welche die »Euthanasie« in ihrer fälschlich häufig »wild« genannten Phase annahm, war die eines dezentralen, medikalisierten Massenmords durch »Abspritzen« und Verhungernlassen. In bezug auf die zuletzt genannte Methode tat sich besonders Dr. Pfannmüller von der Anstalt Eglfing-Haar hervor[48]. Die Patienten wurden von ihm mittels »E-Kost« (Entzugskost) in eine qualvolle Agonie versetzt, die der seit dem Stopp von Hitler gewünschten »Normalität« der Morde Rechnung trug, denn das künstlich herbeigeführte langsame Sterben eröffnete einen perversen Zugriff auf medizinische Prognostik. Trat der Tod dann ein, so geschah weiter nichts, als das fachlich Absehbare. Die Pfannmüllersche E-Kost kombinierte die eugenische Ausmerze mit den schon in der Weimarer Republik virulenten Thesen der Ausmerze der »Ballastexistenzen« aus Gründen der ökonomischen Vernunft, die in Graphiken des Inhalts: »Was verbraucht ein normaler Arbeiter und was eine geistesgestörte Menschenhülse am Tag, in der Woche etc.« vielfach dargestellt worden war. Lag bei den Eugenikern das Schwergewicht auf der erbbiologischen Ausmerze, während der ökonomisch-utilitaristische Aspekt nur ergänzend hinzutrat, war dies bei den ökonomischen und bevölkerungspolitischen Planern des »Reichskuratoriums für Wirtschaftlichkeit«, des »Arbeitswissenschaftlichen Instituts der DAF« oder des »Instituts für Deutsche Ostarbeit« umgekehrt. Das System der geschlossenen Hauswirtschaften im Generalgouvernement verwerfend, erstrebten Männer wie Helmut Meinhold und Fritz Arlt eine umfassende Modernisierung der östlichen Wirtschaft. Meinhold erging sich in Berechnungen zur Ermittlung der »größtmöglichen Arbeitsproduktivität im Großraum« und kam danach zu dem Schluß, daß bei Verwirklichung des angestrebten Rationalisierungsgrades, je nach Variante zwischen 4,5 und 5,83 Millionen überschüssige Bevölkerung anzunehmen sei[49]. Mit der Existenz dieser Freigesetzten konnten sich weder Meinhold noch Arlt abfinden, denn da diese Menschen weiterhin ernährt werden müßten, würde der Rationalisierungsschub in der Landwirtschaft nicht zu der Kapitalakkumulation führen, die die Vorausetzung für eine »auf deutsche Interessen zugeschnittene Industrialisierung dieser Länder« darstellte. Als die Vernichtung der Juden des Warschauer Gettos einsetzte, frohlockten die Führungskräfte des RKW. Die Analysen Meinholds und seiner Kollegen Gater und Emmerich über den Zusammenhang von Bevölkerungszahl und Kapitalamortisation konnten 1942 »bestätigt« werden:

»Der Ausfuhrüberschuß des Ghettos begann sich mit den Deportationen nach Treblinka im Juli 1942 einzustellen. Er basierte auf der beginnenden Vernichtung [der ›Unproduktiven‹]. Ein ›Erfolg‹, der den Präsidenten der Hauptabteilung Bauwesen, Theodor Bauder, so beeindruckte, daß er ›eine ähnliche Aktion, wie man sie in diesen Tagen gegen die Juden‹ durchführe, auch gegen die Polen anregte.«

Die eugenisch und ökonomistisch-modernistisch denkenden »Planer« hatten weit Größeres im Sinn, als »nur« die Beseitigung einer einzelnen ausmerzwürdigen Gruppe. Die Vernichtung der Juden stellte im Osten nur den Minimalkonsens dar, auf dem man zum Erreichen des visionären Endzustands aufbauen konnte. Insgesamt wird deutlich, daß das Vernichtungsbedürfnis dieser Täter quantitativ über die »Endlösung der Judenfrage« noch weit hinausging. Das im Unendlichen fixierte Ausmerzziel begründete einen Idealismus der eugenischen Täter, der offensichtlich jeden Rest eines humanen Ethos unter sich begrub und selbst dort noch auszuhelfen wußte, wo Himmler auf der Suche nach einer Alternative zu den Massenerschießungen ohne die Fachleute der T4 zumindest in arge Schwierigkeiten geraten wäre. Der Beitrag der Eugenik zum nationalsozialistischen Massenmord kann aus den dargestellten Gründen daher kaum überschätzt werden.

## Anmerkungen

1 Die von Ploetz 1895 für Deutschland eingeführte »Rassen-Hygiene« intendierte zunächst nur die Selektion innerhalb der »eigenen Vitalrasse«. Sekundär kam es jedoch bald zur Integration auch rassenanthropologischer (v.a. antisemitischer) Ideologeme, vgl. P. Weingart et al., Rasse, Blut und Gene, Frankfurt/M. 1988, S. 91 ff.

2 Ebd., S. 42 ff., hier S. 50.

3 G. Bock, Zwangssterilisation im Nationalsozialismus, Opladen 1986, S. 302.

4 Vgl. A. Gütt/E. Rüdin/F. Ruttke, Zur Verhütung erbkranken Nachwuchses. Gesetz und Erläuterungen, München 1934, S. 5.

5 E. Baur/E. Fischer/F. Lenz, Menschliche Erblehre und Rassenhygiene. Bd 1: Menschliche Erblehre, München [3]1927, [4]1936; Bd 2: F. Lenz, Menschliche Auslese und Rassenhygiene (Eugenik), München [4]1932, hier das folgende Zitat, S. 305 f.

6 Vgl. hierzu K. H. Roth (Hrsg.), Erfassung zur Vernichtung, Berlin 1984; G. Aly/K. H. Roth, Die restlose Erfassung. Volkszählen, Identifizieren, Aussondern im Nationalsozialismus, Berlin 1984; F. Pfäfflin, Das Hamburger Gesundheitspaßarchiv, in: A. Ebbinghaus et al., Heilen und Vernichten im Mustergau Hamburg, Hamburg 1984, S. 18 ff.

7 Zit. n. H.-W. Schmuhl, Rassenhygiene, Nationalsozialismus, Euthanasie, Göttingen 1987, S. 63. Zum folgenden: Lenz, Auslese (wie Anm. 5), S. 240.

8 Zit. n. E. Kogon et al., Nationalsozialistische Massentötungen durch Giftgas, Frankfurt/M. S. 28 f.

9 So z.B. der evangelische Pastor Ludwig Schlaich, der sich nach 1933 vehement für die Sterilisation von Anstaltsinsassen eingesetzt hatte, während der »Euthanasie« aber um das Leben seiner Kranken kämpfte, vgl. Schmuhl (wie Anm. 7), S. 324 ff.

10 Zit. n. Schmuhl (wie Anm. 7), S. 192.

11 F. Mennecke, Innenansichten eines medizinischen Täters im Nationalsozialismus. Eine Edition seiner Briefe 1935—1947, Hamburg 1987, Bd 1, Dok. 53, hier S. 162.

12 Vgl. zur Aktion 14f13 E. Klee, »Euthanasie« im NS-Staat, Frankfurt/M. [2]1983, S. 345 ff.; Schmuhl (wie Anm. 7), S. 217 f. W. Grode, Die »Sonderbehandlung 14f13« in den Konzentrationslagern des Dritten Reiches, Frankfurt/M. etc. 1987, bes. S. 82 ff., 110 ff. u. 193 ff.

13 Vgl. Mennecke-Briefe (wie Anm. 11) vom 4.4., Dok. 65, S. 185; 20.11., Dok. 77, S. 205; 25.11., Dok. 87, S. 243 f; 28.11., Dok. 90, S. 248 f.

14 So H. Wollschläger in seinem leidenschaftlichen Plädoyer für den Tierschutz, vgl. Wollschläger: »Tiere sehen Dich an« oder Das Potential Mengele, in: Die Republik 79—81, hier S. 80.

15 Vgl. R. J. Lifton, Ärzte im Dritten Reich, Stuttgart 1988, S. 3.

16 Mein Kampf, 119./120. Aufl. 1934, S. 280.

17 Vgl. Kogon et al. (wie Anm. 8), S. 81 f.

18 P. Chroust, Einleitung zur Mennecke-Edition (wie Anm. 11), S. 1.

19 Zu Ausmerzexperimenten d. Ärzte vgl. Lifton (wie Anm. 15), S. 28 ff. u. 307 ff.

20 Baur/Fischer/Lenz (wie Anm. 5), S. 162 u. 526.

21 Lenz, Auslese (wie Anm. 5), S. 12 u. 17. Die folgenden Zitate ebd. S. 289, 272 f.

22 A. Grotjahn, Soziale Pathologie (Berlin, Heidelberg [3]1923), Reprint 1977, S. 475.

23 Vgl. Lenz, Auslese (wie Anm. 5), S. 307. Das folgende Zitat bei Grotjahn (wie Anm. 22), S. 466 f.

24 K. H. Roth, Ein Mustergau gegen die Armen, Leistungsschwachen und »Gemeinschaftsunfähigen«, in: Ebbinghaus (wie Anm. 6), S. 10; das Folgende ebd.

25 Zit. n. Klee (wie Anm. 12), S. 374. Hervorh. vom Verf.

26 Baur/Fischer/Lenz (wie Anm. 5), S. 713. Das folgende Zitat nach Lenz, Auslese (wie Anm. 5), S. 231.

27 Baur/Fischer/Lenz (wie Anm. 5), Bd 1, S. 748. Das folgende Zitat ebd.

28 Lenz, Auslese (wie Anm. 5), S. 13. Anschl.: Baur/Fischer/Lenz (wie Anm. 5), S. 538; Lenz, ebd. (wie Anm. 5), S. 415.

29 Weingart et al. (wie Anm. 1), S. 429. Das Folgende (Rede Eugen Fischers vom 1.7.37) zit. ebd., S. 391.

30 Vgl. RGBl. I (1933), hier S. 530. Zum folgenden: Gütt/Rüdin/Ruttke (wie Anm. 4), S. 5.

31 F. Ruttke, Rassenhygiene und Recht, in: E. Rüdin [Hrsg.], Erblehre und Rassenhygiene im völkischen Staat, München 1934, hier S. 96. Das folgende Zitat (Dr. Roemer) ebd., S. 120.

32 Vgl. hierzu Bock (wie Anm. 3), S. 259 ff. Zuvor zum Gewohnheitsverbrechergesetz: Gütt/Rüdin/Ruttke (wie Anm. 4), S. 179; Zum 2. Änderungsgesetz vom 4.2.1936 vgl. Schmuhl (wie Anm. 7), S. 158.

33 Baur/Fischer/Lenz (wie Anm. 5), Bd 1, S. 762 u. 765. Zum folgenden Bock (wie Anm. 3), S. 101 ff.

34 W. Stuckart/R. Schiedermair, Rassen- und Erbpflege in der Gesetzgebung des Dritten Reiches (1939), zit. n. Weingart et al. (wie Anm. 1), S. 502 f.

35 Zit. n. Schmuhl (wie Anm. 7), S. 165.

36 Vgl. Klee (wie Anm. 12), S. 295 ff.; Kogon et al. (wie Anm. 9), S. 29 f.; Schmuhl (wie Anm. 7), S. 182 ff.

37 Vgl. diese in Kogon et al. (wie Anm. 9), S. 33 f.

38 Vgl. Kogon (wie Anm. 9), S. 46 ff.; Klee (wie Anm. 12), S. 109 f.

39 M. Beer, Die Entwicklung der Gaswagen beim Mord an den Juden, in: Vierteljahrshefte für Zeitgeschichte (VfZg), 35 (1987), S. 403 ff. Zur folgenden Initiative Himmlers: Grode (wie Anm. 12), S. 87.

40 Zit. n. E. Klee, Dokumente zur »Euthanasie«, Frankfurt/M. 1985, S. 271 f.

41 Grode (wie Anm. 12), S. 110 f.

42 Vgl. Kogon (wie Anm. 9), S. 81. Zum folgenden (Ohlendorf), Grode (wie Anm. 12), S. 173 f.

43 Vgl. Kogon (wie Anm. 9), S. 149 ff.

44 Vgl. Kogon (wie Anm. 9), Schmuhl (wie Anm. 7) und die Arbeiten von Klee (wie Anm. 12 und 40).

45 Vgl. Schmuhl (wie Anm. 7), S. 220. Zum folgenden Plansoll Grode (wie Anm. 12), passim.

46 A. Ebbinghaus, Kostensenkung und »aktive Therapie«, in: dies. (wie Anm. 6), S. 136 ff. Dort auch die Beiträge von Aly und Kuhlbrodt.

47 Zu dieser These vgl. K. Dörner, Nationalsozialismus und Lebensvernichtung, VfZg, 15 (1967), S. 121—152.

48 Vgl. B. Richarz, Heilen, Pflegen, Töten, Göttingen 1987, passim, bes. S. 189 ff.; Klee, Euthanasie (wie Anm. 12), S. 417 ff.

49 S. Heim/G. Aly: Die Ökonomie der »Endlösung«. Menschenvernichtung und wirtschaftliche Neuordnung, in: Sozialpolitik und Judenvernichtung. Gibt es eine Ökonomie der Endlösung? (= Beiträge zur nationalsozialistischen Gesundheits- und Sozialpolitik 5), Berlin 1987, S. 11—90. Für alles Folgende in diesem Zusammenhang vgl. ebd.

Wolfgang Petter

# Zur nationalsozialistischen »Euthanasie«: Ansatz und Entgrenzung

Als Hitler im Oktober 1939 schriftlich anordnete, »dass nach menschlichem Ermessen unheilbar Kranken bei kritischster Beurteilung ihres Krankheitszustandes der Gnadentod gewährt werden kann«, folgte er im Wortlaut dieser Ermächtigung und in den Einzelheiten des Prüfverfahrens für die »kritischste Beurteilung« der juristisch-psychiatrischen Lehrmeinung, die im Krieg den »Gnadentod« für zulässig erklärte. Unter Friedensverhältnissen kam auch für Nationalsozialisten die Tötung von Geisteskranken – denn nur um solche ging es vorgeblich – an sich »nicht in Frage [...] Die Kraft der sittlichen Norm des Tötungsverbots«, betonte die unter Staatssekretär Roland Freisler arbeitende Strafrechtskommission im April 1934, »darf nicht dadurch geschwächt werden, daß aus bloßen Zweckmäßigkeitsgründen Ausnahmen für die Opfer schwerer Erkrankungen und Unfälle gemacht werden«[1].

Die Kommission nannte die Euthanasie einen »Angriff auf die Volksgemeinschaft«; noch zehn Jahre später warnte der Kommentar zum Strafgesetzbuch: »Ein Recht auf Sterbehilfe [...] oder auch nur die Straffreiheit einer solchen Handlungsweise ist nach dem geltenden Gesetz weder dem Arzt noch sonst einer Person zuzubilligen[2].«

Indessen war die Relativierung schon im Kontext der Überlegungen von Freisler und Kollegen, wie das Strafgesetzbuch genuin nationalsozialistischen Gehalt gewinnen sollte, angelegt, da sich für sie das Wesen des Verbrechens nicht mehr aus der positivistischen Frage nach dem Vorsatz, sondern aus der idealistischen nach der Verwerflichkeit der Gesinnung des Täters ergab. Die Kasuistik des neuen deutschen Strafrechts schloß also die »Vernichtung lebensunwerten Lebens« ausdrücklich aus. Der Geist aber, in dem es entworfen wurde, ließ durch die Anerkennung übergeordneter Gesichtspunkte, wie sie sich im Kriege entwickeln sollten, den Weg dazu offen.

Denn das Dritte Reich war auch die gewalttätige Antwort der Uneinsichtigen auf den für die Öffentlichkeit unvermittelten Zusammenbruch, der 1918 unter den deutschen Truppen an der Ostfront und in der Etappe der Westfront, in der stilliegenden Marine, vor allem aber im Heimatgebiet stattgefunden hatte. Viele Deutsche erkannten die Niederlage im Ersten Weltkrieg nicht als Sieg einer aus eigener Kraft übermächtig gewordenen Gegnerkoalition an, sondern hielten sie für das in der Hauptsache vermeidbare und selbstverschuldete Ergebnis letztlich biologischer Faktoren: gut eine halbe Million

»Minderwertiger« hätten zuerst als zitternde »Kriegsneurotiker« das unvorbereitete Sanitätswesen und dann — personell identisch — als »lärmende Revolutionäre« Armee und Reich sprengen können[3], nachdem sie von jüdischen Ärzten und Juristen in sauberem Wechselspiel aus der Front herausgezogen worden seien[4].

Aus dem Krieg, dem Ersten Weltkrieg, war die theoretische Grundlegung der neuen Moral hervorgegangen, als man wegen seiner Hekatomben — »siebzig v. H. jener Elite der männlichen deutschen Jugend«, die namens des Statistischen Reichsamtes »im großen und ganzen [...] als überdurchschnittlich sowohl hinsichtlich ihrer körperlichen als auch ihrer geistigen und seelischen Qualitäten« beurteilt wurden[5] — ein »beklommenes Gefühl«, einen »grellen Mißklang« [empfand] »zwischen der Opferung des teuersten Gutes der Menschheit im größten Maßstab auf der einen und der größten Pflege nicht nur absolut wertloser, sondern negativ zu wertender Existenzen auf der anderen Seite«.

Weder bei Freitod noch bei Schwangerschaftsabbruch bei bestimmten Indikationen seien Täter oder Helfer mit Strafen belegt, lehrten die Autoritäten Karl Binding und Alfred Hoche, die die Diskussion 1920 in Gang gesetzt hatten, und bei der Entwicklung chirurgischer Operationsverfahren werde »stillschweigend auf einen gewissen Prozentsatz von tödlichen Ausgängen gerechnet«. Genauer betrachtet sei die Tötung von Menschen also weder juristisch noch moralisch absolut verboten. Gefordert wurde als humaner Akt die Tötung auf ausgesprochenes oder sicher unterstellbares Verlangen der 3 000 bis 4 000 Menschen, »deren Tod für sie eine Erlösung und zugleich für die Gesellschaft und den Staat insbesondere die Befreiung von einer Last ist, deren Tragung [...] nicht den kleinsten Nutzen stiftet«. Anheim gestellt wurde sie als nützlicher Akt für 20 000 bis 30 000 »Ballastexistenzen« trotz möglicherweise vorhandenen Lebenswillens unter den Bedingungen, die »eine bis zum höchsten gesteigerte Zusammenfassung aller Möglichkeiten« verlangten: unter den Bedingungen des Krieges[6].

Spätestens 1935 legte sich Hitler darauf fest, daß er in diesem, dem Kriegsfall, die »Euthanasie aufgreifen und durchführen« werde, und der Reichsärzteführer Gerhard Wagner setzte die entsprechende Wort- und Filmpropaganda umgehend in Gang; bis Kriegsbeginn 1939 waren Zuständigkeit, Ablauf und Organisation geklärt; unmittelbar nach dem Kriegsausbruch setzte sie in Form von Erschießungen westpreußischer und evakuierter pommerscher Geisteskranker durch SS/Polizei-Einheiten ein; ab Januar 1940 folgte die Massentötung mit Giftgas[7].

Die nationalsozialistische Euthanasie war keineswegs das Produkt einer freischwebenden Ideologie, sondern sie war eine flankierende Kriegführungsmaßnahme, die mit dem Kriegsverdienstkreuz honoriert werden konnte. Und sie war nur das Basisverfahren gegen das Hauptproblem des Nationalsozialismus, die Negativauslese des Krieges, die, wie selbst Pastor Friedrich v. Bodelschwingh sorgenvoll befand, die »Tüchtigen und körperlich Brauchbaren« an der Front fallen und »die an Körper und Geist nicht Brauchbaren« hinterm Ofen überleben ließ[8]. Vor diesem Hintergrund bewirkte nun die Kombination Nationalsozialismus plus Krieg eine seelisch-moralische Deformation der meisten Zuständigen: entweder war ihnen mit Hitler der Gedanke »unerträglich, daß ein Verwundeter kein Bett habe, weil ein Geisteskranker darin liege«, oder sie fragten auch angesichts der finalen Ernährungskürzungen, die im Zuge des Krieges angeordnet wurden, »in mühsam unterdrückter Empörung, ob denn nicht wenigstens eine raschere Tötung [...] barmherziger wäre«[9]. Die Erfahrungen des Ersten Weltkrieges schienen dafür zu sprechen. Damals hatte die Priorität des Lazarettraumbedarfs zur rücksichtslosen Zusammenpferchung der Stammpatienten geführt, die zugleich hinsichtlich der Hygiene- und Ernährungsmittel zusammen mit den Gefängnisinsassen auf der untersten Sprosse der Zuteilungshierarchie vegetierten, was »gewöhnlich das Todesurteil« bedeutete[10]. Die Hochrechnung der sorgfältig belegten Mehrtotenzahl in Sachsen (7 480) erlaubt die grobe Schätzung, daß — in der bemerkenswerten Ausdrucksweise eines Anstaltsdirektors von damals — etwa 100 000 Menschen als Insassen von »Irrenanstalten im Weltkriege gefallen sind«[11]. Unter diesen Umständen war 1917/18 mit 6 428 neuen Pflegefällen die Zugangsquote auf 18 Prozent des Vorkriegsstandes abgesunken; namentlich auf den Männerabteilungen herrschte gegen Kriegsende Platzüberfluß, was auch von manchen entsprechenden Militärstationen galt[12]. Die Zugangswelle nach Kriegsende, die das Bild von der Negativauslese schuf, erklärt sich leicht daraus, daß die Familien im Krieg ihre Pflegefälle angesichts der grauenhaften Anstaltsverhältnisse selbst durchbrachten, und sich der Normalzustand der Überfüllung von 1906/1916 nach Kriegsende beschleunigt wiederherstellte. Das Berliner Kaiser-Wilhelm-Institut für Gehirnforschung stellte jedenfalls 1935 fest: »Vor allem aber hat, was besonders von Laien oft ausgesprochen worden ist, der Krieg — entgegen diesen Erwartungen — zweierlei nicht gebracht: weder eine sichere Zunahme der Geisteskrankheiten im engeren Sinn, noch eine neue Form[13].« Doch was vermochte die Wahrheit gegen die politische Zwangsneurose, in der man die Niederlage dem »linken Flügel der Psychopathen« anzulasten hatte?

Ein Jahr vor Kriegsbeginn wurde beim Münchener Kaiser-Wilhelm-Institut für Genealogie und Demographie auch der bislang postulierte wesensmäßige Zusammenhang zwischen Geisteskrankheit und Kriminalität ausgeschlossen; die »in Fachkreisen ziemlich allgemeine Erwartung [...], (z.B.) unter Landstreichern viele Geisteskranke anzutreffen«, ließ sich nicht verifizieren, erbbiologische Faktoren wurden hier empirisch falsifiziert; ältere Aussagen wurden als common sense-Vorurteile entlarvt, die sich ohne wissenschaftliche Urteilsgrundlage in die Lehre »eingeschlichen« hätten[14]. Eine wehrmedizinische Erhebung in den sieben Sonderabteilungen der Wehrmacht ergab 1937/38, daß von den Soldaten, die sich »böswillig allen Erziehungsmaßnahmen widersetzen«, nur 27 Prozent »kriminelle Tendenz« und nur 8 Prozent erbliche Kriminalitätsbelastung mitbrachten[15]. Für die Praxis der nationalsozialistischen Euthanasie im weiteren Sinn blieb die Forschung ohne Bedeutung: Ende 1942 war es selbstverständlich geworden, »daß Kriminalbeamte allein aufgrund von dummen Gesichtern psychiatrische Diagnosen stellen»[16], die letztlich zur amtlichen Ermordung führen konnten. Mochten in der Heeressanitätsführung Einwände dagegen bestehen, »daß die Geisteskranken unter die Euthanasie fallen«[17], in der Sanitätspraxis konnte es so weit kommen, daß ein Tremorkranker mit Berufung auf die »unverbildete Instinktsicherheit« von Verwundeten per Lazarettplebiszit in die Todesmaschinerie eingespeist wurde, und zwar ausdrücklich deshalb, weil »in der Nacht vom 8./9. November 1918 zahlreiche Neurotiker ›gesund‹ wurden, es sei denn, daß sie noch eine Rente anstrebten«[18].

Die von der Kanzlei des Führers organisierte Beseitigung »lebensunwerten Lebens« geschah in zwei »Aktionen«. In der »Aktion T 4« wurden arbeitsunfähige Geistes-, Krebs-, Tuberkulose-, Arteriosklerose- und anderswie Kranke, Kriegsversehrte oder Senile, die sich in Anstalten befanden, unter Verantwortung der Reichsverteidigungskommissare in staatlichen Zwischenanstalten gesammelt und 70 000 von ihnen aufgrund fachärztlicher Gutachten in die Vernichtungsanstalten Grafeneck, Brandenburg, Bernburg, Hartheim, Sonnenstein oder Hadamar überführt und dort umgebracht; nach Hitlers Stopp-Befehl vom 24. August 1941 töteten Ärzte und Pfleger bis Kriegsende etwa 20 000 weitere Patienten durch »Abspritzen« in eigener Verantwortung (»wilde Euthanasie«). Die »Aktion 14f13« traf mindestens 20 000 als »Psychopathen« Eingestufte, die entweder aufgrund von Verhaftung durch SS/Polizei oder aufgrund Überstellung von den Sondereinheiten der Wehrmacht in Konzentrationslager verbracht und dort körperlich zugrunde gerichtet wurden, um dann der Vernichtung anheimzufallen. Die Selektionsärzte von »14f13« arbeiteten dabei so leichtfertig eifrig, daß das SS-Wirtschafts- und Verwaltungshauptamt 1942 anordnete, ihnen nur wirklich nicht mehr arbeitsfähige Häftlinge vorzuführen, und Himmler folgte 1943 mit dem Befehl, nur noch eindeutig Geisteskranke »auszumustern«. Bis dahin waren die Kriterien »wehrunwürdig« oder »Rassenschänder« ausreichend und kam die angeblich medizinische »Diagnose: fanatischer Deutschenhasser + asozialer Psychopath. Hauptsymptome: Eingefleischter Kommunist, wehrunwürdig, Zuchthausstrafe wegen Hochverrats«[19] einem Todesurteil gleich.

Am deutlichsten wird der Zusammenhang der Euthanasie mit dem Krieg bei der Überprüfung ihrer unmittelbaren materiellen Ergebnisse. Die Kreispflegeanstalt Freiburg z.B., die unter tumultuarischer Gegenwehr der ihres Schicksals bewußten Pfleglinge geräumt wurde, wurde dem Standortkommando im April 1941 vom evangelischen Standortpfarrer »als ansehnliche Erweiterung« des vollzählig belegten 1 040-Betten-Lazaretts angekündigt[20]. Verwendungen dieser Art traten am häufigsten auf. An zweiter Stelle folgt die Verwendung als Wehrmachtkaserne, die mit der Räumung der Anstalt Rastatt schon am 5. September 1939 einsetzte[21]. Es gab regelrechte Raumbeschaffungsaktionen: Im Mai/Juni 1940 wurden 1 558 ostpreußische Kranke von dem SS-Sonderkommando, das die polnische Intelligenz ausrottete, mitvergast. Die freigemachten Anstalten Tapiau und Kortau/Allenstein gingen ebenfalls als Lazarette an die Wehrmacht, Allenburg/Wehlau und Carlshof/Rastenburg an die SS.

Schon im Herbst 1939 waren 1 400 pommersche Kranke nach Westpreußen evakuiert worden, wo Danziger SS/Polizei diese exekutierten; die freigeräumte Heil- und Pflegeanstalt Stralsund wurde absprachegemäß SS-Kaserne. Im besetzten Polen erschossen SS-Einheiten 1939/40 tausende polnischer und deutscher Patienten, um sich Unterkünfte zu schaffen. Doch sorgte die SS/Polizei für sich selbst zuerst: Hatte sie schon die ostpreußischen Tötungen nur gegen Kopfgeld übernommen, so verweigerte sich in der Sowjetunion, nach ersten eilfertigen Tötungen, die Einsatzgruppe A im Herbst 1941 dem Ersuchen von »Wehrmachtsdienststellen, auch andere Anstalten, die für Quartierzwecke benötigt wurden, in der gleichen Weise zu säubern«, und stellte der Wehrmacht maliziös anheim, »mit eigenen Kräften die für notwendig erachteten Maßnahmen zu treffen«[22]. In den Ic-Abteilungen — zum Beispiel des I. oder des XXVIII. Armeekorps — hat man jedoch einfach die Einsatzgruppen durch Ausarbeitung sicherheitspolizeilicher Bedrohungsmuster in Zugzwang gesetzt[23]. So erhielt die Truppe die gewünschten Plätze, ohne sich mit der Ausführung für sie nutzbringender Verbrechen selbst zu belasten.

Aus den besetzten Gebieten gibt es nur fragmentarische Angaben zur Zahl der Opfer — das gilt auch von den in deutschen Anstalten eingewiesenen und dann zur Tötung evakuierten Ausländern — und der requirierten Werte. Bessere, wenn auch nicht erschöpfende Angaben sind nur aus dem Reichsgebiet (Stand 1940/41) überliefert. Danach strich die Organisation T4 durch Leichenfledderei und Betrug an den Kostenträgern, für die sie die Sterbedaten fälschte, wenigstens 14 Millionen RM ein, die sie an die NSDAP überwies. Die volkswirtschaftliche Gewinnberechnung, die schon 1935 als Schüleraufgabe in Mathematiklehrbüchern gestellt worden war, ergab 97 Millionen RM Unterhaltseinsparungen für 1940/41, doch läßt die scheußliche, sowieso mehr oder minder fiktive Statistik die Kosten der Euthanasie außer

Betracht. Ihr wirklich belegbares Ergebnis steht im Dienst des Krieges: Die Freimachung von Raum. Hier konnte sich T4 im Januar 1942 die »Leistung« zuschreiben, von 282 696 Betten insgesamt 70 273 mittels Giftgas »desinfiziert« zu haben[24]. Natürliche und beschleunigte Todesfälle hinzugezählt, konnten 93 521 Betten anderen Zwecken zugeführt werden[25]. Davon wurden militärisch genutzt:

| | |
|---|---|
| 31 058 | für Reservelazarette |
| 9 860 | für andere Wehrmachtzwecke |
| 7 150 | für SS-Kasernen und -Schulen |
| 4 871 | für die Organisation Todt (Ausweichkrankenhäuser bei Luftgefährdung) |
| 4 602 | für Kriegsgefangenenlager. |

Bei diesem »Erfolg« wurden Ärzte und Pfleger ausdrücklich durch Appelle von T4 sowie indirekt, z.B. mittels des bekannten Films »Ich klage an«, zu den weiteren »wilden« Tötungen angehalten, die dann zusammen mit dem Gipfel des Verwundeteneingangs 1944/45 kulminieren sollten. Die »ordentlich« erreichte Tötungszahl 70 000 hat T4 von vornherein geplant und in zwei gleichmäßigen Jahres-Rhythmen à 35 000 erfüllt[26]. Und hier wird der Kriegszusammenhang noch besonders augenfällig: Aufgrund der Weltkriegserfahrungen hatte die Heeressanitätsinspektion einen Bettenbedarf für geisteskranke Soldaten von 26 070 je Jahr nachgewiesen[27]; zusätzlich forderte sie pro Wehrkreis vier Behandlungslazarette für Neurotiker mit zusammen 9000 Betten[28]. Insgesamt verlangte sie also 35 000 Betten pro Jahr, die freizumachen waren.

Als nach dem Sieg im Westen der Bedarf zurückging, setzte T4 die Tötungen ausdrücklich in Erwartung neuerer Kriegsereignisse fort. Goebbels und Reichsleiter Philipp Bouhler, der eine von Hitlers beiden Euthanasie-Beauftragten, verhandelten sogar Anfang 1941 darüber, die Tötungsplanzahl auf 140 000 zu verdoppeln[29]. Im März 1941 beschlossen die beiden Beauftragten Bouhler und SS-Gruppenführer Karl Brandt, die rigorose »Ausscheidung nach strengem Maßstab [...] aller derjenigen, die unfähig sind, auch nur in Anstalten produktive Arbeit zu leisten, also nicht nur von geistig Toten [...] Im übrigen schützt Kriegsteilnehmerschaft nicht vor einer Einbeziehung in die Aktion«. Geisteskranke deutsche Soldaten wurden also, wobei der T4-Chef SS-Oberführer Viktor Brack über die Relevanz von Frontverdiensten und Auszeichnungen entschied, ebenfalls »ordentlich« getötet, wenn auch angeblich unter Ausklammerung der Fälle, in denen dem Leiden eine Wehrdienstbeschädigung zugrunde lag[30]. Gleichwohl bezweifelte die Wehrmacht, die 1939/41 unter ihren 670 000 Verwundeten allein 26 800 Hirn- und andere neurochirurgische Verletzungen zählte, »daß Kriegsdienstbeschädigungen nicht unter diese Maßnahme fallen«[31], und verbot strikt die Einweisung in

Uniform[32], um mit der Sache nichts zu tun zu haben. Bei der »wilden« Euthanasie von deutschen Soldaten wurde sogar Kriegsbeschädigung eher als Anlaß zum »Gnadentod« gewertet. »14f13«-betroffene Soldaten zählten nicht, da sie vorher aus der »Wehrmacht und damit aus der Volksgemeinschaft« ausgestoßen worden waren[33].

Das »Psychopathenproblem in der Wehrmacht« beschäftigte die Zuständigen stark, nicht nur weil sie darauf fixiert waren, Deutschland habe »besonders am Kriegsende, während der Revolution 1918 und in der Räte- und Spartakistenzeit zu fühlen bekommen, wie schlimm und verheerend sich die zersetzende Tätigkeit dieses linken Flügels der Psychopathen ausgewirkt hat«[34]. General der Artillerie Walter v. Reichenau hatte Ende 1937 »neue Wege gesetzgeberischer Art auf diesem Gebiet« zugesagt[35]; sie wurden sofort mit dem Abkommen zwischen Wehrmacht und SS/Polizei beschritten, um unerziehbare Störer — die »nicht wollen wollen« — aus den Sonderabteilungen auf unbegrenzte Zeit in Konzentrationslager zu überweisen. Nicht minder aber beschäftigten sie »die Versager« — die »nicht wollen können« —, die sie dem »rechten Flügel» der Politisierungsskala zuordneten[36]. Die Sorge ergab sich aus der Beobachtung besonderer sexueller Zügellosigkeit beider Gruppen, durch die »auf unkontrollierten Wegen unerwünschte Erbmasse immer wieder weitergegeben und verbrecherische Anlage geradezu konserviert« würden[37]; als Charakteristikum wurde sie bei 39 Prozent der abgesonderten Soldaten festgestellt, von denen 15 Prozent uneheliche Kinder hatten, und korrespondierte mit der angeblichen Beobachtung, daß Geistesschwache »nicht selten von mannstollen Frauen mißbraucht« würden[38]. Die 250 000 bis 300 000 Zwangssterilisierungen des Dritten Reiches mußten angesichts der Annahme, daß im deutschen Volk ein Psychopathenanteil von 10 Prozent stecke[39], der sich bei der Verluststruktur des modernen konventionellen Krieges nach verbreiteter Ansicht zur Gefahr auswachsen mußte, als Tropfen auf dem heißen Stein erscheinen. Den Kampf gegen die erkannten »ausgemendelten Minderwertigen« — Asoziale, Kriminelle, bestimmte »Mischlinge« — und gegen die »Rassenbastardisierer« — Zigeuner, Juden, gewisse Ausländer — führte die SS/Polizei mit der Härte, die sich aus dieser Gefahrenanalyse ergab. Für die Definition und die Herausfiltrierung der manifesten, aber möglichst auch der latenten »Gefahrenquellen« in diesem Sinn fühlte sich die Wehrmachtpsychiatrie verantwortlich, »um das Debakel von 1918 zu vermeiden«[40], indem sie »die Psychopathen« daran hinderte, »daß sie noch einmal jene verhängnisvolle Rolle spielen, die sie damals als Rebellenanführer und Schieber uns produzierten«[41]. Nach der Marine, in deren Selbstverständnis die Matrosenaufstände tiefe Narben hinterlassen hatten, warf sich besonders die Wehrmachtpsychiatrie — angesichts zweifelhafter Therapien bzw. zu wenig energischen umfassenden Zugriffs[42] gegen die 613 047 neurologischen Fälle des Ersten Weltkrieges — vor, ihrer Aufgabe damals nicht gerecht geworden zu sein. Doch hatte sie damals Rückhalt bei vorgesetzten Behörden und der Kriegsjustiz vermißt, so gelangten aufgrund dieser Erfahrung Truppe, Justiz, Wissenschaft und SS/Polizei jetzt über die Sonderabteilungen zu der engen Zusammenarbeit[43], die das pseudobiologisch orientierte politische Umfeld bot. Immer wieder konzentrierten sie sich darauf, zu verhindern, daß »psychische Unterwertigkeit zu einer Art Lebensversicherung sich gestaltet und damit zur negativen Auslese in unserem Volke führt«[44]. Bei dieser rassenpolitischen Zielsetzung war die schleichende Endmedizinierung der nationalsozialistischen Euthanasie im weitesten Sinn zugunsten einer Gendarmisierung nur folgerichtig, sobald der Kriegstonus zunahm; vergeblich stemmte sich die zuständige Sanitätsführung der Erosion ihrer Beurteilungsvollmachten entgegen[45], an der die wissenschaftlich verantwortungslose Anwendung des schwammigen Begriffs »Psychopath« aus politischem Verantwortungsdrang im Krieg nagte: Im März 1944 war sie zur Melde- und Zulieferstation »hinsichtlich hysterischer Reaktionen im Krieg« für den T4-Vernichtungsleiter SA-Oberführer Werner Blankenburg und hinsichtlich Asozialer, Homosexueller sowie der Drogenfälle für den Reichskriminaldirektor SS-Gruppenführer Arthur Nebe abgesunken[46]. Das war die Quittung für die brutale Auffassung, daß die — »jüdische« — Psychotherapie nach Siegmund Freud nur dazu führen werde, daß »wir unser Wunder erleben«[47], und daß »Charakteropathen«[48] weder heilbar noch pflegewürdig und daher für das Konzentrationslager (= Vernichtung) bestimmt seien.

Die Wende liegt in der Winterschlacht 1941/42. Bis Ende 1941 waren z.B. im Wehrkreis VII (München) unter den Lazarettbehandlungen nur 1,6 Promille »psychogene Reaktionen« und so gut wie keine »undisziplinierbaren, affekterregbaren Psychopathen, die im letzten Kriege den Lazaretten so viel zu schaffen machten,« bemerkt worden, ein Erfolg, den man der Auslese in den Sonderabteilungen zuschrieb; im ersten Quartal 1942 verdoppelte sich die Quote jedoch auf 3,2 Promille und traten erste Kriegszitterfälle auf[49]. Die Begründung wurde sowohl in der Personal- wie in der Kriegslage gesehen. So deutete das Oberkommando des Heeres (OKH) wegen der Herabsetzung der Tauglichkeitsnorm an, daß sich der Anteil von Nerven- und Geisteskrankheiten bei Militärkrankheitsinvaliden 1942 im Vergleich zu Zivilkrankheitsinvaliden 1938 von 9,41 Prozent auf 18,72 Prozent verdoppeln würde, weil sich das Verhältnis der als »beschränkt tauglich« gemusterten von 1937 = 6 auf 1941 = 1 reduziert hatte[50]. Für die Fachleute wiederholten sich jetzt die Vorgänge des Ersten Weltkrieges, als im Vergleich zur Vorkriegszeit »wir mehr sozialen Schlamm zu fassen bekamen«[51]; diese Entwicklung bot aber im Denken der Verantwortlichen den seit Jahren besprochenen Vorteil der Entballung dieser Menschengruppe »zu Hause«, die sich zudem aus einem kurzfristigen Nachteil für die Truppe in den noch größeren längerfristigen Vorteil der Ausfiltrierbarkeit der »Psychopathen« ummünzen ließ. Und hatten die Kriegsgerichte schon Ende 1940 gewarnt, »daß sich in letzter Zeit in bedenklicher Weise die Fälle mehren, in denen geistig minderwertige Soldaten strafbare Handlungen begehen«[52], so wurde Ende 1941 generell von einer »fast schlagartigen Zunahme« psychiatrisch begründeter Kriminalität gesprochen, die Anfang 1942 speziell z. B. bei den Kessel-Divisionen von Demjansk im Vergleich zu den nichteingeschlossenen Verbänden der 16. Armee auffiel[53]. Entscheidend für das Gesamtbild und die alarmierende Wirkung, die es ausübte, waren aber Schlaglichter dieser Art, und nicht die Gesamtstatistik, deren absolute Zahlen (s.u.) die Vorstellungen nicht bestätigten. Die meisten Fälle waren in der nationalsozialistischen Militärterminologie »Wehrunwilligkeitsdelikte«, eine Gegebenheit, die sich in sublimierter und deswegen nicht justiziabler Form bis in die höhere Truppenführung einnistete, wo Hitler sich zur Ablösung oder Zurruhesetzung von 70 Generalen veranlaßt sah, die angesichts des starren Haltebefehls vom 16. Dezember 1941 z. T. unter psychosomatischen Symptomen verzweifelten. Auf den unteren Ebenen äußerte sich dieser Vorgang als forensisch-psychiatrisches Problem. Aufschluß über die tatsächliche Entwicklung kann der Vergleich zweier Statistiken der Heeressanitätsinspektion vom Januar 1941 und vom April 1942 geben[54]:

| | Januar 1941 | | April 1942 | |
|---|---|---|---|---|
| Anteil der »Wehrunwilligkeitsdelikte« | | 72,2 % | | 64 % |
| Anteil von »Psychopathen« | 42 % | 66,5 % | 39 % | 64,3 % |
| »Schwachsinnigen« | 14,4 % | | 16 % | |
| »Schizophrenen« | 10,1 % | | 9,3 % | |

Die absolute Zahl der entsprechenden Gutachten ist in diesem Zeitraum nur von 950 auf 1 557 gestiegen, und die inneren Relationen haben sich kaum verändert. Daß das Problem der Kriegsneurotiker subjektiv an Brisanz gewann, hatte also Gründe, die nur bei denen lagen, die es von vornherein als brisant betrachteten. Sie ergaben sich einfach aus dem psychologischen Klima des Dritten Reiches unter den sich verschärfenden Bedingungen des Krieges, unter denen auch »weniger auf die Schuldfrage als auf die Abschrekkung das Gewicht gelegt« wurde, wenn Versagen als »zwangsläufige Auswirkung bestimmter ungünstiger materieller und seelischer Umweltbedingungen auf einzelne psychisch wenig widerstandskräftige oder charakterlich weniger gefestigte Persönlichkeiten« festgestellt wurde[55]. So verschärfte der Krieg die nationalsozialistische »Minderwertigen«-Verfolgung, aber nicht nur diese, sondern die deutsche Rassenpolitik überhaupt. Denn sich selbst hielt man nun einmal für etwas Gutes, was dokumentiert wurde durch den Geisteskrankenanteil, der während des Ersten Weltkrieges im deutschen Heer 2 bis 3 Prozent, im englischen und französischen aber 5 Prozent betragen haben soll[56]. Als weiteres Indiz galt die allgemeine Straffälligkeit, die — trotz aller prognostischen Vorsicht angesichts der »Rassenlegierung« des deutschen Volkes — bei der nordischen und nordisch-fälischen Rasse als »deutlich geringer« denn bei der dinarischen oder gar der ostischen behauptet wurde[57].

1941 war die Stufe der Radikalisierung erreicht, auf der als Ergebnis »wissenschaftlicher Rassenforschung« die Asylierung, wenn nicht gar Liquidierung arbeitsscheuer und promiskuitiver »Gemeinschaftsunfähiger« in der Größenordnung von einer Million Deutscher gefordert wurde[58]. Bald fiel der Sanitätsführung auf, daß Richter ohne medizinische Gutachten zu entscheiden begannen, ob justiziables militärisches Versagen durch die Umstände oder charakterlich-strukturell bedingt war. Über die Sonderabteilungen und »14f13« hinaus griff die Wehrmachtjustiz selbständig zu und verhängte z. B. bis Frühjahr 1942 allein 1 640 Todesurteile wegen Fahnenflucht — d.i. 61 im Monatsdurchschnitt —, die als »Wehrunwilligkeitsdelikt« vor allem dem »rechten Flügel der Psychopathen« zugeordnet wurden; bis Ende 1944 sind 11 664 Todesurteile ausgesprochen und 9 732 vollstreckt worden[59]. Das Verfahren ist seit Urzeiten und allgemein militärüblich, aber in der Wehrmacht hat es ein unglaubliches Ausmaß erreicht, wenn man sich dagegen die Zahl von 150 verhängten und 48 vollstreckten Todesurteilen der Kaiserlichen Armee vergegenwärtigt. Entscheidend für die auswuchernde Größenordnung ist die nationalsozialistische Weltanschauung, die durch das disziplinare Problem hindurch eine rassenbiologische Bedingtheit der »Wehrunwilligkeitsdelikte« zu erkennen glaubte[60]. Man wollte die Wurzel des Übels ausreißen. Schon 1941 berief sich der zuständige Chef des Marinewehramts, Admiral Walter Warzecha, bei der Verschärfung von Urteilen darauf, die »Zersetzung der Front durch Fahnenfluchtverbrechen minderwertiger Elemente« verhindern zu müssen[61]. Nach der durch Stalingrad und El Alamein dokumentierten Kriegswende trat diese Art von Euthanasie in das Stadium ihrer reinsten Form des Dienstes am Krieg. Am 3. April 1943 bestätigte der Oberbefehlshaber der Kriegsmarine, Großadmiral Karl Dönitz, ein kriegsgerichtliches Todesurteil und ordnete dessen Vollstreckung an, nachdem durch einen Marinekriegsgerichtsrat gegen eine Begnadigung vorgebracht worden war: »Das Todesurteil wird ohne Gnade zu vollstrecken sein. Das Bronchialasthma, unter dem der Verurteilte leidet, bietet keinen Grund zu Begnadigung [...] Die psychosomatische Veranlagung bietet keinen Milderungs-, sondern nur einen Strafschärfungsgrund [...] Im übrigen würde der Verurteilte bei einer Begnadigung nur fortlaufend weiter der Volksgemeinschaft als Schädling zur Last fallen. Die Ausmerzung dieses Übeltäters ist zur Verhütung einer schädlichen Gegenauslese dringend geboten[62].« In kaum einer anderen Aussage aus dem Dritten Reich hat sich die nationalsozialistische Ideologie mit ihrer Grundlage und ihrer Konsequenz im Krieg prägnanter widergespiegelt.

## Anmerkungen

1 Das kommende deutsche Strafrecht. Bericht über die Arbeit der amtlichen Strafrechtskommission, hrsg. von Franz Gürtner, Bd 2, Berlin 1935, S. 258.

2 Justus v. Olenhusens Kommentar zum Strafgesetzbuch des Deutschen Reiches, Berlin [12]1942, §§ 211 und 216.

3 R. Gaupp, Der nervöse Zusammenbruch und die Revolution, in: Blätter für Volksgesundheitspflege, 19 (1919), S. 43-46. Gottfried Ewald, Neurologie und Psychiatrie, München [5]1964, S. 318.

4 Generaloberarzt Prof. Ewald Stier, »Psychiatrische Erfahrungen ...«, (Ende 1939), Bundesarchiv-Militärarchiv Freiburg (BA-MA), H 20/501.

5 Friedrich Burgdörfer, Volks- und Wehrkraft, Krieg und Rasse, Berlin 1936, S. 97 und 111.

6 Karl Binding und Alfred Hoche, Die Freigabe der Vernichtung lebensunwerten Lebens, Leipzig 1920, bes. S. 54 f.

7 Zum Ablauf: Ernst Klee, »Euthanasie« im NS-Staat. Die »Vernichtung lebensunwerten Lebens«, Frankfurt/M. 1983.

8 Zit. ebd., S. 201 f.

9 Zit. ebd., S. 175 und 89.

10 Deutschlands Gesundheitsverhältnisse unter dem Einfluß des Weltkrieges, hrsg. von F. Bumm, Stuttgart 1928, S. 277 und 280.

11 Georg Ilberg, Die Sterblichkeit der Geisteskranken in den sächsischen Anstalten während des Krieges, in: Allgemeine Zeitschrift für Psychiatrie, 78 (1922), S. 58—63.

12 Berichte über die Neurotikerstationen des Stellvertr. Gen. Kdos. VIII. A. K., Februar—Oktober 1918, BA-MA, PH 7/6.

13 E. Zwirner, Psychopathologische Lehren des Weltkrieges, in: Soldatentum, 2 (1935), S. 182.

14 Friedrich Stumpfl, Geistige Störungen als Ursache der Entwurzelung von Wanderern, in: Der nichtseßhafte Mensch, München 1938, S. 275-308.

15 Fragebogenerhebung des Psychiaters der Heeressanitätsinspektion 1937/38, BA-MA, H 20/487.

16 Oberfeldarzt Dr. Wuth an Oberführer Blankenburg, 22.12.1942, BA-MA, H 20/482 b.

17 Wuth an Geheimrat Bumke, 23.2.1942, BA-MA, H 20/480.

18 Gutachten des Reservelazaretts Dresden IV, 31.8.1942, BA-MA, H 20/483.

19 Faksimile bei Klee, Euthanasie (wie Anm. 7), S. 346.

20 Kirchenrat Schäfer an Standortältesten Freiburg, 23.4.1941 (Abschrift), BA-MA, RH 15/263.

21 Dies und das folgende nach Klee, Euthanasie (wie Anm. 7).

22 Der Prozeß gegen die Hauptkriegsverbrecher vor dem Internationalen Militärgerichtshof, Bd 37, Nürnberg 1949, S. 691.

23 Deutsche Besatzungspolitik in der UdSSR 1941—1944. Dokumente, hrsg. von Norbert Müller, Köln 1980, S. 79 f.

24 Klee, Euthanasie (wie Anm. 7), S. 340 f.

25 Nach Reichsgesundheitsführer Dr. Conti haben bis 1944 die zivilen Krankenhäuser von 500 000 Betten 185 000 an die Wehrmacht abgegeben; die Euthanasie-Aktion hätte 45 000 zivilen und 55 000 Wehrmachtbetten erbracht. Denkschrift »Stand der Volksgesundheit«, 17.2.1944, Bundesarchiv Koblenz (BA), R 55/1222.

26 Klee, Euthanasie (wie Anm. 7), S. 340. Die Statistik in: Dokumente zur »Euthanasie«, hrsg. von Ernst Klee, Frankfurt/M. 1985, S. 232 f.

27 Undatierte Berechnung von Wuth (zwischen Juli 1938 und März 1939), BA-MA, H 20/480, Bl. 35.

28 »Mobmaßnahmen zur Erfassung und Behandlung von Kriegsneurotikern«, o. D., BA-MA, H 20/483.

29 Die Tagebücher von Joseph Goebbels. Sämtliche Fragmente, hrsg. von Elke Fröhlich, Bd 4, München 1987, S. 485.

30 Dokumente (wie Anm. 26), S. 32, 100 ff., 328. Klee, Euthanasie (wie Anm. 7), S. 273 und 316. Wuth an Heeressanitätsinspektion, 29.8.1941, BA-MA, H 20/480.

31 Wuth an Blankenburg, BA-MA, H 20/482b. Wuth wünschte, durch eine klare Aussage dazu »die in der Truppe und damit ins Volk gebrachte Unruhe zu beseitigen«, doch hätte man dann die streng geheime Aktion im Prinzip zugeben müssen.

32 Rundschreiben des Heeressanitätsinspekteurs, 7.1.1942, BA-MA, H 20/483.

33 »Vorschläge zur Verbesserung der psychiatrischen Mithilfe zur Aufrechterhaltung der Disziplin« (Mitte 1940), BA-MA, H 20/497.

34 Dr. Simon, Das Problem der Psychopathen in der Wehrmacht, in: Der Deutsche Militärarzt, 1938, S. 34 ff.

35 Ebd., S. 35.

36 Ebd.; »Sonderabteilungen«, von Oberfeldarzt Wuth o. D., BA-MA, H 20/497; Statistik der Sonderabteilungen 1936—1938 in BA-MA, RW 6/v. 138; Fragebogenerhebung mit dem Ergebnis, 40 % seien »unerziehbar«, in BA-MA, H 20/497; Rundschreiben des Chefs der Sicherheitspolizei (Sipo) an die Stapoleitstellen, 6.1.1938, BA, R 58/267. Die wehrmachtsinterne Diskussion zur Überstellung an Polizei oder gleich in Schutzhaft, in BA-MA, RW 6/v. 138.

37 Erfahrungsbericht (Ia) des Bewährungsbataillons Inf.-Ersatz-Btl. 500, Fulda 19.3.1942, BA-MA, H 20/480.

38 Prof. Carl Schneider, 13.10.1933, zit. bei Klee, Euthanasie (wie Anm. 7), S. 40.

39 W. Ritter von Baeyer, Über psychopathische Reaktionen Wehrpflichtiger, in: Veröffentlichungen auf dem Gebiete des Heeressanitätswesens, 105 (1938), S. 602.

40 Wuth auf der Arbeitstagung Ost, 18.5.1942, BA-MA, H 20/481.

41 Vortrag Stabsarzt Dr. Isemann, 16.8.1942, BA-MA, H 20/482 b.

42 Handakten von Stabsarzt Prof. Stursberg, BA-MA, PH 6/7. Dazu die ältere Literatur zu den Kriegsneurosen bis 1918, die sich in diesem Befund einig ist.

43 Abmachungen in BA-MA, RW 6/v. 138, Fälle in BA-MA, H 20/497.

44 Stier, Erfahrungen (wie Anm. 4).

45 Stellungnahme Wuth zum Dresdener Vorgang, BA-MA, H 20/483.

46 Vermerke des Beratenden Psychiaters bei der Heeressanitätsinspektion, 2.3.1944, BA-MA, H 20/482 b.

47 Wuth an Bumke, 23.2.1942, BA-MA, H 20/481.

48 Sammelbericht der Beratenden Wehrkreis-Psychiater, 4.11.1941, BA-MA, H 20/483.

49 Berichte von Bumke, München, 4.11.1941 und 1.4.1942, BA-MA, H 20/483, sowie 27.2.1942, BA-MA, H 20/480. Bericht Schneider, Heidelberg, 21.10.1942, BA-MA, H 20/483.

[50] Der Chef HRüst und BdE, 26.9.1942, BA-MA, H 20/483. Bis Juni 1942 dominierte bei Dienstentlassungen die Begründung Nerven- und Geisteskrankheiten (»Fehlernummer 15«), erst von da ab dominierten Verwundungen. Die Nervenstationen des Ersatzheeres galten Mitte 1940 als überfüllt, s. »Vorschläge zur Verbesserung ... der Disziplin«, o. D., BA-MA, H 20/497.

[51] Wuth, Das Psychopathenproblem in der Wehrmacht (Vortrag 9./10.3.1939 im Reichsluftfahrtministerium zur Richterschulung), BA-MA, H 20/128.

[52] Heeressanitätsinspektion an Wehrkreisärzte, 8.11.1940, BA-MA, H 20/483.

[53] Berichte Rohde vom SanOffzStab Don, 1.12.1942, und Baeyer vom A.O.K. 16, April—Juni 1942, ebd.

[54] Auswertung der forensisch-psychiatrischen Gutachten, 29.4.1942, ebd.

[55] Erfahrungsbericht Schneider, Juni—September 1941, BA-MA, H 20/480, und Armeearzt A.O.K. 16, 27.2.1942, BA-MA, H 20/483.

[56] Beratender Psychiater beim Heeressanitätsinspekteur, 18.11.1939, BA-MA, H 20/484.

[57] »Wehrpsychologie und Wehrneurologie«, 10.10.1939, BA-MA, H 20/488.

[58] Michael H. Kater, Medizin und Mediziner im Dritten Reich. Eine Bestandsaufnahme, in: Historische Zeitschrift, 244 (1987), S. 351. Die Marburger Juristische Fakultät akzeptierte eine Dissertation, in der zur Abschreckung die Erschießung von Neurotikern = Drückebergern als Recht beurteilt wurde: Helmut Ziemann, Die Stellung der Psychopathen im Militärstrafrecht, Jur. Diss. Marburg, 1941, S. 74.

[59] Manfred Messerschmidt, Deutsche Militärgerichtsbarkeit im Zweiten Weltkrieg, in: Die Freiheit des Anderen. Festschrift für Martin Hirsch, Baden-Baden 1981, S. 113 und 136.

[60] Manfred Messerschmidt und Fritz Wüllner, Die Wehrmachtjustiz im Dienste des Nationalsozialismus. Zerstörung einer Legende, Baden-Baden 1987, S. 227-259.

[61] Messerschmidt, Militärgerichtsbarkeit (wie Anm. 59), S. 113.

[62] Ebd., S. 138 f.

Norbert Kampe

# »Endlösung« durch Auswanderung? Zu den widersprüchlichen Zielvorstellungen antisemitischer Politik bis 1941

Wie real waren die historischen Chancen für eine andere »Endlösung« der seit dem Ende des 19. Jahrhunderts von Antisemiten neu aufgeworfenen »Judenfrage« unter den Bedingungen des NS-Regimes und dessen zum Regierungsprogramm gewordenen Radikalantisemitismus? So etwa müßte gefragt werden, beurteilt man einen Teilaspekt der Quellen zur Auswanderungs- und Vertreibungspolitik, deren kommentierte Edition den Anstoß zu den folgenden Ausführungen gab. Bezüglich der ausführlichen Darstellung und der Belege sei ausdrücklich auf diese Edition verwiesen[1]. Es ist aber auch deshalb notwendig, diese Frage aufzuwerfen, weil die Monströsität des Genozids an den europäischen Juden im Zweiten Weltkrieg dahin wirkt, daß die deutsche »Judenpolitik« zwischen 1933 und 1941 als bloße Vorgeschichte des »Holocausts« begriffen wird, der seit der »Machtergreifung« gewissermaßen vorprogrammiert gewesen sei. Mit einer solchen Sichtweise verfiele man jedoch einem unhistorischen Determinismus[2].

Tatsächlich bestand bis weit in das Dritte Reich hinein die Möglichkeit, den »genocidal process« zu unterbrechen. Es ist auch völlig inakzeptabel, die von Hitler für sich selbst zwischen 1941 und 1945 diverse Male in Anspruch genommene ungebrochene Kontinuität der Vernichtungspolitik zur Politik des Deutschen Reichs ab 1933 zu erklären. Allein innerhalb der NSDAP bestanden erhebliche Unklarheiten und konkurrierende Zielvorstellungen bezüglich einer »Lösung der Judenfrage«. Hinzu kommt, daß die neue deutsche »Judenpolitik« ab 1933 nicht von der NSDAP-Führung allein, sondern von einer konservativ-nationalsozialistischen Koalitionsregierung konzipiert wurde, in der die konservativen Minister mit acht zu drei absichtlich eine notfalls korrigierende Mehrheit bleiben sollten. Der neue Reichskanzler Hitler wußte sehr genau, daß ihn im Konfliktfall die noch von deutschnationalen Konservativen souverän beherrschten Machtblöcke in Reichswehr/Polizeiführung, Industrie/Finanz und Justiz/Ministerialbürokratie beinahe mühelos hinwegfegen konnten, nachdem er die von ihm erwartete Zerstörung der politischen Linken ausgeführt hätte. Erst die Erfahrung der Jahre nach 1933 lehrte, in welch rasantem Tempo und bis zu welch erstaunlichem Grad sich die deutschen konservativen Eliten von Hitler paralysieren ließen[3].

Die »Judenpolitik« ab 1933 mußte überdies nicht nur in der Koalition konsensfähig sein, sondern sie wurde von den konservativen Verwaltungseliten, der Klientel des größeren Koalitionspartners, aus zum Teil recht vagen Vorgaben erst entwickelt und ausgeführt. Selbst wenn man berücksichtigt, daß die von der SA getragenen verschiedenen Wellen antijüdischer Terrorakte der Ministerialbürokratie einige Probleme bereiteten (und zum Zweck der weiteren Verschärfung der »Judenpolitik« auch von Hitler als Druckmittel toleriert bis inspiriert waren), war die praktische Durchführung kontinuierlicher »Judenpolitik« bis (ausschließlich) zum Novemberpogrom 1938 nahezu gänzlich das Werk ebendieser Verwaltungselite. Das gilt besonders auch für die Definition der Auswanderung als »oberstes Ziel deutscher Judenpolitik«. Von den reinen NS-Institutionen war allein der SD permanent bei der jüdischen Auswanderung engagiert. Deshalb ist es wichtig zu fragen, in welchem Geist diese Auswanderungspolitik konzipiert und durchgeführt wurde und welche Möglichkeiten sie den Juden tatsächlich einräumte[4].

*Die antisemitisch-völkische Tradition*

Zum Verständnis der Vorgeschichte und Voraussetzungen der NS-Judenpolitik ist es notwendig, einen Blick auf die antisemitisch-völkische Tradition zu werfen. Zum Konsens der diversen antisemitischen Parteien in Deutschland nach 1880 gehörten die Forderungen nach einem Verbot ostjüdischer Einwanderung und nach einem minderen Rechtsstatus (»Fremdenrecht«) für inländische Juden (z.B. mit Ausschluß von bestimmten Berufen). Das Motiv in dieser Phase war, durch eine wenigstens partielle Rücknahme der rechtlichen Gleichstellung von 1869/71 die in antisemitischer Sicht nun auch »drohende« vollständige gesellschaftliche Gleichstellung zu verhindern. Mit der Rezeption der Rassentheorien tauchten zunächst bei einzelnen deutschen Autoren modernisierte Versionen traditioneller, christlich-abendländischer Vertreibungs- und/oder Vernichtungsphantasien auf[5]:

Wilhelm Marr z.B. sah (ab 1879) die Lösung der »Rassenfrage« in der Auswanderung nach Palästina[6]. Eugen Dühring dagegen kritisierte (ab 1881) die Vertreibungsvorstellungen als bloße räumliche Verlagerung des »Judenproblems«. Infolge ihrer Rasseneigenschaften müßten die Juden nämlich überall parasitär leben. Ein Judenstaat würde nur das Rad der Weltgeschichte zurückdrehen. Zuerst solle man die Juden unter Ausnahmegesetze stellen, dann könne man an deren Einpferchung und Deportation denken[7]. Paul de Lagarde gab (ab 1886) zwar vor, nur scharfen Assimilationsdruck ausüben zu wollen, damit die Juden ihr Judentum aufgäben oder auswanderten. Seine biologistischen Metaphern (Juden als »Trichinen«, mit denen man nicht verhandele, sondern die man töte; als Fremdkörper, die »Eiterung« erregten usw.) drängten jedoch dieses vorgebliche Motiv in den Hintergrund. Die Auswanderung stellte sich Lagarde als entschädigungslose Vertreibung der hartnäckig auf ihrem Judentum Beharrenden vor[8].

Radikale Phantasien dieser Art griff seit den 1890er Jahren vor allem eine neue Generation nun antiliberaler Studenten und Jungakademiker auf. So hielt z.B. 1896 der Schriftleiter der »Akademischen Blätter«, Verbandsorgan der »Vereine Deutscher Studenten/Kyffhäuserverband«, Hans Wendland, in einer Artikelserie extremste Maßnahmen gegen Juden für ethisch gerechtfertigt (z.B. Erschießungen in einer bürgerkriegsähnlichen Situation). Für eine kommende historische Führerpersönlichkeit würden nicht mehr die Normen »sogenannter Sittlichkeit« gelten und an den ethisch gerechtfertigten Antisemitismus könne man nicht, so Wendland, »fremde sittliche Maßstäbe« wie Gerechtigkeit oder Menschlichkeit herantragen[9]. Mangels einer realisierbaren Perspektive innerhalb des politisch und sozial stabilen Rechtsstaates im Kaiserreich waren derartige Phantasien jedoch nicht leicht in Parteiprogramme umzusetzen. Dennoch verkündete z.B. 1899 die »Deutsch-Soziale Reformpartei« das Recht zur »vollständigen Vernichtung der Juden in Notwehr«. Zwar bewertete die Partei den Zionismus als Bestätigung des eigenen Standpunkts bezüglich des Scheiterns liberaler Emanzipationskonzepte, aber gleichzeitig wurde einem potentiellen Judenstaat die Anerkennung schon im voraus verweigert[10].

Seit der Jahrhundertwende, so ergibt die Untersuchung des antisemitisch-völkisch-nationalistischen Traditionsstranges, zeigt sich kein einheitliches Bild von den Zielen, mit denen die Antisemiten ihre »Judenfrage« lösen wollten. Eigentlich war es allein der von Hitler und den NS-Theoretikern als geistiger Vorkämpfer verehrte Theodor Fritsch, der besonders mit seinem erfolgreichen »Handbuch der Judenfrage« (ab 1887) die antisemitischen Kreise immer wieder auf die Notwendigkeit einer politisch tatsächlich praktikablen »Lösung der Judenfrage« durch Auswanderung hingewiesen hatte. Nach der zuerst vorzunehmenden völligen Aufhebung der Emanzipation, nach der sozialen Separation und den dafür zu erlassenden Rassegesetzen sollten die Juden in ein selbstgewähltes Kolonialgebiet auswandern. Geld zum Erwerb von Land, so Fritsch, hätten sie genug und sollten es zu diesem Zwecke auch wenigstens teilweise behalten dürfen. Zur Auswanderung könne man ihnen etwa zehn Jahre Zeit geben. Im Landbau sollten die Juden eine eigene Kultur schaffen und »in einen ehrlichen Wettkampf mit den übrigen Nationen treten«. Man wolle »die Juden nicht totschlagen und ihnen nirgend Gewalt antun«[11].

Eine Art ideologischer »Blut-und-Boden«-Sympathie für die zionistische Kolonisation bestand von der völkischen Tradition bis in die Zeit der NS-Herrschaft hinein. So meinte z.B. der NS-Theoretiker Prof. van Leers, die

Festschreibung einer rassisch vorprogrammierten parasitären Existenz sei eine »allzu pessimistische Beurteilung des Judentums«. Der Grundgedanke der Zionisten sei »gesund und berechtigt«. Würden die Juden unter Aufgabe ihrer Weltherrschaftspläne wirklich in Palästina und anderen Kolonien zu »Pflug, Hacke und Sense« greifen, dann würden die schärfsten Antisemiten ihre Kampfschriften

»im Freudenfeuer verbrennen«. »Wir haben — bei allem Radikalismus — niemals den Kampf gegen das Judentum geführt, um das jüdische Volk zu vernichten [...] Niemand hat die Absicht, ihnen diesen Auszug schwer zu machen. Mögen die alten und fest mit dem Lande verwachsenen Leute dableiben und ihre Geschäfte, soweit sie nicht volksschädlich sind, ruhig zu Ende führen. [...] Niemand will brutalisieren[12].« »Nur ein Barbar, ein außerhalb der letzten großen göttlichen Ordnung der Weltgeschichte stehender Mensch könnte einen allgemeinen judenfeindlichen Vernichtungskampf zur Ausrottung dieses Volkes empfehlen[13].«

Man kann derartige Vorstellungen nicht einfach als realitäts- und parteifremd abtun. So wollte der im April 1933 zum »Sachverständigen für Rassefragen beim Reichsministerium des Inneren« ernannte leitende Parteigenosse und Mitglied des Reichstages, Dr. Achim Gercke, vor allem verhindern, daß die Juden in Deutschland blieben und womöglich einen Minderheitenstatus erhielten, der das Ausland geradezu zu Interventionen einlüde. Doch ungeachtet gleichzeitiger antisemitischer Verbalattacken plädierte Gercke im Mai 1933 für »wirklich zukunftsweisende Pläne und Ziele«. Diese bestünden allein in einer »staatlich geregelten Auswanderung« unter Aufgreifen zionistischer Pläne und mittels einer »internationalen Regelung zur Schaffung einer Heimstätte für die Juden«. (Hier klingt geradezu die Balfour-Deklaration von 1917 an!) Die ganze Welt habe ein Interesse daran, sich der Juden als »Unruheherd« und Ausgangspunkt des Bolschewismus zu entledigen. Eine Zerstreuung der Juden löse das Problem gerade nicht, und sie könnten vielleicht sogar wirklich »ein Volk werden«[14].

Ebenso setzte der den perspektivlosen »SA-Antisemitismus« grundsätzlich verachtende Sicherheitsdienst (SD) der SS auf die Auswanderung, die allerdings auch brutal durch eine systematische Zerschlagung der jüdischen Existenzgrundlagen in Deutschland vorangetrieben werden sollte. Schon aus ganz pragmatischen Motiven wurden deshalb Kontakte zu zionistischen Organisationen im In- und Ausland gesucht, die über das »know how« für die Palästinawanderung verfügten. Herbert Hagens, von Mildensteins und Eichmanns Palästinareisen zur Erkundung von Einwanderungschancen gehören in diesen Zusammenhang.

Hitler dagegen gab in Äußerungen aus den 1920er Jahren einem zionistischen Staat in Palästina keine Realisierungschancen, da die Juden infolge ihrer Rasseneigenschaften nur parasitär leben könnten. Vielmehr wollten die Juden, so Hitler, nur ein Trainingszentrum für ihre Betrügereien etablieren und den ertappten Rassegenossen diplomatischen Schutz gewähren können[15]. Beim Agitator und Parteiführer Hitler der frühen 1920er Jahre finden sich derart radikale, wenn auch zugleich unklare Äußerungen über seine Zielvorstellungen, daß man ihn auf dieser Quellenbasis eher der SA-Tendenz zuordnen würde. Hitler selbst rechnete sich jedoch dem »wissenschaftlichen Antisemitismus« Theodor Fritschs zu. Der Gefühlsantisemitismus führe nur zu Pogromen, während der Vernunftantisemitismus eine »legale« Beseitigung der Judenemanzipation, schließlich der Juden überhaupt anstrebe[16]. Dennoch solle man antisemitische Gefühle bei den Massen durchaus anpeitschen, weil daraus eine treibende Kraft zur Durchsetzung antisemitischer Regierungspolitik entstehe. Einige Hinweise sprechen dafür, daß Hitler 1924 in seiner Landsberger Haft und beim Diktieren von »Mein Kampf« zur Überzeugung gelangt war, daß man die Juden eigentlich ermorden müßte.

Nicht nur für Hitler gilt jedoch, daß man den völkisch-nationalsozialistischen Kreisen zuviel Rationalität unterstellte, suchte man vor allem nach Konzepten für durchführbare »Lösungen der Judenfrage«. Zu einem großen Teil speiste sich deren antisemitische Energie aus purer Gehässigkeit, aus der lustvoll erlebten Vorstellung vom Erniedrigen, Quälen und Berauben der stigmatisierten Minderheit. Nach der Projektion der Schuld an der Niederlage von 1918 und den folgenden revolutionären Ereignissen auf die Juden als Verräter bekam diese Version des gewaltbereiten völkischen Antisemitismus mit der Verbreitung der gefälschten »Protokolle der Weisen von Zion« eine Pseudorechtfertigung: Wenn die Juden mittels kapitalistischer wie bolschewistischer Machenschaften eine jüdische Weltherrschaft anstrebten und die westlichen Demokratien schon nahezu gänzlich in jüdischer Hand seien, dann seien die in deutscher Hand befindlichen Juden eben Faustpfänder, mit denen das »Weltjudentum« von antideutschen Aktionen abgeschreckt werden könne.

Welch massive Formen dieses Geiselmotiv bereits 1920 angenommen hatte, beweisen Vorschläge, die dem bayrischen Ministerpräsidenten von Kahr im Mai aus völkischen Kriegsteilnehmerkreisen Münchens eingereicht wurden, in denen auch der Soldat Hitler im dienstlichen Auftrag zur politischen Ausspähung seiner Kameraden verkehrte. Alle Juden, heißt es darin, sollten innerhalb von ein bis zwei Tagen in Konzentrationslager gebracht werden. Bei Eröffnung von Feindseligkeiten seitens der Entente sollten Repressalien beginnen (Hungertod, »Niedermetzelungen«). Diese Maßnahmen würden »mit Sicherheit eine ebenso verblüffende Wirkung« gegen einen »Vormarsch bolschewistischer Armeen« haben.

»Auf diese Weise können wir alle Machenschaften des internationalen Judentums zum Scheitern bringen, die im Friedensvertrag von Versailles und in der Bolschewisierung der Welt ihre Auswirkung fänden. Nur auf diese Weise können wir eine Revision des Friedensvertrags herbeiführen.«

Sofort nach Beseitigung der inneren wie äußeren Bedrohung müsse »mit der restlosen Abschiebung aller Juden nach Palästina begonnen werden«. Das »unehrlich« erworbene Vermögen werde ihnen zuvor abgenommen und das Betreten deutschen Bodens bei Todesstrafe verboten[17].

So grotesk diese Vorstellungen auch anmuten mögen, das Geiselmotiv hatte seitdem in völkischen Kreisen und in der aus diesen hervorgehenden NS-Bewegung bis hin zum späteren Reichskanzler und »Führer« Hitler seinen festen Platz. So wollte Goebbels mit dem Boykott vom 1. April 1933 die »jüdisch inspirierten« Boykottaufrufe im Ausland gegen den Kauf deutscher Waren neutralisieren. In Hitlers Memorandum zum Vierjahresplan von 1936, der die Herstellung der deutschen Kriegsfähigkeit zum Ziel hatte, kommt das Geiselmotiv im Zusammenhang mit dem Mißtrauen des Weltkriegsgefreiten vor der unberechenbaren »Heimatfront« deutlich zum Ausdruck. Für »Wirtschaftssabotage« gegen die »Verteidigung des Reiches« müsse die Todesstrafe eingeführt werden sowie »ein Gesetz, das das gesamte Judentum haftbar macht für alle Schäden, die durch einzelne Exemplare dieses Verbrechertums der deutschen Wirtschaft und damit dem deutschen Volke zugefügt werden«[18].

Bis hierhin dürfte im Hinblick auf die Fragestellung bereits deutlich geworden sein, daß der antisemitisch-völkisch-nationalsozialistische Traditionsstrang keine eindeutige Aussage machte zur Art der anzustrebenden »Lösung der Judenfrage«, mithin auch nicht zur möglichen Auswanderung und deren Modalitäten, vielmehr werden einander widersprechende Tendenzen sichtbar: Dem Hinauslassen der Juden stand das Geiselmotiv direkt entgegen. Der Wunsch zum Quälen und Berauben wirkte ebenfalls dysfunktional, weil die Chancen zuvor demoralisierter und verarmter deutscher Juden gering waren, als Einwanderer von anderen Staaten akzeptiert zu werden. Es wird im weiteren noch zu zeigen sein, daß diese widersprüchlichen Motive sogar Eingang in die Ministerialbürokratie fanden und die deutsche »Judenpolitik« bis zum Ingangsetzen der Vernichtungsmaschinerie prägten.

### *Auswanderung als erste Phase deutscher »Judenpolitik« 1933–1945*

Wird als entscheidendes Kriterium einer Phasenbildung innerhalb der deutschen Judenpolitik die Änderung in der obersten Zielvorstellung zugrundegelegt, so lassen sich tatsächlich nur zwei Phasen gegeneinander abgrenzen: die Auswanderung bzw. Vertreibung bis 1939/41 und danach das Zusammentreiben der Menschen, um sie zu ermorden[19]. Es sei zumindest angedeutet, daß es eine wissenschaftliche Richtung gibt, die vehement das Bestehen der Auswanderungsoption bestreitet oder für ein Täuschungsmanöver hält. Vielmehr hätten die NS-Bewegung und natürlich besonders Hitler von

Anfang an den Massenmord im Sinn gehabt und gezielt angesteuert[20]. Läßt man jedoch die Ideologiefragen beiseite und betrachtet den realen historischen Verlauf, dann kann man nicht umhin festzustellen, daß während acht von zwölf Jahren NS-Herrschaft die Auswanderung der Juden Regierungsprogramm des Deutschen Reichs war. – Nach einer Abgrenzung beider Phasen sollen hier Interpretationsprobleme hinsichtlich der ersten Phase der deutschen Judenpolitik erörtert werden.

Anläßlich behördlicher Zusammenkünfte auf Staatssekretärs- wie Ministerebene von 1933 bis zum Kriegsbeginn wurde immer wieder festgehalten, wie die überlieferten Mitschriften dokumentieren, daß »die Auswanderung das oberste Ziel der deutschen Judenpolitik« sei. Bei allen überlieferten »Führerentscheidungen« zu Konflikten um Auswanderungsfragen zwischen Behörden und/oder Parteistellen hat selbst Hitler stets zugunsten dieses Ziels und für eine Beibehaltung der nach 1933 etablierten Auswanderungspraxis entschieden, so z.B. gegen das Auswärtige Amt oder gegen die NSDAP-Auslandsorganisation (AO). Selbst noch in den an verbalem und physischem Terror gegen Juden nicht gerade armen Schicksalsjahren 1938/39 ignorierte Hitler das Auswärtige Amt und ließ ausländische Verhandlungsangebote zur Finanzierung einer vollständigen jüdischen Auswanderung testen. Infolge des Kriegsbeginns im September 1939 konnten die bereits getroffenen Verabredungen nicht mehr verwirklicht werden. Hitler hat das Auswanderungsziel zwar nicht selbst den Ministerialbeamten vorgegeben, doch erschien ihm die Vertreibung der Juden aus dem deutschen Lebensraum offenbar als wünschenswert. Das spricht gegen die Annahme der Existenz eines dezidierten Mordplans, denn dann hätte Hitler eigentlich auf ein frühes Auswanderungsverbot hinarbeiten müssen.

Gestapo und SD begünstigten die zionistische Auswanderungspropaganda und Auswandererschulung, während sogenannte »Assimilanten«, die für den Kampf um die letzten jüdischen Positionen in Deutschland eintraten, mit Versammlungs- und Redeverbot belegt wurden. Die ab 1933 reorganisierten deutsch-jüdischen Hilfsorganisationen zur Auswandererbetreuung erhielten – ungeachtet aller Propaganda gegen die vorgeblichen »antideutschen Machenschaften des Weltjudentums« – bis zum Novemberpogrom 1938 soviel Handlungsspielraum (inklusive der Möglichkeiten zu intensiven Auslandskontakten), wie ihn wohl bald keine nichtnazistische Institution mehr besaß. Der Sprachgebrauch des SD schwankte zwar zwischen positiver und pessimistischer Einschätzung des Auswanderungstempos. Dennoch findet sich schon vor dem Novemberpogrom die Formulierung, daß die »Judenfrage im deutschen Lebensraum« durch Auswanderung und natürliche Mortalität der überaltert Zurückbleibenden einer »Endlösung« entgegengehe[21].

Im März 1938 begann mit der Errichtung der NS-Herrschaft in Österreich eine neue Stufe der Brutalisierung in der deutschen »Judenpolitik«. Offenbar empfand nun die NS-Führung die annähernde Verdopplung der Anzahl der Juden im »Großdeutschen Reich« durch den »Anschluß« als unerträglich. Zugleich ermöglichte die Pogrombereitschaft innerhalb der Wiener Bevölkerung, die im Vergleich mit den Großstädten des »Altreichs« einzigartig ausgeprägt war, den sofortigen Übergang zu dieser hauptsächlich gewalttätigen Judenpolitik in Österreich[22]. Während nach dem 13. März 1938 z.B. im Burgenland jüdische Dorfbewohner einfach über die Staatsgrenze getrieben wurden, errichtete Eichmann in Wien die »Reichsstelle für jüdische Auswanderung«. Mit deren Abfertigungs-»Erfolgen« profilierte sich der SD — und damit die SS insgesamt — endgültig als effektivste deutsche Institution bei der (zunächst noch) »Endlösung durch Auswanderung«. Die bisher im »Altreich« übliche langwierige, bürokratischeProzedur von der »legalen« Beraubung der Auswanderer bis zur Ausgabe der Auswanderungspapiere wurde mittels einer Art Fließbandabfertigung in einer einzigen Behörde bei zuchthausähnlichem Umgangston durchgezogen.

In dieser neuen Abschiebe-Praxis wurde nicht mehr danach gefragt, ob für die so Hinausgetriebenen überhaupt legale Einreisemöglichkeiten in andere Staaten bestanden. Vielmehr wurden sogar illegale Transporte begünstigt, bis der »Reichsführer SS und Chef der deutschen Polizei« Himmler am 15. März 1939, weniger angesichts ausländischer Demarchen, sondern eher um die weitere lückenlose Kontrolle über die Auswanderung der inländischen Juden nicht zu gefährden, jegliche illegale Auswanderung untersagte. Als sehr wichtig ist festzuhalten, daß weiterhin — wenn von nun an auch mittels Zwangsauswanderung und Deportation — das gleiche Ziel angestrebt wurde, nämlich den »deutschen Lebensraum judenrein« zu bekommen. An den obersten Zielvorstellungen der deutschen »Judenpolitik« hatte sich also noch nichts geändert.

Die Auswanderung war mit dem Kriegszustand in Europa seit September 1939 nahezu zum Erliegen gekommen. Gerade unter Kriegsumständen wollte jedoch die Naziführung in Deutschland keine Juden dulden, da sie als Sicherheitsrisiko für die »Heimatfront« (kein zweiter 9. November 1918!) bewertet wurden. Mit den »neuen Möglichkeiten im Osten« nahm auch das neue Konzept einer »territorialen Endlösung« Gestalt an. Systematische Deportationen von österreichischen und deutschen Juden in das gerade erst besetzte Polen begannen schon im Oktober 1939, ohne daß etwa bereits eine realisierbare Umsiedlungskonzeption erkennbar wäre. Für den SD untersuchte Eichmann die Möglichkeiten zur Anlage eines großen »Judenreservats« in Nisko am San, nach dem Sieg über Frankreich 1940 sogar für Madagaskar (am 22. Oktober 1940 Deportation westdeutscher Juden nach Gurs in Südwestfrankreich mit der Absicht der späteren Verbringung nach Madagaskar). Juden aus dem Reich wurden ab April 1940 in die errichteten Großghettos (Lodz, Warschau) »umgesiedelt«. – Im Vergleich mit den vorhergehenden Auswanderungen, Vertreibungen und Deportationen bestand die neue Situation vor allem darin, daß die derart Deportierten von nun an weiterhin unter dem Zugriff der Deutschen verbleiben würden.

Das konkrete Ergebnis dieser ersten Phase der deutschen »Judenpolitik« nach 1933 ist auch quantitativ greifbar: Mehr als die Hälfte der deutschen und österreichischen Juden entkam so dem Zugriff der späteren Massenmörder. Von 1933 bis 1941 wanderten von den 525 000 bei jüdischen Gemeinden in Deutschland als Mitglieder Registrierten 278 000 aus. Für Österreich, seit dem »Anschluß« von 1938, lauten die Vergleichszahlen 220 000 Mitglieder und 120 000 Ausgewanderte[23].

*Der Übergang zur zweiten Phase: der Massenmord*

In einer atemberaubend kurzen Zeitspanne vom Frühjahr bis Ende 1941 wurde dann das über acht Jahre stabil gebliebene oberste Ziel der deutschen »Judenpolitik« zum monströsen Mordprogramm der zweiten Phase revidiert, und mit seiner Umsetzung in die Tat wurde sofort begonnen. Wann genau und wie konkret innerhalb der engeren Führungsclique in Partei und Regierung erstmals Vorstellungen angesprochen wurden, durch systematische Mordaktionen sich aller Juden zu entledigen, ist in Forschungskontroversen während des letzten Jahrzehnts heftig debattiert worden[24]. Daß ein Zusammenhang mit der Vorbereitung des Angriffs auf die Sowjetunion seit Juli 1940 besteht, erscheint jedoch als gesichert. Hitler selbst hatte seit Frühjahr 1941 die Einschwörung der Wehrmachtführung auf einen gnadenlosen Rassen- und Vernichtungskrieg im Osten energisch betrieben. Nicht noch einmal sollten – wie 1939 in Polen – seine Einsatzgruppen durch das Offizierkorps behindert werden. Zur Vorbereitung des Rassenkriegs liegen diverse Dokumente vor, von denen besonders der »Kommissarbefehl« Hitlers vom 6. Juni 1940 hervorzuheben ist. Dieser zog eine mörderische Konsequenz aus der These von der »jüdisch-bolschewistischen Verschwörung«[25].

Seit Mai 1941 finden wir in den SD-Dokumenten die weitere Gültigkeit des Auswanderungskonzepts in Frage gestellt »im Hinblick auf die zweifellos kommende Endlösung der Judenfrage« (dieser Begriff wurde als Tarnbezeichnung weiter geführt und erhielt nun erst neben den zynischen Neuschöpfungen »Aussiedlung«, »Evakuierung«, »Sonderbehandlung« seine heute mit ihm verbundene Bedeutung)[26]. Gleich nach dem Angriff auf die Sowjetunion am 22. Juni 1941 begannen die Massaker der Einsatzgruppen. Während Hitler offenbar noch zögerte, auch die deutschen Juden in das Mordprogamm einzubeziehen und vielleicht abwarten wollte, ob es zu Protesten in der Wehrmacht und den sonstigen Führungskreisen kam, trieb SD-Chef Heydrich die Entwicklung voran. Am 31. Juli holte er sich von Göring als der Nummer zwei der NS-Hierarchie den von ihm, Heydrich, selbst formulierten Auftrag, »alle erforderlichen Vorbereitungen in organisatorischer, sachlicher und materieller Hinsicht zu treffen für eine Gesamtlösung der Judenfrage im deutschen Einflußgebiet in Europa«[27].

Am 14. Oktober begannen die systematischen Deportationen aus dem Reich nun ausschließlich zum Zweck der Einbeziehung der deutschen Juden in das bereits angelaufene Mordprogramm. Am 23. Oktober 1941 wurde die Auswanderung »für die Dauer des Krieges« verboten. Damit wurde — nachdem die Entscheidung zum Massenmord bereits im Zeitraum von Mai bis Juli 1941 gefallen und konkretisiert worden war — auch formal die erste Phase bezüglich der Zielvorstellungen der »Judenpolitik« abgeschlossen.

Zunächst war das Mordprogramm für diejenigen Juden beschlossen worden, die man nicht mehr durch Auswanderung/Vertreibung »loswerden« konnte. Kaum viel später jedoch als bis Dezember 1941 wurde das Vorhaben auf das gesamte europäische Judentum ausgeweitet. Das ursprüngliche Ziel der Vertreibung aus dem deutschen Herrschaftsbereich war damit innerhalb von etwa acht Monaten in das nur denkbar größte Gegenteil umgekehrt worden, nämlich in das Ziel des Zusammentreibens aus allen Himmelsrichtungen. Ausgestattet mit höchster kriegswichtiger Priorität rollten nun bald die Waggons mit den europäischen Juden in die Vernichtungslager nach Polen. Je unwahrscheinlicher ein schneller Sieg für die auf lang andauernde Kriegshandlungen nicht ausgelegte Wehrmacht wurde — das war schon im Dezember 1941 mit dem Scheitern der Blitzkriegsstrategie vor Moskau absehbar —, desto mehr wurde die Vernichtung der europäischen Juden zum Ersatzkriegsziel[28]. — Der konventionelle »Normenstaat« hatte seit 1933 dem genocidal process so wenig Widerstand entgegengesetzt, daß lediglich eine Staatssekretärskonferenz für nötig gehalten wurde, um die Ministerien und hohen Beamten zu informieren. Denn »beschlossen« — wie man immer noch häufig hört und liest — wurde der (bereits angelaufene) Mord an den Juden auf der Wannseekonferenz vom 20. Januar 1942 nicht[29]!

### *Das Zögern des Reichskanzlers und die Auswanderungspolitik der Ministerien*

Gleich nach seiner Ernennung zum Reichskanzler steuerte Hitler zielstrebig die Judengesetze an. Kaum begann die SA mit der nun erstmals ausschließlich gegen Juden gerichteten reichsweiten Terror- und Boykottwelle vom

März/April 1933, da ließ Hitler über seinen Staatssekretär Dr. Lammers dem Reichsinnenminister Dr. Frick mitteilen, daß »nunmehr der Zeitpunkt gekommen sein [dürfte], wo mit der Vorbereitung einer bewußt völkischen Gesetzgebung begonnen werden kann«[30]. Vermutlich wäre die Mobilisierung der Straße gar nicht nötig gewesen, denn die dann in kürzester Zeit zerstörte Judenemanzipation basierte vollständig auf dem gemeinsamen antisemitischen Konsens der Koalitionspartner[31]. Alle verzweifelten Versuche der jüdischen Verbände, wenigstens die »ehrbaren Konservativen« zur mäßigenden Intervention zu veranlassen, erbrachten lediglich (über den Reichspräsidenten von Hindenburg) eine vorläufige Schonung der jüdischen »Frontkämpfer« im Öffentlichen Dienst und in den Freien Berufen.

Nun erlahmte Hitlers Judenpolitik plötzlich. Soweit dem Verfasser bekannt ist, gibt es keinen Hinweis dafür, daß Hitler nach Verabschiedung der Judengesetze von 1933 dazu aufgefordert hätte, nun ein längerfristiges Konzept einer zielgerichteten und realisierbaren »Judenpolitik« zu erarbeiten. Gesetzliche Verschärfungen und Terrorakte trafen die Juden zwar seitdem weiterhin in unregelmäßigen Wellen, eine konkrete Zukunftsperspektive für die nun allmählich aus den vielfältigen Verbindungen mit der »christlichen« Umwelt herausgedrängten und auch ökonomisch rapide verarmenden deutschen Juden wurde im Kabinett jedoch nicht entwickelt. Die Unklarheit bezüglich der fundamentalen Richtung der deutschen Judenpolitik[32], besonders etwa von 1934 bis zur definitiven Arisierung und Zwangsauswanderung 1938, ist in den Zusammenhang mit der »polyzentrischen Herrschaftsstruktur« des Dritten Reichs gebracht worden[33]. Eine Ursache für die »chaotische« Judenpolitik dürfte jedoch auch darin gelegen haben, daß Hitler doch bereits vage, noch unzeitgemäße Zielvorstellungen hegte, die er unmöglich im Kabinett diskutieren oder gar der Ministerialbürokratie zur Realisierung übertragen konnte. Hitler neigte also in der »Judenpolitik« seit Ende 1933 eher zum Abwarten, was in der eigenen Anhängerschaft als unverständliches Zaudern und gar Verlust der Zielperspektive interpretiert wurde[34]. Die sich daran entzündende Kritik hat Hitler 1937 in einer geheimen Rede vor Kreisleitern der NSDAP zurückgewiesen und dabei zugleich sein grundsätzliches, völlig unmoralisches Politikverständnis offenbart:

Die geforderten Maßnahmen (Kennzeichnung von Juden und »jüdischen Geschäften«) würden eines Tages »natürlich auch durchgeführt. [...] Wissen Sie, ich gehe immer an die äußerste Grenze des Wagnisses, aber auch nicht darüber hinaus. Da muß man nun die Nase haben, ungefähr zu riechen: ›Was kann ich noch machen, was kann ich nicht machen?‹ (Große Heiterkeit und Beifall) Auch im Kampf gegen einen Gegner. Ich will ja nicht gleich einen Gegner mit Gewalt zum Kampf fordern, ich sage nicht: ›Kampf!‹, weil ich kämpfen will, sondern ich sage: ›Ich will dich vernichten! Und jetzt Klugheit, hilf mir, dich so in die Ecke hineinzumanövrieren, daß du zu keinem Stoß kommst, und dann kriegst du den Stoß ins Herz hinein.‹ Das ist es! (Bravorufe).«

Man müsse der Führung vertrauen, so Hitler weiter, daß sie ihre Ziele schließlich auch verwirkliche[35].

Die Ministerialbürokratie konnte natürlich nicht nur abwarten! Bereits im Verlaufe des Jahres 1933 finden sich in ministeriellen Dokumenten (Protokollen, internen Denkschriften) auch von der Hand nichtnazistischer Spitzenbeamter Formulierungen, in denen das Programm der NSDAP als oberste Richtlinie staatlichen Handelns bezeichnet wird. Einmal abgesehen von dieser vorschnellen und opportunistischen Konstruktion einer (tatsächlich auch später nie vorgenommenen) Verfassungsänderung, war damit bezüglich der einzuschlagenden Richtung praktischer »Judenpolitik« wenig Klarheit gewonnen. Im Parteiprogramm der NSDAP von 1920 wird verlangt, daß den Juden die Staatsbürgerschaft entzogen werde und daß für Juden das Fremdenrecht gelten solle. Als Folge davon könnten sie keine öffentlichen Ämter mehr bekleiden. Juden seien auch aus dem Pressewesen auszuschließen und seit 1914 eingewanderte Juden sollten ausgewiesen werden[36]. Was dann weiter geschehen sollte, blieb völlig offen.

Nach der Gesetzgebungswelle des Jahres 1933 trat also eine gewisse Orientierungslosigkeit bezüglich der obersten Ziele der »Judenpolitik« ein. Das wirkte einerseits natürlich wie eine Einladung an konkurrierende Institutionen und Personen, sich in dieser zentralen Frage der NS-Ideologie zu profilieren. Andererseits waren damit auch Chancen gegeben, daß die konservativen Verwaltungseliten ihren Vorsprung vor den Parteiformationen nutzen könnten und in der Tradition rationalen, zielgerichtet planenden Handelns eigene Zielvorstellungen und Wege entwickeln würden. Allerdings muß hierbei eine paradoxe Situation berücksichtigt werden: Je distanzierter hohe konservative oder liberale Verwaltungsbeamte dem Nationalsozialismus gegenüberstanden, desto weniger waren sie motiviert, von sich aus Veränderungen des jüdischen Status quo zu initiieren. Vielmehr wurden aus diesen Kreisen sogar noch nach den Nürnberger Gesetzen, die die Überzeugung von der Notwendigkeit der Auswanderung endgültig zur Mehrheitsmeinung unter den deutschen Juden machten, Funktionäre der jüdischen Verbände im vertraulichen Gespräch aufgefordert, doch keinesfalls freiwillig Positionen aufzugeben, um die das deutsche Judentum über ein Jahrhundert gekämpft habe[37].

Die anfängliche Unsicherheit in den Ministerien darüber, welche Politik eigentlich betrieben werden sollte, läßt eine im Reichsinnenministerium Ende 1933 zirkulierende Denkschrift erkennen. Der Referent sah vier mögliche Ziele der »Judenpolitik«: 1. Die »physische Ausrottung«, die er für indiskutabel hielt. 2. Die »Assimilierung«, die infolge der quantitativen wie qualitativen Stärke der Juden in Deutschland im Gegensatz zu westeuropäischen Staaten gescheitert sei. 3. Die Aussiedlung in andere Staaten oder nach Palästina, die jedoch an der großen Zahl der Auszusiedelnden und der fehlenden Aufnahmebereitschaft der Staaten scheitern würde. 4. Die »Zuweisung [...] in eine besondere staatsbürgerliche Daseinsform, die der einer nationalen Minderheit ähnlich ist; und in dieser Richtung dürfte sich die Vollendung der Judenpolitik Deutschlands bewegen«. Der Referent läßt auch erkennen, daß das im Innenministerium bereits vorbereitete »Gesetz über das Reichsbürgerrecht« den Hintergrund für seine Option »Minderheitenstatus« bildete. Nach diesem Gesetz würden »Nichtarier« keine »Reichsbürger«, sondern nur noch »Reichsangehörige« mit minderem Rechtsstatus sein können[38].

Das Reichsinnenministerium schloß sich dann der Sprachregelung von der »Auswanderung als oberstem Ziel« an, ohne dazu irgendwie positiv beizutragen. Vielmehr wurde rigoros abgelehnt, daß zugunsten der beschleunigten Auswanderung irgendwelche Opfer, etwa devisen- oder außenpolitischer Art, gebracht würden. Der Staatssekretär im Innenministerium, Wilhelm Stuckart, kleidete im September 1936 anläßlich einer von ihm veranstalteten interministeriellen Konferenz betreffend »die grundsätzliche Richtung der gesamten Judenpolitik« die vorherrschende Linie der Verweigerung einer positiven Rolle in der Auswanderungspolitik in folgende Worte:

»[...] daß über das endgültige Ziel der Judenpolitik keine Meinungsverschiedenheit bestehen könne. Es sei die restlose Auswanderung, denn für den Staat sei ebenfalls das Parteiprogramm maßgebend. Das Ziel könne aber nur in Etappen erreicht werden. Richtlinie und Maßstab für das Tempo der Auswanderung müsse der jeweilig größtmögliche Nutzen für das deutsche Volk sein[39].«

Das Innenministerium beanspruchte — mit allmählich abnehmendem Erfolg — die Federführung in der »Judenpolitik«. Darin konkurrierte es besonders mit dem Justizministerium. Mit beiden Ministerien verbindet sich hauptsächlich die »legale« Einkleidung der fortschreitenden Verfolgung. Zwar formal dem Innenministerium unterstellt, betrieben Polizei und Gestapo — durch »Personalunion« über den »Chef der deutschen Polizei und Reichsführer SS« Heinrich Himmler an den SD angebunden — ihre eigene, die wohlorganisierten Einrichtungen jüdischer Auswandererberatung oftmals konterkarierende Auswanderungspolitik[40]. Lediglich die Tätigkeit der »Reichsstelle für das Auswanderungswesen«, eine Behörde des Innenministeriums, kann als positiv für die jüdischen Auswanderer hervorgehoben werden. Nach Berichten jüdischer Auswanderungsberater bekamen diese von dort regelmäßig wertvolle Informationen z.B. auch über bevorstehende Verschärfungen der Auswanderungsbestimmungen. Die NS-Auslandsorganisation machte es sich ihrerseits zur Aufgabe, Siedlungsprojekte der Reichsstelle für jüdische Auswanderer zu sabotieren.

Allein leitende Beamte im Wirtschaftsministerium, in der Reichsbank und z.T. im Finanzministerium betonten, daß zur Erlangung des Auswanderungsziels den Juden finanzielle Transfermöglichkeiten, die teilweise Mitnahme ihres Haushaltes, die Überweisung von Renten und Pensionen etc. ermöglicht werden müßten. Obwohl insgesamt das Reich durch die Verrechnung von Devisen gegen deutsche Exportgüter, den Zugriff auf den Devisenbesitz der Auswanderer, durch die immer weiter angehobene »Reichsfluchtsteuer« und die »Arisierungen« die wohlhabenderen Juden insgesamt auf sehr profitable Art »zur Abwanderung brachte«, übten Parteistellen ununterbrochen Kritik an den angeblichen »Zugeständnissen« an die Juden. Dem Beraubungsimpuls, der sich nicht selten in »Arisierungen mit der Pistole« Bahn brach, war das kleinste Zugeständnis ein Ärgernis[41].

Ein deprimierendes Schauspiel fortschreitender Auflösung rationaler »Judenpolitik« und innerer Nazifizierung bot das Auswärtige Amt. Während dort seit dem ersten Weltkrieg eine starke Lobby zugunsten eines jüdischen Staates in Palästina aktiv war, bekämpfte das Auswärtige Amt nun die Palästinawanderung und das Transferabkommen. Die auswandernden Juden sollten in alle Welt zerstreut werden, um überall Antisemitismus zu provozieren und damit das Verständnis für die deutsche Judenpolitik zu wecken. Diese Idee, den »Antisemitismus zu exportieren« findet sich gleichzeitig auch in Äußerungen Hitlers. Sie stand natürlich der Auswanderungspolitik entgegen, denn wer will schon einen »Exportartikel« abnehmen, der vom Anbieter selbst zuvor entwertet wird? Zudem wurden Verhandlungen mit den Aufnahmeländern zugunsten flankierender Maßnahmen strikt abgelehnt. Während etwa der Staatssekretär von Weizsäcker durchaus zu einer kritischen Haltung bezüglich der deutschen Kriegsvorbereitungen fähig war, verweigerte er jedes kleinste Zugeständnis, das immerhin zum Erreichen des »obersten Ziels« der Auswanderung legitimierbar und sinnvoll gewesen wäre[42].

Zusammenfassend ist festzuhalten, daß 1. tragischerweise mit der Person Hitlers gerade ein mit Sendungsbewußtsein ausgestatteter Repräsentant der extremsten Richtung des völkisch-nationalsozialistischen Antisemitismus zum charismatischen Führer hochstilisiert worden war und 2. die traditionellen deutschnationalen Funktionseliten von einer derartigen moralischen Schwäche waren, daß sie die Grenzen des Vollzugs ihres eigenen Antisemitismus (mit Ausnahme z.B. des Offizierkorps beim Polenfeldzug 1939) nicht zu markieren vermochten. So hat es die Ministerialbürokratie versäumt, aus der von ihr selbst noch deklarierten »Auswanderung als oberstem Ziel der Judenpolitik« eine bindende Norm zu machen. Statt dessen gewann die finanzielle Ausbeutung der jüdischen Auswanderer eine immer weiter steigende Bedeutung. Die personelle wie intellektuelle Nazifizierung führte Elemente in die Auswanderungspolitik ein, die für das erklärte Ziel völlig dysfunktional waren. Derart blockiert ging die Initiative schon ab 1938 auf die Seite der Parteiformationen, also des Maßnahmenstaates über. Es ist eher der Kreativität jüdischer Hilfsorganisationen als den deutschen Behörden zu verdanken, daß auch viele weniger flexible und weniger begüterte Juden und ganze Familien auswandern konnten.

## Anmerkungen

1 Norbert Kampe (Hrsg.), Emigration and Expulsion of German Jewry 1933—1945. A Documentary History (Jewish Immigrants of the Nazi Period, Bd 4), New York etc. (im Druck).

2 Für einen kritischen Überblick zur Forschungslage vgl. Reinhard Rürup, Das Ende der Emanzipation. Die antijüdische Politik in Deutschland von der »Machtergreifung« bis zum Zweiten Weltkrieg, in: Arnold Paucker (Hrsg.), Die Juden im Nationalsozialistischen Deutschland, Tübingen 1986, S. 97—114. — Da in der folgenden Problemskizze keine Darstellung der jüdischen Auswanderung beabsichtigt ist, sei dazu verwiesen auf: Abraham Margaliot, Emigration — Planung und Wirklichkeit, in: ebd., S. 303—316. Juliane Wetzel, Auswanderung aus Deutschland, in: Wolfgang Benz (Hrsg.), Die Juden in Deutschland 1933—1945. Leben unter nationalsozialistischer Herrschaft, München 1988, S. 412—498.

3 Gotthard Jasper, Die gescheiterte Zähmung. Wege zur Machtergreifung Hitlers 1930—1934, Frankfurt/M. 1986.

4 Den die Herrschaftsstruktur des Dritten Reichs kennzeichnenden Gegensatz von herkömmlichem »Normenstaat« und terroristischem »Maßnahmenstaat« hat der Emigrant Ernst Fraenkel bereits 1941 in »The Dual State« in klassisch gewordener Weise analysiert. Uwe Adam, Judenpolitik im Dritten Reich, Düsseldorf 1972, hat diesen Ansatz konsequent fruchtbar gemacht, obgleich er den Aspekt des »Chaotischen« gelegentlich überzeichnet hat.

5 Zur Geschichte des deutschen modernen parteipolitischen Antisemitismus und der Rolle der hier genannten Personen vgl. besonders: Reinhard Rürup, Emanzipation und Antisemitismus. Studien zur »Judenfrage« der bürgerlichen Gesellschaft, Göttingen 1975 (Repr. Frankfurt/M. 1988). R. S. Levi, The Downfall of the Anti-Semitic Political Parties in Imperial Germany, New Haven 1975.

6 Wilhelm Marr, Vom jüdischen Kriegsschauplatz. Eine Streitschrift, Bern 1879, bes. S. 14, 33, 36, 40.

7 Eugen Dühring, Die Judenfrage als Racen-, Sitten- und Kulturfrage, Karlsruhe/Leipzig 1881, bes. S. 6—8, 94—111, 116—120, 135, 146, 153.

8 Paul de Lagarde, Deutsche Schriften. Gesamtausgabe letzter Hand, Göttingen 1886. Ders., Juden und Indogermanen, in: ders., Mitteilungen, Göttingen 1887, S. 262—351.

9 Vgl. Norbert Kampe, Studenten und »Judenfrage« im Deutschen Kaiserreich. Die Entstehung einer akademischen Trägerschicht des Antisemitismus, Göttingen 1988, S. 149 f., 292—298.

10 Vgl. Wilhelm Mommsen (Hrsg.), Deutsche Parteiprogramme, München 1969, S. 83 f.

11 Thomas Frey (Pseudonym für Theodor Fritsch), Antisemiten-Katechismus. Eine Zusammenstellung des wichtigsten Materials zum Verständnis der Judenfrage, Leipzig $^{2}$1887, S. 23—26. Ders. (Hrsg.), Handbuch der Judenfrage. Eine Zusammenstellung des wichtigsten Materials zur Beurteilung des jüdischen Volkes, Hamburg $^{26}$1907, S. 5—9, 408—431; $^{28}$1919, S. 631—647.

[12] Johann van Leers, 14 Jahre Judenrepublik. Die Geschichte eines Rassenkampfes, Bd 2, Berlin 1933, S. 124—127.

[13] Ders., Das Ende der jüdischen Wanderung, in: Nationalsozialistische Monatshefte, 4 (1933), S. 229—231.

[14] Achim Gercke, Die Lösung der Judenfrage, in: Nationalsozialistische Monatshefte, 4 (1933), S. 195—197.

[15] Rede im Münchener Hofbräuhaus am 13. August 1920, Kopie im Institut für Zeitgeschichte, München, F 88. Adolf Hitler, Mein Kampf, München 1930, bes. S. 69 f., 185 f., 357, 772.

[16] Vgl. den als erste schriftliche Fixierung antisemitischer Zielvorstellungen Hitlers überlieferten Brief vom 16. September 1919 in: Vierteljahrshefte für Zeitgeschichte (VfZg), 7 (1959), S. 203—205.

[17] Vgl. dazu Herbert A. Strauss, Hostages of »World Jewry«. On the Origin of the Idea of Genocide in German History, in: Holocaust and Genocide Studies, 3 (1988), S. 125—136.

[18] Wilhelm Treue, Hitlers Denkschrift zum Vierjahresplan 1936, in: VfZg 3 (1955), S. 184—210.

[19] Für eine Phasengliederung nach der an- und abschwellenden Intensität der Verfolgung und den damit zusammenhängenden Auswanderungswellen vgl. Herbert A. Strauss, Essays on the History, Persecution and Emigration of German Jews, New York u.a. 1987 (= Jewish Immigrants of the Nazi Period, Bd 6), S. 154—159.

[20] Die wohl beeindruckendsten Arbeiten dieser Richtung verfaßte C. C. Aronsfeld, The Text of the Holocaust. A Study of the Nazis' Extermination Propaganda: 1919—1945, Marblehead 1985. Ders., The Nazi Design was Extermination, not Emigration, in: Patterns of Prejudice, 9 (1975), S. 20—24. — Vgl. dagegen z.B. Arno J. Mayer, Why Did the Heavens not Darken? The »Final Solution« in History, New York 1988, z.B. S. 113.

[21] Beispiel einer Vortragsnotiz Herbert Hagens vom September 1938, in: Bundesarchiv Koblenz, R 58/956, Bl. 105—122.

[22] Vgl. Herbert Rosenkranz, Verfolgung und Selbstbehauptung. Die Juden in Österreich, 1938—1945, Wien 1978.

[23] Herbert A. Strauss, Essays (wie Anm. 19), S. 150—154.

[24] Eberhard Jäckel, Jürgen Rohwer (Hrsg.), Der Mord an den Juden im Zweiten Weltkrieg. Entschlußbildung und Verwirklichung, Stuttgart 1985.

[25] Vgl. dazu Helmut Krausnick, Hitlers Einsatzgruppen. Die Truppen des Weltanschauungskrieges 1938—1942, Frankfurt/M. 1985.

[26] Die überzeugendste Rekonstruktion der Vorgänge im Zusammenhang mit der Einleitung des Genozids an den Juden findet sich bei Eberhard Jäckel, Hitlers Herrschaft. Vollzug einer Weltanschauung, Stuttgart 1986, S. 88—122. Für den größeren Zusammenhang vgl. Wolfgang Scheffler, Wege zur »Endlösung«, in: Herbert A. Strauss, Norbert Kampe (Hrsg.), Antisemitismus. Von der Judenfeindschaft zum Holocaust, Frankfurt/M. 1985, S. 186—214.

[27] Dokument PS 710 des Nürnberger Prozesses.

[28] Vgl. dazu Jürgen Rohwer u. Eberhard Jäckel, Kriegswende Dezember 1941, Koblenz 1984, bes. S. 225—240.

[29] Dokument NG 2586 in den Nürnberger Nachfolgeprozessen.

[30] Handschreiben Lammers vom 9. März 1933, in: Ursachen und Folgen. Vom deutschen Zusammenbruch 1918 und 1945 bis zur staatlichen Neuordnung Deutschlands in der Gegenwart. Eine Urkunden- und Dokumentensammlung zur Zeit-

geschichte, hrsg. und bearb. von Herbert Michaelis u. Ernst Schraepler, Berlin [1958] ff., hier Bd 9, S. 383.

31 Vgl. George L. Mosse, Die deutsche Rechte und die Juden, in: Entscheidungsjahr 1932. Zur Judenfrage in der Endphase der Weimarer Republik, hrsg. von Werner E. Mosse u. Arnold Paucker, Tübingen [2]1966, S. 323—345.

32 Vgl. dazu etwa die Einschätzung von Saul Friedländer, Vom Antisemitismus zur Judenvernichtung. Eine historiographische Studie zur nationalsozialistischen Judenpolitik und Versuch einer Interpretation, in: Jäckel/Rohwer, Der Mord (wie Anm. 24), S. 18—60, hier S. 39: »Der antijüdischen Politik der Nationalsozialisten fehlte in den dreißiger Jahren in der Tat ein genauer im voraus aufgestellter Plan. Sie mußte daher wegen innerer und äußerer Schwierigkeiten nach einer etwas unklaren Strategie vorgehen. Dennoch ist ein allgemeines Ziel ganz deutlich: die Absonderung der Juden aus der deutschen Gesellschaft und ihre Vertreibung (durch freiwillige oder erzwungene Auswanderung) von deutschem Boden.«

33 Zur Revision des älteren Bildes von der monolithischen NS-Diktatur im Forschungszusammenhang vgl. Ian Kershaw, Der NS-Staat. Geschichtsinterpretationen und Kontroversen im Überblick, Hamburg 1988, bes. über die Frage des »schwachen Diktators« S. 125—164.

34 Eine vergleichbare, nie gelöste Konfliktsituation zwischen Hitlers nur deutschen Interessen verpflichteten Außenpolitik und seiner Mission der »Erlösung« der ganzen Welt von den Juden beschreibt Jäckel, Hitlers Herrschaft (wie Anm. 26), S. 90 f.

35 Der Tonmitschnitt ist veröffentlicht in: »Es spricht der Führer«. Sieben exemplarische Hitler-Reden, hrsg. von Hildegard von Kotze u. Helmut Krausnick, Gütersloh 1966, S. 147—149.

36 Gottfried Feder, Das Programm der NSDAP und seine weltanschaulichen Grundgedanken, München 1920, S. 19 f.

37 Gespräch mit Dr. Friedrich S. Brodnitz 1985 in Berlin. Brodnitz war ab 1933 Pressereferent, 1936/37 Geschäftsführer des »Zentralausschuß für Hilfe und Aufbau«, der wichtigsten Koordinierungsstelle für die gesamte jüdische Sozialarbeit und Auswanderungsplanung bis 1939.

38 Zit. nach Kurt Pätzold, Verfolgung — Vertreibung — Vernichtung. Dokumente des faschistischen Antisemitismus 1933—1942, Frankfurt/M. 1984, S. 64—66.

39 Zit. ebd., S. 127.

40 Vgl. Arthur Prinz, The Role of the Gestapo in Obstructing and Promoting Jewish Emigration, in: Yad Vashem Studies, 2 (1958), S. 205—218.

41 Vgl. insgesamt Avraham Barkai, Vom Boykott zur »Entjudung«. Der wirtschaftliche Existenzkampf der Juden im Dritten Reich 1933—1943, Frankfurt/M. 1988.

42 Vgl. zuletzt Hans-Jürgen Döscher, Das Auswärtige Amt im Dritten Reich. Diplomatie im Schatten der »Endlösung«, Berlin 1987.

Czesław Madajczyk

# Besteht ein Synchronismus zwischen dem »Generalplan Ost« und der Endlösung der Judenfrage?

Zum Thema der Endlösung der Judenfrage oder des Holocausts wurde schon so viel geschrieben, daß keine Notwendigkeit besteht — besonders hier — auf diesen schrecklichen Akt des Völkermordes weiter einzugehen. Das Wissen über den »Generalplan Ost« (im weiteren GPO) dagegen ist bisher, auch unter den Historikern, sehr bescheiden. Zu diesem Thema wurden bisher lediglich einige Artikel und etwa zehn Dokumente veröffentlicht. Erst im Jahre 1989 erscheint eine vom Autor vorbereitete diesbezügliche Quellenedition. Daher die Notwendigkeit, die Voraussetzungen dieses monströsen Planes zu beschreiben, genauer genommen einige seiner Varianten und deren Entstehung. Das dürfte eine Diskussion über die Frage ermöglichen, die im Titel dieses Aufsatzes gestellt wird.

Den GPO kann man als einmaligen Plan in der neuesten Geschichte ansehen, sowohl mit Hinblick auf seine Reichweite, als auch auf die darin vorgesehenen Methoden seiner Realisierung. Er bildete sozusagen eine Krönung des Dranges nach Osten im 20. Jahrhundert, einen wichtigen Beitrag zur Bestimmung der Grundlagen des Umbaus von Mittel-Ost-Europa im Geiste des Nationalsozialismus. Er sollte über die germanische Kolonisierung die ethnische Grenze des Reiches (»Volkstumsgrenze«) um etwa eintausend Kilometer nach Osten verlegen, im Süden bis auf die Krim, und die Festlegung einer Militärgrenze (»Wehrgrenze«) am Ural ermöglichen.

Der »Generalplan Ost« ist keine eindeutige Bezeichnung. Sie wurde geschaffen in den Jahren 1940 bis 1941 von dem Himmler unterstehenden Apparat, der die Aussiedlungen von Polen aus dem angeschlossenen Gebiet betrieb, darunter von der Dienststelle des Reichskommissars für die Festigung Deutschen Volkstums (im weiteren RKFDV). Prof. Konrad Meyer, der sich dort mit der Planung des deutschen Siedlungswesens in diesem Gebiet befaßte, vermittelte Himmler im Frühjahr 1940 die ersten Vorschläge in dieser Frage. Weitere legte er im Juli 1941 vor. Nach dem Krieg, während des Verhörs im Laufe des VIII. Prozesses der Kriegsverbrecher, beschränkte er seine Tätigkeit an der Seite von Himmler auf eine Variante des Planes und desorientierte die Richter in bezug auf das Wesen und die Ausmaße der späteren Varianten des GPO. Und diese späteren Varianten befaßten sich mit der »Germanisierung des Bodens« in Mittel-Ost-Europa, berücksichtigten die Verlagerungen der Bevölkerung in den de facto annektierten Gebieten in West- und Südeuropa (Elsaß, Lothringen, Untere Steiermark, Oberkrain) und aus den Ländern, die als germanisch angesehen waren (Holland, Norwegen, Dänemark).

Am frühesten schilderte die Voraussetzungen der Bevölkerungsexpansion des Dritten Reiches nach Osten — wenn man von den polnischen, dem Reich angegliederten Gebieten absieht — R. Heydrich in einer Rede, die er am 2. Oktober 1941 hielt, also einige Tage nachdem er das Amt eines stellvertretenden Reichsprotektors von Böhmen und Mähren übernommen hatte. Der Begriff »Generalplan Ost« ist dort nicht genannt worden, aber der Redner zeichnete die Perspektiven einer etappenweise vorsichgehenden Beherrschung Osteuropas[1].

Andererseits wußte Dr. E. Wetzel, seit Herbst 1941 Referent für Rassenfragen und Politik im politischen Department des Reichsministeriums für die Besetzten Ost-Gebiete, bereits im November desselben Jahres, daß das von Heydrich geleitete Reichssicherheitshauptamt (RSHA), das sich auch mit Aufgaben im Bereich der »Festigung des Deutschtums« befaßte, an einem *allgemeinen* Plan für die Ostgebiete arbeite, in dem die Aussiedlung von 31 Millionen Einwohnern aus diesen Gebieten vorgesehen war[2]. Drei Monate später notierte er, daß das Zentrum, aus dem der GPO stammte, das Amt IIIB im RSHA war.

Bald darauf, schon im April 1942, vollzog er eine kritische Analyse des dort bearbeiteten Plans, wahrscheinlich für den Bedarf von Minister A. Rosenberg. Der Plan wurde nach dem Krieg nicht wiedergefunden, wir kennen ihn nur aufgrund dieser Einschätzung. Das Gutachten von Wetzel war ziemlich kritisch in bezug auf die Einzelheiten und stellte indirekt die Inkompetenz der Planer aus dem RSHA fest. Sie drückte sich u.a. aus in der herabgesetzten Bevölkerungszahl der zur Kolonisierung bestimmten Gebiete (es waren nicht 45, sondern 60-65 Millionen Einwohner) und in dem zur Aussiedlung bestimmten Bevölkerungsteil (nicht 31, sondern 46-51 Millionen)[3]; in einer äußerst optimistischen und gefühlsbetonten Abrechnung der menschlichen Reserven für den Bedarf des Siedlungswesens (nicht 10, sondern 8 Millionen Menschen); in einer in Widerspruch zu den Interessen des Reiches stehenden Absteckung von Westsibirien als eines Gebietes, das die ausgesiedelten Slawen aufnehmen sollte, darunter solche Nationen, wie die Polen, »die man nicht liquidieren kann wie die Juden«, und die Ukrainer. Wetzel akzeptierte jedoch das im GPO enthaltene Ziel, d.i. die Kolonisierung von Mittel-Ost-Europa.

Der Plan entstand höchstwahrscheinlich Ende 1941, Anfang 1942. Er drückte die Anschauungen Himmlers aus und sollte im Laufe von dreißig Jahren nach dem Krieg realisiert werden. Samt den Menschen aus anderen germanischen Ländern und den ethnischen Deutschen in Europa sollten an der Kolonisierung Osteuropas etwa 10 Millionen Menschen beteiligt sein. Die für dieses Ziel bestimmten Territorien sollten im RSHA-Plan die besetzten Gebiete Polens (der dem Reich angeschlossenen Teil, das Generalgouvernement, der Bezirk von Białystok), die baltischen Republiken, Weißrußland, die Gebiete von Shitomir, Kamenez-Podolski und teilweise Winniza (die in der Ukraine lagen) umfassen sowie zwei ausgesonderte Gebiete des Siedlungswesens: die Region von Leningrad und die Krim mit der Dnepr-Schleife. Unter den 45 Millionen Einwohnern dieser Gebiete sollten sich nach den Planern des RSHA 5 bis 6 Millionen Juden befinden. Von dieser Bevölkerung sollten 31 Millionen Menschen, die für »rassisch unerwünscht« erklärt wurden, nach Westsibirien ausgesiedelt werden; einige von ihnen wollte man bei der Verwaltung des Gebietes des unterjochten Rußlands zu Hilfe ziehen. Diese Wahl von Sibirien, das als »altes europäisches Siedlungsgebiet« bezeichnet und zu einem Gebiet bestimmt wurde, das die Aussiedler aufnehmen sollte, erachtete Wetzel als treffsicher. »Würde Europa ein unter seiner Hoheit beindliches Siedlungsreservat in Sibirien besitzen«, schrieb er in seinem Gutachten, »brauchten die vielen Menschen nicht verlorenzugehen, die es bisher verlor, die es aber in Zukunft dringend im Hinblick auf die großasiatische Idee gebrauchen wird«[4]. Der Expertise Wetzels ist zu entnehmen, daß der im RSHA bearbeitete Plan die Aussiedlung aus Polen von 80 bis 85 % der Bevölkerung vorsah, aus der westlichen Ukraine von 64 % und aus Weißrußland von 75 %. Der Rest sollte an Ort und Stelle bleiben, die Mehrheit sollte germanisiert werden, wobei die Losung Himmlers den Ausgesonderten gegenüber lautete: gewinnen oder vernichten.

Dieser Plan der Kolonisierung der Ostgebiete war in seinem Wesen eine Entwicklung der Intentionen Hitlers in bezug auf die bereits besetzten und okkupierten Territorien der UdSSR; der Intentionen, die einen besonders deutlichen Ausdruck fanden in einer Äußerung am 16. Juli 1941, und die im weiteren im Laufe der Tischgespräche entwickelt wurden. Er verkündete die Ansiedlung von 4 Millionen im Laufe von 10 Jahren und von zumindest 10 Millionen Deutschen und anderen germanischen Nationen im Laufe von 20 Jahren. Der Kolonisierung sollte der Bau großer Verkehrsstrecken, ausgeführt durch die Kriegsgefangenen, vorausgehen. An den Flußübergängen sollten deutsche Städte entstehen und längs der Flüsse Bauernsiedlungen.

Der Plan der Kolonisierung der Territorien im Osten, von dem RSHA in einer Atmosphäre der Hoffnungen auf einen Erfolg des Blitzkrieges vorbereitet, berücksichtigte die Erfahrungen sowohl in der Bearbeitung der Siedlungs- und Aussiedlungspläne in dem Teil Polens, der dem Reich angegliedert wurde, wie auch in deren Realisierung. Ende Januar 1942 wurden unter der Leitung von Prof. Meyer, einem Berliner Landwirtschaftsspezialisten, auf Weisung Himmlers Arbeiten über den GPO auch im Stabshauptamt aufgenommen. Im Mai war bereits die Denkschrift »Generalplan Ost — rechtliche, wirtschaftliche und räumliche Grundlagen des Ostaufbaus« fertig, die sich mit den juristischen, ökonomischen und räumlichen Grundlagen des GPO befaßte. Der darin enthaltene Entwurf sollte in dem Vierteljahrhundert nach dem Krieg realisiert werden.

Abgesehen von dem dem Reich eingegliederten Teil Polens, der total germanisiert werden sollte, plante man vorläufig für die Kolonisierungsaktion das Gebiet von Leningrad (Ingermanland) zu berücksichtigen, die Krim und das Gebiet von Chersoń (Gotengau) sowie das an der Narew liegende Gebiet von Białystok und Westlitauen. In diesen Gebieten sollten Reichsmarken (zu 50 % kolonisiert) und Siedlungsstützpunkte (zu 25 % kolonisiert) gebildet werden. Die Stützpunkte sollten der Verbindung mit den oben erwähnten Marken (Gotengau, Ingermanland und Memel-Narew-Gebiet) dienen. In Entfernungen von 100 Kilometer längs der Verkehrsstrecken, die vom Reich in die Marken führten, sollten sie etwa je 2 000 $km^2$ umfassen. 14 Stützpunkte sollten im Generalgouvernement entstehen (eine im Gebiet von Zamość), 9 in der Ukraine und 14 im Reichskommissariat Ostland[5]. In Übereinstimmung mit der Rassendoktrin sollte in dem kolonisierten Gebiet das landwirtschaftliche Siedlungswesen bevorzugt werden; die Stadtbevölkerung dagegen sollte einer weitgehenden Ausdünnung unterworfen werden; besonders im Norden sollte sie auf ein Zehntel zusammenschrumpfen. Die Kontrolle des Territoriums durch die SS in der Phase seiner Bewirtschaftung sollte die Mark und Stützpunkte von der allgemeinen Verwaltung ausschließen und sie dem RKFDV unterstellen. Diesem Zweck sollte überdies die Gerichtsbarkeit sowie das geplante Eigentumsrecht dienen — nach dem Muster des feudalen, staatlichen Bodenmonopols —, dessen Durchsetzung dem Apparat Himmlers vorbehalten werden sollte. Meyer plante die Beschaffung der Mittel für die Kolonisierung durch eine finanzielle Belastung der unterjochten Länder (Tribut, Sondersteuern[6]), durch Kredite und Leistungen aus dem Staatshaushalt des Reiches.

Himmler reagierte auf den ihm von Prof. Meyer übersandten Entwurf unverzüglich; natürlich konnte er dessen geringere territoriale Reichweite — verglichen mit dem Plan des RSHA — nicht übersehen. Er forderte, daß der Termin der Realisierung des GPO auf zwanzig Jahre vorverlegt werden sollte. Außerdem verlangte er, daß die totale Germanisierung auch das Generalgouvernement, Lettland und Estland einschließen sollte, statt diese Länder nur mit Siedlungsstützpunkten zu versehen. Als RKFDV hielt er es auch für notwendig, den vorbereiteten GPO und die früheren Kolonisierungspläne, die für Böhmen und Mähren, für Elsaß und Lothringen, für die Untersteiermark und Oberkrain bearbeitet wurden, zu einem Ganzen zu verbinden und das gesamte Programm der Kolonisierung zu vereinheitlichen. Er forderte überdies, daß Schätzungen über den Bedarf an Siedlern, Arbeitern, finanziellen Mitteln, die schon für die dem Reich angegliederten Teile Polens vollzogen worden waren, erweitert würden, um alle Territorien zu erfassen, die jetzt zur Kolonisierung bestimmt wurden. Im September 1942 knüpfte Himmler an den GPO in einer bekannten Rede an, die er in Shitomir vor Befehlshabern der SS und Polizeifunktionären hohen Ranges hielt. Er kündigte dort an, daß die Siedlungsstützpunkte sich bis zu den Regionen von Don und Wolga erstrecken würden.

Um die Jahreswende 1942/1943 lieferte Prof. Meyer Himmler einen Teil der von ihm verlangten Pläne (Gesamtsiedlungsplan) samt den entsprechenden Berechnungen. Dieser reagierte trotz seines Engagements im Krieg sofort. Er forderte jetzt von seinem Planer, daß der »Ostsiedlungsraum« das Generalgouvernement, die baltischen Länder, Weißrußland, die Krim mit der Region von Chersoń und das Gebiet von Leningrad einschließen sollten. Es ist unverständlich, warum in seinen Forderungen ein Teil der Ukraine, wo man doch schon die ersten Siedlungsstütztpunkte zu gründen begann, fehlte. Nachdem er dringende neue Direktiven erhalten hatte, liefert Meyer in aller Eile, obwohl widerstrebend, die neuen Materialien und neue Berechnungen; er arbeitete den »Generalplan Ost« in den »Generalsiedlungsplan« um.

Wir machen darauf aufmerksam, daß die erste Variante des GPO, bearbeitet unter der Leitung von Meyer, in einer Atmosphäre der Unsicherheit entstand, in der es aber noch Hoffnungen auf einen militärischen Erfolg des Dritten Reiches – allerdings durch einen längeren Krieg – gab, während die spätere Variante bereits in einer Atmosphäre der Unruhe geschaffen wurde, die hervorgerufen war durch den Mißerfolg in der Schlacht bei Stalingrad.

Anfang 1943 fand im RSHA eine Beratung statt, organisiert vom Amt III; in deren Verlauf berichtete Dr. Beyer, Verbindungsmann der Sicherheitspolizei und des Sicherheitsdienstes zur Parteikanzlei, über die geplanten Aussiedlungen der slawischen Bevölkerung und die Kolonisierung in Osteuropa[7]. Er führte eine Reihe von Daten aus der im RSHA bearbeiteten Variante des GPO an, informierte darüber, daß die Aussiedlung von 31 Millionen Menschen nach Osten erfolgen sollte: aus den polnischen, dem Reich angegliederten Gebieten 6 bis 7 Millionen, aus den baltischen Ländern 3 Millionen, aus dem Generalgouvernement 10 Millionen, aus Galizien und der Ukraine etwa 6 bis 7 Millionen und aus Weißrußland 5 bis 6 Millionen. Juden sollten total ausgesiedelt werden, andere ethnische Gruppen in Prozentsätzen, die in der Expertise von Wetzel enthalten waren. Außerdem sollte die Aussiedlung von Litauern, Letten und Esten zu 50 % erfolgen. Beyer führte auch neue Daten an. So sollten die Gebiete der künftigen Siedlungen 700 000 $km^2$ umfassen, darunter 350 000 $km^2$ Ackerboden. Im Vergleich hierzu hatte das Reichsgebiet im Jahre 1938 583 000 $km^2$ ausgemacht. Beyer sprach über den vorgesehenen Bedarf an Siedlern, über die Siedlungsgebiete und ihre Aufteilung, über den Wert, den sie darstellten und die rechtliche Lösung, die man dort anwenden wollte. Der Kolonisierungsaktion sollte die Übernahme der für die Besiedlung vorgesehenen Gebiete vorausgehen, deren wirtschaftliche Ausbeutung für die Zeit des Krieges und die Erweiterung des »deutschen Volksbodens«. Der Referent vergegenwärtigte dessen wichtige Bedeutung: Der Boden sollte die Konzentration des ganzen deutschen Volkes in einem Gebiet ermöglichen. Zu den Grenzgebieten zählte Beyer, wie Krumey notierte, Estland, Lettland, Dnestr, Kiew und das Schwarze Meer. Man hatte vorläufig nicht vor, durch die Besiedlung das Protektorat von Böhmen und Mähren zu erfassen. Nichtsdestoweniger wollte man, in Übereinstimmung mit der im RSHA bearbeiteten Variante des GPO, im Laufe von 30 Jahren dort 1 bis 2 Millionen deutscher Familien ansiedeln (innerhalb von 10 Jahren je 45 bis 50 Tausend, innerhalb der nächsten 20 Jahre je 20 bis 30 Tausend). Die zwei Hauptrichtungen der Kolonisierung waren der Norden — von Ostpreußen in die baltischen Länder — und der Süden, der nach Beyer über Kraukau und Lemberg an das Schwarze Meer verlaufen sollte.

Das Interesse Himmlers für die Vorbereitung der endgültigen Fassung des GPO ging nach der Schlacht bei Stalingrad rasch zurück. Einfluß darauf hatte auch die Tatsache, daß Hitler nach der Erklärung eines totalen Krieges befahl, alle Arbeiten an Nachkriegsprojekten aufzuschieben. Schließlich war es die Intention des Reichskommissars zur Festigung Deutschen Volkstums, dem Führer einen endgültigen Plan vorzulegen. Die militärischen Mißerfolge zerschlugen seine Hoffnungen jedoch nicht, die früher unterjochten Ostgebiete wiederzuerlangen und sie in einen deutschen »Lebensraum« zu verwandeln. Himmler verlieh dieser Hoffnung Ausdruck in der Rede an die Gauleiter, die er in Posen im August 1944 hielt. Nichtsdestoweniger mußte er sich mit der Einschränkung der planerischen Arbeiten Mitte 1944 abfinden.

In die Zeit der Arbeiten am GPO fiel der Höhepunkt des Völkermordes in Osteuropa, der 3 Millionen sowjetische Kriegsgefangene auslöschte, und der Massenmord der Juden wie auch kleinere Exterminationsaktionen, die in den okkupierten Gebieten Polens und der Sowjetunion durchgeführt wurden. Außerdem wurden, meistens unfreiwillig, fast eine Million Polen und zwei Millionen Ukrainer zu Zwangsarbeiten in das Reich gebracht. Weitere zwei Millionen Polen aus dem annektierten Teil Polens wurden unter Druck germanisiert.

In dieser Zeit wurde in einigen Gebieten, die in der territorialen Reichweite des GPO lagen, mit der deutschen Ansiedlung versuchsweise begonnen. Diese Versuche trafen allerdings auf Schwierigkeiten, hervorgerufen durch den Krieg und den Widerstand der Bevölkerung. Die Siedlungsaktion wurde im südwestlichen Teil Litauens eröffnet; dorthin wurden etwa 30 000 in den Jahren 1939 bis 1940 repatriierte litauische Deutsche, die in dem dem Reich angegliederten Teil Polens noch nicht angesiedelt worden waren, geschickt. Ein wenig später — im Herbst 1942 — beschloß Himmler, das okkupierte sowjetische Territorium zum ersten Gebiet der Kolonisierung zu machen; er nannte es das »erste Volksdeutsche Siedlungsgebiet Hegewald«. Vorläufig sollte es die in dem Gebiet der Ukraine wohnenden Deutschen zusammenfassen, da ihre Sicherheit durch sowjetische Partisanen bedroht war. Das nächste in der Ukraine gebildete Gebiet wurde »Volksdeutsches Gebiet Halbstadt« genannt.

Von Mitte November 1942 bis August 1943 dauerten die Aussiedlungen von Polen im Generalgouvernement an. Dem dortigen Verwalter H. Frank hatte Hitler am 17. März 1941 versprochen, daß dieses Gebiet als erstes von den Juden befreit würde[8]. Die Aussiedlungen umfaßten südöstliche Teile des Gebietes von Lublin, genannt Zamość-Gebiet. Die Beseitigten wurden durch verschiedene Gruppen deutscher Abstammung oder solche, die dafür gehalten wurden, ersetzt. Vom Ablauf der Siedlungsaktion in diesem Gebiet (bezeichnet als »erster Siedlungsbereich im Generalgouvernement«) und vom angetroffenen Widerstand der Polen berichtete der Höhere SS- und Polizeiführer im Generalgouvernement, SS-Obergruppenführer F. W. Krüger, in der Sitzung der Verwaltung vom 25. Januar 1943. Er bezeichnete sie als die erste Etappe der Aussiedlungen in diesem Gebiet; sie sollten als Test für zu erwartende Schwierigkeiten, für das Ausmaß des Widerstands der Polen und der wirtschaftlichen, politischen und anderen Konsequenzen dienen. Diese Erfahrung fiel in propagandistischer Hinsicht nicht vorteilhaft aus: »Denn der Pole hat gesagt: nachdem der Jude vernichtet worden ist, versucht man mit den gleichen Methoden, den Polen aus diesem Raume herauszubringen und ihn ebenso zu liquidieren wie den Juden[9].« Auch der Gouverneur von Lublin, E. Zörner, gab in einem Memorandum für den Generalgouverneur Hans Frank über die Aussiedlungen im Zamość-Gebiet an, daß sie in den Polen Gefühle von Unsicherheit hervorriefen, Ängste davor, daß sie ein ähnliches Schicksal wie die Juden erwarten würde[10].

Obwohl die Realisierung des GPO in dem Gebiet des Generalgouvernements für die Nachkriegszeit vorgesehen war, gab es im Reich doch auch Zwänge, diesen Prozeß zu beschleunigen. Der Generalgouverneur H. Frank schnitt dieses Thema in einer Arbeitssitzung der NSDAP am 14. Dezember 1942 an, nachdem er sich ausbedungen hatte, daß die berührten Fragen vertraulich behandelt würden[11]. Schon vor zwanzig Jahren hat der Autor festgestellt, wie auffallend die Ähnlichkeit zwischen dieser Rede Franks und den Erwägungen über die damals durch Mord fast schon gelöste jüdische Frage ist[12].

Die Pläne für die beschleunigte Kolonisierung der Krim wurden aufgegeben. Gemäß einer Weisung von Anfang 1942, die die Besiedlung dieses Gebietes betraf, begab sich eine Gruppe von SS-Leuten und Planern dorthin, um die Bedingungen der Akklimatisierung zu untersuchen. Der dortige Reichskommissar schlug vor, einen Teil der tatarischen Bevölkerung im Gebirge zu lassen, denn die dortigen primitiven und schwierigen Lebensbedingungen waren undenkbar für Menschen, die dem »Herrenvolk« angehörten. Im Juli 1942 wurde bereits in einer Beratung der Wehrmacht und der SS beschlossen, die ersten Schritte für die Aussiedlungen in der Krim zu tun und mit der Ansiedlung von Deutschen aus dem oberen Etschgebiet dort zu beginnen. Bald darauf wurde aber die Ausführung dieser Entscheidungen auf die Nachkriegszeit verschoben.

In der Vorbereitungsphase des GPO (1941—1942) wurden gleichzeitig unter der Aufsicht des SS-Oberführers H. Kammler für die Nachkriegszeit große Bauinvestitionen der Waffen-SS und der Polizei im Osten geplant: das »SS-Friedensbauprogramm«. Die nach der Meinung Himmlers unterschätzten Kosten dieser Projekte veranlaßten ihn, Kontakte mit dem Kollektiv der Planer von Prof. Meyer herzustellen, um dessen Berechnungsmethoden und seine Erfahrungen in Anspruch zu nehmen. Als Ergebnis dieser Zusammenarbeit wurden die geplanten Ausgaben wesentlich angehoben, und das trotz der Sparmaßnahmen, die über die Anstellung von insgesamt 170 000 Häftlingen, Kriegsgefangenen, Juden und Fremdarbeitern erzielt werden sollte. Ihr Unterhalt sollte nach den Weisungen Himmlers so billig wie möglich liegen, und die Arbeitsergiebigkeit sollte nicht niedriger sein als die von Arbeitern in Freiheit, worum sich die Inspektion der Konzentrationslager bemühen sollte. Ähnlich stellte man sich wahrscheinlich die Verwertung der Zwangsarbeiter für den Bedarf der Siedlungsaktion im Osten vor.

Als Ganzes betrachtet, können die verschiedenen Varianten des GPO (der allgemeine Plan für die Ostgebiete vom RSHA, der GPO mit seinen juristischen, ökonomischen und räumlichen Grundlagen und der Generalsiedlungsplan) zu Recht als drei Komponenten der Gestaltung einer neuen Bevölkerungsordnung im Osten angesehen werden, einer Ordnung, die mit den nationalsozialistischen Kriterien des Rassismus übereinstimmte. Die erste hatte mit der Deportation und teilweisen Ausrottung von 30 bis 40 Millionen »rassisch Unerwünschter« zu tun, hauptsächlich Slawen aus den kolonisierten Gebieten, ein Schicksal das schon die Juden getroffen hatte oder noch im Laufe der Arbeiten am GPO in extremer Form, also in Form der biologischen Extermination treffen sollte. Die zweite Komponente war das — hauptsächlich ländliche — Siedlungswesen, einige Millionen Deutsche betreffend oder Personen germanischer Abstammung (Volksdeutsche, Deutschstämmige, in die Deutsche Volksliste Eingetragene und andere) sowie Angehörige anderer germanischer Nationen, wobei man besonders an die Holländer und Norweger dachte. Die dritte Komponente waren die Zwangsarbeiter, die sich aus den 14 Millionen Slawen rekrutierten, die in ihrer Heimat geblieben waren, durch die Germanisierung nicht erfaßt worden waren und den Status von Heloten, modernen Sklaven, hatten.

Die Planung konkreter Lösungen mit Aspekten der ersten und dritten Komponente sollte zu den Aufgaben des RSHA gehören, für die zweite, das Siedlungswesen, war der RKFDV, aber nicht ausschließlich, zuständig.

*

In dem Archivmaterial, das sich auf den GPO bezieht, stößt man kaum auf Überlegungen über die Juden. So findet man in der Expertise von Wetzel nur einige Bemerkungen zu diesem Thema und das nur am Rande. Wetzel war der Meinung, daß die rassisch-politische Situation des Dritten Reiches sich verschlechtert hatte. Obwohl aus dem Reich 500 000 Juden beseitigt wurden[13], befanden sich innerhalb der neuen Grenzen des Staates zehnmal mehr »unerwünschte Ausländer«, und es bestand die Gefahr, daß anstelle der deutsch-jüdischen Mischlinge deutsch-slawische Mischlinge und andere auftauchten. Nach seiner Meinung hat das RSHA in dem zur Kolonisierung im Osten bestimmten Gebiet in seiner GPO-Variante etwa 5 Millionen Juden berücksichtigt. Ihre Aussiedlung erachtete er als unnötig nach der »Lösung der Judenfrage«, d.i. nach der Extermination. Wenn aber ein Teil der Juden nach dem Krieg dort bleiben würde, dann wäre ihr Transport (»Überführung«) in die Zwangsarbeitslager in Nordrußland oder in Sibirien nach Wetzel keine »Aussiedlung«. Daher schloß er sie in seiner Expertise von den eingehenden Erörterungen aus.

Der erwähnte Dr. Beyer dagegen wiederholte gegenüber der Leitung des Amtes III des RSHA, daß die Juden vollständig aus dem durch die Kolonisierung erfaßten Gebiet »ausgesiedelt« würden. Und dort, wo sozusagen die ersten Siedlungsstützpunkte gebildet wurden (im Gebiet von Zamość, in Südwestlitauen, in der Ukraine) war die jüdische Bevölkerung schon in hohem Grade oder fast ganz von den Nationalsozialisten oder den mit ihnen Kollaborierenden ausgerottet.

Das Schicksal der Juden wird nur in wenigen Dokumenten, die sich auf den allgemeinen Siedlungsplan für die Ostgebiete beziehen und von den Planern des RSHA geschrieben wurden, erwähnt. Wesentlich ausführlicher, aber nicht als Hauptthema, wurde in den Varianten des GPO das Schicksal der slawischen, zur Aussiedlung bestimmten Völker erörtert. Das Hauptaugenmerk richtete sich vor allem auf die Fragen des germanischen Siedlungswesens im Osten und die damit verbundenen Fragen.

Die von Prof. Meyer vorbereiteten GPO-Varianten stellen eine gewaltige Kostenberechnung dar, den Versuch, die Schätzungen des RSHA-Planes mit den zur Verfügung stehenden finanziellen Mitteln in Einklang zu bringen; es sind

Vorschläge juristischer und organisatorischer Lösungen, die die Gestalt des deutschen Lebensraumes im Osten bestimmen sollten. Der RKFDV-Apparat untersuchte eingehend und umfassend auch die verfügbaren Reserven für den Bedarf der Kolonisierungsaktion im Osten; viele Berechnungen im Zuge der Arbeiten am GPO wurden diesem Thema gewidmet. Die Schätzungen des Bedarfs an Siedlern zur Realisierung der Generalpläne kündeten ein beträchtliches Defizit an.

Es scheint, daß man schon im Jahre 1942 den Eindruck gewann, daß auch ein siegreicher Krieg höhere Verluste auf deutscher Seite mit sich bringen würde, als in den Prognosen für einen Blitzkrieg vorgesehen waren; gleichzeitig wollte man mit der Kolonisierung immer größere Gebiete erfassen und diese so schnell wie möglich durchführen. Daher erfolgten auch in einigen okkupierten Gebieten Änderungen in der Bevölkerungspolitik: Die Germanisierungsaktion wurde unter verschiedenen Zwängen erweitert, ohne über deren weiteren Verlauf nach dem Krieg zu entscheiden; die Aussiedlungsmaßnahmen wurden eingeschränkt. Ein Teil der Bevölkerung, die anfangs für unerwünscht erklärt wurde, sollte jetzt — mangels einer entsprechenden Zahl von Siedlern — im bisherigen Wohngebiet bleiben. Im Protektorat Böhmen und Mähren ging das wohl mit Einwilligung des RKFDV vor sich, in Pommern verfolgte Gauleiter Forster diese Politik im Gegensatz zum RKFDV, in Lothringen ging man wohl wieder Hand in Hand mit dem RKFDV vor. Diese Tendenz trat auch 1943 im Generalgouvernement auf, wo die ausgedehnte Suche nach Bevölkerung deutscher Abstammung den Gauleiter Greiser in Unruhe versetzte. Es war eine Phase, in der Wallonen als zur germanischen Rasse zugehörig anerkannt wurden, und als man, ein Auge zudrükkend, in Berlin die Deklarationen der Ustascha-Anführer über ihre germanische Herkunft zur Kenntnis nahm. Wie es A. Speer in Erinnerung behielt, bemühte sich Hitler in einem Gespräch mit ihm im Sommer 1942 in Winniza, eine möglichst große Zahl von Deutschen in der ganzen Welt zusammenzuzählen, um das Potential für den Bedarf der Kolonisation abzusichern. Planer des SS-Apparats, wie Wetzel, Schubert und Stier, drückten Sorge um Siedler aus. Als der letztere Anfang Dezember 1942 den Bedarf an Menschen für die Ansiedlung in den okkupierten Ostgebieten berechnete, schätzte er, daß in dem vom Dritten Reich kontrollierten Teil Europas sechs Millionen Menschen germanisiert und in die Kolonisierung 18 Millionen Deutsche einbezogen würden. Trotzdem sollten, wie er das voraussah, genügend Siedler für die Städte im Generalgouvernement, im Protektorat Böhmen und Mähren, in den baltischen Ländern und den de iure oder de facto angeschlossenen Gebieten vorhanden sein. Angesichts der Defizite für den Bedarf der ländlichen Besiedlung schlug er die Beschränkung der geplanten Siedlungsreichweite vor, dem widersetzte sich aber Himmler entschieden.

Die Frage erhebt sich: Kam es zu einer Synchronisierung zwischen der Endlösung der Judenfrage und der Vorbereitung der Aussiedlungs-/Ansiedlungspläne für den Osten?

Das RSHA beendete die Arbeiten an seiner Variante des GPO Ende 1941 oder Anfang 1942[14], also um die Zeit der Konferenz in Wannsee, die am 20. Januar 1942 stattfand. Wenn man das Referat von R. Heydrich in dieser Konferenz als Programmierung einer vereinheitlichten Exterminationslösung der jüdischen Frage ansieht, dann bildet es sozusagen eine Entsprechung des GPO in der vom RSHA bearbeiteten Variante. Die zeitliche Übereinstimmung erweist sich als noch größer, wenn man den ursprünglichen Termin der Wannsee-Konferenz berücksichtigt, die für den 9. Dezember 1941 vorgesehen war, und die Zeit von wahrscheinlich mehreren Monaten in Betracht zieht, die für die Vorbereitung des Berichts von Heydrich notwendig war.

Aber in den Plänen treten auch wesentliche Unterschiede auf, und ihre Realisierung sollte sich ganz anders gestalten. Das Schicksal der Juden, von Heydrich als Deportation nach Osten bezeichnet und als deren Mord realisiert, wurde eindeutig und kategorisch beschlossen, das heißt ohne Rücksicht auf durch den Krieg hervorgerufene Umstände. Dagegen war das Programm der Kolonisierung Osteuropas noch Gegenstand von Untersuchungen und verschiedenartigen Modifizierungen in bezug auf die territoriale Reichweite, die Zeit der Realisierung, die vorgesehenen Kosten und die Reserven des germanischen Elements.

Das Ziel war hier eindeutig das gleiche wie im Falle der Juden, doch fällt es schwer vorauszusehen, wie sich seine Realisierung im Falle des Sieges des Dritten Reiches gestaltet hätte. Schon während der Aussiedlungen im Gebiet von Zamość war ein Teil der Ausgesiedelten zur Deportation in das Konzentrationslager in Auschwitz bestimmt worden[15]. Außerdem sollte die Realisierung des Programms der Wannsee-Konferenz und des Generalplans Ost nicht gleichzeitig verlaufen. Die erste sollte in nächster Zukunft durchgeführt werden, während die zweite als Ganzes auf die Zeit von 20 bis 30 Jahren nach dem siegreichen Ende des Krieges verschoben wurde. Der geplante Mord an den Juden ging von der Phase der indirekten Extermination (Diskrimination, Aushungern, Erschießen) und von den Massenmorden durch die Einsatzgruppen, die die okkupierten sowjetischen Territorien einnahmen, zur totalen Ausrottung in den Vernichtungslagern über. Der GPO sollte unter Berücksichtigung der Erfahrungen ausgeführt werden, die im Rahmen der Beseitigung der polnischen Bevölkerung aus dem angeschlossenen Gebiet Polens wie auch der experimentellen Aussiedlungen aus einigen Gebieten erzielt wurden, die im GPO für Siedlungsstützpunkte bestimmt worden waren. Man muß berücksichtigen, daß aus dem angeschlossenen Gebiet in den Jahren 1939 bis 1941 in das Generalgouvernement etwa 300 000 Polen ausgesiedelt wurden;

vertrieben (aber nicht durch die Aussiedlung nach Osten erfaßt) wurden mit Rücksicht auf die vom Kriege hervorgerufenen Schwierigkeiten über 100 000 Personen. Für den geplanten Siedlungsstützpunkt im Gebiet von Zamość wiederum wurden durch die Aussiedlung über 100 000 Polen erfaßt.

Es lassen sich auch Unterschiede in der Aufdeckung der zur Frage stehenden Pläne des Völkermords in den *öffentlichen* Auftritten von Adolf Hitler feststellen. Im Jahre 1942 hörte man aus seinem Mund viermal die Ankündigung der Ausrottung der jüdischen Rasse, die als diabolisches Übel dargestellt wurde, das die Menschheit bedrohte und für den Ausbruch des Krieges verantwortlich wäre. Ähnliche Drohungen hörte man auch gegenüber dem Bolschewismus, aber in bezug auf die slawische Bevölkerung enthielt sich der Führer ähnlicher Äußerungen in der Öffentlichkeit.

Aufmerksamkeit weckt auch die Beteiligung des SS-Obersturmbannführers A. Eichmann an der Aussiedlung von Polen aus dem Wartheland (Großpolen) und seine wohlbekannte Rolle in der Endlösung der Judenfrage. In der ersten spielte er als Referent für die Fragen der Aussiedlung der polnischen Bevölkerung im RSHA nur eine zweitrangige Rolle, aber in der Realisierung des Judenmordes spielte er eine Hauptrolle.

*

Zwei Unternehmen des Dritten Reiches in der Zeit der Planung und Umsetzung der neuen Bevölkerungsordnung in den Gebieten, die vom Hitlerfaschismus im okkupierten Europa dominiert waren, wecken besondere Aufmerksamkeit: die Endlösung der Judenfrage, also der Mord an den Juden, sowie der große Aussiedlungs- und Kolonisierungsplan, d.i. der Generalplan Ost, später erweitert zum Generalsiedlungsplan. Das erstere bezog sich auf ein Volk, bzw. auf den Teil, der in dem von Hitler kontrollierten Europa lebte; das letztere sollte über das Schicksal einiger Völker Mittelosteuropas, hauptsächlich slawischer Völker entscheiden, die das für den deutschen Lebensraum bestimmte Gebiet bewohnten, wie auch einiger Völker germanischer Herkunft. Das erste wurde fast vollkommen verwirklicht, während das zweite die Planungsphase durchlief, inklusive genauer Kostenberechnungen, und das Stadium der versuchsweisen Selektion erreichte, während die experimentellen Umsiedlungen in vollem Maßstab erst für die Zeit nach dem Krieg vorgesehen waren. Daher war auch der Ablauf des Krieges im zweiten Fall ein entscheidender Faktor dafür, ob und inwiefern der große Plan der Kolonisierungsausweitung zur Wirklichkeit werden konnte.

Der Judenmord als technisch hoch leistungsfähige und ohne moralische Hemmungen realisierte Methode des Völkermordes ist erschreckend genug. Wenn wir auch die Expansionspläne des Dritten Reiches nach Osten in Betracht ziehen, zusammen mit der ganzen Tragweite seiner völkermörderischen Aktivitäten, müssen wir erkennen, daß — wenn der Krieg einen anderen Verlauf genommen hätte — das Schicksal des jüdischen Volkes in Europa den Beginn eines schrecklichen Schicksals für alle in Mittel- und Osteuropa hätte bedeuten können, das in den Varianten des Generalplans Ost seinen Ausdruck fand. Es wäre sozusagen die Endlösung des Problems von Mitteleuropa gewesen.

## Anmerkungen

[1] Die Vergangenheit warnt. Dokumente, Praha 1960, S. 126.

[2] NG 2325, Dokument aus Nürnberg, u.a. veröffentlicht in: Vierteljahrshefte für Zeitgeschichte (VfZg), 16 (1958), S. 297—324.

[3] Wetzel hat wahrscheinlich das Menschendefizit nicht berücksichtigt, das durch die Evakuierung ins Landesinnere der UdSSR hervorgerufen worden war, er überschätzte die Chancen der hohen Geburtenziffer in den dreißig Nachkriegsjahren. Er berücksichtigte auch nicht den Völkermord, der im Falle des Gelingens des Blitzkrieges geplant war.

[4] H. Heiber, Der Generalplan Ost, in: VfZg, 6 (1958), S. 309.

[5] Das Ostland umfaßte Weißrußland und die baltischen Länder.

[6] Im Wartheland hatten einen solchen Charakter die Polenabgabe (ein Tribut der Polen) und die Sozialausgleichsabgabe (eine soziale Ausgleichssteuer).

[7] C. Madajczyk, Dalsze dokumenty dotyczace Generalnego Planu Wschodniego (Weitere Dokumente über den Generalplan Ost), in: Dzieje Najnowsze, 1971/3.

[8] »[...] der Führer habe ihm zugesagt, das GG werde als erstes Gebiet judenfrei gemacht.« H. Frank, Das Diensttagebuch des deutschen Generalgouverneurs (Hans Frank) in Polen 1939—1945 (= Quellen und Darstellungen zur Zeitgeschichte, Bd 20), hrsg. v. W. Präg, W. Jakobmeyer, Stuttgart 1975, S. 337.

[9] Das Diensttagebuch, S. 603.

[10] C. Madajczyk, Generalna Gubernia w planach hitlerowskich (Das Generalgouvernement in den hitlerfaschistischen Plänen), Warszawa 1961, S. 148 f.

[11] Er stellte u.a. fest: »Sie wissen, daß innerhalb der Partei im allgemeinen absolut die Meinung vertreten wird, daß die Aussiedlung der Polen, ihre Vernichtung oder ihre Behandlung lediglich als Arbeitswesen Ausdruck unserer Polenpolitik ist. Sie wissen auch, daß das im weiten Umfange in die Tat umgesetzt wurde. [...] Darin liegt nur die eine große Schwierigkeit, daß eine Ausrottung von Millionen menschlicher Wesen an Voraussetzungen geknüpft ist, die wir zur Zeit nicht erfüllen können. [...] Da gilt es nun, im einzelnen zu verhandeln, aufzuklären, zu erfahren, welche Richtung das Reich verfolgt. Sollen wir ausrotten oder aufbauen, soll die Arbeit hier oder im Reich geschaffen werden, sollen wir Arbeiter abgeben oder sie hierbehalten, sollen wir die Polen verhungern lassen oder sie ernähren?« (Das Diensttagebuch, S. 590 f).

[12] C. Madajczyk, Polityka III Rzeszy w okupowanej Polsce (Die Politik des III. Reiches im okkupierten Polen), Warszawa 1970, Bd I, S. 633.

[13] Bis zum Ausbruch des Zweiten Weltkrieges emigrierten aus dem Reich freiwillig oder unter Druck 250 000, aus Österreich 147 000 und aus dem Protektorat Böh-

men und Mähren fast 30 000, insgesamt 427 000 Juden. Bis Himmler im Oktober 1941 den Juden verbot, Deutschland zu verlassen, sind weitere zig Tausend Juden gegangen.

14 Aus einer bis vor kurzem unbekannten Dokumentation ergibt sich, daß SS-Hauptsturmführer Helmut Schubert, der eine der Abteilungen des Stabshauptamtes leitete, seine Meinung zu dem im RSHA vorbereiteten Generalplan Ost (»Stellungnahme zum ›Generalplan Ost‹«) äußerte. Am 23. März erhielt er seine Stellungnahme von Rudolf Brandt, dem Chef des Persönlichen Stabs des Reichsführers der SS, nach Kenntnisnahme zurück. Sie ist in den Archiven nicht erhalten.

15 Der SS-Gruppenführer Müller stellte in einer Notiz für Himmler vom 31. Oktober 1942 bezüglich der Evakuierung der Polen aus dem Distrikt Lublin in Punkt 5 fest: »Die Angehörigen der Wertungsgruppe IV im Alter von 14 bis 60 Jahren werden in das KL Auschwitz abgefördert«. Und in den Richtlinien von SS-Obersturmbannführer Krumey wird über das Schicksal der Aussiedler im Lager in Zamość bestimmt: »Familien und Personen der RUS-Wertungsgruppe IV werden als Arbeitskräfte nach Birkenau überstellt.« Das betraf ein Fünftel der Aussiedler.

Rüdiger Overmans

# Die Toten des Zweiten Weltkriegs in Deutschland

## Bilanz der Forschung unter besonderer Berücksichtigung der Wehrmacht- und Vertreibungsverluste

### *1. Einleitung*

Mehr als vierzig Jahre Forschung über den Zweiten Weltkrieg haben eine unübersehbare Publikationsflut erzeugt; zahllose Veröffentlichungen argumentieren mit Angaben über die Toten, die dieser Krieg verursacht hat. In dieser Situation mag die These, es gebe keine zuverlässigen Zahlen über die deutschen Verluste im Zusammenhang mit dem Zweiten Weltkrieg, unglaubwürdig und provokativ klingen. Diese Behauptung zu belegen und daraus Forschungsdesiderata abzuleiten, ist das Ziel der vorliegenden Veröffentlichung[1]. Dabei werden in einem ersten Abschnitt zunächst die quantitativen Größenordnungen und die Diskrepanzen zwischen den verschiedenen Zahlenreihen aufgezeigt sowie die vorhandene Literatur zu den Gesamtverlusten kritisch gewürdigt. Daran schließen sich Detailuntersuchungen zu einzelnen Verlustkategorien an. Abschließend wird auf die Frage eingegangen, welche Konsequenzen sich für die weitere Forschung ergeben.

Der knappe zur Verfügung stehende Platz zwingt zur Konzentration. Die erste Einschränkung bezieht sich auf den Begriff »Verluste«. Er wird im weiteren als Synonym für die Toten einschließlich der Vermißten verwandt, die Verwundeten, Erkrankten und andere, ebenfalls unter den Verlusten subsumierbare Kategorien werden nicht berücksichtigt[2].

Des weiteren konzentrieren sich die Ausführungen — nach der Darstellung der Gesamtverluste — auf die beiden quantitativ gewichtigsten Kategorien, die Wehrmacht- und die Vertreibungsverluste; die Opfer der nationalsozialistischen Verfolgung sowie die zivilen Toten des Luftkriegs und der Landkriegshandlungen werden vernachlässigt.

### *2. Gesamtverluste*

Einen ersten Überblick über die Größenordnungen der Verluste vermittelt die in Tabelle 1 aus Platzgründen nur auszugsweise wiedergegebene Literaturauswertung. Von besonderer Bedeutung sind dabei nicht nur die absoluten Werte, sondern auch die Spannweiten der Diskrepanzen zwischen den einzelnen Angaben.

Tabelle 1: Verlustzahlen — eine Übersicht[3]
(in Millionen)

| | Wehrmachtverluste | Zivile Verluste | | | | Gesamtverluste |
|---|---|---|---|---|---|---|
| | | Luftkrieg | Landkrieg | NS-Verfolgung | Vertreibung | |
| Arntz, Menschenverluste | 3,25 | 0,5 | - | 0,3 | 2,5 | 6,5 |
| Brockhaus Enzyklopädie | 3,5 | 0,5 | - | - | - | 4,0 |
| Deutschl. im zweiten Weltkrieg | 4,0 | 0,41 | ? | ? | ? | 6,0 |
| Encylopedia of Military History | 2,85 | 0,5 | | - | - | 3,35 |
| Gebhardt | 4,192 | 0,41 | 0,02 | - | 2,2436 | 6,8656 |
| Larousse, Guerre mondiale | 3,6 | 0,9 | | | - | 4,5 |
| Ploetz, Weltkriege | 4,75 | 0,31 | - | 0,19 | 1,5 | 6,75 |
| Schenck, Menschliches Elend | 5,471 | 0,688 | | 0,3 | 2,947 | 9,406 |
| Shukow, Erinnerungen | 7,0 | - | - | - | - | 7,3 |
| Sorge, The Other Price | - | - | - | - | - | 9,0 |
| Urlanis, Bilanz | 4,5 | 0,535 | - | - | - | 5,035 |
| | | | | | | |
| Minimaler Wert | 2,85 | 0,31 | - | 0,19 | 1,5 | 3,35 |
| Maximaler Wert | 7,0 | 0,535 | - | 0,3 | 3,0 | 9,406 |
| Spannweite | 4,15 | 0,225 | - | 0,11 | 1,5 | 6,056 |

Bemerkenswert ist, daß gerade bei den drei quantitativ gewichtigen Positionen — den Wehrmacht-, den Vertreibungs- und den Gesamtverlusten — der maximale Wert das Zwei- bis Dreifache des Minimums erreicht. Die Spannweite beträgt bis zu ca. 6 Millionen Toten, eine Größenordnung, die annähernd der Einwohnerzahl des Bundeslandes Hessen entspricht.

Die Konzentration der Angaben über die Gesamtverluste bei ca. 5 Millionen Toten täuscht darüber hinweg, daß die Einzelangaben stark divergieren. So kommen Shukov, Gebhardt und Ploetz zwar zu ähnlichen Endergebnissen, jedoch aufgrund völlig divergierender Einzelresultate. Unter solchen Umständen ist eine Übereinstimmung keineswegs als gegenseitige Bestätigung, sondern als Zufallsprodukt zu werten.

Der Versuch, den Gründen für dieses unbefriedigende Resultat nachzugehen, führt zunächst zu der Feststellung, daß die Angaben kaum belegt sind. Der Eindruck der Beliebigkeit wird noch dadurch verstärkt, daß an verschiedenen Stellen einer Publikation durchaus unterschiedliche Zahlen zu finden sind[4].

Soweit die Verlustangaben näher erläutert werden, offenbaren sich mitunter politische Intentionen. So will Arntz die »biologische Minderung der bereits durch den Ersten Weltkrieg entkräfteten abendländischen Völker« aufzeigen, und für Shukov bestehen die Opfer der nationalsozialistischen Verfolgung ausschließlich aus »300 000 Kommunisten und zahlreichen Sozialdemokraten«[5].

Damit ist ein zentrales Problem angerissen, das im weiteren immer wieder feststellbar ist: die mangelnde Übereinstimmung verschiedener Statistiken hinsichtlich der Begriffsdefinitionen. Deutlich wird dieses Dilemma bereits in Tabelle 1, denn es besteht zwischen den Autoren offensichtlich kein Konsens über die Frage, ob der Begriff »Verlust« nur die militärischen und zivilen Toten der Kriegshandlungen oder auch die Opfer der nationalsozialistischen Verfolgung bzw. der Vertreibung umfaßt.

Versucht ein Autor, wie der Verfasser des Gebhardt, den von ihm zitierten Statistiken gerecht zu werden, ergibt sich, daß die verwendeten Zahlenreihen in wichtigen Punkten unterschiedlich definiert sind. Solche Ergebnisse zu addieren heißt jedoch, Äpfel und Birnen zusammenzuzählen[6]. Als Ergebnis der Literaturauswertung bleibt festzuhalten, daß nicht erklärbare Diskrepanzen zwischen den einzelnen Veröffentlichungen bestehen. Angesichts dieses Sachstandes entsteht die Frage, in welchem Umfang zuverlässigere Primärstatistiken vorliegen.

Eine Durchsicht der Literatur zeigt, daß — vor allem in der unmittelbaren Nachkriegszeit — sowohl in der Bevölkerung als auch in der Verwaltung und der Wissenschaft ein vitales Interesse daran bestand, die Zahl der Überlebenden und der Toten zu ermitteln[7]. Da zuverlässige Angaben über die Verluste auf der Basis registrierter Einzelschicksale nicht vorlagen, wurden Bevölkerungsbilanzen erarbeitet. Kennzeichen dieser Methode, die sich prinzipiell von der Auszählung individueller Schicksale unterscheidet, ist der Versuch, die unbekannte Größe »Verluste« aufgrund des Anfangs- und Endbestands der Bevölkerung unter Berücksichtigung der Wanderungen sowie der Geburten- und Sterberaten zu ermitteln. Eine solche Bilanz muß definitionsgemäß ausgeglichen sein, daher führt ein Fehler in einer Position immer zu einem gegenläufigen Fehler an anderer Stelle. Ebenso bewirkt die Korrektur einer Größe auch die gleichhohe Veränderung einer anderen. Da im vorliegenden Fall die anderen Größen bekannt sind, stellen die Verluste den Differenzbetrag dar, in dem sich alle Fehler und Veränderungen niederschlagen. Dabei ist die naheliegende Vermutung, Fehler würden sich gegenseitig ausgleichen, eine durch nichts begründete Spekulation. Einen Ausschnitt der vorliegenden Bilanzen — die verschiedenen Verlustkategorien — zeigt Tabelle 2:

Tabelle 2: Verlustbilanzen[8]
(in Millionen)

| | Wehrmachtverluste | Zivile Verluste | | | | | Gesamtverluste |
|---|---|---|---|---|---|---|---|
| | | Luftkrieg | Landkrieg | NS-Verfolgung | Vertreibung | Sonstige | |
| Stat. BA, Versuch einer Bilanz (1949) | 3,0 | 0,45 | 0,05 | 0,2 | 1,533 | - | 5,233 |
| Stat. BA, Bevölkerungsentwicklung (1956) | 3,76 | 0,41 | 0,02 | 0,2 | 1,26 | - | 5,65 |
| Gleitze (1953) | 3,1 | 0,5 | 0,1 | 0,3 | 0,8 | 3,8 | 8,6 |

Bemerkenswert ist die von Gleitze veröffentlichte Bilanz, nicht so sehr wegen ihrer deutlichen Abweichung von den anderen Zahlenreihen, sondern wegen der 3,8 Millionen sonstiger Toter. Hierbei handelt es sich — ganz in der Tradition der Statistiken aus der Zeit nach dem Ersten Weltkrieg — um die Geburtenausfälle und die überhöhte allgemeine Sterblichkeit, die den Kriegsverlusten zugerechnet werden. Auch an dieser Stelle wird damit wieder deutlich, daß über wesentliche Definitionen keine Einigkeit besteht. Die erste Zahlenreihe, die für sich in Anspruch nehmen kann, mehr als nur eine intuitive Schätzung zu sein, war die noch als »Versuch einer Bilanz« bezeichnete Veröffentlichung des Statistischen Bundesamtes von 1949: In der zweiten Publikation von 1956 wurden die Angaben dann präzisiert. Zuverlässig sind allerdings beide Bilanzen nicht, denn bereits 1958 veröffentlichte das Statistische Bundesamt eine Untersuchung zu den Vertreibungsverlusten, die ca. 1 Million Tote mehr auswies als die Bilanz von 1956[9]. Die Korrektheit einer Bilanz sollte daher immer mit Hilfe anderer Methoden überprüft werden. Dafür kommen die Statistiken in Betracht, die auf der Auszählung konkreter Einzelfälle beruhen[10].

Als Resultat der bisherigen Überlegungen bleibt festzuhalten, daß die derzeit vorliegenden Gesamtverlustangaben unzuverlässig sind. Dabei entsteht die Frage, ob wenigstens hinsichtlich einzelner Teilbereiche des Verlustproblems zuverlässige Forschungsergebnisse vorliegen. Dies soll nun anhand der beiden quantitativ gewichtigsten Kategorien, den Wehrmacht- und den Vertreibungstoten, geprüft werden.

### 3. *Wehrmachtverluste*

Die folgende Tabelle weist nur solche Veröffentlichungen aus, in denen die Wehrmachtverluste detailliert ausgewiesen sind. Berücksichtigt sind auch die Studien, die ehemalige Wehrmachtoffiziere — wie Schramm und Müller-Hillebrand — im Auftrag der US-Army anfertigten, denn diese Ausarbeitungen sind die — inhaltlich umfangreicheren — Grundlagen für die späteren Veröffentlichungen dieser Autoren.

Ein Vergleich dieser Spezialstatistiken mit den ersten beiden Tabellen ergibt, daß sich lediglich die Angabe von 3,76 Millionen Kriegstoten des Statistischen Bundesamtes in mehreren Veröffentlichungen derselben Institution wiederfindet. Ansonsten weisen die Gesamtbilanzen (Tab. 2) niedrigere, die Literaturangaben (Tab. 1) dagegen völlig abweichende Zahlen aus. Dabei bewegen sich die Differenzen in der Größenordnung von Millionen Toten.

Die Statistiken in Tabelle 3 bestehen aus zwei unterschiedlichen Gruppen: Die ersten neun Angaben basieren auf Angaben des Oberkommandos der

Tabelle 3: Wehrmachtverluste[11]

| | Tote | Vermißte | Summe |
|---|---|---|---|
| OKW/WFSt/Org Abt (Heer), (1945) | 1 757 000 | 1 610 000 | 3 367 000 |
| WAST (1945) | 1 768 985 | 596 931 | 2 365 916 |
| German Manpower (1947) | 2 230 324 | 2 970 404 | 5 100 728 |
| Schramm, Bestand und Verluste (1948) | 2 150 000 | 1 000 000 | 3 000 000 |
| Schramm, KTB-OKW (1948) | 2 001 399 | 1 902 704 | 3 904 103 |
| Müller-Hillebrand, Statistic systems (1949) | 2 230 000 | 1—2 Mio | 3,3—4,5 Mio |
| Keilig, Deutsches Heer (1956) | 1 911 300 | 1 714 054 | 3 625 354 |
| Müller-Hillebrand, Heer (1969) | 2 230 324 | 2 870 404 | bis zu 4 Mio |
| DRK-Suchdienst, Personelle Verluste (1975) | - | - | 3 810 000 |
| Kriegssterbefälle und Todeserklärungen (1979) | - | - | 1 777 340 |
| Stat. Bundesamt, Deutsche Kriegsverluste (1960) | - | - | 3 760 000 |
| Deutsche Dienststelle, Jahresbericht (1985) | 3 100 000 | 1 200 000 | 4 300 000 |

Wehrmacht (OKW), bei den letzten drei handelt es sich um eigenständige Erhebungen. Zunächst werden die spezifischen Probleme der einzelnen, auf den OKW-Zahlen beruhenden Untersuchungen diskutiert, anschließend stellt sich die Frage nach der generellen Zuverlässigkeit der Wehrmachtstatistiken.

Die erste Zahlenreihe ist eine Schätzung des OKW aus der Nachkriegszeit, Stand 10. Mai 1945, für den Zeitraum vom 1. September 1939 bis zum 1. Mai 1945, allerdings nur für das Heer, die Waffen-SS und die Luftwaffe im Erdeinsatz. Sie ist daher nur bedingt nutzbar.

Die als WAST-Statistik bezeichneten Angaben beziehen sich auf die der Wehrmachtauskunftstelle namentlich gemeldeten Verluste mit Stand vom 28. Februar 1945; diese Methode war zwar sehr zuverlässig, es dauerte mitunter jedoch Monate, bis die Meldungen registriert waren. Die jeweilige Statistik hinkte daher der tatsächlichen Entwicklung stets hinterher und ist somit auch nicht vollständig[12].

Die bekanntesten Zahlenreihen sind die von Percy Schramm. Seine Ausführungen im Anhang zum Kriegstagebuch des OKW (KTB, OKW) sind eine überarbeitete Fassung seiner Military Study »Bestand und Verluste der deutschen Wehrmacht« und geben die von ihm als zuverlässig eingeschätzten Angaben aus der »Beurteilung der personellen und materiellen Rüstungslage« wieder. Ein Vergleich seiner Statistiken mit den Originaltabellen ergibt allerdings, daß mehrfach Zahlenwerte falsch übertragen und in einigen Fällen die von Schramm neu zusammengestellten Einzelangaben falsch addiert worden sind[13].

Gravierender als solche Nachlässigkeiten sind dagegen seine Fehlinterpretationen. So faßt er die in den OKW-Statistiken enthaltenen Angaben zu den Offizierverlusten fälschlich als Verluste der Freiwilligenverbände in der Wehrmacht auf. Ebenso irrig ist die Auffassung Schramms, die Verluste des Wehrmachtgefolges und der Organisation Todt (OT), des Reichsarbeitsdienstes (RAD) usw. seien nicht in den Angaben enthalten. Dies trifft nur für einen Teil der von ihm benutzten Angaben zu[14].

Ähnlich problematisch sind die Ausführungen von Keilig, der eine veraltete OKW-Statistik — Stand 30. November 1944 — zugrunde legt und die Offizierverluste fälschlicherweise als Zuwachsrate des Monats November 1944 interpretiert[15].

Handwerklich solider ist die Studie »German Manpower«, die — ähnlich wie die Studie von Schramm — zwischen 1945 und 1947 entstand. Die insgesamt bestfundierten Angaben auf der Basis von Wehrmachtstatistiken stammen von Müller-Hillebrand, der als ehemaliger Wehrmachtoffizier 1948 und 1949 im Auftrag der US-Army u.a. die Ausarbeitung »Statistic System« anfertigte. Neben den anderen Studien standen ihm alle noch vorhandenen Wehrmachtunterlagen zur Verfügung. Die Studie »German Manpower« und die Veröffentlichungen von Müller-Hillebrand sind daher so zuverlässig, wie es die Wehrmachtstatistiken zulassen. Sie weichen voneinander ab, weil sie in der Frage, wieviel Vermißte als tatsächlich tot anzusehen sind, zu unterschiedlichen Schätzungen kommen.

Die Veröffentlichung des DRK-Suchdienstes stellt den ersten Versuch dar, die verschiedenen Zahlenreihen kritisch zu würdigen, um zu einem möglichst sicheren Ergebnis zu kommen. Sie kommt zu dem Resultat, daß die Angaben von Müller-Hillebrand zutreffen, weicht allerdings ohne Erläuterung im Ergebnis davon ab[16].

Nicht behandelt ist bisher die Frage, wie zuverlässig die Wehrmachtangaben generell waren. Hier sind zwei Problemkreise zu unterscheiden: die Zuverlässigkeit der Meldewege und die inhaltliche Qualität der Statistiken.

Die kritische Distanz zu den Wehrmachtstatistiken, die bereits Müller-Hillebrand im Gegensatz zu Schramm in einigen Punkten wahrt, erweist sich als gerechtfertigt[17]. So belegt eine interne Untersuchung der Abteilung Wehrmachtverlustwesen, daß die Verluste der — erfassungstechnisch problemlosen — Polen-, Frankreich- und Norwegenfeldzüge annähernd doppelt so hoch waren wie ursprünglich gemeldet[18].

Darüber hinaus nehmen im Laufe des Jahres 1944 in den Statistiken des OKW Vermerke über fehlende Einzelangaben erheblich zu. Dies wird auch in der von Schramm als Grundlage verwendeten »Beurteilung der personellen und materiellen Rüstungslage, Januar 1945« deutlich: Hier fehlen die Verluste der Marine im Januar 1945, und die Heeresverluste im Osten sind als unvollständig ausgewiesen; trotzdem wurden diese Zahlen verwendet[19]. Darüber hinaus ergab sich bei der Klärung von Vermißtenschicksalen in der Nachkriegszeit, daß seit der Invasion in der Normandie im Westen und dem Zusammenbruch der Heeresgruppe Mitte im Osten die Meldungen zunehmend lückenhafter wurden. Die angeführten Beispiele zeigen, daß das Meldewesen der Wehrmacht nicht den Grad an Zuverlässigkeit aufwies, der von einigen Autoren unterstellt wird.

Zur Unsicherheit des Meldeweges tritt ein zweites Problem verschärfend hinzu: die inhaltliche Qualität der Statistik. Zusätzliche Ungenauigkeiten entstanden durch die Kategorie »Vermißt«, die ab 1943 zunehmend an Bedeutung gewann und zum 31. Januar 1945 bereits 50 Prozent der Gesamtverluste umfaßte. Dabei handelte es sich um Wehrmachtangehörige, über deren Verbleib der Einheit nichts bekannt war. Fehlerkorrekturen für die Fälle, in denen Vermißte wieder bei ihrem Verband eintrafen, als Versprengte in einer anderen Einheit weiterkämpften, in Lazaretten ohne Wissen der eigenen Einheit in Behandlung waren, wurden nicht vorgenommen. Gerade für die Zeit ab ca. Mitte 1944 dürften diese Fehlerquellen erhebliche Bedeutung haben[20]. Die Summe der Vermißtenmeldungen ist somit größer als die Zahl der tatsächlich vermißten Soldaten.

Ein weiteres inhaltliches Problem stellt die Abgrenzung gegenüber der Waffen-SS, dem Wehrmachtgefolge, dem Reichsarbeitsdienst, der Organisation Todt, der Polizei, etc. dar. Da die Einbeziehung dieser Verbände in die Wehrmachtverluststatistiken auch innerhalb der Wehrmacht unterschiedlich gehandhabt wurde, ist es möglich, daß deren Verluste selbst in solchen Angaben enthalten sind, die sie explizit ausschließen[21]. Die Bedeutung dieser Fehlerquelle wird deutlich, wenn man bedenkt, daß die Organisation Todt und die Waffen-SS Personalstärken bis zu jeweils 1 Million Personen und auch die Polizeiverbände bis zu ca. 500 000 Angehörige aufwiesen.

Die inhaltlichen Probleme der Wehrmachtstatistiken erweisen sich damit letztlich als Konsequenz von definitorischen Unklarheiten, die in der Literatur bisher nicht ausreichend berücksichtigt worden sind; hinzu kommen die Mängel der Meldewege. Unter Berücksichtigung aller Aspekte sind daher weder die OKW-Angaben noch die darauf beruhenden Veröffentlichungen als zuverlässig anzusehen.

Auf einer völlig anderen Grundlage als die bisher diskutierten Statistiken basieren die letzten drei Zahlenreihen in Tabelle 3. Die ersten beiden stammen vom Statistischen Bundesamt und beruhen auf der amtlichen Statistik der Kriegssterbefälle und gerichtlichen Todeserklärungen, d.h. den bei den Standesämtern registrierten Einzelschicksalen. Die Angabe von 1979 ist die letzte veröffentlichte Zahlenreihe, sie beinhaltet nur das Bundesgebiet (ohne Saarland und West-Berlin): daher sind auch diese Angaben nicht vollständig. Gäbe es eine Aufgliederung der OKW-Verlustzahlen nach Herkunftsgebieten, so bestünde hier ein interessanter Ansatzpunkt für neue Forschungen.

Die in Tabelle 3 als »Deutsche Kriegsverluste« ausgewiesene Zahl ist das Ergebnis einer Hochrechnung von den Verlusten aus dem Gebiet der heutigen Bundesrepublik (ohne Saarland und West-Berlin) auf das Reichsgebiet vom 31. Dezember 1937. Die Voraussetzung dieser Rechenoperation — eine gleichmäßige Verteilung der Verluste im gesamten Reichsgebiet — liegt aber nicht vor. Daher bleibt auch diese Angabe eine — allerdings interessante — Spekulation.

Die letzte Zahlenreihe in Tabelle 3 weist die Angaben der Deutschen Dienststelle aus. Diese Institution führt die Arbeit der Wehrmachtauskunftstelle fort, die während des Krieges die namentlichen Verlustmeldungen registriert und ausgewertet hatte. Die Angaben sind insofern zuverlässig, als sie auf Addition konkreter Einzelfälle beruhen: schon Müller-Hillebrand sah diese Daten als die sicherste Erfassungsbasis an[22].

Die Problematik der von der Deutschen Dienststelle herausgegebenen Zahlen liegt in einem anderen Bereich, auch hier sind wieder die Definitionen fraglich. Während die ehemalige Wehrmachtauskunftstelle bis Kriegsende die Verluste der Wehrmacht, nicht jedoch der Waffen-SS oder der paramilitärischen Verbände registrierte, übernahm die Deutsche Dienststelle nach dem Krieg diese Aufgabe für alle diese Organisationen, blieb in ihrer Arbeit jedoch im wesentlichen auf das Bundesgebiet einschließlich Westberlin beschränkt[23].

Somit erweist sich die Kartei der Deutschen Dienststelle als ein hinsichtlich der Individualangaben zuverlässiger Bestand, bezogen auf die deutschen militärischen Verluste handelt es sich jedoch um eine unscharf abgegrenzte Personenmenge, die in einigen Aspekten zu weit, in anderen Bereichen dagegen zu eng definiert ist[24]. Da über die quantitativen Auswirkungen dieser Effekte keine Angaben vorliegen, sind die Zahlen der Deutschen Dienststelle nur eingeschränkt brauchbar. Als Resümee der Ausführungen über die Einzelstatistiken zu den Wehrmachtverlusten bleibt lediglich zu konstatieren, daß keine der angeführten Zahlenreihen den Anspruch erheben kann, hinreichend zuverlässig zu sein.

### *4. Vertreibungsverluste*

Einen Überblick über die Vertreibungsstatistiken gibt Tabelle 4:

Tabelle 4: Vertreibungsverluste[25]
(in Millionen)

| | Wehrmachtverluste | Zivile Verluste: Deutsche b. Kriegsende | Zivile Verluste: Restbevölkerung | Zivile Verluste: Vertreib.-verluste | Zivile Verluste: Überlebende |
|---|---|---|---|---|---|
| Stat. BA, Deutsche Vertreibungsverluste | 1,088 | 16,545 | 2,553 | 2,224 | 11,603 |
| Reichling, Flucht und Vertreibung | 1,25 | 17,93 | 4,029 | 1,81 | 12,091 |
| Kirchl. Suchdienst, Gesamterhebung | 0,4854 | 15,231 | 1,318 | 2,383 | 11,530 |

Auch bei dieser Aufstellung sind die Diskrepanzen erheblich, allein bei den Vertreibungsverlusten beträgt die Spanne 0,5 Millionen Tote. Ein Vergleich mit den Zahlen in den davorstehenden Tabellen zeigt — ähnlich wie bei den Wehrmachtverlusten — wenig Übereinstimmung zwischen den einzelnen Angaben.

Bei den ersten beiden Zahlenreihen in Tabelle 4 handelt es sich um Bevölkerungsbilanzen für die Vertreibungsgebiete, die dritte Veröffentlichung beruht — ähnlich wie die Zahlen der Deutschen Dienststelle — auf der Ermittlung von Einzelschicksalen.

Zunächst zu den Bilanzen: Die erste, vom Statistischen Bundesamt veröffentlichte, wurde hinsichtlich der Methodik als so beispielhaft angesehen, daß die zahlreichen weiteren, hier nicht erwähnten Bilanzen auf dieser Statistik aufbauten und allenfalls Modifikationen hinsichtlich spezieller Aspekte vornahmen. Exemplarisch werden daher hier nur noch die erste und aktuellste Veröffentlichung (Reichling) zu diesem Thema dargestellt[26]. Der Unterschied zwischen den beiden Bilanzen besteht darin, daß Reichling sowohl die Gruppe der Sowjetdeutschen berücksichtigt als auch diejenigen in die Wehrmachtverluste einbezieht, die als Soldaten in nichtdeutschen Streitkräften gefallen sind[27]. Auf die Auswirkungen einer solchen extensiven Definition sei hier nur kurz hingewiesen. Da ansonsten keine Differenzen existieren, beziehen sich die folgende Überlegungen auf beide Veröffentlichungen.

Zunächst einmal handelt es sich um Bilanzen — auf die Problematik dieser Methode sei an dieser Stelle lediglich verwiesen. Da die einzelnen Positionen voneinander abhängen, ist es sinnvoll, auch auf die Nicht-Verlustkategorien einzugehen.

Ein generelles Problem besteht darin, daß im Laufe der Jahre verschiedene Definitionen des Begriffs »Vertriebener« benutzt wurden[28]. Hier stellt sich auch die Frage, ob auf einen deutschstämmigen Balten, der im Rahmen des deutsch-sowjetischen Vertrags von der Reichsregierung umgesiedelt worden ist, der Begriff »Vertriebener« zutrifft. Ähnlich fraglich ist die Einbeziehung der Sowjetdeutschen, die von Stalin deportiert wurden und insoweit von der Vertreibung im engen Wortsinn nicht betroffen waren.

Interessant ist die erste Kategorie, Wehrmachtverluste, weil sich aus dieser Überschneidung von Vertreibungs- und Wehrmachtverluststatistiken interessante Vergleichsmöglichkeiten ergeben können. Leider beruhen diese Angaben jedoch nicht auf einer eigenständigen Datenbasis, das Statistische Bundesamt ging lediglich von dem Anteil der Wehrmachttoten bei der Bevölkerung des Gebiets der heutigen Bundesrepublik aus und rechnete diesen Wert auf die Bevölkerung aus den Vertreibungsgebieten hoch. Es handelt sich um dasselbe Verfahren, das bereits bei der Errechnung der Gesamtwehrmachtverluste eingesetzt wurde; bezeichnenderweise wurden in keinem der beiden

Fällen OKW-Zahlen benutzt. Dieses Vorgehen unterstellt, daß die Einziehungsquote zur Wehrmacht und damit auch die Todesrate in allen Gebieten des Reiches und unter den Volksdeutschen gleich gewesen sei. Eine solche Prämisse ist jedoch nicht zulässig, denn in den vorwiegend agrarisch strukturierten Vertreibungsgebieten war der Anteil der eingezogenen Wehrpflichtigen höher als im stärker industrialisierten Westdeutschland. Die Wehrmachtverluste könnten demnach zu niedrig und die Vertreibungstoten zu hoch ausgewiesen sein.

Insgesamt ergeben sich die schwerwiegendsten Probleme bei der Analyse der Kategorien »Deutsche bei Kriegsende« und »Restbevölkerung«, denn diese Angaben beruhen auf den Bevölkerungszählungen von 1930/31 für die Vertreibungsgebiete und 1939 für das Deutsche Reich. Hinzu kommen die Zensusergebnisse von 1946 und 1950 sowie die Vertriebenenregistrierung von 1953. Mit Hilfe der Geburten- und Sterblichkeitsraten wurden die Ergebnisse des Vorkriegs-Zensus auf das Jahr 1945 hochgerechnet. Hinsichtlich der Volkszählungen ist jedoch zu berücksichtigen, daß in den Vertreibungsgebieten Angaben über den Umfang einzelner Bevölkerungsgruppen ein Politikum darstellten. Unter diesen Umständen wird verständlich, daß die Aussagen zur deutschen Bevölkerung in der Literatur je nach politischem Standpunkt und Interessenlage um Millionen Menschen schwanken. Wenn solche Werte über 14 Jahre bis Kriegsende hochgerechnet werden, ist Vorsicht geboten. Welche Auswirkungen auch relativ geringe Veränderungen in einer Bilanz haben, zeigt sich daran, daß die Verminderung der angenommenen Bevölkerung bei Kriegsende von 17 auf 16 Millionen Menschen zu einer geringfügigen Senkung der Wehrmachtverluste und einer Halbierung der Vertreibungstoten führt.

Nicht einmal hinsichtlich der Kategorie »Überlebende« besteht Einigkeit. Hier stehen zwar die Ergebnisse der gesamtdeutschen Volkszählung von 1950 zur Verfügung, jedoch differieren die ost- und westdeutschen Angaben über die Vertriebenen um eine Million Personen aufgrund unterschiedlicher Annahmen über die Auswanderungsquote und den Geburtenüberschuß von 1946 bis 1950[29]. Die für die vorliegende Untersuchung wichtigste Rubrik sind Vertreibungsverluste. Dieser Begriff ist hier verwendet, weil er gebräuchlich ist, er sollte jedoch nicht darüber hinwegtäuschen, daß Bezeichnungen wie »ungeklärte Fälle« oder »Kriegs- und Nachkriegstote« korrekter wären und auch vom Statistischen Bundesamt benutzt werden; denn es handelt sich keineswegs nur um die bei der Vertreibung umgekommenen Menschen. Die Opfer der nationalsozialistischen Verfolgung unter der deutschen Bevölkerung, die Verluste der Zivilbevölkerung durch die schweren Kämpfe gerade in einigen dieser Gebiete und die Toten während der Flucht vor der Roten Armee sind nicht separat ausgewiesen und letztlich zu den Vertreibungsverluste addiert worden, eine Vereinfachung, die gerade von osteuropäischen und von DDR-Autoren massiv kritisiert worden ist[30].

Wie sich auch schon aus den Überlegungen zu den anderen Kategorien ergab, bilden die Vertreibungsverluste — systembedingt in der Bilanz — die Summe aller ungeklärten Fälle, verschiedener Verlustkategorien und sämtlicher Rechenfehler. Die so ermittelten Werte sind keine zuverlässige Grundlage für Aussagen über die Vertreibungsverluste, hier wird die Bestätigung mit Hilfe einer anderen Methode benötigt.

Eine solche eigenständige Untersuchung stellt die Gesamterhebung des Kirchlichen Suchdienstes dar. Hierbei handelt es sich um eine vollständige Auszählung der Heimatortskarteien, d.h. eine Addition von Einzelschicksalen. Sie basiert auf Suchanträgen von Vertriebenen, den Ergebnissen der Vertriebenenregistrierung 1953, den Namenslisten der Landsmannschaften und den Auskünften von Vertrauenspersonen. Auf diese Weise wurde die deutschstämmige Bevölkerung in den Vertreibungsgebieten, die dort verbliebenen Personen, die in den Westen Vertriebenen und die Toten ermittelt.

Bei einem Vergleich dieser Gesamterhebung mit den Bilanzen fällt zunächst die Diskrepanz der Angaben zu den Wehrmachtverlusten — ca. 1,4 Millionen Toten — auf. Ein Vergleich drängt sich zwar auf, ist aber unzulässig, da die Heimatortskarteien die deutschstämmige Bevölkerung möglichst ohne Berücksichtigung der Wehrmachtangehörigen zu erfassen versuchten; die Soldaten sind daher unvollständig berücksichtigt und zu niedrig ausgewiesen.

Der Eindruck des Dissenses über die deutsche Bevölkerung bei Kriegsende wird noch verstärkt, wenn man berücksichtigt, daß die Gesamterhebung auch die Gebiete der Sowjetunion einbezieht, die von der Wehrmacht besetzt waren. In anderer Hinsicht ist die Kartei dagegen unvollständig: Die Registrierung mußte 1953 aus finanziellen Gründen beendet werden, und die in der DDR ansässigen Vertriebenen wurden nur lückenhaft erfaßt, vor allem aber nicht befragt. Darüber hinaus ist wegen der Gliederung der Heimatortskarteien nach Wohnorten mit einen nicht quantifizierbaren Anteil an unerkannten Doppelregistrierungen zu rechnen[31].

Ähnliche Einwände können auch gegen die Kategorien »Restbevölkerung« und »Überlebende« geltend gemacht werden, denn auch hier ist die Erfassung keineswegs vollständig.

Da auch die Gesamterhebung die Bevölkerungsverschiebungen in Form einer Bilanz darzustellen versucht, wirken sich all diese Unsicherheitsfaktoren auf die Kategorie »Vertreibungsverluste« aus. Von hier ausgewiesenen ca. 2,4 Millionen Toten sind lediglich 473 000 als Todesfälle auf Flucht oder Vertreibung durch Augenzeugen belegt, in ca. 1,9 Millionen Fällen ist das Schicksal völlig ungeklärt. Diese Gruppe bildet den bilanztechnisch bedingten Ausgleichsposten, der aus Doppelregistrierungen, falschen Namensschreibweisen,

Wehrmachtangehörigen (die eigentlich vom Kirchlichen Suchdienst nicht erfaßt werden) oder echten Verlusten besteht. Letztlich sind damit lediglich 20 Prozent der Verluste zuverlässig belegt, für 1,905 Millionen Personen liegen kaum oder gar keine Informationen vor; es ist bei einem derzeit nicht zu quantifizierenden Anteil nicht einmal sicher, ob sie je existierten[32].

Als Fazit der Bevölkerungsbilanzen und der Gesamterhebung bleibt festzustellen, daß auch zum Thema »Vertreibungsverluste« keine Untersuchung vorliegt, deren Ergebnisse als hinreichend exakt gelten können.

### 5. *Zusammenfassung*

Nachdem nun der Stand der Forschung zum Thema »Verluste« anhand der Gesamtbilanzen sowie der Statistiken zu den Wehrmacht- und den Vertreibungsverluste dargestellt worden ist, ergibt sich, daß derzeit zu keinem der einzelnen Aspekte hinreichend zuverlässige Angaben vorliegen.

Fragt man nach den Gründen für die Forschungslücken, so sind zunächst die kriegsbedingten Beeinträchtigungen des Meldewesens, aber auch Gebiets- und Bevölkerungsverschiebungen zu nennen. Darüber hinaus sind Akten während und nach dem Krieg deportiert oder vernichtet worden. Diese Argumente haben zwar ihre Berechtigung, sie können jedoch nur einen Teil der Defizite erklären; hier ist auch die Nachkriegssituation zu berücksichtigen. Die Organisationen, die sich mit den Verlusten befaßten, hatten das Ziel, individuelle Schicksale zu klären. Sie gingen daher pragmatisch vor, exakte Definitionen und statistische Erhebungen waren wenig relevant, weil sie zur Schicksalsklärung nichts beitrugen.

Das zentrale Problem aller Statistiken sind die unterschiedlichen Definitionen, die derzeit die Angabe von Gesamtverlusten nicht zulassen. Wie gravierend dieser Aspekt ist, soll an zwei Beispielen nochmals erläutert werden. Reichling berücksichtigt in seiner Vertreibungsbilanz die Volksdeutschen, die als Soldaten in anderen Streitkräften als der Wehrmacht gefallen sind — 162 000 Tote — als militärische Verluste. Eine Übertragung dieser Definition auf andere deutsche Bevölkerungsgruppen hätte zur Folge, daß jeder Deutschstämmige, der als Staatsbürger eines anderen Landes infolge des Zweiten Weltkriegs umgekommen ist, zu den deutschen Verlusten zu rechen ist. Wie verhält es sich unter diesen Umständen mit den nicht-deutschstämmigen deutschen Staatsangehörigen?

In ähnlicher Weise stellt sich die Frage, wie weit der Begriff »Verluste des Zweiten Weltkriegs« zu fassen ist. Sind die Opfer der nationalsozialistischen Verfolgung oder der Vertreibung als Verluste des Zweiten Weltkriegs anzusehen, oder handelt es sich hierbei um nur mittelbar zusammenhängende Vorgänge? Sind hier auch die Auswirkungen der erhöhten allgemeinen Sterblichkeit, der verminderten Geburtenrate zu berücksichtigen[33]?

Diese Beispiele zeigen auch den zentralen Ansatzpunkt für neue Forschungsaktivitäten. Zunächst ist ein praktikables und gleichzeitig stringentes System von Definitionen zu entwickeln. Auf dieser Basis wird es dann möglich und notwendig sein, die vorhandenen Daten neu auszuwerten, um zu zuverlässigen Angaben zu gelangen.

Angesichts des aufgezeigten Forschungsstandes, der Komplexität des Problems und des hohen zu erwartenden Aufwandes für neue Erkenntnisse stellt sich die Frage, ob der Nutzen statistischer Exaktheit in einem angemessenen Verhältnis zum Aufwand steht. Dem ist entgegenzuhalten, daß die quantitativen Angaben zwar nur ein Aspekt der Geschichtsschreibung sind, dieser aber nicht so sehr vernachlässigt werden darf, wie dies bisher bei den Verlusten des Zweiten Weltkriegs der Fall ist.

Darüber hinaus ist zu bedenken, daß Verlustangaben sowohl von Historikern als auch der interessierten Öffentlichkeit verwandt werden, ohne sich des dubiosen Charakters dieser Zahlen bewußt zu sein. Wenn es eine Aufgabe der Geschichtswissenschaft ist, der Öffentlichkeit – speziell dem Bildungssystem – die Basisinformationen zur Verfügung zu stellen, die für jedes Schulbuch benötigt werden, dann ist es notwendig, bessere Zahlen zu erarbeiten. Auch der Mißbrauch manipulierter Verlustangaben zu politischen Zwecken erfordert solche hinreichend zuverlässigen Angaben.

Die vorliegende Arbeit konnte zwar nur in einigen Punkten belegen, wie unzureichend die vorhandenen Zahlenreihen sind, es dürfte jedoch deutlich geworden sein, daß hier noch Forschungen notwendig sind.

## Anmerkungen

1 Bisher liegt zu diesem Thema keine Monographie eines deutschsprachigen Autors und nur eine – allerdings qualitativ unzureichende – US-amerikanische Veröffentlichung vor, s. Sorge, Martin K., The Other Price of Hitler's War: German Military and Civilian Losses Resulting from World War II, New York etc. 1986.

2 In Verluststatistiken aus der Zeit nach dem Ersten Weltkrieg sind auch die geringeren Geburtenzahlen und die erhöhte allgemeine Sterblichkeit berücksichtigt.

3 Quellen: Arntz, Helmut, Die Menschenverluste im Zweiten Weltkrieg, in: Bilanz des Zweiten Weltkriegs, Hamburg 1953, S. 439–447, 442 f.; Brockhaus Enzyklopädie, Wiesbaden, [17]1966–1981, Bd 20, Stichwort: Weltkrieg, S. 206; Deutschland im zweiten Weltkrieg, Bd 6: Die Zerschlagung des Hitlerfaschismus und die Befreiung des Deutschen Volkes (Juni 1944 bis zum 8. Mai 1945). Hrsg.: Akademie der Wissenschaften der DDR, Zentralinstitut für Geschichte, Köln 1985,

S. 782 f., die mit »?« ausgewiesenen Positionen sind in der Quelle nicht explizit ausgeführt; The Encyclopedia of Military History. From 3500 B. C. to the present. Ed.: Dupuy, Ernest R./Dupuy, Trevor N., New York/Evanston 1970, S. 1198; Gebhardt, Handbuch der deutschen Geschichte, Bd 4/2: Erdmann, Karl Dietrich, Die Zeit der Weltkriege, Stuttgart, 9. neu bearb. Auflage 1976, S. 807; Larousse, Dictionnaire de la Seconde Guerre mondiale, ed.: Philippe Masson, Paris 1979—1980, Stichwort: Guerre, bilan de la, S. 875 f.; Ploetz. Geschichte der Weltkriege. Hrsg.: Hillgruber, Andreas /Dülffer, Jost, Freiburg/Würzburg, 1981; s. Lipgens, Walter: Der Niedergang Europas, in: Ploetz, Weltkriege, S. 25—40, hier S. 32; Schenck, Ernst-Günther, Das menschliche Elend im 20. Jahrhundert, Herford 1965, S. 15; Shukow, Georgij K., Erinnerungen und Gedanken, Moskau 1974, in der deutschen Übersetzung v. E. Engelbrecht u.a., Berlin (Ost), [5]1976, S. 376; Sorge, The Other Price (wie Anm. 1), S. XVIII; Urlanis, Boris Zesarewitsch, Bilanz der Kriege. Die Menschenverluste Europas vom 17. Jahrhundert bis zur Gegenwart, Berlin (Ost) 1965, S. 14 u. 186.

4 S. Hillgruber, Andreas, Der Zweite Weltkrieg, in: Ploetz, Weltkriege (wie Anm. 3), S. 99—152, hier S. 144 und 152.

5 S. Shukow, Erinnerungen (wie Anm. 3), S. 376; Arntz, Menschenverluste (wie Anm. 3), S. 447. Derselbe Aufsatz wurde — nur unwesentlich verändert — am 3.4.1953 auch als Bulletin der Bundesregierung veröffentlicht.

6 Gebhardt, Bd 4/2 (wie Anm. 3), S. 807.

7 Ein Indiz hierfür sind die zahlreichen Volkszählungen (1946 und 1950) sowie die Registrierungen (Kriegsgefangenen- und Vermißtenerfassung 1947 und 1950, Erfassungen der Vertriebenen).

8 Die Angaben in Klammern beziehen sich auf das Jahr der Veröffentlichung. Quellen: Statistisches Bundesamt, Versuch einer deutschen Bevölkerungsbilanz des zweiten Weltkrieges, in: Wirtschaft und Statistik, 1949, S. 226—230, S. 228; (Statistisches Bundesamt) Schwarz, Karl, Gesamtüberblick der Bevölkerungsentwicklung 1939—1946—1955, in: Wirtschaft und Statistik, 1956, S. 494 f., hier S. 494; Gleitze, Bruno: Deutschlands Bevölkerungsverluste durch den zweiten Weltkrieg, in: Vierteljahreshefte zur Wirtschaftsforschung, 1953, S. 375—384, hier S. 383.

9 S. Statistisches Bundesamt (Hrsg.), Die deutschen Vertreibungsverluste. Bevölkerungsbilanzen der Vertreibungsgebiete 1939/1950, Stuttgart 1958, S. 38, 45 f.

10 S. Horstmann, Kurt, Deutsche Bevölkerungsbilanz des 2. Weltkriegs. Einführung und Zusammenfassung, in: Wirtschaft und Statistik, 1956, S. 493 f., hier S. 493.

11 Die Angaben in Klammern beziehen sich auf das Jahr der Erarbeitung bzw. Veröffentlichung: die Summen sind von den Autoren teilweise gerundet worden; Quellen: OKW/WFSt/Org Abt (Heer), Nr. 5815 vom 10.5.1945, Betr.: Gesamtverluste des Heeres (einschl. Waffen-SS und Luftwaffe im Erdeinsatz) in der Zeit vom 1.9.39—1.5.45, Bundesarchiv-Militärarchiv Freiburg (BA-MA), RM 7/809, bei den Angaben handelt es sich um Circa-Werte; OKW/AWA/ WVW(I), Nr. 423/45 g. vom 5.3.45: Verluste der Wehrmacht (H., M., L.) nach den bei der Wast bis 28.2.1945 stat. erfaßten Meldungen, BA-MA, RW 6/v. 50, im Gegensatz zu den anderen Zahlenreihen sind in den Angaben zu den Vermißten die nachweislich in Kriegsgefangenschaft befindlichen Soldaten nicht enthalten; A Study of the Employment of German Manpower from 1933—1945, Compiled at GMDS by a combined British, Canadian und US-Staff between 1945 and 1947, Chapter 17, S. 5; Bestand und Verluste der Deutschen Wehrmacht, Foreign Military Study, Historical Division, H.Qu. US-Army Europe, MS B-716. Bearbeiter: Schramm,

Percy E., ohne Ort und Jahr [ca. Nov. 1945], (zit. Schramm, Bestand und Verluste), S. 19; Kriegstagebuch des Oberkommandos der Wehrmacht (Wehrmachtführungsstab) 1940—1945. Geführt von H. Greiner und P. E. Schramm. Im Auftrag des Arbeitskreises für Wehrforschung hrsg. von Percy Ernst Schramm. Bd 4: 1. Januar 1944—27. Mai 1945, Frankfurt 1961 (zit. KTB, OKW), S. 1509—1511; Statistic Systems (Project 4), Foreign Military Study, Historical Division, H.Qu. US-Army Europe, MS P-011. Bearbeiter: Müller-Hillebrand, Burkhart, Königstein 1949 (zit. Müller-Hillebrand, Statistic Systems), S. 108; Keilig, Wolf, Das Deutsche Heer 1939—1945. Gliederung, Einsatz, Stellenbesetzung, Bad Nauheim 1956, S. 203—211; Müller-Hillebrand, Burkhart: Das Heer, Bd 3, Der Zweifrontenkrieg, Darmstadt 1969, S. 262; da die Vermißten nicht alle als tot angesehen werden, ist die Summe der Verluste niedriger als die Addition der Einzelergebnisse. — Die personellen Verluste der ehemaligen deutschen Wehrmacht im 2. Weltkrieg und der Kriegsgefangenschaft. Hrsg.: Deutsches Rotes Kreuz, Suchdienst München, o. O. 1975, S. 15; Standesamtlich beurkundete Kriegssterbefälle und gerichtliche Todeserklärungen von Personen mit letztem Wohnsitz im Bundesgebiet, in: Bevölkerung und Erwerbstätigkeit. Fachserie 1, Reihe 2: Bevölkerungsbewegung, 1979. Hrsg.: Statistisches Bundesamt, Stuttgart 1981, S. 77—79; Deutsche Kriegsverluste, in: Statistisches Jahrbuch für die Bundesrepublik Deutschland 1960. Hrsg.: Statistisches Bundesamt, Stuttgart 1960, S. 78; Jahresbericht 1983/84/85. Hrsg.: Deutsche Dienststelle (WASt), Berlin o. J. (seit 1969 »Arbeitsbericht«), S. 13 f.; die Angaben des Heeresarztes sind nicht berücksichtigt, weil sie sich nur auf das Heer beziehen.

12 S. Müller-Hillebrand, Statistic Systems (wie Anm. 11), S. 62 ff.

13 S. OKW/WFSt/Org(Vb), Nr. 745/45 g.K. vom 14.3.1945, BA-MA RM 7/810D. Verglichen mit dieser Originalstatistik weist die Studie von Schramm, Bestand und Verluste (wie Anm. 11) acht sowie die Ausführungen in Schramm, KTB, OKW (wie Anm. 11) vier Übertragungs- und Additionsfehler auf.

14 S. Schramm, Bestand und Verluste (wie Anm. 11), S. 2 u. 7, und KTB, OKW (wie Anm. 11), S. 1508.

15 S. OKW/AWA/WUW(V), Nr. 9/45 g.Kdos. vom 11.1.1945, BA-MA, RM 7/808, und Keilig, Deutsches Heer (wie Anm. 11), S. 203—211.

16 Die personellen Verluste (wie Anm. 11), S. 15—18.

17 S. KTB, OKW (wie Anm. 11), S. 1508, und Müller-Hillebrand, Statistic Systems (wie Anm. 11), S. 43 und 70. Die von Müller-Hillebrand als zuverlässigste Quelle bezeichneten Verluststatistiken auf der Basis der namentlichen Meldungen benutzt er allerdings auch nicht, s. S. 62—64.

18 S. OKW/AWA/WUW(V), Nr. 245/44 g.Kdos. vom 30.8.1944, Betr: Statistik der Menschenverluste im Kriege, BA-MA, RM 7/807.

19 S. OKW/WFSt/Org(Vb), Nr. 745/45 g.K. vom 14.3.1945, BA-MA, RM 7/810 D.

20 S. Müller-Hillebrand, Statistic systems (wie Anm. 11), S. 55; German Manpower (wie Anm. 11), chapter 16, S. 3 f.

21 S. Müller-Hillebrand, Statistic systems (wie Anm. 11), S. 208—210.

22 Bei den Vermißten zeigt sich allerdings immer wieder, daß erfreulicherweise ein — wenn auch geringer — Prozentsatz überlebt hat. Im Berichtzeitraum 1983—1985 erwiesen sich die Vermißten in 7 % der geklärten Fälle als lebend, bezogen auf die 1,2 Millionen Vermißte könnten folglich bis zu 100 000 Personen überlebt haben, s. Jahresbericht (wie Anm. 11), S. 23.

23 S. Deutsche Dienststelle, Jahresbericht (wie Anm. 11), S. 12.

24 Ebd., S. 23 u. 35.

[25] Zur Erklärung der Kategorien: Wehrmachtverluste = militärische Verluste der deutschen Bevölkerung aus den Vertreibungsgebieten, Deutsche bei Kriegsende = Deutsche Bevölkerung in den Vertreibungsgebieten bei Kriegsende ohne Wehrmachtsangehörige, Restbevölkerung = in den Vertreibungsgebieten zurückgebliebene deutsche Bevölkerung, Vertreibungsopfer = alle Personen, über deren Verbleib keine oder eine Todesnachricht vorliegt, Überlebende = alle Personen, die lebend eine der Besatzungszonen oder das Ausland erreichten. Quellen: Statistisches Bundesamt, Deutsche Vertreibungsverluste (wie Anm. 9), S. 38, 45 f., aufgrund von Abrundungen und Rechenfehlern verbleibt eine Differenz von 165 000 Personen; Reichling, Gerhard, Flucht und Vertreibung der Ostdeutschen, in: Informationsdienst zum Lastenausgleich, 1988, S. 123—125, hier S. 123; Kirchlicher Suchdienst, Gesamterhebung, zit. nach v. Pistohlkors, Gert, Informationen zur Klärung der Schicksale von Flüchtlingen aus den Vertreibungsgebieten östlich von Oder und Neiße: Die Arbeit der Heimatortskarteien (HOK), in: Flüchtlinge und Vertriebene in der westdeutschen Nachkriegsgeschichte. Hrsg: Schulze, Reiner, Hildesheim 1987, S. 57—68, hier S. 65 f.

[26] Das Vertrauen in diese Untersuchung wird zusätzlich durch neun Rechenfehler beeinträchtigt, die sich zu einer Fehlersumme von 51 000 Personen addieren, Statistisches Bundesamt, Deutsche Vertreibungsverluste (wie Anm. 9), S. 38.

[27] S. Ebd., S. 15; Reichling, Flucht und Vertreibung (wie Anm. 25), S. 123.

[28] S. Die deutschen Vertriebenen in Zahlen. Hrsg.: Kulturstiftung der deutschen Vertriebenen, Bonn 1986, S. 12 f.

[29] In DDR-Quellen wird die Zahl der dort als Umsiedler bezeichneten Vertriebenen lediglich mit 10,72 Millionen angegeben, s. Just, Regine, Zur Lösung des Umsiedlerproblems auf dem Gebiet der DDR 1945 bis Anfang der fünfziger Jahre, in: Zeitschrift für Geschichtswissenschaft, 1987, S. 971—984, hier S. 973.

[30] S. Schimitzek, Stanislaw, Zum Thema der sogenannten Vertreibungsverluste, in: Blätter für deutsche und internationale Politik, 1967, S. 258—265, hier S. 260—262.

[31] S. v. Pistohlkors, Heimatortskarteien (wie Anm. 25), S. 65 f.

[32] Gesamterhebung des Kirchlichen Suchdienstes, zit. nach ebd.

[33] S. Gleitze, Bevölkerungsverluste (wie Anm. 8), S. 383; Sorge, The Other Price (wie Anm. 1), S. 142.

# Autorenverzeichnis

Rolf *Ahmann*, Dr. phil., Jg. 1955, wiss. Mitarbeiter, Deutsches Historisches Institut, London.

Doron *Arazi*, Jg. 1960, Doktorand, Dept. of International History, London School of Economics.

Ruth Bettina *Birn*, Dr. phil., Jg. 1952, Historikerin, Office of Special Investigations, Dept. of Justice, Washington.

Rainer A. *Blasius*, Dr. phil., Jg. 1952, Regierungsrat, Historiker, Gesamtdeutsches Institut, Bonn.

Horst *Boog*, Dr. phil., Jg. 1928, Wiss. Direktor, Militärgeschichtliches Forschungsamt, Freiburg i.Br.

Wilhelm *Deist*, Dr. phil., Jg. 1931, Leitender Historiker, Militärgeschichtliches Forschungsamt, Freiburg i.Br.

Jost *Dülffer*, Dr. phil., Jg. 1943, Prof. für Neuere Geschichte, Universität Köln.

Jürgen *Förster*, Dr. phil., Jg. 1940, Wiss. Oberrat, Militärgeschichtliches Forschungsamt, Freiburg i.Br.

Matthias *Frese*, Dr. phil., Jg. 1957, wiss. Mitarbeiter, Universität Mannheim.

Karl-Heinz *Frieser*, Dr. phil., Jg. 1949, Major, Militärgeschichtliches Forschungsamt, Freiburg i.Br.

Manfred *Funke*, Dr. phil. habil., Jg. 1939, Priv.Doz. und Studiendirektor, Seminar für Politische Wissenschaft der Universität Bonn.

Klaus *Hildebrand*, Dr. phil., Jg. 1941, Prof. für Mittlere und Neuere Geschichte, Universität Bonn.

Andreas *Hillgruber*, Dr. phil., 1925—1989, Prof. für Neuere Geschichte, Universität Köln.

Christian *Jansen*, Jg. 1956, wiss. Mitarbeiter, Historisches Seminar der Universität Bochum.

Detlef *Junker*, Dr. phil., Jg. 1939, Prof. für Neuere Geschichte, Universität Heidelberg.

Norbert *Kampe*, Dr. phil., Jg. 1948, wiss. Mitarbeiter, Zentrum für Antisemitismusforschung, Technische Universität Berlin.

Lothar *Kettenacker*, Dr. phil. habil., Jg. 1939, Priv.Doz., Universität Frankfurt/M., und Stellvertretender Direktor, Deutsches Historisches Institut, London.

Franz *Knipping*, Dr. phil., Jg. 1944, Prof. für Neuere Geschichte, Universität Tübingen.

Bernhard R. *Kroener*, Dr. phil., Jg. 1948, Wiss. Oberrat, Militärgeschichtliches Forschungsamt, Freiburg i.Br.

Arnim *Lang*, Jg. 1953, Lektor, Militärgeschichtliches Forschungsamt, Freiburg i.Br., Doktorand, Historisches Seminar der Universität Freiburg.

Czesław *Madajczyk*, Dr. phil. habil., Jg. 1921, Leiter der Abteilung für Geschichte des Zweiten Weltkriegs, Instytut Historii PAN (Institut für Geschichte an der Polnischen Akademie der Wissenschaften).

Klaus A. *Maier*, Dr. phil., Jg. 1940, Oberstleutnant, Militärgeschichtliches Forschungsamt, Freiburg i.Br.

Bernd *Martin*, Dr. phil., Jg. 1940, Prof. für Neuere und Neueste Geschichte, Universität Freiburg i.Br.

Manfred *Messerschmidt*, Dr. phil., Jg. 1926, Leitender Historiker (1970–1988), Militärgeschichtliches Forschungsamt, Freiburg i.Br.

Wolfgang *Michalka*, Dr. phil., Jg. 1943, Schriftleiter, Militärgeschichtliches Forschungsamt, Freiburg i.Br.

Hamid *Moghareh-Abed*, Jg. 1958, Doktorand, Technische Hochschule Darmstadt.

Gerhard Th. *Mollin*, Dr. phil., Jg. 1954, Hochschulassistent, Universität Essen.

Hans *Mommsen*, Dr. phil., Jg. 1930, Prof. für Neuere Geschichte, Universität Bochum.

Rolf-Dieter *Müller*, Dr. phil., Jg. 1948, Wiss. Oberrat, Militärgeschichtliches Forschungsamt, Freiburg i.Br.

Gottfried *Niedhart*, Dr. phil., Jg. 1940, Prof. für Neuere Geschichte, Universität Mannheim.

Rüdiger *Overmans*, Dr. rer. pol., Jg. 1954, Major, Militärgeschichtliches Forschungsamt, Freiburg i.Br.

Jens *Petersen*, Dr. phil., Jg. 1934, Stellvertretender Direktor, Deutsches Historisches Institut, Rom.

Wolfgang *Petter*, Dr. phil., Jg. 1942, Wiss. Oberrat, Militärgeschichtliches Forschungsamt, Freiburg i.Br.

Bianka *Pietrow-Ennker*, Dr. phil., Jg. 1951, wiss. Mitarbeiterin, Institut für osteuropäische Geschichte und Landeskunde, Universität Tübingen.

Falk *Pingel*, Dr. phil., Jg. 1944, wiss. Mitarbeiter, Georg-Eckert-Institut für internationale Schulbuchforschung, Braunschweig.

Werner *Rahn*, Dr. phil., Jg. 1939, Kapitän zur See, Militärgeschichtliches Forschungsamt, Freiburg i.Br.

Dieter *Rebentisch*, Dr. phil. habil, Jg. 1941, Priv.Doz. für Neuere Geschichte, Universität Frankfurt/M., und wiss. Referent, Friedrich-Ebert-Stiftung, Bonn.

Marie-Luise *Recker*, Dr. phil., Jg. 1945, Prof. für Neuere Geschichte, Universität Münster.

Horst *Rohde*, Dr. phil., Jg. 1937, Oberstleutnant, Militärgeschichtliches Forschungsamt, Freiburg i. Br.

Gerhard *Schreiber*, Dr. phil., Jg. 1940, Fregattenkapitän, Militärgeschichtliches Forschungsamt, Freiburg i.Br.

Hans-Henning *Schröder*, Dr. phil., Jg. 1949, wiss. Mitarbeiter, Universität Göttingen und Bundesinstitut für ostwissenschaftliche und internationale Studien, Köln.

Ronald *Smelser*, Dr. phil., Jg. 1942, Prof. für Moderne Europäische Geschichte, University Utah, Salt Lake City.

Christian *Streit*, Dr. phil., Jg. 1942, Oberstudienrat, Mannheim.

Enrico *Syring*, Jg. 1960, Forschungsstipendiat, Institut für Europäische Geschichte, Mainz.

Gerd R. *Ueberschär*, Dr. phil., Jg. 1943, Wiss. Oberrat, Militärgeschichtliches Forschungsamt, Freiburg i.Br.

Hans *Umbreit*, Dr. phil., Jg. 1937, Wiss. Direktor, Militärgeschichtliches Forschungsamt, Freiburg i.Br.

Detlef *Vogel*, Dr. phil., Jg. 1942, Oberstleutnant, Militärgeschichtliches Forschungsamt, Freiburg i.Br.

Martin *Vogt*, Dr. phil. habil., Jg. 1936, Bibliotheksleiter, Institut für Europäische Geschichte, Mainz, und Priv.Doz., Technische Hochschule Darmstadt.

Hans-Erich *Volkmann*, Dr. phil., Jg. 1938, Leitender Wiss. Direktor, Militärgeschichtliches Forschungsamt, Freiburg i.Br., und Prof. für Neuere und Neueste Geschichte, Universität Freiburg.

Arno *Weckbecker*, Dr. phil., Jg. 1954, Trainings- und Forschungszentrum zur lokalen Selbstverwaltung in Seoul (Rep. Korea).

Bernd *Wegner*, Dr. phil., Jg. 1949, Wiss. Oberrat, Militärgeschichtliches Forschungsamt, Freiburg i.Br.

Wolfram *Wette*, Dr. phil., Jg. 1940, Wiss. Oberrat, Militärgeschichtliches Forschungsamt, Freiburg i.Br.

Marian *Zgórniak*, Dr. phil., Jg. 1924, Prof. für Allgemeine Zeitgeschichte, Universität Krakau.

Rainer *Zitelmann*, Dr. phil., Jg. 1957, wiss. Mitarbeiter, Freie Universität Berlin.

# Bücher zur Zeitgeschichte

Uwe Backes / Karl-Heinz Janßen / Eckhard Jesse
Henning Köhler / Hans Mommsen / Fritz Tobias
Reichstagsbrand – Aufklärung einer historischen Legende
Mit einem Vorwort von Louis de Jong und einem Nachwort zur Taschenbuchausgabe. 332 Seiten. Serie Piper 785

Karl Dietrich Bracher
Die totalitäre Erfahrung
274 Seiten. Kt.

Karl Dietrich Bracher
Zeitgeschichtliche Kontroversen
Um Faschismus, Totalitarismus, Demokratie. 159 Seiten. Serie Piper 142

Martin Broszat / Elke Fröhlich
Alltag und Widerstand – Bayern im Nationalsozialismus
702 Seiten. Serie Piper 678

Raymond Cartier
Vom Ersten zum Zweiten Weltkrieg
1918–1939. Aus dem Franz. von Ulrich F. Müller.
652 Seiten mit 205 Abbildungen und 15 Karten. Geb. im Schuber

Raymond Cartier
Der Zweite Weltkrieg
Aus dem Franz. von Max Harries-Kester, Wolf D. Bach und Wilhelm Thaler, unter wissenschaftlicher Beratung von Hellmuth Dahms, Hermann Weiss und Wolfgang Kneip. 1322 Seiten, 462 Abbildungen und 55 Karten. Serie Piper 280